AF238318

ACCESO GRATIS a la Lectura en la Nube

Para visualizar el libro electrónico en la nube de lectura envíe junto a su nombre y apellidos una fotografía del código de barras situado en la contraportada del libro y otra del ticket de compra a la dirección:

ebooktirant@tirant.com

En un máximo de 72 horas laborales le enviaremos el código de acceso con sus instrucciones.

CRIMINOLOGÍA
UNA INTRODUCCIÓN A SUS FUNDAMENTOS TEÓRICOS

CRIMINOLOGÍA
UNA INTRODUCCIÓN A SUS FUNDAMENTOS TEÓRICOS

8ª Edición, corregida y aumentada

ANTONIO GARCÍA-PABLOS DE MOLINA
*Catedrático de Derecho Penal
de la Universidad Complutense (Madrid)
Director del Instituto de Criminología
de la Universidad Complutense*

tirant lo blanch
Valencia, 2016

© Antonio García-Pablos de Molina

© TIRANT LO BLANCH
EDITA: TIRANT LO BLANCH
C/ Artes Gráficas, 14 - 46010 - Valencia
TELFS.: 96/361 00 48 - 50
FAX: 96/369 41 51
Email:tlb@tirant.com
www.tirant.com
Librería virtual: www.tirant.es
DEPÓSITO LEGAL: V-2082-2016
ISBN: 978-84-9143-299-9
IMPRIME: Guada Impresores, S.L.
MAQUETA: Tink Factoría de Color

A Renate

Índice

Parte Primera
LA CRIMINOLOGÍA COMO CIENCIA EMPÍRICA E INTERDISCIPLINARIA. CONCEPTO, MÉTODO, OBJETO, SISTEMA Y FUNCIONES DE LA CRIMINOLOGÍA

Parte Segunda
HISTORIA DEL PENSAMIENTO CRIMINOLÓGICO. LA CONSOLIDACIÓN DE LA CRIMINOLOGÍA COMO CIENCIA: LA LUCHA DE ESCUELAS Y LAS DIVERSAS TEORÍAS DE LA CRIMINALIDAD

Parte Tercera

LA MODERNA CRIMINOLOGÍA «CIENTÍFICA» Y LOS DIVERSOS MODELOS TEÓRICOS. BIOLOGÍA CRIMINAL, PSICOLOGÍA CRIMINAL Y SOCIOLOGÍA CRIMINAL

Parte Cuarta
LA PREVENCIÓN DEL CRIMEN EN EL ESTADO SOCIAL Y DEMOCRÁTICO DE DERECHO

Parte Quinta
ANÁLISIS CRIMINOLÓGICO DE LOS DIVERSOS MODELOS Y SISTEMAS DE REACCIÓN AL DELITO

Prólogo del autor a la octava edición

Presento al lector esta nueva edición, la 8ª, de mi Introducción a la Criminología, revisada y actualizada, obra que no pretende, desde luego, ajustarse y responder a las exigencias pedagógicas (?) del maléfico Plan de Bolonia sino ofrecer al estudiante de una titulación universitaria superior —el Grado de Criminología— una información elemental y científica sobre la llamada «cuestión criminal», esto es, sobre el crimen y el castigo (por utilizar el título de la soberbia novela rusa de Dostoyevsky).

Como autor, me orgullece que este Manual (esa debiera ser su denominación más propia) haya visto ya diez ediciones (y no sé cuántas reimpresiones) en el Brasil, traducido por el Dr. Luiz Flavio Gomes («Criminología. Uma Intraoduçao a seus fundamentos teoricos»); también en Chile, gracias a la meritoria labor y entrega del Dr. José Luis Guzmán Dálbora; y en el Perú, presentado y anotado por el colega Dr. Miguel Pérez Arroyo. Mi sincero agradecimiento a todos ellos.

Para mi constituye, sin duda, un motivo de satisfacción que ya muchos jóvenes penalistas de diversos países persigan los mismos objetivos de esta obra, esto es, mejorar las relaciones entre el mundo de las «togas negras» del Derecho y el de las «batas blancas» de la Ciencia, asumiendo la necesidad de compatibilizar la pretensión punitiva del Estado, que nace del delito (castigo «justo y merecido», lema del idealismo alemán) con la reparación del daño ocasionado a la víctima y a la sociedad, la rehabilitación —en la medida de lo posible— del infractor, y la pacificación de las relaciones sociales heridas por el delito. Porque Derecho Penal y Criminología no pueden seguir siendo una pareja mal avenida.

La problemática de la víctima, siempre rica y actual, merece una atención prioritaria en esta nueva Edición. Para comenzar, se subraya en la misma el significado de dos conceptos novedosos pero muy importantes: los de «*resilencia*» y «*victimagogia*».

Con el primero —«*resilencia*»— se hace alusión a una actitud positiva, constructiva, de la víctima para abordar y asumir la realidad del suceso traumático de la victimización, con entereza, evitando que éste se consolide y cronifique, se perpetúe.

Con el de «*victimagogia*», llamo la atención y denuncio cierto discurso político manipulador y populista que utiliza el sufrimiento de la víctima y las expectativas de ésta al servicio de la restricción de los derechos y libertades ciudadanas, y del denominado «encarnizamiento punitivo».

Me parece necesario mantener, por el contrario, que la reintegración del ofensor a la comunidad, y la tutela efectiva de la víctima no son objetivos antagónicos e incompatibles sino metas, ambas, de una sana y constructiva política criminal. Discursos «victimagógicos» que apelan a demandas no siempre realistas y racionales de la víctima, de claro sesgo ideológico y revanchista, hacen un flaco favor a ésta, obstaculizando el proceso natural de superación del trauma y, paradójicamente, consolidan y perpetúan el «estatus victimal».

El panorama actual de la víctima en España sugiere algunas reflexiones.

- La *Criminología «verde»*, preocupada por la eficaz protección del medio ambiente y los recursos naturales ha celebrado, con sonrojo, la reciente Sentencia del Tribunal Supremo español (STS 11/2016, de 14 de enero de 2016) que condena solo al Capitán del *Prestige*, hundido hace 14 años frente a las costas gallegas. Todo parece indicar, pues que las olas, las corrientes y las mareas habrán conseguido por fin lo que nuestras autoridades y poderes públicos no han conseguido en catorce años. Tranquilos, aquí no ha pasado nada.

- Otra Sentencia del Tribunal Supremo español, ésta de la Sala 1ª de lo Civil (¡) ha absuelto a los laboratorios alemanes Grünenthal que comercializaron bajo el nombre de la *Talidomida* (el de Contergán, y otros, en Alemania) un fármaco gravemente nocivo para la salud (prescrito para paliar las náuseas y vómitos de las embarazadas) apreciando la prescripción. La seguridad jurídica prevalece, pues, sobre la justicia material, en resumidas cuentas.

No puedo ocultar, desde luego, cierto desencanto porque días antes del fallo judicial publiqué un breve artículo en la prensa, que transcribo en el lugar oportuno de esta obra, bajo el título: «Una sentencia con alma», evocando la célebre Sentencia de la Sala 2ª del mismo Tribunal Supremo en la causa del «síndrome tóxico» por la comercialización indebida del aceite de colza industrial. Pedía en dicha colaboración periodística que el fallo judicial no se limitara a pronunciarse sobre el cómputo del «*dies a quo*» de la prescripción extintiva, cuestión puramente técnica que difícilmente comprenderá el colectivo de enfermos y familiares, que esperan justicia desde hace cuarenta y cinco años, ni la propia sociedad. Y pedía, también, que las víctimas españolas de la misma cruel enfermedad, envenenadas por los mismos laboratorios alemanes, recibiesen el mismo trato que las víctimas alemanas (éstas fueron indemnizadas en 1970, con lo que evitaron la segura responsabilidad criminal en Alemania).

No tuve éxito. Habrá que soportar que haya, me temo, víctimas de primera clase, y de segunda, si el Tribunal Constitucional español o el de Estrasburgo no lo remedian.

Quiero referirme, por último, a la encomiable labor profesional, médico, asistencial y social, del Doctor barcelonés D. Jaime Serra Janer y su equipo de la clínica valenciana del Consuelo, que supo evitar una tragedia de incalculables consecuencias por el implante indebido de las *prótesis mamarias PIP* a varios miles de mujeres. Estas habían confiado, por desgracia, en la profesionalidad y buen hacer de una conocida Clínica que, por codicia, había antepuesto desaprensivamente su lucro económico a la vida y salud de sus pacientes.

En esta nuestra Universidad, que ya no reconozco, cada vez más burocratizada y endogámica, figuras legendarias como Federico de Castro, Alfonso García Gallo o Joaquín Garrigues no habrían podido obtener probablemente los sexenios y tramos de investigación requeridos. La *excelencia* académica ha dado paso a la «movilidad» y a la «gestión», interpretada y evaluadas por organismos anónimos de muchas letras mayúsculas, que arropan sus decisiones con ambiguas cláusulas generales y conceptos jurídicos indeterminados.

Pero en este marco un tanto pesimista siempre hay razones para la esperanza. Ascensión García Ruiz («Chon», de Ascensión) ha obtenido el Doctorado europeo con la máxima calificación, defendiendo brillantemente su tesis sobre el delito medioambiental y la contaminación acústica. Y ha conseguido, también, mediante el oportuno concurso una plaza en el Departamento de Derecho Penal y Criminología de la Universidad Complutense. Mi felicitación.

Agradezco una vez más a nuestra Letrada y experta informática Julita Rodríguez Ruiz, su paciencia y buen hacer al ordenador, porque sin su dedicación esta obra no habría visto la luz.

*Se acompaña, en apéndice, el texto de la Ley Orgánica sobre el Estatuto de la Víctima, y el Decreto que desarrolla dicha Ley.

ANTONIO GARCÍA-PABLOS DE MOLINA
Catedrático de Derecho Penal y
Director del Instituto de Criminología
de la Universidad Complutense

Madrid, junio 2016

Prólogo del autor a la séptima edición

La presente Edición —la 7ª— de esta obra pretende aportar un aparato *estadístico* actualizado de la criminalidad en España. Si bien el lector que lo desee podrá encontrar una información más completa y pormenorizada en la 5ª Edición del Tratado de Criminología que verá muy pronto la luz y al que me remito.

Esta aproximación al fenómeno del delito, propia de la naturaleza empírica —no normativa— de nuestra disciplina espero haga posible un conocimiento científico y desapasionado de la criminalidad, de su génesis, etiología y variables más relevantes. Y que impulse políticas públicas de prevención de este doloroso problema social, así como eficaces programas de rehabilitación del infractor, resocialización de la víctima, reparación del daño causado a la comunidad y pacificación de las relaciones sociales.

He procurado, también, aprovechar los años transcurridos desde la edición anterior para actualizar los datos sobre la mal llamada "*violencia de género*" en nuestro país (yo prefiero hablar, sin más, de la "*violencia en el seno de la pareja*"); dando cuenta, por otra parte, de una interesante polémica doctrinal, de índole metodológica, entre dos prestigiosos colegas españoles sobre el procedimiento más correcto para evaluar el riesgo de victimización en dichos conflictos. Utilizo reiteradamente en esta obra el término «conflicto» para referirme al «delito» («conflicto», «conflicto interpersonal», etc.). Lo hago, claro está, acudiendo a la acepción simbólica más amplia y descriptiva del vocablo, que nada tiene que ver con el que, como reivindicación política, asignan al mismo ciertos partidos y grupos (vg. Aberzales) para referirse a sus tensiones con el Estado español: ANDRÉS PUEYO, partidario de técnicas cuantitativas y epidemiológicas (vg. los metaanálisis) y ECHEBURÚA, E., que reivindica la irrenunciabilidad del método clínico.

Como es sabido, el dolor y los padecimientos de la víctima del delito —otrora reservados al ámbito privado e íntimo de ésta— cobra ya en nuestros días una incuestionable *dimensión pública y comunitaria* como consecuencia del profundo cambio social que ha tenido lugar. Siendo este fenómeno, sin duda, muy positivo, debe llamarse la atención (y lo hago porque se han encendido las alarmas) sobre los riesgos de una victimología "*victimagógica*" que enarbola una bandera emocional, ideológicamente contaminada, sin norte y rica en excesos, proclive a políticas criminales que explotan el "*crime impact*" desatendiendo los intereses reales de la víctima. Se trata, por desgracia, de respuestas al crimen que no contribuyen a la superación del trauma ocasionado por el delito (respuestas y políticas promocionales) sino que consolidan a la víctima en su estatus de víctima, perpetuando y cronificando éste.

He Intentado, igualmente —y no ha sida tarea fácil— actualizar los datos relativos a la *seguridad privada*, datos que evidencian en España un acelerado incremento de todos los indicadores de su ámbito de acción e influencia en perjuicio de la seguridad pública. Este fenómeno inquietante que mucho tiene que ver con el vigente modelo o paradigma de la seguridad ciudadana examinando al final de esta obra críticamente, debe ser objeto de una serena reflexión.

Como autor, me enorgullece que este Manual de Criminología (tal vez ésa seria su denominación más correcta) haya visto ya ocho ediciones en Brasil (la 9ª, en prensa), traducido por el DR. LUIZ FLAVIO GOMES, a quien agradezco su dedicación y esfuerzo en aras de la exitosa divulgación de esta obra. Y que se haya publicado también, en Chile gracias a la cuidadísima edición del DR. JOSÉ LUÍS GUZMÁN DÁLBORA, Lo mismo he de manifestar de la edición argentina del Tratado, del voluminoso Tratado, posible gracias al esmero y tenacidad de mi buen amigo y colega EZGARDO DONNA. De las ediciones aparecidas en el Perú, bajo los auspicios del Instituto de Criminología y Derecho Penal —tanto la Introducción a la Criminología como del Derecho Penal— prefiero no hablar por ahora para no alterar el sistema neurovegetativo del lector, aunque no renuncio a ser más explícito en otro momento.

Es un motivo de satisfacción que otros colegas, y en diversos países, se esfuercen por mejorar las relaciones entre el mundo de las *togas negras* del Derecho y el de las *batas blancas* de la Ciencia. Y que compartamos una decidida "lucha por el Derecho", asumiendo la necesidad de compatibilizar el "castigo justo y merecido" (pretensión punitiva del Estado), irrenunciable por mero realismo, con la reparación del daño, la rehabilitación del infractor, la resocialización de la víctima y la pacificación de las relaciones sociales heridas por el delito.

Coincide la aparición de esta 7ª edición (y la 5ª de mi Derecho Penal) con la implantación del *GRADO DE CRIMINOLOGÍA* en la Universidad Complutense, en un momento por cierto poco propicio de crisis severa y recortes. A lo que se añaden los inconvenientes del "pérfido Plan de Bolonia" y el clima de general escepticismo, particularmente entre las jóvenes generaciones. El futuro está en juego... y el del *Alma Mater* parece poco halagüeño. Espero que este Manual de Criminología, sin renunciar al necesario rigor científico, ofrezca al estudiante de la titulación superior un material pedagógico útil y asequible, una información objetiva y equilibrada sobre "la cuestión criminal".

Celebro la incorporación a mi Cátedra de Derecho Penal —y al Instituto de Criminología de la Universidad Complutense— de nuevos colaboradores que ya han realizado brillantemente sus tesis doctorales, como es el caso de la doctora *Nieves Martínez de Francisco*, o el de las doctorandas *Mª. Sonsoles Vidal Herrero-Vior* y *Mª. Ascensión García Ruíz*, cuyas investigaciones se hallan en un estado muy avanzado. Ascensión García Ruiz ha aportado una valiosa información, difícil de obtener sobre la seguridad privada hasta el año 2012 y su evolución en España, así como en otros países de nuestro entorno. Deseo agradecer a la doctoranda *Angela Cabrero Herráiz* la minuciosa actualización del aparato estadístico de esta obra: en particular, a propósito de las encuestas oficiales (policiales, judiciales y penitenciarias) y las encuestas de victimización. Y, como siempre, a la letrada *Julita Rodríguez Ruíz*, su labor eficaz de coordinación y el despliegue de sus conocimientos informáticos. A mis discípulos más veteranos, los doctores Fernando Santa Cecilia García y Carmen Ocaña Díaz Ropero, mi agradecimiento y afecto, por acompañarme en esta aventura académica no exenta de riesgos y sinsabores.

ANTONIO GARCÍA-PABLOS DE MOLINA
Catedrático de Derecho Penal y
Director del Instituto de Criminología
de la Universidad Complutense

Madrid, 2013

Prólogo del autor a la sexta edición

Esta 6ª Edición que me satisface presentar modifica sustancialmente el contenido de la 5ª Edición precedente. Los cambios de mayor interés afectan a las «Partes» PRIMERA (Teoría de la víctima del delito), TERCERA (Modelos teóricos explicativos del comportamiento criminal) y QUINTA de la obra (Modelos de reacción o respuesta al delito).

En cuanto a la *víctima* del delito, he procurado aportar una información elemental, pero suficiente, sobre los principales modelos teóricos explicativos del proceso de victimización, algunos de ellos procedentes de la Psicología social; y sobre la experiencia empírica acumulada durante los últimos lustros por la Psicología clínica y forense a propósito de las consecuencias (psicopatológicas) de dicho proceso en determinados ámbitos de la criminalidad (por ejemplo: agresiones sexuales a menores y a adultos; violencia doméstica; terrorismo, etc.) y del tratamiento que, en su caso, pueda requerir la víctima de estos delitos.

Dedico algunas páginas, también, al problema del estatuto jurídico de la víctima en el ordenamiento español (PARTE PRIMERA) anunciado pero todovía inexistente.

La Parte Tercera de la obra analiza las grandes *teorías y modelos explicativos del comportamiento criminal* siguiendo una sistemática que goza de amplísimo consenso. Me ha interesado, desde luego, el posterior desarrollo de las formulaciones clásicas hasta nuestros días e incluso la eventual aplicación de algunas de ellas (vg. la de la anomia) a sucesos y acontecimientos del presente. Pero me ha interesado más aún enfatizar la extraordinaria relevancia de las «teorías» de la criminalidad, en un momento en el que cierto empirismo craso proclama la absoluta superioridad de la praxis, de la investigación, y relega la Criminología «teorética» (título de la colosal obra de G.B. Vold) y académica al ámbito de lo «literario», de inferior rango, como si de actividad puramente *especulativa* se tratara. Siguiendo opiniones más autorizadas que la mía, he tratado de razonar que la teoría debe servir de norte y guía a la investigación; y que ésta, sin un marco teórico que ordene, procese y sistematice los resultados obtenidos, puede degenerar en un empirismo errático, metodológicamente viciado e inútil. Por lo que se refiere a la *resocialización del delincuente* (meta final de toda *intervención*) —y a la efectividad del *tratamiento rehabilitador*— he subrayado la necesidad de sustituir el sesgado debate ideológico, por el análisis científico-empírico del problema. Por ello, en esta nueva edición, indago las claves del tránsito sorprendente que tuvo lugar durante la década de los setenta de la euforia del ideal rehabilitador al ocaso del tratamiento; y, a su vez, del escéptico «nothing works» que formulara Martinson («nada funciona») al moderado optimismo de los terapeutas de nuestros días, al que, sin duda, tanto los psicólogos canadienses de la Escuela del Aprendizaje Social, como la generalización del meta-análisis como sofisticada técnica estadística de evaluación, contribuyeron decisivamente.

Porque lo que, a mi juicio, debe preocupar es si cabe —o no— una intervención positiva en el infractor que modifique los patrones de conducta delictivos. Qué concreta técnica de intervención se muestra más eficaz con relación a cada grupo o subgrupo de delincuentes. Bajo qué condiciones. Y en qué contexto o entorno. Dicho de otro modo: el tratamiento rehabilitador —y su efectividad— es un problema científico, clínico, que ha de examinarse empíricamente con criterios disciplinarios y profesionales; y no una «terapia obligatoria aplicada de forma coercitiva por los agentes estatales del control social en un sistema politizado de (in)justicia criminal», como entienden desde posiciones ideológicas radicales los críticos de cualquier programa resocializador (PARTE QUINTA).

También en esta PARTE QUINTA de la obra —y a propósito del que denomino «modelo integrador»— me ocupo de dos submodelos (foráneos, por cierto) de justicia criminal, de éxito arrollador, cuya poderosa *vis expansiva* reclamaba —me parecía— alguna reflexión crítica y realista: la llamada «*justicia restaurativa*», y la denominada «*justicia comunitaria*», en las que no pocos teóricos ven la deseada alternativa viable al modelo clásico de justicia «retributiva»; esa justicia —dicen— del «castigo justo y merecido» que imparte una diosa de mármol, ciega, sorda y muda … pero «que ciñe espada». Sin anticipar aquí mis puntos de vista, puedo reiterar que siempre me he manifestado partidario de una solución o respuesta constructiva, productiva, al conflicto interpersonal que el delito expresa como problema personal, social y comunitario. Y de una participación más activa en aquella del delincuente, «su» víctima y la comunidad, arbitrando fórmulas flexibles que contribuyan a dicho final positivo y pacificador, sin merma, desde luego, de las garantías constitucionales de los implicados. Ahora bien, no creo realista modelos que rechacen frontalmente el castigo, por improductivo y disfuncional. O que propugnen la sustitución de la justicia profesional por una justicia *aldeana* o *comunitaria*. O que sugieran «devolver» el conflicto a sus «propietarios» (infractor y víctima) para que éstos lo resuelvan privadamente, sin la mediación del sistema, a través de pactos y compromisos en el seno de la comunidad. Temo que fórmulas extremas como éstas, sin duda bien intencionadas, resultan impracticables. Valen, quizás, para una pequeña comunidad ideal pero encuentran toda suerte de obstáculos en la moderna sociedad postindustrial, plural y estratificada de nuestro tiempo; y en concepciones muy arraigadas en la comunidad jurídica. No puede olvidarse que pretensiones mucho más moderadas como las sugeridas por la «justicia negociada» corren el riesgo de fracasar —y no solo por razones procesales— en aquellos sistemas como el español que carecen de una acreditada «cultura del pacto».

Por lo demás, la obra sigue siendo fiel a sus *objetivos* iniciales que no son otros que complementar y enriquecer el análisis *jurídico normativo* del delito con un enfoque *científico e interdisciplinario, empírico* del problema criminal, contemplado éste como problema social y comunitario. No se trata, pues, de prescindir por completo del método abstracto, formal y deductivo del Derecho, ni del fructífero pensamiento «sistemático» que caracteriza a éste. El Derecho Penal no es un subsistema represor de las libertades, como algunos mantienen, sino la mejor garantía de éstas, porque racionaliza la intervención punitiva, minimiza el uso de la violencia estatal y somete a control el *ius puniendi* y los excesos del Leviatán. Es hora, por el contrario, de superar trasnochados prejuicios, recelos y complejos en aras de la necesaria cooperación y buen entendimiento del mundo de las «*togas negras*» y el de las «*batas blancas*», porque Derecho Penal y Criminología se necesitan recíprocamente.

La presente Introducción es una obra académica que pretende ajustarse a los cánones clásicos de la disciplina, aunando al empirismo de la Criminología angloamericana el rigor categorial —y el sistema— característicos de la Criminología germánica lamentablemente casi desconocida por la doctrina criminológica española. Celebro, como autor, su singular difusión en otros países. Que hayan aparecido ya cinco ediciones de la misma en Brasil, donde está a punto de publicarse la sexta; una en el Perú; y, en pocas semanas, vea la luz una edición chilena me orgullece. A mis colegas el *Dr. Luiz Flavio Gomes*, de São Paulo, y el *Dr. José Luis Guzmán Dálbora*, de Valparaíso, he de manifestarles mi agradecimiento sincero por el apoyo que he recibido en estas aventuras editoriales. También a los profesores de mi Cátedra de Derecho Penal de la Universidad Complutense, y del Instituto de Criminología de esta Universidad madrileña (*Dr. D. Fernando Santa Cecilia García, Dra. Dª. Carmen Ocaña Díaz-Ropero; Dra. Dª. Rosa Fernández Palma, Dra. Dª. Carmen Armendáriz León, D. Miguel Fernández Tapia, Dª. Rosa María Gonzalo Rodríguez, Dª. Cecilia Lázaro López*). Y, especialmente, a la Lda. en Derecho y experta informática *Dª. Julita Rodríguez Ruiz*, sin cuya infinita paciencia y buen hacer al ordenador nada hubiera sido posible.

ANTONIO GARCÍA-PABLOS DE MOLINA
Catedrático de Derecho Penal y
Director del Instituto de Criminología
de la Universidad Complutense

Madrid, julio 2007

Prólogo del autor a la primera edición

Esta *Introducción a la Criminología* que el lector tiene en sus manos fue escrita pensando en la formación del estudiante de Derecho y, en general, del jurista. Pretende completar y enriquecer el *análisis técnico-jurídico, normativo*, del delito —necesario, pero insuficiente— con un enfoque *científico-empírico e interdisciplinario*, que incorpore al diagnóstico y tratamiento del problema criminal la rica experiencia acumulada en los más diversos ámbitos del saber por biólogos, psicólogos, psiquiatras, psicoanalistas, sociólogos, etc. etc.; esto es, por científicos que se han ocupado, también, de la conducta humana y del suceso delictivo, con la pretensión de comprenderlo, explicarlo, prevenirlo e intervenir positivamente en el mismo, sirviéndose de métodos, técnicas y categorías distintas de las utilizadas en el mundo del Derecho.

El Derecho Penal, como disciplina «normativa», contempla el hecho delictivo a través del cliché del «precepto legal». Su lenguaje formal y abstracto —propio del llamado «saber *sistemático*»— le permiten definir aquél como «infracción de la norma» (mero presupuesto fáctico de ésta y antecedente lógico de la sanción). El delincuente, en consecuencia, no es sino el sujeto activo de la infracción; la víctima, el sujeto pasivo; y el propio delito, la lesión del «bien jurídico», síntesis *categorial* brillante que describe el resultado de un enfrentamiento «*simbólico*» e incruento entre la ley y el infractor.

Sin duda alguna, solo el método jurídico puede crear un entramado de categorías lógicas (sistema) capaz de garantizar el análisis y posterior aplicación de la ley al caso concreto con la objetividad y previsibilidad que el ciudadano de un Estado de Derecho hoy reclama. A pesar de las conocidas limitaciones del pensamiento abstracto, formal y deductivo, lo cierto es que solo éste puede garantizar la seguridad jurídica y la igualdad de todos ante la ley.

Ahora bien, un enfoque técnico jurídico no aporta *diagnóstico* alguno sobre el problema criminal, ni está en condiciones de sugerir programas, estrategias o incluso meras directrices para *intervenir* en el mismo. No se plantea ni tiene respuesta a los principales interrogantes que aquel suscita: por qué se produce el crimen (etiología, génesis y dinámica del suceso criminal, variables, factores, etc.); cómo se puede y debe prevenir; cómo se puede y debe intervenir positivamente en el infractor, etc. ¡Afirmar que el delito es una "*acción típica, antijurídica y culpable*" es afirmar muy poco sobre un preocupante y siempre enigmático problema social! Y los juristas debemos ser conscientes de nuestras propias limitaciones: la respuesta al crimen ha de discurrir en el marco del Derecho, pues solo éste aporta seguridad e instrumentos de control, pero la reacción al delito no puede ser exclusivamente jurídica, porque el Derecho no es una solución en sí mismo.

Espero que el lector encuentre en estas páginas información sobre un problema que *a todos* —y no solo al sistema legal— nos afecta y debe comprometer. Y que, tal vez, le sirvan de motivo de reflexión. Me sentiría muy satisfecho, desde luego, si de ellas infiere que del crimen sabemos científicamente todavía muy poco (y actuamos como si supiéramos aún menos), que no existen soluciones mágicas al problema del delito, ni cabe soñar utópicamente con su exterminio y total erradicación: realista y viable es tan solo pretender un *control* razonable del mismo, ponderando —por cierto— la *eficacia* y el *coste social* de los medios que arbitremos para conseguir tal meta.

La actual Criminología, como se podrá comprobar, profesa una *imagen mucho más compleja* del suceso delictivo y de los factores que convergen en el «escenario» criminal. Junto a la persona del infractor cobra un creciente protagonismo la de la *víctima*. Y el delito deja de identificarse con la fría decisión abstracta, casi ahistórica, de un arquetipo de hombre ideal, algebraico, que se enfrenta asombrosamente con la ley como consecuencia de alguna patología o disfunción que le hace diferente. Antes bien, el crimen debe comprenderse como conflicto o enfrentamiento interpersonal histórico, concreto, tan doloroso como humano y cotidiano: como *problema social* y *comunitario*. Por otra parte, la ciencia ve hoy en el delincuente un *individuo normal*, un hombre más de su tiempo, esto es, un ser muy condicionado, como todos, por su herencia; pero, también por los demás y por su entorno: un ser social, comunicativo, abierto y sensible a un continuo y dinámico proceso de interacción con los otros hombres, con el medio; un ser, en definitiva, inacabado, receptivo, que mira al futuro y puede trascender sus propios condicionamientos. Porque el hombre no es solo Biología: es, también, Historia, Cultura, Experiencia.

Carece, pues, de sentido el viejo *dilema: hombre o sociedad*, en el momento de explicar la génesis del delito. Todo es mucho más complejo. La propia decisión criminal no puede entenderse estática y objetivamente, prescindiendo de lentos y sutiles procesos de aprendizaje y socialización del infractor, ni de ciertas operaciones «cognitivas» matizadas por el «contexto subjetivo» de éste. Factores espaciales, ambientales, interpersonales, culturales, etc. etc., convergen en el escenario criminal, contribuyendo decisivamente al muy selectivo diseño del «perfil» del suceso delictivo.

Espero, también, que de estas páginas deduzca el lector que la *«calidad» de la respuesta al crimen* no depende solo ni prioritariamente de la coherencia del entramado normativo de aquélla, de la preparación y laboriosidad de los funcionarios, empleados públicos y operadores del sistema legal, o de la efectividad de éste, medida en función de su capacidad disuasoria nominal (crimen evitado) o de su rendimiento real (crimen castigado). No basta con buenas leyes, buenos funcionarios y un sistema legal eficaz. Penas más severas, más policías, más cárceles —dice con razón un conocido autor— determinan, tal vez, un incremento de la población reclusa, pero no una disminución correlativa y sensible de la criminalidad. La calidad —y la eficacia— de la reacción al delito no puede tomar como único indicador el grado de satisfacción de la *pretensión punitiva del Estado* (castigo del delincuente), sino, también, la de otras legítimas expectativas de los implicados en el drama criminal: víctima, infractor y comunidad jurídica. Reparación del daño causado, rehabilitación del delincuente y prevención racional del crimen (eficaz y con el menor coste social) representan objetivos esenciales que permiten verificar la bondad de cualquier sistema. Las actitudes del administrado hacia éste (respeto, colaboración, alienación, rechazo, etc.) y la mayor o menor sincronización entre el orden social y el sistema legal son el mejor test de la salud de éste.

No quiero terminar sin unas obligadas y sinceras palabras de gratitud.

Al *Departamento de Estado Norteamericano* y al *Deutsche Akademische Austauschdienst* alemán, por la inestimable ayuda que me han prestado durante muchos años, ininterrumpidamente, de la que es tributaria, desde luego, mi preparación jurídico penal y criminológica. Mi más sincero agradecimiento.

Siento no poder decir lo mismo del *ICI* (Instituto español de Cooperación Iberoamericana; hoy: Agencia de Cooperación Iberoamericana), ni del *Ministerio de Educación y Ciencia español*, pues mi experiencia personal ha sido muy negativa en ambos casos. He disfrutado de cerca de diez becas extranjeras. La primera vez que he acudido al ICI (1989) y al Ministerio de Educación y Ciencia (1989) español comprobé la soledad e impotencia del administrado ante la «discrecionalidad técnica» y, en el mejor de los casos, la descortesía del «silencio administrativo».

ANTONIO GARCÍA-PABLOS DE MOLINA
Catedrático de Derecho Penal y
Director del Instituto de Criminología
de la Universidad Complutense

Madrid, 7 de noviembre de 1991

PARTE PRIMERA

LA CRIMINOLOGÍA COMO CIENCIA EMPÍRICA E INTERDISCIPLINARIA. *CONCEPTO, MÉTODO, OBJETO, SISTEMA Y FUNCIONES DE LA CRIMINOLOGÍA*

I. LA CRIMINOLOGÍA COMO CIENCIA EMPÍRICA E INTERDISCIPLINARIA: APROXIMACIÓN A LA MISMA

1. Definición provisional de la Criminología. Cabe *definir* la Criminología como ciencia empírica e interdisciplinaria, que se ocupa del estudio del crimen, de la persona del infractor, la víctima y el control social del comportamiento delictivo, y trata de suministrar una información válida, contrastada, sobre la génesis, dinámica y variables principales del crimen —contemplado éste como problema individual y como problema social—, así como sobre los programas de prevención eficaz del mismo, las técnicas de intervención positiva en el hombre delincuente —y en su víctima— y los diversos modelos o sistemas de respuesta al delito[1].

Esta aproximación al concepto de la Criminología insinúa ya algunas de las características fundamentales de su *método* (empirismo e interdisciplinariedad), anticipando el *objeto* (análisis del delito, el delincuente, la víctima y el control social) y *funciones* de aquélla (explicar y prevenir el crimen, intervenir en la persona del infractor y evaluar los diferentes modelos de respuesta al crimen).

A diferencia de otras definiciones convencionales, la propuesta responde a una imagen moderna de la Criminología, en plena sintonía con los conocimientos y tendencias actuales del saber empírico. Pero pretende respetar, al propio tiempo, los orígenes de esta disciplina y la experiencia por ella acumulada después de una andadura secular. Por ello, como podrá observarse,

a) Parte de la caracterización del crimen como «*problema*», resaltando así la base conflictual[2] y enigmática de aquél, su faz humana y dolorosa, con las trascendentales implicaciones de todo orden que derivan de tal análisis.

b) Amplía el ámbito tradicional de la Criminología incorporando a su objeto las investigaciones sobre la *víctima* del delito y el denominado «*control social*».

---

1   Sobre ésta y otras posibles definiciones de la Criminología, vid. GARCÍA-PABLOS DE MOLINA, A., *Tratado de Criminología*, Tirant lo Blanch, 1999, págs. 43 y ss. (Sigo citando la 2ª Edición del Tratado, y no la 3ª del 2003 excepto cuando indico lo contrario); siguiendo a SUTHERLAND, SERRANO MAILLO, A., entiende que interesan a la Criminología el estudio de las causas del delito, las posibles formas de responder al fenómeno criminal (de prevenirlo y controlarlo), la medición o extensión del mismo y el cómo y por qué se elaboran las leyes penales (Introducción a la Criminología. Madrid, 2003. Dykinson, págs. 23 a 27). Vid., por todos, Vold, G. B., Theoretical Criminology. 1979. Oxford Press University, New York. SIEGEL, L.J., Criminology, 1983. West Publisching Company.

2   Utilizo reiteradamente en esta obra el término «conflicto» para referirme al «delito» («conflicto», «conflicto interpersonal», etc.). Lo hago acudiendo a la acepción lata y simbólica, descriptiva, de este vocablo (como sinónimo de crisis, desencuentro, colisión, etc.), que nada tiene que ver con la acepción política del mismo, a la que invocan algunos partidos y grupos para fundamentar la etiología de su pugna con el Estado español y la naturaleza de sus reivindicaciones (vg. izquierda aberzale).

Estas últimas, desde luego, aportan a la noción clásica de la Criminología un moderado giro sociológico que compensa el desmedido biologicismo positivista bajo cuyos auspicios nació aquélla.

c) Acentúa la orientación «*prevencionista*» del saber criminológico, frente a la obsesión represiva explícita en otras definiciones convencionales. Porque interesa prevenir eficazmente el delito, no castigarlo más o mejor.

d) Sustituye el concepto de «tratamiento», de inequívocas connotaciones clínicas e individualistas, por el de «*intervención*», noción ésta más dinámica, compleja y pluridimensional, en fiel consonancia con el substrato real, individual y comunitario, del fenómeno delictivo.

e) Destaca el análisis y evaluación de los modelos de reacción al delito como uno de los objetos de la Criminología.

f) Pero no renuncia, tampoco, a un análisis *etiológico* de éste (de la «desviación primaria») en el marco del ordenamiento *jurídico* como referencia última. Con lo que se distancia de conocidas orientaciones radicales, fuertemente ideologizadas, que conciben la Criminología como mera teoría de la desviación y el control social[3], esto es: como apéndice de la Sociología (teorías de la criminalización). La definición sugerida atiende tanto a la génesis y etiología del crimen (teorías de la criminalidad) como al examen de los *procesos* de criminalización.

g) Por último, y siguiendo una opción mayoritaria en la doctrina, asume como objeto de la Criminología el estudio de las técnicas científicas y médicas que permiten descubrir el delito y poner a disposición de la justicia a su autor (Policía Científica. Medicina Legal, Criminalística, etc.).

2. La Criminología como ciencia. La Criminología es una ciencia[4]. Aporta una información válida, fiable y contrastada sobre el problema criminal; información obtenida gracias a un método (empírico) que descansa en el análisis y observación de la realidad. No se trata, pues, de un «arte», o de una «praxis» sino de una genuina «ciencia». Precisamente por ello, la Criminología dispone de un objeto de conocimiento propio, de un método o métodos y de un sólido cuerpo de doctrina sobre el fenómeno delictivo, avalado, por cierto, por más de un siglo de investigaciones.

Pero esto no significa que la información suministrada por la Criminología deba reputarse exacta, concluyente o definitiva. Pues la Criminología es una ciencia empírica, una ciencia del «ser», pero no una ciencia «*exacta*». Podría afirmarse, incluso, que el propio modelo o paradigma de ciencia hoy dominante dista

---

3   Así, TAYLOR, I., WALTON, P., y YOUNG, J., *Criminología crítica*, México (1977), Siglo XXI Editores, págs. 21 y ss.

4   Cfr., MANNHEIM, H., *Comparative Criminology*, London, 1965 (Routlege-Kegan Paul), I., págs. 19 y ss. Niegan, entre otros, el rango de ciencia a la Criminología: TAFT, D. (*Criminology*, 1942, N. York, MacMillan) y SUTHERLAND, E. (*Criminology*, 1974, Lippicot Company, pág. 3).

mucho del causal explicativo que abanderó el positivismo naturalista, basado en pretensiones de seguridad y certeza[5].

La Criminología, en primer lugar, no agota su cometido en la mera acumulación de *datos* sobre el delito sino que ha de transformar éstos en información, interpretándolos, sistematizándolos y valorándolos. Porque no existe el terreno neutro y pacífico del dato, salvo que se confunda el método empírico con el empirismo craso o se invoque aquél como coartada de decisiones ideológicas ya adoptadas. El conocimiento científico de la realidad, por otra parte, es siempre parcial, fragmentario, provisional, cambiante y los campos propios de las diversas disciplinas que versan sobre el hombre y la sociedad, estrechamente relacionados entre sí, se amplían y modifican sin cesar[6]. De suerte que el saber empírico, otrora paradigma de exactitud, ha devenido cada vez más relativo e inseguro: es un saber provisional, abierto. Ya no persigue descubrir las férreas leyes universales que rigen el mundo natural y social (relaciones de causa a efecto) sino que parece conformarse con obtener una información sobre la realidad válida, fiable, no refutada. No busca exactitud sino probabilidad, no habla de «causa» y «causalidad» sino de otro tipo de conexiones menos exigentes (factores, variables, correlaciones, etc.[7]). En parte ello se debe a la evidencia de que el hombre transciende la «causalidad», la «reactividad» y la «fuerza», porque es sujeto y no objeto del acontecer y de la historia[8]. Y su comportamiento, siempre enigmático, responde a claves muy complejas e inciertas. Pero la citada crisis del «paradigma causal-explicativo» y las limitaciones del método empírico se pueden observar, también, no sólo en el campo de las ciencias sociales y las de la conducta sino en el de las en otro tiempo denominadas ciencias «exactas». La moderna teoría de la ciencia y el creciente auge de los métodos estadísticos y cuantitativos demuestran el triunfo avasallador de un nuevo modelo de saber científico, más relativo, provisional, abierto e inacabado.

En consecuencia, la cientificidad de la criminología solo significa que esta disciplina, por el método que utiliza, está en condiciones de ofrecer una información válida y fiable —no refutada— sobre el complejo problema del crimen, insertando los numerosos y fragmentarios datos obtenidos del examen de éste en un marco teórico definido. La corrección del método criminológico garantiza el rigor del análisis de su objeto, pero no puede eliminar la problematicidad del conocimiento científico, ni la necesidad de interpretar los datos y formular las correspondientes teorías.

5　Sobre la crisis del paradigma «causal-explicativo», vid.: MANNHEIM, H., *Comparative Criminology*, cit., I. págs. 6 a 14; RADZINOWICZ, L., *En busca de la Criminología*, 1961. Universidad Central de Venezuela, pág. 177.

6　Así, GÖPPINGER, H., *Criminología*, Madrid, 1975, Reus (traducción de I. Lizárraga y M.L. Schwarz), pág. 72. También: KAISER, G., *Kriminologie, Ein Lehrbuch*, 1980, Heidelberg-Karlsruhe (C.F. Müller Juristischer Verlag), págs. 10 y ss. SCHNEIDER, H.J., Krimilogie, 1987, Walter de Gruyter, Berlín-New York.

7　En este sentido, KAISER, G., *Kriminologie*, cit., pág. 124 (hay traducción al español: KAISER, G., Criminología. Una introducción a sus fundamentos científicos. Madrid, 1978. Espasa Calpe. Traducción de E. Zimmerman Belloc). Cfr.: GARCÍA-PABLOS DE MOLINA, A., *Tratado de Criminología.*, cit., págs. 54 y ss.

8　Vid., MATZA, D., *El proceso de desviación*, 1981, Madrid (Taurus), págs. 19 y ss.

II. EL MÉTODO DE LA CRIMINOLOGÍA: EMPIRISMO E INTERDISCIPLINARIEDAD

1. Polémica sobre el método y lucha de escuelas. La Criminología adquirió autonomía y rango de ciencia cuando el *positivismo* generalizó el empleo del *método empírico*, esto es, cuando el análisis, la observación y la inducción sustituyeron a la especulación y el silogismo, superando el razonamiento abstracto, formal y deductivo del mundo clásico. Someter la imaginación a la observación y los fenómenos sociales a las leyes implacables de la naturaleza era una de las virtudes, según COMTE, del método positivo, del método empírico[9].

De hecho, como advirtió magistralmente FERRI, la lucha de escuelas (positivismo versus clasicismo) no era sino un enfrentamiento entre partidarios del método abstracto, formal y deductivo (los clásicos) y quienes propugnaban el método empírico e inductivo (los positivistas).

> «Hablamos de dos lenguajes diferentes —afirmó Ferri refiriéndose a los clásicos—. Para nosotros, el método experimental (inductivo) es la llave de todo conocimiento; para ellos, todo deriva de deducciones lógicas y de la opinión tradicional. Para ellos, los hechos deben ceder su sitio al silogismo; para nosotros, los hechos mandan ...; para ellos, la ciencia solo necesita papel, pluma y lápiz, y el resto sale de un cerebro relleno de lecturas de libros, más o menos abundantes, y hecho de la misma materia. Para nosotros, la ciencia requiere un gasto de mucho tiempo, examinando uno a uno los hechos, evaluándolos, reduciéndolos a un denominador común y extrayendo de ellos la idea nuclear. Para ellos, un silogismo o una anécdota es suficiente para demoler miles de hechos recabados durante años de observación y análisis; para nosotros, lo contrario es la verdad»[10]. Y concluye FERRI: «La Escuela Criminal Positiva no consiste únicamente en el estudio antropológico del criminal, pues constituye una renovación completa, un cambio radical de método científico en el estudio de la patología social criminal y de los que hay de más eficaz entre los remedios sociales y jurídicos que nos ofrece. La Ciencia de los delitos y las penas era una exposición doctrinal de silogismos, dados a la luz por la fuerza exclusiva de la fantasía lógica; nuestra escuela ha hecho de ello una ciencia de observación positiva que, fundándose en la Antropología, la Psicología y la Estadística criminal, así como en el Derecho Penal y los estudios penitenciarios, llega a ser la ciencia sintética que yo mismo llamo Sociología Criminal, y así esta ciencia, aplicando el método positivo al estudio del delito, del delincuente y del medio, no hace otra cosa que llevar a la Ciencia Criminal clásica el soplo vivificador de las últimas e irrefragables conquistas hechas por la ciencia del hombre y la sociedad, renovada por las doctrinas evolucionistas»[11].

El método *científico*, esto es, el método *empírico* (basado en la observación y, en su caso, en la experimentación) se considera en la actualidad extensible, también, al estudio del comportamiento delictivo, sin descartar, por ello, el posible

---

[9]   COMTE, A., *Discurso sobre el espíritu positivo*, 1967 (Aguilar), págs. 54 y ss.

[10]   FERRI, E., *Polémica in difesa della Scuola Criminale Positiva*, 1886. Reimpreso en: Studi sulla criminalità ed altri saggi. pág. 244.

[11]   FERRI, E., ibidem. Cfr. GARCÍA-PABLOS DE MOLINA, A., *Tratado de Criminología*, cit., págs. 402 y ss.

empleo de otros métodos, es decir de forma no excluyente[12]. El principio de la unidad del método científico ha puesto fin, así, a la tradicional dicotomía metodológica defendida por Dilthey, autor que sostuvo la necesidad de que las ciencias «naturales», de una parte, y las del «espíritu», de otra, tuvieran sus respectivos métodos[13].

En definitiva, el método empírico garantiza un conocimiento más fiable y seguro del problema criminal desde el momento en que el investigador puede verificar o refutar sus hipótesis y teorías sobre el mismo por el procedimiento más objetivo: no la intuición, ni el mero sentido común o la «communis opinio» sino la *observación*[14].

2. *Saber empírico y saber normativo*. La Criminología es una ciencia del «ser», *empírica*; el Derecho, una ciencia cultural, del «deber ser», *normativa*. En consecuencia, mientras la primera se sirve de un método inductivo, empírico, basado en el análisis y la observación de la realidad, las disciplinas jurídicas utilizan un razonamiento lógico, abstracto-deductivo.

Saber *empírico* y saber *normativo* son dos categorías antagónicas, como lo son el mundo de las «batas blancas» y el de las «togas negras» que respectivamente representan.

Que la Criminología pertenezca al ámbito de las ciencias empíricas significa, en primer lugar, que su objeto (delito, delincuente, víctima y control social) se inserta en el mundo de lo *real*, de lo verificable, de lo mensurable, y no en el de los valores. Que cuenta con un sólido substrato ontológico, presentándose al investigador como un hecho más, como un fenómeno de la realidad. Estructuralmente ello descarta cualquier enfoque normativo. Pero la naturaleza empírica de la Criminología implica, ante todo, que ésta descansa más en *hechos* que en opiniones, más en la *observación* que en discursos o silogismos[15]. El proceder de

---

[12] Así, POPPER, K.R., La miseria del historicismo; edición revisada, Madrid (1996), Alianza Editorial (traducción de P. Schwartz), págs. 145 y ss.

[13] Vid., POPPER, K.R., La miseria del historicismo; cit. págs. 37 y ss. Cfr. SERRANO MAILLO, A., Introducción a la Criminología, cit., pág. 28. Como observa el autor, la aplicación del método empírico al estudio del comportamiento humano y social tiene una rancia tradición que arranca de Guillermo de Ockham (siglo XIV) y experimenta un fuerte impulso gracias a los empiristas ingleses (Locke, Hume, etc.) de los siglos XVII y XVIII. El positivismo naturalista del siglo XIX generalizó el empleo de este método como paradigma del cientifismo, siendo los éxitos y progresos de las ciencias naturales los que consolidaron definitivamente el mismo (op. cit., págs. 27 y 28).

[14] Una de las aspiraciones del conocimiento *científico* es superar el listón del mero *sentido común*, de la *intuición*, de la *reflexión lógica* (método lógico-deductivo), del *consenso intersubjetivo*. Cfr. SERRANO MAILLO, A., Introducción a la Criminología, cit., pág. 29.

[15] KAISER, G., *Kriminologie*, cit., págs. 6 y 7.

juristas y criminólogos difiere sustancialmente. El jurista parte de unas premisas «correctas» para «deducir» de ellas las oportunas consecuencias. El criminólogo, por el contrario, analiza unos datos e induce las correspondientes conclusiones, pero sus hipótesis se verifican —y doblegan— siempre a la fuerza de los hechos que prevalecen sobre los argumentos subjetivos, de autoridad.

La Criminología pretende *conocer* la realidad para *explicarla*. El Derecho valora, ordena y orienta aquélla con arreglo a una serie de criterios axiológicos. La Criminología se aproxima al fenómeno delictivo sin prejuicios, sin mediaciones, procurando obtener una información directa de éste. El Derecho acota interesadamente la realidad criminal (de la que, por cierto, solo tiene una imagen fragmentaria y selectiva), observándola siempre a través del cliché de la norma jurídica, esto es, de forma mediata. Si a la Criminología le interesa como es dicha realidad —la realidad en sí misma, tal y como es— para explicarla científicamente y comprender el problema del crimen, al Derecho sólo le preocupa en cuanto hipotético supuesto de hecho de la norma legal: para enjuiciarla. La Ciencia del Derecho versa sobre normas que interpreta en sus conexiones internas, sistemáticamente. Interpretar la norma, aplicarla al caso concreto y elaborar un sistema son los tres momentos fundamentales del quehacer jurídico en los modelos de Derecho codificado. Por ello, el método básico de las ciencias jurídicas (normativas) es el dogmático y su proceder el deductivo sistemático.

3. Método empírico y método experimental. La Criminología es una ciencia empírica, pero no necesariamente «*experimental*». El método «experimental» es un método empírico, pero no el único, y no todo método empírico, sin embargo, tiene por fuerza naturaleza experimental. La reserva parece obligada, pues el objeto de la investigación —o los fines de ésta— pueden hacer inviable o ilícita la experimentación y, no obstante, el criminólogo seguirá en condiciones de constatar empíricamente la hipótesis de trabajo con las garantías que exige el conocimiento científico mediante otras técnicas no experimentales, asegurando también así la fiabilidad del resultado.

> Mantener, pues, que solo es científico lo demostrable de forma experimental en los confines del laboratorio carece de fundamento. Se trata de un prejuicio simplificador en el que incurren, por ejemplo, determinados sectores criminológicos de corte biologicista (vg. Psicología conductista radical), que terminan por negar todo cientifismo al psicoanálisis a pesar de su tradición empírica.
>
> Por otra parte, tampoco parece correcto sostener, con Fattah, que solo es Criminología la investigación empírica. La labor de sistematización y exposición de las miles de investigaciones dispersas en los diversos campos de la Criminología es, también, una importante labor científica.

4. Limitaciones y carencias del método empírico. Pero el método empírico no es el único método criminológico. Pues siendo el crimen, en definitiva, un fenómeno *humano y cultural*, comprender el mismo exigirá del investigador una actitud abierta y flexible, intuitiva —empática— capaz de captar las sutiles aristas y múltiples dimensiones de un profundo problema humano y comunitario.

Un análisis puramente empírico del crimen desconocería que su protagonista es el hombre. Que el hombre no es *objeto* sino *sujeto* de la historia. Y que las claves y significados de su conducta transcienden la idea de causalidad. En consecuencia, como advierte D. MATZA, el subjetivismo, la empatía y la intuición no son incompatibles con el naturalismo rectamente entendido y tienen perfecta cabida en el método criminológico ya que permiten al investigador captar y comprender los significados del mundo criminal[16].

El método empírico ha contribuido, sin duda, a la consolidación de la Criminología como ciencia, y al progreso de ésta. Sin embargo, ha sido objeto de numerosas críticas tanto desde un punto de vista epistemológico como ideológico[17] y no pocos autores cuestionan su posible aplicación al ámbito de las ciencias humanas y sociales, bien argumentando que no cabe en éstas establecer generalizaciones, bien que el comportamiento humano es impredecible o de tal complejidad y riqueza de matices que el método empírico no puede captar su esencia y significado[18].

Pero no parece exista una alternativa al método empírico salvo que se diluya la actividad *científica* y convierta en mera ideología o en una colección de *slogans*[19]. Dada la complejidad del comportamiento humano y de los fenómenos sociales, lo que si cabe es completar el método empírico con otros de naturaleza *cualitativa*, no incompatibles con aquel, capaces de captar e interpretar el significado profundo del drama criminal más allá del frío valor objetivo de los meros datos y análisis estadísticos.

5. El principio interdisciplinario. El principio *interdisciplinario* se halla significativamente asociado al proceso histórico de consolidación de la Criminología como ciencia autónoma.

Son muchas las disciplinas científicas que se ocupan del crimen como fenómeno individual y social. La Biología (criminal), la Psicología (criminal), la Sociología (criminal), con sus respectivos métodos, enfoques y pretensiones han ido acumulando valiosos saberes especializados sobre aquél. Ahora bien, el análisis científico reclama una *instancia superior* que integre y coordine las informaciones sectoriales procedentes de las diversas disciplinas interesadas por el fenómeno delictivo; que elimine posibles contradicciones internas e instrumente un genuino sistema de «retroalimentación»[20], según el cual cada conclusión particular se

16   MATZA, D., *El proceso de desviación*, cit., págs. 36 y ss.
17   Cfr. SERRANO MAILLO, A., Introducción a la Criminología, cit., págs. 36 y ss.
18   Cfr. SERRANO MAILLO, A., Introducción a la Criminología, cit., págs. 37 y ss.
19   Vid. WILSON, J.Q., Thin king about crime, edición revisada, 1985, New York, Simon and Schuster, pág. 9.
20   Vid., RODRÍGUEZ MANZANERA, L., *Criminología* (Edit. Porrúa), 1982, pág. 42. Calificando, no obstante, de «obviedad» el debate sobre la «interdisciplinariedad» del método

corrige y enriquece al contrastarse con las obtenidas en otros ámbitos y disciplinas. Sólo a través de dicho esfuerzo de síntesis e integración de las experiencias sectoriales y especializadas cabe formular un diagnóstico científico, totalizador, del crimen, más allá de los conocimientos fragmentarios, parciales e incompletos que puedan ofrecer aquéllas, y de la peligrosa «barbarie de los especialistas» tan acertadamente denunciada por ORTEGA.

Lógicamente, ésta es la función que corresponde a la Criminología, si bien el principio interdisciplinario plantea espinosas dificultades tanto desde un punto de vista conceptual como operativo.

Como instancia superior, no cabe identificar la Criminología, desde luego, con ninguna de las numerosas disciplinas que integran la «enciclopedia» del saber empírico sobre el crimen, disciplinas, por cierto, todas ellas de igual rango e importancia en un modelo no «piramidal» de ciencia[21].

> Hoy carecen ya de sentido viejas disputas de escuela y trasnochadas rivalidades pseudocientíficas que polemizaban sobre las cotas de participación y lugar jerárquico de las respectivas disciplinas (Biología, Psicología, Sociología, etc.) en el tronco común de la Criminología[22].

El principio interdisciplinario, por tanto, es una exigencia estructural del saber científico, impuesto por la naturaleza totalizadora de éste, y no admite monopolios, prioridades ni exclusiones entre las partes o sectores de su tronco común. De hecho, además, parece obvio que la Criminología solo pudo consolidarse como ciencia, como ciencia autónoma, cuando consiguió emanciparse de aquellas disciplinas sectoriales en torno a las que nació, y con las que, a menudo, se identificó indebidamente. Esto es, cuando cobró conciencia de «instancia superior», de su estructura interdisciplinaria[23].

Paradójicamente, sin embargo, dicho entramado complejo, plural y heterogéneo que sirve de substrato a la Criminología se invoca por un sector doctrinal

---

criminológico (y de la propia Criminología como '*ciencia*'); y de «batiburrillo de ciencias» la comprensión de esta disciplina como instancia superior que coordina e integra las informaciones sectoriales sobre el problema criminal procedentes de las diversas ciencias, GARRIDO, V., STANGELAND, P. y REDONDO, S., (Principios de Criminología, 1999, Tirant lo Blanch, págs. 53 a 59).

21 En el sentido del texto, RODRÍGUEZ MANZANERA, L., *Criminología*, cit., págs. 40 y ss.

22 Criticando el «imperialismo disciplinar», esto es, el intento de imponer al estudio del delito perspectivas propias de disciplinas concretas, ZAFIROVSKI, M., The rational choice generalization of neoclassical economics reconsidered: any theoretical legitimation for economic imperialism, en: Sociological Theory, 18(2000), págs. 467 y 468. Cfr. SERRANO MAILLO, A., Introducción a la Criminología, cit., pág. 46.

23 Sobre el principio interdisciplinario, vid.: GÖPPINGER, H., Criminología, cit., págs. 136 y ss; EISENBERG, U., Kriminologie, 1979 (K. Heymanns Verlag), Köln-Berlin-Bonn-München, págs. 8 y ss; GARCÍA-PABLOS DE MOLINA, A., Tratado de Criminología, cit., págs. 51 y ss.

para negar su autonomía científica[24]. Y por otro, para configurarla como auténtica metadisciplina o superestructura fícticia sin objeto propio distinto del de cada una de las subdisciplinas que la integran[25]. Todo ello demuestra que la noción de «interdisciplinariedad» dista mucho de ser pacífica. Que subsiste la polémica sobre su delimitación respecto a otros conceptos en apariencia afines (vg. multidisciplinariedad) y sus implicaciones. Insinuar las dificultades prácticas, operativas, de una Criminología efectivamente interdisciplinaria no parece necesario.

6. *Método y técnicas de investigación*

Además de las estadísticas y las encuestas sociales, analizadas en otros lugares de esta obra, algunas técnicas de investigación criminológica merecen una mención particularizada. Sin incurrir en obsesiones clasificatorias inútiles, sí interesa distinguir, de una parte, entre métodos y técnicas de investigación *cuantitativos* y *cualitativos*; y, de otra, entre técnicas y métodos de investigación *transversales* y *longitudinales*.

Las estadísticas son el método *cuantitativo* por excelencia (también lo son: el cuestionario, los métodos de medición, etc.). La observación participante, o la entrevista en profundidad, son métodos *cualitativos*. Los primeros explican la etiología, la génesis o el desarrollo de un fenómeno. Los segundos permiten comprender las claves profundas de un problema. La evolución de la Criminología en los últimos lustros demuestra la insuficiencia de los métodos cuantitativos, sus limitaciones y la necesidad de complementar las investigaciones tradicionales con técnicas cualitativas[26].

Los Métodos *transversales* toman una sola medición del fenómeno o variable examinada. Los *longitudinales,* varias mediciones en diferentes momentos temporales. Transversales son,

---

[24] En el sentido criticado, TAFT, D.R. y ENGLAND, R.W., *Criminology*, cit., pág. 12. Aceptando la pluridimensionalidad del sustrato real del objeto de la Criminología sin que tal exigencia interdisciplinaria cuestione su unidad como disciplina científica: SIEGEL, L.J., *Criminology*, 1983 (West Publishing Company), St. Paul, N. York, Los Angeles, S. Francisco, pág. 5.

[25] Contemplando la Criminología como una mera superestructura o metadisciplina: FREY, E., «Kriminologie: Programm und Wirklichkeit», en: Zweizcrische Zeitsehrift für Strafrecht 66 (1951), pág. 67. En el sentido del texto, EISENBERG, U., Kriminologie, cit., pág. 9.; En general, sobre el problema: MANNHEIM, H., Vergleichende Kriminologie: ein Lehrbuch in Zwei Bänden, 1979, Stuttgart, págs. 18 y ss.

[26] Los métodos *cuantitativos* reducen sus datos a números (vg. estadística policial: delitos esclarecidos). Los *cualitativos* no admiten tal expresión numérica (vg.: experiencia vital que narra el entrevistado en una entrevista abierta) y son particularmente idóneos para captar —y comprender— la dimensión personal, individual, humana y experiencial del delito. La moderna Criminología reclama la compatibilización —o incluso la integración— de ambos métodos (vg. LAUB, J.H., SAMPSON, R.J., ALLEN, L.C., Explaining crime o ver the life-course: toward a theory of age-graded informal social control, en: Explaining criminals and crime. Essays in contemporary criminological theory (Paternoster, R., Bachman, R., edits.), Los Angeles: Roxbury Publishing Company, 2001, págs. 98 y ss.). En todo caso, metodologías *cualitativas* parecen imprescindibles porque el delito no es solo una magnitud, ni un fenómeno, sino un problema.

por ejemplo, los estudios estadísticos[27]. Longitudinales, los estudios de seguimiento (*follow up*), las biografías criminales, los *case studies*. Los métodos *transversales* dominan todavía hoy abrumadoramente el panorama criminológico[28], sin embargo, técnicas de investigación *longitudinales* —por cierto, más complejas desde un punto de vista metodológico y de mayor coste económico— parecen imprescindibles para captar la dinámica y evolución de un fenómeno en el tiempo, así como para replicar o testar teorías clásicas de la criminalidad. Los modernos estudios sobre *carreras criminales* o la denominada *Criminología del desarrollo* o *curso de la vida (life-course)* conceden una importancia capital al análisis dinámico del problema delictivo y al empleo de métodos longitudinales[29]. Lo mismo sucede con teorías anómicas recientes, como la de LaFree[30]; o revisiones actuales de las teorías clásicas de la frustración (vg. la de Agnew)[31] o del control (de Laub y Sampson)[32], que potencian significativamente los métodos longitudinales.

1') *Reconocimientos médicos.* No es posible siquiera recoger un catálogo abierto de métodos de reconocimiento, incluidas las investigaciones especiales y adicionales (de laboratorio, electrofisiológicas, físicas, etc.), como tampoco las que pertenecen al dominio de la Psiquiatría (neurológicas, neuroencefalogramas, electroencefalograma, etc.)[33].

2') La *exploración.* Junto con la entrevista, constituye la forma de comprobación de mayor interés referida a la persona del examinado.

Difiere, en puridad, de la entrevista, aunque a menudo se equiparan una y otra técnica. La exploración persigue captar de manera exhaustiva la personalidad o

---

[27] Vid. LAFREE, G., Losing legitimacy. Street crime and the decline of social institutions in America. Boulder, Co. y Oxford: Westriew, 1998, págs. 4 y ss. No obstante, las estadísticas se convierten en un método longitudinal si se realizan periódicamente para captar la evolución en el tiempo de un mismo fenómeno.

[28] En sentido crítico, LAFREE, G., Losing legitimacy, cit., pág. 188.

[29] Vid. LOEBER, R. y LE BLANC, M., Toward a developmental Criminology, en: Crime and Justice. A review of research, n° 12 (1990), págs. 421 y ss.; LEMERT, E.M., Social Pathology. A systematic approach to the theory of sociophatic Dehavior. New York, 1951. McGraw-Hill Book Company, págs. 75 y ss. (sobre la denominada *Criminología del desarrollo*). Cfr. SERRANO MAILLO, A., Introducción, cit., págs. 378 y ss.; sobre las *carreras criminales*, vid., por todos: GARRIDO GENOVÉS, V., Delincuencia y sociedad. Madrid (Mezquita), 1984, págs. 15 y ss. Cfr. SERRANO MAILLO, A., Introducción, cit., págs. 377 y ss.

[30] Losing legitimacy ..., cit., págs. 1 y ss. El autor incorpora a su análisis macrocriminológico las técnicas longitudinales para demostrar que los índices de criminalidad en los EEUU. se multiplicaron por 8 entre 1945 y la década de los noventa.

[31] AGNEW, R., A longitudinal test of the revised strain theory, en: Journal of Quantitative Criminology ... 5 (1989), págs. 383 y ss. El autor acudió a estudios longitudinales para demostrar que un ambiente adverso del que el joven no puede escapar lícitamente incrementa la probabilidad de que delinca.

[32] Crime in the making. Pathways and turning points through life, Cambridge, 1993. Mass y London: Harvard University Press, págs. 312 y ss.

[33] Cfr., GÖPPINGER, H., Criminología, cit., pág. 106.

algún campo de la personalidad del sujeto. Es el modo más adecuado de investigar el aspecto psicopatológico de aquélla que integra el diagnóstico psiquiátrico. Equivale, pues, la exploración psiquiátrica a un depurado diagnóstico clínico en el campo médico-somático.

La exploración requiere una profunda formación especializada de índole psicológica o psiquiátrica, tanto en quien la programa como en quien la lleva a cabo: exige no sólo unos conocimientos teóricos básicos sobre la especialidad sino también el dominio de la técnica diferenciada de exploración psiquiátrica, el más completo método de investigación psicopatológica y el dominio de la exploración psicológica para la indagación de contextos psíquicos[34]. Se lleva a efecto, generalmente, en forma de *conversación* entre dos. Es necesario un continuo análisis de los datos e información que se registra, procediéndose a una reducción de las impresiones complejas y a una síntesis subsiguiente de las aisladas en el ámbito total de la imagen integrada de la persona examinada[35].

La exploración psicológica se inscribe en el dispositivo psicodiagnóstico. La entrevista, por el contrario, persigue la obtención de informaciones mediante la recogida de datos (subjetivos) que el examinado ofrece.

3') *La entrevista.* Tiene, pues, una estructura más simple y menores pretensiones que la exploración. Por ello, no precisa en quien la lleva a cabo (observador) una especial cualificación, bastando con la formación propia de la técnica de encuesta[36]. El papel de éste —a diferencia de lo que sucede en la exploración— es el del intermediario neutral, si bien no es fácil evitar que la persona o actitudes del entrevistador desencadenen determinadas reacciones en el entrevistado, ya que, en definitiva, la entrevista es una técnica basada en la comunicación entre dos personas relacionadas por un mensaje[37].

Existen numerosos *tipos o clases* de entrevistas, según el grado de estandarización de las preguntas, de libertad de comunicación entre entrevistador y entrevistado y profundidad de ésta, de estructuración, número de participantes, destinatario, etc.

Así, suele distinguirse, atendiendo al primero de los criterios, entre entrevistas «*informales*» y entrevistas «*estandarizadas*»[38]; o, siguiendo a Grawitz[39], entre entrevistas: clínica o

---

[34] Así, GÖPPINGER, H., Criminología, cit., págs. 106 y 107.
[35] Así, GÖPPINGER, H., Criminología, cit., pág. 107.
[36] Sobre el problema, detalladamente, MIRALLES, T.ª, Métodos y técnicas de investigación en Criminología, 1982, cit., Cuadernos del Instituto Nacional de Ciencias Penales, México, págs. 343 y ss. (y reseña bibliográfica). También, GÖPPINGER, H., Criminología, cit., páginas 107 y ss.
[37] Así, MIRALLES, T.ª, Métodos y técnicas de la Criminología, cit., pág. 343; GÖPPINGER, H., Criminología, cit., págs. 107 a 110.
[38] Así, GÖPPINGER, H., Criminología, cit., pág. 108.
[39] GRAWITZ, M., Métodos y técnicas de las ciencias sociales, vol. II (1975), págs. 191 y ss. Cfr. MIRALLES, T.ª, Métodos y técnicas de la Criminología, cit., págs. 349 y ss.

libre, profunda, de respuestas libres, entrevista centrada *(focused interview)*, de preguntas abiertas y de preguntas cerradas.

La entrevista *libre* significa el máximo de libertad y de profundidad en el proceso de comunicación entre entrevistador y entrevistado. Interesa ponderar aquí no sólo el contenido de lo que manifiesta el entrevistado sino también la forma en que lo hace. Esta modalidad de entrevista, con sus diversas submodalidades[40], se utiliza como técnica psicoanalítica y psiquiátrica.

La entrevista *profunda* se orienta a campos más limitados (por ejemplo, la «*motivación*»). El papel del entrevistador es más activo, al sugerir el objeto de estudio y seleccionar los datos obtenidos[41] en forma cualitativa.

La entrevista de *respuestas libres* se limita a sugerir el tema, pero las preguntas no se formulan anticipadamente, lo que confiere más libertad y reflexión al investigador[42].

La entrevista *centrada (focused interview)*, técnica desarrollada por Merton, cuenta con unas hipótesis elaboradas de antemano, y a partir de las mismas, el entrevistador polariza la entrevista haciendo un análisis en profundidad (por ejemplo, de una determinada experiencia y de los efectos que provocan uno o varios estímulos), susceptible a menudo de técnicas comparatistas con otras personas distintas[43].

La entrevista de *preguntas abiertas* contiene preguntas precisas pero que no condicionan rígidamente las posibilidades de respuesta. La libertad del entrevistador es reducida, pero no así la del entrevistado, cuyas contestaciones pueden abrir de improviso nuevas perspectivas a la investigación[44].

Por el contrario, la entrevista de *preguntas cerradas*, próxima ya a los cuestionarios estandarizados, circunscribe las posibilidades de respuesta al máximo, tanto si se trata de preguntas formuladas en términos de alternativa (sí o no), como de «*lista*» (oferta preestablecida de contestaciones)[45].

Según el grado de «*dirección*» que recabe el entrevistador y el modo de llevar la conversación, cabe distinguir, también, diversas clases de entrevistas:

Entrevistas *dirigidas* o no *dirigidas*. En las primeras, el entrevistador mantiene la iniciativa y control de la comunicación, orientándola en el sentido deseado con los mensajes oportunos. Por el contrario, en las no dirigidas —que Rogers elaboró e introdujo en el campo de la psicoterapia[46]— la estructuración de la entrevista es mínima, porque se trata con ella de destacar el cuadro perceptivo del examinado situándole en una disposición de ánimo favorable en la que se espera reaccione consigo mismo. Importa, pues, no tanto clasificar o interpretar los sentimientos del entrevistado, como darle confianza y que se sienta comprendido[47].

Entrevistas *directas o indirectas*. En las primeras, las preguntas efectuadas no pretenden obtener otra información que la que aparentemente persiguen, lo que no sucede con las entrevistas indirectas[48].

Finalmente, atendiendo al número de participantes, a la instrumentación de la propia entrevista y a la índole de sus destinatarios cabe distinguir:

---

40   Cfr. MIRALLES, T.ª, Métodos y técnicas de la Criminología, cit., pág 350.

41   Así, MIRALLES, T.ª, Métodos y técnicas de la Criminología, cit., pág. 350.

42   MIRALLES, T.ª, Métodos y técnicas de la Criminología, cit., pág. 350.

43   MIRALLES, T.ª, Métodos y técnicas de la Criminología, cit., págs. 350 y 351.

44   Así, GÖPPINGER, H., Criminología, cit., pág. 109.

45   Así, GÖPPINGER, H., Criminología, cit., pág. 109.

46   MIRALLES, T.ª, Métodos y técnicas de la Criminología, cit., pág. 352.

47   Cfr. GRAWITZ, M., Métodos y técnicas, cit., pág. 109 y ss. Cfr. MIRALLES, T.ª, Métodos y técnicas de la Criminología, cit., pág. 352.

48   MIRALLES, T.ª, Métodos y técnicas de la Criminología, cit., pág. 353.

La entrevista convencional, *bilateral* (entrevistador-entrevistado), la entrevista común con *pluralidad sucesiva de entrevistados* (examinado, familiares de éste, etc.), la entrevista de *grupo* (pluralidad coetánea de examinados) y el *tándem o board-interview*, es decir, el interrogatorio *«cruzado»* (pluralidad de entrevistadores y entrevistado único)[49].

La entrevista *oral* y la consulta *escrita*, frecuente esta última cuando el destinatario es un grupo o colectivo social[50].

La encuesta *panel*, en la que se entrevista a los mismos sectores de la población sobre las mismas variables pero en épocas diferentes, al objeto de registrar los cambios de opinión y conducta durante el período de tiempo interesado[51].

4') El *cuestionario*. Es una técnica dirigida específicamente a estudios *survey*, grandes muestras y sondeos de *«opinión»*, dada la estructura *«normalizada»* de las preguntas que utiliza. La calidad de la información que puede suministrar es, también, menor, puesto que responde a las exigencias de los análisis *«cuantitativos»*, presupone la homogeneidad del colectivo encuestado y, a diferencia de la entrevista, limita al máximo las posibilidades de respuesta y la ponderación de sus matices[52].

El cuestionario es un instrumento de medición *«cuantitativa»*, *«normalizado»*, *«calibrado»* y de *«doble aspecto»*[53].

Como instrumento *«cuantificador»*, describe la influencia de la variable independiente sobre las dependientes, y resulta particularmente indicado en las investigaciones de *«verificación»*. Presupone, en tal sentido, una compleja labor de conceptualización y análisis operacional, así como la selección anticipada de los indicadores que integran cada variable de la investigación.

Como instrumento *«normalizado»*, exige una total homogeneidad y uniformidad de las preguntas, a fin de posibilitar el posterior análisis comparativo de las respuestas con técnicas estadísticas.

Como instrumento *«calibrado»*, requiere ensayos previos con personas de características similares a las que integrarán la muestra, al objeto de perfilar y corregir posibles errores en las hipótesis, conceptuación, formulación de las preguntas, etc.

En cuanto técnica de *«doble aspecto»*, si bien se orienta prioritariamente al estudio de grandes muestras, puede cuantificar, también, unidades de observación simples[54].

5') *La observación*. Surgió esta técnica en la Antropología Social generalizándose, después, para investigar determinadas parcelas del ámbito psíquico y social del examinado, sobre todo, como complemento de la exploración. En tal senti-

---

[49]   Cfr. GÖPPINGER, H., Criminología, cit., pág. 108.
[50]   Cfr. GÖPPINGER, H., Criminología, cit., págs. 108 y 109.
[51]   GÖPPINGER, H., Criminología, cit., pág. 109.
[52]   MIRALLES, T.ª, Métodos y técnicas de la Criminología, cit., pág. 387.
[53]   Así, TREMBLAY, M., Introduction à la recherche dans les Sciences Humaines, cit., cfr. MIRALLES, T.ª, Métodos y técnicas de la Criminología, cit., pág. 363.
[54]   Cfr. MIRALLES, T.ª, Métodos y técnicas de la Criminología, cit., pág. 363.

do, requiere unos conocimientos psiquiátricos y psicológicos muy cualificados en quien la practica y una cierta estandarización en cuanto al objeto de la misma[55].

Además, suele emplearse para completar la información que suministren otras técnicas (cuestionario, entrevista, etc.) y verificarla, e incluso como instrumento único o básico de trabajo, operando entonces con un aparato conceptual muy preciso y un objeto perfectamente conocido y delimitado de antemano.

Particular aplicación tiene en la *«terapia social»*, como instrumento y control simultáneo; así como, en la sociología, para el estudio de *«roles»* (vg., sociograma)[56].

La observación puede ser no *estructurada* (para recabar datos pero sin partir de unas hipótesis muy concisas); o *estructurada*, si opera sólo con las variables y en el sentido de las hipótesis[57].

Cabe distinguir, también, entre una *observación externa* (el observador permanece ajeno al grupo, aunque receptivo) y una observación *activa o participante*, integrándose en el mismo como un miembro más. Esta última, junto con sus lógicas ventajas, presenta, también, serios inconvenientes, en la medida en que las exigencias convencionales de toda investigación científica (neutralidad, distanciamiento del objeto, no identificación con el mismo, etc.) corren el riesgo de diluirse[58].

La observación activa o participante conlleva, a menudo, una aconsejable *escenificación*, con el consiguiente reparto de papeles (Psicodrama).

Algunas investigaciones conocidas han acudido a la técnica de la observación de forma prioritaria. Así, en el campo de la Antropología Social, las de MALINOWSKI (1923), M. MEAD (1961 y 1976) y MURDOCK (1949). Particularmente significativa es la de B. WHYTE (1943) sobre una comunidad marginada de emigrantes italianos de Boston. Investigación esta última semiestructurada, de más de tres años de escrupuloso trabajo intensamente vivido, y que le permitiría concluir —frente a la tesis oficial de la *«desorganización social»* de ciertas minorías marginadas— que la delincuencia en pandillas de jóvenes de la denominada *«segunda generación»* no es producto de una supuesta *«desorganización»* social o de grupo[59].

Metodologías *cualitativas* como la observación participante o la entrevista en profundidad permiten al investigador comprender el drama humano del crimen y el contexto subjetivo del infractor: cómo percibe éste los hechos, que vivencias experimenta, como se ve a sí mismo y a los demás: algo, en definitiva, que las técnicas de investigación *transversales* y *cuantitativas* no facilitan. Interesantes son, entre otras muchas, las investigaciones de Sánchez Jankowski[60], Fleisher[61] o Katz[62] que responden a modelos cualitativos. El primero, convivió con bandas juveniles y describió el mundo de las mismas *desde dentro*, haciendo gala de una encomiable

---

55   Así, GÖPPINGER, H., Criminología, cit., pág. 110.
56   GÖPPINGER, H., Criminología, cit., pág. 110.
57   Cfr. MIRALLES, T.ª, Métodos y técnicas de la Criminología, cit., pág. 398.
58   MIRALLES, T.ª, Métodos y técnicas de la Criminología, cit., pág. 399.
59   Cfr. MIRALLES, T.ª, Métodos y técnicas de la Criminología, cit., pág. 418.
60   Islands in the street. Gangs and American urban society. Berkeley: University of California Press, 1991, págs. 37 y ss.
61   Dead Ends Kids. Gang girls and the boys they Know. Madison, Wisconsin: The University of Wisconsin Press, 1998, págs. 86 y ss.
62   Seductions of crime. Moral and sensual attractions in doing evil. Basic Books., 1988, págs. 4 y ss.

sensibilidad y realismo. Fleisher, por su parte, trató de comprender y reflejar el proceso de autodestrucción en el que se sumerge el joven miembro de estas bandas y sus sentimientos de frustración, desesperación, rabia, etc. Por último, Katz analizó las motivaciones criminales de homicidas que cometen el delito por venganza, resentimiento, odio; por haberse sentido en su momento humillados o incluso por identificar a sus víctimas con el mal.

6') La *discusión en grupo*. Junto con el psicodrama, ha adquirido particular significación en el análisis y terapia de la personalidad, y en la terapia social[63].

Presupone, en el «*director*», una adecuada formación científica —psiquiátrica y psicológica— y experiencia en psicoterapia y en terapia de grupo.

La intervención del director debe ser mínima, limitada a la elección del tema, mediación en las diversas intervenciones y ocasional interpretación de las mismas. Porque lo decisivo de esta técnica es la creación de un marco de espontaneidad y participación en la que cada actor experimente cómo también los demás se enfrentan a los mismos problemas, haciéndole consciente de sus propias reacciones y confrontándole con las de los otros. De este modo se pretende obtener una información valiosa sobre determinadas opiniones del partícipe, sobre su influenciabilidad, situación afectiva y otros campos vitales y vivencias[64].

7') *El experimento*. Cobra particular aplicación en las investigaciones sociopsicológicas[65]. Consiste, en definitiva, en la provocación, sujeta a un plan, de una situación de hecho[66], si bien no suele ser fácil distinguirle, de forma nítida e inequívoca, de la observación y la exploración ya que las fronteras entre estas técnicas de investigación son fluctuantes[67].

Existen dos modalidades básicas de experimento: el de *laboratorio* y el de *campo*. En el de «*laboratorio*», un grupo experimental y un grupo de control son observados en situaciones artificiales a fin de determinar si un concreto factor causal (variable independiente) produce o no el efecto que se le atribuye (variable dependiente). Cuando la investigación se lleva a cabo precisamente en el hábitat natural o entorno normal del grupo de contraste, se habla, entonces, de experimento de «*campo*»[68]

Esta técnica del experimento ha sido frecuentemente utilizada con el propósito de establecer relaciones de causalidad entre determinados fenómenos sociales y el comportamiento

---

[63] Cfr. GÖPPINGER, H., Criminología, cit., págs. 111 y ss. (y bibliografía allí citada). Por todos, MORENO, J.L., Gruppenpsychotherapie und Psychodrama, Stuttgart, 1959.

[64] Vid. GÖPPINGER, H., Criminología, cit., pág. 111 (y amplia reseña bibliográfica sobre la discusión en grupo).

[65] Vid. MAYNTZ, R.; JOLM, K., y HÜBNER, P., Einführung in die Methoden der empirischen Soziologie, 1971 (Colonia y Opladen), págs. 168 y ss. Cfr. GÖPPINGER, H., Criminología, cit., págs. 111 y 112; MIRALLES, T.ª, Métodos y técnicas de la Criminología, cit., págs. 329 y ss.

[66] Cfr. GÖPPINGER, H., Criminología, cit., pág. 111.

[67] Cfr. GÖPPINGER, H., Criminología, cit., pág. 111.

[68] Vid. GÖPPINGER, H., Criminología, cit., pág. 112.

criminal. Así, por ejemplo, para verificar si las malas condiciones de habitabilidad generan delincuencia, se divide en dos grupos (el «experimental» y el de «control») un determinado número de familias del «cinturón de miseria»; el grupo de «control» permanece en su barrio, mientras el «experimental» es trasladado a otro de mejores condiciones de habitabilidad. La hipótesis de la investigación se confirmará si el grupo de control comete un porcentaje de delitos estadísticamente más significativo que el grupo experimental[69].

El experimento puro, sin embargo, es una modalidad en desuso y muy desacreditada por diversas razones, habiendo recibido severas críticas los realizados en el marco de programas de rehabilitación penitenciaria[70].

Ante todo, plantean graves reparos desde un punto de vista ético y deontológico con relación al ensayo que se practica con el grupo experimental.

Por otra parte, y desde una perspectiva estrictamente científica, tiene muchos puntos débiles. Parece muy difícil, por ejemplo, la selección de los dos grupos homogéneos, el experimental y el de control, lo que exige una base de muestreo extensísima y siempre problemática. Resulta, de hecho también, imposible el control de una serie de variable: así, cuando en el ejemplo tipo antes citado se modifica la vivienda del grupo experimental, se alteran, también, otras variables con las que no se cuenta (amistades, relaciones, empleo del tiempo libre, etc.), de modo que el experimento carece del control de las mismas, que difieren de las correlativas al grupo que permanece en su hábitat natural. Por último, tampoco parece sencillo ponderar con objetividad y garantías las respuestas y reacciones que ofrecen los grupos sometidos a experimentación[71].

En todo caso, y aunque suele propugnarse la semejanza del experimento con el que tiene lugar en el marco de las ciencias naturales, sólo formalmente cabe tal equiparación ya que el hombre no es una magnitud fija y quiebra, por tanto, cuando es analizado en sus interdependencias sociales, uno de los requisitos del experimento científico-natural: su repetibilidad (constancia de las condiciones)[72].

8') Los *test psicológicos*. Son el instrumento principal del psicólogo para el diagnóstico de la personalidad y el examen de sus funciones. Se pretende, con ellos, obtener en el menor tiempo posible la imagen más amplia y significativa de determinados campos psíquicos de la personalidad, mediante el procedimiento de provocar en el individuo que se examina ciertas reacciones. De éstas se deducen, después, las oportunas consecuencias (en orden a la capacidad, actitudes, etc. de aquél) susceptibles de análisis y comparación a través de métodos estadísticos. En

---

69   Vid. MIRALLES, T.ª, Métodos y técnicas de la Criminología, cit., págs. 328 y ss.
70   Vid. MIRALLES, T.ª, Métodos y técnicas de la Criminología, cit., pág. 331 (y bibliografía allí reseñada).
71   Vid., por todos, MIRALLES, T.ª, Métodos y técnicas de la Criminología, cit., pág. 330 y ss.
72   Cfr. GÖPPINGER, H., Criminología, cit., pág. 112.

este sentido, el test suele caracterizarse como *«situación experimental estandarizada»*[73] o supuesto *«especial de experimento»*[74].

La particular idoneidad del test para el examen de la personalidad se explica por la propia naturaleza del mundo psíquico, sólo accesible por medio de la *«expresión»*, esto es, de la *«deducción»*: el test permite reconducir las afirmaciones incontroladas que se vierten en una exploración, observación o experimento a un marco previamente definido, limitando el procedimiento de obtención de datos mediante ciertos criterios y definiendo formalmente su contenido con precisas determinaciones[75]

Siendo, además, distintas las personas que se someten al mismo test, y distintas sus reacciones, cabe entonces ponderar estadísticamente las diferentes respuestas y clasificar las personas que se sometieron a aquél.

> Pero el test es uno de los métodos, no el único, y sólo un método, que no debe sobrevalorarse ni absolutizarse. Del mismo modo que la exploración psiquiátrica no puede ni pretende captar totalmente la personalidad, tampoco los mejores tests son capaces de mostrar *«la»* personalidad —o ciertos campos psíquicos— *«tal y como es»*; proporcionan, a lo sumo, una *«imagen»* de la personalidad —o de sus muchas facetas— tal y como ésta se *«manifiesta»* y *«deduce»* de la prueba realizada, en el momento de hacerla, y en comparación con otras personas sometidas al mismo test o con un valor *«medio»* estadístico calculado para éste[76].
>
> Baste con observar, por lo que se refiere a los tests realizados a delincuentes, que son indicadores de la personalidad del autor en el momento de someterse a los mismos; momento que no coincide necesariamente con la *«personalidad media»* de aquél en el momento del hecho, pues todas las vivencias posteriores a la conducta criminal repercutirán en su propia personalidad, reflejándose de algún modo a la hora de someterse al test[77].

Todo test debe ser objetivo, fidedigno, válido, suficiente, susceptible de comparación, económico y útil[78], requisitos no siempre presentes en la rica y

---

[73]   Así, PICHOT, P., Les Tests psychologiques en Psychiatrie, en: Gruhle, H.W.; Jung, R., y otros (edit.) Psychiatrie der Gegenwart, Forschung und Praxis, I y II, 1963, Berlin, Göttingen, págs. 181 y ss. Cfr. GÖPPINGER, H., Criminología, cit., pág. 113.

[74]   Así, GÖPPINGER, H., Criminología, cit., pág. 113.

[75]   Así, GÖPPINGER, H., Criminología, cit., pág. 112. Vid: VALLEJO, J., BULBENA, A., GRAU, A., POCH, J. y SERRALONGA, J., Introducción a la Psicopatología y Psiquiatría, Barcelona, 1983, págs. 149 y ss.

[76]   Cfr. GÖPPINGER, H., Criminología, cit., pág. 113. Vid., ESBEC RODRÍGUEZ, E., GÓMEZ JARABO, G. y otros, Psicología forense y tratamiento jurídico legal de la discapacidad. Madrid, 2000, Edisofer, S.L., pág. 306.

[77]   GÖPPINGER, H., Criminología, cit., pág. 114.

[78]   Cfr. GÖPPINGER, H., Criminología, cit., pág. 114. Vid. ESBEC RODRÍGUEZ, E., GÓMEZ JARABO, G., y otros: Psicología Forense y tratamiento jurídico legal de la discapacidad. Madrid, (2000), Edisofer, S.L., págs. 306 y 307; CABRERA, J. y FUERTES, J.C., Psiquiatría y Derecho, dos ciencias obligadas a entenderse, Manual de Psiquiatría Forense. Madrid (Cauce Editorial), 1997, pág. 109.

heterogénea oferta actual que, al parecer, oscila entre 20.000 y 50.000 modelos[79].

Desde un punto de vista *funcional* se clasifican los tests, en: test de *eficiencia* (test de inteligencia, tests de aptitudes y tests neuropsicológicos) y tests de *personalidad* (tests objetivos y técnicas proyectivas).

Los tests de *inteligencia* más conocidos son la *Escala de Binet-Simon* (1911), con sus sucesivas revisiones (Binet-Terman, de 1916); Stanford o Terman-Merrill, de 1937 y 1960), que permite determinar la «la edad mental»; las escalas de inteligencia de *Weschler-Bellevue* (formas I, de 1939, y II, de 1940-1946) y el Weschler Adult Intelligence Scale (*WAIS*), de 1955, que además de tests de inteligencia general han sido objeto de investigación como posibles instrumentos de diagnóstico de una gran variedad de condiciones patológicas; test de *Raven* (1938) y *test de dominós* (D-48), de 1944[80].

Los tests de *aptitudes* pueden versar sobre las funciones mentales o sobre el pensamiento conceptual, los primeros miden los rendimientos específicos de la *atención* (tests de Toulouse Pieron, de Meili, etc.); la *memoria* (de Weschler, de Cattell, etc.); aptitudes *perceptivo-motores* (de retención visual, de Benton; guestáltico visomotor, de Bender; de la figura compleja, de Rey, etc.); *test psicofisiológicos; psicomotores* (de destreza motora, de Stromberg; de actitud mecánica, de McQuarrie, etc.). Los tests de *pensamiento conceptual* miden la aptitud para la categorización. Así, los de Vigolsky-Hanfmann y Kasanin (para el estudio del deterioro mental), el de Afasias (del lenguaje) y la bateria de Luria[81].

Los tests de *personalidad*[82] se clasifican en: cuestionarios de personalidad, tests objetivos de la personalidad y tests proyectivos de personalidad. Los primeros, unifásicos o multifásicos (según el número de rasgos que midan), pueden seguir criterios de medición psicológicos clásicos (vg. tests de Allport o de Terman), nosológico-psiquiátricos (test MMPI) o análisis factorial y medir rasgos de adaptación, interés o valores. Algunos de estos tests se refieren a tipologías de carácter (vg. Guilford-Zimmermann y 16 PF de Cattell), otros aspectos de personalidad patológicos (vg. autoanálisis de Cattell; EPI, de Eysenck; ansiedad, de Taylor; SN59, de Cerdá; NAD de Costa-Molinari; Hamilton, de ansiedad y depresión, etc. Los *tests objetivos* de personalidad son, entre otros, los de los laberintos de Porteus, del dibujo en espejo, y de batería de Hartshome y May. Los *tests proyectivos* (de Rorschach, Tat de Murray, test de Lowenfeld, de K. Machover, etc.) pueden subclasificarse en tres grupos: los proyectivo-gráficos (Goodenough, Koch, etc.); los que utilizan material diferenciado (así:

---

79   Así GÖPPINGER, H., Criminología, cit., pág. 114.
80   Cfr. VALLEJO, J., BULBENA, A., GRAU, A., POCH, J. y SERRALONGA, J., Introducción a la psicopatología y psiquiatría, Barcelona (Salvat), 1983, págs. 151 y ss.; CABRERA FORNEIRO, J., y FUERTES ROCAÑIN, J.C., Psiquiatría y Derecho dos ciencias obligadas a entenderse. Manual de Psiquiatría Forense, Madrid, (Cauce Editorial), 1997, págs. 109 y ss.; ESBEC RODRÍGUEZ, E., y GÓMEZ JARABO, G., Psicología forense y tratamiento jurídico legal dela discapacidad. Madrid (2000), Edisofer, S.L., págs. 304 y ss.
81   Cfr., VALLEJO, J., BULBENA, A., y otros, Introducción a la psicopatología y psiquiatría, cit., págs. 154 y ss.
82   Vid. CABRERA FORNEIRO, J., FUERTES ROCAÑIN, J.C., Psiquiatría y Derecho, cit., pág. 111. También: BERNAT-NOËL TIFFON, Manual de Consultoría en Psicología clínia y Psicopatología clínica, legal y jurídica, Criminal y forense. Bosch edit., 2008, págs. 53 y ss.

test del mundo, de Buhler; de frustración, de Rosenzweig; de apercepción temática, TAT; de asociación de palabras, de Jung, etc.); y los que utilizan material indiferenciado (test de Rorschach)[83].

De los tests citados tienen particular interés los *neuropsicológicos*, que estudian las funciones cerebrales superiores mediante las «unidades funcionales cerebrales» (Anokhin, Vigotski, Luria, etc., de la Escuela rusa). Y, para la Psiquiatría, el MMPI, el de Macchover y el 16.P.F. de Cattell (con relación a los trastornos de la personalidad); el de Wais y el de Raven, a propósito del retraso mental; el test de Luria y el de Wais, también, en cuanto a las demencias; el MMPI y los proyectivos de Rorschach y Macchover, para las psicosis; los cuestionarios de Hamilton, Beck y Zung-Conde, con relación a los trastornos afectivos y de ansiedad[84].

9') *Métodos de medición*. El concepto de *«medida»* alude a la cuantificación de una propiedad de un sistema concreto[85]; medir es interpretar ciertas señales convencionales, como números, que suministran, a su vez, una imagen más o menos fiable de porciones o grados de una propiedad[86]; *magnitud*, en consecuencia, es el modo en que los grados de una propiedad se representan por números. Los métodos de medición pretenden, en definitiva, llegar hasta diferenciaciones cuantitativas a través de la captación cualitativa de ciertos campos[87].

La medición presupone un instrumento: la *escala*.

Existen muy diversas clases y subclases de escala: nominales y ordinales, de intervalo o de relación, etc.

Las escalas *nominales*, no marcan diferencias cuantitativas entre las diferentes expresiones de características consignadas en las mismas. Las *ordinales* contienen o expresan una relación cuantitativa en progresión o regresión (mayor-menor) pero no definen la magnitud de las diferencias entre las categorías de rango (vg. muy agradable, agradable, neutral, etc.).

Las escalas de *intervalo* se llaman así porque el intervalo entre las clases se sucede con igual separación o frecuencia, por lo que los respectivos valores corresponden a los de las cifras (la diferencia entre los valores de los puntos 10 y 12 de una escala de intervalo es la misma que entre los valores de los puntos 2 y 4). La escala de *relación*, sin embargo, tiene un auténtico punto cero, siendo poco utilizada en el campo psíquico[88].

La fidelidad y validez de la escala suele verificarse con arreglo a diferentes técnicas (*test-retest, multiple-form, splithalf,* etc.)[89].

---

83   Cfr., VALLEJO, J., BULBENA, A., y otros, Introducción a la psicopatología y psiquiatría, cit., págs. 156 y ss.; CABRERA FORNEIRO, J., FUERTES ROCAÑIN, J.C., Psiquiatría y Derecho, cit., págs. 113 y ss.

84   Vid. CABRERA FORNEIRO, J., FUERTES ROCAÑIN, J.C., Psiquiatría y Derecho, cit., págs. 116 y 117.

85   Cfr. MIRALLES, T.ª, Métodos y técnicas de la Criminología, cit., pág. 462; GÖPPINGER, H., Criminología, cit., págs. 115 y ss.

86   Así, BUNGE, M., La investigación científica. Barcelona. Ariel, 1980, pág. 787. Cfr. MIRALLES, T.ª, Métodos y técnicas de la Criminología, cit., pág. 462.

87   Así, GÖPPINGER, H., Criminología, cit., pág. 115.

88   Para un estudio más detallado de las diversas escalas, vid. MIRALLES, T.ª, Métodos y técnicas de la Criminología, cit., págs. 462 y ss.

89   Cfr. MIRALLES, T.ª, Métodos y técnicas de la Criminología, cit., pág. 475.

Los métodos de medición se utilizan en la Sociología, versando entonces sobre actitudes, percepciones y comportamientos individuales o de grupo[90]. Pero tienen una especial significación teórica y práctica en la psicología de la personalidad (en forma de cuestionarios) al objeto de averiguar hasta qué punto se halla pronunciada una determinada cualidad.

Cabe resaltar aquí dos suertes de cuestionarios[91]: un primer grupo se perfiló comprobando, con fines clínicos, *«algunas expresiones patológicas de dimensiones de la personalidad»*, como es el caso del conocido MMPI (Minnesota Multiphasic Personality Inventory), test amplio de cuestionario, desarrollado para el diagnóstico de particulares irregularidades psíquicas, que consta de tres escalas de validez y diez escalas estándar; un segundo grupo de cuestionarios persigue obtener información sobre *«dimensiones fundamentales»* o *«factores»* de la personalidad (es uno de los instrumentos preferidos, por ejemplo de la Psicología *«factorialista»* de Eysenck).

Todos estos métodos de medición tienen sus limitaciones[92], pero chocan, ante todo, con la imposibilidad de cuantificar con exactitud cuanto sucede en el mundo psíquico del hombre. Tal vez por ello, sería preferible utilizar la expresión *«estimación gradual»* antes que la de *«medición»*[93].

10') *Métodos sociométricos.* Son de preferente aplicación en el ámbito sociológico y socialpsicológico. Pretenden investigar las relaciones cambiantes de cada uno de los miembros de un grupo menor o comunidad investigando la frecuencia e intensidad de determinadas relaciones elementales: atracción, repulsa, neutralidad, etc. Éstas se reflejan, después, en forma de *«sociograma»*, que describirá una red gráfica significativa de tales relaciones entre los miembros del grupo, muy útil para ponderar la situación de cada persona en él (aislamiento, participación, liderazgo, etc.)[94].

11') Estudios de *«casos»* y *«biografías»* criminales. Las estadísticas son descripciones *«transversales»* de la criminalidad, inspiradas por criterios *«cuantitativos»*. Los *case studies* o *case histories* y *biografías (life histories)* son técnicas *individualizadoras y longitudinales* de corte *«cualitativo»* que tratan de desvelar la historia del autor y de su hecho siguiendo el curso de su vida y de sus experiencias.

Algunas de ellas, no obstante, pueden suministrar informaciones valiosas, susceptibles de tratamiento estadístico, a la luz de los datos que aporten casos semejantes[95].

---

[90] Así, MIRALLES, T.ª, Métodos y técnicas de la Criminología, cit., pág. 463.
[91] Cfr., GÖPPINGER, H., Criminología, cit., pág. 116.
[92] Por todos, GUILFORD, J.P., Psychometric Methods, 1954, New York. Cfr. GÖPPINGER, H., Criminología, cit., pág. 116.
[93] Así, GÖPPINGER, H., Criminología, cit., pág. 116.
[94] GÖPPINGER, H., Criminología, cit., pág. 117.
[95] En este sentido, TAFT, D.R.-ENGLAND, Criminology, cit., pág. 71 a 73.

Los *case studies* tratan de recoger la información lo más completa posible sobre cada supuesto individualizado (descripción del comportamiento, historial familiar, trazos de la personalidad, pasado y presente del hogar, vecindad y círculo de amistades, oportunidades sociales, experiencias en grupo, habilidades, preferencias, *hobbies*, oportunidades y actividades laborales, vida escolar, intereses, metas y proyectos, etc.), acudiendo a la más variada gama de fuentes[96].

> HEALY, en los Estados Unidos, practicó esta técnica para estudiar delincuentes juveniles de Chicago. La Judge Baker Foundation ha publicado, también, conocidos *case studies*[97].
> Los *individual case studies* son un excelente método complementario de la Criminología, pero tienen, también, importantes limitaciones, por razón de la complejidad y dispersión de la fuente informativa, así como por la inevitable carga de la subjetividad que imprime el investigador al seleccionar los datos o *intuicionismo* en su ejecución[98].

En cuanto a las *biografías* escritas por los mismos delincuentes, la valoración deber ser muy matizada. La explicación e interpretación de las propias experiencias vitales interesa, desde luego, a la Criminología, pero es importante verificar la fiabilidad de la versión que aquéllos ofrezcan.

Las biografías criminales tienen, por tanto, serias limitaciones. Además, no todo delincuente está capacitado para escribirlas, ni desvelan posibles motivaciones ocultas, a menudo intuibles sólo por un tercero[99] ajeno al propio autor de las memorias o relatos. Pero, con las oportunas reservas y cautelas, suministran un material informativo útil y contrastable, más difícil a menudo de obtener por otros métodos[100], por cuanto la reproducción del «*pasado*» de una persona suele chocar con obstáculos insalvables.

12') *Estudios de «seguimiento»*: los «*follow-up*». Los estudios *follow-up* examinan la evolución del individuo durante un determinado período de tiempo operando con una serie de factores psicológicos y sociológicos. Son, pues, métodos dinámicos y evolutivos.

Surgen a principios del siglo XX para verificar la efectividad del tratamiento de los reclusos, cuando los partidarios de los contrapuestos sistemas penitenciarios

---

96   Cfr. TAFT, D.R.-ENGLAND, R.W., Criminology, cit., pág. 72.
97   Sobre el tema, vid., por todos, MANNHEIM, H., Comparative Criminology. A. Text Book, I., London (Routledge-Keagan Paul), págs. 153 y 160. Cfr. PINATEL, J., Tratado de Criminología, cit., pág. 72.
98   Cfr. TAFT, D.R.-ENGLAND, R.W., Criminology, cit., págs. 71 y 72.
99   Cfr. ENGLAND, D.R.-ENGLAND, R.W., Criminology, cit., pág. 73.
100   Para una reseña bibliográfica sobre el tema, vid. TAFT, D.R.-ENGLAND, R.W., Criminology, cit., pág. 73.

(Auburn, Filadelfia, etc.) necesitan respaldar sus idearios con resultados empíricos[101].

Estudios *follow-up* se han llevado a cabo para hacer un seguimiento de las carreras criminales, del proceso de reinserción social del ex penado, y de determinados estados psicológicos de éste durante el cumplimiento de la condena.

Los primeros de ellos tratan de investigar la génesis, evolución y manifestaciones de una *«carrera criminal»*.

Los segundos giran en torno al problema de la reincidencia y pretenden poner de manifiesto hasta qué punto aquélla deriva del fallo del tratamiento penitenciario o de otros factores.

Particularmente valiosos son, en este sentido, los estudios del matrimonio GLUECK[102] y del GLASER[103]. Los Glueck hicieron un seguimiento durante quince años de quinientos ex reclusos del Massachusetts Reformatory, en tres períodos sucesivos de cinco años, llegando a resultados más matizados y menos optimistas que los de la estadística oficial[104].

En cuanto a los *follow-up* que examinan el proceso de reinserción social del ex recluso, el trabajo de GLASER llamó la atención sobre la importancia prioritaria del problema laboral, factor decisivo de la reincidencia, a su juicio, porque durante los primeros meses que suceden a la excarcelación el liberado opta por replegarse a sus actividades marginales ilícitas si no encuentra una ocupación legal[105].

Por último, estudios *follow-up* se han realizado con éxito por COHEN y TAYLOR investigando durante tres años en el ala de seguridad de la prisión inglesa de Durhem a condenados a penas perpetuas[106]. La supervivencia psicológica es, tal vez, el leit motiv de estos reclusos, según COHEN y TAYLOR[107].

Los estudios *follow-up* sobre la reincidencia tienen la ventaja de suministrar una información más completa, dinámica y matizada que la de las estadísticas oficiales, ya que no se contraen a la reincidencia detectada, registrada sino a la real; abarcan amplios períodos de tiempo (hasta quince años algunos de ellos), y constatan cambios cualitativos inasequibles a la estadística. Pero precisamente por todo ello requieren de un complejo y conjuntado equipo de investigación, y ésta es difícil y costosa[108].

---

[101] Cfr., MIRALLES, T.ª, Métodos y técnicas de la Criminología, cit., pág. 320.

[102] GLUECK, S.-GLUECK, E., 500 Criminal Careers. New York, 1930 (A.A. Knopf).

[103] GLASER, D., Defectiveness of Prison and Parole System, 1964, Indianápolis, Bobbs Merrill Company.

[104] Cfr. MIRALLES, T.ª, Métodos y técnicas de la Criminología, cit., pág. 321. El estudio se prolongó durante quince años. En los cinco primeros, la tasa de no reincidencia se eleva a un 21,1 por 100; en los segundos cinco años, un 30 por 100 del total que quedaba; en el tercer período, un 41 por 100, también del total restante.

[105] Cfr., MIRALLES, T.ª, Métodos y técnicas de la Criminología, cit., págs. 321.

[106] COHEN, S. TAYLOR, L., The experience of Time in Long-Term Inprisonment, 1970. New Society, 431 (31 Dec.); de los mismos: The Closed Emotional World of the Security Prision, 1971, New Edinburgh Review (15 Nov.); de los mismos: Psychological Survival: the Experience of Longterm Inprisonment, 1972, London, Penguin.

[107] Cfr., MIRALLES, T.ª, Métodos y técnicas de la Criminología, cit., pág. 321.

[108] Así, MIRALLES, T.ª, Métodos y técnicas de la Criminología, cit., pág. 322.

13') Estudios *«paralelos»* e investigaciones con *«grupo de control»*. Son técnicas estadísticas que junto al grupo experimental (delincuentes) examinan, en términos comparativos, otro grupo de no delincuentes de características homogéneas, tratando de investigar así la incidencia etiológica de un determinado factor o variable.

> Así, por ejemplo, para determinar si la carencia materna durante la infancia[109] es un factor criminógeno, se escogen dos grupos de personas —uno integrado por delincuentes, y otro por no delincuentes— de base lo más homogénea posible; esto es, en los que concurran unas mismas circunstancias (edad, sexo, escolaridad, condiciones y *estatus* económico, etc.), y se comparan con el factor cuya influencia etiológica se examina. En la medida en que el grupo delincuente presente el factor en un porcentaje estadísticamente más significativo que el grupo no delincuente (lo que se mide con diversas clases de tests), podrá establecerse aquella relación causal.
>
> La técnica de control se ha utilizado especialmente por la Biología Criminal (herencia peyorativa) en estudios con gemelos monocigóticos y dicigóticos dirigidos a demostrar la decisiva contribución del factor hereditario en el comportamiento delictivo. Para ello, las diversas investigaciones han tratado de verificar la siguiente hipótesis: que en los gemelos monocigóticos delincuentes su par gemelo es también delincuente en una proporción estadísticamente más significativa que en los gemelos dicigóticos delincuentes y sus pares[110]. De particular interés fueron, entre otros, los trabajos de Lange, Stumpfel, Hurwitz, Eysenck y Christiansen[111].

Metodológicamente, el gran obstáculo que tiene que vencer esta técnica de investigación es la dificultad de seleccionar dos grupos homogéneos, para que sea posible la comparación entre el grupo de delincuentes y el de no delincuentes. Aunque la demografía ha progresado, existen serias dificultades prácticas en el momento de asegurar la mayor semejanza posible en los factores que tienen que permanecer los mismos en uno y otro grupo. La formación del grupo de control es problemática[112].

A la técnica del *«grupo de control»* se le ha objetado, además, diseccionar artificialmente la personalidad humana del medio o entorno, operar con una perspectiva estática, y sus prejuicios individualistas en el momento de seleccionar los factores objeto de investigación[113].

---

[109]   Ejemplo, de MIRALLES, T.ª., Métodos y técnicas de la Criminología, cit., pág. 316. Sobre el problema, vid. WILLIAMS, H., Criminology and Criminal Justice, cit., págs. 60 y ss.

[110]   Vid. MIRALLES, T.ª, Métodos y técnicas, cit., pág. 318.

[111]   Sobre genética criminal, vid. infra, Parte Tercera, II.3.h.

[112]   En cuanto a las dificultades prácticas para seleccionar dos grupos homogéneos, susceptibles de comparación, vid., por todos …, MIRALLES, T.ª, Métodos y técnicas, cit., págs. 317 y ss.

[113]   Así, MIRALLES, T.ª, Métodos y técnicas, cit., págs. 319 y ss.

14') *Particular referencia al método estadístico*

En cuanto a las técnicas *estadísticas*, cabe clasificarlas con arreglo a dos criterios fundamentales: la naturaleza y *finalidad* de las mismas, y su *origen* o *fuente* de procedencia.

1') Por razón de su *naturaleza* se distingue entre:

a) Estadísticas de *masas* o de *series*[114].

Las primeras abarcan la totalidad de la actividad criminal de una población dada. Suministran una información valiosa sobre la composición y fluctuaciones del fenómeno criminal.

Las estadísticas de series tienen por objeto verificar las anteriores y comprenden sólo un número restringido de casos; permiten autentificar o contradecir los resultados obtenidos por las estadísticas de masas.

b) Estadísticas *estáticas o dinámicas*[115].

O, para ser más exactos, «formas de observación» estáticas o dinámicas, ya que estos métodos apenas si tienen algo que ver con los del moderno análisis estadístico (fórmulas matemáticas y modelos de evaluación).

Las formas de observación *estáticas* contemplan su objeto en reposo[116], en un mismo período de tiempo. Expresan sus resultados en cifras «absolutas», sirviéndose de «figuras», normalmente un círculo con secciones del mismo. Así, en base a la estadística criminal de un año, se establece qué participación porcentual tiene el sexo masculino o el femenino y los diversos grupos de edad en el volumen total de la criminalidad registrada, y en los diversos tipos de delitos; qué cuota en ésta significa cada delito en particular, su volumen y composición, etc.

Por el contrario, las formas de observación *dinámicas* contemplan la criminalidad «en movimiento», esto es, sus oscilaciones a lo largo de un determinado período. La comparación, por tanto, de los respectivos datos estadísticos versa sobre ámbitos temporales distintos. Las «curvas de criminalidad» se sirven entonces de «cifras relativas», no de valores absolutos, y la representación gráfica de los resultados obtenidos suele llevarse a cabo mediante diagramas con columnas o curvas.

Tanto los modelos estáticos como los dinámicos tienen en común la característica esencial del método estadístico: la comparación; comparación que puede ser «interna» (de grupos de delitos entre sí) o «externa» (contraponiendo la población no criminal y la criminal)[117].

---

114 Distinción de PINATEL, J., Tratado de Criminología, cit., pág. 64.
115 La terminología procede de EXNER, F., Kriminologie, cit., 1949, págs. 14 y ss. Cfr. GÖPPINGER, H., Criminología, cit., págs. 89 y ss., a quien se debe la puntualización terminológica que se asume en el texto («formas de observación»).
116 Así, EXNER, F., Kriminologie, cit., 1949, págs. 14 y ss.
117 En general, sobre estas dos modalidades estadísticas, vid., GÖPPINGER, H., Criminología, cit., págs. 89 y 90.

c) *Estudios o esquemas de pronóstico y tablas de predicción.*

Las estadísticas son descripciones «transversales» del crimen (como las biografías son descripciones «longitudinales»). Se limitan a determinaciones «atomizadas» del comportamiento examinado.

Las tablas de predicción y pronóstico evalúan las probabilidades de delinquir —o de reincidir— de un sujeto determinado. En definitiva, pues, se proponen elaborar estadísticamente los resultados de los *follow-up studies*, permitiendo el equivalente a una experimentación criminológica[118].

d) *Estadísticas, «self-reporter survey» y «victimización studies»*[119].

Las estadísticas reflejan valores de la criminalidad oficial «registrada». No pueden captar, como es lógico, el llamado «campo negro»[120] que no se recoge en las mismas.

Por el contrario, los *self-reporter survey* (informes de autodenuncia) y los *victimization studies* (encuestas de victimización) son técnicas de investigación dirigidas específicamente al conocimiento de la criminalidad *real* no registrada, que permiten desvelar algunos interrogantes de la «cifra negra».

Unos y otros tienen aplicaciones diferentes. Los primeros (los *self-reporter survey*) posibilitan el cálculo del número real aproximado de infractores, así como la frecuencia con que lo hacen; constituyen un instrumento de trabajo útil para contrastar las tasas oficiales de criminalidad y, sobre todo, para evaluar las tasas de prevalencia de determinados delitos en referencia a concretos colectivos (vg. jóvenes); facilitando (gracias al manejo de datos psicosociales) el estudio de carreras delictivas y el seguimiento en estudios con grupo de control de la variable escogida. Los estudios de victimización (*victimization studies*) son más indicados para averiguar el volumen global y naturaleza de las acciones delictivas cometidas durante un período de tiempo y en un ámbito espacial determinado. Contribuyen, también, al mejor análisis de la dinámica de la denuncia y persecución penal de los delitos[121].

---

118 En este sentido, PINATEL, J., Tratado de Criminología, cit., págs. 73 y 74.
119 Vid. CANTERAS MURILLO, A., La Encuesta social en la medición del delito: victimización y autodenuncia, en: Delincuencia, 1991, 3, n° 1/2, págs. 109 y ss.
120 Sobre el concepto de «campo negro», vid. MEIER, O., Dunkelziffer und Dunkelfeld, 1956, Bonn, págs. 4 y ss.; KAISER, G., Kriminologie, cit., págs. 233 y ss. (y bibliografía allí citada); GÖPPINGER, H., Kriminologie, cit., págs. 158 y ss. (y bibliografía allí reseñada); SIEGEL, L.J., Criminology, cit., pág. 7; VETTER, H.J.-SILVERMANN, I.J., Criminology and Crime. An Introduction, cit., págs. 33 y ss.
121 Así, GÖPPINGER, H., Criminología, cit., pág. 96. Vid. infra, capítulo VI.

Excurso: cifra negra, atrición y técnicas de estimación de la criminalidad real (informes de autodenuncia y encuesta de victimización). La encuesta social y la estimación de las tasas reales de criminalidad

La perpetración de un hecho delictivo pasa, a menudo, inadvertida, no trasciende a terceros, o trasciende, pero éstos, por muy diversas razones, no denuncian el mismo, de modo que ni siquiera llega a conocimiento de la autoridad competente para perseguirlo y castigarlo. Otras veces la denuncia no da su fruto: no se abre la oportuna investigación o arroja un resultado final negativo, pues la autoridad policial y la judicial filtran y seleccionan aquellas pretensiones punitivas que —a juicio de estas últimas— requieren y merecen la respuesta oficial del Estado. La propia persecución formal del hecho denunciado, por otra parte, no siempre concluye con una sentencia condenatoria para el presunto infractor ni éste cumple, en su caso, un hipotético castigo impuesto. Ni todo delito cometido trasciende, ni todo delito conocido se denuncia, ni todo delito denunciado se persigue, ni todo delito perseguido se castiga, ni toda condena impuesta se cumple.

Estas y otras muchas circunstancias explican de antemano la insuficiencia de la información que sobre la criminalidad real pueden suministrar las estadísticas oficiales y el ostensible distanciamiento entre sus respectivos valores: los «reales» y los «registrados» o estadísticos. Con razón se refirió ya EXNER[122] a la «gran cruz de la estadística criminal».

En la Sociología Criminal se utiliza, precisamente, el concepto de «*atrición*» para designar el citado distanciamiento entre los valores en cada caso obtenidos (no sólo los «oficiales») y los reales: los primeros son siempre más reducidos, inferiores. El fenómeno, inevitable, puede detectarse en cualquier segmento del proceso social a propósito del comportamiento de todos sus agentes e instancias criminalizadoras (vg., codelincuente que no delata, víctima que no denuncia, policía que no investiga, fiscal que no acusa, juez que no condena, etc.). Obviamente, los sucesivos recortes o filtros del hecho real («atrición» equivale a reducción, disminución, selección, etc.) se acumulan de forma progresiva y alcanzan sus cotas máximas en el punto final de dicho proceso («valores oficiales» del control social formal, versus «valores reales»)[123]. En el caso de este último (el control social formal) la discordancia entre valores «oficiales» y los reales, en perjuicio de los primeros, mucho más reducidos, se explica por el hecho de que los agentes e instancias de dicho control formal tengan que operar con definiciones formales de delito y estricto acatamiento de la legalidad penal[124].

---

[122]   EXNER, F., Kriminologie, Berlín (3ª ed.), 1949, pág. 15.

[123]   Sobre el «*proceso de atrición*», vid., CANTERAS MURILLO, A., La encuesta social en la medición del delito: victimización y autodenuncia, en: Delincuencia, 1991 (3), nº 1/2.

[124]   Vid. ALVIRA, F., y RUBIO, Mª A., Victimización e inseguridad: la perspectiva de las encuestas de victimización en España (ponencia presentada por los autores al I Congreso Nacional de

Por su parte, los términos «*cifra negra*» y «*campo oscuro*» o «*zona oculta*» tratan de reflejar también la mencionada disfunción, pero desde una perspectiva diferente y con el auxilio de instrumentos conceptuales propios, *sui generis*. La «*cifra negra*» alude a un cociente (concepto aritmético) que expresa la relación entre el número de delitos efectivamente cometidos y el de delitos estadísticamente reflejados. Por el contrario, el término «*campo negro*» o «*zona oscura*», etc., comprende el ámbito o conjunto genérico de acciones delictivas que no encuentran reflejo en las estadísticas oficiales[125] y es, por tanto, un concepto mucho más ambiguo que se conforma con describir, sin ninguna cuantificación aritmética, la discordancia existente entre unos y otros valores.

Si, como parece desprenderse de estimaciones recientes dignas de crédito, un elevadísimo número de delitos efectivamente cometidos ni siquiera llega a conocimiento de la policía[126], es obvio, entonces, que las estadísticas oficiales sólo detectan la punta del *iceberg*, pero no su volumen real «sumergido», pues no son un instrumento idóneo para informar sobre el volumen, estructura, dinámica y desarrollo del fenómeno delictivo real. Dicha limitación intrínseca de las estadísticas oficiales explica el interés que han despertado desde hace bastantes lustros otros instrumentos alternativos especialmente indicados por razones metodológicas (adecuación al objeto) para estimar y evaluar la criminalidad oculta, real: los informes de autodenuncia y las encuestas de victimización.

Un segundo factor contribuye al éxito de estas técnicas: la crisis de la denominada «*ley de las relaciones constantes*» (postulado tradicional que estimaba

---

la Sociedad Española para el Estudio, Prevención y Tratamiento de la Delincuencia, que tuvo lugar del 2 al 6 de diciembre de 1986 en Las Palmas de Gran Canaria, págs. 2 y ss.), en: Revista española de investigaciones sociológicas, 18 (1982), págs. 29 a 50.

[125] Cfr. GÖPPINGER, H., Criminología, cit., pág. 93; SCHNEIDER, H.J., Kriminologie, cit., págs. 182 y ss.

[126] Así, SKOGAN, W.G., Dimensions of the dark figure of unreported crime (Crime and Delinquency, 23, 1977, págs. 41 a 50). Cfr. BARLOW, H.D., Introduction to Criminology, 1984, pág. 107. Otras estimaciones: SIEGEL, L.J., Criminology, cit., págs. 77, 85 y ss.; VETTER, H.J., y SILVERMAN, I.J., Criminology and Crime, cit., págs. 49 y ss.; KAISER, G., Criminología, una introducción a sus fundamentos científicos, cit., págs. 140 y 141; RODRÍGUEZ DEVESA, J. Mª, Derecho Penal Español, P.G. (1985), págs. 82 y ss.; CANTERAS MURILLO, A., La encuesta social en la medición del delito: victimización y autodenuncia. En: Delincuencia, 1991, 3, núm. 1/2, pág. 115.
En Alemania, STRARFRECHT, G., y KUHLEN, L. (Strafredit, A. T., 5ª Ed., 2004, pág. 8) calculan que de los delitos realmente cometidos apenass se tienen noticia de un porcentaje que alcanza el 50 % (menos de un 10 % en el caso de los delitos de menor gravedad); A su vez, de los delitos denunciados que llegan a conocimiento de la justicia, solo en la mitad de los casos llega a formularse una acusación ante el Tribunal. Y de estos últimos, sólo en un 25 % acaba dictándose una sentencia condenatoria a pena privativa de libertad que, por cierto, sólo en un 5 ó 6 % de los fallos se traduce en ingreso efectivo en prisión.

«constante» el volumen de la criminalidad real y representativo, en todo caso, de ésta los valores de la «registrada»)[127].

En efecto, desde QUETELET[128] se presumía la existencia de una relación constante entre la criminalidad «real» y la «registrada». Según esto, la «cifra negra» era también una magnitud constante y los datos estadísticos, aun muy inferiores a los reales, representativos de éstos. Por ello, no preocupaba un conocimiento preciso de la criminalidad real, a pesar de que existía plena conciencia sobre la limitada información que sobre la misma pueden ofrecer las estadísticas oficiales. Cuestionada, sin embargo, esta premisa teórica en el campo de la Sociología, el estudio de la criminalidad real, su plena autonomía y la necesidad de contar con técnicas e instrumentos *ad hoc* para su estimación, cobran creciente interés metodológico[129]. Pues no cabe duda de que cualquier modelo teórico que pretenda una explicación científica del comportamiento delictivo y todo programa político-criminal dirigido a su prevención y control han de partir de la criminalidad efectiva, real, careciendo de la más elemental credibilidad y verismo si no cuentan con instrumentos adecuados para delimitar y cuantificar siquiera el problema al que se refieren. Esa es precisamente la meta de los informes de autodenuncia y de las encuestas de victimización.

Por último, el impulso teórico definitivo a favor de estas técnicas de investigación procede del *labeling approach*. Porque el *labeling approach* polariza en torno a la cifra negra —su auténtica piedra de toque— las más significativas premisas del mismo: la «normalidad» del delito, su «ubicuidad» y la actuación selectiva, discriminatoria, del control social[130].

> Siendo, pues, abrumadora la desproporción que existe entre el número de delitos que se cometen y el número de delitos que detectan las instancias del sistema legal, la medición y evaluación de la criminalidad real resulta una auténtica incógnita que solo cabe despejar mediante encuestas sociales, esto es, mediante consultas representativas, bien al autor del delito, bien a la víctima[131]. De este modo, la encuesta social colma una significativa laguna,

---

[127] Sobre la crisis de la ley de las relaciones constantes y las opiniones de TH. SELLIN, I. ANTTILLA, L. D. SAVITZ y otros, al respecto, vid.: SCHNEIDER, H.J., Kriminologie, cit., pág. 183. En igual sentido: CANTERAS MURILLO, A., La encuesta social en la medición del delito: victimización y autodenuncia. En: Delincuencia, 1991, 3, núm. 1/2, págs. 114 y ss.

[128] Vid. GÖPPINGER, H., Criminología, cit., págs. 94 y ss.; KAISER, G., Criminología, cit., págs. 137 y ss.; SCHNEIDER, H.J., Kriminologie, cit., págs. 183 y ss.

[129] Sobre la necesidad de un instrumental *ad hoc* para evaluar el crimen, una vez rechazada, por errónea, la «Ley de las relaciones constantes», CANTERAS MURILLO, A., La encuesta social en la medición del delito: victimización y autodenuncia. En: Delincuencia, 1991, 3, núm. 1/2, págs. 114 y ss.

[130] Sobre el tema vid. GARCÍA-PABLOS DE MOLINA, A., Problemas actuales de la Criminología, pág. 93 (el *labeling approach*).

[131] Así, CANTERAS MURILLO, A., La encuesta social en la medición del delito: victimización y autodenuncia. En: Delincuencia, 1991, 3, núm. 1/2, pág. 115.

convirtiéndose en la técnica de investigación más adecuada para cuantificar la criminalidad real. Pero, además, es un instrumento válido para analizar socioestructuralmente la propia etiología de dicha criminalidad. Dar a conocer la *cifra negra* (por contraste con los datos oficiales) y resaltar las particularidades que rodean la etiología del crimen, con relación al agresor, y respecto a la víctima, son dos de las principales funciones de la encuesta social[132], por cierto complementarias. A su vez, las encuestas sociales pueden contrastarse con otras técnicas que analizan y explotan datos oficiales (así: atrición, regresión, análisis de series temporales, tendencias, etc.), permitiendo la utilización coordinada de todas ellas un conocimiento más realista y matizado del crimen[133].

Es obvio que no sólo cambios de rumbo de la Política Criminal (neocriminalización versus descriminalización) inciden significativamente en los valores estadísticos oficiales, sino también la propia *reacción social*, que condiciona el volumen y estructura de la criminalidad. Sería ingenuo desconocer, por ejemplo, la influencia selectiva y discriminatoria de ciertas variables (sexo, edad, status del agresor, etc.) en la actuación del control social formal, o incluso en los otros partícipes del delito (vg. el fenómeno de la «caballerosidad» del infractor). Por ello es imprescindible el empleo de técnicas de investigación social diversas y complementarias capaces de estimar las tasas reales de criminalidad.

Metodológicamente sigue constituyendo un problema la evaluación del crimen real que padece una sociedad. En primer lugar, porque *realidad* del crimen y *percepción* de éste suelen discrepar. Imágenes y estereotipos interesados sobre el delito, fenómenos sutiles como el miedo a la victimización y estrategias que manipulan dicho temor apelando a fibras muy sensibles del ciudadano mediante la guerra de cifras desfiguran y distorsionan la realidad. A esto se añade un segundo factor, que dificulta (desde un punto de vista epistemológico) y relativiza (técnicamente) el análisis del crimen, conduciendo a una dispersión metodológica inevitable: la *naturaleza social* de aquél[134]. Las limitaciones propias del lenguaje, que es instrumento y objeto de la investigación social; el tránsito de los conceptos teóricos a los conceptos operativos y la traducción estadístico-matemática de éstos, así como la superposición cronológica de definiciones sociales y jurídicas acerca de una misma conducta irregular convierten la elección del método idóneo para analizar el crimen en un problema de primera magnitud. Por ello, la investigación social científica sugiere un sano y fructífero *pluralismo* metodológico. Parece conveniente contrastar los datos y resultados obtenidos a partir de diferentes fuentes y disciplinas para asegurar e incrementar el poder explicativo del modelo o hipótesis de trabajo. Interesan tanto enfoques cualitativos y estructurales, como cuantitativos y estadísticos. Tanto el uso de técnicas de obtención primaria de datos, como el de investigaciones secundarias que explotan los obtenidos por ins-

---

132 CANTERAS MURILLO, A., La encuesta social en la medición del delito: victimización y autodenuncia. En: Delincuencia, 1991, 3, núm. 1/2, pág. 115.

133 CANTERAS MURILLO, A., La encuesta social en la medición del delito: victimización y autodenuncia. En: Delincuencia, 1991, 3, núm. 1/2, págs. 115 y 116.

134 CANTERAS MURILLO, A., La encuesta social en la medición del delito: victimización y autodenuncia. En: Delincuencia, 1991 (3), núm. 1/2, págs. 110 y ss.

tancias oficiales. Tanto encuestas sociales que aportan una información propia y autónoma sobre el crimen real no registrado, como otras técnicas de explotación de datos oficiales, complementarias pero muy útiles (vg. atrición, regresión, análisis de series temporales, tendencias, etc.)[135].

En todo caso, la encuesta social es la técnica más adecuada no solo para cuantificar la criminalidad real (contrastando la tasa oficial de criminalidad y la criminalidad oculta) sino para analizar desde una perspectiva socioestructural la propia etiología de aquélla[136]. Informes de autodenuncia y encuestas de victimización merecen un examen más detenido[137].

a") Los informes de autodenuncia[138] o self-reporter survey pretenden, mediante consultas, encuestas y formularios dirigidos a la población general, obtener información fidedigna sobre la eventual participación del encuestado en actividades delictivas durante un determinado período de tiempo, con independencia de que éstas hayan sido o no denunciadas a la policía y perseguidas[139].

Cronológicamente esta técnica precede a las propias encuestas de victimización, habiéndose utilizado ya en la década de los cuarenta, pero alcanzó popularidad y cartas de naturaleza a raíz del trabajo de J. F. SHORT y F. I. NYE (1958) sobre delincuencia juvenil y clase social. Desde entonces, y una vez generalizada, son muchas las investigaciones criminológicas que se han servido de los informes de autodenuncia[140].

---

[135] CANTERAS MURILLO, A., La encuesta social en la medición del delito: victimización y autodenuncia. En: Delincuencia, 1991 (3), núm. 1/2, págs. 112 y ss.

[136] CANTERAS MURILLO, A., La encuesta social en la medición del delito: victimización y autodenuncia. En: Delincuencia, 1991 (3), núm. 1/2, pág. 115.

[137] Una completa reseña bibliográfica sobre ambas, en: CANTERAS MURILLO, A., La encuesta social en la medición del delito: victimización y autodenuncia. En: Delincuencia, 1991 (3), núm. 1/2, págs. 139 a 144.

[138] Sobre los self report survey vid., entre otros: VETTER, H.J., y SILVERMAN, I.J., Criminology and Crime, cit., pág. 48 y ss. (y bibliografía ya citada); SIEGEL, L.J., Criminology, cit., págs. 67 y ss.; BARLOW, H.D., Introduction to Criminology, cit., págs. 111 y ss.; GÖPPINGER, H., Criminología, cit., págs. 95 y ss.; KAISER, G., Criminología, cit., págs. 137 y ss.; CANTERAS MURILLO, A., en Delincuencia femenina en España. Un análisis sociológico. Madrid, 1990. Ministerio de Justicia, págs. 102 y ss.; SCHNEIDER H.J., Kriminologie, cit., págs. 184 y ss.

[139] Cfr. CANTERAS MURILLO, A., Delincuencia femenina en España, cit., págs. 102 y ss., quien cita los estudios de AKERS (1964), CLARK y TIFFT (1966), DENTLER y MONROE (1961), ELLIOT y VOSS (1974), ERICKSON y EMPEY (1963), FARRINGTON (1973), GOLD (1966 y 1970), GOLD y REIMER (1975), GOUD (1969), HARDT y PETERSON-HARDT (1977), HINDELANG y cols. (1981), HIRSCHI (1969), PETERSILIA (1978), SHAPLAND (1978), VOSS (1963), WALDO-CHIRICOS (1972), WILLIAMS y GOLD (1972), etc.

[140] Vid. CANTERAS MURILLO, A., Delincuencia femenina en España, cit., pág. 102.

A diferencia de lo que sucede con las encuestas de victimización, conocen los informes de autodenuncia diversas modalidades en cuanto a la forma de estructurar las preguntas y elegir la propia muestra. Así, mientras en el estudio de SHORT y NYE se emplearon, a la par, una lista de conductas delictivas y antisociales, de una parte, y determinadas variables sociodemográficas, con intención de cruzarlas, en el National Youth Survey norteamericano, de 1967, por ejemplo, se operó exclusivamente con entrevistas personales. Lo mismo puede afirmarse en cuanto a la selección de la muestra, si bien todas las investigaciones cuentan con uno o más «grupos de control» (unas veces se toman poblaciones escolares, otras no)[141].

> Tanto el diseño de muestras, como las variables escogidas, y el modo de obtener la información deseada y estructurar su contenido, ofrecen un vasto repertorio de opciones y modalidades poco homogéneas en este tipo de encuestas. Cabe observar, no obstante, la tendencia a elaborar un diseño muestral progresivamente más complejo, lo que explica el escaso número de informes de autodenuncia de ámbito nacional[142].

En todo caso, se garantiza escrupulosamente el *anonimato y confidencialidad* de la consulta y de la respuesta, lo que es particularmente comprobable cuando se procede a la distribución en masa de cuestionarios.

A diferencia de lo que sucede con las encuestas de victimización (técnica cuantitativa especialmente idónea para evaluar la cifra negra), los informes de autodenuncia se orientan, ante todo, a *pretensiones cualitativas* en torno a la etiología del delito y desde la *perspectiva* del *infractor*. Lo que justifica la utilidad de las mismas, ya que, de una parte, las encuestas de victimización ofrecen una información pobre sobre aquel, y, de otra, los datos oficiales estadísticos suelen presentarse de forma agregada —no individualizada— y solo operan con algunas, muy pocas, características sociodemográficas de los detenidos[143].

En todo caso, los informes de autodenuncia son el instrumento más adecuado para estimar las *tasas de prevalencia* en determinados delitos y colectivos (por ejemplo, jóvenes), así como su etiología, facilitando, en base a datos psicosociales el estudio de carreras delictivas y las investigaciones criminológicas que operan con grupos de control[144].

---

[141] Así, CANTERAS MURILLO, A., Delincuencia femenina en España, cit., ibídem.

[142] Vid. CANTERAS MURILLO, A., La encuesta social, cit., pág. 133

[143] Vid. CANTERAS MURILLO, A., La encuesta social, cit., pág. 133.

[144] Así, CANTERAS MURILLO, A., La encuesta social, cit., pág. 135. Las encuestas de autodenuncia distinguen entre «prevalencia» (número de personas que informan haber realizado el mismo tipo de conducta criminal una o más veces en un período de tiempo determinado) e «incidencia» (número de veces que se produjeron dichas conductas durante tal período temporal). La tasa de «prevalencia» se suele expresar como el % de población general que informó haber cometido cierto tipo de conducta delictiva. Por el contrario, la de «incidencia», en número de delitos por 100, 1000, 10.000 0 100.000 habitantes, siendo esta última más susceptible de comparación con los datos oficiales.

Una de las ventajas prácticas del empleo de informes de autodenuncia consiste en la posibilidad de obtener valiosa y matizada información sobre características personales del infractor (pobre, a menudo, en las encuestas de victimización), modos de comisión del delito y, sobre todo, actitudes y opiniones de éste, lo que unido a otras variables sociodemográficas, permite un enfoque psicosocial del problema de gran interés[145]. Pero no termina aquí la operatividad de los *self-report*.

> Los informes de autodenuncia aportan datos relevantes sobre el infractor, su entorno familiar, características demográficas, personalidad, etc. Así, SHORT y NYE, en 1957, incluían cuestiones relativas a la *ruptura del hogar*; HIRSCHI, en 1969, sobre interés escolar y motivaciones; ELLIOT (1983), sobre estructura familiar, *status* profesional, fracaso escolar, tendencias religiosas, etc.; HINDELANG (1981), sobre autonomía, humildad, relación con amigos, padres y policía, motivaciones, nivel de conocimientos, etc.[146].

Se han empleado, con excelentes frutos, para evaluar la delincuencia *juvenil* real (oculta), cuyo volumen sumergido es muy superior al detectado por las estadísticas, especialmente en el caso de las infracciones menos graves. Por el contrario, parece revelarse esta técnica investigadora como instrumento poco idóneo en otros campos: vg., en el de la delincuencia de «cuello blanco», prácticas monopolísticas delictivas, etc.

Los *self-report* permiten calcular el número de individuos de una determinada población que han cometido hechos delictivos de diversa índole, así como la frecuencia con que lo hicieron; permiten también la comparación de los valores respectivos de la criminalidad real y la registrada y, desde luego, hacen posible las investigaciones de corte longitudinal sobre «carreras delictivas» a lo largo de vastos períodos de tiempo, así como todas aquellas otras que se propongan contrastar grupos delincuentes y grupos de control[147].

Además, en la medida en que suelen contener numerosos ítems sobre actitudes, valores y características personales del infractor, aportan una información útil para verificar las diversas teorías explicativas del fenómeno criminal, completando nuestros conocimientos con una perspectiva que no pueden captar las estadísticas oficiales.

Los informes de autodenuncia ofrecen una imagen mucho más realista, completa y matizada de la efectiva distribución de la delincuencia en el cuerpo social, poniendo de manifiesto la actuación selectiva (discriminatoria) del control penal,

---

[145]   Un modelo de cuestionario detallado en BARLOW, H.D., Introduction to Criminology, reproduciendo los ítems del Self Report Delinquency and Drogs-Use (National Youth Survey), págs. 112-113.

[146]   Vid., CANTERAS MURILLO, A., La encuesta social, cit., págs. 133 y ss.

[147]   Así, HOOD, R., y SPARKS, R., Kriminalität. Verbrechen, Rechtsprechung und Strafvollzug, Munich, 1970, pág. 12. Cfr. GÖPPINGER, H., Criminología, cit., pág. 96.

así como la incidencia injusta del factor clase social[148] en el reparto de sanciones a los infractores.

Que el volumen de la criminalidad no registrada es muy considerable, preocupante, y que la mayor parte de la delincuencia real no es siquiera detectada ni perseguida por el control penal son dos de los datos que evidencian reiteradamente los informes de autodenuncia[149].

Este tipo de encuestas (*self-report*) tiene, no obstante, importantes limitaciones, como advierte la doctrina[150]: informan sobre infracciones de escasa relevancia penal; aunque aportan datos valiosos sobre la etiología del delito, no sucede lo mismo con relación a la víctima de éste; el nivel de decisión que implica la autodenuncia hace que estas encuestas tengan escasa aplicabilidad a la población adulta, circunscribiéndose a la juvenil; el tamaño de la muestra media de los informes de autodenuncia (unos 1.500 individuos) es muy inferior al de las encuestas de victimización (unos 60.000 casos), por lo que la utilidad de aquéllos como detector de la distribución espacial de la criminalidad se resiente, en términos comparativos; la propia tasa de participación en los informes de autodenuncia es significativamente baja, y así como la fiabilidad de los mismos está acreditada, no puede asegurarse otro tanto de su validez, muy difícil de medir[151].

> Se ha objetado recientemente a las encuestas de autoinforme[152] que la mayor parte de los comportamientos que analizan no son delito en sentido estricto, sino faltas, o incluso conductas meramente problemáticas; y que apenas se ocupan de la criminalidad de los adultos, entre otras razones, porque éstos no reconocen por lo general los hechos al entrevistador, no están dispuestos a referirlos.

Por ello, la información que suministran los *self-report* debe interpretarse con suma cautela.

En efecto, el informante no siempre admite la comisión de hechos delictivos, aunque sean de escasa trascendencia y se le asegure la confidencialidad de la consulta. A menudo oculta la verdad, la desfigura o exagera, o simplemente olvida lo que en efecto sucedió.

---

[148] Así, SIEGEL, L.J., Criminology, cit., pág. 70.

[149] Por todos: CANTERAS MURILLO, A., Delincuencia femenina en España, cit., págs. 102 y ss.

[150] Así, VETTER, H.J., y SILVERMAN, I.J., Criminology and Crime, cit., págs. 49 y 50. En general, todos los autores reconocen que los informes de autodenuncia se contraen a la delincuencia juvenil y, desde luego, a los hechos de escasa gravedad; vid. SCHNEIDER, H.J. (Kriminologie, cit., págs. 209 y ss.), evaluando la información que suministran los informes de autodenuncia realizados en los Estados Unidos y en los países escandinavos.

[151] Así, CANTERAS MURILLO, A., La encuesta social, cit., pág. 135 y ss.

[152] Cfr. GARRIDO GENOVÉS y otros, Principios de Criminología, cit., pág. 119.

La propia traducción de las definiciones legales a un léxico asequible a los encuestados con frecuencia induce a error y no facilita la posterior comparación de los resultados obtenidos con los oficialmente registrados. Tampoco resulta sencillo verificar la validez y fiabilidad de la información obtenida de los *self-report*, dado que no existen técnicas de contraste y medición absolutamente convincentes, aunque se intenten algunas, según se verá a continuación. A todo ello se añade un dato que problematiza más aún dicho propósito metodológico: la mayor parte de estos informes se contraen a la población juvenil y a hechos o actividades muy heterogéneas —en todo caso, de escasa gravedad—, faltando el desarrollo correlativo de tales *self-report* en la población adulta[153]. De ahí que se ensayen durante los últimos lustros un sinfín de mecanismos de verificación o contraste complementarios: por ejemplo, comparar la información obtenida con la que puedan suministrar las estadísticas policiales (cuando ello sea posible, que no suele serlo), el *testing across time* (el individuo es preguntado dos veces por el mismo hecho)[154], etc. Esto es, dado que la fiabilidad de los informes de autodenuncia es muy limitada, se trata de compensar de algún modo la escasa garantía que ofrece el autoenjuiciamiento o la técnica de recogida de datos, de muy difícil control, a veces, mediante la interrelación de los métodos de verificación y control existentes. Pues lo cierto es que no existen técnicas alternativas para la estimación de la criminalidad real. Y que sólo cabe la modesta pretensión metodológica de disminuir la probabilidad de fallos, acudiendo a mecanismos de control complementarios que mitiguen las debilidades de los *self-report*[155].

En España, hasta el momento, se ha llevado a cabo un único informe de autodenuncia, por G. HUALDE y J. LOZONA, en Pamplona, y para la Fundación Bartolomé de Carranza[156].

Se trata de un estudio sobre la situación, comportamiento, actitudes y valores de la juventud de Navarra, en el que se dedica un apartado al análisis de la delincuencia.

La muestra representativa de 2.246 entrevistas a jóvenes de ambos sexos, con edades comprendidas entre los quince y los veintiún años, fue aplicada en Navarra durante los meses de abril, mayo y junio de 1982. Se preguntaba a los encuestados si habían cometido algún o algunos delitos en el año 1981.

Las áreas concretas de investigación fueron: I. Hechos contra la seguridad en el tráfico: 1) infracciones de circulación; 2) conducción después de un excesivo consumo de alcohol. II.

---

[153] Para una crítica de estas técnicas de investigación, vid. SIEGEL, L.J., Criminology, cit., págs. 75 y 76; VETTER, H.J., y SILVERMAN, I.J., Criminology and Crime, cit., págs. 53 y ss.; KAISER, G., Criminología, cit., págs. 138 y ss.; GÖPPINGER, H., Criminología, cit., págs. 98 y ss.
[154] Vid. SIEGEL, L.J., Criminology, cit., pág. 76.
[155] Vid. KAISER, G., Criminología, cit., pág. 138.
[156] Sobre este informe de autodenuncia vid. CANTERAS, A., Delincuencia femenina en España, cit., págs. 105 y ss.

Hechos contra la propiedad: 1) hurto y robo de dinero y objetos: a) frecuencia e inicio de los hechos; b) tipo y valor de lo hurtado y robado; 2) hurto de uso y hurto o robo de vehículos de motor; 3) daños materiales a las cosas o propiedades de otros. III. Hechos contra la integridad personal. IV. Hechos contra la libertad sexual. V. Venta de drogas. VI. Manifestaciones ilegales[157].

Posteriormente, este tipo de encuestas sociales se ha utilizado con particular éxito por RECHEA ALBEROLA y sus colaboradores para el examen de la delincuencia juvenil[158].

b") Encuestas de victimización (victimization studies)[159].

La primera encuesta realizada sobre las víctimas de delito de la que se tiene noticia fue realizada en Aarhus, Dinamarca, en 1730[160]. Las encuestas de victimización ciertamente constituyen una segunda fuente de información alternativa, ya que sus datos no proceden de las agencias estatales del sistema legal, sino de la propia víctima del delito. Por esta razón, las encuestas de victimización trascienden la relevancia de la información que se desprende de las estadísticas oficiales ya que sobre estas últimas gravita la rémora de la "cifra negra"[161]. Las encuestas

---

157 Cfr. CANTERAS MURILLO, A., Delincuencia femenina en España, op. cit., págs. 106, 107 y ss.

158 Vid. RECHEA ALBEROLA, CRISTINA, BARBERET, R., MONTAÑÉS, J., y ARROJO, L., La delincuencia juvenil en España. Autoinforme de los jóvenes, 1995, Ministerio del Interior, Madrid.

159 Sobre encuestas de victimización vid. ALVIRA MARTÍN, F., y RUBIO RODRÍGUEZ, Mª A., Victimización e inseguridad: la perspectiva de las encuestas de victimización en España, cit. (y reseña bibliográfica que recogen los autores); GÖPPINGER, H., Criminología, cit., págs. 96 y ss.; VETTER, H.J., y SILVERMAN, I.J., Criminology and Crime, cit., págs. 55 y ss.; SIEGEL, L.J., Criminology, cit., págs. 76 y ss.; BARLOW, H.D., Introduction to Criminology, cit., págs. 107 y ss.; CANTERAS MURILLO, A., Delincuencia femenina en España, op. cit., págs. 96 y ss.; SCHNEIDER, H.J., Kriminologie, cit., págs. 187 y ss.

160 El surgimiento de las mismas se debió a las reclamaciones de los ciudadanos por el notable incremento del robo. El Ayuntamiento designó a seis personas para que visitaran todos los hogares y preguntaran a sus moradores si habían sufrido algún robo en su casa en los últimos tres o cuatro años. Vid GARRIDO, V., STANGELAND, P., REDONDO, S., La Victimología y la atención a las víctimas., en: Principios de Criminología, op. cit., pág. 819.

161 En este sentido interesa el estudio de LARRAURI. La autora considera que el principal rasgo de las encuestas de victimización reside en ser superadoras de las estadísticas oficiales, especialmente de las policiales. La denominada "cifra oscura" alberga la información real de aquellos delitos que no por no ser denunciados a la Policía dejaban de existir de facto. Sin embargo, la omisión de denuncia hacia que los mismos se escaparan de su registro o conocimiento. Vid Victimología: ¿Quién son las víctimas? ¿Cuáles sus derechos? ¿Cuáles sus necesidades? (Versión abreviada de la ponencia presentada en el XLVI Curso Internacional de Criminología —en Barcelona, 26 al 31 de octubre de 1991—, pág. 22. Disponible en: http: www. dialnet.unirioja. es; ZULOAGA LOJO, L., Historia de un desencuentro: respuestas políticas y encuestas de criminalidad. Universidad de Burgos, pág. 2.

de victimización son cuestionarios con los que se pretende conocer, entre otras, la frecuencia de los delitos cometidos y los perfiles de las víctimas. En dichos cuestionarios se pregunta al encuestado si ha sido víctima —o no— de algún delito (con independencia de que éste haya sido denunciado o no a la policía) durante un período prefijado, y en caso afirmativo, de qué delito o delitos, cuántas veces, de qué modo, etc[162]. Pero aún a pesar de la enorme efectividad declarada de las encuestas de victimización, éstas, en ocasiones, no son suficientes o adecuadas para conocer la evolución de la criminalidad producida por determinados sectores (vg. delincuencia juvenil) por cuanto las mismas no ofrecen información sobre el perfil de delincuentes sino obviamente sobre las víctimas[163]. Así, destacan diversos grupos de víctimas: mujeres, niños[164], ancianos, inmigrantes[165], objeto específico de interés de estas encuestas sociales.

Si bien cuentan con formatos muy diversos es necesario subrayar la importante aportación de la Organización de las Naciones Unidas a este respecto a través de su Manual que funciona a modo de exhaustiva guía metodológica para la adecuada configuración de las encuestas dirigidas a las víctimas[166]. Ciertamente, pueden ofrecer una valiosa información sobre las características personales de la víctima, circunstancias que acompañan la comisión de los diversos delitos, modus operandi del infractor, actitud de la víctima y relaciones de ésta con el agresor, el alcance del daño o perjuicios derivados del crimen, tiempo y lugar de la comisión de éste, etc.

---

[162]   Un modelo de cuestionario en BARLOW, H. D., Introduction to Criminology, cit., pág. 108.

[163]   Esta es la consideración que realiza un grupo de investigadores respecto de la delincuencia juvenil. Consideran que el instrumento más adecuado para estudiar este ámbito específico de criminalidad es el auto-informe, analizado en la presente obra. Vid FERNÁNDEZ MOLINA, E., BARTOLOMÉ GUTIÉRREZ, R., RECHEA ALBEROLA, C et al. Evolución y tendencias de la delincuencia juvenil en España. Revista Española de Investigación Criminológica. Artículo 8, nº 7, 2009, pág. 3.

[164]   CEREZO, F., Violencia y victimización entre escolares. El bullying: estrategias de identificación y elementos para la intervención a través del Test Bull-S. Revista Electrónica de Investigación Psicoeducativa, nº 9, Vol. 4, 2006, págs. 333-352. GARCÍA PÉREZ, R., Violencia y Victimización en la escuela: la perspectiva de los adolescentes (Tesis doctoral). Universidad de Sevilla, 2011., págs. 239- 389.

[165]   Sobre uno de estos grupos de victimización estudiaron un equipo de investigadores bajo el proyecto "Sistema de justicia penal", con la financiación del Instituto de Seguridad Pública de Cataluña (convocatoria de ayudas a la investigación 2009-2010): TAMARIT SUMALLA, J., LUQUE REINA, E., GUARDIOLA LAGO, Mª J., et al. La victimización de migrantes en Cataluña. Revista Catalana de Seguretat Pública. Marzo 2012, págs. 119 a 142.

[166]   El Manual para Encuestas de Victimización de las Naciones Unidas contiene diez capítulos y cuatro apéndices finales. Entre los capítulos, se desarrolla el grueso de las pautas para la realización y objetivos de las mencionadas encuestas. Vid Comisión de ONUDD-CEE para encuestas de victimización delictiva OFICINA DE LAS NACIONES UNIDAS CONTRA LA DROGA Y EL DELITO COMISIÓN ECONÓMICA DE LAS NACIONES UNIDAS PARA EUROPA. 2009.

Pero, ante todo, las encuestas de victimización permiten comprobar si la víctima denuncia o no denuncia el delito a las autoridades encargadas de su persecución y si ésta es efectiva[167]. Se trata de uno de los instrumentos más útiles para llevar a cabo una comparación de tasas de criminalidad oficiales y no oficiales, destacando las ya denominadas "cifras negras" de las infracciones de escasa trascendencia[168]. Obviamente, contribuyen a una estimación del volumen real de la criminalidad —no aportan prueba definitiva alguna al respecto— y circunscriben su operatividad a los delitos convencionales (poco graves): en vano pretenderán estas encuestas lógicamente aportar información válida sobre otras manifestaciones de la criminalidad (vg., los denominados delitos "sin víctima" o aquellos otros en cuya comisión haya intervenido el encuestado)[169].

Tal es la importancia práctica que se desprende de estas encuestas que desde 1989 se vienen desarrollando Encuestas Internacionales de Victimización (ICVS) y encuestas de victimización a nivel europeo en donde se puede evaluar la ratio de victimización diferencial entre los diferentes Estados miembros de la Unión Europea además de su presentación conjunta[170]. En Europa la tradición de realizar estudios sobre la victimización es muy heterogénea. La disparidad se muestra no sólo respecto a su principal objetivo: la prevención del delito sino también respecto de la metodología variante de un Estado a otro de manera que la aplicación de una encuesta a escala europea debe emprender un camino largo y lento[171].

En Estados Unidos las encuestas de victimización constituyen, desde 1973, una importante herramienta para conocer la evolución de la criminalidad[172]. También

---

[167] Así, HOOD, R., y SPARKS, R., Verbrechen, cit., págs. 12 y ss.

[168] Así, CANTERAS MURILLO, A., Delincuencia femenina en España, op. cit., pág. 100, citando a CHAMBLISS; resumiendo la información que aportan estas encuestas: SCHENEIDER, H. J., Kriminologie, cit., págs. 211 y ss.

[169] Cfr. SIEGEL, L. J., Criminology, cit págs. 77. Un análisis más detallado de las encuestas de victimización, en: GARCÍA-PABLOS DE MOLINA, A., Tratado de Criminología, 2009, cit., 264 y ss.

[170] AEBI, M. F, LINDE, A., Las encuestas de victimización en Europa: Evolución histórica y situación actual; en Revista de Derecho Penal y Criminología, 3ª Época, nº 3 (2010), págs. 211-298. SERRANO GÓMEZ (dir.); VÁZQUEZ GONZÁLEZ (coord.) Delincuencia e inseguridad ciudadana en la Unión Europea., en: Tendencias de la Criminalidad y percepción social de la inseguridad ciudadana en España y la Unión Europea. Instituto Universitario de Investigación sobre Seguridad Interior. Colección de Estudios Jurídicos, Edisofer, Madrid, 2007, pág. 5 a 61. THOMAS, G., El proyecto piloto de encuesta europea de victimización., en: 10 años de Encuesta de Seguridad Pública, cit., págs. 179 y ss.

[171] En Alemania, por ejemplo, las encuestas a víctimas no tienen un efecto directo en la adopción de las políticas de seguridad nacional; mientras, en España ciertas encuestas han servido para adoptar medidas respecto de la violencia de género. Vid. THOMAS, G., ¿Es viable una Encuesta Europea de Victimización?, en: 10 años de Encuesta de Seguridad Pública, cit., pág. 195 y ss.

[172] El National Institute of Justicie se encarga de publicar la Encuesta Nacional de Victimización en Estados Unidos representando la principal fuente, a nivel nacional, de información sobre la

son recurso frecuente en Latinoamérica, por ejemplo: la Encuesta Nacional Urbana de Seguridad Ciudadana de Chile, la Encuesta Nacional sobre Inseguridad de México, la Encuesta de Victimización del Ministerio del Interior de Uruguay o las que se desarrollan dentro del Plan de Seguridad Ciudadana del Ministerio de Gobierno de Ecuador, entre otras[173]. En España se desarrollan encuestas sobre victimización en los Institutos de Criminología.

Las encuestas de victimización[174] constituyen una insustituible fuente de información sobre el crimen «real»; insustituible pero alternativa ya que sus datos no proceden de las agencias del sistema legal (Policía, Proceso Judicial, Administración Penitenciaria) sino de la propia víctima del delito, pero sin los condicionamientos de las estadísticas oficiales. De hecho, operan sobre una rica gama de variables, suministrando una imagen matizada y dinámica de la criminalidad en un momento histórico dado, su perfil, tendencias, etc.

Se trata, en definitiva, de *cuestionarios estructurados* en los que se pregunta al encuestado (y la muestra ha de ser muy amplia, pues se calcula que la tasa de victimización o incidencia del crimen en la población es de un 10%) si ha sido —o no— víctima del delito durante un determinado período de tiempo; y caso afirmativo, de qué delito o delitos, cuantas veces, en qué circunstancias de tiempo y lugar, características del infractor, relaciones de éste con la víctima, modalidad comisiva, perjuicios derivados del delito. Y, sobre todo, si denunció el hecho a la Autoridad y fue efectiva la intervención de ésta.

Las encuestas de victimización permiten evaluar científicamente el crimen real, siendo la técnica más adecuada para cuantificar el mismo e identificar sus variables. Contribuyen, también, al cálculo de la tasa de denuncia (test de responsa-

---

victimización criminal. Con una periocidad anual se obtienen datos de una muestra representativa practicada a cerca de 40.000 hogares que comprenden alrededor de 75.000 personas en la frecuencia, características y consecuencias de la victimización delictiva en Estados Unidos. La encuesta, además de conocer la cifra víctimas permite medir la probabilidad de convertirse en una de ellas. La misma se dispone por delitos: violación, agresión sexual, robo, allanamiento de morada, robo de vehículos a motor, así como grupos de delitos para distintos sectores de la población: jóvenes y niños, mujeres, ancianos, inmigrantes, etc. Disponible en: http: //www. nij.gov/ más información sobre las encuestas de victimización en Estados Unidos: GARCÍA-PABLOS DE MOLINA, A., Tratado de Criminología, 2009, cit., 265 a 267.

[173] Vid. SALAZAR TOBAR, F., ¿Cómo se encuentra el delito y la violencia en América Latina? Breve revisión sobre comparación de fuentes. Boletín Criminológico, nº 129, septiembre, 2011. Instituto Andaluz Interuniversitario de Criminología, pág. 2.

[174] Sobre las encuestas de victimización, vid: GÖPPINGER, H., *Criminología*, cit., págs. 96 y ss.; SIEGEL, L.J., *Criminology*, cit., págs. 76 y ss.; VETTER, H.J. y SILVERMAN, I.J., *Criminology and Crime*, cit., págs. 55 y ss.; SCHNEIDER, H.J., *Kriminologie*, cit., págs. 187 y ss.; BARLOW, H.D., *Introduction to Criminology*, cit., págs. 107 y ss.; CANTERAS, A., *Delincuencia femenina en España* (tesis doctoral, Madrid, 1987, U. Complutense), págs. 152 y ss.; GARCÍA-PABLOS DE MOLINA, A., *Tratado de Criminología*, cit., págs. 255 y ss.

bilización del ciudadano y de su confianza en el sistema legal) y a la verificación de la efectividad de éste. Son instrumentos imprescindibles para comparar las tasas «oficiales» de criminalidad (registrada) y no oficiales (reales), esto es, para detectar la criminalidad «oculta» y la «cifra negra». Las encuestas de victimización aportan dos datos muy significativos: la regularidad y constancia de las tasas reales de criminalidad (a pesar de que las estadísticas oficiales arrojan un alarmante incremento del crimen registrado durante la década en curso); y la radical desproporción entre los valores estadísticos oficiales (criminalidad registrada) y los valores reales (crimen oculto).

En España, y bajo los auspicios del CIS, se han realizado tres encuestas de victimización, de ámbito estatal, en 1978, 1979 y 1982, respectivamente, siendo un síntoma poco tranquilizador la penuria empírica que desde entonces padecemos, en momentos de continuas y trascendentales reformas legislativas[175].

A tenor de las encuestas de victimización citadas[176], no se aprecian diferencias significativas en las tasas reales de criminalidad entre 1978 y 1982, aunque muy otro sea el resultado que arrojan las estadísticas oficiales y no compartan una interpretación tan optimista de la *realidad española* ciertos estados de opinión bastante generalizados. Al igual que otras encuestas de victimización extranjeras, las mencionadas aprecian una discordancia relativa y variable, según el delito (más del doble la primera, por ejemplo, en hechos contra la libertad sexual) y paralela a las oscilaciones de las respectivas tasas de denuncia entre los valores oficiales registrados y los reales.

La relación entre tasa de victimización y *tamaño del lugar de residencia* es directamente proporcional: esto es, en España aquélla aumenta con el aumento del tamaño del municipio, al menos en ciertos delitos (robos de vehículo de motor, tirón en la vía pública, etc.); aunque no suceda lo mismo con otros delitos (violación) y sea discutible dicha relación en el caso de algunos hechos criminales. Ciudad y delincuencia, pues, se hallan significativamente asociados debido al mayor número de oportunidades que deparan los núcleos urbanos en comparación con otros hábitats y a la inferior efectividad del control social.

La *«edad» de la víctima* es una variable que se comporta de modo singular: las tasas más elevadas se constatan en franjas de edad intermedia (de veintiseis a treinta y cinco años) —a veces entre treinta y seis y cuarenta y cinco—, disminuyendo al aumentar o disminuir la edad. Con la sola excepción del delito de «robo en la calle», que no arroja pautas claras, y el de violación (en este último, las tasas decrecen con el correlativo aumento de la edad del sujeto pasivo). Las elevadas tasas de victimización en edades intermedias —dato muy singular— parece explicarse por concurrir en las mismas dos factores: posesión de bienes en proporción superior a otras edades y mayor riesgo o exposición al delito.

---

[175] Una ficha técnica de estas encuestas, en: GARCÍA-PABLOS DE MOLINA, A., *Tratado de Criminología*, cit., págs. 259 y ss.

[176] Tomo la presente información de: ALVIRA MARTÍN, F. y RUBIO RODRÍGUEZ, Mª A., «Victimización e inseguridad: la perspectiva de las encuestas de victimización en España», págs. 11 y ss. (Ponencia presentada por los autores al I Congreso Nacional de la Sociedad Española para el Estudio, Prevención y Tratamiento de la Delincuencia, 1986, Las Palmas de Gran canaria); y de CANTERAS, A., *Delincuencia femenina en España*, cit., págs. 158 y ss. Cfr. GARCÍA-PABLOS DE MOLINA, A., *Tratado de Criminología*, cit. págs. 259 y ss.

En cuanto a la incidencia del «*nivel económico*» en las tasas de victimización, los resultados difieren sensiblemente de los obtenidos en otros países, porque la relación entre renta y victimización es positiva, es decir: a mayor renta y nivel profesional corresponde una más elevada también tasa de victimización. El fenómeno, comprensible en ciertos delitos (pero no en todos) se explica por la relevancia del factor «oportunidad».

La variable «*sexo*» actúa de forma «sui géneris»; las tasas de victimización son muy semejantes en uno y otro sexo, superando incluso, en algunos delitos, la tasa de población femenina a la masculina. Es llamativo, de un lado, que en los valores relativos a «delitos sufridos a lo largo de la vida», los porcentajes se mantienen inalterados en los años 1978 y 1980 (13 y 9%, para hombre y mujer, respectivamente); y de otro, que en 1980 la tasa de violaciones y abusos sexuales es idéntica para ambos sexos.

De las encuestas de victimización pueden inferirse algunos datos relevantes sobre el perfil y tendencias de la criminalidad de nuestro tiempo, que rompen mitos y convicciones sociales muy arraigadas.

Así[177], el *crimen* aparece como un suceso *omnipresente* en la vida cotidiana: en este sentido, un acontecimiento «normal». Convivimos a diario con él. Se trata, además, de un fenómeno «*ubicuo*»: no es patrimonio de ninguna clase o estrato de la población, sino que se reparte a lo largo y a lo ancho de toda la pirámide social: cosa distinta sucede con el *control social* que actúa *selectiva y discriminatoriamente*, en función del estatus del infractor.

Las *tasas* reales de criminalidad parecen mantenerse estables, experimentando un incremento puramente vegetativo, en clara contradicción con las estadísticas oficiales y conocidos estados de opinión.

Las tasas de la criminalidad *femenina* —tradicionalmente muy inferiores a las del varón— acusan un incremento acelerado, debiéndose advertir, además, que experimentan una cifra negra, en términos comparativos, mucho más elevada que la de aquél.

Los *adultos* cometen crímenes más graves que los jóvenes participando la población juvenil en infracciones generalmente más leves. La «visibilidad» diferencial de los delitos y ciertos estereotipos explican que se asocie al joven con los delitos graves y violentos, prejuicio que carece de consistencia estadística.

La delincuencia *juvenil* (infracciones penales de no excesiva gravedad) se halla más extendida y generalizada de lo que suponen las estadísticas oficiales. Es un fenómeno estadístico «normal»: tan normal es que un joven haya delinquido, como «anormal» que resulte «penado» por ello. La «cifra negra» es muy elevada.

Los *jóvenes*, contra lo que suele suponerse, son hoy *víctimas* del delito en proporción superior a los adultos.

La «cifra *negra*» es mayor en los delitos leves que en los delitos graves. La *tasa de denuncia es*, también, más elevada en estos últimos. Ahora bien: mientras se cometen con frecuencia delitos aislados poco graves, en cambio, infracciones reiteradas graves, y contumaces se ejecutan raras veces y solo por un número reducido de personas.

Las diferencias considerables que existen entre «campo oscuro» y «cifra negra», de un lado y criminalidad «registrada», de otro, permiten afirmar que el *volumen y la estructura* de la criminalidad resultan decisivamente configurados por la *reacción y sanción social*[178].

---

[177] Una información más completa, en: GARCÍA-PABLOS DE MOLINA, A., *Tratado de Criminología*, cit., págs. 269 y ss.; SIEGEL, L.J., *Criminology*, cit., págs. 84 y ss.

[178] En Alemania, la doctrina criminológica calcula que de los delitos cometidos, apenas se tiene noticia de un porcentaje que no alcanza el 50% (en los de menor gravedad, ni siquiera el 10%).

Además de las encuestas citadas, deben relacionarse otras posteriores llevadas a cabo, también, por el CIS[179]:

1) La nº 1251, de noviembre de 1980, sobre *inseguridad ciudadana*. Su muestra: 1156 entrevistas a mayores de 18 años. Ámbito de la encuesta: Madrid y su área metropolitana.

2) La nº 1305, de marzo de 1982, sobre el *sistema judicial*. Muestra: 4985 entrevistas a mayores de 18 años. De ámbito nacional y con representación regional.

3) La nº 1313, de mayo de 1982. Sobre *inseguridad ciudadana*. Muestra: 2364 entrevistas a mayores de 15 años. Ambito: Madrid, Málaga y Zamora.

4 y 5) En 1991 y 1992 el CIS realizó sendas encuestas para verificar si una experiencia personal como víctima influía o no en las opiniones del ciudadano sobre la ley y el orden[180]. Las preguntas al entrevistado eran poco precisas y diversas razones técnicas impiden comparar los resultados obtenidos con encuestas anteriores y posteriores[181].

También la *Universidad Complutense*, bajo la dirección del Profesor Amando de Miguel, ha realizado dos macroencuestas los años 1991 y 1992 que incluyen algunas preguntas sobre la experiencia criminal de la víctima del delito[182]. Los datos que arrojan tales encuestas son sensiblemente más preocupantes que los ofrecidos por el CIS[183], pero de particular interés[184].

A estos esfuerzos se añaden los realizados para ámbitos espaciales más reducidos, pero con notable rigor, en los últimos años, y periodicidad, por el *Área Técnica de Seguridad Urbana del Ayuntamiento de Barcelona* (y otros que secundaron tal iniciativa). La Comisión Técnica de la misma realizó dos encuestas ciudadanas para "captar el sentimiento de inseguridad en el momento presente, en contraste con la realidad objetiva de la delincuencia, o lo

---

A su vez, de los delitos denunciados que llegan a conocimiento de la Justicia, solo en la mitad de los casos llega a formularse una acusación ante el Tribunal. Y en cuanto a estos últimos, finalmente, solo en un 25% de ellos acaba dictándose una sentencia condenatoria a pena privativa de libertad, de los que, a su vez, solo en un 5% o 6% aquella se cumpliría efectivamente. Vid. STRATENWERTH, G.-KUHLEN, L., Strafrecht, A.T., 5ª Ed. (2004), pág. 8.

[179] Una revisión de todas estas encuestas de victimización, en: PER STANGELAND, *The Crime Puzzle. Crime Pattern and Crime Displacement in Southern Spain*. 1995 (Málaga), M. Gómez Ediciones, págs. 82 a 91. También, CANTERAS MURILLO, A., *La encuesta social*, cit., págs. 128 a 131; ALVIRA MARTÍN, F.; RUBIO RODRÍGUEZ, Mª.A., *Victimización e inseguridad: la perspectiva de las encuestas de victimización en España*. Revista española de investigaciones sociológicas, CIS, Madrid (nº 18), 1982, págs. 29 a 50; GARRIDO GENOVÉS, V., *Victiminology in Spain: The empirical studies*, en: Kaiser, Kury edits. Victims and Criminal Justice, Max Planck Institut. Freiburg, Kriminologische Forschungsberichte, vol. 50 (1991); GARCÍA-PABLOS DE MOLINA, A., *Tratado de Criminología*, cit., págs. 261 y ss.

[180] Vid. PER STANGELAND, *The Crime Puzzle*, cit., pág. 82 y 83.

[181] A juicio de PER STANGELAND, los autores de las encuestas se esforzaron poco en distinguir las diferentes clases de delitos por los que se preguntaba imprecisamente al entrevistado. Además, ni siquiera se utilizaron los mismos conceptos y categorías en las dos encuestas, por lo que no permiten extraer conclusiones válidas sobre las tendencias del crimen, en general, ni sobre la evolución de delitos específicos (*The Crime Puzzle*, cit., pág. 83). Véase, en particular, las tablas 6i y 6ii que aporta el autor.

[182] Vid. DE MIGUEL, A., *La sociedad española 1993/1994*, Alianza Editorial, 1994.

[183] Vid. PER STANGELAND, *The Puzzle*, cit., pág. 84.

[184] Criticando el rigor metodológico del macroinforme, PER STANGELAND, *The Crime Puzzle*, cit., págs. 84 y 85.

que es lo mismo, la dimensión real de la victimización"[185]. Desde 1984 se puso en marcha un taller monográfico sobre la seguridad ciudadana y su percepción por los vecinos del Ayuntamiento de Barcelona cuyos estudios, datos y mediciones se elaboran anualmente[186]. Siguiendo tan necesaria iniciativa, han proliferado ya, afortunadamente, investigaciones de semejante naturaleza en Alicante (1988 y 1989), Baleares (1989/1990), Sabadell (1989 y 1990), Mancomunidad de Municipios del Área Metropolitana de Barcelona (1989 y 1990), etc. El informe anual se elabora sobre la base de 7200 entrevistas telefónicas a vecinos residentes en Barcelona (desde 1984) y contiene preguntas sobre el número de veces que han sido víctimas del delito en un año, precauciones que han adoptaron y miedo al crimen. También se entrevista a dueños de establecimientos comerciales, aunque en proporción reducida. Los datos de los sucesivos informes parecen avalar una actitud de moderado optimismo[187] en el vecino, si bien todo parece indicar que las tasas reales de victimización han experimentado una reducción notable, especialmente desde 1988. Las citadas encuestas, como ha advertido la doctrina[188], permiten comprender mejor los mecanismos y factores que intervienen en la «construcción social» del miedo. Porque el ciudadano no forja su imagen de la seguridad sólo a partir de experiencias personales victimizadoras: antes bien, influyen decisivamente otras cuestiones relacionadas con el bienestar social y la calidad de vida. Hasta el punto de que, en los últimos años, cobran progresivo interés como objeto específico de miedo y preocupación tales problemas —y, correlativamente, menos las características de un concepto estricto y clásico de seguridad—. De las mencionadas encuestas parece inferirse, también, la progresiva hegemonía cultural de los valores urbanos y mesocráticos que acaban entronizando una «ideología de la seguridad» preocupante, capaz de sentir más la necesidad de proteger el domicilio y el patrimonio que la propia integridad física, y de subordinar cualquier otra exigencia social a dicho concepto de seguridad[189].

Igualmente debe citarse, por último, la investigación realizada por *Per Stangeland* sobre la criminalidad en Málaga[190].

---

[185]   Vid. LAHOSA CAÑELLAS, J.Mª., *La percepción de los ciudadanos de Barcelona de la seguridad ciudadana. Las encuestas de victimización*, en: Papers d'estudis i formació, El Derecho Penal y la víctima, 1992 (Marzo), núm. 8, pág. 202.

[186]   Vid. tablas que aporta LAHOSA CAÑELLAS en la obra citada, págs. 203 y 204.

[187]   Vid. LAHOSA CAÑELLAS, J.Mª., *La percepción de los ciudadanos de Barcelona*, cit., pág. 203. Véase también, el gráfico de PER STANGELAND, en: *The Crime Puzzle*, cit., pág. 86.

[188]   LAHOSA CAÑELLAS, J.Mª., *La percepción de los ciudadanos de Barcelona*, cit., págs. 204 y 205.

[189]   LAHOSA CAÑELLAS, J.Mª., *La percepción social de los ciudadanos de Barcelona*, cit., pág. 205.

[190]   *The Crime Puzzle*, cit. Vid., especialmente, Capítulo 10 (principales hallazgos y resultados de la investigación) y Capítulo 11 (la población turística como objetivo específico de la criminalidad). Para otras encuestas de victimización de ámbito no estatal, vid.: La delincuencia en Córdova, Huelva y Sevilla: una encuesta de victimización. Málaga. 2007 (por: GARCÍA-ESPAÑA, E., PÉREZ JIMÉNES, F. y BENITEZ JIMÉNEZ, M. J.), I.A.I..C.; de las mismas: La delincuencia segúm las víctimas: un enfoque integrado a partir de una encuesta de victimización. 2006, I.A.I.C. y Fundación Monte; DÍEZ RIPOLLÉS, J.L., y otros: Delincuencia y víctimas, 1996. El Observatorio andaluz de la delincuencia publica también los resultados de encuestas de victimización realizadas por el ODA en 2008, en el ámbito que le es propio. Cfr. GARCÍA ESPAÑA, E., PÉREZ JIMÉNEZ, F. y BENITEZ JIMÉNEZ. La evolución de la delincuencia en España, en: Boletín Criminológico nº 116. Instituto andaluz Interuniversitario de Criminología, págs. 1 a 4.

Tiene interés, también, la macroencuesta que el Ministerio del Interior encargó al CIS y éste realizó entre Diciembre de 1995 y Enero de 1996. La encuesta sobre delincuencia urbana se circunscribe a los municipios de más de 50.000 habitantes en 17 provincias (las de tasas más elevadas de criminalidad), esto es, una tercera parte de la población española mayor de edad[191]. Las personas encuestadas fueron 15.000.

De la encuesta se desprenden algunas conclusiones[192].

a) Un 17'6% de la población ha sido víctima de algún delito a lo largo del año. La mayor parte de los delitos consisten en robos de pequeñas cantidades de dinero y —sobre todo— sustracción de objetos en vehículos.

b) Las cifras de robo con violencia o intimidación en las personas son muy elevadas (y, entre éstos, las tasas de victimización en la calle son más altas que en los domicilios)[193].

c) España muestra índices bajos de criminalidad sexual, comparada con países europeos. Menos de una de cada mil mujeres reconoce haber sido víctima de agresiones sexuales (violación), si bien estos datos deben valorarse con cautela (no siempre se quiere reconocer aunque la agresión haya tenido lugar)[194].

d) Los índices de victimización que, en términos comparativos, arrojan las diversas encuestas realizadas entre 1978 y 1994 son muy aproximados[195]. Las diferencias se deben probablemente más a cuestiones metodológicas (mayor o menor precisión con que se formulan las preguntas al encuestado) que a diferencias reales[196].

e) Las tasas de denuncia verían ostensiblemente según el delito de que se trate. Un 88% de quienes sufren un robo de coche, lo denuncian, por un 70'7% en el caso de robo de vivienda, o de local, y un 67% en el supuesto de lesiones graves. Las tasas de denuncia más elevadas corresponden a los delitos de robo de coches (3 de cada 4 víctimas denuncian el delito a la Policía), los demás robos se denuncian menos, sobre todo, si las cuantías de los mismos no son significativas o si no se cuenta con la cobertura de una póliza de seguro. Los delitos violentos (lesiones, agresiones sexuales) exhiben una menor tasa de denuncia, probablemente por miedo a represalias del agresor o porque la víctima considera inefectiva la respuesta de la Justicia[197].

Por último, debe citarse la *Encuesta Internacional a Víctimas del delito* (ICVS) que es la más ambiciosa, sistemática y estandarizada encuesta de victimización

---

[191] Sobre esta macroencuesta, vid. GARRIDO GENOVES, V. y otros, Principios, cit., págs. 122 y ss.

[192] Tomo las conclusiones de: GARRIDO GENOVES, V. , op. cit., págs. 124 y ss.

[193] Según STANGELAND, España presenta unos porcentajes de robos violentos semejantes a los de países como Brasil o Rusia, lo que se compensaría con los índices mucho más moderados —semejantes a los que se observan en otros países europeos- de robos en domicilios (STANGELAND y otros, El blanco más fácil: la delincuencia en zonas turísticas. Valencia, 1998, Tirant lo Blanch, Cfr. GARRIDO GENOVES, V. y otros, op. cit., págs. 124).

[194] Sería incorrecto inferir de estos datos, sin más, la menor agresividad sexual de la cultura latina en comparación con la anglosajona a juicio de GARRIDO GENOVÉS, V. y otros (op. cit., pág. 124).

[195] En este sentido: ALVIRA MARTÍN y RUBIO, Victimización e inseguridad: la perspectiva de las encuestas de victimización en España, en: Revista española de investigaciones sociológicas, CIS, nº 18 (1982), págs. 29 y ss.; DE MIGUEL, A., La sociedad española 1993-1994. Madrid, 1994 (Alianza), Q. C-47, tabla 7.1. Cfr. GARRIDO GENOVÉS, V. y otros, op. cit., pág. 124.

[196] Cfr. GARRIDO GENOVÉS, V. y otros, op. cit., pág. 124, nota 6.

[197] Cfr. GARRIDO GENOVÉS, V. y otros, op. cit., págs. 125 y 126.

hoy existente, liderada por la Universidad de Leiden, de Holanda, el Instituto de Investigación interregional sobre la Justicia Criminal de las Naciones Unidas (UNICRI), el Instituto holandés para el estudio de la criminalidad (NSCR) y el Ministerio de Justicia de los Países Bajos[198]. Hasta la fecha se han llevado a cabo cuatro ediciones de la ICVS (1989, 1992, 1996 y 2000), habiendo participado en la última 17 países industrializados (España solo lo hizo en la edición de 1989, con una muestra reducida y una muy baja tasa de respuesta). Técnicamente, la ICVS tiene el acierto de posibilitar tanto el análisis *longitudinal* de la evolución de la criminalidad en un país (si ha participado de éste en las sucesivas ediciones de la encuesta), como el *transversal* (interpaíses) permitiendo comparar la criminalidad en diferentes países, gracias a la metodología homogénea seguida.

La encuesta consta de cuatro bloques: el referido a la tasa de victimización y otras informaciones sobre la criminalidad; a la policía y la prevención; a las opiniones de la ciudadanía sobre la delincuencia; y a la información personal y del hogar.

> De la encuesta se desprenden algunos datos de interés. Por ejemplo: que la tasa media de victimización en los países examinados fue del 21'3%; que la tasa de víctimización más elevada corresponde al delito de daños intencionales en vehículos de motor (6'6%). Se constata, también, que la tasa de denuncias ante la Policía es baja (49%), si bien varía con la clase de delito: 9 de cada diez delitos de robo de vehículo de motor, y solo 13 de cada 100 agresiones sexuales se denuncian. En cuanto a prevención y medidas de protección, un 15% de los lugares cuentan con alarma; un 44%, con puertas blindadas; la tasa de posesión de armas de fuego es de un 12% de media (un 33'5 en los EEUU). Sobre la percepción de seguridad del barrio en horas nocturnas, un 75% de los encuestados se sienten tranquilos (más de un 90% por lo que se refiere a la seguridad en el domicilio), si bien más de un 30% cree probable padecer un robo en su hogar durante los próximos doce meses[199].

2') Por razón de sus *fuentes:*

Por razón de sus fuentes las estadísticas oficiales pueden clasificarse en policiales, judiciales y penitenciarias, según procedan del ámbito policial, del jurisdiccional o del penitenciario[200].

---

[198] Sobre la ICVS, vid. M. EULALIA LUQUE REINA, Las encuestas de victimización, en: Manual de Victimología, cit., págs. 218 y ss.

[199] Vid., M. EULALIA LUQUE REINA, Las encuestas de victimización, en: Manual de Victimología, cit., págs. 221 y ss.

[200] Sobre las distintas estadísticas SERRANO GÓMEZ, A., resume en tres conclusiones, la eficacia de las mismas. "1. las estadísticas que ofrece el Ministerio del Interior sobre criminalidad son muy deficientes, incompletas y de dudosa fiabilidad, por lo que es necesario retomar seriamente su elaboración., 2. El escaso valor científico de las estadísticas no permite hacer trabajos criminológicos suficientemente fundamentados y 3. España no puede ofrecer, ni a nivel nacional, ni internacional, unas estadísticas con tan escaso contenido". En: Dudosa fiabilidad de las estadísticas policiales sobre la criminalidad en España. Perteneciente a la sección de "Estadística"

El contenido de la información que suministran, la técnica de obtención de la misma y su utilidad varían en cada caso. La persona del infractor interesa a las primeras (policiales), en cuanto "detenido"; a las judiciales, como "condenado"; a las penitenciarias, como "penado" o "recluso".

a') Estadísticas *policiales*. Como punto de partida se debe advertir que las estadísticas policiales han sido muy deficientes y tardías. Por este motivo podemos asegurar que en España carecemos de un conocimiento riguroso de los datos relativos a la evolución de la criminalidad[201].

Las memorias de la Dirección General de la Policía Judicial se iniciaron en 1960 como instrumento de uso interno y restringido, estructurándose en su forma actual desde 1984 (datos referidos a la criminalidad de 1983). Eran —sin lugar a dudas y por razones obvias— las que ofrecían una imagen del delito más próxima a la realidad, habiendo mejorado sustancialmente en los últimos años desde el punto de vista metodológico. La primera publicación policial sobre datos de criminalidad se remonta a 1983, en dicho año la Revista de Policía Española editó dos números sobre la delincuencia en el territorio español comprendida entre 1976 a 1982[202].

La estadística policial actual se recoge bajo el nombre de *Balance de Criminalidad* elaborado por el Gabinete de Estudios de Seguridad Interior que forma parte de la Secretaría de Estado de Seguridad dependiente del Ministerio del Interior. Sin embargo, el sistema estadístico sobre la criminalidad es una herramienta en evolución que presenta hoy una serie de limitaciones: sistema de recogida de datos que es necesario perfeccionar; utilización de unos indicadores y unas tasas de criminalidad que no siguen unos estándares y metodologías claras; incompleta incorporación de los datos conocidos por los Cuerpos de Policía de las Comunidades Autónomas y Locales; falta de transparencia hacia el ciudadano del conjunto del sistema; etc.

Para paliar estos defectos, la principal novedad del *Balance de Criminalidad* de 2011 fue ofrecer la evolución y desarrollo de la delincuencia conjunta en España gracias a los datos aportados por la Guardia Civil, el Cuerpo Nacional de Policía,

---

dirigida por VÁZQUEZ GONZÁLEZ, C. Revista de Derecho Penal y Criminología, 3ª Época, nº 6 (2011), pág. 454.

201 SERRANO GÓMEZ, A., en Serrano Gómez y Serrano Maíllo, A., Derecho penal. Parte especial, 15ª ed., Madrid, 2010, pág 36. Vid. también: Stangeland, P., La delincuencia en España. Un análisis crítico de las estadísticas judiciales y policiales, en Revista de Derecho penal y Criminología, nº 5, (1995), págs. 803 y ss.

202 Policía Española, informes monográficos nº 38 y 41 correspondientes a los meses de julio y noviembre de 1983.

Ertzaintza, Mossos d' Esquadra y Policía Foral de Navarra[203]. Hasta 2010, las estadísticas policiales que proporcionaba el Ministerio del Interior sólo correspondían al denominado "territorio MIR" comprendiendo tanto al Cuerpo Nacional de Policía como a la Guardia Civil; de manera que la policía de Cataluña (Mossos d' Esquadra), la del País Vasco (Ertzaintza) y la de la Comunidad Foral de Navarra elaboraban sus propias estadísticas. Además se incorpora a la página web del Ministerio del Interior, la información pública sobre la evolución de las infracciones penales, informando sobre la metodología utilizada y los datos de la Oficina Estadística de la Unión Europea (Eurostat)[204].

Las estadísticas policiales distinguen dos categorías de hechos criminales: "conocidos" y "esclarecidos"[205]. Los primeros son los denunciados o conocidos o registrados por la policía mientras que delitos "esclarecidos" pueden ser entendidos como aquellos cuyo autor fue detenido in fraganti (aunque niegue la comisión del delito), identificado (con independencia de que se halle detenido, preso, huido o ya hubiere fallecido), confeso (o existan pruebas sólidas de su implicación a juicio de la autoridad judicial); "esclarecidos" se reputan también aquellos que no son constitutivos de infracción alguna, a tenor de la investigación llevada a cabo. Para establecer un criterio que permita analizar la evolución para este tipo de va

---

[203]   Una necesidad que se convirtió en propuesta del Congreso de los Diputado al Gobierno. Vid. Diario de Sesiones del Congreso de los Diputados. Pleno y Diputación Permanente, núm. 271, de 13 de septiembre de 2011. El texto aprobado fue el siguiente: "El Congreso de los Diputados insta al Gobierno a establecer un sistema estadístico que permita integrar los datos de las policías locales, de las policías autonómicas y de las Fuerzas y Cuerpos de Seguridad del estado para tener un conocimiento global de la evolución de la criminalidad en el conjunto de España".

[204]   Eurostat Oficina Estadística de la Unión Europea (Eurostat, Statistical Office of the European Union) publica anualmente, desde 2007, un pequeño compendio de estadísticas policiales europeas en las que se incluyen datos para el conjunto del territorio español. Así, desde 2007 ha publicado tres fascículos anuales de 12 páginas mostrando la evolución de algunos indicadores de la delincuencia en la Unión Europea. Esta colección incluye datos policiales sobre el total de los delitos registrados por la policía (con exclusión de las faltas), homicidios (con exclusión de las tentativas, los abortos, la inducción al suicidio y las muertes causadas por conducción temeraria), delitos violentos (incluyendo lesiones, robo con violencia o intimidación en las personas y agresiones sexuales), robos con violencia o intimidación en las personas, robos en vivienda, sustracciones de vehículos a motor y tráfico de drogas. Vid. F. AEBI, M., LINDE, A., El Misterioso caso de la desaparición de las estadísticas policiales españolas. Revista Electrónica de Ciencia Penal y Criminología. RECPC 12-07 (2010), pág. 12.

[205]   Es interesante a este respecto señalar los estudios realizados por SERRANO GÓMEZ, A., sobre el número de delitos conocidos por la Policía en 1976 y 1982. De manera que en 1976 la cifra ascendió a 173.714 y en 1982 a 357.647. Como fácilmente se puede comprobar, seis años hicieron falta la criminalidad en áreas urbanas mostraran una cifra duplicada. Por su parte, los delitos conocidos por la Guardia Civil pasaron de 54. 747 a 89.863. Vid Evolución social, Criminalidad y Cambio político en España, en Anuario de Derecho penal y Ciencias penales, Madrid, 1983, pág. 277.

riable se consignan los datos del año anterior. Así, en el Balance de Criminalidad del 2011 concluso en abril de 2012 se ofrecen los datos para 2010 y 2011 sobre los delitos conocidos y esclarecidos lo cual permite ofrecer una poderosa herramienta para conocer la actividad y eficacia de las Fuerzas y Cuerpos de Seguridad del Estado contra el crimen. En dicho Balance se constata que en 2010, la tasa de delitos esclarecidos rondaba el 39'1% y en el 2011 el porcentaje fue algo mayor, 39'9% del total. Conviene señalar que la Policía Vasca (Ertzaintza) no ofreció para ninguno de los dos años datos sobre los delitos esclarecidos. Entre los delitos conocidos, para el Balance del 2011, se hacen constatar cuatro tipos: robos, robos con violencia, tirones en la vía pública, robos con fuerza en las viviendas.

Por otro lado, una completa información sobre los delitos conocidos o registrados y los esclarecidos se recoge en el Anuario Estadístico del Ministerio del Interior de 2010 (decimoquinta edición)[206]. En la presentación de dicha obra, de periodicidad anual, se declara el mantenimiento de los objetivos, características y fundamentos albergados en las ediciones precedentes. El Anuario 2010 se compone de doce capítulos de los cuales, y a los efectos que nos importa, cobra especial relevancia el correspondiente a la "Seguridad Ciudadana" el cual gira en torno a tres centros de atención: 1. Información nacional sobre la evolución de la criminalidad dentro del cual se registran los Indicadores principales conocidos, esclarecidos y detenciones, 2. Seguridad Privada y 3. Armas y Explosivos.

Por lo que respecta a los indicadores, éstos son cuatro: Delitos contra la vida y la libertad de las personas, Delitos contra el Patrimonio, Faltas de lesiones y Faltas de Hurto. Pero recordemos que todavía en el 2010 se registran los datos correspondientes al "territorio MIR". El propio Ministerio del Interior explica la selección de los indicadores anteriormente enumerados. El principal motivo es reflejar las principales infracciones penales que suponen una ataque directo contra las personas (vida, integridad física y psíquica, libertad individual y sexual, contra su propiedad y sus bienes). La segunda razón tiene una explicación demoscópica; ya que los estudios sobre victimización demuestran que es sobre estos cuatro indicadores sobre los que se expresa frecuentemente el grado de inseguridad ciudadana. Igualmente, no resta importancia destacar que se refieren a criterios estadísticos homologables que se emplean en la Unión Europea; por último, porque facilitan la tarea de ofrecer tasas de criminalidad que permitan valorar la evolución de la criminalidad de manera global y comparada.

---

[206] El Anuario Estadístico del Ministerio del Interior de 2006, tenía 128 páginas en las que se plasmaba los datos sobre la criminalidad de una forma muy prolija: delitos, faltas, detenciones, delincuencia juvenil, victimizaciones, violencia doméstica). Fue en el 2007 cuando se aglutinaron en los cuatro indicadores a los que nos referimos.

Veamos, a continuación, los datos aportados a propósito de cada indicador. El primero, referido a los "Delitos contra la vida, la integridad y libertad de las personas"[207] abarca también las cifras de malos tratos en el ámbito familiar siendo sus cifra más negra en 2009. Por su parte, la tasa de homicidios dolosos y asesinatos alcanzó en 2001 su punto más elevado y desde entonces, salvo un ligero ascenso registrado en 2008, ha mantenido una tendencia descendiente. Por el contrario, la pornografía infantil adquiere un curso en crecimiento muy pronunciado desde el 2000 hasta el 2007 siendo a partir de este año cuando comienza un ligero descenso. En cuanto a la corrupción de menores, éste se mantiene en paulatino ascenso si bien entre un año y otro se puede experimentar alguna ligera disminución.

El segundo indicador versa sobre los delitos contra el patrimonio[208]. En términos generales se observa una brusca caída entre 2002 a 2004 y a partir de ésta última la cifra va descendiendo suavemente. La tasa general de robos va reduciéndose hasta llegar a los 10, 0 por cada 1. 000 habitantes en el 2010. Del mismo modo los robos con violencia y los "tirones" en las vías públicas. La tasa de robos con fuerza en las viviendas experimenta una señalada caída desde 2001 hasta 2007 año en el que comienza su recuperación excepto un pequeño descenso en el 2009. El número de las sustracciones de vehículos también se ha reducido considerablemente entre 2000 y 2010. Esta lectura supone una mutación del tradicional modelo de criminalidad española en donde los delitos de robo y hurto representaban casi las tres cuartas partes de los comportamientos delictivos conocidos[209]. En cuanto al blanqueo de capitales hay que puntualizar que se trata de un delito que exhibe un crecimiento constante si bien con períodos de descenso para remontar después con pronunciadas subidas. Tal incremento es particularmente severo y acelerado desde 2009[210].

---

[207] Este primer indicador lleva por titulo: "delitos contra la vida, la integridad y libertad de las personas" pero no conocemos concretamente el número de delitos de los que se compone ya que no están incluidos todos los delitos de los seis primeros títulos del Libro II del Código Penal; lo que significa que el resto debemos buscarlo en el apartado correspondiente a "Otras infracciones".

[208] Sirva como aclaración previa que este segundo indicador no se corresponde con el Título XIII del Libro II del Código Penal relativo a los "Delitos contra el patrimonio y el orden socioeconómico" (comprende de los artículos 234 a 297 y está compuesto por 14 capítulos). De manera que se desconoce cuáles son los delitos que exactamente integran este indicador haciendo, tan sólo, referencia al delito de blanqueo de capitales.

[209] Cfr. DÍEZ RIPOLLÉS, J. L., Algunos rasgos de la delincuencia en España a comienzos del siglo XXI en Revista Española de Investigación Criminológica. Artículo 1, Número 4 (2006), pág. 17. En el mismo sentido, GARRIDO, V., STANGELAND, P., REDONDO, S., Principios de la Criminología. Ed Tirant lo Blanch, 3ª edición, revisada y ampliada. Valencia, 2006, pág. 130.

[210] Según se observa en el gráfico nº 26 del informe sobre criminalidad del Ministerio del Interior. Disponible en: http: //www.interior.gob.es

El indicador tercero versa sobre las lesiones y el indicador cuarto a las faltas de hurto lo que supone una agrupación carente de toda lógica al dar la misma relevancia a efectos de criminalidad a las faltas y a los delitos[211]. En los últimos años el Ministerio del Interior ha elaborado un formulario normalizado para registrar las denuncias del ciudadano (un formulario en papel con una variante informatizada). El formulario, técnicamente bien concebido, completo por los datos que recaba y fácil de cumplimentar, se utiliza tanto por la Policía como por la Guardia Civil y contribuirá, sin duda, a una mejora sensible del aparato estadístico oficial[212].

A las limitaciones indicadas —y otras muchas que suelen señalarse por los diversos autores[213]—cabe formular una importante reserva: una estimación relativa a los datos policiales registrados obligaría a tener presente la muy elevada cifra negra que gravita sobre los mismos[214]. Precisión que manifiesta la propia autoridad policial en sus memorias. Desde luego nos parece que el Anuario Estadístico que publica el Ministerio del Interior es a todas luces insuficiente para conocer el número y tipología de delitos y faltas que se cometieron en España durante el año anterior[215].

---

[211] Cfr. SERRANO GÓMEZ, A., La dudosa fiabilidad de las estadísticas policiales sobre criminalidad en España en Revista de Derecho Penal y Criminología. UNED, 3ª Época, nº 6 (2011), pág. 438.

[212] Cfr. GARRIDO GENOVÉS, V. y otros, op. cit, págs. 131 y 132.

[213] Las estadísticas policiales tienen algunas limitaciones importantes, como ha puesto de relieve CANTERAS MURILLO, A. (La delincuencia femenina en España, cit., págs. 84 y ss.), a saber: los datos no aparecen discriminados por sexo, siendo posible sólo a partir de 1979 obtener dicha información para algunos delitos contra la propiedad y las personas (no los restantes); no se hacen constar, tampoco, las detenciones por grupos de edades; los datos sobre delincuencia juvenil, aunque se elaboran por departamentos distintos que pertenecen a un mismo gabinete, deben obtenerse por separado (respecto a los generales), para completar estas últimas, siendo frecuente que entonces no casen las cifras totales; algunos conceptos y definiciones parecen imprecisos o insatisfactorios (vg., "factores delincuenciales", "ambiente familiar: bueno o malo, situación económica: buena o mala", etc.); sólo desde el año 1980 se distingue entre delito y falta y la variable "sexo", como se dijo, se obtiene cruzada por este tipo de delito.

[214] La "cifra negra" como falta de información que se desprende de las defectuosas estadísticas policiales ha dado lugar al surgimiento casiparalelo de encuestas de victimización. Si al principio la encuesta era utilizada para estudiar las relaciones que podían existir entre clase social y conducta desviada, en cualquier caso orientada a la persona del delincuente ahora se erige como preciado instrumento para conocer la tasa de criminalidad a través de la víctima. Vid. ALVIRA MARTÍN, F., RUBIO RODRÍGUEZ, M. A., Victimización e inseguridad: la perspectiva de las encuestas de victimización en España. Reis 18/82, pág. 30. Disponible en: http: //www. *dialnet. unirioja.es*

[215] En este sentido, muestra su queja CEBERIO BELAZA, M. en un artículo de opinión publicado en "El País" en el 2012. La autora señala que, efectivamente, el Ministerio del Interior es uno de los Ministerios más opacos. Se pregunta la autora: "No se sabe, por ejemplo, cuántos policías son sancionados cada año ni las causas por las que han sido castigados. El secretismo llega a afectar, incluso, a las simples estadísticas. ¿Cuántas violaciones se han producido en 2011

La doctrina suele criticar la fiabilidad de las estadísticas policiales por diversas razones metodológicas, aún reconociendo que son las mejor elaboradas de todo el aparato estadístico oficial[216].

Se censura, por ejemplo, que los datos procedentes de denuncias presentadas ante la Policía se hallen en un Anuario del Ministerio del Interior de información reservada. Sin duda, sería muy positiva la publicación de los mismos por su interés objetivo[217]. Por otra parte, y dado el sistema español de pluralidad de fuentes (en la recepción de la denuncia)[218], las estadísticas policiales no recogen la totalidad de las denuncias presentadas al existir otras posibles instancias receptoras. No incluyen, por ejemplo, las denuncias presentadas ante la policía local y autonómica que, según las diversas estimaciones, pueden representar entre el 10% y el 20% del total de las denuncias interpuestas en el territorio nacional[219], ni las denuncias

---

en España? ¿Y malversaciones? ¿Estafas bancarias? ¿Cuántos delitos han sido cometidos en el territorio controlado por el Cuerpo Nacional de Policía? ¿Cuántos en el de la Guardia Civil? ¿Cuántos robos en joyerías ha habido en un barrio concreto? ¿Y en estancos? Son datos que no pueden conocerse." Vid "Hasta las estadísticas son secretas" en Periódico "El País", 18 de marzo de 2012. Disponible en: http: //politica.elpais.com

[216]　Siguiendo esta línea fueron muchos los investigadores, académicos, criminólogos y representantes de las principales asociaciones de Criminología de España que firmaron un manifiesto criticando la falta de transparencia y accesibilidad de las estadísticas policiales facilitadas por el Ministerio del Interior. Por evidente interés reproducimos parte del mismo: "Ha sido de lamentar que, hasta el año 2006, la información suministrada en la página electrónica del Ministerio del Interior fuera dificultosa de encontrar, de forma que un investigador no habituado, y ya no digamos cualquier ciudadano, tuviera que esforzarse para acceder finalmente al lugar donde se encontraban esas cifras. Una vez localizadas, el investigador descubría que los datos se ofrecían en formato cerrado, no pudiéndose acceder a las matrices, lo que impedía cualquier tipo de profundización en ellos mediante análisis secundarios. Finalmente, la integración de los datos procedentes de las Comunidades autónomas con competencias de seguridad transferidas está siendo de una extrema lentitud, hasta el punto de que hoy es la fecha en la que aún no se incorporan de forma sistemática a las estadísticas nacionales de delincuencia los datos procedentes de Cataluña (…)

(…) Los defectos precedentes, aun siendo importantes, no son comparables a la situación que se ha generado a partir de la publicación de los anuarios estadísticos de 2007 y 2008, últimos aparecidos. Su estructura, contenido y presentación de los datos han sido sustancialmente reducidos, y se puede afirmar que la información suministrada carece de utilidad científica. Por lo demás, tampoco ofrece al ciudadano interesado una imagen mínimamente acabada y real de la delincuencia en nuestro país. Sus rasgos responden, más bien, a un instrumento de propaganda del Ministerio del Interior". Para su completa lectura, así como la contestación del Ministerio del Interior a la misma consultar en: http: //www.criminologia.net/noticias.html

[217]　Así, GARRIDO GENOVÉS, V. y otros, op cit., pág. 132.

[218]　Vid ROLDÁN BARBERO, H., Concepto y alcance de la delincuencia oficial, en: Revista de Derecho Penal y Criminología, 2ª Época, nº 4 (UNED), 1999, págs. 681 a 712.

[219]　Cfr. GARRIDO GENOVÉS, V. y otros, op cit., pág. 132.

formuladas directamente ante el Juez de Instrucción, cuya incidencia estadística parece oscilar entre el 2%[220] y el 4%[221] de dicha cifra total.

Finalmente, dado que la información de Comisaría y Cuarteles de la Guardia Civil es un proceso irreversible pero aún no concluido —y que la tediosa labor de cumplimentar los formularios de denuncia no se halla libre de un cierto margen de error y subjetividad (en la calificación de los hechos, por ejemplo, en el momento de la denuncia)— la información que aportan las estadísticas policiales debe interpretarse con cautela[222].

El desarrollo normativo de las disposiciones constitucionales (art. 104 Constitución Española, art. 1 LOFCSE y Estatutos de Autonomía) ha producido una clara diversificación o diáspora[223] de las instancias policiales competentes para registrar las denuncias de delito y una redistribución de los respectivos porcentajes en el volumen total de criminalidad oficial registrada. El Cuerpo Nacional de Policía sigue siendo la instancia de control que conoce más delitos por su implantación urbana, no obstante, y aún cuando el número de diligencias previas aumenta sensiblemente, el de denuncias ante la Policía exhibe una clara tendencia a la baja. La razón no es otra que la progresiva implantación de otras policías autonómicas y locales[224].

En el ámbito autonómico, el fenómeno de dispersión citado afecta básicamente a Cataluña, País Vasco y Navarra[225]. El problema se agrava en el caso de las Policías locales, no sólo por la multiplicidad de éstas que alcanzan números desorbitados[226] sino por los distintos criterios de actuación de las diversas policías en relación a las denuncias recibidas, lo que hace muy difícil la estimación de este importante capítulo de la delincuencia registrada[227].

---

220 Así, GARRIDO GENOVÉS, V. y otros, op cit., págs. 139 y 141.
221 Así, ROLDÁN BARBERO, H., Concepto y alcance..., cit., pág. 695.
222 Cfr. GARRIDO GENOVÉS, V. y otros, op. cit., págs. 132 y 133.
223 Vid. ROLDÁN BARBERO, H., Concepto y alcance..., cit., págs. 609 y ss.
224 Así, ROLDÁN BARBERO, H., Concepto y alcance..., cit., págs. 687 y ss.
225 Sobre las Policías autonómicas, vid. ROLDÁN BARBERO, H., Concepto y alcance de la delincuencia oficial, cit., III. D.
226 Según RECASÉNS/DOMÍNGUEZ, en España hay unos 1.800 cuerpos de policía local, con plantillas que oscilan entre 1 y 6000 agentes. En cuanto al número de efectivos, y según datos oficiales referidos a 1994, éste ascendía a 51.665, casi mil más que el de Policías Nacionales. Cfr. ROLDÁN BARBERO, H., Concepto y alcance de la delincuencia oficial, cit., III. E., nota 21.
También alcanzan cotas relevantes el número de agentes del Cuerpo Nacional de Policía. Sólo este Cuerpo incorporó en el 2010 a 2.681 recién titulados. Con esta promoción que comenzará a prestar servicio de forma inmediata en sus destinos, la plantilla policial se sitúa en 62.569 efectivos, de los cuales 55.688 son hombres y 6.881 mujeres. Disponible en: http: //elpais.com
227 Cfr. ROLDÁN BARBERO, H., Concepto y alcance..., cit., págs. 691 y ss.

Una especial mención requiere el Boletín estadístico de la Dirección General de la Guardia Civil[228]. Se trata de una publicación anual de uso interno y restringido que da cuenta, bajo el epígrafe "servicio peculiar", de todas aquellas intervenciones de la misma relacionadas con infracciones contra la propiedad, las personas, etc. Ofrece también información sobre la delincuencia juvenil y la comisión de "actos terroristas".

La técnica de recogida de datos y la propia estructura de estos "boletines estadísticos" es muy semejante al de las memorias de la Policía Judicial.

La Guardia Civil representa el segundo bastión de las Fuerzas y Cuerpos de Seguridad del Estado como instancia receptora de denuncias de delito[229]. Aunque su ubicación es predominantemente rural ejerce, de hecho, también una demarcación periférica en el extrarradio de los núcleos urbanos. A su competencia genérica para investigar cualquier clase de delito, se añade la específica con relación al contrabando (e indirectamente, a las drogas), al control del tráfico rodado y a la delincuencia medioambiental[230].

Con la entrada en vigor del Código Penal en 1995, la comparación y seguimiento de los datos estadísticos con los obtenidos en años anteriores será probablemente problemática[231]. La estadística de 1996 ya incluía datos de la Policía Nacional y la Guardia Civil[232].

Dicha estadística evidencia el alto porcentaje que exhiben los delitos contra la propiedad en el total de la criminalidad: ocho de cada nueve delitos denunciados a la Policía son delitos patrimoniales. En este sentido, el perfil de la delincuencia española se asemeja mucho a la de los países de nuestro entorno[233].

El robo más frecuente es el cometido en establecimientos comerciales, industriales o de hostelería, mientras que menos de uno de cada cuatro robos tiene lugar en viviendas[234]. Por el contrario, los robos con violencia e intimidación no alcanzan las elevadas tasas que arrojan las encuestas de victimización, si bien uno de cada ocho robos denunciados se ejecutan con violencia o intimidación. Se trata

---

[228] Cfr. CANTERAS MURILLO, A., Delincuencia femenina en España, cit., págs. 85 y ss.
[229] La Guardia Civil es un cuerpo de seguridad del Estado que tiene asignada como misión genérica la **"protección del libre ejercicio de los derechos y libertades y garantizar la seguridad ciudadana"**. Esta misión se materializa garantizando la seguridad pública y asistiendo a los ciudadanos, intentando ofrecer una respuesta policial eficaz y solvente que contribuya a la sensación de seguridad. Disponible en: http://www.guardiacivil.es
[230] Cfr. ROLDÁN BARBERO, H., Concepto y alcance…, cit., págs. 688 y ss.
[231] En este sentido, GARRIDO GENOVÉS, V., y otros, op. cit., pág. 142.
[232] Cfr. GARRIDO GENOVÉS, V., y otros, op cit., pág. 133.
[233] Cfr. GARRIDO GENOVÉS, V., y otros, op cit., pág. 134 y ss.
[234] Sobre el problema GARRIDO GENOVÉS, V. y otros, op. cit pág. 134, nota 15.

de porcentajes muy altos en comparación con otros países industrializados[235]. Y muy significativos, también, comparados con los de los delitos contra las personas[236].

En España se cometen unos mil homicidios, esto es, tres por cada cien mil habitantes. Los delitos sexuales tienen una baja tasa de denuncia[237].

b') Estadísticas *judiciales*. La Memoria de la Fiscalía del Tribunal Supremo, el Discurso de apertura de tribunales del Presidente del Tribunal Supremo, las Memorias del Consejo General del Poder Judicial y las Estadísticas judiciales de España, que publica el Instituto Nacional de Estadística, son cuatro fuentes de información —de muy distinto valor y utilidad— sobre la actividad de los tribunales penales durante el correspondiente año judicial.

Las Memorias de la Fiscalía General del Estado, de publicación anual, se elaboran y presentan por el Fiscal General del Estado al Gobierno con motivo de la apertura de los tribunales[238]. Prestan especial atención a la evolución de la criminalidad en sus manifestaciones más características y relevantes, así como al movimiento de las causas durante el año en cuestión. Se completan con un "anexo estadístico" que recoge el número de diligencias previas, preparatorias y sumarios incoados durante dicho período, clasificados por provincias y delitos (no, sin embargo, el número y naturaleza de las causas que terminan cada año con sentencia condenatoria).

En cuanto a las Memorias del Consejo General del Poder Judicial[239] y al Discurso de apertura de tribunales del Presidente del Tribunal Supremo baste con advertir, que carecen del más elemental criterio de clasificación estadística bi-

---

[235]   Cfr. GARRIDO GENOVÉS, V. y otros, op. cit pág. 134.

[236]   Al año se denuncian más de 100.000 robos con violencia (básicamente, por el procedimiento del tirón) y sólo 15.000 delitos contras las personas (aunque se denuncian, al año también, unas 100.000 faltas contras las personas). Cfr. GARRIDO GENOVÉS, V. y otros, op. cit., pág. 134.

[237]   Cfr. GARRIDO GENOVÉS, V. y otros, op. cit., pág. 134.

[238]   La Memoria de la Fiscalía General del Estado del 2011 consta de dos volúmenes; en primero versa sobre "La actividad del Ministerio Fiscal, Circulares y Consultas" formado por cuatro completos capítulos. El segundo volumen, relativo al "estudio estadístico", contempla datos compendiados a escala nacional, comparativos, así como, las estadísticas de cada Comunidad Autónoma. Vid. Memoria elevada al Gobierno de S. M presentada al inicio del año judicial por el Fiscal General del Estado, Excmo. Sr. D. Cándido Conde-Pumpido Tourón. Centro de Estudios Jurídicos. Ministerio de Justicia, 2011.

[239]   La Memoria del Consejo General del Poder Judicial es un documento que describe una detallada información sobre la actividad judicial en España. Entre los apartados más significativos, se destacan: planta y organización judicial, actividad de las Comisiones Legales, Organización del C.G.P.J, áreas de actividad técnica interna, actividades de la Presidencia, Informe sobre la

variada por sexo, lo que, unido a otras muchas limitaciones y deficiencias, hace prácticamente inútil el empleo de estas fuentes, cuya utilidad estadística es muy limitada[240].

Las estadísticas de mayor interés son las elaboradas por el Instituto Nacional de Estadística[241], cuya publicación se lleva a cabo de forma resumida en el Anuario de Estadística a partir de las "Estadísticas Judiciales de España" si bien sus datos sobre diligencias iniciadas cada año no coinciden con las ofrecidas por la Memoria de la Fiscalía General del Estado[242]. Las estadísticas que aporta el Instituto Nacional de Estadística se agrupan en torno a variables como: "penas según el tipo de pena y edad del infractor".

Dichas estadísticas son imprescindibles para conocer la criminalidad registrada u oficial, si bien adolecen de un lamentable y endémico retraso, desde que en 1979 se interrumpiera la publicación anual de las mismas.

Así, en 1987 se dieron a conocer los datos relativos a la criminalidad de 1981, y durante el año 1985 sólo se habrán publicado los referentes a 1978. Con seis años de retraso, también —en 1986— se conocieron los datos sobre la criminalidad en 1980. Las estadísticas judiciales que ofrecen datos del año 1992, se publicaron en 1995[243], los datos relativos al año 1995 se publicaron en junio de 1998, por último, y como decíamos los datos relativos al año 2009 se acaban de publicar en 2011[244].

Por lo que respecta a la Memoria de la Audiencia Nacional se trata de un complemento a la información ofrecida por la Memoria de la Fiscalía General del Estado respecto a la situación de la Administración de Justicia en las Salas y Juzgados que la componen. De esta manera se da por cumplido el mandato que se desprende del artículo 152. 9 de la LO 6/1985, de 1 de julio, del Poder Judicial,

---

estructura demográfica de la Carrera Judicial actualizado a cada año, panorámica de la Justicia al año anterior, etc.

240   En este sentido, CANTERAS MURILLO, A., Delincuencia femenina en España, op. cit., pág. 138.

241   El Instituto Nacional de Estadística ofrece un Anuario Estadístico en donde se recogen datos sobre la justicia y la seguridad en España, entre otros estudios. Se trata de un completo instrumento si bien telegráfico al contener tan sólo tablas en donde se hacen constar criterios de selección muy generales, los mismos que emplea el Ministerio del Interior. Digamos que dicha herramienta opera como canal de difusión de los datos que registra el Ministerio del Interior sobre las cifras aportadas por el CNP, la Guardia Civil y las distintas policías autonómicas. Sorprende también que la información publicada en 2011 haga referencia a las cifras del 2009 como último año al que se actualizan los datos lo que da fe de su lamentable retraso. Información disponible en: http: // www.ine.es.

242   Cfr. ROLDÁN BARBERO, H., Concepto y alcance…, cit, pág. 696.

243   Vid. Estadísticas Judiciales de España 1992, INE, Madrid 1995.

244   Vid. Estadísticas Judiciales de España 2009, INE, Madrid 2011.

que atribuye a los órganos por el que se atribuye a los órganos de los tribunales la elaboración anual de dicho documento. La Memoria de la Audiencia Nacional 2010 representa una valiosa base de datos referente, además de otros análisis, a los procedimientos pendientes, ingresados, terminados para los años 2009 y 2010 ante los seis Juzgados Centrales de Instrucción; así como los procedimientos que todavía a fecha 31 de diciembre de 2010 se encontraban pendientes en cada uno de dichos órganos.

En un estudio más pormenorizado se muestra dicha información conjunta de manera desglosada de forma que se especifican los sumarios, diligencias previas, habeas corpus, expedientes gubernativos de expedición, comisiones rogatorias, exhortos o procedimientos abreviados de cuyo conocimiento son competentes[245].

Las estadísticas judiciales contienen, pues, una importante información no sólo sobre los tribunales penales ordinarios, sino también sobre la jurisdicción de menores[246] y realidad penitenciaria. Más aún: a pesar de que las estadísticas penales militares siguen siendo "material reservado", a tenor de la Orden Ministerial de 18 de febrero de 1953, las estadísticas judiciales consignan algunos datos relativos a los "delitos comunes "propios de aquéllas". Por lo que respecta a la Jurisdicción Penal Militar, en el 2010 los delitos de abandono de destino y abandono de residencia (454 en total) representan, sin lugar a dudas, la figura delictiva más representativa en dicho ámbito. Del mismo modo, es menester destacar el ascenso experimentado en el número total de procedimientos incoados por insubordinación, en cualquiera de sus modalidades excepto en la de "insulto a superior" que ha descendido en el 2010 respecto del año anterior.

En cuanto a la Jurisdicción Penal ordinaria, las estadísticas judiciales (penales) se refieren a delitos "apreciados", "sentencias condenatorias" y "números de condenados". Los términos delito "apreciado" y "condena" impuesta no son correlativos (una misma sentencia condenatoria puede apreciar varios delitos)[247], lo que ha de tenerse en cuenta. La información ofrecida es, a menudo, equívoca: unas veces, por Juzgados de Instrucción y Audiencias Provinciales (vg., número de causas tramitadas); otras, indiscriminada, conjunta. Conviene advertir, por otra parte, que los delitos "apreciados" o "condenados" en un determinado año no

---

[245] Para más información sobre las mismas consultar el "Anexo Estadístico II".

[246] Respecto a los procedimientos de menores se destacan importantes propuestas de reforma legislativa a petición de la Fiscalía General de Estado tal y como se hace constar en su Memoria del 2011.

[247] La imprecisión no sólo se puede deber a que una misma sentencia decida sobre más de un delito, también que un mismo delito dé lugar a más de un procedimiento. Así, en la Memoria de la Fiscalía General del Estado 2008 se reconocen diversos errores que pueden afectar a las estadísticas. Vid. Memoria de la Fiscalía General del Estado 2008.

significa, desde luego, que hayan sido cometidos durante el mismo, resultando muy problemático todo intento de coordinar ambos datos.

Los datos estadísticos hacen referencia a cada una de las figuras legales del correspondiente Título del Código Penal, pero no en pocas ocasiones lo hacen, de forma unitaria, a la totalidad de aquél, lo que incide en la validez y utilidad de la propia información de modo muy negativo.

Los delitos ("cometidos", "apreciados", etc.) aparecen clasificados por provincias, con especial referencia a la naturaleza de los mismos, las penas impuestas, el grado de participación, la categoría de la población o el número de habitantes del lugar en que se cometieron.

En cuanto a la información sobre el autor o autores del delito se consigna: sexo, edad y grado de instrucción; falta toda referencia al medio social del delincuente y los tramos de edad no coinciden con los del censo de la población.

Resulta muy llamativo un dato: las instancias judiciales informan en sus estadísticas que reciben más causas que las que registra la Policía, algo anómalo y sorprendente que no puede responder a la realidad[248]. Pero de una simple confrontación de las respectivas estadísticas se deduce que los Cuerpos y Fuerzas de Seguridad del Estado en su conjunto son responsables exclusivamente de un tercio de las diligencias previas que incoan los Juzgados[249].

Así, según la Estadística de la Fiscalía General del Estado de 2011, en 2010 se incoaron 4.259.769 diligencias previas, mientras que en dicho año la cifra de delitos registrados por la Policía Nacional y la Guardia Civil no superó los 1.745.313. Dicha diferencia, además, parece venir heredada si se examinan las cifras de años anteriores[250].

Pero la relación estadística entre delitos denunciados a la Policía y diligencias previas incoadas por el órgano jurisdiccional (tres diligencias judiciales por cada delito denunciado a la Policía) no responde a la realidad de las infracciones cometidas, siendo, desde luego, más verosímil la estadística policial[251].

---

[248]   En este sentido, GARRIDO GENOVÉS, V. y otros, op cit., págs. 136 y 137.

[249]   Así, ROLDÁN BARBERO, H., Concepto y alcance…, cit., pág. 689.

[250]   Así, en el 2006 el número de diligencias previas incoadas fue de 4.256.698 mientras que los delitos registrados por el Cuerpo Nacional de Policía y la Guardia Civil fue sólo de 1.884.193. En el 2007 las diligencias previas ascendieron a 4.364.442 y la cifra de delitos conocidos por el CNP y la Guardia Civil ligeramente descendió, en comparación con el año anterior, a 1.882.642. En el 2008, la relación fue de 4.460.666 diligencias previas frente a 1.858.197 delitos registrados. Y por último en le 2009, la cifra de diligencias previas abiertas fue 4.520.233, la más alta de estos cuatro años, frente a 1.777.465 de delitos conocidos por la Policía y la Guardia Civil, la más baja en esta categoría de dichos años.

[251]   Así, GARRIDO GENOVÉS, V., y otros, op. cit., pág. 140.

La información que suministraban las estadísticas judiciales era incompleta, parcial y poco significativa, pese a que, en las últimas publicaciones se han mejorado algunos aspectos[252]. Ahora son mucho más precisas que las de antaño. El tratamiento que merecen algunas importantes variables de la criminalidad (vg., edad o sexo) sigue siendo pobre y poco precisa la constancia estadística de determinados conceptos operativos y categorías jurídicas.

Se han detectado algunas imprecisiones adicionales a propósito de las sentencias dictadas por Juzgados de Instrucción y Audiencias Provinciales: no contabilizaban las faltas aparejadas a un delito, y las que cuentan con auténtica autonomía estadística en una cifra global y unitaria sin las imprescindibles especificaciones.

La información que arrojan las estadísticas judiciales merece alguna reflexión adicional.

En primer lugar, y en cuanto a la fuente de dicha información, es muy reducido el número de denuncias (recte: querellas) que se interponen directamente ante el órgano jurisdiccional —entre el 2% y el 4% del total— mientras crece el porcentaje de actuaciones judiciales que tienen su origen en partes médicos, al parecer, próximo al 15% en algunos delitos contra la salud y la integridad de las personas[253]. No obstante, algunos autores creen detectar un justificado incremento de la opción del particular a favor de la querella ante el órgano jurisdiccional y hablan de un proceso de "privatización del Derecho Penal"[254].

En segundo lugar, y por lo que al propio concepto nuclear de "diligencia previa" se refiere, es obvio que el mismo no puede ser un indicador fidedigno de la criminalidad real y sí solo un referente de la delincuencia oficial o registrada. El incremento de las "diligencias previas", desorbitado, no se corresponde, desde luego, con el más limitado ascenso del crimen real. Padece una clara hipertrofia[255] por razones muy diversas. Ahora bien, tampoco parece correcta la afirmación de que las estadísticas judiciales sólo reflejan el volumen de trabajo de los tribunales pero no el de la delincuencia real[256].

---

[252] Una muestra de la insuficiencia de las estadísticas judiciales de los primeros tiempos es la relativa a los datos estadísticos referentes a los Juzgados de Paz. Hasta el año 1985 distinguían los condenados según sexo y clase de falta, no así por grupos de edad. Igualmente se echaba en falta tal información en el tratamiento de los datos procedentes de los Juzgados de Instrucción.

[253] Cfr. ROLDÁN BARBERO, H., Concepto y alcance…, cit., pág. 696, citando el parecer de Stangeland, García y Márquez.

[254] Así, RODRÍGUEZ RAMOS, L., ¿Hacia un Derecho Penal privado y secundario?, en: Actualidad Jurídica. Aranzadi, nº 251 (20. VI. 1996), págs. 1 y ss. Cfr. ROLDÁN, H., Concepto y alcance de la delincuencia oficial, cit., III. F., matizando las perspectivas y significado de dicho proceso "privatizador".

[255] Así, ROLDÁN BARBERO, H., Concepto y alcance…, cit., pág. 697.

[256] Tesis esta última que mantiene STANGELAND. Cfr. ROLDÁN, H., Concepto y alcance de la delincuencia oficial, cit., ibídem. Según STANGELAND un mismo accidente en el que se ven

Ciertamente las cifras de diligencias previas ofrecen una imagen sobre dimensionada del crimen real, porque no siempre se incoan por un hecho que constituye delito; y porque el proceso de elaboración de las mismas da lugar a posibles duplicidades de modo que un mismo delito se registra en varias diligencias[257]. Pero estos defectos metodológicos (proceso de confección de las estadísticas, déficit en la informatización de la información que recogen, etc.) no deben sugerir la inutilidad criminológica de esta categoría ("diligencias previas"). Que, por ejemplo, de 1987 a 1997 se haya pasado de 1.338.309 a 3.087.667 "diligencias previas" significa, al menos, que ha tenido lugar un incremento del 130% de la delincuencia oficial registrada[258].

c') Estadísticas *penitenciarias*. La información estadística fundamental relativa a la realidad penitenciaria española se encuentra en dos fuentes: el Informe General de la Dirección General de Instituciones Penitenciarias y las ya citadas estadísticas judiciales que publica el Instituto Nacional de Estadística.

Ambas fuentes son complementarias: mejor sistematizadas, tal vez, las estadísticas judiciales; más detallada y minuciosa la información que arroja el informe. Este tuvo periocidad anual hasta 1983 y contiene, además, datos específicos sobre determinados extremos que no se recogen en las estadísticas (vg, resumen de "actividades": tratamiento penitenciario, sanidad penitenciaria, educación, cultura y asistencia religiosa, asuntos administrativos, económicos y funcionarios, obras y construcciones, trabajo en las prisiones, actividades de la Escuela Penitenciaria, Informática penitenciaria, conflictividad en las prisiones, etc.).

La Estadística penitenciaria, que obra como capítulo independiente en las estadísticas judiciales, abarca tres apartados. El primero versa sobre los establecimientos penitenciarios ("distribución geográfica" de establecimientos), distinguiendo la finalidad de cada uno de ellos (conceptos: "diligencias", "detención", "cumplimiento" y "hospitalarios o asistenciales"). El segundo consta de una relación de "series cronológicas" hasta el año en curso, relativa a la "población reclusa, delitos cometidos, penados, ingresados y libertades condicionales concedidas" (se hace constar el total de la población reclusa, masculina y femenina, expresándose las respectivas situaciones procesales: penados, procesados, detenidos con especificación del sexo, en cada caso, y del concepto o causas de dicha situación procesal; con relación a los "penados", se distinguen edades, estado civil, du-

---

involucrados dieciocho vehículos puede registrarse en diez Juzgados distintos, teniendo en cuenta el número de lesionados que denuncian el hecho (a juzgados distintos) y el de hospitales que traten a aquéllos (que remitirán al Juzgado los correspondientes partes médicos).

[257]   Cfr. ROLDÁN BARBERO, H., Concepto y alcance de la delincuencia oficial, cit., pág 697, citando el parecer entre otros de STANGELAND.

[258]   Así, ROLDÁN BARBERO, H., Concepto y alcance de la delincuencia oficial, cit., pág 699.

ración de las penas y habitualidad de los mismos; en cuanto a los "delitos", se parte de las rúbricas legales: contra la seguridad del Estado, falsedades, contra la Administración de Justicia, contras las personas, contra la libertad sexual, etc.). Se consigna también una mención a las "faltas", sin especificar sexo del infractor ni clase de la infracción; así como el total de penados ingresados (por sexos) y el de libertades condicionales. Por último, la estadística penitenciaria contiene una amplia información —plagada de erratas, por cierto— sobre cada año. Las tablas versan, fundamentalmente, sobre los siguientes conceptos y subconceptos: "población reclusa, clasificada por su situación procesal, infracción cometida, edad, pena y habitualidad criminal" (una segunda tabla aporta la misma información respecto a reclusas primarias"); "penados ingresados en prisión durante el año, clasificados por sexo y estado civil, según la naturaleza de los delitos cometidos" (en cuanto a estos últimos, se siguen las rúbricas legales, con adición de algunos conceptos ad hoc como "concurso de delitos"; constando también una breve referencia a los "delitos militares simples" y al "concurso de delito militar con otro militar común"); "penados ingresados en prisión durante el año, clasificados por sexo y edad, según la naturaleza de los delitos cometidos" (dos tablas separadas, una para "varones", otras para "mujeres"); "penados ingresados en prisión durante el año, clasificados según las penas impuestas, en relación con la naturaleza de los delitos cometidos" (se distinguen dos subconceptos: delitos "definidos en el Código Penal y Leyes Especiales" y delitos "definidos en el Código de Justicia Militar"); "penados ingresados en prisión durante el año, clasificados según su nivel cultural, en relación con la naturaleza de los delitos cometidos", (se tiene en cuenta la distinta participación por sexo en el total de condenas según los diversos delitos acudiendo al criterio del nivel cultural: "analfabeto", "con instrucción primaria", "con instrucción media", "con instrucción superior"); "penados ingresados en prisión durante el año, de nacionalidad extranjera, clasificados según su sexo y la naturaleza de los delitos cometidos".

El hoy denominado "Informe" General de la Dirección General de Instituciones Penitenciarias (hasta 1977: "Memorias" de la Dirección General de Instituciones Penitenciarias) era una voluminosa publicación, bianual hasta el año 1986 en la que recoge la información cada año, aunque su aparición es irregular. El Informe de 2011 consta de trescientas noventa y ocho páginas divididas en diez grandes apartados y un anexo, al final, con normativa penitenciaria.

Entre las limitaciones de este Informe General, ajenas a la propia técnica estadística, destacan los retrasos y las dilaciones que sufre la publicación[259]. Pero afortunadamente se ha conseguido superar convenientemente esta deficiencia.

---

[259]   A partir del año 1986 los Informes sufren un importante retraso; como muestra baste comparar los datos de año de referencia/fecha de publicación de los últimos difundidos por la Secretaría de Estado de Asuntos Penitenciarios. Así, el Informe General de 1992, se publica en 1994,

Desde el año 1984, la Comunidad Autónoma de Cataluña tiene plenas competencias en materia de administración penitenciaria, de forma que los datos contenidos en el Informe General, a cargo de la Secretaría General de Asuntos Penitenciarios, del Ministerio del Interior, han de ser completados con los de la Comunidad Autónoma citada. El Centre d' Estudis Jurídics i Formació Especializada del Departament de Justícia de la Generalitat de Catalunya, hace publica periódicamente aquella información a través de los boletines de Justicidata[260] (concretamente los n°. 1, 5, 9, 10 y 15). En ella se ofrece información acerca de la evolución de las cifras penitenciarias en Cataluña (actualizadas hasta octubre de 1997 y desde octubre de 1985), incluyendo variables de sexo, edad, nacionalidad, preventivos y penados. Así mismo, los n° 9 y 10 ofrecen estadísticas, respectivamente, de las diferentes Comunidades Autónomas (1985-1994), y un estudio comparativo de la evolución penitenciaria de Cataluña y del conjunto del Estado español (1985-1994).

I. ESTADÍSTICAS POLICIALES
Delitos de tráfico de drogas en España.
SUSTANCIAS INCAUTADAS
Cocaína

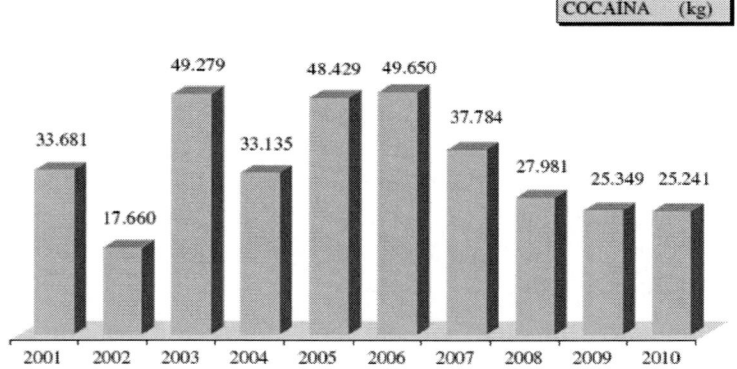

---

en tanto el referente al año 1993, aparece en 1996 (obsérvese por el periodo analizado incluye datos de una única anualidad, frente a algunos de los Informes anteriores que se estructuraban de forma bianual, vgr. el Informe General del bienio 1983-84, publicado en 1985)

[260] La mencionada publicación se nutre, en especial, de los datos proporcionados semanalmente tanto por la, hoy, Secretaría General de Asuntos Penitenciarios del Ministerio del Interior, como por la Direcció General de Serveis Penitenciaris i de Rehabilitació del Departament de Justícia de la Generalitat de Catalunya.

	2006	2007	2008	2009	2010	% 2010	% Variación 2009-2010
Aeropuerto	1.287,21	2.056,02	1.201,05	2.121,13	1.631,13	6,46%	-23,09%
Aguas Internacionales	22.427,25	8.154,00	5.000,00	6.770,00	2.610,00	10,34%	-61,45%
Interior del Territorio	4.685,67	2.773,75	3.703,67	3.400,27	5.481,27	21,72%	61,20%
Mar Territorial	4.281,00	5.877,48	7.917,00	320,00	2.666,50	10,56%	733,28%
Playa	3.274,61	2.888,48	294,48	4.079,59	73,19	0,29%	-98,21%
Recinto Aduanero	7.605,11	5.006,47	5.516,84	7.115,96	8.676,95	34,38%	21,94%
Puerto	1.168,03	3.876,59	1.170,07	1,51	637,00	2,52%	41.973,98%
Otros	4.920,63	7.150,77	3.177,88	1.540,89	3.464,92	13,73%	124,86%
TOTALES	49.649,50	37.783,54	27.980,99	25.349,35	25.241,27	100,00%	-0,43%

La cantidad de cocaína que fue incautada en todo el territorio nacional durante 2010 fue de 25.241 kg. Como puede comprobarse en el gráfico de arriba, la línea de aprehensiones de esta sustancia empieza a ser descendente desde 2006. Durante el último año se han efectuado 7.606 detenciones relacionadas con el tráfico de cocaína y por su consumo y tenencia han sido tramitadas 36.945 denunciadas. Como grandes manifestaciones de intervenciones policiales contra el tráfico de esta sustancia pueden destacarse dos: la primera en Cádiz, con 1.510 kg, la segunda en Pontevedra, con 1.000 kg; ambas dentro del territorio nacional, dos intervenciones en Navarra, con 1.000 kg en total, una en Vizcaya con 814 kg, y, en aduanas, sigue a la cabeza Valencia con 2.510,27 kg intervenidos en 27 actuaciones, seguido de Cádiz, con 1.805, 64 kg en 11 actuaciones.

Hachís

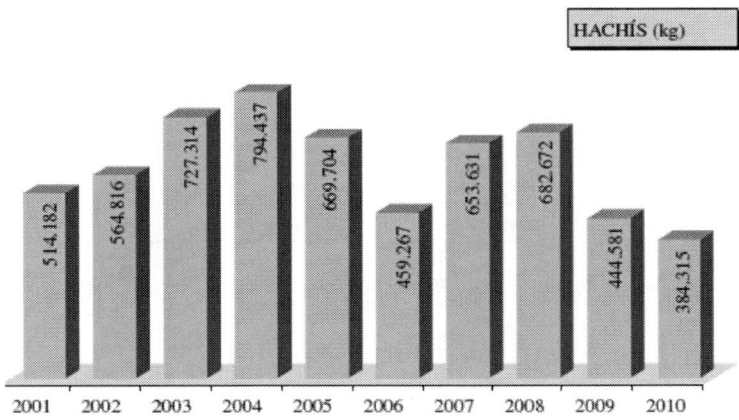

	2006	2007	2008	2009	2010	% 2010	% Variación 2009-2010
Aeropuerto	181,82	476,18	1,10	2,01	7,57	0,00%	276,67%
Aguas Internacionales	5.659,00	9.860,00	15.840,00	0,00	25.503,00	6,12%	-100,00%
Interior del Territorio	50.567,50	64.359,49	46.354,02	41.398,91	27.040,14	7,04%	-34,68%
Mar Territorial	22.550,47	120.696,89	113.252,74	56.531,53	67.240,39	17,50%	18,94%
Playa	191.526,05	236.862,17	323.656,38	187.817,65	137.517,90	35,78%	-26,78%
Recinto Aduanero	37.720,31	33.599,10	59.439,79	38.890,68	60.979,82	15,87%	56,80%
Puerto	23.253,70	61.894,02	28.803,30	22.131,54	24.183,32	6,29%	9,27%
Otros	127.808,10	125.882,65	95.324,59	97.808,90	43.842,56	11,41%	-55,18%
TOTALES	459.266,96	653.630,50	682.671,92	444.581,22	384.314,70	100,00%	-13,56%

ESTADÍSTICAS POLICIALES SOBRE DELITOS:

NACIONAL	DELITOS CONOCIDOS		DELITOS ESCLARECIDOS		DETENCIONES POR DELITO	
	2009	2010	2009	2010	2009	2010
I. Delitos contra la vida, integridad y libertad personal	104.883	103.154	98.189	97.098	83.023	80.626
II. Delitos contra el patrimonio	608.734	590.44	120.858	121.016	99.905	98.846
III. Faltas de lesiones	79.057	78.518	62.689	62.498	1.840	1.775
IV. Faltas de hurto	495.146	490.305	62.569	67.705	8.236	9.801
TOTAL INDICADORES PRINCIPALES	**1.287.820**	**1.262.421**	**344.305**	**348.317**	**193.004**	**191.048**
Otras infracciones penales Faltas de: daños, amenzas, coacciones, orden público y resto delitos	**489.645**	**482.891**	250.314	244.958	114.726	107.864
TOTAL	**1.777.465**	**1.745.312**	**594.619**	**593.275**	**307.730**	**298.912**

II. ESTADÍSTICAS JUDICIALES

Delitos más significativas por los que se han incoado diligencias urgentes

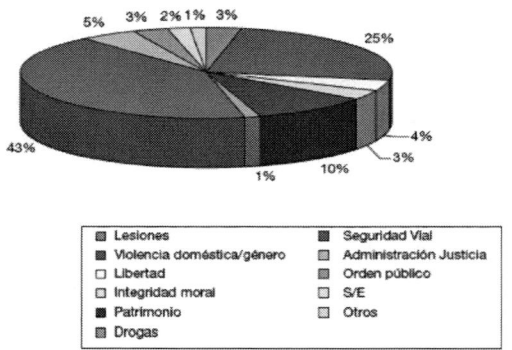

Delitos más significativos por los que se han calificado diligencias urgentes

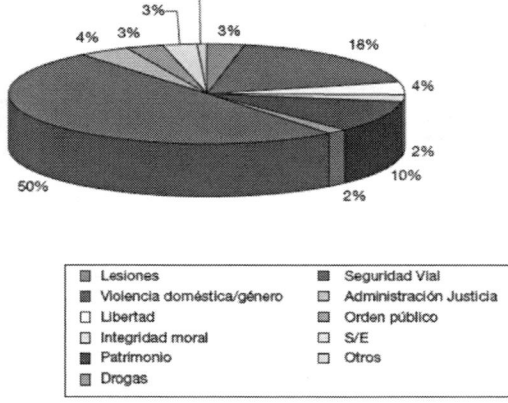

Delitos más significados por los que se han calificado procedimientos abreviados

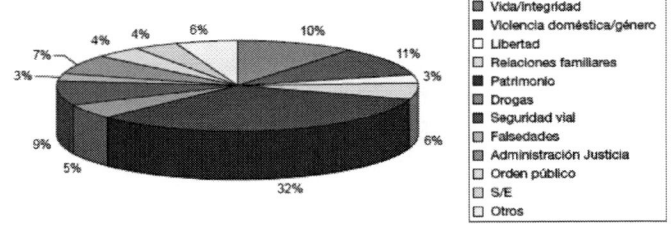

Evolución comparativa sobre incoación de nuevos procedimientos.

AÑO	2006	2007	2008	2009	2010
D. previas	4.256.698	4.364.442	4.460.666	4.520.233	4.259.769
D. urgentes	138.546	154.599	219.783	230.680	214.273
Total	4.395.244	4.519.041	4.680.449	4.750.913	4.474.042

Fuente: Memoria Fiscalía General de Estado 2011.

Tabla de Procedimientos iniciados ante la Jurisdicción Militar según delitos Código Penal Militar.

Delitos del Código Penal Militar	Asuntos iniciados*		Diferencia	%
	2009	2010		
Revelación de secretos	2	0	-2	-100
Atentados contra los medios y recursos de la Defensa Nacional	2	2	0	0
Contra centinela, fuerza armada o policía militar	4	1	-3	-75
Ultraje a la Nación Española o sus símbolos	1	0	-1	-100
Injurias a los Ejércitos	0	1	+1	-
Insulto a superior	40	31	-9	-22,05
Desobediencia	17	18	+1	+5,58
Abuso de autoridad	26	39	+13	+50
Deslealtad	11	18	+7	+63,64
Abandono de destino (o de residencia)	512	454	-58	-11,33
Deserción	6	3	-3	-50
Quebrantamientos especiales del deber de presencia	0	2	+2	-
Extralimitación en el ejercicio del mando	0	2	+2	-
Abandono de servicio	2	3	+1	+50
Abandono de puesto de centinela	0	1	+1	-
Embriaguez en acto de servicio de armas	0	5	+5	-
Contra la eficacia del servicio del art. 155	14	4	-10	-71,43
Extralimitación del art. 159.1º	0	1	+1	-
Imprudencia del art. 159.2º	0	3	+3	-
Contra el decoro militar	1	0	-1	-100
Contra la Administración de Justicia Militar	1	5	+4	+400
Contra la Hacienda Militar	38	47	+9	+23,68
Otros delitos	1	1	0	0

Fuente: Memoria de la Fiscalía General del Estado 2011.

OTRAS ESTADÍSTICAS:

Tabla de muertes en atentados terroristas cometidos por ETA (1990-2009)

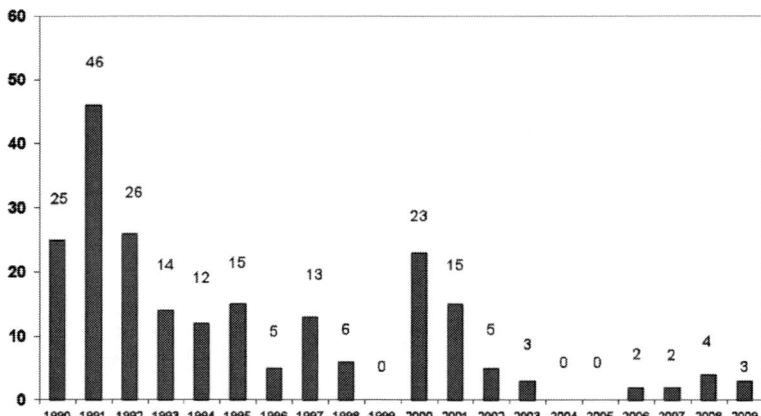

Fuente: Fundación Víctimas del Terrorismo

Tabla de muertes en atentados terroristas en España (1990-2009)

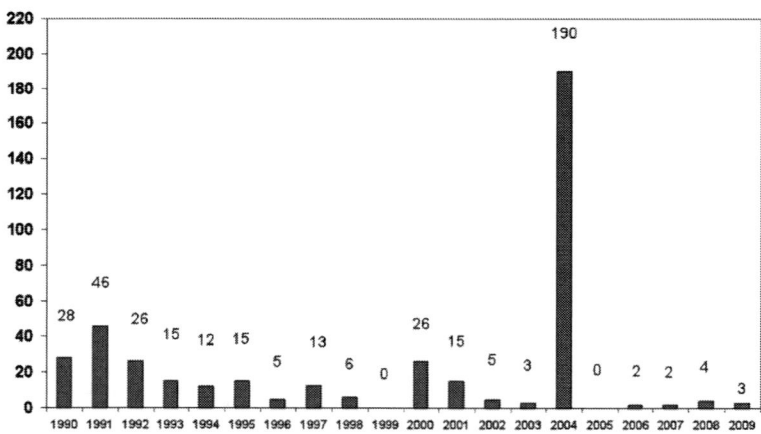

Fuente: Fundación Víctimas del Terrorismo

III. ESTADÍSTICAS PENITENCIARIAS
A) POBLACIÓN PENITENCIARIA (MENORES)

Evolución de menores condenados (2007-2010)

Año	Total Menores	Varones	Mujeres
2007	13.631	11.580	2.051
2008	15.919	13.477	2.442
2009	17.572	14.782	2.790
2010(p)	18.238	15.337	2.901

De acuerdo con el gráfico anterior, en el 2010 se inscribieron 18.238 menores condenados por sentencias firmes, las cuales fueron dictadas y comunicadas al Registro de Sentencias de Responsabilidad Penal de los Menores[261], lo que representó un aumento del 3,8% respecto del 2009. La tasa de menores de 14 a 17 años condenados por cada 1000 habitantes en el mismo rango de edad fue de 10,22 frente a 9,73 del año anterior.

B) POBLACIÓN PENITENCIARIA (ADULTOS)

Población reclusa

2000	2001	2002	2003	2004	2005	2006	2007	2008	2009	2010
45.104	45.571	51.882	56.096	59.375	61.054	64.021	67.100	73.558	76.079	76.701

Fuente: INE. Ministerio del Interior, Secretaría General de Instituciones Penitenciarias, los datos de 2010 corresponden al mes de junio.

INFORME DE LA DIRECCIÓN GENERAL DE INSTITUCIONES PENITENCIARIAS. ANÁLISIS DE LA POBLACIÓN RECLUSA 2010.

1. Población reclusa por sexo.

	Total 31-12-2009	%	Total 31-12-2010	%	Variación anual	Variación en %
Hombres	60.215	91,9	58.362	92,0	-1.853	-3,1
Mujeres	5.333	8,1	5.041	8,0	-292	-5,5
TOTAL	65.548	100	63.403	100	-2.145	-3,3

Por sexo, son varones 58.362 internos (1.853 internos menos que en las mismas fechas de 2009) y mujeres 5.041 (-292 internas menos en relación con el año anterior). *Nueve de cada diez internos son hombres* (92,0%).

2. Distribución de la población reclusa según nacionalidad y sexo. (Datos a 31-12-2010).

	Hombres	%	Mujeres	%	Total	%
Españoles	38.700	66,3	3.040	60,3	41.740	65,8
Extranjeros	19.662	33,7	2.001	39,7	21.663	34,2
Total	58.362	100	5.041	100	63.403	100

Finaliza el año 2010 con 21.663 internos extranjeros, (929 internos menos que a 31-12-2009). Ver cuadro. Uno de cada tres internos es de nacionalidad no española (34,2%). Esta proporción presenta variaciones significativas por sexo, ya que en el caso de las mujeres la proporción de mujeres no española (39,7%) es superior a la de varones (33,7%) en 6 puntos porcentuales.

---

[261] El Registro de Sentencias de Responsabilidad Penal de los Menores contiene a su vez información sobre menores condenados, infracciones penales, medidas impuestas, sexo, edad y nacionalidad del infractor, fecha de comisión de la infracción penal y lugar de condena, relativa a las sentencias condenatorias firmes impuestas a los menores por los juzgados de Menores.

3. La población reclusa según situación procesal-penal.

	Hombres	%	Mujeres	%	Total	%
Preventivos	10.756	18,4	1.118	22,2	11.874	18,7
Prisión	46.862	80,3	3.875	76,9	50.737	80,0
A. F. Semana	5	0,0	0	0,0	5	0,0
Impago de Multa	62	0,1	2	0,0	64	0,1
M. Seguridad	525	0,9	39	0,8	564	0,9
Tránsitos	152	0,3	7	0,1	159	0,3
Total	58.362	100	5.041	100	63.403	100

Cuatro de cada cinco internos están condenados a penas de prisión (80,0%), y uno de cada cinco se encuentra en prisión preventiva (18,7%). Por sexo, se observa que el porcentaje de mujeres preventivas (22,2%) es 3,8 puntos superior al de hombres.

4. Evolución de los condenados (2007- 2010).

Año	Total Condenados	Varones	Mujeres
2007	160.938	147.160	13.778
2008	206.396	188.215	18.181
2009	221.916	201.045	20.871
2010(p)	213.878	192.686	21.192

En el 2010 se inscribieron en el Registro Central de Penados 213. 878 condenados, según las sentencias firmes que fueron dictadas y comunicadas durante ese mismo año. En comparación en el 2009 representa un 3, 6% menos. *Como puede comprobarse, el 90, 1% de los condenados fueron varones y el 9, 9% mujeres.* La tasa de condenados se coloca en 4, 55 en el 2010 frente a la de 4, 75 en el 2009 por cada mil habitantes.

IV. EUROSAT
Tasa de criminalidad comparada.

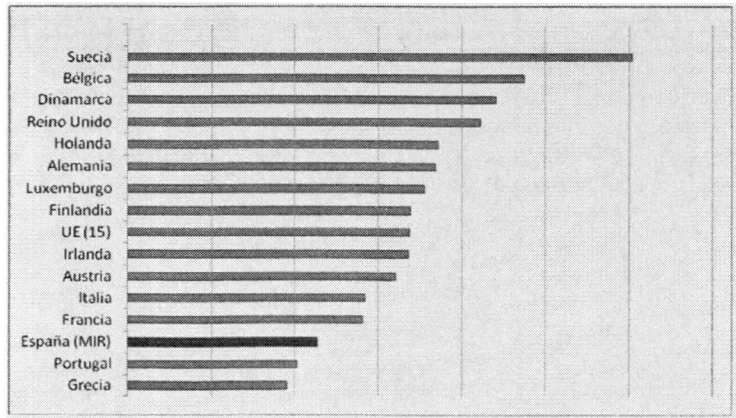

Nota: Las tasas corresponden a los años 2008-2009, según cada país. (Fuente: EUROSAT). La tasa de "España/Territorio MIR" corresponde a diciembre de 2010.
Fuente: Anuario Estadístico del Ministerio del Interior. Balance criminalidad 2011.

V. DATOS SOBRE SEGURIDAD PRIVADA

DATOS DE CONTRATOS/SERVICIOS DE DISTINTAS ACTIVIDADES								
	Vigentes a 31-12-2009	Altas 2010	Bajas 2010	Vigentes a 31-12-2010	Altas 2011	Bajas 2011	Vigentes a 31-12-2011	Dif. 2010 - 2011
Contratos vigilancia y protección	15.576	19.144	13.199	21.521	17.032	13.316	20.435	-5,05%
Servicios con arma	4.339	10.299	8.751	5.887	9.399	8.606	4.706	-20,07%
Servicios sin arma	20.905	29.079	22.858	27.126	38.660	32.986	27.742	2,23%
Servicios deposito de explosivos	3.265	1.482	851	3.896	1.400	793	4.503	15,58%
Servicios transporte de explosivos	10.600	6.964	2.756	14.808	6.675	2.164	19.319	30,46%
Servicios protección de personas	1.397	399	405	1.391	401	575	1.217	-12,51%
Servicios transportes de objetos valiosos	105.133	7.628	5.084	107.677	13.070	15.348	105.399	-2,12%
Servicios deposito de objetos valiosos	95.655	7.092	5.050	97.697	12.712	15.221	95.188	-2,57%
Contratos planificación y asesoramiento de innstalaciones	8.353	1.393	1.034	8.712	2.060	1.728	9.044	3,81%
Servicios planificación y asesoramiento de instalaciones	6.729	912	202	7.439	1.533	741	8.231	10,65%
Contratos planificación y asesoramiento resto de actividades	926	259	95	1.090	332	91	1.331	22,11%
Contratos instalación y mantenimiento	1.246.631	192.308	133.936	1.305.003	198.713	165.809	1.337.907	2,52%
Servicios instalación	105.608	22.324	6.754	121.178	32.107	8.041	145.244	19,86%
Servicios mantenimiento	217.035	30.725	19.331	228.429	33.671	26.825	235.275	3,00%
Servicios instalación y mantenimiento	1.007.584	153.493	114.790	1.046.287	160.230	145.000	1.061.517	1,46%
Contratos cra*	1.260.584	190.772	140.077	1.311.279	172.714	183.617	1.300.376	−0,83%

* Centrales Recepción de Alarmas

Fuente: Unidad Central de Seguridad Privada. Ministerio del Interior.

La actualización de estos datos se debe a la Profesora Mª ASUNCIÓN GARCÍA RUIZ.

Las diferencias más significativas en cuanto a la disminución de determinadas actividades [Contratos vigilancia y protección, Servicios con arma, Servicios protección de personas, Servicios transportes de objetos valiosos, Servicios deposito de objetos valiosos, Contratos CRA], derivan del descenso de la actividad empresarial/comercial en el contexto de la actual crisis económica, no necesariamente de una disminución del riesgo percibido. Por ejemplo, el descenso de oficinas de entidades financieras abiertas al público, o la reducción de escoltas en el País Vasco (-70%), cifra estimada en 2012.

III. EL OBJETO DE LA CRIMINOLOGÍA: DELITO, DELINCUENTE, VÍCTIMA Y CONTROL SOCIAL

1. Ampliación y problematización del objeto de la Criminología. Uno de los rasgos más acusados de la moderna Criminología —y del perfil de su evolución en los últimos lustros— es la progresiva *ampliación y problematización* del objeto de la misma[262].

---

262 Sobre dicha ampliación y problematización del objeto de la Criminología, vid: GARCÍA-PABLOS DE MOLINA, A., *Tratado de Criminología*, cit., págs. 88 y ss.; del mismo: *Problemas actuales de la Criminología*, Madrid, 1984 (Edersa), págs. 89 y ss.

Cabe hablar, desde luego, de una *ampliación* del objeto porque las investigaciones criminológicas tradicionales versaban casi exclusivamente sobre la persona del delincuente y sobre el delito. En consecuencia, el actual redescubrimiento de la víctima y los estudios sobre el control social del crimen representan una positiva extensión del análisis científico hacia ámbitos otrora desconocidos. Ahora bien, dicha ampliación tiene, sobre todo, una lectura «cualitativa»: pone de manifiesto un significativo desplazamiento de los centros de interés criminológicos (de la persona del delincuente y del delito a la víctima, a la prevención y al control social) e incluso una nueva autocomprensión de la Criminología, que asume un enfoque más dinámico, pluridimensional e interaccionista.

La *problematización* del objeto de la Criminología —y del propio «saber» criminológico— refleja un profundo cambio o crisis del modelo de ciencia (paradigma) y de los postulados hasta entonces vigentes sobre el fenómeno criminal. La Criminología tradicional descansaba sobre un sólido y pacífico consenso: el concepto legal de delito, no cuestionado; las teorías (etiológicas) de la criminalidad, que tomaban de aquel su auténtico soporte «ontológico»; el principio de la diversidad (patológica) del hombre delincuente (y de la disfuncionalidad del comportamiento criminal); y los fines asignados a la pena, como respuesta justa y útil al delito, constituían sus cuatro pilares más llamativos.

> La moderna Criminología, sin embargo, ha cuestionado los fundamentos epistemológicos e ideológicos de aquélla, de suerte que la propia definición de delito y su castigo —la pena— devienen radicalmente problemáticos, conflictivos, inseguros. La problematización del saber criminológico, así entendida, tiene mayor trascendencia que un mero subrayado de la historicidad o circunstancialidad de las definiciones legales de delito, necesariamente cambiantes. Significa un replanteamiento de la «cuestión criminal», desmitificador, realista, que pone en tela de juicio los dogmas de la Criminología clásica a la luz de los conocimientos científicos interdisciplinarios de nuestro tiempo. Las teorías estructuralfuncionalistas, las subculturales, las de la socialización y el aprendizaje, las del conflicto, las interaccionistas del *«labeling approach»* ... y otras, han contribuido decisivamente a la redefinición de los postulados de un nuevo modelo. Un nuevo paradigma que rechaza el concepto jurídico formal de delito, reclamando mayores cotas de autonomía frente al sistema legal para seleccionar su propio objeto con criterios rigurosamente científicos (concepto «definitorial» de delito versus concepto «ontológico»); que postula la «normalidad» del hombre delincuente, la «funcionalidad» del comportamiento «desviado», y la naturaleza «conflictual» del orden social (frente al principio de «diversidad» del infractor, de la «patología» de la desviación y al carácter «consensual» que la Criminología clásica asignaba al orden social); y que, al denunciar la extremada relevancia del control social en la génesis de la criminalidad (no «seleccionaría» el crimen sino que lo «produciría») y su actuación discriminatoria, sugiere un drástico desplazamiento del objeto de la investigación científica: de los factores criminógenos (en la terminología de las teorías etiológicas convencionales), al control social, al delito mismo; esto es, de las variables independientes a la variable dependiente, superando el enfoque etiológico[263].

---

[263]   Cfr., GARCÍA-PABLOS DE MOLINA, A., *Tratado de Criminología.*, cit., págs. 90 y ss. Contraponiendo dos modelos criminológicos, el «positivista» y el «crítico», BARATTA, A., «Cri-

Asistimos, pues, a un proceso de revisión del saber criminológico que desmitifica y relativiza viejos tópicos, pero que, al propio tiempo, ensancha y enriquece nuestros conocimientos sobre el problema criminal.

2. El concepto criminológico de delito. La Criminología se ocupa del «*delito*». Pero el delito interesa, también, a otras ciencias, disciplinas y ramas del saber: la Filosofía, la Sociología, el Derecho Penal, etc. Procede, pues, delimitar el concepto de *delito* que utiliza la Criminología, por dos razones: porque no existe un concepto único, unívoco, pacífico, de delito; y porque la autonomía científica de la Criminología debe permitir a ésta la determinación de su propio objeto, sin someterse a las definiciones de delito que procedan de otros ámbitos o instancias.

a) Concepto *formal* y conceptos *materiales* de *delito*[264] Existen, en efecto, numerosas —y muy diversas— nociones de «delito». El *Derecho Penal*, por ejemplo, se sirve de un concepto formal y normativo, impuesto por exigencias ineludibles de legalidad y seguridad jurídica: delito es toda conducta prevista en la ley penal y solo aquélla que la ley penal castiga.

La *Filosofía* y la *Etica* acuden a otras pautas e instancias más allá del Derecho positivo: el orden moral, el natural, la razón, etc.

Así, el *positivismo criminológico* —por citar una sola de sus innumerables construcciones— en su intento de formular un concepto «material» de crimen, independiente de toda variable espacial, temporal y legal, acuñó el impreciso término de «*delito natural*», que GARÓFALO definiría como «una lesión de aquella parte del sentido moral, que consiste en los sentimientos altruistas fundamentales (*piedad y probidad*) según la medida media en que se encuentran en las razas humanas superiores, cuya medida es necesaria para la adaptación del individuo a la sociedad»[265]; y que otros autores matizan apelando a la nocividad social de la conducta o a la peligrosidad de su autor[266].

---

minología y Dogmática Penal. Pasado y futuro del modelo integral de la Ciencia Pena»l. En: Papers, Revista de Sociología, Universidad de Barcelona (1980), 13, págs. 17 y ss.

[264] Sobre el concepto de «delito», vid. SESSAR, K., («Sobre el concepto de delito»), en: Revista de Derecho Penal y Criminología (UNED), nº 11, 2ª Epoca, I., 2003, págs. 269 y ss.

[265] GARÓFALO, R., *Criminología* (1885), págs. 30 y ss.

[266] Sobre otras nociones «materiales» de delito, vid.: HURWITZ, S., *Criminology*, 1952 (London), pág. 372 («peligrosidad social»); PINATEL, L., *Traité de Droti Pénal et de Criminologie*, 1970, III, París (1970), págs. 500 y ss.; MANNHEIM, H., *Vergleichende Kriminologie.*, cit.; MERGEN, A., *Die Wissenschaft vom Verbrechen*, 1961, pág. 74 y ss.; EISENBERG, U., *Kriminologie.*, cit., págs. 7 y ss.; RODRÍGUEZ MANZANERA, L., *Criminología.*, cit., págs. 22 y 23; Cfr. GARCÍA-PABLOS DE MOLINA, A., *Tratado de Criminología*, cit., pág. 85. Sobre los diversos conceptos de *delito*, vid. recientemente, SESSAR, K., Sobre el concepto de delito, en: Revista de Derecho Penal y Criminología (UNED), I, 2003 (Segunda Epoca), nº 11, págs. 269 a 301.

Se han formulado otros muchos conceptos *materiales* de *delito,* por Sellín[267], Gottfredson y Hirschi[268], Fishbein[269]. Gottfredson y Hirschi, exigen «fuerza física o engaño» (force or fraud) y la búsqueda de un *interés* propio. Fishbein, pretende elaborarlo en torno al concepto de *agresión* por ser ésta un componente *real* de los comportamientos antisociales, susceptibles de medición y estable o permanente a lo largo de las diferentes culturas. El iusnaturalismo propugnó la existencia de un orden supralegal, cuyos mandatos y prohibiciones se hallarían inscritos en la propia conciencia del hombre. O contrapondría el orden «legal» y el orden «natural», constituyendo este último una instancia superior («*prohibita quia mala*»).

La *Sociología* utiliza el concepto de «*conducta desviada*» («deviant behavoir», «Abweichendes Verhalten», etc.) que toma como criterio de referencia las expectativas sociales[270], pues no existe —ni puede existir— un catálogo apriorístico y neutro de conductas objetivamente desviadas (desviadas «in se» o «per se») prescindiendo de aquéllas. Desviado será un comportamiento concreto en la medida que se aparte de las expectativas sociales en un momento dado, en cuanto pugne con los patrones y modelos de la mayoría social. No importan, pues, las cualidades objetivas de la conducta, inherentes a ésta, o referidas a valoraciones que proceden de otras instancias normativas, sino el juicio social dominante y la conducta «esperada». De algún modo —según esta orientación— la desviación no reside en la conducta misma sino en los demás[271]. Más aún, las tesis *interaccionistas* del «*labeling approach*» llegan a negar la existencia de un concepto de «delito», por entender que éste solo tiene una naturaleza «definitorial»; esto es: se trataría de la etiqueta que el selectivo y discriminatorio sistema legal atribuye a ciertos individuos y no de las cualidades negativas de ciertos comportamientos[272] o los merecimientos del autor.

Pero ninguno de estos conceptos de «delito» puede ser asumido, sin más, por la Criminología.

---

[267] SELLIN, T., Culture conflict and crime. New York 1938 (Social Science Research Council), págs. 25 a 46. Sobre estos conceptos *materiales* de delito.

[268] GOTTFREDSON, M.R. y HIRSCHI, T., A general Theory of crime, 1990. Standford, Ca.: Standford University Press, págs. 4 y ss.

[269] FISHBEIN, D. H., Biobehavioral perspective in Criminology, 2001, Belmont, Ca.: Wadsworth, págs. 86 y ss.

[270] Sobre el concepto sociológico de «conducta desviada», vid.: EISENBERG, U., *Kriminologie,* cit., pág. 7; KAISER, G., *Kriminologie.,* cit., págs. 118 y ss.; WISWEDE, G., *Soziologie Abweichenden Verhalten,* 1979 (Stuttgart), págs. 18 y ss.; OPP, K.D., *Abweichendes Verhalten und Gesellschaftsstrukturen,* (Darmstadt), 1974 (Neuwied), págs. 38 y ss.; PARSONS, T., The Social System, New York (The Free Press of Glencoe), págs. 250 y ss.; MATZA, D., *El proceso de desviación,* cit., págs. 21 y ss.

[271] Vid., KAISER, G., *Kriminologie,* cit., págs. 118 a 120. También: VOLD, G.B., *Theoretical Criminology,* cit., págs. 253 y ss; VETTER, H.J. y SILVERMAN, I.J., *Criminology and Crime An Introduction* (University of South Florida), 1986, Harper-Row Publishers, págs. 11 y ss.

[272] Sobre el problema, vid., GARCÍA-PABLOS DE MOLINA, A., *Tratado de Criminología,* cit., págs. 86 y ss. Resaltando el carácter meramente «definitorial» del delito: BECKER, H.S., *The Outsiders: Studies in the Sociology of Deviance,* New York, 1963 (Free Press), págs. 9 y ss.; también, RÜTHER, W., La criminalidad o «el delincuente» a través de las definiciones sociales (o «etiquetamiento»). Respecto de las dimensiones esenciales del enfoque del etiquetamiento (labeling approach) en el campo de la Sociología Criminal., en: Cuadernos de Política Criminal, nº 8, pág. 51.

El *jurídico-penal* constituye su obligado punto de partida —su referencia última—, pero nada más, porque el formalismo y el normativismo jurídico resultan incompatibles con las exigencias metodológicas de una disciplina empírica como la Criminología. En otro caso —si ésta tuviera que aceptar las definiciones legales de delito— carecería de autonomía científica, convirtiéndose en un mero instrumento auxiliar del sistema penal[273].

> La Criminología no puede operar con un concepto jurídico-penal, formal, de «delito». Como advierte SESSAR[274], sería un error trasladar al ámbito criminológico el axioma «*nullum crimen sine lege*» que por imperativo legal rige en el ámbito legal, porque el Derecho Penal constituye un sistema de expectativas *normativas* que sigue el código «lícito»-«ilícito», mientras la Criminología, como disciplina científico-empírica, se ajusta, por el contrario, a un sistema de expectativas *cognitivas* que responde al código «verdadero»-«falso». Además, un concepto jurídico penal de «delito», y su contenido variable y circunstancial (procesos de *neocriminalización* y de *descriminalización*) introduciría un factor de inseguridad e inestabilidad en el mundo criminológico, incapaz de delimitar su propio ámbito de investigación. Por otra parte, vinculado el concepto jurídico-penal de «delito» a la categoría clásica del *bien jurídico,* parece inviable acudir al primero para trazar el ámbito competencial de la Criminología dada la progresiva *desmaterialización* y distanciamiento del concepto de *bien jurídico* respecto a los intereses del hombre como consecuencia de la expansión y funcionalización del *ius puniendi.*

Que Criminología y Derecho Penal operan con conceptos distintos de «delito» parece obvio. Prueba de ello es que la primera se ocupa de hechos irrelevantes para el Derecho Penal (vg. el llamado «campo previo» del crimen, la «esfera social» del infractor, la «cifra negra», conductas atípicas pero de singular interés criminológico como la prostitución o el alcoholismo, etc.); o de ciertas facetas y perspectivas del crimen que trascienden la competencia del penalista (vg. dimensión colectiva del crimen, aspectos supranacionales, etc.)[275]. Y que el diagnóstico jurídico penal de un hecho puede no coincidir con su significación criminológica (así, ciertos comportamientos como la cleptomanía o la piromanía que para el Derecho Penal tienen una caracterización puramente patrimonial, merecen al criminólogo otra lectura mucho más realista y sutil de acuerdo con el entramado biológico y motivacional de aquéllos)[276]. Del mismo modo que un diagnóstico

---

[273] Como advierte SELLIN, Th. (*Cultura, conflicto y crimen*, Caracas, 1969, Efofac), pág. 27. Vid. SERRANO MAILLO, A., Introducción a la Criminología, cit., págs. 57 y ss., criticando el concepto *legal* de delito.

[274] SESSAR, K., Sobre el concepto de *delito*, en: Revista de Derecho Penal y Criminología (UNED), 2ª Epoca, I, 2003 (nº 11), págs. 270 a 276.

[275] En este sentido, GÖPPINGER, H., *Criminología*, cit., pág. 6; también, KAISER, G., *Kriminologie*, cit., págs. 3 y ss. En la doctrina española: CEREZO MIR, J., *Curso de Derecho Penal Español*, 1981 (Tecnos), págs. 69 y ss.

[276] Resaltando las discrepantes valoraciones de un mismo hecho: SEELIG, E., *Lehrbuch der Kriminologie*, 1951 (Nürenberg-Düsseldorf), Fachverlag Dr. N. Stoytscheff., págs. 106 y 107; GÖPPINGER, H., *Criminología*, cit., págs. 178 y ss; y 493 y ss.

psiquiátrico diferencial obliga a distinguir (aunque jurídicamente se trate de infracciones patrimoniales en todos los casos), el hurto que comete el anciano por razón de su demencia, del que comete el neurótico en una crisis de ansiedad; o el cleptómano, porque no controla sus impulsos; o el fetichista, por motivaciones sexuales; o el oligofrénico, como consecuencia de su retraso mental; o el drogodependiente, para financiar su consumo; o quien padece un trastorno antisocial de la personalidad, como consecuencia de su psicopatía; o una psicosis maniacodepresiva. El hurto, en cada supuesto, tiene un significado distinto desde un punto de vista psiquiátrico y criminológico.

En último término, la razón de tales discrepancias valorativas no es otra que las distintas funciones que corresponden al Derecho Penal y a la Criminología en torno al problema del crimen, y, lógicamente, el significado también distinto de los conceptos, técnicas e instrumentos de los que uno y otro se sirven. El concepto «penal» de delito tiene naturaleza formal y normativa. Acota —aisla— un fragmento parcial de la realidad, con criterios valorativos. El jurista contempla el suceso delictivo como abstracción; y no de forma directa o inmediata sino a través del cliché de la norma, esto es, valorativamente, normativamente. Las definiciones «formales» de delito delimitan la intervención punitiva del Estado, por imperativo inexcusable del principio de legalidad. El «realismo» criminológico, por el contrario, libera a las disciplinas empíricas de estas exigencias garantistas propias del Derecho, reclamando del investigador un análisis totalizador del delito, sin mediaciones formales o valorativas que relativicen o encorseten su diagnóstico. A la Criminología interesa no tanto la calificación formal «correcta» de un suceso penalmente relevante como «la imagen global del hecho y de su autor»: la etiología del hecho real, su estructura interna y dinámica, formas de manifestación, técnicas de prevención del mismo y programas de intervención en el infractor, etc[277].

El concepto filosófico de «*delito natural*» —tanto en su versión positivista como en la iusnaturalista— tampoco se aviene a las necesidades de la Criminología.

Es ambiguo e impreciso. Acierta al denunciar el formalismo y la circunstancialidad de las definiciones legales de delito, presentándose como instancia crítica del «ius positum». Pero en vano intenta aportar una base «ontológica», segura, al concepto de delito, neutra, libre de valoraciones y con sustento empírico (concepto «material»). Pues, en definitiva, el concepto de delito «natural» es, también, un concepto «valorativo» que sustituye las denostadas valoraciones legales —que, al menos aportan seguridad y certeza— por valoraciones socioculturales. Por otra parte, es obvio que el eventual conflicto entre ambas se resuelve siempre a favor de las primeras, que cuentan con el refrendo coactivo del Estado. Y que han fracasado hasta la fecha todos los proyectos encaminados a formular un concepto material y apriorístico de delito, con abstracción de las definiciones legales. La inexistencia de criterios generalizadores válidos y la imposibilidad de elaborar un catálogo cerrado, exhaustivo, de «delitos naturales» demuestran que esta categoría carece de operatividad. Que no aporta un marco conceptual sólido y definido al quehacer criminológico.

Finalmente, el concepto sociológico de *conducta desviada* adolece de semejantes limitaciones.

No expresa una noción apriorística de delito, valorativamente neutra y objetiva, con respaldo empírico, sólida, segura, construida con abstracción de las definiciones legales y válidas para la Criminología. Todo lo contrario, tiene, también, una incuestionable carga «valorativa», con las consiguientes dosis de relativismo, circunstancialidad, subjetivismo e incertidumbre. Pues conductas desviadas «in se» (por sus cualidades objetivas) no existen. La «desviación» reside propiamente en los demás, en las mayorías sociales que etiquetan a un determinado autor con el estigma de desviado (y no siempre en atención a sus méritos objetivos). El concepto de «desviación», al apelar a las «expectativas sociales» cambiantes, circunstanciales, reconoce su propia incapacidad para formular un concepto de delito «ontológico», objetivo, material. Y priva al criminólogo, en consecuencia, de una base segura que sirva de marco y referencia metodológica a su labor[278].

Más grave es el reparo que merecen los teóricos del «*labeling approach*» al *definir* el crimen como mero subproducto final del control social. Este ejerce, sin duda, un papel relevante en la configuración efectiva de la criminalidad. Y su intervención es selectiva, discriminatoria. Pero otorgar al control social eficacia «constitutiva», creadora de criminalidad, es tanto como negar toda consistencia y autonomía al concepto de delito, cerrando el paso al análisis teórico sobre su definición, etiología, prevención, etc.

No obstante, los enfoques sociológicos (y, en particular, los de orientación interaccionista y conflictual) han desmitificado con saludable realismo el concepto formal y estático de *delito* de la Criminología clásica, llamando la atención sobre la insuficiencia de éste. La Ciencia Criminológica, en efecto, no puede operar con un concepto estrictamente *normativo* de crimen ni desconocer los procesos sociales que preceden —y suceden— a las definiciones del legislador penal, esto es, el proceso histórico y real de creación y aplicación del Derecho; y los movimientos político criminales —antagónicos— de descriminalización o de neocriminalización. El concepto *penal* de delito es un concepto *jurídico-formal, normativo y estático*. El concepto *criminológico* es un concepto *empírico, real y dinámico*[279].

---

[278] Según SERRANO MAILLO, A., (Introducción a la Criminología, cit., págs. 63 y 64) el concepto de *desviación*, aún siendo demasiado amplio e impreciso, ha servido de base a interesantes investigaciones empíricas, como la de ROBINS (Robins, L.N., Deviant Children grown up. A sociological and psychiatric study of sociopathic personality, 1966, Baltimore, M.D., The Williams and Wilking Company). Estas y otras investigaciones han constatado que diversos comportamientos desviados, incluido los *delictivos*, tienden a concentrarse en los mismos sujetos (op. cit., págs. 303 y 304). Y que éstos tienden a ser *versátiles*, esto es, a cometer hechos delictivos heterogéneos, en lugar de especializarse. Según dicho hallazgo (*principio de la generalidad de la desviación*), las diversas conductas *desviadas* se concentran en las mismas personas, o en personas con las mismas características.

[279] Según SERRANO MAILLO, A. (Introducción a la Criminología, cit., págs. 26 y 27), siguiendo premisas próximas al *labeling approach*, el *delito* tiene una naturaleza «en buena parte de construcción social», por lo que interesa a la Criminología no solo su tipificación penal, sino su *definición* por la sociedad, por la policía, por la Administración de Justicia, etc.; y, desde luego, el proceso de elaboración de las leyes penales, comprobando si en dicho proceso predomina el interés general o interés particular. A mi modo de ver, sin embargo, la indiscutible relevancia

b) Valor *instrumental* del concepto criminológico de *delito*. La Criminología *clásica*, dócil y sumisa a las definiciones jurídicoformales de delito, hizo del concepto de delito una cuestión metodológica prioritaria. No así la *moderna* Criminología, consciente de la «problematización» de aquel, que se interesa, ante todo, por otros temas de mayor trascendencia como, por ejemplo, las funciones que desempeña el delito como indicador de la efectividad del control social, su volumen, estructura y movimiento, el reparto de la criminalidad entre los distintos estratos sociales, etc.

Hasta tal punto ha perdido interés el debate academicista sobre el concepto criminológico de delito que un sector doctrinal sugiere utilizar el que más responda a las características y necesidades de la concreta investigación criminológica. Así, cuando ésta persiga estudiar cuestiones jurídico políticas relativas a la descriminalización —o la neocriminalización— procedería operar con un concepto «material» de delito. Por el contrario, si se trata de analizar el volumen, estructura y movimiento de la criminalidad, deberá tomarse como punto de partida la definición jurídico penal («*formal*») de delito[280].

c) El *delito* como *problema social y comunitario*. Para la Criminología el delito se presenta, ante todo, como «*problema*» *social y comunitario*, caracterización que exige del investigador una determinada actitud (*empatía*) para aproximarse al mismo. Pero ambos postulados requieren algún comentario[281].

El crimen ha merecido toda suerte de conceptuaciones de parte de filósofos, moralistas, sociólogos, políticos.

Para el penalista no es sino el supuesto de hecho de la norma penal: una hipótesis, producto del pensamiento abstracto. Para el patólogo social, una lacra, una epidemia. Para el moralista, un castigo del cielo. Para el experto en estadística, un guarismo, una cifra. Para el sociólogo, una conducta irregular o desviada.

La Criminología ha de contemplar el delito no sólo como comportamiento individual, sino, sobre todo, como *problema social y comunitario*, entendiendo esta

---

      de los procesos de "definición" y de "criminalización" no obliga a asumir la tesis del "labeling approach" en cuanto al carácter "constitutito" del control social formal.

[280]   Cfr., GARCÍA-PABLOS DE MOLINA, A., *Tratado de Criminología*, cit., págs. 96 y 97. En España, un concepto *criminológico* de *delito* se propone por SERRANO MAILLO, A., en los siguientes términos: «Delito es toda infracción de normas sociales recogidas en las leyes penales que tienda a ser perseguida oficialmente en caso de ser descubierta» (Introducción a la Criminología, cit., pág. 65).

[281]   Sobre la contemplación del delito como «problema social» y comunitario, vid., GARCÍA-PABLOS DE MOLINA, A., En: «Policía y Criminalidad en el Estado de Derecho». Madrid, 1990, *(Policía y Sociedad*. Obra colectiva editada por el Ministerio del Interior), págs. 54 y ss.

categoría acuñada en las ciencias sociales de acuerdo con su acepción originaria, con toda su carga de enigma y relativismo. Porque, según pusieron de relieve Oucharchyn-Dewitt y otros[282], un determinado hecho o fenómeno debe ser definido como «problema social» solo si concurren en él las siguientes circunstancias: que tenga una incidencia masiva en la población; que dicha incidencia sea dolorosa, aflictiva; persistencia espaciotemporal; falta de un inequívoco consenso respecto a su etiología y eficaces técnicas de intervención en el mismo y conciencia social generalizada respecto a su negatividad.

Todas estas notas propias de un «problema social» se aprecian efectivamente en el delito. Afecta a toda la sociedad, nos afecta a todos (no sólo a los órganos e instancias oficiales del sistema legal). Nos incumbe e interesa a todos. Y causa dolor a todos: al infractor, que recibirá su castigo; a la víctima, a la comunidad. Somos conscientes, sin embargo, de que tenemos que aceptar la realidad del crimen como inseparable de la convivencia. Que no existen soluciones milagrosas ni definitivas. Que su explicación tiene mucho de misterio y su control razonable o satisfactorio bastante de quimera. Estamos retornando al punto cero del saber criminológico[283] —decía un autor hace pocos años— y el delito sigue presentándonos como un acertijo[284]. Por eso el delito es un problema social y comunitario. Es un problema «de» la comunidad, nace «en» la comunidad y en ella debe encontrar fórmulas de solución positivas. Es un problema de la comunidad, de todos: no solo del «sistema legal», por la misma razón que delincuente y víctima son miembros activos de aquélla. Nada más erróneo que suponer que el crimen representa un mero enfrentamiento simbólico entre la ley y el infractor. Y que el delito —la obra del delincuente— preocupa e interesa solo al sistema: a la Policía, a los jueces, a la Administración penitenciaria.

Los problemas sociales reclaman una particular actitud en el investigador, que la escuela de Chicago denominó «empatía»[285]. El crimen, también. Empatía, desde luego, no significa simpatía ni complicidad con el infractor y su mundo, sino interés, aprecio, fascinación por un profundo y doloroso drama humano y comunitario: un drama próximo, cercano, pero al propio tiempo enigmático, impenetrable. Dicha pasión y actitud de compromiso con el escenario criminal y sus protago-

---

[282] En: Approches toward social problems: a conceptual model Basic and Applied Social Psychology, 24 (1981), págs. 275 a 287. Cfr. JIMÉNEZ BURILLO, F., Psicología social y sistema penal, Madrid (Alianza Universidad Textos), 1986, págs. 19 y ss.

[283] Según KUTSCHINSKY., cit., por KAISER, G., Kriminologie, cit., pág. 114.

[284] La expresión («Rätsel» es de LANGE. Cfr., GARCÍA-PABLOS DE MOLINA, A., *Tratado de Criminología*, cit., pág. 1.026.

[285] Sobre el significado de la «empatía», vid., MATZA, D., El proceso de desviación., cit., págs. 28 a 55; GARCÍA-PABLOS DE MOLINA, A., *Policía y Criminalidad en el Estado de Derecho*., cit., págs. 55 y ss. Conceptualmente, *empatía* significa capacidad de identificarse o de saberse poner en la situación de otro, de sintonizar con éste.

nistas son perfectamente compatibles con la distancia del objeto y la neutralidad requerida del científico. Contraria a la empatía es la actitud cansina e indiferente, *tecnocrática*, de quienes abordan el fenómeno criminal como cualquier otro problema, olvidando su trasfondo aflictivo, su amarga realidad como conflicto interpersonal y comunitario. O la estrictamente *formalista* que ve en el delito el mero supuesto de hecho de la norma penal, el antecedente lógico de la consecuencia jurídica, fundamento de la inexorable pretensión punitiva del Estado. Y, por supuesto, la respuesta *insolidaria* de quienes lo contemplan como un «cuerpo extraño» a la sociedad (a la feliz e inocente «casa de la pradera») producto de la anormalidad o patología de su autor. El crimen no es un tumor, ni una epidemia o lacra social, ni un cuerpo extraño ajeno a la comunidad, ni una anónima magnitud estadística referida al ficticio e irreal «delincuente medio», sino un doloroso problema humano y comunitario. Apartando el crimen de nuestra vista (como la gran ciudad aparta de la suya todos los vestigios del sufrimiento: cárceles, hospitales, cementerios, etc.); patologizándolo —al crimen y a sus protagonistas— y anatematizándolo, para justificar la intervención de los psiquiatras o el bisturí de la pena, o enmascarando con un cifrado lenguaje estadístico la carga conflictiva y aflictiva que subyace al mismo —personal y comunitaria— no cabe un análisis científico válido y útil del problema criminal. Pues dicho análisis no puede perseguir prioritaria ni exclusivamente el castigo del infractor sino otros objetivos: la explicación convincente del propio suceso delictivo, la reparación satisfactoria de los males que ocasionó y su eficaz prevención o razonable control en el futuro.

d) *Delito y reacción social.* Por más que el concepto criminológico del *delito* sea un concepto *real, fáctico* —empírico, y no «normativo», a diferencia del concepto jurídico formal— la constancia o apreciación del hecho criminal (de la delincuencia) y el volumen de ésta dependen de una serie de operaciones y filtros, en definitiva, de la reacción o control social, que evidencian su relatividad[286].

El crimen, en efecto, no es como cualquier objeto físico del mundo natural, como un trozo de hierro[287]. Aún cuando no se compartan los postulados radicales del «*labeling approach*», en particular, la naturaleza *definitorial* del delito (no *ontológica*) y la eficacia *constitutiva* del control social (éste crearía el delito, no se limitaría a declarar su existencia), nadie discute ya que difícilmente puede comprenderse la realidad del crimen, y su volumen, prescindiendo por completo de la reacción social y de complejos procesos sociales de definición y selección[288].

---

[286]   Vid. REDONDO ILLESCAS, Santiago, La delincuencia y su control: realidades y fantasías, en: Revista de Derecho Penal y Criminología de la UNED, (2001), en prensa (págs. 2 y ss.).

[287]   Así, gráficamente, RÜHTER, W., La Criminalidad —o el delincuente— a través de las definiciones sociales -o etiquetamiento. En: Cuadernos de Política Criminal, 8 (1979), págs. 51 a 53.

[288]   Vid., en esta obra, infra., Parte Tercera, IV, 2, F.C.

Para que un hecho en apariencia delictivo merezca definitivamente la cualidad de *criminal*, esto es, para que se le atribuya tal condición, ha de superar una serie de filtros[289] que manejan, con inevitable subjetivismo y ciertas cotas de discrecionalidad, las diversas instancias del sistema portadoras del control social. En buena medida, *criminal* no es una cualidad objetiva inherente a ciertas conductas —éstas no son *in se* o *per se* delictivas— sino un (des) valor o atributo negativo que se les asigna desde el ordenamiento jurídico. Delito y reacción social, en este sentido, son términos conceptualmente interdependientes.

En primer lugar, la conducta controvertida ha de encajar inequívocamente en un tipo penal, condicionamiento normativo esencial ya que los cambios legales —descriminalización o neocriminalización— deciden la propia realidad del crimen y el volumen de éste. Pero otros factores pueden ser, también, determinantes: así, la conducta del *denunciante* (de hecho, en términos estadísticos, los delitos que efectivamente se castigan son, en su caso, sólo los denunciados, con independencia de que se trate de delitos *públicos* o *privados*); la de la *policía* (los criterios de intervención y la eficacia de la actuación policial); y la de los *Jueces y Tribunales*, quienes dentro de la Ley, cuentan siempre con ciertos márgenes de discrecionalidad en el proceso de interpretación y aplicación de la norma jurídica a la realidad. Todo ello, sin olvidar que la actuación de las instancias oficiales del sistema no puede ser ajena al *contexto social*, y que lejos de su ficticia asepsia se ve permanentemente influenciada por los estados de opinión pública y, desde luego, por los medios de comunicación[290].

Por ello, cabe afirmar la *relatividad* del concepto de delito, su «problematicidad»[291].

3. El *delincuente*: *normalidad* y *diversidad* (patológica) del infractor. La Criminología se ocupa, como es lógico, del *delincuente*: de la persona del infractor.

La persona del delincuente alcanzó su máximo protagonismo como objeto de las investigaciones criminológicas durante la etapa positivista. El principio de la «diversidad» que inspiró la Criminología *tradicional* (el delincuente como realidad biopsicopatológica) convirtió a éste en el centro casi exclusivo de la atención científica.

En la *moderna* Criminología, sin embargo, el estudio del hombre delincuente ha pasado a un segundo plano, como consecuencia del giro sociológico experimentado por aquélla y de la necesaria superación de enfoques individualistas en atención a objetivos políticocriminales. El centro de interés de las investigaciones —aún sin abandonar nunca la persona del infractor— se desplaza prioritariamente hacia la conducta delictiva misma, la víctima y el control social. En todo caso, el delincuente se examina «en sus interdependencias sociales», como unidad biopsicosocial y no desde una perspectiva biopsicopatológica como sucediera con tantas

---

[289] Vid., citando a RUTTER, M. y GILLER, H. (Delincuencia juvenil, 1988, Barcelona: Martínez Roca), REDONDO ILLESCAS, S., ibidem.

[290] REDONDO ILLESCAS, S., (op. cit., ibidem).

[291] Sobre la *percepción social* del delito y el *miedo* al delito, vid., GARCÍA-PABLOS DE MOLINA, A., Tratado de Criminología, cit., págs. 149 y ss.

biografías clásicas orientadas por el espíritu individualista y correccionalista de la Criminología tradicional.

a) Diversas imágenes y estereotipos del *infractor*. Pero más significativo es la *imagen* que se profesa del hombre delincuente: con qué prototipo de criminal se opera en la Criminología, porque son muchas y controvertidas las concepciones que se sustentan sobre el delito y el delincuente.

Cuatro respuestas son paradigmáticas, si bien hoy no concitan ya el necesario consenso científico: la clásica, la positivista, la correccionalista y la marxista[292].

El mundo *clásico* partió de una imagen sublime, ideal, del ser humano como centro del universo, como dueño y señor absoluto de sí mismo, de sus actos. El dogma de la libertad —en el esquema clásico— hace iguales a todos los hombres (no hay diferencias cualitativas entre el hombre delincuente y el no delincuente) y fundamenta la responsabilidad: el absurdo comportamiento delictivo sólo puede comprenderse como consecuencia del mal uso de la libertad en una concreta situación, no a pulsiones internas ni a influencias externas. El crimen, pues, hunde sus raíces en un profundo misterio o enigma. Para los clásicos, el delincuente es un pecador que optó por el mal, pudiendo y debiendo haber respetado la ley, en ejercicio de su libertad.

El *positivismo criminológico*, por el contrario, destronaría al hombre, privándole de su cetro y de su reinado, al negar el libérrimo control del mismo sobre sus actos y su protagonismo en el mundo natural, en el universo y en la historia. El hombre, dirá FERRI, no es el rey de la Creación, como la tierra no es el centro del universo, sino «una combinación transitoria, infinitesimal de la vida ... una combinación química que puede lanzar rayos de locura y de criminalidad, que puede dar la irradiación de la virtud, de la piedad, del genio, pero no ... más que un átomo de toda la universalidad de la vida»[293]. El libre albedrío, concluye FERRI, es una «ilusión subjetiva»[294]. En consecuencia, el positivismo criminológico inserta el comportamiento del individuo en la dinámica de causas y efectos que rige el mundo natural o el mundo social: en una cadena de estímulos y respuestas, determinantes internos, endógenos (biológicos) o externos, exógenos (sociales), explican su conducta inexorablemente. El arquetipo ideal, casi algebraico, de los clásicos da paso a una imagen materializada y concreta de hombre, semejante a

---

[292] Vid., GARCÍA-PABLOS DE MOLINA, A., «Explicaciones estructural-funcionalistas del delito», en: *Delincuencia. Teoría e investigación*. Madrid, 1987 (Alpe), págs. 165 a 193.

[293] FERRI, E., «Il dinamismo biologico di Darwin», en: *Arringhe e Discorsi*, 1958, Milano (Dall«Oglio Ed.), págs. 351 y ss.

[294] FERRI, E., *Los nuevos horizontes del Derecho y el procedimiento penal*, Madrid, 1887 (Góngora), págs. 23 y ss.

una ecuación, a una fórmula, a una reacción química; y el principio de la «equipotencialidad», al de la «diversidad» del hombre delincuente, sujeto cualitativamente distinto del honrado que cumple las leyes. Para el positivismo criminológico, el infractor es un prisionero de su propia patología (determinismo biológico) o de procesos causales ajenos al mismo (determinismo social): un ser esclavo de su herencia, encerrado en sí, incomunicado de los demás, que mira al pasado y sabe, fatalmente escrito, su futuro: un animal salvaje y peligroso.

La *filosofía correccionalista*, a su vez, y el marxismo operan con diferentes imágenes del infractor. Aquélla, pedagógica, pietista, ve en el criminal un ser inferior, minusválido, incapaz de dirigir por sí mismo —libremente— su vida, cuya débil voluntad requiere de la eficaz y desinteresada intervención tutelar del Estado. Desde la utopía y el eufemismo paternalista del pensamiento correccional (la «Besserungstheorie» alemana), el hombre delincuente aparece ante el sistema como un menor de edad, desvalido[295].

El *marxismo*, por último, responsabiliza del crimen a determinadas estructuras económicas, de suerte que el infractor deviene mera víctima inocente y fungible de aquéllas: la culpable es la sociedad[296].

b) El postulado de la *normalidad* del crimen y del infractor. En esta obra parto de la *«normalidad»* del delito y el delincuente, postulado que traté de razonar en otro lugar[297] y que difiere sustancialmente de las cuatro tesis expuestas. A mi entender, es el más ajustado a la realidad, a tenor de nuestros conocimientos actuales; y el único que permite la búsqueda serena y reflexiva de una respuesta científica al problema del crimen, libre de prejuicios.

> Claro que cualquier esterotipo de hombre delincuente queda desmentido por una realidad compleja, plural, diversa: en puridad, no es más que un recurso dialéctico. Además, la tradicional polémica entre deterministas y partidarios de libre albedrío se ha relativizado notablemente, eliminando las posturas más radicales de ambos extremos.

Hoy no podemos negar la imagen mucho más rica, dinámica, pluridimensional e interactiva del ser humano que aportan disciplinas empíricas como la Psicología, las ciencias de la conducta, etcétera. El individuo no es un ser solitario, desarraigado, que se enfrenta con su libertad existencial, sin condicionamientos, sin

---

[295] Sobre la imagen del hombre delincuente que profesa el correccionalismo —y, en particular, la Besserungstheorie alemana— vid.: GARCÍA-PABLOS DE MOLINA, A., *Estudios penales*, 1984 (Bosch), págs. 36 y ss.

[296] En cuanto a la imagen del hombre delincuente de las teorías del conflicto, vid., GARCÍA-PABLOS DE MOLINA, A., *Tratado de Criminología*, cit., Capítulo XXI.

[297] «La normalidad del delito y el delincuente», en: *Revista de la Facultad de Derecho de la Universidad Complutense*, núm. 11 (1986), págs. 325 a 346.

historia (tesis de los clásicos); pero tampoco la mera concatenación de estímulos y respuestas, una máquina de reflejos y hábitos, preso de su código biológico y genético (tesis positivista), que mira sólo al pasado; ni una pieza insignificante en el engranaje del universo social, mero observador pasivo del devenir histórico o víctima de las estructuras que él mismo se dio. Antes bien, el hombre es un ser abierto y sin terminar. Abierto a los demás en un permanente y dinámico proceso de comunicación, de interacción; condicionado, en efecto, muy condicionado (por sí mismo, por los demás, por el medio), pero con asombrosa capacidad para transformar y trascender el legado que recibió, y, sobre todo, solidario del presente y con la mirada en el futuro propio y ajeno. Ese hombre, que cumple las leyes o las infringe, no es el pecador, de los clásicos, irreal e insondable; ni el animal salvaje y peligroso, del positivismo, que inspira temor; ni el desvalido, de la filosofía correccional, necesitado de tutela y asistencia; ni la pobre víctima de la sociedad, mera coartada para reclamar la radical reforma de las estructuras de aquélla, como proclaman las tesis marxistas. Es el hombre real e histórico de nuestro tiempo; que puede acatar las leyes o incumplirlas por razones no siempre asequibles a nuestra mente; un ser enigmático, complejo, torpe o genial, héroe o miserable; pero, en todo caso, un hombre más, como cualquier otro.

Obviamente existen infractores anormales, como hay también anormales que no delinquen. El postulado de la *«normalidad» del hombre delincuente* —y el de *la normalidad del crimen*— sólo pretende expresar un claro rechazo a la tradicional correlación: crimen/anormalidad del infractor. Buscar en alguna misteriosa patología del delincuente la razón última del comportamiento criminal es una vieja estrategia tranquilizadora. Estrategia o coartada, que, por otra parte, carece de apoyo real, pues son tantos los sujetos «anormales» que no delinquen, como los «normales» que infringen las leyes.

> Difícilmente cabe afirmar ya hoy que solo un ser patológico puede atreverse a quebrantar aquéllas, cuando la experiencia diaria —y las estadísticas— constatan todo lo contrario: que cada vez son más los individuos «normales» que delinquen. La criminalidad económico-financiera, la de funcionarios y profesionales, la juvenil, la de tráfico, avalan esta evidencia.

No otra cosa significa, también, el postulado de la *normalidad del delito* (normalidad, claro está, no en el sentido *axiológico* o *valorativo*, sino en el *estadístico* y *sociológico*): toda sociedad, cualquiera que sea su modelo de organización y abstracción hecha de las numerosas variables de tiempo y lugar, produce una tasa inevitable del crimen. El comportamiento delictivo es una respuesta previsible, típica, esperada: normal.

¡Qué difícil parece conseguir un diagnóstico científico del problema criminal —un diagnóstico, por tanto, objetivo, sereno, desapasionado— y diseñar una política criminal ecuánime y eficaz si no se admite la normalidad del fenómeno delictivo, y la de sus protagonistas; si se parte, por el contrario, de imágenes degradantes del hombre delincuente o de actitudes hostiles, henchidas de prejuicios y mitos!

4. *La víctima del delito como objeto de la Criminología.* La *víctima del delito* ha padecido un secular y deliberado abandono. Disfrutó del máximo protagonismo —su «edad de oro»[298]— durante la justicia primitiva, siendo después drásticamente «neutralizada» por el sistema legal moderno. Tal vez porque nadie quiera identificarse con el «perdedor», la víctima soporta los efectos del crimen (físicos, psíquicos, económicos, sociales, etc.), pero también la insensibilidad del sistema legal, el rechazo y la insolidaridad de la comunidad y la indiferencia de los poderes públicos. En el denominado «Estado social de Derecho», aunque parezca paradógico, las actitudes reales hacia la víctima del delito oscilan entre la compasión y la demagogia, la beneficencia y la manipulación. La Victimología ha impulsado durante los últimos lustros un proceso de revisión científica del «rol» de la víctima en el fenómeno criminal, una redefinición del mismo a la luz de los conocimientos empíricos actuales y de la experiencia acumulada. *Protagonismo, neutralización y redescubrimiento* son, pues, tres lemas que podrían reflejar el estatus de la víctima del delito a lo largo de la historia[299].

a) El abandono de la víctima (*neutralización)* y sus causas.- El *abandono* de la víctima del delito es un hecho incontestable que se manifiesta en todos los ámbitos: en el Derecho Penal (sustantivo y procesal), en la Política Criminal, en la Política Social, en las propias ciencias criminológicas. Desde el campo de la Sociología y de la Psicología social, diversos autores lo han denunciado: el Derecho Penal contemporáneo —advierten— se halla unilateral y sesgadamente volcado hacia la persona del infractor, relegando a la víctima a una posición marginal, al ámbito de la previsión social y del Derecho Civil sustantivo y procesal. La Criminología clásica, tradicional, tampoco ha exhibido sensibilidad alguna por los problemas de la víctima del delito, pues centra exclusivamente su interés en la persona del delincuente. El sistema legal define con precisión los derechos —el estatus— del

---

[298] Según denominación de SHAFER, en: *The Victim and his Criminal. A Study in functional responsability.* New York, 1968 (Random House), págs. 7 y ss.

[299] Para una evolución histórica de la Victimología, vid. SCHNEIDER, H.J., *Kriminologie,* 1987 (W. de Gruyter), Berlin-New York, págs. 751 y ss; MATTI JOUTSEN, en: *The Role of the Victim of crime in european criminal Justice system,* 1987., Helsinki (Heuni), págs. 33 y ss; SANGRADOR, J.L., «La victimología y el sistema jurídico penal», en: *Psicología Social y sistema penal,* cit., págs. 67 y ss: GARCÍA-PABLOS DE MOLINA, A., *Tratado de Criminología,* cit., págs. 121 y ss; RODRÍGUEZ MANZANERA, L., *Victimología. Estudio de la Víctima.* México (1980), Edit. Porrúa, págs. 4 y ss.; compilación de JIMÉNEZ BURILLO y M. CLEMENTE. Madrid, 1986, Alianza Universitaria Textos; HERRERA MORENO, M., La hora de la víctima. Madrid, 1996 (Edersa).

inculpado, sin que dicho garantismo a favor del presunto responsable tenga como lógico correlato una preocupación semejante por los de la víctima. El Estado —y los poderes públicos— orientan prioritariamente la respuesta oficial al delito en criterios vindicativos, retributivos (castigo del culpable), desatendiendo las más elementales exigencias reparatorias, de suerte que la víctima queda sumida por lo general en un total desamparo, sin otro papel que el puramente testifical. Por último —siguiendo la comentada denuncia de sociólogos y psicólogos— las siempre escasas inversiones públicas parecen destinarse siempre al penado (nuevas cárceles, infraestructura, etc.), como si la resocialización de la víctima no fuera un objetivo básico del Estado «social» del Derecho[300].

El abandono de la víctima del delito, por tanto, se aprecia —y por muy diversas *causas*— tanto en el ámbito jurídico, como en el empírico y en el político-social.

El sistema *legal* —el proceso— nace ya con el propósito deliberado de «neutralizar»[301] a la víctima, distanciando a los dos protagonistas enfrentados en el conflicto criminal, precisamente como garantía de una aplicación serena, objetiva e institucionalizada de las leyes al caso concreto («neutralización» de la víctima).

> La experiencia había demostrado que no puede ponerse en manos de la víctima y sus allegados la respuesta al agresor. Que la lógica pasión que el delito desencadena en quien lo padece tiende a instrumentar aquélla, convirtiendo la justicia en venganza o represalia. Que la respuesta al crimen debe ser una respuesta distante, imparcial, pública, desapasionada. La *neutralización* de la víctima se halla, pues, en los propios orígenes del sistema legal moderno. Este es un mecanismo de mediación y solución institucionalizada de los conflictos que objetiva y despersonaliza la rivalidad entre las partes contendientes. Pero el lenguaje abstracto, simbólico, del Derecho y el formalismo de la intervención jurídica, han convertido a la víctima real y concreta del drama criminal en un mero concepto, en una abstracción más. Porque definido el delito como enfrentamiento simbólico del infractor con la ley, como lesión o puesta en peligro de un bien jurídico ideal, anónima y despersonalizadamente, la víctima se desvanece, deviene fungible, irrelevante. De este modo, el Derecho no sólo distancia a las partes del conflicto criminal, sino que abre un abismo irreversible entre las mismas y escinde artificialmente la unidad natural e histórica de un enfrentamiento interpersonal.
>
> La consecuencia de tal fenómeno es muy negativa y, de hecho, ha podido ser constatada en investigaciones empíricas. El infractor, de una parte, considera que su único interlocutor es el sistema legal, y que sólo ante éste contrae responsabilidades. Y olvida para siempre a su víctima. Esta, de otra, se siente maltratada por el sistema legal: percibe el formalismo jurídico, su criptolenguaje y decisiones como una inmerecida agresión (*victimización secundaria*), fruto de la insensibilidad, el desinterés y el espíritu burocrático de aquél. Tiene la impresión, no siempre infundada, de actuar como mera coartada o pretexto de la investigación

---

[300] Así, HASSEMER, W., *Fundamentos del Derecho Penal.*, Barcelona, 1984 (Bosch), págs. 89 y ss.; SANGRADOR, J.L., *La Victimología y el sistema jurídico penal*, cit., pág. 61; RODRÍGUEZ MANZANERA, L., *La Victimología*, cit., pág. 4.

[301] Sobre la «neutralización» de la víctima por el sistema legal, vid. HASSEMER, W., *Fundamentos del Derecho Penal*, cit., pág. 92; LANDROVE DÍAZ, G., *Victimología*, Valencia, 1990 (Tirant lo Blanch), págs. 22 y ss.; GARCÍA-PABLOS DE MOLINA. A., *Tratado de Criminología*, cit., págs. 108 y ss.

procesal, esto es, como objeto y no como sujeto de derechos. Lo que, a su vez, ahondará el distanciamiento entre la víctima y el sistema legal, acelerando el proceso de «alienación» de la primera[302].

Pero no mucho más exquisita ha sido la atención dispensada a la víctima por las disciplinas *empíricas*. La Criminología tradicional prescindió de ella, polarizando en torno a la persona del delincuente todas las investigaciones sobre el delito, su etiología y prevención. La víctima se presenta como mero objeto, neutro, pasivo, fungible, estático, que nada aporta a la explicación científica del suceso criminal, a su génesis, dinámica y control en el pensamiento clásico[303].

Tampoco es alentador, finalmente, el panorama para la víctima en las esferas de decisión *política* (Política Criminal, Política Social y asistencial, etc.), porque el Estado «social» de Derecho conserva demasiados hábitos y esquemas del Estado liberal individualista. El crimen sigue siendo un fatal accidente individual, a todos los efectos: la solidaria reparación del daño y la resocialización de la víctima, una meta todavía lejana.

b) Tres lecturas erróneas sobre el *rol de la víctima*.- Desde la segunda contienda mundial, los estudios científicos sobre la víctima del delito cobran un interés creciente en todos los ámbitos del saber. Dicho «*redescubrimiento*» de la víctima merece, sin embargo, un análisis cauteloso, lejos de interpretaciones *anacrónicas*, de una lectura *antigarantista* o de un sesgo *económico-indemnizatorio* exacerbado de las expectativas de aquélla.

En efecto, la moderna Victimología no pretende una inviable regresión a tiempos pasados, a la venganza privada y a la represalia, porque una respuesta institucional y serena al delito no puede seguir los dictados emocionales de la víctima. Y tan sesgado como el olvido de ésta sería cualquier intento de examinar el problema criminal desde la sola óptica de uno de sus protagonistas. No es de recibo un retorno a la «edad de oro» de la víctima.

> Asumir la naturaleza pública del delito, la pena y el proceso fue, sin duda, un notable progreso histórico, una conquista de la civilización, al igual que la denominada neutralización de la víctima. En un principio, esto significó que los intereses de ésta se subsumían, sin más, en los intereses públicos. Y la tutela de los mismos se obtenía en la medida en que la incidencia del delito sobre determinados ciudadanos suponía un perjuicio para los intereses

---

[302] Cfr., SANGRADOR, J.L., *La victimología y el sistema jurídico penal*, cit., págs. 68 a 84.
[303] La Criminología *clásica* se caracterizó por un radical invidualismo que polarizaba en torno a la sola persona del delincuente el análisis del hecho criminal. Ni desde un punto de vista etiológico, ni preventivo, interesaba más que el infractor. La posible relevancia, a ambos efectos, de otros «protagonistas» del suceso delictivo —y la interacción recíproca de todos ellos en la dinámica criminal— apenas preocupó.

de la sociedad en su conjunto[304]. Hoy asistimos, sin embargo, a un inversión de papeles. Es ahora la víctima la que subsume dentro de sus intereses propios los intereses de la sociedad. Y son sus sentimientos, sus experiencias traumáticas, sus exigencias particulares los que asumen la representación de los intereses públicos; éstos deben personalizarse, individualizarse, en demandas concretas de víctimas, grupos de víctimas, afectados o simpatizantes que se identifican con ellas[305]. Este sesgo preocupante constituye un retorno anacrónico al pasado remoto, a la picota, a la estigmatización social del infractor, y a la injustificable participación de la víctima incluso en la ejecución de la pena capital en algunos países civilizados[306].

Tampoco cabe contraponer las expectativas de la víctima y los derechos y garantías del infractor, como hiciera el positivismo criminológico[307]. Este apeló sistemáticamente a los intereses de la víctima del delito, pero con el propósito de negar los derechos del delincuente: esto es, como coartada defensista, *antigarantista*. Y desde unos postulados ideológicos que no asume hoy el Estado de Derecho (naturaleza monolítica del orden social, patología de la desviación, diversidad del delincuente, necesidad del total exterminio de la criminalidad, etc.).

En todo caso, el movimiento victimológico persigue una redefinición global del estatus de la víctima y de las relaciones de ésta con el delincuente, el sistema legal, la sociedad, los poderes públicos, la acción política (económica, social, asistencial, etc.). Identificar, en consecuencia, las expectativas de la víctima y la aportación que cabe esperar de los numerosos estudios científicos sobre la misma con pretensiones *económico-reparatorias*, representa una manipulación simplificadora que la realidad empírica desmiente. Pues aquellos demuestran hasta la saciedad —si se realizan con una razonable inmediación temporal respecto al delito— que lo que la víctima espera y exige no es exclusiva ni prioritariamente una compensación económica[308]. De hecho, los programas de reparación más eficaces consisten en la

---

[304] Vid. DÍEZ RIPOLLÉS, J.L., El nuevo modelo penal de la seguridad ciudadana, cit., págs. 9 y ss.

[305] Vid. DÍEZ RIPOLLÉS, J.L., El nuevo modelo penal de la seguridad ciudadana, cit., pág. 10.

[306] Así, en Estados Unidos y con relación a la *pena de muerte*, se han consolidado dos prácticas lamentables. Una, que la Fiscalía (en supuestos de *asesinato* donde cabría optar entre dicha pena y otra privativa de libertad) puede fundamentar su petición de la pena capital en los sufrimientos de los familiares y allegados de la víctima, aportando una «declaración de impacto sobre las víctimas» que recogería los testimonios e informes pertinentes. Otra, que algunos Estados autorizan a aquellos para que presencien la ejecución del delincuente invocando el llamado «punto final»(closure) que les permitiría, psicológicamente, «pasar página»y relegarla al pasado. Cfr. DÍEZ RIPOLLÉS, J.L., El nuevo modelo penal de la seguridad ciudadana, cit., pág. 10, nota 11.

[307] «Se ha exagerado demasiado a favor de los delincuentes ... (y la conciencia universal reclama) se ponga fín a desmedidos sentimentalismos en favor de los malhechores, cuando se olvidan la miseria y los dolores de tantos millones de pobres honrados ...». FERRI, E., *Los nuevos horizontes del Derecho y del procedimiento penal*, cit. IX. Sobre el problema, vid. DÍEZ RIPOLLÉS, J.L., El nuevo modelo de seguridad ciudadana, cit., págs. 9 y 10.

[308] Cfr., SANGRADOR, J.L., La *victimología y el sistema jurídico penal*, cit., págs. 88 y ss. La víctima quiere justicia, no compasión. Quiere ser escuchada, informada y atentida por el sistema

realización de prestaciones «personales» a favor de la víctima, o en una reparación «simbólica» en beneficio de la comunidad.

Corresponde exclusivamente a los poderes públicos trazar las bases y directrices de la política criminal en sus diversos ámbitos, función que han de llevar a cabo con rigor científico y objetividad, no dejándose contaminar ni influir por el apasionamiento, vehemencia y emotividad del entorno de las víctimas que lógicamente impulsaría una dinámica de desproporcionada severidad y antigarantismo nada deseable.

Una participación de la víctima en el proceso de *ejecución de la pena privativa de libertad* podría pervertir los fines de superior rango a los que ésta se preordena por mandato constitucional, interfiriendo intereses privados y pretensiones llamadas a desplegar su eficacia en otras esferas, razón por la que la L.O. 7/2003, de 30 de junio merece un juicio muy desfavorable. Las vicisitudes de una obligación *privada* (la satisfacción o no satisfacción por el *penado* de la responsabilidad *civil ex delicto),* que deriva del *daño* que, en su caso, haya ocasionado el delito, no del delito mismo, no debiera poner en manos de la víctima (*recte:* acreedor) el poder de influir procesalmente en la concesión del tercer grado penitenciario o la libertad condicional, cuestiones éstas fundamentales en la vida de la pena como institución pública que se rigen por principios independientes de la voluntad y motivaciones del perjudicado del delito[309]. En la *Justicia de menores,* la L.O. 5/2000, del 12 de enero, ha limitado la posición procesal de la víctima del delito, precisamente para evitar que su actuación como acusador particular desvirtúe la naturaleza *pedagógica* y *educativa* de la intervención que el legislador arbitra[310]. No obstante, dicha previsión ha sido modificada por la Disposición final segunda de la L.O. 15/2003, de 25 de noviembre, que permite la personación, como acusadores particulares, a las personas directamente ofendidas por el delito (padres, herederos, representantes legales si fueran menores o incapaces).

c) Pioneros de la Victimología.- Los primitivos estudios victimológicos se circunscribieron a la *pareja criminal,* y pretendían demostrar la interacción existente entre autor y víctima[311]. De hecho, uno de los méritos de las tipologías[312] que sus

---

legal. Quiere encontrar en este un escenario humano donde expresar su dolor, su impotencia, su frustración. Y quiere se tomen medidas preventivas eficaces para que se eviten nuevas víctimas.

[309] Sobre el problema, vid. GARCÍA-PABLOS DE MOLINA, A., Derecho Penal. Introducción, 3ª Ed., Madrid. Servicio de Publicaciones de la Facultad de Derecho de la Universidad Complutense, Capítulo I, V. d). 6.

[310] Vid., Exposición de Motivos, II, 8 in fine.

[311] Vid. SCHNEIDER, H.J., *Kriminologie,* cit., págs. 751 y ss.

[312] Una información sobre las diveras tipologías (de víctima), en: HERRERA MORENO, M., Manual de Victimología, cit. (Baca, E., Echeburua, E. y Tamarit, J., coord.), págs. 68 y ss.; RODRÍGUEZ MANZANERA, L., *Victimología,* cit., págs. 81 a 98; MATTI JOUTSEN, *The Role of the Victim,* cit., pág. 80 y ss; NEWMAN, E., *Victimología, el rol de la víctima en los delitos convencionales y no convencionales,* Buenos Aires (1984), Edit. Universidad, págs. 69 y ss.; ELLENBERGER, H., «Psychologische Beziehungen zwischen Verbrecher und Opfer», en *Zeitschrift für Psychotherapie und Medizinische Psychologie,* 4 (1954), págs. 261 y ss; ABDEL EZZAT FATTAH: «Vers une typologie criminologique des victims», en: *Révue Internationale de Police Criminelle,* 1967, págs. 162 y ss; LANDROVE DÍAZ, G., *Victimología,* cit., págs. 39 y ss.; GARCÍA-PABLOS DE MOLINA, A., *Tratado de Criminología,* cit., págs. 115 y ss.

pioneros elaboraron (VON HENTIG, MENDELSOHN, etc.) fue el de aportar una nueva imagen mucho más realista y dinámica de la víctima, como sujeto activo —y no como mero objeto— capaz de influir significativamente en el propio hecho delictivo, en su estructura, dinámica y prevención. Poco a poco, la *Victimología* fue ampliando el objeto de sus investigaciones. Y del estudio de la pareja criminal, o de los fenómenos de interacción señalados, pasó a ocuparse de otros temas, sobre los que empieza a suministrar una valiosa información: por ejemplo, actitudes y propensión de los sujetos para convertirse en víctimas del delito («riesgo de victimización»), variables que intervienen en el proceso de victimización y supuestos especiales de víctima (tipologías), daños que padecen la víctima como consecuencia del delito (victimización primaria) y de la posterior intervención del sistema legal (victimización secundaria), actitudes de la víctima respecto al sistema legal y sus agentes (*Victimología* procesal), comportamiento de la víctima-denunciante como agente del control social penal, programas de prevención del delito a través de colectivos de elevado riesgo de victimización, programas de reparación del daño y de asistencia a las víctimas del delito, autoprotección, «iter victimae», psicología del espectador del delito, miedo al delito, etc.[313].

A esta problematización y notable enriquecimiento del saber victimológico contribuyó, desde luego, la obra de los pioneros de la *Victimología*. Pero, también, el progreso experimentado por la Psicología Social y la creciente credibilidad de las encuestas de victimización. La Psicología Social, ha sabido desarrollar una sofisticada gama de modelos teóricos adecuados para la interpretación y explicación de los datos suministrados por las investigaciones victimológicas, huérfanas hasta entonces del imprescindible marco de referencia. Baste con citar: la teoría de la equidad, de ADAMS y otros; la de la atribución, de KELLEY; la del mundo justo, de LERNER; la de la indefensión aprendida, de SELIGMAN, etc. Mérito que se añade al de numerosas aportaciones experimentales sobre la dinámica de la intervención de los espectadores en las situaciones de emergencia (como las realizadas en la década de los setenta por LATANÉ y DARLEY), que arrojan luz sobre las claves de comportamientos insolidarios que asombraron a la opinión pública de testigos presenciales de crímenes violentos. En cuanto al perfeccionamiento metodológico de las encuestas de victimización, consolidadas también durante los años setenta en los Estados Unidos, la razón es obvia. El uso generalizado de esta técnica de evaluación del crimen real (del crimen que no detecta el aparato estadístico oficial), convertiría a la víctima en una valiosísima e insustituible fuente de información sobre el delito[314].

Desde entonces proliferan los Congresos y encuentros internacionales de Victimología[315]. En 1976 aparece una publicación periódica: Victimology. Y se multiplican —y diversifican— las aportaciones científicas, con sólido respaldo empírico: como es el caso de los «estudios de victimización criminal». Entre ellos cabe citar, los de victimización sexual (de CHAMBERS y MILLAR, de WEST, etc.), de los espectadores (de SCHICHOR), victimización de organizaciones (DYNES y QUARANTELLI), victimización secundaria (SHAPLAND y

---

[313]   Vid., SANGRADOR, J.L., La *Victimología y el sistema jurídico penal*, cit., págs. 64 y ss.

[314]   Cfr., SANGRADOR, J.L., ibidem; GARCÍA-PABLOS DE MOLINA, A., *Tratado de Criminología*, cit., págs. 112 y ss.

[315]   Vid., RODRÍGUEZ MANZANERA, L., La *Victimología*, cit., págs. 371 a 386; LANDROVE DÍAZ, G., *Victimología*, cit., págs. 31 y ss. y la información que suministran al efecto.

otros), victimización por la Policía (BINDER y SCHARF), estructura urbana y victimización (DECKER, SHICHOR y O'BRIEN)[316].

A la obra general de los pioneros de la Victimología se unirá, después, la de otros autores que han devenido ya clásicos en esta disciplina, por sus tipologías victimológicas: ELLENBERGER, H., WOLFGANG, M.E., FATTAH, A.E., NEUMAN, E., JOUTSEN, M., COSTA ANDRADE, MARCHIORI, A., RODRÍGUEZ MANZANERA, L., KAISER, G., entre otros[317].

Esta acelerada irrupción explosión de la Victimología, pletórica de pretensiones pero, a veces, desordenada y falta de los imprescindibles modelos teóricos, suscita lógicos recelos en la comunidad científica —por sus excesos y déficit empírico— hasta el punto de hablarse metafóricamente de los «partidarios» de la Victimología y de sus «contradictores»[318].

En la reciente historia de la Victimología se pueden distinguir varias etapas: la llamada Edad de oro de la víctima; la de los pioneros de la nueva disciplina (v. HENTIG-MENDELSOHN, y otros); la promocional o reivindicativa de nuestros días; y la crítica o restauradora[319]. Cabe, no obstante, destacar como paradoja constante en las actitudes sociales una resignación fatalista hacia el hecho de la victimización que contrasta con la intransigencia que concita el agresor. Este provoca rechazo y una inconfesa admiración, mientras parece asumirse la normalidad (inevitabilidad) de la victimización, y la víctima solo despierta lástima, piedad, en cuanto *perdedor* del suceso criminal[320].

En la «Edad de oro» de la víctima (justicia primitiva) ésta era «señora» de su conflicto, y en dicha plenitud dominical, hacía uso de un amplio margen de alternativas: vindicativas,

---

[316] Una referencia amplia a tales publicaciones, en: SANGRADOR, J.L., La *victimología y el sistema jurídico penal*, cit., pág. 64.

[317] Para un examen pormenorizado de estas tipologías, vid. GARCÍA-PABLOS DE MOLINA, A., Tratado de Criminología, cit., Capítulo II.4.b. (Los pioneros de la Victimología: la aportación de v. Hentig y Mendelsohn. Otras tipologías posteriores). Vid., también, HERRERA MORENO, M., La hora de la víctima, cit., págs. 137 a 166. Pocas tipologías tienen en cuenta si delincuente y víctima se conocían antes de llevarse a cabo el crimen. A. MARCHIORI, se debe una de ellas (MARCHIORI, H., Personalidad del delincuente. México, 1978. Edit. Porrúa). También KAISER, G. (Criminología, cit., pág. 94) concede particular interés a esta variable.

[318] Así, SCHNEIDER, uno de los más prestigiosos criminólogos de nuestro tiempo, ha llamado la atención sobre los riesgos de una Victimología carente de modelos teóricos, pletórica de excesos verbales y formulaciones equívocas, que, además, enfrente infractor y víctima (*Kriminologie*, cit., págs. 787 y 788).

[319] Cfr. HERRERA MORENO, Myriam, Historia de la Victimología, en: Manual de Victimología (coords: Baca, E., Echeburúa, E. y Tamarit, J.), 2006 (Tirant lo Blanch), Capítulo 2, págs. 62 y ss.

[320] El psicoanálisis explica sugestivamente los procesos de identificación con el infractor (vencedor) del suceso delictivo: nadie quiere identificarse con el *perdedor*. Vid. GARCÍA-PABLOS DE MOLINA, A., Tratado de Criminología, 3ª Ed., 2003 (Tirant lo Blanch), págs. 116 y ss. También, HERRERA MORENO, Myriam, Historia de la Victimología, cit., págs. 51 y ss., citando la opinión en este sentido de LAMO DE ESPINOSA, E., Delitos sin víctima. Orden social y ambivalencia moral. Madrid, 1993 (Alianza Universidad), págs. 133 y ss.

condonativas o compositivas[321]. El crimen se concibe como cuestión privada, doméstica, que solo incumbe a sus *propietarios*: infractor o víctima.

El protagonismo de la víctima concluye con la *mediación institucional —pública, estatal— del sistema penal*, que *neutraliza* a aquella; redefine el delito[322], y atribuye al Estado el monopolio del «*ius puniendi*». La «neutralización» de la víctima trata de evitar que ésta responda al delito con el delito, convirtiéndose en delincuente («víctima justiciera»); o que se «socialice» el interés de la víctima por determinados grupos y colectivos próximos a la misma en situaciones victimógenas similares, lo que desencadenaría reacciones de venganza y represalias peligrosas; y una política criminal emocional, vehemente, nada recomendable[323].

Los *pioneros* de la Victimología inician la denominada etapa *clásica o positivista* (v. HENTIG, MENDELSHON, etc.) que se prolonga hasta finales de la década de los sesenta del pasado siglo[324]. Estos autores comparten un análisis *etiológico* e *interaccionista*, y sus conocidas tipologías ponderan el grado mayor o menor de contribución de la víctima a su propia victimización[325], lo que en algunos casos significa culpabilizar a ésta. Posteriormente seguirán los pasos de los pioneros otros victimólogos como ELLENBERGER, que utiliza el concepto de *victimogénesis* y anticipa la noción de «vulnerabilidad»[326]; WOLFGANG[327], quien verificó empíricamente la existencia de víctimas que *propician* conductas homicidas; AMIR, M.[328], partidario de aplicar el enfoque interactivo al ámbito de la delincuencia sexual; GOLOTTA[329]; FATTAH[330], E. NEUMAN[331], M. JOUTSEN[332], etc.

La etapa positivista daría paso después a otra de signo *reivindicativo* y promocional de los derechos de la víctima. En efecto, el modelo víctimo-contribuyente clásico era un modelo estigmatizador, secundariamente victimizante y arbitrario que imputaba, sin más, la victimización a una anómala condición deficitaria (de corte biológico, actitudinal o comportamental) de la propia víctima, culpabilizándola[333]. Carecía de objetividad científica y rigor

---

[321]   Según expresión de SCHAFFER, St., Victimology, 1977. Reston Publishing Company Ina., Virginia, págs. 5 a 29. Cfr. HERRERA MORENO, Myriam, História de la victimología, cit., pág. 52.

[322]   Cfr., SANGRADOR, J.L., La victimología y el sistema jurídico-penal, en: Psicología social y sistema penal, cit., págs. 67 y 68. «Redefinición» en el sentido de que el crimen ya no se concebirá como cuestión «privada», «doméstica», sino como conflicto cuya competencia corresponde exclusivamente al Estado, a las instancias públicas del sistema legal.

[323]   Vid. GARCÍA-PABLOS DE MOLINA, A., Tratado de Criminología, 3ª Ed., cit., pág. 116.

[324]   Así, VARONA MARTÍNEZ, Gema, La mediación reparadora como estrategia de control social. Una perspectiva criminológica. Tesis doctoral. San sebastián, 1997, págs. 94 y ss.

[325]   Sobre el punto de vista y tipologías de v. Hentig y Mendelson, vid., GARCÍA-PABLOS DE MOLINA, A., Tratado de Criminología, cit., 3ª Ed., págs. 121 y ss. También: HERRERA MORENO, Myriam, Historia de la Victimología, cit., págs. 62 y ss.

[326]   ELLENBERGER, H., Cfr., GARCÍA-PABLOS DE MOLINA, A., Tratado de Criminología, cit., 3ª Ed., pág. 123.

[327]   Sobre la obra de M.E. WOLFGANG, vid. GARCÍA-PABLOS DE MOLINA, a., Tratado de Criminología, 3ª Ed., cit., pág. 123.

[328]   Cfr. HERRERA MORENO, Myriam, Historia de la victimología, cit., pág. 69.

[329]   Cfr. HERRERA MORENO, Myriam, op. Cit., ibidem.

[330]   Cfr. GARCÍA-PABLOS DE MOLINA, A., Tratado de Criminología, 3ª Ed., pág. 124.

[331]   Cfr. GARCÍA-PABLOS DE MOLINA, A., ibidem.

[332]   Cfr. GARCÍA-PABLOS DE MOLINA, A., Tratado de Criminología, 3ª Ed., cit., pág. 125.

[333]   A juicio de RYAN, W., The Art of Savage Discovery: How to Blame the Victim, en: Blaming the Victim, 1971. Vintage, New York. Cfr. HERRERA MORENO, Myriam, Historia de la victimología, cit., pág. 70.

empírico, y propiciaba toda suerte de estrategias autoneutralizadoras por parte del infractor que legitimaban la víctimización[334]. La nueva etapa, acorde con los postulados del Estado social y democrático de Derecho apela a la solidaridad cívica con las víctimas y sus derechos fundamentales. Reivindica una profunda revisión de los fines de la pena, exhibiendo ésta un atractivo caudal reparador y reintegrador[335] que entierra concepciones expiacionistas y preventivas del pasado próximo. Redefine el delito como daño causado a la víctima concreta (no como abstracta afectación de un bien jurídico ideal), cobrando ésta el merecido protagonismo que monopolizaba el delincuente. Suple, además, el déficit empírico-metodológico de la victimología clásica con novedosas y eficaces herramientas: las encuestas de victimización. Y atenta a las necesidades reales de la víctima aspira a depararla una protección integral[336]. Preocupa a la moderna Victimología, por último, neutralizar los efectos de la llamada victimización *secundaria o procesal*, así como el desarrollo de nuevas praxis de tratamiento y asistencia a las víctimas[337] en función del impacto de la victimización, que, a su vez, permite perfilar específicos síndromes y gnosologias psiquiátricas de víctimas[338].

No obstante, la moderna Victimología sólo ha comenzado a caminar. Se halla volcada a la praxis humanitaria y tareas promocionales pero necesita de un mayor espíritu autocrítico y reflexividad científica[339]. Desde la Criminología crítica (WALKLATE, KARMEN y otros) se le reprocha ignorar la existencia de una victimización silenciosa y tolerada de amplios colectivos (vg. trabajadores, inmigrantes, consumidores, et.); victimización *social e institucional, cotidiana, sometida a la violencia de la pobreza y la exclusión* social[340]. También, que no sea consciente de la explotación política e instrumentación de las víctimas por la moderna política social victimológica y sus agentes mediáticos[341]. Que sucumba al modelo perverso de una «sociedad de víctimas potenciales», obsesionada por el problema de la seguridad y las tecnologías de la defensa frente al delito en el marco de una política criminal de la

---

[334] Se ha reprochado a este modelo su déficit fenomenológico por prescindir de la propia percepción de la víctima (KARMEN); su circularidad argumentativa (WEISS y BORGES); su apriorismo y debilidad empírica, del que las estadísticas son mero trasunto o coartada para actitudes públicas secundariamente victimizadoras; su proclividad a legitimar la victimización (CHRISTI), propiciando las técnicas de neutralización o autojustificación del infractor (FATTAH). Cfr. HERRERA MORENO, Myriam, op. cit., págs. 70 y 71.

[335] Así, MAPELLI CAFFARENA, Borja, Las consecuencias jurídicas del delito, 2005 (Thomson-Civitas). Cfr. HERRERA MORENO, Myriam, op. cit., pág. 72.

[336] Vid. La Decisión Marco 2001/220/JAI del Consejo de Europa, de 15 de marzo de 2001, sobre el Estatuto de la víctima en el proceso penal y universal.

[337] Cfr. HERRERA MORENO, Myriam, op. cit., pág. 73.

[338] Así: síndrome del niño golpeado, de KEMPE; de mujer maltratada, etc. En esta nueva etapa se desarrollan conceptos clínicos aplicables a la victimización (vg. *indefensión*, de SELIGMAN; *resiliencia*, de GREEN; *mobbing*, de LEYMANN; *bullying*, de OLWEUS); E incluso se extiende el tratamiento asistencial a víctimas «indirectas» (FREEDMAN), como niños o víctimas testigo de la violencia o el terrorismo. Cfr. HERRERA MORENO, Myriam, op. cit., pág. 73.

[339] Cfr. HERRERA MORENO, Myriam, La historia de la Victimología …, cit., pág. 74.

[340] Cfr. HERRERA MORENO, Myriam, op. cit., pág. 74, citando la opinión de ELÍAS, de ZAFFARONI, y de BERISTAIN.

[341] Reproche de KIRCHOFF. Cfr. HERRERA MORENO, Myriam, op. cit., pags. 74 ñy 75. Dicho proceso de instrumentación de la víctima sería una nueva manifestación «secundariamente victimizante» que consideraría a la víctima como una propiedad altamente vulnerable, rapiñada y repartida entre los diferentes operadores políticos y mediáticos en aras de objetivos ultravictimológicos.

sospecha[342]; y que fomente sistemáticamente una *estrategia victimaria*[343] que alimenta la *construcción social de la vulnerabilidad de la víctima*[344] en lugar de actitudes positivas de entereza personal y comunitaria ante la victimización y la adversidad. De hecho, y en nombre de la denominada «justicia restauradora» un sector de la Criminología contemporánea vuelve los ojos hacia el ideal de la *reparación conciliadora* propugnando un paradigma ambicioso, de base humanística y superador del conflicto criminal, capaz de resolverlo constructivamente y de pacificar las relaciones sociales[345]; un modelo que valora la plena humanidad de víctima e infractor como potenciales agentes de reconstrucción comunitaria y enfatiza la necesidad de una intervención restauradora, pacificadora, que incida en las raíces del propio conflicto criminal[346].

d) El proceso de *victimización* y sus dimensiones: victimización primaria, secundaria y terciaria.

La victimización es el proceso por el que una persona sufre las consecuencias negativas de un hecho traumático[347], en particular, de un delito.

> Con este concepto la Victimología aporta un nuevo enfoque al estudio del delito, realista y personal, centrado en quien efectivamente experimenta sus efectos nocivos; a diferencia del análisis jurídico-normativo del Derecho Penal —y de la Criminología clásica, su disciplina auxiliar— que contemplaban el crimen como lesión o puesta en peligro del bien jurídico (categoría abstracta, ideal), focalizando su estudio en torno a la persona del infractor o relegando a la de la víctima a una posición marginal e irrelevante.

El proceso o fenómeno de la victimización puede examinarse desde una doble perspectiva; bien desde el punto de vista del *hecho* mismo y los factores o variables que le desencadenan; bien desde el de sus *efectos o impacto* en la persona que lo padece. La primera dimensión permite hablar del *riesgo de victimización*. La segunda, de la *vulnerabilidad* de la víctima concreta, cuestiones conceptualmente diferenciables, pero interdependientes[348].

---

[342]   Cfr. HERRERA MORENO, Myriam, op. cit., pág. 76, citando a GARLAND y SPARKS.

[343]   Así, CARIO, R., cit. por HERRERA MORENO, Myriam, op. cit., pág. 77.

[344]   En este sentido, GREEN, R., cit. por HERRERA MORENO, Myriam, op. cit., pág. 77.

[345]   Véase la obra muy interesante de VARONA MARTÍNEZ, Gema, ya citada supra.

[346]   Cfr. GARCÍA-PABLOS DE MOLINA, A., Tratado de Criminología, 3ª Ed., cit., pág. 1.134.

[347]   Así, TAMARIT SUMALLA, J.Mª., La Victimología: cuestiones conceptuales y metodológicas. En: Manual de victimología, cit., pág. 29.

[348]   Refiriéndose a «victima de riesgo» y «víctima vulnerable», TAMARIT SUMALLA, J.Mª., La Victimología, cit., pág. 29. Los dos conceptos aluden a datos y perspectivas distintas. Así, el ejercicio de ciertas profesiones, determinados *estilos de vida* o la peligrosidad de concretos espacios físicos o tiempos inciden en el *«riesgo de victimización»*; mientras las características de la personalidad de la víctima modulan la respuesta individual al hecho traumático y condicionan su superación o, por el contrario, la proclividad de aquella o sucesivas victimizaciones (*«Vulnerabilidad de la víctima»*).

Las «tipologías» de víctimas elaboradas por los pioneros de la Victimología pretendían subrayar precisamente la contribución etiológica de la víctima a su propia victimización; análisis éste pretendidamente descriptivo, pero estigmatizante (culpabilizador), que sería sustituído en un momento posterior por el de los llamados «factores de riesgo», más útil, además, en orden a la prevención[349].

En cuanto al impacto y efectos del hecho traumático o delito en la persona concreta de la víctima («victim impact»), la Psiquiatría y la Psicología clínica y forense parten hoy del concepto genérico de «lesión psíquica», elaborando una rica gama de categorías — fundamentalmente, el trastorno por estrés postraumático[350]— que facilitan la descripción y evaluación del trastorno psíquico de la víctima, con sus lógicas repercusiones jurídicas (vg. reconocimiento de derechos, cuantificación de los daños indemnizables, en su caso, determinación de la medida de la pena e imponer al responsable, etc.)[351].

En la doctrina y aún cuando las dos *dimensiones* indicadas del proceso de victimización sean conceptualmente diferenciables (*riesgo de victimización* y *vulnerabilidad de la víctima*) los diversos modelos teóricos elaboran fórmulas de síntesis relacionando factores relevantes para describir y evaluar las dos *vertientes* o *momentos* de la victimización.

Así, suelen examinarse cinco grupos de *factores*[352]: factores *individuales*, relativos al comportamiento de la *victima*, al *ofensor*, a las *circunstancias temporoespaciales*, y factores *sociales*. Al primer grupo pertenecerían variables personales como la edad o el sexo, o características de la personalidad y elementos de riesgo aprendidos (vg. asunción de roles, imitación, indefensión aprendida, etc.). A la víctima se asociarían factores relativos a su estilo de vida (vg. exposición a situaciones de riesgo), contactos con infractores y actividades ilegales y las diversas adicciones. La naturaleza del delito, las características del infractor, las motivaciones de éste en la elección de su víctima y la relación del delincuente con ella se inscribirían en la tercer grupo. En el cuarto, factores como la mayor o menor peligrosidad de determinados espacios y tiempos (oportunidad). Y entre las variables sociales se citan las derivadas del entorno y la propia estructura social, la marginación de determinados grupos y colectivos, grado de apoyo emocional y reconocimiento de la víctima por la comunidad (vg. apoyo social informal, sistema de redes y habilidades sociales, etc.).

---

[349] Cfr. TAMARIT SUMALLA, J.Mª., op. cit., ibidem. Sobre la insuficiencia de una aproximación meramente «tipológica» y aún sin descartar la utilidad de ésta, vid. HERRERA MORENO, Myriam, Victimización. Aspectos generales. En: Manual de Victimología, cit., págs. 79 y ss.

[350] Un estudio diferenciado de las consecuencias psicopatológicas de los diversos delitos en los respectivos grupos de víctimas, en: ECHEBURÚA, E., Especial consideración de algunos ámbitos de victimización, en: Manual de Victimología, cit., págs. 129 y ss. (abusos sexuales a menores: págs. 134 y ss.; agresiones sexuales a mujeres, págs. 153 y ss.; violencia doméstica, págs. 175 y ss.; terrorismo, págs. 201 y ss.).

[351] La elaboración de estas y otras categorías psiquiátricas y trastornos mentales describen el efecto de la victimización mejor que anacrónicos conceptos jurídicos como el de «daño moral». Evitan, además, el riesgo de una cuantificación arbitraria de la reparación civil a que dicho concepto decimonónico induce, e incluso de una perversa explotación de la condición de la víctima. Así, TAMARIT SUMALLA, J.Mª., La victimología, cit., pág. 30.

[352] Cfr. TAMARIT SUMALLA, J. Mª., La victimología, cit., págs. 31 y 32; SEPAROVIC, Victimolgy. Studies of Victims, Zagreb, 1985, págs. 13 y ss.; JOUTSEN, M., The Role of the Victim of Crime in european criminal Justice system, Helsinki (Heuni), 1987, págs. 87 y ss.; ESBEC RODRÍGUEZ, E. y GÓMEZ JARABO, G., Psicología forense y tratamiento jurídico legal de la discapacidad. Madrid, 2000 (Edisofer), págs. 166 y ss.

Las victimización es un proceso complejo desde un punto de vista fenomenológico. De las muchas clasificaciones o formas de victimización («ocasional» o «prolongada»; «directa» o «indirecta», etc.) tiene especial predicamento la que distingue entre victimización «primaria», «secundaria» y «terciaria», aunque el mencionado criterio clasificatorio no sea del todo pacífico en la doctrina[353].

Por victimización *primaria* suele entenderse el proceso por el que una persona sufre, de modo directo o indirecto, los efectos nocivos derivados del delito o hecho traumático, sean éstos materiales o psíquicos.

> Los mencionados efectos nocivos inherentes o derivados del delito trascienden, lógicamente, los consustanciales al bien jurídico u objeto ideal afectado por cada delito. Así, junto a la lesión de la indemnidad sexual que castiga la figura penal de la violación, ésta puede ocasionar graves trastornos psíquicos que se incluyen en la victimización primaria (vg. trastorno por estrés postraumático).

La victimización *secundaria* abarca los costes personales derivados de la intervención del sistema legal, que, paradójicamente, incrementan los padecimientos de la víctima. Así el dolor que causa a ésta revivir la escena del crimen al declarar ante el Juez; el sentimiento de humillación que experimenta cuando los abogados del acusado le culpabilizan argumentando que ella misma provocó con su conducta el delito (vg. agresión sexual); el impacto traumatizante que pueden causar en la víctima los interrogatorios policiales, la exploración médico forense o el reencuentro con el agresor en el juicio oral, etc.[354].

Por último, el impreciso concepto de *victimización terciaria* comprendería, según una autorizada opinión, el conjunto de costes de la penalización sobre quien la soporta personalmente o sobre terceros, y tendría que ver con la premisa lógica de que los costes del delito sobre las personas y sobre la sociedad deben ser ponderados con los costes de la penalización del infractor para él mismo, para terceros o para la propia sociedad[355].

---

[353] Cfr. TAMARIT SUMALLA, J.Mª., La Victimología ..., cit., págs. 32 y ss.; BACA BALDOMERO, E., Terrorismo: en Manual de Victimología, cit., págs. 197 y ss.; GARCÍA-PABLOS DE MOLINA, A., El redescubrimiento de la víctima: victimización secundaria y programas de reparación del daño. La denominada victimización terciaria. En: Cuadernos de Derecho Judicial, 1993. C.G.P.J., págs. 287 a 320.

[354] Algunos autores prefieren el término «victimización procesal». Cfr. GARCÍA-PABLOS DE MOLINA, A., Tratado de Criminología, cit., pág. 115 y bibliografía allí citada. El formalismo casi ritual del funcionamiento del sistema legal; el criptolenguaje que utilizan los operadores jurídicos; y la falta de información adecuada a la víctima sobre el significado de los diversos momentos y actuaciones procesales incrementan el impacto de esta victimización impropia. Pero lo cierto es que la víctima, colaboradora del sistema penal, se siente injustamente incomprendida y maltratada por éste.

[355] Cfr. TAMARIT SUMALLA, J.Mª., La victimología ..., cit., pág. 33. Yo prefiero partir de un concepto distinto de victimización terciaria, cuyo agente sería no el agresor (primaria), ni el

En los delitos cometidos a través de la red y las modernas tecnologías cabe hablar, también, de una victimización «latente», situación en la que se halla quien víctima de una agresión, por ejemplo, a su intimidad, es consciente, y se angustia por ello, que la agresión puede volver a repetirse en cualquier momento sin una defensa eficaz que lo evite.

A la noción de *victimización*, en su acepción lata, pertenecen, también sutiles *procesos y mecanismos de auto y heteroculpabilización de la víctima*[356].

En determinados sucesos delictivos particularmente graves y execrables (vg. violencia de género prolongada en el tiempo) la propia víctima desarrolla un llamativo complejo de culpa, que carece de justificación objetiva alguna, como explicación del hecho traumático padecido. Se trata, en definitiva, de una secuela psicopatológica de éste (autoculpabilización). En otros, el infractor legitima su conducta atribuyendo la responsabilidad a la víctima: es el caso de las llamadas «técnicas de neutralización» o «justificación» (en la terminología de SYKES y MATZA). No deben confundirse estas últimas —argumentación falaz y manipuladora del infractor para desviar su responsabilidad a terceros y neutralizar su complejo de culpa— con el hecho cierto y real, empíricamente constatable, de que la víctima puede contribuir etiológicamente a su propia victimización con un comportamiento legítimo e irreprochable, si bien la terminología equívoca que utilizan conocidas «tipologías» (vg. «víctima inocente», «víctima negligente» o «culpable») puede inducir a error, sugiriendo un reproche o culpabilización de la conducta de aquélla.

Finalmente, algunas teorías elaboradas por la Psicología Social (la «teoría del mundo justo», de LERNER) ilustran sobre el efecto social víctimo-culpabilizante de determinadas distorsiones cognitivas que reelaboran falaz y simbólicamente las cogniciones sociales legitimando al victimario y responsabilizando a su víctima («algo habrá hecho para merecerlo …»). El efecto perverso de este prejuicio justicialista suele ensañarse de modo particular con las víctimas más vulnerables o precisamente con las que padecen los daños más graves o persistentes (vg. delitos sexuales, violencia de género, etc.)[357].

---

propio sistema legal (secundaria) sino la comunidad. Pienso en el impacto que produce en la víctima el retorno del delincuente terrorista que, una vez excarcelado, recibe un caluroso recibimiento y exaltación por la comunidad, como si de un héroe se tratase. Por victimización terciaria yo prefiero referirme a los sufrimientos que padece la víctima como consecuencia del recibimiento, por su pequeña comunidad, como un héroe y patriota al delincuente convicto y no rehabilitado al ser excarcelado y retornar a aquélla. Alguna de aquellas víctimas no pudieron siquiera enterrar a sus parientes asesinados en el País Vasco, ni celebrar en una parroquia de éste unas exequias religiosas públicas.

356 Por todos: TAMARIT SUMALLA, J.Mª., La victimología, cit., pág. 33. También: HERRERA MORENO, Myriam, Victimización. Aspectos generales. En: Manual de Victimología, cit., págs. 110 y ss.

357 Sobre la teoría del «mundo justo» de LERNER y otras construcciones de la Psicología Social, vid. GARCÍA-PABLOS DE MOLINA, A., Tratado de Criminología, cit., págs. 117 y ss.; HERRERA MORENO, Myriam, La hora de la víctima. Compendio de Victimología, Madrid, 1996 (Edersa), págs. 112 y ss.; SANGRADOR, J.L., La victimología y el sistema jurídico-penal, cit., pág. 63.

No menos relevantes pueden llegar a ser los efectos *sociales* nocivos de la victimización. La victimización margina y estigmatiza, también, al perdedor del drama criminal. Como ha explicado el *labelling approach* con relación a la persona del infractor, la víctima —en los supuestos de mayor gravedad del hecho traumático o de persistencia en el tiempo del mismo— asumirá la *etiqueta* y rol social que se le atribuye, consolidando su nuevo estatus en el futuro («instalación en la victimización») y comportándose como los demás esperan de la misma. Desarrollará, incluso, estrategias victimarias *rentables* de forma sistemática, y consentirá la manipulación política o mediática de sus intereses confines metavictimológicos; lo que podría contribuir a la construcción de una futura «sociedad de víctima»[358]. Sin que deba descartarse que del mismo modo que «el delito llama al delito», la victimización llame, también, a posteriores y sucesivas victimizaciones al potenciar la indefensión del sujeto y su autopercepción de impotencia[359].

e) *Tipologías* y *modelos teóricos* explicativos de la victimización.

La victimología se ha servido fundamentalmente de dos herramientas metodológicas para aproximarse al estudio y explicación de la victimización: las tipologías y los modelos teóricos. Ambas son útiles y complementarias.

Las *tipologías*, de víctimas o de victimarios, facilitan la mejor sistematización de los hallazgos científicos por la agregación ordenada de matices distintivos sobre las figuras acuñadas, trazando el arco de su variabilidad[360].

Los ejes de las tipologías son la víctimo-contribución, esto es, la aportación etiológica de la víctima a su propia victimización; y la vulnerabilidad de la víctima o rasgos de ésta (déficits personales, conductuales o sociales) que inciden en el desenlace victimizador. Las tipologías que operan con el criterio de la *víctimo-contribución* siguen un esquema uniaxial y representan el manifiesto de la naciente Victimología frente a la concepción pasiva, estática y fungible de la víctima que profesaba la Criminología clásica.

Por el contrario, las tipologías basadas en *rasgos de riesgo o vulnerabilidad* son multiaxiales y enriquecen el análisis al incluir otros ejes clasificatorios (psi-

---

[358]   Vid. TAMARIT SUMALLA, J.Mª., La victimología, cit., pág. 34.

[359]   Aunque en la doctrina se mantiene, también, la tesis antagónica: que la experiencia previa de la victimización proporciona la oportunidad de un aprendizaje de respuestas y estrategias adecuadas para abordar constructivamente posteriores experiencias victimizantes (teoría de la «inoculación» o de la «resiliencia»). Cfr. HERRERA MORENO, Myriam, La victimización: Aspectos generales, cit., pág. 110.

[360]   Así, REDONDO ILLESCAS, S., Perfil psicológico de los delincuentes sexuales. Ed. Echeburua, E., Personalidades violentas. Madrid, 1994 (Pirámide). Cfr. HERRERA MORENO, Myriam, Victimología. Aspectos generales, en: Manual de Victimología, cit., págs. 79 y ss.

cológicos, culturales, socioeconómicos, etc.) no conformándose con contemplar a la víctima en su relación con el infractor en el marco de la dinámica criminal[361].

Se han elaborado tipologías de vulnerabilidad personal, relacional, contextual y social[362].

La primera se identifica por rasgos y déficits psico-biológicos (vg. edad, sexo y enfermedad) y es muy cuestionada por orientaciones críticas de la moderna Victimología[363].

La vulnerabilidad *relacional* subraya el desequilibrio acusado entre víctima y ofensor y la dinámica desintegradora en la que degenera la interacción (vg. la pareja)[364].

La vulnerabilidad *contextual* expresa la indefensión específica de ciertas víctimas determinada por las características victimogenésicas de un concreto habitat o entorno: el barrio, la escuela, el lugar de trabajo, el espacio virtual, etc.

Por último, la vulnerabilidad *social* deriva de las estructuras socioeconómicas (vg. víctimas del apartheid, inmigrantes, discapacitados, etc.).

De las diversas *tipologías* citadas cabe destacar[365]:

De las que operan con el criterio de la *contribución victimal*: las de JIMÉNEZ ASÚA[366], FATTAH[367], JOUTSEN[368] y KARMEN[369].

---

[361] Cfr. HERRERA MORENO, Myriam, op. cit., págs. 81 y 82.

[362] Vid. HERRERA MORENO, Myriam, La hora de la víctima. Compendio de victimología. Madrid (1996), Edersa. De la misma: Victimización. Aspectos generales, cit., pág. 82.

[363] Cuestionando la supuesta vulnerabilidad femenina (CAMPBELL), o la del anciano (ZAFFARONI), vid. HERRERA MORENO, Myriam, Victimización. Aspectos generales, cit., pág. 82.

[364] Refiriéndose a la relación de pareja: ECHEBURÚA, E.-CORRAL, P., Violencia en la pareja, en: Urra, J. (edit.), Tratado de Psicología forense, 2002, Siglo XXi. Madrid. Cfr. HERRERA MORENO, Myriam, op. cit., ibidem.

[365] Cfr. HERRERA MORENO, Myriam, La victimización. Aspectos generales, cit., págs. 82 a 88.

[366] La llamada Victimologia, en: Estudios de Derecho Penal y Criminología, 1961. Buenos Aires. Bibliográfica Ameba, págs. 25 y 26. El autor distingue entre víctimas «fungibles» o «indiferentes» y víctimas «determinadas» o «infungibles». Entre estas últimas, establece varios subgrupos: las «resistentes» (de *explícita resistencia* o *presuntamente resistente*) y las «coadyuvantes» (en algunos de cuyos casos concurriría la *culpa* —en sentido jurídico penal— de la víctima).

[367] Towards a Criminological Clasification of Victims, en: Internacional Criminal Police Review, 1967, págs. 162 a 169. El autor distingue entre víctima no participante, víctima latente o predispuesta, víctima provocativa o precipitadota, víctima participante o víctima falsa o simuladora. Cfr. GARCÍA-PABLOS DE MOLINA, A., Tratado de Criminología, cit., págs. 124.

[368] The role of the victim of crime in european criminal justice systems, 1987, cit., págs. 80 y ss. El autor distingue entre víctima «conscientious», víctima «facilitating», víctima «inviting», víctima «provoking», víctima «consenting», víctima «instigating» y víctima «simulating». Cfr. GARCÍA-PABLOS DE MOLINA, A., Tratado de Criminología, cit., págs. 125 y 126.

[369] Crime Victims. An Introduction to Victimology. Canadá, 2005 (Thomson), págs. 108 y 109. Distingue entre «víctima precavida» y «sin culpa», víctima «convencional cautelosa», víctima «facilitadora y negligente», víctima «incitadora», víctima «provocadora» o «conspiradora» y víctima «insidiosa» o «simuladora». Cfr. HERRERA MORENO, Myriam, Victimización. Aspectos generales, cit., pág. 84.

Entre las que, además, ponderan el criterio de la *vulnerabilidad*: las de SCHA-FFER[370], GULOTTA[371], NEUMAN[372] y LANDROVE[373].

De las formuladas por orientaciones victimológicas *críticas*, que introducen la categoría de la vulnerabilidad *social*: las de BERISTAIN[374], ZAFFARONI[375] y SCHNEIDER[376].

En todo caso, las «tipologías» son instrumentos metodológicamente limitados que requieren de un marco teórico o teoría general. Compartimentan una realidad mucho más compleja. Suelen incurrir en notorios reduccionismos y no ocultan su afán culpabilizador, especialmente cuando subrayan la mayor o menor contribución etiológica de la víctima a su propia victimización y extraen de tal *constatación* las pertinentes consecuencias jurídico-penales[377].

---

[370] Victimology, 1977. Reston Publishing Company Inc. Virginia, págs. 45 y ss. Distingue siete categorías de víctimas: víctimas no implicadas, víctimas provocativas, víctimas precipitadoras, víctimas biológicamente débiles, víctimas socialmente débiles, víctimas victimarias o autovictimizadoras y víctimas políticas. Cfr. HERRERA MORENO, Myriam, op. cit., pág. 84.

[371] La vittima, 1976, Varese. Edit. Giufré, págs. 37 y 38. Distingue las víctimas *falsas* de las *auténticas*. Entre las primeras figuran las *simuladoras* y las *imaginarias*. Entre las segundas se encuentran las víctimas *fungibles* (a su vez, *accidental*, o *indiscriminada*) y las *infungibles, participantes* (entre las que figurarían las víctimas *imprudentes*, las *alternativas*, las *provocativas* y las *voluntarias*). La clasificación es de claro sesgo psicológico-psiquiátrico. Cfr. HERRERA MORENO, Myriam, op. cit., págs 84 y 85.

[372] Victimología y control social. Las víctimas del sistema penal, 1994. Buenos Aires. Edit. Universidad, págs. 69 y ss. El autor distingue entre víctimas *individuales, familiares, colectivas* y víctimas del *sistema social*. Cfr. GARCÍA-PABLOS DE MOLINA, A., Tratado de Criminología, cit., pág. 124.

[373] La moderna Victimología. Valencia, 1998. Tirant lo Blanch, págs. 43 y ss. Establece dos criterios clasificatorios; de una parte, el de la *participación* (víctima *fungible* y víctima no *fungible*); de otra, distingue también, entre víctima *familiar, colectiva, vulnerable, simbólica* y *falsa*. Cfr. HERRERA MORENO, Myriam, op. cit., págs. 85 y 86.

[374] Victimología. Nueve palabras clave. 2000, Tirant lo Blanch, págs. 87 y ss. Distingue entre *microvictimización* (la convencional) de la *macrovictimización* o victimización derivada de estructuras injustas (abuso de poder, apartheid, presos, inmigrantes, etc.). Cfr. HERRERA MORENO, Myriam, op. cit., pág. 86.

[375] ZAFFARONI, R., ALAGIA, A. y SLOKAR, A., Derecho Penal, P.G., 2000, Buenos Aires. Edit. Ediar, págs. 13 y ss. ZAFFARONI distingue entre «*vulnerabilidad a la criminalización*» (el *sistema* crea sus propias víctimas, según la teoría del labelling) y *vulnerabilidad a la victimización*, categoría que desarrolla siguiendo también postulados de la Criminología crítica. Cfr. HERRERA MORENO, Myriam, op. cit., pág. 87.

[376] Victimological Developments in the Wordl During the Past Three Decades: A Study of Comparative Victimology, en: Internacional Journal of Ofender Theraphy and Comparative Criminology, 2001 (45), 4, págs. 449 y ss. El autor distinguee entre «víctimas socioestructurales», «víctimas culturales» y víctimas «institucionales». Cfr. HERRERA MORENO, Myriam, op. cit., pág. 88.

[377] Cfr. HERRERA MORENO, Myriam, op. cit., págs. 79 y ss.

Se han formulado, por ello, diversos *modelos y teorías* explicativos de la victimización: modelos «interactivos», modelos de «enfrentamiento social», modelos de «oportunidad» y modelos «psicosociales» de reacción a la victimización[378].

1") Los modelos que subrayan la *interacción* víctima-ofensor para explicar la génesis de la victimización conocen, a su vez, diversas variantes teóricas: la teoría psicológica de los «ciclos victimológicos», las de la *precipitación* y la *transacción situacional*, referidas ambas al homicidio, y la autolegitimación del victimario mediante técnicas de neutralización de la víctima.

La teoría de los ciclos de victimización, de ZIEGENHAGUEN[379], señala un factor psicológico (el «estado de frustración») como capaz de aliar la frustación agresiva del criminal y las correlativas actitudes de frustración de la víctima, que de este modo interactuarían reforzándose y retroalimentándose recíprocamente. Cabrían entonces tres combinaciones significativas de los respectivos ciclos psicológicos de ofensor y víctima: la agresividad mutua (vg. delitos de tiranicidio); regresión-agresión (la víctima depresiva y sumisa concita la agresividad del infractor que descarga en ella su frustración); resignación-agresión (la resignación de la víctima es interpretada por el victimario como aceptación tácita del resultado victimizador).

La teoría del *homicidio precipitado* procede de un hallazgo de WOLFGANG[380] al constatar empíricamente que un tanto por ciento de los homicidios cometidos en Filadelfia entre 1948 y 1952 se *precipitaron* como consecuencia de un comportamiento previo agresivo de la víctima, cuestión relevante desde un punto de vista *motivacional* aunque concurriesen otros factores. «La víctima —razona WOLFGANG— fue la primera en exhibir y usar un arma letal o golpear en un altercado: en suma, la primera en iniciar la interacción o recurrir a la violencia física»[381].

La teoría interaccionista de la *transacción situacional*, invocada por LUCKENBILL[382], llega a la conclusión de que un número relevante de los homicidios perpetrados en California entre 1963 y 1972 constituyen una respuesta simbólica en contextos de violencia, no debiéndose atribuir a características del ofensor ni a la propensión de la víctima. La victimización homicida sería el resultado de un conjunto de *transacciones situacionales* de carácter simbólico, marcadas por una determinada situación interactiva y contexto temporo-espacial y social, convirtiéndose la víctima en destinataria específica no solo de la agresión sino del mensaje social que ésta incorpora. Según tal parecer, el ofensor percibe la respuesta violenta como único mecanismo para mantener su autoestima ante los otros y la propia víctima en contextos donde la dureza es un valor definitorial.

Por último, otras construcciones teóricas apelan a ciertos *procesos cognitivos de racionalización por el victimario* que trata así de legitimar su conducta criminal manipulando a la propia víctima (negándola, culpabilizándola, etc.). Dichas «*técnicas de neutralización o*

---

[378] Sigo la clasificación de HERRERA MORENO, Myriam, en: Victimización. Aspectos generales, cit., págs. 88 y ss.

[379] Victims, Crime and Social Control, 1977. Praeger Publishers, USA. Cfr. HERRERA MORENO, Myriam, op. cit., págs. 90 y 91.

[380] Cfr. GARCÍA-PABLOS DE MOLINA, A., Tratado de Criminología, cit., pág. 123.

[381] Cfr. GARCÍA-PABLOS DE MOLINA, A., ibidem. Según HERRERA MORENO, Myriam (op. cit., págs. 91 y 92) esta teoría carece de las pretensiones culpabilizadoras de la Victimología positivista. Se limita a romper con el esteriotipo de víctima pasiva y estática que defendía aquella.

[382] Criminal Homicide as Situated Transaction, en: Social Problems, 25 (1977), págs. 176 y ss.

autojustificación», descritas por SYKES y MATZA con relación a la delincuencia juvenil[383], se han invocado, después, por PRESSER[384] para explicar la victimización violenta en las relaciones de pareja; o por AGNEW[385] con relación a los delitos sexuales[386]. En puridad, el ofensor no idea estos argumentos pseudolegitimadores, sino que acude a los prejuicios y esterotipos sociales existentes contra determinados colectivos y subgrupos para justificar su conducta victimaria[387]. Así, unas veces negará o degradará a la víctima (vg. la mujer violada era «una cualquiera», el empresario defraudado, un «explotador», etc.); otras, minimizará el daño (la cuantía sustraída «no significa nada» para la gran empresa); o responsabilizará a la propia víctima (que «se lo buscó», «provocó» la violación, etc.); o apelará a la inevitabilidad o fatalidad del victimización («tenía que pasar» … etc.), incluso presentando ésta como una acto «justiciero» («se lo merecía …»)[388].

2") Un segundo modelo asocia la victimización a dos factores: la vulnerabilidad derivada de la naturaleza objetiva del problema al que el individuo debe hacer frente en su medio o entorno (*«enfrentamiento social»*) y la específica que trae causa de la falta de habilidades de aquel para abordar positivamente el evento amenazador. Según DUSSICH[389], un enfrentamiento o abordaje correcto del problema requiere una etapa previa, necesaria, de concienciación; siendo vulnerable quien no es capaz de anticipar razonablemente aquel, de definirlo, de valorar sus recursos para enfrentarse al mismo y ensayar el hipotético *enfrentamiento*. Lo será, también, quien en su momento no sea capaz de abordarlo (vg. por *desamparo aprendido* o por sensación de carencia de control); o de revisar y valorar la experiencia victimal, constructivamente, optando por negarla o por la evasión.

3") Los llamados *«modelos de oportunidad»* vinculan la victimización bien al «estilo de vida» arriesgado de la víctima potencial, bien a las oportunidades que las «actividades rutinarias» cotidianas de la sociedad actual deparan al ofensor, ofreciéndole una rica gama de situaciones victimógenas.

---

[383]　Techniques of Neutralisation: A Theory of Delinquency, en: American Sociological Review, XXVI, n° 6 (1957), págs. 664 a 670. Cfr. GARCÍA-PABLOS DE MOLINA, A., Tratado de Criminología, cit., pág. 857; del mismo, Problemas actuales de la Criminología. Madrid, 1984 (Edersa), págs. 147 y ss.

[384]　Remorse and Neutralization Among Violent Male Offenders., en: Justice Quarterly, 20 (4), 2003, págs. 801 y ss.

[385]　The techniques of neutralization and violence, en: Criminology, 32 (4), 1994, págs. 555 y ss.

[386]　Rape as a Crime without Victims and Offenders? A Methodological Critique, en: Victims and Society, 1976. Ed. E.C. Viano, Visage Press, Washington, D.C.

[387]　Así, HERRERA MORENO, Myriam, op. cit., pág. 95.

[388]　Cfr. GARCÍA-PABLOS DE MOLINA, A., Problemas actuales de la Criminología, cit., págs. 147 y ss.; del mismo: Tratado de Criminología, cit., págs. 857 y ss.

[389]　Enfrentamiento social: un modelo teórico para la comprensión de la victimización y la mejoría, 1988 (traducido por Marco A. González Berendique, en: Cuadernos de Criminología, núm. 7 (1997), págs. 111 y ss. Cfr. HERRERA MORENO, Myriam, op. cit., págs. 95 y 96.

En el primer caso, y partiendo de constataciones empíricas, se observa que la victimización no es un riesgo aleatorio —ni se reparte por igual entre todos los ciudadanos— sino selectivo: hay espacios y períodos de alto riesgo[390] y víctimas potenciales más o menos vulnerables. En consecuencia, el riesgo de victimización no depende de factores personales (biológicos, psicológicos, etc.) de la víctima, sino sociales: del *estilo de vida*, que se define a partir de actividades cotidianas (tanto profesionales, como de ocio, descanso, etc.) y viene moldeado por fuerzas sociales en forma de expectativas de rol y constricciones estructurales. La probabilidad de ser victimizado depende del grado de exposición a lugares y horarios de riesgo, así como de las interacciones con individuos potencialmente delincuentes, modulando ambas variables el concreto estilo de vida, sin despreciar, no obstante, los factores de *impacto*[391].

El modelo de las «actividades rutinarias» de COHEN y FELSON[392] asocia las tasas de criminalidad no a características del infractor, o de la víctima, ni a factores sociales (vg. la desigual distribución de la riqueza, los conflictos sociales, etc.) sino a los patrones de actividad cotidiana o rutinaria, tanto de carácter legal como ilegal[393]. Las actividades rutinarias, dirigidas legítimamente a fines de abastecimiento social nutren y retroalimentan el flujo de actividades ilegítimas de abastecimiento predatorio porque a un *macronivel* ambas mantienen una relación *simbiótica*: una mejora o promoción de las primeras (legítimas) comporta una mejora o promoción, también, de las últimas (predatorias), porque implica una mayor exposición al riesgo y oportunidades criminales. Para este modelo, la victimización se define como marco espacial y temporal de convergencia de tres factores: criminales motivados, con capacidad para materializar sus inclinaciones; blancos preferenciales de victimización; y ausencia de guardianes eficaces para prevenir

---

[390] Así, GAROFALO, J., Lifestyles and Victimization: An Updata, en: From Crime Policy to Victim Policy, 1986. Edit. E.A. Fattah, New York, St. Martin Press. Cfr. HERRERA MORENO, Myriam, op. cit., pág. 96.

[391] Por ello, mientras una persona, de elevado nivel adquisitivo y una intensa vida de relación más vulnerable (mayor exposición al riesgo), sufrirá, en su caso, una victimización menos intensa (impacto) por sus recursos. Por el contrario, el parado se halla menos expuesto al riesgo, por su desocupación y consiguiente estilo de vida, pero la repercusión de la victimización será más acusada por su menor nivel adquisitivo. Cfr. HERRERA MORENO, Myriam (comentando la tesis de HINDELANG, GOTTFREDSON y GARÓFALO), op. cit., pág. 97.

[392] Vid. Infra, en esta misma obra, lo expuesto a propósito de la llamada *prevención situacional* (Parte Cuarta, III.C), y al crimen como *opción racional* (Parte Tercera, II). Y, más detalladamente, el Tratado de Criminología, cit., págs. 1.019 y ss.

[393] COHEN, L. y FELSON, M., Social Change and Crime Rate Trends: A routine Activity Approach, en: American Sociologycal Review, 44 (l979), págs. 588 y ss. Los autores advierten que momentos de bienestar económico pueden propiciar un aumento significativo de oportunidades criminales, si bien el riesgo de victimización se comporta de forma distinta según las variables de sexo, edad y clase social por cuanto conllevan diferentes estilos de vida y, por tanto, mayor o menor exposición al riesgo.

ésta. FELSON[394] añadiría dos factores más que incrementan significativamente el riesgo de victimización: la ausencia de un *supervisor íntimo* (persona próxima al ofensor que puede neutralizar el potencial delictivo de éste) y el comportamiento del llamado *gestor del espacio* (personas que controlan éste: portero, vigilante, etc.). Y CLARKE sugiere un sexto factor: el *facilitador* del crimen o persona que suministra al autor las herramientas necesarias para llevarlo a cabo[395]. El carácter *propicio de la víctima* y la ausencia de custodia son los dos ejes decisivos de este modelo. El primero suele definirse a través de los conceptos de *proximidad entre víctima y ofensor* e *idoneidad* de la víctima (que incluye la *accesibilidad* y *visibilidad* de ésta). La *ausencia de custodia* tiende a interpretarse en un sentido muy lato que comprende la supervisión *natural* e *informal* por los demás ciudadanos con los que se comportan las actividades cotidianas[396].

4'') *Modelos psicosociales* explicativos de la victimización:

La moderna Psicología Social ha elaborado modelos y teorías —como la del «mundo justo», de LERNER[397]—, que explican ciertas distorsiones falaces de la realidad determinantes de la estigmatización social de la víctima.

La teoría del *mundo justo* parte de esta creencia social, que goza de amplio consenso y conforta. La injusticia —la percepción de la injusticia— supone un doloroso e intranquilizador desmentido de dicha creencia. Por ello la ponderación social de un suceso adverso como la victimización tiende a sustanciarse del modo que el evaluador pueda neutralizar la percepción de injusticia, y la víctima será tanto más estigmatizada cuanto más amenazada constate el evaluador su creencia en la justicia del mundo. La creencia *justicialista* descansa sobre dos premisas: las «cosas malas» sucederán a las «personas malas»; y: las cosas malas suceden a quienes «se comportan mal». En consecuencia, cuando el evaluador constata la desgracia de la víctima, el modo de recomponer la confianza en la justicia del mundo es a través de *distorsiones cognitivas* que impongan distancia moral entre víctima y evaluador e inhiban la empatía[398]. Dichas «distorsiones cognitivas», por

---

[394] Cfr., refiriéndose al parecer de FELSON, GARCÍA-PABLOS DE MOLINA, A., Tratado de Criminología, cit., pág. 1.024.

[395] Cfr. GARCÍA-PABLOS DE MOLINA, A., Tratado de Criminología, cit., págs. 1.024 y 1.025. El «facilitador» recuerda la «disponibilidad de cómplices» a la que se refiere TREMBLAY (ibidem).

[396] Vid. HERRERA MORENO, Myriam, op. cit., págs. 100 y ss.

[397] Belief in a Just World: A Fundamental Delusion, 1980 (Plenum). Cfr. GARCÍA-PABLOS DE MOLINA, A., Tratado de Criminología, cit., pág. 117: a la Psicología Social se deben, también, otras teorías y modelos relevantes: teoría de la equidad, de ADAMS; teoría de la atribución, de KELLEY; teoría de la indefensión aprendida, de SELIGMAN, etc.

[398] Cfr. HERRERA MORENO, Myriam, op. cit., pág. 106, citando a FOLGER, PUGH, ANASTASIO Y COSTA.

tanto, no son sino la reelaboración falaz (simbólica) de las cogniciones sociales que mejor pueden hacer buenas las dos premisas o axiomas antes citadas: como la victimación se explica porque la víctima «es mala», se reconstruye la imagen social de ésta redefiniéndola de forma degradante (vg. prostituta, drogadicta, marginal, etc.); y como se victimiza a quien «se porta mal», se culpabiliza a la víctima del evento dañoso y se legitima al victimario (la víctima«se lo buscó», «lo merecía» ...etc). El efecto perverso, por otra parte, de este prejuicio justicialista se ensaña particularmente con las víctimas más vulnerables o que padecen daños más graves o persistentes[399].

Pero la creencia en el mundo justo puede explicar el fenómeno inverso: actitudes prosociales y a favor de la víctima que favorezcan la respuesta sancionatoria y asistencial. Ello sucede cuando en supuestos de victimizaciones dramáticas (vg. victimización de niños, terrorismo indiscriminado, etc.) se crea un clima emocional que propicia la identificación con la víctima; entonces la creencia en el mundo justo explica el sentido retributivo del castigo, el auge del movimiento reivindicativo victimológico y la íntima racionalidad de las ansias punitivas de tantas víctimas. Porque el castigo validará otro axioma justicialista: «quienes victimizan y aportan sufrimiento padecerán cosas malas, esto es, penas que causen también sufrimiento»[400]. La justicia penal se convertirá entonces en agente del «mundo justo». El mecanismo retributivo cobrará racionalidad, lejos de arquetipos revanchistas, contribuyendo a honrar a las víctimas y rendirles el reconocimiento público que merecen; y a enfatizar positivamente la relevancia social del daño, pérdida o sacrificio que padecieron[401].

f) *Vulnerabilidad* de la víctima y riesgo de victimización: particular referencia a la victimización *psicológica* y sus variables.

1.- Los factores de *vulnerabilidad* de la víctima adquieren una relevancia decisiva en orden al análisis del riesgo de victimización —que es, siempre, un riesgo diferencial— y se comportan como moduladores entre el hecho delictivo y el daño

---

[399] Cfr. HERRERA MORENO, Myriam, op. cit., págs. 106 y 107.

[400] Así, DARLEY, John, Just Punishment: Research on Retributional Justice, en: The Justice Motive in Everday Life, 2002, Ed. M. Ross y D.T. Miller, Cambridge University Press. Vid. También, KAISER, Ch., VICK-S. BROOK y MAJOR, B., Research Report. A Prospective Investigation of the Relationship Between Just —Wolrd Beliefs and the Desire for Revenge after September 11, en: Psychological Science, 15 (2001), 7, págs. 503 y ss. («cosas execrables suceden a los sujetos execrables»). Cfr. HERRERA MORENO, Myriam, op. cit., págs. 107 y 108.

[401] Cuando las víctimas claman justicia, lo que en secreto anhelan —decía ELIAS refiriéndose a los padres de niños victimizados— es la validación de su dolor, un reconocimiento social y público de que lo que han perdido es precioso (The Politics of Victimization. Victims, Victimology and Hyman Rights, 1986, Oxford University Press, N. Cork, pág. 22). Cfr. HERRERA MORENO, Myriam, op. cit., pág. 108.

psíquico (psíquico o socioeconómico)[402]. Dichos factores reclaman, desde luego, un estudio individualizado —persona a persona— y han de ponerse en relación con cada tipo concreto de delito. Pues la víctima potencial exhibe un riesgo mayor o menor —es más o menos propensa a la victimización— con relación a determinados sucesos y no a otros. No existe un riesgo genérico ni homogéneo de victimización sino un riesgo diferencial que varia con cada persona y delito. Del mismo modo que, ante hechos similares, unas víctimas reaccionan y afrontan los mismos de forma adaptativa, y otras, lo hacen traumáticamente[403] (vulnerabilidad diferencial).

> Conceptualmente, no deben confundirse los *factores de riesgo* (especial predisposición de algunas personas para seducir al criminal) con el grado de vulnerabilidad (física, psíquica o socioeconómica) que, aun cuando preexista al momento de la victimización, entra en escena una vez acaecida ésta, favoreciendo la producción de trastornos o secuelas derivados del hecho criminal. No obstante, en la medida que la percepción por el infractor de la «vulnerabilidad» de su víctima propicia el «paso al acto», los factores de vulnerabilidad pueden considerarse, en bloque, como «elementos de riesgo», por más que se trate de conceptos distintos. Una mención especial merece la obra de ESBEC RODRÍGUEZ y GÓMEZ JARABO que revisa y sintetiza las conclusiones de los más destacados estudios empíricos sobre victimización de los últimos años[404].

Las investigaciones criminológicas de los últimos lustros han demostrado que existen datos objetivos determinantes de la específica predisposición victimal de las personas o grupos de personas en quienes concurren (vg. situaciones criminógenas, cualidades o carencias de tales individuos, estilos de vida, esterotipos sociales, etc.). Y han evidenciado, también, que los índices de victimización no se reparten de forma homogénea en el cuerpo social sino de forma muy desigual entre los diversos subgrupos. Es decir, que el riesgo de victimización es un riesgo *selectivo* y *diferencial*[405]. Así, parece obvio que algunos segmentos sociales son particularmente propensos a la victimización porque asumen riesgos superiores a los restantes (*recidivist victims*), como sucede a ciertas profesiones con relación a delitos específicos. También, el grado de integración o marginación social de la

---

[402] ESBEC RODRÍGUEZ, R., y GÓMEZ JARABO, G., *Psicología forense y tratamiento jurídico legal de la discapacidad*, Madrid (Edisofer, S.L.), 2000, 166 y ss.

[403] ESBEC RODRÍGUEZ, E., y GÓMEZ JARABO, G., *Psicología* …, cit., pág. 167; en este sentido, ECHEBURÚA, E., AMOR, P.J., DE CORRAL, Paz, Asistencia postraumática psicológica, en: Manual de Victimología, cit., págs. 290 y 291.

[404] Cfr. ESBEC RODRÍGUEZ, E., y GÓMEZ JARABO, G., *Psicología forense y tratamiento jurídico legal de la discapacidad. Madrid, 2000 (Edisofer)*, págs. 166 y ss.

[405] Vid. GARCÍA-PABLOS DE MOLINA, A., Tratado de Criminología, cit., Capítulo II, 4.d) (Vulnerabilidad de la víctima). La naturaleza *selectiva y diferencial* del riesgo de victimización se comprueba con la práctica de las Compañías de Seguro que no establecen la misma prima a todos los conductores por igual, sino que discriminan diversas variables que incrementan o reducen el riesgo de que se produzca el siniestro (vg: edad del conductor, modelo y antigüedad del vehículo, color de éste, etc.).

persona o grupo al que ésta pertenece y la mayor o menor exposición al riesgo derivada de su *estilo de vida* (vg. contacto mayor o menor con extraños) es otro factor objetivo de riesgo según acreditados estudios de victimización[406].

Según SEPAROVIC[407], el pronóstico de victimización depende fundamentalmente de tres factores: *personales, sociales y situacionales.* Entre los primeros, figuran los estrictamente biológicos, como la edad, el sexo o la salud y factores psicológicos varios (vg. agresividad, alieneación, despreocupación, etc.). De los factores sociales, destaca la actuación victimogenésica de la sociedad misma, que victimiza selectivamente a determinados subgrupos y minorías (vg. inmigrantes, marginados, etc.). Los factores situacionales harían referencia a la infraestructura urbana, ecológica, etc.

En efecto, los estudios de victimización concluyen que un primer criterio de distribución del riesgo de victimización es fundamentalmente *objetivo y situacional*, porque se asocia a las características de ciertas estructuras victimógenas: ambientales, espaciales, urbanísticas, etc. Hay momentos y espacios en los que determinados grupos de población corren un alto riesgo de convertirse en víctimas de ciertos delitos, a tenor de tales investigaciones[408].

Investigaciones ecológicas y ambientales han constatado, por ejemplo, el especial atractivo que tienen para el crimen determinadas áreas de la gran ciudad o concretos espacios físicos de ésta (vg. ascensores, pasadizos, edificios de gran altura, etc.) precisamente por el diseño arquitectónico o urbanístico de los mismos. Factores como el número y clase de accesos al inmueble, los puntos de observación de éste, la posibilidad de identificar a los transeúntes como vecinos o extraños, la estabilidad del vecindario y su conciencia de territorialidad, el funcionamiento de los mecanismos de vigilancia y autoprotección de la finca o urbanización, etc. influyen, sin duda, en las tasas de criminalidad. No cabe duda, pues, que existen «estructuras victimógenas», situaciones objetivamente peligrosas, de riesgo[409].

Determinadas circunstancias *personales* del individuo pueden, también, abocar especialmente a éste al status de víctima porque constituyen un factor adicional de riesgo. No existe, sin duda, la víctima *nata*, pero si la víctima *propicia*.

Limitaciones físicas y características psíquicas o sociales, por ejemplo, pueden incrementar el grado de predisposición victimal. Así, la debilidad corporal del individuo, su limitada capacidad de autodefensa, su indecisión, o su conocido potencial económico, etc. elevan el riesgo de victimización al incentivar la decisión, normalmente selectiva, del infractor[410]. Por otras razones, la condición o inclinaciones sexuales del individuo (homosexualidad, lesbia-

---

[406] Vid. GARCÍA-PABLOS DE MOLINA, A., Tratado de Criminología, cit., Capítulo II, 4.d)., ibidem.

[407] SEPAROVIC, Victimology Studies of Victims, 1985. Zagreb, págs. 13 y ss. Cfr., JOUTSEN, M., The role of the Victim, cit., págs. 87 y ss.

[408] Cfr.. GARCÍA-PABLOS DE MOLINA, A., Tratado de Criminología, cit., Capítulo II, 4.d), ibidem.

[409] Así, SCHNEIDER, H.J., Kriminologie, cit., págs. 761 y ss.

[410] Cfr., SCHNEIDER, H.J., Kriminologie, cit., págs. 762 y ss.

nismo, etc.) contribuyen a concitar la agresividad social proyectando sobre estas minorías índices significativos de victimización[411.]

Por último, la *imagen* —la percepción social de éste— y el *estilo de vida* del individuo influyen, también, en el riesgo de victimización.

La *imagen* que ofrece una persona adquiere relevancia tanto en el perfil del infractor como en el de la víctima. La imagen triunfadora y atractiva del delincuente, su excelente *tarjeta de presentación*, es uno de los rasgos distintivos de cierta clase de criminalidad («cuello blanco»). En sentido inverso, la imagen perdedora de otras personas puede convertir a las mismas en víctimas propicias del delito al operar como blanco o reclamo para el infractor en el momento de seleccionar su objetivo.

En cuanto al *estilo de vida*, todo parece indicar que influye en el riesgo de victimización. Unas veces, de modo directo e inmediato, ofreciendo al delincuente oportunidades objetivas y facilidades (vg. el aislamiento o la marginación social de la víctima). Otras, mediato o indirecto, a través de ciertos esterotipos, imágenes y símbolos que operan en el proceso de deliberación criminal o en el posterior momento de su racionalización y autojustificación por el infractor (técnicas de neutralización)[412].

> El concepto de estilo de vida, desde un punto de vista criminológico, hace referencia a las actividades rutinarias y cotidianas del individuo, a sus pautas de conducta, ya en el ámbito profesional u ocupacional, ya en el de mero esparcimiento[413]. El estilo de vida guarda estrecha relación con dos factores decisivos: la proximidad y la exposición al riesgo. Si el estilo de vida de una persona —muy condicionado, por cierto, por la estructura social y por las expectativas de rol y éstos, a su vez, por la edad, el sexo, la profesión o el área de residencia de aquella— implica un frecuente e intenso contacto con personas desconocidas, en lugares públicos, el riesgo de victimización será muy superior al de aquellas otras personas cuyo estilo de vida no las exponga a tales contactos «stranger-to-stranger». Prueba de todo ello lo son las respectivas tasas de victimización de jóvenes de núcleos urbanos y de ancianos en medios rurales[414.]

El concepto de *estilo de vida*, a diferencia de otros, es un concepto *dinámico* que alude al proceso de interacción simbólica entre delincuente y víctima y al correlativo aprendizaje que tal mecanismo de comunicación implica[415]. El individuo

---

[411] Vid. NEUMAN, E., Victimología, cit., págs. 193 y ss.

[412] Cfr. GARCÍA-PABLOS DE MOLINA, A., Tratado de Criminología, cit., Capítulo II, 4, d).

[413] Vid. HINDELANG, M.J., Victimization Surveying. Theory and Research, en: The Victim in International Perspective, Berlin, 1982, págs. 151 y ss.; SCHNEIDER, H.J., Kriminologie, cit., pág. 762; JOUTSEN, M., The Role of the victim, cit., págs. 88 y ss.

[414] Cfr. JOUTSEN, M., The role of the victim, cit., pág. 88 y bibliografía allí citada.

[415] Así, FATTAH, E.A., Some Recent theoretical Developments in Victimology, en: Victimology 4 (1979), pág. 201; Cfr. SCHNEIDER, H.J., Kriminologie, cit., pág. 762; GARCÍA-PABLOS DE MOLINA, A., Tratado de Criminología, cit., Capítulo II, 4.b).

aprende a ser *autor* o *víctima* a través de complejos procesos sociales de interacción simbólica: el modo cambiante en que cada uno percibe la realidad, sus respectivas actitudes, relaciones y comportamientos, así como la interpretación que puedan hacer de las personalidades del infractor y de la víctima, son, entre otras variables, extremos decisivos en tales procesos de interacción.

> El impacto victimógeno del estilo de vida opera de diversas maneras. Unas veces, creando oportunidades propicias para el infractor potencial (vg. víctima marginada o víctima que hace ostentación de su riqueza, atrayendo así la atención de aquel). Otras, generando situaciones objetivas de riesgo innecesario en las que se implica el individuo, o llevando a cabo conductas legítimas pero equívocas que al chocar con los esterotipos sociales propician en el infractor eventual lecturas favorables a la comisión del delito. Por último, la imagen de la víctima puede desempeñar un papel relevante en el proceso de motivación del infractor operando como genuinas «técnicas de neutralización»[416].

En cuanto al especial riesgo de victimización de determinados grupos y colectivos de personas, como policías, taxistas, encargados de gasolineras, menores, ancianos, turistas, divorciados, prostitutas, drogodependientes, etc. existen ya estudios de interés[417].

2.- A juicio de ESBEC RODRÍGUEZ y GÓMEZ JARABO, son muchos —y diversos— los factores moduladores de *vulnerabilidad* en las víctimas[418]. Se citan, entre otros: factores *biológicos* (vg. edad crítica, sexo, sensibilización del S.N.C.); *biográficos* (así: estrés acumulativo, victimización previa, antecedentes psiquiátricos, etc.); *sociales* (recursos laborales y económicos, apoyo social informal, sistema de redes y habilidades sociales ...); así como ciertas *dimensiones de la personalidad* (por ejemplo: baja inteligencia, ansiedad, locus de control externo, inestabilidad, impulsividad, etc.). También pueden concurrir factores *psicobiológicos* (vg. baja resistencia al estrés, elevado neuroticismo, etc.); estrictamente *psicológicos* (vg. escasos recursos de afrontamiento, mala capacidad de adaptación a los cambios, inestabilidad emocional previa, etc.); *psicopatológicos* (así: rigidez cognitiva o personalidad obsesiva; trastornos psiquiátricos anteriores al trauma, como ansiedad, depresión; trastornos adictivos, etc.)[419].

---

[416] Sobre las técnicas de *neutralización* o de *autojustificación*, vid. SCHNEIDER, H.J., Kriminologie, cit., pág. 763; GARCÍA-PABLOS DE MOLINA, A., Problemas actuales de la Criminología, cit., págs. 113 y ss.; Cfr. GARCÍA-PABLOS DE MOLINA, A., Tratado de Criminología, cit., Capítulo II.4.d). in fine.

[417] Vid. GARCÍA-PABLOS DE MOLINA, A., Tratado de Criminología, cit., Capítulo II.4.d) (y bibliografía allí citada).

[418] Por todos, ESBEC RODRÍGUEZ, E., y GÓMEZ JARABO, G., *Psicología forense*, cit., págs. 167 y ss. Aquí el concepto de «vulnerabilidad» se utiliza en su acepción estricta.

[419] Así, ECHEBURÚA, E., AMOR, P.J., DE CORRAL, Paz, Asistencia psicológica postraumática, en: Manual de Victimología, cit., pág. 293.

En resumen, las estrategias de afrontamiento disponibles, junto con las consecuencias físicas, psicológicas y sociales del suceso, configurarán la mayor o menor resistencia al estrés de la víctima[420].

Los expertos, consideran *estrategias de afrontamiento* positivas: la aceptación del hecho; la experiencia compartida del dolor; la reorganización del sistema familiar y la vida cotidiana; la reinterpretación positiva del suceso traumático, en lo posible; el establecimiento de nuevas metas y relaciones; la búsqueda de apoyo social; la implicación de la víctima en grupos de autoayuda o en ONG. Y serían estrategias de afrontamiento negativas: el anclaje de la víctima en los recuerdos y preguntas sobre el suceso sin posible respuesta; el sentimiento de culpa; emociones negativas de odio o de venganza; el aislamiento social; el abuso de fármacos[421].

Algunos estudios establecen una mayor vulnerabilidad psíquica autoinformada de la *mujer* frente al varón[422].

La *ansiedad* constituye, también, un factor significativo de vulnerabilidad, según todos los indicios[423].

También, el bajo *nivel de inteligencia* y un historial de dificultades escolares-educativas.

Lo mismo se afirma del «*locus de control externo*». Es más vulnerable la víctima que tiene la sensación de ejercer un pobre dominio o control de la situación y que atribuye siempre los acontecimientos a otras fuerzas, a terceros (destino, fatalidad, etc.), por negar relevancia a sus propias acciones.

Especial interés en orden al riesgo de victimización e impacto de ésta tienen los «*recursos sociales*» efectivos de la víctima. La «vulnerabilidad social» de la víctima depende, en buena medida, del apoyo o soporte social con que ésta cuente, y de la calidad de su sistema de redes y habilidades sociales. Los estudios empíricos demuestran que los pobres recursos socioeconómicos de la víctima, el paro, la falta de apoyo social informal, etc. potencian la victimización y los efectos de ésta, incrementando, la ansiedad, depresión, las somatizaciones, la intrusión y conductas evitativas de manera estadísticamente significativa[424].

El *estado civil* parece menos relevante para la mujer que para el varón, según recientes investigaciones empíricas[425].

---

[420] Vid. BACA, E., CABANAS, M.L. (edits.), Las víctimas de la violencia. Madrid, 2003. Triacastella. Cfr. ECHEBURÚA, E., AMOR, P.J., DE CORRAL, Paz, op. cit., pág. 294.

[421] Así, ECHEBURÚA, E., AMOR, P.J., DE CORRAL, Paz, Asistencia psicológica postraumática, en: Manual de Victimología, cit., pág. 294, Tabla 5.

[422] Cfr. ESBEC RODRÍGUEZ, E., *Víctima de delitos violentos y contra la libertad sexual en una jurisdicción: impacto psíquico y factores socio-demográficos de vulnerabilidad* (tesis doctoral), 1997. Cfr., del mismo: *Psicología forense* …, cit., pág. 167. No comparto la conclusión de los citados estudios.

[423] Sobre los factores de vulnerabilidad en las víctimas, vid. ESBEC RODRÍGUEZ, E., y GÓMEZ JARABO, G., *Psicología forense*, cit., pág. 170, Tabla 18, de la que se toma la información que sintetizo.

[424] Así, ESBEC RODRÍGUEZ, E., y GÓMEZ JARABO, G., *Psicología Forense*, cit., pág. 168.

[425] Según ESBEC RODRÍGUEZ, E. (*Psicología forense*, cit., pág. 168), solo en el varón la condición de soltero-divorciado-separado correlaciona con niveles superiores de psicopatología. Por el contrario, la mujer víctima de violación que convive con su compañero sentimental exhibe mayores niveles de intrusión (revive intensamente los hechos) que la que vive sola o con sus padres, lo que se explica, probablemente, como consecuencia de un proceso de condicionamiento clásico.

La concurrencia de *otros sucesos vitales* próximos al hecho victimizante (no deseados, negativos), incrementan igualmente la vulnerabilidad de la víctima como consecuencia de un proceso de agotamiento de la capacidad adaptativa de ésta, disminuyendo dicha capacidad, sin embargo, si tales sucesos se perciben como positivos[426].

Por otra parte, ciertos *rasgos cognitivos de la personalidad* como el estilo atribucional, la expectativa de control sobre los estímulos y los recursos de afrontamiento constituyen factores moderadores del estrés de particular relevancia que juegan un papel decisivo con relación a las psicopatologías derivadas de un suceso victimizante[427]. Los *procesos de atribución*, en particular, explican el comportamiento y actitudes de la víctima e influyen de modo muy significativo en la percepción del hecho criminal y su afrontamiento por aquella.

Finalmente, ciertos datos *biográficos* de la víctima favorecen respuestas desadaptativas de la misma ante el estrés de la victimización. Así, la experiencia de un abuso o malos tratos durante la infancia, antecedentes psiquiátricos familiares, separación o divorcio de los padres antes de cumplir aquella los diez años de edad, penuria económica de la familia, etc.[428]

3.- El concepto de *lesión psíquica* en nuestro ordenamiento jurídico, y en la práctica pericial, es muy reciente, primando, todavía, la repercusión somática o corporal de la victimización sobre la incidencia psicológica de ésta en la salud mental del sujeto pasivo[429].

Las lesiones psíquicas más frecuentes son los *cuadros mixtos ansioso-depresivos*, el *trastorno por estrés post-traumático* (TEPT) y el *trastorno por estrés agudo*, los *trastornos adaptativos mixtos* y la desestabilización propia de los *trastornos de la personalidad* de base[430].

A *corto plazo* (en las cuatro semanas posteriores al suceso traumático) puede presentarse una reacción postraumática intensa caracterizada por la presencia de síntomas disociativos, como el embotamiento emocional, el aturdimiento, la amnesia disociativa, la extrañeza respecto a la realidad, etc. Cabe se trate de un «trastorno de estrés agudo», que si el suceso resulta muy traumático aparecerá incluso en personas sin factores predisponentes, si bien es más usual en víctimas vulnerables. A *medio y largo plazo*, quienes transcurrido un mes no superan el trauma pueden desarrollar el «trastorno por estrés postraumático», caracterizado por tres núcleos de síntomas persistentes: reexperimentación del suceso traumático; evitación de estímulos asociados al suceso ocurrido y embotamiento afectivo; e hiperactivación

---

[426] Cfr. ESBEC RODRÍGUEZ, E., y GÓMEZ JARABO, G., *Psicología forense*, cit., págs. 168 y 169.

[427] Vid. ESBEC RODRÍGUEZ, E./GÓMEZ JARABO, G., *Psicología forense*, cit., pág. 169.

[428] Cfr., ESBEC RODRÍGUEZ, E./GÓMEZ JARABO, G., *Psicología forense*, cit., pág. 169.

[429] Lesión *psíquica* y *daño moral* son conceptos que aluden a realidades diferentes. La primera opera en el ámbito inconsciente, y la desestructuración de la personalidad conduce a trastornos mentales (de conducta). Por el contario, el daño moral se percibe conscientemente y se experimenta por la víctima más como perjuicio que como sufrimiento (Cfr. ESBEC RODRÍGUEZ, E./GÓMEZ JARABO, G., *Psicología forense*, cit., pág. 160.

[430] Así, ESBEC RODRÍGUEZ, E./GÓMEZ JARABO, G., *Psicología forense*, cit., págs. 159 y 160.

psicofisiológica. Además, el sujeto padece un estado permanente de alerta y sobresalto, de vigilia, que le lleva al agotamiento; y síntomas de ansiedad, depresión y baja autoestima[431].

La victimización psíquica en los *delitos violentos*, en general, es un problema grave cuyos efectos conoce y valora una matizada experiencia empírica[432]. La víctima de estos hechos criminales padece sentimientos de humillación, ira, vergüenza e impotencia; preocupación constante por el trauma; autoculpabilización, con tendencia a revivir y percibir el suceso como responsable principal del mismo; pérdida progresiva de autoconfianza por los sentimientos de indefensión que experimenta; alteración del sistema de valores, en particular, quiebra de su confianza en los demás y en la existencia de un orden justo; falta de interés y motivación hacia actividades y aficiones previas; incremento de su vulnerabilidad con temor a vivir en un mundo peligroso y pérdida de control de su propia vida; disminución de la autoestima; ansiedad, depresión, agresividad; alteraciones del ritmo y contenido del sueño; disfunciones sexuales; dependencia y aislamiento; cambios drásticos en el estilo de vida, miedo a acudir a los lugares de costumbre, etc.[433]

> La secuela psíquica más común en delitos de particular gravedad y violencia (secuestro prolongado, con riesgo inminente de asesinato, por ejemplo) es la «*transformación permanente de la personalidad*» (C.I.E. 10: F. 62.0) que consiste en la aparición —no en cambios progresivos normales— de rasgos de la personalidad nuevos, de carácter estable y desadaptativos. Tales transformaciones de la personalidad de la víctima, no siempre precedidas por un *trastorno de estrés postraumático* (C, I.E. 10: F. 43.1), son duraderas, y exhiben rasgos inflexibles desconocidos con anterioridad a la victimización que deterioran las actividades interpersonales, la actividad social e incluso la ocupacional de la víctima. Actitudes de hostilidad y desconfianza hacia el mundo; retraimiento social; sentimientos de vacío, impotencia y desesperanza, de «estar al límite», y «vivencias de extrañeza», son algunos de aquellos rasgos[434].

Pero, en general, el alcance del daño psicológico está mediado por la gravedad del suceso; el carácter inesperado del acontecimiento y el daño físico o grado de riesgo sufrido; la mayor o menor vulnerabilidad de la víctima; la posible concurrencia de otros problemas actuales (vg. crisis familiar, de pareja, laboral, etc.) o pasadas (vg. historia de victimización); el apoyo social existente y los recursos psicológicos de afrontamiento disponibles[435].

---

[431]   Vid. ECHEBURÚA, E., AMOR, P.J. y DE CORRAL, Paz, Asistencia psicológicopostraumática, en: Manual de Victimología, cit., págs. 288 y ss.

[432]   Cfr. ESBEC RODRÍGUEZ, E./GÓMEZ JARABO, G., *Psicología forense*, cit., págs. 158 y 159, nota 20 (referencia bibliográfica).

[433]   Así, ESBEC RODRÍGUEZ, E./GÓMEZ JARABO, G., *Psicología forense*, cit., pág. 158, Tabla 17.

[434]   Vid. ESBEC RODRÍGUEZ, E./GÓMEZ JARABO, G., *Psicología forense*, cit., págs. 162 y 163.

[435]   Así, ECHEBURÚA, E., AMOR, P.J. y DE CORRAL, Paz, Asistencia psicológica postraumática, en: Manual de Victimología, cit., pág. 291.

No obstante, lo que fractura la integridad del propio yo[436] y determina la pérdida de la confianza básica del hombre es la violencia intencional, injustificada y sorpresiva generada por otros seres humanos[437]. Frente a las catástrofes naturales las personas se *resignan*, no se *indignan*, razón por la que el impacto traumático es más frecuente ante hechos violentos (delitos sexuales, terroristas) que ante desgracias naturales[438].

Se señalan, por ello, como variables *facilitadoras* del trauma, factores *predisponentes* («pretrauma»), factores *precipitantes* («suceso traumático») y factores *mantenedores* («postrauma»)[439].

Son factores *predisponentes*, la psicopatología previa personal o familiar de la víctima, su vulnerabilidad, su exposición anterior a otros sucesos traumáticos, el estrés acumulativo; *precipitantes*, el tipo de suceso traumático (intencionalidad) y su gravedad; y *mantenedores*, el anclaje de la víctima en el pasado, su necesidad de buscar culpables o explicaciones al hecho traumático imposibles de obtener, la negación cognitiva o emocional de este último. etc.

La victimización psíquica merece un examen pormenorizado en determinados grupos de delitos[440].

1'.- Delincuencia contra la *propiedad*. En general, puede afirmarse que las secuelas psicológicas de estos delitos carecen de evaluaciones empíricas rigurosas.

Algunas investigaciones demuestran que la vivencia de ser atracado puede resultar dramática para el psiquismo de la víctima: entre un 10 y un 30% de los trabajadores de banca víctimas de un atraco a mano armada desarrollan un trastorno de estrés postraumático (TEPT). No menos pesimistas son los hallazgos de estudios europeos a propósito de robos en domicilios: aún sin existir contacto personal directo entre víctima y victimario, son importantes —e incluso duraderos— los problemas emocionales (temor, sensación de desprotección, etc.) que acusa aquella como consecuencia del delito. Otras investigaciones concluyen que un 10% de las víctimas de robos con violencia e intimidación o fuerza en las cosas padece, como secuela, un daño psíquico duradero[441]. Un problema similar plantean los robos en joyerías.

2'.- *Tráfico rodado*. La victimización psicológica ocasionada por vehículos de motor constituye el evento traumático más frecuente y mejor estudiado. La doc-

---

[436]　Cfr. ECHEBURÚA, E., AMOR, P.J. y DE CORRAL, Paz, op. cit., pág. 287.
[437]　Cfr. ECHEBURÚA, E., AMOR, P.J. y DE CORAL, Paz, op. cit., pág. 287.
[438]　Cfr. ECHEBURÚA, E., AMOR, P.J. y DE CORRAL, Paz, ibidem (citando a ROJAS MARCOS, L. (Más allá del 11 de septiembre. La superación del trauma. 2002. Madrid, Espasa Calpe).
[439]　Así, ECHEBURÚA, E., AMOR, P.J. y DE CORRAL, Paz, op. cit., pág. 288.
[440]　Se sigue la información que suministra la obra citada en este epígrafe: ESBEC RODRÍGUEZ, E./GÓMEZ JARABO, G., *Psicología forense*, cit., págs. 176 a 190.
[441]　Vid. las investigaciones noruegas, el estudio de MIKE MAGUIRE y el de DÜNKEL que citan ESBEC RODRÍGUEZ, E./GÓMEZ JARABO, G., *Psicología forense*, cit., pág. 176.

trina[442] ha constatado tres fases (aguda, subaguda y la reacción a largo plazo) de diversa duración con las que la víctima exhibe una particular sintomatología como consecuencia del impacto psicológico del traumatismo.

La fase *aguda* tiene breve duración y durante la misma experimenta la víctima trastornos conductuales (agresividad, pánico, apatia ...), ansiedad y confusión. La fase *subaguda* que sucede a la anterior, puede prolongarse durante semanas. En ella se desarrollan los trastornos mentales, dominando el cuadro las reacciones emocionales (ansiedad, depresión, etc.), junto al comportamiento social desadaptativo. Psicológicamente, se caracteriza por la intrusión (la víctima revive el trauma). Algunos de sus síntomas son: fatiga, dolores corporales, traumafobia, labilidad emocional, irritabilidad, transpiración, desasosiego, trastornos del sueño, reacción de alarma, tensión o rigidez, pérdida de iniciativa, cefaleas, humor depresivo, debilidad, ansiedad, aislamiento, problemas digestivos, amargura, jadeo, pesadillas, etc.[443]. Finalmente, la *reacción a largo plazo* —última fase— incluye trastornos mentales no orgánicos, y, en menor porcentaje, orgánicos.

Aunque no exista consenso en la doctrina, todo parece indicar que la psicopatología emergente guarda relación más con la habilidad de la víctima para manejar el estrés que con la entidad del evento mismo[444].

3'.- *Malos tratos, abuso sexual y corrupción de menores.*

a") Los *malos tratos* a niños constituyen una criminalidad de muy elevada cifra negra y gravísimo impacto psicológico en la víctima.

Psicológicamente, el niño maltratado se manifiesta triste y decaído, apático. Puede presentar un retraso psicomotor y bajo rendimiento escolar, desarrollando incluso, respuestas de retraimiento o antisociales[445].

Los estudios psicológicos establecen tres grupos-tipo de síntomas postraumáticos en niños victimizados: grupo con síntomas intrusivos o de evitación, grupo con miedo y ansiedad generalizada, y grupo de miedo y pesadillas[446].

Se han descrito importantes secuelas a medio y largo plazo asociadas a los malos tratos: retraso mental y bajos niveles de inteligencia «verbal»; fracaso escolar; retraso en la adquisición del lenguaje; retraimiento y trastornos sociales adaptativos; angustia y ansiedad, depresión, ideas suicidas; cuadros psicóticos; trastornos de identidad múltiple; trastorno límite antisocial o de personalidad; alcoholismo;

---

[442] Cfr., ESBEC RODRÍGUEZ, E./GÓMEZ JARABO, G., *Psicología forense*, cit., refiriéndose a la investigación de Malt, págs. 177 y ss.

[443] Vid. ESBEC RODRÍGUEZ, E./GÓMEZ JARABO, G., *Psicología forense*, cit., pág. 177.

[444] En este sentido, ESBEC RODRÍGUEZ, E./GÓMEZ JARABO, G., *Psicología forense*, cit., págs. 177 y 178.

[445] Cfr. ESBEC RODRÍGUEZ, E./GÓMEZ JARABO, G., *Psicología forense*, cit., págs. 180 y ss.

[446] Cfr., ESBEC RODRÍGUEZ, E./GÓMEZ JARABO, G., *Psicología forense*, cit., págs. 180 y 181.

fracaso no orgánico de crecimiento; trastornos psicosomáticos; agresividad, irritabilidad, hostilidad, etc.[447].

La doctrina suele llamar la atención sobre el llamado «*efecto espejo*», esto es, sobre el fenómeno comprobado de que la víctima de malos tratos durante la infancia practicará en la madurez los mismos malos tratos, pasando, pues, de víctima infantil a maltratador adulto, de niño maltratado a paciente psiquiátrico o criminal violento. Se habla, también, de criminalización de la víctima para designar tal realidad[448].

b") El *abuso sexual* es una modalidad del maltrato infantil de particular trascedencia por su impacto psicopatológico.

Investigaciones empíricas solventes han podido constatar los siguientes extremos: el niño, a pesar de su corta edad, intuye el abuso («algo raro pasaba»), aún cuando no puede etiquetar el gesto sexual como «abuso» con conocimiento de causa; solo a partir de los 7 a 9 años comienza a comprender el carácter abusivo del comportamiento sexual del adulto; casi un 20% de las mujeres, y casi un 10 de varones, refieren abusos sexuales padecidos durante la infancia, en la mayor parte de las ocasiones llevados a cabo por miembros de la familia propia; la edad prepuberal (10-12 años) —y no la pubertad— representa el momento de máxima vulnerabilidad de la víctima; la reacción prevalente en la víctima es de miedo y desconcierto; dicha experiencia sexual no suele relatarse; el abuso sexual intrafamiliar suele ser más perturbador que el extrafamiliar; el trauma es más severo cuanto más cercana sea la relación entre infractor y víctima, cuanto mayor sea esta última y si se utiliza fuerza o coerción; el tipo de incesto más frecuente se realiza con hermanos y primos, y es el menos traumático[449].

El *incesto* plantea una problemática específica, particularmente significativa en el caso del incesto padre-hija, cuando ésta se ve inmersa en el escenario penal y el progenitor es ingresado en prisión o apartado de la familia[450].

La ruptura brusca de la relación paterno-filial puede generar profundos sentimientos de autoculpabilización que desencadenan respuestas violentas («acting-outs»), tentativas de suicidio, graves depresiones o «acting-outs» sexuales.

El descubrimiento del abuso durante la pubertad, produce en la víctima intensos sentimientos de odio, frustración y culpa, al *comprender* el significado de la victimización[451].

Las más recientes investigaciones empíricas realizadas en España sobre el abuso sexual[452] demuestran que éste constituye un grave problema social. Afecta a

---

[447] ESBEC RODRÍGUEZ, E./GÓMEZ JARABO, G., *Psicología forense*, cit., pág. 181.

[448] Así, ESBEC RODRÍGUEZ, E./GÓMEZ JARABO, G., *Psicología forense*, cit., pág. 181.

[449] Vid., citando la obra de D. FINKELHAR, ESBEC RODRÍGUEZ, E./GÓMEZ JARABO, G., *Psicología forense*, cit., págs. 182 y 183.

[450] Así, ESBEC RODRÍGUEZ, E./GÓMEZ JARABO, G., *Psicología forense*, cit., pág. 183.

[451] Cfr., ESBEC RODRÍGUEZ, E./GÓMEZ JARABO, G., *Psicología forense*, cit., pág. 184.

[452] Vid. ECHEBURÚA ODRIOZOLA, E. y GUERRICAECHEVARRÍA, C., en: Manual de Victimología, cit., Especial consideración de algunos ámbitos de victimización, págs. 129 y ss. y bibliografía citada en la página 147.

uno y otro sexo (especialmente a niñas), llamando la atención que un 20% de estos delitos se cometen por otros menores[453].

Las consecuencias de la victimización, a corto plazo, son en general devastadoras para el funcionamiento psicológico del menor, sobre todo si el autor es un miembro de la misma familia y se ha producido una violación. Las consecuencias a largo plazo parecen más inciertas, si bien se han constatado correlaciones entre el abuso sexual durante la infancia y alteraciones emocionales o comportamientos sexuales inadaptados en la vida adulta. Hasta el punto de que un 25% de los niños abusados sexualmente se convierten en abusadores al llegar a la vida adulta[454].

El diagnóstico precoz tiene gran importancia para impedir la continuidad del abuso. Las implicaciones legales y familiares de este grave problema, así como la corta edad de la víctima, requieren una evaluación cuidadosa que contemple mediante procedimientos múltiples la capacidad de fabulación, la posible distorsión de la realidad y la veracidad de las retractaciones[455].

No todas las víctimas de abuso sexual necesitan ser tratadas directamente, porque, en algunos casos, la terapia puede implicar una segunda victimización. Salvo en supuestos de particular gravedad (niños con síntomas psicopatológicos intensos o grave inadaptación a la vida cotidiana) suele bastar el apoyo familiar, las relaciones sociales y la reanudación de las actividades rutinarias, limitándose la labor del psicoterapeuta al apoyo y orientación de la familia de la víctima[456]. No se ha resuelto aún cual es el momento adecuado para la terapia, ni existen todavía guías de tratamiento que ponderen la edad y necesidades específicas de cada víctima. En general, no parece recomendable separar a la víctima de la familia, aunque en algunos casos proceda la salida del abusador (padre, padrastro) del hogar o la entrega del menor a una familia de acogida o internado para protegerlo de un marco familiar patógeno[457].

---

[453] Conclusión de LÓPEZ, F., Abuso sexual: un problema desconocido, en: Casado, J., Díaz, J.A. y Martínez (eds.), 1997. Niños maltratados. Madrid. Díaz de Santos. Cfr. ECHEBURÚA ODRIOZOLA, E. y GUERRICAECHEVARRÍA, C., Manual de Victimología, cit., pág. 145.

[454] Vid. ECHEBURÚA ODRIOZOLA, E. y GUERRICAECHEVARRÍA, C., Manual de Victimología, cit., pág. 145.

[455] Vid. ECHEBURÚA, E., GUERRICAECHEVARRÍA, C. y VEGA OSÉS, A., Evaluación de la validez del testimonio de víctimas de abuso sexual en la infancia, en: Revista Española de Psiquiatría Forense. Psicología Forense y Criminología, 5 (1998), págs. 7 a 16. Cfr. ECHEBURÚA ODRIOZOLA, E.-GUERRICAECHEVARRÍA, C., op. cit., pág. 146.

[456] Vid. HORNO, P., SANTOS, A., y MOLINO, C., Abuso sexual infantil: manual de formación para profesionales, 2001, Madrid. Save the Children. Cfr. ECHEBURÚA ODRIOZOLA, E., GUERICAECHEVARRÍA, C., op. cit., pág. 146.

[457] Cfr. ECHEBURÚA ODRIOZOLA, E., GUERRICAECHEVARRÍA, C., op. cit., págs. 146 y 147.

El reto de futuro consistirá en profundizar en las consecuencias psicopatológicas del abuso sexual y el papel mediador de los factores de vulnerabilidad y de protección[458].

4') *Agresiones físicas y lesiones.*

Se trata, también, de una problemática poco estudiada desde un punto de vista empírico, de suerte que la repercusión psicológica de la agresión suele inferirse más de la praxis diaria y la experiencia clínica que de investigaciones dotadas de una metodología rigurosa.

En principio, parece que no existe correlación estadísticamente significativa entre la magnitud del daño físico sufrido y la repercusión psicológica de la agresión. También aquí el carácter simbólico del estresador, los elementos de vulnerabilidad personal y las consecuencias sociales y económicas del hecho tienen una importancia decisiva[459].

La edad y el sexo, son, por el contrario, factores que condicionan el impacto psicológico del traumatismo.

> Mujeres y ancianos *vivencian* con especial dramatismo la agresión. Así, parece haberse constatado una presencia llamativa de trastornos de estrés postraumático en la población femenina tanto en el caso de catástrofes naturales como en el de delitos violentos[460]. Las víctimas de estos delitos suelen referir, por este orden, preocupación, miedo y pérdida de confianza; depresión, estrés, alteraciones del sueño o problemas de salud; rabia y frustración[461].

5') *Agresiones sexuales.*

Las personas que sufren estos delitos —en particular, el de violación— son las más intensamente victimizadas. La violación es uno de los hechos criminales más traumatizantes, genera de forma inmediata síntomas de trastorno de estrés postraumático y, a menudo, secuelas psicológicas a largo plazo[462].

---

[458] Así, ECHEBURÚA ODRIOZOLA, E., GUERRICAECHEVARRÍA, C., op. cit., pág. 146.

[459] Así, ESBEC RODRÍGUEZ, E./GÓMEZ JARABO, G., *Psicología forense*, cit., pág. 184. Los autores citan un trabajo de FEINSTEIN y DOLAN, quiénes encontraron diferencias significativas respecto al estresador en la génesis del trastorno de estrés postraumático en el caso de víctimas de graves lesiones.

[460] Cfr., ESBEC RODRÍGUEZ, E./GÓMEZ JARABO, G., *Psicología forense*, cit., pág. 184.

[461] Cfr., ESBEC RODRÍGUEZ, E./GÓMEZ JARABO, G., *Psicología forense*, cit., pág. 184, citando una investigación de HOUGH y McHEW.

[462] Vid., ESBEC RODRÍGUEZ, E./GÓMEZ JARABO, G., *Psicología forense*, cit., pág. 186.

Según conocidas investigaciones[463], la violación ocasiona reacciones emocionales severas, especialmente miedo, depresión y rabia, con el consiguiente cambio de los estilos de vida de la víctima. Esta padece un incremento significativo de los niveles de obsesión-compulsión, ansiedad, ideación paranoide, psicoticismo, etc., que parecen correlacionar con la entidad de la fuerza o violencia empleada por el agresor[464]. Un porcentaje llamativo de las víctimas desarrolla trastornos o transformaciones permanentes de la personalidad.

Las agresiones sexuales se vivencian por la víctima no como un atentado contra su sexo, sino principalmente contra su integridad física y psicológica. De hecho, es el grado de violencia física o psíquica ejercido lo que define el sufrimiento padecido por la víctima; la vivencia súbita de indefensión, la pérdida de control sobre el ambiente, el temor por la propia vida, el dolor físico, la decepción sufrida, la humillación de haber sido violentada en la intimidad[465] ...

En cuanto a la reacción psicológica de la víctima, no se puede entender la repercusión real de la agresión sexual sin ponderar el componente de humillación y de violencia que ésta comporta[466].

Las agresiones sexuales suelen dejar en las víctimas huellas devastadoras y secuelas imborrables, haciéndolas más vulnerables a los trastornos mentales y a las enfermedades psicosomáticas[467]. En la praxis forense, sin embargo, aunque el trauma psíquico es claramente constatable, los tribunales de justicia prestan una atención desproporcionada (por exceso) a las lesiones físicas (poco importantes, por lo general, en las agresiones sexuales), sin atender a las lesiones psíquicas en la misma medida[468].

---

[463]   Cfr., ESBEC RODRÍGUEZ, E./GÓMEZ JARABO, G., *Psicología forense*, cit., pág. 186, citando el estudio de SHAPLAND. En general, sobre los efectos psicopatológicos de la violación, vid., el Proyecto SARP («sexual assault research proyect»), de KILPATRIK y VERONEN (1984), ibidem.

[464]   Vid., ESBEC RODRÍGUEZ, E./GÓMEZ JARABO, G., *Psicología forense*, cit., pág. 186, refiriéndose al listado de síntomas de DEROGATIS, y otros.

[465]   Vid. ECHEBURÚA ODRIOZOLA, E.-GUERRICAECHEVARRÍA, C., en: Manual de Victimología, cit., pág. 153 y bibliografía de la página 164.

[466]   Así, ECHEBURÚA ODRIOZOLA, E.-GUERRICAECHEVARRÍA, C., Manual de Victimología, cit., pág. 154. La víctima experimenta vergüenza si el agresor es persona conocida o cuando la agresión tiene lugar en el ámbito de la relación de pareja (En este sentido: PÉREZ CONDRILLO, M. y BORRÁS, J.J., Sexo a la fuerza, Madrid, 1996. Aguilar). Las violaciones en grupo, o la violación como arma de guerra, para humillar a la población civil enemiga, son dos supuestos límites en los que la degradación de la víctima pasa a un primer plano.

[467]   Así, ECHEBURÚA ODRIOZOLA, E., CORRAL, P., ZUBIZARRETA, I., SARASUA, B., Trastorno de estrés postraumático crónico en víctimas de agresiones sexuales, 1995. La Coruña, Fundación Pandeia. Cfr. ECHEBURÚA ODRIOZOLA, E.-GUERRICAECHEVARRÍA, C., Manual de Victimología, cit., pág. 163.

[468]   Así, DELGADO, S., Aspectos psiquiátricos de la violación: lesiones psíquicas en víctimas de violación, en: Delgado, S., edit., Psiquiatría legal y forense, Madrid, 1994. Colex, vol. 2°, citado en: ECHEBURÚA ODRIOZOLA, E.-GUERRICAECHEVARRÍA, C., Manual de Victimología, cit., pág. 163.

Suele describirse una fase de impacto agudo, en la que el schock traumático se matiza con sentimientos de culpabilidad de la víctima. Si el trauma no es integrado, surge después una acusada ansiedad crónica, acompañada de tensión, fatiga, depresión, intrusismo, fobias, daño en el ajuste sexual con aversión al sexo, baja autoestima e incapacidad para disfrutar de la vida («síndrome traumático diferido de la violación», formulado por BURGES y HOLMSTROM, que consta de dos subetapas: desorganización-reorganización)[469]. Muchas víctimas mejoran sensiblemente al ser evaluadas a los tres meses siguientes al hecho traumático, pero a partir de este momento, y en un período de cuatro años, no se reducen sensiblemente el grado de estrés y malestar de aquéllas[470].

La clínica del *trastorno por estrés postraumático* de las víctimas de violación presenta algunos síntomas característicos muy conocidos[471]: rememoración sistemática y persistente del trauma (pesadillas, «flashbacks», etc.) con la consiguiente respuesta conductual al suceso que se vivencia, lo que si tiene lugar durante la actividad sexual de la víctima conducirá a la identificación por ésta de su pareja con el violador, generando una progresiva aversión al sexo; alteraciones del sueño e imposibilidad de conciliar éste; complejo de culpa; evitación fóbica de las actividades que la víctima asocie con la violación; desconfianza generalizada, en especial, respecto a los hombres; sentido muy acusado de vulnerabilidad, etc.[472].

Las investigaciones empíricas (estudios longitudinales) demuestran que, superada la fase aguda, se produce una mejoría inicial. Pero un año después de la vio-

---

[469] Vid. ESBEC RODRÍGUEZ, E./GÓMEZ JARABO, G., *Psicología forense*, cit., pág. 186..

[470] Cfr., ESBEC RODRÍGUEZ, E./GÓMEZ JARABO, G., *Psicología forense*, cit., pág. 186, refiriéndose a la conclusión a que llegan KILPATRIK y otros. ECHEBURÚA ODRIOZOLA Y GUERRICAECHEVARRÍA (Manual de Victimología, cit., págs. 152 y ss.) distinguen tres momentos para precisar el impacto psicopatológico de la agresión sexual. A *corto plazo* serían habituales quejas físicas, alteraciones del apetito, trastornos del sueño y pesadillas, desánimo, ansiedad, miedo generalizado y tendencia al aislamiento. En definitiva, una conducta global desorganizada, unida a un cierto grado de dificultad para retomar la vida cotidiana. A *medio plazo* son más frecuentes la depresión, la pérdida de autoestima, las dificultades en la relación social, disfunciones sexuales y temores diversos. Es decir, la víctima retoma su vida habitual, pero con limitaciones. A *largo plazo*, son usuales la irritabilidad, la desconfianza, la alerta expresiva, el embotamiento afectivo, las disfunciones sexuales, la capacidad disminuida para disfrutar de la vida, lo que dificulta las relaciones de pareja. Aunque la víctima parezca recuperada, la situación ya no es la misma, pudiendo exhibir problemas de adaptación a la vida cotidiana y pérdida en su calidad de vida.

[471] Vid. referencia bibliográfica, en: ESBEC RODRÍGUEZ, E./GÓMEZ JARABO, G., *Psicología forense*, cit., pág. 186.

[472] Cfr., ESBEC RODRÍGUEZ, E./GÓMEZ JARABO, G., *Psicología forense*, cit., págs. 186 y 187. Como advierten ECHEBURÚA, E., CORRAL, P. (Trastorno de estrés postraumático, en: Belloch, A., Sandín, B., y Ramos, F. (edit.). Manual de Psicopatología, Madrid, 1995. McGraw-Hill, vol. 2°), dicho trastorno se caracteriza por pesadillas recurrentes, conductas de evitación y escape y respuestas de alerta exagerada, llegando las víctimas a no querer dialogar con sus seres queridos sobre lo ocurrido. Cfr. ECHEBURÚA ODRIOZOLA, E., GUERRICAECHEVARRÍA, C., Manual de Victimología, cit., pág. 155.

lación, la víctima continúa experimentando los efectos psicológicos de la agresión sexual, sobre todo, miedo y ansiedad.

La mejoría inicial se produce entre los tres y los seis meses que suceden al hecho traumático. Pero después, no hay diferencias significativas ni mejorías sensibles hasta incluso pasado el año y medio de la violación[473].

Las investigaciones empíricas sobre agresiones sexuales corroboran algunos datos. Se trata de un delito con una tendencia clara al aumento, del que suelen ser víctima predominantemente las mujeres. Se ha observado que entre el 15 y el 20% de las mujeres sufre agresiones sexuales en algún momento de su vida[474], pero la tasa de denuncia de la víctima sigue siendo todavía muy baja (se denuncian entre 2 y 4 violaciones de cada 10) por lo que el agresor goza de una cierta sensación de impunidad que responde a la realidad. Contra lo que suele suponerse, las agresiones sexuales tienen lugar en todas las clases sociales, edades y sexos. En casi un 50% de los casos agresor y víctima se conocen, y se perpetran en lugares habituales de la víctima[475], no en parajes intransitados.

Los efectos psicológicos de una agresión sexual varían de una víctima a otra en intensidad y duración, dependiendo del tipo de agresión, de las características psicológicas de la víctima, del perfil del agresor y de la reacción del entorno de la víctima a la agresión sexual[476].

La gravedad del hecho traumático depende de diversos factores: de la naturaleza de la agresión (así, la penetración agrava el estado psicológico de la víctima por la humillación para ésta que comporta, el riesgo de embarazo y de contraer enfermedades); del grado de violencia utilizado por el culpable; de la duración del tiempo de sometimiento de la víctima a merced del agresor y reiteración de la agresión, etc.

El equilibrio emocional de la víctima y los recursos psicológicos disponibles modulan, también, la reacción de aquella a la agresión. El impacto del delito es más intenso si la víctima ha vivido experiencias emocionales negativas recientes. El factor edad es relevante (las agresiones sexuales se concentran en una franja de edad que oscila entre los 16 y los 30 años). A menor edad de la víctima, mayor suele resultar el impacto de la agresión, siendo especialmente crítico el período comprendido entre los 16 y los 22 años de la mujer. Importa, igualmente, la historia sexual de la víctima: la educación sexual que recibió, el valor

---

[473]   Citando las conclusiones de los estudios longitudinales de KILPATRIK, VERONEN, MEZEY y TAYLOR, NADELSON, SANTIAGO, etc., vid. ESBEC RODRÍGUEZ, E./GÓMEZ JARABO, G., *Psicología forense*, cit., pág. 187.

[474]   Así, ECHEBURÚA, E., Un golpe bajo. En: El libro de la sexualidad. Madrid, 1992. El País. En: Ochoa, E. y Vázquez, C., edit. Cfr. ECHEBURÚA ODRIOZOLA, E., GUERRICAECHEVARRÍA, C., en: Manual de Victimología, cit., pág. 149. Como apunta el autor, los hombres son menos frecuentemente víctimas de violación, pero cuando lo son, el impacto psicológico es muy relevante.

[475]   Vid. ECHEBURÚA ODRIOZOLA, E.-GUERRICAECHEVARRÍA, C., Manual de Victimología, cit., pág. 149.

[476]   Cfr. ECHEBURÚA ODRIOZOLA, E.-GUERRICAECHEVARRÍA, C., Manual de Victimología, cit., págs. 158 y ss.

que asigna al sexo y la calidad emocional de las relaciones de pareja previas a la agresión. El pronóstico de ésta se agrava si el ataque sexual es la primera experiencia de la víctima en tal esfera.

El perfil del agresor y sus relaciones personales con la víctima condicionan la respuesta psicológica de ésta a la agresión. Si el agresor es un desconocido, la reacción emocional más frecuente es el trastorno de estrés postraumático. Si es un conocido reciente, a dicho trastorno se añade la depresión, descenso en la autoestima y la autoculpabilización. Cuando es un allegado, lo habitual son la ansiedad y reacciones de sobresalto, así como la percepción por la víctima de su propia vulnerabilidad, la impotencia y el temor de que la agresión se repita. Si se trata de la propia pareja, y la agresión es reiterada, la víctima experimenta pérdida de interés sexual, fobia al sexo, trastornos de somatización, etc.

Por último, la reacción del entorno de la víctima puede ser determinante cuando ésta se decide a denunciar. También la forma en que valoren lo sucedido, según apoyen incondicionalmente a la víctima, lo hagan con reticencias o la culpabilicen de alguna manera. El comportamiento del entorno de la víctima puede ser positivo para su total recuperación si le prestan apoyo social para que reanude su vida cotidiana, laboral, social, etc. No así cuando se torna hiperprotector y rememora reiteradamente la agresión para modificar el estilo de vida o hábitos de la agredida[477].

La victimización secundaria, atribuible a la intervención del sistema legal, y comportamiento de sus diversos operadores (policías, fiscales, jueces y tribunales, etc.) —y a la muy negativa percepción que experimenta la víctima de agresiones sexuales durante el proceso— puede agravar o cronificar las secuelas psicopatológicas causadas por aquéllas[478].

g) *Asistencia psicológica y tratamiento psicológico posterior a las víctimas.*

No todas las personas que han sufrido un suceso traumático responden de la misma manera. Unas, lo superan, y aun con altibajos emocionales y recuerdos dolorosos, transforman las vivencias pasadas en recuerdos e integran positivamente éstos en sus biografías, reorganizando la vida futura sin interferencias insalvables. Pero otras, sin embargo, no recuperan sus constantes biológicas (vg. sueño, apetito, etc.), ni controlan sus emociones y pensamientos; viven atormentadas con un sufrimiento constante, que les incapacita para hacer frente a las exigencias de la vida cotidiana y bajo una *anestesia emocional* menos espectacular pero más preocupante que las conductas de sobresalto e hiperactivación[479].

---

[477] Sobre las *variables medidoras* del impacto psicológico de la victimación, vid. ECHEBURÚA ODRIOZOLA, E., GUERRICAECHEVARRÍA, C., Manual de Victimología, cit., págs. 158 y ss. de donde se toma la exposición del texto.

[478] Así, ECHEBURÚA ODRIOZOLA, E., GUERRICAECHEVARRÍA, C., Manual de Victimología, cit., pág. 157.

[479] Vid. ECHEBURÚA, E., AMOR, P.J., DE CORRAL, Paz, Asistencia psicológica postraumática, en: Manual de Victimología, cit., págs. 294 y ss.

En los días posteriores al hecho traumático, procede una intervención psicológica *inmediata*, que pueden prestar las Oficinas de atención a la víctima; solo se justifica la derivación a programas terapéuticos más especializados (Centros de salud mental) en el caso de víctimas más vulnerables a una posible cronificación de los síntomas del trastorno por estrés postraumático u otros cuadros clínicos. Un tratamiento psicológico *posterior* será necesario si transcurridas cuatro o seis semanas del evento traumático la víctima se siente desbordada por sus pensamientos, emociones y propia conducta de modo que padece graves interferencias en el curso y funcionamiento de la vida cotidiana; también estará indicado si existe el riesgo de un aislamiento emocional y social (red social de apoyo) de aquélla[480].

Objetivo del tratamiento es hacer frente al trauma, restaurar en la víctima el sentido básico de confianza y facilitar su reintegración social. El terapeuta trazará un plan escalonado que atienda a las necesidades específicas del caso, comenzando por las prioritarias (vg. alivio de ciertos síntomas mediante psicofármacos). A continuación abordará el núcleo del trauma (esto es: la reexperimentación de lo ocurrido, las respuestas de evitación y reacciones de sobresalto, etc.); por último, intentará regular las emociones y que la víctima recupera su autoestima y confianza en sí y los demás[481].

Para la superación del trauma se seguirán diversas estrategias[482], pareciendo más eficaz la *terapia de exposición* (en imaginación, a los pensamientos intrusivos; en vivo, a los estímulos evitados).

> La *terapia de exposición* a los estímulos traumáticos se utiliza para afrontar los síntomas de «reexperimentación», esto es, las *vivencias* intensas y frecuentes que de forma involuntaria experimenta la víctima a un nivel cognitivo y emocional, acompañadas de una severa excitación psicofisiológica. Para que el sujeto pueda ejercer un cierto control sobre tales vivencias —vivencias, que no meros recuerdos— el terapeuta, recordando y verbalizando el suceso traumático, le ayuda a transformar las imágenes caóticas del trauma mantenidas en la *memoria emocional*, en acontecimientos ordenados espacial y temporalmente bajo el dominio de la *memoria verbal*. Así, y de forma gradual, las «vivencias» se transforman en «recuerdos», y éstos se integran en la biografía de la víctima, lográndose desactivar la estructura cognitiva del miedo y disminuir en frecuencia e intensidad los síntomas de hiperactivación[483].
> La terapia de la *exposición en vivo* es la más adecuada para superar las conductas de «evitación» (evitación de situaciones cotidianas que la víctima asocia, a veces sin razón, al hecho traumático); conductas que mantienen y refuerzan el temor del sujeto y que, al limitar sus estrategias de afrontamiento, reducen su calidad de vida[484].

---

[480] Así, ECHEBURÚA, E., AMOR, P.J., DE CORRAL, Paz, op. cit., págs. 294 y ss.
[481] Vid. ECHEBURÚA, E., AMOR, P.J., DE CORRAL, Paz, op. cit., págs. 296 y ss.
[482] Vid. ECHEBURÚA, E., Superar un trauma: el tratamiento de las víctimas de sucesos violentos. Madrid (2004), Pirámide.
[483] Vid. ECHEBURÚA, E., AMOR, P.J. y DE CORRAL, Paz, op. cit., págs. 297 y ss.
[484] Cfr. ECHEBURÚA, E., AMOR, P.J. y DE CORRAL, Paz, op. cit., pág. 299.

Los síntomas de *hiperactivación* y vigilancia que generan en la víctima un estado permanente de alerta pueden disminuir, también, mediante la terapia de exposición —en «vivo», y en «imaginación»— a los estímulos evitados (es decir a las imágenes, ideas, personas, lugares … etc. que la víctima asocia al hecho traumático). Cabe igualmente utilizar otras terapias para reducir la *ansiedad* (vg. relajación mental, control de la respiración, reestructuración cognitiva, etc.), la sintomatología *depresiva,* la pérdida de confianza y el déficit de autoestima[485].

La recuperación depende fundamentalmente de las estrategias de afrontamiento utilizadas para superar el trauma. El pronóstico será sombrío si la víctima, en lugar de abordar el problema adecuadamente, sigue técnicas negativas (vg. negar el problema, tratar de evadirse de él, huida compulsiva hacia el trabajo, anclaje en el pasado, alimentar sentimientos de odio o venganza, etc.)[486].

Entre estas últimas cabe llamar la atención sobre el hecho de que ciertas políticas asistenciales, la respuesta lenta y desorganizada del sistema legal y erróneas reivindicaciones de sectores victimológicos lejos de contribuir a que la víctima supere el trauma criminal, de hecho, producen el efecto contrario: instalar a la víctima definitivamente en su estatus de víctima, cronificando y perpetuando éste. Víctimas, de la tragedia del Síndrome Tóxico (1981), siguen autoidentificándose treinta años después como «víctimas del síndrome tóxico».

h) Hacia una redefinición del rol de la víctima.- Las investigaciones sobre la víctima del delito han adquirido durante el último decenio un interés muy significativo. No estamos, sin embargo, ante un fenómeno coyuntural, pasajero —una «moda» como tantas otras—. El actual *redescubrimiento* de la víctima —tímido, tardío y desorganizado, por cierto— expresa la imperiosa necesidad de verificar, a la luz de la ciencia, la función «real» que desempeña la víctima del delito en los diversos momentos del suceso criminal (deliberación, decisión, ejecución, racionalización y justificación, etc.), revisando superados esterotipos clásicos producto del análisis simbólico, formalista y estático de la Criminología tradicional. Este nuevo enfoque crítico e interaccionista aporta una imagen mucho más verosímil y dinámica de la víctima, de su comportamiento y relaciones con los otros agentes y protagonistas del hecho delictivo, de la correlación de fuerzas que convergen en el escenario criminal. Y, lógicamente, sugiere actitudes y respuestas muy distintas de la sociedad y de los poderes públicos respecto al «problema» criminal[487]. Cabe pues esperar una revelante contribución de la Victimología en diversos ámbitos: en el criminológico, en el políticocriminal, en el políticosocial, etc. Así, y a título puramente ejemplificativo, se pueden señalar los siguientes centros de interés:

---

[485] Vid. ECHEBURÚA, E., AMOR, P.J. y DE CORRAL, Paz, op. cit., págs. 299 y ss. (en particular Tabla 6).

[486] Así, ECHEBURÚA, E., AMOR, P.J. y DE CORRAL, Paz, op. cit., pág. 303.

[487] Vid., GARCÍA-PABLOS DE MOLINA, A., «La aportación de la Criminología al estudio del problema criminal», en: *Doctrina Penal*, núm. 48 (1989), año 12, págs. 633 y ss.

Primero: etiológico-explicativo. Los pioneros de la Victimología cuestionaron ya con acierto la imagen pasiva y estática de la víctima del delito profesada por la Criminología clásica: una víctima anónima y sin faz humana, objeto —no sujeto— del drama delictivo; ajena por completo al infractor y al sentido o valor simbólico que éste pudiera atribuir al hecho; aleatoria, fungible, accidental e irrelevante en el «iter criminis». A la moderna Victimología corresponde explicar —no solo describir fenomenológicamente— la *interacción* delincuente-víctima y sus variables[488]; cómo influyen —y porqué— en las distintas hipótesis típicas el modo en que el delincuente percibe a su víctima (o la víctima a su infractor) o las diversas actitudes imaginables entre criminal y víctima[489], tanto en la elección de ésta (cuando exista tal «elección») como en el «modus operandi» del sujeto activo y posterior racionalización o legitimación del comportamiento criminal. Se trata, pues, de comprobar científicamente, con un análisis diferenciador ya que no caben generalizaciones, si en la concreta decisión delictiva, o en la selección de la víctima, en la particular forma de ejecutar el crimen, o en los posteriores razonamientos autojustificativos del infractor juegan un papel relevante —y en tal caso, cual, cómo, bajo qué presupuestos y porqué— determinadas circunstancias («variables») de la víctima: circunstancias objetivas, situacionales, personales, etc.[490]. Pues si bien la víctima no es un mero objeto fungible y aleatorio, la efectiva contribución de la misma a la génesis y dinámica criminal no puede estimarse homogénea y uniforme, sino diferencial, a tenor de las correspondientes variables.

> El problema presenta una gran dificultad, como lo demuestra el hecho de que las investigaciones criminológicas hayan constatado la existencia de una prolija gama de situaciones victimológicas (diversas «clases de víctimas» según una equívoca terminología). Todo parece indicar a tenor de aquéllas que la víctima puede aportar, desde un punto de vista puramente etiológico o dinámico, una contribución más o menos relevante a su propia victimización. Que las variables son muchas y muy complejo el marco de sus respectivas interacciones. Que una misma característica de la víctima puede tener una significación decisiva —o nula— según el supuesto de que se trate, e incidir, a su vez en momentos distintos del «*iter criminis*».

---

[488] Sobre los factores y variables que intervienen en el proceso de victimización, vid.; MATTI JOUTSEN, *The role of the victim* ..., cit., págs. 72 y ss.; RODRÍGUEZ MANZANERA, L., *Victimología*, cit., págs. 98 a 194 («factores victimógenos» y «factores endógenos») y 139 a 159 (el «iter victimae»); SCHNEIDER, H.J., *Kriminologie*, cit., págs. 760 y ss. («Der Prozess des Opferwerdens»).

[489] Cfr., RODRÍGUEZ MANZANERA, L., *Victimología*, págs. 126 y ss., analizando los diversos supuestos de relación delincuente-víctima.

[490] Vid., a propósito del «riesgo de victimización»: SCHNEIDER, H.J., *Kriminologie*, cit., págs. 760 y ss.; RODRÍGUEZ MANZANERA, L., *Victimología*, cit., pág. 126 y ss.; GARCÍA-PABLOS DE MOLINA, A., *Tratado de Criminología*, cit., págs. 126 y ss. («vulnerabilidad» diferencial de la víctima).

Percepción y actitudes recíprocas del delincuente y víctima[491]; y transcendencia criminológica de la denominada *«víctima colectiva»* o *«anónima»*[492], son dos de los temas prioritarios para la moderna Victimología. El primero concreta alguno de los aspectos más significativos de la «interacción» delincuente-víctima. El segundo aporta una de las características estructurales de ciertos campos de la criminalidad de nuestro tiempo (por ejemplo: de la criminalidad «informática», criminalidad financiera y de «cuello blanco», criminalidad contra el «medio ambiente» y la «calidad de vida», etc.) decisiva en la dinámica criminal: en el proceso de deliberación y en su posterior racionalización por el infractor.

> En todo caso corresponde a la Victimología desarrollar y perfeccionar el *marco teórico* en el que discurre el proceso de victimización, y las variables de éste; y, en particular, a la Psicología social diseñar nuevos *modelos explicativos* del mismo, que tanto han contribuido a la evolución científica de la moderna Victimología. Es imprescindible superar definitivamente las tipologías etiológicas de su inicial etapa positivista, que culpabilizaban a la propia víctima, elaborando otros instrumentos metodológicamente más idóneos.

Segundo: Prevención del delito. La criminología clásica dirige todos sus esfuerzos preventivos hacia el infractor potencial, por entender que su eficaz disuasión es el único modo de evitar el delito. No hay, pues, otro posible destinatario de los programas de prevención de acuerdo con el protagonismo absoluto que se otorga al delincuente en aquélla. La prevención se concibe, en consecuencia, como prevención «criminal».

La moderna criminología acepta, también, la posibilidad de prevenir la delincuencia incidiendo en la víctima (potencial)[493]. El fundamento científico de esta concepción («prevención victimal») complementaria, no sustitutiva, de la «criminal» parece incuestionable. El crimen es un fenómeno altamente *selectivo*, no casual, ni fortuito o aleatorio: busca el lugar oportuno, el momento adecuado y la víctima propicia, también. La condición de víctima —el riesgo de llegar a serlo— tampoco depende del azar o de la fatalidad, sino de ciertas circunstancias concretas, susceptibles de verificación. Coherentemente, si el riesgo de victimización se

---

491 Sobre la recíproca percepción —y actitudes— de infractor y víctima, vid.: RODRÍGUEZ MANZANERA, L., *Victimología*, cit., págs. 130 a 137.

492 En cuanto a las denominadas «técnicas de autojustificación» o «neutralización» en supuestos de víctima anómina o colectiva, vid.: SCHNEIDER, H.J., *Kriminologie*, cit., págs. 756 y ss.; RODRÍGUEZ MANZANERA, L., *Victimología*, cit., pág. 137 y ss.; GARCÍA-PABLOS DE MOLINA, A., *Tratado de Criminología*, cit., pág. 130; FATTAH, E.A., «The Use of the victim as An Agent of self-legitimation: Toward a dynamic Explanation of Criminal Behavior», en: *Victims and Society*, Washington, D.C., 1976 (Edit. E.C. Viano), págs. 105 y ss.

493 Acentuando la importancia de tal estrategia prevencionista: RODRÍGUEZ MANZANERA, L., *Victimología*, cit., págs. 363 a 379 (quién contrapone: prevención «criminal» y prevención «victimal»); SCHNEIDER, H.J., *Kriminologie*, cit., págs. 772 y ss.; y 780 y ss.; MATTI JOUTSEN, The role of the victim, cit., págs. 88 y ss.

configura según las estadísticas como un riesgo «*diferencial*»; riesgo que se distribuye no de forma igual y uniforme —ni caprichosa— sino muy selectiva en torno a precisas variables, parece entonces verosímil la posibilidad de evitar con eficacia muchos delitos dirigiendo específicos programas de prevención hacia aquellos grupos y subgrupos humanos que exhiben mayores riesgos de victimización[494]. Detectados los indicadores que convierten a ciertas personas —o colectivos— en candidatos cualificados, propiciatorios, al estatus de víctima, una meticulosa labor, científicamente diseñada, de concienciación, información y tutela orientada a las mismas, puede y debe ser más positiva en términos de prevención que el socorrido recurso a la amenaza de la pena, mensaje indiscriminado y abstracto a un hipotético infractor potencial (prevención «victimal», versus prevención «criminal»).

La prevención «victimal» añade a su comprobada efectividad otras ventajas: sugiere una intervención no penal de los poderes públicos —de la sociedad en general— para prevenir el delito, lo que disminuye el elevado coste social que la prevención «criminal» implica; corresponsabiliza a todos, a la comunidad jurídica —y a la víctima potencial, en particular— en la defensa de los bienes o intereses más valiosos, evitando la puesta en marcha del sistema legal y su tardía intervención; y propicia el diseño de unos programas de prevención de alto contenido social, dirigidos específicamente a los grupos y subgrupos o colectivos necesitados de particular protección (jóvenes, tercera edad, pensionistas, etc.).

Tercero: Metodológico instrumental. La víctima como fuente alternativa de información de la criminalidad: las «encuestas de victimización». Las víctimas del delito pueden aportar una valiosa información sobre la criminalidad real no detectada por el aparato estadístico oficial gracias a las «encuestas de victimización». Sobre estas encuestas y la información que pueden suministrar y suministran me remito a lo ya expuesto en páginas anteriores de esta obra[495].

Cuarto: Políticocriminal. Víctima, miedo al delito y política criminal del Estado. La víctima desempeña, también, un papel trascendente en un problema político criminal que cada vez preocupa más a los poderes públicos: el miedo al delito; miedo que, a su vez, puede condicionar negativamente el necesario liderazgo estatal y contenido de la Política Criminal, imprimiendo a ésta un sesgo de rigor punitivo y antigarantismo victimagógico ajeno —y contrario— a los intereses reales de la víctima y al marco político-constitucional de nuestro sistema legal.

---

[494]   Cfr., GARCÍA-PABLOS DE MOLINA, A., *La resocialización de la víctima: víctima, sistema legal y política criminal*, cit., págs. 195 y ss.

[495]   Vid. supra, Parte Primera, II, 6, 14' b".

Se examinaran, por separado, ambas cuestiones: la problemática general del miedo al delito y el rol de la víctima en la Política Criminal del Estado.

En la actualidad, se ha generalizado el sentimiento colectivo de inseguridad ciudadana, preocupando cada día más tanto el problema general del delito como el temor a convertirse en víctima del mismo. Es uno de los rasgos característicos de la «ideología de la seguridad» de la sociedad postindustrial, que se observa, también, en España[496]. Durante los últimos lustros, se palpa una sensación de escepticismo y desconfianza respecto a la capacidad de los poderes públicos de controlar y prevenir la criminalidad. Las actitudes sociales hacia el infractor son cada vez más rigurosas e intolerantes, incluso en sectores sociales tradicionalmente más comprensivos y liberales, hasta el punto de que el miedo al delito en sí mismo se ha convertido en un problema social[497].

El miedo, el temor, es una respuesta individual típica psicológicamente condicionada, de quien ha sido victimizado. La experiencia victimaria explica una angustia que, por cierto, determinados procesos psicopatológicos pueden actualizar, revivir e incluso perpetuar. Pero el miedo que ahora y aquí interesa (enfoque político criminal) trasciende esa dimensión clínica e individual: me refiero al miedo a convertirse en víctima del delito como vivencia o estado de ánimo *colectivo* y no necesariamente asociado a una previa victimización. Este miedo o temor, es desde luego, un problema real con independencia de su *etiología*[498]: esto es, tanto si tiene una base cierta y objetiva, como si se trata de un miedo imaginario sin fundamento, producto de una defectuosa percepción de la realidad o de la manipulación interesada de ésta por terceros. En ambos casos produce efectos nocivos[499]: altera los hábitos y estilos de vida de la población; fomenta comportamientos insolidarios hacia otras víctimas; genera inevitablemente una política criminal drástica de innecesario rigor (el miedo produce siempre más miedo), poco eficaz; y en momentos de crisis se vuelve contra ciertas minorías (las de siempre) a las que los forjadores de la opinión pública culpabilizan de todos los males sociales; de modo que el castigo ejemplar de estos chivos expiatorios concita la atención general —la distrae o desvía de los problemas sociales— actuando como instrumento de

---

[496] En los «barómetros mensuales» del CIS, a mediados del 2001, solo un 9% de los encuestados mencionaba la delincuencia y la seguridad ciudadana como uno de los tres problemas principales de la sociedad española, lo que les situaba en quinto o sexto lugar de la lista de preocupaciones de la comunidad. Sin embargo, a lo largo del 2003, se referían a ellas (delincuencia y seguridad ciudadana) porcentajes que rondaban el 20%, consolidándose como la tercera preocupación más importante. Semejante progresión se detecta en los valores que reflejan el miedo a convertirse en víctima del delito durante el citado período. Vid. DÍEZ RIPOLLÉS, J.L., El nuevo modelo penal de la seguridad ciudadana, en: Revista electrónica de Ciencia Penal y Criminología, núm. 06-03, 2004, pág. 8, nota 10.

[497] Vid. DÍEZ RIPOLLÉS, J.L., El nuevo modelo penal de la seguridad ciudadana, cit., págs. 8 y 9.

[498] Resaltando esa posible doble etiología, SCHNEIDER, H.J., *Kriminologie*, cit., págs. 767 y ss.

[499] Vid., SCHNEIDER, H.J., *Kriminologie*, cit., págs. 771 y ss.; KAISER, G., *Criminología*, cit., págs. 97 y 98; GARCÍA-PABLOS DE MOLINA, A., *Tratado de Criminología*, cit., págs. 162 y 163.

cohesión y solidaridad, es decir, como coartada legitimadora en perjuicio de los estratos sociales más deprimidos. Todo ello sin olvidar que el miedo al delito es expresión de desconfianza hacia el propio sistema y que induce a la autoprotección y a toda suerte de excesos defensivos al margen de la Ley y las instituciones.

Hasta la segunda mitad del siglo XX, la Criminología no prestó especial atención al problema del *miedo al delito*, estimando se trataría de una consecuencia trivial de la criminalidad, directamente proporcional al *riesgo objetivo* de modo que las estrategias del control del delito operarían *ipso facto* como estrategias para controlar dicho miedo. Hasta entonces se privó de autonomía al fenómeno del miedo al delito no asumiendo los criminólogos que en sí mismo pudiera ser muy perjudicial[500]. El panorama doctrinal cambió sustancialmente cuando a finales de los sesenta del pasado siglo la Comisión Presidencial sobre aplicación de la Ley y la Administración de Justicia de los EEUU advirtió que «el más dañino de los efectos de los delitos violentos es el miedo, y ese miedo no debe ser menospreciado»[501]. A partir de este momento, los criminólogos se percataron, de una parte, de que para valorar las consecuencias sociales del miedo al delito las investigaciones no podían versar ya exclusivamente sobre las víctimas *directas* del delito[502]; y de otra, de la magnitud e impacto social del miedo al delito, que exhibe una prevalencia mayor que la propia victimización y configura la propia cultura de un país[503].

Pero la propia delimitación *conceptual y naturaleza* del miedo al delito sigue siendo un tema controvertido, en buena medida porque los autores no reconocen la distinción elemental entre «percepción», «cognición» y «emoción»[504]. Aunque algunos no compartan este punto de vista, parece obvio que el miedo no es una percepción del medio ambiente, sino una reacción al medio ambiente percibido. Y que tampoco es en sí mismo una creencia, una actitud o evaluación (aunque pueda ser el resultado de un proceso cognitivo o de una evaluación perceptiva de la información): antes bien, se trata de una *emoción*, un sentimiento de alarma o temor causado por un acto consciente o por una expectativa de peligro[505]. Otro error frecuente consiste en equiparar el miedo al delito con la *percepción del riesgo de victimización* (o probabilidad subjetiva de victimización), pues la percepción del riesgo es una causa asociada al miedo, no el miedo en sí mismo; es decir, el miedo no es percepción del riesgo, sino su consecuencia[506]. Tampoco pueden equipararse los conceptos de *miedo* y

---

[500] WARR, Mark, El miedo al delito en los Estados Unidos: líneas para la investigación y la formulación de políticas. En: Justicia Penal Siglo XXI. Una selección de Criminal Justice 2000. Estudios de Derecho Penal y Criminología dirigidos por C.Mª. Romeo Casabona. Granada, 2006 (traducción de Mario Arroyo), pág. 182.

[501] President's Comisión on Law Enforcement and Administration of Justice, 1967. The challenge of crime in a free society. Washington, D.C.; U.S. Government Printing Office (1967, 3).

[502] Paradigmática, en este sentido, la obra de CONKLIN, J. (The impact of crime, New Cork: Macmillan, 1975).

[503] Cfr. WARR, Mark, El miedo al delito en los Estados Unidos, cit., pág. 182. Como advierte el autor «el miedo al delito afecta a muchas más personas en los Estados Unidos que el delito mismo, y existen razones fundadas para tratar el delito y el miedo al mismo como problemas sociales distintos» (pág. 181).

[504] Así, WARR, Mark, El miedo al delito en los Estados Unidos, cit., pág. 183.

[505] Cfr. WARR, Mark, El miedo al delito en los Estados Unidos, cit., pág. 184. Para el autor, y contra la opinión de un sector de los criminólogos, no existen diferencias cualitativas entre el miedo al *delito* y otros miedos (vg. a la enfermedad, a sufrir un accidente, etc.).

[506] Cfr. WARR, Mark, El miedo al delito en los Estados Unidos, cit., pág. 184 y bibliografía allí citada.

ansiedad; como sucede con la mayoría de las *mediciones* diseñadas más para registrar esta última que el temor a la victimización. El miedo actúa como respuesta a amenazas *inmediatas*, la ansiedad como reacción a eventos futuros o pasados[507].

Parece, pues, imprescindible que los poderes públicos disciernan, caso a caso, la génesis y etiología del miedo al delito, su distribución, incidencia en el cuerpo social y principales variables (edad, sexo, profesión, habitat, etc.); si tiene un fundamento real y objetivo o carece de éste: a quien se teme más; qué hechos suscitan mayor temor; si dichos estados de opinión se corresponden —o no— con datos objetivos; cómo se proyectan en los diversos estratos sociales y con qué consecuencias, etc. etc.[508]

Siendo el miedo al delito una sensación difusa y de fácil manipulación, nada más peligroso que una política criminal sensible a sus dictados. Por ello, un correcto diagnóstico científico del miedo al delito y una adecuada información a la opinión pública sobre las cifras reales y objetivas de la criminalidad, constituyen la mejor estrategia para conjurar perniciosos estados de opinión rayanos en la psicosis colectiva con todos sus excesos y secuelas[509]. Más aún si se tiene presente, como demuestran numerosos estudios, que los estados de opinión (esterotipos incluidos) y los valores estadísticos a menudo siguen cursos divergentes. Que el temor al delito, esto es, el miedo a ser víctima de éste en el futuro, no siempre coincide con las cifras reales de victimización[510]. Así, las encuestas de victimización demuestran que contra lo que pudiera parecer, quienes más temen al delito (tercera edad), no son —en términos estadísticos— las personas más victimizadas[511]; ni delinquen más (hechos más graves y con más frecuencia) los individuos a quienes

---

[507] Cfr. WARR, Mark, El miedo al delito en los Estados Unidos, cit., págs. 184 y 185.

[508] Cfr. SERRANO GÓMEZ, A. (director) y VÁZQUEZ GONZÁLEZ, C., (coordinador): Tendencias de la criminalidad y percepción social de la inseguridad ciudadana en España y la Unión Europea, 2007. Edisofer, págs. 24 y ss.

[509] En el mismo sentido del texto, propugnando una información objetiva y matizada al ciudadano: WARR, Mark, El miedo al delito en los Estados Unidos, cit., págs. 216 y 217.

[510] Cfr. Tendencias de la criminalidad y percepción social de la inseguridad ciudadana: cit., págs. 120 y ss. Para los autores, "las tendencias de la delincuencia y el miedo al delito son relativamente independientes unas de otras, esto es, la percepción social de la inseguridad ciudadana no coincide con la tasa de delincuencia real". Y concluyen: "Nuestra hipótesis de partida que consideraba la inseguridad ciudada enlazada a la criminalidad en una relación de causa a efecto, no se corresponde con la realidad".

[511] Sobre la llamada "paradoja del miedo" en el caso particular de la tercera edad —miedo que no se corresponde con las tasas reales de victimización de los ancianos, que es más baja que la padecida por los jóvenes y otros subgrupos— vid. KURY, H. y FERDINAND, T., Miedo al delito, tamaño de la población, salidas a la calle y actitud hacia la policía. Resultados alemanes, en: Revista de Derecho Penal y Criminología 2ª época, 3 (1999), págs, 226 y ss. En sentido semejante, resaltando la mencionada paradoja, Tendencias de la criminalidad y percepción social de la inseguridad ciudadana, cit. pág. 28, nota 31 (bibliografía allí reseñada).

la sociedad más teme (jóvenes); ni tampoco son estadísticamente más previsibles los delitos que, de hecho, suscitan más alarma (los violentos)[512].

El miedo al delito ha dado lugar a numerosas investigaciones empíricas en los últimos lustros. Según éstas, es necesario distinguir el miedo irracional a la delincuencia, del temor fundado —y personal— a llegar a ser víctima de ella. El primero plantearía ya un problema en sí mismo, aunque carezca de fundamento objetivo y pueda controlarse incrementando la información. Ahora bien no se trata, en todo caso, de un temor uniforme y regular. Se experimenta de modo desigual, según diversas variables. Al parecer, por ejemplo, se temen fundamentalmente los delitos violentos contra las personas, esto es, los que, por fortuna suceden con menor frecuencia. Los jóvenes y los desconocidos concitan especial preocupación. Mujeres, personas de más de sesenta años, habitantes de los grandes núcleos urbanos y miembros de las clases sociales deprimidas son, según todos los indicios, los colectivos que exhiben reacciones de alarma —de una alarma abstracta, global e inespecífica— ante la criminalidad más acusada (sin base alguna, en el caso de las mujeres y personas mayores, cuyos índices de victimización no llegan a los porcentajes medios del resto de la población). Pero lo cierto es que el miedo al crimen que ésta padece suele ser más un miedo difuso e irracional que un temor con fundamento y concreto. En su intensidad influyen numerosas variables (carácter de la persona, colectivo al que ésta pertenece, vulnerabilidad del mismo, clima social, etc. ...)[513]. El impacto de los medios de comunicación puede ser significativo, creando estados de opinión[514]. En cuanto al miedo derivado de una previa experiencia personal, como víctima, depende también de numerosos factores: especialmente, la clase de delito de que se trate[515]. Desde un punto de vista político-criminal, parece importante que no se magnifiquen episodios delictivos aislados. Es oportuno desdramatizar. La policía, por su parte, no sólo ha de luchar contra el delito sino también contra el temor y el miedo irracional al mismo; si es preciso añadiendo a su presencia real, una presencia ficticia[516].

---

[512] Sobre el problema, vid., SCHNEIDER, H.J., *Kriminologie*, cit., págs. 770 y ss.

[513] Una reseña bibliográfica sobre los diversos factores personales y sociales que influyen en el miedo al delito, en: Tendencias de la criminalidad y percepción social de la inseguridad ciudadana en España y la Unión Europea, cit., págs. 28 y ss.

[514] La opinión pública sobre el delito se halla muy influida por los medios de comunicación que desfiguran la realidad creando esterotipos al narrar las noticias. Todo parece indicar que los medios de comunicación tienden a subrayar con sus tópicos la desconfianza en la justicia y los errores de los órganos encargados de combatir el crimen. Y que sobredimensionan la delincuencia violenta y sexual, de la que se ocupan prioritariamente. Afirmar, no obstante, que la "alarma social", sea básicamente una "construcción mediática", parece un aserto desmedido. Sobre la función de los medios de comunicación, vid. Tendencias de la criminalidad y percepción social de la inseguridad ciudadana; cit., págs. 31 y ss.

[515] Para algunos autores, la previa experiencia personal como víctima es la principal variable dependiente (así: ALVAZZI del FRATE, A., Victims of crime in the developing World, UNICRI publications, nº 57, Roma UNICRI, 1998, págs. 115 y ss.). Sin embargo es necesario relativizar y matizar la relevancia de dicha variable porque la víctima tiende a olvidar los delitos menos graves y distantes en el tiempo, influyendo más en su sensación de inseguridad los delitos más graves y próximos en el tiempo. Cfr. Tendencias de la criminalidad y percepción social de la inseguridad ciudadana; cit., págs. 29 y ss..

[516] Cfr., SCHNEIDER, H.J., *Kriminologie*, ibidem.

Con distinto éxito se han ensayado importantes programas comunitarios de prevención del miedo: fundamentalmente, programas de vigilancia de barrio (programa de Seattle, de Detroit, de Portland, de Chicago, de Kirkholt) y programas de modificación del ambiente o vigilancia natural (proyecto de Portland, de Hardford; estudios de seguridad en establecimientos comerciales en Denver, Sr. Louis y Long Beach)[517].

El miedo al delito preocupa, y con razón, por la alarma que genera, Pero, en términos estadísticos, la tasa real de victimización es relativamente baja (se calcula que la delincuencia afecta solo a un 10% de la población). Por ello las teorías de la prevención y de la seguridad ciudadana[518] sugieren se contemplen, también, otros problemas que inciden gravemente en la calidad de vida de los ciudadanos, como la *conducta antisocial* y el *desorden y deterioro urbano*. Se argumenta que tanto la *conducta antisocial* (vg. falta de respeto a las personas, acoso, etc.) como el *deterioro urbano* provocan el retraimiento de los vecinos que terminan no sintiéndose *dueños* de sus lugares de convivencia, y la pérdida de cohesión social de los barrios.

En España merece especial mención la tesis doctoral presentada en la Universidad de Valencia por R. Berenguer Mediavilla («Miedo al delito: origen y prevención», Valencia, 1989. Facultad de Psicología), bajo la dirección de V. Garrido Genovés y L. Montoro González.

Pero el protagonismo adquirido en las últimas décadas por las víctimas como agentes sociales (el sufrimiento de éstas abandona el ámbito de lo privado para obtener una dimensión colectiva y pública) evidencia un proceso de cambio y transformación cuyos riesgos deben ponderarse[519]. Especialmente cuando el llamado fenómeno de «*socialización de los intereses de la víctima*»[520] o el de la «*victimagogía*»[521], al que no es ajena la tendencia de la sociedad actual a identificarse con la víctima del delito —son presa de un discurso político manipulador, de factura represiva y antigarantista, que invocando la supuesta protección de los intereses de las víctimas —la ley y el orden— condiciona negativamente tanto el liderazgo como las directrices y contenido de la Política Criminal cuya definición corresponde solo al Estado.

---

[517] Vid. una información detallada en: BERENGUER MEDIAVILLA, R., *Miedo al delito: origen y prevención*. Valencia, 1989 (tesis doctoral), páginas 182 a 198.

[518] Así, BARBERET, R., La prevención de la victimización, cit., págs. 245 y 246.

[519] Vid. TAMARIT SUMALLA, J.Mª., La victimología: cuestiones conceptuales y metodológicas, en: Manual de Victimología, cit., págs. 47 y ss.; del mismo: La víctima y la Política Criminal, en: Manual de Victimología, cit., págs. 398 y ss.

[520] Así, GIMÉNEZ PERICÁS, A., La neutralización de la víctima y el interés socializado de las víctimas, en: Eguzkilore, nº 8 (1994), págs. 228 y ss. (La idea procede de W. HASSEMER, Einführung in die Grundlagen des Strafrechts, München, 1990). Cfr. ALONSO RIMO, A., La víctima y la Política Criminal, en: Manual de Victimología, cit., págs. 398 y ss.

[521] Así, TAMARIT SUMALLA, J.Mª., La victimología. Cuestiones conceptuales y metodológicas. En: Manual de Victimología, cit., págs. 47 y 48; también, ALONSO RIMO, A., op. cit., págs. 399 y ss.

La mencionada *contaminación ideológica* trae causa, paradójicamente, tanto de concepciones *retribucionistas*, proclives a exacerbar el rigor de la respuesta punitiva[522], como de proclamas *abolicionistas* y privatizadoras, partidarias de arrebatar a los operadores jurídicos del sistema legal («ladrones del conflicto») la competencia para intervenir en éste, devolviéndosela a infractor y víctima: sus «propietarios»[523], pero su explotación del *«victim impact»* resulta igualmente perversa. De una parte inspiran políticas asistenciales y estrategias victimistas que lejos de contribuir a la recuperación de las víctimas —y a incentivar actitudes de fortaleza y «resiliencia» a la victimización en éstas— producen el efecto contrario: que se «instalen» en dicho estatus[524]. De otra, olvidan que en nuestro marco político-constitucional no se pueden construir los derechos de las víctimas a costa de los del infractor, renunciando a las garantías que a unos y otros por igual asisten. Por último, plantean demandas no atendibles, con el riesgo de suplir al Estado en importantes decisiones políticocriminales e invadir terrenos muy sensibles que no le son propios como el del ejercicio de la acción penal, la elección de la concreta pena imponible o su proceso de ejecución[525].

Quinto: Víctima y política social. La víctima no reclama compasión sino respeto de sus derechos. El Estado «social» no puede ser insensible a los perjuicios que sufre la víctima, como consecuencia del delito (victimización primaria) y como consecuencia de la investigación y del proceso mismo (victimización secundaria). Ni tampoco al dolor y humillación de la víctima que constata con consternación el apoyo social y reconocimiento público que, en algunos casos, recibe el condenado cuando retorna, como héroe, tras su excarcelación, a la misma comunidad que ignora, desprecia y margina a aquella (victimización terciaria). La efectiva «resocialización» de la víctima exige una intervención positiva de los particulares

---

[522] A un «encarnizamiento punitivo» se refiere TAMARIT SUMALLA, J.Mª., op. cit., pág. 47.

[523] Sobre la paradójica concurrencia en este fenómeno manipulador de los intereses reales de la víctima de ideologías tanto *retribucionistas*, como *abolicionistas*, VAN DIJK, J., Ideological trends within the Victims movement: an international perspective, en: Magnire/Pointing, Victims of crime, USA (1988). Open University Press, págs. 116 y ss.

[524] Así, FATTAH, EZZAT, E., Victimology: Past, Present and Future, en: Criminologie, núm. 33.1 (2000), págs. 15 y ss.

[525] En cuanto a la participación de la víctima en la imposición y ejecución de la pena capital en EEUU; o en el proceso de ejecución en España de la pena privativa de libertad, vid. en esta obra, supra, apartado C, subapartado b) de la Parte Primera. Críticamente, por su orientación «victimagógica», propia de la «femenist jurisprudente», se pronuncian TAMARIT SUMA-LLA, J.Mª., (op. cit., pág. 48) y QUINTERO OLIVARES, G. (Comentarios al Código Penal, 3ª ed., Pamplona, 2005, al artículo 148.2) contra algunas decisiones de la L.O. 1/2004, sobre violencia de género (así, la preocupación unilateral por el *alejamiento* inflexible del infractor, concesión de ventajas laborales a la maltratada para fomentar la denuncia, traslado al ámbito penal de la *discriminación positiva*, etc.).

y de los poderes públicos, dirigida a satisfacer solidariamente las necesidades y expectativas reales de aquélla[526]. El delito (la victimización) es, desde este punto de vista un «accidente social» más.

La «desvictimización» que se propone como meta última de la respuesta de la sociedad y las instituciones tiene, entre otros, un triple ámbito de incidencia: *psicológico/clínico* (para curar los efectos traumáticos, psicopatológicos y emocionales de la victimización); *social* (para superar la estigmatización y aislamiento social de la víctima, reintegrándola a la comunidad); y *reparatorio/indemnizatorio* (compensación de los perjuicios corporales e inmateriales derivados de la victimización, económicamente evaluables)[527].

Una vez cometido el delito, todas las miradas se dirigen hacia el delincuente. El castigo del hecho y la resocialización del autor polarizan en torno a su persona todos los esfuerzos del Estado. El proceso penal garantiza escrupulosamente la vigencia efectiva de los derechos del acusado reconocidos por las leyes. Por el contrario, la víctima inocente del delito sólo inspira, en el mejor de los casos, compasión: a menudo desconfianza, recelo, sospechas ... La *Victimología* trata de llamar la atención sobre la variada y compleja gama de daños que padece la víctima, sobre el muy distinto origen y etiología de los mismos (victimización primaria o secundaria), sobre la eventual necesidad de reinserción o resocialización de la víctima estigmatizada y marginada por la propia experiencia criminal, sobre los programas de tratamiento, etc. ...

Sin incurrir en generalizaciones, puede afirmarse que el daño que experimenta la víctima[528] no se agota, desde luego, en la lesión o peligro del bien jurídico y, eventualmente, en otros efectos colaterales y secundarios que puedan acompañar o suceder a aquel. La víctima sufre, a menudo, un severo impacto *psicológico* que se añade al daño material o físico en que el delito consiste. La vivencia criminal se actualiza, revive y perpetúa. La impotencia ante el mal y el temor a que se repita producen ansiedad, angustia, depresiones, procesos neuróticos. Al abatimiento se añaden, no pocas veces, otras reacciones psicológicas, producto de la necesidad de explicar el hecho traumático: la propia atribución de la responsabilidad o autoculpabilización, los complejos. La sociedad misma, por otra parte, *estigmatiza* a la víctima. No responde con solidaridad y justicia, tratando de neutralizar el mal padecido, sino con mera compasión, e incluso con desconfianza y recelo. El entorno próximo de la víctima la señala, la etiqueta despreciativamente como persona «tocada», como «perdedor», que «algo habrá hecho para merecer el castigo del delito» (culpabilización). La victimización produce aislamiento social y, en último término, marginación. Todo ello suele traducirse en

[526] Vid., GARCÍA-PABLOS DE MOLINA, A., «Hacia una redefinición del rol de la víctima», en Libro homenaje al Profesor Fernández Albor, 1989, Santiago de Compostela, págs. 307 a 328; SANGRADOR, J.L., La *Victimología y el sistema jurídico penal*, cit., págs. 81 y ss.

[527] Según BACA BALDOMERO, E., (Los procesos de desvictimización y sus condicionantes y obstáculos, en: Manual de Victimología, cit., págs. 253 y ss.), el problema particular de la víctima —a diferencia de lo que sucede al *enfermo*, que cuenta con un «sistema sanitario» para atenderle —es que carece de un subsistema específico para responder a sus necesidades, compartiendo tal cometido la justicia penal, los sistemas de aseguramiento privado, y los servicios sociales.

[528] Cfr., GARCÍA-PABLOS DE MOLINA, A., *Tratado de Criminología*, cit., págs. 131 y ss.

una modificación de los hábitos y estilos de vida, con frecuentes trastornos en las relaciones interpersonales. La actuación de las instancias del control penal formal (policía, jueces, etc.) multiplica y agrava el mal que ocasiona el delito mismo. En parte porque estas agencias, altamente burocratizadas, parecen olvidar los perjuicios ya experimentados por la víctima, la psicología de ésta, su especial sensibilización y legítimas expectativas, necesidades, etc. En parte, también, porque la víctima se siente despreciada, maltratada por ellas: como si fuera simplemente el objeto o pretexto de una rutinaria investigación. Algunas situaciones procesales como la confrontación pública de la víctima con el agresor son experimentadas por ésta como una verdadera e injustificada humillación. Con razón se ha dicho que, por desgracia, la víctima del delito suele convertirse con demasiada frecuencia en víctima del sistema legal; y que esta victimización «secundaria[529] es aún más preocupante que la «primaria». Diversas investigaciones, por otra parte, —y no puede extrañar— constatan que son muchos los infractores que cuentan en sus biografías con experiencias victimarias previas. Es decir: antes que delincuentes fueron también víctimas del delito[530].

Por ello, la Victimología ha llamado la atención sobre la necesidad de formular y ensayar *programas* de asistencia, reparación, compensación y tratamiento de las víctimas del delito. Estos aparecieron durante la década de los sesenta (Nueva Zelanda, Gran Bretaña, etc.), diversificándose después para abarcar, también, otros supuestos diferentes: víctima-testigo, prestaciones personales en favor de la víctima como contenido de la sentencia condenatoria, etc. Sólo en los Estados Unidos, al parecer, existen más de quinientos programas distintos de ayuda y compensación a la víctima[531], según la clase de víctima de que se trate, los servicios que se dispensan a ésta, fines perseguidos, institución que los financia, grado de autonomía que disfrutan respecto al sistema legal, etc. Cuatro de ellos merecen una mención particular:

1°.- *Programas de asistencia inmediata.* Ofrecen servicios relacionados con las necesidades más imperiosas, de tipo material, físico o psicológico, que experimentan las víctimas de ciertos delitos frecuentemente no denunciados. Sus destinatarios son, pues, colectivos muy específicos (ancianos, mujeres violadas o maltratadas, etc.). Corren a cargo, por lo general, de instituciones privadas (religiosas, de ámbito local) que desarrollan y gestionan tales programas con plena autonomía e independencia de la Administración, o bien en un régimen de concierto con ésta.

Mención especial merece, en España, el *movimiento asociativo particular en favor de la víctima*, que ha experimentado un desarrollo espectacular durante los dos últimos decenios.

---

[529] Sobre la victimización secundaria, vid.: LANDROVE DÍAZ, G., *Victimología*, cit., pág. 44; SANGRADOR, J.L., La *Victimología y el sistema jurídico penal*, cit., pág. 72; GARCÍA-PABLOS DE MOLINA, A., *Tratado de Criminología*, cit., pág. 131.

[530] Como advierte RODRÍGUEZ MANZANERA, L., *Criminología*, cit., pág. 168 y ss.

[531] Cfr. SANGRADOR, J.L., La *Victimología y el sistema jurídico penal*, cit., pág. 84.

Fruto de una imperiosa necesidad social, pero sin más bagaje que el espíritu solidario y la acusada sensibilidad de sus pioneros, ha dado lugar a la generosa proliferación de una variada red de asociaciones privadas y oficinas que prestan una trascendental e insustituible labor de asistencia a las víctimas del delito.

Sin unidad de modelo, y plurales en su estructura, organización, fines y funcionamiento, cubren con éxito el clamoroso déficit de solidaridad de nuestro Estado "social" de Derecho.

Unas, tienen como destinatario a la víctima de determinados delitos y situaciones de conflicto que generan violencia y malos tratos. Otras, a la víctima, en general.

a") Entre las primeras cabe citar la Asociación de Víctimas del terrorismo.

La Asociación de víctimas del terrorismo se constituyó en 1981. Presta sus servicios a cerca de mil quinientas familias damnificadas, siendo socios de la misma, además de las víctimas directas, más de cuatro mil allegados de éstas.

Se trata de una entidad benéfico-asistencial, de ámbito estatal, hoy mayoritaria que pretende reivindicar los derechos de las víctimas del terrorismo de forma colectiva, dispensarles la ayuda material y moral que requieran, fomentar actitudes sociales de solidaridad hacia las mismas y promover las acciones judiciales que proceda para hacer valer sus derechos en los oportunos procedimientos. Su labor se divide en cinco áreas: asistencial (asesoramiento y asistencia a familiares de las víctimas, apoyo material y moral, defensa de sus intereses ante la Administración, etc.), administrativa (solicitud y gestión de las ayudas, becas y prestaciones), jurídica (personación en los respectivos procedimientos), prensa y gabinete psicológico. Sus fuentes de financiación, privadas fundamentalmente, tienen diverso origen (donaciones de particulares, programas de formación de entidades financieras, etc.). Las subvenciones oficiales, con cargo a fondos públicos, no alcanzan siquiera el discreto rango de lo simbólico.

b") En cuanto a las asociaciones que dispensan sus servicios a favor de las víctimas de cualquier delito, destacan las Oficinas de asistencia o ayuda, creadas durante la década de los ochenta. Pionera fue la Oficina de Ayuda a la víctima del delito, constituida en Valencia, el 16 de abril de 1985, que impulsó activamente desde entonces la consolidación del movimiento asociativo. Con posterioridad se han establecido Oficinas de semejante orientación en: Barcelona (Abril 1989), Palma de Mallorca (Diciembre 1989), Alicante (Junio 1990), Bilbao (Octubre 1991), Castellón (Junio 1992), Las Palmas de Gran Canaria (Septiembre 1993), San Sebastián (Octubre 1994), Vitoria (Octubre 1995), Murcia (Octubre 1995), etc.

La extraordinaria labor de información y asistencia que despliegan estas Oficinas está llamada a cambiar la imagen de nuestra justicia. De hecho han aportado ya a la misma una faz más humana y operativa. Por eso, a pesar de su origen privado, terminarán insertándose orgánicamente en el propio sistema legal, como un servicio o parte esencial más de éste.

2°.- Programas de reparación o restitución a cargo del propio infractor («restitution»). Tratan estos programas de instrumentar la reparación del daño o perjuicios padecidos por la víctima a través del pago de una cantidad de dinero, de la realización de una determinada actividad o de la prestación de ciertos servicios por el infractor mismo en beneficio de la víctima. A diferencia de los programas privados anteriores (de asistencia inmediata), los de reparación discurren en el seno del sistema jurídicopenal y pretenden desarrollar una positiva relación delincuente-víctima[532].

---

[532] Sobre estos programas de «reparación» («restitution»), vid.: MATTI JOUTSEN, The role of the Victim., cit., págs. 220 a 248; SCHNEIDER, H.J., Kriminologie, cit., págs. 777 y ss.; SAN-

Entre las ventajas que se esperan de estos programas, se cita la posibilidad de contribuir a una mejora de las actitudes de los ciudadanos respecto al sistema, dado que operan en el seno de éste; que permiten al infractor concienciarse y comprobar los males ocasionados por su delito, perspectiva muy positiva en orden a su deseable resocialización; que las prestaciones personales del propio delincuente en favor de la víctima satisfacen los intereses objetivos y expectativas de ésta mejor aún que las indemnizaciones estatales o los seguros. La reparación, además, implica una respuesta al delito razonable y humanitaria. Reclama una posición activa por parte del infractor, quien se limitará a padecer un castigo; le compromete personalmente, fomentando el desarrollo de una relación positiva del mismo con su víctima. Sin duda incidirán satisfactoriamente en la tasa de denuncia de delitos (que es muy baja) y en la reducción de las contribuciones del ciudadano para el mantenimiento de un sistema legal de este modo más barato.

Algún teórico de los programas de «restitucion» entiende que estamos ante un nuevo «paradigma» de la justicia penal y que este modelo sustituirá al fracasado modelo retributivo[533].

No obstante, sería ingenuo desconocer algunas de sus limitaciones. En primer lugar, porque parten de una supuesta naturaleza privada de la infracción —o, al menos, de la posibilidad de contemplar el crimen desde esta perspectiva— lo que no siempre puede mantenerse teórica ni legalmente. En segundo lugar, porque algunos crímenes hacen muy difícil todo propósito de generar o restablecer la necesaria relación personal de confianza entre víctima e infractor. La capacidad económica del culpable, por último, frustra aquellas modalidades de «restitución» que consisten en el pago de una cantidad a la víctima por el infractor. La viabilidad de estos programas, en consecuencia, parece circunscribirse, *ratione materiae*, a delitos de escasa gravedad; y, atendiendo a las circunstancias personales del sujeto activo (*ratione personae*), a los delincuentes jóvenes primarios.

A mi modo de ver, cuando no sea posible restablecer la relación personal entre infractor y víctima que presuponen estos programas, cabría sustituir la reparación *efectiva* del daño a la propia víctima por una reparación «*simbólica*» (siempre a cargo del infractor) en beneficio de otros colectivos de víctimas de semejantes delitos o de entidades benéfico asistenciales.

3°.- *Programas de compensación a la víctima.-* La particularidad de los mismos estriba en el carácter público de los fondos con que se financian y el carácter monetario de las prestaciones que, en forma de seguros o indemnizaciones, ofrecen a las víctimas de ciertos delitos, con el objeto de satisfacer parte de los costes de dicha victimización. Surgen en el área anglosajona, circunscritos, en un principio,

---

GRADOR, J.L., La *Victimología y el sistema jurídico penal*, cit., págs. 85 y ss.; LANDROVE DÍAZ, G., *Victimología*, cit., pág. 78 y ss; GARCÍA-PABLOS DE MOLINA, A., *Tratado de Criminología*, cit., pág. 138 y ss.

[533] Así, BARNETT, R.E., «Restitution, a new paradigm of criminal justice», en: *Perspectives on crime victims*, 1981, Sr. Louis, C.V. Mosby. Cfr., SANGRADOR, J.L., *La Victimología y el sistema jurídico penal*, cit., págs. 85 y ss.

a los delitos de carácter violento. Su fundamentación suele encontrarse en la idea de solidaridad social hacia la víctima inocente y en la necesidad de que el Estado asuma unos costes que tienen su origen en su propio fracaso en la prevención del delito.

La naturaleza, extensión y *quantum* de los perjuicios que estos programas tratan de resarcir con las correspondientes compensaciones económicas varían caso a caso. Entre los costes que suelen ser objeto de cobertura, figuran: las pérdidas económicas derivadas de la victimización, las de ingresos o emolumentos procedentes de la incapacitación laboral, gastos de tratamiento y hospitalización, etc. Es frecuente que se asignen, también, a las víctimas indemnizaciones por el sufrimiento padecido a causa de la victimización y en concepto de apoyo a personas (vg. menores, ancianos, etc.) dependientes de las mismas. Pero estas compensaciones con cargo a fondos públicos no son incondicionadas ni ilimitadas. El efectivo disfrute de las mismas se hace depender de diversos requisitos: inocencia de la víctima, cooperación de ésta con el sistema legal (previa denuncia del delito o comparecencia para testificar), solicitud expresa de las ayudas, eventual demostración de la falta de medios que justifique dicha petición de indemnizaciones, etc.[534]

Que el moderno Estado «social» asuma estos compromisos es de estricta lógica, y se aviene a las exigencias más elementales de justicia y solidaridad. Evita el más absoluto desamparo de la víctima en los casos de insolvencia del infractor (o de imposibilidad de trabar su patrimonio). Reduce, sin duda, la endémica alienación de aquélla respecto al sistema jurídico penal y la sociedad, de suerte que la potenciación de la idea de solidaridad y reciprocidad en las relaciones sociales fomenta la posterior cooperación de la víctima con el sistema legal y mejora las actitudes de la población general respecto a éste.

En este sentido, tiene interés: la Ley 35/1995, de 11 de diciembre, de ayuda y asistencia a las víctimas de delitos violentos y contra la libertad sexual, que, además, contempla la urgente ratificación por el Estado español del Convenio 116 del Consejo de Europa (de 1983) y la creación de «oficinas de asistencia» a las víctimas; la Ley 12/1996, de 19 de diciembre de la Comunidad Autónoma de Madrid, de ayuda a las víctimas del terrorismo; el R.D. 738/1997, de 23 de mayo, Reglamento de ayudas a la víctimas de delitos violentos y contra la libertad sexual; R.D. 1.211/1997, de 18 de julio, Reglamento de ayudas y resarcimiento a las víctimas de delitos de terrorismo; y la Ley 32/1999, de 8 de octubre, de solidaridad con las víctimas del terrorismo; RD. 1.912/1999, de 17 de diciembre, por el que se aprueba el Reglamento de ejecución de la Ley 32/99, de 8 de octubre, de solidaridad con las víctimas del terrorismo, legislación que fija las cuantías de las indemnizaciones para las víctimas de delitos de terrorismo; L.O. 14/1999, de 9 de junio, de modificación del Código Penal de 1995 en materia de protección a las víctimas de malos tratos y de la Ley de Enjuiciamiento Criminal. Se completa esta última materia con la L.O. 1/2004, de 28 de diciembre, de Medidas de Protección Integral contra la Violencia de Género y el RDL. 27/2012, de 15 de noviembre, de Medidas urgentes para reforzar la protección a los deudores hipotecarios,

---

[534] Sobre estos programas, vid.: SCHNEIDER, H.J., *Kriminologie*, cit., pág. 778 y ss.; MATTI JOUTSEN, The role of the victim, cit., págs. 248 y ss.; LANDROVE DÍAZ, G., *Victimología*, cit., págs. 114 y ss.; SANGRADOR, J.L., La *Victimología* y el sistema jurídico penal, cit., pág. 86 y ss; GARCÍA-PABLOS DE MOLINA, A., *Tratado de Criminología*, cit., págs. 140 y ss.

cuando hayan sido víctimas de violencia de género. Con el objeto de actualizar y mejorar el régimen de resarcimiento y ayudas a las víctimas del terrorismo el Gobierno —sin derogar la legislación básica de 1999 (L. 32/1999, de 8 de octubre, y RD. 1912/1999, de 17 de diciembre)— ha aprobado el RD. 288/2003, de 7 de marzo, que revisa el régimen indemnizatorio para las víctimas que lo hayan sido del *terrorismo* con posterioridad a 1 de enero del 2002. La nueva normativa amplia el objeto de las indemnizaciones que pasan a cubrir además de los daños corporales y las lesiones psíquicas el tratamiento y determinados daños materiales. Así, se considerarán víctimas no solo las *directas*, sino también las *indirectas*. Se indemnizan los daños corporales o materiales sufridos «como consecuencia o con ocasión» del acto terrorista. La cuantía de la indemnización es superior a la señalada, con carácter general, en la L. 35/1995 para las víctimas de *delitos dolosos violentos* (art. 8º del Reglamento). Cuentan con cobertura los gastos derivados del tratamiento médico (vg. prótesis, intervenciones quirúrgicas no amparables en otro sistema de previsión, público o privado). Se consideran resarcibles los daños materiales en las viviendas de personas físicas o establecimientos mercantiles (arts. 23 a 31 del Reglamento) y los gastos por alojamiento provisional (art. 28 del Reglamento). Cabe la solicitud de ayudas para estudios (arts. 11 a 16 del Reglamento) o para gastos derivados de la asistencia psicológica y psicopedagógica o atención de posteriores secuelas de la víctima. Y las subvenciones a entidades sin ánimo de lucro que representen y defiendan a las víctimas del terrorismo (arts. 32 a 42 del Reglamento). Las indemnizaciones pueden percibirse mediante anticipos, sin esperar a la resolución judicial. El régimen de las mismas —excepto las que corresponden a daños corporales— tiene carácter subsidiario (incompatibilidad) respecto a las establecidas para los mismos supuestos por cualquier otro sistema público o privado. Asimismo, el RD. 199/2006, de 17 de febrero, en cumplimiento de la Directiva 2004/80/CE del Consejo de 29 de abril de 2004, sobre indemnización a las víctimas de los delitos facilita el acceso a las mismas y simplifica los problemas de competencia y procedimiento en supuestos de victimización transnacional[535].

Finalmente, con la L.O. 29/2011, de 22 de septiembre (BOE. 23 de septiembre de 2011), de reconocimiento y protección integral a las víctimas del terrorismo, se pretende rendir homenaje a éstas, expresando el compromiso permanente y apoyo integral inspirado en los principios de memoria, dignidad, justicia y verdad.

En determinados delitos que dan lugar a una *responsabilidad civil subsidiaria del Estado*, sería conveniente revisar con realismo la praxis de los poderes públicos, consistente en condicionar la reparación del daño a la previa sentencia condenatoria firme. Potenciar mecanismos flexibles y operativos que faciliten la previa reparación extrajudicial del daño interesa sobremanera. Esta libera el proceso penal de tensiones y sobrecargas que, además, lo contaminan; evitaría condenas simbólicas, que solo pretenden amparar una justa reparación del daño; y daría

---

[535] Sobre el tema, vid: SANZ DÍEZ DE ULZURRUN LLUCH, Marina, La víctima ante el Derecho. La regulación de la posición jurídica de la víctima en el Derecho Internacional, en el Derecho Europeo y en el Derecho Positivo español, en: Anuario de Derecho Penal y Ciencias Penales, LVII (2004), págs. 219 y ss.; también, RODRÍGUEZ PUERTA, Mª José, Sistemas de asistencia, protección y reparación a las víctimas, en: Manual de Victimología, cit. (coord. BACA, E., ECHEBURÚA, E. y TAMARIT, J.Mª.), págs. 418 y ss.; LANDROVE DÍAZ, G., La moderna Victimología. Valencia, 1998 (Tirant lo Blanch) .

respuesta a elementales exigencias eticosociales, incompatibles con la larga espera de la víctima en estos procesos a la reparación del daño sufrido[536].

Transcurridos veinticinco años desde la puesta en práctica del primero de estos programas (el neozelandés de 1963, referido a las víctimas de *delitos violentos*), la experiencia no parece haber confirmado los temores y recelos iniciales sobre la repercusión de los mismos en el comportamiento de la víctima potencial, en las tasas de criminalidad y en el erario público. Más bien todo lo contrario: lo que se pone en duda es la efectividad que puedan tener[537].

Los temores eran infundados. Las indemnizaciones a cargo del Estado no han fomentado la despreocupación y negligencia de las víctimas potenciales. Ni la inevitable «despersonalización» de la víctima que implican parece ser un factor decisivo en el proceso de deliberación criminal. Tampoco consta influyan significativamente en el desarrollo de la criminalidad, en los indicadores de comportamiento de la víctima, ni en la frecuencia de las condenas. Por otra parte, las prestaciones no han generado gastos preocupantes para el erario público, ni la colosal burocratización que algunos sospechaban: entre otras razones porque el índice de delitos violentos no es muy elevado, y porque las víctimas carecen de la oportuna información sobre sus derechos y sobre tales programas.

Pero la importancia objetiva de estos programas de compensación a la víctima con cargo a fondos públicos no es obstáculo para reconocer las objeciones formuladas a los mismos. Y para corregir los defectos o peligros de algunos de ellos.

En primer lugar, existe el riesgo de manipulación política ya que la rentabilidad electoral es siempre una tentación. Son, por desgracia, demasiados los programas «victimagógicos», de imposible cumplimiento, que no cuentan con las prioridades reales de la víctima y que utilizan a ésta de mero pretexto.

En segundo lugar, parece obvio que sería un error políticocriminal polarizar todas las estrategias de apoyo a la víctima en torno a estos programas, por positivos que sean los resultados obtenidos con ellos hasta la fecha. Pues, como se apuntó al resaltar las excelencias de los programas de «restitución» consistentes en prestaciones personales del infractor en favor de la víctima, no se debe fomentar una imagen pasiva de aquel, sino una positiva relación personal entre ambos (cuando sea posible).

Por otra parte, la efectividad de los programas de compensación es mínima y, de hecho, viene mereciendo unos juicios muy negativos y pesimistas incluso de sus beneficiarios. Pocas víctimas conocen de su existencia y menos aún llegan a disfrutarlos. Algunas —según se desprende de recientes estudios— califican de «victimizadora» su experiencia como solicitantes y manifiestan su propósito de no volver a pedirlas, si fuera el caso. Otras investigaciones llegan, también, a resultados descorazonadores en cuanto a la esperada respuesta de la víctima, su posterior colaboración con el sistema, mejora de sus actitudes respecto a los agentes de éste (policía, juez, funcionario, etc.) e incluso más eficaz prevención y sanción del crimen. Un significativo trabajo de SHAPLAND observa que la mayoría de las víctimas que recibió una compensación del Estado hubiera preferido recibirla directamente del propio delincuente (aunque sólo fuera una parte de ella); sugiriendo como fórmula que el Estado anticipase las indemnizaciones y repitiera, después, sus cuantías del infractor[538].

---

[536] En este sentido, GARCÍA-PABLOS DE MOLINA, A., *Tratado de Criminología*, cit., pág. 141.

[537] Así, SANGRADOR, J.L., *La Victimología y el sistema jurídico penal*, cit., págs. 88 y 89.

[538] Cfr., SANGRADOR, J.L., *La Victimología y el sistema jurídico penal*, cit., pág. 89. Una valoración muy crítica de estos programas, en: SHAPLAND, J., WILMORE, J. y DUFF., P., *Victims in the criminal Justice System*, 1985 (Hampshire, Gower); y en: ELÍAS, R., *Victims of the System: crime victims and compensation in american politics and criminal justice*, 1983

4º.- *Programas de asistencia a la víctima-testigo*[539]. Se dirigen, específicamente, a la víctima que ha de intervenir como testigo en el proceso, por lo que no sólo se orientan en provecho de la víctima sino en interés del propio sistema que necesita de su cooperación. Son los programas más recientes. Con ellos se informa y aconseja a la víctima-testigo, se facilita su actuación en el proceso solventando los problemas materiales de la más variada índole que puedan presentarse (vg. los laborales) y se la protege del eventual impacto negativo que pudiera resultar de la propia dinámica procesal o del comportamiento de los agentes de control social penal formal (Policía, Juez, Fiscal, Abogado defensor del presunto culpable) o informal (excesos de los medios de comunicación sensacionalistas), etc. La figura del Abogado de la víctima-testigo persigue la tutela de los intereses de ésta, pero, a pesar de las expectativas que despierta, carece aún de la necesaria definición, y parece de difícil encaje en el ordenamiento procesal español.

> La finalidad fundamental del Abogado de la víctima-testigo (abogado que el Estado financia, en su caso) es dispensar a aquélla el oportuno asesoramiento jurídico y asistencia personal durante todo el proceso y en las diversas instancias o momentos (ante la Policía, la Fiscalía y el Tribunal). Procura evitar, además, que conocidas estrategias de la defensa del presunto culpable (culpabilización de la víctima), comportamientos distantes, burocratizados o agresivos de los agentes del control social formal (policía, fiscal, juez, funcionarios, etc.) o el sensacionalismo de ciertos medios de comunicación incrementen los padecimientos derivados del delito (victimización secundaria: la víctima como víctima del sistema legal)[540].

En España, la Ley Orgánica 19/1994, de 23 de diciembre, de *protección a testigos y peritos en causas criminales*, arbitra las medidas necesarias que garanticen la libre actuación de unos y otros, sin temor a posibles represalias, tratando de conciliar el derecho a un proceso con todas las garantías y la tutela de los derechos fundamentales de testigos, peritos y sus familiares.

Sexto: Víctima y efectividad del sistema legal. Como es sabido, las encuestas ponen de manifiesto que prácticamente solo se persiguen los delitos *denunciados*[541]. La víctima tiene en sus manos, por tanto, la llave del contacto para la pues-

---

(New Brunswich); del mismo: «*Alienating the victim: compensation and victim attitudes*», en: *Journal of Social Issues*, 40, págs. 103 y ss.; Cfr., GARCÍA-PABLOS DE MOLINA, A., *Tratado de Criminología*, cit., págs. 142 y ss.

[539] Sobre estos programas, vid., LANDROVE DÍAZ, G., *Victimología*, cit., págs. 82 y ss.; SANGRADOR, J.L., *La Victimología y el sistema jurídico penal*, cit., págs. 86 y ss.

[540] Vid., SCHNEIDER, H.J., *Kriminologie*, cit., págs. 783 y 785, a propósito de la figura del Abogado de la víctima. En España, la procedencia de incorporar esta figura merece serias reservas por obvias razones procesales.

[541] El dato es estadísticamente incontestable, sin que afecte a la validez del mismo la conocida clasificación de las infracciones, por su régimen procesal (delito público-delito privado), que

ta en marcha del sistema legal[542]. Preocupando, como hoy preocupa, el *control de la efectividad* de éste y su buen funcionamiento, es obvio que procede indagar las claves del comportamiento de la víctima: cuáles son las razones de su conocida pasividad o falta de colaboración con el sistema legal, y sus consecuencias para el mismo.

Por otra parte, la víctima es un testigo de excepción cuyas *vivencias y percepciones sobre la actuación de los diversos agentes del sistema en sus diversas fases* (policía, proceso, administración, etc) aportan una información valiosa, sin duda alguna, para el mejor funcionamiento del control social penal. El sistema legal no puede ser indiferente a las percepciones y actitudes de la víctima del delito respecto a la Policía, los Jueces, Fiscales, Abogados, etc.

1º.- *La alienación* de la víctima respecto al sistema, su actitud de desconfianza hacia éste y el sentimiento de indefensión e impotencia que suele exhibir explican, probablemente, la escasa colaboración de la víctima con las instituciones y el muy bajo índice de denuncia del delito padecido.

Esta reticencia de la víctima a denunciar tiene importantes repercusiones en la efectividad del sistema y, con razón, preocupa.

En efecto, las encuestas demuestran que, de hecho, solo se persiguen los delitos denunciados. Por lo que la pasividad de la víctima, que tiene en sus manos la activación del sistema punitivo, significa la peligrosa impunidad de una muy importante masa de hechos criminales. Ello incide, como es lógico, en el proceso de motivación del infractor potencial, restando seriedad a las conminaciones legales y degradando el deseable impacto disuasorio o contramotivador de las leyes penales. Por otra parte, dicho espectáculo «desmoraliza» al ciudadano honesto que cumple las leyes y genera peligrosos estados de ánimo colectivos (sensación de desprotección, miedo al delito), fuente de toda suerte de excesos represivos y de incontroladas manifestaciones de autoprotección. A su vez, la alienación de la víctima falsea todas las estadísticas oficiales e impide una estimación cuantitativa realista de la criminalidad efectiva. El resultado último no puede ser otro que la fatal confirmación o refuerzo de las actitudes de desconfianza y pesimismo de la víctima acerca de la efectividad del sistema, de indefensión, según los conocidos esquemas psicosociales de la «profecía autocumplida»[543].

---

carece de trascendencia a tales efectos. Es más: diversas investigaciones ponen de relieve que la inmensa mayoría de los delitos de los que tiene noticia la Policía, le son denunciados a ésta por la víctima misma o por testigos: no los detecta la propia Policía. Cfr., SANGRADOR, J.L., *La Victimología y el sistema jurídico penal*, cit., pág. 70.

[542]   Vid., GARCÍA-PABLOS DE MOLINA, A., *Tratado de Criminología*, cit., pág. 151.

[543]   Vid., GARCÍA-PABLOS DE MOLINA, A., *Tratado de Criminología*, cit., pág. 152.

Son muchos los factores que contribuyen a la decisión de la víctima de no denunciar el delito[544].

Unos derivan del impacto psicológico que el propio delito causa a la víctima: temor, abatimiento, depresión. A veces, se desencadenan mecanismos de atribución interna o autoinculpación como posibles respuestas a un evento que la víctima no alcanza a explicarse. Todo ello refuerza la tendencia a no denunciar el hecho delictivo.

Otro factor relevante es el sentimiento de impotencia o indefensión personal que experimenta la víctima («nada se puede hacer ya»), unido al de desconfianza hacia terceros: la víctima cree en la inutilidad y en la ineficacia del sistema legal. Y habría que reconocer que no le faltan razones. Los estudios ponen de relieve que las tasas de atrición son elevadísimas: que de los delitos denunciados, muy pocos se persiguen, menos aún dan lugar al correspondiente proceso y un porcentaje casi despreciable concluyen con una sentencia condenatoria[545]. La «espantosa caricatura» que ofrece el sistema legal de sí mismo, es un ejemplo más de «profecía autocumplida». El llamativo paralelismo existente entre las tasas de no denuncia y la de no esclarecimiento de determinados delitos muestra la preclara intuición de la víctima así como la operatividad de los mecanismos psicosociales antes citados.

Un tercer factor es el propósito justificado de evitar posteriores perjuicios adicionales para el denunciante (victimización secundaria). La investigación que la denuncia desencadena y el proceso judicial público deparan toda suerte de incomodidades, frustraciones y padecimientos a la víctima-denunciante. No solo en el ámbito material (pérdida de tiempo, de dinero, perjuicios laborales, familiares, etc.) sino en el anímico: la víctima se siente incomprendida por los agentes del sistema y humillada una vez más en determinados momentos del proceso (confrontación pública con su agresor) o estrategias de las partes (culpabilización de la víctima por la defensa del infractor). Razones, también, para no denunciar.

En supuestos delictivos determinados, existen, lógicamente, razones también específicas para no denunciar: miedo a posibles represalias por parte del denunciado, síndrome de «manos sucias», pertenencia de la víctima a ciertos colectivos minoritarios o marginados, relación personal de la víctima con su victimizador, etc.

En la decisión de denunciar prevalecen otras motivaciones, según se desprende de diversos estudios: el deseo de venganza, el propósito de obtener alguna compensación económica, o de recuperar la cosa, el de prevenir posteriores victimizaciones, el mero imperativo moral de cooperar con la justicia, etc.

Es posible, por tanto, conseguir unos niveles más satisfactorios de colaboración de la víctima con el sistema legal, incidiendo o neutralizando los factores relevantes en su proceso de motivación. Ahora bien, paralelamente es necesario mejorar, también, los recursos o infraestructura del sistema. Pues, si sucede sólo lo primero, se produciría un colapso al no poder dar respuesta el ordenamiento

---

[544] Sobre la tasa de denuncia y los factores que influyen en la decisión de la víctima —para denunciar, o para no denunciar—, vid., SANGRADOR, J.L., *La Victimología y el sistema jurídico penal*, cit., págs. 70 y ss. Sobre el problema, en el caso concreto de la violencia de género, vid. LARRAURI PIJOAN, Elena, ¿Por qué retiran las mujeres maltratadas las denuncias?, en: Revista de Derecho Penal y Criminología, 2ª Época, nº 12 (2003), págs. 271 y ss.

[545] Una evaluación de los datos de la realidad norteamericana, en: SIEGEL, L.J., *Criminology*, cit., págs. 77 y ss.; VETTER, H.J. y SILVERMAN, I.J., *Criminology and Crime*, cit., págs. 55 y ss. Para la alemana, vid. STRATENWERTH, G.-KUHLEN, L., Strafrecht, A.T., 5ª Edición (2004), págs. 8 y ss.

jurídico a una superior demanda social. Si sus niveles de eficacia son muy reducidos cuando la demanda es escasa, la situación sería caótica al elevarse la tasa de denuncias si el correlativo incremento de la capacidad operativa del sistema no se produce en proporción adecuada[546].

2º.- *Las vivencias de la víctima-testigo* a su paso por las distintas fases del proceso, sus percepciones y actitudes con relación a los agentes del control social formal (policía, proceso penal, etc) constituyen el tema central de numerosas investigaciones criminológicas.

Recientes investigaciones versan sobre el modo en que la víctima de un delito percibe y valora su contacto con la Policía[547]. Al parecer, dicha experiencia tiene dos tiempos bien definidos. La víctima suele estimar satisfactorio su encuentro inicial con aquélla, exhibiendo una actitud claramente positiva; las críticas se circunscriben a cuestiones puntuales y precisas (comportamiento rutinario u hostil en casos concretos, negativa a actuar, escasa consideración a las necesidades efectivas de la víctima, trato poco acogedor en la investigación de determinados delitos, presiones a la víctima para que formule una acusación contra el denunciado, etc). Pero finalizada dicha etapa inicial, la actitud de la víctima hacia la Policía se deteriora.

La razón estriba, probablemente, en el hecho de que la Policía no suele informar a la víctima del resultado de las pesquisas e investigaciones, no existe contacto ni comunicación válida alguna entre ambas. Y se frustran las expectativas de la víctima que espera, al menos, esta satisfacción: que se la comuniquen los resultados obtenidos, o que se la reconozca, al menos, que se hizo todo lo posible.

Existen, igualmente, valiosos trabajos sobre las actitudes y experiencias de la víctima a su paso por el *proceso penal*[548] (jueces, abogados, etc).

Coinciden todas ellas en una constatación: la víctima se siente maltratada por el sistema legal, injustamente maltratada. Sabe de la importancia de su colaboración con la Policía y la Justicia y, sin embargo, comprueba cómo no recibe un trato equitativo que compense los perjuicios y molestias de todo tipo que dicha cooperación le ocasiona. Los profesionales del sistema ignoran sus actitudes y necesidades, le niegan el rol que efectivamente ostenta. Es imprescindible, pues, redefinir el rol de la víctima-testigo, y concienciar a todos quienes intervienen en el proceso penal de sus actitudes y expectativas. Ponderar los perjuicios económicos, familiares, laborales y de la más variada índole que experimenta la víctima cuando presta su colaboración a la Justicia. Atenderla e informarla puntualmente de las vicisitudes del proceso, del significado, a menudo enigmático para ella, de los ritos y ceremonias procesales. De este modo, no solo se haría justicia con la víctima: se fomentaría su colaboración con el sistema legal y se mejoraría cualitativamente el funcionamiento de éste.

---

[546] En este sentido, SANGRADOR, J.L., *La Victimología y el sistema jurídico penal*, cit., pág. 70.
[547] Cfr., GARCÍA-PABLOS DE MOLINA, A., *Tratado de Criminología*, cit., págs. 154 y ss.
[548] Cfr., SANGRADOR, J.L., *La Victimología y el sistema jurídico penal*, cit., pág. 77 y bibliografía allí reseñada.

3°.- Hasta qué punto, a su vez, *las características y actitudes de la víctima* influyen en las decisiones del sistema jurídico penal, de modo directo o mediatamente, a través de los correspondientes esterotipos, es otro de los temas favoritos de la Psicología Judicial, brillantemente retomados por la moderna Psicología Social (percepción interpersonal, procesos cognitivos, etc.). Existe un proceso de interacción juez-víctima, del mismo modo que existe un proceso de interacción delincuente-víctima[549].

Algunos trabajos llegan a la conclusión de que determinadas cualidades de la víctima, la especial relación de ésta con el agresor o ciertas circunstancias explicativas de una participación de la víctima en su propia victimización (vg. delito provocado imprudentemente por ésta) influyen en la resolución judicial en el sentido de reducir la condena del culpable.

Lo mismo sucede con algunos rasgos físicos y expresivos de la víctima: a través de la percepción interpersonal y de procesos cognitivos (categorización, efecto de halo, esterotipia, etc.) estudiados por la Psicología Social el juez o tribunal acusa el impacto de numerosos factores (indumentaria, porte y conducta de la víctima, sexo, edad, raza de ésta, etc.). La respetabilidad o atractivo personal de la víctima es uno de los rasgos de ésta cuya influencia en las decisiones judiciales ha tratado de verificarse por vía experimental. Y determinados esterotipos relacionados con el colectivo al que pertenece la víctima. La tendencia a culpabilizar a la víctima misma («algo habrá hecho», «las desgracias sobrevienen a quienes las merecen») es un fenómeno psicosocial llamativo: las víctimas inocentes de delitos o injusticias no reciben ayuda ni socorro, porque la sociedad (teoría del mundo justo) no puede soportar la hipótesis siquiera de un orden en el que tales personas padezcan, sin razón, males no merecidos. Tal orden social sería injusto e imprevisible. Lo que se soluciona atribuyendo a la víctima inocente algún tipo de responsabilidad, culpabilizándola[550].

Séptimo.- Víctima y Justicia penal. Las actitudes de la víctima hacia el sistema legal (confianza, alienación, rechazo, etc.) y el comportamiento de la misma (denuncia, abstención, etc), condicionan significativamente, como se ha indicado, el grado de rendimiento del propio sistema penal, cualquiera que sean los indicadores y criterios de medición de *la efectividad* de éste. Pero la Justicia Penal puede y debe ser también evaluada desde el punto de vista de la *calidad*: lo que no depende solo de la corrección lógica de su aparato «normativo», de la capacidad y destreza de los operadores de dicho sistema o del volumen de criminalidad detectada por sus agencias y castigada. Antes bien, una evaluación de la Justicia Penal parece obliga a ponderar cuatro factores —y en todos ellos tiene un papel destacado la

---

[549] Sobre dicha interacción, vid., SANGRADOR, J.L., *La Victimología y el sistema jurídico penal*, cit., págs. 82 y 83; SCHNEIDER, H.J., *Kriminologie*, cit., pág. 763; GARCÍA-PABLOS DE MOLINA, A., *Tratado de Criminología*, cit., págs. 155 y 156 y ss.

[550] Vid. LANDROVE DÍAZ, G., *Victimología*, cit., págs. 102 y ss.; RODRÍGUEZ MANZANERA, L., *Victimología*, cit., págs. 321 y ss.; GARCÍA-PABLOS DE MOLINA, A., *Tratado de Criminología*, cit., págs. 156 y ss.; SANGRADOR, J.L., *La Victimología y el sistema jurídico penal*, cit., pág. 83 (y especial referencia a las investigaciones de JONES Y ARONSON, LANDY, DENNO, CRAMER, DECKER y otros).

víctima del delito—: cómo concibe el hecho criminal y qué rol asigna a sus protagonistas; en qué medida satisface las expectativas de éstos; cual es su coste social; y cuales son las actitudes de los usuarios actuales y potenciales de la misma.

En el *modelo clásico* de Justicia Penal, el crimen es un conflicto formal, simbólico y bilateral entre Estado e infractor. El sistema contempla a la víctima, no como sujeto de derechos, sin como mero objeto o pretexto de la investigación. Esta no persigue fundamentalmente la reparación del daño del delito sino satisfacer la pretensión punitiva del Estado castigando al culpable. El delincuente contrae una deuda con el Estado, nacida de la sentencia condenatoria, que se desvincula del hecho cometido y de la persona de la víctima. La intervención del sistema legal despersonaliza el conflicto —conflicto personal, concreto e histórico— entre delincuente y víctima, neutraliza esta última y abre un abismo definitivo, irreversible, entre los dos protagonistas del suceso delictivo, redefiniéndolo simbólicamente (el infractor se enfrenta con la «ley» por lesionar el «bien jurídico» protegidos por ésta, la víctima es el «Estado», etc.). El sistema legal, en consecuencia, solo responde ante el Estado de la deuda que el delincuente contrajo con éste. La solución del conflicto criminal es, también, una solución formal, impersonal: no intervienen criterios materiales ni de utilidad individual (interés del infractor o de la víctima) o social (de la comunidad). Su implacable automatismo, no guarda parangón alguno con la rentabilidad de su intervención ni con los elevadísimos costes sociales de la misma. El marco de expectativas, por otra parte, parece muy pobre. Del infractor, el sistema legal solo espera el cumplimiento de la pena (que, por cierto, no le rehabilitará) y, en su caso, la satisfacción de las responsabilidades civiles derivadas del delito: obligación esta última en favor de la víctima (aunque no sea siempre, de hecho, la pretensión única ni prioritaria de ésta), que resulta muy fácil de eludir con una permisiva y sistemáticamente fraudulenta declaración de insolvencia de aquel. De «su» infractor, la víctima no obstante suele esperar —y, sin éxito— mucho más: no solo castigo y compensación económica, sino actitudes y comportamientos «personales» —no «procesales»— (arrepentimiento, disponibilidad, etc.) que presupondrían un «reencuentro» y «relación interpersonal» impensables en el marco rígido y poco comunicativo del proceso. Y del sistema penal, la víctima espera el tratamiento que merece un leal colaborador del mismo, que acude en solicitud de tutela judicial por haber padecido los efectos del delito. Espera información comprensible, respuesta pronta y justa a su demanda y reparación eficaz del mal que se le causó, fundamentalmente: expectativas no muy ambiciosas que, sin embargo, también se verán frustradas.

Parece, pues, necesario diseñar un *nuevo modelo* de Justicia Penal, de faz humana y mayor calidad. Punto de partida ha de ser la concepción del suceso criminal como problema y como *conflicto interpersonal* e histórico que enfrenta, en la mayoría de los casos, a dos seres humanos concretos: delincuente y víctima. Con realismo, pues, aceptando que la víctima no es una entelequia jurídica (el sujeto pasivo o titular abstracto del bien jurídico protegido), sino un protagonista del drama criminal, sujeto de derechos y destinatario —usuario— último del sistema, a quien éste debe servir. Objetivar e institucionalizar la respuesta oficial al delito, desapasionadamente, poniendo distancia entre los contendientes, es imprescindible. Rodearla de ritos y símbolos, puede tener justificación. Pero despersonalizar dicha reacción, redefinirla en términos puramente formales, equivale a convertirla en un fin en sí misma, olvidando su verdadera función institucional e incomunicándola de la sociedad. Un enfoque más profundo del problema criminal obliga, además, a ponderar su vertiente «comunitaria». El delito no enfrenta simbólicamente al infractor y al Estado, sino que expresa un conflicto entre tres protagonistas: delincuente-víctima y comunidad. Tres protagonistas cuyo marco de expectativas recíprocas es necesario redefinir con mayor ambición, lejos del enfoque formalista y simbólico tradicional. Esta dimensión social y comunitaria debe hacerse sentir en el momento de arbitrar soluciones al problema criminal, reclamando solidaridad y unos costes razonables (costes sociales).

De otra parte, la víctima exige un modelo de Justicia comunicativo y resolutivo. *Comunicativo*, en el sentido de propiciar el diálogo entre las partes implicadas en el conflicto (entre víctima y sistema, entre víctima e infractor, etc.), la interacción. La víctima no puede seguir siendo mero objeto de la investigación judicial, sino un partícipe activo de ésta, un sujeto de derechos, informado, atento, colaborador y responsable de su marcha. Comunicativo, también, en cuanto a la relación víctima-infractor. El sistema legal distancia a ambos para evitar respuestas emotivas, pasionales: pero su intervención formal no debe despersonalizar el conflicto incomunicando definitivamente a sus protagonistas. Resulta utópica la pretendida «resocialización» del infractor, si la propia mediación del sistema legal radicaliza el enfrentamiento y cierra el paso a toda posibilidad de diálogo entre los contendientes; si el infractor ni siquiera toma conciencia del mal causado porque la total ausencia del más elemental contacto con la víctima —con «su» víctima— impide una percepción personal y directa de los efectos del delito. La Justicia Penal no puede ser el principal obstáculo para el reencuentro del delincuente y la víctima, en aquellos supuestos donde éste sea viable y positivo.

Por último, para que la Justicia Penal recupere su faz humana, tiene que orientarse más al hombre —más al hombre que a la ley misma— y resolver efectivamente sus problemas. Tiene que ser *resolutiva*. Desde el punto de vista de la víctima del delito —y de la comunidad— esto significa que la *reparación del daño* producido por el hecho criminal se convierte en u no de sus objetivos prioritarios. Porque castigar, en todo caso, no resuelve nada, mientras que la reparación del daño es siempre necesaria. La pena no soluciona los problemas de la víctima, ni es útil para el delincuente: y tiene un elevado coste social. La reparación conviene a todos. Pero reparar el mal del delito no significa necesariamente indemnizar a la víctima: pues ni los efectos más pernicioso del crimen son de naturaleza económica, ni la compensación pecuniaria es la única o principal modalidad reparatoria. Tampoco suele ser el objetivo prioritario de la víctima misma. El catálogo de consecuencias jurídicopenales debe ampliarse, acogiendo en su poco imaginativo elenco actual —para los supuestos en que sean indicadas— prestaciones personales del infractor a favor de la víctima (de «su» víctima, de otras víctimas o de la comunidad en general). Una pena privativa de libertad de corta duración, por ejemplo, tiene escasa utilidad: excepto en casos contados, ni se cumple. Sin embargo, su sustitución por prestaciones personales del culpable puede expresar mejor postulados de adecuación y congruencia entre delito y pena; y repercutir en beneficio de colectivos victimizados o de la comunidad en general (trabajos comunitarios, prestaciones personales a favor de entidades benéficas, actividades asistenciales, etc.).

Que el sistema de la Justicia criminal deba ser *resolutivo* significa, además, que ha de actuar como eficaz instrumento de solución de conflictos, operando un impacto *pacificador* de las relaciones sociales y del clima social. No sólo está llamado a mejorar, por tanto, las relaciones personales infractor-víctima, sino las generales. Si el delito, como doloroso problema comunitario, abre una herida en el tejido social, la Justicia penal debe restañar dicha herida, no infectarla: debe resolver el conflicto, no potenciarlo, ni agravarlo y, obviamente, el conflicto no se resuelve solo absolviendo o condenando, ni sometiendo al culpable y haciendo caer sobre él las *iras* de la ley. El paso del sistema legal no puede asemejarse al del Caballo de Atila.

Por último, es imprescindible *implicar y comprometer a la propia comunidad* en la respuesta al delito, precisamente porque éste debe contemplarse como problema social y comunitario. Nada más pernicioso que el actual aislamiento e incomunicación del sistema legal.

Opto, pues, por un modelo *participativo*, que movilice activamente todas las energías sociales, que comprometa a la comunidad misma (no sólo a los agentes e instancias oficiales del control social formal) para articular una respuesta serena y solidaria al problema criminal.

Pero dicha propuesta ha de ser viable y realista, porque sólo de esta manera cabe contribuir al progreso. Una justicia «*lega*», de «*aldea*», como se sugiere desde el abolicionismo radical o sectores afines no convence. Porque alimenta imágenes «*privatizadoras*» del grave conflicto criminal, y soluciones poco respetuosas de las garantías ciudadanas a las que no se puede ya renunciar. Sería una respuesta regresiva.

Por otra parte, participación y movilización social son términos puramente descriptivos que no deben convertir la respuesta social, comunitaria, al delito en una *cruzada o declaración de guerra* contra el mismo. Expresan y reclaman actitudes de compromiso, de solidaridad, de empatía, no de beligerancia ni exclusión. De humanismo y sentido comunitario, no de espíritu formalista y tecnocrático.

No comparto, desde luego, los postulados radicales del movimiento *"abolicionista"*. Ni las formulaciones, moderadas, de algún sector doctrinal del mismo, partidario de un *«nuevo modelo»* de Justicia criminal. Modelo —dicen— de base comunitaria, vecinal ("justicia aldeana", en expresión de CHRISTIE), desprofesionalizado ("lego"), que, busca la solución efectiva del conflicto a través del arreglo, la negociación, el pacto, la reparación del daño, más que el castigo del culpable. Una Justicia "participativa", que mira, que escucha, que comprende, bien distinta de la diosa tradicional, sorda, muda, ciega ... ciñendo o empuñando espada[551].

Pienso, por el contrario, que los *«operadores jurídicos»* no han *«confiscado»* ni *«arrebatado»* ilegítimamente el conflicto a sus genuinos *«propietarios»*. Y que la *«devolución»* de éste a los litigantes (autor y víctima) implicaría una lamentable regresión, anacrónica y peligrosa, al socaire de fórmulas utópicas, ingenuas, reprivatizadoras, de imprevisibles consecuencias antigarantistas[552]. Ahora bien, el pensamiento abolicionista, que no opone una alternativa válida al sistema legal clásico, sí acierta cuando critica el funcionamiento de éste, su actual orientación. Forzoso es reconocer, por ejemplo, su perfil *burocrático, tecnocrático, despersonalizado* (que no tiene nada que ver con el *«formalismo»* garantista inherente a toda intervención jurídico penal); los excesos propios del giro *instrumentalizador* que marca su actuación (del sistema se espera "rendimiento", productividad, trabajo "bien hecho" más que "justicia", etc.); su déficit *"participativo"* y *"comunitario"*; su progresivo *distanciamiento de los valores éticos culturales, de la propia experiencia humana*, porque le interesa más el castigo del culpable que la solución efectiva del problema criminal, más el acierto técnico en la aplicación de la ley al caso concreto que la Justicia material, que la reparación del daño ocasionado a la víctima y a la comunidad.

No se trata, claro, de reclamar una *«justicia aldeana»*. Pero sí de reconocer las profundas carencias del actual modelo representativo y profesional de Justicia criminal. Un modelo preocupado más de la *«respuesta»* técnicamente correcta, que de la *«solución»* del problema. Más de su propio *rendimiento y productividad*, que de la calidad de su intervención. Un modelo de justicia *"utilitarista"*, que se aparta de los valores éticos y comunitarios, de las instituciones culturales, del sano sentido común popular y de la experiencia humana. Que *despersonaliza* el conflicto criminal, reduciéndolo a la categoría de enfrentamiento simbólico entre protagonistas inertes, sin vida, sin emociones; incapaz de crear espacios

---

[551] CHRISTIE, Nils, *La industria del control del delito. ¿La nueva forma del Holocausto?*, 1993. Buenos Aires. El Puerto, págs. 148 y ss. Cfr. VARONA MARTINEZ, G., *La mediación reparadora ...*, cit., pág. 89.

[552] Los entrecomillados son míos, aunque subrayan las tesis de CHRISTIE, N., op. cit., págs. 156 y ss.

donde aquéllos —autor y víctima— comuniquen y exterioricen recíprocamente sus vivencias y legítimas emociones, sintiéndose escuchados y comprendidos (el sistema legal ha sustituido el *«ritualismo expresivo»* que otrora persiguiera por la mera "eficiencia administrativa"). Un modelo de Justicia criminal escasamente *"participativo"*, alejado del ciudadano y de las demandas sociales, que exhibe un significativo "déficit comunitario".

Me parece, pues, importante rescatar la *dimensión interpersonal y comunitaria* del delito. Este no es un reto simbólico del infractor al Estado (concepción jurídica-normativa), de estructura bilateral, sino un doloroso conflicto interpersonal que afecta, como otros tantos problemas sociales, a la comunidad (análisis criminológico). La respuesta al delito no puede agotarse en el castigo, esto es, en la satisfacción de la pretensión punitiva del Estado. Es necesario buscar soluciones: *soluciones constructivas* que no marginen o excluyan al infractor («incluyentes»), sino que lo recuperen y reinserten socialmente. Y que reparen el daño causado por el delito a la víctima y a la comunidad, restañando las relaciones interpersonales heridas por el conflicto criminal y pacificando el clima social. El solo castigo no soluciona nada: ni repara las consecuencias negativas del delito para la víctima y para la comunidad; ni rehabilita al infractor comprometiéndole en la reparación del mal causado: añade simplemente un mal proporcionado a este último, que se impone al culpable siguiendo conocidos esquemas retributivos. Pero no aporta soluciones válidas y constructivas, sino respuestas simbólicas que estigmatizan, marginan y excluyen al infractor, sin satisfacer por ello las legítimas expectativas de la víctima, ni las exigencias de la comunidad.

Creo, también, conveniente *concienciar a la comunidad y comprometerla* en el abordaje de este doloroso problema social, movilizando todos sus activos y recursos. La muy positiva labor del control social informal es insustituible. Ahora bien, no comparto la renuncia radical al *castigo* que abanderan, con escaso realismo, los movimientos abolicionistas y comunitaristas. Y tampoco la propuesta naiv, y en buena medida regresiva, de ciertos sectores de la llamada «justicia restaurativa» —o de la denominada «justicia negociada»— partidarios de «devolver» la *gestión del conflicto criminal* a los protagonistas del mismo: delincuente y víctima (sus «propietarios»), prescindiendo del sistema legal y sus operadores jurídicos («ladrones» del conflicto). Porque el crimen no es un problema privado, doméstico, que incumba solo a infractor y víctima, sino un problema social y comunitario cuya respuesta más drástica, la penal monopoliza el Estado. La movilización comunitaria a la que se ha hecho referencia, y la activa participación y compromiso de sus principales protagonistas en la búsqueda de soluciones constructivas a este doloroso problema interpersonal y social deben instrumentarse con cautela y realismo. Más aún en ordenamientos, como el español, sin cultura «comunitarista», ni tradición «pactista», que recela —y con razón— de instituciones foráneas, como la «justicia negociada» y el principio procesal de «oportunidad».

Octavo.- Víctima y victimagogia.

El hecho de que el sufrimiento de la víctima del delito haya dejado de pertenecer al estricto ámbito de lo privado para alcanzar una dimensión colectiva y comunitaria supuso un cambio social muy relevante[553].

---

[553] Vid., por todos, TAMARIT SUMALLA, J., La Victimología: cuestiones conceptuales y metodológicas. En: Manual de Victimología; cit., págs. 47 y ss.

Pero este profundo cambio debe ser, también, motivo de reflexión porque no cabe desconocer los riesgos del mismo en detrimento del garantismo y de la mesura y adecuación de la respuesta al crimen como consecuencia de una perniciosa contaminación política o ideológica ("victimagogía") que termina consolidando a la víctima en su estatus de víctima, perpetuando éste, en lugar de contribuir a que supere el trauma padecido.

Ante todo, se ha señalado que con lamentable frecuencia el discurso político utiliza el sufrimiento de las víctimas[554] y los naturales instintos de venganza, más o menos sublimados, de modo que la apelación a los derechos de éstas se pone al servicio de la políticas restrictivas de derechos o proclives al denominado "encarnizamiento punitivo". Por el contrario, parece imprescindible romper cierta dinámica competitiva por la que tiende a percibirse que el reconocimiento de garantías del infractor conlleva la inevitable reducción de la protección que merecen las víctimas (el llamado "juego de suma-cero"). Es necesario, pues, que se asuma que la reintegración del ofensor y la tutela efectiva de la víctima constituyen objetivos compatibles de toda política criminal constructiva[555]. Por otro lado, la lenta y desnortada respuesta social al delito (sobre todo, en ciertas parcelas de la criminalidad) hace que nocivos discursos victimagógicos se pongan al servicio de demandas no siempre realistas y racionales, lo que obstaculiza el proceso de curación natural del trauma de la víctima[556] cronificando éste y perpetuando a la víctima en su estatus de víctima en lugar de contribuir a su superación.

Procede, por el contrario, una redefinición del rol de la moderna Victimología orientada a fines de promoción de la víctima; y un nuevo modelo de ésta "constructivista"[557], con el lógico "ajuste gramatical"[558].

i) *La situación de la víctima en España: estatuto jurídico de la víctima en el procedimiento penal y análisis de algunas tipologías de víctimas.*

a) El *«estatuto jurídico»* de la víctima en el procedimiento penal español.

---

[554] Así, DÍEZ RIPOLLÉS, J. L., La nueva política criminal española, En: Cuadernos penales en homenaje a José María Lidón, núm. 1; 2004. págs. 17, t. 18

[555] Cfr. TAMARIT SUMALLA, J., La victimología: cuestiones conceptuales y metodológicas; cit., pág. 49.

[556] Así, FATTAH, EZZAT, E., Victimology: Past, Present and Future. En: Criminology, vol. 33, 1; págs. 17 y ss.

[557] Cfr. HERRERA MORENO, M., Historia de la Victimología; en Manual de Victimología; cit., págs. 71 y ss.; también: MAPELLI CAFFARENA, B., Las consecuencias jurídicas del delito; 2005, 4ª ed.; Thomson Civitas. Pamplona, págs. 214 y ss.

[558] Así SILVA SÁNCHEZ, J. Mª., Retos científicos y retos políticos de la Ciencia del Derecho Penal. En: Revista de Derecho Penal y Criminología, 2002, núm. 9; págs 83 y ss.

En los últimos años se ha producido un progreso sustancial en la regulación —material y procesal— de los derechos de la víctima en España, que todavía sigue siendo parcial y fragmentaria. No ha existido, un «estatuto jurídico» de la víctima en nuestro ordenamiento[559], pero ha habido que esperar hasta 2015 para que se promulgara el Estatuto de la Víctima (Ley 4/2015, de 27 de abril), desarrollada por Decreto 1.109/2015, de 11 de diciembre), que el lector podrá encontrar al final de esta obra, en Anexo.

La normativa comunitaria (Decisión Marco, del Consejo Europeo, de 15 de marzo de 2001, relativa al «Estatuto de la víctima en el proceso penal») ha impulsado el giro mencionado, definiendo el propio concepto de «víctima», ausente de la legislación procesal española tradicional (ésta solo se refiere al «ofendido», «agraviado» o «perjudicado»); y diseñando un incipiente *estatuto* de la víctima inexistente, también, en aquella (en el proceso penal español la víctima puede actuar como «parte acusadora», o como «testigo», pero sin especificidad alguna por su condición de víctima; esto es, como cualquier otra «parte acusadora», o como cualquier «testigo»[560]).

> Fundamentales han sido en esta evolución normativa la reforma de la Ley de Enjuiciamiento Criminal introducida por la L. 38/2002, del 24 de octubre, y de la L.O. 8/2002, de igual fecha, mediante las que se regula como procedimiento especial el «juicio rápido» y se modifica el régimen del «procedimiento abreviado». Tales innovaciones legislativas consagran la obligación de determinados operadores jurídicos de *informar* a las víctimas de sus derechos, la de *notificar* a éstas determinadas resoluciones, y arbitrar mecanismos para la *personación* de las víctimas en el proceso. Semejante evolución se ha producido en el proceso penal de menores, inicialmente muy restrictivo para la víctima, que a raíz de L.O. 15/2003, de 25 de noviembre admite ya se persone como acusación[561].

La Decisión Marco del Consejo Europeo obliga a los Estados miembros a garantizar a las víctimas los siguientes derechos: el de ser oídas durante las actuaciones (art. 30); recibir la información necesaria (art. 4°); participar en las fases importantes del proceso (art. 5°); obtener el reembolso de los gastos sufragados por la víctima-parte acusadora o testigo (art. 13); a la protección, y, en su caso, la de sus familias, si procede (art. 8); asesoramiento jurídico gratuito (art. 6); recibir asistencia de los *servicios públicos* de apoyo a las víctimas u otras instituciones financiadas con este objeto (art. 13); derecho a la indemnización (art. 9°).

---

[559] Así, explícitamente: SANZ-DÍEZ DE ULZURRUN LLUCH, Marina, La víctima ante el Derecho, cit., Anuario de Derecho Penal, LVII (2004), pág. 286. Cfr. GARCÍA-PABLOS DE MOLINA, A., Tratado de Criminología, cit., pág. 112.

[560] Así: VILLACAMPA ESTIARTE, Carolina y ALONSO RIMO, Alberto, La víctima en el sistema de justicia penal, en: Manual de Victimología, cit., Tema 10, pág. 381.

[561] Cfr. VILLACAMPA ESTIARTE, Carolina, en: VILLACAMPA ESTIARTE, Carolina y ALONSO RIMO, Alberto, op. cit., págs. 383 y ss.

Siguiendo estos requerimientos han tenido lugar en la legislación procesal española relevantes innovaciones normativas a propósito de los derechos de la víctima a la *información*, la *participación* y la *protección* eficaz de aquellas[562].

El derecho a la información se plasmaba de forma genérica en los artículos 109 y 110 de la LECr. (ofrecimiento de acciones). Diversas reformas han ampliado su objeto, precisando los operadores jurídicos, obligados en cada momento procesal. Así la L.O. 14/1999, de 9 de junio (sobre protección a la víctima de malos tratos) ha añadido un último párrafo al art. 109 LECr. que obliga al juez a comunicar a aquella los actos procesales concernientes a su seguridad; y el art. 544 ter., núm. 9 LECr, regulador de la orden de protección por delitos de violencia doméstica, establece el deber de informar permanentemente a la víctima sobre la situación procesal del imputado, sobre el alcance y vigencia de las medidas cautelares adoptadas, y sobre la situación penitenciaria del ofensor. Semejante función cumple en su ámbito propio el artículo 15 de la L. 35/1995, de 11 de diciembre, de ayuda y asistencia a las víctimas de los delitos dolosos y violentos y contra la libertad sexual. Mayor alcance y pretensiones tiene la L. 38/2002, que introduce el juicio rápido y modifica el procedimiento abreviado. En virtud de tal reforma, la nueva redacción del art. 771.1ª LECr. incluye el llamado «ofrecimiento policial de acciones». Y la del artículo 776.1 LECr. prevé la obligación del Secretario judicial de informar a la víctima, en los términos de los arts. 109 y 110 de todos sus derechos (vg. derecho a mostrarse parte en la causa sin necesidad de formular querella, instar el nombramiento de abogado de oficio, de tomar vista de todo lo actuado, … etc.). La nueva redacción de los arts. 785.3, 789.4, 791.2 y 792.4 LECr. plasma el deber de los órganos judiciales de informar a las víctimas de la fecha y hora del juicio, así como de notificarles la resolución recaída, aunque no sean parte en el proceso[563].

El derecho a la *participación* de la víctima en el procedimiento penal sigue polarizándose bien en torno a su personación como *parte acusadora*, bien a su intervención en calidad de *testigo*. En cuanto a la primera opción (que tiene como límite temporal el trámite de calificación), y para facilitar su posible personación se establece el deber de notificar a la víctima ciertas resoluciones judiciales. Así, la del sobreseimiento de las diligencias previas (art. 779.1.1ª LECr.); y el emplazamiento de ofendidos y perjudicados conocidos y no personados tras la petición de sobreseimiento por el Ministerio Fiscal, en el procedimiento abreviado, si no existe en éste acusador particular (art. 782.2.a LECr.). La nueva redacción del art. 761 LECr., según L. 38/2002, autoriza, además, la personación del ofendido o perjudicado sin necesidad de formular querella hasta el trámite de calificación; también en el procedimiento abreviado. Para el supuesto de la intervención de la víctima en calidad de *testigo*, la nueva redacción de los arts. 772.2 (para el procedimiento abreviado) y 797.2 LECr. (para el juicio rápido) preven la posibilidad de anticipar la práctica de la prueba testifical en ciertos supuestos; y el nuevo núm. 3 del art. 229 LOPJ zanja toda polémica sobre la admisibilidad legal de la videoconferencia. En el ámbito de la justicia de *menores*, la nueva redacción del art. 25 de la Ley reguladora (introducida por L.O. 15/2003) permite la personación en el procedimiento como acusadores particulares a los directamente ofendidos por el delito, sus padres, herederos o representantes legales, poniendo fín a la personación limitada que

---

[562] Vid. VILLACAMPA ESTIARTE, Carolina, en: VILLACAMPA ESTIARTE, Carolina y ALONSO RIMO, Alberto, La víctima en el sistema de justicia penal, cit., págs. 384 y ss. cuya exposición se sigue en el texto.

[563] Vid., VILLACAMPA ESTIARTE, Carolina, en: VILLACAMPA ESTIARTE, Carolina y ALONSO RIMO, Alberto, en, La víctima en el sistema de justicia penal, cit., Manual de Victimología, cit., págs. 384 y ss.

consagraba la L.O. 5/2000, de 12 de enero, más propia del *coadyuvante* que de una genuina *parte procesal*[564].

Medidas orientadas a garantizar la debida *protección* de la víctima se han adoptado diversas, especialmente en el ámbito de la violencia doméstica, y de la actuación del menor como testigo. Muy genérica es la tutela que depara la L.O. 19/1994, de 23 de diciembre a *testigos y peritos* en causas criminales, preservando su anonimato, impidiendo su identificación visual y acceso a datos personales de los mismos por terceros y facilitándoles, en su caso, protección policial, pues tales medidas no tienen en cuenta la hipotética condición de víctima de los testigos protegidos. Con relación a la *violencia doméstica*, la L.O. 14/1999, ha introducido un nuevo apartado bis a) en el artículo 544 de la LECr. que autoriza al órgano jurisdiccional a adoptar como medida cautelar la prohibición al inculpado de residir o acudir a determinados lugares; y de aproximarse o comunicarse con determinadas personas. En similar sentido, la posterior L. 27/2003, de 31 de julio, regula la orden de protección a las víctimas de violencia doméstica (nuevo artículo 544ter de la LECr.) que puede acordarse desde las primeras diligencias. Y los artículos 61 a 66 de la L.O. 1/2004, de 28 de diciembre, sobre medidas de protección integral contra la violencia de género contempla una rica gama de medidas cautelares y de aseguramiento: de salida del domicilio, de alejamiento o de suspensión de las comunicaciones (art. 64); de suspensión de la patria potestad o de la guarda y custodia de menores, e incluso del régimen de visitas (arts. 65 y 66); medidas todas ellas que pueden mantenerse después de dictada la sentencia y durante la tramitación de los oportunos recursos (art. 69). En cuanto a la *actuación como testigos de los menores víctimas*, los artículos 448 y 707 de la LECr. prohiben los careos con éstos y, a tal fin, se modifica la práctica de la prueba para evitar la confrontación visual con el inculpado[565].

b) Análisis de algunas tipologías de víctimas

La situación de la víctima —y su vivencia del hecho criminal— depende en buena medida, entre otras muchas variables, del delito mismo, de su estructura y circunstancias, de la personalidad del sujeto pasivo, etc. Todo ello configura una rica gama de "situaciones victimarias", de las que cabría destacar como especialmente típicas y significativas en la actual realidad española, las siguientes:

a") Los delitos imprudentes, contra la vida o la salud con ocasión del tráfico de vehículos a motor plantean una problemática específica, pero trascendental tanto desde un punto de vista cuantitativo (alta incidencia estadística de esta criminalidad, véase Figura 2 (muertos por accidente de tráfico entre 2000 y 2009) y Tabla 2.2 (peatones muertos y heridos en España durante los mismos años), como cualitativo (ninguna otra infracción expresa mejor la faz doméstica y cotidiana del

---

[564] Vid., VILLACAMPA ESTIARTE, Carolina, en: VILLACAMPA ESTIARTE, Carolina y ALONSO RIMO, Alberto, en, La víctima en el sistema de justicia penal, cit., Manual de Victimología, cit., págs. 387 y ss.

[565] Vid., VILLACAMPA ESTIARTE, Carolina, op. cit., págs. 391 y ss.

problema criminal)[566]. Ante todo, se podía observar en el ciudadano (y particularmente en la víctima) una significativa sensación de frustración del sentimiento de justicia como consecuencia del lógico déficit retributivo que arrojaban estos delitos. La opinión pública no suele comprender —y es lógico— que el grave daño que ocasionan o pueden ocasionar estos delitos no se traduzca en privación de libertad efectiva, del conductor que causó la muerte de la víctima. Pero lo cierto es que en el ámbito de los otrara «cuasidelitos» de la Justicia penal solo cabe esperar una limitada y tardía función reparadora (aparte de la preventivo-general).

Precisamente por ello, la víctima percibe muy negativamente la respuesta insolidaria de «su» infractor, quien se desentiende por completo de aquella, por lo general; trasladando, además, el mensaje de que el mal causado solo interesa a la Compañía aseguradora del vehículo, y no a su conductor.

La frecuente participación de infractores jóvenes en esta clase de delitos sugiere se acuda a mecanismos informales y flexibles de conciliación y mediación, que propician la comunicación e interlocución entre delincuente y víctima. Y, desde luego, a la imposición de las denominadas sanciones «positivas» que permiten el reencuentro infractor-víctima, la percepción directa e inmediata por el primero del daño real ocasionado a ésta y su efectiva reparación.

> Las reformas que se han producido en el Código Penal, en materia de seguridad vial (2007), han incrementado el número de conductas delictivas mediante la utilización de técnicas, no siempre bien recibidas, como la de los delitos de peligro abstracto (conducción con exceso de velocidad), que victimizan al propio conductor por la limitación de garantías que representan estas categorías dogmáticas, la consecuencia jurídica no se puede decir que alcance los fines tradicionales. En efecto, el sistema de acumulación de penas que la Ley 15/2007, de 30 de noviembre refería (multa, privación del permiso y trabajos en beneficio de

---

[566] Adquiere especial mención las recientes reformas experimentadas sobre los delitos contra la seguridad vial por LO 5/2010, de 22 de junio y LO 15/2007, de 30 de noviembre. De sendas leyes nacen unas incriminaciones como el exceso de velocidad punible (art., 379. 1 cp), la conducción tras la pérdida de vigencia del permiso por pérdida total de puntos (art. 384, párrafo primero del CP) o sin haber obtenido nunca el permiso de conducir (art. 384, párrafo segundo del CP). También se ampliaron los tipos penales existentes: tasa de alcoholemia; negativa a someterse a las pruebas legalmente establecidas para detectar el grado de alcoholemia de impregnación tóxica que deja de ser delito de desobediencia para adquirir autonomía propia (art. 383 CP). De igual modo, se introduce un nuevo supuesto de conducción temeraria; la conducción con "manifiesto desprecio" que corona el art. 381 CP, entre otras. Ante el incremento imparable de muertes en carretera cada año, las penas se agravan notablemente: privación del permiso de conducir, consideración del vehículo como instrumento de delito y su posible comiso. Sobre esta cuestión vid. VIZUETA FERNÁNDEZ, J., Delitos contra la seguridad vial. El comiso del vehículo de motor o ciclomotor antes y después de la Ley Orgánica 5/2010 de Reforma del Código Penal. Revista Electrónica de Ciencia Penal y Criminología. RECPC 13-02, 2011., págs.2 y ss.; MIR PUIG, S./CORCOY BIDASOLO, M. (Directores), CARDENAL MONTRAVETA, S. (Coordinador), VVAA. Seguridad Vial y Derecho Penal. Análisis LO. 15/2007, que modifica el Código Penl en materia de seguridad vial. Edit. Tirant lo Blanch. Reformas. Valencia, 2008.

la comunidad) era incompatible con la estructura judicial existente, falta de medios personales y materiales para la efectiva ejecución lo que imposibilitaba su aplicación. La reforma al Código Penal LO. 5/2010, de 22 de junio, prescinde del sistema acumulativo de penas por el alternativo. En la práctica preferentemente se aplica las penas de multa y privación del permiso de conducir, mientras que la de trabajos en beneficio de la comunidad queda como mero valor simbólico. En realidad y por una cuestión de eficiencia, se trata de reducir el elevado costo social que supone la ejecución de estas penas.

Cobra singular interés en el sector automovilístico el sistema de reparación del daño a la víctima. El modelo español en este particular se encuentra objetivado (art. 1902 CC.), por lo que resulta indiferente a efectos indemnizatorios, que el conductor obrara o no imprudentemente o el *hecho de la circulación* aconteciera de un modo fortuito. La técnica contractual del seguro obligatorio de responsabilidad civil derivada del uso y circulación de vehículos de motor nace con la Ley de 1962, reformada posteriormente, y en 1986 se adapta a la normativa comunitaria, ampliando sus coberturas (daños materiales además de personales y morales) y permite la indemnización a la víctima, así como la acción directa contra la aseguradora (arts 72 y 76 de la Ley de Contrato de Seguros de 8 de octubre de 1980). Lamentablemente y por no tratarse de *hecho de la circulación*, el sistema de seguros no puede amparar delitos dolosos como el homicidio o los daños, cuando se utiliza el vehículo de motor como instrumento en la comisión del delito (RD. 7/2001, de 12 de enero, por el que se aprueba el Reglamento sobre responsabilidad civil y seguro en la circulación de vehículos de motor, así como el art. 71 de la Ley 14/2000, de 29 de diciembre y Decreto 632/1968, de 21 de marzo), conducción con desprecio por la vida de los demás, o conductor que atropella al peatón por falta de reflejos derivados de la influencia de bebidas alcohólicas, drogas tóxicas, estupefacientes, o sustancias psicotrópicas, o fallecen los ocupantes del vehículo a consecuencia del accidente por encontrarse el conductor en las anteriores circunstancias. El actual modelo se aparta así de la tradicional Jurisprudencia que existía al respecto, donde cualquier resultado producido con vehículo de motor —incluyendo el derivado del comportamiento doloso— se consideraba *hecho de la circulación* y obligaba a la aseguradora a indemnizar a la víctima.

Otro tanto sucederá cuando el conductor circule *sin el correspondiente seguro obligatorio,* que en caso de siniestro le puede llevar incluso a la ruina. A la víctima no le quedara más recurso que aceptar las indemnizaciones legalmente establecidas por el Consorcio de Compensación de Seguros, sin perjuicio de reclamar la diferencia al causante del accidente y siempre que no sea insolvente, en cuyo caso se tendrá que conformar con una mera resolución judicial que la reconozca el derecho a ser indemnizada. Más si ésta "hubiere contribuido con su conducta a la producción del daño o perjuicio sufrido, los Jueces o Tribunales podrán moderar el importe de su reparación e indemnización" (art. 114 CP). Este técnica indemnizatoria, *mutatis mutandi,* es aplicable a otros sectores como el ferroviario, marítimo, aéreo, caza, energía nuclear, fraude a consumidores, responsabilidad patrimonial de la Administración por el normal o anormal funcionamiento de servicios públicos[567].

---

[567] Sobre la materia vid., SANTA CECILIA GARCÍA, F., Delito de daños. Evolución y Dogmática (art. 263 Código Penal), Edita Servicio de Publicaciones UCM., Madrid, 2003, págs. 52 y ss.; 328 y ss; del mismo, Daños patrimoniales imprudentes en el Código Penal de 1995, en Estudios Penales en Recuerdo del Profesor Ruiz Antón. Edita Tirant lo Blanch, Valencia, 2004, págs. 1009 a 1030; Dogmática del delito de daños en el Código Penal de 1995, en Fundamentos de conocimientos jurídicos. Teorías y Aplicaciones sobre la noción de responsabilidad jurídica. RAJL., Dykinson, 2009, págs. 435 a 470.

Figura 2: Muertes por accidentes de tráfico entre 2000 y 2009.

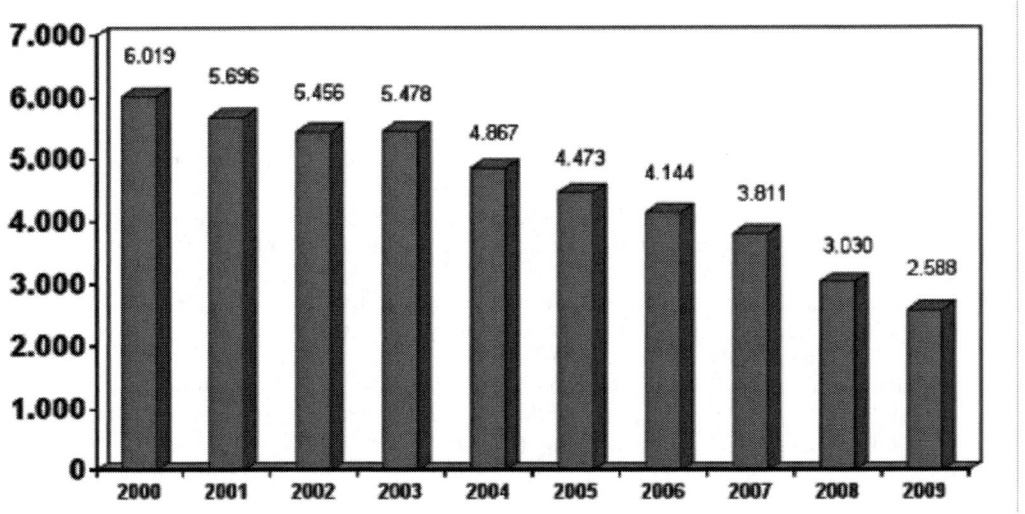

Fuente: Instituto Nacional de Estadística.

Tabla 2.1: Heridos y fallecidos en accidentes de tráfico en España entre 2001-2009.

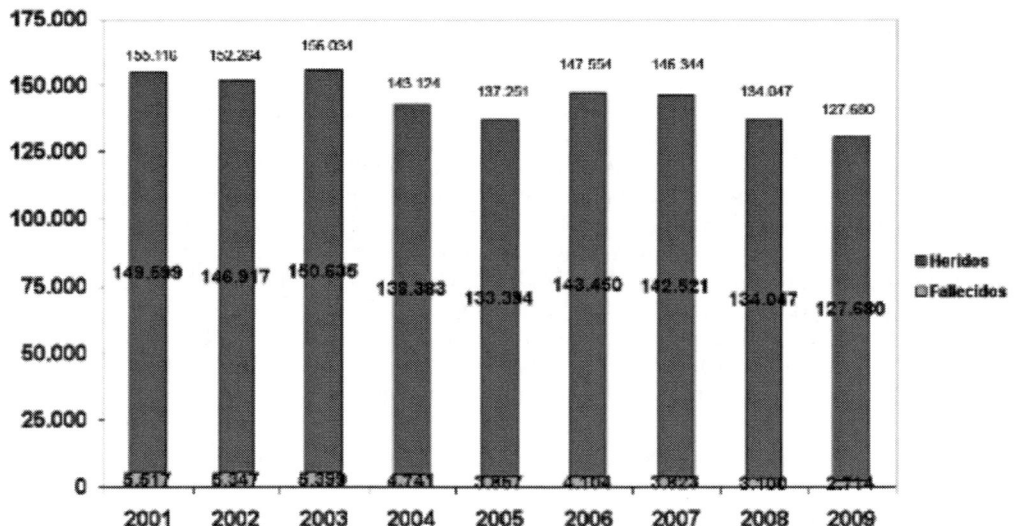

Tabla 2.2: Peatones muertos y heridos en España.

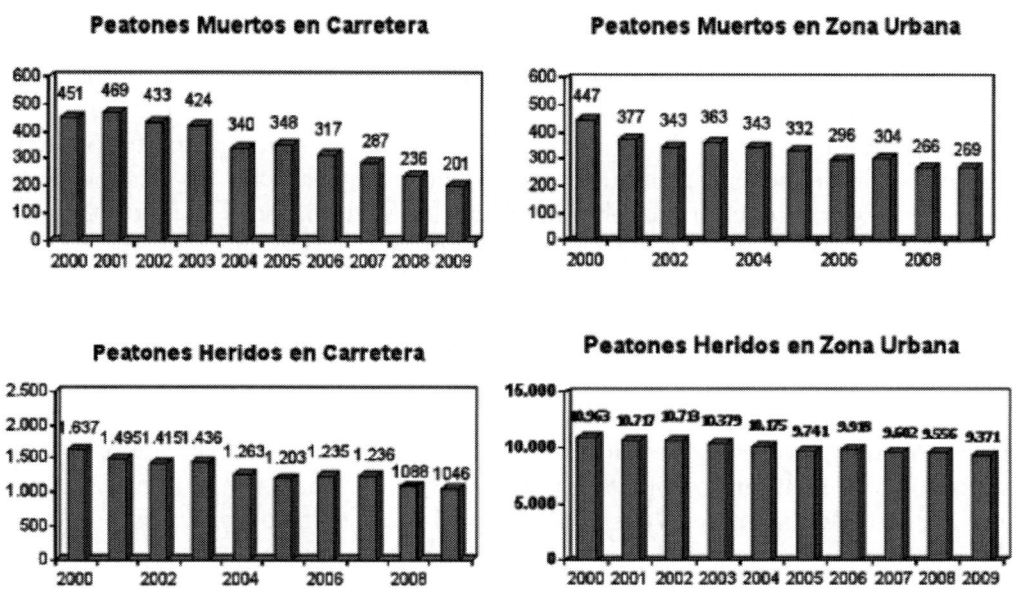

Fuente: Anuario Estadístico del Ministerio del Interior. Dirección General de Tráfico.

b") La víctima de negligencias profesionales es, tal vez, la más insatisfecha con el funcionamiento de la justicia criminal. Y con razón, a menudo.

La cifra negra de estos delitos sigue siendo muy elevada, de modo que sólo se castigan supuestos de extrema gravedad y conductas imprudentes groseras, burdas. Sin embargo, y como reacción desmedida, pendular, a la tradicional postura de resignación de la víctima, se constata un incremento acelerado y poco selectivo —no siempre justificado— de la tasa de denuncias que entorpece aún más el funcionamiento de la ineficaz vía penal: el perjudicado opta con excesiva frecuencia por el ejercicio de acciones penales, creyendo, sin razón, que la gravedad objetiva del resultado de la imprudencia lo justifica; o que el plus de intimidatoriedad de la vía penal le coloca en una situación de privilegio en orden a la obtención de la efectiva reparación del daño. Lo que tampoco es cierto. Todo ello se traduce, *ex post*, en una lamentable frustración de expectativas y emociones que la víctima imputará al sistema legal. Y, de otra parte, contribuye a una praxis médica cada vez más conservadora.

Expresión muy significativa del hondo maletar de la víctima de posibles negligencias médicas y hospitalarias es el incremento del número anual de quejas. Así, «El Defensor del Paciente», en su Memoria Anual del 2011 recoge 13.010 casos (848 casos más que en 2010), de los que 603 fueron con resultado de muerte del paciente (49 casos más que en el año anterior). (Asociación defensor del Paciende. Memoria del 2011). Disponible en http//: www. negligenciasmedicas.com.

La muy elevada cifra negra de las negligencias profesionales (en particular del personal facultativo) se explica por diversas razones (jurídico-procesales, psicológicas, sociológicas, etc.). El presunto infractor, para empezar, no responde al estereotipo de delincuente, cuenta con excelente imagen social. La prueba de la negligencia es una genuina "prueba diabólica", dificultada por el corporativismo y conocidos mecanismos de solidaridad "horizontal" (entre facultativos). La compleja división del trabajo (especialización) en los modernos centros hospitalarios hace difícil detectar e individualizar en la cadena de actos médicos la concreta conducta imprudente que produjo el resultado dañoso (intervención sucesiva de una pluralidad de profesionales en diversos Departamentos, con sus respectivos "equipos médicos"). El propio acceso a los historiales clínicos del enfermo, y la valoración técnica (pericial), siempre decisiva, del comportamiento de un facultativo por otro facultativo convierten en un calvario el peregrinaje de la víctima, sumida en una lucha procesal desigual contra el médico, la *compañía aseguradora* y la Administración hospitalari (responsable civil subsidiario).

A todo ello se añade el juego perverso pero eficaz de sutiles técnicas de "neutralización" o "autojustificación" que disculpan o restan gravedad al comportamiento del facultativo (de ahí, los conceptos exculpatorios y eufemísticos de "riesgo quirúrgico" o "paro cardiaco": el argumento de la inevitabilidad del resultado, o el reiterado slogan: "la medicina no es una ciencia exacta") o incluso culpabilizan a la propia víctima (a la que se reprocha acudir a la vía penal para cobrar su indemnización de forma intimidatoria, o utilizar el "accidente" médico como póliza de seguro para enriquecerse).

También —y muy especialmente— en estos casos tan dolorosos de negligencias sería recomendable arbitrar mecanismos flexibles de arbitraje y mediación desjudicializando los supuestos menos graves de imprudencia profesional.

En un escenario distinto, se abordará con mayor realismo el conflicto irreparable que la mala praxis ocasionó. Insisto, en supuestos de negligencia médica *no grave*. Porque, de una parte, es injusto estigmatizar a un profesional que dedica su vida, por vocación, a salvar vidas. Valorar exclusivamente un episodio aislado en su larga trayectoria, como hace el Derecho Penal, no parece ni es razonable. Pero, de otra parte, porque tampoco es justo forzar a la víctima a un desigual combate procesal contra el profesional, la Administración Hospitalaria y la Compañía aseguradora en un marco o escenario inadecuado, en el que la víctima o sus familiares ni siquiera podrán sentirse escuchadas ni exteriorizar su dolor y frustración por la desgracia padecida.

c") Víctimas de agresiones sexuales. La situación anímica de esta víctima, traumatizada por la experiencia delictiva, reviste particular vulnerabilidad.

Especialmente significativas del enorme impacto de este tipo de violencia son las secuelas, a corto y largo plazo, que se registran en la *infancia*. En este sentido, la respuesta psicológica depende del grado de culpabilización del niño por parte de los padres, de la edad y de otros factores como las estrategias de superación de que disponga la víctima después de lo ocurrido. Por lo general, las reacciones de las niñas se muestran más estandarizadas pero también los niños pueden llegar a presentar un cuadro similar. Éstas son algunas de las reacciones más habituales: ansioso-depresiva, ansiedad, culpa y vergüenza, sensación de miedo generalizada, baja autoestima, rechazo del propio cuerpo, problemas de sueño —pesadillas—, fracaso y abandono escolar, dificultades inespecíficas de socialización; comportamientos sexuales agresivos, riesgo de embarazo —entre las *adolescentes*—, huidas de casa, consumo abusivo de alcohol y drogas, promiscuidad sexual e incluso intentos de suicidio[568].

Entre *adultos*, las reacciones no distan mucho de las experimentadas por los más jóvenes. La más generalizada es el recuerdo de la experiencia traumática: la agresión del pasado tiende a ser revivida enfermizamente en el presente acompañándose de otros síntomas anímicos como trastornos del sueño, irritabilidad, estados de hiperalerta y dificultades de concentración; alteraciones en la regulación del afecto: disforia persistente, sexualidad compulsiva o extremadamente inhibida, preocupación suicida crónica, autolesiones, etc[569].

Por ello, necesita la víctima una asistencia personal y psicológica inmediata, sostenida, apoyo que nadie mejor que asociaciones privadas de ayuda a esta clase de víctimas pueden dispensar —sobre todo en los primeros momentos— con conocimiento de causa. Suele ser reacia a la denuncia de los hechos y a la colaboración con el sistema legal (por temor a la publicidad de los mismos, o a posibles represalias del autor; o consciente de las dificultades probatorias) y su comprensible susceptibilidad y desconfianza hacen que interprete como hostiles incluso trámites y diligencias rutinarias de la Policía o de la oficina judicial. La victimización secundaria es particularmente acusada en estos delitos. Cada ac-

---

[568] ECHEBURÚA, E., CORRAL, P., Secuelas emocionales en víctimas de abuso sexual en la infancia. Cuadernos de Medicina Forense, nº 12., CMF (43-44), Enero-Abril 2006, pág. 78.

[569] GONZÁLEZ FERNÁNDEZ, J., PARDO FERNÁNDEZ, E., El daño psíquico en las víctimas de agresión sexual., en: Principios éticos en la práctica pericial psiquiátrica. ECHEBURÚA, E., DEL CORRAL, P., AMOR, P. J., Evaluación del daño psíquico en las víctimas de delitos violentos, Revista Psicothema, vol 14, 2001., págs. 140 y ss. ECHEBURÚA ODRIOZOLA, E., Repercusiones psicológicas en las víctimas de agresiones sexuales., en: Eguzkilore, Cuaderno del Instituto Vasco de Criminología, nº 6, San Sebastián, 1992, págs 131-135. Sobre las vivencias e impacto de estos delitos en la víctima, vid. Supra. Parte Primera, III.f.3.3' y 5'.

tuación procesal retrotrae a la víctima en el tiempo al drama que padeció y se le obliga a revivir. Percibe muy negativamente las actitudes de los funcionarios no especializados que la interrogan sobre las circunstancias de la agresión sexual, viendo en las mismas un reproche o acusación velada a su propia conducta. La versión manipuladora del defensor de quien la agredió, culpabilizándola, a menudo, ante el propio Tribunal de lo sucedido opera como otra humillación ulterior difícil de superar; humillación que se agravará más aún si la sentencia es absolutoria o prosperan conocidas técnicas de neutralización a favor del agresor: "algo habrá hecho para que le suceda lo que le ocurrió...", "se lo mereció por haberlo provocado...", etc.

Un incremento del rigor de las penas, sin embargo, no mejora la suerte de las víctimas de agresiones sexuales. Antes bien, parece que la estrategia más eficaz apunta a un cambio de hábitos y actitudes sociales. Interesa que la víctima denuncie. Y es trascendental tanto fomentar la actuación de asociaciones privadas en asistencia a la misma, como dotar al sistema legal de personal especializado para entender su situación e intervenir positivamente en ella, evitando la victimización secundaria.

Se acompañan algunos datos estadísticos actualizados sobre estos delitos.

Tabla 3. Delitos conocidos de abuso, acoso y agresión sexual en España (1997-2009).

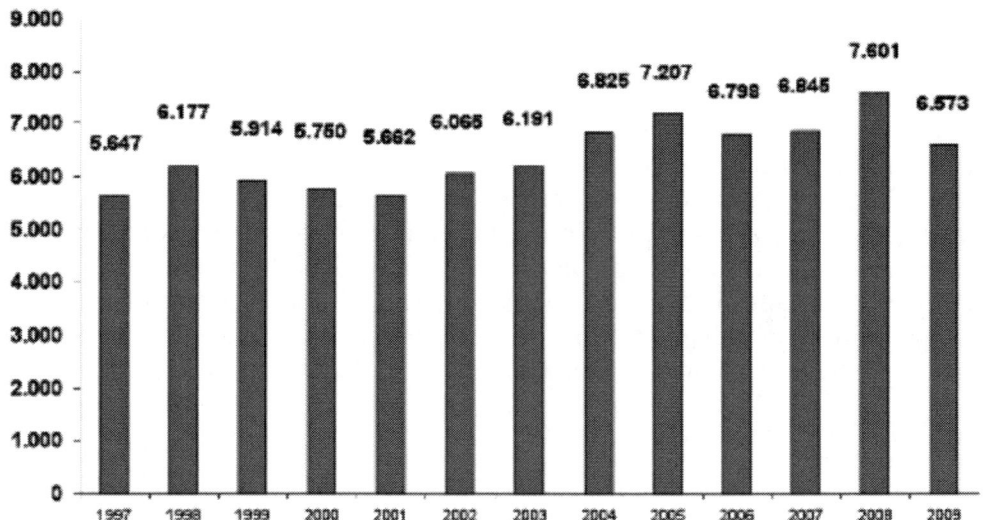

Fuente: Instituto Nacional de Estadística. Instituto de la Mujer. Ministerio del Interior.

Tabla 3.1. Tasa de víctimas de abusos sexuales conocidos.

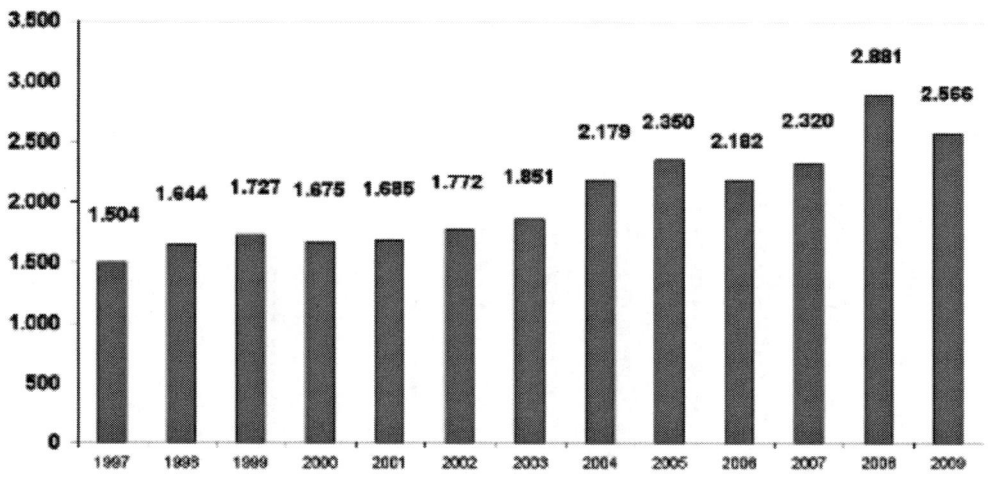

Tabla 3.2. Victimas de acoso sexual en España.

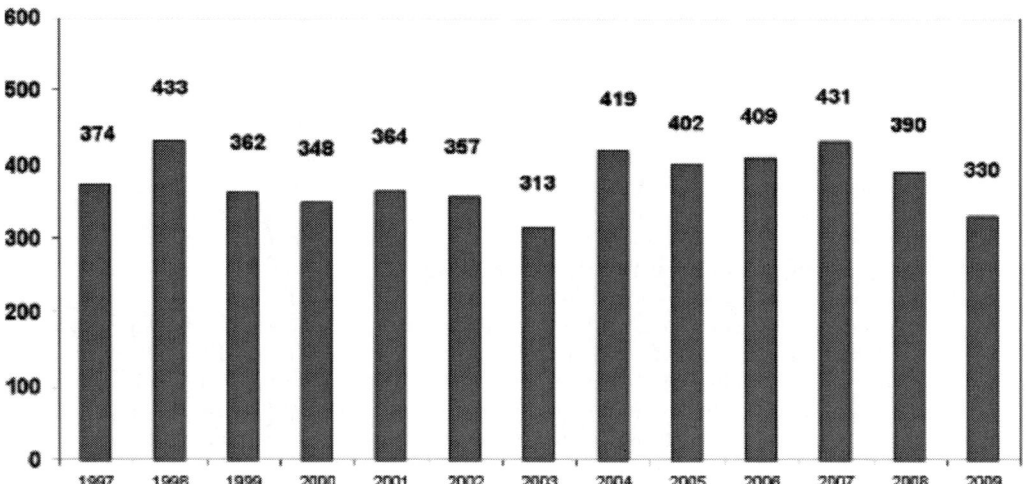

Fuente: Instituto Nacional de Estadística. Instituto de la Mujer. Ministerio del Interior.

Tabla 3.3. Víctimas de delitos conocidos de agresión sexual en España.

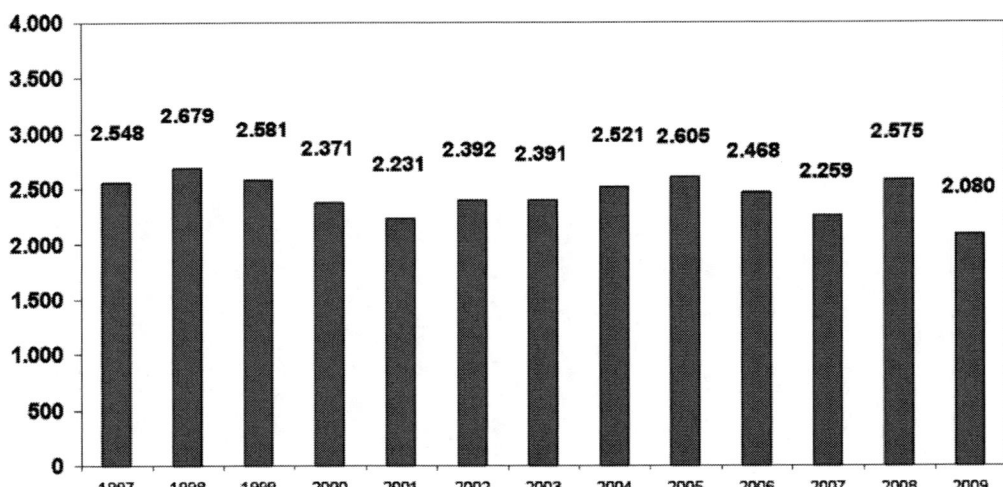

Fuente: Instituto Nacional de Estadística. Instituto de la Mujer. Ministerio del Interior.

d") *La violencia en el seno de la pareja. La llamada violencia de género*[570]. La violencia en el seno de la familia —o de la pareja— de la que suele ser víctima, fundamentalmente, la mujer y los hijos de la pareja que viven escenas cotidianas de violencia como si fueran normales y aprenden patrones de conducta violentos, se ha convertido en un grave problema social. El hogar puede ser un espacio de riesgo para la vida y la integridad de quienes habitan en él, en buena medida porque instituciones cerradas y piramidales (y la familia tradicional ha sido una estructura primaria, hermética y jerárquica) constituyen el caldo de cultivo adecuado para agresiones repetidas y prolongadas, fruto de relaciones de desequilibrio de poder y de abuso constantes[571]. Las investigaciones contra la violencia doméstica constataron muy pronto, sin embargo, otras violencias y malos tratos preocupantes: el infantil, y el de que son objeto los ancianos[572].

Los *índices de victimización* en constante ascenso, la elevada cifra negra y la todavía baja tasa de denuncia de la violencia doméstica preocupan, con razón. En 1998, 35 mujeres perdieron la vida a mano de sus parejas. En 1999, 42. En el año en curso (2011), al mes de agosto, eran ya más de 60 las víctimas mortales de los malos tratos, a pesar de los dos Planes Integrales y reformas legislativas aprobadas con amplísimo refrendo parlamentario.

---

[570] Para una correcta delimitación conceptual y legal de la mal llamada violencia de género, vid. Sentencias de 4 de mayo de 2009 y 8 de marzo de 2011, del Juzgado de lo Penal 22 de Madrid (titular del juzgado: Justo Rodríguez Castro). Este concepto restrictivo y menos ideologizado de violencia en el seno de la pareja es más acertado que la tesis del Tribunal Constitucional español, para el que violencia de género es la violencia del varón contra la mujer, sin más.

[571] Así, ECHEBURÚA ODRIOZOLA, E, -GUERRICAECHEVARRÍA, C., Las víctimas de la violencia doméstica, en: Manual de victimología, cit., pág. 165.

[572] Como recuerdan MIRAT HERNANDEZ, P. y ARMENDARIZ LEÓN, C., (Violencia de género versus violencia doméstica: consecuencias jurídico-penales, 2006. Grupo Difusión, pág. 61) la violencia sobre niños y ancianos representa un grave problema social.

Según una reciente macroencuesta (la primera realizada en España sobre una muestra de 20.000 mujeres entrevistadas), cerca de 650.000 mujeres españolas sufren actualmente los estragos de la violencia doméstica[573], realidad que reconocen un 4'2% de mujeres mayores de 18 años. En tres de cada cuatro casos, además, el agresor es el marido, novio o compañero sentimental de la ofendida. Aumenta, por cierto, el número de mujeres extranjeras inmigrantes víctimas de la violencia doméstica[574]. La violencia en la pareja es la forma más común de violencia intrafamiliar (un 77%), frente a un 8% en el caso de violencia contra *menores*, y un 15% contra *ancianos* y otros familiares convivientes[575]. La *cifra negra* de estos delitos es muy elevada (ven a la luz, según los expertos, entre el 5% y el 30% de los casos reales acaecidos), entre otras razones porque la mujer no denuncia, bien porque cree en el arrepentimiento de su pareja, y en que no se repita la agresión, bien por temor a represalias del agresor, por su dependencia económica de éste, bien porque la considera un problema *privado*[576], o cree ineficaz la inervención del sistema legal. La *tasa de denuncia* sigue siendo muy baja en comparación con la de otros hechos delictivos, aunque la víctima parece haber vencido ya, afortunadamente, la tradicional y lamentable cultura de la resignación[577]. No obstante, y al igual que en otros países, más del 70% de las víctimas de la violencia doméstica continúan conviviendo con sus maltratadotes a pesar de ésta; y muy semejante es el porcentaje de denuncias que retira la mujer agredida o el de procedimientos penales que no llegan a buen fin por falta de la necesaria colaboración procesal de la víctima. Con todo ello, aunque los datos estadísticos inquietan (más de un 14% de la población femenina sufre la violencia en algún momento de la vida), no parece asistamos a un progresivo e imparable incremento correlativo de los valores *reales* de esta criminalidad, sino exclusivamente al de los valores *estadísticos*; fenómeno debido, en parte, a la mayor visibilidad diferencial de la misma, al ascenso notable de su tasa de denuncia y, desde luego, a la creciente concienciación social, consecuencia de la positiva labor de las instituciones, del movimiento victimológico y de los medios de comunicación. A lo que debe añadirse que las tasas de victimización en España autorizan un diagnóstico mucho menos grave que en otros países de nuestro entorno, algunos como los nórdicos, ajenos a cualquier tradición «machista».

La *vivencia* de los malos tratos por la víctima es particularmente traumática. En primer lugar, porque los malos tratos en sí mismos —y en la percepción social, naturalmente— evidencian un severo fracaso personal, ya que el agresor no es un extraño, un desconocido, sino que pertenece al núcleo íntimo de la víctima («su» marido, «su» pareja, etc.). En segundo lugar, porque la frecuente dependencia económica del sujeto pasivo respecto del

---

[573] Según una reciente encuesta de victimización, cerca de un millón y medio de mujeres padecerían actualmente violencia (MEDINA ARIZA, J. y BARBERET, R., Intimate Partner violence in Spain: findings from a Nacional survey, en: Violence against Women, 9 (2003).

[574] Cfr. ECHEBURÚA ODRIOZOLA, E.-GUERRICAECHEVARRÍA, C., Las víctimas de la violencia doméstica. Manual de Victimologia, cit., pág. 168. Habría un incremento de un 20% de denuncias de mujeres inmigrantes.

[575] Cfr. ECHEBURÚA ODRIOZOLA, E.-GUERRICAECHEVARRÍA, C., op. cit., págs. 167 y 168.

[576] Vid. LARRAURI PIJOAN, E., ¿Por qué retiran las mujeres maltratadas las denuncias?, en: Revista de Derecho Penal y Criminología, 2ª época, nº 12 (2003), págs. 271 y ss. Que la mujer víctima de la violencia siga no obstante conviviendo con el maltratador puede deberse a diversas clases de dependencia (económica, afectiva), como a temor a represalias (incluida la pérdida de los hijos) y a un concepto sobrevalorado de la unión familiar. (Cfr. ECHEBURÚA ODRIOZOLA, E.-GUERRICAECHEVARRÍA, C., op. cit., págs. 171 y 172).

[577] En el último decenio, se ha cuadriplicado la tasa de denuncias. En España se producen 168 denuncias al día por violencia de género. En el 2006, un 25% más que en el año anterior.

maltratador mediatiza la autonomía de la mujer y limita drásticamente su capacidad real de decisión. En demasiadas ocasiones, el factor económico esclaviza a la víctima y blinda al agresor. Finalmente, porque a tales circunstancias se añade la ineficaz y desorganizada respuesta del sistema legal, torpe, lento y poco motivado, que la víctima percibe muy negativamente (victimización secundaria); y, desde luego, el mensaje corrosivo de las denominadas «técnicas de autojustificación» que legitiman el comportamiento delictivo del maltratador y paralizan la intervención del sistema legal con falaces argumentos y coartadas: así, por ejemplo, la redefinición de los malos tratos como problema doméstico o interno de la pareja en el que el Derecho no debe interferir, la atribución de tales «sucesos» o «incidentes» ocasionales a factores psicopatológicos (personalidad del agresor, influencia del alcohol, etc.) individuales del maltratador o incluso a la propia víctima (supuesta provocación de la agresión por la conducta de la mujer hacia la *autoridad* del varón).

El *problema social* de la violencia intradoméstica no se resuelve con estrategias exclusivamente jurídicas, sino con vastos planes integrales de intervención que mejoren la respuesta del sistema (poderes públicos, instituciones, comunidad, etc.) a dicho problema en sus muy diferentes vertientes (sanitaria, psicoterapeutica, socio-asistencial, policial, judicial, preventiva, etc.). Más y mejor *información* a la víctima para que sepa a tiempo qué debe hacer y a dónde ha de acudir si es objeto de malos tratos; mejora de los *servicios y asistencia* dispensada a la víctima de estos delitos y coordinación de las instancias que los presten; *profesionalización* de los operadores sociales y jurídicos, procurando que la intervención de los mismos se orienten, empáticamente, a la solución de los problemas de quien padece los malos tratos; incremento de la *efectividad* del sistema legal, coordinando la eventual actuación de sus diversas jurisdicciones e instancias; *reformas* legales, materiales y procesales, que garanticen la posibilidad de adoptar medidas drásticas y eficaces con prontitud, en situaciones de particular riesgo para la víctima; diseño y aplicación de *programas de prevención* que neutralicen ciertos valores y actitudes sociales proclives a la legitimación del comportamiento del maltratador, son algunas de las muchas propuestas sugeridas para controlar este grave problema social.

Desde un punto de vista técnico–jurídico, y, sobre todo, acudiendo a un interpretación *sistemática*, la violencia «machista» no busca la muerte de la víctima, sino su anulación y sometimiento, degradándola a la condición de objeto pasivo, de cosa. Es significativo que los delitos de asesinato y homicidio no contemplen este móvil específico ni como elemento del dolo, ni siquiera para configurar un tipo agravado. El Código tiene en cuenta la mal llamada «violencia de género» solo a propósito de los delitos de lesiones, coacciones y amenazas. Por ello, no parece correcto que, a efectos estadísticos, se tomen como indicadores de la violencia machista, los casos de muerte de la pareja o ex pareja por el agresor (casos, a menudo, con un claro componente patológico o psiquiátrico). No debe olvidarse que en la mal llamada violencia de género el propósito del agresor no es matar a su víctima, sino someterla y degradarla, como si de un mero objeto pasivo se tratase, como una cosa de su propiedad. Casos que realmente interesan son los de amenazas, coacciones y lesiones con ánimo inequívoco de anular a la pareja o ex pareja, denigrándola de esa manera. Con el impacto demoledor en los hijos de aquélla que presencian un escenario deprimente y aprenden los patrones violentos de conducta de sus padres.

Desde un punto de vista *fenomenológico* la violencia doméstica pude revestir diversos grados de severidad y cronicidad (estadísticamente predominan los malos tratos leves), y manifestarse como violencia física, psíquica o sexual, según el *modus operandi* del agresor[578]. Contra una creencia muy extendida, la violencia doméstica no se *inicia* con el deterioro de la convivencia, sino mucho antes. Al parecer, el primer episodio, en un 65% de los casos,

---

[578]   Vid. ECHEBURÚA ODRIOZOLA, E.-GUERRICAECHEVARRÍA, C., op. cit., págs. 169 y ss.

tiene lugar ya durante el noviazgo o el primer año de vida en común y suele ser insignificante, vivenciándose con sorpresa, vergüenza y culpabilidad. El *embarazo* puede constituir un factor o período de riesgo, por la vulnerabilidad de la mujer y los celos de la pareja ante el protagonismo creciente del ser venidero. Pero la violencia —que no busca directamente la *lesión* de la mujer, sino su *sometimiento*— tiende a repetirse. Iniciado el *ciclo* de la violencia, es muy probable que se repitan episodios violentos en el futuro, porque el sufrimiento de la víctima lejos de operar como revulsivo de la violencia suscitando una empatía afectiva con la misma, lo hace como desencadenante de la agresión y la violencia se convierte en mera estrategia de control de la conducta de la agredida[579]. Por otra parte, dicha violencia no concluye necesariamente con el cese de la vida en común, porque el maltratador se resiste a perder el *poder* y *control* sobre su víctima. De hecho, las mujeres divorciadas y separadas constituyen hoy un *grupo de riesgo*[580]. Las investigaciones demuestran que la mayor parte de las agresiones tienen lugar en situaciones de separación. El anuncio de ésta por la mujer puede ser un momento de especial riesgo, incluso si no se produjeron previamente episodios de violencia en la pareja, por no aceptar el maltratador la ruptura (frustración)[581].

En cuanto al *perfil de la mujer* víctima de la violencia doméstica, no consta tenga específicos rasgos de la personalidad previos al maltrato. No difiere esencialmente de la población general, careciendo de fundamento las tendencias masoquistas que algunos presuponían en las maltratadas[582]. Los más recientes estudios apuntan a un único factor diferenciador en las mujeres víctimas de la violencia: el nivel educacional y cultural, pues aunque el fenómeno de los malos tratos se observa en todos los estratos de la población (los niveles más elevados de educación y cultura no son inmunes al problema) hay menos mujeres con estudios superiores entre las víctimas de los malos tratos. Puede afirmarse, también, que las mujeres víctimas de la violencia doméstica tienen asumido su rol sexual y obligaciones derivadas del mismo. Y que una serie de cogniciones —de actitudes y creencias sexistas producto de un determinado proceso de socialización— contribuyen a su vulnerabilidad al maltrato[583].

Los *trastornos emocionales y psicológicos* derivados de la violencia doméstica presentan una sintomatología similar a la del trastorno por estrés postraumático, si bien la moderna Psiquiatría le confiere autonomía y denominación propia: el *síndrome de la mujer maltratada*. En general, las reacciones psicológicas a la violencia *crónica* se traducen en una sensación de amenaza incontrolable a la vida y seguridad personal; ansiedad extrema y respuestas de alerta y sobresalto permanentes; autoculpabilización; depresión y baja autoestima; trastornos obsesivos, compulsivos o alimenticios; problemas gastrointestinales y cardiovasculares consecuencia del estrés crónico y caída de las defensas del sistema inmunológico[584]; todo ello con secuelas emocionales (depresión, baja autoestima, miedos y angustia, trastornos de conducta), cognitivas (pobre rendimiento escolar) y de naturaleza social en los *hijos* (agresividad, mala adaptación al medio, aislamiento y soledad, conductas antisociales, etc.)[585].

---

[579]   Vid. ECHEBURÚA ODRIOZOLA, E.-GUERRICAECHEVARRÍA, C., op. cit., pág. 170.

[580]   Así: ECHEBURÚA ODRIOZOLA, E.-GUERRICAECHEVARRÍA, C., op. cit., pág. 173.

[581]   En este sentido, ECHEBURÚA ODRIOZOLA, E.-GUERRICAECHEVARRÍA, C., op. cit., págs. 173 y 174.

[582]   Así, ECHEBURÚA ODRIOZOLA, E.-GUERRICAECHEVARRÍA, C., op. cit., págs. 171 y ss.; y 174 y ss.

[583]   Así, la creencia de que «pertenecen» a su pareja; que el deber primordial de las mismas, como esposas y madres, es cuidar a sus maridos e hijos sacrificando su propio cuidado; etc. Cfr. ECHEBURÚA ODRIOZOLA, E.-GUERRICAECHEVARRÍA, C., op. cit., pág. 174.

[584]   Sobre el síndrome de la mujer maltratada y sus manifestaciones psicológicas, vid. ECHEBURÚA ODRIOZOLA, E.-GUERRICAECHEVARRÍA, C., op. cit., págs. 175 y ss.

[585]   Cfr. ECHEBURÚA ODRIOZOLA, E.-GUERRICAECHEVARRÍA, C., op. cit., págs. 177 y ss.

El 30 de abril de 1998 se aprobó en España el primer *Plan de Acción contra la violencia doméstica*, que supuso una inversión de 4.773 millones de pesetas. Sus principales partidas se destinaron a «recursos sociales» (3.850 millones) y a programas de sensibilización y prevención (394 millones). Dicho Plan de Acción significó un importante esfuerzo de los poderes públicos, como consecuencia del cual se dotaron 40 servicios especializados de atención a la víctima de malos tratos en las Comisarías de Policía y 54 en las Comandancias de la Guardia Civil; además, permitió la creación de 29 oficinas en los Juzgados y la organización de más de 300 cursos de formación de profesionales; la apertura de 65 casas de acogida de víctimas de la violencia doméstica y la de centros de emergencia abiertos las 24 horas, pisos tutelados, etc.

En tanto se elaborase el nuevo Plan de Acción (que se aprobaría, por el Consejo de Ministros, el 11 de mayo de 2001), el Gobierno anunció la inmediata adopción de diez medidas contra la violencia doméstica, consistentes en: creación de un turno de oficio especializado en la materia para la defensa jurídica de la mujer víctima de malos tratos; incremento de la financiación destinada a la creación de nuevas casas de acogida, centros de emergencia 24 horas y pisos tutelados; establecimiento de un sistema de alarma conectado con la Policía local y la Guardia Civil para proteger a las mujeres en especial riesgo; realización de una ulterior campaña de sensibilización social contra la violencia doméstica; programación de cursos de formación y sensibilización de profesionales que atienden a las víctimas de la violencia; id. dirigidos a la mujer maltratada para facilitar la inserción laboral y la autonomía personal de ésta; hacer un seguimiento de los procesos y sentencias dictadas por los tribunales, desde la reciente reforma L.O. 14/1999, de 9 de junio, de modificación del Código Penal de 1995, en materia de protección a las víctimas de malos tratos y de la Ley de Enjuiciamiento Criminal, prestando especial atención al de las medidas cautelares adoptadas por los mismos en supuestos de malos tratos; atribución de la instrucción de las causas por malos tratos a un solo juzgado de instrucción; poner en práctica un programa de rehabilitación de maltratadores; ampliar los servicios de atención a las víctimas.

El II Plan Integral contra la violencia doméstica (2001/2004) se elaboró en colaboración con las Comunidades Autónomas y Organizaciones no gubernamentales. Contó con una dotación presupuestaria superior a los 78'5 millones de euros y perseguía cuatro objetivos fundamentales: de *pedagogía social* (fomentar una educación orientada a valores que neutralicen la desigualdad entre hombre y mujer y los esterotipos de género); *legislativos* (reformas que agilicen los procesos legales, garantizando la protección de la víctima y el más severo castigo del maltratador); *asistenciales* (completando el mapa de recursos sociales y creando nuevos servicios que proporcionen asistencia sanitaria, económica, laboral y psicológica a las víctimas); y de mejora de la *coordinación* de las actuaciones de las diversas Administraciones Públicas y las organizaciones sociales.

El citado II Plan se halla dividido en cuatro áreas de intervención, y contempla cerca de sesenta diferentes medidas: veinte, de índole pedagógico-social, trece de carácter legislativo y procesal, diecisiete de naturaleza asistencial y ocho de investigación sobre la realidad del problema, su etiología, prevención, necesidades y costes[586].

Mención aparte merece la L.O. 11/2003, de 29 de septiembre, de medidas concretas en materia de seguridad ciudadana, violencia doméstica e Integración social de los Extranjeros

---

[586] Vid. GONZALO RODRÍGUEZ, ROSA, La violencia doméstica en el Código Penal tras la reforma por L.O. 11/2003, de 29 de septiembre, de medidas concretas en materia de seguridad ciudadana, violencia doméstica e integración social de los extranjeros, en: Foro, Revista de Ciencias Jurídicas y Sociales (de la Facultad de Derecho de la Universidad Complutense), nueva época, n° 00 (2004), págs. 329 y ss.

(B.O.E. 30 septiembre), que entró en vigor al día siguiente de su publicación y exacerba la represión penal de los hechos tipificados en el artículo 153 del Texto punitivo vigente.

Medidas de protección integral contra violencia de género. En este ámbito limitado, pero necesario, de las reformas legales cabe añadir la que introduce la L. 27/2003, de 31 de julio, que regula la «orden de protección» a las víctimas de la «violencia doméstica» e incorpora el párrafo "ter" al artículo 544 de la LECr.; y la L.O. 1/2004, de 28 de diciembre, cuyos artículos 61 a 66 amplían el abanico de medidas cautelares para deparar una tutela integral a la víctima de la «violencia doméstica»[587]. También interesa la L. 38/2002, de 24 de octubre, que modificó la Ley de Enjuiciamiento Criminal para acelerar la tramitación de estos juicios («juicios rápidos»).

Para completar el marco jurídico de la protección integral de la víctima de violencia de género deben considerarse otras previsiones legales recientes[588]. Así la creación de (16) nuevos «Juzgados de violencia sobre la mujer», órganos judiciales especializados dentro del orden jurisdiccional penal, con vis atractiva sobre determinados asuntos de familia de naturaleza civil (Dº 23/2003, de 3 de marzo); la implantación de asistencia letrada especializada gratuíta en los diferentes colegios profesionales de España; la de unidades policiales también especializadas en el Cuerpo Nacional de la Policía (SAM y SAF) y Guardia Civil (EMUME); la dotación de servicios sociales de acogida, centros de emergencia, casas de acogida y pisos tutelados que dispensan unos trescientos alojamientos temporales; de servicios sociales de atención e información a través de oficinas de asistencia a las víctimas; diversas ayudas económicas y sociales, como la «renta activa de inserción mínima (RAI), la prioridad para el acceso a viviendas protegidas, otras ayudas económicas y subsidios compatibles con los previstos en la L. 35/1995 (de ayuda y asistencia a las víctimas de delitos violentos y contra la libertad sexual), etc. Particular mención merecen los programas de apoyo y recuperación psicosocial a las víctimas de la violencia doméstica[589] que se vienen desarrollando con éxito en España. Son tratamientos cognitivo-conductuales del estrés postraumático crónico a víctimas de los malos tratos domésticos que se ocupan de la expresión emocional, la reevaluación cognitiva y el entrenamiento de habilidades específicas de afrontamiento para que aquellas puedan recuperar el control de sus vidas.

En cuanto a la prevención (primaria), todo parece indicar la importancia de medidas que fomenten una educación basada en la igualdad y no discriminación —por razón del sexo— que modifique ciertos valores sociales y estereotipos asociados al maltrato, procurando mejorar habilidades para resolver los conflictos por medios no violentos. Y la de campaña de sensibilización social para promover reacciones de tolerancia cero a la violencia doméstica[590]. Pues, en definitiva, los patrones violentos encuentran un caldo de cultivo adecuado en la dependencia y en la asimetría de las relaciones interpersonales[591].

---

[587] Vid. supra, en esta misma obra. PartePrimera, C. , 5.a (El estatuto jurídico de la víctima en el proceso penal).

[588] Vid. ECHEBURÚA ODRIOZOLA, E.-GUERRICAECHEVARRÍA, C., Las víctimas de la violencia doméstica, en: Manual de Victimología, cit., págs. 182 y ss.

[589] Vid. ECHEBURÚA ODRIOZOLA, E.-GUERRICAECHEVARRÍA, C., op. cit., págs. 185 y ss.

[590] Vid. ECHEBURÚA ODRIOZOLA, E.-GUERRICAECHEVARRÍA, C., op. cit., pág. 188.

[591] ECHEBURÚA ODRIOZOLA, E.-GUERRICAECHEVARRÍA, C., advierten que las instituciones cerradas y piramidales (y la familia tradicional haría sido un paradigma de estructura primaria, hermética y jerárquica) constituyen un propicio caldo de cultivo para las agresiones continuadas, fruto de relaciones de desequilibrio de poder y abuso constante (op. cit., pág. 165). Por ello, concluyen, el aumento de edad media de la pareja que decide convivir, la progresiva independencia económica de la mujer y la aceptación social del divorcio son cambios decisivos en orden a mayores cotas de igualdad (pág. 189).

Particular interés tiene la L.O. 1/2004, de 28 de diciembre, de Medidas de Protección Integral contra la violencia de género, que presenta como características más destacadas: atender a las recomendaciones de los organismos internacionales en el sentido de proporcionar una respuesta global a la violencia que se ejerce sobre las mujeres, en particular la Decisión nº 803/2004/CEE del Parlamento Europeo, por la que se aprueba el programa de acción comunitario para prevenir y combatir la violencia ejercida sobre la infancia, jóvenes y mujeres víctimas y grupos de riesgo; tiene una finalidad preventiva, educativa, social, asistencial y de atención a las víctimas, estableciendo medidas de sensibilización e intervención en el ámbito educativo, potenciando a través de la publicidad la igualdad y dignidad de las mujeres, reconocimiento de sus derechos, protección social, etc.; se establecen medidas de sensibilización en el ámbito sanitario para la detección precoz de la violencia y atención física y psicológica de las víctimas, incluyendo la protección de los menores. La Ley consta de un título preliminar, cinco títulos, veinte disposiciones adicionales, dos transitorias, una derogatoria y siete finales y "... tiene por objeto actuar contra la violencia, que como manifestación de la discriminación, la situación de desigualdad y las relaciones de poder de los hombres sobre las mujeres, se ejerce sobre éstas por parte de quiénes sean y hayan sido sus cónyuges, o de quien estén o hayan estado ligados a ellas por relaciones similares de afectividad aún sin convivencia" (art. 1); en su artículo 2 se recogen los principios rectores; se definen una serie de medidas de sensibilización, prevención y detección en el ámbito educativo, de los medios de comunicación y sanitario (arts. 3 a 16); los derechos de la mujer víctimas de la violencia de género constituyen un amplio estatuto que abarca los derechos de información, asistencia social integral y justicia gratuita, derechos laborales y de la seguridad social, con programas específicos en materia de empleo y traslado de destino, lo que afecta tanto a la trabajadora privada como funcionaria pública (arts. 17 a 28); a nivel de tutela institucional se crean diferentes organismos, como la Delegación Especial del Gobierno contra la Violencia sobre la mujer, Observatorio Estatal de Violencia, creación de Unidades especializadas en la prevención de la violencia de género, dentro de los Cuerpos y Fuerzas de Seguridad (arts. 29 a 31); se modifica el Código Penal en materia de suspensión de penas, efectos en caso de reincidencia durante el período de suspensión, sustitutivos penales y, en lo que se refiere a la Parte Especial se afecta al delito de lesiones, malos tratos, amenazas, coacciones, quebrantamiento de condena y vejaciones leves en materia de faltas (arts. 32 a 41); a nivel penitenciario se crean programas específicos para internos o condenados con delitos relacionados con la violencia de género y las Juntas de tratamiento valorarán las progresiones de grado, concesión de permisos, libertad condicional y seguimiento y aprovechamiento de los programas (art. 42); se crean varios juzgados de violencia sobre la mujer y se agiliza la organización de la oficina judicial, planta, plazas, particularidades para la notificación de sentencias y juicios rápidos incluso en materia de faltas (art. 43.a 56 en relación con el Anexo 13 de la misma); se modifica la Ley de Enjuiciamiento Civil, en materia de competencias objetiva en el orden civil (art. 57); modifica el artículo 14 de la Ley de Enjuiciamiento Criminal, en materia de competencias en el orden penal, territorial y por conexión (arts. 58 a 60); medidas judiciales de protección y seguridad a las víctimas (arts. 61 a 69); creación de la Fiscalía contra la violencia de la mujer (arts. 70 a 72); existe una vasta modificación de numerosas leyes que con carácter complementario afecta a esta tipología victimal a lo largo de veinte Disposiciones adicionales y siete finales. La enorme repercusión de esta Ley, se proyecta incluso en el Derecho hipotecario, como puede observarse con el RDL. 27/2012, de 15 de noviembre, de medidas urgentes para reforzar la protección de deudores hipotecarios, beneficiándose de la suspensión de los lanzamientos sobre viviendas habituales de colectivos especialmente vulnerables (art. 1.2.g)).

A) INFORMACIÓN ESTADÍSTICA RELATIVA A LA VÍCTIMA DE VIOLENCIA DE GÉNERO

1. EVOLUCIÓN DE MUJERES FALLECIDAS POR VIOLENCIA DE GÉNERO (2003- 2012)

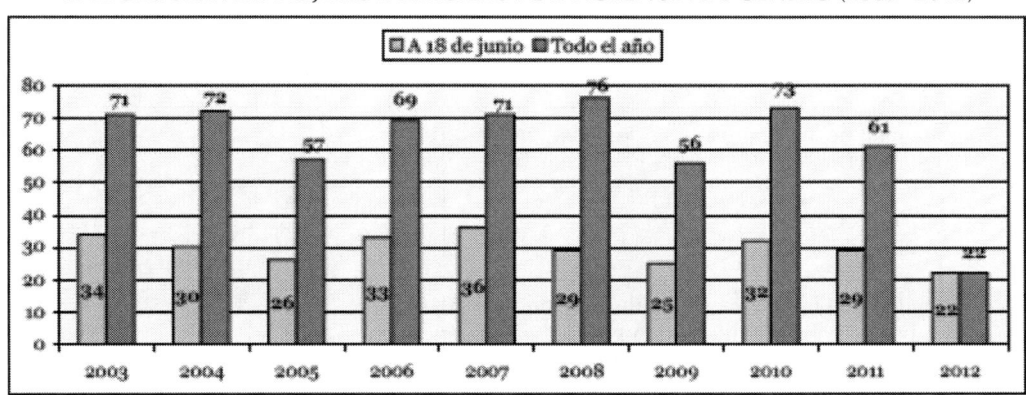

Fuente: Ministerio de Sanidad, Asuntos Sociales e Igualdad.

2. TASA DE DENUNCIA: (MUJERES QUE DENUNCIARON MALOS TRATOS O RETINARON LA DENUNCIA)

2.1 Tasa de denuncias por malos tratos y denuncias retiradas por la víctima (2009- 2012).
A 18 de junio de 2012.
Del total de 22 mujeres fallecidas por violencia de género.

DENUNCIA	Habían denunciado	2	9,1%
	Retiraron denuncia	0	0,0%

A 31 de diciembre 2011.
Del total de 61 mujeres fallecidas por violencia de género en el 2011.

DENUNCIA	Habían denunciado	16	26,2%
	Retiraron denuncia	1	1,6%

A 31 de diciembre de 2010.
Del total de 73 mujeres fallecidas por violencia de género en el 2010.

DENUNCIA	Habían denunciado	22	30,1%
	Retiraron denuncia	4	5,5%

A 31 de diciembre de 2009.
Del total de 55 mujeres fallecidas por violencia de género en el 2009.

DENUNCIA	Habían denunciado	14	25,5%
	Retiraron denuncia	1	1,8%

3. NACIONALIDAD DE LA MUJER VÍCTIMA DE VIOLENCIA DE GÉNERO

Se obtienen los siguientes datos: en el 2012 (información relativa a un año aún no concluso), el 77, 3% de las víctimas eran españolas. Los balances que se presentan respecto a los años anteriores (2009- 2011) reflejan que el número de mujeres de nacionalidad española fallecidas es considerablemente mayor a aquellas que en tal momento no lo eran. El mayor número corresponde al 2010 con 46 españolas frente a 27 extranjeras siendo también este año el que más muertes de mujeres no españolas se registran.

Nacionalidad de las víctimas a 18 de junio de 2012.
Del total de 22 mujeres fallecidas por violencia de género.

NACIONALIDAD DE LA VÍCTIMA	Española	17	77,3%
	Extranjera	5	22,7%
	No consta	0	0,0%

Nacionalidad de las víctimas a 31 de diciembre de 2011.
Del total de 61 mujeres fallecidas por violencia de género en el 2011.

NACIONALIDAD DE LA VÍCTIMA	Española	39	63,9%
	Extranjera	22	36,1%
	No consta	0	0,0%

Nacionalidad de las víctimas a 31 de diciembre de 2010.
Del total de 73 mujeres fallecidas por violencia de género en el 2010.

NACIONALIDAD DE LA VÍCTIMA	Española	46	63,0%
	Extranjera	27	37,0%
	No consta	0	0,0%

Nacionalidad de las víctimas a 31 diciembre de 2009.
Del total de 55 mujeres fallecidas por violencia de género en el 2009.

NACIONALIDAD DE LA VÍCTIMA	Española	35	63,6%
	Extranjera	20	36,4%
	No consta	0	0,0%

4. EDAD DE LA MUJER VÍCTIMA DE VIOLENCIA DE GÉNERO

La edad de las mujeres que fallecieron a manos de sus agresores demuestra que el perfil de la víctima de violencia de género se corresponde con una mujer joven (entre los 20- 30 años) si bien en algunos casos de mediana edad (30- 40 años). Se subraya el intervalo comprendido entre los 21 y 30 años para el 27, 3% de mujeres víctimas de la violencia machista a junio de 2012. En el 2011, 16 de las 61 mujeres fallecidas, lo que supone un 26, 2%, tenían entre los 31 y 40 años de edad. En el 2010, para la misma franja correspondió el 28, 8% y en el 2009 volvieron a destacar las mismas edades con un 29, 1%.

Durante la adolescencia, entendida como la etapa vital y psicosocial del sujeto comprendida entre los 12 a los 18 años aproximadamente la incidencia de muertes es inapreciable no llegando a constar en algunos casos como, por ejemplo, durante el 2012. Sin embargo, la baja mortalidad por violencia machista en estas edades no significa, ni mucho menos, que ésta no se exista o se registre. Así, en 2011 murieron 3 adolescentes cuya edad comprendía entre los 18 y los 20 años y 5 en el 2009.

Edad de las víctimas a 18 de junio de 2012.
Del total de 22 mujeres fallecidas por violencia de género.

EDAD DE LA VÍCTIMA	<16 años	0	0,0%
	16-17 años	0	0,0%
	18-20 años	0	0,0%
	21-30 años	6	27,3%
	31-40 años	2	9,1%
	41-50 años	4	18,2%
	51-64 años	4	18,2%
	>64 años	6	27,3%
	No consta	0	0,0%

Edad de las víctimas a 31 de diciembre de 2011.
Del total de 61 mujeres fallecidas por violencia de género en el 2011.

EDAD DE LA VÍCTIMA	<16 años	0	0,0%
	16-17 años	0	0,0%
	18-20 años	3	4,9%
	21-30 años	14	23,0%
	31-40 años	16	26,2%
	41-50 años	12	19,7%
	51-64 años	9	14,8%
	>64 años	7	11,5%
	No consta	0	0,0%

Edad de las víctimas a 31 de diciembre de 2010.
Del total de73 mujeres fallecidas por violencia de género en el 2010.

EDAD DE LA VÍCTIMA	<16 años	0	0,0%
	16-17 años	1	1,4%
	18-20 años	0	0,0%
	21-30 años	16	21,9%
	31-40 años	21	28,8%
	41-50 años	18	24,7%
	51-64 años	13	17,8%
	>64 años	4	5,5%
	No consta	0	0,0%

Edad de las víctimas a 31 de diciembre de 2009.
Del total de 55 mujeres fallecidas por violencia de género en el 2009.

EDAD DE LA VÍCTIMA	<16 años	0	0,0%
	16-17 años	0	0,0%
	18-20 años	5	9,1%
	21-30 años	11	20,0%
	31-40 años	16	29,1%
	41-50 años	9	16,4%
	51-64 años	7	12,7%
	>64 años	7	12,7%
	No consta	0	0,0%

5. CONVIVENCIA DE LA VÍCTIMA DE VIOLENCIA DE GÉNERO CON SU AGRESOR

Una de las primeras medidas que aconseja a la mujer que haya sufrido maltrato a manos de su pareja o ex pareja es abandonar el hogar o interrumpir la convivencia habida con el agresor. Sin embargo, la pretendida solución no siempre es fácil de adoptar por ésta; imposibilitándose en muchos casos y sólo prosperando ante las órdenes de alejamiento dictadas por el órgano judicial. Órdenes que, por otro lado, son frecuentemente quebrantadas por el agresor razón por la cual se llegan a adoptar medidas judiciales de control telemático que aseguran el cumplimiento de aquellas.

A fin de facilitar este trámite y cesar definitivamente una convivencia, que de continuar sólo estaría sustentada por lazos patológicos tanto del agresor como de la propia víctima se pone a disposición de la mujer maltratada y de los hijos de ésta una serie de recursos institucionales basados en la acogida temporal: centros de acogida inmediata, casas de acogida, pisos tutelados, etc.

Y aún a pesar de estos recursos, la mayoría de las víctimas mortales no cesaron su convivencia con el victimario. En 2012, se registra el porcentaje más alto (86, 4% de las mujeres mantenía convivencia con el agresor en el momento de la muerte). De los restantes años, comprobamos que más de la mitad de las fallecidas también decidieron o no pudieron romper la convivencia.

Convivencia víctima- agresor. Cifras a 18 de junio de 2012.
Del total de 22 mujeres fallecidas por violencia de género.

CONVIVENCIA	Si	19	86,4%
	No	3	13,6%
	No consta	0	0,0%

Convivencia víctima- agresor. Cifras a 31 de diciembre de 2011.
Del total de 61 mujeres fallecidas por violencia de género en el 2011.

CONVIVENCIA	Si	39	63,9%
	No	22	36,1%
	No consta	0	0,0%

Convivencia víctima- agresor. Cifras a 31 de diciembre de 2010.
Del total de73 mujeres fallecidas por violencia de género en el 2010.

CONVIVENCIA	Si	46	63,0%
	No	27	37,0%
	No consta	0	0,0%

Convivencia víctima- agresor. Cifras a 31 de diciembre de 2009.
Del total de 55 mujeres fallecidas por violencia de género en el 2009.

CONVIVENCIA	Si	34	61,8%
	No	20	36,4%
	No consta	1	1,8%

6. RELACIÓN VÍCTIMA VIOLENCIA DE GÉNERO-AGRESOR

En lógica conexión con el estudio precedente se presenta este apartado centrado en ofrecer las cifras relativas a la relación existente entre la víctima y el agresor. En resumen, se aprecia que la mujer sostenía con su agresor relación previa a su fatal desenlace (más del 50%). El todavía inconcluso 2012 acumula en su haber 17 casos, de las 22 fallecidas que mantuvieron dicha situación. En los años pasados comprobamos esta tendencia (61, 6% en el 2010; lo que suponen 45 casos las 73 mujeres fallecidas en dicho año).

Relación víctima- agresor. Cifras a 18 de diciembre de 2012.
Del total de 22 mujeres fallecidas por violencia de género.

RELACIÓN	Expareja o en fase de ruptura	5	22,7%
	Pareja	17	77,3%

Relación vítima- agresor. Cifras a 31 de diciembre de 2011.
Del total de 61 mujeres fallecidas por violencia de género en el 2011.

RELACIÓN	Expareja o en fase de ruptura	26	42,6%
	Pareja	35	57,4%

Relación víctima- agresor. Cifras a 31 de diciembre de 2010.
Del total de73 mujeres fallecidas por violencia de género en el 2010.

RELACIÓN	Expareja o en fase de ruptura	28	38,4%
	Pareja	45	61,6%

Relación víctima- agresor. Cifras a 31 de diciembre de 2009.
Del total de 55 mujeres fallecidas por violencia de género en el 2009.

RELACIÓN	Expareja o en fase de ruptura	24	43,6%
	Pareja	31	56,4%

B) INFORMACIÓN ESTADÍSTICA RELATIVA AL AGRESOR DE VIOLENCIA DE GÉNERO

Siguiendo la misma metodología de la figura anterior, interesa ahora ofrecer datos estadísticos que ayuden frogar el perfil o modelo de varón maltratador. De él, establecemos los siguientes criterios para el mismo espacio temporal que el establecido para la víctima (junio de 2012 a 31 de diciembre de 2009) son: nacionalidad, edad y suicidio posterior del agresor, si lo hubiera.

1. NACIONALIDAD DEL AGRESOR DE VIOLENCIA DE GÉNERO

En general, la nacionalidad de los agresores, a tenor de los cuadros representados, manifiesta ser la española (más del 50%) pero tampoco debe obviarse el creciente número de agresores extranjeros (43, 6% en el 2009).

A 18 de junio de 2012.
Del total de 22 agresores.

NACIONALIDAD DEL AGRESOR	Española	18	81,8%
	Extranjera	4	18,2%
	No consta	0	0,0%
	<16 años	0	0,0%

A diciembre de 2011.
Del total de 61 agresores.

NACIONALIDAD DEL AGRESOR	Española	42	68,9%
	Extranjera	19	31,1%
	No consta	0	0,0%

A diciembre de 2010.
Del total de73 agresores.

NACIONALIDAD DEL AGRESOR	Española	44	60,3%
	Extranjera	29	39,7%
	No consta	0	0,0%

A diciembre de 2009.
Del total de 55 agresores.

NACIONALIDAD DEL AGRESOR	Española	31	56,4%
	Extranjera	24	43,6%
	No consta	0	0,0%

2. EDAD DEL AGRESOR DE VIOLENCIA DE GÉNERO

Señalamos la diversidad de edades en la figura del agresor. Las más habituales rondan entre 21, 30 años y mayores de 64. Aunque el perfil general se presenta como un hombre de edad media (31-40 años) seguida de los 40 a 50 años.

A 18 de junio de 2012.
Del total de 22 agresores.

EDAD DEL AGRESOR	<16 años	0	0,0%
	16-17 años	0	0,0%
	18-20 años	1	4,5%
	21-30 años	3	13,6%
	31-40 años	4	18,2%
	41-50 años	2	9,1%
	51-64 años	5	22,7%
	>64 años	7	31,8%
	No consta	0	0,0%

A diciembre de 2011.
Del total de 61 agresores.

EDAD DEL AGRESOR	<16 años	0	0,0%
	16-17 años	0	0,0%
	18-20 años	0	0,0%
	21-30 años	9	14,8%
	31-40 años	11	18,0%
	41-50 años	17	27,9%
	51-64 años	15	24,6%
	>64 años	9	14,8%
	No consta	0	0,0%

A diciembre de 2010.
Del total de73 agresores.

EDAD DEL AGRESOR	<16 años	0	0,0%
	16-17 años	0	0,0%
	18-20 años	1	1,4%
	21-30 años	5	6,8%
	31-40 años	24	32,9%
	41-50 años	16	21,9%
	51-64 años	18	24,7%
	>64 años	9	12,3%
	No consta	0	0,0%

A diciembre de 2009.
Del total de 55 agresores.

EDAD DEL AGRESOR	<16 años	0	0,0%
	16-17 años	0	0,0%
	18-20 años	1	1,8%
	21-30 años	11	20,0%
	31-40 años	15	27,3%
	41-50 años	10	18,2%
	51-64 años	7	12,7%
	>64 años	11	20,0%
	No consta	0	0,0%

3. SUICIDIO DEL AGRESOR DE VIOLENCIA DE GÉNERO

En las siguientes tablas se muestra la posible reacción posterior a la muerte violenta de la mujer víctima del maltrato. El suicidio del agresor se presenta como continuación del estado pasional o enfermizo del mismo que, en torno al 20% de los casos se consuma y, en torno al 15 o 20% queda en grado de tentativa.

A 18 de junio de 2012.
Del total de 22 agresores.

SUICIDIO DEL AGRESOR	No	13	59,1%
	Tentativa	4	18,2%
	Suicidio consumado	5	22,7%

31 de diciembre de 2011.
Del total de 61 agresores.

SUICIDIO DEL AGRESOR	No	42	68,9%
	Tentativa	9	14,8%
	Suicidio consumado	10	16,4%

A 31 de diciembre de 2010.
Del total de 73 agresores.

SUICIDIO DEL AGRESOR	No	45	61,6%
	Tentativa	16	21,9%
	Suicidio consumado	12	16,4%

A 31 de diciembre de 2009.
Del total de 55 agresores.

SUICIDIO DEL AGRESOR	No	34	61,8%
	Tentativa	8	14,5%
	Suicidio consumado	13	23,6%

e'') *La víctima del terrorismo.* La sociedad española, que venía experimentando desde hace décadas la salvaje agresión del terrorismo etarra, se ha visto sorprendida recientemente por otro terrorismo, islámico-integrista, aún más imprevisible y devastador. Porque si la víctima del terrorismo, en general, no entiende por qué razón se ha convertido en enemigo de alguien que no conoce y con quien no ha tenido ningún tipo de contacto directo e indirecto[592] —y, en el caso de las víctimas civiles, o de atentados *indiscriminados* ni siquiera se ha sentido posible objetivo o blanco del terror[593]— menos aún asume la víctima del terrorismo islámico-integrista en nombre de qué Dios se pueden perpetrar tales atrocidades y cómo es posible que tanta sangre pueda comprar el billete del Paraíso.

El terrorismo de base islámica integrista rompe todos los esquemas y desconcierta al analista del terrorismo convencional.

Para empezar sorprende la *extracción social* y *perfil del terrorista islámico* porque suele tratarse de jóvenes de clase media o alta, formados en Universidades de élite en el extranjero y con una excelente cualificación profesional y técnica. No son, pues, desheredados,

---

[592] Así, BACA BALDOMERO, E., Terrorismo, en: Manual de Victimología, coords. Baca, E., ECHEBURÚA, E., Tamarit, J.Mª., cit., págs. 191 y 192.
[593] En este sentido, BACA BALDOMERO, E., Terrorismo, cit., pág. 192.

ni hijos del conflicto social, la desigualdad y la injusticia, si bien aprovechan éstas irritantes realidades como terreno abonado para reclutar sus fieles combatientes.

Por otra parte, el discurso de este terrorismo, mesiánico y de difícil comprensión para nuestra mentalidad, no responde a los cánones convencionales de la lógica y la racionalidad: ni siquiera a las arengas vehementes de un sujeto idealista, iluminado o fanático. Por lo que sus brutales zarpazos son siempre imprevisibles y desconcertantes.

Profesa la imagen de un Dios cruel e inmisericorde, sin parangón en las religiones monoteístas, que proclama la *guerra santa* y el exterminio de los «infieles». Un Dios que premia la autoinmolación de sus combatientes (incluidos niños y adolescentes), quienes serán capaces de vencer el más primario de los instintos del individuo: el propio instinto de conservación; ante tan poderoso reclamo del más grande a sus siervos.

La *estructura y organización* horizontal (no piramidal, ni jerárquica) de este nuevo fenómeno, y sus células autónomas, a modo de compartimentos estancos, le blindan y dificultan al máximo la infiltración en el mismo y su prevención eficaz. A lo que se añaden las formas de comunicación de sus comandos a través de la red y sus poderosas fuentes de financiación, no siempre declaradas.

El *«modus operandi»* del terrorismo islámico-integrista ha demostrado, además, que no son imprescindibles armas sofisticadas para causar estragos. Su *«modus operandi»* es de una gran versatilidad, escogiendo la estrategia en cada caso más eficaz para atemorizar a la población y alcanzar sus nefastos objetivos.

El terrorismo al que me refiero, y su *discurso nihilista del odio*, representa una genuina *contracultura*, una verdadera *contracivilización* con la que no cabe la negociación ni el pacto. Rechaza todos los valores de una sociedad moderna y democrática. Subyuga a la mujer, desprecia el arte, la historia, la cultura.

Pocas imágenes más perversas que las ejecuciones a sangre fría de prisioneros, grabadas y retransmitidas como propaganda para horrorizar a los hombres de bien y reforzar la fe ciega de la victoria de sus secuaces. Y nada más abominable que mostrar cómo educan en la barbarie, en la brutalidad y el crimen, a niños de corta edad para que se entrenen en degollar lo mismo muñecos que seres humanos esposados …

Por ello, poco puede hacer la amenaza de la *pena*, del castigo, con quien está dispuesto a autoinmolarse y a regar de sangre inocente París, la ciudad de la luz y el amor. Habrá que pensar en otras estrategias bien coordinadas de los países civilizados. Estos deberán frenar el reclutamiento de jóvenes para la causa del terror. Cegar las oscuras fuentes de financiación de éste. Dificultar la circulación y comunicación de sus comandos, coordinar la información de los servicios de información, etc., etc. Y, desde luego, cabe esperar que los líderes religiosos del islamismo de bien den testimonio de la voluntad de paz y concordia de sus pueblos, aislando al terror.

La víctima del terrorismo, siempre víctima *intencional*[594], —«directa» o «indirecta» (testigos presenciales, parientes)— padece junto a las consecuencias corporales, psíquicas, etc. derivadas del hecho criminal (*«victimización primaria»*) en si, otras agresiones psíquicas adicionales atribuibles paradójicamente al sistema legal por su *modus operandi* y trato dispensado a aquella durante la investigación del delito y curso del procedimiento judicial (*«victimización secundaria»*); y llega sufrir, incluso, el rechazo y aislamiento social de una comunidad que acepta en su seno al terrorista condenado, justificando de algún modo su

---

[594] La distinción entre víctima «accidental» y víctima «intencional» carece de sentido en el caso del terrorismo. Como afirma BACA BALDOMERO, E. (Terrorismo, cit., pág. 195) «parece claro que las víctimas del terrorismo son víctimas intencionales y nunca accidentales aunque su victimización se produzca en el marco de atentados indiscriminados o se pretendan considerar daños colaterales».

conducta, sin reconocer pública e institucionalmente el dolor, la gran pérdida y el sacrificio que han pagado sus víctimas («*victimización terciaria*»)[595].

En cuanto a los *trastornos psíquicos* que experimenta la víctima del terrorismo, las alteraciones afectivas (depresión mayor), los trastornos somatomorfos y —en los primeros momentos— los trastornos de ansiedad (crisis de angustia y ansiedad) son las patologías más frecuentes. También el trastorno por estrés postraumático. Las investigaciones realizadas en Madrid poco después del atentado del 11 de marzo del 2004 aportaron cifras y valores significativos[596], evidenciando que los niveles de salud mental de las víctimas del terrorismo, directas e indirectas, son sustancialmente más bajos que los de la población general, de modo que el riesgo de que padezcan alteraciones psicopatológicas significativas es 2,55 veces más alto que el encontrado en esta última[597]. La *entidad del impacto psicopatológico* de la agresión terrorista, sin embargo, y su posible cronificación depende de factores temporales, de la naturaleza y características de aquella y de la personalidad de la víctima. Las patologías más usuales en los primeros momentos que siguen al atentado son reacciones al estrés agudo, generalmente de carácter ansioso o disociativo; los trastornos afectivos (depresión mayor); y las crisis de ansiedad. También pueden manifestarse tempranamente síntomas del trastorno de estrés postraumático. En un segundo momento los trastornos afectivos y de ansiedad, así como los adaptativos, pueden estabilizarse, o, por el contrario, cronificarse; además, cabe aparezcan otras patologías (trastornos somatomorfos, hipocondrías, etc.). En todo caso, la *aparición y gravedad* de las consecuencias psicopatológicas de un atentado terrorista guardan relación directa con la naturaleza e intensidad del hecho traumático (así, el empleo de explosivos es el tipo de acción terrorista que deja mayores secuelas psicopatológicas y, en general, las agresiones violentas súbitas e inesperadas que sorprenden a la víctima e impiden preparar su afrontamiento). Influyen, también, factores de la personalidad de la víctima: constituyen un factor de riesgo la ausencia de estrategias adaptativas adecuadas en la vida cotidiana de aquella, previas a la situación traumática, así como posibles rasgos histéricos e hipocondríacos de dicha personalidad. Por el contrario, uno de los *factores de protección*, más sólidos para la víctima reside en la disponibilidad afectiva de una red social adecuada y de apoyos consistentes en la comunidad hacia aquélla. El apoyo expresado (o soporte social percibido) es particularmente relevante en el ámbito familiar y laboral del sujeto, y en su medio o entorno social próximo. Uno de los problemas más graves en orden a la afectación psicopatológico de la víctima y sus posibilidades de recuperación es el reconocimiento, exaltación y apoyo que precisamente reciben los terroristas de la comunidad en la que tiene lugar el atentado[598]. En cuanto al *curso* de los trastornos psicopatológicos de la víctima, se ha constatado que las patologías más graves no son los que afloran en los primeros momentos que suceden al ataque terrorista. Aunque diversas investigaciones apuntan a que la detec-

---

[595] Cfr. BERISTAIN IPIÑA, A., Desde la victimología de mínimos hacia la victimología de máximos, en: CPCr., nº 85 (2005), págs. 255 y ss.

[596] Los estudios en la población de Madrid poco después del 14 de marzo arrojaban los siguientes datos entre las víctimas: 45'3%, crisis de angustia; 31'3%, depresión mayor; 35'9%, trastorno por estrés postraumático. Se observó, además, un aumento del consumo de tabaco entre los afectados fumadores del 28'1%; y del alcohol, un 4'3%; incrementos estos dos últimos que eran de 10'9% y el 1'9%, respectivamente, cn la población general. Vid., CANO VINDEL, A., TOBAL, J.M. (edits.), La reacción humana ante el trauma: consecuencias del 11 de marzo de 2004. Ansiedad y estrés, 10 (2-3), 2004 (número monográfico), 141-312. Cfr. BACA BALDOMERO, E., Terrorismo, cit., pág. 202.

[597] Así, BACA BALDOMERO, E., Terrorismo, cit., pág. 202.

[598] Vid. BACA BALDOMERO, E., Terrorismo, cit., págs. 202 y ss. Lo que en el texto se denomina victimización terciaria, aunque este concepto recibe acepciones distintas en la doctrina.

tación de síntomas muy precoces predice la posterior aparición de patologías graves como el trastorno por estrés postraumático, la experiencia clínica no confirma tal hipótesis, no siendo inusual que la ausencia de reacciones psicopatológicas en un primer momento vaya seguida de graves y duraderas descompensaciones en fases posteriores[599]. Las investigaciones longitudinales realizadas hasta la fecha corroboran la clara tendencia a la *cronificación* de los trastornos psicopatológicos de las víctimas. Y constatan, también, que si bien éstos son, a corto plazo, más severos en las víctimas *directas,* con el transcurso del tiempo se igualan poco a poco los niveles de afectación en las víctimas *directas* y las *indirectas* (testigos presenciales, familiares, etc.) conformando todos ellos un grupo unitario que se diferencia claramente de la población general por exhibir niveles inferiores de salud mental[600].

Pero la victimización *secundaria* y la *terciaria* de las víctimas del terrorismo son problemas preocupantes.

En la victimización *secundaria* concurren diversos factores: la dolorosa reconstrucción de los hechos; el reencuentro de la víctima cara a cara con el agresor y quienes apoyan a éste compartiendo los mismos espacios con los familiares y amigos del acusado; la sensación de no ser escuchada en el proceso penal y no recibir una información oficial suficiente de las diligencias policiales y judiciales; y, fundamentalmente, la actitud del acusado, justificando con orgullo su conducta criminal en la Sala (incluso culpabilizando a la víctima) con el aplauso de sus allegados y correligionarios; circunstancia ésta diferencial que impide a la víctima percibir de forma pública y clara el reproche social máximo que merece la conducta criminal[601]. La víctima se siente por ello abandonada y considera en porcentajes muy significativos que no se ha hecho justicia[602].

La victimización *terciaria,* no menos injusta y degradante, se produce en un momento posterior, después del juicio, cuando la víctima contempla el retorno triunfante del *condenado.* Recibido como un héroe o patriota en la comunidad objeto de rituales de enaltecimiento institucionales y homenajes populares. Mientras las víctimas y sus familias viven en la más absoluta marginación y aislamiento social, y padecen todo suerte de amenazas, vejaciones y desprecios (en momentos críticos se les niega el derecho al *duelo* y no pueden siquiera enterrar con orgullo a sus seres queridos) parte de la ciudadanía legitima la conducta criminal de los victimarios y les presta el apoyo social. Contrasta, pues, de manera irritante la impunidad y altanería con que actúan éstos, sus actitudes cínicas y provocadoras, con el silencio vergonzante que sella la vida de las víctimas y sus familias. A ello se añade la labor no siempre plausible de los medios de comunicación, que se acuerdan de la víctima solo cuando es *noticia;* y el impacto perverso de un lenguaje manipulador que distingue, con poca sensatez, entre víctimas *inocentes* (crímenes indiscriminados) y víctimas *no inocentes* (crímenes selectivos). Y, sobre todo, particularmente aflictiva es para la víctima la dinámica de los procesos de *normalización política* que, en la percepción de quien ha padecido crímenes de tal entidad, hacen de la muerte un valor instrumental, de presión, o una moneda de cambio, en negociaciones, pactos y estrategias «pacificadoras». Posibles medidas de gracia y, desde luego, la incorporación a las instituciones de quienes comparten esencialmente el ideario y los métodos violentos de los victimarios culminan el humillante escenario vital de las víc-

---

[599]   Vid. BACA BALDOMERO, E., Terrorismo, cit., pág. 205.

[600]   Así, BACA BALDOMERO, E., Terrorismo, cit., pág. 205. Según el autor, la afectación psicopatológica persiste 24 años después del atentado, lo que implica una elevada tasa de cronificación.

[601]   Vid. BACA BALDOMERO, E., Terrorismo, cit., pág. 198.

[602]   Según BACA BALDOMERO, E. (Terrorismo, cit., pág. 199) la percepción de las víctimas no es tan negativa si concurren al proceso como «acusación particular». Las reflexiones del texto se constriñen a la víctima del terrorismo etarra.

timas —siempre en la percepción de éstas. A menudo, detrás de las reivindicaciones de las víctimas —y de la vehemente llamada a la memoria, la dignidad y la justicia- late una pretensión humana más fácil de comprender: las víctimas quieren que se reconozca pública e institucionalmente el sacrificio que hicieron, el valor de la pérdida que el terror les arrebató y su sufrimiento por ella. Con razón se ha dicho que «honrar a las víctimas, tener presente su perdida y sacrificio, a través del enaltecimiento de su memoria, dejan de ser ejercicios de hueca retórica institucional, o menos aún, salvajes ceremoniales de revanchismo»[603]. Porque en el apoyo a las víctimas se aunan un interés altruista por el bien del acto y un interés social por dotar al mundo de sentido (*teoría del mundo justo*)[604].

f'') *Víctima masa y macroprocesos*. Otro de los supuestos paradigmáticos donde la situación de la víctima presenta un perfil muy singular es el de los delitos masa, con frecuencia de naturaleza imprudente, contra intereses '*difusos*', que generan una eventual responsabilidad civil subsidiaria del Estado y se sustancian en genuinos macroprocesos.

En España, el envenenamiento masivo ocasionado por el aceite de colza desnaturalizado de uso industrial, indebidamente desviado hacia el consumo humano (1981); el incendio de una conocida discoteca que incumplía toda la normativa legal sobre espectáculos, donde perdieron la vida más de ochenta personas (1983); o el hundimiento catastrófico de la presa de Tous (1982) ofrecen ejemplos típicos de este subgrupo de delitos. En los tres dramas pudo constatarse judicialmente un comportamiento negligente de autoridades o funcionarios públicos, decisivo para la causación del resultado dañoso, que fundamentaría la responsabilidad civil '*ex delicto*' del Estado declarada judicialmente después de interminables procedimientos penales, todavía en fase de ejecución algunos de ellos, (vg. síndrome tóxico) en el año 2008.

Pocas veces merece el funcionamiento de la justicia criminal una *percepción social* tan negativa como a propósito de estos dramas colectivos. Pocas veces se deteriora tanto la *imagen* del sistema legal a los ojos del ciudadano. Paradójicamente, la vía legal prevista para depurar las responsabilidades más graves se muestra ineficaz, torpe, irritantemente burocratizada y formalista, siempre en perjuicio de la víctima.

Claro que la *lentitud* —que no la eternidad— de la investigación judicial se explica, en parte, por la inadecuación del cauce procesal convencional, por la insuficiencia de medios y por los trámites y formalidades —«garantías» irrenunciables, en definitiva— que el Derecho reclama, aunque la víctima no lo suela comprender ni asumir. Pero el problema es mucho más complejo. En tragedias colectivas como las citadas, los procedimientos criminales unen a su exasperante lentitud, no siempre evitable, *vicios, defectos y lagunas en la fase de instrucción* lamentables (vg. el seguido contra autoridades y funcionarios por el «síndrome tóxico» del aceite de colza); a veces, llama la atención la pasividad del Ministerio Fiscal[605] en la persecución de hechos cometidos por autoridades y funcionarios, como también *ciertas singularidades procesales* (por ejemplo: el ulterior procedimiento '*ad hoc*' contra autoridades y funcionarios públicos por el síndrome tóxico, que dió lugar a un desdoblamiento procedimental perverso y discriminatorio en beneficio de aquéllos); o *la escasa colaboración*

[603] Así, BERISTAIN IPIÑA, A., Desde la victimología de mínimos hacia la victimología de máximos, en: CPCr. Nº 85 (2004), págs. 255 y ss.

[604] Cfr. HERRERA MORENO, Myriam, Victimización. Aspectos generales, en: Manual de Victimología, cit., pág. 108.

[605] Llamó la atención, por ejemplo, en el citado procedimiento la ejemplar y eficaz labor del Ministerio Público cuando se investigaban presuntas responsabilidades de particulares, en claro contraste con las escasas iniciativas del Ministerio Fiscal cuando las diligencias (la instrucción, en general) apuntaba hacia Autoridades y Funcionarios Públicos.

de las Administraciones Públicas con la Justicia (por ejemplo, al cumplimentar la prueba documental), sensibilizadas probablemente más por su condición de responsables civiles subsidiarios que por la suerte del empleado público imputado; en ocasiones, se llegan a *incumplir deslealmente los compromisos pactados extraprocesalmente con los perjudicados*, convirtiéndose la propia ejecución de la sentencia judicial en un verdadero calvario, etc., etc. A todo ello se añade, por lo general, la imposición, en su caso, de *penas meramente simbólicas y la lenta, muy lenta, reparación efectiva del daño*, que, a veces, sólo verán con sus ojos los herederos del perjudicado, no éste. La pretensión reparatoria, justa y legitima, pasa a un primer plano en estos delitos, como es lógico. Pero la experiencia demuestra que ejercitada, junto a la penal, corre el riesgo de mediatizar y contaminar a esta última, desencadenando toda suerte de mecanismos de autodefensa políticos y psicosociales de parte del entorno de los responsables.

Por lo demás, estos procedimientos dirigidos contra Autoridades y empleados públicos que convierten al Estado en eventual responsable civil subsidiario deparan una oportunidad inmejorable para que la Administración Pública acredite su imparcialidad procesal y los Tribunales la autonomía del *«Juez de Berlin»*, garantía última del ciudadano frente al Leviathan. Solo entonces gozará el sistema legal de una percepción social positiva merecida, mostrando la justicia su faz humana. En otro caso, seguirá ofreciendo aquélla la imagen de una diosa distante e impasible, estatua de mármol ciega, sorda y muda, aunque «ciña espada».

Por lo que se refiere a los *mecanismos psicosociales de neutralización*, la víctima masa, los intereses difusos y la dimensión pública espectacular de estos macroprocesos, configuran el marco ideal para que las *«técnicas de autojustificación»* desplieguen toda su eficacia, bien negando la realidad del daño ocasionado por el culpable, relativizándolo, degradando su trascendencia; bien negando o mitigando la responsabilidad del infractor; bien, incluso, culpabilizando a la propia víctima de la tragedia: estrategia o coartada semántica que encuentra fácil eco en los medios de comunicación, y martiriza cruelmente a las víctimas.

Casos recientes de víctima masa y contra intereses generales difusos[606].

1") El caso «Prestige[607]» (noviembre 2002-2016). La Audiencia Provincial de La Coruña acaba de absolver del delito contra el *medioambiente* (artículo 325 del Código Penal) a todos los imputados en la causa seguida por el vertido de fuel pesado frente a la costa gallega de Finisterre (aguas jurisdiccionales españolas) ocasionados por la rotura y posterior hundimiento del buque «Prestige».

En noviembre de 2002 el buque «Prestige» navegaba por aguas jurisdiccionales españolas (costa gallega, Finisterre), bajo bandera de Bahamas, con una carga a bordo de 76.972 toneladas métricas de fuel pesado, dirigiéndose a Gibraltar. Por razones técnicas que el Tribunal no ha podido esclarecer el citado buque sufrió un percance frente al Finisterre

---

[606] Los tres supuestos que se examinan a continuación tienen en común, desde un punto de vista tipológico y estructural, que se trata de delitos muy heterogéneos (los más graves atentan contra la vida y la salud, pero también por ejemplo, contra la calidad de vida y medio ambiente); delitos contra intereses generales o «bienes difusos» de los que son titulares amplios colectivos de perjudicados («víctima masa»)

[607] Vid. GARCÍA RUIZ, ASCENSIÓN. Dos caras de un mismo título. A propósito del delito ecológico en dos supuestos: caso Prestige y caso de la pianista ruidosa. *Revista la Ley Penal*. Ed. La Ley, 12 de marzo de 2014. ISBN_ISSN 2254-903-X (online).

gallego, dando lugar a la más grave catástrofe medioambiental acaecida en España como consecuencia del vertido que transportaba, lo que se agravó al partirse en dos el citado buque y hundirse seis días después del accidente, cuando se trataba de alejar aquél a 120 millas mar adentro.

El buque contaba con certificado de navegación, válido hasta el 31 de marzo de 2006, expedido por la American Boureau of Shippings (ABS). Tanto la petrolera española Repsol, desde 1997, como la británica British Petroleum (BP) —desde el 2000— habían descalificado al buque por varios motivos: antigüedad, defectos en la documentación de las revisiones y ausencia del CAP («Condition Assesment Program»), lo que, al parecer llevó a cabo en 180 ocasiones con anterioridad, no constando que estas operaciones ocasionaran la avería.

En la Sentencia, no consta que la tripulación tuviera la voluntad (ni dolosa, ni imprudente) de hundir el buque; ni que conocieran el estado real del mismo, ni su conservación. No consta, tampoco —dice la Sentencia— que aquella conociese los artificios de la naviera propietaria del mismo para burlar ciertos requisitos indispensables relativos a la correcta conservación del navío para obtener la certificación que acreditase las óptimas condiciones de la navegación. Antes bien, a tenor de la última inspección, se habían cometido reformas en el «Prestige» sustituyendo placas de acero y reforzando con acero nuevo e intacto zonas de acero viejo y deteriorado, trabajos que, al parecer, resultaron ineficaces o incluso contraproducentes.

Se personaron en la causa, como responsables civiles directos la aseguradora London-Steam-Ship Owners Mutual Insurance Association Limited y el Fidac (Fondos Internacionales de indemnización de daños debidos a la contaminación por hidrocarburos); y como responsables civiles «subsidiarios», las navieras Mare Shipping Inc y Universe Maritime (armadora y operadora, respectivamente, del «Prestige») y el Estado Español.

En general, el número de partes personadas en la causa es elevadísimo (particulares, asociaciones, plataformas, órganos locales de municipios, cofradías de pescadores, cooperativas, etc.).

Criminológicamente, desde la perspectiva nada despreciable de la *percepción* de los hechos y la sentencia por los colectivos de víctimas («las cosas *no son* como *son*, sino como se *perciben*», según el conocido teorema de Thomas), hay que resaltar la lógica decepción y abatimiento que tales colectivos han denunciado al conocerse el fallo: consternación, impotencia, frustración. Incomprensible que el sistema legal haya necesitado once años (¡la proverbial lentitud de nuestra justicia penal!) para llegar a la brillante y patética conclusión de que tan salvaje catástrofe no permita aplicar el delito contra el medio ambiente porque la regeneración de las zonas afectadas ha sido total, esto es, que no se ha cometido ningún delito ecológico, por no constar daño irreversible ni grave peligro de que se produjera.

Lo cierto es que tal apreciación no coincide con el parecer de biólogos, químicos y demás expertos, quienes cuestionan seriamente la supuesta regeneración del hábitat marino.

Es más, de las estimaciones de fuentes oficiales destacan algunos datos muy ilustrativos al respecto: se derramaron unas 63.000 toneladas de fuel pesado que, a su vez, generaron unas 170.700 toneladas de *residuos*, afectando vertidos y residuos a 2.980 kilómetros del litoral costero; 1.137 playas contaminadas; 450.000 m2 de superficie rocosa impregnada de chapapote; 526,3 toneladas de fuel en los fondos de la plataforma continental; una mortalidad estimada en 115.000 a 230.000 aves marinas; todos los ecosistemas afectados, considerándose carcinógenos, mutágenos y teratógenos algunos compuestos en la biota y sedimentos. La cuantificación certificada de gastos y perjuicios ocasionados asciende a

581.271.079,1186 €; cantidad a la que hay que añadir los intereses privados de las partes personadas en la causa.

Las víctimas entienden muy bien la lógica del principio medioambiental moderno: «quien contamina, paga». No entienden, sin embargo, que sea necesario esperar para ello al resultado de un posterior y distinto procedimiento civil, complejísimo, cuyo resultado tal vez conozcan dentro de diez o quince años, posteriores generaciones. Argumentar a estos colectivos de víctimas —y a la opinión pública, en general— que no caben pronunciamientos sobre indemnizaciones derivadas de un delito ecológico si el Tribunal de lo penal absuelve por este delito; o que no es jurídicamente posible aplicar la normativa que entra en vigor en España en 2010 a hechos sucedidos en 2002 (prohibición de retroactividad), no es suficiente. Esto solo sucede, además, con la catástrofe acaecida en España, no con las que han tenido lugar en otros países anteriormente. La pasión incontenida —comprensible, pero disfuncional— de ciertos colectivos nacionalistas radicales por responsabilizar penalmente al político de turno en el poder, no ha contribuido, sin duda, tampoco a una solución racional y operativa del problema, ya que la condena penal exige más que una actuación no eficiente en orden a la evitación del vertido de fueloil catastrófico y recuperación a tiempo del buque averiado, según hace constar la propia sentencia al exculpar la actuación de las Administraciones Públicas, cuando han intervenido o podido intervenir otros hechos o conductas de forma relevante en la causación o no evitación del resultado final catastrófico.

Una segunda reflexión criminológica sugiere la catástrofe del «Prestige» en cuanto a la *efectividad real de las prohibiciones penales*. De una parte, que estas son inversamente proporcionales al mayor grado de abstracción o generalización del bien jurídico. Esto es, una prohibición penal será más eficaz cuanto más material, concreto o individualizable lo sea el bien jurídico que trata de proteger. Cuanto más *difuso* sea éste, menor capacidad intimidatoria y efectividad tendrán las conminaciones penales. De otra aparte, que la presencia abusiva de elementos normativos o valorativos del tipo en las llamadas «leyes penales en blanco» (vg. «grave peligro») o la indeterminación, o difícil constatación, de los elementos no penales del mismo (vg. la referencia a las «leyes u otras disposiciones de carácter general protectoras del medioambiente»; o al grave perjuicio del «equilibrio de los sistemas naturales») (?) acaban inutilizando la efectividad de estas prohibiciones penales. En el caso del hundimiento del Prestige frente a las costas gallegas, todo parece indicar, pues, que el bravo mar, sus mareas, altas y bajas, y sus olas quizás puedan contribuir a limpiar el fondo marino, lo que las autoridades y poderes públicos no han conseguido en 14 años.

2") El drama de la talidomida: víctimas de primera clase y de segunda clase.

Me permito reproducir un artículo periodístico que publiqué bajo el título «Una Sentencia con alma», poco antes de que la Sala 1ª (de lo Civil del Tribunal Supremo español) dijera la última palabra sobre el drama de la talidomida.

«UNA SENTENCIA CON ALMA»

A finales de los 50, la farmacéutica alemana Grünenthal comercializó y distribuyó, bajo diferentes marcas, por todo el mundo un medicamento cuyo principio activo (la talidomida) sería un sedante eficaz y seguro para paliar los vómitos y mareos de las embarazadas.

Pero ya desde el principio se observaron graves malformaciones (ausencia de extremidades, focomelias y otras agénesis) en los niños de las gestantes que lo tomaron. Hoy se sabe que la sintomatología de este envenenamiento masivo, en buena medida aún desconocida por tratarse de una enfermedad nueva y de imprevisible evolución, parece comprender además de los daños secuenciales de la misma, los llamados daños continuados, otros daños y secuelas progresivos e inciertos, sin que se descarte siquiera la posibilidad de que la progenie de los afectados hereden la enfermedad.

Consta que el 40% de las víctimas fallecieron a los pocos días del nacimiento. Y las supervivientes arrastran todavía hoy, 50 años después, patologías que afectan al oído, extremidades (sistema esquelético), ojos, cara, sistema nervioso central, aparato respiratorio, corazón y vasos sanguíneos, abdomen y vísceras, así como un severo perjuicio estético consecuencia de las malformaciones producidas por la enfermedad con el que tendrán que cargar de por vida.

En Alemania, como en el resto del mundo, el medicamento se retiró ya en 1961. No así en España donde siguió distribuyéndose inexplicablemente hasta 1965, a pesar de que la comunidad científica conocía la grave nocividad del fármaco. Y mas aún: el conocido proceso del «Contergán» seguido en Alemania estableció de forma categórica y concluyente, la relación de causalidad entre el fármaco y las graves malformaciones y secuelas mencionadas. Por cierto, la Corte alemana de Aquisgrán, en 1970, declaró la «imprudencia punible» de los responsables del laboratorio por la promoción, publicidad, e incluso prospectos del medicamento, si bien dicho proceso penal se archivó porque las víctimas de este país llegaron a un práctico acuerdo indemnizatorio con los laboratorios Grünenthal; datos todos ellos que tomo de los «antecedentes» de la Sentencia del Juzgado nº 90, de Primera Instancia de Madrid.

Dicho Juzgado 90 concedió a las víctimas una indemnización de 20.000 euros por cada punto porcentual de minusvalía que reconociese la Administración Española. Sin embargo, la sentencia posterior de la Sección 14ª de la Audiencia Provincial (de lo civil) de Madrid —y ésta es la situación actual— desestimó la demanda de las víctimas y revocó el fallo del Juzgado 90 por entender que sus pretensiones habrían prescrito.

Escribo estas columnas cuando la Sala 1ª, de lo civil del Tribunal Supremo dirá la última palabra —la hora de la verdad— cincuenta años después del origen de esta tragedia humana.

El lector recordará, probablemente, otro drama que padeció la sociedad española como consecuencia del síndrome tóxico por el aceite de colza, iniciado en 1981 y que el Tribunal Supremo (sala de lo penal) Sentenció en 1997 (Ponente: Gregorio García Ancos). Pues bien, hay una diferencia sustancial entre uno y otro procedimiento, que hace aún más incomprensible la situación de las víctimas de la talidomida. En este último, todo estuvo claro desde un principio: los tribunales declararon la relación de causalidad entre el fármaco y la enfermedad e incluso el Tribunal de Aquisgrán estableció la «imprudencia punible» de los laboratorios alemanes. En el síndrome tóxico, por el contrario, el nexo causal entre el aceite desnaturalizado y la enfermedad tuvo que ser objeto de una minuciosa investigación en la que intervinieron los expertos más prestigiosos del mundo quienes siguiendo una metodología epidemiológica (no toxicológica individualizada) y el reguero de muertes fueron descartando poco a poco las diversas hipótesis: los tomates, los pájaros y aves migratorias, los productos químicos empleados para fumigar, la guerra bacteriológica, etc. Hasta que se concluyó que solo un alimento podía ser el vehículo de la enfermedad. Siendo, pues, el nexo causal el problema básico objeto de debate, no se comprende la espera dolorosa e inhumana de las víctimas de la talidomida.

Yo espero una sentencia pronta y justa, una sentencia con alma que apele a la Justicia y la dignidad del ser humano, porque las víctimas no piden compasión sino justicia, reconocimiento y respeto. Valores éstos proclamados por la Constitución de 1978 y de los que el Derecho no puede prescindir. Pues si la sentencia final, técnicamente impecable, se agotase en citas brillantes de artículos, sentencias, doctrinas y teorías sobre el cómputo del dies a quo de la prescripción extintiva, el Derecho se convertiría en mera retórica, mera dialéctica, que causaría más dolor aún y frustración a seres humanos que desde hace medio siglo sufren una cruel enfermedad y hoy se hallan a la intemperie.

Espero, insisto, una sentencia con alma, porque la tienen también las sentencias. Todavía recuerdo, como si fuera hoy, la angustia y dolor del Magistrado de la Audiencia Nacional que decidió la votación final, al contemplar a las víctimas del síndrome tóxico presentes en la Sala. No puedo pedir que se contemple ahora la imagen hiriente de los enfermos de la talidomida, cincuenta años después. Pero si que se les transmita la solidaridad, el respeto y la dignidad que merecen de la Sociedad española.

Lamentablemente, sin embargo, la Sala 1ª (de lo Civil) del Tribunal Supremo español ha rechazado la demanda de la Asociación de víctimas de la Talidomida, absolviendo a los laboratorios alemanes al apreciar la prescripción.

Solo queda la esperanza para las víctimas que el Tribunal Constitucional revoque la Sentencia del Tribunal Supremo manteniendo que en la Comunidad Europea no puede haber víctimas de primera (las alemanas, indemnizadas en Alemania como consecuencia del proceso de Aquisgrán de 1970) y víctimas de segunda clase por los mismos hechos (las españolas que en 2016 esperan aún que se repare el daño causado).

3") El temerario implante de las prótesis mamarias PIP y la irresponsable pasividad del personal sanitario: una tragedia que afortunadamente pudo evitarse a tiempo.

Según fuentes del Ministerio de Sanidad, entre 2000 y 2010 se implantaron en España a unas 18.500 mujeres las conocidas prótesis mamarias PIP (se calcula que en el mundo hay 350.000 mujeres afectadas): Dichas prótesis, de pésima calidad y muy peligrosas para la salud, no utilizaban el GEL COHESIVO homologado sino silicona industrial. Así, mientras la vida media de una prótesis de GEL COHESIVO de SILICONA es de unos 15 años, las prótesis PIP, de silicona industrial, más baratas, se rompían a los dos años, con el consiguiente grave riesgo para la vida y la salud de las mujeres receptoras del implante (infecciones, septicemia, etc.)

Las Autoridades francesas alertaron el 28 de marzo de 2010 a toda la opinión pública del fraude de los implantes mamarios PIP.

J.C.M., fabricante y dueño de la empresa PIP, confesó ante la Autoridad Judicial francesa que desde el año 2000 habría comenzado a fabricar fraudulentamente tales prótesis, si bien al observar que las diversas administraciones sanitarias no denunciaban las irregularidades cometidas, fue incrementando progresivamente el número de prótesis fraudulentas.

En España, consta oficialmente desde el año 2004 las roturas brutales de estas prótesis PIP. Pero a pesar de existir una reglamentación y ordenación sanitarias; y de unos compromisos éticos y deontológicos del personal sanitario, ningún profesional de éste notificó a los Puntos de Vigilancia de las distintas comunidades roturas de los implantes mamarios PIP que tuvo que haber observado.

Así, en la Comunidad Valenciana, al 31 de marzo de 2010, no se había notificado ni un solo incidente con relación a las prótesis PIP. Y ninguno de los cirujanos españoles (y fueron más de 20 los que tuvieron que enfrentarse a tales percances) denunció desde 2004 haberlos detectado, siendo inexplicable que no se percataran de que las prótesis PIP utilizaban silicona industrial, no médica, razón por la que se rompían a tan corto plazo.

El prestigioso cirujano barcelonés de la Clínica valenciana del Consuelo, Doctor Jaume Serra Janer, y su equipo (Ángeles Galán Rubio, instrumentalista y brillante criminóloga; y su anestesista, Doctor Agustín Soria Gómez) pusieron en marcha un exitoso «Programa Filantropía», en el 2010, para intervenir y asistir a las mujeres afectadas.

El Doctor D. Jaume Serra Janer, el 1 de marzo de 2010, fue el primer cirujano de la Unión Europea en informar y solicitar de forma oficial a Sanidad que convocara una reunión urgente sobre las prótesis PIP, y desde 2006 ya había informado del fraude porque se trataba de un secreto a voces. E hizo lo propio con las entidades médicas, organismos administrativos y judiciales.

Todo un ejemplo a seguir de profesionalidad, de ética y deontología y de sensibilidad social.

5. *El control social* del delito como objeto de la Criminología.

a) El paradigma de control.- La moderna Criminología se preocupa, también, del control social del delito, sin duda por su orientación cada vez más sociológica y dinámica. Pudiera pensarse que ello significa tan solo una ampliación de su objeto, en comparación con los centros de interés de la Criminología tradicional, volcada en torno a la persona del delincuente. Sin embargo, esta apertura al control social representa todo un giro metodológico de gran importancia al que no ha sido ajeno el «labeling approach» o teoría del etiquetamiento y de la reacción social por la relevancia que los partidarios de estas modernas concepciones sociológicas asignan a ciertos procesos y mecanismos del llamado control social en la configuración de la criminalidad. En este sentido asistimos probablemente más que a un enriquecimiento del objeto de la Criminología a un nuevo modelo o paradigma de ésta (el paradigma de control), dotado, por cierto, de una considerable carga ideológica.

En efecto[608], la Criminología positivista, polarizada en torno a la persona del infractor, no prestó apenas atención a los problemas del control social. Parte de una visión consensual y armónica del orden social que las leyes positivas —expresión de tal consenso— se limitarían a reflejar. Los teóricos de la Criminología «positivista» no cuestionan las definiciones legales ni el cuadro normativo al que éstas responden, porque admiten que encarnan los intereses generales. Tampoco someten a crítica el concreto funcionamiento del sistema, el proceso de aplicación de tales definiciones normativas a la realidad. Piensan, antes bien, que las leyes sólo plantean un problema de interpretación reservado al Juez, de subsunción del caso concreto al presupuesto fáctico de la norma; pero el dogma de igualdad ante la ley priva de carácter conflictivo y problemático a dicho proceso de aplicación de los mandatos legales. Las leyes, pues, caerían sobre la realidad por su propio peso y no experimentarían desviaciones significativas de la premisa normativa al momento terminal del caso concreto. El denunciante, la policía, el proceso penal, etc., se conciben como meras correas de transmisión que aplican fielmente, con objetividad, la voluntad de la Ley, de acuerdo con los intereses generales a que ésta sirve. La población reclusa, en consecuencia, ofrece una muestra fiable y representativa de la población criminal (real), ya que los agentes del control social (policía, proceso, etc.) se rigen por el criterio objetivo del merecimiento (el hecho cometido) y se limitan a «detectar» al infractor cualquiera que sea éste.

Para el «labeling approach», por el contrario, el comportamiento del control social ocupa un lugar destacado. Porque la criminalidad, según sus teóricos, no tiene naturaleza «ontológica» sino «definitorial», y lo decisivo es cómo operan determinados mecanismos sociales que atribuyen el estatus criminal: la calificación jurídico penal de la conducta realizada o los merecimientos objetivos del autor pasan a un segundo plano. Más importante que la interpretación de las leyes es analizar el proceso de concreción de las mismas a la realidad social; proceso tenso, conflictivo y problemático. El mandato abstracto de la norma se desvía sustancialmente al pasar por el tamiz de ciertos filtros altamente selectivos y discriminatorios que actúan guiados por el criterio del estatus social del infractor. Precisamente por ello las clases sociales más deprimidas atraen las tasas más elevadas de criminalidad, y no porque profesen unos valores criminales «per se» —ni porque delincan más— sino porque el control social se orienta prioritariamente hacia ellas, contra ellas. El control social, por ello, no se limita a detectar la criminalidad y a identificar al infractor, sino que crea o configura la criminalidad: realiza una función «constitutiva». De suerte que ni la ley es expresión de los intereses generales, ni el proceso de aplicación de ésta a la realidad hace bueno el dogma de la igualdad de los ciudadanos. Los agentes del control social formal no son meras correas de transmisión de la voluntad general, sino filtros al servicio de una sociedad desigual que, a través de los mismos, perpetúa sus estructuras de dominación y potencia las injusticias que la caracterizan. En consecuencia, la población penitenciaria, subproducto final del funcionamiento discriminatorio del sistema legal, no puede estimarse representativa de la población criminal real —ni cualitativa ni cuantitativamente— como tampoco lo son las estadísticas oficiales.

---

608   Cfr., GARCÍA-PABLOS DE MOLINA, A., *Tratado de Criminología*, cit., págs. 176 y ss.

b) El control social y sus instancias.- Toda sociedad o grupo social necesita de una disciplina que asegure la coherencia interna de sus miembros, por lo que se ve obligada a desplegar una rica gama de mecanismos que aseguren la conformidad de éstos con sus normas y pautas de conducta. Por *control social* se entiende[609] el conjunto de instituciones, estrategias y sanciones sociales que pretenden promover y garantizar dicho sometimiento del individuo a los modelos y normas comunitarias. Para obtener la conformidad o adaptación del individuo a sus postulados normativos (*disciplina social*) se sirve la comunidad de dos clases de instancias o portadores del control social: instancias formales e instancias informales. Agentes *informales* del control social son: la familia, la escuela, la profesión, la opinión pública, etc. *Formales*: la policía, la justicia, la administración penitenciaria. Los agentes del control social informal tratan de condicionar al individuo, de disciplinarle a través de un largo y sutil proceso que comienza en los núcleos primarios (familia), pasa por la escuela, la profesión y la instancia laboral y culmina con la obtención de su actitud conformista, interiorizando el individuo las pautas de conducta transmitidas y aprendidas (*proceso de socialización*). Cuando las instancias informales del control social fracasan entran en funcionamiento las instancias formales, que actúan de modo coercitivo e imponen sanciones cualitativamente distintas de las sanciones sociales: sanciones estigmatizantes que atribuyen al infractor un singular estatus (peligroso, delincuente).

> El control social dispone de numerosos *medios o sistemas* normativos (la religión, la costumbre, el derecho, etc.); de diversos *órganos o portadores* del mismo (la familia, la iglesia, los partidos, organizaciones varias, etc.); de distintas *estrategias o respuestas* (prevención, represión, socialización, etc.); de diferentes modalidades de *sanciones* (positivas, negativas, etc.); y de particulares *destinatarios*. Como se indicará, la justicia constituye sólo uno de los posibles portadores del control social. El Derecho Penal representa, también, sólo uno de los medios o sistemas normativos existentes, del mismo modo que la infracción legal contiene nada más que un elemento parcial de todas las conductas desviadas; y que la pena significa una opción de entre las muchas existentes para sancionar la conducta desviada. Eso sí, el Derecho Penal simboliza el sistema normativo más formalizado, con una estructura más racional y con el más elevado grado de división del trabajo y especificidad funcional de entre todos los subsistemas normativos[610].

Norma, sanción y proceso son tres componentes fundamentales de cualquier institución del control social, orientadas a asegurar la disciplina social, afianzando las pautas de conducta que el grupo reclama. Inherente a aquéllas es tam-

---

[609] Sobre el «control social», vid., BUSTOS RAMÍREZ, J., *Control social y sistema penal*, 1987, Barcelona (PPU), págs. 407 y ss.; KAISER, G., *Criminología*, cit., págs. 82 y ss.; GARCÍA-PABLOS DE MOLINA, A., *Tratado de Criminología*, cit., págs. 178 y ss.; MUÑOZ CONDE, F., y HASSEMER, W., *Introducción al Derecho Penal y a la Criminología*, 1990, Valencia (Tirant lo Blanch), págs. 113 y ss.

[610] En el sentido del texto, KAISER, G., *Criminología*, cit., pág. 83. Cfr., GARCÍA-PABLOS DE MOLINA, A., *Tratado de Criminología*, cit., pág. 179.

bién un cierto grado de *formalización*, esto es, de previsibilidad, controlabilidad o vinculación a principios y criterios de conformidad o disconformidad con las normas. A medida que aumenta el grado de institucionalización, es decir, de distanciamiento del individuo afectado y de permanencia de la respectiva instancia de control social, aumenta también el de su formalización, graduando la gravedad de las sanciones o estableciendo un proceso para imponerlas. Dicha formalización cumple importantes funciones: selecciona, delimita y estructura las posibilidades de acción de las personas implicadas en el conflicto, orientándolas; distancia al autor de la víctima y regula sus respectivos ámbitos de respuesta, sus roles y expectativas; protege a la parte más débil, arbitrando diversas opciones típicas en función del carácter del conflicto y del rol del agente, con independencia de su poder social; y, por último, abre vías de solución definitiva a dicho conflicto, de forma pacífica e institucional[611].

El control social penal es un *subsistema* en el sistema global del control social; difiere de éste por sus fines (prevención o represión del delito); por los medios de los que se sirve (penas o medidas de seguridad); y por el grado de formalización con que interviene.

> No obstante, cualquier análisis comparativo de los diversos sistemas de control, debe partir de dos premisas: la globalidad del control social y la relativa intercambiabilidad de todos sus elementos (portadores, estrategias, medios y sanciones). El juicio sobre la adecuación al problema de uno u otro subsistema o sobre el grado de rendimiento y eficacia de los mismos para resolver las tensiones o conflictos sociales, ha de ser un juicio globalizador que capte el funcionamiento total del control social —y de todos sus subsistemas— atento a la esencial sustituibilidad recíproca de las partes que lo integran.

El examen pormenorizado de la actuación del control social —de sus instancias formales e informales— constituye uno de los objetivos metodológicos prioritarios del «*labeling approach*». Este ha resaltado tres características del control social *penal*[612]: su comportamiento selectivo y discriminatorio (el criterio del estatus social prima sobre el de los merecimientos objetivos del autor de la conducta); su función constitutiva o generadora de criminalidad (los agentes del control social no «detectan» al infractor, sino que «crean» la infracción y etiquetan al culpable como tal); y el efecto estigmatizador del mismo (marca al individuo, desencadenando la llamada «desviación secundaria» y las «carreras criminales). Se acepten —o no— estas premisas teóricas, lo cierto es que hoy no puede ya cuestionarse que la reacción social condiciona en buena medida el volumen y estructura de la criminalidad.

---

[611]   Así, MUÑOZ CONDE, F., HASSEMER, W., *Introducción*, cit., págs. 116 y 117.
[612]   Cfr., GARCÍA-PABLOS DE MOLINA, A., *Tratado de Criminología*, cit., págs. 777 y ss.

c) La efectividad del control social. La *efectividad* de un concreto sistema del control social penal es un tema problemático.

Siguiendo la conocida hipótesis de ALLPORT —hipótesis de curva J— suele entenderse que un buen indicador del grado de efectividad o consolidación de un comportamiento normativo es la distribución del mismo de acuerdo con una curva en forma de jota. La cultura, el derecho, la costumbre y los restantes sistemas normativos ejercen una presión sobre el individuo para reclamar su conformidad. Dicha presión normativa produce un desplazamiento y la consiguiente distribución empírica en forma de jota, con las cotas más significativas allí donde aquélla es más intensa[613].

No obstante ni el incremento de las tasas de criminalidad registrada significa, sin más, un fracaso del control social penal; ni, tampoco, parece viable un sistemático y progresivo endurecimiento de éste para alcanzar cotas más elevadas de eficacia[614]. El control social penal tiene unas limitaciones estructurales, inherentes a su naturaleza y función, de modo que no es posible exarcerbar indefinidamente su efectividad para mejorar, de forma progresiva, su rendimiento. Antes bien, la prevención eficaz del crimen no ha de limitarse al perfeccionamiento de las estrategias y mecanismos del control social. Con razón decía JEFFERY: «Más leyes, más penas, más policías, más jueces, más cárceles, ... significa más presos, pero no necesariamente menos delitos»[615]. La eficaz prevención del crimen no depende tanto de la mayor efectividad del control social formal como de la mejor integración o sincronización del control social formal e informal[616].

El incremento de los índices de criminalidad registrada se ha interpretado, tradicionalmente, como signo inequívoco del fracaso del control social penal. Sin duda porque se partía de la conocida tesis del «volumen constante» de la criminalidad; existiendo un volumen constante de delincuencia en la sociedad —se pensaba— cualquier aumento significativo del mismo debe ser atribuido a un fallo o defecto en el sistema del control social. Pero este razonamiento no convence. En primer lugar porque el incremento efectivo de las tasas de criminalidad registrada en los últimos lustros no puede interpretarse, sin más, como un in-

613 ALLPORT, F., «The J-Curve Hypothesis of Conforming Behavoir», en: Journal of Social Psychology (51, 1934). Cfr., KAISER, G., *Kriminologie*, cit., pág. 88.

614 Vid., GARCÍA-PABLOS DE MOLINA, A., *Tratado de Criminología*, cit., págs. 185 y ss. En efecto, dicho incremento puede deberse precisamente a todo lo contrario: a una mayor efectividad del sistema, o a una más elevada tasa de denuncia (del mismo modo que un descenso en las tasas oficiales de criminalidad no implica, sin más, la correlativa disminución del crimen real o el éxito del sistema legal: puede —y suele suceder- que el crimen aumente significativamente y, ante el fracaso del sistema legal, el ciudadano no denuncie). Tampoco cabe esperar demasiado del sistema legal (solo del sistema legal) en la prevención de la delincuencia: el control social «formal» no es más que el último eslabón de un engranaje complejo, cuyo rendimiento no sólo tiene unas limitaciones estructurales insalvables, sino que depende del buen estado del completo mecanismo de control.

615 JEFFERY, C.P., « *Criminology as an interdisciplinary behavioral science*», en: Criminology, 16, 2 (1978), págs. 149 a 169.

616 En el sentido del texto, KAISER, G., *Criminología*, cit., pág. 90; Cfr., GARCÍA-PABLOS DE MOLINA, A., *Tratado de Criminología*, cit., págs. 186 y 187.

cremento correlativo de la criminalidad real. Las encuestas de victimización y los informes de autodenuncia parecen demostrarlo al advertir que la criminalidad real no ha aumentado en la forma acelerada y significativa que lo han hecho los valores de las estadísticas oficiales. En segundo lugar porque el presupuesto teórico de esta opinión (tesis del volumen constante del delito) se halla hoy muy cuestionada. En efecto, suele estimarse inservible para el análisis del delito en sociedades pluriestratificadas y en vías de rápida transformación, por su rigidez, y porque presupone el mantenimiento de unas variables sociales (incluida la práctica de la denuncia por la víctima del crimen) de imposible control. Por otra parte, el control social tiene unas limitaciones estructurales inherentes a la peculiar naturaleza del mismo. No es posible exacerbar indefinidamente su efectividad mejorando, de forma progresiva, su rendimiento. El castigo sólo es funcional cuando se limita al comportamiento de una minoría: en otro caso, pierde —como el crimen mismo— su función integradora. El control razonable y eficaz de la criminalidad, en consecuencia, no puede hacerse depender exclusivamente de la efectividad y rendimiento de las instancias del control social. Pues, en efecto, desde un punto de vista etiológico (génesis y dinámica criminal) la intervención del sistema legal presupone el delito, no incide en sus raíces últimas; en términos de prevención, todo programa que persiga como objetivo fundamental un mejor rendimiento del control social formal, responde al modelo de la llamada prevención secundaria , la menos eficaz aunque pueda parecer lo contrario a corto plazo, precisamente porque opera de modo tardío y sintomatológico, donde y cuando el problema social se manifiesta pero no donde, cuando y cómo el conflicto se genera.

No se debe olvidar, por último, que el incremento de las tasas de criminalidad no es consecuencia directa del fracaso del control social, sino de otros factores. Antes bien, el control social falla porque el crimen (debido a otras causas) aumenta.

d) *Evolución y tendencias del control social penal*. Partiendo de una noción estricta de *«control social»*, de la distinción entre control social *«formal»* e *«informal»*, y de la historicidad, fungibilidad y relativa intercambiabilidad de las diversas estrategias y métodos de actuación de sus instancias cabe señalar algunas *tendencias* claras en la evolución del control social, al menos ciertas *fases o momentos* de la misma.

Un concepto lato de control social, sin duda, permite plantear, como hace St. COHEN[617], *«si los profesores en las escuelas, los guardianes en las cárceles, los psiquiatras en las clínicas, los trabajadores sociales en los organismos asistenciales, los padres en las familias, los policías en las calles, los Jefes en las fábricas ... están ocupados en última instancia, haciendo todos la misma cosa».* Pero una acepción tan amplia y abstracta dificulta el análisis que se pretende y no conviene al concepto estricto del control social «penal».

1') Cabría hablar, ante todo, de un proceso histórico de *racionalización* del control social formal, especialmente del '*penal*', que es su modalidad más agre-

---

617   *Visiones de control social*, cit., pág. 18.

siva[618]. Dicha dinámica conduce no a la utópica desaparición del mismo, sino a la evaluación empírica y realista de sus efectos, de su impacto, con el objeto de asumir la necesidad de su intervención, pero circunscribiendo ésta a los conflictos más graves que la reclamen, tanto por razones de prevención general como estrictamente garantistas[619]. La idea de la subsidiariedad, o el postulado de la intervención mínima del Derecho Penal[620] expresan fielmente esta tendencia.

Claro que el pensamiento utópico apoya con vehemencia el desideratum de RADBRUCH: conseguir no ya un mejor Derecho Penal, sino algo mejor que el Derecho Penal[621]. Sin embargo, aunque muchos optimistas y radicales extiendan ya el certificado de defunción del Derecho Penal y afirmen que tiene sus días contados[622], todo parece indicar que la desaparición del Derecho penal no «es cosa de tiempo»[623]. Que goza de buena salud. Que el célebre «Oráculo fúnebre por el Derecho Penal Clásico», de FERRI[624] sigue siendo una bella profecía incumplida. Asistimos, pues, sólo a un proceso histórico de racionalización del mismo, que pondera la necesidad ineludible de su presencia como instrumento eficaz de solución de ciertos conflictos sociales, de una parte, y el grave costo que su intervención inevitablemente depara, de otra[625]. En consecuencia, esperar una progresiva retirada del Derecho Penal y su sustitución por otros controles sociales eficaces pero menos gravosos parece una previsión realista que la experiencia histórica avala. Vaticinar, sin embargo, la desaparición del Derecho Penal —a medio plazo— sigue siendo una utopía.

2') Pero el citado proceso de racionalización del Derecho Penal afecta no sólo a los *presupuestos* de la intervención de éste, sino a su propio *contenido*, porque no

---

[618]   Vid. GARCÍA-PABLOS DE MOLINA, A., *Derecho Penal. Introducción*, Madrid, 2000 (2ª Edición), Universidad Complutense. Servicio de Publicaciones, pág. 104. En este sentido, es ilustrativo un pasaje de STRATENWERTH, G., (*Die Zukunft des strafrechtlichen Schuldprinzips*, 1ª Ed., Heidelberg-Karlsruhe, Müller, Juristischer Verlag, 1977 (Heft 4), págs. 5 a 7. Según el autor, asistimos a un proceso histórico de *racionalización* de la intervención penal. En la sociedad primitiva los conflictos se resolvían mediante la venganza y respuestas privadas. La sociedad posterior, más evolucionada, refirió tales conflictos primero a la figura del Soberano, y después, a una moral convencional, lo que certificó el tránsito de la pena privada a la pena pública, a la pena retributiva. La sociedad moderna, concluye STRATENWERTH, interviene en el problema criminal partiendo de una estricta distinción entre Moral y Derecho, y procura siempre fundar sus decisiones y estrategias en una previa *«valoración racional de sus objetivos»*.

[619]   Cfr. GARCÍA-PABLOS DE MOLINA, A., *Derecho Penal. Introducción*, cit., págs. 104 y ss.; del mismo, *Tratado de Criminología*, cit., pág. 187.

[620]   Cfr. GARCÍA-PABLOS DE MOLINA, A., *Estudios Penales*, cit., pág. 98 y ss. y 121 y ss. del mismo: *Derecho Penal. Introducción*, cit., págs. 106 y ss.

[621]   G. RADBRUCH, *Rechtsphilosophie*, 6ª Ed. (1963), pág. 269.

[622]   Vid. STRATENWERTH, G., *Die Zukunft des strafrechtlichen Schuldprinzips*, 1ª Ed. (1977), cit., págs. 5 a 7.

[623]   STATENWERTH, G., *Die Zukunft*, cit., ibidem.

[624]   FERRI, E., *Los nuevos horizontes del Derecho Penal y el Procedimiento*. Madrid (Góngora), 1887 (trad. Perez Oliva), pág. 23.

[625]   Cfr. GARCÍA-PABLOS DE MOLINA, A., *Derecho Penal. Introducción*, cit., pág. 103.

se trata exclusivamente de delimitar y restringir al máximo las condiciones y requisitos del «*ius puniendi*» sino de controlar su ejercicio: el contenido, extensión y formas concretas de la reacción penal. Decisivo es no sólo *cuándo* (bajo qué presupuestos) puede intervenir el Derecho Penal sino *cómo* ha de hacerlo entonces[626].

> De hecho, la Ilustración marca el comienzo de un sinuoso pero decidido proceso histórico comprometido con la razón y la humanidad que revisa y depura el arsenal punitivo. Fruto del mismo fue la desaparición de las penas corporales, la mutilación y el tormento; el retroceso de la pena capital; la tendencia a limitar la duración máxima de la pena privativa de libertad y a sustituir por penas de otra naturaleza la prisión de corta duración; mejoras sustanciales del régimen de cumplimiento y ejecución de las penas, etc., etc.

En consecuencia, el retroceso parcial y controlado del Derecho Penal, de una parte, no significa renuncia alguna al marco de *garantías* que aquel simboliza; de otra, afecta a su *contenido, extensión y condiciones de ejercicio.*

> Por ello, advertía con razón NAUCKE, que si prescindimos del Derecho Penal, no es fácil encontrar un sistema de control menos represivo, ni menos arbitrario, ni más selectivo. Y añadía el autor: existe incluso el riesgo de que su pretendida sustitución sea una mera estafa de etiquetas, un cambio de titulares y víctimas, y no una limitación del contenido y extensión del '*ius puniendi*', que es lo relevante[627].

3') Por último, en conflictos específicos y de escasa relevancia social (domésticos o protagonizados por infractores jóvenes y menores) se observa una clara tendencia a sustituir la intervención del sistema legal y sus instancias oficiales por otros mecanismos *informales, no institucionalizados*, que operen con mayor agilidad y carezcan de efectos estigmatizantes; o a mitigar, al menos, el rigor desproporcionado de éstos con fórmulas de enjuiciamiento flexibles en el seno del propio sistema legal.

> Los sistemas de '*diversion*', los procedimientos de mediación y conciliación, de reparación del daño ('*restitution*') a cargo del infractor, entre otros, responden a tal orientación.
> Cabe hablar, por ello, de una estrategia diversificada o de *bifurcación*, en el sentido de que los mecanismos informales y desinstitucionalizados se reservan para los conflictos poco graves, mientras subsisten modelos altamente represivos a cargo de las instancias del control social formal para las infracciones más graves y para los infractores más peligrosos o considerados irrecuperables[628].

Ahora bien, la sustitución del control social formal tiene sólo un alcance muy *limitado*, de hecho es parcial y fragmentaria, puesto que hoy por hoy no dispo-

---

[626] Así, NAUCKE, W., *Tendenzen in der Strafrechts Entwicklung*, Karlsruhe (1975), C.F. Müller, pág. 22.

[627] Tendenzen, cit., pág. 22.

[628] Vid. VARONA MARTÍNEZ, G., *La mediación reparadora* ..., cit., pñag. 125 (y bibliografía que cita en nota 318).

nemos de alternativas globales válidas que puedan asumir institucionalmente las funciones del Derecho Penal[629]. Pugnaría con la experiencia criminológica —y con el realismo político criminal— sugerir o esperar la intervención de mecanismos informales, no institucionalizados, en toda suerte de conflictos, de modo automático e indiscriminado. El control social '*formal*' tiene, desde luego, aspectos negativos, pero asegura, al menos, una respuesta *racional, igualitaria, previsible* y *controlable*, lo que no sucede siempre con los controles informales o no institucionalizados. Y sobre todo: el control social formal es fiel a una filosofía '*garantista*' irrenunciable. Sustituir el viejo Derecho Penal por otros controles sociales supuestamente menos represivos y estigmatizadores renunciando al marco de garantías que aquel preserva no significaría progreso alguno. Sería tanto como *«ahuyentar al diablo con Belcebú»*[630].

> Los partidarios de una radical no intervención del Derecho Penal tendrían que demostrar, caso a caso, que los otros controles informales disminuyen el coste social de aquella, producen menos dolor —que la estigmatización no se produce o es menor—; que respetan las garantías individuales, eliminan la arbitrariedad y logran una mayor seguridad jurídica[631].

4') En todo caso, la evolución histórica del control social no es uniforme ni lineal. Se pueden apreciar quiebras, retrocesos —luces y sombras— contradicciones que ponen en peligro el lógico hilo conductor del proceso y su correcta valoración.

> Por una parte, no puede ignorarse que el actual debilitamiento de los lazos familiares y comunitarios explica en buena medida la escasa confianza depositada en la efectividad del control social *informal*[632]. De otra, tampoco debe pasarse por alto que algunas innovaciones aparentemente radicales no implican, en puridad, ruptura alguna con el pasado porque se producen *«en los márgenes»* de la Justicia criminal[633] o porque persiguen más complementar

---

[629] En este sentido, GARCÍA-PABLOS DE MOLINA, A., *Estudios Penales*, Barcelona (Bosch), 1984, pág. 124. Del mismo: *Derecho Penal. Introducción*, cit., pág. 105.

[630] Expresión de HASSEMER, W., *Fundamentos del Derecho Penal*, cit., pág. 400.

[631] Así lo entiende, SILVA SÁNCHEZ, J.M., *Aproximación al Derecho Penal contemporáneo*, cit., pág. 25.

[632] Así, HORWITZ, A.V., *The Logic of Social Control*, New York, 1990 (Plenum), pág. 239 (Cfr., VARONA MARTÍNEZ, G., *La mediación reparadora*, cit., pág. 119) subrayando cómo los cambios sustanciales en las estructuras de las relaciones sociales (vg. debilitamiento de los vínculos familiares y comunitarios en la sociedad actual) repercuten en los diversos sistemas del control social (consiguiente disminución del control informal).

[633] Según GARLAND, D., *Penal Modernism and Postmodernism*. En, Punishment and Social Control Essays in Honor of Sheldon L. Messinger (edits. Blomberg, Th. G. y Cohen, St.), cit., págs. 200 y ss., refiriéndose a los modelos de mediación y reparación, a los de "diversion" y a la actual "emergencia de la víctima", advierte que tales tendencias se sitúan aún en los márgenes de la justicia criminal pero, en el futuro, podrían implicar una franca ruptura con las estructuras de la "modernidad penal ... si llegan a desarrollarse dentro de las características principales del sistema", Cfr., VARONA MARTÍNEZ, G., *La mediación reparadora*, cit., pág. 124.

la actuación ineficaz de las instancias del control social formal, con procedimientos más sutiles y sofisticados, que proponer alternativas válidas o sustitutivos a aquel[634].

Así, algunos autores denuncian que en puridad, se ha producido más una *transformación* del aparato del control social y de su operatividad (se habría incrementado su extensión, intensidad, dispersión e invisibilidad) que una efectiva reducción de la presión de éste[635]. No sólo eso: prestigiosos teóricos del control social advierten paradojas y dobles lenguajes que distanciarían llamativamente reiteradas formulaciones y requerimientos doctrinales (intervención mínima del Derecho Penal, necesaria sustitución del mismo por otros controles sociales menos represivos, etc.) de la realidad histórica[636].

El diagnóstico de COHEN, que se reproduce en la tabla anexa, es significativo al respecto[637].

TABLA. CAMBIOS FUNDAMENTALES EN EL CONTROL DE LA DESVIACIÓN

	Fase 1 (Pre-siglo XVIII)	Fase 2 (Desde el siglo XIX)	Fase 3 (Desde mediados del siglo XX)
1. Introducción del Estado	Débil, descentralizado, arbitrario	Fuerte, centralizado racionalizado	Ataque ideológico: «Estado mínimo», pero intervención intensificada y control extendido
2. Sitio del control	«Abierto»: comunidad, insttituciones primarias	Cerrado, instituciones segregadas: victoria del asilo, «Grandes Encarcelamientos»	Ataque ideológico: «descarcelación», «alternativas comunitarias», pero permanece la vieja institución y nuevas formas comunitarias extienden el control
3. Objeto del control	Indiferenciado	Concentrado	Disperso y difuso
4. Visibilidad del control	Público, «espectacular»	Límites claros pero invisibilidad en el interior, «discreto»	Límites borrosos y el interior permanece invisible y disimulado
5. Categorización y diferenciación de los desviados	Sin desarrollarse	Establecida y fortalecida	Más fortalecida y refinada

---

[634]   Cfr., VARONA MARTÍNEZ, G., *La mediación reparadora*, cit., pág. 125.

[635]   De esta opinión, COHEN, St., *Visiones de control social*, cit., , pág. 35. Vid., también, GARCÍA ARÁN, M., Despenalización y privatización: ¿Tendencias contrarias?, en: Crítica y Justificación del Derecho Penal en el cambio de siglo: Colección Estudios. Ediciones de la Universidad Castilla-La Mancha, Cuenca, 2003, cit., pág. 200. Para la autora, las tendencias privatizadoras no contribuyen a una intervención mínima del Derecho Penal, sino que incrementan e intensifican dicha intervención, rebajando la seguridad jurídica y la alta formalización propia del Derecho Penal.

[636]   Así, COHEN, St., *Visiones de control social*, cit., pág. 35, quien señala que los cambios *«se suceden en una dirección diametralmente opuesta a las justificaciones que se alegan para realizarlos»*. También BERGALLI, R., subraya, como paradójico, propugnar una intervención mínima del Derecho Penal, cuando la realidad legislativa demuestra la existencia de una poderosa *«inflación»* punitiva (*Control social punitivo*, cit., pág. 5).

[637]   Vid. COHEN, St., *Visiones de control social*, cit., págs. 37 y 38, de donde se toma la presente Tabla (1).

	Fase 1 (Pre-siglo XVIII)	Fase 2 (Desde el siglo XIX)	Fase 3 (Desde mediados del siglo XX)
6. Hegemonía de la ley y del sistema de justicia penal	Aun sin establecer: la ley penal es sólo una forma de control	Establecimiento del monopolio del sistema de justicia criminal, y complementado con nuevos sistemas	Ataque ideológico: «descriminalización», «deslegalización», «derivación», etc., pero el sistema de justicia penal no se debilita y otros sistemas se expanden
7. Dominación profesional	Inexistente	Establecida y fortalecida	Ataque ideológico: «desprofesionalización», «antipsiquiatría», etc., pero la dominación profesional se fortalece y se extiende
8. Objeto de la intervención	Comportamiento exterior: «cuerpo»	Estado interno: «mente»	Ataque ideológico: vuelta al comportamiento, conformidad externa, pero permanecen ambas formas
9. Teorías de la pena	Moralista, tradicionales, luego clásicas, «justo precio»	Influidas por el positivismo y el ideal del tratamiento: «neopositivismo»	Ataque ideológico: regreso a la justicia, neoclasicismo parcialmente logrado, a pesar de que el ideal positivista aun perdura
10. Forma de control	Inclusiva	Exclusiva y estigmatizante	Acentuación ideológica en inclusión e integración: permanecen ambas formas

Cabe observar, por otra parte, que, aún cuando ciertas *tendencias* parezcan aún tímidas y poco firmes, (así, la irrupción de nuevas modalidades trilaterales del control social informal, de mecanismos y sistemas desinstitucionalizados, desformalizados, desjudicializados, etc.), no cabe duda que poco a poco se abre paso un nuevo lenguaje sobre el delito y el castigo, orientado a la Psicología, el Trabajo Social y la Sociología[638].

Ahora bien, se puede comprobar también, una significativa paradoja en la evolución del control social formal en nuestro país. En España, los índices reales de criminalidad —según los expertos[639]— han sufrido un incremento sensible en la década de los ochenta, invirtiéndose significativamente la tendencia desde 1989 a lo largo de la década de los noventa. Sin embargo, la población reclusa aumenta: en 1976 había 9.500 presos en todos los establecimientos penitenciarios españoles y cerca de 45.000 en el año 2000, lo que equivale a un crecimiento próximo al 450%[640].

Para algunos autores, dicho fenómeno es paradójico, pues un descenso de los índices reales de la criminalidad debiera ir seguido de la correlativa disminución del control social (de la intensidad de este último), no pareciendo racional que disminuya la criminalidad y, sin embargo, aumente el número de presos[641]. Porque, desde luego, ni el *labeling* approach explica satisfactoriamente la paradoja denunciada, ni tampoco cabe suponer que el descenso de la criminalidad sea consecuencia precisamente del mejor rendimiento del control social (como hay más delincuentes en la cárcel, se cometen menos delitos).

---

638 Vid. GIMÉNEZ SALINAS, E., Dix anneés de recherche sur l'ordre et le control penal en Espagne (en colaboración con Funes Arteaga, J.), en: Dèviance et Societé, Vol. XVI, n° 2, Juin. Genève (Suiza), 1992. Edit. Mèdecine et Higiene.

639 Cfr., REDONDO ILLESCAS, S., *La delincuencia y su control: realidades y fantasías*, cit., págs. 7 y ss.

640 Cfr., REDONDO ILLESCAS, S., ibidem. En la actualidad supera probablemente el número de 70.000 reclusos.

641 Así, REDONDO ILLESCAS, S., ibidem.

El problema, sin duda, es complejo. La experiencia diaria demuestra que si se crean nuevas plazas e inauguran modernos centros, se ocupan inexorablemente éstos y los antiguos[642]. Quizás los «procesos de atrición» en nuestro país han sido y son tan acusados (es decir, tal es el progresivo distanciamiento de los valores *oficiales* de la criminalidad que arrojan las sucesivas instancias del sistema legal respecto de los valores *reales*) que el descenso de los índices de delincuencia no justifica, sin más, la correlativa disminución de la intensidad del control social en la misma proporción. En todo caso, la creciente y progresiva expansión del Derecho Penal en nuestra sociedad postindustrial[643], sociedad de la información y de los mass media que demanda más y más seguridad y la creciente intensidad del control sociedad, no siempre racional ni justificada, tiene mucho que ver con los presupuestos ideológicos y demandas de la sociedad postindustrial, sociedad que sobrevalora la seguridad y cuyos requerimientos represivos azuzan los mass media potenciando el miedo al delito[644]

IV. FUNCIONES DE LA CRIMINOLOGÍA

La función básica de la Criminología consiste en informar a la sociedad y a los poderes públicos sobre el delito, el delincuente, la víctima y el control social, aportando un núcleo de conocimientos más seguro y contrastado que permita comprender científicamente el problema criminal, prevenirlo e intervenir con eficacia y de modo positivo en el hombre delincuente. y en la víctima La investigación criminológica, en cuánto actividad científica, reduce al máximo el intuicionismo y el subjetivismo, sometiendo el problema delictivo a un análisis riguroso, con técnicas empíricas. Su metodología interdisciplinaria permite, además, coordinar los conocimientos obtenidos sectorialmente en los distintos campos del saber por los respectivos especialistas, eliminando contradicciones y colmando las inevitables lagunas. Ofrece, pues, un diagnóstico cualificado y de conjunto sobre el hecho criminal. Conviene, sin embargo, desvirtuar algunos tópicos sobre el saber científico criminológico, pues ofrecen una imagen tergiversada de la *Criminología* como ciencia, de la aportación que ésta puede brindar y de su propia función.

La Criminología, como ciencia, no puede aportar un saber absoluto, seguro y definitivo sobre el problema criminal, sino un saber relativo, limitado, provisional sobre el mismo. La experiencia demuestra que con el tiempo y el progreso las teorías se superan, las concepciones otrora más acreditadas caen en el olvido y devienen obsoletas. La Criminología aspira a conocer y explicar la realidad con pretensiones de objetividad, busca la verdad y

---

[642]   Vid. REDONDO ILLESCAS, S., ibidem.

[643]   Sobre el problema, vid. GARCÍA-PABLOS, A., *Derecho Penal. Introducción*, cit., págs. 106 y ss.

[644]   Describiendo las causas de la actual expansión del Derecho Penal, vid. SILVA SÁNCHEZ, J.Mª., *La expansión del Derecho Penal. Aspectos de la política criminal en las sociedades postindustriales*, 1999. Madrid (Civitas), págs. 53 y ss.

el progreso. Pero como dice POPPER refiriéndose a este último, el progreso constituye una «búsqueda sin fin»[645].

1. *El saber criminológico como saber científico, dinámico y práctico sobre el problema criminal*

a) Conviene, ante todo, recordar que la *Criminología* no es una ciencia exacta, capaz de explicar el fenómeno delictivo formulando leyes universales y relaciones de causa a efecto. La conocida crisis del paradigma causal explicativo obliga a relativizar la supuesta exactitud del conocimiento científico y con ella el ideal de cientificidad heredado del siglo XIX que tomaba como modelo las entonces denominadas ciencias exactas.

Por ello, los esquemas causales pierden hoy el monopolio de la explicación de los fenómenos, especialmente de los hechos humanos y culturales, que escapan a la simplista ley de la causación física y natural. El racionalismo crítico ha desmitificado la infalibilidad y universalidad del conocimiento científico. El sistema conceptual de éste no aparece ya como transunto de una verdad objetiva, sino como conjunto de proposiciones e hipótesis no refutadas, que, en todo caso, nunca podrán verificarse con absoluto rigor. Ha llegado a afirmarse, por ello, que el método científico es, en definitiva, una técnica de la refutación; y la investigación científica, más una crítica del conocimiento que una imposible búsqueda de la verdad.

A ello se debe la prudente actitud de reserva que caracteriza a la moderna *etiología criminal*; el desprestigio de las teorías monocausales, que tratan de reconducir, sin éxito, la explicación del delito a un determinado factor en virtud de inflexibles relaciones de causa a efecto; e incluso el abandono de la terminología convencional, proclive al empleo de conceptos importados de las ciencias naturales, como el concepto de causa[646].

El concepto clásico de "causa" (propio del modelo ya obsoleto "causal-explicativo") tiende a ser sustituido por el de "factor de riesgo", mucho más operativo, y que aporta un diagnóstico cuatro o seis veces más fiable, tanto si se opera con métodos estadísticos-actuariales, como si se apoya en métodos clínicos. Porque mientras identificar los factores de riesgo empíricamente no es labor imposible, si lo es relacionar la infinidad de causas que

---

[645] POPPER, K.R., Conjeturas y refutaciones. El desarrollo del conocimiento científico (4ª Edición), Barcelona (Paidos), 2001 (trad. N. Minguez), págs. 13 y ss. Cfr. SERRANO MAILLO, A., Introducción a la Criminología, cit., pág. 45, nota 125.

[646] El problema de la conexión *causal* se ha flexibilizado sobremanera, de suerte que hoy no se plantea ya como se planteara en las ciencias naturales de comienzos del antepasado siglo: en las otrora «ciencias exactas». La Lógica y la Filosofía de la Ciencia acuden a constructos *probabilísticos* y a un *lenguaje estadístico* y relativizador que evita conexiones simples y lineales, necesarias. Se ha dicho, por ello (así: SERRANO MAILLO, A., Introducción, cit., págs. 172 y ss) que la *causalidad* es una categoría artificial, inventada por el hombre, porque en la naturaleza no existirían relaciones de esta clase, sino «correlaciones». Y que la moderna Criminología (etiología) opera con un concepto menos exigente que se conforma con la constatación de tres requisitos: la existencia de una correlación entre dos fenómenos, prioridad temporal de la variable independiente y ausencia de una tercera variable que, de concurrir, desmentiría la conexión (op. cit., págs. 172 y ss.).

pueden concurrir en el desencadenamiento de un resultado y la probable interacción entre las mismas.

Por tanto, parece más realista propugnar como función básica de la *Criminología* la obtención de un núcleo de conocimientos asegurados sobre el crimen, el delincuente y el control social. Núcleo de conocimientos, esto es, saber sistemático, ordenado, generalizador: y no mera acumulación de datos o informaciones aisladas e inconexas. Pero conocimiento científico, esto es, obtenido con método y técnicas de investigación rigurosas, fiables y no refutadas, que toman cuerpo en proposiciones una vez contrastados y elaborados los datos empíricos iniciales.

b) Tampoco puede concebirse la Criminología, sin más, como una poderosa central de informaciones sobre el crimen (Clearing) a modo de gigantesco banco de datos[647].

El poder informático, desde luego, con los nuevos sistemas de obtención, almacenamiento, procesamiento y transmisión de informaciones, ha ampliado las funciones tradicionales de cualquier disciplina científica, abriendo horizontes desconocidos. No puede dudarse que una información completa, obtenida a tiempo real, permita racionalizar las decisiones y suministra un bagaje científico e instrumental muy valioso. Baste con pensar, por ejemplo, los servicios criminológicos de documentación que pueden crearse a través de la oportuna centralización de datos; y en los útiles análisis secundarios[648] que, con indiscutibles consecuencias prácticas, cabe llevar a cabo con la información que aquéllos suministren.

Ahora bien, ni la Criminología agota su cometido en la obtención y suministro de información centralizada sobre el crimen, por importante que ésta sea; ni deben pasar inadvertidas las limitaciones de la informática decisional en su aplicación al examen de la realidad delictiva y los peligros de una concepción de la Criminología de esta naturaleza.

La Criminología, como ciencia, no puede ser sólo un gigantesco banco de datos centralizado, sino una fuente dinámica de información; del mismo modo que el quehacer del criminólogo es siempre provisional, inacabado, abierto a los resultados de las investigaciones interdisciplinarias, nunca definitivo.

---

[647]　Sobre la posible concepción de la Criminología como Central de Información o Banco de datos Centralizado, vid., KAISER, G., *Kriminologie*, cit., págs. 15 y ss.; GARCÍA-PABLOS DE MOLINA, A., *Tratado de Criminología*, cit., págs. 213 y ss.

[648]　Sobre los «análisis secundarios», vid., HEROLD, H., «*Die Bedeutung der Kriminalgeographie für die polizeiliche Praxis*», en: *Kriminalistik, Zeitschritft für die gesamte Kriminalistische Wissenschaft und Praxis*, 31 (1977), págs. 289 y ss.

La obtención de datos no es un fin en sí mismo, sino un medio; los datos son material bruto, neutro, que tienen que ser interpretados con arreglo a una teoría. No basta sólo su obtención y almacenamiento[649]. Una Criminología concebida como mera central de informaciones, como banco de datos, corre el mismo peligro que corrieron los archivos y registros europeos de los años 30, convertidos en cementerios de datos por el cariz biológico de las informaciones que almacenaban. Bastó la crisis de las teorías biológicas para que deviniera estéril todo el esfuerzo acumulado a lo largo de años en tales archivos. Es obvio que la información que pueda suministrar un banco de datos, por completo que sea el programa del mismo, será siempre una información estática, rígida, cuyas claves traza inexorablemente aquél.

Por último, la concepción de la Criminología como «Clearing» no sólo empobrece sus cometidos, sino que puede dar a la misma una orientación sesgada, parcial o incluso tendenciosa. En efecto, debiendo circunscribirse la información centralizada a los datos obrantes en los diversos registros, existe el riesgo, de que se limite aquélla a la criminalidad registrada o a determinadas manifestaciones llamativas de la delincuencia convencional. La selectividad de los datos procesados conducirá inevitablemente a una información también selectiva que verse sólo sobre ciertos delitos y sobre ciertos delincuentes, cerrándose así un lamentable círculo vicioso.

c) La Criminología, según se ha razonado, no es una ciencia exacta, ni una ciencia del dato; ni exclusivamente una central de informaciones sobre el delito. Pero tampoco una ciencia academicista, de profesores, obsesionada por formular modelos teóricos explicativos del crimen: la Criminología, como ciencia, es una *ciencia práctica*[650], preocupada por los problemas y conflictos concretos, históricos —por los problemas sociales— y comprometida en la búsqueda de criterios y pautas de solución de los mismos. Su objeto es la propia realidad, nace del análisis de ella y a ella ha de retornar, para transformarla en interés del hombre. Por esto junto a la reflexión teórica sobre sus principios básicos, cobra cada día mayor interés la investigación criminológica orientada a las demandas prácticas, acorde con la *vocación social* de la ciencia.

La excelente predisposición y receptividad que muestran en nuestro tiempo la praxis y el legislador hacia el saber criminológico ponen de relieve la necesidad de que la *Criminología* pueda suministrar información viable y pronta a los mismos. Pues es un hecho, tan obvio como lamentable, que en ambos ámbitos se adoptan urgentes y graves decisiones sin la oportuna base empírica, abriéndose un peligroso abismo entre teoría y praxis, investigación

---

[649] Resaltando la «problematicidad» del «dato»: GARCÍA-PABLOS DE MOLINA, A., *Estudios penales*, 1984 (Bosch), págs. 141 y 142 («Problemas y tendencias actuales de las ciencias penales»).

[650] En sentido semejante, pero refiriéndose a la Ciencia Penal, WELZEl, H., *Das Deutsche Strafrecht* (1969), pág. 1; Vid., también, KAISER, G., *Kriminologie*, cit., pág. 16. Cfr., GARCÍA-PABLOS DE MOLINA, A., *Tratado de Criminología*, cit., págs. 215 y ss.

criminológica y realidad social. Y da la impresión de que los centros de decisión política se distancian cada vez más progresivamente de la experiencia científico criminológica. Tal disociación produce resultados funestos. Una *Criminología* poco atenta a la realidad histórica se pierde en estériles elucubraciones académicas. Pero cuando la praxis da la espalda a la experiencia científica o las decisiones legislativas se adoptan sin la imprescindible información criminológica se produce un peligroso retorno al oscurantismo, a la arbitrariedad, la ineficacia o la mera rutina: un genuino despotismo no ilustrado.

Ahora bien, la necesaria orientación de la Criminología como ciencia, a la realidad social, a las exigencias y demandas de ésta, no debe mediatizar ni hipotecar su propio campo de investigación. Porque la sociedad, en definitiva, es particularmente sensible a determinadas manifestaciones del crimen y a ciertas personalidades criminales; a menudo, sólo confía en respuestas severas y represivas, en «soluciones» a corto plazo, más pasionales que reflexivas, según ha puesto de relieve el psicoanálisis (la psicología de la sociedad punitiva). Una *Criminología* preocupada tan sólo de satisfacer las expectativas sociales, probablemente sólo se interesaría por el delito convencional, por el crimen utilitario, desatendiendo la investigación de otras modalidades criminales acaso menos llamativas pero, sin duda, mucho más peligrosas aunque no conciten tanta alarma social. Dicha Criminología, en último término, se conformaría con suministrar a los poderes públicos los datos empíricos necesarios para perfeccionar la represión de aquellas conductas, sin profundizar en la etiología de las mismas y plantearse la viabilidad de otras respuestas alternativas.

La vocación *práctica* y *social* de la Criminología sugiere una reflexión final: el criminólogo teórico debe esforzarse por aportar no ya conocimientos útiles —la experiencia criminológica en cuanto tal siempre lo es—, sino practicables, pensando en los muy diversos destinatarios de los mismos y en su aplicación a la realidad por los operadores del sistema. La temática escogida, el método de investigación, la formulación de sus resultados y el propio lenguaje han de orientarse a dicho fin. La Criminología tradicional tildada hoy despectivamente de positivista, supo al menos ofrecer a la praxis un núcleo armonioso de conocimientos, con un aparato conceptual e instrumental asumido sin grandes dificultades por la sociedad y las instituciones. La moderna Criminología —que se autodenomina *crítica*— corre el riesgo, por el contrario, de distanciarse peligrosamente de las instancias sociales que están llamadas a asumir, traducir y aplicar los conocimientos científicos. Aunque ello se deba, sin duda, al carácter fragmentario de las investigaciones actuales, al pluralismo metodológico que las inspira y al predominio de la aportación crítica de la moderna Criminología sobre las exigencias sistemáticas y constructivas más endebles en toda etapa de transición y cambio, parece imperiosa la necesidad de ajustar la transmisión de las informaciones criminológicas a la expectativas de sus destinatarios sociales.

2. *Debate científico e ideológico sobre el rol de la Criminología.* El propio «rol» de la Criminología ha dado lugar a un fecundo debate científico e ideológico

a) *La lucha contra la criminalidad como objetivo de la Criminología.* Podrá parecer obvio que el destino final de la Criminología es la *lucha contra la crimina-*

lidad; o si se prefiere una formulación bastante más técnica y menos agresiva: *el control y prevención del delito*. Sin embargo, la propia doctrina criminológica ha discutido desde sus inicios si dicho cometido pertenece o no al objeto específico de esta disciplina.

Tradicionalmente incluso gozó de ciertos predicamentos la tesis contraria. Partiendo de su naturaleza de ciencia *empírica*, pudo mantenerse que a la *Criminología* corresponde sólo la explicación del fenómeno delictivo, el análisis y descripción de las causas del mismo, pero no las estrategias científicas, político-criminales o políticas idóneas para combatirlo, competencia esta última de los poderes públicos. Habría que distinguir, entonces, conocimiento criminológico, en sentido estricto (sustrato de base empírica que suministra la Criminología) y destino o utilización de dicho saber criminológico, que implica previas decisiones metacientíficas reservadas a los poderes públicos (problema político)[651].

Por el contrario, la denominada Escuela Austriaca siempre concibió la lucha contra el delito como objeto específico de la Criminología. Mas aún, la teoría de la lucha preventivo-represiva contra el crimen (táctica criminal y técnica de la instrucción judicial), la teoría de la profilaxis del delito y la criminalistica integrarían uno de los dos grandes ejes en que se divide el sistema de la Criminología de acuerdo con los postulados de la citada Escuela Austriaca. Los partidarios de esta tesis amplia invocan la conexión lógica y fáctica existente entre la teoría de las formas reales de comisión del delito y la teoría de las formas reales de lucha o control del mismo; conexión e interdependencia que impediría separar artificialmente una de la otra[652].

> Opinión que, por cierto, recibe especial énfasis en las modernas orientaciones criminológicas interaccionistas al partir éstas del postulado de que no es posible ya analizar el crimen prescindiendo de la propia reacción social.

Singular es, sin embargo, la opinión que se mantiene al respecto por la doctrina criminológica oficial en los otrora países socialistas. En efecto, reprocha ésta a la denominada Criminología burguesa precisamente el «conformarse con explicar el crimen en lugar de extirparlo», «el quedarse a medio camino»[653], renunciando a la necesaria transformación de las estructuras sociales criminógenas. En conse-

---

[651] A juicio de RODRÍGUEZ DEVESA, J. Mª., esta tesis restrictiva seguiría predominando en la doctrina científica europea contemporánea (*Derecho Penal Español*, P.G., 1989, pág. 73).

[652] Así, SEELIG, E., *Tratado de Criminología*, Madrid (1958), Instituto de Estudios Políticos, págs. 13 y ss., y 21 y ss. (traducción de RODRÍGUEZ DEVESA).

[653] Según la conocida fórmula de KARPEC, la Criminología socialista se autodefine como «la ciencia que examina el estado de la criminalidad, su dinámica, causas y medidas para su prevención en la sociedad socialista» (GERZENSON, A., KARPEC, I. Y KUDRJAWZEW, W., *Kriminologie: Lehrbuch. Aktuelle Beiträge der Staats und Rechtswissenschaft*, 1967, Heft 20, Bd. 1 y 2, Postdam Babelsberg), pág. 21.

cuencia, y de acuerdo con el pensamiento oficial y ortodoxo de los otrora sistemas socialistas, la Criminología no debe resignarse a aportar explicaciones teóricas del crimen, sino que ha de combatirlo.

Se trata, en definitiva, del viejo alegato de MARX a FEUERBACH, censurando el quehacer filosófico: «los filósofos sólo han interpretado de diversas maneras el mundo, lo que importa es transformarlo» (tesis decimoprimera).

En todo caso, no debe confundirse el control de la criminalidad con el exterminio de ésta. La Criminología pretende un control razonable del delito, su total erradicación de la sociedad es una meta inviable y utópica. De otra parte, la prevención realista del delito obliga a reflexionar sobre los costes sociales de los medios empleados para controlar aquél. Sería inadmisible pagar cualquier precio[654] y alimentar nuevas «cruzadas» contra el crimen o caducas actitudes inquisitoriales contra el infractor (el «enemigo del pueblo» que merece el rechazo y «desprecio» de la comunidad).

Como ha puesto de manifiesto el pensamiento funcionalista, el crimen es la otra cara de la convivencia social. Acompaña indefectiblemente al ser humano y a cualquier estructura social. No es posible terminar con el delito, porque la paz de una sociedad sin delincuencia es la paz de los cementerios o de las estadísticas falsas. Eliminar por completo la criminalidad sólo sería posible acudiendo a técnicas de control alternativo, pero con ello entramos en el peligroso mundo de la utopía. De la utopía que no se aviene a aceptar la experiencia; que agudiza, desde luego, la conciencia del problema y relativiza la realidad; pero que termina exhortando a una mejora del mundo que tarda demasiado en llegar —o que no llega nunca—. El pensamiento utópico es un importante motor del progreso, pero cuando no quiere saber de problemas, crea en torno a sí un mundo rígido y de terror, elevando a una tensión asfixiante el impacto de las instancias del control social[655]. Claro que no es difícil captar las actitudes y conciencia jurídica del ciudadano, dirigiendo atentamente sus procesos de socialización. De este modo, podría reducirse drásticamente la criminalidad. Sin embargo, en nombre de una eficaz lucha contra el crimen, habría que pagar un precio desmedido: la pérdida de la libertad, fomentando una omnipresente acción vigilante de los controles sociales, cuyo resultado final sería el de una sociedad uniforme y uniformada. Una sociedad moderna, dinámica, conflictiva y antagónica, ha de aceptar la normalidad del crimen (ciertas cotas de criminalidad, decía DURKHEIM, forman parte integrante de una sociedad sana), aprendiendo, con tolerancia, a convivir con él. Las grandielocuentes declaraciones de guerra contra el delito —las pretenciosas cruzadas contra éste— evidencian una falta de realismo, de tolerancia y racionalidad.

La prevención del delito, lógicamente, tampoco ha de ser por fuerza una prevención «penal», esto es, una prevención a través del Derecho Penal. Y no sólo por un problema de costes (la intervención penal es la de más elevados costes

---

[654] En este sentido, GARCÍA-PABLOS DE MOLINA, A., *Tratado de Criminología*, cit., págs. 219 y 930 y ss.

[655] Como advierte, con razón, KAISER, G., *Criminología*, cit., págs. 43 y 44.

sociales), sino incluso de efectividad: no siempre los medios más drásticos son los más efectivos.

b) *Legitimación o crítica del orden social*. La Criminología es una ciencia empírica, pero la actividad criminológica, la investigación, la praxis, no es funcionalmente neutra para el sistema social. Las diversas actitudes criminológicas oscilan, en consecuencia, desde la *legitimación* del *status quo* (conservadurismo) a la *crítica* directa de los fundamentos del orden social (criticismo). Se ha dicho, con frase muy gráfica, que el criminólogo, de hecho, o está a favor de la sociedad estatalmente organizada o bien opta a favor de determinadas minorías, pues, de algun modo, la politización que se acusa actualmente en las ciencias sociales afecta también a la Criminología y polariza el propio quehacer empírico[656].

Desde esta perspectiva *funcional*, cabe contraponer dos modelos radicales: el positivista, conservador, y el crítico[657].

La denominada Criminología *positivista* es una Criminología legitimadora del orden social constituido, porque no cuestiona sus fundamentos axiológicos, las definiciones oficiales ni el propio funcionamiento del sistema, lo asume como un dogma, acríticamente, refugiándose en la supuesta neutralidad del empirismo de las cifras y las estadísticas. Ni el delito, ni la reacción social, son problemáticos, pues se parte de la bondad suprema del orden social y del efecto terapéutico y bienhechor de la pena. Así, el bagaje empírico criminológico refuerza, legitima, revitaliza las definiciones legales y los dogmas del sistema, aportando al mismo un fundamento más sólido y racional. La Criminología positivista opera, en consecuencia, como factor de legitimación y consolidación del status quo[658].

El modelo *crítico*, por el contrario, cuestiona las bases del orden social, su legitimidad, el concreto funcionamiento de sistema y de sus instancias, la reacción social: el delito y el control social devienen problemáticos. Mientras la Criminología positivista legitima cualquier orden social y tiende a respaldar empíricamente la respuesta represiva a sus conflictos (el único culpable es el individuo, el delincuente), la Criminología crítica cuestiona todo orden social, muestra su simpatía por las minorías desviadas y mina el fundamento moral del castigo (la culpable es la sociedad) predicando, de algun modo, la no intervención punitiva del Estado.

---

[656] Como observa KAISER, G., *Criminología*, cit., pág. 158.

[657] Un análisis más detenido de los dos modelos —el conservador y el crítico— en: GARCÍA-PABLOS DE MOLINA, A., *Problemas actuales de la Criminología*, cit., págs. 85 y ss.; y 101 y ss.; y, del mismo: *Tratado de Criminología*, cit., págs. 220 y ss..

[658] Como advierte BARATTA, A., La Criminología así entendida cumple una función meramente «instrumental», que consiste en suministrar al sistema penal la indispensable base ontológica (el respaldo o coartada «empírica») que éste necesita. (*Criminología y dogmática penal*, cit., págs. 15 y 16, nota); en igual sentido, ANIYAR DE CASTRO, L., *Conocimiento y orden social: cirminología como legitimación y Criminología de la liberación*. 1981, Universidad de Zulia, pág. 48.

Evidentemente, ninguno de los dos modelos esquematizados convence. La Criminología no debe ser la coartada empírica legitimadora de un determinado orden social, o un instrumento eficaz para conservar el *status quo*, potenciando la respuesta represiva contra sus disidentes; ni un agente de subversión y crítica social. El criminólogo, como científico, ha de buscar la verdad, recabando para sí la posibilidad de criticar incluso las bases del sistema legal y su funcionamiento: no es un mero observador o testigo de la realidad. Ahora bien, tampoco deben desvirtuarse los cometidos de la Criminología convirtiendo a ésta en una genuina sociología política o en una mera política criminal, porque, en último término, se olvidaría el rol genuino de una disciplina *empírica*.

3. *La aportación científica de la Criminología: ámbitos de la misma. La información sobre el problema criminal* que puede aportar la Criminología, válida (por la corrección del método de obtención de la misma) y fiable (por la bondad de la propia información), tiene un triple ámbito: la explicación científica del fenómeno criminal (modelos teóricos), de su génesis, dinámica y principales variables; la prevención del delito; y la intervención en el hombre delincuente y en la víctima del hecho criminal[659].

a) La formulación de impecables *modelos teóricos* explicativos del comportamiento criminal ha sido el cometido prioritario asignado a la Criminología, de acuerdo con el paradigma de ciencia dominante en los países de nuestro entorno cultural. En los otrora países socialistas, sin embargo, tal objetivo merece una atención secundaria, ya que prima, por razones ideológicas y metodológicas, una concepción instrumental, práctica, del saber científico, menos teórico y academicista, espoleada por la utopía políticocriminal que aspira a la superación del crimen en una sociedad socialista. Interesa más prevenir el delito que explicarlo, más transformar la sociedad (capitalista) criminógena que elaborar modelos teóricos explicativos[660]. El dogmatismo ideológico y la utopía políticocriminal alimentaron todavía trasnochados prejuicios doctrinarios en los otrora países socialistas (vg. teoría de los rudimentos, del contagio, de la desviación ideológica, etc.). Explicar científicamente el comportamiento criminal, sigue siendo para la ortodoxia

---

[659] La Criminología (Estadística Criminal y encuestas sociales sobre el delito) cumple, además, una valiosa función instrumental, informando sobre el delito que sufre una sociedad en un momento dado, su volumen, estructura y frecuencia, seriación, distribución y principales variables del mismo.

[660] Así, LEKSCHAS, J., «Theoretische Grundlagen der sozialistischen Kriminologie», en: *Sozialistische Kriminologie. Ihre Theoretische und Methodische Grundlegung* (por: BUCHHOLZ, E., HARTMANN, R., LEKSCHAS, J. y STILLER, E.), págs. 137 y ss.

socialista «quedarse a mitad del camino», según el conocido reproche a la Criminología burguesa que representa la 11ª tesis de MARX a FEUERBACH[661].

No cabe duda, sin embargo, que la formulación y desarrollo de modelos teóricos explicativos del comportamiento criminal es un objetivo científico de primera magnitud. Que no se puede abordar rigurosamente el problema de la criminalidad sin un conocimiento previo de su génesis y dinámica, ignorando que se trata de un fenómeno muy selectivo. Sólo desde una concepción mágica y fatalista, despótica o doctrinaria (dogmática), tiene sentido la absurda actitud de desinterés hacia la determinación de las variables de la delincuencia e integración de ésta en los correspondientes modelos teóricos. Refugiarse en cosmovisiones sacras, apelar a la intuición y a la sabiduría popular o ceder a la praxis rutinaria, son estrategias que no aseguran el éxito en el delicado y complejo problema de controlar el crimen. Por otra parte, el propio progreso científico reclama modelos teóricos más sólidos y convincentes, metodológicamente mejor dotados y más operativos desde un punto de vista políticocriminal. Ambiguas referencias a la sociedad como explicación última del crimen o a la supuesta diversidad (patológica) del hombre delincuente (al igual que la fórmula de compromiso de F.V. LISZT: predisposición individual/medio ambiente), no son hoy análisis de recibo[662].

A este superior nivel de exigencias se debe, sin duda, el abandono de las teorías monocausales de la criminalidad, que fascinaron en otro tiempo. Y el claro intento de la moderna doctrina de formular modelos cada vez más complejos e integradores paliando el déficit empírico que acusaban algunas construcciones tradicionales (vg. ausencia de soporte estadístico, falta del oportuno grupo de control, generalización indebida de hipótesis, etc.).

La relación, sin embargo, entre Criminología (*recte:* teoría criminológica) y Política Criminal (entendida como disciplina que analiza globalmente la prevención y control de la criminalidad) es compleja. Parece *lógico* suponer que solo un conocimiento *empírico* de las causas del crimen, de la génesis y dinámica de sus variables principales (teoría criminológica) asegura el control y prevención eficaz de éste (objetivo de la Política Criminal, disciplina que no se limita a ponderar la información empírica sobre el delito). Pero la realidad desmiente estas premisas[663]. Existen, por ejemplo, teorías criminológicas que carecen de implicaciones políticocriminales. Otras sugieren propuestas de tal naturaleza, pero sin fundamento científico-empírico, sino puramente filosófico o emocional. Y, en sentido inverso, hay

---

[661] Hasta tal punto importa «transformar» la sociedad —y no formular modelos teóricos explicativos del crimen— que según LEKSCHAS la Criminología es una disciplina auxiliar de la jurisprudencia, dirigida a la mejor implantación de la sociedad socialista: un «elemento parcial de la dirección de la sociedad», un «momento parcial de la gestión de la sociedad socialista» (LEKSCHAS, «Theoretische Grundlagen der sozialistische Kriminologie», cit., págs. 76 y ss).

[662] En este sentido, GARCÍA-PABLOS DE MOLINA, A., *La aportación de la Criminología*, en: Eguzkilore, núm. 3 (1989), San Sebastián, págs. 84 y ss.

[663] Vid. SERRANO MAILLO, A., Introducción a la Criminología, cit., pág. 25.

programas políticocriminales que no descansa en ninguna teoría criminológica o que huyen deliberadamente de cualquiera de ellas, como si de una rémora academicista se tratara.

En su intento de ofrecer una información científica sobre el problema criminal, la Criminología se sirve de diversos recursos que describen y explican el fenómeno delictivo —o aspectos parciales del mismo— con diferentes pretensiones, más o menos ambiciosas, y características metodológicas: meras generalizaciones empíricas, tipologías, aproximaciones teóricas, teorías, en sentido estricto, etc.

Desde un punto de vista *etiológico* (que no agota las metas de la Criminología), la aportación de una *teoría general* (o, al menos, una teoría de alcance medio) de la criminalidad, es uno de los objetivos prioritarios de la Criminología. Ahora bien, aunque un marco teórico definido parezca imprescindible (vg. para evitar el voluntarismo o las tentaciones ideológicas, para orientar la propia investigación empírica o para explicar la relación interna compleja que pueda existir entre ciertas variables del delito), no siempre está en condiciones la Criminología de formularlo. Y son muchas las investigaciones empíricas muy meritorias que en su día prescindieron (vg. las del matrimonio Glueck) y hoy siguen prescindiendo de un marco teórico preciso y terminado (por ejemplo: investigaciones sobre *carreras criminales*, estudios longitudinales, sobre factores de riesgo, investigaciones plurifactoriales y otras inspiradas por la denominada *Criminología del desarrollo*[664]). En el ámbito de la *prevención* del delito, la llamada prevención *situacional* acusa, también, una orientación pragmática, ateórica. Y en el del *tratamiento* a menudo se ensayan eficaces técnicas de intervención sin otro apoyo o referencia que tipologías de delitos y de infractores.

Ni desde un punto de vista epistemológico, ni metodológico, cabe minusvalorar, por tanto, las *tipologías*, instrumento capital de cualquier enfoque *fenomenológico* siempre útil. Las tipologías son imprescindibles porque la gran complejidad del hecho delictivo no siempre admite una teoría general explicativa, sino que obliga a diferenciar entre tipos y subtipos de delitos y tipos y subtipos de autores[665]. Algunas investigaciones, por sus particularidades metodológicas, reivindican el empleo de tipologías (así, las que versan sobre *trayectorias y carreras criminales*); y, desde luego, en el ámbito de la prevención y el tratamiento, las clasificaciones y diferenciaciones tipológicas han acreditado su idoneidad. Es más, para un sector doctrinal[666], las tipologías son genuinas *teorías de alcance medio*, más próximas a la realidad y a la observación, por lo que a pesar de sus menores pretensiones *etiológicas* tendrían mayor interés que las propias teorías generales desde un punto de vista epistemológico. Para algun autor como MOFFITT, incluso[667], solo las tipologías están en condiciones de explicar —y mejor que las *teorías*— fenómenos como la *estabilidad* y la *desistencia* de-

---

[664] Cfr. SERRANO MAILLO, A., Introducción, cit., págs. 135 y ss.

[665] Así, CLINARD, M.B. y QUINNEY, R., Criminal behavior systems. A typology, 2ª Ed., New York: Holt, Rinehart and Winston, 1973, vii (...«... para su explicación, este comportamiento debe ser dividido en tipos»); también: CLOWARD, R.A. y OHLIN, L.E., Delinquency and opportunity. A theory of delinquent gangs. New York y London: The Free Press y Collier-Macmillan, 1960, pág. 70 (proponiendo, igualmente, distinguir diversos tipos particulares de delitos, delincuentes, etc.... para una descripción, explicación y, respuestas plausibles). Sobre autores que reivindican un análisis tipológico, vid. SERRANO MAILLO, A., Introducción, cit., págs. 135 y ss., notas 1 y ss.

[666] Por todos: GIBBONS, D.C., Delinquent behavior, Englewood Cliffs, N.J.: Prentice Hall, 1970, págs. 94 y ss. Cfr. SERRANO MAILLO, A., Introducción, cit., págs. 151, nota 88 (contrario a este punto de vista).

[667] MOFFITT, T.E., Adolescence- limited and life-course persistent offending: a complementary pair of developmental theories. Advances, 7, Developmental theories of crime and delinquency (T.P. Thornberry edit.), 1997, págs. 43 y ss. El autor subraya la incapacidad de las teorías gene-

lictivas. Enfoques *generales*, pues, y enfoques *tipológicos* estan llamados a complementarse, no a excluirse[668].

b) *La prevención* eficaz del delito es otro de los objetivos prioritarios de la Criminología.

La mera represión llega siempre demasiado tarde y no incide directamente en las claves últimas del hecho criminal. La Criminología, por ello, no pretende suministrar información a los poderes públicos sobre aquél, para castigar el delito más y mejor. Antes bien, el conocimiento científico (etiológico) del crimen, de su génesis, dinámica y variables más significativas, debe conducir a una intervención meditada y selectiva capaz de anticiparse al mismo, de prevenirlo, neutralizando con programas y estrategias adecuadas sus raíces. Naturalmente, se trata de una intervención eficaz, no de una intervención necesariamente «penal», ya que esta última, por su elevado «coste social» y nocivos efectos, debe ser siempre subsidiaria, de acuerdo con el principio de «intervención mínima». Intervención, pues, que no se limite a incrementar el rigor legal de las prohibiciones, ni a incentivar el rendimiento y efectividad del control social formal, sino a dar respuesta al problema humano y social del delito con la racionalidad y eficacia propias de la denominada «prevención primaria»[669]. La «selectividad» del fenómeno criminal, y la conocida relevancia de otras técnicas de intervención no penales para evitar aquél, constituyen los dos pilares de los programas prevencionistas[670].

Tradicionalmente se había depositado demasiada confianza en el Derecho Penal (función preventiva general de la pena). Operándose, además, con un diagnóstico extremadamente simplificador del «mecanismo disuasorio» que la amenaza del castigo desencadena. La prevención del delito, de hecho, era prevención penal, prevención a través de la pena. Y se asociaba, con notorio error, la eficacia di-

---

rales para explicar fenómenos *epidemiológicos* del delito, como la *estabilidad* o la *desistencia*. Cfr. SERRANO MAILLO, A., Introducción, cit., pág. 157.

[668] En este sentido, SUTHERLAND, E.H., Criminology, Philadelphia y London. J.B. Lippincott, 1924, págs. 24 y ss.; BRAITHWAITE, J., Crime, shame and reintegration. Cambridge: Cambridge University Press, 1989, págs. 1 y ss. Cfr. SERRANO MAILLO, A., Introducción, cit., págs. 138 y ss.

[669] En cuanto a la distinción entre prevención primaria, secundaria y terciaria, vid. KAISER, G., *Introducción a la Criminología*. Madrid, 1988 (Dykinson), págs. 125 y ss.; CLEMENTE DÍAZ, M., *«La orientación comunitaria en el estudio de la delincuencia»* (en: Psicología social y sistema penal, cit., págs. 384 yss.); GARCÍA-PABLOS DE MOLINA, A., *Tratado de Criminología*, cit., págs. 881 y ss.

[670] Cfr., GARCÍA-PABLOS DE MOLINA, A., *«La aportación de la Criminología»*, en: Eguzkilore, núm.3, 1989, San Sebastián, pág. 90; del mismo, *Tratado de Criminología*, cit., págs. 909 y ss..

suasoria de la pena a su rigor y severidad, sin ponderar otras variables sin duda también relevantes.

La moderna Criminología, sin embargo, parte de tres postulados bien distintos, que cuentan con un sólido aval científico: la intrínseca nocividad de la intervención penal, la mayor complejidad del mecanismo disuasorio y la posibilidad de ampliar el ámbito de la intervención, antes circunscrita al infractor potencial, incidiendo en otros elementos del *escenario* delictivo[671].

Hoy parece obvio reservar la «pena» a supuestos de estricta necesidad, porque una intervención de esta naturaleza (penal) es siempre traumática, quirúrgica, negativa; negativa para todos, por sus efectos y elevado coste social. A falta de otros instrumentos, la pena puede ser imprescindible, pero no es una estrategia eficaz para resolver conflictos sociales: no soluciona nada. De hecho, los acentúa y potencia, estigmatiza al infractor, desencadena la «carrera criminal» de éste, consolidando su *status* de «desviado» (desviación secundaria) y hace que se cumplan fatalmente las siempre pesimistas expectativas sociales respecto al comportamiento futuro del ex penado («self-fullfilling-prophecy»)[672]. Por otra parte, la supuesta eficacia preventivo-general de la pena, tal y como se formula por los juristas y teóricos de la prevención general, no deja de ser probablemente más que una pálida e ingenua imagen de la realidad, a la luz de los conocimientos empíricos actuales[673].

En segundo lugar, investigaciones llevadas a cabo sobre la efectividad del castigo demuestran que el denominado «mecanismo disuasorio» es mucho más complejo de lo que se suponía. De hecho, los modelos teóricos que utiliza la moderna Psicología enriquecen la ecuación: estímulo/respuesta, intercalando otras muchas variables[674]. Dicho de otro modo: la mayor o menor eficacia contramotivadora o disuasoria de la pena no depende sólo —ni fundamentalmente— de su severidad, sino de otras muchas variables; y, sobre todo, de cómo son percibidas y valoradas por el infractor potencial. Así, por ejemplo: la prontitud con que se imponga el castigo (inmediación estítulo/respuesta); el grado de probabilidad de que efectivamente se imponga (falibilidad y percepción del riesgo); gravedad y contenido real del castigo (versus: rigor nominal); ponderación subjetiva de otras consecuencias inmediatas anteriores al eventual cumplimiento del castigo (vg. detención y privación provisional de libertad y otros derechos); respaldo informal que, en su caso,

---

[671]   Cfr., GARCÍA-PABLOS DE MOLINA, A., «*La aportación de la Criminología*», en: Eguzkilore, cit., pág. 91.

[672]   Sobre el problema, GARCÍA-PABLOS DE MOLINA, A., «*La normalidad del delito y el delincuente*», cit., págs. 336 a 343 y ss.

[673]   Una explicación científica del proceso contramotivador o disuasorio, más atenta a la complejidad real del mismo, en: ALVIRA MARTÍN, F., «*El efecto disuasor de la pena*» (en: Estudios penales y criminológicos, VII, 1982-1983, Santiago de Compostela), págs. 11 a 25.

[674]   En este sentido, ALVIRA MARTÍN, F., «*El efecto disuasor de la pena*», cit., pág. 24.

pueda recibir la conducta desviada —o el infractor— y capacidad de redefinir la misma; clase de delito de que se trate (criminalidad instrumental o expresiva); mayor o menor condicionamiento del infractor, etc.[675].

En consecuencia, no cabe incrementar progresivamente la eficacia disuasoria de la pena aumentando, sin más, su rigor nominal; ni siquiera, recabando un mayor rendimiento y efectividad del sistema legal. Lo primero, atemoriza, no intimida. Lo segundo, multiplica el número de penados a corto plazo, pero no es una estrategia válida a medio ni a largo alcance. Porque, entre otras razones, la eficaz prevención del crimen es un problema de todos, y no sólo del sistema legal y sus agentes.

Finalmente, es obvio que cabe prevenir el delito no sólo contramotivando al infractor potencial con la amenaza del castigo (contraestímulo psicológico), sino de otros muchos modos, con programas que incidan en diversos componentes del selectivo fenómeno criminal: el espacio físico, las condiciones ambientales, el clima social, los colectivos de víctimas potenciales, la propia población penada, etc. Por ejemplo: neutralizando las variables espaciales y ambientales más significativas de aquél (programas de base ecológica, arquitectónico-urbanística, territorial); mejorando las condiciones de vida de los estratos sociales más deprimidos con las correspondientes prestaciones (vg. programas de lucha contra la pobreza); informando, concienciando y asistiendo a aquellos grupos y colectivos con mayor riesgo de victimización (programas de prevención de víctimas potenciales); procurando la reinserción social efectiva de los ex penados, una vez cumplidas las condenas, a fin de evitar la reincidencia de los mismos; paliando, en la medida de lo posible, el magisterio criminógeneo de ciertos valores sociales (oficiales o subterráneos) cuya lectura o percepción por el ciudadano medio genera actitudes delictivas, etc.[676].

c) Por último, la Criminología puede suministrar, también, una información útil y necesaria en orden a la *intervención en el hombre delincuente* y en la víctima.

Asistimos, sin duda, a la crisis de la denominada «ideología del tratamiento», al clamoroso e inevitable fracaso de los programas de resocialización del delincuente[677]. Y forzoso es reconocer que el actual desencanto se justifica. Pues

---

[675] Sobre el problema, vid., GARCÍA-PABLOS DE MOLINA, A., «*Régimen abierto y ejecución penal*», en: Revista de Estudios Penitenciarios, núm. 240, 1988, págs. 41 y ss.

[676] Así, GARCÍA-PABLOS DE MOLINA, A., «*La aportación de la Criminología*», cit., págs. 92 y 93.

[677] Sobre la «crisis de la filosofía del tratamiento», vid., GARCÍA-PABLOS DE MOLINA, A., «*La supuesta función resocializadora del Derecho Penal*», en: Estudios penales, cit., págs. 65 y ss.;

no podían ser otros los resultados de un tratamiento resocializador concebido como intervención clínica en la persona del penado durante —y a través de— la ejecución de la pena, siempre en el seno de la Administración penitenciaria, dirigida a producir una transformación cualitativa positiva, bienhechora, del infractor.

Pedir una modificación «cualitativa» de la persona del delincuente —un hombre nuevo— es, sin duda, pedir demasiado. Esperar tal milagro de la intervención penal es desconocer las actuales condiciones de cumplimiento de la pena privativa de libertad y el efecto que ésta produce en el hombre real de nuestro tiempo, según la propia experiencia científica. No parece fácil que el Estado garantice la resocialización del penado, cuando no siempre está en condiciones de garantizar otros derechos prioritarios de éste. En todo caso, circunscribir el tratamiento resocializador a una intervención clínica en la persona del penado durante el cumplimiento de la pena es algo insatisfactorio: porque el problema de la reinserción tiene un contenido funcional que trasciende la mera y parcial faceta clínica; porque tal responsabilidad es de todos, no sólo de la Administración Penitenciaria; y porque, en consecuencia, la intervención reclama un conjunto de prestaciones «post-penitenciarias», atendiendo a la situación y necesidades reales del ex penado, cuando se reincorpore a su medio social, familiar, laboral, etc.

Pero el lógico clima de escepticismo representa un doble peligro. De una parte puede alimentar respuestas regresivas y políticas criminales de inusitado e innecesario rigor, de inmediata repercusión en el régimen penitenciario (interpretación restrictiva de todas las instituciones del sistema progresivo)[678]. El actual desencanto sería, de hecho, una mera coartada para el retorno hacia el tradicional derecho penal retributivo. De otro, cuestiona el mandato constitucional consagrado en el artículo 25 de la Carta Magna española, que no es una declaración de «buena voluntad» del legislador, sino una norma jurídica obligatoria que vincula a todos los poderes del Estado.

En consecuencia —y para garantizar una intervención rehabilitadora del delincuente— corresponden a la Criminología tres cometidos. Primero, esclarecer cuál es el impacto real de la pena en quien la padece: los efectos que produce dadas sus actuales condiciones de cumplimiento, no los fines y funciones «ideales» que se asignan a aquélla por los teóricos o desde posiciones «normativas». Esclarecer y desmitificar dicho impacto real para neutralizarlo, para que la inevitable potencialidad destructiva inherente a toda privación de libertad no devenga indeleble,

---

del mismo, *Tratado de Criminología*, cit., págs. 940 y ss.

[678] Llamando la atención sobre este peligro: GARCÍA-PABLOS DE MOLINA, A., «*La supuesta función resocializadora del Derecho Penal*», cit., págs. 92 y ss.; del mismo, *Tratado de Criminología*, cit., págs. 983 y ss.

irreversible. Para que la privación de libertad sea sólo eso: privación de libertad y nada más que privación de libertad. Pero privación de libertad digna, de acuerdo con los parámetros culturales mucho más exigentes de nuestro tiempo. Que no incapacite definitivamente al penado y haga inviable su posterior retorno a la comunidad una vez cumplido el castigo. Segundo: diseñar y evaluar programas de reinserción, entendiendo ésta no en sentido clínico e individualista (modificación cualitativa de la personalidad del infractor), sino funcional; programas que permitan una efectiva incorporación sin traumas del ex penado a la comunidad jurídica, removiendo obstáculos, promoviendo una recíproca comunicación e interacción entre los dos miembros que integran cualquier programa resocializador (individuo y sociedad: no se trata de intervenir sólo en el primero) y llevando a cabo una rica gama de prestaciones positivas a favor del ex penado y de terceros allegados al mismo cuando éste retorne a su mundo familiar, laboral y social (la posible intervención no ha de terminar el día de la excarcelación, porque la propia pena prolonga sus efectos reales más allá de ésta y tampoco cabe disociar al ex penado de su medio y entorno). Tercero: mentalizar a la sociedad de que el crimen no es sólo un problema del sistema legal, sino de todos, para que la sociedad asuma la responsabilidad que le corresponde y se comprometa en la reinserción del ex penado. De suerte que el crimen se «comprenda» en términos «comunitarios»: como problema nacido *en* y de la comunidad a la que el infractor perteneció y sigue perteneciendo. Y se busquen mecanismos eficaces para que esa misma comunidad reciba dignamente a uno más de sus miembros. La llamada «Psicología Comunitaria» cuenta ya con alguna experiencia sobre la viabilidad de tales programas[679].

El saber criminológico, como saber práctico y por su vocación social está llamado a proyectarse en los más diversos ámbitos de la realidad, aportando una valiosa información empírica, científica, que racionalice las decisiones que se adopten en las mismas. Ha de ser muy útil, por ejemplo, a las Oficinas de Apoyo a las víctimas, a los Jueces y Tribunales a quienes pueden asesorar, a la Administración Penitenciaria (clasificación de los internos, permisos, tratamiento, etc.), a los poderes públicos de las diversas Administraciones en materia de seguridad y prevención, en materia de políticacriminal, etc.

---

[679] Sobre Psicología Comunitaria y prevención del delito, vid.: FAVARD, A.M.. *«Participation communautaire et prevention de la delinquence. Concepts et modeles»*, en: Libro homenaje a A. Beristain, San Sebastián, 1989, págs. 157 y ss.; CASTAIGNEDE, J., *«Participation communautaire et prevention de la delinquence: apports d«une recherche sur ce theme»*, en: Libro homenaje a A. Beristain, cit., págs. 115 y ss.; CLEMENTE DÍAZ, M., *«La orientación comunitaria en el estudio de la delincuencia»*, cit., págs. 384 y ss.

4. *Relaciones de la Criminología con otras disciplinas «criminales» y «no criminales»*

A) La Criminología mantiene, conceptual y funcionalmente, estrechas *relaciones* con otras disciplinas, criminales y no criminales, por razón del principio interdisciplinario, pluridimensional e integrador que la inspira. Uno de sus cometidos *metodológicos* decisivos será precisamente seleccionar de entre aquéllas, e incorporar a su propia investigación, los campos o ámbitos de estudio y las técnicas respectivas, en cuanto puedan interesarla como ciencia empírica del hombre en sociedad, si permiten la comprensión global del crimen. Pues ésta no es posible desde la perspectiva parcial y singular de disciplinas sectoriales, como la Psicología, la Psiquiatría o la Sociología. El psiquiatra, por sí solo, no podrá explicar satisfactoriamente —por ejemplo— el auge de la criminalidad de cuello blanco. Ni el sociólogo por qué —en idénticas situaciones sociales— un individuo actúa conforme a la ley, mientras otro opta por la vía del crimen[680]. La Criminología, por tanto, coordina e integra los conocimientos sobre el crimen, el delincuente y el control social derivados de diversas instancias científicas, sin que pueda concebirse a modo de parte o parcela de las mismas (Psiquiatría criminal, Psicología criminal o Sociología criminal.).

1') Entre las ciencias, *no específicamente criminales*, relacionadas con la Criminología, destacan: la Biología, la Psiquiatría, la Psicología, el Psicoanálisis, la Sociología y la Etología[681].

La *Biología* —y ciencias afines— guarda una relación muy estrecha con la Criminología (y con los orígenes de esta disciplina) porque el ser humano es una compleja realidad biopsicosocial y la conducta delictiva cuenta con un incuestionable sustrato biológico. De hecho, algunos tratados de Criminología clásicos eran, en puridad, tratados de Biología Criminal, como sucede con la conocida Kriminalbiologie de EXNER[682]. En los capítulos X y XI se hará referencia a la aportación de cada una de tales disciplinas en el marco de los denominados modelos teóricos explicativos del comportamiento criminal de corte o sesgo biologicista, en particular, a la Biotipología, a la Endocrinología, a la Genética, a la Neurofisiología, a la Sociobiología y la Bioquímica, etc.

Naturalmente, el soporte biológico del ser humano no decide de forma fatal la conducta de éste. Es solo la materia prima, el punto de partida, que interacciona con sutiles factores psíquicos y sociológicos en un continuo y dinámico proceso de comunicación del indivi-

---

[680]   Así, GÖPPINGER, H., Kriminologie, cit., pág. 7.
[681]   Sobre el problema, vid. KAISER, G., Kriminologie, cit., págs. 24 y ss.; GÖPPINGER, H., Kriminologie, cit., págs. 7 y ss.
[682]   EXNER, F., Kriminalbiologie in ihren Grundzügen, 1939. Hamburg; del mismo, Kriminologie, 3ª Ed., 1949 (Berlín, Göttingen, Heidelberg). La obra clásica que analiza mejor los fundamentos biológicos y médicos del comportamiento delictivo se debe a GÖPPINGER, H., y se halla traducida al español (Criminología. Madrid, Reus, 1975, traducida por Mª. Luisa Schwarck e Ignacio Luzárraga Castro).

duo con los demás y con su entorno. Porque el hombre trasciende su propia biología. Pero tampoco debe infravalorarse la relevancia del sustrato biológico en aras de enfoques sociológicos hoy dominantes.

Psiquiatría[683] y Criminología tienen intereses comunes e intereses diferenciales. La primera se ocupa de lo psíquicamente anormal, sus causas, manifestaciones y tratamiento. Delito y delincuente interesan, también, a la Psiquiatría, aunque de forma marginal, pues los criminales psíquicamente anormales representan sólo una pequeña fracción de los anormales mentales, y la Criminología abarca, además, otros muchos campos ajenos al problema específico de la criminalidad anormal. Sin embargo, es obvio que el examen del campo psicopatológico que interesa a la Criminología ha sido y sigue siendo privativo de la Psiquiatría (por ejemplo, diagnóstico empírico del delincuente en orden a su imputabilidad). Por su parte —y éste es un ulterior dato diferencial— la Criminología contempla también el crimen producto de una personalidad «normal» no patológica, analizándolo desde perspectivas diversas (sociológicas, por ejemplo). En el marco de la Medicina legal, cada día cobra mayor importancia la Psiquiatría forense. Hasta el punto de que —como advierte WITTER— un 70 por 100 de los informes que se aportan a las causas criminales son informes periciales psiquiátricos y psicológicos[684]. Sería excesivo, sin embargo, pretender que la Psiquiatría forense constituya «el núcleo de la Criminología en cuanto ciencia»[685], pues con ello se olvida que la coincidencia de objetos entre ambas disciplinas es sólo parcial, y que el enfoque respectivo del fenómeno criminal difiere: la Criminología no puede identificarse con la Psiquiatría criminal.

Psicología y Criminología operan, también, como círculos concéntricos y como planos secantes, con puntos de interés comunes y con intereses y valoraciones diferentes[686]. La Psicología estudia la «vida psíquica llamada normal» o, si se prefiere expresarlo de otro modo, «la conducta y la experiencia no patológica de cada ser viviente, de los grupos y colectivos, sobre todo del hombre»[687]. Pero esta joven ciencia «empírica», con profundas raíces aún en las «ciencias del espíritu»[688], se ocupa sólo marginalmente del crimen (Psicología criminal), como lo demuestra la propia denominación de las subespecialidades que la integran: Psicología general, Psicología del desarrollo, Psicología diferencial, Psicología de los animales, Psicología social, Psicología comparada, Psicología cultural, etc.; o sus múltiples aplicaciones (Psicología de la empresa, de la publicidad, médica, pedagógica, forense, etc.)[689].

La Psicología forense aporta, desde luego, una importante red de conocimientos valiosos sobre el crimen, pero la Criminología analiza éste desde una óptica interdisciplinaria más amplia que trasciende el enfoque psicológico y no se circunscribe a la persona del

---

683   Sobre la Psiquiatría Criminal, vid. infra, capítulo XII, en cuanto a las relaciones de la Psiquiatría y la Criminología, vid. KAISER, G., Kriminologie, cit., págs. 24 y ss. y 35 y ss.; GÖPPINGER, H., Kriminologie, cit., pág. 8.

684   WITTER, H., Grundriss der gerichtlichen Psychologie und Psychiatrie, Berlín, Heidelberg, New York, 1970, pág. 1. Cfr. KAISER, G., Kriminologie, cit., págs. 37 y ss.

685   Así, STUMPFL, F., Kriminologie und Psychiatrie, en: Psyichiatrie und Gesellschaft, Ergebnisse und Probleme der Sozialpsychiatrie (edit. por H. Ehrhardt, D. Ploog y H. Stutte), 1958, Berna, Stuttgart, págs. 249 y ss. Cfr. KAISER, G., Kriminologie, cit., pág. 37.

686   Sobre las relaciones entre Psicología y Criminología, vid. infra. capítulo XIV. También KAISER, G., Kriminologie, cit., págs. 37 y ss.; GÖPPINGER, H., Kriminologie, cit., págs. 8 y ss.; JIMÉNEZ BURILLO, F., Notas sobre las relaciones entre Psicología y Derecho Penal, en: Psicología social y sistema penal, cit., págs. 15 y ss.

687   Vid. GÖPPINGER, H., Kriminologie, cit., pág. 9.

688   Como advierte GÖPPINGER, H., Kriminologie, cit., pág. 8.

689   Cfr. GÖPPINGER, H., Kriminologie, cit., pág. 9.

autor. Incluso la Criminología «clínica» se ve hoy día obligada a contemplar problemas «sociológicos», por ejemplo. No obstante —y a pesar de las distintas metas y objetivos de la Psicología y la Criminología— el progreso de la primera abre importantes horizontes de colaboración interdisciplinaria en el marco de la política criminal, del procedimiento penal y de la ejecución penal (psicología del delincuente, aportación de los informes periciales psicológicos, investigación de las estructuras psicológicas de la decisión judicial, psicología de la «sociedad sancionadora», etc.)[690].

El *Psicoanálisis* guarda, también, una estrecha relación con la Criminología, al ocuparse de problemas básicos y aspectos importantes del hecho criminal (así, proceso motivacional, valor simbólico de la conducta delictiva, funcionalidad de la pena, etc.)[691]. Pero su cuerpo de doctrina gira, fundamentalmente, en torno al inconsciente humano —que el psicoanálisis trata de explorar mediante la introspección— y los conflictos intrapsíquicos del individuo, determinantes de su personalidad y comportamiento.

La contribución criminológicamente más significativa de las doctrinas psicoanalíticas discurre en dos planos: el teorético y el clínico, aportando una sugestiva explicación del delito y del castigo, y una nueva terapia útil para determinadas perturbaciones psíquicas. En efecto, el psicoanálisis ofrece una rica gama de explicaciones al comportamiento delictivo (por ejemplo: complejo de culpa de origen edípico, debilidad o ausencia de «super-yo», primacía del instinto de destrucción o muerte, etcétera). Pero ha aportado, también, una severa crítica a la fundamentación tradicional del castigo y a las funciones ideales atribuidas a la pena por el pensamiento hoy dominante en las ciencias penales (así, su teoría del delincuente como «chivo expiatorio» de las frustraciones y agresividad colectiva «proyectados» sobre el mismo, de la «sociedad sancionadora» que «necesita» del castigo, y no por razones de justicia o prevención, etc.). Además, en el plano estrictamente clínico, sugiere una determinada terapia y un específico mecanismo de comunicación entre médico psicoanalista y paciente sin duda valiosos en relación con las neurosis y otros trastornos psíquicos.

En la medida en que la doctrina psicoanalítica sea capaz de romper su tradicional hermetismo, coherente pero dogmático, abriéndose definitivamente a las restantes disciplinas y al mundo empírico, se ampliarán, sin duda alguna, sus posibilidades de colaboración. Tal vez entonces pueda ponerse fin al aislamiento e incomunicación que ha padecido, y a la etiqueta de «ciencia solitaria» y «selecta» impuesta a la misma desde sus inicios[692].

La evolución de las tesis psicoanalíticas tradicionales hacia un modelo e incluso lenguaje más psicodinámico, y el desplazamiento de las hipótesis tradicionales o dogmas del Psicoanálisis (complejo de Edipo, instinto de destrucción, conflicto intrapsíquico infantil, etc.) hacia los procesos de socialización, los estados deficitarios y ciertos procesos sociales, parecen apuntar en ese sentido[693].

---

[690]   Vid. JIMÉNEZ BURILLO, F., Notas sobre las relaciones entre Psicología y Derecho Penal, en: Psicología social y sistema penal, cit., págs. 21 y ss. Para el autor, siguiendo el esquema de MEGARGEE, E. I. (Reflections on psychology in the criminal justice system, 1982, págs. 9 a 35, en: GUNN, J., y FARRINGTON, D. P., edtes., Abnormal offenders, delinquency and the criminal justice system, Wyley), el psicólogo desarrolla su tarea en una triple fuente: evaluación, tratamiento y entrenamiento: actividad que puede centrarse en la Policía, los Tribunales, las Prisiones y las Víctimas (op. cit., pág. 24).

[691]   Sobre el *Psicoanálisis*, vid. infra., capítulo XIII.

[692]   Cfr. KAISER, G., Kriminologie, cit., pág. 41.

[693]   Vid. GARCÍA GARCÍA, J. y SANCHA MATA, V., Psicología Penitenciaria. Áreas de intervención penitenciaria, Madrid (UNED), 1985, págs. 36 y 37. Así, también, KAISER, G., Kriminologie, cit., págs. 41 y 42.

La *Sociología* ocupa un papel estelar en el capítulo de las relaciones de la Criminología con otras disciplinas.

La Sociología persigue, como es sabido, un tratamiento científico sistemático de las reglas que rigen la vida social y de los mecanismos de control y efectividad de dichas reglas[694]. El «delito» —esto es, la conducta que se «desvía» de un determinado tipo de «normas»: las jurídico-penales— interesa, también, a la Sociología (criminal), aunque no agote el estudio de éste su objeto, ni tenga en el mismo un lugar prioritario.

Ciertamente, la Criminología no es sólo Sociología criminal, ni un apéndice de ésta: interesa el análisis del crimen desde otras perspectivas y enfoques, porque la realidad (total) del fenómeno delictivo es pluridimensional. Pero el análisis sociológico cobra progresiva importancia en la Criminología, pudiéndose constatar que ha desplazado desde hace algunos lustros las tradicionales orientaciones biológicas o biopsicológicas. En Estados Unidos, incluso, la Criminología se autodefinió como Sociología Criminal, coordenadas que no ha abandonado en ningún momento. La razón tal vez estribe en dos factores, uno estrictamente criminológico, otro político-criminal. El primero deriva de un significativo cambio de paradigma: el crimen no se contempla ya hoy como expresión de una personalidad patológica del individuo, como hecho individual, singular y aislado, sino como hecho social, normal, como magnitud colectiva. El propio autor se analiza en sus interdependencias sociales, no como entidad biopsíquica[695]. El segundo factor, político-criminal, es la particular idoneidad de las teorías sociológicas —frente a las biológicas o biopsicológicas— para servir de soporte a los imprescindibles programas de prevención del delito, anhelo de todo Estado «social» como el de nuestro tiempo.

El *análisis* sociológico de la cuestión criminal, por tanto y sin desconocer el interés de otros enfoques—, ha contribuido decisivamente a la evolución de las ideas sobre el delito[696].

La *Etología* contempla el entramado o soporte biológico del comportamiento de las especies vivas, delimitando, caso a caso, el componente «instintivo» y el «adquirido». A través de la comparación del comportamiento humano y el animal trata así de verificar las reglas que rigen el sistema orgánico en su totalidad de acuerdo con los objetivos propios de la Biología[697].

La Etología ha operado con la hipótesis de que una rica gama de procesos y cursos vitales —de los seres humanos y de otras especies (primates o mamíferos) responden a claves hereditarias[698]. La «fisiología de la agresión» tendría una base común en el hombre y en los vertebrados superiores[699], semejanza constatable en numerosos procesos de aprendizaje (adaptación al medio, aprendizaje en sentido estricto, etc.)[700].

Algunos etólogos estiman que esta disciplina puede aportar una valiosa perspectiva para el estudio de fenómenos como el miedo o la agresión, luchas de los seres vivos por pre-

---

[694] Cfr. KAISER, G., Kriminologie, cit., pág. 43.

[695] Vid. GARCÍA-PABLOS DE MOLINA, A., Problemas actuales de la Criminología, cit., págs. 79 y ss.

[696] Vid. infra, capítulos XV a XXI, ambos inclusive.

[697] Sobre el problema, vid. KAISER, G., Kriminologie, cit., págs. 42 y ss.

[698] Así, SCHWIDETZKY, I., Kulturanthropologie, en: Anthropologie (edit. por Heberer, G., y otros), 1970, Frankfurt, pág. 113. Cfr. KAISER, G., Kriminologie, cit., pág. 42.

[699] Así, EIBL-EIBESFELDT, I., Liebe und Hass. Zur Naturgeschichte elementarer Verhaltensweisen, München (1971), pág. 331. Cfr. KAISER. G., Kriminologie, cit., pág. 42.

[700] Así, WICKLER, W., y SEIBT, U. (edit.), Vergleichende Verhaltensforschung, 1973 (Hamburg), páginas 329 y ss. Cfr., KAISER, G., Kriminologie, cit., pág. 42.

tensiones jerárquicas y territoriales, comportamiento sexual de las especies, elección de la pareja, pautas del comportamiento grupal, ansias de posesión, etc.[701].

Sería incorrecto, sin embargo, todo intento de extrapolar al ser humano los datos o reglas que rigen el comportamiento de las restantes especies vivas. Un reduccionismo simplificador de tal naturaleza ignoraría que el hombre no puede prescindir de la mediación de pautas culturales de control[702], y que dicha «base común» biológica no permite fáciles generalizaciones. Cuando ello se olvida, se incurre en afirmaciones tan grotescas como la de LORENZ[703] que ve en el incremento de la criminalidad juvenil un fenómeno de degeneración genética.

Una referencia más detallada a la aportación de éstas y otras disciplinas (Antropometría, Antropología, Antropobiología, Frenología, Neurofisiología, Biotipología, Endocrinología, Genética, etcétera) se llevará a cabo en capítulos sucesivos.

2') *Relaciones de la Criminología con las ciencias «criminales».* La Criminología guarda, también, estrecha relación con otras disciplinas que tienen como objeto «específico» el crimen. De todas ellas cabe destacar el Derecho Penal y la Política Criminal[704].

---

[701] Así, PLOOG, D., Zur Geschichte der Ethologie, en: Kriminologische Aktualität, IV (edit. MERGEN, A.), 1969, Hamburg, pág. 21. Cfr. KAISER, G., Kriminologie, cit., pág. 43.

[702] Vid. KAISER, G., Kriminologie, cit., pág. 43.

[703] LORENZ, K., Die Acht Todsünden der zivilisierten Menschheit, 1973, München, pág. 65. Cfr. KAISER, G., Kriminologie, cit., pág. 43.

[704] Sobre el problema existe una bibliografía inabarcable. Véase, limitándonos a la española, por ejemplo: MUÑOZ CONDE, F., en la «Introducción» al trabajo de ROXIN, C. (Política Criminal y sistema del Derecho Penal), Barcelona, Bosch (1972), págs. 5 a 14; MIR PUIG, S., Derecho Penal, P. G., Barcelona (PPU), 1984, págs. 9 y ss.; GIMBERNAT, E., ¿Tiene un futuro la dogmática jurídico-penal? (en: Estudios de Derecho Penal, 2ª ed., 1981, págs. 105 y ss.); COBO DEL ROSAL, M., y VIVES ANTÓN, M., Derecho Penal, P. G., 1984 (Valencia), págs. 112 y ss.; POLAINO NAVARRETE, M., Derecho Penal, P. G., Barcelona, Bosch, 1984, págs. 205 y ss.; QUINTERO OLIVARES, G., Derecho Penal, P. G., Barcelona (Edit. Gráficas Signo), 1986, págs. 233 y ss.; ZUGALDÍA ESPINAR, J. M., Consideraciones sobre las tendencias del desarrollo de la Ciencia del Derecho Penal, en: Revista Mexicana del Derecho Penal, 3 (1978), págs. 64 y ss.; CEREZO MIR, J., Curso de Derecho Penal Español, Madrid, Tecnos (1981, 2ª ed.), págs. 64 y ss. (especialmente, 81 y ss.); ANTÓN ONECA, J., Derecho Penal, 2ª ed., Akal (1986), págs. 24 y ss.; RODRÍGUEZ MOURULLO, C., Derecho Penal, P. G., Madrid (Civitas), 1978, pág. 21; RODRÍGUEZ RAMOS, L., Compendio de Derecho Penal, P. G. Madrid, 1986 (Trivium), págs. 15 y ss.; SAINZ CANTERO, J. A., Lecciones de Derecho Penal, P. G. (I), Barcelona (Bosch) 1979, págs. 75 y ss.; LÓPEZ REY, M., Compendio de Criminología y Política Criminal, Madrid (Tecnos), 1985; GARCÍA-PABLOS DE MOLINA, A., Problemas y tendencias actuales de la Ciencia Penal, en: Estudios Penales, Barcelona (Bosch), 1984, págs. 97 y ss. En cuanto al tratamiento del problema en la doctrina extranjera, vid.: MÓNACO, L., Su teoría e prassi del rapporto tra diritto penale e criminologia (estratto da: Studi Urbaniti di scienze giuridiche, politiche ed economiche, XLIX, 1980/81), 1983 (y amplio material bibliográfico analizado por el autor); y ROXIN, C., Política Criminal y sistema del Derecho Penal, ya citada; Vid., recientemente: SÁNCHEZ OSTIZ, P., Fundamentos de Política Criminal. Editorial Marcial Pons, Madrid, 2012.

Criminología, Política Criminal y Derecho Penal. *Criminología, Política Criminal y Derecho Penal* mantienen, conceptualmente, relaciones muy estrechas, pues las tres disciplinas se ocupan del delito, si bien seleccionan su objeto con criterios autónomos y tienen sus respectivos métodos y pretensiones[705].

En efecto, el Derecho Penal es una ciencia jurídica, cultural, normativa: una ciencia del deber ser; mientras la Criminología es una ciencia empírica, fáctica, del ser. La ciencia penal, en sentido amplio, se ocupa de la delimitación, interpretación y análisis teórico-sistemático del delito (concepto formal), así como de los presupuestos de su persecución y consecuencias del mismo. El objeto de la ciencia penal viene dado por la propia norma legal (objeto «normativo»); y los juristas emplean un método deductivo-sistemático para analizar el hecho criminal. Este se concibe por ellos como realidad legal, jurídica, cuya comprensión reclama puntos de vista axiológicos, valorativos. La Criminología, por el contrario, se enfrenta al delito como fenómeno real, y se sirve de métodos empíricos para examinarlo. Los criterios jurídicos penales, como se indicó, no permiten una delimitación precisa del objeto de la Criminología, por la misma razón que aquellos tampoco agotan el significado «total del crimen como hecho real».

Las relaciones entre Derecho Penal (dogmática penal), Política Criminal y Criminología, sin embargo, han sido históricamente poco cordiales. La denominada «lucha de escuelas» enfrentó, en una guerra sin cuartel —fundamentalmente una guerra de métodos— a clásicos y positivistas[706].

En efecto, la *Escuela clásica* se limitó a estudiar el crimen como hecho individual y como abstracción jurídica. El delito era la infracción de la norma, y el delincuente, el sujeto activo de dicha infracción. Los clásicos renunciaron a todo análisis etiológico del hecho criminal: se desentendieron del estudio de sus causas, de los factores individuales o sociales que intervienen en el hecho criminal, de sus variables. Predominaba en ellos un afán sistemático: elaborar un conjunto de categorías abstractas —un sistema— al que pudiera reconducirse cualquier problema interpretativo concreto, a fin de asegurar la aplicación correcta de la Ley a la realidad y al caso[707]. Acudieron para ello a un método formal, abstracto y deductivo, que permitía la construcción de impecables aparatos conceptuales, partiendo de una rica gama de dogmas extraídos del Derecho Natural. Este planteamiento, lógicamente, sólo pudo ofrecer una imagen formal del delito insatisfactoria y sin vida, resultando ineficaz en orden a la lucha y prevención del mismo.

La *Escuela Positiva*, por el contrario, propugnó un cambio radical del objeto y del método de la actividad científica. Delito y delincuente dejan de ser abstracciones jurídicas producto de la norma, desconectados de la realidad histórica concreta. El centro de gravedad se desplaza ahora de la norma jurídica a la realidad social; de los dogmas y principios apriorísticos (libertad humana, culpabilidad, justicia, igualdad, etc.), a los factores individuales y sociales

---

[705] Una referencia sobre la inabarcable bibliografía existente al respecto, en: GARCÍA-PABLOS DE MOLINA, A., *Tratado de Criminología*, cit., pág. 204, nota 41.

[706] Vid., GARCÍA-PABLOS DE MOLINA, A., *Tratado de Criminología*, cit., págs. 204 y ss. La Escuela Clásica y el Positivismo Criminológico se examinará en la Parte Segunda de esta obra, epígrafes II.1 y III.1, respectivamente.

[707] Nadie mejor que SOHM supo describir ese afán por el «sistema» y el principio clasificatorio propio del pensamiento abstracto, lógicoformal: «*Del caos se levanta un cosmos, de la revuelta masa, una grandiosa obra de arte*»: *El palacio encantado del Derecho* (J.Z., 1909, pág. 1.021).

que explican el fenómeno criminal. El examen de esta realidad exige un nuevo método de análisis: el método empírico, propio de las ciencias naturales. La Criminología, de hecho, nace enfrentada a la ciencia penal y como alternativa a la misma.

Superada hoy la estéril lucha de escuelas, esto es, el enfrentamiento de la Criminología y el Derecho Penal, —parece haberse asumido ya la idea de que no cabe disociar la especulación teórica y el análisis empírico. Pues la comprensión y control eficaz de la criminalidad requiere de ambas. Criminología y Derecho Penal deben coordinar sus esfuerzos sin intransigencias ni pretensiones de exclusividad, ya que una y otra disciplina goza de autonomía por razón de sus respectivos objetos y métodos, pero están llamadas a entenderse[708]; son inseparables, como partes integrantes de una ciencia penal total o globalizadora.

En efecto, como se indicó, un Derecho Penal distanciado de la investigación criminológica, sin respaldo empírico, da la espalda a la realidad —la desprecia— con los riesgos que una actitud ignorante o arrogante de tal naturaleza comporta[709]: convertirse en coartada de un mero decisionismo, en vistoso ropaje de un genuino *despotismo no ilustrado*[710]. La actividad de sus juristas apenas transcendería la simple especulación teórica; y la ausencia de una clara política criminal, sensible a las necesidades históricas de su tiempo y a los conocimientos de la ciencia, desacreditarían sus propias leyes, en perjuicio de la seriedad y el rigor que la efectividad de éstas reclama. Pero tampoco puede prescindir la Criminología del Derecho Penal; pues necesita de unas pautas y referencias mínimas incluso para delimitar su propio objeto, y para que sus resultados impregnen el tejido social, si no quiere renunciar a su vocación práctica. La recepción efectiva de la experiencia criminológica remite, pues, a un marco legal que la asuma y transforme en proposiciones normativas. Por otra parte, una praxis criminológica desconectada del Derecho Penal, prescinde del único instrumento que hace posible la aplicación práctica del saber empírico con absoluto respeto de las garantías de *seguridad e igualdad* que rigen en un Estado de Derecho. El Derecho Penal, así entendido, y en sus relaciones con la Criminología no sólo *delimita* el objeto de ésta sino que *limita* las pretensiones de cualquier Política Criminal de sustrato empírico.

La evolución de las Ciencias Penales y Criminológicas apunta, de hecho, hacia este modelo integrado[711], impuesto por la necesidad de un método interdisciplinario y por la unidad del saber científico. Asistimos, pues, a un proceso de recíproca

---

[708] Por todos, ROXIN, C., *Política Criminal y sistema del Derecho Penal*, 1972 (Bosch), pág. 77.

[709] Como advierte HASSEMER, W., (*Fundamentos de Derecho Penal*, cit., págs. 34 y ss.), será difícil que el juez acierte en su decisión del caso concreto —y que tengan éxito los programas de prevención del delito y resocialización del delincuente— si se carece de los conocimientos científicos más elementales sobre el problema criminal.

[710] Vid., GARCÍA-PABLOS DE MOLINA, A., *Tratado de Criminología*, cit., pág. 205.

[711] Particularmente conocida es la formulación de F.V. LISZT, quien propugnó una ciencia penal totalizadora («gesamte Strafrechtswissenschaft»). Esta coordinaría las exigencias políticocriminales de una lucha eficaz contra el delito, basada en un conocimiento científico de sus causas (a través de la Sociología, la Antropología, etc.) con las derivadas de la seguridad jurídica y las garantías individuales (método jurídico que limita las pretensiones de toda Política Criminal). Sobre F.V. LISZT, vid. Parte Segunda de esta obra, apartado III.2.a».

aproximación del Derecho Penal y la Criminología. La dogmática penal se vuelca, cada vez más, hacia la realidad[712], y las ciencias empíricas ofrecen su colaboración al legislador para resolver los problemas sociales reales. La Política Criminal, en cuanto disciplina que suministra a los poderes públicos las opciones científicas concretas más adecuadas para el eficaz control del crimen, ha servido de puente eficaz[713] entre el Derecho Penal y la Criminología, facilitando la recepción de las investigaciones empíricas y su transformación en preceptos normativos. Por ello, es hoy opinión dominante que la Criminología, la Política Criminal y el Derecho Penal son tres pilares del sistema de las ciencias criminales, inseparables e interdependientes. La Criminología está llamada a aportar el sustrato empírico del mismo, su fundamento científico. La Política Criminal a transformar la experiencia criminológica en opciones y estrategias concretas asumibles por el legislador y los poderes públicos. El Derecho Penal a convertir en proposiciones jurídicas, generales y obligatorias, el saber criminológico esgrimido por la Política Criminal con estricto respeto de las garantías individuales y principios jurídicos de seguridad e igualdad propios de un Estado de Derecho. Carece, pues, de sentido plantear «qué es lo que deja en pie la Criminología del Derecho Penal»[714]; o «qué deja en pie el Derecho Penal de la Criminología»[715].

En efecto, una respuesta científica al crimen exige un proceso lógico que consta de tres momentos o fases: explicativo, decisional y operativo o instrumental. La función de la Criminología es aportar un núcleo de conocimientos verificados empíricamente sobre el problema criminal (modelo *explicativo*). A la Política Criminal corresponde transformar esa información sobre la realidad del crimen, de base empírica, en opciones, alternativas y programas científicos, desde una óptica valorativa (modelo *decisional*): es el puente entre la experiencia empírica y las decisiones normativas. El Derecho Penal concreta las opciones previamente adoptadas (la oferta político criminal de base criminológica) en forma de normas o proposiciones jurídicas generales y obligatorias (modelo *instrumental* u operativo)[716].

---

712   Apertura hacia la realidad, según expresión de WÜRTENBERGER, TH., *Die geistige Situation der deutschen Strafrechtswissenschaft*, 1957, Karlsruhe, pág. 31.

713   Sobre la función mediadora de la Política Criminal, vid. ZIPF, H., *Introducción a la Política Criminal*, 1979, Madrid, (Edersa), págs. 9 y ss. A propósito de las relaciones entre Criminología (*recte*: teoría criminológica) y Política Criminal, vid. SERRANO MAILLO, A., Introducción a la Criminología, cit., págs. 24 y 25): a la Criminología le interesa el sustrato empírico del problema criminal, mientras que la Política Criminal pondera no solo los aspectos empíricos de la prevención y el control de la criminalidad sino también los políticos, jurídicos, económicos, constitucionales, etc.

714   Qué deja en pie la Criminología del Derecho Penal («*Was lässt die Kriminologie vom Strafrecht*») es el problema que abordan, con el mismo título, dos conocidos artículos de KAUFMANN, H. (en: «Juristenzeitung», 1972, págs. 193 y ss.); y de BRAUNECK, A.E. (en: «*Monatsschrift für Kriminologie und Strafrechtsreform*», 1963, págs. 193 y ss). Cfr., MÓNACO, L., «*Su teoría e prassi del rapporto tra diritto penale e criminología*», 1983, págs. 6 y ss; y 57 y ss. (Separata de: Studi Urbaniti di scienze giuridiche, politiche ed economiche XLIX, 1980-1981).

715   Cfr., POLAINO NAVARRETE, M., *Derecho Penal*, P.G., 1984 (Bosch), págs. 208 y ss.

716   Así, GARCÍA-PABLOS DE MOLINA, A., *Tratado de Criminología*, cit., pág. 208.

Sería un error restar importancia al rol asignado al Derecho Penal, minimizando, en consecuencia, la función liberal, garantista y limitadora —limitadora, aunque pueda parecer paradógico— que a éste y sólo a éste corresponde. Pues la respuesta al delito en un Estado de Derecho no puede medirse exclusivamente desde parámetros de eficacia sino que implica el obligado respeto a ciertas garantías individuales: legalidad, igualdad, seguridad jurídica, etc. El Derecho Penal traza el marco adecuado para dicha respuesta al crimen y los límites de la misma. Tenía razón FRANZ VON LISZT al afirmar que «el Derecho Penal es la barrera infranqueable de toda Política Criminal», «La Carta Magna del delincuente»; y al asignarle la «función liberal del Estado de Derecho», esto es: «asegurar el principio de igualdad en la aplicación de la Ley y la libertad del individuo frente al Leviatan»[717].

> Ciertamente, el método técnico jurídico, el pensamiento sistemático, el razonamiento abstracto-deductivo y formalista de la dogmática penal tiene importantes limitaciones y carencias. Es adecuado para instrumentar decisiones, pero no para adoptarlas, ni para fundamentar un diagnóstico sobre el problema criminal. Una sobreestimación del pensamiento sistemático distancia la dogmática del problema, la incomunica y aísla de la realidad social y conduce a soluciones erráticas ajenas a las exigencias de la justicia material y a las necesidades políticocriminales del caso concreto. Ahora bien, en un Estado de Derecho no cabe una respuesta al delito prescindiendo del Derecho Penal, si se quieren respetar las garantías propias de aquél. La generalización conceptual, el sistema, el proceder abstracto-deductivo, y el formalismo son la única garantía conocida contra el acaso y la arbitrariedad, contra el diletantismo y la imprevisibilidad, contra el caos y el despotismo.

En la actualidad, puede reputarse ampliamente compartida la opinión de que la Criminología ha de suministrar una valiosa información científica a la Política Criminal sobre el delincuente, el delito, la víctima y el control social; información que esta última debe transformar en opciones, fórmulas y programas, plasmados, después, por el Derecho Penal en sus proposiciones normativas y obligatorias.

Esto es, que Criminología, Política Criminal y Derecho Penal representan tres momentos inescindibles de la respuesta social al problema del crimen: el momento explicativo-empírico (Criminología), el decisional (Política Criminal) y el instrumental (Derecho Penal). Saber empírico y saber normativo no pueden «seguir sus caminos»[718] distanciados.

Pero lo cierto, a pesar de esta *communis oppinio* es que sigue existiendo en la realidad el lamentable «abismo» entre ambos.

---

[717] F. V. LISZT, *Strafrechtliche Ausfsäzte und Vorträge*, II, págs. 80 y ss. (Über den Einfluss der soziologischen und anthropologischen Forschungen auf die Grundbegriffe des Strafrechts). Cfr., MIR PUIG, S., *Introducción a las bases del Derecho Penal*, Barcelona, (Bosch) 19, págs. 220 y ss.

[718] Vid., por todos. GÖPPINGER, H., Kriminologie, cit., págs. 18 y ss.

Conocida es la tradicional «querella» entre representantes de las ciencias sociales y de las ciencias jurídicas. Los primeros han reprochado siempre a la jurisprudencia que ésta no se interese por su colaboración[34]. Por su parte, los juristas, acusan a aquellos de ocuparse tan sólo de los «grandes temas» (metodología, teoría general, legitimación, estudio de las funciones, etc.), despreocupándose del Derecho Positivo[719].

El tiempo de las querellas doctrinales, de la «barbarie de los especialistas», ha pasado ya. El problema criminal es un grave problema social, y la reacción del Estado a través de la pena, demoledora, brutal. Por ello, la función penal no puede seguir reposando sobre una base tan poco sólida, exenta del más elemental respaldo o verificación empírica; oscilando sus decisiones entre el diletantismo y la arbitrariedad, los prejuicios mágicos y las buenas intenciones, el oscurantismo y la intuición.

Carece, pues, de sentido el mutuo reproche. O las fáciles justificaciones del secular y endémico malentendimiento. La contraposición «hecho-valor», en principio válida para ilustrar los diversos objetivos y métodos del enfoque normativo y el empírico, no justifica, sin embargo, la actual descoordinación de perspectivas en el examen de un mismo problema, llamadas a complementarse, no a excluirse.

Sería oportuno plantear, también, hasta qué punto está en condiciones el saber empírico de aportar un núcleo de conocimientos sólido, fiable, científicamente verificado, sobre los principales problemas del fenómeno criminal. O lo que es lo mismo: qué información puede suministrar hoy la Criminología y qué grado de credibilidad y garantías ofrece dicha información[720].

No es momento de pasar revista al estado actual de la experiencia criminológica con relación a temas tan trascendentales como la etiología o génesis del comportamiento criminal, el significado de la víctima, los efectos preventivos y disuasorios de la pena privativa de libertad, el tratamiento del delincuente, la reincidencia, el control de la criminalidad, etc.[721].

Pero sí cabe anticipar una valoración de conjunto: el fenómeno criminal sigue siendo un «problema». Sabemos aún poco del hombre delincuente, de la víctima, del castigo, del delito mismo. Tiene razón LANGE cuando afirma que el crimen no ha dejado de ser un «acertijo»[722]. Y, de algún modo también KUTSCHINSKI,

---

[719] Cfr. MÓNACO, L., Su teoria e prassi del rapporto tra diritto penale e criminologica, cit. pág. 59 y bibliografía citada en nota 6.

[720] Como plantea, acertadamente, MÓNACO, L., Su teoria e prassi del repporto tra diritto penale e criminologia, cit., págs. 37 y ss.

[721] Cfr. MÓNACO, L., Su teoria e prassi del rapporto tra diritto penale e criminologia, cit., págs. 37 y ss.

[722] LANGE, R., Das Rätsel Kriminalität. Was wissen wir vom Verbrechen? Frankfurt, 1970.

al lamentarse de que, a pesar de tantos modelos explicativos, tantas teorías, tantos intentos doctrinales e investigaciones, «estamos llegando al punto cero del saber criminológico»[723].

V. EL SISTEMA DE LA CRIMINOLOGÍA

No existe, en consecuencia, una opinión unánime sobre el «sistema» de la Criminología, esto es, una *communis opinio* en torno a las disciplinas que la integran y las relaciones entre ellas. Algún sector doctrinal ha llegado incluso a cuestionar la procedencia del término «sistema» a propósito de la Criminología[724], por estimar que, en sentido estricto, no hay tal.

Tradicionalmente existe una abierta pugna entre dos concepciones, la amplia que patrocina la escuela austriaca (concepción enciclopédica) y la estricta.

Para la concepción *enciclopédica* de la escuela austriaca, pertenecen a la Criminología todas las disciplinas que se ocupan del estudio de la realidad criminal en sus muy diversas fases o momentos, tanto en el estrictamente procesal como en el político-preventivo o el represivo.

Para la concepción *estricta*, por el contrario, algunas disciplinas que la concepción enciclopédica incluye en las ciencias criminológicas quedan segregadas, excluidas. Las que suscitan mayor polémica son, fundamentalmente, la Penología, la Criminalística y la Profilaxis. Respecto a la Victimología, no se cuestiona su pertenencia a la Criminología sino su mayor o menor grado de autonomía en el seno de la primera.

a) De acuerdo con la concepción *enciclopédica* pertenecen a la Criminología[725]:

1') Disciplinas relacionadas con la *realidad criminal*:

Fenomenología, Etiología, Prognosis, Biología criminal, Psicología criminal, Antropología, Geografía criminal, Ecología criminal, etc.

2') Disciplinas relacionadas con el *proceso*:

---

[723]   Cfr. KAISER, G.; Criminología. Una Introducción a sus fundamentos científicos, cit., página 161.

[724]   Así, MERGEN, A., Die Kriminologie, cit., pág. 3.

[725]   Cfr., RODRÍGUEZ DEVESA, J. M.ª, Derecho Penal Español, P. G., cit., págs. 73 y ss. SEELIG, E., Tratado de Criminología, cit., págs. 18 y ss. Cfr., GÖPPINGER, H., Kriminologie, cit., pág. 1.

La Criminalística (Táctica y Técnica criminal).

3') Disciplinas relacionadas con la *represión y prevención* del delito:

Penología (Ciencia Penitenciaria, Pedagogía Correccional) y Profilaxis.

Baste aquí con una breve referencia al contenido de cada una de ellas:

1) En cuanto a las relacionadas con la realidad criminal:

La *Fenomenología* criminal, se ocupa del análisis de las formas de aparición de la criminalidad, elaborando al respecto las correspondientes tipologías, de hechos y de autores.

La *Etiología* criminal investiga las «causas» o factores determinantes de la criminalidad. La *Prognosis*, basándose en el análisis de dichos factores, formula los oportunos diagnósticos y pronósticos sobre el futuro comportamiento y peligrosidad del autor.

La *Biología* criminal trata de comprender el delito como producto de la personalidad de su autor, explicándolo en función de procesos causales vitales. Por personalidad se entiende el núcleo permanente del individuo, forjado por sus predisposiciones o instintos y el mundo o entorno que le circunda. En la Biología criminal propiamente dicha confluyen, por tanto, la *Psicología* criminal y la Antropología criminal. La primera indaga las motivaciones de la determinación criminal. La *Antropología* criminal estudia al delincuente como especie viva, destacando la singularidad y evolución de sus rasgos, así como su relación con el medio ambiente (Antropobiología) y la cultura (Antropología cultural).

La *Sociología* criminal analiza el delito como hecho social, como magnitud colectiva. Entre las innumerables subespecialidades de la Sociología se destacan: la *Geografía* criminal, a la que corresponde estudiar la distribución y reparto de la criminalidad; la *Ecología* criminal, la fuerza atractiva o criminógena de ciertos espacios y lugares. El método estadístico será el preferido por estas disciplinas (Estadística criminal).

2) Relacionadas con el «proceso»:

Para agrupar a todas estas disciplinas suele utilizarse la denominación *Criminalística*, denominación del creador de la que lleva este nombre (Gross), quien la definió como «el conjunto de teorías que se refieren al esclarecimiento de los casos criminales». Aunque hoy prefiere hablarse de «ciencia policial».

La *Criminalística o Ciencia Policial* se subdividiría en dos disciplinas básicas: la Táctica criminal y la Técnica criminal. La *Táctica criminal* versa sobre el *modus operandi* más adecuado (procedimientos técnicos, psicológicos y procesales) para el esclarecimiento de los hechos e identificación del autor. La *Técnica criminal* se ocupa de las pruebas, analizando los métodos científicos existentes para demostrar fehacientemente una determinada hipótesis.

Son subdisciplinas de la Criminalística, entre otras muchas, por ejemplo, la *Medicina forense*, la *Física y Química* forense, la *Toxicología*, la *Fotografía*, la *Dactiloscopia*, la *Pericia caligráfica*, la *Psicología forense, Técnica de los interrogatorios*, etc.

3) *Represión y prevención* del delito:

En relación con este capítulo, integrarían el ámbito propio de la Criminología, de acuerdo con el enfoque enciclopédico de la escuela austriaca, la *Penología*, ciencia que examina el cumplimiento y ejecución de las penas, siendo la *Ciencia Penitenciaria* una subdisciplina de la misma, que centra su objeto en las penas privativas de libertad. En el seno de esta última, cobra progresivo protagonismo la *Pedagogía Correccional*, preocupada de orientar la ejecución del castigo de modo que pueda significar un impacto positivo, de reinserción social, en el penado.

Desde un punto de vista preventivo, la *Profilaxis* criminal asume como meta prioritaria la lucha contra el delito, articulando las estrategias oportunas para incidir eficazmente en los factores individuales y sociales criminógenos, anticipándose al crimen.

b) Otros puntos de vista.

El planteamiento «enciclopédico» comentado no es, sin embargo, pacífico.

La doctrina suele cuestionar fundamentalmente el emplazamiento de la Criminalística, de la Penología y de la Profilaxis, discutiendo el grado de autonomía de la Victimología.

Según una opinión autorizada, la *Criminalística*, como ciencia del «proceso», de la materialidad del delito y prueba de la infracción no es parte integrante de la Criminología, sino mera disciplina «auxiliar» del Derecho Penal, sin perjuicio de los recíprocos y fructíferos intercambios que deben existir entre la Criminalística y la Criminología[726]. Habría que desvirtuar, según esto, conocidos prejuicios conceptuales y denominaciones a menudo equívocas[727], ya que ni la persecución del autor, ni la delimitación fáctica del círculo de delincuentes, ni la puesta a disposición de éste en manos de la Justicia son cometidos específicos de la Criminología[728]; de modo que integrar en ésta a la Criminalística, entendida como «ciencia aplicada de varias disciplinas científico-naturales con sus específicas formas y técnicas de proceder»[729] podría conducir a «exigencias desbordantes».

Semejante polémica existe, también, respecto a la Penología. A finales del siglo XIX se identificaban en Francia Criminología y Penología[730], pensamiento que entronca, desde entonces, con la tradición angloamericana[731], partidaria de incluir en el ámbito propio de la Criminología el estudio del cumplimiento y ejecución de las penas.

---

[726] Sobre la Criminalística y la Ciencia Policial, vid.: KAISER, G., Criminología, cit., pág. 72 (y amplia reseña bibliográfica allí citada); RODRÍGUEZ DEVESA, J. M.ª, Derecho Penal Español, cit., P. G., pág. 79, nota 17 (bibliografía); PINATEL, J., Tratado de Criminología, cit., págs. 24 y 25; Cfr., SEELIG, E., Tratado de Criminología, cit., págs. 21 y ss. GÖPPINGER, H., Kriminologie, cit., págs. 12 y 13, EISENBERG, V., Kriminologie, cit., págs. 98 y ss.

[727] Es muy frecuente utilizar el término Criminología, inadecuadamente, cuando en puridad debía emplearse el de Criminalística. PINATEL pone el ejemplo de la Academia Internacional de Criminología, que existió entre las dos guerras mundiales. Se ocupaba realmente de temas de criminalística (Tratado de Criminología, cit., pág. 25).

[728] En este sentido, GÖPPINGER, H., Kriminologie, cit., pág. 13. En este sentido contrario, manteniendo que la Criminalística pertenece al objeto de la Criminología: SCHNEIDER, H. J., Kriminologie, cit., pág. 86.

[729] Así, LEFERENZ, H.; GÖPPINGER, H., y otros: vid. GÖPPINGER, H., Kriminologie, cit., págs. 12 y ss.

[730] Vid. PINATEL, J., Tratado de Criminología, cit., pág. 26.

[731] Una reseña bibliográfica sobre la doctrina científica norteamericana, en PINATEL, J., Tratado de Criminología, cit., pág. 26. Vid., además, BARLOW, H. D., Introduction to Criminology, cit., páginas 475 y ss.; TAFT, D. R./ENGLAND, R. W., Criminology, cit., págs. 281 y ss.; SCHAFER, ST., Introduction to Criminology, cit., págs. 3 y ss., 167 y ss.; L. J. SIEGEL, Criminology, cit., págs. 401 y ss.

Esta pertenencia de la Penología a la Criminología suele cuestionarse por dos caminos: bien afirmando la autonomía de la primera[732], bien considerando que la Penología es una disciplina «aplicativa», técnica, y que la Criminología, en sentido estricto, es una ciencia «pura», «teórica», no clínica[733].

La tercera de las disciplinas polémicas es la *Profilaxis*, por cuanto cabe mantener que a la Criminología, como ciencia «empírica», le corresponde suministrar una importante información en torno al crimen, pero no asumir una postura beligerante respecto a éste, cometido de la Profilaxis, y cuyo impulso se halla lógicamente en las decisiones no empíricas de los poderes públicos[734].

En el panorama general de la doctrina criminológica, junto a la tesis amplia de la Escuela austriaca la Criminología *socialista* asume, también, como objetivo irrenunciable el de la lucha contra el delito[735].

En cuanto a la *Victimología*[736], carece de sentido cuestionar su conexión con las ciencias criminológicas. Cabe tan sólo discutir cuál es el grado de autonomía que pueda corresponderle en el seno de aquéllas.

Por otra parte, no es aventurado augurar un brillante futuro inmediato a esta disciplina. Porque tanto el sistema penal como la Criminología han olvidado tradicionalmente a uno de los dos protagonistas máximos del fenómeno criminal: la víctima, aislando y distanciando artificialmente a ésta del delincuente. De la etapa de oro de la víctima[737] —etapa por fortuna en su día superada— se pasó al más absoluto desprecio y abandono de quien padece los efectos del delito. El proceso penal, el Derecho Penal sustantivo e incluso la Criminología pensaban sólo en el delincuente. La víctima parece una abstracción, o una pieza fungible del universo social, con la que casualmente colisiona el autor del crimen. Con razón se ha dicho que en la actualidad asistimos a un fenómeno de «redescubrimiento» de la víctima[738]. Este nuevo enfoque es imprescindible. Un sistema penal obsesionado por castigar al delincuente, que se desentienda de la reparación efectiva de los perjuicios ocasionados a su víctima olvida una de sus funciones capitales. Y una Criminología que rompa el binomio natural delincuente-víctima, ocupándose sólo del primero, cierra los ojos a media cara de la realidad. La Justicia penal exige distancia de los hechos, desapasionamiento, objetividad; el protagonismo de la víctima podría conducir probablemente a una política criminal emo-

---

[732] Una reseña bibliográfica de quienes mantienen la autonomía de la Penología, en RODRÍGUEZ MANZANERA, L., Criminología, cit., pág. 75. Sobre el problema, vid. CEREZO MIR, J., Curso de Derecho Penal, P. G., Madrid (Tecnos), 1981, (2ª. ed.), pág. 70, nota 33.

[733] Cfr. en sentido crítico también, RODRÍGUEZ MANZANERA, L., Criminología, cit., pág. 75.

[734] Sobre la Profilaxis, vid. SEELIG, E., Tratado de Criminología, cit., pág. 21. Fundamentalmente, MERGEN, A., Die Kriminologie, cit., págs. 481 a 498.

[735] Sobre la concepción amplia de la Criminología en los países socialistas y sus presupuestos ideológicos, vid. infra capítulo XXII.

[736] Sobre la Victimología, vid. KAISER, G., Kriminologie, cit., págs. 179 y ss. (y bibliografía allí citada); GÖPPINGER, H., Kriminologie, cit., págs. 588 y ss. (y reseña bibliográfica del autor); HASSEMER, W., Fundamentos del Derecho Penal, cit., págs. 90 y ss.: en cuanto al proceso de consolidación de la Victimología, desde la obra de sus pioneros, MENDELSOHN (1937, 1940) y Vv. HENTIG (The Criminal and his victim, 1948), vid. SANGRADOR, J. L., La victimología y el sistema penal, en: Psicología social y sistema penal, por F. JIMÉNEZ BURILLO, V. GARRIDO GENOVÉS y otros, cit., páginas 61 y ss.; LÓPEZ REY, M., Compendio de Criminología y Política Criminal, Tecnos (1986), págs. 131 y ss.

[737] Vid. SANGRADOR, J. L., La victimología y el sistema penal, cit., pág. 67.

[738] Vid. SANGRADOR, J. L., La victimología y el sistema penal, cit., pág. 62.

cional, beligerante, pasional. Pero el olvido de la víctima hace del Derecho un instrumento ciego, dogmático e inhumano.

VI. EL EMPLAZAMIENTO «INSTITUCIONAL» DE LA CRIMINOLOGÍA

Si desde un punto de vista científico-teórico es la Criminología una ciencia empírica, *institucionalmente* se halla instalada en el orbe del Derecho y de las disciplinas jurídicas, dependencia orgánica que alcanza su expresión más acusada en los otrora países socialistas. Por el contrario, la Criminología norteamericana se autodefinió desde un principio como subcapítulo de la Sociología, ajeno e independiente de la ciencia del Derecho.

Pero no sería realista subestimar la importancia de este aspecto institucional, porque detrás del mismo late una *«discusión de roles»*[739], un forcejeo entre objetivos de la investigación criminológica y la política social que, en definitiva, explica la existencia de los tres *«modelos»* a continuación citados.

a) *El modelo europeo occidental* implica una dependencia orgánica y funcional más o menos estrecha de la Criminología respecto a las disciplinas jurídicas e instituciones del Derecho. Dicha posición subordinada de la Criminología, propia más bien de las disciplinas *«auxiliares»*, no puede atribuirse al proverbial e injustificado recelo hacia lo empírico, como tampoco a actitudes soberbias o defensivas de muchos juristas. Sus raíces son complejas y más profundas.

> Influye, sin duda, la propia naturaleza de la Criminología como ciencia joven e interdisciplinaria: el pluralismo casi «errático» de su metodología[740]; la diversidad de disciplinas especiales que, en el seno de la misma, se preocupan del crimen desde sus respectivos enfoques; su orientación predominantemente teorética y los bruscos desplazamientos de los centros de interés de la investigación (de la Biología a la Psicología y la Psiquiatría, y de éstas a la Sociología, con el consiguiente cambio de paradigma), en pocos lustros explican, sin duda, la «situación marginal»[741] de la Criminología, en contraste con el arraigo, estabilidad y uniformidad que ofrecen otras ciencias. Pero a estos factores históricos y estructurales se añaden otros, como la desafortunada polémica entre penalistas clásicos y criminólogos, transida de errores por ambas partes, pero de la que resultó perdedora la Criminología europea, en buena medida por los excesos del positivismo criminológico y sus pretensiones

---

[739] Así, DAHRENDORF, R., *Sozialwissenschaft und Werturteil*, en: Gesellschaft und Freiheit. Zur soziologischen Analyse der Gegenwart. München, 1961, págs. 27 y ss. Cfr. KAISER, G., *Kriminologie*, cit., pág 64.

[740] En comparación con la Criminología socialista, en todo caso, cfr. KAISER, G., *Kriminologie*, cit., pág. 83.

[741] Cfr. KAISER, G., Criminología. Una introducción a sus fundamentos científicos. Madrid (1978), Espasa Calpe. pág. 44.

avasalladoras que generaría recelos y actitudes defensivas en muchos sectores jurídicos. O incluso la no muy buena prensa de los criminólogos, tildados como *«bufones y cortesanos de la jurisprudencia»*[742]; censura, desde luego, injusta, porque cuando se subestima —como se ha subestimado y se sigue subestimando en toda Europa aún— la trascendencia del aspecto *«institucional»* para el éxito de la investigación científica: cuando, por ausencia de cauces reales, no cabe una investigación y una crítica organizadas, institucionalizadas (con todo lo que esto implica en el ámbito profesional, académico, financiero, etc.), no puede esperarse tampoco una especial fiabilidad y rendimiento de aquélla, ni parece razonable reprochar a los criminólogos una comprensible falta de dedicación profesional[743].

b) *El otrora modelo «socialista».* En la aún mayor dependencia o sometimiento de la Criminología del otrora *modelo socialista* intervienen factores específicos, sobre todo, uno de naturaleza ideológica: la férrea vinculación de aquélla al *«marxismo-leninismo»*, con todas sus consecuencias.

Así, la propia Criminología socialista se autodefine como mera *«rama de la jurisprudencia»* o *«elemento parcial de la dirección de la sociedad»*, según fórmula de LEKSCHAS[744], resaltándose de este modo su función *«instrumental»* al servicio de una ambiciosa y arrolladora *«política criminal»* consolidadora y guardián del sistema. La Criminología se presenta, entonces, como *«ciencia aplicada»* en apoyo inmediato de la realidad práctica y de la legalidad socialista. En este cerrado marco, es lógico que la investigación criminológica quede mediatizada por el dirigismo jurídico, bajo la supervisión incluso de los fiscales generales[745], y que los *«intentos de evasión»* de psiquiatras, psicólogos y sociólogos para sintonizar con el nivel de las ciencias *«experimentales»* de otros países se contemplase con recelo desde el monolitismo metodológico del marxismo-leninismo. Pues éste, en definitiva, preocupado de la máxima efectividad del control social, duda —y no sin razón— de las garantías que al mismo pueda ofrecer el *«antropologismo»* o un imprevisible *«empirismo»*[746].

c) *El modelo «angloamericano».* Muy distinto es, por último, el *modelo angloamericano.* En el *«vasto laboratorio»* criminológico que son los Estados Uni-

---

[742] Así, WOLFF, J., Der Jurist in der Kriminologie, en: Kriminologisches Journal (München), 3 (1971), pág. 262. Cfr. KAISER, G., Kriminologie, cit., pág. 65.

[743] Sobre este reproche a la falta de profesionalidad de los criminólogos, vid. BADER, K.S., Stand und Aufgaben der Kriminologie, en: Juristen Zeitung, 7 (1952), pág. 17; BRAUNECK, A. E., Der Junge Jurist und die Kriminologie, en: Juristische Schulung, München/Frankfurt, 1966, página 222. Cfr. KAISER, G., Kriminologie, cit., pág. 65. Para un análisis de la evolución de las investigaciones criminológicas en los diversos países desde el punto de vista institucional y organizativo, vid. RADZINOWICZ, L., En busca de la Criminología, cit., supra nota 6.

[744] Cfr. KAISER, G., Criminología, cit., pág. 51. Del mismo autor: Kriminologie, cit., pág. 85: *«El concepto de la Criminología socialista trata de ponerse en práctica mediante una estrecha vinculación metodológica, personal y organizativa de la investigación criminológica con el Derecho Penal».*

[745] Vid., citando a BAKOCZI, KAISER, G., Criminología, cit., pág. 49.

[746] Sobre el recelo hacia el empirismo del marxismo-leninismo, vid. KAISER, G., Criminología, cit., págs. 51 y 52.

dos[747], la Criminología nace y se establece entre las ciencias sociales y sociológicas, con clara independencia de las disciplinas jurídicas, desde un principio, logrando un reconocimiento y estabilidad institucional en todos los ámbitos del que careció en Europa. Razones de un éxito tan espectacular tal vez puedan ser tres: su rápida sintonización con los problemas reales que preocupaban a la sociedad americana, la credibilidad y rigor del método empírico e interdisciplinario utilizado en las investigaciones y la ausencia de una polémica o confrontación radical entre criminólogos y juristas como la acaecida en Europa[748].

La Criminología norteamericana surge, se consolida y progresa en el marco de la Sociología; y nace básicamente para dar explicación científica a los problemas que en verdad interesaban a la sociedad —los *social problems*—: las múltiples facetas del crimen como hecho individual y colectivo, el funcionamiento real de la maquinaria judicial y la evolución de los principales programas preventivos. Enfoque sociológico éste que, además de justificarse por sus resultados, se aviene a la visión *«optimista»* de la vida que profesan los norteamericanos, al concebir el delito más como producto de unas fuerzas sociales *«corregibles»* que precipitado de factores *«endógenos»*[749]. Frente al caótico ejemplo ofrecido por la Criminología europea (disputas de escuelas, pluralismo metodológico casi errático, concepciones irreconciliables sobre el propio paradigma científico, etc.), el norteamericano supo conservar la sólida base y rigor que aporta el método empírico e interdisciplinario, abrazadera y cauce seguro por el que discurrió la investigación criminológica con independencia de las múltiples orientaciones y planteamientos que se constatan en la misma. Por ello, este sociologismo mereció el crédito y respeto de todos, sin provocar recelos y anticuerpos entre los penalistas, ni el inevitable alineamiento ideológico de éstos frente a lo empírico, y pudo consolidarse la Criminología en el marco de las ciencias sociales. De hecho, las disputas endémicas entre psicólogos o psiquiatras y juristas norteamericanos carecen de la virulencia que tienen en Europa; y la actual *«controversia»* o *«confrontación»* de sociólogos y penalistas parece más un fenómeno coyuntural, producto de la polarización política reflejada en el lema *Law and Orden*[750].

d) *Respecto a la Criminología en el nuevo continente*, de lengua hispana, no cabe hablar de un modelo único y definido, sino de una evolución que responde a claves propias.

Aquí —dice ZAFFARONI refiriéndose a Latinoamérica[751]— «*La Criminología es un campo plagado de dudas, poblado de preguntas que se reproducen con increíble ferocidad y se hallan pocas respuestas. Las preguntas se multiplican quizá con mayor rapidez que en el centro, porque no se generan en el seno de grupos de trabajadores del pensamiento,*

---

[747] Según expresión muy gráfica de RADZINOWICZ, L., En busca de la Criminología, cit., página 117.

[748] Sobre las coordenadas de la Criminología norteamericana, vid. RADZINOWICZ, L., En busca de la Criminología, cit., págs. 111 y ss. (especialmente, 121, 127 y 143).

[749] RADZINOWICZ, L., En busca de la Criminología, cit., pág. 123.

[750] Vid. KAISER, G., Kriminologie, cit., págs. 61 y 65.

[751] ZAFFARONI, E.R., En busca de las penas perdidas. Deslegitimación y dogmática penal. Buenos Aires, 1989 (Ediar), págs. 47 y 48.

pagados para pensar, sino que emergen de las tragedias, y su velocidad de reproducción se halla en relación inversa al adormecimiento del asombro que puede producir lo cotidiano ... (lo que) hace que la Criminología en América Latina ejerza la desafiante fascinación de su intensa vitalidad ...»

Sus pioneros beben en las fuentes del *positivismo criminológico* italiano, con vínculos ideológicos muy definidos[752]. Gira, después, hacia planteamientos 'etiológicos', siempre en el marco del positivismo criminológico *biologicista*, para cumplir una función auxiliar y legitimadora del Derecho Penal[753], recibiendo un impulso teórico poderoso en la década de los ochenta gracias a la Criminología crítica y radical de la 'reacción social'[754].

Por ello, advierte ZAFFARONI que la Criminología 'etiológica' latinoamericana fue, primero, racista (discurso a la medida de las minorías proconsulares de las repúblicas oligárquicas que entran en crisis a partir de la revolución mexicana) y luego, sin abandonar el marco positivista, se convirtió en el complemento ideal de un Derecho Penal neokantiano, legitimando con su toque de cientificismo, la actuación selectiva y discriminatoria de éste. *«La Criminología se ocupaba de la etiología de las acciones de las personas seleccionadas por el poder del sistema penal»*[755].

Desde la década de los ochenta, por tanto, el análisis crítico y radical goza de gran predicamento.

---

[752] Según ZAFFARONI, E.R., (En busca de las penas ..., cit., págs. 47 y 48), los pioneros profesarían ideas racistas y genocidas, manifestándose a favor de la esclavitud, de la inferioridad biológica de la población indígena, de la inimputabilidad de ésta, etc.

[753] A esta orientación, pretendidamente 'científica', pero muy acusada, atribuye ZAFFARONI el éxito de la obra de EXNER (positivismo criminológico de orientación biologicista) en Latinoamerica. Dichas ideas *«peligrosistas»*, según ZAFFARONI, incorporarían después, a través del Derecho Penal cubano, la tradición criminológica soviética (En busca de las penas, cit., págs. 48 y ss.).

[754] ZAFFARONI, E.R., (En busca de las penas, cit., pág. 79). Para el autor, la Criminología de la 'reacción social' puso fín al sueño reformista y tecnicojurídico del discurso penal, que culminó en la década de los sesenta con el llamado Código Penal tipo latinoamericano.

[755] ZAFFARONI, E.R., En busca de las penas, cit., pág. 48.

PARTE SEGUNDA

HISTORIA DEL PENSAMIENTO CRIMINOLÓGICO. LA CONSOLIDACIÓN DE LA CRIMINOLOGÍA COMO CIENCIA: LA LUCHA DE ESCUELAS

I. INTRODUCCIÓN: EL ORIGEN DE LA CRIMINOLOGÍA «CIENTÍFICA»

El crimen es un hecho tan antiguo como el hombre que, desde siempre, fascina y preocupa a la humanidad. Por eso, siempre ha existido una experiencia cultural y una imagen o representación de cada civilización en torno al crimen y al delincuente. En un sentido amplio, por lo tanto, lo que hoy denominamos «Criminología» no es ningún descubrimiento reciente. Sería vano circunscribir su origen a fechas concretas, para expedir su certificado de nacimiento, cuando el fenómeno humano y social que sirve de objeto a la misma carece de fronteras[756]. Pero, en un sentido estricto, la Criminología es una disciplina «científica», de base empírica, que surge al generalizar este método de investigación (empírico-inductivo) la denominada Escuela Positiva italiana (*Scuola Positiva*), es decir, el positivismo criminológico, cuyos representantes más conocidos fueron LOMBROSO, GARÓFALO Y FERRI. El último tercio del siglo XIX sella los orígenes de esta nueva «ciencia». Por ello, cabe hablar de dos «etapas» o momentos en la evolución de las «ideas» sobre el crimen: la etapa *precientífica* y la *«científica»*, cuya línea divisoria viene dada por la *Scuola Positiva*; esto es, por el tránsito de la especulación, de la deducción, del pensamiento abstracto-deductivo a la observación, a la inducción, al método «positivo».

En esta larga evolución de las ideas y teorías sobre el crimen y el delincuente puede constatarse un cierto desplazamiento de los centros de interés y del propio método empleado, desde la Biología a la Psicología y la Psiquiatría, y desde éstas hacia la Sociología, predominando hoy día esta última[757].

> No obstante, el problema se plantea de forma muy distinta en Europa y los Estados Unidos. En Europa existe una dilatada y fecunda tradición «biológica», de la que no se ha liberado la Psicología ni el propio Psicoanálisis. En los Estados Unidos, por el contrario, el análisis sociológico mediatiza y orienta todas las investigaciones, hasta el punto de que la Criminología nació como mero apéndice o capítulo de la Sociología.

Cabe apreciar, del mismo modo, una progresiva maduración del pensamiento criminológico. En su inicio se formulan *teorías*, después genuinos *modelos*; éstos son, *primero* modelos simples, después devendrán cada vez más complejos e integrados.

---

[756] Como dice BERNALDO DE QUIRÓS: «Criminología la ha habido siempre, desde que ha habido crímenes ...; una Criminología, siquiera, incipiente, rudimentaria, elemental; tan elemental y tosca, tan pedestre y vulgar como los romances de ciego, que siempre tuvieron en el delito una de sus favoritas inspiraciones» (*Criminología*, 1957, Puebla. México, pág. 8).

[757] En este sentido, KAISER, G., *Criminología*, cit., págs. 154 y 159.

II. LA ETAPA «PRECIENTÍFICA» DE LA CRIMINOLOGÍA[758]

Como se ha indicado, antes de la publicación de la famosa obra lombrosiana que suele citarse como «partida de nacimiento» de la Criminología empírica moderna se habían formulado ya numerosas «teorías» sobre la criminalidad. Teorías dotadas de un cierto rigor y pretensiones de generalización, que trascienden las meras concepciones o representaciones populares, fruto del saber y la experiencia cotidianos. En esta «etapa precientífica» existen dos enfoques claramente diferenciados, por razón del método de sus patrocinadores: por una parte, el que puede denominarse *clásico* (producto de las ideas de la Ilustración, de los reformadores, y del Derecho Penal «clásico»: modelo que acude a un método abstracto y deductivo, formal); de otra, el que cabe calificar de *«empírico»*, por ser de esta clase las investigaciones sobre el crimen llevadas a cabo, de forma fragmentaria, por especialistas de las más diversas procedencias (fisionomistas, frenólogos, antropólogos, psiquiatras, etc.), teniendo todos ellos en común el sustituir la especulación, la intuición y la deducción por el análisis, la observación y la inducción (método empírico inductivo). Ambas concepciones coinciden, como es lógico, en el tiempo e incluso se prolongan hasta nuestros días.

A. La evolución de la Criminología «precientífica».

1) La utopía de T. MORO (1478-1535), autor de la Utopía[759], canciller de Enrique VIII, jurista, sociógrafo y humanista inglés, es el más preclaro representante del pensamiento utópico. Probablemente, también, el primero en resaltar la conexión del crimen con los factores socioeconómicos, con la estructura de la sociedad[760]. De este precursor[761] interesa su teoría de la criminalidad y las sugerencias político-criminales que formula al analizar y describir la situación real de la Inglaterra de su tiempo sin otro norte que la sociedad utópica o ideal por él imaginada. Para T. MORO el crimen responde a una pluralidad de factores (guerras, déficit cultural y educativo, el ambiente social, la ociosidad, etc.). Pero entre todos ellos destacan los socioeconómicos: desigual distribución de la riqueza, es-

---

[758] Sobre los antecedentes más remotos del pensamiento criminológico, vid. RODRÍGUEZ MANZANERA, L., *Criminología*, cit., págs. 143 y ss.; HERING, K.H., *Der Weg der Kriminologie zur selbständigen Wissenschaft*, Band 23, 1966, Kriminalistik Verlag Hamburg, págs. 13 y ss.; BONGER, W., *Introducción a la Criminología*, 1943, México (Fondo de Cultura Económica), págs. 72 y ss.

[759] La famosa obra de MORO llevaba por título «Utopía», y se publicó en 1516. Se cita edición del Fondo de Cultura Económica, México, 1973. Vid., sobre el autor, vid., BLASCO Y FERNÁNDEZ MOREDA, F., Tomás Moro Criminalista. Buenos Aires, Edit. La Ley.

[760] En este sentido, BONGER, W., Introducción a la Criminología, cit., pág. 75.

[761] Según BONGER, W. MORO puede calificarse de «pre-criminólogo» (Introducción a la Criminología, cit., pág 75).

pecialmente en el ámbito agrícola[762], pobreza, etc. «El encarecimiento de la vida —argumentaba MORO[763]— es origen y motivo de que todos despidan el mayor número posible de sus criados. Y éstos ¿qué harán entonces?, mendigar o echarse a robar...» Por ello —añade— «mejor valdría asegurar a cada uno su subsistencia de modo que nadie estuviera obligado por necesidad, primero a robar y luego a ser ahorcado[764]».

MORO criticó abiertamente la severidad del sistema penal de su época, la dureza y desproporción de los castigos[765], la absurda inflación legislativa, tan poco beneficiosa[766]; así como el impacto criminógeno de unas sanciones que no respondían a la gravedad de los hechos que castigaban[767].

Esbozó igualmente las bases de una genuina política criminal, basada en la acción preventiva eficaz del Estado «al margen de la represión penal» que neutralizase las verdaderas causas del delito (miseria, desigualdad, etc.), y en la creación de lo que el propio autor denominó un «Derecho Premial», que recompensare, también, al ciudadano virtuoso[768]. Porque los ciudadanos de la Utopía «no sólo se apartan de las maldades por temor al castigo, sino que incitan a la virtud con promesas de honores». La filosofía del castigo de MORO tiene un profundo componente correccionalista. Por ello, aun siendo partidario de la proporcionalidad de las penas —la pena desproporcionada, según MORO, es un factor criminógeno—, admite, también, la sentencia indeterminada, tesis que, por otros motivos, asumirá, después, el positivismo criminológico.

También merece ser destacada una propuesta de MORO: que los poderes públicos arbitren las medidas necesarias para que el delincuente satisfaga con su trabajo a la víctima, compensando, así, el daño causado[769].

2) La Ilustración. Un segundo impulso al examen del problema criminal tiene su origen en la actitud crítica frente al «antiguo régimen» de insignes «precurso-

---

[762] MORO concedió gran importancia al hecho de que los terratenientes ingleses, dado que la exportación de lana a Flandes se convirtió en un gran negocio, convirtieron extensas superficies de tierra cultivable en dehesas de carneros («En Inglaterra las ovejas se comen a los hombres»). De este modo, millares de labradores quedaron errantes, sin ningún medio de vida. Cfr., BONGER, W., Introducción a la Criminología, cit., pág. 76.

[763] Utopía, cit., pág. 52.

[764] Utopía, cit., págs. 110 y ss. Vid. RODRÍGUEZ MANZANERA, L., Criminología, cit., pág. 189.

[765] En un país de unos tres o cuatro millones de habitantes, al parecer, según MORO, fueron ejecutados cerca de 72.000 ladrones en veinticinco años. Cfr. BONGER, W., Introducción a la Criminología, cit., pág. 76.

[766] Utopía, cit., pág. 113.

[767] La diaria ejecución de penas capitales en la plaza pública, según MORO, era un espectáculo deprimente con el que, además, la pena perdía toda su eficacia. E incluso produciría el efecto contrario al deseado, si el castigo no es proporcionado a la gravedad del delito. Cfr. RODRÍGUEZ MANZANERA, L., Criminología, cit., pág. 190.

[768] Cfr. RODRÍGUEZ MANZANERA, L., Criminología, cit., pág. 189.

[769] Vid. BONGER, W., Introducción a la Criminología, cit., pág. 77.

res» de la Filosofía de las Luces (BECCARIA, LARDIZÁBAL, etc.), ilustrados y enciclopedistas (ROUSSEAU, MONTESQUIEU, VOLTAIRE, etc.), quienes sometieron a la luz de la razón, del Derecho Natural, o —simplemente— de la utilidad social, los presupuestos y el funcionamiento del viejo sistema, del «viejo régimen».

Las tres corrientes fundamentales de la Ilustración[770]: la racionalista de MONTESQUIEU, la iusnaturalista de PUFFENDORF y la utilitarista de BENTHAM, encarnan una *reacción* contra el Derecho y la Jurisprudencia del *Ancien Régime* vigentes hasta finales del siglo XVIII; contra un sistema cuyas leyes respondían a la sola idea de la prevención general o intimidación, y tomaba al delincuente como mero «ejemplo» para los demás. Leyes vagas y atroces, que se plasmaban en la realidad a través de un proceso penal arbitrario, secreto, inquisitorial, basado en la confesión y en el tormento[771]. Es lógico, por ello, que la historia reservara a ilustrados y reformistas una misión esencial y valiosa, pero muy limitada: la crítica del «antiguo régimen» y el establecimiento de las bases filosóficas y políticas del venidero.

Legalismo, humanismo e individualismo serán los pilares de la escuela clásica, heredados de la Filosofía de las Luces[772]. El positivismo criminológico emprenderá otro camino distinto, como advirtió FERRI[773].

Desde un punto de vista metodológico, ilustrados y reformistas coinciden en sus planteamientos contraponiendo ley «natural» y ley «positiva», estado «natural» y «contrato social».

> Como advierte RADZINOWICZ[774]: «Todos estaban afectados por el auge del análisis científico. Todos se volvían hacia la razón y el sentido común como armas contra el orden antiguo. Todos se erguían en contra de la aceptación incuestionada de tradición y autoridad. Todos encontraban fáciles objetivos en la ineficacia, corrupción y caos de las instituciones existentes. Todos protestaron contra la notoria superstición y crueldad. Su visión de los derechos del hombre y los deberes de la sociedad estaba en conflicto directo con lo que veían a su alrededor. Su punto de partida era la apelación a la ley natural, los derechos naturales y la igualdad natural, interpretados por la voz de la razón.»

3) Precursores de la Criminología clásica: la obra de Beccaria. Particularmente significativa en el nuevo planteamiento de «la cuestión criminal» es la obra de un

---

770 Vid. SÁINZ CANTERO, J. A., Lecciones de Derecho Penal, P.G., I, Barcelona, Bosch, 1979, págs. 95 y ss.

771 Cfr., BONGER, W., Introducción a la Criminología, cit., pág. 78. ANTÓN ONECA, J., Derecho Penal, P. G. (Akal), cit., págs. 57 y ss.

772 Vid. ANTÓN ONECA, J., Derecho Penal, P.G., cit., págs.. 60 y ss.

773 Cfr., MANNHEIM, H., en: Pioneers, cit., Introducción, pág. 15.

774 Así, RADZINOWICZ, L., Ideology-Crime, London, 1966. Heinemann Educational Books, página 4.

«precursor», BECCARIA[775], («De los delitos y de las penas», 1764); obra de gran difusión en la época, de la que se ha dicho representa *el manifiesto de la dirección liberal en el Derecho Penal, su grito de guerra y su programa táctico*[776]. Critica BECCARIA la irracionalidad, la arbitrariedad y la crueldad de las leyes penales y procesales del siglo XVIII, residuo anacrónico muchas de ellas de preceptos históricos obsoletos.

> «Algunos restos de leyes de un antiguo pueblo conquistador —dice BECCARIA— hechos compilar por un príncipe que reinaba en Constantinopla hace doce siglos, mezclados después con ritos lombardos y contenidos en farragosos volúmenes de intérpretes privados y oscuros, forman la tradición de opiniones que en una gran parte de Europa recibe todavía el nombre de leyes...»[777].

Y, partiendo de la idea del *contrato social*[778], fundamenta el principio de legalidad de los delitos y penas, la conveniencia de una política de prevención del crimen, y su teoría utilitarista del castigo.

BECCARIA, que se declaraba discípulo de MONTESQUIEU[779], basa su alegato contra el sistema penal de la Monarquía Absoluta en la teoría del *contrato social*. Este sella el origen de la sociedad civil, de la autoridad y del propio derecho a castigar.

> «Las leyes son las condiciones con que los hombres aislados e independientes se unieron en sociedad, cansados de vivir en un continuo estado de guerra y de gozar una libertad que les era inútil en la incertidumbre de conservarla. Sacrificaron, por eso, una parte de ella para gozar la restante en segura tranquilidad», dice BECCARIA[780]. «Fue, pues —continúa[781]— la necesidad la que obligó a los hombres a ceder parte de su libertad: y es cierto que cada uno no quiere poner en el depósito público sino la porción más pequeña que sea posible...» Por lo tanto, concluye: «Toda pena que no se deriva de la absoluta necesidad, es tiránica..., todo acto de autoridad de hombre a hombre, que no se derive de la absoluta necesidad, es tiránico[782]».

---

[775] Sobre BECCARIA, C., vid., por todos, MONACHESI, E., en: Pioneers in Criminology, cit., páginas 36 a 49 (especialmente, bibliografía citada en págs. 49 y 50); una valoración de la obra del autor desde el prisma anglosajón, en: VOLD, G. B., Theoretical Criminology, cit., págs. 21 y ss. (y reseña bibliográfica de las páginas 33 y 34); SÁINZ CANTERO, J. A., Lecciones, cit., pág. 100, nota 8. Recientemente, FLÁVIO GOMES, L.

[776] Así, RADZINOWICZ, L., Ideology-Crime, cit., pág. 9.

[777] De los delitos y de las penas, Madrid, Alianza, 1969, pág. 21.

[778] «Sobre las teorías del "contrato social" y evolución de éste, vid.: KYRMS, B., Evolution of Social Contract, 1996. Cambridge».

[779] Le cita expresamente, y en términos muy laudatorios («el gran Montesquieu...») en el capítulo II. Cfr. CEREZO MIR, J., Derecho Penal Español (Curso de), cit., pág. 89.

[780] Sobre BECCARIA, C., De los delitos y las penas, Alianza Editorial, Madrid, 1968, capítulo 1, pág. 27.

[781] De los delitos y las penas, capítulo 2, pág. 29.

[782] De los delitos y las penas, capítulo 3, pág. 28.

El principio de legalidad, el de división de poderes, las necesarias limitaciones del arbitrio judicial y la proporcionalidad de las penas no son sino consecuencias de este punto de partida[783]. BECCARIA profesa una concepción utilitarista de la pena. Dado que, por el contrato social, los ciudadanos renunciaron a parte de su libertad en aras de la felicidad (utilidad), la pena inútil atenta contra la justicia y, sobre todo, contra las bases mismas del contrato social. Una pena inútil, afirma BECCARIA, olvida que la autoridad ha de mandar a hombres felices, no a una tropa de esclavos; y que el castigo no puede fundamentar la convivencia en una «temerosa crueldad[784]». Como otros penalistas de la Ilustración[785], entiende BECCARIA que la pena se justifica porque es necesaria para prevenir futuros delitos.

> «El fin de las penas —dice[786]— no es atormentar y afligir a un ente sensible, ni deshacer un delito ya cometido… El fin, pues, no es otro que impedir al reo causar nuevos daños a sus ciudadanos y retraer a los demás de la comisión de otros iguales. Luego deberán ser escogidas aquellas penas y aquel método de imponerlas que, guardada la proporción, hagan una impresión más eficaz y más durable sobre los ánimos de los hombres, y la menos dolorosa sobre el cuerpo del reo.»

Propugna, por tanto, el autor una concepción prevencionista de la pena, en la que se acentúan las exigencias de la prevención general: de suerte que cuando C. BONESSANA clama por la proporcionalidad del castigo, no es tanto por razones retributivas o expiacionistas, sino estrictamente prevencionistas. Porque, como razona[787], la pena cierta, pronta y proporcionada al delito es más eficaz que la pena dura, cruel[788].

> «Para que toda pena no sea violencia de uno o de muchos contra un particular ciudadano, debe esencialmente ser pública, pronta, necesaria, la más pequeña de las posibles en las circunstancias actuales, proporcionada a los delitos, dictada por las leyes», concluye[789].

El *prevencionismo ilustrado,* y sus lógicas implicaciones político-criminales, encuentran una exaltada y brillante defensa en los últimos capítulos de la obra comentada. «Es mejor evitar los delitos que castigarlos», advierte BECCARIA[790].

En un conocido pasaje, denuncia el autor tres vicios perniciosos del *Ancien Règime:* las leyes no responden a intereses generales, son genuinos «privilegios» de

---

[783] Vid. op. cit., capítulos 3, 4, 5 y 6.

[784] De los delitos y las penas, capítulo 3, pág. 31.

[785] Vid., ANTÓN ONECA, J., Los fines de la pena según los penalistas de la Ilustración (en: separata de la Revista de Estudios Penitenciarios, núm. 166, 1964, Madrid, 1965, págs. 6 y ss.). Cfr., CEREZO MIR, J., Curso de Derecho Penal Español, cit., pág. 90.

[786] De los delitos y las penas, capítulo 12, págs. 45 y 46.

[787] De los delitos y las penas, capítulo 6 (págs. 35 y ss.) y 19 (págs. 60 y ss.).

[788] Vid., CEREZO MIR, J., Curso de Derecho Penal Español, cit., pág. 90.

[789] De los delitos y las penas, capítulo 47 (conclusión), pág. 112.

[790] De los delitos y las penas, capítulo 41, cit., pág. 105.

unos pocos[791]; los poderes públicos piensan, erróneamente, que el modo de evitar la comisión de delitos es castigar todo, incluso conductas indiferentes, lo que, en realidad, genera nuevos crímenes[792]; desde un punto de vista técnicolegislativo por último, las prescripciones legales adolecen de falta de claridad y precisión, concediendo unas desmedidas facultades interpretativas al juez.

En su lugar, propone BECCARIA una política criminal basada en cinco pilares: leyes claras y simples, predominio de la libertad y la razón sobre el oscurantismo, ejemplar funcionamiento de la justicia libre de corrupciones, recompensas al ciudadano honesto, elevación de los niveles culturales y educativos del pueblo[793].

> «¿Queréis evitar los delitos? Haced que las leyes sean claras y simples, y que toda la fuerza de la nación esté empleada en defenderlas… Haced que las leyes favorezcan menos las clases de los hombres que los hombres mismos. Haced que los hombres las teman, y no teman más que a ellas. El temor de las leyes es saludable, pero el de hombre a hombre es fatal —y fecundo de delitos… ¿Queréis evitar delitos? Haced que acompañen las luces a la libertad. Los males que nacen de los conocimientos están en razón inversa de su extensión, y los bienes lo están en la directa…, porque no hay hombre iluminado que no ame los pactos públicos, claros y útiles a la seguridad común, comparando el poco de libertad inútil sacrificado por él a la suma de todas las libertades sacrificadas por los otros hombres que sin leyes podrían conspirar en contra suya… Otro medio de evitar delitos es interesar al consejo, ejecutor de las leyes, más a su observancia que a su corrupción… Otro medio de evitar los delitos es recompensar la virtud… Finalmente, el más seguro, pero más difícil medio de evitar los delitos es perfeccionar la educación…[794]».

La obra de BECCARIA contiene, también, una severa crítica a la desigualdad del ciudadano ante la Ley[795], a la pena de muerte[796] y la confiscación[797], al empleo del tormento[798], etc., pudiéndose encontrar en la misma valiosas reflexiones sobre

---

[791] De los delitos y las penas, capítulo 41, pág. 105.
[792] De los delitos y las penas, capítulo 41, pág. 105.
[793] De los delitos y las penas, capítulos 41 a 46, inclusive.
[794] De los delitos y las penas, capítulos 41 a 45, págs. 105 a 110.
[795] De los delitos y las penas, capítulo 21, págs. 63 y ss.
[796] De los delitos y las penas, capítulo 28, págs. 74 y ss. BECCARIA admite la pena de muerte, excepcionalmente, en dos supuestos. No obstante, su pensamiento no es tan claro y diáfano en este particular como en el resto de su obra. Cfr., SÁINZ CANTERO, J. A., Lecciones de Derecho Penal cit., I, pág. 105.
[797] De los delitos y las penas, capítulo 25, págs. 68 y ss.
[798] De los delitos y las penas, capítulo 16, págs. 52 y ss. Califica esta práctica de «criterio digno de caníbales» (pág. 52) estimándola «el medio más seguro para absolver a los criminales robustos y condenar a los inocentes débiles» (pág. 52).

temas relacionados con el proceso penal: la detención preventiva[799], sistema de pruebas[800], el jurado[801], la publicidad de los juicios[802], etc.

4) Enciclopedistas y reformadores. Pero el planteamiento crítico, racionalista y utilitario de la cuestión criminal encuentra su más típico exponente en la filosofía ilustrada francesa del siglo XVIII, sin que con ello se desconozca la relevante aportación de autores como FEUERBACH, en Alemania, o LARDIZÁBAL, en España.

> Todos estos autores —como después los representantes de la denominada Escuela Clásica— encarnan el tránsito del estadio mágico al metafísico o abstracto, según la conocida formulación de COMTE en torno a las fases de la evolución del conocimiento humano. Simbolizan, pues, una actitud «precientífica», no empírica, pero que supone un progreso en comparación con etapas precedentes de la experiencia del hombre[803]. En tal sentido son también «precursores» de la ciencia Criminológica[804].

a') MONTESQUIEU (1689-1755), en su obra «Esprit des Lois» (1748), clama por la división de poderes, y por la abolición de las penas desmedidas, de la tortura, etcétera.

Para el barón de MONTESQUIEU, la prevención del delito debe ocupar el primer lugar en toda política criminal: un buen legislador —afirma CHARLES DE SECONDAT— ha de esforzarse más en prevenir el delito que en castigarlo. Y las leyes penales tienen que orientarse a un doble objetivo: evitar el crimen y proteger al individuo[805]. MONTESQUIEU, por otra parte, atribuye la criminalidad al impacto antipedagógico de la impunidad: «Que se examine la causa de todas las corrupciones de costumbres; se verá que éstas obedecen a la impunidad de los crímenes, y no a la moderación de las penas[806]».

---

[799] De los delitos y las penas, capítulo 29, págs. 81 y ss. BECCARIA es muy crítico respecto al uso sistemático y arbitrario de la prisión provisional: «Porque parece que en el presente sistema criminal… prevalece la idea de la fuerza y de la prepotencia a la de la justicia; porque se arrojan confundidos en una misma caverna los acusados y los convictos, porque la prisión es más bien un castigo que una custodia del reo…» (pág. 82).

[800] De los delitos y las penas, capítulos 30 y 31 (págs. 84 y ss.).

[801] Sobre la postura de BECCARIA en torno al «jurado», vid. SÁINZ CANTERO, J. A., Lecciones de Derecho Penal, cit., I, pág. 104. (Vid. De los delitos y las penas, capítulo 14, págs. 48 y ss.)

[802] De los delitos y las penas, capítulo 14, pág: 50.

[803] Sobre la distinción de COMTE, cfr., MANNHEIM, H., en: Pioneers in Criminology, cit. (Introducción), pág. 10.

[804] Así, RODRÍGUEZ MANZANERA, L., Criminología, cit., pág. 198.

[805] Esprit des Lois, libro VI, capítulo XI.

[806] Cfr., RODRÍGUEZ MANZANERA, L., Criminología, cit., pág. 198.

b') VOLTAIRE (1694-1778), como BECCARIA, se manifestó partidario a ultranza del principio de legalidad y, por tanto, de la restricción del arbitrio judicial: los jueces «han de ser esclavos de la ley, no sus árbitros[807]», debiendo motivar sus fallos. «Pedimos —decía FRANÇOIS-MARIE AROUET— que la Justicia no sea muda, como es ciega, que dé cuenta a los hombres de la sangre de los hombres[808]».

Para VOLTAIRE, la *pena* ha de ser, ante todo, proporcionada y útil. Proporcionada a la personalidad criminal del autor, a la naturaleza del hecho, al escándalo producido por éste, así como a la necesidad de ejemplaridad que experimente la comunidad. Pero, fundamentalmente, debe ser útil.

«Castigad, pero castigad útilmente. Si se pinta a la Justicia con una venda sobre los ojos —concluye VOLTAIRE— es necesario que la razón sea su guía[809]».

VOLTAIRE se pronunció, también, contra la pena de muerte por estimarla inútil (con alguna salvedad), y contra la pena de confiscación «que arruina a los hijos por los crímenes de los padres[810]».

En el ámbito procesal, criticó la tortura con la misma argumentación de BECCARIA, abominando del carácter secreto del procedimiento[811].

c') ROUSSEAU (1712-1778), en su obra «El contrato social» (1762), formula la tesis de que el hombre es «naturalmente» bueno, y la sociedad quien le pervierte; tesis muy controvertida[812].

El crimen surge, a su juicio, con el contrato social, esto es, a raíz del convenio a que llegan los hombres para pasar del «estado natural» a la convivencia organizada en forma de Estado.

Para ROUSSEAU, el delincuente vulnera dicho compromiso histórico, automarginándose de la sociedad civil, que debe contemplarle como un rebelde.

«Todo malhechor —afirma ROUSSEAU[813]— al atacar al derecho social resulta por sus fechorías rebelde y traidor a la patria, deja de ser miembro de la misma al violar sus leyes y hasta le hace la guerra. Entonces, la conservación del Estado es incompatible con la suya y es preciso que uno de los dos perezca y cuando se ejecuta al culpable es más como enemigo

---

[807] Cfr., RODRÍGUEZ MANZANERA, L., Criminología, cit., pág. 198.
[808] Vid. CONSTANT, J., Voltaire et la réforme des lois pénales, en: Révue de Droit Pénal et de Criminologie, Bruselas, 1958, pág. 543.
[809] Sobre la concepción utilitarista de la pena de VOLTAIRE, vid., SÁINZ CANTERO, J. A., Lecciones de Derecho Penal, cit., I, pág. 98, nota 4.
[810] Cfr. SÁINZ CANTERO, J. A., Lecciones de Derecho Penal, cit., I, pág. 98.
[811] Cfr., RODRÍGUEZ MANZANERA, L., Criminología, cit., págs. 198-199.
[812] En sentido contrario se pronunció, por ejemplo el propio HOBBES, TH. *(homo homini lupus)*, en su obra El Leviatán. Sobre las tesis psicoanalíticas, al respecto, vid. infra, capítulo XIV.
[813] El contrato social, México, 1969, UNAM, pág. 46.

que como ciudadano. Por lo demás, la frecuencia de los suplicios es siempre un signo de debilidad o de pereza en el gobierno. No hay hombre malo del que no se pudiera hacer un hombre bueno para algo. No hay derecho a hacer morir, ni siquiera por ejemplaridad, más que aquél que no se puede conservar sin peligro.»

En un Estado bien organizado existen pocos delincuentes, según el autor. El crimen demuestra la mala estructuración del pacto social, la desorganización del Estado[814].

5) El utilitarismo moderado de Manuel de Lardizábal (1739-1820), denominado por SALDAÑA «el Beccaria español[815]», es el más eximio exponente del pensamiento ilustrado en España, esto es, del «cristianismo ilustrado[816]», ya que trató de conciliar el racionalismo utilitarista propio de la Filosofía de las Luces con el componente ético y correccional que caracteriza la tradición española desde SÉNECA[817].

Su obra, dirigida a los expertos —no al gran público, como la de BECCARIA— constituye un anticipo ya de la codificación, y se contiene de forma extractada en su famoso «Discurso sobre las penas, contraído a las leyes criminales de España para facilitar su reforma» (1782)[818]. Gira, fundamentalmente, en torno al castigo, y asume, con algunos matices diferenciales y reservas, las principales tesis de la Ilustración.

Censura LARDIZÁBAL las leyes aún vigentes en España, leyes —dice— que «más parece se escribieron con sangre y con la espada, que con tinta y con la pluma[819]», propugnando una urgente y radical reforma de las mismas de acuerdo con la equidad, la justicia y la razón.

Acepta LARDIZÁBAL, pero sólo matizadamente, la concepción contractualista (la teoría del contrato social) ilustrada conciliándola con la tesis del origen divino del poder. El ius *puniendi,* por tanto, no deriva sólo del «contrato social»,

---

[814]   Vid. RODRÍGUEZ MANZANERA, L., Criminología, cit., pág. 200.

[815]   Sobre la aportación de LARDIZÁBAL, vid. SÁINZ CANTERO, J. A., Lecciones de Derecho, cit., I., págs. 163 y ss. (nota bibliográfica 10). «RIVACOBA Y RIVACOBA, M., Lardizábal, un penalista ilustrado. Santa Fe, 1960; también JIMÉNEZ DE ASÚA, L., Tratado, cit., I, pág. 661».

[816]   Cfr., CEREZO MIR, J., Curso de Derecho Penal Español, cit., pág. 94.

[817]   Y Así, ANTÓN ONECA, J., Los fines de la pena según los penalistas de la Ilustración, cit., pág. 422. Del mismo: El Derecho Penal de la Ilustración y D. Manuel de Lardizábal. Madrid, 1967. Cfr., SÁINZ CANTERO, J. A., Lecciones de Derecho Penal, cit., I, págs. 163 y 164.

[818]   Madrid, Ibarra, 1782 (2ª ed., 1828). Cfr. CEREZO MIR, J., Curso de Derecho Penal Español, cit., págs. 93 y 94, nota 46.

[819]   Cfr., SÁINZ CANTERO, J.A., Lecciones de Derecho Penal, cit., I, pág. 165.

como entendiese BECCARIA[820]. También se distancia del pensamiento ilustrado ortodoxo al rechazar el principio de la división de poderes, de MONTESQUIEU[821], principio que, por otra parte, resultaba incompatible con la estructura del Consejo de Castilla. No obstante, es acérrimo defensor del principio de legalidad de los delitos y las penas y contrario al arbitrio judicial[822], si bien LARDIZÁBAL admite la posibilidad de una interpretación extensiva de las leyes penales contraria a la filosofía ilustrada[823]. De ésta, también, se aparta al rechazar, por ejemplo, el principio de igualdad de los ciudadanos ante la Ley Penal[824] y cuando asigna al castigo, como se indicará, una función correccional.

Pero la mayor originalidad de LARDIZÁBAL —y su mejor contribución— reside en la teoría de la pena, por su utilitarismo relativo[825] o moderado, terreno en el que probablemente supera a BECCARIA[826].

Para LARDIZÁBAL, la pena sirve a un fin general: la seguridad de los ciudadanos y la salud de la República. Pero, además, debe responder a las exigencias particulares derivadas de otros fines secundarios que condicionan la efectividad del primero. De estos últimos, el principal es «la corrección del delincuente para hacerle mejor, si puede ser, y, para que no vuelva a perjudicar a la sociedad»; después, la ejemplaridad: «el escarmiento y ejemplo para que los que no han pecado se abstengan de hacerlo», y «la seguridad de las personas y de los bienes de los ciudadanos», junto con «el resarcimiento o reparación del perjuicio causado al orden social o a los particulares[827]».

---

[820] Discurso sobre las penas, cit., capítulo I, núms. 5 y ss., y capítulo V, II, págs. 55 y ss. y 110 y ss. (separata de la edición reparada por F. Bueno Arús, en la Revista de Estudios Penitenciarios, núm. 174. Madrid, 1967).

[821] Aunque MONTESQUIEU influyó considerablemente en el pensamiento de LARDIZÁBAL. Vid. ANTÓN ONECA, J., El Derecho Penal de la Ilustración y D. Manuel de Lardizábal, cit., pág. 26 y ss. Cfr. CEREZO MIR, J., Curso de Derecho Penal Español, cit., pág. 94.

[822] «Sólo las leyes pueden decretar las penas de los delitos y esta autoridad debe residir únicamente en el legislador. Toda la facultad de los jueces debe reducirse únicamente a examinar si el acusado ha contravenido o no la ley, para absolverle o condenarle de la pena señalada por ella» (Discurso sobre las penas, cit., capítulo II, núms. 32 y 33, pág. 72).

[823] Vid. Discurso sobre las penas, cit., núms. 43 a 46, págs. 75 y 76. Se discute entre los comentaristas si LARDIZÁBAL era o no partidario de la analogía. Cfr. CEREZO MIR, J., Curso de Derecho Penal Español, cit., pág. 95, nota 53.

[824] Discurso sobre las penas, cit., capítulo IV, II, núms. 56 y 57, pág. 100.

[825] Así lo califica CEREZO MIR, J., Curso de Derecho Penal Español, cit., pág. 95.

[826] Así, ANTÓN ONECA, J., El Derecho Penal de la Ilustración y D. Manuel de Lardizábal, cit. págs. 27 y 28. También CEREZO MIR, J., Curso de Derecho Penal Español, cit. pág. 96.

[827] Discurso sobre las penas, cit., capítulo III, núm. 1, págs. 77 y ss. Cfr., CEREZO MIR, J., Curso de Derecho Penal Español, cit., pág. 96, nota 58.
    Las referencias a la enmienda y cura del delincuente han permitido a algún autor considerar a LARDIZÁBAL «precursor del pensamiento correccionalista» (así, RIVACOBA Y RIVACOBA, M., Lardizábal, un penalista ilustrado, 1964, Santa Fe, pág. 83).

La pena, según LARDIZÁBAL, ha de ser impuesta por una autoridad superior y fijada en una ley (principio de legalidad); ser contraria a la voluntad de quien la padece (es un mal, no un bien); personal (nadie puede responder por el delito de otro); fundamentada en la culpabilidad del sujeto y proporcionada al delito cometido; ha de ser, también, pública (por razones de ejemplaridad), pronta (por razones de justicia y utilidad), irremisible en aras al propio efecto intimidatorio del castigo (importa tanto la irremisibilidad como la severidad del castigo mismo), necesaria (se justifica sólo por razones de «absoluta necesidad»), lo menos rigurosa posible atendidas las circunstancias y útil («pues sería ciertamente una crueldad y tiranía imponer penas a los hombres por sólo atormentarlos con el dolor, y sin que de ellas resultase alguna utilidad...»)[828].

En cuanto a la pena de muerte, afirma el autor que «imponerla sin discernimiento y con profusión» sería cruel y tiránico. Pero la admite por razones de prevención general para delitos especialmente graves. Sugiere LARDIZÁBAL, pues, «mucha circunspección y prudencia» al prescribirla, limitando la misma a casos de absoluta necesidad[829].

> Junto a LARDIZÁBAL debe citarse, también a MARCOS GUTIÉRREZ. Su obra, escrita entre 1804 y 1806 («Práctica Criminal de España»), rebosa del espíritu liberal y filantrópico de la época, habiendo influido considerablemente en el movimiento reformista y codificador del siglo XIX español. Coincide MARCOS GUTIÉRREZ con LARDIZÁBAL en las directrices de la teoría de la pena, pero es más acusada su perspectiva «prevencionista» (destacó, por ejemplo, la necesidad de mejorar la instrucción de los ciudadanos para controlar el crimen). A juicio de DORADO MONTERO, en la obra de MARCOS GUTIÉRREZ puede encontrarse ya un esbozo de los «sustitutivos penales» que esgrimiera posteriormente FERRI.

6) *El movimiento codificador y las primeras sistematizaciones del pensamiento clásico: Filangieri, Romagnosi Feuerbach.* Finalmente, y como *teóricos o sistematizadores de las primeras construcciones científicas*, cabe citar: en Italia, a FILANGIERI y a ROMAGNOSI; en Inglaterra, a BENTHAM (que por razones puramente expositivas será comentado en otro lugar, junto a los grandes pioneros de las ciencias penitenciarias, aunque su aportación rebase con mucho este marco), y en el área germánica, FEUERBACH.

FILANGIERI (1752-1788) y ROMAGNOSI (1761-1835) formularon las primeras construcciones científicas, plasmando las ideas reformistas de la época.

---

828 Discurso sobre las penas, cit., capítulo II, núms. 11 a 18, y 24 a 31 (págs. 61 y ss.).
829 Sobre el problema, vid. SÁINZ CANTERO, J. A., Lecciones de Derecho Penal, cit. I, página 169.

A FILANGIERI se debe el primer sistema moderno de Derecho Penal sobre la base del «contrato social», merced a su obra «Ciencia de la Legislación[830]», que excede la mera crítica de las leyes de su época a la luz de los postulados de la Ilustración[831].

Por su parte, ROMAGNOSI, elaborará un sistema en el que se aúnan las exigencias iusnaturalistas y las utilitarias[832].

Sin admitir la teoría del contrato social (ROMAGNOSI cree que las relaciones sociales se rigen por leyes «naturales» grabadas en la conciencia del hombre) llega el autor a conclusiones muy semejantes a las esgrimidas por los contractualistas. Su concepción de la pena, sin embargo, responde claramente al utilitarismo ilustrado. La pena —advierte[833]— no pretende atormentar al delincuente por un hecho ya pasado, sino «infundir temor a todo delincuente para que en el futuro no ofenda a la sociedad». De suerte que si hubiera certeza respecto a la no comisión de delitos futuros, la sociedad carecería de legitimidad para castigar[834].

P. A. FEUERBACH (1775-1833), considerado el padre de la ciencia penal alemana y uno de los promotores del movimiento codificador europeo[835] —fue coautor del Código Penal bávaro de 1813—, significa un auténtico hito en la historia de las ideas sobre el crimen, fundamentalmente por su teoría del castigo.

A juicio de FEUERBACH, la pena no es «retribución» ni factor resocializador del delincuente, sino, ante todo, un poderoso resorte disuasorio por su capacidad psicológica intimidatoria en el ánimo del ciudadano indeciso o del delincuente potencial[836].

De esta concepción de la pena como instrumento al servicio de la prevención general (denominada: teoría de la coacción psicológica) deriva FEUERBACH la propia fundamentación del principio de legalidad: para que las penas puedan «contramotivar» al delincuente —dirá—[837] han de estar previstas, como es lógico, en una ley anterior al comportamiento que tratan de prevenir.

---

[830] FILANGIERI, Ciencia de la Legislación, Madrid, 1822, tomo IV (traducción de J. Rubio). Sobre la aportación del autor, vid. SÁINZ CANTERO, J. A., Lecciones de Derecho Penal, cit. I, página 115, nota, 59.

[831] Cfr., SÁINZ CANTERO, J. A., Lecciones de Derecho Penal, cit., I, pág. 116.

[832] G. ROMAGNOSI, Génesis del Derecho Penal, 1956, Bogotá, traducción de C. González Cortina y J. Guerrero. Sobre el autor, vid. SÁINZ CANTERO, J. A., Lecciones de Derecho Penal, cit. I., pág. 118, nota 68.

[833] Génesis del Derecho Penal, cit., parágrafo 395.

[834] Génesis del Derecho Penal, cit., parágrafo 263.

[835] Así, F. v. LISZT, Tratado de Derecho Penal, I, Madrid, 1926. pág. 397.

[836] FEUERBACH, P. A., Lehrbuch des gemeinen in Deutschland gültigen peinlichen Rechts, Giesen, 1847 (14ª ed.), págs. 8 y ss.

[837] Lehrbuch des gemeinen in Deutschland gültigen peinlichen Rechts, cit., parágrafo 20.

B. La denominada *«Escuela Clásica» y su teoría «situacional» de la criminalidad*[838].

a. *La Criminología clásica.* La denominada *«Criminología Clásica»*[839] asumió el legado liberal, racionalista y humanista de la Ilustración[840], especialmente su orientación iusnaturalista.

Deduce todos sus postulados del «iusnaturalismo» que la caracteriza. Concibe el crimen como hecho individual, aislado, como mera infracción de la ley: es la contradicción con la norma jurídica[841] lo que da sentido al delito, sin que sea necesaria una referencia a la personalidad del autor (mero sujeto activo de ésta) ni a la realidad social o entorno de aquél, para comprenderlo. Lo decisivo es el hecho mismo, no el autor[842]. Y el mandato siempre justo de la ley, igual para todos y acertado que el delincuente infringe en una decisión soberana y libre. Falta en la Escuela Clásica un planteamiento inequívocamente «etiológico» (o preocupación por indagar las «causas» del comportamiento criminal), ya que su premisa iusnaturalista la conduce a referir el origen del acto delictivo a una decisión «libre» de su autor, incompatible con la existencia de otros factores o causas que pudieran determinar el comportamiento de éste. Es, pues, más una concepción «reactiva»

---

[838]   Los manuales de Criminología anglosajones suelen considerar representantes de la Escuela «Clásica» a Beccaria, Bentham y Feuerbach, distinguiendo, además, entre un «neoclasicismo» en sentido estricto (coetáneo del clasicismo, caracterizado por introducir ligeros retoques a los postulados básicos de aquél) y el «moderno clasicismo» o rebrote tardío de los esquemas clásicos en la década de los setenta del pasado siglo (Cfr. VOLD, G. B., Theoretical Criminology, cit., págs. 18 y ss., 26 y ss. y 32 y ss.; SIEGEL, L. J., Criminology, cit., págs. 92 y ss. y 96 y ss.; VETTER, H. l. y SILVERMAN, I. J., Criminology and Crime. An Introduction, cit., págs. 239 y ss. y 254 y ss.). Se acepta, en principio, dicha sistemática, excepto en el particular de la calificación como clásicos de los tres autores citados al comienzo de esta nota. Clásicos fueron Carrara, P. Rossi, G. Carmignani, Rosmini, Ortolan, Tissot, etc. Beccaria, en puridad, no es un clásico sino un precursor. Lo mismo que J. Bentham, más «ilustrado» que clásico. Feuerbach tampoco es un clásico, en sentido estricto. En otro sentido: SCHNEIDER, H. J. (Kriminologie, cit., págs. 92 y ss.) quien contempla la aportación de BECCARIA y HOWARD a propósito de «la Escuela Clásica en el siglo XVIII».

[839]   Sobre la Escuela Clásica, vid. VOLD, G.B., *Theoretical Criminology*, cit., págs. 18 y ss.; SIEGEL, L.J., *Criminology*, págs. 92 y ss.; VETTER, H.J. y SILVERMAN, I.J., Criminologoy and Crime, cit., págs. 239 y ss; y 254 y ss.; SCHNEIDER, H.J., *Kriminologie*, cit., págs. 92 y ss.; LAMNEK, S., *Teorías de la criminalidad*, 1980, México, Siglo XXI, págs. 18 y ss; GARCÍA-PABLOS DE MOLINA, A., *Tratado de Criminología*, cit., págs. 313 y ss.

[840]   En este sentido, LAMNEK, S., *Teorías de la criminalidad*, cit., pág. 18. Por el contrario, ANTÓN ONECA, J., subraya la influencia iusnaturalista como dominante (*Derecho Penal*, P.G., 1949, pág. 35).

[841]   Por ello, como dice VOLD, G.B., La *Criminología* «clásica» ofrece una «imagen administrativa y legal» (*Theoretical Criminology*, cit. pág. 26).

[842]   La persona del autor pasa a un segundo plano (LAMNEK, S., *Teoría de la criminalidad*, cit., págs. 18 y ss.); pero, en todo caso, se trata del delincuente en abstracto, no del hombre concreto y real.

que «etiológica» y, a lo sumo, sólo puede ofrecer una explicación «situacional» del delito[843]. El propio iusnaturalismo de la Escuela Clásica es irreconciliable con supuestas diferencias cualitativas entre los ciudadanos honestos y los delincuentes (tesis, por el contrario, que mantendrá el positivismo)[844]: sus premisas filosóficas la llevan empero a sustentar el dogma de la «equipotencialidad».

La imagen del hombre como ser racional, igual y libre; la teoría del pacto social, como fundamento de la sociedad civil y el poder; y la concepción utilitaria del castigo, no desprovista de apoyo ético, constituyen tres sólidos pilares del pensamiento clásico[845].

La Escuela Clásica simboliza el transito del pensamiento mágico, sobrenatural, al pensamiento abstracto, del mismo modo que el positivismo representará el paso ulterior hacia el mundo naturalístico y concreto[846].

Su punto débil no fue tanto la carencia de una genuina teoría de la criminalidad (etiología) como el intento de abordar el problema del crimen prescindiendo del examen de la persona del delincuente y del medio o entorno social de éste. Como si pudiera concebirse el delito a modo de abstracción jurídico-formal. Por otro lado, y fiel a los postulados del liberalismo individualista de su tiempo (legalista y humanitario), fue absolutamente incapaz de ofrecer a los poderes públicos las bases e información necesaria para un programa político-criminal de prevención y lucha contra el crimen, objetivo de especial importancia en un momento de crisis económica y social, y de inseguridad generalizada. Optó por la especulación, por los planteamientos filosóficos y metafísicos, por los dogmas (libertad e igualdad del hombre, bondad de las leyes, etc.), deduciendo de los mismos sus principales postulados[847].

La aportación de la Escuela Clásica pertenece más al ámbito de la Penología que al estrictamente criminológico[848]. Su teoría sobre la criminalidad no persigue tanto la identificación de los factores que determinan la misma (análisis etiológico) como la fundamentación, legit-

---

[843] En este sentido, MATZA, D., *Delinquency and Drift*, 1967, New York, pág. 11; LAMNEK, S., *Teorías de la criminalidad*, cit., págs. 18 y ss.; GARCÍA-PABLOS DE MOLINA, A., *Tratado de Criminología*, cit., págs. 316 y ss.

[844] Para la Escuela Clásica no existen diferencias «cualitativas» entre el hombre delincuente y el no delincuente. Cfr. LAMNEK, S., *Teorías de la criminalidad*, cit., pág. 18.

[845] Cfr. VOLD., G.B., *Theoretical Criminology*, cit., págs. 20 y ss.; MIR PUIG, S., *Introducción a las bases*, cit., págs. 175 y ss.

[846] En este sentido, VOLD, G. B., *Theoretical Criminology*, cit., pág. 31.

[847] La Escuela Clásica se enfrenta demasiado tarde con el problema criminal. Se limita a responder al delito con una pena justa, proporcionada y útil (enfoque reactivo), pero no se interesa por la génesis y etiología de aquél, ni por su prevención. Prima la preocupación por racionalizar la respuesta al delito. Todavía no es momento de indagar sobre las causas de éste.

[848] La Escuela Clásica parte de un concepto «jurídico» de delito y de delincuente. Confróntese VOLD, G. B., Theoretical Criminology, cit., págs. 8 y ss.; JEFFERY, CL. R., The Structure of American Criminological Thinking, en: Journal of Criminal Law, Criminology and Police Science, 46 (1956), págs. 663 y 664; ANTÓN ONECA, J., Derecho Penal, P.G., cit., págs. 35 y ss.; LAMNEK, S. Teorías de la criminalidad, cit., págs. 18 y 19.

imación y delimitación del castigo. No por qué se produce el delito, sino cuándo, cómo y por qué castigamos el crimen. Este enfoque reactivo tiene una fácil explicación histórica: La Escuela Clásica tuvo que enfrentarse, ante todo, al viejo régimen, al sistema penal caótico, cruel y arbitrario de las monarquías absolutas. No le podía corresponder a ella aún la misión ulterior de investigar las causas del crimen para combatirlo. Era menester, primero, racionalizar y humanizar el panorama legislativo y el funcionamiento de sus instituciones, buscando un nuevo marco, una nueva fundamentación al mismo. En consecuencia, la Escuela Clásica se enfrenta demasiado tarde con el problema criminal: se limita a responder al comportamiento delictivo con una pena justa, proporcionada y útil, pero no se interesa por la génesis y etiología de aquél ni trata de prevenirlo y anticiparse al mismo[849].

Desde un punto de vista *político-criminal,* los estrechos planteamientos de la Escuela Clásica, formalistas y acríticos, son especialmente tranquilizadores para la opinión pública y no menos funcionales para el poder constituido. Legitiman el uso sistemático del castigo como instrumento de control del crimen, justificando la praxis y sus eventuales excesos. Para las autoridades, la teoría pactista del contrato social consolida el *statu quo* y resulta sobremanera atractiva; porque recuerda el insustituible rol de las estructuras de poder, el carácter egoísta e irracional del crimen, la peligrosidad de los miembros de la *lower class* en torno a los cuales suelen concentrarse las tasas más elevadas de criminalidad, etc. Todo ello, además, sin cuestionar las bases del contrato social, la bondad o injusticia del mismo, los desequilibrios y desigualdades reales de las partes que suscribieron dicho convenio tácito y los costes diferenciales que entraña para los diversos grupos y subgrupos del cuerpo social[850].

C. *Las primeras orientaciones de base empírica y sus diversos ámbitos.* La segunda orientación criminológica opera en el marco de las *«ciencias naturales»,* y no en el de las «ciencias del espíritu»; si bien hay que reconocer que no se trata de un marco unitario, homogéneo y cerrado sino del empleo fragmentario y sectorial de *un nuevo método: el empírico inductivo,* basado en la observación de la persona del delincuente y del medio o entorno de éste. Interesa, ante todo, en cuanto precursor del positivismo criminológico, al que se anticipó en lustros. Las principales investigaciones se llevaron a cabo en los más diversos campos del saber.

a) En la incipiente *ciencia penitenciaria,* por ejemplo, sus pioneros HOWARD (1726-1790) y BENTHAM (1748-1832) analizaron, describieron y denunciaron la realidad penitenciaria europea del siglo XVIII, consiguiendo importantes re-

---

[849]   Según LAMNEK, S. (Teorías de la criminalidad, cit., pág. 19), existe un aparente paralelismo entre la Criminología Clásica y el moderno *labeling approach,* que se revela en el común rechazo de la investigación de las causas del delito, en la apreciación convencional de la desviación, en la delimitación definitorial de lo desviado y en el rechazo a una valoración negativa de la conducta desviada.

[850]   Así, VOLD, G. B., Theoretical Criminology, cit., págs. 29 y 30.

formas legales (HOWARD)[851] o formulando la tesis de la reforma del delincuente como fin prioritario de la Administración y la necesidad de acudir al empleo de estadísticas (BENTHAM)[852].

b) Desde el ámbito de la *Fisionomía*, DELLA PORTA (1535-1616)[853] y LAVA-TER (1741-1801) se preocuparon del estudio de la apariencia externa del individuo, resaltando la interrelación entre lo somático y lo psíquico. La observación y el análisis (visita a reclusos, práctica de necropsias, etc.) fue el método empleado por los fisiónomos. Particularmente conocido es el «retrato robot» que ofreció LAVATER del que denominó «hombre de maldad natural», basado en supuestas características somáticas de éste. Y, en la praxis, el conocido *Edicto de Valerio* («cuando tengas dudas entre dos presuntos culpables, condena al más feo») o la fórmula procesal que, al parecer, impuso en el siglo XVIII un juez napolitano, el marqués de MOSCARDI («oídos los testigos de cargo y de descargo, y vista tu cara y tu cabeza, te condeno ...»), que responden a tales concepciones fisionómicas, de escaso rigor teórico-científico, pero de gran arraigo en las convicciones populares y en la praxis criminológica[854].

Anticipándose a los planteamientos frenológicos, mantuvo LAVATER[855], que existe una correlación entre determinadas cualidades del individuo y los órganos o partes de su cuerpo donde se supone que tienen su sede y emplazamiento físico las correspondientes potencias

---

[851] Su obra: *Situación de las prisiones en Inglaterra y Gales* (1777) constituyó un genuino informe sobre la geografía del dolor, según BERNALDO DE QUIRÓS. HOWARD aportó un valioso material empírico sobre la realidad penitenciaria al legislador británico, obtenida mediante la visita de los presidios europeos y el estudio de las condiciones de vida de los reclusos. (Cfr., RODRÍGUEZ MANZANERA, L., *Criminología*, cit., pág. 193; SCHNEIDER, K., *Kriminologie*, cit., pág. 93).

[852] Como penitenciarista, destaca su 'Panóptico' (*Panopticon, or the Inspection House*), 1791, cuyo modelo fue seguido en algunos presidios norteamericanos (Cfr., VETTER, H.J., SILVERMAN, I.J., *Criminology and Crime*, cit., pág. 244). Como filósofo, es muy conocida su fundamentación «utilitarista» del castigo (en: *Introduction to the Principles of Morals and Legislation*, 1780) y la labor de denuncia que llevó a cabo de la arcaica y brutal legislación inglesa de su tiempo. Cfr. SIEGEL, L.J., *Criminology*, cit., pág. 95.

[853] La obra de DELLA PORTA, *De humana physiognomia*, 1586. Sorrent. El autor italiano, artista, elaboró una auténtica técnica de la observación, poniendo especial énfasis en el estudio de la expresión corporal: ojos, risa, llanto, etc. Algunos caracteres somáticos, a su juicio, tendrían relevancia criminógena (vg. anomalías en la cabeza, frente, orejas, nariz, etc.). Cfr., RODRÍGUEZ MANZANERA, L., *Criminología*, cit., pág. 179.

[854] Sobre el *Edicto Valerio* y la fórmula procesal atribuida al Marqués de MOSCARDI, vid., RODRÍGUEZ MANZANERA, L., *Criminología*, cit., págs. 180 y 181.

[855] LAVATER, J.C., teólogo suizo, es autor de «*Die physionomischen Fragmente zur Beförderung der Menschenkenntnis und Menschenliebe*»: 1775-1778, Leipzig-Winterthur. Para LAVATER, la naturaleza misma es pura fisionomía. Todo cuanto sucede en el alma del hombre, se manifiesta en su rostro: su belleza o fealdad de éste se corresponden con la bondad o la maldad de aquélla (op. cit., págs. 19 y ss.; 63 y ss.).

humanas. La vida intelectual podría observarse en la frente; la moral y sensitiva, en los ojos y la nariz; lo animal y vegetativo, en el mentón. Refiriéndose al hombre delincuente «de maldad natural», auténtico anticipo del delincuente nato de LOMBROSO, decía LAVATER: «tiene la nariz oblicua en relación con la cara, el rostro deforme, pequeño y color azafrán; no tiene puntiaguda la barba; tiene la palabra negligente; los hombros cansados y puntiagudos; los ojos grandes y feroces, brillantes, siempre iracundos, los párpados abiertos, alrededor de los ojos pequeñas manchas de color amarillo y, dentro, pequeños granos color de sangre brillante como el fuego, revueltos con otros blancos, círculos de un rojo sombrío rodean la pupila o bien, ojos brillantes y pérfidos y seguido una lágrima colocada a los ángulos interiores; las cejas rudas, los párpados derechos, la mirada feroz y a veces de través»[856].

c) La *Frenología*, precursora de la moderna Neurofisiología y de la Neuropsiquiatría, realizó también una importante aportación en esta etapa de tanteos empíricos, al tratar de localizar en el cerebro humano las diversas funciones psíquicas del hombre y explicar el comportamiento criminal como consecuencia de malformaciones cerebrales. Destaca la obra de GALL (1758-1828)[857], autor de un conocido mapa cerebral dividido en treinta y ocho regiones, SPURZHEIM[858], LAUVERGNE[859] y otros.

Para GALL, el crimen es causado por un desarrollo parcial y no compensado del cerebro, que ocasiona una hiperfunción de determinado sentimiento.

De hecho, el autor creyó haber podido localizar en diversos puntos del cerebro un instinto de acometividad, un instinto homicida, un sentido de patrimonio, un sentido moral, etc.[860].

Mención especial requiere la obra de CUBÍ Y SOLER, que tres décadas antes que LOMBROSO insinuó ya una de las tesis de éste.

---

[856]   Cfr., RODRÍGUEZ MANZANERA, L., *Criminología*, cit., pág. 180; GARCÍA-PABLOS DE MOLINA, A., *Tratado de Criminología*, cit., págs. 328 y ss.

[857]   GALL era médico, nacionalizado francés. Publicó en 1810 su obra: «*De craneología*» (o «craneoscopia»), en la que diseña una teoría completa sobre las posibles malformaciones cerebrales y craneales: tipos, subtipos, variantes, etc. Cfr., GARCÍA-PABLOS DE MOLINA, A., *Tratado de Criminología*, cit., pág. 332 (reproduciendo el mapa cerebral de GALL).

[858]   SPURZHEIM (1776-1832), discípulo de GALL, difundió en Inglaterra la obra de éste, manteniendo que muchas enfermedades mentales son afecciones cerebrales. Sobre el autor, vid. TEJOS CANALES, M., quien reproduce el mapa cerebral diseñado por SPURZHEIM (Las ideas penales y criminológicas de M. CUBÍ y SOLER, Madrid, 1984, Tesis doctoral, pág. 103).

[859]   LAUVERGNE (1797-1859), médico de prisiones francés mantuvo que la causa de la conducta criminal radicaba en un defectuoso desarrollo del cerebelo, siguiendo la tesis de VOISIN. Trazó, también, un auténtico retrato-robot del delincuente, precursor del delincuente nato lombrosiano. Su obra: *Les forçats considérés sous le rapport physiologique, moral, intellectuel, observés à la bagne de Toulon* (Paris, 1841).

[860]   Sobre la aportación de GALL, vid. HERING, K.H., *Der Weg der Kriminologie zur selbständigen Wissenschaft*, cit., pág. 35; RODRÍGUEZ MANZANERA, L., *Criminología*, cit., pág. 183.

La aportación más significativa de CUBÍ Y SOLER[861] reside en el ámbito metodológico, ya que fue uno de los pocos autores que utilizó un método positivo experimental, llegando a realizar incluso meritorios trabajos de campo en determinadas comarcas en las que se apreciaban elevadas tasas de bocio e imbecilidad[862]. CUBÍ Y SOLER consideraba al delincuente como un enfermo necesitado de tratamiento[863]. Optando, en términos políticocriminales, por fórmulas claramente prevencionistas, como buen frenólogo, trató de localizar en diversos lugares del cerebro las facultades y potencias del ser humano, incluidas las criminales[864]. Y anticipó planteamientos genuinamente antropológicos al asociar el delincuente «nato», con el denominado «tipo hipoevolutivo»[865].

d) Lo mismo sucede con las investigaciones en el campo de la *Psiquiatría*[866], cuyo fundador PINEL (1745-1826)[867], realizó los primeros diagnósticos clínicos separando los delincuentes de los enfermos mentales; debiéndose recordar también la obra de ESQUIROL (1772-1840)[868], que elaboró las categorías clínicas oficiales vigentes

---

[861] CUBÍ Y SOLER, M. (1801-1875), mallorquín, autor del «*Manual de Frenología, o sea, Filosofía de entendimiento humano, fundada sobre la filosofía del cerebro*», 1843 (Barcelona), se refirió explícitamente al «criminal nato» antes que lo hiciera LOMBROSO y caracterizó a este «subtipo humano» no sólo por sus estigmas físicos sino por los rasgos psicológicos de su personalidad. Su «mapa craneal» en: GARCÍA-PABLOS DE MOLINA, A., *Tratado de Criminología*, cit., pág. 333 y ss.

[862] Cfr., CASTEJÓN, F., CUBÍ, precursor de LOMBROSO, en: Revista Española de Criminología y Psiquiatría forense, I, núm. III y IV; II, núms. V, VI y VIII, Madrid, 1929-1930, págs. 173 y ss.

[863] CUBÍ Y SOLER, M., *Sistema completo de Frenología*, cit., págs. 417 y ss.

[864] Para CUBÍ Y SOLER, la causa del comportamiento criminal reside en las organizaciones cerebrales: en la hipertrofia de determinados instintos animales —incorregible— y correlativa carencia de sentimientos morales (*Sistema completo de Frenología*.., cit., págs. 364 y ss.). Ciertas protuberancias en «las partes laterales de la cabeza» ... mucho más «abultadas que las superiores» —decía el autor— producen una tendencia irrefrenable al crimen (Op. cit., págs. 335 y ss.).

[865] En este sentido, TEJOS CANALES, *Las ideas penales y criminológicas de M. Cubí Y Soler*, cit., pág. 282.

[866] La *Psiquiatría* se consolida a lo largo del siglo XIX como disciplina científica autónoma, por el impulso del racionalismo optimista característico de la Ilustración. Esta desterró viejos mitos y supersticiones sobre la enfermedad mental y su incurabilidad, haciendo posible un análisis científico y diversificador de la misma, como si se tratase de cualquier dolencia somática. A finales del siglo XVIII, sus pioneros comienzan a distinguir los enfermos mentales de los delincuentes. Y en el XIX, acuñan las principales categorías. Cfr., HERING, K.H., *Der Weg der Kriminologie zur selbständigen Wissenschaft*, cit., págs. 36 y ss.

[867] PINEL, P.H., médico francés, es considerado uno de los fundadores de la moderna Psiquiatría, por su labor técnica y humanitaria. Su «*Traité médico-philosophique sur l'alienation mentale*» (1801, aparecido bajo el título: *Traité de la manie*) marca la coronación del saber psiquiátrico del siglo XIX. El autor inició una nueva era en el diagnóstico y tratamiento de la enfermedad mental, fundando genuinos asilos y psiquiátricos para los enajenados. Labor semejante a la realizada por TUKE, en Inglaterra; CHIARUG, en Toscana; y LANGERMANN, en Baviera.

[868] ESQUIROL, el gran teórico de la Psiquiatría del siglo XIX, discípulo de PINEL, asumió el enfoque frenológico al estudiar las «manías» —locuras parciales, sectoriales— distinguiendo tres clases de ellas: intelectivas, afectivas e instintivas. Como su maestro, tuvo que enfrentarse

en el siglo XIX; PRICHARD[869] y DESPINE[870], que formularon la tesis de la «locura moral» del delincuente; y, por último, MOREL (1809-1873), para quien el crimen es una forma determinada de degeneración hereditaria, de regresión y la «locura moral» un mero déficit del sustrato moral de la personalidad[871].

e) La *Antroplogía* aparece estrechamente unida a los orígenes de la Criminología, destacando los estudios sobre cráneos de asesinos de BROCA[872] o WILSON[873] y las investigaciones de THOMPSON[874] sobre numerosos reclusos. Abonan todas ellas la tesis de NICHOLSON[875] de que el criminal es una variedad mórbida de la especie humana. Debe mencionarse también a LUCAS (1805-1885), quien

---

a la convicción de la época que veía en estos y otros trastornos el reflejo de una personalidad demoniaca, absolutamente enajenada e incurable. Cfr., HERING, K.H., *Der Weg der Kriminologie zur selbständigen Wissenschaf*, cit., pág. 37.

[869] PRICHARD, J.C., psiquiatra inglés, autor del «*Treatise on insanity and other disorders affecting the mind*», London, 1835, ideó el término «moral insanity», libre inicialmente de toda connotación ética o moral. Consistiría en «una perversión mórbida de los sentimientos naturales, de los afectos ... disposiciones morales e impulsos naturales, sin trastorno alguno digno de mención, ni defecto en su intelecto o en sus facultades de percepción y raciocinio, y, particularmente, sin fantasías o alucinaciones enfermizas»,

[870] DESPINE, P., *Psychologie naturelle*, Paris, 1869. Para el autor, el criminal es un individuo sin libre albedrío ni apertura al mundo de los valores éticos: un «loco moral».

[871] MOREL, médico alemán educado en Francia, es autor de un «*Traité des dégénerescenses physiques intelectuelles et morales de l'espece humaine*» (Paris, 1857). A su juicio, diversos estigmas físicos y psíquicos degenerativos explicarían las deformidades detectadas por el mismo en locos y delincuentes. Dicha degeneración, a su vez, daría lugar a distintas enfermedades mentales: epilepsia, debilidad, locura; e incluso al comportamiento criminal. Locura, crimen y degeneración serían realidades significativamente asociadas. Cfr. HERING, K.H., *Der Weg der Kriminologie zur selbständigen Wissenschaft*, pág. 39.

[872] BROCA (1824-1880), neurólogo y patólogo, creyó haber detectado anomalías en los cráneos de delincuentes, Cfr., BONGER, W., *Introducción a la Criminología*, cit., pág. 111.

[873] WILSON, médico de prisiones escocés, después de estudiar cerca de quinientos cráneos de criminales, llegó a la misma tesis que THOMPSON y NICHOLSON: la transmisión hereditaria de las tendencias criminales (1869). Cfr., GÖPPINGER, H., *Criminología*, cit., pág. 23.

[874] THOMPSON (1810-1873) es autor de: «*The hereditary nature of crime*», en: Journal of mental science, London, 1870, vol. XV, págs. 487 y ss.; y de: *Psychology of criminals*, London, 1875. Mantuvo el carácter hereditario de la degeneración, creyendo haber encontrado estigmas congénitos físicos (en el habla, en la audición, en la vista, etc.) y mentales (epilepsia, etc.) en los delincuentes habituales, a los que calificó de «subespecie inferior».

[875] NICHOLSON (1845-1907), «*The morbid psychology of criminals*», en: Journal of mental science. London, 1873 (julio-octubre), 1874 (abril-julio) y 1875 (enero-abril-julio). Cfr., RODRÍGUEZ MANZANERA, L., *Criminología*, cit., pág. 205.

enuncia el concepto de atavismo[876]; y a VIRGILIO[877], quien dos años antes que LOMBROSO utiliza el término de «criminal nato»; a DALLY (1833-1887)[878]; MAUDSLEY (1835-1918)[879]; MANOUVRIER (1880-1927), QUATREFAGES (1810-1892) y otros[880].

Particular relevancia tuvo la obra de DARWIN (1809-1882). Tres de sus postulados serán asumidos por la Escuela Positiva: la concepción del delincuente como especie atávica, no evolucionada; la máxima significación concedida a la carga o legado que el individuo recibe a través de la herencia; y una nueva imagen del ser humano, privado del señorío y protagonismo que le confirió el mundo clásico[881].

> Por decirlo con palabras de FERRI: «El darwinista sabe y siente que el hombre no es el rey de la creación, como la tierra no es el centro del universo; el darwinista sabe y siente y enseña que el hombre no es más que una combinación transitoria, infinitesimal de la vida; pero una combinación química que puede lanzar rayos de locura y de criminalidad, que puede dar la irradiación de la virtud, de la piedad, del genio, pero no puede ser más que átomo de toda la universalidad de la vida»[882].

3. *La Estadística Moral o Escuela Cartográfica.* Especial interés tiene la llamada *Estadística Moral o Escuela Cartográfica,* cuyos principales representantes son QUETELET (1796-1874), GUERRY (1802-1866), V. MAIR, FREGIER y MAYHEW, genuinos precursores del positivismo sociológico y del método estadístico, quienes aportan la concepción del delito como fenómeno colectivo y hecho

---

[876] LUCAS, P., *Traité philosophique et physiologique de l'hérédité naturelle.* Paris, 1847. El autor se refirió a una tendencia criminal transmisible por vía hereditaria y presente ya desde el momento del nacimiento del individuo. Cfr., HERING, K.H., *Der Weg der Kriminologie zur selbständigen Wissenschaft,* cit., pág. 39.

[877] VIRGILIO, A. (1836-1907), autor de: *Sulla natura morbosa del delito,* llevó a cabo un examen antropológico de casi trescientos condenados, analizando anomalías congénitas, estigmas corporales y enfermedades orgánicas (especialmente del sistema nervioso).

[878] DALLY, asumió la teoría de la degeneración en su obra *Considérations sur les criminels au point de vue de la responsabilité,* afirmando que «el delito y la locura son dos formas de decadencia orgánica cerebromentales».

[879] Para MAUDSLEY, el criminal es «una variedad degenerada del género humano» (en: *Crime and insanity,* pág. 32): una clase especial de ser vivo, inferior, degenerado; una subespecie mórbida cuyos estigmas se perpetúan por vía hereditaria. Carece de sentido moral y suele evidenciar trastornos mentales y otras taras que arrastra su familia, ya que a través del delito el criminal exterioriza sus impulsos enfermizos. Según MAUDSLEY, la falta de sentido moral podría deberse a un déficit congénito en la organización de la mente.

[880] En general, sobre la Antropología criminal, vid.: HERING, K.H., *Der Weg der Kriminologie zur selbständigen Wissenschaft,* cit., págs. 44 y ss.; RODRÍGUEZ MANZANERA, L., *Criminología,* ct., págs. 205 y ss.; BONGER, W., *Introducción a la Criminología,* cit., págs. 110 y ss. (y pág. 112, nota 31).

[881] En 1895 publicó DARWIN, CH.R., *El origen de las especies por medio de la selección natural.* Y veinte años después, *«El origen del hombre».*

[882] FERRI, E., Il dinamismo biológico di DARWIN, en: *Arringhe e Discorsi,* cit., pág. 351.

social —regular y normal— regido por leyes naturales, como cualquier otro suceso, y requerido de un análisis cuantitativo[883].

A comienzos del siglo XIX no preocupaban ya en Europa los excesos del sistema penal, sino el incremento de la criminalidad y los agobiantes problemas sociales derivados de la revolución industrial, que pugnaban con el diagnóstico optimista y esperanzado de la Ilustración[884]. Era imprescindible, pues, analizar y explicar de otro modo la preocupante desorganización social y adoptar medidas, en consecuencia, basadas en el conocimiento empírico, que restablecieran el bienestar social y moral de la comunidad. El tránsito de la estadística primitiva, rudimentaria, a la estadística científica tuvo lugar a finales del siglo XVIII y principios del siglo XIX, siendo decisivo el nuevo modelo de Estado moderno centralizado que introduce los registros del estado civil cuyos datos sirvieron de base a los censos de población.

El espíritu reformador, pues, de los primeros científicos sociales, que se creyeron en la obligación moral de dar una nueva respuesta a los graves problemas sociales y proveer de la oportuna base científica a la política social; la progresiva identificación del paradigma científico con los métodos cuantitativos y estadísticos; el surgimiento de censos de población, estudios demográficos y registros, cada vez más perfectos y complejos, hasta la generalizada institucionalización de los mismos, terminarían por imponer un nuevo enfoque del problema criminal: el estadístico[885].

La Estadística moral o Escuela Cartográfica representa, para unos, el inevitable puente entre la Criminología Clásica y la Positiva; para otros, los comienzos genuinos de la moderna Sociología Criminal científica[886]. En todo caso, el poderoso mito Lombrosiano[887] ha oscurecido injustamente la valiosa contribución a la Criminología de esta Escuela poco estudiada.

Para la Escuela Cartográfica o Estadística Moral, el crimen es un fenómeno *social*, de masas, no un acontecimiento individual; el delincuente concreto, con su eventual decisión, no altera en términos estadísticamente significativos el volumen y estructura de la criminalidad. La libertad individual, en definitiva, es un problema psicológico, subjetivo, sin trascendencia estadística. Para la Escuela Cartográfica, en segundo lugar, el crimen es una *magnitud* asombrosamente *re-*

---

[883] Sobre la Estadística Moral, vid., MANNHEIM, H., *Comparative Criminology*, cit., I, págs. 95 y ss.; V. ÖTTINGEN, A., *Die Moralstatistik in ihrer Bedeutung für eine Sozialethik*, 1882, págs. 20 ss.; VAN KAN, J., *Les causes économiques de la Criminalité*, 1903 (Paris, Lyon), págs. 373 y ss.; JOHN, V., *Geschichte der Statistik*, I (1884), Stuttgart; SCHNEIDER, H.J., *Kriminologie*, cit., págs. 97 y ss.; GARCÍA-PABLOS DE MOLINA, A., *Tratado de Criminología*, cit., págs. 347 y ss.

[884] Así, PITCH, T., *Teoría de la desviación social*, 1984, México (Editorial Nueva Imagen), págs. 40 y 41; MORRIS, T., *The criminal Area. A Study in Social Ecology*, 1957 (London, Routledge-Kegan Paul), págs. 38 y ss.

[885] En este sentido: BONGER, W., *Introducción a la Criminología*, cit., págs. 101 y ss.; MORRIS, T., *The criminal area*, cit., págs. 38 a 43; Cfr., GARCÍA-PABLOS DE MOLINA, A., *Tratado de Criminología*, cit., págs. 349 y ss.

[886] Sobre las diversas opiniones, Cfr., RODRÍGUEZ MANZANERA, L., *Criminología*, cit., págs. 316 y ss.

[887] Sobre el «mito lombrosiano», vid.: LINDESMITH, A., y LEVIN, Y., «The Lombrossian Myth in Criminology», en: Amercian Journal of Criminology, 42 (1937), págs. 669 y ss.

gular y *constante*. Se repite con absoluta periodicidad, con precisión mecánica, producto de leyes sociales que el investigador debe descubrir y formular; como cualquier otro fenómeno natural, los hechos humanos y sociales —el crimen es uno más— se rigen, en consecuencia, por leyes naturales, que la mecánica y física social conocen. De acuerdo con este análisis estadístico, interesa no ya averiguar las causas del delito, sino observar su frecuencia media relativa, la distribución serial de éste e identificar sus principales variables. El delito, en tercer lugar, es un fenómeno *normal*. Esto es, inevitable, constante, regular, necesario. Cada sociedad arroja un presupuesto anual tan inexorable como la tasa de nacimientos o defunciones. Cualquier sociedad, en todo momento, ha de pagar ese tributo, inseparable de su organización, fatal. Finalmente, para la Escuela Cartográfica, el único método adecuado para la investigación del crimen como fenómeno social y magnitud es el *método estadístico*[888].

QUETELET[889] mantiene que los hechos humanos y sociales se rigen también por las leyes que gobiernan los hechos naturales, por leyes físicas; y propugna una nueva disciplina («Mecánica social») y un nuevo método (el estadístico) para analizar dichos fenómenos, buscando la frecuencia media relativa de los mismos, su distribución serial, etc. Anticipándose a las conocidas leyes de la «saturación» de Ferri, resaltó QUETELET la absoluta regularidad con que año a año se repiten los delitos[890], afirmando que si conociéramos las complejas leyes que regulan el fenómeno social del crimen, y su dinámica propia, estaríamos en condiciones de predecir el número exacto e incluso la clase de crímenes que se producirían en una sociedad en un momento dado[891]. Son conocidas también las famosas «leyes térmicas» de este autor (interdependencia entre los factores térmicos y climáticos y las diversas clases de criminalidad), así como sus estudios comparativos de la criminalidad masculina y la femenina y de la influencia de la edad en la delincuencia[892].

---

[888] GARCÍA-PABLOS DE MOLINA, A., *Tratado de Criminología*, cit., págs. 347 y ss.

[889] QUETELET, I.A. (1796-1874), matemático belga, demógrafo, astrónomo y sociólogo, publicó varias obras: «*Sur L'homme et le développment de ses facultés, ou Essai de physique sociale*» (Paris, 1835); «*Recherches sur le penchant au crime aux différent âges*» (1831); «*Du système social et des lois qui le régissent*» (1848). Al autor se debe la famosa expresión «budget des crime» y la conocida «Curva de Quetelet» (de distribución del crimen). Cfr., GARCÍA-PABLOS DE MOLINA, A., *Tratado de Criminología*, cit., págs. 352 y ss.

[890] Sobre la «asombrosa regularidad y constancia» del crimen, vid. QUETELET, I.A., *Phisique Social*, cit., I, págs. 95 a 97. QUETELET participó de un riguroso determinismo científico, pero políticamente fue un reformista. Ahora bien, su optimismo realista y fe en las reformas sociales, dista mucho de la fe ciega y ingenua en la razón y el progreso que profesaban los ilustrados. Cfr., GARCÍA-PABLOS DE MOLINA, A., *Tratado de Criminología*, cit., pág. 354.

[891] En cuanto a la «curva de Quetelet» (distribución del crimen con arreglo a la Ley de Gauss), vid., GARCÍA-PABLOS DE MOLINA, A., *Tratado de Criminología*, cit., pág. 355 (figura 1).

[892] Sobre todos estos extremos, vid., RODRÍGUEZ MANZANERA, L., *Criminología*, cit., págs. 318 a 320.

GUERRY[893], por su parte, realizó los primeros mapas de la criminalidad en Europa, concediendo también especial importancia al factor térmico. Observó, igualmente, el *volumen constante de la criminalidad* en un país, así como la necesidad de explicar ésta no desde leyes metafísicas y abstractas, sino con un método (estadístico) que contemple el hombre real en situaciones históricas concretas y determinadas, capaz de formular científicamente las leyes naturales —leyes del ser, no del deber ser— que gobiernan el fenómeno colectivo y social de la criminalidad[894].

La estadística social tuvo, a lo largo del tiempo, un doble ámbito de influencia: por una parte, inspiró la dirección sociológica del positivismo europeo, como puede observarse en el pensamiento de FERRI; de otra, cabe apreciar su decisivo impacto en la moderna Sociología Criminal norteamericana que arranca de la denominada Escuela de Chicago.

Para los representantes de la Estadística Moral, el crimen es una magnitud estable, existe un volumen *constante* y *regular* de criminalidad en la sociedad. Esta premisa, sin embargo, sería posteriormente debatida y cuestionada por autores que optaron por un *análisis dinámico* del comportamiento criminal, quiénes resaltaron no sólo los movimientos de la criminalidad sino la conexión de éstos con las principales transformaciones sociales acaecidas entre tanto: guerras, modificación en los precios de ciertos productos de primera necesidad, crisis socioeconómicas[895].

> Cabe citar, en esta orientación, a MOREAU-CHRISTOPHE[896] (1791-1898), quien resaltó la conexión existente entre el desarrollo industrial inglés durante los años 1814 y 1848, de una parte, y el agudo crecimiento del pauperismo, que traería consigo superiores índices de criminalidad, de otra. También la obra de V. ÖTTINGEN, quien resaltó el movimiento de la criminalidad y la conexión de éste con la guerra, los precios de ciertos productos, la época del año, el clima, la profesión, etc. A su juicio, las estadísticas pondrían de relieve que en tiempo de crisis aumentan el robo, y de manera especial, los delitos cometidos por mujeres y niños; mientras en tiempo de prosperidad se incrementaría la criminalidad violenta y agre-

---

[893] GUERRY, A. (1802-1866), francés, reunió durante treinta años las estadísticas europeas aplicando al estudio de las mismas el método cartográfico. Su obra: *«Essai sur la Statistique Morale de la France»* (1833), más descriptiva que valorativa, revisa la importancia del factor climatológico y somete la distribución del crimen en Francia a un análisis geográfico que le permite rebatir algunas creencias y tópicos muy arraigados en su época. Cfr., GARCÍA-PABLOS DE MOLINA, A., *Tratado de Criminología*, cit., págs. 357 y ss.

[894] Apreciación de GUERRY muy similar a los puntos de vista de FERRI. Cfr., RADZINOWICZ, L., KING, J., *The Growth of Crime*, cit., pág. 75.

[895] Sobre la posterior evolución de la Estadística Moral, vid., GARCÍA-PABLOS DE MOLINA, A., *Tratado de Criminología*, cit., págs. 359 y ss.

[896] Autor de: *«Du problème de la misère et de la solution chez les peuples anciens et modernes»*. En un sentido semejante, DUCPÉTIAUX (1804-1868) en su obra: *Le paupérisme dans les Flandres*, relacionó la aguda crisis industrial y la pérdida de la cosecha de patata con la criminalidad.

siva[897]. G.V. MAYR[898], cuestionó el llamado presupuesto del crimen (budget des crime) por considerar insostenible la tesis de QUETELET del volumen constante de la criminalidad. A su entender, por el contrario, las oscilaciones ambientales o temporales —y las espaciales— serían muy significativas. De modo muy particular, volumen y movimiento de la criminalidad vendrían fatal y necesariamente condicionados por factores sociales, que escapan a la libre decisión humana. V. MAYR mantuvo la existencia de una clara correlación estadística entre los delitos contra el patrimonio y el precio de los granos y semillas de la época[899]. Cabe citar también a RAWSON W. RAWSON, representante genuino de la ecología social, que llevó a cabo un análisis comparativo de la criminalidad en los diversos distritos (agrícolas, fabriles, mineros y metropolitanos) llegando a la conclusión de que el empleo sería un factor decisivo; y junto al empleo, el proceso de concentración urbana, más importante todavía que la propia densidad de población[900]. Debe mencionar, por último, a MAYHEW[901], por su talante reformador e intensa actividad investigadora que confieren a su obra un perfil muy singular. A diferencia de otros autores, no se limitó a interpretar las estadísticas oficiales sino que recabó personalmente la información y los datos necesarios «in situ», en las calles y tascas londinenses. Su propósito era demostrar que el crimen es un fenómeno que se perpetúa a través de actitudes antisociales y pautas de conducta transmitidas de generación en generación en un contexto social caracterizado por la pobreza, el alcohol, las deficientes condiciones de vivienda y la inseguridad económica. Según MAYHEW, contra posturas academicistas y moralizantes de su época, el crimen no procede de la mera relajación moral, ni de fuerzas sobrenaturales, sino de condiciones sociales del momento. Su obra es un excelente informe sobre el Londres victoriano, acompañado de mapas y tablas que reflejan la distribución del delito de acuerdo con quince variables y por condados[902].

La Estadística Moral sella los comienzos de la Sociología Criminal y, probablemente, también, los de la propia Criminología, aunque el «mito lombrosiano» haya ensombrecido y eclipsado su valiosa aportación al análisis científico del fenómeno delictivo.

---

[897] V. ÖTTINGEN (1827-1905), teólogo alemán, es autor de «Die Moral-Statistik in ihrer Bedeutung für eine Sozialethik». Cfr., SCHNEIDER, H.J., Kriminologie, cit., págs. 99 y ss.

[898] G.V. MAYR (1841-1925), alemán, fue autor de numerosas publicaciones que aparecieron a lo largo de cuarenta años («Statistik der gerichtlichen Polizei im Königsreich Bayern», Statistik und Gesellschaftslehre», «Kriminalistik und Kriminalätiologie». Sobre su aportación, cfr., SCHNEIDER, H.J., Kriminologie, cit., págs. 100 y ss.

[899] Vid., Beiträge zur Statistik der Königsreichs Bayern, cit., pág. 349. Sobre el diagrama de V. MAYR relacionando los delitos de robo y el precio de las semillas de Baviera, vid. GARCÍA-PABLOS DE MOLINA, A., Tratado de Criminología, cit., pág. 363 (figura 3). Cfr., BONGER, W., Introducción a la Criminología, cit., pág. 108.

[900] Autor de: «An Inquiry into the Statistics of Crime in England and Wales (1839), publicado en: Journal Statistical Society London, 1839 (vol. 2). Cfr., MORRIS, T., The Criminal Area, cit., págs. 53 y 54. Un influyente sucesor del mismo fue J. FLETCHER, quien publicó su: «Moral and Educational Statistics of England and Wales» (1848 y 1849) relacionando instrucción y criminalidad (en: Journal Statistical Society London, 1848, vol. II, págs. 344 a 366; y vol. 12, 1849, págs. 151 a 335).

[901] Sus dos obras principales: «London Labour and the London Poor» (1862), y «The Criminal Prisons of London and Scenes from Prisons Life».

[902] MAYHEW es un genuino precursor de la Ecología Social y su obra contiene sugestivos análisis de áreas. Vid., MORRIS, T., The Criminal Area, cit., págs. 60 a 63.

A la Estadística Moral debemos la contemplación del crimen como fenómeno de masas, como hecho social y como magnitud mensurable, perspectiva hoy de la que ya no se puede prescindir. Así como la posibilidad de aplicar métodos cuantitativos —estadísticos— al estudio de los hechos sociales. De algún modo, también, la necesidad de asumir como normal la existencia de un volumen constante y regular de criminalidad en toda organización social. Ciertas tasas de delincuencia deben reputarse naturales, en términos estadísticos, del mismo modo que la «lluvia» es normal (lo anormal es la sequía o las inundaciones), mantenían estos autores.

Como en cualquier escuela —y más aún en sus inicios, cuando no se había perfeccionado el método estadístico— es fácil detectar simplismos y excesos, lecturas toscas o interpretaciones manipuladas. Paradigmático fue el caso de KROPOTKIN, quien aseguraba podría calcularse el número exacto de homicidios por año con la fórmula: $h = (t \times 7) + (h \times 2)$; esto es: el volumen anual de homicidios equivale a la suma de la temperatura media por siete y la humedad media por dos[903].

Excesos y manipulaciones de esta índole explican actitudes críticas de recelo y desconfianza hacia las estadísticas («primero se nos dan mentiras, luego grandes mentiras y, por fin, estadísticas»), pero no pueden desacreditar un método e instrumento de trabajo insustituible. Tenía razón, además, GOETHE cuando afirmaba: «Suele decirse que las cifras rigen el mundo. Cierto es, antes bien: las cifras muestran cómo se rige el mundo»[904].

Las estadísticas «dinámicas» antes mencionadas, por otra parte, permiten constatar el «movimiento» de la criminalidad, su análisis comparativo, detectando la correlación que pueda existir entre tales oscilaciones y los problemas sociales.

III. LA ETAPA CIENTÍFICA DE LA CRIMINOLOGÍA

La etapa científica, en sentido estricto, de nuestra disciplina surge a finales del pasado siglo con el positivismo criminológico, esto es, con la Scuola Positiva italiana que encabezan LOMBROSO, GARÓFALO y FERRI. Se presenta como crítica y alternativa a la denominada Criminología «clásica», dando lugar a una polémica doctrinal con ésta, que es, en definitiva, una polémica sobre métodos y paradigmas de lo científico (el método abstracto y deductivo de los clásicos, basado en el silogismo, frente al método empírico inductivo de los positivistas basado en la observación de los hechos, de los datos). La Scuola Positiva italiana presenta

---

903   Cfr. RODRÍGUEZ MANZANERA, L., Criminología, cit., pág. 322.
904   Vid. BONGER, W., Introducción a la Criminología, cit., págs. 53-54.

dos direcciones opuestas, la antropológica de LOMBROSO y la sociológica de FERRI, que acentúan la relevancia etiológica del factor individual y del factor social en sus respectivas explicaciones del delito. En todo caso, esta escuela, en cuanto punto de partida de la Criminología «empírica», inaugura el debate contemporáneo sobre el crimen y la polémica entre las diversas escuelas.

A los efectos de la presente exposición, distinguiremos dos momentos: el de la Escuela Positiva y el posterior de la «lucha» de escuelas.

El positivismo criminológico representa el momento científico, de acuerdo con la famosa ley de Comte sobre las fases y estadios del conocimiento humano: la superación, por tanto, de las etapas «mágica» o «teológica» (pensamiento antiguo) y «abstracta» o «metafísica» (racionalismo ilustrado)[905]. Significa, también —según FERRI[906]— un cambio radical en el análisis del delito: los clásicos habían luchado contra el castigo, contra la irracionalidad del sistema penal del «antiguo régimen»; la misión histórica del positivismo, por el contrario, será luchar contra el delito, luchar contra el delito a través de un conocimiento científico de sus causas, (*vere scire est per causas scire*), al objeto de proteger el orden social: el nuevo orden social de la naciente sociedad burguesa industrial.

En todo caso, la característica diferencial del positivismo criminológico reside en el método más aún que en los postulados a menudo contradictorios y equívocos de sus representantes[907]: el método «positivo», empírico, que trata de someter constantemente la imaginación a la observación[908] y los fenómenos sociales a las leyes férreas de la naturaleza[909]. La «cosmogonía del orden y el progreso»[910], la fe ciega en la omnipotencia del método científico y en la inevitabilidad del progreso[911] sellan el proceder metódico de la Scuola Positiva.

Desde un punto de vista histórico-político, el positivismo contribuyó a la consolidación y defensa del nuevo orden social que devino, así, un «absoluto» incuestionable. La Ilustración se había limitado a criticar el «antiguo régimen».

La teoría del contrato social y de la función preventiva de la pena no eran suficientes para fundamentar positivamente el nuevo orden social burgués industrial. Todo lo contrario, el criticismo racionalista y metafísico de los iluminados podía ponerle en peligro. Era necesario, por ello, fortalecer el naciente orden social, legitimarlo, protegerlo, y ése fue el proyecto político del positivismo, que absolutizó y entronizó quizás no el poder pero sí el orden burgués[912]. Su lema podría sintetizarse con palabras de FERRAROTTI: orden y progreso sólo son posibles, como pilares fundamentales del nuevo orden social, bajo el manto protector de la filosofía positivista[913]. Esta función legitimadora —ideológica[914]— que asume el positivismo

---

[905] Vid. MANNHEIM, H., en: Pioneers in Criminology, cit. (Introducción), pág. 10.

[906] Vid. MANNHEIM, H., op. cit., págs. 15 y 24 y ss.; vid. FERRI, E., Nuevos Horizontes del Derecho y del Procedimiento Penal. Madrid, 1887 (Góngora), págs. 4 y ss.

[907] Cfr. MANNHEIM, H., ibídem, págs. 10 y ss. y 254 y ss.

[908] COMTE, A., Discurso sobre el espíritu positivo. Aguilar, 1967, págs. 54 y ss.

[909] COMTE, A., Discurso sobre el espíritu positivo, cit., págs. 54 y ss.

[910] Así, BUSTOS, J., en: El pensamiento criminológico, cit., I, pág. 34.

[911] Así, WALSH, W. H., An Introduction to Philosophy of History, London, 1958, pág. 155. Cfr. MANNHEIM, H., op. cit., pág. 14.

[912] Vid. BUSTOS, J., en: El pensamiento criminológico, cit., I, pág. 33.

[913] FERRAROTTI, F., El pensamiento criminológico de A. Comte a Max Horkheimer, Barcelona, 1975 (Península), pág. 41.

[914] Así, BUSTOS, J., en: El pensamiento criminológico, cit. I, pág. 32.

explica probablemente su teoría de la pena; esto es, la prioridad que concede a la protección eficaz del orden social —frente al planteamiento ilustrado, atento más a metas retribucionistas, disuasorias o incluso de reforma del delincuente[915]—; explica, también, el llamativo rigor propugnado por el positivismo, que pone especial énfasis, como afirma JEFFERY[916], en las colonias de ultramar y en la pena de muerte, evocando incluso la cruel «ley de la selección natural de las especies» para justificar esta última; y explica, finalmente, el principio de diversidad del hombre delincuente, es decir, la hipótesis de que el criminal, desde un punto de vista cualitativo, es un individuo distinto (patológico) del ciudadano «normal»; hipótesis diametralmente opuesta a la sustentada por los teóricos de la Ilustración que, en definitiva, no pretende sino salvar al orden social atribuyendo el crimen y las preocupantes tasas de criminalidad al individuo[917].

1. *La Scuola Positiva*[918]

Utilitarismo, cientifismo y racionalismo parecen aproximar la filosofía positivista a la de la Ilustración. Ambas se supone comparten, además, una misma fe en la ciencia y el progreso.

Sin embargo, la «ciencia» y el «saber» positivista, su teoría objetiva del conocimiento y el propio modelo «causal explicativo» que éste profesa, con sus técnicas cuantificadoras, confieren al método empírico un rol bien distinto al servicio de un marco social también diferente.

En tal sentido hay que interpretar tres de los dogmas del positivismo: la subordinación de los fenómenos sociales a las inflexibles leyes de la naturaleza, el permanente sometimiento de la imaginación a la observación; la naturaleza relativa del espíritu positivo; y la previsión racional, como destino de las leyes positivas[919].

El positivismo cree en la existencia de leyes «naturales». Pero dichas leyes no tienen su origen en una instancia iusnatural o metafísica, sino en otro absoluto: el orden físico o social. No hay más realidad que la de los hechos. El conocimiento es objetivo: el individuo que la observa debe vaciarse de su propio mundo subjetivo. No obstante, la observación misma queda permanentemente superada

---

915   Vid. MANNHEIM, H., en: Pioneers, cit., pág. 16. En igual sentido: JEFFERY, CL. R., The Historical Development of Criminology, en: Pioneers, cit., págs. 386 y ss.

916   Así, JEFFERY, CL. R., The Historical Development of Criminology, cit., pág. 390.

917   Vid. MIRALLES, Mª Tª, Patología criminal: aspectos biológicos, en: El pensamiento criminológico, cit., I, págs. 51 y ss.

918   Sobre la Scuola Positiva, vid.: MANNHEIM, H., *Pioneers in Criminology*, cit. (Introducción); SIEGEL, L.J., *Criminology*, cit., págs. 123 y ss.; VOLD, G.B., *Theoretical Criminology*, cit., págs. 35 y 47; HERING, H.K., *Der Weg der Kriminologie zur selbständigen Wissenschaft*, cit., págs. 27 a 87; MARRO, A., *Precursori e primordi dell'antropologia criminale*, 1908, Turin; BONGER, W., *Introducción a la Criminología*, cit., págs. 110 y ss.; GARCÍA-PABLOS DE MOLINA, A., *Tratado de Criminología*, cit., págs. 367 y ss.

919   Vid. MANNHEIM, H., op. cit., pág. 17. BONGER, W., Introducción a la Criminología, páginas 114 y 115.

por su relatividad. La finalidad de la ciencia no se agota en la acumulación de datos, sino en la interrelación de los mismos, formulando las leyes que regulan los fenómenos. El modelo científico trasciende la mera descripción, reclama un análisis causal explicativo. Así, de lo que «es» podrá inferirse lo que «será»[920].

El silogismo transcrito, pretendidamente neutro y objetivo, permite al positivismo entonar una suerte de cosmogonía del orden y el progreso, ya que una ciencia que descubre las leyes que regulan los hechos —naturales o sociales— permite establecer el orden de esa sociedad y un progreso constante gracias al previo conocimiento de aquellos dictados inmutables. Vigoriza, en último término, el orden social con un respaldo «empírico»[921] que, no obstante, cumple una coartada meramente ideológica.

En todo caso, el control social que impulsa este empirismo o cientifismo, es un control andro y etnocentrista[922].

El factor aglutinante del positivismo criminológico es el *método* empírico inductivo o inductivo experimental que propugnan sus representantes frente al análisis filosófico-metafísico que reprochaban a la Criminología Clásica. Dicho método se ajustaba al esquema «causal-explicativo» que el positivismo propuso como modelo o paradigma de «ciencia».

El propio FERRI destacaría el cambio radical que supuso el positivismo en el ámbito metodológico. «Hablamos dos lenguajes diferentes —explica el autor refiriéndose a los clásicos—. Para nosotros, el método experimental (inductivo) es la llave de todo conocimiento; para ellos, todo deriva de deducciones lógicas y de la opinión tradicional. Para ellos, los hechos deben ceder su sitio al silogismo; para nosotros, los hechos mandan…; para ellos, la ciencia sólo necesita papel, pluma y lápiz, y el resto sale de un cerebro relleno de lecturas de libros, más o menos abundantes, y hecho de la misma materia. Para nosotros, la ciencia requiere un gasto de mucho tiempo, examinando uno a uno los hechos, evaluándolos, reduciéndolos a un denominador común y extrayendo de ellos la idea nuclear. Para ellos, un silogismo o una anécdota es suficiente para demoler miles de hechos recabados durante años de observación y análisis; para nosotros, lo contrario es la verdad»[923].

Y concluye: «La Escuela Criminal Positiva no consiste únicamente en el estudio antropológico del criminal, pues constituye una renovación completa, un cambio radical de método científico en el estudio de la patología social criminal y de lo que hay de más eficaz entre los remedios sociales y jurídicos que nos ofrece. La ciencia de los delitos y las penas era una exposición doctrinal de silogismos, dados a la luz por la fuerza exclusiva de la fantasía lógica; nuestra escuela ha hecho de ello una ciencia de observación positiva, que, fundándose en la Antropología, la Psicología y la Estadística Criminal, así como en el Dere-

---

[920] Vid. COMTE, A., Discurso sobre el espíritu positivo, cit., págs. 54 y ss. Cfr. BUSTOS, J., en: El pensamiento criminológico, cit., I, págs. 31 y ss.

[921] Vid. BUSTOS, J., Criminología y evolución de las ideas sociales, en: El pensamiento criminológico, cit., I, pág. 33.

[922] Vid. BUSTOS, J., Criminología y evolución de las ideas sociales, cit., I, pág. 34.

[923] FERRI, E., Polémica in difesa della scuola criminale positiva, 1886. Reimpreso, en: Studi sulla criminalita ed altri saggi, pág. 244.

cho Penal y los estudios penitenciarios, llega a ser la ciencia sintética que yo mismo la llamo Sociología Criminal, y así esta ciencia, aplicando el método positivo al estudio del delito, del delincuente y del medio, no hace otra cosa que llevar a la Ciencia Criminal Clásica el soplo vivificador de las últimas e irrefragables conquistas hechas por la ciencia del hombre y de la sociedad, renovada por las doctrinas evolucionistas»[924].

Ideas que reitera FERRI en la Introducción a «Los nuevos horizontes del Derecho y del Procedimiento Penal»:

«Esta es la innovación nuestra, no tanto en las particulares conclusiones como en el método de estudio. Hasta ahora en todos los tratados de derecho criminal la génesis natural del delito ha sido completamente descuidada; se considera el delito ejecutado como dato inicial, y sobre esto se construyen las teorías jurídicas, ilusionándose con fáciles remedios, sin estudiar las causas del mal. Nosotros, por el contrario, buscamos los datos y decimos… que es menester estudiar primero las causas que producen el delito y después construir las teorías sobre el mismo…»[925]

La Escuela Positiva se presenta como superación del liberalismo individualista clásico, en demanda de una eficaz defensa de la sociedad. Fundamenta el derecho a castigar en la necesidad de la conservación social y no en la mera «utilidad»[926]; anteponiendo los derechos de los «honrados» a los derechos de los «delincuentes».

«Se ha exagerado demasiado a favor de los delincuentes —dice una vez más FERRI[927]—…Y la conciencia universal reclama «se ponga fin a exagerados sentimentalismos en favor de los malhechores, cuando se olvidan la miseria y los dolores de tantos millones de pobres honrados»… «sin embargo, existe un hecho doloroso…, el hecho revelado por la estadística criminal es que la delincuencia aumenta continuamente, y que las penas hasta ahora aplicadas, mientras no sirven para defender a los honrados, corrompen aún más a los criminales»[928]; … «la insuficiencia de las penas hasta ahora usadas para contener los delitos; el aumento continuo de las reincidencias; las consecuencias peligrosas y a veces absurdas de teorías sobre la locura que razona y sobre la fuerza irresistible…; la exageración de algunas formas procesales; el injerto inorgánico de instituciones extranjeras sobre el viejo tronco de nuestro procedimiento; todo esto y aún más reclamaba y reclama en la conciencia común un remedio científico y legislativo que quite ciertos abusos que favorecen a los delincuentes y perjudican a los honrados»[929].

Los *postulados* de la Escuela Positiva pueden sintetizarse así, en contraposición a los de la Escuela Clásica[930]: el delito se concibe como un hecho real e histórico, natural, y no como ficticia abstracción jurídica; su nocividad deriva no de la mera contradicción de la ley que él mismo significa, como de las exigencias de la vida social, incompatible con ciertas agresiones que ponen en peligro las bases de ésta; su estudio y comprensión son inseparables del examen del delincuente y

---

[924]   Vid. RODRÍGUEZ MANZANERA, L., Criminología, cit., pág. 239.

[925]   FERRI, E., Los Nuevos Horizontes del Derecho y del Procedimiento Penal, Madrid, Edit. de Góngora (versión castellana de Pérez Oliva, I.), 1887, IX.

[926]   Los Nuevos Horizontes, cit., XVII.

[927]   Los Nuevos Horizontes, cit., X.

[928]   Los Nuevos Horizontes, cit., pág. 6.

[929]   Los Nuevos Horizontes, cit., pág. 9.

[930]   Cfr., GARCÍA-PABLOS DE MOLINA, A., *Tratado de Criminología*, cit., págs. 370 y ss. (especialmente 373 y ss.).

de la realidad social de éste; interesa al positivismo la etiología del crimen, esto es, la identificación de sus causas como fenómeno, y no simplemente la génesis del mismo, pues lo decisivo será combatirle en su propia raíz, con eficacia y, a ser posible, con programas de prevención realistas y científicos; la finalidad de la ley penal no es restablecer el orden jurídico, sino combatir el fenómeno social del crimen, defender la sociedad; el positivismo concede prioridad al estudio del delincuente, sobre el examen del propio hecho de éste, por lo que cobran particular significación los estudios tipológicos y la propia concepción del criminal como subtipo humano en todo caso diferente de los demás ciudadanos honestos, siendo esta diversidad la propia explicación de su conducta delictiva. El positivismo es determinista, califica de ficción la libertad humana y fundamenta el castigo en la idea de la responsabilidad social o mero hecho de vivir en común; por último, y mientras la Criminología Clásica, por sus connotaciones con el pensamiento iluminista, adoptó una postura crítica frente al «*ius puniendi*» estatal, el positivismo criminológico carece de tales raíces liberales; propugna un claro antiindividualismo proclive a absolutizar sin crítica alguna el orden social, a sobreponer la rigurosa defensa de éste a los derechos del individuo y a diagnosticar el mal del delito con simplistas acusaciones a factores patológicos (sobre todo del individuo) que exculpan de antemano a la sociedad.

El positivismo criminológico profesa una concepción clasista y discriminatoria del orden social, imbuida de prejuicios y acorde con el mito de la «diversidad» del delincuente. Un pasaje de FERRI parece ilustrativo al efecto:

«…la sociedad no es homogénea e igual en todas sus partes, sino, por el contrario, un organismo en el cual, como en el cuerpo animal, coexisten tejidos de diversa estructura y sensibilidad…; nosotros podemos distinguir en las relaciones de la sociología criminal las clases sociales en tres categorías: la clase más elevada, que no delinque porque es natural y orgánicamente honrada por efecto del sentido moral, de los sentimientos religiosos y sin otra sanción que la de su conciencia o de la opinión pública, obrando así, como nota SPENCER, solamente por costumbre adquirida o transmitida hereditariamente. Esta categoría, para la cual el Código Penal es perfectamente inútil, desgraciadamente es la menos numerosa de la sociedad. Otra clase más baja está compuesta de individuos refractarios a todo sentimiento de honradez, porque, privados de toda educación, en lucha constante y empeñada por la existencia, heredan de sus padres y transmiten a sus descendientes, por el matrimonio con otros individuos delincuentes, una organización anormal que representa, como veremos, un verdadero atavismo a las razas salvajes. De esta clase se recluta en su mayor parte el contingente de los criminales natos, contra los cuales las penas, como amenaza legislativa, son perfectamente inútiles, porque estos hombres, que no tienen un sentido moral que les haga conocer los riesgos naturales inherentes al delito, consideran las penas como peligro de igual entidad que los que acompañan a los oficios honrados. Por último, queda otra clase social de individuos que no han nacido para el delito, pero que no son honrados a toda prueba, que vacilan entre el vicio y la virtud, que no están desprovistos del sentido moral, que tienen alguna educación y cultura y para los cuales las penas pueden ser un motivo psicológico verdaderamente eficaz. Precisamente esta clase es la que da un numeroso contingente de delincuentes de ocasión, contra los cuales las penas son de alguna utilidad, especialmente cuando su aplicación está inspirada en principios científicos de disciplina penitenciaria y cuando son ayudadas por una eficaz prevención social de las ocasiones de delinquir»[931].

a) *La antropología de* LOMBROSO[932].- LOMBROSO (1835-1909) representa la directriz antropobiológica. Su obra «Tratado Antropológico experimental del hombre delincuente», publicada en 1876, marca los orígenes de la moderna Criminología, siendo considerado como el fundador de ésta.

> Médico, psiquiatra, antropólogo, político, fue un hombre polifacético y genial, como lo demuestra su prolija obra que abarca temas médicos (vg., su «*Medicina legal*»), psiquiátricos («*Los avances de la Psiquiatría*»), psicológicos («*El genio y la locura*»), demográficos («Geografía *médica*»), criminológicos (L'uomo delincuente«), políticos (los dos volúmenes aparecidos en «Avanti», órgano difusor del Partido Socialista italiano de los trabajadores, al que perteneció LOMBROSO), e incluso históricos, astrológicos y espiritistas. En total, mas de seiscientas publicaciones[933].

La aportación principal de LOMBROSO a la Criminología no reside tanto en su famosa tipología (donde destaca la categoría del «delincuente nato») o en su teoría criminológica[934], como en el método que utilizó en sus investigaciones: *el método empírico*. Su teoría del delincuente nato fue formulada a la vista de los resultados de más de cuatrocientas autopsias de delincuentes y seis mil análisis de delincuentes vivos; y el atavismo que, a su juicio, caracteriza al tipo criminal parece contó con el estudio minucioso de veinticinco mil reclusos de cárceles europeas[935].

Desde un punto de vista tipológico[936], distinguía LOMBROSO seis grupos de delincuentes: el «nato» (atávico), el loco moral (morbo), el epiléptico, el loco, el ocasional y el pasional; tipología que enriquecería, posteriormente, con el examen

---

[931]　Los nuevos Horizontes, cit., págs. 250 a 252. Los subrayados son míos.

[932]　Para una reseña bibliográfica sobre C. LOMBROSO, vid. GARCÍA-PABLOS DE MOLINA, A., *Tratado de Criminología*, cit., pág. 378; también: MARVIN E. WOLFGANG, «Cesare Lombroso», en: *Pioneers in Criminology*, cit., págs. 168 y ss.

[933]　Una sistematización de la prolija obra de LOMBROSO, en: RODRÍGUEZ MANZANERA, L., *Criminología*, cit, pág. 254; MARVIN E. WOLFGANG, en: Cesare Lombroso, cit., págs. 225 y 226.

[934]　En el pensamiento lombrosiano influyeron varios autores, especialmente: COMTE, DARWIN, VIRCHOW y HAECKEL. Pero, en todo caso, LOMBROSO es tributario del clima científico y cultural de su época: del positivismo francés, del materialismo alemán y del evolucionismo inglés. Cfr., MARVIN E. WOLFGANG, en: Cesare Lombroso, *Pioneers*, cit., págs. 170 a 182.

[935]　Vid., RODRÍGUEZ MANZANERA, L., *Criminología*, cit., pág. 274.

[936]　La tipología lombrosiana se consolida en la cuarta edición del «*L'uomo delinquente*», 1889, Torino (Bocca), dos volúmenes (1ª edición, 1876, Milano, Hoepli, un volumen). Manteniendo que la *tipología* lombrosiana supone una de las aportaciones más relevantes –y siempre actual- del pensamiento lombrosiano, SERRANO MAILLO, A., Introducción a la Criminología, cit., pág. 99, nota 102 (y bibligrafía allí citada). Sobre la tipología lombrosiana, vid., por todos:

de la criminalidad femenina («*La Donna Delinquente*»)[937] y el delito político («*El crimen político y las revoluciones*»). En todo caso, LOMBROSO mitigaría sus iniciales planteamientos tipológicos con su obra, de madurez, «*El crimen, causas y remedios*», obra que implica el reconocimiento de la trascendencia de factores sociales y exógenos en el delito[938].

En cuanto a la teoría lombrosiana de la criminalidad, ocupa un lugar destacado[939] la categoría del delincuente «nato», esto es, una subespecie o subtipo humano (entre los seres vivos superiores pero sin alcanzar el nivel superior del «*homo sapiens*»), degenerado, atávico[940] (producto de la regresión y no de la evolución de las especies), marcado por una serie de «estigmas» que le delatan e identifican y se transmiten por vía hereditaria. LOMBROSO inició sus investigaciones antropológicas a raíz de los hallazgos que creyó encontrar al examinar el cráneo de un conocido delincuente («una larga serie de anomalías atávicas, sobre todo

---

LANDECHO, C.Mª.S.J., La tipificación lombrosiana de delincuentes, I, 2004, Edit. por la UNED (Presentación de Serrano Maillo, A.).

[937] LOMBROSO, C. y FERRERO, G., *La Donna Delinquente, La Prostituta e la Donna Normale*, Torino (Bocca), 1903. Al parecer, LOMBROSO no concibió a la mujer criminal como un subtipo autónomo y sui generis, pero sus ideas al respecto eran muy significativas. A su juicio, la forma natural de regresión en la mujer es la prostitución, no el crimen. La prostitución sería un fenómeno atávico específico de la mujer, sucedáneo y sustitutivo de la criminalidad. Los estigmas degenerativos del delincuentes «nato» se encontrarían con más facilidad en las prostitutas que en el resto de la población femenina. Por ello la mujer delinque menos. Pero, por ello, también, la mujer delincuente «nato» es según LOMBROSO mucho más temible que su homónimo masculino. Cfr., MARVIN E. WOLFGANG, CESARE LOMBROSO, en: *Pioneers*, cit., págs. 191 y 192.

[938] LOMBROSO dio importancia, también, al factor «clase social», contraponiendo la criminalidad «violenta» de las clases sociales bajas y la criminalidad astuta, fraudulenta, propia de las clases privilegiadas. Un célebre pasaje de la obra citada —difícilmente conciliable con la ideología política (socialista) del autor— justifica tal contraposición invocando la superioridad de aquellas últimas —por ser clases hiperevolucionadas— mientras las clases sociales deprimidas representarían el pasado y la brutalidad atávica. Semejante contradicción se aprecia, también, en el socialista FERRI (vid., el notable paralelismo entre: *El crimen, sus causas y remedios*, Boston, 1913, Little Brown, pág. 52, y: *Los Nuevos horizontes del Derecho y el Procedimiento Penal*, cit., págs. X, 6 y 250 a 252).

[939] No obstante —y por influencia de FERRI— LOMBROSO fue restando importancia progresivamente al tipo de «delincuente nato». En un principio, mantuvo que éste representaría entre un 65 y un 70% del total de la criminalidad. El porcentaje se reduciría a un 40% en la última edición de L'uomo delinquente. En su obra de madurez (El crimen, sus causas y remedios) sostuvo el autor que una tercera parte de los criminales pertenecen a la categoría de «delincuentes natos».

[940] La descripción del delincuente «nato» como tipo inferior, atávico y degenerado, en: *L'uomo delinquente*, 5ª ed., I, págs. 59 y ss.; y 62 a 68. La obra termina con esta afirmación: «Por tanto, el delito se nos presenta como un fenómeno natural». La idea del «atavismo» o regresión de las especies a un nivel filogenético del desarrollo muy anterior había sido ya formulada, entre otros, por DARWIN (*Descent of Man*, 1881, 2ª ed., pág. 137) y es retomada por LOMBROSO con ocasión de ciertos estudios antropométricos realizados por éste.

una enorme foseta occipital media y una hipertrofia del verme, análoga a la que se encuentra en los vertebrados inferiores»)[941]. Y basó el «atavismo» o carácter regresivo del tipo criminal en el examen del comportamiento de ciertos animales y plantas, en el de tribus primitivas y salvajes de civilizaciones aborígenes e, incluso, en ciertas actitudes de la psicología infantil profunda[942].

> A su juicio, el delincuente padece una serie de estigmas degenerativos corporales, psico-lógicos y sociales (frente huidiza y baja, gran desarrollo de los arcos supraciliares, asimetrías craneales, fusión de los huesos atlas y occipital, gran desarrollo de los pómulos, orejas en forma de asa, tubérculo de DARWIN; uso frecuente de tatuajes, notable analgesia o insensi-bilidad al dolor, inestabilidad afectiva, uso frecuente de una determinada jerga o lenguaje, altos índices de reincidencia, etc.)[943].

En su teoría de la criminalidad, LOMBROSO interrelaciona el atavismo, la locura moral y la epilepsia: el criminal nato es un ser inferior, atávico, que no ha evolucionado; igual que un niño o un loco moral, falto aún de la necesaria apertura al mundo de los valores; individuo que, además, padece alguna forma de epilepsia, con sus correspondientes lesiones cerebrales[944].

La tesis lombrosiana ha sido muy criticada desde los más variados puntos de vista[945]. Se reprocha a LOMBROSO su particular evolucionismo, carente de toda base empírica, ya que ni el comportamiento de otros seres vivos es extrapolable al hombre, ni siquiera se ha demostrado la existencia de tasas superiores de cri-minalidad entre las tribus primitivas, sino todo lo contrario[946]. Suele censurar-se, también, el supuesto carácter atávico que asigna LOMBROSO al delincuente nato y el significado que LOMBROSO atribuye a los «estigmas», a su entender, degenerativos. No parece que exista correlación necesaria alguna entre los estig-mas y una tendencia criminal[947]. No es difícil encontrar en cualquier individuo

---

[941] LOMBROSO, C., Discours d'Ouverture du VIe Congrès d'Antropologie Criminelle, en: Anna-les Internationales de Criminologie, 6 Anne, 2° Sem., Paris, 1867, págs. 557 y ss. Cómo creyó confirmar este «descubrimiento» al estudiar, después, a Verzeni (un sádico y violador) y a Misdea (soldado epiléptico y asesino), en: MARVIN E. WOLFGANG, Cesare Lombroso, cit., págs. 184 y 185.

[942] Para una exposición y crítica del singular «evolucionismo» lombrosiano, vid., BONGER, W., Introducción a la Criminología, cit., págs. 116 y ss.

[943] LOMBROSO, C., L'uomo delinquente, cit., 1897 (5ª Ed.), I, págs. 388 a 568. Sobre los estig-mas y retrato robot lombrosiano del delincuente nato, vid.: MARVIN E. WOLFGANF, Cesare Lombroso, cit., págs. 186 y ss.; MARTÍN GARCÍA, ALICIA, «Antecedentes en el estudio de la delincuencia» (en: Delincuencia. Teoría e Investigación), cit., págs. 34 y ss.

[944] Sobre la teoría lombrosiana, vid., RODRÍGUEZ MANZANERA, L., Criminología, cit., pág. 271. Cfr., GARCÍA-PABLOS DE MOLINA, A., Tratado de Criminología, cit., págs. 389 y ss.

[945] Un resumen de dichas críticas, en: GARCÍA-PABLOS DE MOLINA, A., Tratado de Crimino-logía, cit., págs. 393 y ss.

[946] Vid. BONGER, W., Introducción a la Criminología, cit., págs. 116 a 120.

[947] Vid. BONGER, W., Introducción a la Criminología, cit., págs. 123 y ss.

alguno de estos rasgos, sin que ello tenga una explicación atávica y ancestral, ni, mucho menos, criminógena. Por el contrario, es una evidencia que ni todos los delincuentes padecen tales anomalías ni los no delincuentes están libres de ellas. No existe, pues, el «tipo criminal», de corte antropológico, diferente de cualquier otro individuo no delincuente, dotado de determinadas señas de identidad que le delaten. Ni es correcto examinar el crimen desde la sola óptica del autor, prescindiendo de la relevancia de factores exógenos, sociales, etc.

b) La sociología criminal de FERRI.- Ferri (1856-1929), por su parte, representa la directriz sociológica del positivismo[948].

Profesor universitario, abogado célebre, político militante (también del Partido Socialista de los Trabajadores, del que fue cofundador) y reputado científico, suele ser considerado el «padre de la moderna Sociología Criminal». Fundó la revista «La Scuola Positiva», órgano difusor del positivismo criminológico italiano, y la conocida «Avanti», portavoz del ideario socialista.

La mentalidad positivista aparece ya en la primera obra de FERRI, su tesis doctoral, en la que rechaza el libre albedrío, calificando éste de mera «ficción»[949]. Pero tal determinismo, incompatible con las enseñanzas de su maestro CARRARA (un clásico), no mereció aún el total reconocimiento por parte de LOMBROSO, quien no le consideró suficientemente positivista[950]. Le faltaba, al parecer, dominar un determinado método de investigación. La estancia de FERRI en París, con el antropólogo QUATREFAGES, le permitió analizar el ingente trabajo y materiales de los «estadísticos morales», así como familiarizarse con las concepciones antropológicas, que avivaron su admiración por LOMBROSO. Desde entonces, visitará cárceles y examinará cráneos, como éste, comprendiendo las excelencias del método «positivo», esto es, de la observación empírica, del análisis de los hechos, de la experimentación, único método, a su juicio, «científico» que debiera sustituir al silogismo y a la deducción académica de los «clásicos»[951]. FERRI es justamente conocido por su equilibrada teoría de la criminalidad (equilibrada a pesar de su

---

[948] Una reseña bibliográfica sobre FERRI, en: GARCÍA-PABLOS DE MOLINA, A., *Tratado de Criminología*, cit., pág. 398, nota 148.

[949] *La negazione del libero arbitrio e la teorica dell'imputabilita*, 1877.

[950] Vid., FERRI, E., «Polémica in difesa della Scuola criminale positiva», 1886. Reimpresión en: Studi sulla criminalità ed altri saggi, cit., págs. 234 a 239 y 245 y ss. Después de su estancia en Paris, FERRI reconoció «haber digerido y asimilado kilos de estadísticas criminales y de realizar, además, los oportunos estudios antropológicos ...», esto es, su «conversión al método positivo» (op. cit., pág. 149).

[951] FERRI es uno de los principales teóricos del método positivo y critico respecto al pensamiento abstracto-formal y deductivo de los clásicos. Vid., del autor, «Il metodo nel Diritto Criminale», en: La Scuola Positiva, 1929, págs. 116 y ss.

matización sociológica), por su programa ambicioso político-criminal (sustitutivos penales) y por su tipología criminal, asumida por la Scuola Positiva[952].

Reprocha FERRI a los «clásicos» que renuncien a una teoría de la génesis de la criminalidad, conformándose con partir de la constatación fáctica de ésta, una vez que se ha producido. Y propugna, en su lugar, un estudio «etiológico» del crimen, orientado a la búsqueda científica de sus «causas»[953].

Para FERRI, el delito no es producto exclusivo de ninguna patología individual (contra la tesis antropológica de LOMBROSO), sino —como cualquier otro suceso natural o social— resultado de la acción de factores diversos: individuales, físicos y sociales. Distinguió, a tal efecto, factores *antropológicos* o individuales (constitución orgánica del individuo, constitución psíquica del mismo, caracteres personales de éste como raza, edad, sexo, estado civil, etc.), factores *físicos* o *telúricos* (clima, estaciones, temperatura, etc.) y factores *sociales* (densidad de la población, opinión pública, familia, moral, religión, educación, alcoholismo, etc.)[954]. Entiende, pues, que la criminalidad es un fenómeno social más, que se rige por su propia dinámica[955]; de modo que el científico podría predecir el número exacto de delitos, y la clase de éstos, que van a producirse en una determinada sociedad y en un momento concreto, si contase con todos los factores individuales, físicos y sociales antes citados y fuera capaz de cuantificar la incidencia de cada uno de ellos. Porque, bajo tales premisas, no se comete ni un delito más ni un delito menos (ley de la «saturación criminal»)[956].

No menos célebre es la teoría de los «sustitutivos penales», con la que sugiere FERRI un ambicioso programa político-criminal de lucha y prevención del delito prescindiendo del Derecho Penal[957]. Su planteamiento es el siguiente: el delito es un fenómeno social, con una dinámica propia y etiología específica, en la que predominan los factores «sociales». En consecuencia, la lucha y prevención del delito

---

[952] El propio FERRI, E., sintetizó así su aportación a la Criminología (vid.: *Principii di Dirito Criminale*, 1928, Torino (Utet), XVI, Cfr., GARCÍA-PABLOS DE MOLINA, A., *Tratado de Criminología*, cit., págs. 402 y ss.

[953] FERRI, E., *Los nuevos horizontes del Derecho Penal y de Procedimiento*, Madrid, 1887, Góngora, (Introducción), IX y páginas 248-249. Por ello entona su célebre «oración fúnebre por el Derecho Penal clásico». (op. cit., pág. 23).

[954] Vid., FERRI, E., *Los nuevos horizontes*, cit., págs. 217 a 219. FERRI, no obstante, pone el acento en los factores sociales por la mayor relevancia «etiológica» de los mismos, y por tratarse de los más accesibles al legislador que puede neutralizarlos (op. cit., págs. 220 y 221).

[955] FERRI, E., *Los nuevos horizontes*, cit., págs. 233 y ss.

[956] Sobre dicha «Ley de la saturación», siguiendo en parte las tesis de QUETELET, vid., FERRI, E., *Los nuevos horizontes*, cit., págs. 228 y ss.

[957] Vid., FERRI, E., «Dei sostitutivi penali», en: Archivio di Psichiatria, I, 1880 (Lección inaugural); también, en: *Los nuevos horizontes*, cit., págs. 247 y ss (especialmente, 270 a 303). Cfr. GARCÍA-PABLOS DE MOLINA, A., *Tratado de Criminología*, cit., págs. 407 y ss.

debe llevarse a cabo a través de una acción realista y científica de los poderes públicos que se anticipe a aquél, e incida con eficacia en los factores (especialmente en los factores sociales) criminógenos que lo producen, en las más diversas esferas (económica, política, científica, legislativa, religiosa, familiar, educativa, administrativa, etc.), neutralizando dichos factores.

La pena, según FERRI sería, por sí sola, ineficaz, si no va precedida y acompañada de las oportunas reformas económicas, sociales, etc., orientadas por un análisis científico y etiológico del crimen. De ahí que el autor propugne, como instrumento de lucha contra el delito, no el Derecho Penal convencional sino una Sociología Criminal integrada, cuyos pilares serían la Psicología Positiva, la Antropología Criminal y la Estadística Social[958].

En cuanto a la «tipología» de FERRI, baste con recordar que parte de la existencia ideal de cinco tipos básicos de delincuentes («nato», «loco», «habitual», «ocasional» y «pasional») —a la que añadirá la categoría del delincuente «involuntario» («imprudente» en nuestra terminología actual)—[959], si bien admite la frecuente combinación en la vida cotidiana de características de los respectivos tipos en una misma persona, lo que otorga a su tipología una saludable flexibilidad.

> Una última reflexión política obliga a resaltar las contradicciones y debilidades de FERRI, autor que dijo de sí mismo haberse sentido «marxista»[960], y la proclividad totalitaria de algunas tesis positivistas. FERRI lamentó siempre el excesivo «individualismo» de los clásicos, y su continua remisión a los «derechos del individuo» (delincuente), en detrimento de la defensa eficaz de la sociedad. Propugnó, como buen positivista, las excelencias del orden social (del orden social de la burguesía naciente, en definitiva) y la necesidad de su defensa a ultranza[961], a costa si fuera imprescindible del sacrificio de los derechos individuales, de la seguridad jurídica e incluso de la propia humanidad de las penas. De ahí su ingenua

---

[958] FERRI, E., *Los nuevos horizontes*, cit., pág. 400. «La Justicia criminal del futuro —decía el autor— ha de administrarse por jueces que tengan suficientes conocimientos no de Derecho Civil o Romano, sino de Psicología, de Antropología y de Psiquiatría. Que puedan llevar a cabo una profunda discusión científica sobre el caso concreto, en lugar de invocar brillantes logomaquias. El análisis y solución de cada supuesto real es un problema «científico», que debe abordarse con criterios de esta clase (psiquiátricos, antropológicos, etc.) y no jurídico-formales, como si de un contrato privado se tratase, concluye FERRI (vid., *Studi sulla criminalita ad altri saggi*, cit., págs. 216 a 233).

[959] El legado lombrosiano es patente en la teoría de FERRI. Así, y según éste, las investigaciones antropológicas habrían demostrado que el hombre delincuente ... constituye «una variedad antropológica ... completamente diversa del tipo normal del hombre sano, adulto y civilizado»; .. «un salvaje perdido en nuestra civilización... que reproduce los caracteres orgánicos y psíquicos de la humanidad primitiva». (Vid., *Los nuevos horizontes*, cit., págs. 127 y 128). De hecho, FERRI mantuvo la existencia de estigmas físicos y psíquicos en los diversos subtipos de delincuentes (op. cit., págs. 130 a 132).

[960] FERRI, E., *Difesa penali*, I., pág. 8. Cfr., SELLIN, Th., «E. Ferri», en: *Pioneers in Criminology* (London, 1960, Stevens/Sons Limited), págs. 289 y ss.

[961] Precisamente, la eficaz defensa de la sociedad, a toda costa, sería la «razón histórica» de la Scuola Positiva. Vid. FERRI, E., *Los nuevos horizontes*, cit., x. El autor contrapone la «lucha

confianza en el régimen fascista (en cuanto que reforzaría el principio de autoridad, freno del invidualismo liberal); su preferencia por el sistema de medidas de seguridad (libres del formalismo y obsesión por las garantías individuales de los juristas)[962] y por la sentencia indeterminada; su hostilidad hacia el sistema del jurado (FERRI pretendía una administración técnica y profesionalizada)[963] e incluso la admisión, aunque matizada, de la pena de muerte[964].

c) El positivismo moderado de GARÓFALO.- GARÓFALO (1852-1934). Buena parte del éxito y difusión de la Scuola Positiva se debe a la prudencia y buen hacer de GARÓFALO, jurista, magistrado, políticamente conservador, quien supo reformular los postulados de la Scuola Positiva pensando, ante todo, en la mejor difusión de los mismos y su posible recepción por las leyes, sin dogmatismos ni excesos doctrinarios[965].

Fiel a las premisas metodológicas del positivismo (método empírico), la moderación y el equilibrio caracterizó, no obstante, el pensamiento de GARÓFALO[966], que equidistó tanto de la antropología lombrosiana como del sociologismo de FERRI. Veamos los tres aspectos fundamentales del mismo: su concepto del «delito natural», su «teoría de la criminalidad» y el «fundamento» del castigo o teoría de la pena en el pensamiento del autor.

Según GARÓFALO, sus correligionarios positivistas se habían esforzado por describir las características del delincuente, del criminal, en lugar de definir el propio concepto de «crimen» como objeto específico de la nueva disciplina (Criminología). GARÓFALO, por ello, pretendió aportar una categoría, privativa de la Criminología que permitiría, a su juicio, delimitar autónomamente el objeto de ésta más allá de la exclusiva referencia al sujeto o a las definiciones legales.

---

contra el delito» (misión del positivismo) y la «lucha contra el castigo» (cometido histórico del «garantismo» clásico) (op. cit., págs. 4 y ss.).

[962] FERRI era partidario de un Código preventivo «a medio y largo plazo mucho más eficaz que los arsenales punitivos».., «porque la estadística nos prueba que las penas tienen una resistencia infinitesimal contra el choque de la criminalidad, cuando en el ambiente social se han desarrollado los gérmenes ...» (*Los nuevos horizontes*, cit., pág. 303).

[963] FERRI, E., *Los nuevos horizontes*, cit., pág. 239. Cfr., GARCÍA-PABLOS DE MOLINA, A., *Tratado de Criminología*, cit., pág. 405, De ideas semejantes participaba LOMBROSO.

[964] FERRI, como LOMBROSO, era partidario de la pena de muerte, tanto por su función ejemplar, como de «selección» (al eliminar la «raza criminal»). Pero lamentaba su escaso impacto disuasorio o intimidatorio debido, según FERRI, a su parca aplicación. Vid., *Los nuevos horizontes*, cit., págs. 378 y 381.

[965] Para una reseña bibliográfica sobre GARÓFALO, vid., GARCÍA-PABLOS DE MOLINA, A., *Tratado de Criminología*, cit., pág. 410, nota 214.

[966] Las principales obras de GARÓFALO, R., son: *Criminología*, 1885, Nápoles (se cita, 2ª Ed., Turin, 1891); *Di un criterio positivo della penalità*, Nápoles, 1880; *Ciò che dovrebbe essere un giudizio penale*, Turin, 1882 (Loescher); *Riparazione alle vittime del delitto*, Turin, 1887 (Bocca); *La superstizione socialista*, 1895, Paris (F. Alcan).

Dicha categoría es el «delito natural», con el que apunta a una serie de conductas nocivas «per se», para cualquier sociedad y en cualquier momento, con independencia incluso de las propias valoraciones legales cambiantes[967]. Su definición, sin embargo, decepciona, ya que difícilmente puede elaborarse un catálogo absoluto y universal de crímenes, y menos aún en torno a conceptos tan ambiguos como los de «piedad» y «probidad», prescindiendo de los mandatos penales[968].

La explicación de la criminalidad de GARÓFALO tiene indudables connotaciones lombrosianas, por más que conceda alguna importancia (escasa) a los factores sociales y que exija la contemplación del hecho mismo y no sólo las características de su autor. Niega, ciertamente, la posibilidad de demostrar la existencia de un tipo criminal de base antropológica[969]. Pero reconoce el significado y relevancia de determinados datos anatómicos (el tamaño excesivo de las mandíbulas o el superior desarrollo de la región occipital respecto a la frontal), aunque mitigue o incluso rechace la interpretación lombrosiana de los estigmas. Lo característico de la teoría de GARÓFALO es la fundamentación del comportamiento y del tipo criminal en una supuesta anomalía —no patológica— *psíquica o moral*[970]; se trataría, a su juicio, de un déficit en la esfera moral de la personalidad del individuo, de base orgánica, endógena, de una mutación psíquica (pero no de una enfermedad mental), transmisible por vía hereditaria y con connotaciones atávicas y degenerativas.

GARÓFALO distinguió cuatro «tipos» de delincuentes (el «asesino», el criminal «violento», el «ladrón» y el «lascivo»), siendo, a su juicio, el primero de ellos el más fácil de identificar, incluso por las características del propio hecho[971].

---

[967] GARÓFALO, R., *Criminología* (2ª ed.), págs. 5 y ss. (especialmente: 30) … «la lesión de aquella parte de sentido moral que consiste en los sentimientos altruistas fundamentales: la piedad y la probidad. Además, la lesión ha de ser … en la medida media en que son poseídos por una comunidad y que es indispensable para la adaptación del individuo a la Sociedad». El sentimiento de «piedad» (rechazo de la causación voluntaria de sufrimiento a los demás) y el de «probidad» (respeto a los derechos de propiedad ajenos) integrarían la sensibilidad moral de una sociedad.

[968] En todo caso, el concepto de «delito natural» no implica una manifestación tardía del «ius gentium» como destaca un especialista de la obra de GARÓFALO (ALLEN, F.A., en: «*Pioneers in Criminology*», cit., «GARÓFALO, R.», págs. 257 y 258).

[969] Explícitamente, en: *Criminología*, cit., págs. 101 y ss.

[970] Dicha «anomalía psíquica o moral» consistiría, según GARÓFALO, en el déficit de un adecuado desarrollo de la sensibilidad moral, de vivencias altruistas, defecto orgánicamente condicionado y no mero producto de factores ambientales. Pero no sería una enfermedad mental, sino una «variación psíquica», transmisible por vía hereditaria, que se detecta más frecuentemente en miembros «de ciertas razas inferiores que en las modernas sociedades civilizadas» (*Criminología*, cit., págs. 87 y ss).

[971] Sobre la tipología de GARÓFALO, vid., ALLEN, F.A., «*Garófalo, R.*», cit., en: Pioneers, cit., págs. 264 y ss.

Pero la principal aportación de la Criminología de GARÓFALO (término éste, el de «*Criminología*», que acuñó GARÓFALO, con más éxito que LOMBROSO y FERRI) es su filosofía del castigo, de los fines de la pena y su fundamentación, así como de las medidas de prevención y represión de la criminalidad. Parte el autor de un determinismo moderado que contrasta con la dureza y el rigor penal que el propio GARÓFALO propugna para la eficaz defensa del orden social; orden social al que subordina radicalmente los derechos del individuo. Igual que la naturaleza elimina a la especie que no se adapta al medio, así también el Estado debe eliminar al delincuente que no se adapta a la sociedad y a las exigencias de la convivencia, afirma GARÓFALO[972]. Este defensismo a ultranza le lleva a entender indicada la pena de muerte en ciertas hipótesis (criminales violentos, ladrones profesionales y criminales habituales, en general) y penas de particular severidad, que, a su juicio, forman parte del catálogo o repertorio de penas de un sistema racional (vg. envío del delincuente por tiempo indefinido a colonias agrícolas)[973]. Para GARÓFALO, la pena ha de estar en función de las características concretas de cada delincuente, sin que sean válidos otros criterios convencionales como el de la retribución o expiación, la corrección o incluso la prevención. Descartó, pues, la idea de proporción como medida de la pena, del mismo modo que descartó también, la idea de responsabilidad moral y libertad humana como fundamento de aquélla. Se opuso a la supuesta finalidad correccional o resocializadora del castigo, por considerar que lo impide el sustrato orgánico y psíquico, innato, que subyace en la personalidad criminal. Tampoco estimó acertada la idea de la prevención, como fundamento de la pena, porque, a su juicio, ésta no permite determinar el «*quantum*» del castigo[974].

d) El positivismo criminológico en España.- El positivismo criminológico español está representado, básicamente, por tres autores: DORADO MONTERO, SALILLAS y BERNALDO DE QUIRÓS[975].

DORADO MONTERO (1861-1919) concilia los postulados positivistas y la filosofía correccionalista de gran tradición en nuestro país (GINER DE LOS RIOS, CONCEPCIÓN ARE-

---

[972] GARÓFALO, R., *Criminología*, cit., págs. 61 a 69. La pena de muerte es, para el autor, un mecanismo de selección artificial que sigue el sabio modelo de la naturaleza. Por ello, defendió la pena capital («*contro la corrente*»), haciendo gala de un singular «darwinismo social».

[973] Eficaz defensa de la sociedad y adecuación especial de la pena a la concreta «temibilidad» de cada delincuente, son los pilares de la teoría del castigo de GARÓFALO. Cfr., GARCÍA-PABLOS DE MOLINA, A., *Tratado de Criminología*, cit., págs. 415 y ss.

[974] Sobre el pensamiento de GARÓFALO, Cfr., GARCÍA-PABLOS DE MOLINA, A., *Tratado de Criminología*, cit., págs. 417 y 418.

[975] Sobre el positivismo criminológico en España, vid., GARCÍA-PABLOS DE MOLINA, A., *Tratado de Criminología*, cit., pág. 418 (y bibliografía reseñada a propósito de cada autor).

NAL, LUIS SILVELA, etc.)[976]. Esta última evita, precisamente, que la utopía del autor incurra en los excesos defensistas a que tan proclive fueron otros positivistas. DORADO MONTERO propugnó un Derecho «protector de los criminales»; un nuevo Derecho «tutelar», no represivo[977], dirigido a modificar y corregir la voluntad delictiva individual[978], cuyas causas debían analizarse, científicamente, caso a caso, con ayuda de la Psicología. En su «Pedagodía correccional», los magistrados y abogados serían sustituidos por funcionarios especializados que asumirían competencias judiciales, administrativas y policiales; y, lógicamente, la pena por un tratamiento individualizador[979].

RAFAEL SALILLAS, médico, fue el representante más genuino del positivismo criminológico español, de orientación sociológica[980]. Más que el análisis empírico de la persona del delincuente, preocupó a SALILLAS el estudio del medio o entorno de éste, lo que llevó a cabo sirviéndose de enfoques preferentemente psicológicos y sociológicos. Para SALILLAS, el delincuente no es un subtipo humano, atávico y degenerado, sino una criatura del medio en que vive, producto de éste; la «raíz inmediata» del delito, afirmaba el autor, se halla en la constitución psíquica y orgánica del delincuente; pero su «raíz mediata» o «causa fundamental» está en el medio físico y social que conforman la propia psiquis de aquél[981]. De sus obras cabe destacar: «*La vida penal en España*»; «*El delincuente español: el lenguaje*» y «*Hampa*», *La teoría básica (biosociologia)*, etc.

Por último, CONSTANCIO BERNALDO DE QUIRÓS, más criminólogo que jurista[982], fue discípulo de GINER DE LOS RÍOS en cuyo laboratorio de Criminología se inició, colaborando, después, en los Anales que dirigió SALILLAS. Empleó un método de trabajo inequívocamente empírico en sus investigaciones sobre la criminalidad de su tiempo, y, de modo muy particular, el crimen de los «bajos fondos», el «bandolerismo andaluz» y la «delincuencia de sangre», destacando la importancia de los factores antropológicos y sociológicos. Entre sus obras merecen una mención especial: «*Las nuevas teorías de la criminalidad*»; «*La mala vida en Madrid*»; «*Criminología de los delitos de sangre en España*»; «*Criminología del campo andaluz: el bandolerismo en Andalucía*», etc.

---

[976] Como advierte RIVACOBA Y RIVACOBA, M., en: *El centenario del nacimiento de Dorado Montero*, 1962 (Santa Fe), págs. 85 y ss.

[977] Según DORADO MONTERO, la Justicia penal se halla en crisis y el Derecho Penal retributivo «camina hacia su tumba». Es necesario un nuevo Derecho «preventivo», correccional, construido sobre bases positivistas (Del Derecho Penal represivo al preventivo, en: *Derecho protector de los criminales*, 1915, Madrid, I, págs. 316 y ss.).

[978] Para el autor —a diferencia de las tesis positivistas— el delincuente no es un animal salvaje y temible, sino un menor, un ser débil y necesitado de tutela. Por lo que la «odiosa» función penal habría de tornarse preventiva, correccional, educadora y protectora del mismo (*Bases para un nuevo Derecho Penal*, Barcelona, Manuales Gallada, págs. 13 a 18 y 36 y ss.)

[979] En la «Utopía» de DORADO MONTERO el juez se convierte en un auténtico «médico penal» que ejerce la «cura de almas» (*Bases para un nuevo Derecho Penal*, cit., págs. 95 y ss.).

[980] En SALILLAS, como advierte CEREZO MIR, J. (*Curso de Derecho Penal*, cit., pág. 107, nota 110) es más acusada la influencia positivista que la correccionalista.

[981] SALILLAS, R., *Hampa (Antropología picaresca)*, 1898, págs. 375 y ss.

[982] Sobre CONSTANCIO BERNALDO DE QUIRÓS, vid., JIMÉNEZ DE ASÚA, L., *La larga y ejemplar vida de Constancia Bernaldo de Quirós*, en: *El Criminalista*, 2ª serie, V, 1961, Buenos Aires, págs. 231 y ss.

2. Escuelas intermedias y teorías ambientales

Los «estadísticos morales» y el pensamiento de FERRI inauguran una nueva concepción criminológica, que entroncará con la moderna Sociología Criminal después de numerosas vicisitudes. Siguiendo un criterio lógico y cronológico, merecen una mensión especial, en primer lugar, la denominada Escuela de Lyon (del «milieu»), radicalmente opuesta a las tesis lombrosianas y crítica del positivismo; en segundo lugar, los planteamientos eclécticos de la «Terza Scuola» italiana, de la Joven Escuela Alemana sociológica o de Política Criminal, y de la denominada «Defensa Social», que significan un dualismo moderado de base sociológica.

a) La Escuela de «Lyon» y las teorías ambientales[983].

Llamada, también, Escuela Antroposocial o Criminalsociológica, estaba integrada fundamentalmente por médicos. Influyó, de modo decisivo, en la misma la escuela del químico PASTEUR, de ahí que sus representantes (LACASSAGNE, AUBRY, etc.)[984] acudan con frecuencia al símil del microbio, para explicar la trascendental importancia del medio social[985] o entorno en la génesis de la delincuencia:

«El microbio es el criminal, un ser que permanece sin importancia hasta el día en que encuentra el caldo de cultivo que le permite brotar»[986].

LACASSAGNE (1843-1924), a quien se atribuye la máxima: «las sociedades tienen los criminales que se merecen»[987] (para resaltar la importancia del medio

---

[983] Sobre la Escuela de Lyon, vid.: BONGER, W., *Introducción a la Criminología*, cit., págs. 137 y ss; HERING, K.H., *Der Weg der Kriminologie zur selbständigen Wissenschaft*, cit., págs. 93 y ss.; RODRÍGUEZ MANZANERA, L., *Criminología*, cit., págs. 324 y ss.; GARCÍA-PABLOS DE MOLINA, A., *Tratado de Criminología*, cit., págs. 426 y ss.

[984] Son considerados, también, como representantes de esta escuela: MARTIN Y LOCARD, BOURNET Y CHASSINAND, COUTAGNE, MASSENET, MANOUVRIER, LETOURNEAU, TOPINARD, etc. El órgano difusor de esta Escuela fue la revista «Archives de L'Antropologie criminelle et des sciences penales», fundada por LACASSAGNE Y TARDE en 1886 (que aparecería bajo diversas cabeceras).

[985] La Escuela de Lyon, que nada tiene que ver con los sociólogos estadísticos, demostró un gran conocimiento de las «causas sociales» del crimen, eso si, bajo la influencia de un acusado realismo radical o materialismo social. Cfr., GARCÍA-PABLOS DE MOLINA, A., *Tratado de Criminología*, cit., pág. 426, nota 5.

[986] LACASSAGNE, A., *Actes du Premièr Congrés International d'Antropologie Criminelle*, pág. 166. «Creemos —añadía el autor— que el delincuente, con sus características antropométricas y las demás, solo tiene una importancia muy secundaria. Además todas esas características se pueden encontrar en gentes absolutamente honestas».

[987] LACASSAGNE, A., Ibidem, pág. 167. LOCARD, discípulo de LACASSAGNE, añadiría: «las sociedades tienen la Policía que se merecen». Cfr., RODRÍGUEZ MANZANERA, L., *Criminología*, cit., pág. 325.

social), distinguió dos clases de factores criminógenos[988]: los «predisponentes» (por ejemplo, de carácter somático), y los «determinantes» (los «sociales», decisivos)[989], clasificación que corresponde a la efectuada por AUBRY (factores predisponentes, como la herencia, y factores transmisores del «contagio», como la educación, la familia, etc)[990].

Reconoce LACASSAGNE que el hombre delincuente presenta más anomalías corporales y anímicas que el hombre no delincuente[991], pero estima que éstas son producto del medio social[992] y, en todo caso, no explican el crimen sin el concurso del adecuado entorno, como lo demuestra el hecho de que se encuentran, también, en no criminales. En la aparición de tales anomalías juega un papel decisivo la pobreza, la miseria: las condiciones socioeconómicas[993]. Ahora bien, LACASSAGNE —contra LOMBROSO— entiende que no son dichas anomalías las que «hacen» al delincuente, sino la relación siempre cambiante del sistema nervioso central del individuo y el medio social que se traduce en imágenes más o menos equilibradas del cerebro[994].

Para LACASSAGNE cabe hablar de tres clases de hombres, de acuerdo con otras tantas «topografías cerebrales»; esto es, según el emplazamiento en el cerebro de las tres funciones básicas del ser humano: las intelectivas (región frontal), las afectivas (occipital) y las volitivas (parietal). La preponderancia —el desequilibrio, en definitiva— de una u otra zona permitiría hablar entonces de un delincuente frontal, parietal u occipital; o de una criminalidad de los afectos, de la acción, etc.[995]

---

[988] LACASSAGNE, A., «*La criminalité comparée des villes et des campagnes*», en: Bulletin de la Societè d'Antropologie de Lyon, Lyon, 1882, págs. 7 y ss. Según el autor, el delincuente presenta más «anomalías» físicas y psíquicas que el no delincuente, pero unas y otras serían consecuencia del medio social (vid. Actas del 1er Congreso Internacional de Antropología, págs. 165 y 166).

[989] LACASSAGNE estudió, también, la incidencia criminógena de las condiciones socioeconómicas («*Marche de la criminalité en France de 1825 a 1880*, en: Révue Scientifique, 28, 1881, págs. 674 y ss.), manteniendo que existiría una correlación estadística clara entre los cambios en las estructuras económicas (vg. precios productos primera necesidad) y la criminalidad patrimonial. En otra obra («*La criminalitè comparèe ...*, cit.) examinó la distinta etiología de la criminalidad rural y la urbana.

[990] La importancia que la Escuela de Lyon confiere al medio social no debe confundirse con la teoría «*situacional*» que esgrime la llamada Escuela Clásica. Para esta última no hay diferencia cualitativa alguna entre delincuentes y no delincuentes, mientras la Escuela de Lyon reconoce un fondo *patológico* o *estado morboso individual* en el delincuente, si bien de muy inferior rango etiológico (criminógeno) que el medio o entorno. Distinguiendo ambos enfoques (teoría clásica de la ocasión y teoría del medio): BERNALDO DE QUIRÓS, Cfr., RODRÍGUEZ MANZANERA, L., *Criminología*, cit., págs. 325 y ss.

[991] Vid. HERING K. H., Der Weg der Kriminologie, cit., pág. 98.

[992] LACASSAGNE en: Actas del 2.º Congreso, cit., pág. 165 y 166; y del 1.º, págs. 176 y ss. Cfr. HERING, K. H., Der Weg der Kriminologie, cit., pág. 98.

[993] Cfr. HERING, K. H., Der Weg der Kriminologie, cit., pág. 98.

[994] Vid. LACASSAGNE, Marche de la criminalité en France, cit., supra (nota 14), pág. 674 y 683; también, en: prólogo a la obra de LAURENT, pág. v y ss.

[995] Vid. RODRÍGUEZ MANZANERA, L., Criminología, cit., pág. 325; HERING, K. H., Der Weg der Kriminologie, cit., págs. 98 y 99.

LACASSAGNE contempló, también, la influencia criminógena de las condiciones socioeconómicas en su artículo: «Marche de la criminalité en France de 1825 a 1880»[996], llegando a la conclusión de que, en términos estadísticos, existe una clara correlación entre los delitos contra el patrimonio y los cambios operados en las estructuras económicas. A su juicio, una representación gráfica del volumen y frecuencia de los primeros comparada con el crecimiento de los precios de ciertos productos de primera necesidad evidenciaría un paralelismo absoluto en las respectivas curvas. En un segundo trabajo publicado en 1882 —«La criminalité comparée des villes et de campagnes»[997]— examinó la distinta incidencia criminógena de los factores económicos en la criminalidad urbana y en la rural; la comparación de las curvas de una y otra demostraría, a su entender, que existen, además, otros factores criminógenos, y que el fenómeno delictivo tiene, en cada caso, su propia etiología[998].

La importancia trascendental que la Escuela francesa de Lyon atribuye al medio social no ha de confundirse con la teoría situacional de la criminalidad que profesaba la Escuela Clásica.

Como advierte BERNALDO DE QUIRÓS, «no se trata de la teoría clásica de la ocasión; pues un mayor número de personas en quienes el sentido de la probidad está arraigado no sienten la tentación, y otras la sienten, mas la resisten y vencen. El vencido, en cambio, lleva siempre la huella por imperceptible que sea, de un estado morboso particular. Pero tampoco bastaría éste para el delito si el ambiente social no lo excitara. Por otra parte, a menudo, el extremo del lucro, exigido por los juristas para el delito, falta»[999].

Dicho de otro modo: para los clásicos, no existe diferencia cualitativa alguna entre el hombre delincuente y el no delincuente (principio de igualdad). El crimen es producto de un acto supremo de libertad individual (dogma del libre albedrío) y la concreta opción delictiva, explicable por factores estrictamente situacionales (la ocasión). La Escuela de Lyon, sin embargo, reconoce un fondo patológico o estado morboso individual en el hombre delincuente, si bien asigna al mismo un rango etiológico muy secundario (predisposición) en comparación con la relevancia del «medio social» o milieu.

b) Escuelas eclécticas: «Terza Scuola», Escuela Alemana Sociológica, y Escuela de la Defensa Social[1000].

Se trata de una serie de Escuelas que pretenden armonizar los postulados del positivismo con los dogmas clásicos, tanto en el plano metodológico como en el ideológico. No contienen ninguna teoría criminológica (etiológica) original (acuden a la socorrida fórmula de combinar la predisposición individual y el medio ambiente), pero interesan porque abordan problemas esenciales para la reflexión criminológica o conexos. Así, por ejemplo: el del libre albedrío, finalidad del casti-

---

[996]   En: Révue Scientifique, 28, 1881, págs. 674 y ss.

[997]   En: Bulletin de la Societé d'Antropologie de Lyon, Lyon, 1882, págs. 7 y ss.

[998]   Op. cit., págs. 20 y ss. LACASSAGNE admitió, también, la incidencia etiológica del factor climático, al constatar un acusado incremento de los delitos de sangre en los países meridionales y durante los años más calurosos, por ejemplo, si bien, a su juicio, dicho factor sólo podría explicar —y no satisfactoriamente— una pequeña parte del problema. Cfr. HERING, K. H., Der Weg der Kriminologie, cit., pág. 325.

[999]   Cfr. RODRÍGUEZ MANZANERA, L., Criminología, cit., pág. 325.

[1000]   Vid., en general, MANNHEIM, H., en: *Pioneers*, cit. (Introducción), págs. 29 y ss.; GARCÍA-PABLOS DE MOLINA, A., *Tratado de Criminología*, cit., págs. 438 y ss.

go y de la Administración penal, relación entre disciplinas empíricas y disciplinas normativas, conflicto entre las exigencias formales y garantías del individuo y las de la defensa del orden social (Derecho Penal y Política Criminal), funciones y límites de la lucha y prevención del crimen, etc.

a") Sirva de ejemplo la «*Terza Scuola*» (sus representantes más significativos son: ALIMENA, CARNEVALE, IMPALLOMENI, etc.), cuya actitud de síntesis o compromiso se refleja en los siguientes postulados[1001]: nítida distinción entre disciplinas empíricas (método experimental) y disciplinas normativas (que requerirían un método abstracto y deductivo); contemplación del delito como producto de una pluralidad de factores, endógenos y exógenos, muy compleja; sustitución de la tipología positivista por otra más simplificada, que distingue entre delincuentes «ocasionales», «habituales» y «anormales»; dualismo penal o uso complementario de penas y medidas, frente al monismo clásico (monopolio de la pena retributiva) o al positivismo (exclusividad de las medidas); actitud ecléctica respecto al problema del libre albedrío, conservando la idea de la responsabilidad moral como fundamento de la pena, y la de temibilidad, del de la medida; actitud de compromiso, también, en cuanto a los fines de la pena, aunando las exigencias de retribución y las de corrección del delincuente. El positivismo «crítico» de ALIMENA refleja de modo significativo el papel que la «Terza Scuola» asigna a la Criminología, y la autocomprensión de nuestra disciplina en sus relaciones con otras; para el autor, el Derecho Penal no puede ser absorbido por la Sociología (contra la tesis de FERRI y otros positivistas), pero conviene enriquecer el examen dogmático de la criminalidad con la perspectiva de disciplinas no jurídicas, como la Antropología, la Sociología, la Estadística y la Psicología[1002].

b") *La Escuela de Marburgo*: F. V. LISZT. Importante es también la Escuela de Marburgo, o Joven Escuela Alemana de Política Criminal (su portavoz más conocido fue F. V. LISZT, fundador, junto con PRINS y VAN HAMEL, de la Asociación Internacional de Criminalística, asociación que, desligada de las disputas de «escuela», pretendió «resaltar la necesidad, para el criminalista, de investigaciones sociológicas y antropológicas», tomando como tarea común «la investigación científica del crimen, de sus causas y de los medios para combatirlo»)[1003].

[1001] CARNEVALE, E., «*Una terza Scuola di Diritto Penale in Italia*», en: Rivista di discipline carcerarie, 1891. Cfr., MANNHEIM, H., en: *Pioneers*, cit., pág. 29.

[1002] ALIMENA, B., *Note di un criminalista*, 1911, Módena.

[1003] Una reseña bibliográfica sobre esta Escuela, en: GARCÍA-PABLOS DE MOLINA, A., *Tratado de Criminología*, cit., pág. 440, nota 65.

Postulados, en síntesis, de esta Escuela son[1004]: Análisis científico de la realidad criminal, dirigido a la búsqueda de las causas del crimen, en lugar de una contemplación filosófica o jurídica de éste, pues la óptica jurídica, dogmática, es complementaria pero no sustitutiva de la empírica; desdramatización y relativización del problema del libre albedrío, lo que conduce a un dualismo penal que compatibiliza las penas y las medidas de seguridad, basadas, respectivamente, en la culpabilidad y en la peligrosidad; la defensa social se perfila como objetivo prioritario de la función penal, si bien se acentúa la importancia de la prevención especial.

Particular interés tiene la aportación de F.V. LISZT, contenida en su famoso Programa de Marburgo (1882), sobre todo en el ámbito de la Política Criminal y sus bases, porque guarda un saludable equilibrio entre los planteamientos clásicos y liberales y la necesaria apertura al método positivista. La teoría criminológica del autor[1005], paradigmática desde su formulación, no es original ni novedosa: es una tesis plurifactorial, ecléctica, que concede importancia a la predisposición individual y al medio o entorno en la génesis del delito («el delito —afirma F.V. LISZT— es el resultado de la idiosincrasia del infractor en el momento del hecho y de las circunstancias externas que le rodean en ese preciso instante»)[1006]. La idea más sugestiva del planteamiento de F.V. LISZT discurre en el ámbito metodológico y en el político-criminal. El autor sugiere una «Ciencia total o totalizadora» del Derecho Penal, de la que deberían formar parte, además, la Antropología Criminal, la Psicología Criminal y la Estadística Criminal (no sólo la dogmática jurídica), a fin de obtener y coordinar un conocimiento científico de las causas del crimen y combatirlo eficazmente en su propia raíz[1007]. Se aparta, así, F.V. LISZT de los clásicos, que pretendieron luchar contra el crimen sin analizar científicamente sus «causas»; pero se aparta, también, de los positivistas, al conservar intactas las garantías individuales y los derechos del ciudadano que, a su juicio, representa el Derecho Penal («barrera infranqueable de cualquier Política Criminal»)[1008]. F.V.

[1004] Vid., MIR PUIG, S., *Introducción a las bases del Derecho Penal*, cit., págs. 216 y ss.

[1005] F.V. LISZT, rechazó la teoría lombrosiana (*Kriminalpolitische Aufgaben*, 1889, pág. 308) y la ambiental de TARDE, sugiriendo una tesis ecléctica que pondere tanto la influencia del medio como la predisposición individual: un análisis, pues, empírico biológico y sociológico (*Aufsätze und Aufträge*, cit., II, págs. 234 y ss).

[1006] Vid., F.V. LISZT, *Das Verbrechen als soziopathologische Erscheinung*, en: Strafrechtliche Aufsätze und Vorträge, cit., II, pág. 234 (siguiendo la tesis ecléctica de Ferri); y: *Lehrbuch des Deutschen Strafrechts*, 1932 (2ª Ed.), Berlín-Leipzig, págs. 11 y 12.

[1007] F.V. LISZT, *Strafrechtliche Aufsätze und Vorträge*, cit., I, pág. 291. «El siglo XVIII quería combatir el delito sin estudiarlo. El siglo XIX, en cambio (diría el autor) se apoya en la Estadística Criminal y en la Antropología Criminal, es decir, en la investigación científica del delito».

[1008] F.V. LISZT, *Über den Einfluss der soziologischen und anthropologischen Forschungen*, cit., en: Strafrechtliche Aufsätze und Vorträge, II, págs. 80 y 81 (El Derecho Penal como «*Magna Charta*» del delincuente frente al Leviathan, y como «barrera infranqueable» de todo programa social).

LISZT propugnó, también, una concepción «finalista» de la pena (no meramente retributiva) influída por el pensamiento evolucionista[1009].

c") *La Escuela o Movimiento de la Defensa Social*[1010] (representada por GRAMATICA, M. ANCEL, etc.), guarda ciertas semejanzas con las anteriormente citadas. Tampoco aporta una teoría de la criminalidad, ni es una escuela sociológica en sentido estricto, sino una filosofía penal, una política criminal. La idea de la «defensa social» es más antigua, pues surgió en la Ilustración y fue formulada, posteriormente, por PRINS[1011]. Lo específico de esta Escuela («movimiento», según M. ANCEL), es el modo de articular dicha defensa de la sociedad, mediante la oportuna acción coordinada del Derecho Penal, de la Criminología y de la Ciencia Penitenciaria, sobre bases científicas y humanitarias, al propio tiempo, y la nueva imagen del hombre delincuente, realista pero digna, de la que parte[1012]. Según M. ANCEL, la meta codiciada no debe ser el castigo del delincuente, sino la protección eficaz de la sociedad a través de estrategias no necesariamente penales, que partan del conocimiento científico de la personalidad de aquél y sean capaces de neutralizar su eventual peligrosidad de modo humanitario e individualizado. El propósito de «desjuridizar» parcelas del Derecho Penal en aras de una eficaz Política Criminal significa negar a aquél el monopolio de la lucha y prevención del delito, cometidos que debe compartir con otras disciplinas: no el cuestionar por completo su competencia, como hicieran los positivistas cuando propugnaban la sustitución de la pena por la medida, y del Derecho Penal por la Sociología, la Antropología, etc. La «nueva» Defensa Social potencia, por otro lado, la finalidad resocializadora del castigo, compatible con la protectora de la sociedad, precisamente porque profesa una imagen del delincuente, del hombre-delincuente, miembro de la sociedad y llamado a incorporarse a ella de nuevo, que obliga a respetar su identidad y dignidad[1013]. Imagen bien distinta a la del «pecador» (de los clásicos), de la «fiera

---

[1009] F.V. LISZT asume las tesis deterministas del positivismo, y por ello, propugna una pena que se ajuste a la fase actual de evolución biológica de la especie humana. Y siempre en el nuevo marco del Estado «intervencionista». Ibidem.

[1010] Sobre esta «Escuela», vid., BERISTAIN IPIÑA, A., «*Estructuración ideológica de la nueva defensa social*», en: Anuario de Derecho Penal y Ciencias Penales, 1961, págs. 410 y ss.; Cfr. GARCÍA-PABLOS DE MOLINA, A., *Tratado de Criminología*, cit., págs. 443 y ss.

[1011] Vid., M. ANCEL, en: *La Nueva Defensa Social*, 1961, Buenos Aires, págs. 33 y ss.

[1012] Resaltando las diferencias entre los postulados de esta Escuela y el positivismo criminológico: M. ANCEL, en: *La Défense Sociale nouvelle*, 1954, Paris, págs. 57 y ss. Cfr. MANNHEIN, H., *Pioneers*, cit., págs. 35 y ss.

[1013] Vid., SAINZ CANTERO, J.S., *Lecciones de Derecho Penal*, P.G., 1979, Barcelona (Bosch), págs. 150 a 155.

peligrosa» (de los positivistas), del «minusválido» (de los correccionalistas) o de la «víctima» (del marxismo).

d") El pensamiento *psicosocial* de TARDE. Por último, mayor interés tiene el pensamiento de TARDE, que pudiera calificarse de *psicosociológico*, quien se anticipó a algunos postulados de la Sociología norteamericana (concretamente a la teoría del aprendizaje de SUTHERLAND y a las teorías subculturales y conflictuales) desde una postura de abierto enfrentamiento al positivismo.

TARDE (1843-1904)[1014] era jurista, francés y director de Estadística Criminal del Ministerio de Justicia, servicio ciertamente pionero en Europa[1015]. Se opuso a las tesis antropológicas de LOMBROSO y al determinismo social, propugnando una teoría de la criminalidad en la que adquieren particular relevancia los factores sociales; factores físicos y biológicos pueden tener alguna incidencia en la génesis del comportamiento delictivo, pero nunca la decisiva que posee el entorno o medio social. Criticó, por ello, la tesis lombrosiana del delincuente nato, como individuo atávico y degenerado, invocando las investigaciones de MARRO, semejantes a las de GORING, que desvirtuaban aquella concepción antropológica[1016]. Pero evitó, al propio tiempo, el determinismo social positivista, al conceder relevancia y significación a la decisión del hombre. De hecho, prefirió sustituir la tesis positivista de la responsabilidad «social» por una nueva teoría que fundamenta el reproche si concurren en el individuo dos presupuestos: su «identidad» o «concepto de sí mismo» y la «semejanza» o «identidad social» del mismo con su medio[1017].

La explicación sociológica de TARDE tiene una peculiar matización psicológica, que la hace precursora de la teoría del *aprendizaje* de SUTHERLAND. Para TARDE, el delincuente es un tipo profesional[1018], que necesita un largo período de aprendizaje, como los médicos, abogados u otros profesionales, en un particular

---

[1014] Una reseña bibliográfica sobre TARDE, G., en: GARCÍA-PABLOS DE MOLINA, A., *Tratado de Criminología*, cit., pág. 431, nota 30.

[1015] Algunas de las obras de TARDE: *La criminalité comparée* (1886); *La Philosophie Pénale* (1890); *Etudes pénales et sociales* (1891); *Las Leyes de la imitación* (1890); *Las leyes sociales* (1898); *La lógica social* (1893); *Las transformaciones del Derecho* (1893); *Las transformaciones del poder* (1899), etc. TARDE fue uno de los más acérrimos contradictores del positivismo criminológico en Europa. Su enemistad personal con DURKHEIM le apartó del mundo académico universitario.

[1016] La criminalidad a su juicio, no es un fenómeno «antropológico» sino «social». «Es posible que se nazca ya delincuente —decía—, pero, desde luego, es seguro que uno se hace delincuente» (Actas del 2º Congreso de Antropología, pág. 253).

[1017] TARDE, G., Actas III Congreso Internacional de Antropología, págs. 83 y ss.; del mismo: *Philosophie pénal..*, cit., págs. IX a XVIII.

[1018] TARDE, G., «*La criminalité professionelle*», en: Archive d'Antropologie criminelle, 1896, 11. Cfr. SCHNEIDER, H.J., *Kriminologie*, cit., págs. 99 y ss.

medio: el criminal, y particulares técnicas de intercomunicación y convivencia con sus camaradas, también. La célebre frase que se atribuye a TARDE («Todo el mundo es culpable excepto el criminal») expresa gráficamente no sólo su crítica del positivismo antropológico, sino la convicción de que la sociedad misma, al propagar sus ideas y valores, influye más eficazmente en el comportamiento delictivo que el clima, la herencia, la enfermedad corporal o la epilepsia[1019].

Muy significativas son al respecto las «leyes de la imitación», de TARDE. Para el autor, el delito, como cualquier otro comportamiento social, comienza siendo «moda», deviniendo, después, hábito o costumbre; y, como en cualquier otro fenómeno social, el mimetismo —la imitación— juega un papel decisivo. El delincuente es, consciente o inconscientemente, un imitador[1020].

Pero el pensamiento de TARDE, además, contiene ya el germen de posteriores concepciones *subculturales*, cuando contrapone el delincuente urbano y el rural y analiza la génesis de la criminalidad de la mano del progreso tecnológico y la moderna civilización: no en vano atribuye el incremento de aquélla a la quiebra de la moral tradicional; al desarrollo de un deseo de prosperidad en la clase media y baja que determina una gran movilidad geográfica con el correlativo debilitamiento de los valores familiares; al éxodo del campo a la ciudad; a la formación de subculturas desviadas como consecuencia del cambio social; y, por último, a la pérdida de seguridad en sí mismas, que experimentarían las clases sociales dominantes, incapaces de seguir sirviendo de guía y modelo[1021]. En otro orden de problemas, TARDE, consciente del efecto preventivo de la pena, se mostró partidario de la pena capital; y, precisamente por entender imprescindible en cualquier programa científico de lucha contra el crimen una sólida base psicológica, se opuso al sistema del jurado, mostrándose partidario de una justicia profesionalizada y técnica[1022].

Partidario del *libre albedrío*, condiciona, sin embargo, la responsabilidad penal del individuo a una doble exigencia: la «identidad personal» de éste consigo mismo antes y después de la infracción, y lo que denomina la «similitud social», esto es, la adecuada integración o adaptación de aquél a su grupo o subgrupo sin la cual sólo cabría aplicarle una medida, no una pena[1023].

[1019] TARDE, G, , *La criminalidad comparada*, La España moderna, s.f., págs. 27 y ss. Cfr. GARCÍA PABLOS, A., *Tratado de Criminología*, cit., págs. 434 y 435.

[1020] TARDE, G., *Philosophie Pénale*, 1890, pág. 323.

[1021] TARDE, G., *Estudios penales y sociales*, La España Moderna, s. f., pág. 267.

[1022] Vid.: WILSON VIDE, M.S., «G. Tarde», en: Pioneers, cit., pág. 236.

[1023] Véase Philosophie pénal, versión inglesa (R. H. Gault), págs. IX a XVIII. Cfr. RODRÍGUEZ MANZANERA, L., Criminología, cit., pág. 350; WILSON VIDE, M. S., en: Pioneers, cit., págs. 234 y ss.; también, TARDE, G., en: Actas al III Congreso, cit., págs. 83 y ss. Según HERING, K. H., la construcción del autor no pretende sino eludir el problema filosófico del libre albedrío (Der Weg der Kriminologie, cit., pág. 105).

La teoría de la *pena* de TARDE, así como sus puntos de vista en torno a la función penal y al proceso, parten de una *base psicológica* muy acusada. A su juicio, un comité de expertos (médicos y psicólogos) debiera decidir, en el marco de la administración penal, sobre la responsabilidad del individuo. Y las penas impuestas orientarse, también, desde esta perspectiva psicológica, distinguiendo no sólo la clase y gravedad del delito cometido, sino las características del penado: por ejemplo, según se trate de un delincuente rural o de un delincuente urbano[1024]. TARDE cree, sin reservas, en el efecto disuasorio del castigo, por lo que es partidario de la pena capital como resorte preventivo[1025].

Desde un punto de vista *político-criminal,* TARDE formula una sugerencia de gran interés: si el delincuente es un «profesional» —lo son, al menos, algunos— la criminalidad es, entonces, una *industria* especial ejercida por una determinada clase de individuos que producen delitos de acuerdo con las leyes generales del mercado. El aumento o la disminución de la producción (delincuencia) se regirá por las mismas normas de la economía general y del concreto mercado al que pertenece esa industria o actividad en particular. Como tal industria debe contemplarse el problema del crimen, con todas sus consecuencias[1026].

Partidario del sistema celular, suavizado con un fluido mecanismo de visitas al recluso, y de la libertad condicional, se mostró, sin embargo, muy escéptico respecto al sistema del jurado, por entender que falta a sus miembros la necesaria preparación científica para adoptar decisiones inteligentes[1027].

[1024] Cfr. WILSON VIDE, M. S., en: Pioneers, cit., pág. 236.

[1025] Cfr. WILSON VIDE, M. S., ibídem.

[1026] Vid. Sobre esta concepción de TARDE del crimen como «industria» especial de determinados «profesionales»: HERING, K. H., Der Weg der Kriminologie, cit., pág. 103.

[1027] Vid. WILSON VIDE, M. S., en: Pioneers, cit., pág. 236.

PARTE TERCERA

LA MODERNA CRIMINOLOGÍA «CIENTÍFICA» Y LOS DIVERSOS MODELOS TEÓRICOS EXPLICATIVOS DEL DELITO. BIOLOGÍA CRIMINAL, PSICOLOGÍA CRIMINAL Y SOCIOLOGÍA CRIMINAL

I. LA MODERNA CRIMINOLOGÍA «CIENTÍFICA»: MODELOS TEÓRICOS EXPLICATIVOS DEL COMPORTAMIENTO CRIMINAL

Tradicionalmente se ha asignado a la Criminología, entre otras, la *función* de explicar científicamente el crimen elaborando modelos teóricos que esclarezcan la etiología y génesis de este problema social y comunitario[1028]. Y la Criminología lo ha intentado desde sus inicios, con mejor o peor fortuna, siguiendo muy diversos caminos:

a) La Criminología *clásica y neoclásica* (Parte Segunda. II.1) partían del dogma del libre albedrío por lo que no podían admitir siquiera la hipótesis de que el comportamiento humano estuviese regido por *causas o factores*. Opuestas al determinismo biológico o social, atribuían el crimen a una decisión racional y libre del infractor basada en criterios de utilidad y oportunidad. La Escuela Clásica y neoclásica no profesaron, por tanto, una teoría etiológica de la delincuencia sino, a lo sumo, una teoría *situacional* de la misma.

b) La Criminología *positivista* (que arranca con la Scuola Positiva), por el contrario, abraza el *paradigma etiológico* (búsqueda de las *causas* del delito). Su conocido análisis *causal-explicativo* atribuye el comportamiento criminal a ciertos factores *biológicos, psicológicos o sociales* que determinarían el mismo. No obstante, en la actualidad, estos enfoques otrora simplistas y monocausales han devenido más complejos apuntando incluso a modelos explicativos integrados[1029]; y utilizan un lenguaje estadístico relativizador que mitiga las pretensiones deterministas radicales de sus pioneros.

c) En el marco de la Sociología criminal, la teoría de la *reacción social o del etiquetamiento (labeling approach)* marca un nuevo camino al sustituir las teorías clásicas (etiológicas) de la criminalidad por las llamadas teorías de la *criminalización*. Para el *labeling approach*, enfoque que asume los postulados del *modelo conflictual*, no interesan las *causas* del delito, de la *desviación primaria*, sino los

---

[1028] La necesidad de marcos teóricos definidos en los que se insertan los resultados de las investigaciones criminológicas, y que sirvan de guía a éstas, es una demanda metodológica que cuenta hoy con amplio consenso científico. Cfr. TITTLE, Ch.R., Los desarrollos teóricos de la Criminología, en: Justicia Penal siglo XXI. Una selección de Criminal Justice 2000. Granada, 2006, pág. 39 (traducción de Magdalena Candioti).

[1029] Sobre la actual tendencia a elaborar teorías más complejas y modelos «integrados», vid. TITTLE, Ch. R., Los desarrollos teóricos de la Criminología, en: Justicia Penal Siglo XXI, cit., págs. 40 y 41.

factores y variables que deciden el curso selectivo y discriminatorio de los procesos de *criminalización*. No importa por qué se delinque, sino por qué precisamente ciertas personas son etiquetadas como delincuentes por las instancias del control social formal. El análisis criminológico se desplaza, en consecuencia, del ámbito *etiológico* abstracto al concreto de los procesos de criminalización que gestionan las agencias del control social de forma muy discriminatoria, ya que lo decisivo para éstas no es el hecho cometido (naturaleza *definitoria* del *delito*) sino el estatus del autor.

d) Finalmente, diversas corrientes de la moderna Criminología («carreras» y «trayectorias criminales», teorías del *curso de la vida, Criminología del desarrollo*, etc.) tratan de explicar el delito siguiendo un *enfoque dinámico* y con métodos preferentemente *longitudinales* más acordes con la naturaleza del proceso de consolidación —y cambio— de los patrones conductuales del individuo y la propia génesis del comportamiento criminal, que evolucionan en función de las diversas etapas del curso de la vida del infractor. Estos enfoques dinámicos, evolutivos, tampoco pretenden aportar un análisis *etiológico* del delito (no, al menos, en el sentido tradicional, de causas remotas o procesos causales que yacen en el pasado del sujeto y predeterminan su conducta), ni una teoría generalizadora de la criminalidad. Persiguen, por el contrario, describir la *génesis* del comportamiento delictivo dinámicamente, esto es, insertando el proceso y evolución de los patrones conductuales en el curso de la vida del autor, en las diversas etapas de éste, estudiando, caso a caso, el comportamiento de las variables que interactúan en el mismo.

La presente *clasificación*[1030] subraya, a mi modo de ver, cuatro de los principales modelos o enfoques teóricos explicativos del comportamiento criminal.

[1030]   Caben, desde luego, otras posibles clasificaciones. Así, por ejemplo, TITTLE, Ch. R., (Los desarrollos teóricos de la Criminología, cit., págs. 3 y ss.) establece cuatro categorías o grupos de teorías «en función del fenómeno principal que (...) tratan de explicar» (op. cit., pág. 1). Y éstos, según el autor, serían: las diferencias en la conducta criminal entre los individuos; las diferencias en la criminalidad en diferentes momentos del ciclo vital; las diferencias en las tasas de criminalidad entre sociedades, ciudades, comunidades, barrios, u otras unidades sociopolíticas; y, las diferencias en los resultados criminales entre situaciones sociales diversas. Pero, como el propio autor advierte, cualquier intento clasificatorio se ve dificultado por la heterogeneidad de las diversas propuestas teóricas, y por los muy diferentes criterios evaluatorios de las mismas utilizados. En efecto, aquellas comprenden tanto principios simples planteados en una única proposición y focalizados en eventos o fenómenos específicos como sistemas explicativos muy elaborados e interconectados de forma compleja y válidos con relación a una vasta gama de fenómenos diversos. De otra parte, tampoco existe consenso en la determinación de los criterios de evaluación de las teorías. Para algunos autores una buena teoría es aquella que puede ser formulada en términos matemáticos. Para otros, la que genera discusiones y críticas. Algunos evalúan las teorías en función del número de predicciones que pueden expresar. Otros

No agota, sin embargo, la rica gama de recursos e instrumentos que utiliza la Criminología para analizar y describir la etiología o la génesis del delito. Habría que mencionar, además, a los autores que renuncian a la pretensión ambiciosa de formular teorías generales de la criminalidad optando por aportar en lugar de las mismas *tipologías*; o análisis sobre los *factores de riesgo*.

> No obstante, analizo la teoría de la *reacción social o del etiquetamiento* no como modelo o paradigma independiente (el *conflictual* de las teorías de la criminalización) —que probablemente lo sea— sino en el marco de las teorías de orientación sociológica. La decisión, que responde a razones didácticas y expositivas, pretende situar la teoría del *labeling* en su contexto correcto, sin aislarla de otras teorías sociológicas. No debe, sin embargo, inducir a error porque a diferencia de muchas de estas últimas, la teoría de la reacción social o del etiquetamiento no es una teoría *etiológica* sino una teoría de la *criminalización*.

II. EL MODELO CLÁSICO LIBERO ARBITRISTA DE LA *OPCIÓN RACIONAL* Y TEORÍAS *SITUACIONALES* DE LA CRIMINALIDAD

El modelo de la *opción racional* —a diferencia de las teorías *etiológicas* de la criminalidad del modelo científico-positivista— no se remonta al pasado para buscar las *causas* últimas del delito. Precisamente por su herencia *iusnaturalista* (dogma del libre albedrío) hace abstracción deliberada de los factores que puedan haber influido en la decisión delictiva (predisposición de éste, pulsiones internas, frustraciones, etc.), negándoles en todo caso relevancia *causal, etiológica*. Por ello, para quienes a lo largo de dos siglos[1031] y desde enfoque muy heterogéneos participan de este análisis —filósofos, economistas, psicólogos, juristas— importa fundamentalmente la propia elección del autor, su opción libre y racional a favor de la conducta delictiva; decisión que, como cualquier otra decisión del individuo y por la naturaleza de éste, se explica por criterios utilitarios que pondera el mismo en cada contexto situacional o escenario. El modelo de la *opción racional* pone el acento, por tanto, en el presente del autor; en su autonomía para decidir, libre de procesos causales que determinen su conducta; y en el utilitarismo de sus actos, guiado por el reclamo de la situación y la oportunidad. En consecuencia, no verá en el crimen la respuesta ciega a conflictos, complejos o tensiones anímicas del sujeto; ni el producto inevitable de la herencia; ni el resultado de un complejo

---

cifran la calidad de una teoría en la capacidad de ésta para la identificación de una variable relevante o la delimitación de los fenómenos objeto de explicación; o incluso, en su vocación integradora, que hace posible un poder explicativo de mayor extensión o alcance y rigor (op. cit., pág. 2).

[1031] Cfr. GARRIDO GENOVÉS, V., STANGELAND, P. y REDONDO, S., Principios de Criminología, 1999 (Tirant lo Blanch), pág. 174.

proceso de aprendizaje; o de determinados factores sociales[1032]; sino, simplemente, una elección racional y libre del autor.

1.- El modelo que ahora se examina no es un modelo unitario y monolítico. Acoge aportaciones de muy distinta procedencia, acuñadas en marcos históricos también diferentes. Nace, sin duda, con el pensamiento de la *Ilustración* que profesaba una imagen del hombre como ser racional y libre; y una concepción consensual del orden social (filosofía del contrato social), que asumió la llamada Escuela Clásica. En dicho escenario, el dogma liberoarbitrista no pretendió ofrecer una teoría etiológica de la criminalidad, de las causas de ésta, sino el soporte de una respuesta legal racional y justa al delito[1033]. Posteriormente, las orientaciones *economicistas* han convertido un principio abstracto racional-utilitarista pensado como fundamento al nuevo sistema de penas, en eje y modelo del actuar humano, al hacer de la ponderación de costes y beneficios, del balance de ganancias y pérdidas, el criterio rector de cualquier decisión del individuo. El viejo análisis utilitarista de BENTHAM, redefinido y arropado con el manto fascinante de refinados métodos cuantitativos convirtieron el arquetipo cuasialgebráico de la *opción racional* (opción *económica*) en un nuevo modelo o teoría explicativa del delito con pretensiones de universalidad. La teoría disuasoria clásica se torna en teoría de la criminalidad. Finalmente, el paradigma de la *opción racional* culmina durante los últimos lustros la evolución mencionada operando como cobertura teórica de los modelos *prevencionistas* en los que se integra. Estos constituyen, sin duda, su vocación natural, las teorías *situacionales*, las de las *actividades rutinarias* y las *medio-ambientales* han resaltado el interés práctico que en orden a la eficaz prevención del delito tiene el desarrollo y aplicación del modelo analizado.

2.- Prescindiendo de los *antecedentes remotos* del paradigma de la *opción racional* en el mundo ilustrado y clásico[1034] —y de los modelos *disuasorios* que articulaban el sistema de penas de aquel, muy arraigados en el pensamiento penal tra-

---

[1032] Vid., GARRIDO GENOVÉS, V. y otros, Principios, cit., pág. 184.

[1033] La Escuela clásica careció de una teoría de la criminalidad, profesando, a lo sumo, una concepción *situacional* de ésta. En definitiva, la Escuela Clásica se limitó a articular un sistema de respuesta al delito —y de prevención del mismo— porque es más una teoría del control social que de la criminalidad (Vid., en este sentido, GARRIDO GENOVÉS, V. y otros, Principios ..., cit., pág. 179). Cfr. GARCÍA-PABLOS DE MOLINA, A., Criminología. Introducción, cit. (4ª Ed.), Parte Segunda, II.1; del mismo, Tratado de Criminología, cit. (3ª Ed.), 2003, Capítulo VI, 2.A.d).

[1034] Sobre tales antecedentes, vid. GARRIDO GENOVÉS, V. y otros, Principios, cit., págs. 174 y ss. (La Ilustración), 175 y ss. (Escuela Clásica: Beccaria) y 179 y ss. (BENTHAM).

dicional[1035], suele considerarse representativa de este análisis la obra de WILSON Y HERRNSTEIN[1036], la de CLARKE Y CORNISH[1037] y BECKER[1038], entre otros. Punto de partida es la tesis de que el ser humano se comporta de manera u otra dependiendo de las expectativas que asocia en términos de beneficios y costes (no sólo económicos) a su conducta, lo que serviría también para la delictiva. Frente a la imagen a menudo atormentada del infractor —y del delito mismo— que a menudo aportan las teorías clásicas de la criminalidad, el nuevo paradigma de la opción delictiva desmitifica y desdramatiza aquella al mantener la racionalidad de la opción delictiva que, desde un punto de vista motivacional, se regiría por los mismos patrones conductuales de cualquier otra decisión humana: sus costes y beneficios.

Naturalmente, se trata siempre de una racionalidad limitada, no absoluta[1039], y de un cálculo de costes y beneficios complejo en el que intervienen numerosas variables, apreciadas subjetivamente por el autor en un determinado momento temporal y contexto. Dicho cálculo se halla sometido a posibles errores y distorsiones porque no se lleva a cabo en un escenario ideal y el delincuente suele tener que decidir en poco tiempo, con escasa información y con sus propias limitaciones cognitivas[1040]. Varia —o puede variar— con cada delito[1041], con la situación o marco concreto en el que éste se produce y con la personalidad del autor[1042]. Del mismo modo, los conceptos de coste (castigo, pérdidas, etc.) y beneficio (recompensa,

---

[1035] Sobre los modelos disuasorios, vid.: GARRIDO GENOVÉS, V. y otros, Principios, cit., págs. 175 y ss. (teoría de la disuasión clásica) y págs. 189 y ss. (teoría de la disuasión en la actualidad); SERRANO MAILLO, A., Introducción, cit., págs. 239 y ss. (¿Tienen las penas efectos preventivos?). También: GARCÍA-PABLOS DE MOLINA, A., Tratado de Criminología, 3ª Ed. (2003), Capítulo XXIII, 3, a y b y Capítulo XXIV, 2, a y b.

[1036] WILSON, J.Q. y HERRNSTEIN, R.J., Crime and Human Nature. The definitive study on the causes of crime, 1985. New York: Simon-Schuster. Cfr. GARRIDO GENOVÉS, V. y otros, Principios …, cit., pág. 1984.

[1037] CLARKE, D. y CORNISH, D., Modeling offenders'Decisions: A Framework for Research and Policy. En: M. Tonry y N. Morris (edit.). Crime and Justice. An Annual Review of Research, vol. 6 (1985), págs. 147 y ss. Chicago: The University of Chicago Press. También: CRONISH, D. y CLARKE, R., Introduction. En: Cornish, D. y Clarke, R., edits. The Reasoning Criminal: Rational Choice Perspectives on Offending, 1986, págs. 1 y ss. New York. Springer Verlag.

[1038] BECKER, G.S., Crime and Punishment: An Economic Approach. En: Journal of Political Economy, 1968, 76 (2), págs. 169 y ss.; también: BECKER, G.S. y LANDES (edits.): Essays in the economics of crime and punishment. 1974. New York: National Bureau of Economic Research.

[1039] Vid., en este sentido, SERRANO MAILLO, A., Introducción, cit., págs. 260 y 261.

[1040] Sobre la limitada racionalidad del cálculo de costes y beneficios, vid.: FELSON, M., Crime and everyday life, 1998, 2ª Ed. Thousand Daks: Pine Forge Press, 1998, págs. 23 y ss. Cfr. SERRANO MAILLO, A., Introducción, cit., pág. 261.

[1041] Como han demostrado CURRAN, D.J. y RENZETTI, C.M., Theories of crime, 1994, Neadham Heights (EEUU), Allyn-Bacon, cit., por GARRIDO GENOVÉS, V. y otros, Principios …, cit., pág. 186 (especificidad delictiva, según la cual distintos delitos pueden producir diferentes beneficios para diversos tipos de delincuentes).

[1042] Cfr. GARRIDO GENOVÉS, V. y otros, Principios, cit., pág. 187; SERRANO MAILLO, A., Introducción, cit., pág. 263.

placer, etc.) asociados al comportamiento delictivo tienen diversas dimensiones y contenidos. El primero (coste), incluye no solo las sanciones formales[1043], sino también, las pérdidas materiales, la desaprobación de la conducta por terceras personas, el temor a la venganza de la víctima, el complejo de culpa, etc. En cuanto a los beneficios o recompensas, habría que ponderar, también, la gratificación emocional, la aprobación de los padres y amigos, la satisfacción por el ajuste de cuentas con un enemigo, el realce del propio sentimiento de justicia, etc.[1044].

3. Tres suborientaciones criminológicas responden fundamentalmente a las premisas del modelo de la *opción racional*: el denominado neomodernismo o escuela neoclásica, de acusado sesgo economicista[1045]; las teorías de las *actividades rutinarias*, que acentúan la relevancia etiológica del factor *oportunidad*[1046];y, por último, las teorías *espaciales*, heredadas de la tradición ecológica, que subrayan la del *medio o entorno físico* poniendo de relieve el particular atractivo criminógeno de determinados lugares («hot spots»)[1047].

a) *Teoría de la «opción racional» como «opción económica» («economic choice»): los modelos de orientación economicista neoclásicos.*

La concepción del delincuente como individuo racional y libre que opta por el crimen en virtud de una decisión guiado por criterios subjetivos de utilidad tiene larga tradición en la Criminología. Hasta el punto que para algunos autores las actuales teorías economicistas de la criminalidad reproducen, con dos siglos de retraso, el pensamiento de BENTHAM[1048]. No obstante, el análisis económico del delito trasciende la mera reformulación del pensamiento racionalista y utilitario

---

[1043] Cfr. PATERNOSTER, R. y SIMPSON, S., Sanction threats and appeals to morality: testing a rational choice model of corporate crime, 1996, en: Law and Society Review, 30, págs. 554 y ss. Cfr. SERRANO MAILLO, A., Introducción, cit., pág. 260.

[1044] Cfr. GARRIDO GENOVÉS, V. y otros, Principios …, cit., pág. 187.

[1045] Sobre esta escuela, vid. GARCÍA-PABLOS DE MOLINA, A., Tratado de Criminología, 3ª Ed. (2003), Capítulo VI, 2.A.d.2' (el neoclasicismo o moderno clasicismo).

[1046] Sobre las teorías de las actividades rutinarias, vid. GARCÍA-PABLOS DE MOLINA, A., Tratado de Criminología, cit., 3ª Ed. (2003), Capítulo XXIII.3.c.e`; también: SERRANO MAILLO, A., Introducción, cit., págs. 264 y ss.; GARRIDO GENOVÉS, V. y otros, Principios, cit., págs. 199 y ss.

[1047] Vid. SERRANO MAILLO, A., Introducción, cit., págs. 269 y ss.; GARRIDO GENOVÉS, V. y otros, Principios, cit., págs. 206 y ss.; GARCÍA-PABLOS DE MOLINA, A., Tratado de Criminología, 3ª Ed. (2003), Capítulo XVI, 7.b. (Análisis ecológico y prevención del delito. Las aportaciones de NEWMAN, KUBE, CHERRY, BOOTH y otros).

[1048] Así, AKER, R.L., Rational Choice, deterrence, and social learning in Criminology: the path not taken, en: Journal of Quantitative. Criminology, 81 (1990), págs. 676 y ss. Cfr. SERRANO MAILLO, A., Introducción, cit., pág. 262.

del mundo clásico e ilustrado, tanto desde un punto de vista metodológico e instrumental como ideológico.

Metodológicamente, la arrolladora influencia de la Economía en las ciencias sociales y humanas ha generalizado el empleo de técnicas de investigación cuantitativas (sobre todo, econométricas) al análisis del problema del crimen[1049], propiciando el éxito de un paradigma o modelo —el de la opción racional— que aquella profesa de forma monopolista y trata de aplicar al estudio de cualquier decisión humana. No en vano, a juicio de uno de sus pioneros, BECKER[1050], la Criminología podría limitarse a hacer extensivo al fenómeno criminal dicho análisis (*economic choice*) prescindiendo, sin más, de las teorías convencionales de la anomia, la frustración, la herencia, etc.

El análisis económico del delito ha contribuido, sin duda, a consolidar una imagen de *normalidad* del infractor (y del propio hecho criminal); a racionalizar la respuesta legal al mismo, optimizando el empleo de los siempre escasos recursos del sistema; y, sobre todo, a diseñar eficaces políticas criminales de prevención y control, ponderando siempre criterios de costes y beneficios[1051].

> Que la decisión racional de costes y beneficios exprese la estructura motivacional del infractor —y la de cualquier ciudadano en los más diversos ámbitos de la vida humana— no excluye la posibilidad de valoraciones subjetivas discrepantes de aquellos elementos porque los procesos decisorios siguen el mencionado esquema pero intervienen infinidad de variables[1052], incluidas las personales[1053].

[1049] El análisis económico no ha prescindido tampoco de estudios cualitativos al examinar los llamados procesos de decisión. Así, el de BENNETT, J., que trata de identificar los criterios que sigue el ladrón de viviendas al escoger la más propicia. El autor se sirvió de entrevistas semiestructuradas, y de la proyección de videos que comentaría una muestra de internos condenados por este delito. Cfr. SERRANO MAILLO, A., Introducción, cit., pág. 261.

[1050] BECKER, G.S., Crime and punishment: an economic approach, cit., pág. 21.

[1051] El análisis económico del delito es, por tanto, más que un modelo teórico explicativo del mismo. Supera el ámbito puramente etiológico para volcarse, por su vocación natural, al de la prevención. Vid. BECKER, G.S., Crime and punishment: an economic approach, cit., págs. 2 y ss.
En el ámbito políticocriminal, el enfoque economicista ortodoxo (así, BECKER, G.S., op. cit., págs. 24 y ss.) es muy proclive al empleo sistemático de la sanción económica. El autor ha llegado a afirmar, por ejemplo, que la finalidad real de cada procedimiento es evaluar el coste del daño ocasionado por el imputado, y no metas retributivas ni preventivas. Cfr. SERRANO MAILLO, A., Introducción, cit., pág. 263, nota 121.

[1052] Cfr., SERRANO MAILLO, A., Introducción, cit., pág. 263.

[1053] En la Criminología general se mantienen interpretaciones muy diferentes en el momento de comparar el proceso decisional del delincuente y el no delincuente. Para unos autores, el delincuente es más arriesgado en sus opciones (así, BECKER, G.S., op. cit., págs. 11 y ss.); también, EHRLICH, I., Participation in ilegitimate activities: an economic analysis, en: Essays in the economics of crime and punishment, New York, 1974; National Bureau of Economic Research, págs. 103 y ss., si bien el autor distingue las diversas clases de delincuentes). Para otro sector de la doctrina, el infractor suele padecer una suerte de distorsion perceptiva al apreciar y

Pero el significado ideológico profundo del modelo racional de la *economic choice* y su contexto histórico reclaman un análisis más detenido del denominado «neoclasicismo» o «moderno clasicismo», que triunfa en los EEUU durante la década de los setenta del pasado siglo.

EXCURSO: *El denominado neoclasicismo o moderno clasicismo. El crimen como «economic choice»*[1054]. Asistimos en la década de los setenta —del pasado siglo— a un llamativo *revival* del clasicismo[1055], y de sus esquemas teóricos (*let the punishment fit the crime*). A un tardío resurgir o retorno a la idea del castigo, de la retribución y del control social como medios eficaces de prevención del delito, en un sentido muy semejante al que en su día mantuvieron los autores clásicos.

Tres hechos explican, al menos en los Estados Unidos, tal cambio de enfoque[1056]. El fracaso del positivismo en su intento de aislar e identificar los factores criminógenos y de ofrecer una teoría generalizadora del delito; el escaso éxito de los programas resocializadores, que tornaron ambiciosas expectativas en frustración social y desencanto; por último, el incremento de las tasas reales de criminalidad y, en consecuencia, la necesidad apremiante de dar respuesta a corto plazo y con eficacia a un problema grave.

Esta nueva orientación, acusadamente neorretribucionista[1057], reniega de los programas a largo plazo, de las metas rehabilitadoras, de las investigaciones dirigidas a averiguar los factores individuales y sociales que propician el hecho criminal; en lugar de ello, vuelve los ojos a la idea del castigo, de la retribución[1058], del *just desser*[1059], reviviendo la polémica so-

---

valorar los riesgos de su conducta con desmedido optimismo (Vid. GARCÍA-PABLOS DE MOLINA, A., Criminología. Introducción, cit., (4ª Ed.), 2001, Parte Cuarta, III., A.c', nota 1.193; también en, Tratado de Criminología, 3ª Ed. (2003), Capítulo XXIII, 3.a). Todo parece indicar, en todo caso, que el delincuente socioeconómico y contra el medio ambiente calcula costes y beneficios con mayor racionalidad que otros infractores (así: BRAITHWAITE, J., Transactional regulation of the pharmeceutical industry. White Collar-crime. Anuals of the American Academy of Political and social Science, vol. 525, 1993, págs. 8 y ss.). Lo que no sucede con el delincuente sexual (Cfr. GARRIDO GENOVÉS, V. y otros, Principios …, cit., pág. 196). Cosa distinta es que el infractor yerre en sus valoraciones subjetivas, hecho evidente y cotidiano como la reincidencia demuestra.

[1054] Vid. SIEGEL, L.J., Criminology, 1983, West Publishing Company, St. Paul, New York, Los Angeles, San Francisco, cit., págs. 96 y ss.; VETTER, H.J. y SILVERMAN, I.J., Criminology and Crime. An Introduction, 1986, University of South Florida, (Harper-Row Publishers), págs. 254 y ss.; VOLD, G.B., Theoretical Criminology, cit., págs. 31 y 32; SCHNEIDER, H.J., Kriminologie, 1987, W. de Gruyter, Berlín, New York, págs. 364 y ss.

[1055] Según expresión de VOLD, G.B. (Theoretical Criminology, cit., pág. 31).

[1056] Así, SIEGEL, L.J., Criminology, cit., pág. 97.

[1057] Ejemplos de dicha orientación neorretribucionista: WILSON, J.Q., Thinking about Crime. New York, 1975, Basic Books; VAN DEN HAAG, Punishing Criminals, New York, 1975, Basic Books; BAYER, R., Crime, Punishment and the Decline of Liberal Optimisms, en: Crime and Delinquency, 27 (1981), págs. 190 y ss.

[1058] Vid. SIEGEL, L.J., Criminology, cit., págs. 109 y ss.; VETTER, H.J. y SILVERMAN, I.J., Criminology and Crime. An Introduction, cit., págs. 257 y ss.

[1059] Vid. SIEGEL, L.J., Criminology, cit., págs. 110 y ss.; VETTER, H.J. y SILVERMAN, I.J., Criminology and Crime. An Introduction, cit., págs. 257 y ss.

bre la pena capital[1060] y, sobre todo, sobre el efecto disuasorio y efectividad de las sanciones (*deterrence*)[1061].

El moderno clasicismo aborda el problema del impacto disuasorio y efectividad de las penas (*deterrence*), tratando de desarrollar los esquemas clásicos a la luz de los conocimientos que hoy suministran las ciencias de la conducta y de los datos aportados por investigaciones empíricas sobre la incidencia de la certeza y severidad del castigo en las tasas de la criminalidad[1062].

Mientras la polémica sobre la *deterrence* se ha llevado a cabo por sociólogos y criminólogos, los economistas han monopolizado la relativa al efecto de la severidad, celeridad y certeza de la sanción en las decisiones del delincuente potencial o ciudadano indeciso («técnicas econométricas»)[1063]. Desde G.S. BECKER[1064] han proliferado los estudios que responden al denominado análisis económico del delito; esto es, se contempla la opción delictiva como una opción racional, «económica» (*economic choice*) en términos de costes y beneficios para el autor (no sólo estrictamente monetarios; también se ponderan otros factores: el prestigio, confort, gusto, conveniencia, etc.); desde el análisis económico se reclama,

---

[1060] Por todos, SIEGEL, L.J., Criminology, cit., págs. 105 y ss. (y reseña bibliográfica del autor).

[1061] Sobre la *deterrence*, vid. VOLD, G.B., Theoretical Criminology, cit., pág. 32, nota 25 (información bibliográfica sobre el problema); también: SIEGEL, L.J., Criminology, cit., págs. 97 y ss.; VETTER, H.J. y SILVERMAN, I.J., Criminology and Crime. An Introduction, cit., págs. 257 y ss. Sobre el concepto del crimen como *opción racional*, con las importantes implicaciones de este enfoque economicista (que suele hacer suyo la teoría «situacional») en el ámbito de la prevención, vid.: BECKER, H.S., Crime and Punishment: An Economic Approach, en: Journal of Political Economy, 76 (1968), págs. 169 y ss.; CORNISH, D. y CLARKE, R., Introduction (págs. 1 a 16) en: Cornish, D., Clarke, R. (edit.). The Reasoning Criminal: Rational Choice Perspectives on Offending. New York, 1986 (Springer-Verlag); de los mismos: Understanding crime displacement: an application of rational choice theory, en: Criminology, 25 (1987), págs. 933 y ss.; CUSSON, M. y PINSONNEAULT, P., The decision to give up crime, en: Cornish, D., Clarke, R. (edits.), The reasoning Criminal: Rational Choice Perspectives on Offending, New York (1968), Springer Verlag, págs. 72 y ss.; FRIEDMAN, MILTON y SAVAGE, The utility analysis of choices involving risk, en: Journal of Political Economy, 56 (1948), págs. 279 y ss.; PILIAVIN, I., GARTNER, R., THORTON, C. y MATSNEDA, R., Crime, deterrence and rational choice, en: American Sociological Review, 51 (1986), págs. 101 y ss.; SIMON, H.A., Models of Man: Social and Rational Mathematical Essays on rational Human Behavior in a Social Setting, New York (1957), Wiley; BLOCK, M. y HEINEKE, J., The allocation of effort under uncertainty: the case of risk adverse behavior, en: Journal of political economy, 81 (1973), págs. 376 y ss.; BECKER, G.S. y MURPHY, K., A theory of rational addiction, en: Journal of Political Economy, 96 (1988), págs. 675 y ss.; NISBETT, R. y ROSS, L., Human inference: Strategies and Shortcoming of Social Judments, Englewood Cliffs, 1980 (Prentice Hall); CHERNIAK, Ch., Minimal Rational, Cambridge, M. A. (1986), Mit. Press.

[1062] Cfr. VOLD, G.B., Theoretical Criminology, cit., pág. 32.

[1063] Vid. SULLIVAN, R.F., The Economics of Crime: An Introduction to the Literature, en: Crime and Delinquency, 19 (2), 1973, págs. 138 a 149. Cfr. VOLD, G.B., Theoretical Criminology, cit., pág. 32; también: CLEMENTE DÍAZ, M., El enfoque psicosocial en el estudio de la delincuencia, en: Delincuencia. Teoría e investigación. Madrid, 1987 (Alpe Editorial), págs. 129 y ss.

[1064] BECKER, G.S., Crime Punishment: An Economic Approach, en: Journal of Political Economy, 76 (2), 1968, págs. 169 a 217. Cfr. VOLD, G.B., Theoretical Criminology, cit., pág. 32.

también, un funcionamiento operativo y decisional del sistema penal que responda al citado cálculo de costes y beneficios[1065].

Procede, pues, examinar aquí la denominada Escuela «Neoclásica» o «moderno clasicismo», aunque más de dos siglos separen a sus representantes de los de la Escuela Clásica de finales del siglo XVIII.

Como recuerda SCHNEIDER[1066], la originaria Escuela «Clásica» polarizó toda su teoría de la criminalidad en torno al «libre albedrío» y a la racionalidad del individuo, signos distintivos del ser humano y claves de su comportamiento que le permitirían profesar un profundo optimismo antropológico. El panorama cambió sustancialmente al imponerse el determinismo positivista, si bien los postulados clásicos subsistieron en el ámbito de la Dogmática Penal y en el de la «ejecución» penal. Con la crisis del positivismo criminológico reaparecen fortalecidos, con el apoyo ahora de un enfoque racionalista de corte económico que ve en el crimen, sin duda alguna, el resultado de una opción libre, racional e interesada del individuo acorde con un análisis previo de costes y beneficios.

La primera formulación en tal sentido procede del economista G.S. BECKER (en 1968), bien secundado, posteriormente (1973), por el también economista I. EHRLICH.

Según BECKER, reiterando la argumentación de los clásicos, nada distingue al hombre delincuente del no delincuente desde el punto de vista de la *racionalidad* de su comportamiento, de la *estructura motivacional* de uno y otro. Lo que varía son las consecuencias que en cada caso se desprenden de un análisis de los costes y beneficios derivados de la decisión criminal que el infractor potencial pondera anticipadamente. Pero también ésta es una opción «racional». El infractor valora, según sus fuentes de información, las «chances» que existen y escoge aquella alternativa que le depara mayores ventajas con los menores costos y riesgos[1067].

En términos semejantes se pronuncia ISAAC EHRLICH, para quien delincuente y no delincuente reaccionan del mismo modo y a idénticos estímulos, de acuerdo con el consabido análisis de costes y beneficios. El criminal potencial —sobre todo, en los delitos patrimoniales— sopesa el lucro y ventajas pretendido, de una parte («beneficios»), y de otra, la probabilidad de su captura, enjuiciamiento e imposición de una pena, así como la gravedad y duración de una eventual privación de libertad («costes»). Y actúa en consecuencia. Según EHRLICH, el individuo es un ser racional —no un preso de su entorno— que nace con la capacidad de escoger su propio futuro, mediante el uso pragmático de sus recursos y posibilidades, orientados a la consecución del máximo provecho personal. Existiría, pues, una suerte de mercado invisible de acciones delictivas que coordina las modalidades de comportamiento del infractor, de sus posibles víctimas y de la aplicación de las leyes penales. Mercado en situación de equilibrio estable merced al concurso de los diferentes precios: precios de los negocios ilegales (precios «abiertos») y precios del sistema penal y de los dispositivos privados de prevención del delito («precios en la sombra»). La mayor severidad de las penas y la certeza, también mayor, de la efectiva imposición de las mis-

---

[1065] Vid. VOLD, G.B., Theoretical Criminology, cit., págs. 32 y 33. Una crítica a estos modelos econométricos, excesivamente simplificadores y válidos, a lo sumo, para sólo algunos delitos patrimoniales, en: CLEMENTE DÍAZ, M., El enfoque psicosocial en el estudio de la delincuencia, cit., pág. 134. Una exposición detallada de las tesis de G.S. BECKER, de I. EHRLICH y de otros representantes del modelo «económico» neoclásico (A.P. BARREL, W.M. LANDES, W.E. COBBG, G. KROHM, J.P. GUNNING, etc.), en: SCHNEIDER, H.J., Kriminologie, cit., págs. 366 y ss. Vid., también, VARONA MARTÍNEZ, G., La mediación reparadora, cit., págs. 66 y ss.

[1066] Kriminologie, cit., págs. 364 y ss.

[1067] Cfr., SCHNEIDER, H.J., Kriminologie, cit., pág. 365.

mas producirá, según esto, un indiscutible impacto disuasorio en la comunidad, con el consiguiente descenso de la delincuencia. El riesgo comprobado de recibir una pena (que resulta de la probabilidad de ser capturado, condenado y ejecutado el castigo) disuade, sin duda, a una parte de la sociedad de la comisión de delitos por miedo al castigo. Dicho efecto contramotivador en las penas privativas de libertad guarda una estrecha relación con la duración de aquéllas. Por ello, la pena capital tiene un obvio impacto intimidatorio en homicidas potenciales, superior al de la pena perpetua de privación de libertad. Desde tal óptica economicista, los mecanismos de autoprotección empleados por las víctimas en potencia del delito elevan los costes de éste, al dificultar y encarecer su ejecución. Por último, según EHRLICH, la desigualdad de ingresos y el paro son causa de criminalidad, por lo que sería oportuno buscar cotas superiores de ocupación y una progresiva equiparación de rentas y acceso a la cultura e instrucción[1068].

Un modelo «economicista» similar al de EHRLICH ha sido desarrollado —y aplicado— por otros autores en diversos ámbitos de criminalidad. Así, por ANN P. BARTEL (1979), con relación a la criminalidad femenina; y por WILLIAM M. LANDES (1979), a propósito del secuestro de aeronaves; por WILIAM E. COBB (1973), G. KROHM (1973) y J.P. GUNNING (1973) en determinadas modalidades de robo, etc.[1069].

En definitiva, todas estas doctrinas persiguen articular políticas de control del delito racionales desde un punto de vista económico[1070]. Por ello, parten del principio de que las personan delinquen cuando el ratio de beneficios respecto de los costes es mayor para el comportamiento criminal que para las alternativas no criminales. El castigo, a tenor de tal concepción, es un *coste* de la actividad delictiva, que siendo cierto, severo y con recursos (capital y mano de obra) puede disminuir las tasas de aquélla.

Existen también diversas investigaciones sobre el efecto *intimidatorio* y *disuasorio* de la aplicación de leyes penales.

G. TULLOCK (1980) y PH. J. COOK (1980), entre otros, manifiestan su convencimiento de que cuando falla el control social formal (por ejemplo, en el caso de huelgas de la Policía) se incrementan las tasas de criminalidad de forma alarmante. El efecto duradero, a largo plazo, de una aplicación consecuente de las leyes penales consistiría, entonces, en el afianzamiento de los valores de la sociedad, en la creación de hábitos ajustados a Derecho y en el respeto de las leyes[1071]. Unas previsiones radicalmente optimistas sobre las posibilidades de prevenir la criminalidad mediante el mencionado efecto disuasorio de las leyes penales, efectiva y eficazmente aplicadas, pueden hallarse en P.H. RUBIN (1980). Según este autor, la sociedad tiene el crimen que quiere tener; esto es: podría reducir la delincuencia todo lo que quisiera, basando para ello con dedicar dinero y medios para Policía, Tribunales y establecimientos penitenciarios que hagan muy verosímil la detención y castigo de todos los delincuentes. Es fácil conseguir las máximas cotas de prevención de la criminalidad

---

[1068] Cfr. SCHNEIDER, H.J., Kriminologie, cit., págs. 365 y 366.

[1069] Cfr. SCHNEIDER, H.J., Kriminologie, cit., págs. 366 y ss.

[1070] Así, LISKA, A.E., Critical Examination of Macro Perspectives on Crime Control. ANN. Rev. Social., 13, págs. 66-88. Cfr. VARONA MARTÍNEZ, G., La mediación reparadora, cit., pág. 65.

[1071] Cfr. SCHNEIDER, H.J., Kriminologie, cit., págs. 367 y ss. De TULLOCK, G., vid.: Does Punishment Deter Crime?, en: The Economics of Crime, 1980, New York, London, Sidney y Toronto, págs. 127 y ss. (edits. Andreano R., y Siegfried, J.J.); y de COOK, Ph., vid.: Punishment and Crime: A Critique of Current Findings Concerning the Preventive Effects of Punishment, op. cit., (1981), ibidem.

incrementando la duración de las penas privativas de libertad e imponiendo un castigo más severo a los delincuentes[1072].

Shlomo y Reuel SHINNAR (1975) han tratado de analizar, por su parte, la comisión de delitos y la probabilidad de convertirse en víctima según la mayor o menor gravedad de las penas existentes y las modalidades de ejecución de éstas. Parten ambos de una constatación: la probabilidad de convertirse en víctima de determinados delitos a lo largo de toda la vida habría pasado en la ciudad y en el Estado de Nueva York de un 14 por 100 a un 99 por 100 de 1940 a 1970; correlativamente a dicho incremento, los costes y riesgos unidos a la comisión de tales delitos habrían descendido de forma sensible para el infractor potencial, durante el citado período (entendiendo por «costes» y «riesgos» la duración media de las penas privativas de libertad impuestas a una persona condenada). Según S. y R. SHINNAR, la tendencia paulatina de los Tribunales de Justicia a imponer penas privativas de corta duración —y otros sustitutivos de éstas— habría reducido los costes de la comisión del delito para el criminal. De modo que existiría una clara correlación, para los autores citados, entre el incremento muy acusado de la criminalidad y los cambios (mitigación) en el proceso y modalidades de ejecución de las leyes penales: si se reduce la duración de la pena y la seguridad de su imposición —afirman—, crecerá la criminalidad, puesto que se reducen los costes y riesgos del infractor en potencia[1073].

No es necesario resaltar, sin embargo, que un enfoque economicista riguroso tiene sólo una aplicabilidad relativa al mundo del crimen. No todos los delitos responden a unos móviles racionales y económicos, ni puede suponerse que una opción racional, exclusivamente racional, separa las «carreras» criminales de las no criminales. El hombre no es tampoco un ser ideal y racional que opta, en cada momento, de acuerdo con un análisis puramente económico de costes y beneficios. Otro de los postulados del enfoque expuesto —el impacto preventivo y disuasorio de la pena— tampoco cuenta con el necesario respaldo empírico. Ni la pena intimida lo que se supone, ni lo hace de la forma que a menudo se piensa. Que la criminalidad aumente porque se ha experimentado una suavización de las penas es una tesis sin fundamento[1074]: más bien podría mantenerse lo contrario, que las penas son cada vez menos severas porque la criminalidad aumenta. La experiencia parece demostrar que los Tribunales cuentan con la superpoblación de las cárceles en el momento de dictar sus fallos. Y que una mayor intensidad en la acción policial —y en la de los restantes controles formales— tiene menos repercusión de la que podía estimar en la prevención del delito. Se cumpliría la profecía de JEFFERY: más Policía, leyes más severas, más cárceles, significan un incremento de la población reclusa pero no el correlativo descenso de la criminalidad real. Una política represiva basada en el progresivo rigor de las penas y en la eficacia creciente del control social formal llena las cárceles, crea cárceles nuevas (que también llena) pero no contiene las tasas de criminalidad real. El Derecho comparado pone de relieve que esta dinámica conduce, paradójicamente a la necesidad de acordar medidas de gracia —siquiera para aliviar la situación congestiva de los establecimientos penitenciarios— y al ensayo de medidas sustitutivas de la pena privativa de libertad, cuyo efecto estigmatizante empeora la

---

[1072] Cfr. SCHNEIDER, H.J., Kriminologie, cit., pág. 367. La obra de RUBIN, P.H. es: The Economics of Crime. Andreano, R. y Siegfried, J.J., edits., The economics of Crime. New York, London, Sidney, Toronto, 1980, págs. 13 y ss.

[1073] Cfr. SCHNEIDER, H.J., Kriminologie, cit., págs. 367 y ss. La obra comentada es: SHINNAR, S. y R., The Effects of the Crinminal Justice System on the Control of Crime: A Quantitative Aproach, en: Law and Society Review, 9 (1975), págs. 581 y ss.

[1074] Cfr.SCHNEIDER, H.J., Kriminologie, cit., págs. 367 y ss.

suerte del infractor que padece su cumplimiento en las instituciones cerradas convencionales[1075].

En resumen, pues, la Escuela «Neoclásica» o «moderno clasicismo» propugna una imagen «racional» a ultranza del comportamiento humano, válida, tal vez, en un sector de la criminalidad económico-patrimonial y en la delincuencia organizada, pero no susceptible de generalización al resto de los hechos punibles. Extrapolar un análisis de costes y beneficios a significativos campos de la criminalidad ajenos a motivaciones y claves económico-lucrativas es tanto como desconocer la realidad, mucho más compleja. De la realidad se aparta, también, el moderno clasicismo cuando reitera su desmedida *confianza en la ley penal* (efecto disuasorio de ésta) y en las instituciones del *control social formal*. La experiencia empírica ha desmitificado hoy día viejos tópicos y dogmas clásicos. No es ya razonable seguir soñando con una sociedad sin delito, ni mucho menos suponer asequible dicha meta mediante el rigor de las leyes penales o el más eficaz funcionamiento del control penal. Los problemas «sociales» —y el crimen es un problema social— no se solucionan exclusivamente con leyes penales; por el contrario, al Derecho Penal le corresponde un papel muy secundario (como «ultima ratio», «subsidiario») en el control y prevención del delito. El moderno clasicismo o neoclasicismo implica un retorno extemporáneo a posiciones *retribucionistas* superadas.

Como apunta GARLAND[1076], a diferencia de lo que sucedió con este enfoque teórico y su incidencia en la Criminología de pasadas décadas, en la actualidad, el análisis económico ha penetrado poco a poco en las *políticas de prevención*, contemplando delincuente y víctima como agentes racionales, y sugiriendo programas que modifiquen el riesgo de cometer o sufrir el delito. La idea surgió, según el autor, en el sector privado de las Compañías de Seguros (estudios de costes) para inspirar, después, desde los ochenta, las instituciones y prácticas estatales. De este modo, se llegó a la «Criminología de la vida cotidiana», esto es, a la concepción del delito como «evento normal y mundano». Y a la tesis de que corresponden a la Política criminal «la gestión de los riesgos delictivos», como si de cualquier otro riesgo social se tratase[1077].

En España, el economista FRANCISCO CABRILLO es el representante más destacado del denominado "moderno clasicismo" o neomodernismo[1078].

b) *Teoría de las «actividades rutinarias» (Teoría de la oportunidad)*

La teoría de las *actividades rutinarias* vincula la racionalidad de la opción delictiva al factor *oportunidad*, al contexto situacional del autor. Es, pues, una teoría situacional más, que acentúa la relevancia de los factores temporales y espaciales, de una parte, y el fracaso del control social, formal e informal, de otra[1079], cuando explica la génesis del delito. Su formulación inicial se encuentra en un conocido trabajo de COHEN, L.E. y FELSON, M., publicado en 1979: *So-

---

[1075] Cfr. SCHNEIDER, H.J., Kriminologie, cit., págs. 368 y ss.
[1076] «GARLAND, D., "Governmentality" and the Problem of Crime: Foucault, Criminology, Sociology. En: Theoretical Criminology, 1, 2(1997), págs. 173 y ss. Cfr. VARONA MARTÍNEZ, G., La mediación reparadora, cit., pág. 66».
[1077] Cfr. VARONA MARTÍNEZ, G., La mediación reparadora, cit., pág. 66.
[1078] Vid. su artículo "Economía de la delincuencia" publicado en La Gaceta de los Negocios del 21 de febrero de 2008, pág. 15.
[1079] Así, GARRIDO GENOVÉS, V. y otros, Principios, cit., pág. 199.

cial Change and crime rate trends: A routine activity approach[1080], para quienes el significativo incremento de las tasas de criminalidad en los últimos lustros de bonanza y bienestar guarda relación directa con la concreta forma de organización espacio-temporal de las actividades sociales en la vida moderna, pues ésta depara más y mejores oportunidades para delinquir. Es decir, existiría una significativa interdependencia entre las *actividades rutinarias* no delictivas y las actividades rutinarias de los propios delincuentes, entre delincuentes y víctimas. La estructura temporal y espacial de las actividades rutinarias legales, el estilo y organización de vida de la sociedad moderna determina las tasas de criminalidad, cuándo y dónde se concentran éstas, e incluso la idoneidad de las víctimas[1081].

La teoría de las actividades rutinarias o teoría de la *oportunidad*[1082], a diferencia de las teorías convencionales criminológicas, estima que no basta con la existencia de un delincuente predispuesto («motivado») al delito para que éste llegue a cometerse, si no concurre la *oportunidad* propicia o situación idónea para que aquel pase a la acción. Acentúan, por tanto, la relevancia del factor oportunidad tradicionalmente menospreciado o preterido, reprochando al pensamiento tradicional que operase con la existencia ficticia de oportunidades ilimitadas y ubicuas[1083] y olvidase que, en principio, cualquiera puede delinquir[1084]. La teoría de la oportunidad no se remonta al pasado remoto para diagnosticar las causas del crimen. Se limita a contemplar el *contexto situacional presente* de éste, sus variables *temporales* y *espaciales* inmediatas. Deja, pues, abierto el problema de los antecedentes últimos del problema criminal sobre el que no se pronuncia[1085] por estimar que lo verdaderamente decisivo es el análisis situacional.

Uno de los méritos de la teoría de las actividades rutinarias reside en haber aportado una explicación distinta al paradójico y vertiginoso incremento de las tasas de criminalidad desde la Segunda Guerra Mundial en los países de nuestro

---

[1080] En: American Sociology Review, 44, 4(1979), págs. 588 y ss. Una síntesis del pensamiento de los autores, en: GARRIDO GENOVÉS, V. y otros, Principios, cit., págs. 200 y ss.

[1081] En: American Sociology Review, 44, 4(1979), págs. 588 y ss. Una síntesis del pensamiento de los autores, en: GARRIDO GENOVÉS, V. y otros, Principios, cit., págs. 200 y ss.

[1082] Así, por todos, COHEN, L.E., KLUEGEL, J. y LAND, K., Social inequality and predatory criminal victimization: an exposition and test of a formal theory, en: American Sociological Review, 46 (1981), págs. 505 y ss.

[1083] Cfr. SERRANO MAILLO, A., Introducción, cit., págs. 266 y 267, citando a WEISBURD y GREEN.

[1084] Así, FELSON, M., Crime and everyday theories, 2ª Ed. (1998), Thousand Oaks, Pine Forge Press, págs. 10 y ss.

[1085] Así, FELSON, M., Those who discourage crime, en: Crime Prevention Studies, 4 (1995), Crime and Place (J.E. ECK y D. WEISBURD, edits.), págs. 53 y ss. Cfr. SERRANO MAILLO, A., Introducción, cit., págs. 267 y 268, nota 141, resumiendo las tesis de BENNETT, CLARKE, COHEN, FELSON y otras al respecto.

entorno sociocultural[1086] a pesar de la notable mejora de los niveles y condiciones de vida. La respuesta no se encontraría, por tanto, en la pobreza ni en la desigual e injusta distribución de la riqueza, sino en las inmejorables oportunidades para delinquir con éxito que deparan la organización social, el estilo de vida y las actividades cotidianas de la sociedad postindustrial. En definitiva, en el factor *oportunidad*, y no en la satisfacción o insatisfacción de las necesidades primarias del individuo que solo afectarían a un segmento cuantitativamente poco importante en el global de la criminalidad: la denominada *delincuencia de subsistencia*[1087].

Para COHEN y FELSON[1088], la efectiva comisión de un delito requiere el concurso temporo-espacial de tres factores: un delincuente *motivado* y con las habilidades necesarias para poner en práctica sus inclinaciones criminales (este sería el único dato que viene ya dado, más difícil de modificar); un objetivo apropiado (persona, cosa, etc.), esto es, valioso y accesible al infractor; y la ausencia de guardianes (policía, vigilantes, medidas de autotutela, etc.) que la protejan y eviten el delito.

A juicio de los autores, la sociedad postindustrial ofrece más o mejores oportunidades de delinquir porque la organización temporo-espacial de sus actividades cotidianas lícitas y estilo de vida de sus ciudadanos incrementa el número de objetivos apropiados para el infractor motivado, mejora los medios y recursos técnicos de este último, y reduce significativamente el rendimiento y efectividad del control social informal.

En efecto, el ciudadano de la sociedad actual se ve obligado a desplazamientos diarios por razones laborales. El hogar, a menudo, queda desprotegido durante muchas horas. Lo mismo sucede con las frecuentes salidas nocturnas y fines de semana. Se multiplican los contactos interpersonales en lugares y espacios públicos masificados, que constituyen una ocasión inmejorable para actividades predatorias, agresivas o delictivas por la coincidencia física del delincuente y sus víctimas[1089]. Al propio tiempo, la sociedad misma es un colosal escaparate que exhibe —esto es, que hace visibles y accesibles— toda suerte de objetos y bienes valiosos al infractor motivado. Los nuevos medios de pago facilitan las transacciones. Proliferan actividades, negocios y locales que funcionan ininterrumpidamente en interés del ciudadano (farmacias, gasolineras, cajeros automáticos), pero que, también, deparan oportunidades al delincuente predispuesto. Los vehículos de motor, con sus caros y atractivos accesorios, siempre a la vista, suponen una tentación más. Por otra parte, se ha producido

---

[1086] Vid. LAFREE, G., Losing legitimacy. Street crime and the decline of social institutions in America, 1998. Boulder Co., y Oxford: Wesview, págs. 12 y ss.

[1087] Cfr. GARRIDO GENOVÉS, V. y otros, Principios, cit., pág. 205, resumiendo la tesis del Felson y Cohen.

[1088] COHEN, L.E. y FELSON, M., Social Change and crime rate trends, cit., págs. 589 y ss.; también: CLARKE, R.V. y FELSON, M., Introduction: Criminology, routine activity, and rational choice, en: Advances, 5 (1993), Routine activity and rational choice, Clarke, R.V. y Felson, M., edits., págs. 2 y ss.

[1089] Cfr. GARRIDO GENOVÉS, V. y otros, Principios, cit., pág. 201, citando la opinión de Cohen y Felson.

también, un cambio en la estructura urbana de las grandes ciudades y en los estilos de vida de sus ciudadanos: la mejoría del transporte permite continuos desplazamientos, desciende la actividad peatonal y la vida cotidiana que se realizaba en la calle, los contactos interpersonales se tornan anónimos y superficiales, los otrora vecinos ni se conocen, etc., todo lo cual determina un debilitamiento progresivo del control social informal, pieza clave en la prevención de la criminalidad. Los horarios de las jornadas laborales, incluso, significan la aparición de nuevas víctimas potenciales con una adicional vulnerabilidad (taxistas, vigilantes nocturnos, etc.). Dicho de otro modo: el actual incremento de las tasas de criminalidad guarda relación directa con el perfil y organización de las actividades cotidianas lícitas de nuestra sociedad. Esto explica, además, cuándo y dónde se produce preferentemente el delito, y cual es la víctima más propicia, a tenor de criterios estrictamente situacionales.

Para demostrar la pretendida interdependencia entre actividades rutinarias lícitas y delictivas, la teoría de la oportunidad debía constatar empíricamente ciertos efectos de las actividades rutinarias en las tasas de criminalidad: en primer lugar, que las actividades cotidianas que discurren en el seno de la familia y los grupos primarios exhibirán un menor riesgo de victimización por tratarse de individuos no motivados para el delito y de contextos en los que el rendimiento del control social informal debe ser más eficaz; en segundo lugar, que el riesgo de victimización se incrementaría en el caso de objetivos ubicados en lugares visibles y accesibles[1090]. FELSON[1091] lo intentó, con éxito, a propósito de delitos violentos graves, que parecen más problemáticos en el momento de testar la relevancia de factores meramente situacionales. El autor, mediante una serie de entrevistas, observó que los hombres con vida nocturna activa eran testigos de más actos de violencia y se veían, también, más frecuentemente implicados en sucesos de esta naturaleza contra desconocidos. Sin embargo, estos mismos individuos no se veían envueltos en hechos delictivos violentos contra familiares o allegados (vg. violencia doméstica), lo que solo tiene sentido en buena lógica si el factor oportunidad —y no las características personales del individuo— es relevante en hechos criminales como los mencionados[1092].

Las teorías de las *actividades rutinarias* han sido objeto, no obstante, de certeras críticas.

Ante todo, la referencia al delincuente *motivado* parece ambigua e imprecisa. Deja abierta las puertas a cualquier teoría explicativa de dicha *predisposición* al crimen, lo que representa una indiscutible carencia[1093]. Se conforma con indagar

---

[1090] Cfr. SERRANO MAILLO, A., Introducción, cit., pág. 203.
[1091] FELSON, R.B., Routine activities and involvement in violence as actor, witness as target, en: Violence and victims, 12 (1979), págs. 213 y ss.
[1092] FELSON, R.B., Routine activities and involvement in violence as actor, witness as target, en: Violence and victims, 12 (1979), págs. 213 y ss.
[1093] Así, AKERS, R.L., Criminological theories, 1997. Los Angeles: Roxbury Publishing Company, pág. 35, cit., por GARRIDO GENOVÉS, V. y otros, Principios, cit., pág. 207.

las variables temporales, espaciales y personales estadísticamente más significativas del delito en el momento en que éste se produce, en lugar de examinar retrospectivamente las raíces últimas del comportamiento delictivo, proceder etiológico al que renuncia. Por ello, se ha dicho —y con razón— que no es una teoría de la criminalidad sino de la victimización[1094]. E incluso que en este sentido, subrayar la relevancia de la ocasión, de la oportunidad, tampoco supone una contribución científica digna de especial elogio al esclarecimiento de la génesis del crimen[1095]. Un análisis puramente situacional puede explicar, tal vez, la dinámica —el paso al acto— delictiva, la materialización de la decisión criminal, en una determinada parcela de la delincuencia, pero sin pretensiones de universalidad. Por otra parte, renunciar al diagnóstico etiológico del crimen, como hacen estas teorías de las *actividades rutinarias*, puede propiciar un regresivo mensaje legitimador del *statu quo*. Atribuyendo relevancia criminógena a la situación, a variables temporales y espaciales, las necesarias reformas y la lucha contra la injusticia, pasan a un segundo plano. Se lucha contra los efectos, pero se legitiman sutilmente las causas del problema, instaurándose además una verdadera cultura *orwelliana*[1096].

c) *Teorías del medio o entorno físico*. Comparten, también, el modelo o paradigma del crimen como *opción racional y libre* un conjunto de teorías y análisis muy heterogéneo que subrayan la relevancia decisiva del espacio físico, medio o entorno en la génesis del comportamiento delictivo. La *racionalidad* de este último se vincula entonces a las ventajas y facilidades que ciertos espacios deparan al delincuente, a la *vis atractiva* de los mismos, que explicaría por qué el delito se concentra selectivamente en dichos lugares. Desde la Escuela de Chicago, las diversas investigaciones criminológicas parecen demostrar que la elevada concentración de crimen en tales áreas de la ciudad no se debe a las características personales de quienes habitan las mismas sino a las de estas zonas y espacios[1097], tesis ecológica que ha sido objeto de una rica polémica hasta nuestros días[1098] y cuya evolución se caracteriza por un progresivo distanciamiento del primitivo modelo de la Escuela de Chicago. Las actuales orientaciones espaciales sustituyen el clásico análisis de *áreas* por el de lugares concretos y *puntos* negros de la gran

---

[1094] Así, AKERS, R.L., ibidem.

[1095] Vid. GARRIDO GENOVÉS, V. y otros, Principios, cit., pág. 207.

[1096] Cfr., GARCÍA-PABLOS DE MOLINA, A., Criminología. Introducción, 4ª Ed. (2001), Parte Cuarta, III., c.f').

[1097] Sobre las investigaciones de PARK, BURGESS, McKENZIE, C. SHAW, R.D. McKAY, F.M. THRASCHER, vid. GARCÍA-PABLOS DE MOLINA, A., Tratado de Criminología, cit., 3ª Ed., (2003), Capítulo XVI, 3 y 4.

[1098] Sobre los *estudios* de *áreas* realizados a partir de los años treinta del pasado siglo (Lind, White, Lottier, Taft, Clinard, Lander, Robinson, Ahhan, etc.). Cfr. GARCÍA-PABLOS DE MOLINA, A., Tratado de Criminología, cit., Capítulo XVI, 5 y 6.

ciudad, microenfoque que acusa un marcado sesgo *prevencionista* que prima sobre el *etiológico*.

Una orientación muy representativa de las tesis espaciales es la del análisis ecológico del *«defensible space»*, propugnado por NEWMAN y JEFFERY que se orienta a la prevención del delito a través del espacio físico y del diseño arquitectónico y urbanístico y ambiental (*«Defensible Space»*, *«Target hardening»*, etc.)[1099].

El objetivo último de NEWMAN, como el de todas las tesis situacionales, apunta más a metas prevencionistas que a la elaboración de modelos etiológicos explicativos del crimen. Le interesa más la prevención del delito que la explicación del origen o génesis de éste. Por *«defensible space»* entiende el autor «un modelo para ambientes residenciales que inhibe el delito, creando la expresión física de una fábrica social que se defiende a sí misma»[1100]. NEWMAN persigue, por ello, un sistema de prevención correctiva capaz de modificar positivamente las estructuras actitudinales y motivacionales del habitante de ciertos espacios físicos configurando ambientes seguros a través de ciertas medidas y estrategias[1101]. Se trata, en definitiva, de potenciar ciertos intereses comunes y relaciones interpersonales de vecindad en aras de una mayor eficacia del control social informal; de llevar a cabo una acción planificadora y preventiva de la criminalidad —de la *ocasional,* sobre todo, muy sensible a las características espaciales, arquitectónicas y urbanísticas del medio— en la que la delimitación de los espacios (públicos, semipúblicos, privados), la clara distinción e identificación de vecinos y de extraños; y el autocontrol de ciertos ámbitos (accesos, entradas, pasadizos, ascensores, etc.) juegan un papel decisivo[1102]. Para el autor, el diseño arquitectónico y urbanístico favorece el crimen, bien porque permite el fácil acceso de extraños, bien porque residentes y Policía cuentan con limitadas posibilidades de vigilancia y observación de las áreas públicas adyacentes. Por ello, NEWMAN propone una arquitectura urbana que genere en sus destinatarios un sentido de territorialidad respecto del entorno vecinal y de autodefensa de los lugares y situaciones más proclives al delito (*«defensible space»*); y que dificulte al máximo la ejecución de los designios criminales, mediante la creación de barreras y obstáculos, simbólicos o reales, que incrementan el riesgo para el infractor potencial (*«Target Hardening»*)[1103]. El sentimiento de *vecindad* o de *comunidad,* evitaría el anonimato y la

---

[1099] Vid. NEWMAN, O., Defensible Space: Crime Prevention through Urban Design, New York, McMillan, 1973. Sobre la obra de Newman, vid. SCHNEIDER, H.J., Kriminologie, cit., págs. 341 y ss.

[1100] Vid. NEWMAN, O., Defensible Space, cit., pág. 3. Sobre la obra de Newman, vid. GARCÍA-PABLOS DE MOLINA, A., Tratado de Criminología, cit., 3ª Ed. (2003), Capítulo XVI, 7.4'.

[1101] Como apunta CLEMENTE DÍAZ, M., La orientación comunitaria en el estudio de la delincuencia, en: Psicología social y sistema penal, cit., págs. 396 y ss.

[1102] Vid. GARCÍA-PABLOS DE MOLINA, A., Tratado de Criminología, cit., 3ª Ed. (2003), Capítulo XVI, 7.b.4'.

[1103] NEWMAN, llegó a algunas conclusiones concretas. Así, que los edificios de más de siete pisos son los más idóneos para la perpetración del delito; que es muy elevado el tanto por ciento de delitos que se cometen en ascensores, porcentaje que desciende con el incremento de las posibilidades de observación y vigilancia; que los espacios de mayor riesgo son los que tienen que transitar los ocupantes de las viviendas al abandonarlas o cuando retornan a las mismas, si carecen de genuinos observatorios naturales o de patrullas policiales que los protegen; que

despersonalización, corresponsabilizando a los habitantes de los lugares más peligrosos de cuanto pueda suceder en los mismos; las barreras simbólicas —o reales— al definir y delimitar los espacios (como *públicos,* como *privados*, etc.), generarían un positivo sentido de *territorialidad*, de autoprotección, incrementando las relaciones interpersonales y el rendimiento del control social formal. Por otra parte, el atractivo criminógeno de ciertos espacios se podría neutralizar con medidas elementales, según NEWMAN: iluminación adecuada, posibilidad de observación exterior de los mismos, de identificar a extraños y visitantes, de controlar a unos y otros, potenciación del uso de espacios anexos, etc.[1104].

Durante la década de los setenta, un equipo interdisciplinario de la Universidad de New York constató empíricamente el impacto de la planificación arquitectónica y urbanística de las tasas de criminalidad[1105].

Otros muchos autores han subrayado también la relevancia de la variable espacial en la génesis del delito. Así, JEFFERY[1106], quien propuso sustituir el paradigma de *conflicto* (cultural) por un análisis atento al entorno físico ambiental. Y numerosos estudios ecológicos orientados a la prevención del crimen a través del diseño arquitectónico y urbanístico[1107], como los de KUBE, CHERRY, O'DONELL, LYAGATE, BOOTH, GILLIS y HAGAN, RONCEK y ROYNER, entre otros. Sin olvidar la valiosa aportación de los *geógrafos* del delito, que analizan éste desde un enfoque espacial, como ABEYIE, ANGEL o REPETTO.

KUBE[1108] llevó a cabo un análisis situacional más sólido que el de los tradicionales estudios de áreas, proponiendo un diseño arquitectónico y urbanístico con miras de prevención

---

ciertas vías (vg. pasadizos, calles vacías, salidas de la ciudad, etc.) incitan al crimen. Los primeros, porque hacen fácil el acceso y la huída al delincuente, impiden la identificación del extraño y deterioran el rendimiento del control social informal. Cfr. SCHNEIDER, H.J., Kriminologie, cit., págs. 344 y ss.

[1104] Cfr. GARCÍA-PABLOS DE MOLINA, A., Tratado de Criminología, cit., 3ª Ed. (2003), Capítulo XVI, 7.b.4'; también: SCHNEIDER, H.J., Kriminologie, cit., págs. 41 a 358.

[1105] Cfr. SCHNEIDER, H.J., Kriminologie, cit., págs. 343 y ss. Según dicha investigación, el prototipo de edificación que concentraría tasas más elevadas de criminalidad se caracterizaría por una serie de rasgos: ubicación en bloques superhabitados de grandes dimensiones; aledaños y zonas colindantes que permiten el libre acceso y movilidad en los mismos; ausencia de una división y ordenación del espacio en su conjunto —y de sus diversas partes y elementos— que delimiten sus respectivas funciones, destinatarios y responsabilidades; fácil acceso desde el exterior al vestíbulo, ascensor, escaleras y pasillos; ausencia de portero; relaciones interpersonales anónimas y falta de sentido de comunidad o vecindad de sus habitantes; ausencia, también, de sentido de territorialidad en éstos al no existir una clara delimitación y deslinde de los espacios públicos y privados; debilitamiento del control social informal por la dificultad de observar y vigilar los lugares de acceso a las viviendas; infrautilización de las zonas verdes, lugares de recreo y terrenos colindantes, defectuosamente equipados, etc.

[1106] JEFFERY, C.R., Crime Prevention through envioronmental design. 1977, Sage, Beverly Hill.

[1107] Cfr. GARCÍA-PABLOS DE MOLINA, A., Tratado de Criminología, cit., 3ª Ed. (2003), Capítulo XVI, 7.b.

[1108] KUBE, E., Urban Planning, architecture and crime prevention, en. Police Studies, 4 (1), 1981, págs. 9 y ss.

del delito. CHERRY[1109] acentuó la importancia de dos factores con el mismo propósito: la idoneidad de un espacio concreto para ser observado, vigilado; y el grado de acceso que dicho espacio depara en atención a sus características arquitectónicas y urbanísticas. Por su parte, O'DONELL y LYDGATE[1110] trascendieron el análisis genérico de áreas de Shaw y Mckay sugiriendo una relación espacial entre tipo de delincuente, tipo de delito y lugar donde éste se produce. Los autores observaron que un cambio en los patrones de recursos afecta a la frecuencia relativa de la criminalidad[1111], proponiendo, sin embargo, no ya una remodelación urbana que limitase las posibilidades de acceso a ciertos espacios específicamente relacionados con determinados delitos —y potencie las de vigilancia y control— sino una genuina estrategia de prevención de escenarios criminógenos. En cuanto a los *geógrafos del delito,* se trata de un enfoque espacial desarrollado durante los dos últimos lustros del pasado siglo, fundamentalmente por BEURGES-ABEYE[1112] y definido como «el estudio de la manifestación espacial de los actos criminales ... de la organización social y cultural de la conducta criminal desde un punto de vista espacial». Siguen este análisis, también, ANGEL[1113] que puso de relieve las concomitancias de la evaluación del tráfico (rodado) y de la criminalidad, correlacionando ambas; y REPETTO[1114], quien estudió los crímenes *en el lugar de residencia,* sugiriendo la hipótesis de que la proximidad a zonas de residencia de sujetos delincuentes es el factor principal de los robos entre vecinos.

La tesis espacial moderada, de BRANTINGHAM y BRANTINGHAM[1115] y las diversas investigaciones en torno a los llamados «puntos calientes» (*hot spots*) representan otras tantas manifestaciones del modelo de la *opción racional* examinado.

Para BRANTINGHAM y BRANTINGHAM, el entorno físico indica de alguna manera al delincuente *motivado* cuales son los lugares más adecuados para materializar sus designios criminales, dónde puede conseguir sus objetivos o encontrar a las víctimas propicias. El medio o entorno, por tanto, interactúa con la motivación o predisposición del infractor pues la efectiva comisión del delito no es resultado directo ni inmediato (exclusivos) de aquellas, sino producto de la

---

[1109] CHERRY, R.S., Crime prevention through environmental design, en: Police Chief, 48 (12), 1981, págs. 48 y ss.

[1110] O'DONELL, C.R., LYDGATE, T., The Relationship to crimes of physical resources, en: Environment. Behavior, 12 (3), 1980, págs. 207 y ss.

[1111] Cfr. GARRIDO GENOVÉS, V., Delincuencia y sociedad, Madrid, 1984 (Mezquita), págs. 215 y ss.

[1112] BEURGES-ABEYE, The geography of crime and violence: espacial and ecological perspective, 1980, New York, Columbia University Press, pág. 2

[1113] ANGEL, S., Discouraging crime through city planning, 1968. Berkeley. California University Press.

[1114] REPPETO, T.A., Residential crime, 1974. Cambridge, M.A., Ballinger. Del mismo: Crime Prevention through environmental policy: A critique, en: American Scient, 20 (1976), págs. 257 y ss.

[1115] BRANTINGHAM, P.L. y BRANTINGHAM, P.J., Notes on the geometry of crime. En: Environmental Criminology, 1981 (Brantingham, P.J., Brantingham, P.L., edits.), Beverley Hills y London, Sage.

concurrencia de los dos factores: el factor oportunidad (medio, espacio físico) y el factor motivacional[1116].

Espacialista es, también, la tesis de BIRKBECK y LA FREE para quienes la situación («el campo perceptivo del individuo en un momento temporal dado»), no determina el delito sino que interactúa con el sujeto, dejando a salvo la posibilidad de la libre elección de éste. Ahora bien, la oportunidad, en todo caso, juega un papel activo en la dinámica comisiva convirtiendo al ofensor *potencial* en infractor *real*, impulsando la materialización efectiva de los designios criminales[1117].

Los autores partiendo de la información suministrada por encuestas de victimización realizadas en EEUU. y en Venezuela (Maracaibo) constataron empíricamente la relevancia de factores situacionales en la etiología del delito: de la situación concreta dependería que el delincuente decidiera llevar a cabo o no llevar a cabo determinado delito[1118]. LA FREE Y BIRKBECK pudieron comprobar la acusada selectividad espacial del delito (en particular, de algunos delitos), lo que demostraría que el infractor pasa al acto si la situación le depara la posibilidad de conseguir los objetivos que con cada tipo de delito persigue. Así, cuando el sujeto pretende satisfacer necesidades materiales (vg. como sucede con delitos instrumentales: robo, etc.) buscaría un escenario determinado para actuar, la víctima sería desconocida y evitaría la presencia de testigos. Por el contrario, si el delincuente busca reconocimiento social el marco espacial propicio difiere sustancialmente y es menos significativa la agrupación o concentración delictiva.

A semejantes conclusiones llega KATZ[1119] y, en España, CEREZO[1120].

La experiencia empírica ha constatado en las últimas décadas la selectividad espacial del crimen. Todo parece indicar que éste se concentra en términos estadísticamente muy significativos en torno a ciertos «puntos calientes» (hot spots) de la gran ciudad.

Así, SHERMAN[1121] en una conocida investigación comprobó que el 50% de las llamadas a la Policía de Minneapolis se concentraban en el 3% de los lugares, porcentaje aún mayor

---

[1116] BRANTINGHAM, P.L. y BRANTINGHAM, P.J., Notes on the geometry of crime, cit., págs. 48 y ss.

[1117] LA FREE, G.-BIRKBECK, C., The neglected situation, a cross-national study of the situational characteristics of crime, en: Criminology, 29 (1991), págs. 75 y ss. Cfr. SERRANO MAILLO, A., Introducción, cit., pág. 273.

[1118] LA FREE, G.-BIRKBECK, C., The neglected situation, cit., págs. 76 y ss. Cfr. SERRANO MAILLO, A., Introducción, cit., pág. 273.

[1119] Cfr. SERRANO MAILLO, A., Introducción, cit., pág. 273.

[1120] CEREZO DOMINGUEZ, A.I., La delincuencia violenta: un estudio de homicidios. Revista de Derecho Penal y Criminología, 2 (1998), págs. 238 y ss.

[1121] SHERMAN, L.W. y WEISBURD, D., General deterrence effects of police patrol incrime hot spots: a randomired, controlled trial, en: Justice Quarterly, 1995, 12. SHERMAN, L.W., Hot spots of crime and criminale careers of places, en: Crime Prevention Studies, 4 (1995). Crime and place (J.E. Eck y D. Weisburd edits.).

en los delitos de robo a mano armada, hurto de vehículos de motor y violencia doméstica[1122]. A tenor de un estudio de WIKSTROM sobre la ciudad de Estocolmo, el 47% de los asaltos callejeros se producían en el 3% de las calles del centro urbano; y en el Distrito Central de Negocios, a pesar de que éste representaba solo el 1% del espacio urbano, se concentraban el 31% del total de los delitos[1123]. En España, SABATÉ y ARAGAY[1124] constataron que las mayores tasas de victimización delictiva se producen en los barrios centrales de la ciudad, en los de mayor nivel de renta y en los menos protegidos; mientras los atentados contra la seguridad personal se concentrarían prioritariamente en los distritos centrales de la ciudad que deparan un mayor anonimato y una acusada aglomeración de víctimas potenciales.

En definitiva, pues, tanto la Ciencia del Derecho Penal (disciplina normativa), como las disciplinas empíricas (por todas: la Criminología), acuden a *modelos liberoarbitristas* para explicar la génesis del comportamiento criminal. Ahora bien, lo hacen con pretensiones diferentes, como diferente es, también, el significado del *libre albedrío* —y la función de esta categoría— en uno y otro ámbito.

El libre albedrío, en la Ciencia del Derecho Penal, se profesa fundamentalmente por el pensamiento clásico y conservador. Se trata, ante todo, de un axioma, de un *apriori* aplicable al género humano, que expresa con vocación de universalidad la autonomía del individuo para adoptar sus decisiones (autonomía siempre relativa, pero suficiente para atribuirle e imputarle aquellas); y se ajusta coherentemente a las premisas filosóficas (iusnaturalismo, racionalismo) y metodológicas (razonamiento abstracto y categorial) del Derecho Penal clásico. El «dogma» del libre albedrío reconduce la génesis del comportamiento criminal —o lo pretende— a sus raíces últimas, que entroncan con la propia naturaleza del ser humano.

El modelo libero arbitrista es mucho más complejo —y menos ambicioso— en el ámbito empírico, donde sirve de soporte a concepciones muy dispares y heterogéneas (economicistas, situacionales, ecológicas, etc.). Excepto en los enfoques economicistas, que apelan a la libertad y racionalidad del individuo como exigencia metodológica y principio universal con el objeto de describir la estructura motivacional de toda conducta humana, las concepciones situacionales y ecológicas refieren el libre albedrío no al *proceso de motivación previo* a la toma de decisiones por el individuo (ni a la propia adopción de decisiones) sino al tramo

---

[1122]   Vid. SHERMAN, L.W., GARTIN, P.R. y BUERGEZ, M.E., Hot spots of predatory crime: Routine activities and the criminology of place. Criminology, 27 (1989), págs. 27 y ss.

[1123]   Cfr. TONRY, M. y FARRINGTON, D., Building a Safer Society: Strategic Approaches to Crime Prevention. Crime and Justice: A Review of Research, vol. 19 (1995). Chicago: University of Chicago Press, págs. 42 y ss. Cfr. GARRIDO GENOVÉS, V. y otros, Principios ..., cit., pág. 206.

[1124]   SABATÉ, J. y ARAGAY, J.M., La delinqüencia a Barcelona: realitat i por. Dotze anys d'enquestes de victimizacio, 1984-1985. Barcelona: Institut d'Estudis Metropolitans, 1995. De los mismos: La delinqüencia a Barcelona: realitat i por. Catorze anys d'enquestes de victimització, 1984-1997, Barcelona, 1997, Institut d'Estudis Metropolitans. Cfr. GARRIDO GENOVÉS, V. y otros, Principios, cit., págs. 206 y 207.

o momento final del *paso al acto*, de la ejecución de las decisiones ya adoptadas. Y no se interesan, desde luego, por la etiología del comportamiento delictivo (en general), sino por el marco concreto o escenario en el que se produce el delito singular (y sus variables estadísticas fundamentales: temporales, espaciales, etc.). El libre albedrío, en los modelos situacionales, ecológicos, etc. opera más como cobertura teórica al servicio de programas prevencionistas, que como categoría con miras etiológicas explicativa del comportamiento criminal.

III. MODELOS *CIENTÍFICO-POSITIVISTAS Y NEOPOSITIVISTAS*

Analizo bajo este amplio epígrafe un vasto y heterogéneo repertorio de teorías explicativas del crimen —de ciertos crímenes, o de aspectos parciales del crimen— que tienen en común sus pretensiones etiológicas. Participan, pues, del conocido análisis *causal-explicativo* del positivismo criminológico, aunque en la actualidad éste se ha flexibilizado y sus enfoques otrora simplistas y monocausales han devenido más complejos, de la mano de un lenguaje estadístico que mitiga el determinismo radical de los pioneros de la Scuola Positiva.

Aunque a algunos no convenza, me parece sigue siendo útil y pedagógica la clasificación de estas teorías atendiendo a la naturaleza predominantemente *biológica, psicológica o sociológica* del factor que consideran determinante en la explicación del delito. Sigo, pues, el criterio clasificatorio de los Manuales alemanes y norteamericanos clásicos en la materia.

A) Modelos *biologicistas*[1125]

1. Orientaciones *biologicistas radicales y moderadas*. Las orientaciones biológicas que a continuación se exponen arrojan muy elevado nivel de empirismo, déficit inevitable, sin embargo, de muchas construcciones sociológicas y psicológicas. No obstante, el potencial de abstracción de las mismas es más reducido que en aquéllas. Poseen una incuestionable vocación clínica y terapéutica, que prima sobre otras proyecciones del saber científico. El aprovechamiento político criminal, empero, del núcleo de conocimientos que suministran no siempre se verá libre de grandes dificultades prácticas: y de sospechas de todo tipo. Aunque sea un error identificar estas teorías —sin distinguir las *moderadas* de las *radicales*— con el movimiento neolombrosiano o postlombrosiano, lo cierto es que son las más próximas a algunos de los ideales del positivismo criminológico, pues parten de la

---

[1125] Sobre los modelos biologicistas, distinguiendo los radicales y los moderados, vid., GARCÍA-PABLOS DE MOLINA, A., Tratado de Criminología, cit., 3ª Ed., págs. 477 y ss.; del mismo: La aportación de la Criminología, cit., págs. 85 y ss.

premisa de que el hombre delincuente es «distinto» del no delincuente (principio positivista de la diversidad) y que en dicho factor diferencial reside la explicación última del comportamiento delictivo: la búsqueda de un trastorno, *patología, disfunción* o *anormalidad*, es una de las características comunes a todos los enfoques biologistas.

Constituyen las orientaciones biologicistas el contrapunto de las teorías *ambientalistas*, la otra cara de la moneda. La gran tentación a que se hallan sometidas —y a la que, a menudo, sucumben sus sectores más radicales— es la de generalizar indebidamente, suponiendo la existencia de relaciones de causa a efecto, de leyes universales, allí donde, a lo sumo, sólo existe una correlación, válida exclusivamente para el concreto caso examinado.

2. *Crisis del dogma de la equipotencialidad: la aportación de las orientaciones biologicistas.* Pero, con sus limitaciones y condicionamientos, el enfoque biológico tiene su lugar y función en el seno de la Criminología científica interdisciplinaria. Pues el sustrato biológico del individuo representa un valioso y relevante potencial: sin duda alguna, el código biológico y genético es uno de los componentes del continuo y fecundo proceso de interacción, proceso abierto y dinámico en el que se inserta la conducta del hombre. Desmentido el dogma clásico de la «equipotencialidad» (idéntica carga o potencial criminógeno en todos los individuos), corresponde a estos modelos biológicos explicar científicamente la relevancia criminógena de ciertas variables, pues la existencia de un dato biológico diferencial parece ser una realidad incuestionable; y las concepciones ambientalistas no son capaces de fundamentar, por si solas, por qué el crimen se distribuye de forma no homogénea, concentrándose en torno a muy reducidos grupos humanos, cuyos individuos acaparan significativamente la comisión de la mayor parte de los delitos.

No obstante, y desde un punto de vista político, las concepciones biologicistas radicales reflejan una visión arrogante del orden social, cuyo complejo de superioridad conduce a atribuir el delito a patologías del individuo, salvando así la incuestionabilidad de un sistema que se cree perfecto y legitimado por el consenso.

Los modelos biologicistas evolucionan hacia paradigmas cada vez más complejos, dinámicos e integradores, capaces de ponderar la pluralidad de factores que interactúan en el fenómeno delictivo. Así se explica, tal vez, el giro hacia la moderación que se acusa en el seno de los modelos biologicistas. Ha entrado en crisis el arquetipo del ser humano de las teorías radicales, del determinismo biológico —fiel y natural aliado del pesimismo antropológico—: un ser humano preso de su herencia, esclavo de su pasado, de la carga biológica y genética que recibe y hace del mismo un producto terminado; un ser encerrado en sí mismo e incomunicado respecto a los demás, mero objeto de la historia e incapaz de decidir por sí y transformar la sociedad que le condiciona.

3. *Áreas y aportación de las principales investigaciones de orientación biologicista.* Baste aquí con una breve exposición de las áreas donde se han realizado las principales investigaciones biológicas, con la síntesis de sus postulados.

a) *Antropometría*

La Criminología, en sus orígenes históricos, se halla estrechamente unida a la Antropología. Esta se identificó inicialmente con la Antropometría, ya que todos sus esfuerzos se orientaron a fundamentar una supuesta correlación entre determinadas características o medidas corporales y la delincuencia[1126].

Los principales progresos en el campo de la Antropometría se debieron a A. BERTILLON (1857-1914). BERTILLON ideó un complejo sistema de medidas corporales —once—, que unidas a la fotografía de los delincuentes pretendía servir como instrumento de identificación de éstos. Su procedimiento identificativo se dividía en tres partes: el señalamiento antropométrico; el señalamiento descriptivo (*"portrait parle"*), a saber, singularidades de la fisonomía del sujeto y señales o marcas indelebles de la misma; y sus "marcas particulares" (lunares, cicatrices, tatuajes, etc.).

> Según su creador, midiendo la estatura, la longitud de la cabeza, la del dedo medio, la máxima de los brazos, etc., pudieron ser identificados muchos delincuentes que, en otro caso, hubieran escapado a la justicia. Ciertamente, el bertillonage despertó numerosas críticas y rechazos, pero acabó siendo adoptado por la policía y los presidios de todo el mundo[1127]. En España se introduce oficialmente en 1896.

Rechazada la teoría lombrosiana del delincuente nato, es innecesario advertir que el bertillonage sólo puede ser entendido como un método de identificación del delincuente, unido a otras técnicas más modernas, y siempre en el marco de la Criminalística. Pero que, en modo alguno, aporta una teoría explicativa del hecho criminal (Criminología).

b) *Antropología*

Las investigaciones realizadas en este ámbito son particularmente tributarias de la herencia lombrosiana, ya que la hipótesis fundamental de la Antropología

---

[1126] Como advierte RODRÍGUEZ MANZANERA, L. (Criminología, cit., págs. 280 y ss.). LOMBROSO diversificó la inicial orientación antropométrica de la Antropología, si bien en la evolución de ésta parece más acusada la tendencia biológica que la cultural.

[1127] BERTILLON, A., «La identificación antropométrica», en: Revista Mexicana de Criminología, 1, 1976, págs. 187 y ss. Cfr., RODRÍGUEZ MANZANERA, L., Criminología, cit., pág. 281. Sobre la aportación de Bertillon, vid. De: ANTÓN y BARBERÁ y de LUIS y TURÉGANO, J. V., Policía Científica, vol. I, 4ª Ed. (2004), Tirant lo Blanch, págs. 57 a 77

Criminal es la existencia de un tipo humano inferior, degenerado, hipoevolutivo (el tipo criminal), dotado de características singulares, distintas de los demás individuos no delincuentes, y con una poderosa carga hereditaria. El médico de prisiones inglés GORING y el antropólogo de Harvard HOOTON son las dos figuras más señeras de la Antropología Criminal. El primero, aún propugnando la tesis de la inferioridad, de base hereditaria, del delincuente, negó la existencia de un tipo físico de criminal. El segundo, por el contrario, se aproximó considerablemente a la doctrina lombrosiana, admitiendo no sólo haber identificado estigmas en la población criminal, sino incluso la posibilidad de describir características degenerativas diferenciales para los respectivos subgrupos de delincuentes.

GORING (1870-1919) autor, al parecer, de un valioso estudio biométrico-estadístico («The English Convict: A Statistical Study»), publicado en 1913[1128], refutó la metodología y tesis lombrosianas.

«The English Convict» es un estudio biométrico, con sólido respaldo estadístico, con el que GORING respondía a un célebre reto de LOMBROSO[1129]. Para el autor, LOMBROSO se sirvió de un método anatómico patológico, basado en la observación directa, pero sin instrumentos de medición objetivos, infiriendo, en consecuencia, la supuesta normalidad o anormalidad del individuo de los estigmas así detectados. En su lugar, GORING se mostró partidario de un método estadístico, que podría ofrecer mediciones precisas y fiables, con independencia de posibles perjuicios del investigador. Sus conclusiones fueron dos: en primer lugar, que carecían de fundamento científico la tesis lombrosiana del delincuente como tipo físico, sui géneris, en sentido antropológico. GORING no encontró estigmas degenerativos[1130] ni diferencias sensibles entre el grupo criminal y el no criminal. En segundo lugar, que sí había base empírica para mantener la inferioridad[1131] del criminal y el carácter hereditario de ésta[1132]. Ahora bien, según GORING dicha inferioridad —y el déficit psíquico

---

[1128]   London, 1913, His Majesty's Stationery Office. Sobre GORING, vid.: DRIVER, E.D., «Goring», en: «Pioneers», cit., págs. 335 y ss. (y bibliografía citada por el autor en pág. 348). Cfr., GARCÍA-PABLOS DE MOLINA, A., Tratado de Criminología, cit., págs. 453 y ss.

[1129]   El equipo de GORING estaba integrado por diversos profesionales, entre otros, el prestigioso estadístico K. PERSON. Examinaron 3.000 criminales convictos y reincidentes. El grupo de control lo componían estudiantes de Oxford y Cambridge, pacientes de hospitales, militares, etc., analizándose comparativamente treinta y siete características físicas y seis rasgos psíquicos. Sobre el «reto» lombrosiano que provocó esta investigación, vid., VOLD, G.B., Theoretical Criminology, cit., pág. 58.

[1130]   GORING no detectó en el grupo criminal más anomalías que en el grupo integrado por oficiales del «Royal Engineers». En todo caso, no habría más trazos diferenciales que los que pudiesen derivar del «efecto selectivo del factor ambiental». No existe —fue su conclusión— un tipo físico de delincuente (The English Convict., cit., págs. 196 a 214 y 173).

[1131]   GORING mantuvo la existencia de una «proclividad delictiva» («diathesis criminal») basada en la inferioridad hereditaria del delincuente (The English Convict, cit., pág. 287, tabla 119).

[1132]   Sobre la transmisión hereditaria de la inferioridad, GORING, The English Convict., cit., págs. 365 y ss. Los factores sociales, a juicio del autor, tendrían escasa relevancia etiológica.

de inteligencia[1133] en que se concretaba— no debía de interpretarse en sentido patológico, como expresión de anormalidad en el delincuente[1134].

E. A. HOOTON, antropólogo, publicó en 1939 su obra «The american criminal. An Anthropological Study»[1135], en la que rebate las tesis de GORING. Según HOOTON, el criminal es un ser orgánicamente inferior, y el delito producto o resultante del impacto del medio en un organismo humano de casta o rango inferior; de modo que sólo puede ser suprimido (el crimen) extirpando el sustrato físico, psíquico o moral de dicha inferioridad, o mediante su total segregación en un medio socialmente aséptico[1136]. A su juicio, existen diferencias significativas entre delincuentes y no delincuentes y, a su vez, entre los distintos subgrupos criminales. La inferioridad física sería relevante, sobre todo, por aparecer asociada a la inferioridad mental, siendo causa de aquélla la herencia, y no factores circunstanciales o situacionales[1137].

Los delincuentes, según la investigación de HOOTON, serían inferiores a los no delincuentes en casi todas las medidas corporales[1138]. Y algunos rasgos físicos reflejarían fielmente la inferioridad constitucional de éstos: poca frente e inclinada, cuello largo y delgado, hombros caídos; labios finos, breves ángulos mandibulares, maxilares poco ajustados, muy perceptible punto de DARWIN, orejas pequeñas con los bordes del pabellón auditivo ligeramente enroscado, rostros tensos, mandíbulas estrechas, secreción nasal muy abundante, predominio de ojos azul-grisáceos, escaseando los ojos azules y oscuros, con pliegues pronunciados y cejas poco pobladas. El tatuaje, por último, sería más frecuente entre los delincuentes[1139].

HOOTON, además, creyó poder constatar una clara correlación entre determinadas características físicas y las diferentes clases de delincuentes: así, los individuos altos y delgados serían proclives a la comisión de asesinatos y atracos; los altos y corpulentos, homicidios, falsificaciones y estafas; los bajos, hurtos y desvalijamientos; los bajos y gruesos, violaciones y abusos sexuales, etc.[1140].

Cabe citar también a L.P. VERVAEK y al belga DE GREEF. El primero puso especial énfasis en el código biológico individual y en la herencia. A su juicio, el

---

[1133] «De modo que la única asociación física significativa con la criminalidad es, por lo común, cierto déficit psíquico; y el único factor constitucional decisivo, de orden mental, en la etiología del crimen, es un déficit de la inteligencia» (GORING, The English Convict., cit., pág. 263).

[1134] GORING, The English Convict, cit., pág. 24.

[1135] 1939, Harvard University Press, Cambridge. La obra pasa revista a un total de 17.000 individuos, 14.000 reclusos y 3.000 pertenecientes al grupo de control, computando treinta y tres medidas, comparativamente, en ambos grupos. Cfr., GARCÍA-PABLOS DE MOLINA, A., Tratado de Criminología, cit., págs. 457 y ss.

[1136] HOOTON, E.A., The American Criminal, cit., I, pág. 309.

[1137] HOOTON, E.A., The American Criminal, cit., I, págs. 301 a 308.

[1138] HOOTON, E.A., The American Criminal, cit. I, págs. 229 y ss.

[1139] HOOTON, E.A., The American Criminal, cit., I, págs. 304 y ss.

[1140] HOOTON, E.A., Crime and the Man, 1931, Harvard University Press, Cambridge, págs. 376 a 378.

medio social no crea nada, se limita a desarrollar, o evitar el desarrollo en su caso, de los caracteres hereditarios. DE GREEF es uno de los partidarios de la teoría de la personalidad criminal, esto es, de la supuesta existencia de una entidad global, específicamente criminal dotada, en cuanto personalidad unitaria, de unas características anatomofisiológicas propias, producto de una degeneración que tendría su origen en múltiples taras[1141].

Por último, DI TULLIO, representa lo que el mismo denominó «una nueva fase en la evolución de la doctrina lombrosiana y de la Antropología Criminal», que subraya la importancia del examen clínico y psicofisiológico del delincuente, a fin de captar la dinámica motivacional del comportamiento delictivo y trazar la base integral de los programas terapéuticos[1142]. El método biotipológico constitucionalista de DI TULLIO presta particular atención al proceso dinámico de formación de la personalidad, por oposición al enfoque estático lombrosiano. En su conocida Antropología Criminal, publicada en 1950[1143], se refirió DI TULLIO a un tipo de delincuente de base constitucional y orientación «hipoevolutiva», el cual por causas hereditarias, congénitas o adquiridas, presenta un escaso desarrollo de las características individuales que se pueden considerar de más reciente adquisición y de mayor dignidad evolutiva. Según DI TULLIO la herencia, sin embargo, no transmite la criminalidad sino sólo la predisposición criminal o proceso mórbido que requiere, además, la concurrencia de otros factores criminógenos[1144]. A DI TULLIO se debe, también, una conocida tipología criminal de base endocrinológica[1145].

c) *Biotipología*

La Biotipología es una disciplina científica que versa sobre el «tipo humano» atendiendo al predominio de un órgano o función. La premisa de las investigaciones biotipológicas es la existencia de una correlación entre las características

---

[1141]   Sobre ambos autores, vid. RODRÍGUEZ MANZANERA, L., Criminología, cit., pág. 282; GARCÍA-PABLOS DE MOLINA, A., Tratado de Criminología, cit., págs. 459 y ss.; BONGER, W., Introducción a la Criminología, cit., pág. 273.

[1142]   DI TULLIO, B., Principi di Criminología clínica, 1954, págs. 14 y ss.

[1143]   Roma, POZZI. Vid., también, Principios de Criminología Clínica y Psiquiatría Forense, 1966, Madrid (Aguilar), pág. 178. Cfr. GARCÍA-PABLOS DE MOLINA, A., Tratado de Criminología, cit., págs. 459 y ss.

[1144]   DI TULLIO definió dicha «predisposición biológica» como «la expresión de un conjunto de condiciones orgánicas y psíquicas, hereditarias, congénitas o adquiridas, que disminuyen la resistencia habitual a las instigaciones criminógenas, llevando con mayor facilidad al individuo al comportamiento delincuente». Cfr., RODRÍGUEZ MANZANERA, L., Criminología, cit., págs. 282 y ss.

[1145]   Sobre dicha tipología endocrinológica de DI TULLIO, vid. EXNER, F., Biología Criminal en sus rasgos fundamentales, 1946, Barcelona (Bosch), pág. 249.

físicas del individuo y sus rasgos psicológicos, entre tipo somático o corporal y tipo mental, carácter y temperamento.

Sería excesivo calificar de neolombrosianos a todos los representantes de la Biotipología Criminal, por el hecho de que hayan constatado una correlación estadística entre determinadas características morfológicas o constitucionales típicas y específicas manifestaciones delictivas, entre constitución física y temperamento. Entre otras razones, porque afirmar, por ejemplo, la significativa presencia del tipo atlético o del mesomorfo en la población criminal no prejuzga nada. No significa, sin más, atribuir relevancia etiológica ni valor predictivo a tal constatación, sino advertir simplemente una correlación estadística que, puede tener toda suerte de explicaciones, entre otras la decisiva influencia de los procesos de selección social.

Existen numerosas tipologías según las diversas Escuelas y criterios clasificatorios utilizados por las mismas[1146].

En la Escuela Francesa, destaca la de SIGAUD (1862-1921), quien distinguía cuatro tipos humanos según el sistema que predominase en ellos (respiratorio, digestivo, muscular y cerebral).

En la Escuela Italiana sobresalen tres autores: PENDE, VIOLA y BARBARA. VIOLA distingue dos tipos fundamentales: el brevilíneo y el longilíneo, en el primero, el desarrollo del cuerpo es horizontal: el predominio del sistema vegetativo produce individuos enérgicos y vitales; el tipo longilíneo, por el contrario, significa la prioridad de la vida de relación; se trata de personas de mayor estatura, tórax alargado y miembros largos, abúlicas y depresivas, con tendencia a la introversión y fantasía.

BARBARA considera que el tronco expresa la vida vegetativa y las extremidades la de relación, por lo que distingue dos tipos extremos y un tercero intermedio, con sus subtipos: el braquitipo (excedente, antagónico y deficiente), el longitipo (con las mismas modalidades) y el normotipo (macrosómico y microsómico).

Por último, PENDE ponderando también factores endocrinológicos, distingue el tipo longilíneo-esténico (individuos fuertes, delgados, con hiperfunción de tiroides y suprarrenales), el longilíneo-asténico (débiles, delgados, con escaso desarrollo muscular e hipofunción de las suprarrenales), el brevilíneo-esténico (fuertes, musculados, de reacciones lentas, con hipotiroidismo y con hiperfunción de las suprarrenales) y el brevilíneo-asténico (gordos, débiles, lentos de reacciones y con hipofunción de pituitaria y tiroides).

Mayor importancia tienen las tipologías acuñadas por las Escuelas Alemana y Norteamericana.

El representante más conocido de la Escuela Alemana es KRETSCHMER (1888-1964) y su obra, publicada en 1921, (*Körperbau und Charakter*)[1147]. KRETSCHMER elaboró una doble tipología, constitucional y caracterológica distinguiendo, de una parte, los tipos (constitucionales) leptosomático, atlético, pícnico y displástico (y mixtos); y de otra, los tipos (caracterológicos) esquizotí-

---

[1146] Vid., GARCÍA-PABLOS DE MOLINA, A., Tratado de Criminología, cit., págs. 460 y ss.; RODRÍGUEZ MANZANERA, L., Criminología, cit., págs. 287 y ss.; VOLD, G.B., Theoretical Criminology, cit., págs. 65 y ss.

[1147] Berlin, Springer Verlag. Sobre la obra de KRETSCHMER, vid.: SCHNEIDER, H.J., Kriminologie, cit., págs. 374 y ss.; MEZGER, E., Criminología, Madrid, (Edit. Revista de Derecho Privado), págs. 112 y ss.; VOLD., G.B., Theoretical Criminology, cit., págs. 65 y ss.; GARCÍA-PABLOS DE MOLINA, A., Tratado de Criminología, cit., págs. 462 y ss.

mico, ciclotímico y viscoso. El autor trazaría las oportunas correlaciones e interdependencias entre unos y otros tipos.

La primera tipología llevaría consigo las siguientes características corporales. El tipo *leptosomático*: cuerpo alargado y delgado, cabeza pequeña, nariz puntiaguda (su representación geométrica: una línea vertical); el tipo *atlético*: gran desarrollo del esqueleto y musculatura, tórax y cabeza grande (representación geométrica: una pirámide invertida); el tipo *pícnico*: gran desarrollo de las cavidades viscerales, abdomen prominente, cabeza redonda y ancha, extremidades cortas y tendencia a la obesidad (representación gráfica: circular); el tipo *displástico*: características muy exageradas de individuos que no encajan en los tipos anteriores, con tres variante o subtipos (gigantismo, obeso e infantilismo eunucoide); el tipo *mixto*, el más frecuente, procede de una combinación de los anteriores por vía hereditaria.

Relacionando los tipos constitucionales anteriores con las correspondientes características psicológicas formula KRETSCHMER una segunda tipología distinguiendo al efecto los tipos esquizotímico, ciclotímico y viscoso.

Al tipo *esquizotímico* pertenecen individuos de constitución leptosomática y de temperamento introvertido; cabe, a su vez, una subdivisión: los subtipos hiperestésicos (personas nerviosas, irritables e idealistas), intermedios (frías, enérgicas, serenas) y anestésicos (apáticos, solitarios, indolentes). Cuando el tipo se agrava, surge una modalidad esquizoide: la enfermedad mental correspondiente sería la esquizofrenia. Al tipo *ciclotímico* corresponden personas extrovertidas, de constitución pícnica; aunque pueda oscilar de un extremo a otro, de la alegría a la tristeza, existen tres subcategorías: individuos hipomaniacos (continua alegría, en continuo movimiento), sintónicos (realistas, prácticos, humorístas) y flemáticos (tranquilos, silenciosos, tristes). Cuando el tipo se exarceba aparece la modalidad cicloide, y la enfermedad mental correlativa, la ciclofenía (maníacodepresiva). Por último, al tipo *viscoso* pertenecen individuos de constitución atlética, que oscilan entre el tipo leptosomático y el pícnico (personas tranquilas, pasivas, por lo general, etc.).

En cuanto a las relaciones entre tipo y criminalidad, KRETSCHMER llega a la conclusión de que los pícnicos arrojan los índices más bajos de delincuencia, siendo raras veces habituales; los leptosomáticos, son de difícil tratamiento y proclives a la reincidencia, siguiendo a los atléticos en porcentajes de criminalidad: abundan entre los leptosomáticos los ladrones y estafadores; los atléticos, a juicio de KRETSCHMER, son violentos y representan los cocientes más altos de delincuencia.

KRETSCHMER advirtió, también, un fundamento endrocrino[1148] en las conexiones biológicas más profundas existentes entre los tipos de estructura corporal y el temperamento.

Es muy lógico admitir, pensaba KRETSCHMER, que los grandes tipos temperamentales normales de los ciclotímicos y esquizotímicos se produzcan en su correlación empírica con la estructura somática, en virtud de una acción paralela humoral (químico sanguínea) seme-

---

[1148]   Cfr., MEZGER, E., Criminología, cit., págs. 120 y ss.

jante a la admitida en los casos patológicos; en el entendido de que no se trataría exclusivamente de las glándulas sanguíneas en sentido estricto, sino del quimismo sanguíneo total.

A KRETSCHMER corresponde el mérito histórico de haber iniciado las teorías somatotípicas. Su tesis, moderada, se limita a resaltar la afinidad estadísticamente comprobada entre constitución somática o corporal (constitución corporal) y rasgos caracterológico-temperamentales (carácter), sin pretensiones causales o etiológicas. Es más, KRETSCHMER rechazó la hipótesis de un tipo somático de delincuente[1149].

En el ámbito metodológico, no obstante, suele reprocharsele un cierto déficit empírico-estadístico; a lo que se añade la escasa información existente sobre el modo en que se distribuyen los diversos tipos constitucionales en la población general, y la ausencia de grupo de control que hace muy problemática cualquier generalización sobre el valor o rango etiológico de un determinado tipo en el comportamiento criminal[1150].

En la Escuela Norteamericana destacan W. SHELDON, el matrimonio GLUECK y J.B. CORTÉS.

W. SHELDON publica en 1949 «Varieties of delinquent Youth», obra que mejora considerablemente el soporte metodológico de las teorías constitucionales.

Representa una línea de investigación dinámica, sometida a un complejo marco teórico y plural de factores integrados, cuyas categorías el autor no aisla de cualquier posible interacción con factores ambientales. De hecho, la clasificación de SHELDON tiene un fundamento experimental, basado en la historia de casos individuales: 200 jóvenes delincuentes de un Centro de tratamiento y reeducación en Boston[1151].

Su enfoque tiene claras connotaciones *embriológicas*, pues SHELDON parte del blastodermo, unidad celular de la que procede todo individuo; y distingue tres capas concéntricas que, de dentro a fuera, reciben, respectivamente, el nombre de endodermo, mesodermo y ectodermo. De acuerdo con los datos que suministran la embriología y la fisiología del desarrollo elabora dos tipologías: física y mental (rasgos corporales y características temperamentales correspondientes), según el predominio del estrato en cuestión, de los órganos o funciones que representa, las

---

[1149] Como advierte EXNER, F., Biología Criminal, cit., pág. 247. Ponderando la moderación de KRETSCHMER, vid.: GARRIDO GENOVÉS, V., Delincuencia y sociedad, Madrid (Mezquita), 1984, págs. 30 y ss.

[1150] Sobre estas críticas, vid., VOLD, G.B., Theoretical Criminology, cit., págs. 65 y ss.; GARCÍA-PABLOS DE MOLINA, A., Tratado de Criminología, cit., págs. 464 y 465 (citando las investigaciones de ROHDEN, BOHMER, MICHEL, RIEDL y otros).

[1151] Sobre la obra de SHELDON, vid.: GARRIDO GENOVÉS, V., Delincuencia y sociedad, cit., pág. 30; SCHNEIDER, H.J., Kriminologie, cit., págs. 375 y ss.; RODRÍGUEZ MANZANERA, L., Criminología, cit., pág. 292; GARCÍA-PABLOS DE MOLINA, A., Tratado de Criminología, cit., págs. 465 y ss.

vísceras digestivas (*endodermo*), huesos, músculos, tendones, sistema motor, etc., (*mesodermo*), tejido nervioso, piel, etc., (*ectodermo*).

Según SHELDON, las características somáticas o estáticas darían lugar a tres tipos: el tipo endomorfo, el mesomorfo y el ectomorfo[1152].

> El *endomorfo* evidenciaría: vísceras digestivas pesadas y muy desarrolladas, con estructuras somáticas relativamente débiles; bajo peso específico, tendencia a la gordura, formas redondeadas, miembros cortos, piel con vello y suave; el *mesomorfo*, gran desarrollo de las estructuras somáticas (huesos, músculos, tejido conjuntivo), alto peso específico, duro, erecto, fuerte y resistente; tronco grande, pecho consistente, manos grandes; el *ectomorfo*, por último, cuerpo frágil, alargado, delicado; extremidades largas y delgadas, músculos pobres, tórax chato, huesos pocos consistentes y finos, hombros caídos, cara pequeña, nariz afilada y pelo fino.

A cada tipo físico o corporal, le corresponderían unos rasgos caracterológicos y temperamentales propios, esto es, tres tipos: el viscerotónico, el somatotónico y el cerebrotónico, respectivamente.

> El tipo *viscerotónico* es el endomorfo; cómodo, lento, glotón, sociable, cortés, tolerante, hogareño y extrovertido; el *somatotónico*, es mesomorfo; firme, aventurero, enérgico, atlético, ambicioso, osado, agresivo, inestable, dinámico; el *cerebretónico* es ectomorfo; rígido, rápido, aprensivo, controlado, asocial, hipersensible, solitario, pleno de problemas de carácter funcional, alergias, insomnios, sensible al ruido, introvertido, etc. La conclusión de SHELDON fue clara: predominio acusado del componente *mesomorfo* en el grupo de criminales, en comparación con el grupo de control. Los jóvenes delincuentes eran acusadamente mesomorfos y escasamente ectomorfos. Más aún: SUTHERLAND[1153], después de revisar las figuras aportadas por SHELDON, llegó a la conclusión de que el más delincuente de aquellos jóvenes (por sus carreras criminales) era significativamente más mesomorfo que el menos delincuente.
>
> A pesar de las críticas formuladas contra esta tesis[1154], el equipo de SHELDON ha realizado un seguimiento (análisis longitudinal) del grupo de 200 individuos a través de sucesivas evaluaciones y a lo largo de los últimos treinta años, confirmando la tesis inicial: la muestra de sujetos delincuentes apunta hacia el componente *mesomórfico*, mientras el grupo de control, integrado por unos 4.000 estudiantes de un College americano, es menos mesomórfico y más ectomórfico.
>
> Otros autores (HARTL, MONNELLY y ELDERMAN) han llegado en su investigación (1982) a una tesis muy similar: mientras la población general suele distribuirse de forma simétrica en un hipotético mapa, la población criminal se concentra en el cuadrante noroeste (*mesomorfía*), observándose sólo contados casos en los restantes segmentos[1155].

[1152] SHELDON, W., Varities of Delinquent Youth, 1949, págs. 14 a 30.

[1153] Cfr., GARCÍA-PABLOS DE MOLINA, A., Tratado de Criminología, cit., pág. 467.

[1154] Revisando las tesis de SHELDON, GARRIDO GENOVÉS, V., Delincuencia y sociedad, cit., pág. 34.

[1155] HARTL, E.M., MONNELLY, E.P. y ELDERMAN, R.D., Physique and delinquent behavoir, Academic Press, New York, 1982, págs. 488 y ss. Cfr. GARRIDO GENOVÉS, V., Delincuencia y sociedad, cit., pág. 35.

SHELDON, finalmente, comparte las conclusiones más espectaculares de HOOTON, en cuanto a la inferioridad estructural y orgánica del delincuente[1156].

El matrimonio GLUECK llegó también a la conclusión de que la mayor parte de los delincuentes eran dominantemente *mesomórficos* (60'1%), y desde luego en proporción muy superior a la detectada en el grupo de control (30'7%).

La obra del matrimonio GLUECK, realizada en 1950 y 1956[1157], compara dos grupos de 500 jóvenes —el grupo criminal y el grupo de control—, manteniendo constantes la edad, nivel intelectual, factor racial, área de residencia, etc. El análisis de los autores incluye el de 67 rasgos de la personalidad y 42 factores socioculturales, al objeto de comprobar cuál de ellos se hallaba más asociado al delito[1158].

Constataron que los individuos *mesomórficos* exhiben unos rasgos especialmente idóneos para la comisión de actos violentos: fortaleza física, energía, insensibilidad, tendencia a expresar por la acción sus tensiones y frustraciones, así como para liberarse de ciertos frenos que inhiben las conductas antisociales, como sentimientos de inadecuación, acusado sometimiento a la autoridad, inestabilidad emocional, etc. Comprobaron, también, otro dato significativo: que los individuos mesomórficos que llegaban a criminales ostentaban unos rasgos de personalidad no encontrados en todos los mesomórficos; así, la susceptibilidad al contagio de enfermedades propias de la infancia, destructividad, conflictos emocionales, etc. Tres factores socioculturales, además, se hallarían estrechamente asociados con la delincuencia en los individuos mesomórficos: desatención de las actividades domésticas ordinarias, ausencia de diversiones y actividades de recreo en familia y falta de oportunidades de esparcimiento en el propio hogar[1159].

No obstante, el matrimonio GLUECK tampoco pudo librarse de numerosas críticas y reservas, fundamentalmente por las características de la muestra del grupo de control (delincuentes institucionalizados y residentes) cuya singularidad impide generalizaciones válidas para el total de la población criminal; pero, también, por una cierta imprecisión en el proceso de asignación de tipos y raigambre constitucionalista, que ha permitido a SUTHERLAND calificar de nueva frenología la orientación de SHELDON y de los GLUECK[1160].

[1156] SHELDON, W., Varities of Delinquent Youth, cit., págs. 751 y 752.

[1157] Unraveling Juvenile Delinquency, 1950, Cambridge (Harvard University Press); y, Physique and Delinquency, 1956. New York (Harper). Los autores (GLUECK, S. y E) habían detectado solo un 30% de mesomórficos en el grupo de control. Cfr., GARCÍA-PABLOS DE MOLINA, A., Tratado de Criminología, cit., pág. 468.

[1158] Vid., GLUECK, S. y E., Physique and Delinquency, cit., págs. 27 a 31.

[1159] Vid., GLUECK, S. y E., Physique and Delinquency, cit., págs. 221 a 226.

[1160] Valorando la aportación de los GLUECK: GARRIDO GENOVÉS, V., Delincuencia y sociedad, cit., págs. 38 y ss.; VOLD, G.B., Theoretical Criminology, cit., págs. 69 y ss.: GARCÍA-PABLOS DE MOLINA, A., Tratado de Criminología, cit., pág. 469.

Especial mención tiene el enfoque biosocial de J. CORTÉS[1161], psicólogo de la Universidad de Georgetown, a quien se debe una de la más interesantes aportaciones a la moderna teoría constitucionalista.

> Su análisis, dinámico, plural e integrador relativiza la trascendencia del factor físico constitucional, al considerar que éste no es inalterable, no es un producto definitivamente terminado, sino el resultado de un proceso continuo de interacción en el que intervienen tanto la dotación genética como las influencias ambientales que recibe el sujeto en los distintos momentos de su vida[1162]. Desde un punto de vista metodológico, CORTÉS no limitó su estudio al de delincuentes institucionalizados, por lo que su investigación es más fiable y susceptible de generalización. El autor llegó también a la conclusión de que el grupo criminal es predominantemente *mesomórfico*.
> En efecto, comparando dos grupos de 100 individuos —100 delincuentes y otros 100 no delincuentes, como grupo de control— halló una asociación estadísticamente significativa entre delincuencia y grupo corporal: un 57% de los delincuentes era prioritaria y acusadamente mesomórficos, y sólo un 19% del grupo de control pertenecía a dicho tipo, según los respectivos somatotipos medios[1163].

A su vez, CORTÉS examinó la correlación existente entre tipo físico o constitucional y temperamento, encontrando que la mesomorfía se halla asociada con la necesidad de éxito y poder[1164], con la agresividad, con la extraversión e impulsividad; datos a los que se unía otro de carácter sociofamiliar: cuanto más mesomorfo es un individuo delincuente, menos disciplina y control parece recibir en el ámbito familiar.

En conclusión, para CORTÉS: criminales y no criminales difieren en lo físico, pues los delincuentes son más mesomórficos, están dotados de mayor energía; son potencialmente más agresivos desde un punto de vista temperamental; y, motivacionalmente, exigen una necesidad más elevada de éxito y poder que los no delincuentes[1165].

[1161] CORTÉS, J., Delinquency and Crime: A Byosychosocial Approach, 1972, New York (Seminar Press).

[1162] CORTÉS, J., Delinquency and Crime, cit., págs. 40 y ss. Cfr. VOLD, G.B., Theoretical Criminology, cit., págs. 71 y 72; GARRIDO GENOVÉS, V., Delincuencia y sociedad, cit., págs. 9 y ss.; GARCÍA-PABLOS DE MOLINA, A., Tratado de Criminología, cit., págs. 469 y ss.

[1163] CORTÉS, J., Delinquency and Crime, cit., págs. 28 y 30.

[1164] CORTÉS, J., Delinquency and Crime, cit., págs. 88 y 191. Sobre el factor sociofamiliar, vid., GARRIDO GENOVÉS, V., Delincuencia y sociedad, cit., págs. 39 y 40. En general, VOLD., G.B., Theoretical Criminology, cit., págs. 70 a 73; GARCÍA-PABLOS DE MOLINA, A., Tratado de Criminología, cit., págs. 470 y 471.

[1165] CORTÉS, J., Delinquency and Crime, cit., pág. 348.

d) *Moderna neurofisiología*[1166]

El descubrimiento del electroencefalógrafo (EEG), aparato que permite el registro gráfico de la actividad eléctrica del cerebro, ha pontenciado una serie de investigaciones científicas que permiten demostrar una clara correlación entre determinadas irregularidades o disfunciones cerebrales y la conducta humana, concretamente, la criminal.

Son ya muchos los trabajos que asocian determinadas conductas delictivas o desviadas (criminalidad violenta, suicidio, delitos sin motivos aparentes) a concretas *patologías cerebrales* (disfunción cerebral mínima, anomalías encefalográficas, etc.).

> Unos estudios se limitan a la lectura e interpretación del EEG, examinando las respectivas ondas cerebrales de delincuentes y no delincuentes. Otras, más fiables, tratan de confirmar los resultados obtenidos con la ayuda de tests psicológicos[1167].

Un trabajo muy conocido es el publicado en 1970 por MONROE, quien examinó casi un centenar de delincuentes cuyas sentencias fueron conmutadas por un tratamiento de duración indeterminada[1168].

> MONROE llegó a dos conclusiones: en primer lugar, la evidencia de disfunciones neurológicas en sujetos no considerados anteriormente como afectados por las mismas; en segundo lugar, que sólo una parte mínima de los analizados acusaron tales anormalidades en el lóbulo temporal, lugar convencionalmente considerado como el centro de la agresividad. A juicio de MONROE, el grupo que manifestaba anomalías en el EEG era el más agresivo, antisocial y conflictivo de la institución, presentando más cicatrices y marcas de nacimientos que el grupo con un EEG regular.
>
> A la tesis de MONROE se ha reprochado por algún autor, SILVERMAN, que tales anomalías serían producto de la prisionización —consecuencia, por tanto, y no causa—, al haberse detectado semejantes irregularidades o disfunciones electroencefalográficas en enfermos esquizofrénicos hospitalizados por largo tiempo[1169].

[1166] Vid., SIEGEL, L.J., Criminology, cit., págs. 134 y ss.; HALL WILLIAMS, J.E., Criminology and Criminal Justice, cit., págs. 38 y ss.; RODRÍGUEZ MANZANERA, L., Criminología, cit., págs. 311 y ss.; SCHNEIDER, H.J., Kriminologie, cit., págs. 376 y ss.; GARCÍA-PABLOS DE MOLINA, A., Tratado de Criminología, cit., págs. 503 y ss.

[1167] Sobre los trabajos que se limitan a la interpretación del EEG (de DUVA, VALVIKOVA, HODGE, VETTER, etc.) y los que complementan aquella con tests psicológicos (así: ASSAEL, KOEN-RAZ y ALPERU, etc.), vid. RODRÍGUEZ MANZANERA, L., Criminología, cit., pág. 312.

[1168] Trabajo después ampliado (MONROE, R.R., BALIS, G., RUBIN, J., LION, J., HULFISH, MCDONALD, M. y BARCIK, D.: «Neurosychiatric Correlations with Antisocial Behavior», en: CICRIB, 1975, Sao Paulo). Sobre la metodología del mismo, vid.: RODRÍGUEZ MANZANERA, L., Criminología, cit., pág. 312. Cfr. GARCÍA-PABLOS DE MOLINA, A., Tratado de Criminología, cit., págs. 504 y ss.

[1169] Vid., MEDNICK, S.A., Considerations Regarding the role of Biological Factors in the Etiology of Criminality, cit., pág. 8.

Otros estudios electroencefalográficos han pretendido verificar dos hipótesis: que muchos de los denominados crímenes violentos sin motivo aparente responden a anomalías cerebrales graves que detecta sólo el EEG, pero que pasarían desapercibidas en un examen clínico; en segundo lugar, que existe una determinada conexión entre concretos hechos delictivos cometidos por jóvenes, producto de personalidades inmaduras, y singulares disfunciones cerebrales.

Lo primero se infiere de un trabajo de STTAFORD, CLARK Y TAYLOR, quiénes después de investigar a 94 personas que esperaban juicio por asesinato, detectaron anomalías electroencefalográficas en más de la mitad de ellas. Lo segundo, se afirma por R. SESSIONS HODGE y W. GREY WALTER, quiénes asocian el *ritmo delta* (slower rhythms, delta rhytms) observado en el EEG con manifestaciones propias de una personalidad inmadura, lo que, a juicio de los mismos, podría explicar muchos delitos juveniles[1170].

Las otras muchas investigaciones neurofisiológicas pueden sistematizarse de acuerdo con una conocida clasificación de las disfunciones examinadas:

a) *Disfunción cerebral mínima* (MBD: minimal brain dysfunction) definida como una anomalía de la estructura cerebral, suele asociarse a los casos extremos de la misma: comportamientos antisociales, desajustes en los mecanismos cerebrales de estímulo y control, problemas de percepción visual, hiperactividad, agresividad, etc. Una manifestación específica de tal anomalía serían las «reacciones explosivas» que explican numerosos comportamientos eventualmente delictivos: malos tratos al cónyuge e hijos, abusos sexuales en niños, suicidio, agresividad, homicidios sin motivos aparentes, etc. A propósito de la disfunción cerebral mínima cabe citar el trabajo de R. D. ROBIN, quien después de examinar a adolescentes suicidas llegó a la conclusión, verificada por test, de que más de un 60% de ellos había padecido disfunciones cerebrales. También L.T. YEUDALL analizó 70 pacientes criminales, comprobando que todos ellos se caracterizaban por una disfunción cerebral lateral del hemisferio dominante del cerebro, creyendo estar en condiciones de predecir con una aproximación del 95% a la reincidencia de los delincuentes violentos mediante tal técnica. Por último, las de MURRAY y otros, quiénes creyeron haber constatado una significativa asociación estadística entre la disfunción cerebral mínima y dificultades graves o trastornos de aprendizaje en el niño[1171].

b) *Anomalías electroencefalográficas* (EEG Abnormality). Diversas investigaciones llaman la atención sobre la relación existente entre anomalías electroencefalográficas y comportamientos delictivos, especialmente violentos.

Destacan, entre todas, las de WILLIAMS Y ZAYED. El primero examinó a 335 delincuentes agresivos, subdivididos en dos grupos, los violentos habituales y los ocasionales, observando que los índices de anomalías electroencefalográficas eran muy superiores en el primer grupo. ZAYED, por su parte, puso de relieve el desproporcionado número de anomalías electroencefalográficas detectadas en una muestra de asesinos; tesis en la línea de otros mu-

---

[1170]   Sobre estos trabajos, vid., HALL WILLIAMS, J.E., Criminology and Criminal Justice, cit., pág. 38; Cfr., GARCÍA-PABLOS DE MOLINA, A., Tratado de Criminología, cit., págs. 505 y 506.

[1171]   Una reseña de las investigaciones de ROBIN, YEUDALL y MURRAY, en: SIEGEL, L.J., Criminology, cit., págs. 134 y 135; Cfr., GARCÍA-PABLOS DE MOLINA, A., Tratado de Criminología, cit., págs. 506 y ss.

chos trabajos que suelen asociar las *ondas cerebrales lentas* y *bilaterales* a comportamientos hostiles, hipercríticos, irritables e impulsivos[1172].

c) *Otras disfunciones cerebrales*. La hipótesis de que las dolencias cerebrales pueden explicar muchos crímenes violentos, ha tratado de verificarse a propósito de concretas patologías: fundamentalmente, los tumores, shocks traumáticos, determinadas dolencias y patologías del sistema nervioso central (arteroesclerosis cerebral, epilepsia, demencia senil, síndrome de Korsakoff, corea de Huntington, etc.), etc.[1173].

Diversos estudios clínicos, por ejemplo, parecen haber demostrado que incluso personas pacíficas afectadas por procesos tumorales en el cerebro se tornan violentas y causan graves daños a familiares y seres queridos por los cambios profundos de personalidad y problemas psicológicos que aquéllos conllevan: episodios psicóticos, alucinaciones, irritabilidad, depresión, e incluso ataques homicidas. Lo que sucede, también, con otros shocks traumáticos (vg. accidentes de tráfico), que pueden alterar la personalidad ocasionando graves trastornos de conducta. Las patologías de sistema nervioso central antes citadas, suelen asociarse a pérdidas de memoria, del sentido de la orientación, trastornos emocionales, irritabilidad y accesos de cólera, etc. Por último, autores como W. ENKE, LEMPP y otros creen haber podido verificar una sólida correlación entre trastornos conductuales (comportamientos antisociales) y daños cerebrales padecidos en la infancia[1174].

e) *Sistema nervioso autónomo*

Según una hipótesis muy reciente, que parte de EYSENCK, el defectuoso funcionamiento del sistema nervioso autónomo puede predisponer a la persona a un comportamiento antisocial, y en su caso delictivo, por la importancia que tiene en el proceso de socialización. Las psicopatías —para ser más exactos, las sociopatías— son el ámbito preferido de los estudios realizados para verificar esta hipótesis[1175].

El sistema nervioso autónomo o sistema vegetativo juega un papel primordial, porque de él dependen determinadas reacciones del cuerpo humano que escapan al control de la vo-

---

[1172] Sobre las investigaciones de ROBIN, YEUDALL y MURRAY, en: SIEGEL, L.J., Criminology, cit., pág. 135; Cfr., GARCÍA-PABLOS DE MOLINA, A., Tratado de Criminología, cit., págs. 507 y ss.

[1173] Vid: MOYER, K.E., Psychobiology of Aggresions, 1976, New York (Harper-Row); LYGHT, C.E. (edit.), The Merck Manual of Diagnosis and Therapy, 1966, West Point, Pa.; SIEGEL, L.J., Criminology, cit., pág. 136.

[1174] Sobre la influencia de daños cerebrales en el proceso de maduración del niño, vid., SCHENEIDER, H.J., Kriminologie, cit., págs. 376 y ss.; Cfr., GARCÍA-PABLOS DE MOLINA, A., Tratado de Criminología, cit., pág. 508.

[1175] Vid., SIEGEL, L.J., Criminology, cit., págs. 148 y ss.; Cfr., GARCÍA-PABLOS DE MOLINA, A., Tratado de Criminología, cit., págs. 509 y ss.

luntariedad[1176]. Parecen existir evidencias de que, en los psicópatas, la respuesta del sistema nervioso autónomo a determinados estímulos arroja unas medidas sui géneris en comparación con la de las personas no psicópatas. Concretamente, unos bajos índices en los niveles de conductancia epidérmica y de reacciones espontáneas a estímulos ambientales físicos como el ruido o el dolor. Se ha investigado, por ello, si los psicópatas experimentan de otro modo —o incluso no experimentan— la sensación básica de ansiedad, cuando anticipan mentalmente la posibilidad del castigo, como lo hace la persona normalmente socializada y si, en consecuencia, son sensibles a la amenaza de la pena. Es obvio, pues, que el proceso de socialización puede depender sensiblemente del funcionamiento —bueno o malo— del sistema nervioso autónomo. Que si la respuesta de éste es defectuosa; si se activa lentamente; si no se desactiva al cambiar la situación; o si alcanza muy bajos niveles de respuesta cuando se anticipa el posible castigo, el proceso de socialización podrá padecer dificultades insuperables[1177].

EYSENCK puso el acento en la gran importancia del sistema nervioso autónomo, relacionando éste con los conceptos de introversión y extroversión.

Según EYSENCK, la amenaza intimidatoria del castigo es mucho más eficaz potencialmente respecto del introvertido, quien muestra en tales casos elevados niveles de ansiedad. La persona extrovertida, por el contrario, experimenta menor ansiedad, tanto porque es menos sensible al dolor, como porque en la búsqueda de la estimulación que necesita, acudirá a comportamientos o actividades prohibidas. EYSENCK concluye que el psicópata

---

[1176] Especialmente en situaciones de «lucha» o «huida» («fight» or «flight») el sistema nervioso autónomo prepara al organismo para un rendimiento máximo acelerando algunas de sus funciones fisiológicas (vg. dilatación de pupilas, estimulación de las glándulas de sudoración, aceleración del pulso cardíaco, etc.).Los mal denominados *detectores de mentiras* (recte: «polígrafos»)miden estas funciones; y como el ciudadano medio se halla condicionado para «anticipar» un eventual castigo por mentir, dicha anticipación produce normalmente una respuesta no controlada por la voluntariedad con las consiguientes alteraciones de aquellas funciones susceptibles de medición. Cfr. GARCÍA-PABLOS DE MOLINA, A., Tratado de Criminología, cit., págs. 541 y 542. Sobre el *polígrafo* y otros instrumentos basados en medidas psicofisiológicas, vid: JAUME MASIP y HERNÁN ALONSO, Verdades, mentiras y su detección: aproximaciones verbales y psicofisiológicas, en: Psicología jurídica, coord. Garrido, E., Masip, J. y Herrero, C., Madrid, 2006, Pearson. Prentice Hall, Capítulo 15, págs. 530 y ss. El *polígrafo* contempla la respuesta psicogalvánica, la presión sanguínea relativa, el ritmo cardíaco y la respiración. Como advierten los autores, el *polígrafo* no detecta mentiras sino ciertos cambios periféricos que pueden traslucir ansiedad, miedo o culpa, lo que no ha de asociarse necesariamente con la mentira. Porque mentir puede —o no— dar lugar a ansiedad, miedo, etc., y estas emociones pueden deberse al acto de mentir o bien a otros factores. Asimismo, las alteraciones psicofisiológicas medibles pueden estar causadas por tales estados internos (que no siempre las producirán) o por otros factores. El polígrafo no detecta directamente mentiras (op. cit., pág. 531). Vidl, recientemente: M. Clemente Díaz. Psicología para Juristas, 2016, Edit. Síntesis. El autor analiza los diversos métodos de evaluación de la credibilidad del testimonio: el polígrafo, la hipnosis, entrevistas asistidas con drogas, el método SVA y CBCA, el análisis del estrés de la voz, etc. (op. cit., págs. 195 a 210).

[1177] Sobre la importancia del sistema nervioso autónomo en el proceso de socialización, vid., EYSENCK, H.J., Crime and Personality, 1964, Boston (Houghton Miflin), págs. 100 a 119; VOLD, G.B., Theoretical Criminology, cit., pág. 119; SIEGEL, L.J., Criminology, cit., págs. 149 y ss.; GARCÍA-PABLOS DE MOLINA, A., Tratado de Criminología, cit., págs. 509 y ss.

—caso extremo de extraversión— no desarrolla una conciencia adecuada precisamente por el modo de funcionar su sistema nervioso autónomo[1178].

A una conclusión semejante llega MEDNICK, para quien el tiempo de recuperación de conductancia de la piel puede tomarse como medida de la respuesta del sistema nervioso; de modo que se podría medir así cuál es el grado de ansiedad de una persona ante la amenaza (estímulo) de un potencial castigo, observando la reacción de su organismo en dos tiempos: cuando anticipa la posibilidad de castigo y cuando se remueve dicho estímulo[1179].

Ciertamente, no puede estimarse demostrado que exista una correlación inequívoca entre el sistema nervioso autónomo y la conducta delictiva[1180].

Por una parte, las investigaciones llevadas a cabo hasta la fecha, circunscritas siempre al ámbito de las psicopatías, han versado, de modo exclusivo, sobre la población reclusa, limitación metodológica que tiene sensibles implicaciones.

De otra, cabría sugerir, como ha hecho algún autor, la posibilidad de que el mal funcionamiento del sistema nervioso autónomo sea la consecuencia de determinados tipos de personalidad, y no el indicador o causa de éstos. Sin embargo, existe ya una estimable bibliografía al respecto. Todo parece indicar por ejemplo, la menor sensibilidad fisiológica y emocional del psicópata, que avala la hipótesis de una hipoactividad emocional de éste a la estimulación. Consta también, la incapacidad de la personalidad psicopática para anticipar las consecuencias negativas derivadas de sus actos, tanto en relación a su propia persona como a la de su víctima. Más aún, diversas investigaciones parecen insinuar la incapacidad del psicópata para aprender del castigo, de modo que un determinado sustrato biológico le impide formar una conciencia social. Quizás, su bajo nivel de activación (arousal), acaso cierta dificultad para verbalizar la contingencia implícita en el condicionamiento aversivo, determinan el reducido condicionamiento autónomo del mismo para aprender (para ser condicionado) por un estímulo doloroso o aversivo (castigo)[1181].

[1178] Vid., EYSENCK, H.J., Crime and Personality, cit., págs. 34 a 43, 68 a 87 y 99 y ss. Sobre las tesis de EYSENCK, vid.: PÉREZ SÁNCHEZ, J., «Teorías biológico-factoriales y delincuencia», en: Delincuencia. Teoría e Investigación, cit., págs. 78 y ss.

[1179] Cfr., VOLD., G.B., Theoretical Criminology, cit., pág. 121. Como MEDNICK, también SIDDLE encontró una respuestas muy lenta en psicóptatas y criminales, estimando que el tiempo de recuperación («skin conductance responser recovery) se halla asociado a la conducta antisocial. Vid., GARCÍA-PABLOS DE MOLINA, A., Tratado de Criminología, cit., págs. 511 y ss.

[1180] En este sentido crítico, VOLD, G.B., Theoretical Criminology, cit., pág. 122. Para el autor, dicho sistema nervioso autónomo no escapa totalmente —ni siempre— a un cierto control, siquiera remoto, de la voluntariedad.

[1181] Revisando la aportación de las investigaciones llevadas a cabo hasta el momento: GARRIDO GENOVÉS, V., Delincuencia y sociedad, cit., págs. 52 a 60.

f) *Endocrinología*[1182]

Desde el pasado siglo, diversas investigaciones han tratado de asociar el comportamiento humano en general —y en particular el criminal— a procesos hormonales o endocrinos patológicos, a determinadas disfunciones —hiperfunciones o hipofunciones— de las glándulas de secreción interna (hormonas), dada la conexión de éstas con el sistema neurovegetativo, y del sistema neurovegetativo, a su vez, con la vida instinto-afectiva. Se abre paso, así, la idea del hombre como *ser químico*, con todas sus consecuencias: un desajuste o desequilibrio significativo en la balanza química u hormonal del individuo puede explicar trastornos en su conducta y en su personalidad.

En todo caso, las tesis endocrinológicas difieren del pensamiento lombrosiano, en tres aspectos: no suelen mantener el carácter hereditario de tales trastornos glandulares, salvo alguna reserva a propósito de delitos sexuales; consideran viable la curación de quien padece tales disfunciones, mediante el oportuno tratamiento hormonal; y, por último, afirman que la influencia eventualmente criminógena de las mismas no es directa, sino indirecta: es el sentimiento de anormalidad o inadecuación —y no la dolencia misma— la que provoca agresividad u otras reacciones emocionales compensatorias criminógenas[1183].

Las obras de SCHLAPP[1184] y BERMAN[1185], en la década de los años 20, marcan el inicio de la Endocrinología Criminal. El primero de ellos, puso de relieve que el crimen no es sino consecuencia de una perturbación emocional, derivada de un desajuste hormonal. El segundo, aportó datos valiosos sobre la interrelación existente entre actividad glandular, la personalidad y los problemas de comportamiento, resaltando los espectaculares éxitos clínicos obtenidos a través de tratamientos hormonales.

> De especial interés fueron las investigaciones endocrinológicas europeas de HUNT, VIDONI, KINBERG, PENDE, KRONFELD, MARAÑÓN; y la sistematización llevada a cabo por DI TULLIO, RUIZ DE FUNES y otros[1186].
> DI TULLIO ha resumido así, algunas de las conclusiones de los estudios endocrinológicos: se aprecian notas de hipertiroidismo y de hipersuprarrenalismo en delincuentes homicidas y sanguinarios constitucionales; de distiroidismo, en los ocasionales impulsivos; de

---

[1182]   Una reseña bibliográfica sobre los principales estudios que relacionan el crimen con disfunciones endocrinológicas e información al respecto en: GARCÍA-PABLOS DE MOLINA, A., Tratado de Criminología, cit., págs. 472 y ss (especialmente, nota 104).

[1183]   En este sentido, MOTTRAM, V.H., The Physical Basis of Personality, 1944 (Harmonds-Worth).

[1184]   SCHLAPP, MAX., G. y SCHMITH, E.H., The New Criminology, 1928, New York (Boni-Liveright).

[1185]   BERMAN, L., The Glando Regulating Personality, 1921, New York (Macmillan); del mismo: New Creations in Human Beings, 1938, New York (Doubleday, Doran).

[1186]   Cfr., GARCÍA-PABLOS DE MOLINA, A., Tratado de Criminología, cit., págs. 474 y ss.

distiroidismo y disputitarismo, en los delincuentes contra la moral y las buenas costumbres; hipertiroidismo, en los delincuentes violentos; y disputitarismo, en los ladrones, falsarios y estafadores[1187].

En los últimos años, y a propósito de la delincuencia agresiva y sexual, han proliferado investigaciones tendentes a demostrar algún tipo de relación entre los niveles de *testosterona* y la conducta criminal masculina; así como ha sido objeto de debate el éxito de los tratamientos hormonales en delincuentes sexuales[1188].

La incidencia criminógena de un elevado nivel de testosterona (esteroide hormonal masculino) como determinante de agresividad en el varón, fue detectada por L.D. KREUZ y R.M. ROSE, en 1972, al observar un nivel superior al normal de dicha secreción en internos que habían cometido delitos violentos. A la misma conclusión llegó, en 1976, R. T. RADA[1189].

Los tratamientos clínicos de delincuentes sexuales varones a través del suministro de drogas que reducen los niveles testosterona, parecen haber dado resultados positivos a corto plazo, pero se ignoran sus efectos a medio y largo plazo[1190].

La *criminalidad femenina*[1191] es otro de los botones de prueba de la endocrinología, pues numerosos estudios han puesto de relieve la conexión existente entre comportamientos delictivos de la mujer y determinados desajustes hormonales propios de la menstruación. Sin embargo, no hay evidencia científica de que una alteración de los niveles hormonales sea, por sí misma, causa o factor determinante de tales comportamientos en la mujer; antes bien parece que dichas disfunciones no son sino un factor más que contribuye, en unión de otros, a la explicación de aquéllos.

La Endocrinología ha puesto de relieve, desde luego, la influencia de la actividad hormonal en el temperamento y carácter del individuo, en cuanto existen estrechos vínculos entre las glándulas de secreción interna, el sistema neurovegetativo y la vida instintivo-afectiva; en tal sentido, constituyen aquéllas un compo-

---

[1187] DI TULLIO, B., Principios de Criminología Clínica y Psiquiatría forense, cit., págs. 145 y ss.

[1188] Cfr., SIEGEL, L.J., Criminology, cit., págs. 133 y ss.; GARRIDO GENOVÉS, V., Delincuencia y sociedad, cit., págs. 73 y ss.; GÖPPINGER, H., Criminología, cit., pág. 177; GARCÍA-PABLOS DE MOLINA, A., Tratado de Criminología, cit., págs. 475 y ss.

[1189] KREUZ, L.E. y ROSE, R.M., «Assesment of Aggresive Behavoir and Plasma Testoterone in a Young Criminal Population», en: Psychosomatic Medicine, 34 (1972), págs. 321 a 332; RADA, R.T., LAWS, D.R., y KELLNER, R., «Plasma Testosteron Levels in the Rapist», en: Psychosomatic Medicine, 38 (1976), págs. 257 a 268.

[1190] Vid., MEDNICK, S. y VOLAVKA, J., «Biology and Crime», en: Crime and Justice, 1980, edit. Morris, N. y Tonry, M., (University Chicago Press), págs. 85 y ss.; MONEY, J., «Influence of Hormones on Psychosexual Differentation», en: Medical Aspects of Human Sexuality, 2 (1968), págs. 32 a 42.

[1191] Una información bibliográfica, en: GARCÍA-PABLOS DE MOLINA, A., Tratado de Criminología, cit., págs. 476 y ss. (notas 125 y 126).

nente o sustrato orgánico valioso para explicar la conducta humana, aunque no el único ni el principal[1192].

> Una teoría de la criminalidad, de base exclusivamente endocrinológica, está condenada al fracaso, porque son muchos los individuos no delincuentes que padecen, sin embargo, disfunciones hormonales (del mismo modo que muchos criminales no las padecen); y, en todo caso, sólo es viable establecer una conexión fiable entre determinadas patologías endocrinas y concretos comportamientos criminales. El tratamiento con hormonas sintéticas parece abrir nuevas expectativas, a largo plazo, a la penosa lucha contra la enfermedad mental[1193]; pero no cabe esperar de la Endocrinología más de lo que ésta puede aportar, pues se corre el riesgo, según ha dicho algún autor, de tratar de explicar lo conocido por lo desconocido[1194].

g) *Bioquímica y Sociobiología*[1195]. Particular referencia a la Criminología Biosocial de JEFFERY.

Para la moderna Sociobiología —este título de la famosa obra de WILSON, publicada en 1975[1196], marca un hito en la evolución de la Biología— el factor biológico, el ambiental y el proceso de aprendizaje, forman parte de un continuo y dinámico proceso de interacción (contra lo que habían mantenido, desde sus respectivos puntos de vista, tanto biólogos como sociólogos radicales). El hombre no es solo naturaleza, biología o experiencia —historia—, sino un complejo organismo biosocial, en el que influye decisivamente la interacción de factores físicos y ambientales.

La Sociobiología rompe con el tradicional principio o teoría de la *equipotencialidad* (suposición de que todos los hombres nacen con un idéntico potencial de aprendizaje y relaciones); y traza una nuevo concepto de *aprendizaje*, producto de la combinación del código genético y el medio o entorno.

Para la Sociobiología —que rechaza el dogma clásico de la «equipotencialidad»— no existen dos personas idénticas. El aprendizaje, por otra parte, tiene una capital importancia en la conducta humana —en la criminal también— pues todo comportamiento social es comportamiento «aprendido»; ahora bien, dicho

---

[1192] Así, siguiendo a DI TULLIO, RODRÍGUEZ MANZANERA, L., Criminología, cit., pág. 287.

[1193] Sobre el problema, VOLD, G.B., Theoretical Criminology, cit., pág. 113 (y nota 40). En cuanto a la efectividad del tratamiento hormonal en delincuentes sexuales, vid.: SCHNEIDER, H.J., Kriminologie, cit., pág. 380; HALL WILLIAMS, J.E., Criminology and Criminal Justice, cit., pág. 38.

[1194] Así, MONTAGU, M.F.A., Das Verbrechen unter dem Aspekt der Biologie, en: SACK, F.R., KÖNIG (edit.), Kriminalsoziologie, 1968. Frankfurt, pág. 241. Cfr. GARCÍA-PABLOS DE MOLINA, A., Tratado de Criminología, cit., pág. 479, nota 137.

[1195] Sobre la Sociobiología, vid., SIEGEL, L.J., Criminology, cit., págs. 130 y ss.; GARCÍA-PABLOS DE MOLINA, A., Tratado de Criminología, cit., págs. 513 y ss.

[1196] WILSON, E.O., Sociobiology, 1976, Cambridge, Mass. (Harvard University Press).

aprendizaje no se controla a través de procesos sociales de interacción, sino por otros de naturaleza *bioquímica* y *celular*, donde el cerebro y el sistema nervioso central desempeñan una intervención básica.

A la trascendencia de dicho *sustrato bioquímico* se ha referido gráficamente JEFFERY:

> «Código genético y código cerebral son de naturaleza bioquímica, y comprenden la estructura bioquímica de genes de transmisión nerviosa al cerebro. El tipo de comportamiento (respuesta) que exhibe un organismo depende de la naturaleza del medio (estímulo) y de la forma en que dicho estímulo se cifra, se transmite y se descifra por el cerebro y el sistema nervioso … No heredamos ya el comportamiento como se hereda la estatura o la inteligencia. Heredamos una capacidad de interacción con el entorno»[1197].

Examinados ya en páginas anteriores diversos componentes biológicos de la conducta (neurofisiológicos, endocrinológicos, …, etc) procede, ahora, una referencia a los estrictamente *bioquímicos*, dando cuenta de las principales investigaciones llevadas a cabo para verificar la influencia de ciertas sustancias (vitaminas, testoterona, contaminantes, etc.) en la conducta humana[1198].

1") *Déficit de minerales y vitaminas*. Un déficit o dependencia de ciertas vitaminas (especialmente la B) y minerales que el desarrollo cerebral requiere, puede provocar en la persona (sobre todo en el joven) graves problemas físicos y psíquicos que se traducen en trastornos de conducta. Por ello, la Sociobiología ha tratado de verificar posibles conexiones entre determinadas vitaminas y minerales, de una parte, y comportamientos delictivos o comportamientos irregulares, de otra.

> Una insuficiencia de vitamina B (B_3 y B_6), según HIPPCHEN[1199] sería causa de la peligrosa hiperactividad de muchos jóvenes, porque dicho déficit o dependencia produce intranquilidad y desasosiego. A juicio del autor, la mayor parte de los niños esquizofrénicos con trastornos de conducta y de aprendizaje padecen una clara dependencia de la vitamina B.
> Sucede lo propio con los excesos y defectuosa metabolización de ciertos minerales: cobre, magnesio, cinc, etc. La dieta alimentaria, por ello, viene siendo objeto de numerosas investigaciones bajo tales premisas[1200].

[1197] JEFFERY, C., «Criminology as an Interdisciplinary Behavioral Science», en: Criminology, 1978 (16), págs. 161 y 162. Según el autor: Código genético x medio o entorno = Código Cerebral x medio o entorno = conducta. Cfr. SIEGEL, L.J., Criminology, cit., pág. 131. Vid., GARCÍA-PABLOS DE MOLINA, A., Tratado de Criminología, cit., págs. 514 y ss.

[1198] Cfr., GARCÍA-PABLOS DE MOLINA, A., Tratado de Criminología, cit., págs. 514 y ss.

[1199] HIPPCHEN, L., Ecologic-Biochemical Approaches to Treatment of Delinquents and Criminals, 1978, New York, Von Nostrand Reinholds, pág. 14.

[1200] Sobre los estudios de PFEIFFER, C.C., D'ASARO, B, GROSSBACK, C., NIGRO, C., SCHAUSS, A., etc., vid. SIEGEL, L.J., Criminology, cit. págs. 132 y ss.

El Nobel LINUS PAULING, representante de la denominada «Psiquiatria ortomolecular» ha impulsado este enfoque «bioquímico». Sus premisas son claras: el ser humano es un *ser bioquímico*, de suerte que un trastorno o desequilibrio en su balanza bioquímica como consecuencia de diversas razones (dieta errónea, defectuosa metabolización de ciertas sustancias o concentración inadecuada de otras en su organismo, etc.), puede determinar severos desajustes en su conducta. Según esto, muchas clases de comportamientos delictivos no serían, en puridad, reacciones psicosociales, sino síntomas o manifestaciones de *desequilibrios metabólicos o bioquímicos*[1201].

La relación entre conflictividad de la población penitenciaria y dieta de los reclusos ha sido otro de los temas de investigación, que parece haber arrojado conclusiones positivas.

A juicio de THORTON, JAMES y DOERNER, un déficit nutritivo o bajos niveles de azúcar en sangre (hipoglucemia) podría explicar la hiperactividad y agresividad de muchos jóvenes[1202].

2") *Hipoglucemia*. Numerosas investigaciones relacionan la hipoglucemia con comportamientos agresivos (BOLTON, HILL y SARGENT, SCHMIDT, ASCH, etc.)[1203].

El cerebro es el único órgano que obtiene su energía exclusivamente de la combustión de hidratos de carbono. Por ello, un déficit significativo de glucosa en sangre —bajos niveles de ésta o súbito descenso de los mismos— puede deteriorar el funcionamiento de aquel, afectando al metabolismo. Irritabilidad, ansiedad, depresión, aturdimiento y confusionismo suelen ser algunos de los síntomas de hipoglucemia con mayor relevancia —potencial— criminógena.

Algunas investigaciones relacionan crisis hipoglucémicas con la comisión de asesinatos múltiples y sucesivos (HILL y SARGENT), con agresiones sexuales (PODOLSKY); o creen haber detectado un índice muy significativo de hipoglucémicos en la población juvenil reclusa (SCHMIDT, ASCH y otros)[1204].

Falta, aún, no obstante, evidencia científica de la supuesta relación de causalidad (hipoglucemia-delito): porque una cosa es que se delinca en estado de hipoglucemia y otra muy distinta que ésta sea la causa del comportamiento criminal.

[1201] Sobre la Psiquiatría Ortomolecular y las tesis de LINUS PAULING, vid.: VETTER, H.J. y SILVERMAN, I.J., Criminology and Crime, cit., pág. 415. Cfr., GARCÍA-PABLOS DE MOLINA, A., Tratado de Criminología, cit. págs. 516 y ss.

[1202] Sobre la investigación de estos autores (Delinquency and Justice, Glenview, Illin, (Scott, Foresman), 1982, págs. 82 y ss.); y la de SCHOENTHALTER, vid., VETTER, H.J. y SILVERMAN, I.J., Criminology and Crime, cit., ibidem.

[1203] Vid., GÖPPINGER, H, Criminología, cit., pág. 177; SIEGEL, L.J., Criminology, cit., págs. 132 y ss.; GARRIDO GENOVÉS, V., Delincuencia y sociedad, cit., págs. 75 y ss.; GARCÍA-PABLOS DE MOLINA, A., Tratado de Criminología, cit., págs. 517 y ss.

[1204] Cfr., GARCÍA-PABLOS DE MOLINA, A., Tratado de Criminología, cit., págs. 517 y 518 y ss.

3") *Alergias*[1205]. Otros sociobiólogos relacionan los cuadros alérgicos con comportamientos delictivos o irregulares. Así, el síndrome de tensión y fatiga alérgicos que describiera SPEER.

Las alergias nerviosas —y las cerebrales— pueden influir negativamente en la conducta humana, porque implican una respuesta desmedida e inusual del organismo a ciertas sustancias extrañas al mismo. Ahora bien, la hiperemotividad, la hiperemocionabilidad o la hostilidad que algunos cuadros alérgicos desencadenan no permite, sin más, establecer una relación causal inequívoca, estadísticamente comprobada, entre aquéllas y el comportamiento criminal. Además, las alergias son afecciones muy frecuentes, con amplios y difusos marcos sintomatológicos, de difícil diagnósis, que pueden tener su causa en un sinfín de factores o agentes alérgicos. Por lo que aún falta verificación científica a esta hipótesis.

4") *Contaminantes ambientales*. No faltan trabajos científicos en los últimos lustros que relacionan determinados contaminantes ambientales con los trastornos de conducta: entre otros, el plomo, el cadmio, el mercurio y algunos gases inorgánicos como la clorina y el dióxido de nitrógeno.

Baste recordar las investigaciones que asocian el consumo o ingestión de determinados aditivos alimentarios al comportamiento hostil y agresivo de jóvenes (HAWLEY y BUCKLEY). O las realizadas por OLIVER DAVID demostrando los elevados índices de hiperactividad de jóvenes con ciertas tasas de plomo en el torrente sanguíneo[1206].

5") Otras investigaciones *ambientalistas*. Se trata del contrapunto de las teorías constitucionales clásicas, pues ponen el acento en la relevancia etiológica de los factores: térmico, acústico, lumínico, espacial, urbanístico, natural, etc.

Destacan, por ejemplo, la obra de OTT (quien asocia comportamientos agresivos a la exposición de radiaciones de luz artificial); la de CANTER y STRINGER (Environmental interaction. Psychological Approachs to one Psysical Sorrounding), que pasa revista a la incidencia de todos los factores citados; y la de EVANS (Environmental Stress), sobre los factores estresantes[1207].

[1205] Cfr., GARRIDO GENOVÉS, V., Delincuencia y sociedad, cit., pág. 76; GARCÍA-PABLOS DE MOLINA, A., Tratado de Criminología, cit., págs. 518 y ss.

[1206] Cfr., SIEGEL, L.J., Criminology, cit., pág. 134. También, refiriéndose a las investigaciones citadas (O. DAVID, C. HAWLEY, R.E. BUCKLEY, OTT y otros), GARCÍA-PABLOS DE MOLINA, A., Tratado de Criminología, cit., págs. 519 y ss.

[1207] OTT, J., «The Effects of Light and Radiation on Human Healthy and Behavior», en Ecologic-Biochemical Approaches to Treatment, cit., págs. 105 a 183: CANTER, D., STRINGER, P., y otros: Envrironmental interaction. Psychological Approaches to one Physical Sorroundings, Surrey University Press in association with International Texbook Compañny Ld., 1975 (especialmente, págas. 21 y ss; 55 y ss.; 81 y ss.; 127 y ss; 165 y ss.); EVANS, G.W., edit.: Environmental Stress, 1982. Program in Social Ecology and the Public Research Organization. University of California (Irvin, Cambridge University Press), págs. 15 y ss. Cfr., GARCÍA-PABLOS DE MOLINA, A., Tratado de Criminología, cit., págs. 519 y 520.

Pero la más brillante aportación de la Sociobiología se debe a JEFFERY. El modelo sociobiológico de JEFFERY se basa tanto en la Psicología ambiental, como en la Psicología del aprendizaje y la Psicofisiología. Descansa en el conductismo skinneriano (aprendizaje a través del denominado «mecanismo operante») y en las condiciones biológicas (código genético y estructura bioquímica y celular del cerebro)[1208].

> Según JEFFERY, la conducta humana responde tanto a variantes ambientales como genéticas. El aprendizaje es un proceso psicobiológico que incluye cambios en la estructura bioquímica y celular del cerebro. Se trata de un sistema de información que fluye del ambiente al organismo, de acuerdo con la fórmula: código genético + ambiente = código cerebral + ambiente = conducta[1209].

En el *modelo biosocial* de JEFFERY tres ideas desempeñan un papel decisivo: su orientación prevencionista, la potenciación del ambiente físico (de su relevancia etiológica) y su singular enfoque conductista.

> El prevencionismo político criminal del autor choca con las concepciones conservadoras hoy dominantes.
> JEFFERY critica la supuesta efectividad del castigo (más jueces, más policías, más cárceles ... —afirma— significa más reclusos en las cárceles, pero no necesariamente menos delitos). A su entender, el efecto disuasorio de la pena opera de un modo distinto: no en el delincuente potencial, contramotivándole, sino en el legislador, en el juez, en la opinión pública. Tiene, pues, más un efecto «reforzante» que genuinamente preventivo. Una pretensión prevencionista, atenta a la interacción: hombre-medio, y a la naturaleza y génesis (aprendizaje) del comportamiento criminal tendría que basarse en el modelo «operante»; esto es, neutralizar los refuerzos positivos que experimenta el delincuente, creando al propio tiempo las condiciones sociales necesarias (política de empleo, política social, etc.) para que opciones reales contrapesen los refuerzos negativos que condicionan la conducta criminal. Castigar por castigar no tiene sentido[1210].
> «Debemos proporcionar a los jóvenes —dice JEFFERY— oportunidades legítimas, pero en un contexto general de bloqueo de las oportunidades ilegítimas».
> En su prevencionismo, el espacio físico desempeña un papel estelar. Si el crimen es muy «selectivo», y busca determinados espacios físicos, una política criminal científica debe partir de esta constatación, incidiendo en el diseño arquitectónico y urbanístico, en el marco, hábitat y espacios que condicionan la vida del hombre moderno[1211].

[1208] Una referencia a las obras de JEFFERY, en: GARCÍA-PABLOS DE MOLINA, A., Tratado de Criminología, cit., pág. 520, nota 203; ponderando la aportación de JEFFERY: GARRIDO GENOVÉS, V., Delincuencia y sociedad, cit., págs. 84 y ss.; GARCÍA-GARCÍA, J. y SANCHA MATA, V., Psicología penitenciaria. Areas de Intervención terapéutica. Madrid, 1985 (UNED), págs. 47 y ss.

[1209] JEFFERY, Cl. R., Criminology as a interdisciplinary behavioral science, cit., págs. 149 y ss.

[1210] Vid., JEFFERY, Cl. R., Criminology as a interdisciplinary behavioral science, cit., págs. 188 y ss.; también: Punishment and deterrence. A Psychological statement (en: Biology and Crimen, 1979, Sage). Cfr., GARRIDO GENOVÉS, V., Delincuencia y sociedad, cit., págs. 86 y ss.

[1211] Vid., JEFFERY, Cl. R., «Criminal Behavior and the physical environment», en: American Behavior Scientist, 20 (1976), págs. 149 a 174; del mismo: Crime prevention through environ-

En cuanto al tratamiento del infractor, JEFFERY se muestra partidario de una intervención agresiva y eficaz propugnando el control 'ambiental' (físico) y la simultánea modificación de las condiciones 'biológicas' relevantes en los procesos de aprendizaje del individuo: la ingeniería genética y la intervención en el equilibrio bioquímico cerebral a través de la dieta, la estimulación y los psicofármacos. Control de las contingencias de refuerzo o castigo de la conducta y empleo del adecuado diseño urbano para potenciar la interacción social, son algunas de las fórmulas que sugiere para un tratamiento que, a su juicio, debiera llevarse a cabo donde la conducta se gesta y consolida, en su sede natural: fuera del establecimiento penitenciario[1212].

h) *Genética Criminal*. (Herencia criminal)[1213]

Los progresos de la Genética suscitaron pronto los inevitables problemas de la «herencia criminal»; si cabe hablar, en rigor, de ésta; cuales son, en su caso, los factores hereditarios; y como influyen en la conducta delictiva.

> El significativo porcentaje de personas unidas por un parentesco consanguíneo entre los enfermos mentales y la presencia de un gravamen hereditario morboso o degenerativo muy superior en individuos criminales que en no criminales (herencia peyorativa) fueron dos datos estadísticamente comprobados que impulsaron numerosas investigaciones científicas[1214].

Aunque no todos los componentes biológicos pueden imputarse a la herencia (existen conocidos fenómenos de «mutaciones genéticas» y de «rebeliones contra la identidad»)[1215], los estudios que a continuación se relacionan subrayan la importancia de la «carga hereditaria».

Los ámbitos preferentes de la Genética Criminal son: los estudios sobre familias criminales, sobre gemelos y adopción y las investigaciones sobre anomalías cromosómicas.

1") *Familias criminales: genealogías de delincuentes*[1216]. Se trata, en puridad, más de «tablas de descendencia» que de «árboles genealógicos» completos, ya

---

mental design, 1977 (Sage), Beverly Hill. Cifr., GARCÍA-PABLOS DE MOLINA, A., Tratado de Criminología, cit., págs. 523 y ss.

[1212] Cfr., GARCÍA-GARCÍA, J., Y SANCHA MATA, V., Psicología penitenciaria, cit., pág. 49.

[1213] Sobre «herencia criminal», vid., GARCÍA-PABLOS DE MOLINA, A., Tratado de Criminología, cit., págs. 481 y ss. (bibliografía en nota 1).

[1214] En este sentido, RODRÍGUEZ MANZANERA, L., Criminología, cit., pág. 299 («herencia peyorativa»).

[1215] Vid., GARCÍA-PABLOS DE MOLINA, A., Tratado de Criminología, cit., pág. 482, nota 3.

[1216] Vid. una amplia reseña en: EXNER, F., Biología Criminal, cit., págs. 213 y ss.; MANNHEIM, H., Comparative Criminology, cit., I, págs. 228 y ss.; GARCÍA-PABLOS DE MOLI-

que estas investigaciones suelen hacer un seguimiento de la descendencia de una sola línea, dejando sin considerar el influjo hereditario de los demás descendientes. Cabe citar, como ejemplo, los estudios sobre «familias criminales» de LUND, DESPINE, GORING; o el seguimiento que de la familia Juke hiciera DUGDALE, el de la familia Viktoria, por MONKEMOLLER; de la Kallikak, por GODDARD, etc.

En estos trabajos creyó verse la confirmación de las teorías hereditarias ya que no era fácil explicar de otro modo la elevada tasa de criminalidad de los descendientes de una misma familia, índice lo suficientemente significativo como para no imputarlo, sin más, a factores externos o ambientales.

Sin embargo tales investigaciones no demuestran que la degeneración, transmitida por vía hereditaria, sea la causa de la criminalidad: los altos índices de ésta apreciados en algunos grupos familiares o clanes se explica fácilmente por distintas razones. De otro lado, el hecho de que familias socialmente «cualificadas» produzcan delincuentes, mientras miembros de familias «indeseables» se adapten a las exigencias comunitarias, parece desmentir la hipótesis comentada. Se ha objetado, también, a las genealogías de delincuentes —y con razón— la falta de representatividad de la muestra que utilizan y la imposibilidad de generalizar sus resultados; así como el imputar exclusivamente a la herencia lo que es producto de una compleja interacción de factores (entre otros, el aprendizaje, la influencia del medio entorno)[1217].

La moderna Estadística Familiar (LUND, GORING, CONRAD, etc.) emplea otras técnicas de control y comparación metodológicamente mas adecuadas para asegurar la fiabilidad de sus investigaciones.

De las investigaciones más conocidas destaca la de LUND, quien observó que la proporción de delincuentes condenados por delitos graves es mayor entre aquellos cuyos padres fueron también delincuentes, que entre aquellos otros uno sólo de los cuales fue condenado; y estos últimos, a su vez, son más que aquellos sin padres penados. También la de BERNHARDT, quien dividió los criminales examinados en dos grupos: aquellos cuyos padres no eran criminales, pero sí sus abuelos u otros ascendientes; y aquéllos que carecían de ascendientes criminales, observando que, en el primer grupo, la proporción de hermanos delincuentes era el doble que en el segundo[1218]. Debe citarse, por último, a KUTTNER y a ERNST, cuyos trabajos se ocupan no de la criminalidad de los padres del delincuente, sino de la de sus hijos[1219].

NA, A., Tratado de Criminología, cit., págs. 483 y ss.; SIEGEL, L.J., Criminology, cit., págs. 128 y ss.

[1217] Criticando la metodología de las investigaciones iniciales: SUTHERLAND, E., Principles of Criminology, 1934, Chicago-Phyladelphia, págs. 764 y ss.; EXNER, F., Biología Criminal, cit., pág. 212; MANNHEIM, H., Comparative Criminology, cit. I, Pág. 229.

[1218] Sobre los trabajos de LUND y BERNHARDT, vid., HURWITZ, St., Criminología, 1956, Barcelona (Ariel), págs. 84 y ss.; y 90 y ss.

[1219] Sobre las investigaciones de KUTTNER y ERNST, vid. EXNER, F., Biología criminal, cit., págs. 223 y 224; Cfr., GARCÍA-PABLOS DE MOLINA, A., Tratado de Criminología, cit., págs. 484 a 486.

2") *Estudios sobre gemelos*[1220]. Operan con dos datos fundamentales: la mayor o menor semejanza de la carga genética (gemelos univitelinos o gemelos bivitelinos); y los índices de coincidencia criminal apreciados en los respectivos casos. Los estudios en esta materia se prodigaron a raíz de la obra de LANGE («El delito como destino»)[1221], siendo los más conocidos los de STUMPEL, EXNER, CHRISTIANSEN, EYSENCK[1222].

> Los gemelos univitelinos o unicigóticos (identical twins) son producto de la fertilización de un mismo óvulo y tienen idéntico genotipo; los bivitelinos o dicigóticos, proceden de la fertilización simultánea de dos óvulos (fratenal twins). LANGE, en 1929, trató de comprobar cuando uno de los hermanos ha demostrado su predisposición delictiva que es lo que sucede con el otro cuya carga hereditaria era idéntica. Semejante punto de partida adoptan otras investigaciones, que, como la de LANGE, obtuvieron los mismos resultados: una llamativa coincidencia en la trayectoria de los gemelos, ambos serían delincuentes. Ahora bien, con la siguiente particularidad: los índices de concordancia eran muy inferiores en los gemelos bivitelinos o dicigóticos.

Desde la tesis fatalista, inicial, de LANGE a la más reciente y matizada de CHRISTIANSEN[1223], la Genética Criminal ha experimentado una evolución sensible, asumiendo poco a poco la tesis de que la herencia de la disposición delictiva es un problema más complejo; de hecho los trabajos posteriores[1224] arrojan índices de concordancia cada vez menos optimistas y reclaman la ponderación de otras muchas variables (especialmente ambientales). Más aún, todo parece indicar que

---

[1220] Una referencia bibliográfica sobre el tema en: GARCÍA-PABLOS DE MOLINA, A., Tratado de Criminología, cit., pág. 486, nota 35; EXNER, F., Biología Criminal, cit., págs. 229 y ss.; MANNHEIM, H. Comparative Criminology, cit., I, págs. 222 y ss.; RODRÍGUEZ MANZANERA, L., Criminology, cit., págs. 301 y ss.; SCHNEIDER, H.J., Kriminologie, cit., págs. 370 y ss.

[1221] LANGE, J., Verbrechen als Schiksal: Studien an Kriminellen Zwillingen, 1929, Thieme, Leipzig.

[1222] STUMPFL, F., Ursprünge des Verbrechens, 1936, Leipzig; EXNER, F., Biología Criminal, cit., págs. 229 y ss (quien revisó todas las investigaciones realizadas hasta entonces); CHRISTIANSEN, K.0., «Seriousness of Criminality and Concordance among Danish Twins», en: Crime, Criminology and Public Policy, 1974, New York, The Free Press (edit. Hood, R.); EYSENCK, H.J., en: Fundamentos biológicos de la personalidad, 1970, Barcelona (Edit. Fontanella); Cfr., GARCÍA-PABLOS DE MOLINA, A., Tratado de Criminología, cit., págs. 487 a 493.

[1223] CHRISTIANSEN examinó la totalidad de los gemelos habidos en Dinamarca, siguiendo datos de los registros oficiales, de 1881 a 1910. Y, además, partió de la población general, para descender, después, a la criminal. Halló un índice de concordancia de un 35'8 por 100 para los univitelinos y de un 12'3 por 100 para los bivitelinos, manteniendo la necesidad de matizar la relevancia del factor genético, según la naturaleza (sexual, patrimonial, etc.) de la infracción y su gravedad. Cfr., GARCÍA-PABLOS DE MOLINA, A., Tratado de Criminología, cit., págs. 489 y 490.

[1224] Cfr., HALL WILLIAMS, J.E., Criminology and Criminal Justice, cit., págs. 30 a 32; y GARCÍA-PABLOS DE MOLINA, A., Tratado de Criminología, cit., refiriéndose a los trabajos de SHÛFU YOSHIMASU, EYSENCK, SHAH Y ROTH y DALGARD Y KRINGLEN, págs. 490 a 493.

es necesario discriminar la incidencia del factor genético según la modalidad de la infracción delictiva: se han apreciado, por ejemplo, índices muy superiores de concordancia criminal en delitos sexuales que en delitos contra el patrimonio[1225].

Una exacerbación de la relevancia del factor genético simplifica el problema, olvidando como bien dice GARCÍA ANDRADE, que el hombre no es sólo herencia sino historia[1226], cultura y experiencia.

3") *Estudios de adopción*[1227]. Otra de las técnicas empleadas para ponderar la influencia genética, consiste en el seguimiento de la conducta de criminales y no criminales, ambos adoptados, en su relación con los padres biológicos y adoptivos, según sean estos últimos delincuentes o no delincuentes. El resultado más llamativo de estas investigaciones (desde la primera realizada en 1938 por KUTTNER) es que los hijos biológicos de criminales delinquen con mayor frecuencia que los hijos adoptados de los mismos.

SCHULSINGER, después de confrontar 57 jóvenes adoptados, psicópatas, con un grupo de control de 57 jóvenes adoptados no psicópatas, manteniendo constantes las demás variables (sexo, momento de la adopción, clase social de los padres adoptivos, etc.), llegó a la misma conclusión: la relevancia decisiva del factor genético. También CROWE[1228].

Pero el estudio de adopción más valioso se debe a HUTCHINGS y MEDNICK[1229].

Analiza éste, 1.145 varones adoptados en Dinamarca entre 1924 y 1947, y al haber localizado 143 padres biológicos, seleccionaron los autores un grupo de control de 143 no

---

[1225] Así, EYSENCK halló unos índices de concordancia de 85 por 100 en la delincuencia juvenil, de un 65 por 100 con relación al alcoholismo, y de un 100 por 100 en homosexualidad. En el particular de la homosexualidad, coinciden con EYSENCK: KALLMAN, SHIELDS y SLATER (100 por 100 en gemelos univitelinos). Cfr., RODRÍGUEZ MANZANERA, L., Criminología, cit., pág. 304; HALL WILLIAMS, J.E., Criminology and Criminal Justice, cit., pág. 30.

[1226] GARCÍA ANDRADE, J.A., Raíces de la violencia, Madrid (1984) ... pág. 84. Todo ello, sin despreciar los supuestos de 'mutaciones genéticas' y de 'rebeliones contra la identidad' detectados en gemelos univitelinos (Cfr., SPENCER, J., «Delinquent Behavior, Some Unanswered Questions», en: Eugenics Review, 1954, págs. 29 a 37).

[1227] Sobre estudios de adopción, vid.: VOLD, G.B., Theoretical Criminology, cit., págs. 106 y ss.; RODRÍGUEZ MANZANERA, L., Criminología, cit., págs. 306 y ss.; SCHNEIDER, H.J., Kriminologie, cit., págs. 371 y ss.; GARCÍA-PABLOS DE MOLINA, A., Tratado de Criminología, cit., págs. 493 y ss.

[1228] SCHULSINGER, F., «Psychopaty: Heredity and Environment», en: International Journal of Mental Helth, 1972, I, págs. 190 a 206; CROWE, R., «The Adopted Offspring of Women Criminal Offenders» (en: Archives of General Psychiatry, 27, 1972, págs. 600 a 603).

[1229] HUTCHINGS, B y MEDNICK, SARNOFF, A., «Criminality in Adoptees and Their Adoptive and Biological Parents: A Pilot Study», en: Biosocial Bases of Criminal Behavior, 1977, New York (Gardner Press), Edit. Mednick and Christiansen, págs. 127 a 141; Cfr., GARCÍA-PABLOS DE MOLINA, A., Tratado de Criminología, cit., págs. 494 y ss.

criminales (manteniendo, como es lógico, las mismas variables en uno y otro grupo). Sus conclusiones fundamentales son dos: en primer lugar, que el comportamiento delictivo es más verosímil que se produzca en el adoptado que tiene un padre biológico con antecedentes penales; en segundo lugar, que los índices de criminalidad en los jóvenes adoptados aumentan selectivamente en función de los antecedentes criminales de los padres, más de los naturales que de los adoptivos.

4") *Malformaciones cromosómicas*[1230]. A la vista de las primeras investigaciones sobre reclusos y enfermos mentales, se abrió la hipótesis de que ciertas malformaciones cariotípicas o cromosómicas determinarían el comportamiento humano, y también, por tanto, el criminal. El impacto que los medios de comunicación produjeron al divulgar singulares anomalías detectadas en alguna «célebre» carrera criminal, impulsaron definitivamente estos estudios. Baste con citar los de: CASEY, JACOBKS, WELCH, HUNTER, SARBIN, SEBBA, etc.

El critero básico para diagnosticar tales disfunciones sería el número de cromosomas, esto es, un exceso o un defecto en la composición de los llamados «gonosomas» (cromosomas que fijan las características sexuales primarias y secundarias del individuo).

Cada célula contiene 23 pares de cromosomas (uno de ellos son los gonosomas). En la mujer, ambos cromosomas son similares en tamaño y forma contemplados al microscopio (XX). En el varón difieren, siendo uno de ellos más pequeño (XY).

Las principales malformaciones observadas fueron[1231]:

a) Por defecto: el síndrome de TURNER (xo).

b) Por exceso:

1. En la mujer, anomalías cariotípicas que responden a las fórmulas: XXX, XXXX y XXXXX.

2. En el varón, el síndrome de KLINEFELTER (XXY, XXXY, XXXXY o XXXYY).

3. La conocida trisomía XYY.

[1230] Una referencia bibliográfica sobre las malformaciones cromosómicas en: GARCÍA-PABLOS DE MOLINA, A., Tratado de Criminología, cit., págs. 496 y ss. (nota 85); SIEGEL, L.J., Criminology, cit., págs. 137 y ss.; HALL WILLIAMS, J.E., Criminology and Criminal Justice, cit., págs. 41 y ss.; SCHNEIDER, H.J., Kriminologie, cit., págs. 378 y ss.; GARCÍA-ANDRADE, J.A., Raíces de la violencia, cit., págs. 88 y ss.

[1231] Cfr., RODRÍGUEZ MANZANERA, L., Criminología, cit., págs. 308 y ss.

La sintomatología y consecuencias de los respectivos síndromes, así como los resultados de las diversas investigaciones, carecen aún del necesario consenso científico.

El síndrome de TURNER, que parece afectar sólo a 1 de cada 5.000 mujeres, da lugar a ciertos síntomas: baja estatura, cuello corto, pecho ancho, útero pequeño, etc. El síndrome de KLINEFELTER, según apreciaciones incide en un 2% de la población reclusa y su cuadro sintomatológico difiere: circunferencia torácita disminuída, caderas anchas, piernas largas, escaso vello en el cuerpo. Suele asociarse a bajos coeficientes intelectuales, alcoholismo, homosexualidad y esterilidad[1232].

En cuanto a la trisomía XYY[1233], más frecuente en la población reclusa que en la general, según diversos estudios, —más, también, en la masculina que en la femenina y no detectada, al parecer en la raza negra— carece de una sintomatología específica, si bien se supone a sus portadores de elevada estatura, corpulentos, con perturbaciones hormonales y defectos de conducta y adaptación al medio, significativo déficit intelectual, escasa afectividad y desmedida agresividad.

La composición XYY fue descubierta en 1961 por SANBERG[1234], aunque fueron GOURT y P. JACOBS[1235] quienes llamaron la atención, cuatro años después, sobre sus particularidades criminógenas, al definir a los varoes XYY como peligrosos, violentos y con propensión al crimen. A semejante conclusión llegan en 1968 M.A. TELFER y R.F. DALY[1236], creyendo haber verificado este último la asociación: estatura anormal-anormalidad cromosómica. Trabajos más recientes sobre el cariotipo XYY relativizan —cuando no desmienten— la incidencia del mismo en el comportamiento criminal. En este sentido se pronuncian PRICE y WHATMORE[1237], SARBIN y MILLER[1238], HUNTER[1239], etc. Debe advertirse que esta compo-

[1232] Cfr., RODRÍGUEZ MANZANERA, L., Criminología, cit., págs. 309 y ss.

[1233] Sobre la trisonomía XYY, vid. una reseña bibliográfica en: GARCÍA-PABLOS DE MOLINA, A., Tratado de Criminología, cit., págs. 498 y ss. (nota 93).

[1234] SANGER, A.A., y otros, An XYY Human Male, 1961, The Lancet (2). Sobre todas estas investigaciones, Cfr., GARCÍA-PABLOS DE MOLINA, A., Tratado de Criminología, cit., págs. 498 y ss.

[1235] JACOBS, P.A. y otros: «Aggresive Behavior, Mental Subnormality and the XYY Male», en: Nature, 1965 (208), págs. 1.351 y ss.

[1236] Sobre el trabajo de TELFER, M.A., vid., Science, 1968, vol. 159, págs. 1.249 y ss.; sobre la investigación de DALY, R.F.: Nature, 1969, vol. 221, págs. 472 y ss. Cfr. HALL WILLIAMS, J.E., Criminology and Criminal Justice, cit., págs. 33 y ss.

[1237] PRICE, W.H., WHATMORE, P.B., en: «Behavior Disorders and Pattern of Crime among XYY Males identifies a Maximun Security Hospital», en: British Medical Journal, 1967, I, págs. 533 y ss.

[1238] SARBIN, T.R. y MILLER, J.E., «Demonism Revisited: The XYY Chromosomal Anomaly», en: Issues in Criminology, (1970), 5.2., págs. 199 y ss.

[1239] HUNTER, H., «YY Chromosomes and Klinenfelter's Syndrome», en: The Lancet, 1966 (1), págs. 948 y ss. El autor, en sentido muy crítico, censura los prejuicios de jueces y psiquiatras; del mismo modo que KESSLER y MOOS subrayan la relevancia de factores sociológicos («The XYY Karyotype and Criminality: A Review», en: Journal of Psychiatric Research, 1970, 7, págs. 164 y ss.) en el momento de inferir conclusiones supuestamente científicas; Cfr., GARCÍA-PABLOS DE MOLINA, A., Tratado de Criminología, cit., págs. 500 a 503.

sición cromosómica no es hereditaria, no se transmite[1240]. Y que los estudios realizados hasta la fecha, por cierto circunscritos a la población reclusa, solo permiten establecer algunas correlaciones con la criminalidad agresiva y sexual. Cabe citar, por último, a J. NIELSEN, quien descubrió otras malformaciones cariotípicas, así: el 46XYQX y el denominado por KAHN la «variante Y larga»[1241].

4. *La conducta humana agresiva y sus fundamentos bio-psico-sociales*

Dos grupos de *teorías* han tratado de explicar la agresividad humana: las *instintivistas* y las *ambientalistas*[1242].

Las teorías *instintivistas* refieren la conducta agresiva del hombre a un instinto innato, condicionado filogenéticamente cuya presentación es natural y espontánea.

Junto a DARWIN, que sienta las bases del pensamiento instintivista actual en su obra *El origen de las especies* (1859), otros autores han mantenido la naturaleza *primaria* de la agresividad humana. Así, R. ARDREY, quien atribuye al instinto homicida del hombre una función *adaptativa*, SOREL, KOESTLER, etc.[1243]. Cabe hablar, a su vez, de dos suborientaciones instintivistas representadas, respectivamente, por modelos *etológicos* (Konrad Lorenz) y *psicoanalíticos* (Freud y otros).

Para LORENZ, la pulsión de agresión en los animales es un instinto primario, independiente de los estímulos externos, cuya misión sería la conservación de la especie y sin ninguna relación con el principio del mal. Cumpliría tres funciones: la selección del más fuerte en bien de su perpetuación, la agresión intraespecífica con la finalidad de proporcionar un territorio donde incluso el más debil disponga de un espacio vital idóneo y, por último, la creación de un orden jerárquico que afiance una estructura social sólida[1244]. La agresividad, por tanto, es una fuerza instintiva primaria, que responde a estímulos internos y en cuya génesis y desarrollo no intervienen sustancialmente influencias externas, la experiencia ni la educación. Dichos estímulos endógenos provocan una tensión interna que genera inquietud e impulsa a la acción, aprovechando la oportunidad favorable. Pero no darían lugar a comportamientos violentos, negativos, sino a funciones reguladoras cotidianas y necesarias para asegurar el equilibrio social. Además, como recuerda LEY HAUSEN[1245] —discípulo de LORENZ— para mantener la convivencia es necesario inhibir la agresividad, y al desviarse ésta con frecuencia hacia un enemigo común, se refuerzan los lazos de solidaridad y la integración social. Por ello, y según Lorenz, la agresión destructiva es una función equivocada del instinto, una desviación de éste.

[1240] Cfr., LÓPEZ REY, M., Criminología, cit., I, pág. 140 (no transmisión hereditaria del cariotipo XYY).

[1241] Vid., GARCÍA-ANDRADE, J.A., Raíces de la violencia, cit., pág. 84.

[1242] Vid. VALLEJO, J., BULBENA, A., GRAU, A., POCH, J. y SERRALONGA, J., Introducción a la piscopatología y psiquiatría, Salvat, 1983 (reimpresión), págs. 341 y ss.

[1243] Cfr. VALLEJO, J., BULBENA, A., y otros, Introducción a la psicopatología, cit., pág. 342.

[1244] LORENZ, Konrad, Sobre la agresión: el pretendido mal, Madrid, 1971. Edit. Siglo XXI. Cfr. VALLEJO, J., BULBENA, A., y otros, op. cit., págs. 342 y ss.

[1245] Cfr., VALLEJO, J., BULBENA, A. y otros, op. cit., pág. 343.

FREUD, en una primera etapa, entiende que la agresividad es un instinto componente del sexual, tiene naturaleza reactiva, defensiva, no determinada biológicamente[1246]. Posteriormente, en 1920, cambia de opinión optando por un enfoque biológico. Según éste, la destructividad se convierte en un fenómeno primario de la vida, pero, a diferencia de LORENZ, para quien tanto la motivación agresiva como las inhibiciones de ésta serían innatas, FREUD mantiene que mientras el impulso agresivo tiene una base biológica, su inhibición se conforma durante la infancia con la formación del super-yo o conciencia[1247].

También MELANIE KLEIN considera que la agresividad es una pulsión primaria al servicio de la autoconservación, por lo que deviene destructiva cuando no se preordena a la satisfacción vital necesaria[1248]

Las teorías *ambientalistas*, por el contrario, ven en la agresividad no un instinto primario, filogenéticamente programado, sino el producto de las influencias del medio —de factores psicológicos, culturales o sociales—; no tiene, pues, naturaleza innata, sino adquirida. Un importante sector de la doctrina psicoanalítica, la Escuela de Yale y la teoría del aprendizaje social apoyan estas concepciones ambientalistas[1249]

Destacados psicoanalistas se opusieron a la existencia de un instinto primario de muerte en el sentido freudiano. Es el caso de ADLER, de REICH (que rechaza la configuración de la pulsión de muerte como pulsión primaria e innata), de HARTMANN, MITSCHERLICH y otros. Particular interés tiene el punto de vista de E. FROMM cuando distingue entre una agresión «benigna» y una agresión «maligna». La primera, propia de los animales, es defensiva y filogenéticamente programada para defender los intereses vitales; desde un punto de vista biológico cumple una función adaptativa, desapareciendo con el cese o interrupción de la amenaza. Por el contrario, la agresión «maligna» —específicamente humana— no se halla programada genéticamente, no tiene naturaleza adaptativa, ni es placentera su satisfacción, porque, según FROMM, «solo el hombre puede ser destructivo más allá del fín de defenderse o de obtener lo que necesita»[1250].

También la Escuela de YALE descarta la existencia en el hombre de una pulsión autónoma y primaria de la agresión, y su conocida hipótesis frustración-agresión, aunque demasiado simplista y generalizadora (no parece que la frustración debe conducir siempre y necesariamente a la respuesta agresiva) ha demostrado su validez científica[1251].

Por último, BANDURA y WALTERS al desarrollar la teoría del aprendizaje social concedieron atención prioritaria a las contingencias de reforzamiento de las respuestas agresivas. Para los autores, que hablan de una agresión instrumental (forma de obtener otros fines) y de un aprendizaje discriminatorio (que se debe a la gratificación diferencial y es tanto o más

---

[1246] Freud mantuvo este punto de vista en su obra «Una teoría sexual», publicada en 1905. Cfr. VALLEJO, J., BULBENA, A. y otros, op. cit., pág. 343.

[1247] FREUD revisa su opinión inicial en su obra «Una teoría sexual», publicada en 1905. Cfr. VALLEJO, J., BULBENA, A. y otros, op. cit., pág. 343.

[1248] Cfr. VALLEJO, J., BULBENA, A. y otros, op. cit., pág. 344.

[1249] Cfr. VALLEJO, J., BULBENA, A., y otros, op. cit., págs. 345 y ss.

[1250] Cfr. VALLEJO, J., BULBENA, A., y otros, op. cit., pág. 345.

[1251] El principio de la «frustración»-«agresión» se formuló por DOLLARD en 1937. En 1941, Milter, Sears, Mowrer, Doob y el propio Dollard revisaron el planteamiento inicial, abandonando la suposición de que la frustración conduce siempre a algún tipo de agresión. Cfr. VALLEJO, J., BULBENA, A., y otros, op. cit., págs. 346 y ss.

importante que la inhibición en el momento de no movilizar conductas agresivas en situaciones apropiadas), la hipótesis frustración-agresión resulta insuficiente ya que respuestas especialmente significativas se aprenden en situaciones que no implican frustración alguna[1252]. WALTERS, por su parte, comprobó que los modelos agresivos recompensados provocan más agresión que otros donde la conducta agresiva es castigada —o no recompensada— en niños que observan tales situaciones[1253]. En todo caso, la conducta agresiva no es innata, se aprende. Se aprende a través de la observación de modelos y pautas de conducta agresivas.

b) La agresividad, como todo fenómeno referido al hombre, debe analizarse desde los tres planos o niveles que configuran la *realidad biopsicosocial* del ser humano: el físico o biológico, el psíquico o mental y el social o cultural.

La conducta agresiva hunde sus raíces más profundas en un concepto *entramado biológico, neuroanatómico*, como han demostrado interesantes investigaciones sobre determinadas áreas del cerebro y del encéfalo.

Existen determinadas zonas del cerebro (zonas periventriculares) que al ser estimuladas dan lugar a ansiedad y temor, originando conductas evitativas; y otras, por el contrario (hipotalámicas, r. septal, rinencéfalo, tálamo, núcleo caudado), que producen placer y ponen en marcha conductas de aproximación. Ello demuestra la existencia de un sustrato neuroanatómico relacionado con la expresión o inhibición de respuestas emocionales conectadas directa o indirectamente con la conducta agresiva[1254]. Y existen, también, zonas encefálicas relacionadas directamente con la agresividad. Así, parece haberse comprobado que rabia y agresión pueden provocarse o activarse por estimulación de ciertos centros (amigdalas, hipocampo, hipotálamo lateral) o por ablación de otros (de los bulbos olfatorios, de la corteza singular o del septum); pero, también, que la agresividad puede reducirse o inhibirse mediante la estimulación del núcleo caudado, de las zonas de la circunvolución singular, del septum, el hipotálamo posterior, por ablación del sector posteromedial de la corteza orbitomedial o por amigdalectomia bilateral. Todo ello parece evidenciar la existencia de una compleja red de conexiones que modula la conducta agresiva en función de un sistema dual excitatorio-inhibitorio, que permanece al servicio de procesos psíquicos superiores[1255].

El cerebro humano, desde un punto de vista filogenético, representa una fase o etapa más evolucionada y compleja que el cerebro denominado reptil, primitivo (sin conciencia, ni memoria —este último— e incapaz de adaptarse a nuevas situaciones); y más evolucionado, también, que el cerebro «neomamífero» hace posible una mejor adaptación al medio, la comunicación verbal y pautas elaboradas de relación interpersonal con la consiguiente repercusión en la representación mental del mundo[1256]

Esta evolución filogenética explica que conforme se avanza hacia sistemas más complejos de expresión emocional y pautas conductuales más elaboradas, también la expresión de la agresividad experimenta cambios cualitativos relevantes. Por ello, y a diferencia de lo que sucede en el mundo animal, la agresividad humana trasciende la estricta defensa de los intereses vitales de la especie y se sitúa en un área invadida por las pasiones, el resentimiento

---

[1252]   Cfr. VALLEJO, J., BULBENA, A., y otros, op. cit., págs. 346 y 347.
[1253]   Cfr. VALLEJO, J., BULBENA, A., y otros, op. cit., pág. 347.
[1254]   Cfr. VALLEJO, J., BULBENA, A., y otros, op. cit., pág. 332.
[1255]   Cfr. VALLEJO, J., BULBENA, A., y otros, op. cit., pág. 333.
[1256]   Cfr. VALLEJO, J., BULBENA, A., y otros, op. cit., págs. 333 y ss.

y la biografía del individuo. Deja de ser, pues, positiva, biológicamente adaptativa y se convierte en «maligna», destructiva, disfuncional[1257]

Pero en la génesis de la conducta agresiva intervienen, también, la *personalidad del sujeto* e importantes *condicionamientos psicológicos* que modulan la interacción del sustrato biológico examinado y del contexto social. Es el denominado segundo *nivel* que conforma la realidad del hombre: el *psicológico*. En efecto, la estructuración psicológica del individuo —fruto, a su vez, de condicionamientos bio-psico-sociales— está en la base de toda conducta humana y confiere a ésta su carácter estrictamente *personal*, hasta el punto de que el hombre es capaz de trascender su propia realidad biológica elaborando sobre la base de su existencia pasada una conducta más acorde con la situación social[1258].

Algunas investigaciones empíricas clásicas han constatado la relevancia de ciertos condicionamientos psicológicos en la génesis de la conducta agresiva. Así, la muy conocida de MCCORD[1259] demostró la influencia decisiva del contexto familiar del niño; y, en un sentido semejante, otra anterior de BANDURA y WALTERS[1260] subrayaba la repercusión incuestionable del ambiente familiar del niño durante los primeros años de la infancia en el comportamiento agresivo del mismo, debido a la defectuosa adquisición de controles internos y a una mala identificación con los padres. Una relación paterno-filial fría y distante, y un contexto familiar marcado por las relaciones hostiles entre los cónyuges y el empleo de métodos disciplinarios agresivos con los hijos contribuiría significativamente al aprendizaje por éstos y posterior desarrollo de pautas de conducta agresivas.

Todo parece indicar, por tanto, que el entorno familiar, la educación del niño y las relaciones interpersonales (paternofiliales) determinan la estructuración de una dinámica psicológica que explica buena parte de la interacción sujeto-objeto y su relación con la conducta agresiva[1261]

Finalmente, junto a los dos niveles examinados —el biológico y el psicológico— existe un tercer plano o *superestructura social* no menos importante para explicar la génesis de la conducta agresiva porque es capaz de condicionar formas colectivas de convivencia y pautas sociales de comportamiento. De hecho no pocos fenómenos individuales hunden sus raíces en situaciones de orden general y social[1262].

Es obvio que ciertos factores políticos y económicos inciden de forma relevante en la génesis de la conducta agresiva. La sociedad actual es una sociedad violenta. En ella las necesidades existenciales del individuo se orientan básicamente hacia el consumo y la competencia, lo que ocasiona un estado permanente de frustración que explica las pulsiones agresivas[1263].

Por otra parte, la técnica limita sutilmente los mecanismos de inhibición del acto violento al quebrar la relación directa sujeto-objeto. La mediación o interposición de instrumentos a través de los que se despliega la violencia permite una agresión técnica desprovista de su sentido humano y personal, aparentemente aséptica. La víctima no sufre una agresión di-

1257 Cfr. VALLEJO, J., BULBENA, A., y otros, op. cit., pág. 334.
1258 Cfr. VALLEJO, J., BULBENA, A., y otros, op. cit., pág. 335.
1259 Cfr. VALLEJO, J., BULBENA, A., y otros, op. cit., pág. 335.
1260 Cfr. VALLEJO, J., BULBENA, A., y otros, op. cit., pág. 336.
1261 Cfr. VALLEJO, J., BULBENA, A., y otros, op. cit., pág. 336.
1262 Cfr. VALLEJO, J., BULBENA, A., y otros, op. cit., pág. 336.
1263 Cfr. VALLEJO, J., BULBENA, A., y otros, op. cit., pág. 337.

recta del hombre, el adversario no está visible, se diluye, y de este modo resulta más difícil inhibir la conducta agresiva[1264].

Ahora bien, el hecho de que factores biológicos (vg. foco temporal izquierdo), psicológicos (ambiente familiar inadecuado) o sociales (vg. grupos raciales marginados) puedan explicar aisladamente concretos comportamientos agresivos no basta si se trata de comprender el fenómeno de la agresividad en toda su dimensión. Para ello, esto es, para aprehender las claves últimas del comportamiento humano es imprescindible ponderar la interacción de los tres niveles que conforman la realidad biopsicosocial del ser humano[1265].

La Sociobiología ha arrojado luz al respecto, ofreciendo una imagen mucho más compleja e interactiva de los factores que intervienen en la génesis del comportamiento humano agresivo y de los condicionamientos genéticos, psicobiológicos y sociales de éste.

A tenor de las investigaciones actuales[1266], todo parece indicar que la agresividad tiene naturaleza adaptativa y funcional para el individuo y la propia especie humana. No es una regla universal de conducta (ni en el mundo animal, ni en el del hombre) sino una capacidad o tendencia que se hereda y hace posible dar respuesta positiva a ciertas situaciones de tensión y estrés. Ahora bien, lo que se transmite por vía genética es una dimensión de pautas agresivas, una secuencia completa de respuestas a situaciones de tensión y estrés que comprometen la supervivencia: no el comportamiento delictivo. Respuestas agresivas específicas como la conducta criminal no se seleccionan por la evolución, ni se heredan. No existen genes criminales. Que un factor predisposicional a ciertas pautas agresivas seleccionadas genéticamente para hacer frente a determinadas situaciones pierda su originaria funcionalidad como respuesta adaptativa y de paso al comportamiento criminal no puede atribuirse a la herencia ni a la evolución filogenética sino al resultado de la interacción entre el individuo y un contexto concreto[1267].

Sintetizando el parecer de ALCÁZAR CÓRCOLES y GÓMEZ JARABO[1268] cabe concluir lo siguiente. La agresión juega, en general, un papel adaptativo del individuo y de la especie. Es indudable la participación genética como factor predisposicional para la mayor o menor agresividad. Las tendencias agresivas tienen un importante sustrato psicobiológico, en cuya regulación intervienen zonas subcorticlaes y corticales del cerebro. La actividad endocrina y neurotransmisora tiene una función moduladora de las respuestas agresivas. El sustrato psicobiológico opera en interacción con el medio social del individuo que es el auténtico desencadenante de las manifestaciones agresivas concretas.

[1264] Cfr. VALLEJO, J., BULBENA, A., y otros, op. cit., pág. 337 y 340.
[1265] Cfr. VALLEJO, J., BULBENA, A., y otros, op. cit., pág. 341.
[1266] Cfr. GARRIDO GENOVÉS, V. y otros, op. cit., pág. 290.
[1267] Cfr. GARRIDO GENOVÉS, V. y otros, op. cit., ibidem.
[1268] Fundamentos psicobiológicos del comportamiento agresivo y violento, cit., págs. 31 y ss. Cfr. GARRIDO GENOVÉS, V. y otros, op. cit., pág. 291.

B') Modelos psicologicistas (psicología, psicopatología y psicoanálisis criminal)[1269]

1. *Psicoanálisis, Psiquiatría y Psicología Criminal: sus respectivos presupuestos, métodos y postulados.* Se examinan, a continuación, un conjunto de modelos teóricos que explican el comportamiento delictivo en función de determinados procesos psíquicos normales o patológicos. Procede, por ello, una previa delimitación conceptual, distinguiendo los ámbitos respectivos de la Psicología, Psicopatología y Psicoanálisis.

La *Psiquiatría* es una rama de la Medicina que se ocupa del hecho psíquico morboso, del hombre psíquicamente enfermo. Tiende, pues, a la adopción de una perspectiva clínica, contemplando la conducta delictiva como expresión de un trastorno de la personalidad, patológico. La *Psicología*, por el contrario estudia el comportamiento humano, la conducta. Le interesa el comportamiento criminal como cualquier otro comportamiento. La moderna *Psicología «empírica»* trata de explicar el proceso de adquisición de ciertos modelos de conducta, identificando los factores y variables que le refuerzan, tanto si es un comportamiento conformista como en el caso contrario; sus cultivadores son más partidarios del laboratorio y el experimento que de la observación y la clínica. El *Psicoanálisis* concibe el crimen como comportamiento funcional simbólico, expresión de conflictos psíquicos profundos, pretéritos, de desequilibrios de la personalidad que sólo pueden desvelarse introspectivamente, ahondando en el inconsciente del individuo. Unida en sus orígenes al estudio de ciertas patologías (neurosis e histeria) ha creado un entramado complejo conceptual, capaz de explicar el comportamiento delictivo en términos muy semejantes a las enfermedades mentales. Por ello ha servido de puente entre la moderna Psiquiatría y la Psicología.

> Corresponde a la *Psiquiatría* —mejor: a la *Psicopatología*— delimitar el concepto de enfermedad o trastorno mental y sus manifestaciones, formulando previa verificación, la correlación que pueda existir entre determinadas categorías patológicas (psicopatía, neurosis, esquizofrenia, etc.) y concretas manifestaciones delictivas.
>
> A la *Psicología*, el estudio de la estructura, génesis y desarrollo de la conducta criminal (vg.: del aprendizaje de los modelos criminales) y el de los factores o variables diferenciales del mismo.
>
> Al *Psicoanálisis* incumbe el examen de la estructura psicodinámica de la personalidad, sus conflictos y frustaciones, el proceso de motivación del criminal y la propia interpretación de la conducta delictiva a la luz del inconsciente de su autor y de un análisis introspectivo.

[1269] Vid., GARCÍA-PABLOS DE MOLINA, A., Tratado de Criminología, cit., pág. 529 y bibliografía allí reseñada.

2. Exposición y crítica de los diversos modelos psicologicistas

A) *La teoría Psicoanalítica*[1270]. Particular relevancia criminológica tiene la teoría psicoanalítica, que propugna un análisis introspectivo para desvelar las ocultas motivaciones del delincuente (método radicalmente opuesto al seguido por la psicología conductista).

a') No existe, ciertamente, un cuerpo de doctrina unitario y monolítico en el Psicoanálisis, ni idénticos planteamientos metodológicos. Difieren, por ejemplo, el férreo biologicismo de FREUD, el sociologicismo de FROMM, el finalismo de ADLER o la psicología analítica de JUNG; como difieren, también, las diversas concepciones sobre la influencia del instinto sexual (decisivo en FREUD, muy mitigado en sus sucesores); del inconsciente colectivo (crucial en el pensamiento de JUNG, no en otros psicoanalístas) y otros temas centrales en la doctrina psicoanalítica: complejo edípico, culpabilidad, neurosis, etc.

El modelo psicoanálitico se caracteriza frente a otros modelos (el modelo biofísico, el conductista, etc.) por algunos rasgos[1271]: se trata de un modelo psicodinámico, que responde a un poderoso determinismo biológico; concede particular importancia al instinto sexual, sustrato, motor y referencia obligada del comportamiento de todo individuo; su teoría psicosexual distingue varias etapas en el desarrollo de la líbido, que determinan el psiquismo y la personalidad del individuo (oral, anal, fálica, de latencia y genital); la división topográfica del psiquismo (consciente, preconsciente e inconsciente) resalta la transcendencia etiológica e interpretativa de esta última, atribuyendo a la conducta humana «consciente» un significado simbólico, como mero reflejo del inconsciente; el modelo psicoanálitico distingue, también tres instancias mentales (Ello, Yo y Super-Yo) que integran el aparato intrapsíquico, cuyo equilibrio garantiza la estabilidad mental del individuo, y sus disfunciones, las diversas patologías de ésta (vg., neurosis); el marco psicopatológico se encuadra en conflictos infantiles, que se manifiestan durante la vida adulta a través de procesos inconscientes, por lo que el único método que permite captar la dinámica y significado simbólico del comportamiento humano es el introspectivo; conflicto mental, represión (neurosis) y delito como respuesta simbólica o comportamiento sustitutivo son para el psicoanálisis los tres eslabones de un proceso dinámico: el conflicto mental (que se produciría entre la estructura primaria del invididuo —líbido— y los requerimientos de conformidad a la comunidad) o entre los tres niveles del aparato intrapsíquico de aquél: el Yo, el Ello y el Super-Yo, reprime en el inconsciente los impulsos y complejos del individuo: éstos, tratan de aflorar al mundo consciente venciendo el obstáculo del censor que les retenía allí, de suerte que todos los actos humanos, incluídos los delictivos, son respuestas sustitutivas o simbólicas que directa o indirectamente expresan la realidad del inconsciente; el complejo de Edipo tiene un poderoso efecto criminógeno según la teoría psicoanalítica, por generar cuando no es superado un complejo de culpa en el sujeto cuyo componente autopunitivo lleva a éste al delito: precede y motiva al crimen, en lugar de suceder a éste.

[1270] Bibliografía sobre las doctrinas psicoanalíticas y modelos psicodinámicos (aplicados a la Criminología), en: GARCÍA-PABLOS DE MOLINA, A., Tratado de Criminología, cit., págs. 557 y ss. (nota 1).

[1271] Cfr., VALLEJO, J., BULBENA, A., y otros: Introducción a la Psicopatología y la Psiquiatria. Barcelona, 1983 (Salvat), págs. 35 y ss. Vid., GARCÍA-PABLOS DE MOLINA, A., Tratado de Criminología, cit., págs. 559 y ss.

b') El pensamiento psicoanalítico ortodoxo viene representado por FREUD (1856-1939), neurólogo y psiquiatra vienés[1272]. Parte el autor de la radical contraposición de dos instintos básicos en el hombre: el de la vida o «Eros», fuertemente matizado en su acepción sexual y el de la muerte o destrucción («Thanatos»), instinto este último que permite asociar las raíces últimas del comportamiento delictivo y dicha fuerza destructora innata[1273]. El complejo de Edipo tiene particular interés en la teoría freudiana, pues muchos actos criminales, según el autor, tienen su explicación en aquel complejo, que lejos de suceder, precede e impulsa la comisión del delito y tendría su origen en una vivencia inconsciente del niño[1274]. FREUD conecta la evolución del instinto sexual con otras tantas etapas de la evolución de la personalidad y, a su vez, éstas y las diversas manifestaciones delictivas, de suerte que el sujeto que ha padecido el trauma (éste detiene su normal evolución personal) acusa los estigmas propios de las fases en la que aquél se ha fijado siendo, en consecuencia, proclive a la comisión, en cada caso, de determinados hechos criminales (los individuos «fijados» en la fase «oral» cometerían delitos de expresión verbal y serían propensos a hábitos como el alcoholismo)[1275]; por último, la potenciación del mundo inconsciente[1276] y la división dinámica de la personalidad en tres esferas (Yo, Ello y Super-Yo)[1277] subrayan uno de los postulados del psicoanálisis ortodoxo: todos los actos del hombre tienen una explicación oculta que solo la introspección puede revelar[1278] y, en concreto, el delito hunde sus raíces en desequilibrios y conflictos íntimos en la estructura de la personalidad (a menudo, ausencia o debilidad del Super Yo, instancia que vela por la correcta interiorización de normas y valores)[1279]. El concepto freudiano de *neurosis*, como disfunción de la personalidad y regresión patológica defensiva hacia el pasado cuando un acontencimiento traumático reprime ciertas tendencias instintivas y fija éstas en el inconsciente completa las tesis del autor[1280].

c') Otros autores psicoanalistas requieren una mención especial: ALEXANDER-STAUB, REIK, AICHORN.

[1272] Una reseña bibliográfica sobre FREUD, S., y, en general, el psicoanálisis, en: GARCÍA-PABLOS DE MOLINA, A., Tratado de Criminología, cit., págs. 557 y ss.(nota 1), (se cita: FREUD, S., Obras completas, 1948. Madrid, Ed. Biblioteca Nueva).

[1273] Cfr., RODRÍGUEZ MANZANERA, L., Criminología, cit., págs. 378 y ss.

[1274] FREUD, S., Obras completas, cit., I, págs. 779 y ss.; y 1.001 y ss.

[1275] Cfr., sobre la interpretación de este aspecto importante de la teoría freudiana, vid., GARCÍA-PABLOS DE MOLINA, A., Tratado de Criminología, cit., págs. 563 y 564 (y nota 16).

[1276] Sobre la distinción entre el «preconsciente», el «inconsciente» y el «consciente», vid., FREUD, S., Obras Completas, I, págs. 1.043 y ss. Para FREUD, el inconsciente es «la parte sumergida, invisible del iceberg que configura el sector más vasto y en muchos sentidos más poderoso de nuestra mente».

[1277] Sobre la división dinámica de la personalidad o aparato intrapsíquico, vid. FREUD, S., Obras completas, cit. I, págs. 1.213 y ss.

[1278] La clave de la conducta (consciente) del hombre se hallaría, según FREUD, en el inconsciente del autor, que se expresa de forma indirecta y simbólica. Sobre la sutil red de simbolizaciones que ofrece la teoría de FREUD, vid., VOLD, G.B., Theoretical Criminology, cit., págs. 134 y ss.

[1279] Cfr., GARCÍA-PABLOS DE MOLINA, A., Tratado de Criminología, cit., págs. 567 y ss.

[1280] Sobre la teoría freudiana de la neurosis (neurosis de transferencia) y la relación de ésta con el comportamiento criminal, vid.: RODRÍGUEZ MANZANERA, L., Criminología, cit., págs. 379 y ss.; VOLD, G.B., Theoretical Criminology, cit., págs. 133 y ss.; MANNHEIM, H., Comparative Criminology, cit., I, págs. 314 y ss.; GARCÍA-PABLOS DE MOLINA, A., Tratado de Criminología, cit., págs. 567 y 568 y ss.

ALEXANDER y STAUB[1281] asumieron la teoría freudiana del complejo de Edipo. Para los autores el criminal neurótico opta por el delito como salida a un conflicto psíquico, mientras el delincuente «normal» se identifica con modelos criminales por motivos sociales y educacionales. En consecuencia, ALEXANDER y STAUB sugieren una política criminal diferenciada, propugnando la abolición de todo resorte punitivo respecto al delincuente neurótico, pues en tal caso, el castigo lejos de contramotivar opera como estímulo criminógeno[1282].

REIK sigue también la teoría freudiana del complejo de Edipo como causa —y no consecuencia— del delito; a esta reacción autopunitiva atribuye REIK un hecho muy común: que el delincuente no ejecute el crimen con absoluta perfección y que se vea impelido, después, a regresar al escenario criminal y a confesar su autoría. El autor rechaza de forma absoluta e indiscriminada toda política criminal basada en la pena como mecanismo supuestamente preventivo y disuasorio, ya que a su juicio, aquélla es inadecuada para acceder al mundo de lo inconsciente y neutralizar el complejo de culpa[1283].

AICHORN, con su teoría de la «criminalidad latente»[1284], su discípulo FRIEDLANDER[1285], REDL y WINEMAN completan la relación de teóricos freudianos ortodoxos[1286].

Entre los psicoanalistas postfreudianos heterodoxos, destacan ADLER (1870-1937), JUNG (1870-1961) y E. FROMM.

[1281] ALEXANDER, F. y STAUB, H., El delincuente y sus jueces desde el punto de vista psicoanalítico, 1961, Madrid (Biblioteca nueva): médico psicoanalista, el primero, jurista el segundo, mantuvieron la tesis freudiana del complejo de Edipo (op. cit., pág. 50).

[1282] El delincuente y sus jueces, cit., pág. 228. Cfr., SANCHA MATA, V., «Psicoanálisis y delito», en: Delincuencia. Teoría e investigación, cit., págs. 61 y ss.

[1283] REIK, Th., colaborador de Freud, sigue también las tesis de su maestro, siendo especialmente conocidas dos de sus obras: «El impulso a confesar» (instinto autopunitivo inconsciente, derivado del complejo de culpa, que el autor caracteriza como «autotraición») y «Psicoanálisis del crimen». Cfr., RODRÍGUEZ MANZANERA, L., Criminología, cit., pág. 382.

[1284] AICHORN, A., Wayward Youth, 1935, New York (Viking), aplica los esquemas psicoanalíticos al análisis de la delincuencia juvenil, introduciendo el concepto de «delincuencia latente», que evoca la conocida pugna entre el principio del placer (ello) y el de la realidad (yo). Distinguió nítidamente 'neurosis' y 'criminalidad'. Cfr., SIEGEL, L.J., Criminology, cit., pág. 143.

[1285] FRIEDLANDER, K., Latent Delinquency and Ego Development, New York, 1956 (Eissler, K.R. edit), pág. 207, atribuye dicho estado de criminalidad latente a un pobre entorno familiar que debilita el «yo» y daña el «super yo». Un déficit significativo en las relaciones familiares hace que el criminal carezca de control sobre los impulsos del «ello», rigiendo el principio del 'placer' (gratificación inmediata de los instintos) todas sus acciones. Cfr., SIEGEL, L.J., Criminology, cit., pág. 143.

[1286] REDL, F. y WINEMAN, D., Children Who Hate: The Disorganization and Breakdown of Behavior Controls, 1962. New York (Collier Books). La debilidad y desdoblamiento del «yo» por razón de experiencias familiares (remotas) destructivas, determinarían un grave deterioro de la capacidad de control de los actos, siendo incapaz el individuo de ajustar su conducta a pautas convencionales, a juicio de los autores. Cfr., GARCÍA-PABLOS DE MOLINA, A., Tratado de Criminología, cit., págs. 568 a 575.

La psicología individual de ADLER[1287] rechaza el pansexualismo freudiano[1288], adopta un método finalista (frente al determinismo de FREUD) y otorga gran relevancia al ambiente social en el desarrollo del psiquismo del individuo[1289]. El complejo de inferioridad ocupa un lugar central en la teoría de ADLER: para el autor el delincuente es un acomplejado y la inferioridad fuente de reacciones neuróticas que generan crimen a través de conocidos mecanismos compensatorios. Se cumple así la fórmula: inferioridad-complejo-tendencia al poder-supracompensación-delito[1290].

La aportación fundamental de JUNG[1291] reside en la idea del inconsciente colectivo[1292] o conjunto de vivencias de la humanidad, acumuladas a lo largo de la historia como legado cultural, que cada hombre revive y se transmiten por la herencia. Según el autor, este depósito de experiencia ancestral acumula imágenes generales y arquetipos (modelos culturales) inconscientes pero decisivos en la explicación del delito. Como ADLER, JUNG se aparta de las tesis ortodoxas freudianas[1293].

[1287] ADLER, A. (1870-1937), médico vienés y prestigioso colaborador de Freud durante diez años, es autor de: «Estudios sobre las inferioridades orgánicas», «El sentido de la vida», «Teoría y Práctica de la Psicología del individuo», etc. Para el autor, tres principios determinan la conducta del hombre: el sentimiento de inferioridad (con base orgánica o meramente situacional), la ambición de poder (que trata de compensar el complejo de inferioridad) y el sentimiento de comunidad (sucedáneo del 'super-yo' freudiano, que moderaría ambos). Vid., ADLER, A., El sentido de la vida, 1970, Barcelona (Miracle), págs. 75 y ss.; y 112 y ss.

[1288] ADLER, como otros postfreudianos, relativizó el pansexualismo que caracterizó la doctrina psicoanalítica convencional: la ambición de poder, y no el sexo, es a su juicio el motor de la conducta del hombre. Por ello, redefinirá las principales construcciones de Freud (neurosis, complejo de Edipo, fases del desarrollo de la personalidad, etc.) liberándolas de sus connotaciones sexuales. Cfr., GARCÍA-PABLOS DE MOLINA, A., Tratado de Criminología, cit., págs. 576 y 577 y ss.

[1289] Frente al determinismo freudiano, ADLER trata de entender el comportamiento humano por sus 'fines' u 'objetivos' más que por sus 'causas', subrayando el aspecto 'racional' y 'consciente' de aquél. A su juicio, además, en el desarrollo psíquico del individuo influye más el ambiente social que una supuesta superestructura u organización psíquica general preexistente (ADLER, A. El sentido de la vida, cit., 135).

[1290] La actitud arrogante de muchos criminales, ante la Autoridad, ante sus víctimas, o ante la opinión pública, se explicaría según ADLER por dicho complejo de inferioridad (Vid. El sentido de la vida, cit., pág. 134). Atribuyendo ADLER el delito al «desaliento social», su obra expresa el mensaje más corrosivo imaginable contra el sistema penal que, a su entender, aviva y potencia actitudes de hostilidad del individuo hacia los demás. La pena, según ADLER, no protege a la sociedad, sino que exalza al delincuente con el 'honor' de la retribución, con la 'aureola' del romanticismo, incitándole, en consecuencia, al delito. Cfr., GARCÍA-PABLOS DE MOLINA, A., Tratado de Criminología, cit., pág. 577.

[1291] JUNG, C.G. (1870-1961), representa la llamada «Psicología analítica». Es autor, entre otras obras, de: «Psicología y Psicopatología de los fenómenos ocultos»; «Teoría del Psicoanálisis»; y «Los tipos psicológicos, contribuciones a una Psicología analítica». En esta última traza una conocida distinción entre: individuos 'introvertidos' y 'extrovertidos', que ha tenido gran éxito en la Psicología general. Cfr., MANNHEIM, H., Comparative Criminology, cit., I, págs. 412 y ss.

[1292] Cfr., GARCÍA-PABLOS DE MOLINA, A., Tratado de Criminología, cit., págs. 578 y ss.

[1293] En efecto, aunque conserva el término «libido», carece éste de su carga sexual originaria, convirtiéndose en una energía vital que sirve de sustrato al instinto de conservación. Por otra parte, JUNG acentúa más el futuro y el presente que el pasado remoto del individuo en el

La teoría psicosocial del «Yo» de ERICKSON[1294] es, también paradigmática, por tener en cuenta no sólo aspectos intrapsíquicos o mentales en el desarrollo evolutivo del individuo, sino también aspectos sociales. ERICKSON distingue ocho etapas en función de otras tantas adquisiciones psicosociales, implicando los sucesivos escalones un progresivo enriquecimiento del Yo.

Por último, ERICK FROMM[1295] es uno de los principales teóricos sociales del psicoanálisis (orientación sociológica). «*El miedo a la libertad*», «*El arte de amar*» y «*El psicoanálisis de la sociedad contemporánea*» son algunas de sus obras más conocidas. La crisis de la civilización occidental —y sus causas—; y la «salud mental» de la sociedad contemporánea («patología de la normalidad») son algunos de los problemas abordados por el autor, quien, apartándose de las tesis freudianas, sugirió la necesidad de un psicoanálisis humanista sobre nuevas bases[1296].

d') Las modernas orientaciones psicoanalíticas amplían su temática convencional al estudio de actitudes colectivas (psicología del castigo, psicología de la sociedad sancionadora, etc.) y prefieren explicar el crimen no como producto de desequilibrios o conflictos intrapsíquicos, sino como consecuencia de una defectuosa interiorización por parte del individuo de las normas sociales[1297]; lo que sugiere prestar una especial atención a los procesos de socialización y a los deno-

---

momento de explicar los problemas fundamentales (vg. la neurosis). Cfr., MANNHEIM, H., Comparative Criminología, cit., I, pág. 332.

[1294] ERIKSON, E. (Infancia y sociedad, Capítulo VII, Cfr., GARCÍA-PABLOS DE MOLINA, A., Tratado de Criminología, cit., pág. 579). El autor considera decisivos en el desarrollo evolutivo del invidivuo diversos aspectos sociales, y no sólo los intrapsíquicos o mentales. Distingue en aquel ocho fases, de modo que cada etapa significa un progresivo enriquecimiento del «yo» que incorporaría ciertas 'adquisiciones psicosociales': confianza, en la primera; autonomía, en la segunda; y, así, sucesivamente: iniciativa, industria, identidad, intimidad, generatividad, integridad.

[1295] FROMM, E., en su obra «El miedo a la libertad» (1984, Edit. Paidós, 9ª reimp.) mantiene que el miedo a la libertad explica los mecanismos de huída y evasión, característicos de la actitud existencial del hombre moderno (op. cit., cap. V, págs. 141 y ss.). En otra («Psicoanálisis de la sociedad contemporánea. Hacía una sociedad sana», 1985, 17ª reimp., Edit. Fondo de Cultura Económica) analiza las causas y los síntomas de la salud mental 'social': lo que denomina «patología de la normalidad» (op. cit., II, págs. 18 y ss.). Cfr., GARCÍA-PABLOS DE MOLINA, A., Tratado de Criminología, cit., págs. 580 y ss.

[1296] FROMM, E., sustituye la construcción freudiana del desarrollo de la líbido, por otro sistema en el que el desarrollo del carácter se realiza en términos de «relaciones interpersonales» (El psicoanálisis de la sociedad contemporánea, cit., págs. 7 a 20). A su juicio, las pasiones básicas del hombre no están enraizadas en sus instintos, sino en condiciones específicas de la existencia humana: en la relación del individuo con la naturaleza y modo de articular ésta (op. cit., págs. 26 a 59).

[1297] Vid., GARCÍA-PABLOS DE MOLINA, A., Tratado de Criminología, cit., pág. 581. SANCHA MATA, V., (Psicoanálisis y delito, cit., págs. 64, 65 a 71) distingue dos etapas en la teoría psicoanalítica. La primera atribuye la conducta irregular a conflictos psíquicos (complejos, instintos, etc.) y se sirve de parámetros biologicistas individualizadores. La segunda utiliza su lenguaje más psicodinámico, acude a hipótesis microgrupales y evolutivas, y abandona el análisis clínico.

minados estados deficitarios criminógenos (así, falta de identificación del hijo con sus padres, carencia de cariño por parte de éstos, presión psíquica y social ejercida sobre las familias, etc.)[1298].

El psicoanálisis criminal ha sido objeto de numerosas críticas. Desde un punto de vista metodológico se ha cuestionado su propio cientifismo. Sus contradictores le reprochan que confunde inferencia y observación, esto es, la interpretación de unos hechos objetivos que se hace a partir de la observación con la observación misma[1299]. En general, se censura su alta carga especulativa, su mentalismo[1300] y que, por la función transcendental que asigna al mundo de lo inconsciente, opere con hipótesis no observables (pulsiones, mecanismos de defensa, niveles del aparato psíquico, etc.): en buena medida, —se ha dicho— sus proposiciones son irrefutables porque no son verificables[1301]. Este déficit empírico resta consistencia a las construcciones de más directa aplicación al estudio del crimen: su pansexualismo, en parte abandonado, y el complejo de Edipo. Las tesis psicoanalíticas ortodoxas son tildadas, también, de timocéntricas[1302] porque atribuyen a pulsiones instintivas y afectos una desmedida función reguladora de toda la actividad mental del individuo, sin conceder relevancia alguna a ciertas operaciones intelectuales y cognitivas del Yo. Filosóficamente el psicoanálisis conduce a un determinismo biológico, con todas sus consecuencias, dada la primacía y significado que otorga a las fuerzas del inconsciente. Desde una perspectiva político criminal reclama una poco realista no intervención, difícil de insertar en cualquier programa eficaz de prevención. Políticamente, refleja el marco liberal individualista de la sociedad que le vió nacer, no gozando de consenso científico su enfoque individual-mentalista. En el ámbito terapéutico no puede negarse la aportación de los modelos piscodinámicos y su eficacia[1303]

[1298]   La doctrina psicoanalítica británica, representada por BOWLBY y sus colegas de la Clínica Tavistock, ha concedido especial relevancia criminógena a la hipótesis de la experiencia infantil de privación o separación de la madre. Sobre el problema, vid., HALL WILLIAMS, J.E., Criminology and Criminal Justice, cit., págs. 61 y ss. (citando las investigaciones de: BOWLBY, WOOLTON, CLARKE, ANDRY, LITTLE, LEWIS, O'CONNOR, NAESS, GRYGIER y otros). Cfr., GARCÍA-PABLOS DE MOLINA, A., Tratado de Criminología, cit., págs. 572 a 575.

[1299]   Cfr., VALLEJO, J., BULBENA, A. y otros: Introducción, cit., págs. 39 y ss.

[1300]   Así, RACHMAN, S., en: Ensayos críticos al psicoanálisis. Ed. Taller. Madrid, 1975, pág. 26. Cfr., para todas estas objeciones: GARCÍA-PABLOS DE MOLINA, A., Tratado de Criminología, cit, págs. 582 y ss. Sobre la objeción que tacha al psicoanálisis de mentalista, vid. EYSENCK, H.J., Psicoanálisis ¿mito o ciencia?, en: Ensayos críticos al psicoanálisis. Rachman, S. (director), Madrid (1975), Edit. Taller, pág. 26.

[1301]   Así, EYSENCK, H.J., (Psicoanálisis, cit., págs. 15 y ss.), siguiendo a RAPORT, reprocha a Freud que manejase indistintamente proposiciones pertenecientes a niveles epistemológicos diferentes (empírico, teórico, metateórico, etc.), pasando de unos a otros sin cuestionarse la licitud de tales malabarismos. La «épica freudiana» sustituiría el rigor por la ambigüedad de sus tesis, entremezcladas con metáforas, alegorías y poéticas simbolizaciones (op. cit., págs. 17 y 18). En igual sentido: VETTER, H.J. y SILVERMAN, I.J., Criminology and Crime. An Introduction, cit., pág. 387. Al psicoanálisis se le reprocha también, refugiarse en una hiperestructura conceptual, con frecuencia dogmática, especulativa y circular, elaborando una tupida y alambicada red de teorías cuya comprobación y refutación es altamente difícil (en este sentido, VOLD, G., Theoretical Criminology, cit., pág. 131).

[1302]   En este sentido, calificando de «timocéntrico» al psicoanálisis, EYSENCK, H.J., Psicoanálisis, cit., pág. 27.

[1303]   Cfr., GARRIDO GENOVÉS, V., «Programas y tratamientos psicodinámicos en delincuentes», en: Psicología Social y sistema penal, cit., pág. 319; resumiendo las objeciones a la supuesta

respecto a ciertas dolencias, pero en el etiológico-explicativo parece difícil generalizar con éxito sus construcciones.

B) Teorías psiquiátricas de la criminalidad (Psicopatología)

a') *Crimen y enfermedad mental.* Hoy no puede mantenerse ya que el delincuente sea un loco, ni que la locura genere necesariamente criminalidad. Del mismo modo que no todo delincuente es un psicópata, ni, desde luego, todo psicópata delinque. Pero tradicionalmente otras han sido a lo largo de la historia las ideas sobre el delincuente e incluso sobre el propio concepto de salud y enfermedad mental.

La sociedad, siempre alarmada y perpleja por el crimen, ha atribuido a menudo éste a supuestas anomalías mentales del autor.

Unas veces, por la influencia de concepciones mágicas y primitivas, que hacen del criminal un verdadero endemoniado, un poseso, un maldito. Otras, mediante el proceso de generalizar indebidamente patologías que, en efecto, se detectaron en la población reclusa. Otras, en fin, sin más argumento que la suposición —ingenua o prepotente— de que sólo el individuo anormal puede atreverse a cuestionar un orden social perfecto[1304]. El resultado último, en cualquier caso, es inevitablemente el mismo: se equiparan los conceptos «conducta acorde con la norma» (en sentido sociológico o jurídico) y «normalidad»; y, a su vez, «normalidad» y «salud». Dicho razonamiento, como es lógico, conduce a identificar, también, «conducta desviada» y «anomalía»; «anomalía» y «enfermedad». Con lo que la categoría «enfermedad» es confundida con exigencias derivadas del «deber ser» que encuentran su expresión en las normas legales[1305].

b') Evolución de la Psiquiatría. Históricamente[1306] es fácil constatar que sólo a partir del siglo XIX comienza a distinguirse entre delincuente y enfermo mental y es contemplado este último como cualquier otro enfermo. Pero el éxito de la teoría de la *locura moral* demuestra hasta que punto fue lento y dificultoso dicho proceso de diferenciación. Pues seguían latiendo concepciones mágicas y primitivas que hacían del criminal un sujeto endemoniado, un ser anormal y maldito. En un momento posterior, la teoría de la *insanity* llegó a propugnar la naturaleza hereditaria de la enfermedad mental y el sustrato genético de la misma, como expresión de la inferioridad del infractor. El positivismo criminológico sustituyó la teoría de la «locura mental» por la de la «personalidad criminal», esto es, la supuesta existencia de un conjunto de rasgos, entramado o estructura psicológica delictiva *in se*.

El éxito inicial de esta teoría (la de la *personalidad criminal*) reside en su coherencia con dos postulados del positivismo criminológico: el principio de la diversidad del delincuente (éste sería distinto, desde un punto de vista cualitativo, del hombre «normal» que cumple las leyes); y la necesidad de aislar, mensurar y cuantificar los factores patológicos que inciden

---

eficacia terapéutica del psicoanálisis: Cfr., VALLEJO, J., BULBENA, A. y otros: Introducción, cit., págs. 41 y ss.

[1304] Respecto a la no aceptación del orden social como signo de locura, vid. MIRALLES, Tª., en: El pensamiento criminológico, cit., pág. 71.

[1305] Como afirma GÖPPINGER, H. (Criminología, cit., pág. 151).

[1306] Sobre dicha evolución histórica, vid.: GÖPPINGER, H., Criminología, cit., págs. 151 y ss.; VOLD, G.B., Theoretical Criminology, cit., págs. 125 y ss.; SIEGEL, L.J., Criminology, cit., págs. 140 y ss.; GARCÍA ANDRADE, J.A., Raíces de la violencia, cit., págs. 16 y ss.; GARCÍA-PABLOS DE MOLINA, A., Tratado de Criminología, cit., págs. 534 y ss.

en el individuo y le determinan al delito. Hoy, desde luego, se halla muy desacreditada la teoría de la personalidad criminal[1307], pero tanto ésta como sus predecesoras (teoría de la locura mental, insanity, etc.) son eslabones de un razonamiento cuya premisa es el rechazo de la normalidad del crimen y de su protagonista: la tesis de que el infractor padece alguna suerte de patología que le hace distinto del hombre sano y honesto, y la explicación del crimen como consecuencia precisamente de dicha patología.

La moderna Psiquiatría, en todo caso, ha experimentado una evolución sensible. Si bien la Psiquiatría somática y postkraepeliana por ejemplo, puede seguir vigente en la praxis terapéutica, su marco teórico ha sufrido cambios significativos, desplazándose el centro de gravedad de la psiquiatría «pesada» (psicosis) a la «ligera» (neurosis)[1308]. La clasificación convencional de las enfermedades y trastornos mentales se diversifica progresivamente. Pasa a un primer plano la funcionalidad y objetividad de unas y otros, estos es, la determinación del aspecto concreto del comportamiento o facultad afectada y su impacto en la personalidad del individuo[1309]. El modelo «clínico», orgánico o biofísico, de enfermedad mental es sólo uno de los posibles modelos de la actual Psiquiatría, (con él coexisten: el conductista, el psicodinámico, el sociológico, etc.)[1310].

Psiquiatría y Psicopatología son disciplinas con sus respecivos ámbitos y competencias.
La Psiquiatria es una especialidad médica que tiene por objeto el estudio de las alteraciones psíquicas, cualquiera que sea su origen, en lo que concierne a su naturaleza, prevención y posibilidades terapéuticas. La Psicopatología es una ciencia en sí misma que estudia los signos y síntomas de la enfermedad mental, diferenciando las distintas funciones psíquicas del ser humano y estableciendo unas reglas y conceptos generales: se puede decir que la Psicopatología es la semiología de la Psiquiatría[1311]. La Psiquiatría se ocupa de las alteraciones, anomalías o trastornos mentales (retraso mental, demencias, esquizofrenia y trastornos psicóticos, neurosis, psicopatías o trastornos de la personalidad, etc.); la segunda versa sobre los trastornos de la inteligencia, de la memoria, del pensamiento, de la voluntad, de la conciencia, de la atención, de la percepción, de la afectividad, de los instintos, etc.[1312]

c') Problematicidad de los conceptos de *salud* y *enfermedad*. Delimitar los conceptos de salud y de enfermedad mental no es tarea fácil —como tampoco lo

[1307]   Como advierte GARRIDO GENOVÉS, V., Delincuencia y sociedad, cit., pág. 236. Cfr., GARCÍA-PABLOS DE MOLINA, A., Tratado de Criminología, cit., pág. 535.
[1308]   Cfr., VALLEJO, J., BULBENA, A., y otros, Introducción, cit., págs. 12 y ss.
[1309]   Como afirma, HALL WILLIAMS, J.E., Criminology and Criminal Justice, cit., págs. 44 y 45.
[1310]   Una síntesis de los postulados de cada uno de los modelos teóricos, en: VALLEJO, J., BULBENA, A. y otros, Introducción a la Psicología, cit., págs. 27 y ss. (el «conductista», págs. 32 y ss.; el «psicodinámico», págs. 32 y ss.; el «sociológico», págs. 44 y ss., etc.).
[1311]   Así, CABRERA FORNEIRO, J. y FUERTES ROCAÑIN, J.C., Psiquiatría y Derecho (dos ciencias obligadas a entenderse). Manual de Psiquiatría forense, Madrid (1997), Cauce Editorial, pág. 119.
[1312]   Cfr., CABRERA FORNEIRO, J. y FUERTES ROCAÑIN, J.C., Psiquiatría y Derecho, cit., págs. 119 a 143; J. VALLEJO, A. BULBENA, A. GRAU, J. POCH y J. SERRALLONGA, Introducción a la Psicopatología y Psiquiatría, Barcelona, 1983 (reimpresión), Salvat, págs. 160 a 318.

es definir la noción de salud y la de normalidad mental—. Si en el campo de la medicina somática tales nociones son conflictivas, más problemas suscitan aún para la psiquiatría, pues las fronteras entre salud y enfermedad, normalidad y anormalidad, parecen, en buena medida, circunstanciales, relativas y cambiantes.

Sin incurrir en los excesos relativizadores de la *antipsiquiatría*, es obvio que el concepto de normalidad psíquica admite diversas y contrapuestas acepciones: la médica (ausencia de síntomas), la estadística (salud promedio), la psicodinámica (equilibrio intrapsíquico), la subjetiva (percepción de la propia salud), la procesual (seguimiento del devenir vital), la forense (valoración judicial), etc.; pero también, se ve inevitablemente condicionado por el contexto sociocultural histórico y por ciertos procesos sociales de interacción[1313]. Ni siquiera categorías psiquiátricas aparentemente pacíficas como la esquizofrenia, pueden sustraerse a tal contexto sociocultural, a los estandares normativos derivados de valores culturales, históricos, sociales, etc.[1314]. El etiquetamiento de ciertas personas como «enfermas mentales» es inseparable de determinados procesos sociales de interacción que no siempre se guían por criterios objetivos y científicos[1315], esto es, la reacción social constituye una importante variable en los procesos de definición y selección de ciertos individuos como *enfermos mentales*.

d') *Psicopatología criminal.* La Psicopatología criminal se ocupa de los signos y síntomas que constituyen la enfermedad mental, dicotomizando —y estudiando— al hombre delincuente en sus diversas funciones psíquicas mediante el establecimiento de una serie de categorías y reglas generales. Equivale, pues, a la semiología de la Psiquiatría[1316].

Cabe, por tanto, apreciar manifestaciones patológicas en las diversas funciones psíquicas.

En la *inteligencia*[1317], como es el caso del retraso mental, de ciertas inhibiciones de aquélla (vg. depresivo ansiosas, por aislamiento o de índole psicosocial) o del deterioro de las funciones cognoscitivas (demencia).

[1313] Cfr., GARCÍA-PABLOS DE MOLINA, A., Tratado de Criminología, cit., págs. 537 y ss.

[1314] En este sentido, VETTER, H.J. y SILVERMAN, I.J., Criminology and Crime. An Introduction, cit.,, pág. 381. Véase, también, FROMM, E., El miedo a la libertad, 1984 (9ª reimpresión), Paidos Studio,, págs. 543 y ss.; del mismo: Psicoanálisis de la sociedad contemporánea, 1985 (17ª reimpresión), Fondo de Cultura Económica, págs. 11 y ss.

[1315] Así, VETTER, H.J. y SILVERMAN, I.J., Criminology and Crime. An Introduction, cit., págs. 381 y ss.; también, HALL WILLIAMS, J.E., Criminology and Criminal Justice, cit., pág. 43.

[1316] Vid. CABRERA FORNEIRO, J., y FUERTES ROCAÑIN, J.C., Psiquiatría y Derecho, dos ciencias obligadas a entenderse. Madrid (1997), Cauce Editorial, págs. 119 y ss.; CABRERA FORNEIRO, J., y FUERTES ROCAÑIN, J.C., Psiquiatría y Derecho, cit., págs. 119 y ss.; VALLEJO, J., BULBENA, A., GRAU, A., POCH, J. y SERRALONGA, J.: Introducción a la psicopatología y psiquiatría, Salvat (Barcelona), 1983 (reimpresión), págs. 160 y ss.

[1317] Vid., CABRERA FORNEIRO, J. y FUERTES ROCAÑIN, J.C., Psiquiatría y Derecho, cit., págs. 119 y ss.; VALLEJO, J., BULBENA, A., y otros: Introducción a la Psicopatología y Psiquiatría, cit., págs. 367 y ss.

También cabe señalar trastornos del *pensamiento y el lenguaje*[1318]: alteraciones del curso de uno y otro, cuantitativas (vg. pensamiento inhibido, acelerado, ideofugitivo, perseverante, prolijo, disgregado, etc.) y alteraciones que afectan a su contenido, cualitativas: así, las ideas delirantes, ciertos fenómenos extraños al «yo», ideas sobrevaloradas, ideas obsesivas, etc.

Se describe, igualmente, la psicopatología de la *memoria*, apreciándose alteraciones cuantitativas (por exceso: hipermnesias; por defectos, amnesias, globables o parciales), y alteraciones cualitativas (casos de confabulación, de pseudología fantástica, del llamado «deja vu-jamais vu», etc.)[1319].

Se conoce, también, una psicopatología de la *voluntad*, en la que se examinan alteraciones cuantitativas, como la abulia (apatía) y cualitativas, como sucede con los actos en «corto-circuito», la denominada obediencia «automática» y el «negativismo»[1320].

Igualmente, alteraciones y trastornos de la *conciencia*: alteraciones cuantitativas (vg. obnubilación, sopor, coma, hipervigilancia, etc.), alteraciones cualitativas (así, el estado confusional o el estado crepuscular) y alteraciones que afectan a su contenido (como los trastornos de la conciencia del «yo corporal», del «yo psíquico» o del mundo circundante)[1321].

Se conoce, del mismo modo, la psicopatología de la *atención*[1322] *y orientación temporo-espacial*, que puede dar lugar a un descenso anómalo del nivel de atención (hipoprosexia) o a cambios, también patológicos, continuos en la focalización de la atención.

Se describe, también, la psicopatología de la *percepción*[1323], a la que pertenecerían las alucinaciones (visuales, auditivas, olfativas, gustativas, táctiles, cenesté-

---

[1318] Vid. CABRERA FORNEIRO, J. y FUERTES ROCAÑIN, J.C., Psiquiatría y Derecho, cit., págs. 123 y ss.; VALLEJO, J., BULBENA, A., y otros, Introducción a la Psicopatología y Psiquiatría, cit., págs. 207 y ss.

[1319] Vid. CABRERA FORNEIRO, J., y FUERTES ROCAÑIN, J.C., Psiquiatría y Derecho, cit., págs. 127 y ss.; VALLEJO, J., BULBENA, A., y otros. Introducción a la Psicopatología y Psiquiatría, cit., págs. 181 y ss.

[1320] Vid. CABRERA FORNEIRO, J., y FUERTES ROCAÑIN, J.C., Psiquiatría y Derecho, cit., págs. 130 y ss.

[1321] Vid. CABRERA FORNEIRO, J., y FUERTES ROCAÑIN, J.C., Psiquiatría y Derecho, cit., págs. 132 y ss.; VALLEJO, J., BULBENA, A., y otros. Introducción a la Psicopatología y Psiquiatría, cit., págs. 160 y ss.

[1322] Vid. CABRERA FORNEIRO, J., y FUERTES ROCAÑIN, J.C., Psiquiatría y Derecho, cit., págs. 135 y ss.; VALLEJO, J., BULBENA, A., y otros. Introducción a la Psicopatología y Psiquiatría, cit., págs. 174 y ss.

[1323] Vid. CABRERA FORNEIRO, J., y FUERTES ROCAÑIN, J.C., Psiquiatría y Derecho, cit., págs. 136 y ss.; VALLEJO, J., BULBENA, A., y otros. Introducción a la Psicopatología y Psiquiatría, cit., págs. 192 y ss.

sicas y del esquema corporal, motrices, etc.), esto es, percepciones sin objeto real; las pseudoalucinaciones (que se producen en el espacio interno del sujeto); las alucinosis (el sujeto es consciente de las mismas) y las ilusiones (falsificación de una percepción real).

Existe una psicopatología de la *afectividad*[1324], como sucede en el caso de las disforias (maniaca, depresiva, angustia, etc.), o en el de otras alteraciones de aquélla (vg. labilidad afectiva, incontinencia afectiva, ambivalencia afectiva, paratimias, temple delirante, etc.).

Y una psicopatología de los *instintos*[1325], que incide bien en el de conservación del «yo» (trastornos en la alimentación, como la anorexia nerviosa, la bulimia o la potomania y trastornos en el instinto de defensa, como la autoagresividad o la heteroagresividad), bien en el instinto de conservación de la especie (vg. trastornos y disfunciones sexuales).

A la Criminología interesa investigar no la incidencia de estos trastornos y alteraciones en la imputabilidad del sujeto, o en su capacidad civil, sino la criminogénesis de los mismos, esto es, la relevancia etiológica que puedan tener en la génesis del comportamiento delictivo. Tal correlación —que no relación causal— debe estudiarse por grupos de delito, sin generalizaciones carentes de fundamento, por lo que corresponde a la Parte Especial de la Criminología, no a esta Introducción. En todo caso, existe un lamentable déficit empírico en esta materia, solo paliado —y parcialmente— cuando las diversas alteraciones y trastornos integran alguno de los tipos o nosologías (enfermedades mentales) que describe la Psiquiatría.

> El Derecho Penal, cuando se enfrente al problema límite de la *imputabilidad*, profesa una imagen muy pobre del psiquismo humano al valorar exclusivamente la inteligencia y la voluntad (capacidad de «comprender la ilicitud del hecho o actuar conforme a esa comprensión», según fórmula del artículo 20.1º del Código Penal). Sin embargo, y desde un punto de vista psicopatológico, no deben olvidarse otras funciones psíquicas y dimensiones de la psique del ser humano, mucho más rica y compleja de lo que supone el Derecho Penal.

e') *Nosologías psiquiátricas y relevancia criminológica de las diversas anomalías, alteraciones, trastornos y enfermedades psíquicas.*

1324 Vid. CABRERA FORNEIRO, J., y FUERTES ROCAÑIN, J.C., Psiquiatría y Derecho, cit., págs. 138 y ss.; VALLEJO, J., BULBENA, A., y otros. Introducción a la Psicopatología y Psiquiatría, cit., págs. 225 y ss.

1325 Vid. CABRERA FORNEIRO, J., y FUERTES ROCAÑIN, J.C., Psiquiatría y Derecho, cit., págs. 141 y ss.; VALLEJO, J., BULBENA, A., y otros. Introducción a la Psicopatología y Psiquiatría, cit., págs. 330 y ss. (instinto de conservación).

De las muy diversas clasificaciones de trastornos psíquicos y enfermedades mentales[1326], dos merecen especial mención: la del CIE.10[1327], de la Organización Mundial de la Salud, y la del hoy DSM.V[1328], de la Asociación de Psiquiatría Americana. No obstante, a efectos criminológicos, solo interesan en esta obra los aspectos relativos a la delictogénesis, sin que puedan abordarse en la misma los presupuestos psiquiátricos y clínicos de cada clase o tipo de trastorno[1329], ni siquiera sus consecuencias legales en orden a la imputabilidad o a la capacidad de obrar civil.

A juicio de los expertos, parece que *oligofrénicos y psicópatas* son los dos grupos que entran más a menudo en conflicto con el ordenamiento penal[1330]. Pero también ha de hacerse referencia a los trastornos orgánicos (cognoscitivos), esto es, al «*delirium*» y las «*demencias*»; a los relacionados con el consumo y dependencia de las drogas; a la «*esquizofrenia*» y otros trastornos psicóticos, en particular, a la «*paranoia*»; a las «*psicosis maniaco-depresivas*», o «trastornos bipolares», y a las *depresiones*; a las «*neurosis*», y trastornos somatomorfos, facticios y disociativos; a las «*parafilias*» y otros trastornos sexuales; a los que afectan al control de los impulsos (en concreto, la *ludopatía*, la *cleptomanía* y la *piromanía*); etc.

1') Las *oligofrenias* («retraso mental»). La relevancia criminológica del retraso mental, esto es, del déficit congénito o precoz del desarrollo de la inteligencia[1331]

[1326] Vid. VALLEJO, J., BULBENA, A., y otros: Introducción a la psicopatología y psiquiatría, cit., págs. 399, quienes pasan revista a las principales clasificaciones modernas.

[1327] CIE.10, Trastornos mentales y del comportamiento. Descripciones clínicas y pautas terapéuticas, OMS, 1992.

[1328] DSM.V. Diagnostic and Statistical Manual of Mental Disorders. (Manual de diagnóstico y estadística de los trastornos mentales. Ed. Masson. Barcelona, 1994). El DSM.V se publicó en los EEUU en 2013, y en España el 2014. El citado manual sigue una metodología «descriptiva», esto es, no trata de explicar las patologías, sino de describirlas, de clasificarlas. Para este sistema clasificatorio un trastorno es un patrón comportamental o psicológico de significación, cualquiera que sea su causa (Cfr. Clemente Díaz, M., Psicología para juristas, cit., págs. 167 y ss.).

[1329] Un estudio de los aspectos psicopatológicos y psiquiátricos, en; VALLEJO, J., BULBENA, A., y otros: Introducción a la psicopatología y psiquiatría, cit., págs. 423 y ss.; también, desde un enfoque psiquiátrico-forense: CABRERA FORNEIRO, J., FUERTES ROCAÑIN, J.C., Psiquiatría y Derecho, cit., págs. 189 y ss.; y ESBEC RODRÍGUEZ, E., GÓMEZ JARABO, G., y otros, Psicología forense y tratamiento jurídico legal de la discapacidad, cit., págs. 319 y ss.; examinando, también, la relevancia criminológica de cada trastorno: GARCÍA ANDRADE, J.A., Psiquiatría Criminal y Forense (Cera), Madrid, 1993, págs. 207 y ss. Véase, también, ASIER URRUELA MORA, Imputabilidad penal y anomalía o alteraciíb psíquica. Comares. Granada, 2004.

[1330] Así: GARCÍA ANDRADE, J.A., Psiquiatría Criminal y forense, cit., pág. 260.

[1331] No hay que confundir este déficit o insuficiencia congénito —o precoz— que, además, no evoluciona, con el proceso de deterioro irreversible propio del declive normal de la edad y del

depende de su mayor o menor gravedad. Se distingue al efecto entre un retraso mental «leve», un retraso mental «moderado», «grave» y «profundo».

El retraso mental «*leve*» representa el 85% de los retrasos mentales. Afecta a quienes tienen un cociente intelectual (CI) entre 50-55 y 70[1332]. Son sujetos educables, capaces de realizar tareas no cualificadas y de adquirir ciertas habilidades socio-laborales, pero que no alcanzan una total autonomía económica. Suelen vivir satisfactoriamente en la comunidad, aunque en muchas ocasiones exhiben problemas conductuales[1333].

El retraso mental «*moderado*», al parecer, representa aproximadamente el 10% de los retrasos mentales. El C.I. de quienes lo padecen se sitúa entre 35-40 y 50-55. Son personas adiestrables, capaces de aprender hábitos de higiene y seguridad, adaptándose bien a la vida en comunidad, si bien solo pueden realizar funciones muy simples y apenas costear su subsistencia con ellas[1334].

El retraso mental «*grave*» suele constituir entre el 3 y el 4% del total de los retrasos mentales. En tales casos, el CI. oscila entre 20-25 y 35-40. Quienes lo sufren solo pueden aprender a hablar y a realizar tareas elementales, pero el desarrollo del lenguaje es mínimo y no son capaces de escribir. Sufren, a menudo, de síndromes neurológicos asociados de índole congénita, exhibiendo actitudes agresivas e impulsivas[1335].

Por último, el retraso mental «*profundo*», que representa según diversas estimaciones, entre el 1 y el 2% del total de los retrasos mentales, afecta a individuos con un CI. inferior a 20 o 25. Estos suelen padecer enfermedades neurológicas asociadas, siendo personas carentes de autonomía que necesitan vigilancia y asistencia permanentes[1336].

En los grados *profundos* del retraso mental, la misma incapacidad psicofísica propia de aquéllos reduce muy drásticamente la posibilidad real de delinquir. No obstante, se pueden constatar delitos contra la propiedad (en forma de robos y hurtos burdamente cometidos), contra la libertad sexual (casi siempre no consu-

---

devenir histórico biográfico del ser humano que constituye la demencia. Sobre el «retraso mental» (las oligofrenias), vid., VALLEJO, J., BULBENA, A., y otros: Introducción a la psicopatología y la psiquiatría, cit., págs. 376 y ss.; CABRERA FORNEIRO, J., FUERTES ROCAÑIN, J.C., Psiquiatría y Derecho, cit., págs. 191 y ss.; ESBEC RODRÍGUEZ, E., GÓMEZ JARABO, G., y otros, Psicología forense y tratamiento jurídico legal de la discapacidad, cit., págs. 349 y ss. Vid., también, ASIER URRUELA MORA, Imputabilidad penal y anomalía o alteración psíquica. Comares (2004), págs. 332 y ss.

[1332] El C.I. resulta de la división de la edad mental por la edad biológica o cronológica. El criterio del C.I. es muy operativo, pero insuficiente, desde luego, para diagnosticar el retraso mental, porque las pruebas psicométricas deben valorarse con mucha prudencia y siempre en el marco de un determinado contexto socio-cultural (Por todos, ESBEC RODRÍGUEZ, E., GÓMEZ JARABO, G., y otros, Psicología forense y tratamiento jurídico legal de la discapacidad, cit., págs. 351 y 352).

[1333] Cfr. CABRERA FORNEIRO, J., FUERTES ROCAÑIN, J.C., Psiquiatría y Derecho, cit., págs. 193 y 195.

[1334] Vid. CABRERA FORNEIRO, J., FUERTES ROCAÑIN, J.C., Psiquiatría y Derecho, cit., ibidem.

[1335] Cfr., CABRERA FORNEIRO, J., FUERTES ROCAÑIN, J.C., Psiquiatría y Derecho, cit., págs. 193 y 195.

[1336] Cfr. CABRERA FORNEIRO, J., FUERTES ROCAÑIN, J.C., Psiquiatría y Derecho, cit., págs. ibidem.

mados) e incluso delitos de incendio (por «diversión») llevados a cabo por oligofrénicos profundos.

El oligofrénico profundo es, fundamentalmente, *víctima* de ciertos delitos, como el abandono, malos tratos, etc.[1337], no sujeto activo.

En las formas «moderada» y «leve» del retraso mental se detecta el mayor índice y variedad de criminalidad, siendo, por lo general, factor común a todas ellas, la impulsividad, la irreflexión y la ausencia de planificación previa por parte del autor[1338], así como la desproporción innecesaria y la ejecución burda del hecho.

Particular interés, tanto desde un punto de vista forense como criminológico, tienen los supuestos fronterizos al retraso mental («*borderline*») porque a la debilidad mental se asocian entonces otros factores delictógenos como la agresividad, el escaso control de la vida instintiva, la baja tolerancia a la frustración y la impulsividad. Quienes se hallan en esta zona limítrofe suelen implicarse en delitos contra las personas (homicidios y lesiones), contra la libertad sexual (agresiones y abusos sexuales) y contra la seguridad[1339].

> Diversas circunstancias explican la significativa presencia de la oligofrenia en la población criminal. En primer lugar, el elevado índice de aquélla en la población general, que, además se incrementará previsiblemente con el progreso de la medicina al aumentar las expectativas de supervivencia y procreación[1340] de los oligofrénicos. En segundo lugar, la irritabilidad típica del oligofrénico, producto de la pobreza de sus relaciones interpersonales y del retraimiento que genera el rechazo social y la marginación que padece. La sociedad competitiva de nuestro tiempo condena el fracaso y margina al infradotado. El oligofrénico que, además, padece una grave descompensación afectivo-emocional, experimenta la vivencia de su propia inferioridad y de la soledad triste e inestable a la que está condenado, con angustia, ansiedad y hostilidad. La respuesta desproporcionada e irritable es muy frecuente por la escasa dotación de los elementos noéticos de su personalidad. Por ello, el débil mental oscila entre la fuerte represión ejercida por los demás hacia él (burla, desprecio, marginación por sus limitaciones y peculiar torpeza, etc.) y la total desinhibición, cargada de violencia, que opera como mecanismo compensatorio de su angustia[1341].

El delito en el que se implica con mayor frecuencia el oligofrénico es el robo[1342]; robos mal elaborados, de escasa cuantía y significación, en los que, por sus limitaciones, no suelen intervenir en papeles de primera magnitud, sino como cómplices, manipulados por los autores principales. Las dificultades para la acción (torpeza manual, por ejemplo) que padece el oligofrénico explica que en no pocas

---

[1337]   CABRERA FORNEIRO, J., FUERTES ROCAÑIN, J.C., Psiquiatría y Derecho, cit., pág. 196.
[1338]   CABRERA FORNEIRO, J., FUERTES ROCAÑIN, J.C., Psiquiatría y Derecho, cit., pág. 196.
[1339]   CABRERA FORNEIRO, J., FUERTES ROCAÑIN, J.C., Psiquiatría y Derecho, cit., pág. 196.
[1340]   GARCÍA ANDRADE, J.A., Psiquiatría Criminal y forense, cit., págs. 260 y 261.
[1341]   Cfr., GARCÍA ANDRADE, J.A., Psiquiatría Criminal y forense, cit., págs. 260 y 261.
[1342]   Vid., GARCÍA ANDRADE, J.A., Psiquiatría criminal y forense, cit., pág. 261. Según el autor, se establece que el 31% de los delincuentes contra el patrimonio son oligofrénicos.

ocasiones cometa robos cargados de violencia y hostilidad, con graves lesiones innecesarias y desproporcionadas a la víctima. La poca robustez de sus estructuras noéticas favorece la transformación fulminante del pensamiento en acto, bastando a veces una simple contradicción a nimios deseos del oligofrénico para que se desencadene una explosión irritada y descontrolada que no guarda proporción alguna con las pretensiones económicas de aquél[1343].

En cuanto a los *delitos contra la vida* y la participación del oligofrénico en los mismos, existen opiniones enfrentadas. Unos autores mantienen que un 9% de los homicidas son oligofrénicos[1344]. Otros, por el contrario, no detectaron CI. inferiores a la media de la población normal entre homicidas[1345]. En cualquier caso, la motivación suele ser pobre, escasa y muchas veces estúpida, sin que el oligofrénico manifieste signos de arrepentimiento[1346].

El oligofrénico se implica, también, en delitos contra la libertad sexual (vg. violación y pedofilia), influyendo, sin duda, el hambre sexual de aquel, que condiciona una situación proclive al asalto de la mujer, y cierto componente vindicativo que concurre con tal déficit, pues ha sido con frecuencia víctima de burla y menosprecio que hacen germinar en el mismo actitudes de hostilidad y venganza[1347]. Por ello, la violación que ejecuta el oligofrénico es, a menudo, primitiva y especialmente brutal. Como sucede, también, con los actos de pedofilia que en el caso del oligofrénico pueden ser indistintamente homo o heterosexuales[1348].

Se han descrito índices significativos de retraso mental, también, entre colectivos proclives a la conducta antisocial, como es el caso de los vagabundos[1349]; y, sobre todo, entre las prostitutas[1350], incrementándose los índices de riesgo cuando a la discapacidad del oligofrénico se añaden factores criminógenos como el alcohol y la droga.

El delito de incendio forma parte, también, del limitado repertorio criminal del oligofrénico. Pero la motivación de éste no es la del pirómano, ni la del incendiario por interés, sino la de la estúpida fascinación por el fuego de quien no anticipa las consecuencias futuras de sus actos o ve en el fuego, complacido, un instrumento de venganza[1351].

[1343] Vid., GARCÍA ANDRADE, J.A., op. cit., pág. 261.

[1344] Así, entre otros, GARRIDO GUZMÁN, en España. Cfr. CABRERA FORNEIRO, J., FUERTES ROCAÑIN, J.C., Psiquiatría y Derecho, cit., pág. 196.

[1345] Por ejemplo, DEBUYST. Cfr., CABRERA FORNEIRO, J. y FUERTES ROCAÑIN, J.C., op. cit., pág. 196.

[1346] Cfr., GARCÍA ANDRADE, J.A., Psiquiatría Criminal y forense, cit., pág. 262.

[1347] Cfr., GARCÍA ANDRADE, J.A., Psiquiatría criminal y forense, cit., pág. 262.

[1348] Cfr., GARCÍA ANDRADE, J.A., op. cit., pág. 262.

[1349] Cfr., GARCÍA ANDRADE, J.A., op. cit., pág. 261.

[1350] Así, VELASCO ESCASI-ECHELECU (Estudios sobre la prostitución. Anales de medicina forense. Madrid, 1951), detectaron un 28'8% de débiles mentales entre las prostitutas recluidas en un reformatorio de Aranjuez. Cfr., GARCÍA ANDRADE, J.A., op. cit., pág. 262.

[1351] Vid. GARCÍA ANDRADE, J.A., op. cit., pág. 263.

Por último, y aunque con menor incidencia estadística, se han asociado a determinados supuestos de oligofrenia concretas conductas de particular relevancia forense y criminológica. Así, las «neurosis de renta» que suelen estructurar los retrasados mentales cuando padecen un accidente de tráfico, porque se liberan de su propia angustia proyectando al otro la responsabilidad existencial de su precariedad[1352]. También, ciertas estafas, que pudieran parecer casos tragicómicos por la actuación del oligofrénico («tontos de salón», en la terminología de WIRSCH) y que, sin embargo y a pesar de la escasa estructuración lógica del «negocio», arrastran a numerosas víctimas[1353]. Y, sobre todo, ciertos delitos de «nostalgia» atribuidos por KRETSCHMER[1354] a jóvenes oligofrénicos que se trasladan del campo a la ciudad y cuya neurosis da salida a reacciones primitivas violentas como solución del conflicto que vivencian[1355].

El caso excepcional de la *licantropía* —los niños lobo— merece valoraciones discrepantes. Unos autores la trataban a propósito de las oligofrenías[1356], otros consideran a estos pacientes esquizofrénicos paranoides afectados de un delirio de transformación y de un sadismo zoofílico subyacente[1357].

2') De entre los trastornos orgánicos cognoscitivos, destacan el «*delirium*» y las «*demencias*» que, sin embargo, tienen menor interés criminológico[1358].

La delictogénesis más frecuentemente asociada al «*delirium*» son los delitos contra las personas, sobre todo lesiones, e incluso homicidios[1359].

Lo usual, sin embargo, es que los episodios tengan lugar en pacientes graves y hospitalizados, si bien cabe que se produzcan fuera de los centros sanitarios inducidos por el consumo de ciertas sustancias. Por tanto, los hechos de relevancia criminológica son los que suceden en una fase previa de *predelirium*[1360].

En cuanto a las *demencias*, el conflicto con el ordenamiento penal se produce, sobre todo, en los inicios de la enfermedad, manifestándose ésta a través de trastornos de conducta, con desinhibición de tipo sexual (abusos, agresiones, etc.), y

---

[1352] Vid. GARCÍA ANDRADE, J.A., op. cit., pág. 262.

[1353] Vid. GARCÍA ANDRADE, J.A., op. cit., págs. 262-263.

[1354] Cfr. GARCÍA ANDRADE, J.A., op. cit., págs. 265 y ss.

[1355] Cfr. GARCÍA ANDRADE, J.A., op. cit., ibidem.

[1356] Así, GARCÍA ANDRADE, J.A., op. cit., pág. 269.

[1357] En este sentido, JIMÉNEZ CUBERO, cit., por MARTÍNEZ PEREDA (Magia y delito en España, 1991. Bilbao, Edit. Laida). Cfr., GARCÍA ANDRADE, J.A., op. cit., pág. 269.

[1358] Sobre el «delirium», vid. CABRERA FORNEIRO, J. y FUERTES ROCAÑIN, J.C., Psiquiatría y Derecho, cit., pág. 205 y ss.;VALLEJO, J., BULBENA, A., y otros: Introducción a la psicopatología y la psiquiatría, cit., págs. 741 y ss.; con relación a las «demencias», vid. VALLEJO, J., BULBENA, A., y otros, op. cit., págs. 727 y ss; CABRERA FORNEIRO, J. y FUERTES ROCAÑIN, J.C., op. cit., págs. 203 y ss.; ESBEC RODRÍGUEZ, E., GÓMEZ JARABO, G., Psicología forense, cit., págs. 349 y ss. Vid. ASIER URRUELA MORA, Imputabilidad penal, cit., págs. 220 y ss.

[1359] Vid. CABRERA FORNEIRO, J. y FUERTES ROCAÑÍN, J.C., op. cit., págs. 205 y ss.

[1360] Cfr. CABRERA FORNEIRO, J. y FUERTES ROCAÑÍN, J.C., op. cit., ibidem.

comportamientos irregulares: agresividad verbal, comisión de pequeños hurtos, etc.[1361].

> Los problemas criminológicos que suscitan las demencias en los cuadros psico-orgánicos —en particular, en la vejez— se explican por el deterioro orgánico-cerebral que, unido a factores emocionales y sociales incrementan la agresividad y disminuyen las inhibiciones noéticas del anciano[1362].

El homicidio por celos es uno de los delitos de más frecuente comisión durante la vejez, probablemente por la proclividad al paranoidismo que sufre la tercera edad[1363]. A continuación figuran los delitos sexuales, muy a menudo intrafamiliares (relación abuelo/nieta), cuyos elevados índices se explican por una doble razón: en la tercera edad se produce un incremento de las tendencias de esta índole como mecanismo de compensación del declive que se aprecia, incluso hormonalmente, tanto en el envejecimiento testicular como en el tejido ovárico; en segundo lugar, porque a ello se une una sensible disminución de los controles éticos, lo que facilita el ataque sexual[1364]. Se describen, por último, delitos patrimoniales del anciano demente que exhiben rasgos llamativos de puerilidad, innecesariedad e impulsividad. Así, robos patológicos, por puro capricho, de objetos que aquel no necesita, y que el anciano olvida de inmediato, mostrándose sorprendido cuando es descubierto y haciendo gala de una gran irritabilidad y labilidad emocional. Con la evolución de la enfermedad, el demente llega a perder la propia conciencia de culpa[1365].

3') *Trastornos relacionados con el consumo y dependencia del alcohol y drogas.* En cuanto a los «trastornos relacionados con sustancias»[1366], cabe diferenciar

---

[1361] Cfr., CABRERA FORNEIRO, J. y FUERTES ROCAÑIN, J.C., op. cit., pág. 206; también: GARCÍA ANDRADE, J.A., Psiquiatría criminal, cit., pág. 294.

[1362] Cfr., GARCÍA ANDRADE, J.A., op. cit., ibidem.

[1363] Vid. GARCÍA ANDRADE, J.A., Psiquiatría criminal, cit., pág. 299.

[1364] Vid. GARCÍA ANDRADE, J.A., op. cit., pág. 298.

[1365] Vid. GARCÍA ANDRADE, J.A., op. cit., ibidem.

[1366] Vid. DSM-V, Manual diagnóstico y estadístico de los trastornos mentales, cit., códigos F10 a F10.9 (relacionados con el alcohol) y F11 a F19.1 (trastornos relacionados con otras sustancias. En cuanto a los trastornos «por consumo de alcohol», el DSM-V distingue: la dependencia (F10.2X) y el abuso (F10.1). Entre los trastornos «inducidos por alcohol», la intoxicación por alcohol (F10.00), la abstinencia de alcohol (F10.3), el delirium por abstinencia (F10.4), o por intoxicación (F10.03), la demencia y el trastorno psicótico por alcohol (F10.51). Vid. BERNAT-NÖEL TIFFON, op. cit., págs. 152 y ss.

según la clasificación del DSM-V y del CIE-10, los trastornos relacionados con el alcohol[1367] y los relacionados con las diversas drogas[1368].

a) *Alcohol*.- El alcohol es un importante factor criminógeno que enriquece el fichero judicial[1369]. Ocasiona importantes trastornos somáticos, psíquicos y sociales. Perturba las facultades de elección, juicio y raciocinio del sujeto, y potencia la agresividad de éste[1370]. Pero el perfil de la delictogénesis del alcohol depende de la naturaleza aguda o crónica de la intoxicación etílica. En la intoxicación *aguda*, predominan los delitos de injurias y los delitos contra las personas, en la *crónica* episodios reiterados de violencia intrafamiliar.

En la intoxicación *aguda*, el comportamiento delictivo se explica por la exaltación de la vitalidad del sujeto unida al descontrol psicomotor que éste sufre durante la misma. Se han descrito, como usuales, pulsiones incendiarias, abusos sexuales de carácter homosexual, alteraciones del orden público y, desde luego, delitos contra la seguridad del tráfico, delitos estos últimos de colosal incidencia estadística[1371].

En el caso de la intoxicación *crónica*, el amplio deterioro que ésta induce abarca todas las actividades sociales y familiares, siendo frecuentes, entre otros, los delitos sexuales, estafas y agresiones y delitos de omisión[1372]. Y en las alucinosis alcohólicas, delitos violentos contra supuestos enemigos[1373]. Particular interés psiquiátrico y criminológico tiene el denominado «delirio celotípico» del alcohólico que suele dar lugar a graves delitos contra las personas, incluidos el homicidio, al creer el paciente ser víctima de engaño sexual por su cónyuge[1374].

[1367] En lo que se refiere a aspectos psiquiátricos y clínicos, vid,: VALLEJO, J., BULBENA, A., y otros: Introducción a la piscopatología y psiquiatría, cit., págs. 775 y ss.; CABRERA FORNEIRO, J. y FUERTES ROCAÑIN, J.C., Psiquiatría y Derecho, cit., págs. 232 y ss.; ESBEC RODRÍGUEZ, E. y GÓMEZ JARABO, G., Psicología forense y tratamiento jurídico legal de la discapacidad, cit., págs. 322 y ss.; GARCÍA ANDRADE, J.A., Psiquiatría criminal y forense, cit., págs. 334 y ss. Vid. BERNAT-NÖEL TIFFON, op. cit., pág. 154.

[1368] En cuanto a la psicopatología y psiquiatría de la drogodependencia, vid.:VALLEJO, J., BULBENA, A., y otros: Introducción a la piscopatología y psiquiatría, cit., págs. 771 y ss.; CABRERA FORNEIRO, J. y FUERTES ROCAÑIN, J.C., Psiquiatría y Derecho, cit., págs. 209 y ss.; ESBEC RODRÍGUEZ, E. y GÓMEZ JARABO, G., Psicología forense y tratamiento jurídico legal de la discapacidad, cit., págs. 319 y ss.; GARCÍA ANDRADE, J.A., Psiquiatría criminal y forense, cit., págs. 326 y ss. Vid. BERNAT-NÖEL TIFFON, op. cit., pág. 154.

[1369] Así, ESBEC RODRÍGUEZ, E. y GÓMEZ JARABO, G., Psicología forense y tratamiento jurídico legal de la discapacidad, cit., pág. 322.

[1370] Vid. ESBEC RODRÍGUEZ, E. y GÓMEZ JARABO, G., op. cit., pág. 322.

[1371] Vid. CABRERA FORNEIRO, J. y FUERTES ROCAÑIN, J.C., Psiquiatría y Derecho, cit., págs. 238 y 239.

[1372] Vid., CABRERA FORNEIRO, J. y FUERTES ROCAÑIN, J.C., Psiquiatría y Derecho, cit., pág. 240.

[1373] Cfr. CABRERA FORNEIRO, J. y FUERTES ROCAÑIN, J.C., op.cit., ibidem.

[1374] Cfr. CABRERA FORNEIRO, J. y FUERTES ROCAÑIN, J.C., op.cit., págs. 240 y 241.

Se ha subrayado con apoyo en diversas investigaciones empíricas[1375] la baja participación criminal de la *mujer alcohólica*, que suele circunscribir su comportamiento desadaptativo al hogar o a la ludopatía y al consumo de fármacos, frecuentemente asociados al alcoholismo femenino. También parece haberse constatado una edad superior en los delincuentes alcohólicos en comparación con la edad media de los demás adictos[1376]; así como un brusco descenso de la participación del alcohólico en hechos criminales a partir de los 55 años, que se explica por diversas razones[1377]. Se observa, también, el predominio del tipo leptosomático en el colectivo alcohólico y el «mejor beber» del pícnico cuya participación en dicho colectivo es, en términos estadísticos, muy inferior[1378]. Los índices de reincidencia en el delito de los alcohólicos son muy elevados, sobre todo de aquellos que exhiben ya un inicio de deterioro psico-orgánico. Lo son, igualmente, el porcentaje de internamientos psiquiátricos previos, por lo general, de breve duración y escasa efectividad[1379]. De los citados estudios se desprende la clara interrelación entre el alcohol y la violencia[1380].

La base psicopática de la dependencia del alcohol parece acreditada, así como la alta incidencia de los distintos tipos de neurosis en el colectivo de alcohólicos. También parece muy acusada la tendencia al alcohol del débil mental delincuente y los bajos índices de criminalidad en los alcohólicos depresivos[1381]. La ingestión excesiva de alcohol por los psicóticos esquizofrénicos es un hecho muy estudiado y conocido[1382].

Las formas de psicosis tóxicas agudas en sus diversas manifestaciones clínicas cargadas de agresividad (cuadros de alucinosis, estados confusionales y delirantes, distimias epileptoides y descompensaciones afectivas de oligofrénicos) constituyen un grupo muy significativo en el binomio alcohol-violencia[1383].

De las psicosis alcohólicas, las más peligrosas son aquellas donde concurre alguna lesión cerebral y la celotipia o paranoia alcohólica. Un elevado pronóstico delincuencial merecen, también, los alcohólicos oligofrénicos[1384].

b) *Otras toxicomanías.* El DSM.IV y el CIE.10 se ocupan y describen trastornos muy diversos, cuya gravedad oscila entre la mera intoxicación y el consumo perjudicial, de una parte, y cuadros psicóticos e incluso demenciales, de otra, todos ellos secundarios al consumo de sustancias psicotrópicas. Desde un punto

---

[1375] Vid. GARCÍA ANDRADE, J.A., Psiquiatría criminal y forense, cit., pág. 357, refiriéndose a una investigación realizada por el mismo sobre una muestra de 1.300 delincuentes.

[1376] Según GARCÍA ANDRADE, J.A., (Psiquiatría criminal y forense, cit., págs. 358), la edad media del mayor porcentaje de consumidores de alcohol que delinquen oscila entre 35 y 45 años, mientras que en el caso de los otros adictos la franja de edad se sitúa entre los 20 y 25 años.

[1377] GARCÍA ANDRADE, J.A., op. cit., pág. 358.

[1378] GARCÍA ANDRADE, J.A, op. cit., pág. 359.

[1379] GARCÍA ANDRADE, J.A., op. cit., pág. 359.

[1380] GARCÍA ANDRADE, J.A., op. cit., ibidem.

[1381] GARCÍA ANDRADE, J.A., op. cit., pág. 360.

[1382] GARCÍA ANDRADE, J.A., op. cit., ibidem.

[1383] GARCÍA ANDRADE, J.A., op. cit., ibidem.

[1384] GARCÍA ANDRADE, J.A., op. cit., pág. 360.

de vista psiquiátrico-forense, la *drogodependencia* es un estado de intoxicación periódica o crónica que afecta negativamente al individuo y a la sociedad, originado por el consumo repetido de una droga natural o sintética[1385].

Las características de la *drogodependencia*, según la Organización Mundial de la Salud, son: un deseo invencible o necesidad imperiosa de continuar consumiendo la droga y de procurárselo por todos los medios; una tendencia a incrementar progresivamente la dosis (tolerancia); aparición de un síndrome de abstinencia cuando se interrumpe bruscamente el consumo; y daño para el propio sujeto y la sociedad[1386].

El CIE.10, de la OMS, denomina a todos los cuadros relativos al consumo de drogas «Trastornos mentales y del comportamiento debidos a sustancias psicotropas». Con independencia de la clase o tipo de sustancia, describe seis cuadros: intoxicación aguda, consumo perjudicial, síndrome de dependencia, síndrome de abstinencia, trastornos psicóticos y síndrome amnésico.

Por su parte, el DSM.IV distingue entre «trastornos por consumo de sustancias» y «trastornos inducidos por sustancias». En el primer caso, diferencia entre «dependencia» y «abuso» de sustancias. En el segundo, entre «intoxicación» y «abstinencia»[1387].

Desde un punto de vista criminológico, esto es, en cuanto a la delictogénesis inducida o asociada a la droga, hay que distinguir la criminalidad *instrumental* que se orienta, precisamente, a la obtención y financiación de la droga, de la criminalidad *inducida* por los efectos directos de la droga misma[1388].

La delincuencia *instrumental* abarca un heterogéneo conjunto de hechos criminales que el adicto lleva a cabo para pagar en el mercado clandestino la droga (vg. hurtos, robos, estafas, falsificación de recetas médicas) así como otros comportamientos degradantes que se preordenan exclusivamente a tal fin (vg. prostitución).

La criminalidad ocasionada por los *efectos directos* de la droga (es decir, por los trastornos psicóticos inducidos por ciertas sustancias, reacciones de ansiedad, delirium, estados confusionales, estados de agresividad, etc.) suele traducirse en delitos contra la vida y la integridad, delitos contra la libertad sexual, etc.; a lo que debe añadirse la significativa tasa de suicidios en el particular de ciertas drogas (vg. LSD) que pueden originar alucinaciones e inducir conductas autolíticas.

[1385] Vid. CABRERA FORNEIRO, J., FUERTES ROCAÑÍN, J.C., Psiquiatría y Derecho, cit., pág. 209. Vid. ASIER URRUELA MORA, Imputabilidad, cit., págs. 240 y ss.

[1386] Cfr. CABRERA FORNEIRO, J., FUERTES ROCAÑÍN, J.C., Psiquiatría y Derecho, cit., ibidem.

[1387] Vid. CABRERA FORNEIRO, J., FUERTES ROCAÑÍN, J.C., Psiquiatría y Derecho, cit., pág. 212 y ss. Las principales categorías son: intoxicación por opiáceos (F11.00), abstinencia a opiáceos (F11.3), intoxicación por cocaína (F14.00), abstinencia a cocaína (F14.3), intoxicación por anfetaminas (F15.00), abstinencia a anfetaminas (F15.3), intoxicación por cannabis (F1200); intoxicación por inhalantes (F18.00).

[1388] Cfr. CABRERA FORNEIRO, J., FUERTES ROCAÑÍN, J.C., Psiquiatría y Derecho, cit., pág. 224 y ss.

Es un tema discutido en la Psiquiatría si existe un perfil de personalidad del drogodependiente, es decir, ciertos rasgos estables y homogéneos, previos a la adicción, que expliquen su proclividad a ésta. La doctrina no ha logrado un consenso claro al respecto, ya que si bien consta la existencia al menos de tales rasgos de la personalidad, no es tan obvio si éstos precipitan el consumo de tóxicos, o si, por el contrario, es el consumo de las sustancias tóxicas el que modifica y confirma la personalidad del drogodependiente[1389]. Lo que parece cierto es que en muchos trastornos de la personalidad (psicopatías) la droga opera como mecanismo compensatorio de las insuficiencias del sujeto, lo que explica la presencia significativa del consumo de tóxicos en aquéllos[1390]. Se describen, también, estados morbosos latentes (vg. esquizofrenias) que afloran precisamente precipitados por el consumo de drogas; y personalidades con rasgos específicos de inestabilidad, impulsividad y escasa tolerancia a la frustración que se descompensan con la ingesta de drogas, llevando a cabo comportamientos criminales violentos seguidos de estados amnésicos completos[1391].

Criminológicamente es oportuno subrayar que el adicto realiza el mayor número de hechos delictivos no durante el *síndrome de abstinencia*, sino bajo el *síndrome amotivacional* (que se confunde a menudo con el anterior), esto es, en un momento o fase anterior no impregnada por el tóxico ni dinamizada por la carencia, sino justamente dirigida a evitarla[1392].

En los cuadros de *intoxicación aguda* no es frecuente la comisión de delitos por la peculiar situación en que se sumerge el drogadicto cuando se coloca bajo la influencia de los tóxicos de su elección. Cabe excepcionar, desde luego, la conducción de vehículos a motor en tales circunstancias que la Ley penal criminaliza[1393].

Durante el *síndrome de abstinencia*, que constituye una genuina enfermedad sistémica física o psíquica[1394], ya no es frecuente la comisión de delitos por el adicto[1395], o bien éstos son toscos, impremeditados, violentos, de escasa rentabilidad para el autor, e impulsivos[1396]. Los hechos delictivos tienen lugar fundamentalmente bajo el denominado «síndrome amotivacional», momento anterior y previo al «síndrome de abstinencia», cuando el adicto presiente la cercana presencia de este último, casi llega a sentirlo, a vivenciarlo, a sufrirlo, experimentando un «ansia anticipatoria» o síndrome psíquico por la ausencia de droga o falta de dinero para adquirirla que el drogodependiente asocia al síndrome de abstinencia[1397]. Durante el «síndrome amotivacional» el único motor del comportamiento del adicto es la obtención de la droga, que evite la deprivación y aporte el tóxico que devuelva a aquel el perdido equilibrio psicoorgánico, manteniendo el adicto en esta fase el conocimiento, la

[1389] Cfr., Vid. CABRERA FORNEIRO, J., FUERTES ROCAÑÍN, J.C., Psiquiatría y Derecho, cit., pág. 224.

[1390] Cfr. CABRERA FORNEIRO, J., FUERTES ROCAÑÍN, J.C., op. cit., pág. 225.

[1391] Cfr., CABRERA FORNEIRO, J., FUERTES ROCAÑÍN, J.C., op. cit., ibidem.

[1392] Cfr., GARCÍA ANDRADE, J.A., Psiquiatría criminal y forense, cit., pág. 338.

[1393] Vid. CABRERA FORNEIRO, J., FUERTES ROCAÑÍN, J.C., Psiquiatría criminal y forense, cit., ibidem.

[1394] Así, ESBEC RODRÍGUEZ, E., GÓMEZ JARABO, G., Psicología forense y tratamiento jurídico legal de la discapacidad, cit., pág. 323. Cfr., GARCÍA ANDRADE, J.A., Psiquiatría criminal y forense, cit., pág. 338.

[1395] Así, ESBEC RODRÍGUEZ, E., GÓMEZ JARABO, G., op. cit., ibidem.

[1396] Así, GARCÍA ANDRADE, J.A., Psiquiatría criminal y forense, cit., pág. 338.

[1397] Cfr. ESBEC RODRÍGUEZ, E., GÓMEZ JARABO, G., Psicología forense, cit., pág. 323.

deliberación y decisión necesarias para conseguir lo único capaz de movilizar su precaria existencia: la droga. Por ello, los hechos criminales cometidos bajo dicho *síndrome amotivacional* pueden ser fríos, utilitarios, al amparo de una necesidad no actual pero sí próxima, que dirige una voluntad razonada[1398].

Uno de los tipos criminológicos más interesantes del submundo de la droga es el *pequeño traficante*, personaje casi siempre psicológicamente alterado, víctima del negocio multinacional de aquél[1399].

Los estudios empíricos parecen constatar, en efecto, que se trata de individuos vulnerables y manipulados, que asumen riesgos desproporcionados a cambio de contrapartidas que una personalidad madura y responsable nunca justificaría[1400]. Suelen describirse tres subgrupos[1401]. El primer subgrupo, el más numeroso, estaría integrado por personalidades psicopáticas, cuyo trastorno de la personalidad les aboca precisamente al tráfico de drogas y en el que, además, participan por su condición de drogodependientes. Padecen, por tanto, una doble patología psiquiátrica: el trastorno de la personalidad y el trastorno mental por consumo de sustancias tóxicas. Se caracterizan por una escasa resonancia emocional, pobreza en sus motivaciones (a menudo sufren el síndrome amotivacional), inestabilidad emocional (alternan fases de profunda tristeza y de exaltación siempre transitorias), existencia volcada hacia lo inmediato, lo concreto, plagada de fracasos personales, escolares, familiares y sociales, etc., rasgos todos ellos potenciados por la adicción. El segundo subgrupo[1402] está constituido por personas que actúan bajo la influencia de conflictos existenciales, conflictos de considerable carga emocional que tienen su origen en diversos tipos de frustración y generan angustias, depresiones, agitación, exaltación, alteraciones de los niveles de conciencia y percepción, etc. El desorden emocional del conflicto que genera las conductas delictivas tiene unas bases biofisiológicas, una dinamización motivacional comprensible y una relación íntima con factores desencadenantes de las instituciones sociales que dificultan la ordenación de las perspectivas, en una peculiar fascinación por la violencia, como respuesta a la violencia del entorno[1403]. El tercer subgrupo se nutre de individuos deteriorados e insuficientes que se encuentran en las primeras fases de la enfermedad y cuyas alteraciones psíquicas más significativas son la disminución de las facultades intelectuales, el deterioro de la capacidad de juicio y control de los impulsos, merma del pensamiento abstracto, pérdida de la memoria, cambios de personalidad y alteraciones del estado de ánimo con frecuentes depresiones[1404].

Los pequeños traficantes al servicio de las organizaciones de la droga, verdaderas víctimas de éstas, no suelen exhibir lógicamente síntomas de gran hondura psicopatológica, porque se hallan aún en los primeros estadios de la enfermedad. El narcotráfico no emplea a enfermos en situación de *delirium*, de trastornos psicológicos severos, amnesias muy avanzadas o delirios alucinatorios; ni a enfermos demasiado irritables o descontrolados, por razones obvias. Pero, en todo caso, los pequeños traficantes sometidos a la disciplina del negocio multinacional de la droga padecen trastornos orgánicos acompañados de anomalías

---

[1398] Así, GARCÍA ANDRADE, J.A., Psiquiatría criminal y forense, cit., pág. 338.
[1399] Vid. GARCÍA ANDRADE, J.A., op. cit., pág. 352.
[1400] Vid. GARCÍA ANDRADE, J.A., Psiquiatría criminal y forense, cit., pág. 353.
[1401] Vid. el examen de estos tres subgrupos en: GARCÍA ANDRADE, J.A., op. cit., págs. 354 y ss.
[1402] Vid. GARCÍA ANDRADE, J.A., op. cit., ibidem.
[1403] Cfr. GARCÍA ANDRADE, J.A., op. cit., pág. 355.
[1404] Cfr. GARCÍA ANDRADE, J.A., op. cit., pág. 355.

conductuales detectables tan pronto el curso de la enfermedad multiplique los comportamientos desadaptativos de aquéllos[1405].

4') *Esquizofrenia* y otros trastornos psicóticos.

La *esquizofrenia* es la enfermedad mental por excelencia y, de otra parte, la más frecuente de las *psicosis endógenas*[1406]. La esquizofrenia[1407] incapacita al sujeto para valorar la realidad y para gobernar rectamente su propia conducta, ya que implica un abanico de disfunciones cognoscitivas y emocionales que pueden afectar a la percepción, el pensamiento inferencial, el lenguaje y la comunicación, la organización comportamental, la afectividad, la fluidez y productividad del pensamiento y el habla, la capacidad hedónica, la voluntad, la motivación y la atención, con el inexorable deterioro de su actividad laboral y social[1408]. El brote esquizofrénico se caracteriza por la pérdida de contacto con la realidad y un corte en la continuidad biográfica del enfermo, por lo que el delito de éste se presenta como un «delito sin historia»[1409]. La esquizofrenia produce una transformación psicótica del individuo que le impide establecer un juicio correcto sobre los datos de la realidad, y una ruptura de su biografía que le convierte en un ser esencialmente diferente, quebrando incluso su propia identidad[1410].

> Se describen diversas formas clínicas de la esquizofrenia: la desorganizada o hebefrenia (F20.IX), la catatónica (F20.2X), la indiferenciada (F20.3X), la paranoide (F20.0X) y la residual (F20.5X)[1411]. Cada una de ellas tiene su propia fisionomía y particular criminogénesis[1412], pero todas generan una profunda desestructuración de la personalidad. El esquizofrénico siente como su Yo pierde unidad, se escinde, se resquebraja; siente como las ideas, los sentimientos y el pensamiento no le pertenecen, dejan de ser propios, porque alguien les gobierna y manda. Tal fragmentación disociativa le ocasiona una singular angustia[1413].

[1405] Cfr. GARCÍA ANDRADE, J.A., op. cit., pág. 356.

[1406] Así, GARCÍA ANDRADE, J.A., Psiquiatría criminal y forense, cit., pág. 207. Según el autor, la esquizofrenia tiene preferencia por el sexo femenino y, desde un punto de vista constitucional, por el tipo leptosomático.

[1407] Sobre esta enfermedad, vid.: VALLEJO, J., BULBENA, A., y otros: Introducción a la psicopatología y psiquiatría, cit., págs. 533 y ss.; ESBEC RODRÍGUEZ, E., GÓMEZ JARABO, G., y otros: Psicología forense y tratamiento jurídico-legal de la discapacidad, cit., págs. 332 y ss.; CABRERA FORNEIRO, J., y FUERTES ROCAÑÍN, J.C., Psiquiatría y Derecho, cit., págs. 245 y ss.; GARCÍA ANDRADE, J.A., Psiquiatría criminal, cit., págs. 207 y ss. Vid. ASIER URRUELA MORA, Imputabilidad, cit., págs. 250 y ss.

[1408] Vid. ESBEC RODRÍGUEZ, E., GÓMEZ JARABO, G., y otros: Psicología forense, cit., pág. 332.

[1409] Vid. ESBEC RODRÍGUEZ, E., GÓMEZ JARABO, G. y otros, op. cit., pág. 335.

[1410] Así, CABRERA FORNEIRO, J. y FUERTES ROCAÑÍN, J.C., op. cit., págs. 245 y ss.

[1411] Vid. CABRERA FORNEIRO, J. y FUERTES ROCAÑÍN, J.C., op. cit., págs. 248 y ss.

[1412] Vid. GARCÍA ANDRADE, J.A., Psiquiatría criminal y forense, cit., págs. 210 y ss.

[1413] Cfr. GARCÍA ANDRADE, J.A., Psiquiatría criminal y forense, cit., pág. 209; CABRERA FORNEIRO, J. y FUERTES ROCAÑÍN, J.C., op. cit., pág. 251.

Pensamientos e ideas delirantes, percepciones alucinatorias, pérdida del sentido del Yo, de la propia identidad, disminución o pérdida de la capacidad volitiva, alteraciones de la afectividad (desapego, ambivalencia, embotamiento, indiferencia y frialdad, etc.), trastornos del sistema lógico (pensamiento paralógico, simbólico y sincrético, rigidez y perseveración del pensamiento) y del sistema verbal, retraimiento y ruptura con la realidad, el mundo externo (autismo), alteraciones psicomotrices (catatonia) e incluso actitudes y gestos extravagantes (manierismo) forman parte del mundo del esquizofrénico[1414] quien vive en soledad una existencia torturada, sin conciencia de su enfermedad, y sin obtener ventaja secundaria alguna de la misma[1415]. En síntesis, el psicótico presenta una doble desestructuración: la de la realidad externa y la de su identidad psicológica. Lo que se traduce en una incompleta distinción entre tres tipos de relaciones: entre sí mismo y el propio cuerpo; entre éste y el mundo externo y entre sí mismo y el mundo externo[1416].

La criminalidad del esquizofrénico, y la *peligrosidad* del psicótico, en general, enfrentan al mundo científico y las creencias populares. La sociedad teme al enfermo mental y supone muy relevante su contribución a los índices de la delincuencia. Y, sin embargo, no parece contar con respaldo empírico tal apreciación popular, sobre todo si se repara en la alta incidencia de la esquizofrenia en la población general. La sociedad teme al psicótico más por la imprevisibilidad e incomprensibilidad de su comportamiento que por la peligrosidad real del mismo. El esquizofrénico no contraviene significativamente la ley penal[1417]. Sucede, sin embargo, que su comportamiento eventualmente delictivo cuenta con una particular «visibilidad diferencial». Sus crímenes, aún cuando no representen índices llamativos, atemorizan porque son atroces, crueles. Por la falta de motivación e historicidad de los mismos, porque carecen de sentido y justificación. Y, desde luego, porque la brutalidad del esquizofrénico y la indiferencia afectiva de éste «lobo solitario», que jamás da muestras de arrepentimiento, fomentan socialmente su aureola demoníaca[1418]. No cabe, por tanto, generalizar, atribuyendo a las psicosis —y, en particular, a la esquizofrenia— una peligrosidad elevada. Hay que ponderar no sólo —ni fundamentalmente— la enfermedad en sí, sino también, la personalidad previa del enfermo, su dotación afectiva, sus índices de agresividad, biografía y formas de relacionarse con el mundo externo[1419], etc.

A juicio de algunos autores, el esquizofrénico no delinque lo que se supone, porque la escisión de su personalidad hace que el enfermo no subordine su conducta ni a las alucio-

---

[1414] Vid. VALLEJO, J., BULBENA, A., y otros: Introducción a la psicopatología y psiquiatría, cit., págs. 544 y ss.; CABRERA FORNEIRO, J. y FUERTES ROCAÑÍN, J.C., op. cit., págs. 247 y ss.

[1415] A diferencia del neurótico, Cfr. VALLEJO, J., BULBENA, A. y otros: op. cit., pág. 532.

[1416] Vid. VALLEJO, J., BULBENA, A. y otros, op. cit., pág. 532.

[1417] Así, CABRERA FORNEIRO, J. y FUERTES ROCAÑÍN, J.C., op. cit., pág. 259 y ss.; GARCÍA ANDRADE, J.A., Psiquiatría criminal y forense, cit., págs. 223 y ss.

[1418] Vid. GARCÍA ANDRADE, J.A., op. cit., págs. 224 y ss.; CABRERA FORNEIRO, J. y FUERTES ROCAÑÍN, J.C., op. cit., págs. 259 y 260.

[1419] Así, GARCÍA ANDRADE, J.A., op. cit., pág. 224.

naciones ni al delirio, de suerte que al no coincidir «persona» y «existencia», la reacción (delito) no sigue necesariamente al estímulo. A lo que se añade el hecho de que el esquizofrénico crónico objetiva sus vivencias delirantes, sus alucinaciones y delirios entran a formar parte de su vida cotidiana, disminuyendo, así, el carácter de «llamada al Yo» propio de los procesos agudos, especialmente peligrosos al sentirse aquel «elegido» entre toda la humanidad para una determinada misión[1420].

El delito, en el esquizofrénico, debe ser considerado como un síntoma más de su enfermedad[1421]. Pero se trata siempre de un crimen «sin historia» y sin «sentido», que no se entiende ni se puede prever, inútil, absurdo, aún cuando su comisión le permita liberarse experimentando un gran alivio[1422]. El esquizofrénico delinque solo, sin cómplices, actuando como un «lobo solitario»[1423]. Sus delitos más usuales son los delitos contra la integridad (lesiones) y amenazas; le siguen, los delitos contra el patrimonio. Los crímenes más graves contra la vida suelen ser obra, muy a menudo, de esquizofrénicos[1424].

La violencia en la esquizofrenia de tipo paranoide (el tipo esquizofrénico más frecuente y más delictógeno) se une a otras notas que dan a esta variedad una peculiar ciminodinamia. Así, su absurdidad, la incomprensibilidad propia del delirio insistematizado y las frecuentes alteraciones senso-perceptivas impositivas[1425]. El trastorno, que suele debutar con actos violentos, traduce las alteraciones cognitivas y emocionales del enfermo, siendo la violencia más frecuentes en el que evoluciona por brotes que en el crónico[1426].

5') *El trastorno delirante o paranoia* (F22.0). El trastorno delirante (crónico) o paranoia[1427], que ha recibido numerosas denominaciones («monomanías», «delirio parcial», etc.) ocupa un lugar estelar, no solo en la historia de la Psiquiatría sino en la de la humanidad[1428]. No obstante, su consolidación y autonomía no-

---

[1420] Así, GARCÍA ANDRADE, J.A., op. cit., pág. 224.

[1421] Cfr. GARCÍA ANDRADE, J.A., op. cit., pág. 224.

[1422] Cfr. GARCÍA ANDRADE, J.A., op. cit., ibidem.

[1423] Cfr. GARCÍA ANDRADE, J.A., op. cit., pág. 225.

[1424] Sobre la criminalidad de los esquizofrénicos, vid. CABRERA FORNEIRO, J. y FUERTES ROCAÑÍN, J.C., op. cit., pág. 259.

[1425] Vid. ESBEC RODRÍGUEZ, E., GÓMEZ JARABO, G. y otros: Psicología forense y tratamiento jurídico-legal de la discapacidad, cit., pág. 92.

[1426] Vid. ESBEC RODRÍGUEZ, E., GÓMEZ JARABO, G. y otros, op. cit., ibidem.

[1427] Sobre los presupuestos psiquiátricos y clínicos de este trastorno, vid. VALLEJO, J., BULBENA, A. y otros: Introducción a la psicopatología y psiquiatría, cit., págs. 562 y ss.; CABRERA FORNEIRO, J. y FUERTES ROCAÑÍN, J.C., Psiquiatría y Derecho, cit., págs. 254 y ss; ESBEC RODRÍGUEZ, E., GÓMEZ JARABO, G. y otros: Psicología forense y tratamiento jurídico legal de la discapacidad, cit., págs. 333 y ss.; GARCÍA ANDRADE, J.A., Psiquiatría criminal y forense, cit., págs. 227 y ss. Vid. ASIER URRUELA MORA, Imputabilidad, cit., págs. 264 y ss.

[1428] Se considera que personajes famosos como W.A. Mozart, R. Schumann, J.J. Rousseau, y numerosos líderes políticos, religiosos, literarios desarrollaron trastornos paranoides en la segunda parte de la vida (Cfr. VALLEJO, J., BULBENA, A. y otros, op. cit., págs. 563 y ss.).

sológica dista mucho de ser pacífica, lo que explica la insegura y titubeante jurisprudencia de los tribunales en orden al reconocimiento y efectos jurídicopenales de este trastorno[1429].

A KRAEPELIN se debe el mérito de agrupar bajo la denominación de «paranoia» una serie de entidades clínicas entonces dispersas, distinguiéndolas del grupo de las *demencias precoces* (hoy: esquizofrenias). En la edición de 1899 de su Tratado la definía así: «Desarrollo insidioso, bajo la dependencia de causas internas y según una evolución continua, de un sistema delirante duradero e imposible de sacudir, y que se instaura con una conservación completa de la claridad y del orden en el pensamiento, el querer y la acción»[1430]. Para el autor, la paranoia es una psicosis endógena. En la actualidad, un sector de la doctrina niega la entidad y autonomía de este trastorno, asimilándolo al grupo de las esquizofrenias, mientras otro sector de aquélla la describe diferenciándolo de estas últimas[1431]. Para la escuela psiquiátrica francesa, que distingue las esquizofrenias de las paranoias, las paranoias se incluyen entre las psicosis delirantes crónicas. Incluso sectores significativos de la doctrina alemana y anglosajona tradicionalmente partidarios de contemplar la paranoia entre las esquizofrenías reconocen la existencia de un delirio paranoico dotado de autonomía[1432]. El CIE.10 habla de «trastornos de ideas delirantes persistentes», incluyendo bajo tal denominación los estados paranoides, la paranoia y la parafrenia. El DSM.IV se refiere al «trastorno delirante» («paranoide») pero bajo el epígrafe clasificatorio «esquizofrenia y otros trastornos psicóticos».

El trastorno delirante es menos frecuente que la esquizofrenia. Afecta más a la mujer que al varón. Se sitúa su comienzo en torno a los cuarenta años (más tarde que la esquizofrenia), siendo su curso, por lo general, crónico. No suele ocasionar deterioro intelectual, ni laboral, y su morbilidad estimada alcanza el 0,1%. A diferencia de lo que sucede en las esquizofrenias, el delirio del paranoide es comprensible, como su comportamiento criminal del que no puede afirmarse carezca de «historia» y «motivación». Y su afectividad, sintónica, difiere de la frialdad y lejanía de la del esquizofrénico[1433].

Pero el complejo «mundo de lo paranoide» —en la clásica fórmula de SWANSON y cols.[1434]— se manifiesta en una rica gama de formas de muy distinta caracterización y relevancia. Se habla de lo paranoide como «rasgo», como tipo de «personalidad» (psicopatía), como «trastorno delirante», esto es, como psicosis crónica, como «componente» de una enfermedad psíquica (vg. de la esquizofrenia paranoide y otras psicosis), e incluso, como «síndrome»[1435]. Con razón, se ha subrayado que todos los seres humanos tenemos un potencial de tendencias paranoides susceptibles de desarrollo, más aún en la sociedad actual que es, por sus características (hostilidad, antropocentrismo, carencia de valores morales

---

[1429] Refiriéndose, críticamente, a la jurisprudencia del Tribunal Supremo español, vid. ESBEC RODRÍGUEZ, E. y GÓMEZ JARABO, G., op. cit., pág. 336.

[1430] Cfr. VALLEJO, J., BULBENA, A. y otros, op. cit., págs. 563 y 564.

[1431] Cfr., VALLEJO, J., BULBENA, A. y otros, op. cit., pág. 564.

[1432] Vid. VALLEJO, J., BULBENA, A. y otros, op. cit., ibidem.

[1433] Vid. CABRERA FORNEIRO, J., FUERTES ROCAÑÍN, J.C., op. cit., págs. 256 y ss.

[1434] El mundo Paranoide, Madrid, 1974, Edit. Labor.

[1435] Vid. CABRERA FORNEIRO, J., FUERTES ROCAÑÍN, J.C., op. cit., págs. 256-257.

sólidos, hipertrofia burocrática-administrativa, desinterés por los grupos minoritarios, etc.) paranoidizante[1436].

La paranoia constituye un sistema delirante de desarrollo insidioso, inconmovible, irrebatible a las argumentaciones lógicas, incurable. El delirio, crónico, sistematizado y no extravagante, es el núcleo central de la paranoia. Pero tiene carácter secundario, es comprensible, convincente, e incluso puede contagiarse y compartirse por terceros[1437]. El enfermo conserva el resto de su personalidad no afectada específicamente por el delirio intacta, así como su vida social y de relación. Mantiene íntegro el arco intencional del pensamiento, sin alteraciones sensibles en su raciocinio, sentimientos y voluntad, si bien en la paranoia la vida entera se pone al servicio del delirio[1438]. La hipertrofia del Yo es uno de los rasgos de la personalidad del paranoico, a la que se une su suspicacia y desconfianza, su recelo hacia los demás, su falta de sentido del humor, y su hostilidad determinada por la sistemática autorreferencia en la interpretación de cuanto sucede —por más que se trate de hechos nimios o producto del azar— y por el pensamiento proyectivo característico de este trastorno[1439]. La *temática* delirante de esta psicosis da lugar a diversos tipos o variantes, de particular interés criminológico: erotomaniaco (persecución a personajes públicos), grandiosidad, celotipico (las más agresivas), persecutorio (las más frecuentes), reivindicatorio o querulante (que ocasionan numerosas actuaciones judiciales sin fundamento), somático, mixto, y el no especificado.

El trastorno delirante tiene particular interés criminológico, por la especial peligrosidad del paranoico, no siempre fácil de percibir o detectar a tiempo.

En efecto, el paranoico no se siente enfermo, ni lo parece. Su capacidad de juicio y raciocinio, sus sentimientos, su obrar, permanecen intactos, ya que el trastorno solo afecta a una parcela de su psiquismo (aquella a la que se refiere su delirio). El resto de la personalidad del paranoico se conserva sin alteraciones sensibles. Fuera de la temática delirante, el paranoico se adapta razonablemente al medio. Su inteligencia puede ser superior a la media, aunque se ponga al servicio del delirio. Suele ser buen trabajador, aunque frío y distante. Amante padre de sus hijos, aunque rígido y autoritario. Fiel esposo o esposa, aunque celoso y desconfiado[1440]. Ahora bien, posee un colosal potencial de agresividad, latente pero siempre dispuesto, que tiene su origen en la sólida implantación y convencimiento de su propio delirio, y en rasgos determinados de la personalidad del paranoico[1441].

[1436] Así, CABRERA FORNEIRO, J., FUERTES ROCAÑÍN, J.C., op. cit., pág. 256.
[1437] Según, CABRERA FORNEIRO, J., FUERTES ROCAÑÍN, J.C., op. cit., pág. 256, la paranoia es, quizás, la única psicopatología que puede compartirse y difundirse entre varias personas.
[1438] Así, GARCÍA ANDRADE, J.A., op. cit., págs. 228 y 229.
[1439] Vid. CABRERA FORNEIRO, J. y FUERTES ROCAÑÍN, J.C., op. cit., pág. 256; GARCÍA ANDRADE, J.A., op. cit., pág. 228.
[1440] Vid. CABRERA FORNEIRO, J., FUERTES ROCAÑÍN, J.C., Psiquiatría y Derecho, cit., pág. 260.
[1441] Sobre los rasgos de la personalidad del paranoico (desconfianza, rigidez y autoritarismo, hipertrofia del Yo, juicios erróneos pasionales, fanatismo y resentimiento, mecanismos psicóticos

En la temática del delirio, sin embargo, el paranoico se convierte de persegui-do en perseguidor[1442] y puede devenir extremadamente peligroso, con respuestas desproporcionadas y fatales que incluyen el homicidio. Es, en cierto sentido y sin generalizar, un criminal en potencia[1443]. Se cree en posesión de la única verdad y legitimado para infringir las normas —absurdas y artificiosas— legales, que solo rigen para los demás mortales. En los delirios *mesiánicos*, el enfermo se considera *el elegido de Dios* y poseedor de la razón universal, por lo que comete el crimen *por el bien de todos* en un gesto sublime y heroico incompatible con toda suerte de arrepentimiento[1444]. El paranoico celotípico, y el persecutorio, ven en el crimen el castigo ejemplar que merecen sus provocadores, la única salida posible, en una actitud justiciera que les impulsa inexorablemente a ejecutarlo. No es infrecuente, por otra parte, que sus sentimientos de odio y venganza se hayan ido forjando de forma lenta y callada a lo largo de años[1445].

El delito del paranoico es frío y premeditado, reflexivo. El autor suele mante-ner una distante arrogancia respecto al mismo. Aun cuando los expertos consi-deran que el comportamiento criminal del enfermo puede predecirse en parte, lo cierto es que la aparente normalidad de éste, su inteligencia siempre al servicio de un delirio *lógico*, verosímil, y sus artes simulatorias propician el fatal exceso de confianza de la víctima.

> Un sector de la doctrina estima que el paranoico no es del todo impredecible porque la naturaleza de su trastorno, la dinámica de su personalidad, el análisis histórico-biográfico y las conductas amenazantes o agresivas incipientes, previas, del paranoico proporcionan signos de alarma fiables que anticipan el crimen[1446]. Se advierte, en este sentido, que la progresión sintomática y delictiva del paranoico es relevante en orden a la prevención del homicidio[1447]. Algunos trabajos demuestran que existe un promedio de unos cinco años antes de la comisión del hecho criminal[1448], así como la presencia de síntomas o síndromes y circunstancias estresantes inmediatamente anteriores a aquélla.

---

de defensa, como la negación de la realidad y la proyección), y características de su delirio insidioso (progresivo, lúcido, coherente, etc.), vid. VALLEJO, J., BULBENA, A. y otros, op. cit., págs. 567 y ss.

[1442] Vid. GARCÍA ANDRADE, J.A., op. cit., pág. 231.

[1443] Vid. CABRERA FORNEIRO, J., FUERTES ROCAÑÍN, J.C., op. cit., pág. 261.

[1444] Cfr., GARCíA ANDRADE, J.A., op. cit., págs. 231; CABRERA FORNEIRO, J. y FUERTES ROCAÑÍN, J.C., op. cit., pág. 261.

[1445] Vid. CABRERA FORNEIRO, J. y FUERTES ROCAÑÍN, J.C., op. cit., pág. 261.

[1446] Así, CABRERA FORNEIRO, J. y FUERTES ROCAÑÍN, J.C., op. cit., pág. 339.

[1447] Cfr. CABRERA FORNEIRO, J. y FUERTES ROCAÑÍN, J.C., op. cit., ibidem.

[1448] Cfr. CABRERA FORNEIRO, J. y FUERTES ROCAÑÍN, J.C., op. cit., pág. 339, refiriéndose a la investigación de HAFFNER Y BÖKER (Crime of violence by mentally abnormal offenders. A Psychiatric and epidemological study in the Federal German Republic, Cambridge, 1982, University Press).

Los delitos del paranoico dependen, como es lógico, de la naturaleza o clase de delirio que padezca. Son usuales los de injurias, desacatos y resistencia a la autoridad; los de acusación y denuncia falsa; y los delitos contra la vida[1449].

6') *Trastornos del estado de ánimo y del humor. Los trastornos «bipolares» (psicosis «maniaco-depresiva») y las depresiones.*

Las alteraciones patológicas del estado de ánimo preocupan desde antiguo, porque el mundo de los afectos, de los sentimientos constituyen un aspecto fundamental del ser humano. Criminológicamente, sin embargo, estos trastornos tienen menor relevancia que otros[1450].

Los hoy denominados «trastornos bipolares» (psicosis maniaco-depresiva), se describen por primera vez como entidad propia, y bajo el nombre de «locura circular», por FALRET, en 1854[1451], quien subraya que en la misma alternaban fases de exaltación anímica (manía) y psicomotora con períodos de inhibición y depresión, separados ambos por prolongados intervalos lúcidos de aparente normalidad. Posteriormente recibiría otras denominaciones: «locura a forma alterna» (DELAYE, 1860), «psicosis periódica» (KIRN, 1878), «psicosis maniaco-depresiva» (KRAEPELIN, 1879)[1452]. Para este último, se trata de un trastorno de la afectividad, en el que se suceden cíclicamente cuadros de melancolía y de manía, de pronóstico y evolución muy similar, extremo éste (su naturaleza «fásica» y la reversibilidad, con recuperación de la normalidad del enfermo) lo que la diferencia de las demencias precoces, de evolución irreversible y deteriorante[1453].

Desde KLEIST y LEONHARD se ha ido gestando una reordenación nosológica con el objeto de distinguir las psicosis afectivas *monopolares* (fases de un solo ámbito, sea depresivo, sea maníaco) de las *bipolares* (fases alternantes, maniacas y depresivas), restringiendo la psicosis maniacodepresiva a las psicosis afectivas bipolares[1454]. Los distintos tipos o formas de trastornos de los afectos tienen importantes implicaciones clínicas y, desde luego, criminológicas.

Las *clasificaciones* actuales de los trastornos de los afectos son muy dispares.

[1449] Vid. GARCÍA ANDRADE, J.A., op. cit., pág. 231.; CABRERA FORNEIRO, J. y FUERTES ROCAÑÍN, J.C., op. cit., pág. 261.

[1450] Sobre la psicosis afectivas, en general, vid.: VALLEJO, J., BULBENA, A. y otros, op. cit., págs. 624 y ss.; ESBEC RODRÍGUEZ, E., GÓMEZ JARABO, G. y otros, Psicología forense, cit., págs. 341 y ss; CABRERA FORNEIRO, J. y FUERTES ROCAÑÍN, J.C., op. cit., págs. 265 y ss.; GARCÍA ANDRADE, J.A., op. cit., págs. 237 y ss. Vid. ASIER URRUELA MORA, Imputabilidad, cit., págs. 267 y ss.

[1451] Cfr., CABRERA FORNEIRO, J., FUERTES ROCANÍN, J.C., Psiquiatría y Derecho, cit., pág. 265; VALLEJO, J., BULBENA, A. y otros, op. cit., págs. 584 y ss. y 624 y ss.

[1452] Cfr. CABRERA FORNEIRO, J. y FUERTES ROCAÑÍN, J.C., op. cit., ibidem.

[1453] Vid. VALLEJO, J., BULBENA, A. y otros, Introducción a la psicopatología y psiquiatría, cit., pág. 624.

[1454] Cfr. VALLEJO, J., BULBENA, A. y otros, op. cit., pág. 625, quienes analizan las diferencias de todo orden que se aprecian entre las psicosis «monopolares» y las «bipolares».

KIELHOLZ distingue entre depresiones *endógenas, somatógenas* y *psicógenas o reactivas*[1455]. Otros autores prefieren hablar de «Trastornos afectivos *primarios y secundarios*», partiendo de criterios clínicos-genéticos. En los *primarios*, no se habría constatado una relación del trastorno con otra patología psíquica o somática, subdividiéndose, a su vez, en unipolares (solo maníacos, o solo depresivos) y bipolares (alternancia de la fase maníaco y la depresiva). En el seno de las unipolares, se diferenciaría la *depresión mayor*, de la *menor*. Los trastornos secundarios podrían consistir en procesos psíquicos o bien somáticos[1456]. Desde un punto de vista sindrómico, se suelen clasificar los trastornos afectivos en: depresión *psicótica, neurótica, endógena e involutiva*[1457].

La Organización Mundial de la Salud (CIE.10), bajo los epígrafes F30.F39 distingue entre los «trastornos del humor» (afectivos): episodios maníacos, trastornos bipolar, episodios depresivos, trastorno/depresivos recurrentes, trastornos afectivos persistentes y otros trastornos del humor[1458]. El DSM.IV, por su parte, diferencia «episodios afectivos», «trastornos del estado de ánimo» y «especificaciones», aportando una clasificación discutible pero muy operativa y homogeneizadora. Los *episodios* serían: episodios «mayor», episodio «maniaco», episodio «mixto» y episodios «depresivos», trastornos «bipolares», trastornos «ciclotímicos», trastorno bipolar no especificado y otros trastornos del estado de ánimo[1459].

La psicosis maniaco-depresiva es una enfermedad *fásica*, por excelencia[1460]. Puede darse un único cuadro maníaco, o bien depresivo, o la alternancia de éstos, existiendo la posibilidad de fases de menor intensidad psicopatológica (cuadros subdepresivos o hipomaníacos). También puede cursar la psicosis ciclotímica con cuadros mixtos[1461].

Clínicamente, la fase depresiva y la maniaca presentan síntomas distintos y, en consecuencia, una diferente vocación o proclividad criminógena.

En la fase *depresiva*, la tristeza se corporaliza y la inhibición afecta a los movimientos y al lenguaje. Igual dificultad se manifiesta en la esfera ideativa, fluyendo el pensamiento de forma lenta. Las racionalizaciones del depresivo se impregnan de nihilismo y autoculpabilización, incidiendo en todos los sentimientos del enfermo que acusa un significativo deterioro físico, alteraciones del sueño y el apetito[1462], pérdida de energía, falta de interés o placer por las actividades habituales, etc. Suele evolucionar en fases recurrentes de recaída, seguidas de períodos libres de síntomas con total restitución del nivel previo de actividad y características de la persona del enfermo; o alternarse con episodios maníacos[1463]. En todo

---

[1455]   Cfr. CABRERA FORNEIRO, J. y FUERTES ROCAÑÍN, J.C., op. cit., pág. 266.
[1456]   Cfr. CABRERA FORNEIRO, J. y FUERTES ROCAÑÍN, J.C., op. cit., págs. 266-267.
[1457]   Cfr. CABRERA FORNEIRO, J. y FUERTES ROCAÑÍN, J.C., op. cit., págs. 271 y 272.
[1458]   Cfr. CABRERA FORNEIRO, J. y FUERTES ROCAÑÍN, J.C., op. cit., págs. 270 y ss.
[1459]   Cfr. CABRERA FORNEIRO, J. y FUERTES ROCAÑÍN, J.C., op. cit., págs. 267 y ss.
[1460]   Vid. GARCÍA ANDRADE, J.A., op. cit., pág. 241.
[1461]   Cfr. GARCÍA ANDRADE, J.A., op. cit., pág. 242.
[1462]   Vid. GARCÍA ANDRADE, J.A., op. cit., págs. 240 y 241; también, CABRERA FORNEIRO, J. y FUERTES ROCAÑÍN, J.C., op. cit., págs. 272 y ss.; VALLEJO, J., BULBENA, A. y otros, op. cit., págs. 598 y ss.
[1463]   Vid. CABRERA FORNEIRO, J. y FUERTES ROCAÑÍN, J.C., op. cit., pág. 272.

caso, el eje nuclear de la depresión es la tristeza vital y profunda que afecta a todas las esferas —intra e interpersonal— del enfermo[1464].

La fase *maníaca* representa la otra cara de la misma moneda y se caracteriza por la sintomatología inversa; euforia, irritabilidad, exaltación, incremento de la actividad social, laboral, sexual, gran fluidez del pensamiento (incluso *fuga de ideas*), locuacidad, sentimientos de grandeza y acusada autoestima, disminución de la necesidad de dormir, predisposición a emprender negocios de riesgo, actividades peligrosas y gastos desmedidos, hiperactividad psicomotora[1465]. Las manias pueden evolucionar como las depresiones, dado que el trastorno bipolar puede cursar con fases depresivas, maniacas o mixtas.

Suele describirse un *subtipo paranoide-clásico* de particular interés criminológico, dado que el enfermo exhibe una significativa agresividad con tendencia a realizar conductas amenazadoras o querulantes, acompañadas de una actitud de desconfianza y actividad delirante[1466].

El trastorno bipolar moviliza la constitución y la herencia, según parecen demostrar los estudios genéticos[1467]. Desde finales de los cincuenta, las investigaciones científicas se polarizan en torno a las bases bioquímicas de los trastornos depresivos[1468]. La edad de comienzo se sitúa alrededor de los treinta años en los trastornos *bipolares*, mientras los *unipolares* suelen comenzar más tardiamente (entre los cuarenta y los cincuenta años)[1469]. Se discute, también, si existe un tipo de personalidad —o ciertos rasgos de ésta— proclives a las *psicosis de los afectos*, si bien todo indica que el biotipo pícnico y el temperamento sintónico-ciclotímico concentra el mayor número de estos trastornos[1470].

KRETSCHMER, estimaba que al esquizofrénico correspondía un biotipo asténico y un temperamento esquizoide; y al maníaco-depresivo, un biotipo pícnico (contorno redondeado, estatura media, cara ancha, cuello corto y grueso, vientre gordo y hombros redondeados y un temperamento cicloide (oscilaciones de euforia y depresión), así como ciertos rasgos de personalidad (sujetos sociables, bonachones, cordiales, etc.)[1471].

[1464] Vid. VALLEJO, J., BULBENA, A. y otros, op. cit., pág. 598.

[1465] Vid. VALLEJO, J., BULBENA, A., y otros, op. cit., págs. 638 y ss., quienes señalan cuatro síntomas básicos: exaltación del humor (euforia), aceleración psíquica (curso del pensamiento voluble y prolijo, actividad imaginativa repleta de ideas expansivas de grandeza, delirio verbal, fuga de ideas, etc.), hiperactividad psicomotora, alteración del estado somático general (incremento del hambre y la sed, aunque el paciente tiende a adelgazar, aumento de las secreciones, descenso de la necesidad del sueño, etc.).

[1466] Cfr., VALLEJO, J., BULBENA, A. y otros, op. cit., pág. 640.

[1467] Vid. VALLEJO, J., BULBENA, A, y otros, op. cit., págs. 628 y ss.; GARCÍA ANDRADE, J.A., op. cit., págs. 242 y ss.

[1468] Vid. GARCÍA ANDRADE, J.A., op. cit., págs. 242 y 243. El autor destaca que algunos estudios establecen una conexión entre la depresión y lesiones genéticas del cromosoma 11 (op. cit., pág. 240).

[1469] Cfr. VALLEJO, J., BULBENA, A, y otros, op. cit., pág. 628.

[1470] Así, VALLEJO, J., BULBENA, A, y otros, op. cit., pág. 636.

[1471] Cfr. VALLEJO, J., BULBENA, A, y otros, op. cit., págs. 635 y 636. KRETSCHMER, en la última edición de su obra «Constitución y carácter» (1961) observó, en una muestra de 1.361 casos de trastorno bipolar; un 64'6% de pícnicos, un 19,2% de leptosomáticos, un 6'7% de

En el momento de ponderar la criminogénesis de los trastornos del afecto, conviene tener presente que la mayor parte de los que se presentan en la actualidad no son de naturaleza psicótica, sino *reactiva o situacional*[1472].

En todo caso, cabe afirmar que la delincuencia asociada a los mismos es menos relevante que la asignada a otras patologías psiquiátricas[1473].

La *fase depresiva* puede dar lugar a diversas conductas irregulares o delictivas. Así, la falsa autoimputación como consecuencia de ideas delirantes de indignidad, culpa y ruina personal[1474]. También graves delitos de omisión del deber de socorro —o de comisión por omisión— cuando la depresión es intensa, porque entonces los sujetos no reaccionan ante la situación de estrés frenados por la lentitud ideativa y la inhibición motora propia de la depresión[1475]. Se han descrito igualmente delitos patrimoniales (vg. robos) cometidos por jóvenes depresivos, siendo el robo, al parecer, un síntoma de la enfermedad que padecen[1476].

El gran riesgo de la fase depresiva lo constituyen las *conductas autolíticas* y el *suicidio*, conducta ésta última que en España solo encuentra una tipificación penal parcial (auxilio e inducción).

En cuanto al riesgo real de suicidio del enfermo depresivo, no puede olvidarse que éste y el paranoico son los pacientes que más disimulan, aparentando una mejoría inexistente[1477].

Junto al suicidio puro y simple, cabe citar como delito típico de la depresión el *«suicidio ampliado»*, que no se debe confundir con el «doble suicidio por amor» o *«pacto de muerte»*. En el suicidio ampliado, el enfermo, después de matar a sus seres queridos, pone fin a su vida; les mata por amor, para salvarles de las graves ruinas que anuncia el delirio[1478] y luego se suicida, pero la muerte de los seres queridos no es consentida por éstos.

---

atléticos, un 1'1% de displásticos y un 8'4% de pacientes sin arquitectura corporal definida (Cfr. VALLEJO, J., BULBENA, A., y otros, op. cit., ibidem).

[1472] Así, CABRERA FORNEIRO, J. y FUERTES ROCAÑÍN, J.C., Psiquiatría y Derecho, cit., págs. 265 y ss.

[1473] Así, CABRERA FORNEIRO, J. y FUERTES ROCAÑÍN, J.C., op. cit., pág. 275, citando la opinión de LOGONES, FERNÁNDEZ Y ROJAS, CIAFARDO, etc.

[1474] Vid. CABRERA FORNEIRO, J. y FUERTES ROCAÑÍN, J.C., op. cit., pág. 275.

[1475] Vid. GARCÍA ANDRADE, J.A., op. cit., pág. 246, quien cita el ejemplo de una anciana que no auxilió a su nieto de tres meses de edad, muriendo éste en la bañera ante la pasividad de la abuela.

[1476] Cfr. GARCÍA ANDRADE, J.A., op. cit., pág. 246, refiriéndose a una investigación de Medlicott.

[1477] Vid. GARCÍA ANDRADE, J.A., op. cit., pág. 243.

[1478] Vid. CABRERA FORNEIRO, J. y FUERTES ROCAÑÍN, J.C., op. cit., pág. 275.

La *fase maníaca* es, lógicamente, más *delictógena* que la depresiva, si bien la clase de delitos depende de la naturaleza e intensidad de la manía. El comportamiento criminal, no obstante, se detecta con facilidad porque ni el enfermo premedita su comisión —ésta es poco elaborada— ni se esconde o excusa después de llevarla a cabo[1479].

Se han descrito, durante la fase maniáca, delitos de *homicidio*, de *lesiones*, de *estafa* (por exaltación tímica y acometimiento de empresas imposibles), delitos sexuales (por exaltación de la líbido) y usurpación de títulos y honores (en la creencia imaginaria de su posesión). Y, desde luego, muy frecuentes episodios de prodigalidad sintomática, porque la euforía patólogica lleva al maníaco a una gestión de sus bienes sin control y racionalidad alguna[1480].

En puridad, el comportamiento delictivo es más frecuente durante los estados hipomaníacos o premaníacos. Entonces puede cometer el enfermo delitos de falsedad, de estafa, de exhibicionismo, delitos contra la libertad sexual, de allanamiento de morada o de matrimonio ilegal, ocultando su estado civil auténtico[1481]. No, sin embargo, —y aunque parezca paradójico— en la fase maniaca propiamente dicha.

> La peligrosidad criminal del maníaco en la fase aguda o crítica («la furia maníaca») es más limitada de lo que se pudiera sospechar. En primer lugar, por la eficacia preventiva del tratamiento farmacológico. En segundo lugar, porque la irritabilidad del maníaco, si bien puede dar lugar a la comisión de delitos de desacato y desobediencia a la autoridad, o de lesiones, suele resultar en cierta medida sintónica con sus víctimas, y, además, la aceleración y exaltación que experimenta le dificulta la consumación exitosa de sus propósitos[1482].

En los periódos interfásicos, la peligrosidad criminal del maníaco-depresivo carece de relevancia[1483].

Por lo que se refiere a las *distimias* (cuadros de depresión prolongada, de escasa entidad, que suelen asociarse a factores estresantes manifiestos) se han descritos hechos delictivos por omisión en el ámbito castrense como el abandono de servicio de armas[1484].

[1479] Vid. CABRERA FORNEIRO, J. y FUERTES ROCAÑÍN, J.C., op. cit., ibidem.
[1480] Vid. CABRERA FORNEIRO, J. y FUERTES ROCAÑÍN, J.C., op. cit., pág. ibidem.
[1481] Vid. GARCÍA ANDRADE, J.A., op. cit., pág. 248.
[1482] Vid. GARCÍA ANDRADE, J.A., op. cit., pág. 248.
[1483] Igual que la de cualquier ciudadano no enfermo, según CABRERA FORNEIRO y FUERTES ROCAÑÍN (op. cit., pág. 276).
[1484] Vid. ESBEC RODRÍGUEZ, E. y GÓMEZ JARABO, G., op. cit., pág. 345.

7') *Trastornos de ansiedad («neurosis»), somatomorfos, facticios y disociativos*[1485].

El concepto de «neurosis» ha evolucionado en sentido inverso al de las psicosis, esto es, de un enfoque orgánico a otro actual, más personalista[1486].

El término se idea por el médico escocés Cullen, en 1769, quien concibe estos trastornos como afecciones nerviosas fisiológicas y generales, sin fiebre ni lesión[1487]. Desde un principio el estudio de las neurosis enfrenta dos posiciones, la anatomopatológica y la fisiologista funcionalista, si bien ambas suponían la existencia de un sustrato orgánico o base biológica. A finales del siglo XIX se desgajan de las neurosis varias enfermedades (vg. demencias, epilepsias, parálisis general progresiva, etc.) quedando reducidas aquellas a cuatro formas: la neurosis obsesiva, la histeria, la hipocondria y la neurastenia[1488]. Janet, después, consideró estos trastornos como secundarios a un descenso de la tensión psicológica, consecuencia de un agotamiento cerebral que altera la realidad psíquica del sujeto[1489]. Pero la aportación fundamental procede de Freud, quien sugiere una lectura psiologicista, refiriendo las psiconeurosis a conflictos y traumas psicosexuales sufridos en épocas tempranas de la infancia: «afecciones psicógenas cuyos síntomas son la expresión simbólica de un conflicto psíquico que tiene sus raíces en la historia infantil del sujeto y constituyen compromisos entre el deseo y la defensa» (Laplanche-Pontalis)[1490].

Las neurosis no son *enfermedades*, ya que no consta exista una causa orgánica subyacente que provoque el espectro clínico propio de estos cuadros. El peso etiológico del trastorno recae sobre contingencias *fundamentalmente psicológicas*[1491]. La neurosis es un trastorno menor. A diferencia de la psicosis, la neurosis no provoca una ruptura de la *realidad*. Se inicia durante la infancia[1492], al crear el niño de personalidad débil e insegura, un mundo exterior incierto y amenazante, si bien el conflicto neurótico puede tener otra génesis (vg. reacciones a problemas reales del mundo exterior o a factores somáticos). La *angustia* constituye su núcleo fundamental (excepto en las neurosis obsesivas), a partir del cual emergen otros fenómenos psicopatológicos: irritabilidad, fobias, inquietud, déficit de atención y concentración. En las neurosis obsesivas, la tristeza, el sentimiento de culpa y la duda prevalecen como sentimientos nucleares del cuadro[1493].

1485   Sobre las «neurosis», vid.: VALLEJO, J., BULBENA, A. y otros: Introducción a la psicopatología y la psiquiatría, cit., págs. 423 y ss.; CABRERA FORNEIRO, J. y FUERTES ROCAÑÍN, J.C., op. cit., págs. 283 y ss.; GARCÍA ANDRADE, J.A., Psiquiatría criminal y forense, cit., págs. 303 y ss.; ESBEC RODRÍGUEZ, E., GÓMEZ JARABO, G. y otros: Psicología forense, cit., págs. 357 y ss. Vid. ASIER URRUELA MORA, Imputabilidad, cit., págs. 279 y ss.

1486   Cfr., VALLEJO, J., BULBENA, A. y otros, op. cit., pág. 425.

1487   Cfr., VALLEJO, J., BULBENA, A. y otros, op. cit., ibidem.

1488   Cfr., VALLEJO, J., BULBENA, A. y otros, op. cit., ibidem.

1489   Cfr., VALLEJO, J., BULBENA, A. y otros, op. cit., ibidem.

1490   Cfr., VALLEJO, J., BULBENA, A. y otros, op. cit., págs. 445 y ss.

1491   Cfr., VALLEJO, J., BULBENA, A. y otros, op. cit., pág. 429.

1492   Cfr., VALLEJO, J., BULBENA, A. y otros, op. cit., págs. 432 a 434.

1493   Cfr., VALLEJO, J., BULBENA, A. y otros, op. cit., pág. 436.

Las neurosis son trastornos *dimensionales*, es decir, *cuantitativos*. No hay, pues, neuróticos y no neuróticos, sino personas con alto o bajo nivel de neuroticismo[1494].

La personalidad del neurótico exhibe algunos rasgos significativos. El neurótico tiene un mal control de su vida instintiva y afectiva, por lo que está sometido a una lucha pulsional que le ocasiona penosas tensiones internas. No logra armonizar sus deseos, a menudo reprimidos, con las normas dictadas por su conciencia y por el mundo externo. *Inseguridad, sentimiento de culpa e inferioridad, de frustración, y, sobre todo, ansiedad, son rasgos del neurótico*, quien sobrevive penosamente instalado en el uso sistemático y patológico de ciertos mecanismos inconscientes de defensa del «yo»[1495].

El neurótico posee una llamativa hiperactivación neurofuncional (elevado nivel de arousal). Padece trastornos de la afectividad y del mundo instintivo, y diversos síntomas físicos cuya vía de expresión más frecuente es la vía neurovegetativa (sobre todo, la astenia neurótica, producto de la tensión que sufre).

El fracaso de los mecanismos de defensa del equilibrio del «yo» desempeña un papel crucial en la explicación de la clínica neurótica. El neurótico trata de protegerse frente a la angustia y la tensión interior que generan los conflictos psíquicos que padece. Se sirve para ello de determinados mecanismos de defensa, pero no lo consigue por utilizarlos de forma ineficaz y patológica.

Tales mecanismos de defensa, descritos por Anna Freud, son: represión, fantasía, sublimación, desplazamiento, racionalización, proyección, identificación, introyección, conversión, regresión, punición, anulación, formación reactiva, denegación, negación, aislamiento y condensación[1496].

Los trastornos neuróticos, en general crónicos, representan un porcentaje elevadísimo del total de los trastornos psiquiátricos[1497] alcanzando una también significativa incidencia en la población general. Han sido objeto de toda suerte de enfoques teóricos[1498], si bien las investigaciones más recientes sugieren la existencia de bases biológicas anómalas que explicarían la particular sensibilidad o vulnerabilidad de los neuróticos. Según éstas, las personas con ansiedad, con obsesiones o cuadros conversivos, tendrían un sistema de alarma hiperactivado. Su angustia se generaría por un desequilibrio neurobioquímico[1499].

Tanto el DSM.IV como el CIE.10 se refieren a estos trastornos con diversas clasificaciones de los mismos.

El DSM.IV distingue entre «trastornos de *ansiedad*», que incluirían los «trastornos de angustia», con o sin agorafobia, los «trastornos fóbicos», los «trastornos obsesivo-compulsivos»

[1494] Cfr., VALLEJO, J., BULBENA, A. y otros, op. cit., pág. 431.

[1495] Cfr., VALLEJO, J., BULBENA, A. y otros, op. cit., págs. 425 y ss..

[1496] Cfr., VALLEJO, J., BULBENA, A. y otros, op. cit., págs. 437 y ss.

[1497] Cfr., VALLEJO, J., BULBENA, A. y otros, op. cit., pág. 423. Según CABRERA FORNEIRO, J. y FUERTES ROCAÑÍN, J.C., op. cit., pág. 283, algunos autores estiman que las neurosis constituyen el 50% de las patologías psiquiátricas.

[1498] Sobre el problema, vid. VALLEJO, J., BULBENA, A. y otros, op. cit., págs. 443 y ss., quiénes citan teorías: genéticas, neurofisiológicas, dinámicas (Janet), organodinámicas (Ey), biodinámicas (Masserman), de la timopatía ansiosa (López Ibor), psicoanalíticas, teoría pauloviana (de las neurosis experimentales), conductistas, sociogénicas (K. Horney), etc.

[1499] Cfr., CABRERA FORNEIRO, J. y FUERTES ROCAÑÍN, J.C., op. cit., pág. 296.

(F42.8), los trastornos por estrés postraumático, por estrés agudo y el trastorno de ansiedad generalizada (F41.1); los trastornos *somatomorfos* (que pueden subdividirse en: trastorno de somatización, por dolor, hipocondría, dismorfofóbico corporal y de conversión), los trastornos *disociativos* (vg. amnesia disociativa, fuga disociativa, trastorno de despersonalización y trastorno de identidad disociativo); y trastornos *facticios*.

El CIE.10ª se refiere a los «trastornos neuróticos, secundarios a situaciones estresantes y somatomorfos», distinguiendo: trastornos de ansiedad fóbica, otros trastornos de ansiedad, trastorno obsesivo compulsivo, reacciones a estrés grave y trastorno de adaptación, trastornos disociativos (de conversión), trastornos somatomorfos y otros trastornos neuróticos.

Las neurosis suelen exhibir una muy limitada *delictogénesis*. El neurótico no entra fácilmente en conflicto con la legalidad penal ya que su propia naturaleza insegura, angustiada e inestable conspira contra el mismo[1500]. De hacerlo, es más *autoagresivo* que *heteroagresivo*[1501].

Así, Lempp, en 1979, solo constató la presencia de dos neuróticos, en una muestra de 80 jóvenes homicidas, y Garrido Guzmán, un 2′5 de neuróticos entre los sujetos acusados por delito de lesiones[1502].

El delito del neurótico se manifiesta, por lo común, como *reacción anómala y desproporcionada*, que explota a través de los denominados *actos en corto circuito*[1503]. Su actuar es, a menudo, compulsivo, irresistible para aquel.

El neurótico es una personalidad egocéntrica, narcisista e inmadura cuya impulsividad incontrolada determina que sus trastornos afectivos y estados emotivo-pasionales se traduzcan en fuerzas crimino-impelentes[1504]. Pero como el neurótico no rompe con la realidad, su delito es histórico y comprensible, aún cuando a veces sea necesaria una interpretación psicodinámica para que su conducta cobre sentido[1505]. La comisión del delito opera a modo de experiencia catártica, liberadora de los conflictos y represiones que sufre[1506], siendo un infractor que cuenta con excelente pronóstico resocializador.

En particular, los trastornos de *ansiedad* pueden generar delitos contra el patrimonio (vg. *hurtos*) y conductas sexualmente desviadas como el *exhibicionismo*. Los trastornos *conversivos* apenas provocan conflictos con la legalidad. Los trastornos *obsesivos*, por el contrario, sí son proclives a tales conflictos (vg. cleptomanía, piromanía, etc.)[1507].

[1500] En opinión de BONNET, cit. por CABRERA FORNEIRO, J., y FUERTES ROCAÑIN, J.C., op. cit., pág. 294.

[1501] Según CABRERA FORNEIRO, J., y FUERTES ROCAÑIN, J.C., (op. cit., pág. 294) su agresividad suele traducirse en delitos de lesiones, no de homicidios..

[1502] Cfr. CABRERA FORNEIRO, J., y FUERTES ROCAÑIN, J.C., op. cit., pág. 294.

[1503] Cfr. CABRERA FORNEIRO, J., y FUERTES ROCAÑIN, J.C., op. cit., ibidem.

[1504] Vid. GARCÍA ANDRADE, J.A., op. cit., pág. 309.

[1505] Vid. GARCÍA ANDRADE, J.A., op. cit., pág. 309.

[1506] Vid. GARCÍA ANDRADE, J.A., op. cit., pág. 308.

[1507] Vid. CABRERA FORNEIRO, J., y FUERTES ROCAÑIN, J.C., op. cit., pág. 294.

En este último caso, la conducta neurótica es compulsiva, y tratándose de delitos patrimoniales (vg. robo) el autor no obtiene ganancia material con el delito, ya que su motivación es otra[1508].

Especial interés tienen los «estados disociativos», seguidos de posterior amnesia, durante los cuales el neurótico puede realizar hechos delictivos sin posible control de sus actos[1509]. No obstante, hay que distinguir estos trastornos, que pueden ocasionar una eventual pérdida de la identidad y alteraciones relevantes en la conciencia, la memoria y la percepción del entorno, de supuestos frecuentes de sobresimulación[1510].

También los trastornos *somatomorfos*, y, en particular, la hipocondría, porque dan lugar a delitos contra el honor de las personas (injuria, calumnia, etc.) y contra la Administración de Justicia (vg. acusación y denuncia falsa), siendo muy frecuentes las demandas contra profesionales por mala praxis sin fundamento objetivo[1511].

Por último, cabe señalar que los rasgos de la personalidad del neurótico (inseguridad, inestabilidad emocional, elevados niveles de ansiedad, etc.) predisponen a aquel a la comisión de delitos de imprudencia y de omisión[1512].

Desde un punto de vista psicodinámico, como es sabido, el estudio psicoanalítico del inconsciente, la interpretación de los sueños, la asociación de ideas, el origen libidinoso de la energía psíquica y los diversos complejos (Edipo, Electra, etc.) explican la comisión por el neurótico de algunos delitos como el parricidio o la cleptomanía[1513].

8') *Trastornos sexuales: particular referencia a las parafilias.* La conducta sexual tiene, sin duda, un triple fundamento bio-psico-social[1514]. Desde un punto de vista *biológico*, la conducta sexual se regula desde distintos niveles. Existe, primero, un control hormonal. Después, un segundo control a partir del sistema nervioso, a través de dos circuitos: uno, largo y ascendente desde la médula hasta la corteza, y otro más reducido, lumbosacro. A nivel cortical se sitúan los dispositivos de regulación rinencefálico e hipotalámico. Pero la sexualidad se halla, también, muy mediatizada por controles *sociales y culturales* capaces de influir decisivamente en los roles masculinos y femeninos, e incluso de determinar el nivel de satisfacción orgásmica. Por último, se compartan o no las concepciones

---

[1508] Cfr. CABRERA FORNEIRO, J., y FUERTES ROCAÑIN, J.C., op. cit., ibidem.
[1509] Vid. CABRERA FORNEIRO, J., y FUERTES ROCAÑIN, J.C., op. cit., pág. 294.
[1510] Cfr. CABRERA FORNEIRO, J., y FUERTES ROCAÑIN, J.C., op. cit., ibidem.
[1511] Vid. CABRERA FORNEIRO, J., y FUERTES ROCAÑIN, J.C., op. cit., págs. 294 y 295.
[1512] Vid. CABRERA FORNEIRO, J., y FUERTES ROCAÑIN, J.C., op. cit., pág. 294.
[1513] Vid. CABRERA FORNEIRO, J., y FUERTES ROCAÑIN, J.C., op. cit., pág. 295.
[1514] Sobre los trastornos sexuales, en general, vid.: VALLEJO, J., BULBENA, A. y otros, op. cit., págs. 300 y ss.; CABRERA FORNEIRO, J. y FUERTES ROCAÑÍN, J.C., op. cit., págs. 297 y ss.; GARCÍA ANDRADE, J.A., op. cit., págs. 97 y ss.; ESBEC RODRÍGUEZ, E, GÓMEZ JARABO, G. y otros, op. cit., págs. 347 y ss. Vid. ASIER URRUELA MORA, Imputabilidad, cit., págs. 312 y ss.

psicoanalíticas, nadie cuestiona la relevancia de los factores *psicológicos* en el ámbito sexual[1515].

Las diversas clasificaciones internacionales de los trastornos sexuales parten de la consideración de que una conducta sexual es anómala o irregular cuando la capacidad del sujeto se halla limitada, viéndose obligado éste a una conducta repetitiva y estereotipada como única vía de obtener la plena satisfacción orgásmica, con independencia de que se desvíe o no de la norma estadística[1516].

El DSM.IV distingue entre «*disfunciones sexuales*», «*parafilias*» y «*trastornos de la identidad sexual*» (transexualismo). Entre las disfunciones sexuales se encuentran los trastornos del deseo sexual, de la excitación sexual, trastornos orgásmicos y trastornos sexuales por dolor. A las parafilias pertenecen: el exhibicionismo, el fetichismo, el frotteurismo, la pedofilia, el sadismo, el masoquismo, el fetichismo trasvestista y el voyeurismo.

La clasificación de los trastornos sexuales del CIE.10 distingue entre «disfunciones sexuales no orgánicas», trastornos de la «identidad» sexual, trastornos de la inclinación sexual (parafilias) y trastornos de la «orientación» sexual.

Las *disfunciones sexuales* tienen más interés clínico que psiquiátrico o criminológico.

Las *parafilias* son los trastornos de mayor relevancia médico-legal y criminológico. Constituyen fantasías sexuales, repetidas e intensas, de tipo excitatorio, de impulsos o de comportamientos sexuales, que, por lo general engloban: objetos no humanos, sufrimiento o humillación de uno mismo o de la pareja o participación de terceros (incluidos infantes) que no consienten. Dicho comportamiento —el impulso, o las fantasías— provocan malestar clínico significativo o deterioro del enfermo en los ámbitos social, laboral, etc.

La *parafilia* conlleva un déficit insuperable para establecer relaciones afectivas adultas y maduras con personas del sexo opuesto y frecuentemente van acompañadas de sentimientos de culpa y vergüenza[1517].

De las parafilias, y por su delictogénesis, destacan: la pedofilia (F65.4), la necrofilia (F65.9), el sadismo (F65.5) y el exhibicionismo (F65.2). Menor interés tienen otras, como: la gerontofilia (F65.9), el fetichismo (F65.0), el voyeurismo (F65.3), la croprofilia, el frotteurismo (F65.8), el fetichismo transvestista (F65.1), la zoofilia, etc.

La *pedofilia* (deseo intenso y recurrente de mantener relaciones sexuales con impúberes, tanto de tipo heterosexual como homosexual) suele asociarse a otras patologías como el retraso mental, las demencias y el alcoholismo, así como a ciertos rasgos de la personalidad (inmadurez e inestabilidad emocional)[1518]. El pedófilo comete, por lo general, delitos de abusos sexuales en niños, de pornografía infantil y de corrupción de menores[1519].

[1515]   Vid. CABRERA FORNEIRO, J., y FUERTES ROCAÑIN, J.C., op. cit., págs. 299 y 300.

[1516]   Vid. CABRERA FORNEIRO, J., y FUERTES ROCAÑIN, J.C., op. cit., págs. 303 y 304.

[1517]   Vid. CABRERA FORNEIRO, J., y FUERTES ROCAÑIN, J.C., op. cit., pág. 303 y 304.

[1518]   Vid. CABRERA FORNEIRO, J., y FUERTES ROCAÑIN, J.C., op. cit., págs. 304 y ss.

[1519]   Vid. CABRERA FORNEIRO, J., y FUERTES ROCAÑIN, J.C., op. cit., ibidem. Sobre la pedofilia o «paidofilia», vid.: VALLEJO, J., BULBENA, A. y otros, op. cit., pág. 318, quienes advierten que si bien la relación sexual suele ser más masturbatoria que copulatoria, los casos

El *sadismo*, como el *masoquismo*, provienen de una patológica «erotización del dolor» y según las teorías psicodinámicas se explicaría como consecuencia de una mala identificación sexual con los padres durante la infancia y de la fijación del individuo en las fases oral-sádica y sádico anal[1520], esto es, una regresión a placeres arcaicos. Sádico y masoquista establecen un binomio inescindible, excepto en las estructuras criminales perversas[1521], asesinas, donde el «otro» es negado —porque no importa su existencia, ni sus deseos— aún cuando aceptara el papel de víctima. El abanico de formas que genera el sadismo es muy variado: desde la relación de dominio-sumisión no sexual al crimen contra la vida que comete el perverso sexual sádico[1522]. Frecuentemente este enfermo es impotente, y busca su satisfacción sexual mediante actos sádicos[1523]. En las estructuras *perversas* estas pulsiones se asumen sin angustia ni complejo de culpa, sucediendo lo contrario en las estructuras neuróticas[1524]. El sádico se ve implicado, por lo general, en delitos de agresión sexual y lesiones[1525]. También en delitos contra la vida. El vampirismo, como un apéndice más de la orgía criminal, es una manifestación excepcional de la violencia sádica, que hunde sus raíces en supersticiones y culturas ancestrales[1526].

El *exhibicionismo* es una de las parafilias más usuales y más detectadas por la justicia criminal[1527]. Se trata de un trastorno frecuente en individuos (por lo general, varones) casados y con relaciones sexuales normales, pero, a veces, también mero síntoma psicótico (fases maníacas, demencias, esquizofrenias, etc.) o compatible con otros tipos de personalidad (vg. neurótica). El exhibicionista de estructura perversa —a diferencia del neurótico— no se siente angustiado ni culpable, usa precauciones premeditadamente para no ser detenido y obtiene más placer cuanto mayor sea el escándalo de su conducta y peligro, que asume al realizarla[1528]. Para el psicoanálisis, en el exhibicionista existe una angustia de castración acompañada de deseos autopunitivos[1529].

En cuanto al *voyeurismo o escoptofilia* («mirón»), parafilia de menor intensidad que no constituye en sí misma una actividad patológica, integra con el exhibicionismo un binomio dialéctico. Refleja, eso si, la persistencia de placeres sexuales infantiles no genitales en la sexualidad adulta[1530]. No obstante, en la escalada de la perversión sexual, no es excepcional que ésta debute como *voyeurismo*, dando paso, después a actitudes *exhibicionistas*, primero ante mujeres, más tarde ante niños, y luego al acoso sexual, al abuso y, finalmente, a la violación[1531]. El *voyeur* no es peligroso. Plantea conflictos cuando resulta sorprendido por

---

criminales pueden arrojar actos aberrantes de cualquier índole, incluyendo la muerte de la víctima.

[1520] Vid. VALLEJO, J., BULBENA, A. y otros, op. cit., págs. 321 y 322. También, CABRERA FORNEIRO, J. y FUERTES ROCANÍN, J.C., op. cit., pág. 305.

[1521] Vid. VALLEJO, J., BULBENA, A. y otros, op. cit., ibidem.

[1522] Vid. VALLEJO, J., BULBENA, A. y otros, op. cit., ibidem.

[1523] Vid. VALLEJO, J., BULBENA, A. y otros, op. cit., ibidem.

[1524] Vid. VALLEJO, J., BULBENA, A. y otros, op. cit., pág. 322.

[1525] Vid. CABRERA FORNEIRO, J. y FUERTES ROCANÍN, J.C., op. cit., pág. 305.

[1526] Vid. GARCÍA ANDRADE, J.A., op. cit., págs. 108 y 109.

[1527] VALLEJO, J., BULBENA, A. y otros, op. cit., pág. 323.

[1528] Vid. VALLEJO, J., BULBENA, A. y otros, op. cit., pág. 324; GARCÍA ANDRADE, J.A. (op. cit., pág. 122) considera útil la distinción que traza DHAT entre exhibicionistas pasivos (el trastorno es secundario a una patología mental) y exhibicionistas activos, auténticos sexópatas estos últimos en los que la conducta se carga de obsesión y angustia.

[1529] Vid.VALLEJO, J., BULBENA, A. y otros, op. cit., pág. 323.

[1530] Vid. VALLEJO, J., BULBENA, A. y otros, op. cit., pág. 323.

[1531] Cfr. GARCÍA ANDRADE, J.A., op. cit., pág. 121.

los afectados, pero huye, frecuentemente, cuando se advierte su presencia[1532]. Según la interpretación psicoanalítica, este trastorno se debe a una fijación del placer infantil de mirar, por lo que la *voracidad visual* del voyeur tiene carácter regresivo[1533].

El *fetichismo* es una parafilia relativamente frecuente, sobre todo en el varón, incluso en homosexuales, que obtienen excitación y satisfacción sexuales con objetos, esto es, descartando la relación genital[1534]. Por lo común, no va acompañado de angustia, ni compromete al sujeto en una lucha interior como sucede con otras prácticas sexuales perversas. El fetichista obtiene una plena satisfacción orgásmica[1535]. Desde un punto de vista psicoanalítico, en el fetichismo se da una muy intensa angustia de castración[1536]. La escasa delictogénesis del fetichismo se constriñe a las infracciones patrimoniales (robo).[1537]

La *necrofilia*, grave trastorno de la sexualidad, es excepcional, y aparece asociada a severas perturbaciones psiquiátricas (vg. psicosis, retraso mental, etc.). Desde un punto de vista criminológico, el necrófilo puede cometer delitos de *inhumaciones ilegales*[1538].

Entre los «trastornos de la *identidad sexual*» merece una mención especial el «*transexualismo*», esto es, la disarmonía entre sexo biológico y sexo psicológico, o rechazo del propio sexo, que suele conllevar un deseo vehemente de cambio de sexo (a través de la cirugía) unido, a menudo, a una actividad delirante muy acusada[1539]. Suele subyacer un serio trastorno de la personalidad, y en algunos casos, significativas alteraciones de índole psicótica[1540], detectándose una mayor incidencia del mismo en el varón. La criminogénesis de este trastorno deriva no del trastorno mismo, sino de la marginalidad que le rodea, que a menudo conduce a la prostitución y al lumpen[1541]. Como subtipo de especial conflictividad en el amplio espectro de los transexuados se describe el homosexual prostituto, que mezcla su latente homosexualidad, su tendencia femenina frustada a medio conseguir y su virilidad parcialmente amputada[1542].

Los trastornos sexuales examinados deben distinguirse de los trastornos sexuales secundarios a las *neurosis*[1543].

A modo de síntesis, cabe afirmar[1544] que los trastornos de mayor interés criminógeno se dan en el varón; la franja de edades más conflictiva corresponde a la

---

[1532] Vid. CABRERA FORNEIRO, J. y FUERTES ROCAÑÍN, J.C., op. cit., pág. 305.

[1533] Vid. VALLEJO, J., BULBENA, A. y otros, op. cit., pág. 322.

[1534] Cfr. VALLEJO, J., BULBENA, A. y otros, op. cit., pág. 318.

[1535] Vid. VALLEJO, J., BULBENA, A. y otros, op. cit., pág. 318.

[1536] Sobre las diversas interpretaciones del fetichismo en la teoría psicoanalítica, vid., VALLEJO, J., BULBENA, A. y otros, op. cit., págs. 318 y 319.

[1537] Según GARCÍA ANDRADE, J.A., (op. cit., pág. 121), el robo del fetichista no puede confundirse con el robo patológico, de motivación sexual, que comete el cleptómano.

[1538] Vid. CABRERA FORNEIRO, J. y FUERTES ROCAÑÍN, J.C., op. cit., pág. 304.

[1539] Cfr. VALLEJO, J., BULBENA, A. y otros, op. cit., pág. 327; CABRERA FORNEIRO, J. y FUERTES ROCAÑÍN, J.C., op. cit., pág. 307.

[1540] Vid. VALLEJO, J., BULBENA, A. y otros, op. cit., pág. 328.

[1541] Cfr., CABRERA FORNEIRO, J. y FUERTES ROCAÑÍN, J.C., op. cit., pág. 307.

[1542] Vid. GARCÍA ANDRADE, J.A., op. cit., pág. 122, citando a DOMÍNGUEZ MARTÍNEZ, ROMERO POLANCO y CAPILLA RONCERO («El cambio de sexo en los travestistas y sus problemas legales, Revista española de Medicina Legal, núm. 12-13, Madrid).

[1543] Sobre los trastornos sexuales, inconscientes, unas veces, compensatorios, otras (vg. donjuanismo), en las neurosis, vid. VALLEJO, J., BULBENA, A. y otros, op. cit., págs. 328 y ss.

[1544] Así, GARCÍA ANDRADE, J.A., op. cit., pág. 129.

década de los veinte; la mayor cuota de participación en la delincuencia sexual la ostentan los oligofrénicos, psicópatas (sobre todo, el subtipo *sádico*) y neuróticos; y los delitos de más frecuente comisión son las agresiones sexuales (violación), en todas sus variantes (vg. tentativas de violación, violación acompañada de homicidio o robo, e incluso, comportamientos incestuosos o pedofílicos).

9') *Trastornos en el control de los impulsos: especial referencia a la cleptomanía, a la piromanía y a la ludopatía (o juego patológico).*

Las actuales nosologías psiquiátricas describen bajo este epígrafe clasificatorio ciertos trastornos del control de los impulsos, residuales, no recogidos en otros epígrafes específicos. Tienen todos ellos en común la dificultad para resistir un impulso, una motivación o una tentación de llevar a cabo un acto perjudicial para el propio sujeto o para terceros. Este, por lo general, experimenta una sensación de tensión o activación interior antes de realizar la conducta, experimentando placer, gratificación o liberación en el momento de llevarla a cabo, con o sin posterior sentimiento de culpa, arrepentimiento o autorreproche[1545]. Los trastornos de mayor interés criminológico son: el trastorno explosivo intermitente (F63.8), la cleptomanía (F63.2), la piromanía (F63.1). y la ludopatía o juego patológico (F63.0).

El *trastorno explosivo intermitente* se caracteriza por la aparición de episodios aislados en los que el individuo no puede controlar los impulsos agresivos, dando lugar a violencias o daños en la propiedad.

El grado de agresividad expresada durante el episodio es, además, desproporcionada respecto al estímulo que lo provoca o a la intensidad del factor psicosocial estresante que lo precipita. El sujeto experimenta los episodios agresivos como *raptos o ataques* en los que el comportamiento explosivo va precedido de una sensación de tensión o activación interior, y seguido inmediatamente de una sensación de liberación, pudiendo sentirse aquel consternado, con remordimientos, arrepentido o avergonzado por su conducta agresiva. Entre episodios explosivos se pueden observar signos de impulsividad y agresividad generalizados. El trastorno puede ser desencadenado por un fracaso laboral, académico, por problemas familiares, por accidentes, hospitalización, etc.[1546]. Es necesario descartar que el episodio agresivo se explique por la presencia de otro trastorno mental (vg. psicótico, maníaco, etc.) o sea debido a los efectos fisiológicos directos de algunas sustancias (vg. drogas) o a una enfermedad somática (como traumatismos cerebrales, Alzheimer, etc.)[1547].

Común a todos estos trastornos en el control de los instintos e impulsos es la existencia de desórdenes psicopatológicos, condicionamientos psicosociales aprendidos y factores genético-hereditarios. Lo que apunta a una base común fisiopatológica relacionada con

---

[1545] Vid. DSM.V, cit., CABRERA FORNEIRO, J., FUERTES ROCAÑÍN, J.C., op. cit., págs. 313 y ss.; GARCÍA ANDRADE, J.A., op. cit., págs. 369 y ss.; ESBEC RODRÍGUEZ, E. y GÓMEZ JARABO, G. y otros, op. cit., págs. 352 y ss. Vid. ASIER URRUELA MORA, Imputabilidad, cit., pág. 311.

[1546] Cfr. DSM.V, cit., pág. 626.

[1547] Vid. DSM.V., cit., ibidem.

mecanismos neuronales de la afectividad y los instintos en la que se implican los diversos núcleos del sistema límbico[1548]. Desde un punto de vista neuroquímico, parece que el sistema serotoninérgico está relacionado con la génesis de los impulsos y la incapacidad para controlarlos en determinadas situaciones[1549].

El trastorno explosivo intermitente puede explicar algunos delitos contra la vida y la integridad en forma preterintencional[1550].

La *cleptomanía* se caracteriza por una dificultad recurrente para resistir el impulso de robar objetos que no son necesarios para el uso personal o por su valor monetario. El cleptómano experimenta el impulso de robar como egodistónico, y es consciente de que se trata de un acto equivocado y sin sentido. Suele temer su arresto, y se siente deprimido o culpable del delito. No planifica éste, ni ejecuta el delito de forma cautelosa y elaborada. Actúa sólo, sin cómplices. Experimenta una sensación creciente de tensión antes del robo, seguida de bienestar, alivio o liberación una vez ejecutado. El cleptómano no usa lo que sustrae porque no lo necesita, ni tiene especial valor, lo devuelve inesperadamente o acumula[1551].

> Se trata de un trastorno más frecuente en la mujer. Aparece asociado, a menudo, a la ansiedad, depresión (trastorno depresivo mayor) y trastornos de la personalidad.
> No debe confundirse con los robos ordinarios (finalistas) y sustracciones de escasa entidad en los comercios. Ni con los frecuentemente cometidos por niños para llamar la atención de los adultos. Ni con las infracciones patrimoniales del psicótico, secundarias a delirios y alucionaciones, como sucede en episodios maníacos (vg. en la esquizofrenia) o en las demencias. Ni con los hurtos y robos que, entre otros muchos delitos, puede cometer quien padece un trastorno antisocial de la personalidad y actúa con arreglo a un patrón general desviado[1552].

La *piromanía* se caracteriza por un patrón de comportamiento que lleva a provocar incendios por puro placer, gratificación o liberación de la tensión. El pirómano ejecuta múltiples incendios, siempre de forma deliberada y meticulosa, muy elaborados. Experimenta una activación emocional excepcional antes de cada episodio; exhibe una llamativa fascinación o atracción por el fuego y su parafernalia. Suelen ser testigos de excepción y vigilantes regulares del fuego en sus vecindarios, o voluntarios decididos para colaborar *espontáneamente* en las

---

[1548] Cfr. CABRERA FORNEIRO, J. y FUERTES ROCAÑÍN, J.C., op. cit., pág. 313, cit. a DE LA GÁNDARA.

[1549] Cfr. CABRERA FORNEIRO, J. y FUERTES ROCAÑÍN, J.C., op. cit., ibidem.

[1550] Vid. CABRERA FORNEIRO, J. y FUERTES ROCAÑÍN, J.C., op. cit., pág. 315.

[1551] Cfr. DSM.V, cit., pág. 628; CABRERA FORNEIRO, J. y FUERTES ROCAÑÍN, J.C., op. cit., págs. 315 y ss.; GARCÍA ANDRADE, J.A., op. cit., pág. 371, quien enfatiza como específico del comportamiento del cleptómano la angustia y la conducta compulsiva derivada de ella.

[1552] Cfr., DSM.V, cit., pág. 629; CABRERA FORNEIRO, J. y FUERTES ROCAÑÍN, J.C., op. cit., págs. 315 y ss.; GARCÍA ANDRADE, J.A., op. cit., pág. 372, quien subraya las explicaciones psicoanalíticas de la cleptomanía (op. cit., pág. 371 y 372).

labores de extinción. Experimentan una sensación de bienestar, alivio o liberación de aquella tensión cuando contemplan complacidos el fuego y sus efectos devastadores o participan en sus consecuencias. Provocan, pues, el fuego, por placer y gratificación, no por móviles lucrativos, ni políticos; ni por cólera o venganza, ni por resentimiento; ni para ocultar una actividad delictiva previa, ni como respuesta a ideas delirantes o alucinaciones[1553].

La piromanía es un trastorno más usual en el varón. Constituye un problema relevante en la infancia y en la adolescencia (más del 40% de las personas arrestadas en los EEUU. por piromanía son menores de 18 años), aunque se estima infrecuente durante la niñez. La provocación de incendios durante la juventud parece más propia de trastornos disociales que de comportamientos de piromanía en sentido estricto. El diagnóstico de piromanía no debe establecerse cuando el incendio sea consecuencia de un deterioro del juicio asociado a demencias, retraso mental o intoxicación por ciertas sustancias. Tampoco cuando la provocación del fuego se explique como conducta característica de trastornos disociales, de episodios maníacos, o como respuesta a ideas delirantes o alucinaciones (vg. esquizofrenias)[1554].

Las tendencias pirómanas tienen un comportamiento filo y ontogenético que puede constatarse en niños normales durante ciertas etapas del desarrollo[1555], aportando la teoría psicoanalítica diversas explicaciones de la «angustia del fuego»[1556], y de la fascinación por el fuego.

El juego patológico (ludopatía) se caracteriza por un comportamiento de juego desadaptado, recurrente y persistente, que altera la vida personal, familiar o profesional del enfermo.

El ludópata experimenta una significativa preocupación por el juego, reviviendo experiencias pasadas de juego, planificando la próxima aventura, o pensando la forma de conseguir el dinero que necesitará para volver a jugar. Muchos de ellos afirman que buscan acción (estado de activación, de euforia) más que dinero. Sólo al aumentar sus apuestas o incrementar los riesgos consiguen producir y mantener los niveles de excitación deseados. Los ludópatas, por lo común, continúan jugando a pesar de los muchos intentos y esfuerzos por controlar su adicción, sintiéndose en todo caso, irritables e inquietos cuando tratan de abandonar ésta. A veces el juego es una estrategia para escapar de sus problemas o para liberarse de la disforia que padecen (depresión, culpa, ansiedad, etc.). Aunque todos los jugadores pueden hacerlo durante cortos períodos de tiempo, los ludópatas se caracterizan porque juegan a medio plazo, no siendo extraño que en alguna ocasión pretendan enjugar todas sus pérdidas de una sola vez abandonando su habitual estrategia de juego. Para ocultar su ludopatía, el enfermo miente a su familia y terapeutas. Cuando su dinero y crédito no le permiten financiar el juego, surgen los comportamientos antisociales de carácter instrumental (vg.: falsificación, fraude, estafa, robo, etc.). La dependencia del juego a menudo le

---

[1553] Vid. DSM.V, cit., pág. 630; CABRERA FORNEIRO, J. y FUERTES ROCAÑÍN, J.C., op. cit., págs. 316 y 317.

[1554] Vid. DSM.V, cit., págs. 630 y 631: CABRERA FORNEIRO, J. y FUERTES ROCAÑÍN, J.C., op. cit., pág. 316.

[1555] Vid. CABRERA FORNEIRO, J. y FUERTES ROCAÑÍN, J.C., op. cit., pág. 316.

[1556] Vid. GARCÍA ANDRADE, J.A., op. cit., pág. 374.

hace comprometer o perder más de una relación interpersonal, algún trabajo, oportunidad laboral, etc.[1557]

No se debe confundir el juego patológico con el juego *social* ni con el juego *profesional*[1558]. El juego social tiene lugar entre amigos y compañeros, su duración es limitada, y las pérdidas, previamente determinadas, aceptables. En el juego profesional los riesgos son limitados, y la disciplina, capital.

La ludopatía es un trastorno más usual en el varón. Suele asociarse a trastornos depresivos, siendo significativo el porcentaje de ludópatas que intentan conductas suicidas. El ludópata parece predispuesto a enfermedades médicas relacionadas con el estrés (úlceras, hipertensión, migraña, etc.)[1559].

El juego patológico debuta pronto en los adolescentes varones, y más tarde en las mujeres. Aunque algunos ludópatas caen atrapados desde su primera apuesta, lo usual es que el curso de la adicción sea más insidioso. El patrón de juego puede ser regular o episódico, y el curso del trastorno, crónico. En general, se constata una progresión en la frecuencia de juego, la cantidad que se arriesga, la preocupación por el juego y las necesidades de financiación. La necesidad imperiosa de jugar aumenta en los períodos de estrés o de depresión[1560].

En todo caso, la pérdida de juicio crítico y el juego excesivo pueden aparecer en episodios maniacos, y en trastornos antisociales de la personalidad, lo que descartaría la genuina ludopatía[1561].

El retrato del jugador compulsivo ha sido descrito por Lesieur siguiendo el simil del cazador cazado, del pescador envuelto en sus propias redes[1562].

En una primera fase, el individuo descubre el juego, acaso por azar (variables culturales) y se siente fascinado, excitado por aquel (aprendizaje bio-psico-social). Una eventual ganancia puede operar como refuerzo positivo, favoreciendo la adopción de la conducta. Al principio, el sujeto todavía juega por diversión. Después, progresivamente, el juego se convierte en una necesidad, primero psicológica, y luego económica y social. Se pasa, entonces, de la fase de *inducción* a la fase de *consolidación*. El individuo siente la necesidad de jugar en pos de una excitación, un estado vivencial concreto (genuina dependencia) y

---

[1557]   Vid. DSM.V, cit., pág. 632.

[1558]   Sobre la distinción, vid. GARCÍA ANDRADE, J.A., op. cit., págs. 376 y 377; DEL TORO, A., La imputabilidad del ludópata, Madrid, 1990, Centro de Estudios Judiciales; ESBEC RODRÍGUEZ, E., GÓMEZ JARABO, G., op. cit., págs. 356 y ss.; DSM.V, cit., pág. 633.

[1559]   Cfr. DSM.V, cit., pág. 632. Se estima que un 20% de los ludópatas han intentado el suicidio. Y que 1/3 de los ludópatas son mujeres. Consta, también, una elevada comorbilidad de la ludopatía con abuso y dependencia de ciertas sustancias y con el trastorno antisocial y límite de la personalidad (Vid. CABRERA FORNEIRO, J. y FUERTES ROCAÑÍN, J.C., op. cit., pág. 317).

[1560]   Vid. DSM.V, cit., pág. 633.

[1561]   Cfr. DSM.V, cit., ibidem.

[1562]   Cfr. ESBEC RODRÍGUEZ, E., GÓMEZ JARABO, G. y otros, op. cit., pág. 353, citando a Lesieur.

del reto que el juego plantea a su amor propio. Pero además tiene que jugar para alimentar la ansiedad y la tensión que genera su propia querencia[1563].

La delictogénesis del juego plantea en la actualidad un grave problema social. El ludópata, en expresión de Lesieur[1564], tiende a convertirse en *maestro de la conducta precriminal*. En efecto, en un principio el jugador compulsivo delinque para solventar sus deudas y financiar el juego. Para ello explota a su familia, a sus amistades, a la empresa, etc. Atrapado en su juego, realiza comportamientos que sorprenden al propio ludópata y le ocasionan un profundo abatimiento del que éste no sabe salir más que ... jugando. Solo en una fase ulterior de su adicción abandonará sus fantasías, aceptando que las supuestas ganancias que espera del juego no le permitirán reparar los daños inmensos que su enfermedad ha ocasionado a terceros, y a sí mismo[1565].

10') Las psicopatías o trastornos de la personalidad. Desde que en 1896 definiera KRAEPELIN la *personalidad psicopática*, la doctrina psiquiátrica ha polarizado en torno a esta categoría buena parte del debate científico. En el momento de verificar posibles conexiones entre anomalías o trastornos psíquicos y crimen, el concepto de psicopatía ha ocupado un papel estelar, a pesar de que su delimitación no concite precisamente consenso alguno (con razón se ha dicho que no existe «el» psicópata[1566], ni dos psicópatas iguales): el número y heterogeneidad de las personalidades psicopáticas (tipologías), la etiología muy diversa que se atribuye a tales cuadros clínicos y los rasgos de la personalidad descritos en cada caso demuestran la complejidad del problema[1567].

A mediados del presente siglo más de *doscientos términos* distintos e incluso contrapuestos se utilizan como sinónimos de psicopatía, atribuyéndose casi *sesenta características* diversas a la personalidad psicopática y más de una treintena de comportamientos han llegado a asociarse a esta anormalidad, según CASON[1568].

[1563] Vid. ESBEC RODRÍGUEZ, E., GÓMEZ JARABO, G. y otros, op. cit., ibidem.
[1564] LESIEUR, H.R., The Case, Career of the compulsive gamler, 1984, Schenkman Publishing Company, Cambridge. Cfr. ESBEC RODRÍGUEZ, E., GÓMEZ JARABO, G. y otros, op. cit., pág. 353.
[1565] Vid. ESBEC RODRÍGUEZ, E., GÓMEZ JARABO, G. y otros, op. cit., pág. 355.
[1566] En este sentido, GÖPPINGER, H., Criminología, cit., pág. 167.
[1567] Sobre el problema, vid., GARCÍA-PABLOS DE MOLINA, A., Tratado de Criminología, cit., págs. 538 y ss.
[1568] Vid., MIRALLES, M.T., El pensamiento criminológico, I., cit., pág. 83. De hecho, desde que en 1899 Kraepelin contemplara los «estados psicopáticos» como una de las trece categorías básicas de su célebre clasificación, casi todas las tipologías de la primera mitad del pasado siglo se refieren, de uno u otro modo, a las «psicopatías», «sociopatías» o «personalidades anómalas». Cfr., VALLEJO, J., BULBENA, A. y otros: Introducción a la Psicopatología, cit., págs. 394 y 395.

En este sentido, CRAFT[1569], después de revisar el desarrollo del concepto de «psicopatía», ha concluido que existen dos rasgos distintivos de la personalidad psicopática (primarios): una incapacidad de responder *emocionalmente* en situaciones en las que esperaría una respuesta tratándose de un individuo normal, y una irresistible tendencia a actuar *impulsivamente*. De tales características primarias se derivarían otras secundarias: agresividad, ausencia de sentimiento de culpa, imposibilidad de ser influido por el castigo o por consecuencias aversivas del comportamiento antisocial y una falta de motivación o pulsión positiva.

También, GARRIDO GENOVÉS llega a idénticas conclusiones al revisar el concepto de psicopatía a la luz de las más recientes investigaciones psiquiátricas.

La investigación revela que la psicopatía se compone de dos tipos de constelaciones de rasgos (o dimensiones). La primera incluye el área *emocional* o interpersonal, es decir, todos aquellos atributos personales que hacen que el sujeto se desentienda de su componente más básicamente humano, o lo que es lo mismo, su capacidad para tratar bondadosamente a los otros, su capacidad de sentir pena o arrepentimiento y su potencial para vincularse de una manera realmente significativa (o «sentida») con sus semejantes. El sujeto con estas carencias es alguien profundamente egocéntrico, manipulador, mentiroso y cruel. La segunda constelación de rasgos remite a un estilo de vida antisocial, agresivo, donde lo importante es sentir tensión, excitación, sin más horizonte que el *actuar impulsivo* y dictado por el capricho o los arrebatos. La persona resultante se comporta de modo absurdo, sin que parezca obtener nada valioso de sus actos, con poco autocontrol y ninguna meta que «parezca lógica» a la vista[1570].

El autor distingue constelaciones de rasgos (o dimensiones) propios de la psicopatía en el área emocional/interpersonal y lo que denomina aspectos del estilo de vida del psicópata[1571].

En el *área emocional* interpersonal destacan la locuacidad y encanto superficial del psicópata. Su egocentrismo y grandioso sentido de la propia valía, narcisismo y elevada autoestima son, también, rasgos característicos del mismo. Así como su total ausencia de remordimiento y sentimiento de culpa, y su falta de empatía o capacidad de ponerse en lugar de los demás y apreciar los sentimientos de éstos. El psicópata es un manipulador nato, miente y engaña con convicción, e incluso sin necesidad. Y padece un déficit muy relevante de afec-

---

[1569] CRAFT, M., Psychopatic disorders and their assessment, Londres, 1966 (Pergamon). Vid. BERNAT-NÖEL TIFFON, op. cit., págs. 169 y ss.

[1570] Véase, por todos, el libro editado por DAVID COOKE et al.,(1998) Psichopathy: Theory, research and implications, Dordrecht: Kluwer. R. HARE (1991) ha creado el Hare Psychopathy Checklist Revised (PCL-R) para evaluar estas dos dimensiones o constelaciones de rasgos (Toronto Multihealth Systems). Otras obras interesantes para estudiar la personalidad y estido de vida del psicópata son las siguientes: B. DOLAN y J. COID (1993), Psychopatihic and antisocial personality disorders, Londres: Gaskell: D.T. LYKKEN (1984), «Psychopathic personality», en Encyclopedia of Psychology (pp. 165/167), Nueva York: Wiley; J.R. MELOY (1988), The psychopathic mind, Nortvale, N.J.: Aronson; W. McCORD (1982): The psychopath and melieu therapy, NY.: Academic Press; Cfr., GARRIDO GENOVÉS, V., El psicópata. Un camaleón en la sociedad actual. Algar Editorial, 2000, pág. 34.

[1571] Resumo la exposición que efectúa el autor en las páginas 35 a 49 de la obra citada.

tividad que le incapacita para sentir de modo profundo y sincero las emociones humanas: ni siquiera muestra su organismo respuestas psicofisiológicas asociadas al miedo o la ansiedad.

En cuanto a los aspectos más característicos del *estilo de vida* del psicópata, llama la atención la particular impulsividad de éste, consecuencia más de su deseo permanente de alcanzar la satisfacción inmediata que del carácter o temperamento del psicópata. El psicópata exhibe un deficiente control de la conducta, actúa, sin más, pasa a la acción sin que funcionen los mecanismos inhibitorios que permiten a los demás humanos frenar sus tendencias agresivas. Necesita, por otra parte, una excitación continuada e increscendo, mostrando un hambre desmesurada por vivir nuevas sensaciones, incompatible con una vida normal y rutinaria. No asume sus responsabilidades (vg. las familiares) ni le preocupa la repercusión negativa de su comportamiento en terceras personas de su entorno. La carrera del psicópata se inicia en la infancia, manifestando signos muy precoces de destrucción y violencia de modo persistente, sorprendiendo su percepción positiva de actos crueles hacia los demás. Estos y otros rasgos hacen del psicópata un individuo especialmente preparado para acometer las empresas criminales más absurdas y para ejecutar delitos con una violencia desproporcionada y gratuita.

Semejantes son las conclusiones de HARE[1572] y de ALBERT[1573]. Tan sólo habría que distinguir dos subgrupos básicos de psicópatas: el sociópata *primario* o *ideopático* (de CLECKLEY) y el psicópata *neurótico* (acuñado por CRAFT) o *sintomático*[1574], para delimitar los contornos de esta categoría en la opinión «oficial» que se comenta.

Según ésta, por otra parte, existe una correlación indiscutible entre psicopatía y delincuencia, empíricamente constatada[1575]. Pues aun cuando las investigaciones hasta ahora realizadas deben completarse con un más matizado análisis factorial, la imagen de un prototipo de delincuente mal socializado, extravertido, neurótico e impulsivo goza de gran predicamento, así como la hipótesis de que los psicópatas representan, en términos cuantitativos, el subgrupo más importante del total de la población criminal[1576].

Sin embargo, ésta es sólo una de las innumerables acepciones del concepto «psicopatía». Sin duda, tenía razón CASON[1577] cuando lamentaba que a mediados del pasado siglo más de 200 términos distintos —e incluso contrapuestos— se utilizasen como sinónimos de psicopatía, atribuyéndose casi sesenta características diversas y contradictorias a la personalidad psicopática y una treintena de comportamientos supuestamente típicos a esta anormalidad. Desde KRAEPELIN (modelo «médico»), cuya clasificación de 1899 contemplaba ya los «estados psicopáticos» como una de las trece categorías básicas[1578], casi todas las tipolo-

---

[1572] HARE, R.D., A Conflict and Learning theory analysis of psychopatic behavior, en: Journal of Research in Crime and Delinquency, 1965, 2(1965), págs. 12 a 19.

[1573] ALBERT, R.S., BRICANTE, T.R. y CHASE, M., The Psychopatic personality: a content analysis of the concept, en: Journal of General Psychology, 1959, 60 (1959), págs. 17 a 28.

[1574] Vid. AUBREY, J. YATES, Terapia del Comportamiento, 1980 (5ª reimpresión), México, Ed. Trillas, pág. 241.

[1575] Cfr. AUBREY, J. YATES, Terapia del Comporamiento, cit., pág. 251.

[1576] Vid. AUBREY, J. YATES, Terapia del Comportamiento, cit., pág. 251.

[1577] Cfr. MIRALLES, Tª, en: El pensamiento criminológico, cit., I, pág. 83.

[1578] Vid. VALLEJO, J., BULBENA, A. y otros: Introducción a la Psicopatología, cit., págs. 394 y 395.

gías de la primera mitad del pasado siglo se refieren de uno u otro modo a las «psicopatías», «sociopatías» o «personalidades anómalas».

La posterior evolución de la doctrina psiquiátrica no ha contribuido a clarificar significativamente el concepto de psicopatía.

DI TULLIO (1967), que sitúa éste en el ámbito de la patología psicológica, distinguía tres tipos de psicópatas con relevancia penal: ciertos hipertímicos, los lábiles y los histriónicos[1579].

SCHNEIDER consideraba personalidades psicopáitcas, según una famosa fórmula, a aquéllas que sufren por su anormalidad o hacen sufrir a la sociedad por culpa de su inadaptación[1580]. Una definición tan ambigua e imprecisa obligaría al autor a descubrir hasta diez tipos de personalidades psicopáticas: hipertímicos, deprimidos, miedosos, fanáticos, vanidosos, lábiles de humor, explosivos, fríos, abúlicos y asténicos.

Una tipología semejante, falta de toda sistemática, es la introducida por CATALANO y CERQUE TELLI (1953), que distinguen doce tipos de psicópatas (hipertímicos, deprimidos, lábiles de humor, anacásticos, inquietos, asténicos, histriónicos, fanáticos, inestables, crueles, extraños e hipoevolucionados)[1581]; o la de KAHN (1969), quien se refiere a tres tipos de psicópatas: psicópatas del instinto (impulsivos y proclives a una reacción violenta), del temperamento y del carácter[1582].

Particular interés tienen las investigaciones empíricas llevadas a cabo en Tübingen por GÖPPINGER, al objeto de precisar los subgrupos de personalidades «anómalas», sus respectivas características psíquicas y proyección de las mismas, caso a caso, en la vida social del individuo[1583]. Parte GÖPPINGER de una postura crítica respecto a cualquier clasificación unitaria y global del delincuente y, sin apartarse apenas de la tipología de K. SCHNEIDER, mantiene que las descripciones de determinados rasgos de la personalidad, obtenidas a partir de amplios y diversificados conocimientos empíricos, pueden llegar a ser útiles para la Criminología, al informar sobre diversos «tipos», sus reacciones en la convivencia social, eventuales posibilidades terapéuticas y expectativas de pronóstico, lo que, a su juicio, vale para la de «caracteres» de KRETSCHMER[1584].

Es necesario distinguir la psicoptía de otros trastornos psiquiátricos y enfermedades mentales: especialmente, de las neurosis, las diversas psicosis (en particular, la paranoia y la esquizofrenia) y algunos trastornos de la personalidad como el antisocial o el narcisista[1585].

La diferencia entre *psicopatía* y *neurosis* parece obvia (especialmente en el caso de las psicopatías primarias, en las que el paciente no experimenta ansiedad). Ante todo, porque el neurótico es consciente de que padece una enfermedad, y sufre por ello. Por el contrario,

---

[1579] Vid. MIRALLES, Tª, en: El pensamiento criminológico, cit., I, pág. 82.

[1580] SCHENIDER, K., Klinische Psychopathologie, 1971 (3ª ed.), Stuttgart, pág. 17. Cfr. GÖPPINGER, H., Criminología, cit., págs. 174 y ss. Sobre la aportación de K. SCHENEIDER, vid. SCHNEIDER, H.J., Kriminologie, cit., págs. 382 y ss.

[1581] Cfr., MIRALLES, Tª, en: El pensamiento criminológico, cit., pág. 82.

[1582] Cfr., MIRALLES, Tª, en: El pensamiento criminológico, cit., pág. 82.

[1583] GÖPPINGER, H., Criminología, cit., págs. 173 y ss.

[1584] GÖPPINGER, H., Criminología, cit., págs. 173 y ss.

[1585] Vid. GARRIDO GENOVÉS, V., El psicópata, cit., págs. 97 y ss., cuya exposición sigue el texto.

el psicópata no sufre por su condición de tal, ni manifiesta la ansiedad y la angustia tan características de las neurosis[1586].

Tampoco pueden confundirse la *psicosis* y la *psicopatía*, pues solo en las primeras —genuinas enfermedades mentales— se produce la pérdida del contacto con la realidad y la quiebra con la propia identidad biográfica del paciente, acompañadas de delirios, alucinaciones, cambios profundos del estado de ánimo y trastornos conductuales severos.

Nada tiene que ver, de otro lado, el delirio crónico y sistemático del *paranoico*, que se halla instalado en el error y fuera de la realidad con el falso delirio y fantasías del psicópata que manipula la realidad, miente, engaña, pero no está instalado en el error, ni crea la realidad.

Psicopatía y esquizofrenía difieren, también. El psicópata está libre de las alucinaciones y delirios típicos de la esquizofrenia, aunque, precisamente por ello, su máscara de cordura le hace más difícil de descubrir, y más peligroso. Es cierto que el esquizofrénico rompe con la realidad y con su identidad, pero el psicópata padece otro déficit, menos profundo aunque relevante: no tiene capacidad para verse el mismo como los otros le ven, para conocer como sienten los demás cuando le ven, para apreciar los afectos y valores que suscita en los otros su existencia[1587].

En cuanto a la delimitación de la psicopatía frente a otros trastornos de la personalidad, el problema se plantea, fundamentalmente, respecto al trastorno narcisista y el trastorno antisocial.

Los psicópatas son, desde luego, narcisistas. *Psicópatas y narcisistas* —trastornos que no deben identificarse— pueden compartir rasgos de dureza, superficialidad, escasa empatía, tendencia a la mentira; sin embargo, la impulsividad, la destructividad y el engaño son rasgos dominantes en la psicopatía. Además, muchos psicópatas parecen indiferentes a los logros de los demás, sienten rara vez envidia y su necesidad de ser admirados es menor, mientras los narcisistas pocas veces tienen un historial delictivo o antisocial acusado como sucede con los psicópatas.

El *trastorno antisocial de la personalidad* (propio del delincuente habitual, de prolongado historial criminal, que vive en un submundo marginal) solo recoge las características esenciales de los aspectos conductuales de la psicopatía, no sus dimensiones o rasgos de la personalidad. No todos los sujetos que padecen el trastorno antisocial de la personalidad son necesariamente psicópatas.

Como advierte CLECKLEY[1588], no debe confundirse el psicópata ni con el oportunista sin escrúpulos ni con el delincuente habitual.

El *oportunista sin escrúpulos*, que no tiene por qué presentar las otras características del psicópata, a menudo logra asentarse económicamente con provecho (vg. los que progresan por las jerarquías de la mafia). El psicópata, por el contrario, por su aversión a las reglas, difícilmente encaja bien en estructuras férreas.

Delincuente habitual y psicópata tampoco son conceptos equiparables. Siguiendo a CLECKLEY, el psicópata típico[1589] rara vez se aprovecha de los beneficios que genera por el

---

[1586] Contra la distinción entre psicópatas primarios (concepto clásico) y psicópata secundario (más inestables emocionalmente y capaces de experimentar angustia y ansiedad), GARRIDO GENOVÉS, V., quien parte de una caracterización gradual y polimorfa de la psicopatía (op. cit., págs. 104 y 105).

[1587] En este sentido, CLECKLEY (The Mask of Sanity, pág. 350), cit. por GARRIDO GENOVÉS, V. (op. cit., pág. 108).

[1588] The Mask of Sanity, pág. 34, cit. por GARRIDO GENOVÉS, V. (op. cit., pág. 100).

[1589] The Mask of Sanity, cit., págs. 261 y 262 (Cfr. GARRIDO GENOVÉS, V., op. cit., págs. 100 a 102).

delito, y casi nunca se implica de modo consistente en la carrera criminal; en comparación con el mismo, el infractor habitual parece una persona tenaz, al menos en sus propósitos antisociales. El delincuente habitual persigue objetivos comprensibles, aunque con medios y procedimientos rechazables. El psicópata, por el contrario, pretende metas no siempre asumibles, comprensibles por los demás, e incluso a menudo comete el delito sin lograr ventaja material alguna. El delincuente común suele protegerse a sí mismo, el psicópata no pocas veces se pone en situaciones que le perjudican y actúa de forma notoriamente insensata, y sin necesidad alguna. El psicópata no suele cometer crimenes muy graves, ni ingresa por largo tiempo en prisión. Es cierto que los criminales muy violentos y crueles tienen una elevada probabilidad estadística de ser criminales psicópatas, pero la mayoría de los psicópatas no se convertirán en este tipo de sujetos. Del mismo modo, hay criminales violentos cuya agresividad es producto de un largo aprendizaje en determinadas subculturas y no de rasgos psicopáticos de la personalidad. Por último, el psicópata no «pone su corazón» en el delito. Salvo subtipos muy concretos (vg. el criminal en serie), el delito característico del psicópata se percibe por éste como un mero accidente, como algo que ha de suceder.

La personalidad psicopática, plantea hoy, entre otros, dos problemas fundamentales: su supuesto *correlato orgánico o fisiológico*, cuya verificación han intentado numerosos autores; y la *relevancia criminógena* de la misma. La explicación científica del propio comportamiento criminal del psicópata, por otra parte, sigue dando lugar a la formulación de modelos teóricos más complejos, como los de EYSENCK y MEDNICK.

La existencia de un *condicionamiento biológico* o sustrato orgánico de la psicopatía parece haberse comprobado por investigaciones neurofisiológicas y biosociales. Ciertas *anomalías cerebrales* (*ritmo delta, ritmo lento*, etc.) y del *sistema nervioso autónomo* (*nivel de activación cortical*) lo demostrarían según EYSENCK, MEDNICK, etc.[1590].

En cuanto a las investigaciones empíricas, con grupo de control o sin él (población reclusa) dirigidas a comprobar la relación psicopatía-criminalidad, sus resultados —equívocos, desconcertantes e incluso contradictorios— dan pie a toda suerte de interpretaciones[1591]. La discusión científica sobre el problema sigue, pues, abierta[1592].

a') En los últimos lustros se aprecia una decidida tendencia a comprobar *empíricamente* el *correlato fisiológico* de las psicopatías.

[1590] Una información sobre las investigaciones que creen haber hallado dicho correlato orgánico en el sistema nervioso autónomo o vegetativo, en el nivel de activación cortical del individuo («arousal») o en disfunciones neurofisiológicas, en: GARCÍA-PABLOS DE MOLINA, A., Tratado de Criminología, cit., págs. 541 y ss. (estudios de EYSENCK, MENDNICK, TRASLER, RABIN, SIDDLER, VOLAVCA, etc.).

[1591] Una información sobre la inabarcable bibliografía existente al respecto, en: GARCÍA-PABLOS DE MOLINA, A., Tratado de Criminología, cit., págs. 539 a 545.

[1592] La imprecisión del concepto de psicopatía (el sinfin de definiciones de esta entidad nosológica), el déficit empírico y cuestionabilidad metodológica de muchas de las investigaciones realizadas y la equivocidad de los resultados obtenidos (necesitados siempre de una interpretación) hacen, por fuerza, problemática la relación entre psicopatía y criminalidad. Cfr., GARCÍA-PABLOS DE MOLINA, A., Tratado de Criminología, cit., pág. 544.

Aunque dicha verificación no pueda estimarse conseguida, si han adquirido gran predicamenteo algunas *hipótesis* (estrictamente fisiopatológicas o biosociales) que creen hallar el sustrato de las psicopatías en el *sistema nervioso autónomo o vegetativo*, en el nivel de *activación cortical* del individuo («arousal») o incluso en disfunciones *neurofisiológicas*.

Precisamente por ser la personalidad psicopática un caso «extremo», límite, ha sido el campo preferido de numerosas investigaciones empíricas dirigidas a contrastar los más dispares *modelos teóricos explicativos* de la criminalidad. De ellas se da cuenta en otros lugares de esta obra. Así, por ejemplo, las de EYSENCK (modelos biológico-conductuales o de *condicionamiento* del proceso de socialización) —cuya hipótesis ha revisado, entre nosotros, PÉREZ SÁNCHEZ— y TRASLER las realizadas en el campo *neurofisiológico*, por A. J. RABIN y otros muchos sobre *disfunciones cerebrales mínimas* (MBD), anomalías electroencefalográficas (EEG abnormality: «ritmo delta», «ritmo lento», etc.), etc., y sobre todo, los recientes estudios sobre el *sistema nervioso autónomo o vegetativo* (ANS) del propio EYSENCK, MEDNICK, SIDDLE, etc., que operan con conceptos como el «nivel de estimulación cortical», «SCR» («skin conductance-recovery»), indicadores del grado de actividad del sistema nervioso.

Al estado actual de nuestros conocimientos científicos sobre las personalidades psicopáticas se refiere un importante trabajo de SARNOFF A. MEDNICK y JAN VOLAVKA, publicado en 1980[1593], que revisa y evalúa aquéllos.

> Como apuntan los autores citados, la mayor parte de los psiquiatras definen al psicópata como persona sin sentimientos: no experimenta complejo alguno de culpa —se piensa— por el mal que ha causado, ni vergüenza o mala conciencia. Es incapaz de aprender, de modo que la amenaza de la pena, o la imposición de ésta, no le hacen modificar su conducta en el futuro. No puede controlar sus impulsos, ni prever las consecuencias de sus actos anticipadamente.
>
> Pero la psicopatía ha dejado de ser un «valor entendido». Hoy se intenta demostrar con una metodología *empírica* que existe un *sustrato real, fisiológico*, detrás de toda personalidad psicopática.
>
> Como advierten SARNOFF A. MEDNICK y JAN VOLAVKA, numerosas investigaciones tratan de demostrar, mediante mediciones periféricas del sistema nervioso vegetativo (vg. frecuencia del pulso, presión sanguínea, respiración, conductancia eléctrica de la piel, etcétera), la pobreza de sentimientos del psicópata, su muy limitada capacidad de reacción sensitiva y la falta de la necesaria predisposición en el mismo para representarse anticipadamente las consecuencias negativas que se desprenden de su acción, para sí y para sus víctimas.
>
> Uno de los indicadores favoritos en diversos estudios es el nivel de «*reacción galvánica de la piel*» o grado de conductancia eléctrica de ésta. El «detector de mentiras», por otra parte, ha impulsado y facilitado numerosos trabajos al respecto, midiendo la resistencia de la piel, que depende de la actividad, mayor o menor, de las glándulas sudoríparas de las palmas de las manos (y aquélla, a su vez, de la irritabilidad del sistema nervioso vegetativo). Lógicamente, las personas cuyo sistema neurovegetativo es muy sensible —y se halla, por

---

[1593] Cfr. SCHNEIDER, H.J., Kriminologie, cit., págs. 388 y ss.

tanto, a menudo en tensión— tienen una elevada conductancia eléctrica en su piel (porque la hipersensibilidad produce una hiperactividad de las glándulas sudoríparas y la sal que éstan segregan aumenta la conductancia eléctrica de la piel); mientras las personas poco emocionales, insensibles, tienen una baja capacidad de conductancia eléctrica, por la razón inversa.

De acuerdo con estas premisas, se ha medido la *reacción galvánica* de la piel de *reclusos psicópatas*, constatándose que el nivel de la misma es *ligeramente inferior que en los reclusos no psicópatas*, de donde se desprendería que el psicópata parece ser en menor medida estimulable y excitable desde un punto de vista sensitivo. Su nivel de conductancia eléctrica es menor, porque lo es, también, la respuesta de su sistema neurovegetativo (y, por tanto, la actividad de las glándulas que segregan soluciones que favorecen dicha conductancia). Pero no sólo esto. Se han comprobado igualmente que, comparando *las respuestas del sistema neurovegetativo* de reclusos psicópatas y de reclusos no psicópatas una vez estimulados ambos de antemano, por vía experimental, el sistema neurovegetativo de los reclusos psicópatas reacciona de una manera menos espontánea, tanto antes como después de ser estimulado; y que, desde luego, ante estímulos provocados, como ruidos, descargas eléctricas, etc., la respuesta es acusadamente inferior a la del individuo medio no psicópata. De donde podría inferirse que los psicópatas exhiben una capacidad de reacción o respuesta a las sensaciones muy inferior a la de los no psicópatas. A una conclusión semejante se llega, también por vía experimental, en cuanto a la representación anticipada por el psicópata de las consecuencias negativas derivadas de su acción, para sí o para terceros. La respuesta, provocada mediante una experiencia dolorosa, del sistema neurovegetativo del recluso psicópata al anticipar y asociar dicha sensación, demuestra una muy inferior excitabilidad emocional del mismo en comparación con la reacción del recluso no psicópata (vg., pulsaciones, reacción galvánica de la piel, etc.).

En nuestro país, GARRIDO GENOVÉS, ha resumido el resultado de las principales investigaciones empíricas que han tratado de verificar el sustrato orgánico de las psicopatías, distinguiendo entre «estudios de emoción que no emplean el lenguaje» y los que si lo emplean[1594].

A los estudios que no se sirven del lenguaje para valorar las emociones (fundamentalmente, la capacidad del sujeto para anticipar miedo o ansiedad cuando esperan un estímulo doloroso) pertenecerían los que analizan la respuesta de las glándulas sudoríparas, del ritmo cardíaco, del parpadeo, etc.

Según tales estudios, los psicópatas experimentarían mucho menos miedo que los no psicópatas[1595].

Lo demostraría, por ejemplo, la menor *conductancia eléctrica de la piel*[1596] del psicópata.

Pero los psicópatas no solo serían menos sensibles al miedo, sino que dispondrían de un mecanismo mental hábil para desconectar las señales de miedo procedentes del entorno, a tenor del significativo descenso de la tasa o ritmo cardiaco observado en los mismo ante el estímulo doloroso. Expuestos psicópatas y no psicópatas a un sencillo experimento (en

---

[1594] El psicópata, cit., págs. 68 y ss. Sintetizando las conclusiones que resultan de los diversos estudios, vid., pág. 82.

[1595] El psicópata, cit., págs. 68 y ss. Sintetizando las conclusiones que resultan de los diversos estudios, vid., pág. 82.

[1596] Cfr. LYKKEN, D.T., The antisocial personalities, 1995, Nillsdale, N.J.: Erlbaum, citado por GARRIDO GENOVÉS, V., op. cit., pág. 69.

el que esperan una pequeña descarga eléctrica al final de una cuenta atrás), mientras el ritmo cardiaco se eleva en estos últimos porque los estímulos son amenazantes, dicho ritmo desciende en los psicópatas quienes se protegen del dolor desconectando de la ansiedad asociada a la amenaza de la descarga[1597].

Otras investigaciones demuestran, también, la singular respuesta del psicópata ante *imágenes* de muy distinto contenido emocional: el individuo normal parpadea mucho cuando las imágenes que observa son desagradables, y poco si las percibe como agradables. Los psicópatas, sin embargo, parpadean lo mismo ante unas u otras imágenes, lo que demostraría que para ellos el valor emocional de imágenes antagónicas sería muy similar[1598].

Un último experimento evidenciaría la muy limitada capacidad el psicópata para sentir y responder a las emociones en comparación con el no psicópata, considerando la muy diferente forma de procesar ciertas imágenes y las respectivas reacciones del *ritmo cardiaco, actividad eléctrica, movimiento músculos faciales*, etc. En efecto, todo parece indicar que el no psicópata mientras imagina frases de fuerte contenido emotivo experimenta una aceleración de su ritmo cardiaco, su respuesta eléctrica se incrementa y muestra un sutil movimiento de sus músculos faciales. Los psicópatas, por el contrario, no evidenciarían diferencias significativas en los indicadores citados al representarse imágenes de muy distinto significado emotivo[1599].

En cuanto a investigaciones que emplean y valoran *el lenguaje*, para analizar las emociones, las actuales ciencias neurológicas han aportado una información muy valiosa en torno a la actividad eléctrica cerebral mediante el uso del electroencefalograma, el escáner, etc.

Así, el *electroencefalograma* registra un distinto *potencial evocado* en el caso de psicópatas y no psicópatas que leen palabras emocionalmente neutras, positivas y negativas. El experimento demostraría que los no psicópatas reaccionan con mayor rapidez y acierto ante las palabras de fuerte contenido emocional que ante las neutras (en el potencial evocado, las primeras y las últimas ondulaciones son más largas ante los estímulos emocionales que ante las palabras neutras). Por el contrario, los psicópatas dan la misma respuesta en rapidez y precisión de reconocimiento, y en sus potenciales evocados ante todos los estímulos, sin diferenciar las palabras neutrales de las de poderoso contenido emocional; es decir, no se sintieron afectados por la connotación y sentido emocional implicados en aquéllas[1600].

Otros experimentos se llevaron a cabo mediante el escáner para medir la *activación cerebral (del fluido sanguíneo que circula en los diversos lóbulos)* ante un determinado estímulo (palabras neutras o palabras de alto contenido emotivo). La conclusión fue que los cerebros de los psicópatas mostraron mayor actividad que los cerebros de los no psicópatas ante las palabras de carga emotiva que ante las palabras neutras; esto es, los psicópatas han de esforzarse más para reconocer y procesar las palabras con carga emocional que las neutras[1601].

[1597] Cfr. HARE, R. y SCHALLING, D. (edits.), Psychopathic behavior: Approaches to research, 1978 (Chichester: Wiley), cit., por GARRIDO GENOVÉS, V., op. cit., pág. 70.

[1598] Cfr. PATRICK, C.J., Emotion and psychopathy: Starling new insights. Psychophysiology, 1994 (31), págs. 319 y ss. Cit. por GARRIDO GENOVÉS, V., op. cit., pág. 70-

[1599] Cfr. PATRICK, C.S., CUTHBERT, B.N. y LANG, P.J., Emotion in the criminal psychopath: Fear image processing, en: Journal of Abnormal Psychology, 1994 (103), págs. 523 y ss. Citado por GARRIDO GENOVÉS, V., op. cit., pág. 71.

[1600] Vid. WILLIAMSON, E., HARPUR, T.J. y HARE, R.D., Abnormal processing of affective words by psychopaths, en: Psychophysiology, 1991 (28), págs. 260 y ss., citado por GARRIDO GENOVÉS, V., op. cit., pág. 74.

[1601] Así, Intrator et. al., A Brain imaging study of semantic and affective processing in psychopaths, en: Biological Psychiatry, 1997 (42), págs. 96 y ss., cit. por GARRIDO GENOVÉS, V., op. cit., págs. 74 y ss.

Interesan, también, investigaciones que exploran la capacidad de comprender las *metáforas*, es decir, ciertos recursos del lenguaje que atesoran su riqueza emocional. Aquellas demuestran que los psicópatas, aún cuando usan metáforas en su lenguaje engañoso y manipulador, no comprenden el profundo contenido emocional de las metáforas. Entienden el sentido literal, pero no el emocional de las frases. Metáforas que los no psicópatas valoraban muy negativamente, eran valoradas como muy positivas por los psicópatas, y viceversa[1602].

El *lenguaje incongruente* del psicópata es consecuencia de la dificultad o incapacidad de éste para captar el valor real y profundo (emocional) de las palabras, su sentido. Por ello, el psicópata incurre en una continua incongruencia, salta de un asunto a otro, extrae conclusiones que no se infieren de su argumentación, y, desde luego, es menos sensible ante las inflexiones emocionales que muestra su interlocutor, como parece haberse constatado en estudios experimentales[1603]. La incongruencia del lenguaje del psicópata es un indicador del déficit semántico-emocional que éste padece y guarda estrecha relación con la grave incapacidad del mismo para aprender de la experiencia, ya que para aprender de la experiencia la memoria ha de almacenar los sentimientos vividos y el psicópata fracasa en este ámbito.

Por último, algunas investigaciones empíricas sobre la *lateridad cerebral* parecen haber demostrado que los psicópatas tienen dificultades para procesar el material emocional en su hemisferio derecho y que necesitan emplear ambos hemisferios de modo menos diferenciado, lo que implica una organización más difusa de la actividad cerebral[1604].

b") De los modelos teóricos más recientes destacan dos: el biológico-conductual o de *condicionamiento* del proceso de socialización, de EYSENCK, TRASLER y otros (condicionamiento *clásico* o aprendizaje por asociación de estímulos); y el modelo *biosocial* de SARNOFF-A.MEDNICK, en parte expuesto al contemplar las investigaciones realizadas sobre el sistema nervioso autónomo o neurovegetativo, modelo que descansa, por el contrario, en el aprendizaje *operante* o *instrumental*.

Para EYSENCK y TRASLER la conciencia es un «reflejo condicionado». El niño aprende a apartarse del delito gracias a los castigos que le aplican sus padres, reprimiendo así unas tendencias hedonistas y amorales innatas. Cada vez que es castigado, el niño asocia la sanción impuesta («estímulo incondicionado») a las conductas prohibidas («estimulo condicionado»), y, de este modo (*aprendizaje «clásico»* por asociación de estímulos) forma y desarrolla poco a poco una conciencia o «reacción condicionada» de miedo y ansiedad ante comportamientos semejantes en el futuro; esto es, una poderosa instancia de control interno, autónoma, que operará en lo sucesivo como eventual factor disuasorio. Según EYSENCK, los psicópatas exhiben una característica incapacidad para condicionarse derivada de una muy limitada *activación cortical* («arousal»). En efecto, la capacidad de condicionamiento depende de la actividad del córtex que controla el comportamiento humano. Los individuos

---

1602 Vid. HAYES, J. y HARE, R.D., Psychopathy and confusion of emotional polarity during processing of metaphorical statements, original no publicado que cita GARRIDO GENOVÉS, V., op. cit., pág. 76.

1603 Vid. WILLIAMSON, S.E., Cohesion and coherence in the speech of psychophatic criminals, tesis doctoral, 1991 (British Columbia, Vancouver), citado por GARRIDO GENOVÉS, V., op. cit., pág. 77.

1604 Vid. HARE, R., Psychopathy, affect and behavior, pág. 126 y ss., cit. por GARRIDO GENOVÉS, V., op. cit., págs. 78 y ss.

introvertidos tienen una elevada activación cortical y, por ello, una considerable condicionabilidad; por el contrario, los extrovertidos, muestras bajos niveles de activación cortical, son más rápidos que los introvertidos en el desarrollo de la inhibición reactiva, pero, también por ello, se condicionan y socializan peor que los introvertidos en rapidez e intensidad. Los psicópatas arrojan una puntuación más extrema aún que la de los individuos extrovertidos. La acusada proclividad de los psicópatas hacia el comportamiento criminal se explicaría, entonces, porque el delincuente es un sujeto que no ha conseguido formar una conciencia sólida, bien debido a que tienen una pésima capacidad de condicionamiento congénita, bien al defectuoso proceso de socialización (fracaso de los padres, que no han sabido condicionarle eficazmente)[1605].

EYSENCK resume en cuatro fases la dinámica criminal: defecto congénito de condicionamiento en las personalidades psicopáticas por una insuficiente activación cortical; comportamiento criminal instintivo, natural, que se refuerza; falta de conciencia, del desarrollo de un reflejo condicionado que permita asociar conducta delictiva y castigo o angustia en el sentido de los procesos de condicionamiento o aprendizaje «clásico»; ausencia de todo resorte personal inhibitorio del comportamiento criminal a causa de la pésima capacidad de condicionamiento[1606].

El modelo *biosocial* de SARNOFF A. MEDNICK parte del aprendizaje *operante o instrumental* (el hombre aprende por las consecuencias de sus actos, castigos o recompensas). El niño aprende el comprotamiento correcto a través del castigo del que no lo es, en el seno de la familia y de sus padres. Evita la pena o el temor de ser castigado no haciendo aquello por lo que ha sido penado. Anticipan mentalmente el castigo —el temor a ser castigado— desarrolla mecanismos de inhibición frente al comportamiento desaprobado. La mitigación de dicho temor es el más natural y poderoso «refuerzo» («recompensa») porque potencia aquellos mecanismos inhibitorios. MEDNICK arumenta así[1607]: el niño que tiene un sistema neurovegetativo muy sensible —y que se recupera, también, muy pronto del miedo al castigo— cuenta con un rápido y buen refuerzo para inhibirse de comportamiento desaprobados, aprenderá fácilmente a actuar con arreglo a la ley. Por el contrario, si el sistema neurovegetativo del niño es poco sensible y activo, si responde con lentitud y dificultad ante el temor al castigo, significará un refuerzo muy escaso frente al comportamiento prohibido, de modo que el aprendizaje del comprotamiento aprobado socialmente será muy lento, si es que incluso tiene lugar. En conclusión, el *psicópata* aprende mal —o no aprende— el comportamiento prescrito por las leyes porque el sistema nervioso vegetativo de los mismos reacciona poco, mal y despacio ante el temor al castigo y se recupera muy lentamente. Tal déficit del sistema neurovegetativo de los psicópatas sería, según MEDNICK, hereditario y congénito.

No es necesario reiterar que este modelo teórico, muy sugestivo, carece aún de verificación empírica.

SARNOFF A. MEDNICK describe así la respuesta de las personalidades psicopáticas: lenta recuperación del sistema neurovegetativo una vez excitado por el temor (al castigo); hipoactividad congénita; planificación del comportamiento prohibido; reducida y lenta mitigación de dicho temor al castigo; escaso o nulo refuerzo (recompensa) de los mecanismos inhibitorios frente al comportamiento prohibido a causa de la pésima capacidad de recuperación del sistema neurovegetativo; reducida capacidad de aprendizaje del comportamiento socialmente aprobado[1608].

[1605] Cfr. SCHNEIDER, H.J., op. cit., págs. 390 y ss.
[1606] Cfr. SCHNEIDER, H.J., op. cit., pág. 391.
[1607] Cfr. SCHNEIDER, H.J., op. cit., págs. 391 y ss..
[1608] Cfr. SCHNEIDER, H.J., op. cit., pág. 392.

La discusión científica sobre la psicopatía sigue, pues, abierta[1609]. También en la doctrina penal española[1610]. Sin duda, la vacilante y contradictoria *jurisprudencia* de nuestros tribunales al resolver sobre la responsabilidad criminal del psicópata —plena, la mayoría de las veces, atenuada, otras[1611]— da buena fe de la impecisión de esta categoría psiquiátrica y del grado de incertidumbre que domina, por tanto, la praxis judicial.

Se comprende, por ello, que el término «psicopatía» haya sido objeto de toda suerte de *críticas*, y que las investigaciones sobre «personalidades psicopáticas» —a cuyos resultados se hará referencia después— se contemplen con elevado escepticismo[1612].

Existen tan variadas descripciones de esta entidad nosológica, que obviamente una misma persona puede devenir psicópata, según la teoría o clasificación que se utilice, o el psiquiatra que la aplique[1613]. De hecho, como advierte CLECKLEY[1614], en la praxis clínica suele utilizarse una acepción tan laxa que realmente cualquier criminal podría ser reputado «psicópata». Proceder censurable, ya que, según resalta el propio CLECKLEY[1615], ni la mayoría de los psicópatas son delincuentes ni la mayoría de los delincuentes, psicópatas. Las tipologías resultan, a veces, tan ambiguas que asignan a la personalidad psicopática del delincuente unos «rasgos» que, en puridad, no parecen privativos de éste, sino compartidos por otras muchas personalidades no criminales[1616].

Para algún autor, como LEFERENZ[1617], por ello el término «psicopatía» se ha convertido en un «tópico» superfluo y perturbador, y sería más correcto sustituir el mismo por la descripción precisa de lo que en cada caso concreto se estima «psicopático».

[1609]   Vid. GÖPPINGER, H., Criminología, cit., pág. 172.

[1610]   Vid. RODRÍGUEZ DEVESA, J.Mª, Derecho Penal Español, cit., P.G. (1985), pág. 588 nota 11; COBO DEL ROSAL, M. y VIVES ANTÓN, T.S., Derecho Penal, P.G., cit., pág. 471.

[1611]   Sobre la jurisprudencia del Tribunal Supremo español a propósito de las psicopatías, vid.: RODRÍGUEZ DEVESA, J.Mª, Derecho Penal español, cit., P.G., pág. 589, nota nº 16. Vid. ASIER URRUELA MORA, Imputabilidad, cit., págs. 315 y ss.

[1612]   Vid. GÖPPINGER, H., Kriminologie, cit., pág. 173. Cfr. SCHNEIDER, H.J., Kriminologie, cit., págs. 392 y ss.

[1613]   Así, SUTHERLAND, E. y CRESSEY, D., Principles de Criminologie, París (1956), Cuyas. Cfr. MIRALLES, Tª, en: El pensamiento criminológico, cit., I, pág. 83.

[1614]   CLECKLEY, H., The Mask of Sanity, 1976 (5ª ed.), Mosby, St. Louis, pág. 263. Cfr., VOLD, G.B., Theoretical Criminology, cit., pág. 148.

[1615]   CLECKLEY, H., The Mask of Sanity, cit., págs. 188 a 221. Cfr. VOLD, G.B., Theoretical Criminology, cit., pág. 149.

[1616]   Así, GÖPPINGER, H., Criminología, cit., pág. 173.

[1617]   LEFERENZ, H., Neue Ergebnisse der gerichtlichen Psychiatrie, en: Fortschritte der Neurologie, Psychiatrie und ihrer Grenzgebiete, 22 (1964), págs. 369 y ss. Cfr. GÖPPINGER, H., Criminología, cit., pág. 172.

Una segunda objeción apunta a la *escasa fiabilidad* de los resultados obtenidos por las investigaciones realizadas en la *población reclusa y los errores de predicción* sobre el comportamiento de psicópatas.

Los índices de psicopatía detectados en la población carcelaria oscilan, de unos investigadores a otros, entre el 14,5 por 100 (estudio llevado a cabo en 1935 por STUMPFL sobre delincuentes primarios) y el 100 por 100 del total (según FREY, de acuerdo con una muestra de delincuentes precoces y reincidentes, analizada en 1951); lo que sugiere una imagen realmente extraña[1618] de la incidencia de la prsicopatía en la criminalidad registrada, poco digna de crédito. En los propios establecimientos penitenciarios, los porcentajes de reclusos clasificados como «psicópatas» varían de forma alarmante de un centro a otro[1619], dato éste anómalo en el que sin despreciar la influencia de las distintas concepciones de la salud y la enfermedad o la particular sensibilidad de quienes realizan el diagnóstico y la clasificación, sin duda intervienen también factores infraestructurales, como el número de plazas disponibles en los establecimientos psiquiátricos[1620].

Los graves *errores de predicción* sobre el comportamiento de psicópatas[1621] es otro de los argumentos esgrimidos contra la solidez científica y utilidad de esta categoría psiquiátrica.

La tercera crítica, fundamentalmente *ideológica*, y poco consistente, reitera un argumento ya expuesto: la «enajenación mental» es una mera «definición so-

---

[1618] Así, GÖPPINGER, H., Criminología, cit., pág. 172. Véase la reseña que aporta este autor sintetizando el resultado de las diversas investigaciones empíricas realizadas por STUMPFL (1935), SCHMID (1936), FREY (1951), RIEDL, RATTENHUBER, SCHNELL, SCHIED (1936), MICHELL (1952), REISS (1922), VERVAECK (1935), etc. Vid., también, EXNER, F., Kriminologie, 1949 (3ª ed.), Berlín, págs. 183 y ss.; también: CRAFT, M., Psychopathic Personalities: A Review of Diagnosis, Aetiology, Prognosis and Treatment, en: The British Jorunal of Criminology, Delinquency and Deviant Social Behaviour, 1 (1960/61); GIBBENS, T.C.N., y otros: Psychopathic and neurotic offenders in mental hospital (en: De Reuck, A.V.S., R. Porter, edit.), The Mentally Abnormal Offender Londres, 1968; KAUFMANN, H., Kriminologie, I (Entstehungszusammenhänge des Verbrechens), 1971, Sttugart, págs. 45 y ss. y 182 y ss.; vid. también, SCHNEIDER, H.J., Kriminologie, cit., pág. 392.

[1619] Cfr. GÖPPINGER, H., Criminología, cit., págs. 172 y ss.; LÓPEZ REY, M., La Criminalidad. Un estudio analítico, cit., págs. 190 y ss.; MIRALLES, Tª, en: El pensamiento criminológico, cit., I, pág. 83, nota 14; Cfr. SCHNEIDER, H.J., Kriminologie, cit., págs. 392 y ss.

[1620] Cfr., LÓPEZ REY, M., La Criminalidad. Un estudio analítico, cit., págs. 190 y 191; también, HALL WILLIAMS, J.H., Criminology and Criminal Justice, cit., pág. 47.

[1621] Sobre el problema, vid. MORRIS, N. y HAWKINS, G., The Honest Politician's Guide to Crime Control, Chicago (1970), University of ChicagoPress, págs. 185 a 192; STEADMAN, H.J., The Psychiatrist as a Conservative Agent of Social Control, en: Social Problems, 20 (2), 1972, págs. 263 a 271; BRODSKY, ST., Psychologist in the Criminal Justice System, 1973, University of Illinois Press, Urbana, págs. 142 y ss.; KOZOL, H.L.; BOUCHER, R.J., y GARÓFALO, R.F., The Diagnosis and Treatment of Dangerousness, en: Crime and Delinquency, 18 (1972), págs. 371 a 392; MORRIS, N., The Future of Imprisonment, Chicago, 1974, University of Chicago Press. Cfr., por todos, VOLD, G.B., Theoretical Criminology, cit., págs. 150 y ss.

cial»[1622], y los psiquiatras —como afirma H.J. STEADMAN[1623]— «agentes conservadores del control social».

Desde este enfoque (antipsiquiátrico), la imprecisión del término «psicopatía» sirve al objetivo político y moral de mantener el orden constituido[1624]. No sólo carece de todo sustrato científico, sino que se orienta a la preservación del *status quo*, del *código normativo-social*[1625], patologizando cuanto se desvía de sus estándares valorativos. Una aplicación selectiva de categorías como ésta se convierte en poderoso instrumento del «Estado terapéutico»[1626], que fulmina al disconforme y reclama docilidad, que exige rendimiento, productividad y huye de toda conflictividad[1627], que confunde intencionadamente lo extraño, lo incomprensible y lo anormal[1628]. La llamada «psiquiatrización de la vida social»[1629] tendría, pues, un contenido político, ya que el etiquetamiento de un individuo como psicópata mantiene intactos los valores de la norma que éste discute, no puede o no quiere aceptar[1630]. Extremando este planteamiento crítico, HALLECK[1631] ha llegado a afirmar que tanto la criminalidad como la enfermedad mental responden a un mecanismo idéntico de adaptación activa al estrés: el estrés que conduce a la enfermedad mental —argumenta HALLECK— es el mismo estrés que conduce al crimen.

c') Muchas son las *investigaciones empíricas* dirigidas a comprobar la correlación existente entre determinadas anomalías psíquicas y el comportamiento criminal; sus resultados, equívocos, desconcertantes e incluso contradictorios, dan pie a toda suerte de interpretaciones y teorías.

Para una valoración correcta de aquéllos, parece necesario distinguir los estudios realizados en la *población reclusa*, de aquellos otros que, además, contaron con el correspondiente *grupo de control*.

[1622] Vid. VETTER, H.J. y SILVERMANN, I.J., Criminology and Crime. An Introduction, cit., pág. 383.

[1623] STEADMAN, H.J., The Psychiatrist as a Conservative Agent of Social Control, cit., págs. 263 y ss.

[1624] Vid. VETTER, H.J., y SILVERMAN, I.J., Criminology and Crime. An Introduction, cit., pág. 383.

[1625] Vid. MIRALLES, Tª, en: El pensamiento criminológico, cit., I, pág. 83.

[1626] KITTRIE, N.N., The Rigth to be Different, London, 1971, Johns Hopkins Press, Cfr. MIRALLES, Tª, en: El pensamiento criminológico, cit., 1, pág. 86.

[1627] Según FÁBREGAS, J.L., y CALAFAT, A., la Psiquiatría y el Psicoanálisis se han utilizado «para atender, tranquilizar, adaptar a la normal convivencia a los disconformes, a los nerviosos, a los absentistas laborales, a los miedosos y aprensivos, para que todos acudan dócilmente a su trabajo, rindan más y no planteen problemas» (Política de la Psiquiatría, cit., pág. 28).

[1628] Vid. LÓPEZ REY, M., Criminología, cit., I, pág. 120.

[1629] Cfr. MIRALLES, Tª, en: El pensamiento criminológico, cit., I, pág. 86.

[1630] Vid. MIRALLES, Tª, en: El pensamiento criminológico, cit., I, pág. 87.

[1631] HALLECK, S.L., American Psychiatry and the Criminal: A historical Review, en: American Journal of Psychiatry, 121 (1965), págs. 1 y ss. Cfr. VETTER, H.J. y SILVERMAN, I.J., Criminology and Crime. An Introduction, cit., págs. 383 y 384.

1") Respecto a los primeros, todo parece indicar que se han detectado índices significativos de *anomalías* y perturbaciones psíquicas en la *población reclusa* —más en la femenina que en la masculina[1632]—; índices que oscilarían, según las diversas tesis, entre un 10 por 100 y un tercio del total de la misma[1633], si bien muy pocos son los pacientes que ingresan en los hospitales psiquiátricos procedentes de los establecimientos penitenciarios, o de los tribunales de justicia[1634]. Lo problemático es la interpretación de tales datos.

En cuanto a la incidencia de la *psicopatía* en la población carcelaria, los investigadores ofrecen porcentajes muy dispares, aunque no es posible comparar éstos por tratarse de muestras no homogéneas y de técnicas de investigación también distintas[1635].

Sería erróneo, sin embargo, inferir de estos datos obtenidos de la población reclusa resultados concluyentes sobre la incidencia de ciertas patologías psíquicas en la conducta delictiva. Por muchos y diversos motivos, abstracción hecha de la escasa homogeneidad de los estudios mismos y de sus reiteradas contradicciones.

Ante todo, no procede identificar sin más, los términos *recluso y delincuente*, como hacen con poco rigor quienes extrapolan a la población criminal no *institucionalizada* los datos extraídos de la población reclusa. Se olvida así que esta última no siempre ofrece una muestra representativa de la primera y que la mera institucionalización del infractor (proceso, sentencia, condena, encarcelamiento) condiciona decisivamente todo diagnóstico objetivo sobre su psiquismo, al potenciar eventuales anomalías preexistentes y crear, sin duda, otras nuevas[1636]. Por ello, en parte, no pueden sorprender sobremanera los porcentajes de trastornos mentales que sugieren algunas investigaciones carcelarias. Nada tienen de extraño[1637], aunque —precisamente por esta razón— tampoco demuestren nada; los elevados índices de oligofrenia hallados en la misma[1638] suelen citarse como ejemplo paradigmático al respecto.

[1632] Vid. HALL WILLIAMS, J.E., Criminology and Criminal Justice, cit., pág. 46.

[1633] Así, HALL WILLIAMS, J.E., Criminology and Criminal Justice, cit., pág. 46; también, GIBBENS (Cfr. LÓPEZ REY, M., La Criminalidad. Un estudio analítico, cit., pág. 193).

[1634] Vid. HALL WILLIAMS, J.E., Criminology and Criminal Justice, cit., pág. 46; según el autor, menos de un 1 por 100; véase, también, la conclusión de GIBBENS sobre el problema en Gran Bretaña (Cfr. LÓPEZ REY, M., La Criminalidad. Un estudio analítico, cit., pág. 193); GÖPPINGER, H., Criminología, cit., págs. 172 y 173.

[1635] Vid. GÖPPINGER, H., Criminología, cit., pág. 172.

[1636] Así, BRODSKY, S., Psychologists in the Criminal Justice System, cit., pág. 66.

[1637] Vid. HALL WILLIAMS, J.E., Criminology and Criminal Justice, cit., pág. 46.

[1638] Vid, por todos, GÖPPINGER, H. (Criminología, cit., pág. 170), y la nota bibliográfica que el autor aporta con relación a la incidencia de la oligofrenia en la población reclusa. Según el autor, el oligofrénicao probablemente participa más en la comisión de delitos, pero también

Por otra parte, estas investigaciones sobre la población reclusa se han llevado a cabo sin el contraste del correspondiente *grupo de control*; y carecemos, desde luego, de información fiable respecto al impacto de unas y otras anomalías psíquicas en la *población general*. De modo que no parece posible aventurar hasta qué punto pueden guardar tales patologías una correlación específica con la conducta delictiva o con otros factores y variables que concurrían también en la población carcelaria, pero no privativos de ella.

> En todo caso, desconociendo el significado porcentual de las distintas perturbaciones psíquicas en la población no criminal —que también tiene su «cifra negra»[1639]— cuantificar la relevancia de éstas en la delincuencial resulta arriesgado, ya que cualquier hipótesis presupone la comparación de dos magnitudes; más aún si la meta pretendida no es confirmar o negar la existencia de una conexión genérica entre enfermedad mental y crimen, sino la específica que pueda constatarse entre determinadas patologías psíquicas y concretas manifestaciones delictivas.

2") En cuanto a los estudios con *grupo de control*, semejante parece ser la información que suministran.

Las investigaciones sobre *rasgos* (patológicos) de la personalidad no detectan características diferenciales muy acusadas en el grupo de delincuentes, sino una distinta interrelación de los trazos de la personalidad en comparación con el grupo de no delincuentes.

Así, SCHUESSLER y CRESSEY, en un informe de 1950 que evalúa los trabajos realizados durante veinticinco años en los Estados Unidos[1640] sobre la base de *test* objetivos de personalidad en delincuentses y no delincuentes, concluyeron no habría podido verificarse que la delincuencia se asocie a determinados rasgos de la personalidad, porque las diferencias observadas entre los dos grupos carecería de la relevancia necesaria para fundamentar tal correlación estadística[1641].

Parecida es la tesis del matrimonio GLUECK[1642], después de comparar dos grupos homogéneos de 500 delincuentes y no delincuentes, ponderando no sólo

---

asume un riesgo mayor de ser detenido. En el caso de la psicopatía, desconocemos su incidencia en la población general (así, SCHNEIDER, H.J., Kriminologie, cit., pág. 392).

[1639] Cfr. LÓPEZ REY, M., Criminalidad. Un estudio analítico, cit., pág. 193, nota 12.

[1640] SCHUESSLER, K.F. y CRESSEY, D.R., Personality Characteristics of Criminals, en: American Journal of Sociology, 55 (1955), págs. 476 a 484. Vid. VOLD, G.B., Theoretical Criminology, cit., págs. 139 y ss.

[1641] SCHUESSLER, K.F. y CRESSEY, D.R., Personality Characteristics of Criminals, cit., pág. 476. Vid. VOLD, G.B., Theoretical Criminology, cit., pág. 139. Los autores utilizaron 30 diferentes escalas de personalidad, concluyendo que de 113 comparaciones entre los dos grupos, 42 por 100 mostraron diferencias a favor del no criminal, mientras el resto quedaría sin especificar.

[1642] GLUECK, SH. y GLUECK, E., Unraveling Juvenile Delinquency, New York, 1950, Commonwealth Fund. Cfr., VOLD, G.B., Theoretical Criminology, cit., págs. 140 y ss.

aspectos cualitativos y dinámicos de la inteligencia, sino también la extensión y naturaleza de patologías psíquicas de acuerdo con el *test* Rorschach. Las analogías entre los dos grupos fueron más acusadas que las diferencias[1643].

> Es cierto que algunos «rasgos» parecen bastante acusados en el grupo criminal: dificultades de adaptación e inestabilidad (+11), psicopatías (+6,9); sin embargo, las suposiciones se desvanecen al constatar que el neuroticismo es más significativo en el grupo no criminal que en el criminal (-11,2).

Análogos son los datos que arrojan las investigaciones realizadas con el *test* MMPI (Minnesota Multiphasic Personality Inventory), extenso cuestionario de 550 preguntas, de uso frecuente en la psiquiatría clínica para el diagnóstico pronto de trastornos psíquicos en adultos[1644]; cuando se comparan dos grupos homogéneos de criminales y no criminales, a menudo se hallan diferencias considerables en diversas escalas; sin embargo, el porcentaje medio de tales diferencias no suele ser significativo[1645].

> Esta es la conclusión de MONACHESI[1646], entre otros. Pues, si bien la escala 4 (Pd) del MMPI (psicopatías) ofrece los resultados en principio más llamativos desde un punto de vista estadístico, una interpretación detenida de los mismos pone de relieve que no son suficientemente consistentes[1647], y que adolecen de graves reparos metodológicos[1648].

d') La Organización Mundial de la Salud ha sustituido el término «personalidad psicopática» por el de «*trastornos de la personalidad*» que acogen, definitiva-

---

[1643] Véanse las dos tablas relativas a la «patología mental» y a los «rasgos básicos del carácter» de uno y otro grupo, en: Unraveling Juvenile Delinquency, cit., págs. 239 y 241, respectivamente.

[1644] De otro parecer, WALDO, G.P. y DINITZ, S., Personality Attributes of the Criminal: An Analysis of Research Studies, 1950-1965, en: The journal of Research in Crime and Delinquency, 4(2), 1967, págs. 185 a 202. A juicio de los autores, 28 de los 29 estudios llevados a cabo entre 1950 y 1965 con arreglo al MMPI arrojan diferencias significativas entre el grupo de delincuentes y el de no delincuentes: sobre todo, en su escala 4 (psicopatías). Vid. VOLD, G.B., Theoretical Criminology, cit., pág. 147, nota 44.

[1645] Vid. VOLD, G.B., Theoretical Criminology, cit., págs. 144 y ss.

[1646] MONACHESI, E.D., Personality Characteristics of Male Delinquents, en: Journal of Criminal Law and Criminology, 41 (1950), págs. 173 y 174; del mismo: Some Personality Characteristics of Delinquents and Non-delinquents, en: Journal of Criminal Law and Criminology, 38 (1948), págs. 487 a 500.

[1647] Vid. VETTER, H.J. y SILVERMAN, I.J., Criminology and Crime.An Introduction, cit., pág. 388, también en sentido crítico.

[1648] Así, WALDO, G.P. y DINITZ, S., Personality Attributes of the Criminal, cit., págs. 185 a 202. Cfr. VETTER, H.J. y SILVERMAN, I.J., Criminology and Crime. An Introductions, cit., pág. 388. TANNENBAUM reprocha a los estudios sobre rasgos de personalidad el planteamiento «tautológico» o «circular» de los mismos (Personality and Criminality: A summary and implications of the literature, en: Journal of Criminal Justice, 5 (1977), págs. 225 a 235). Vid., también, VOLD, G.B., Theoretical Criminology, cit., págs. 147 y 148.

mente, los actuales Manuales y clasificaciones psiquiátricas, como el DSM V y el CIE 10 (F602 y 301.7 respectivamente, «trastorno antisocial de la personalidad»).

Un *trastorno de la personalidad* es más —y algo distinto— que el mero conjunto de *rasgos* de la personalidad. El trastorno exige la constatación de un patrón permanente de experiencia interna y de comportamiento que se aparta de las expectativas de la cultura del sujeto, manifestándose en las áreas cognoscitiva, afectiva, de la actividad interpersonal, o de los impulsos; dicho patrón persistente es inflexible, desadaptativo, exhibe larga duración e inicio precoz (adolescencia o comienzos de la edad adulta) y ocasiona un malestar o deterioro funcional en amplias gamas de situaciones personales y sociales del individuo[1649].

Quién padece un trastorno de la personalidad grave, mantiene íntegra las facultades superiores pero no puede ponerlas en juego eficaz como consecuencia, según los casos, bien de una *notable impulsividad e inestabilidad afectiva* («trastorno límite»), bien por falta de *empatía y dificultades para adaptarse a normas* («trastornos antisocial»), *errores atribucionales severos* («trastorno paranoide») o *dependencia absoluta* («trastorno dependiente»)[1650].

De la rica gama de trastornos de la personalidad —el DSM V conoce *once tipos* de trastornos de la personalidad[1651]— el de mayor interés criminológico es el denominado «*trastorno antisocial*». Este se caracteriza por un patrón persistente de desprecio y violación de los derechos de los demás que se manifiesta desde los 15 años, consistente en tres o más de los siguientes datos: fracaso para adaptarse a las normas sociales (continuas detenciones del sujeto por su sistemática conducta irregular), impulsividad e incapacidad para planificar su propio futuro, irritabilidad y agresividad (continuas peleas y agresiones a terceros), despreocupación imprudente por la seguridad de sí mismo o de los demás, actitud de clara irresponsabilidad (falta de continuidad laboral y dejación de las cargas económicas), ausencia de complejo de culpa (indiferencia o incluso justificación de los robos, daños y lesiones causadas a terceros), falta reiterada a la verdad y repetida comisión de delitos (vg. estafas para obtener un lucro personal o por mero placer). El sujeto que padece este trastorno debe haber cumplido los 18 años, constando que incluso antes de los 15 suelen presentarse «trastornos disociales»[1652].

[1649] Vid. DSM-V, Manual diagnóstico y estadístico de los trastornos mentales. Barcelona (Masson), págs. 646 y 649.

[1650] Vid. ESBEC RODRÍGUEZ, E./GÓMEZ JARABO, G., Psicología forense, cit., pág. 328.

[1651] DSM-V, cit., págs. 662 a 666.

[1652] El trastorno disocial (DSM-V: F91.8; CIE 10: 312.8) es un patrón repetitivo y persistente de comportamiento en el que se violan los derechos básicos de otras personas o normas sociales importantes propias de la edad, manifestándose por la presencia de, al menos, tres de los siguientes criterios: agresión a personas y animales (actitud fanfarrona, amenazante y pendenciera, crueldad hacia personas y animales, participación o provocación de peleas utilizando armas u objetos peligrosos, etc.), provocación de incendios y causación de daños en el patrimonio ajeno, conducta falsa y mendaz para obtener beneficios o incumplir obligaciones, allanamiento de morada ajena, robo de objetos de cierto valor sin enfrentamiento con la víctima, violación grave de normas sociales (absentismo escolar, salidas nocturnas del hogar no autorizadas, etc.), todo lo cual provoca un deterioro clínicamente significativo de la actividad social, académica, laboral, etc. (DSM V, págs. 94 y ss.). Despreocupación por los sentimientos ajenos y falta de empatía, incapacidad para mantener relaciones personales, baja tolerancia a la frustración con descargas de agresividad, ausencia de complejo de culpa e incapacidad para aprender de la experiencia o del castigo, marcada predisposición a culpar a los demás y desinterés irresponsable respecto a las normas son algunos de los rasgos del trastorno disocial de la personalidad,

Las personalidades antisociales están abocadas al conflicto con el sistema legal. Su desprecio, en cierta manera constitucional-genético[1653], hacia las normas de la convivencia, su frialdad de ánimo e incapacidad para aprender por la experiencia y el castigo, les hace peligrosos. Particular interés tienen para la Criminología los psicópatas *hipertímicos* (especialmente bajo la influencia de bebidas alcohólicas), los psicópatas *paranoides* (por su suspicacia y pendencia) y los psicópatas *explosivos* (en los que prevalece la reacción impulsiva en cortocircuito)[1654].

> Cada tipo de psicópata tiene una cierta predisposición delictiva[1655]: el *hipertímico*, por su ligereza, suele ser un mal pagador que olvida sus promesas y compromisos; los psicópatas con afán de *notoriedad*, parecen proclives a la comisión de calumnias y acusaciones falsas; los *lábiles* de estado de ánimo, a la prodigalidad, etc.; sin embargo, los denominados «antisociales» (*recte*: trastornos antisociales de la personalidad) y los «*explosivos*» exhiben una particularidad conflictividad (estos últimos, durante los episodios de exaltación psicomotora y colérica).

f') *La peligrosidad criminal del enfermo mental*. Psicopatología y Psiquiatría circunscriben sus competencias a los procesos mentales patológicos, al delincuente enfermo. Este, según la opinión mayoritaria, debe entenderse, desde un punto de vista numérico, estadísticamente poco significativo, ponderando el total de la población criminal[1656]. La sociedad teme, y teme mucho, al enfermo mental (por cierto, más por la imprevisibilidad e incomprensibilidad del comportamiento y actitudes de todo individuo psicótico, que disminuye las posibilidades de una efectiva prevención, que por el peligro objetivo que éste representa)[1657]. Sin embargo, el delincuente psicótico significa un porcentaje muy reducido en el total de la población criminal, muy inferior del que pudiera pensarse, pues la experiencia demuestra que la mayor parte de los infractores de la ley son sorprendentemente normales desde un punto de vista psíquico: el problema consiste, a menudo, no en que determinadas personalidades se hallen mal estructuradas o inadaptadas, sino que se encuentran bien dispuestas y adaptadas a la vida y a los valores criminales[1658].

---

según el CIE 10 (Cfr., CABRERA FORNEIRO, J. y FUERTES ROCAÑIN, J.C., Psiquiatría y Derecho, cit., pag. 339).

[1653] Vid. CABRERA FORNEIRO, J. y FUERTES ROCAÑIN, J.C., Psiquiatría y Derecho, cit., pág. 341.

[1654] Cfr., CABRERA FORNEIRO, J. y FUERTES ROCAÑIN, J.C., Psiquiatría y Derecho, cit., pág. 341, citando una investigación de GARRIDO GUZMÁN.

[1655] Vid. GARCÍA ANDRADE, J.A., Psiquiatría Criminal y forense, Madrid (1993), Ceura, pág. 170.

[1656] En este sentido, por todos, HALL WILLIAMS, J.E., Criminology and Criminal Justice, cit., pág. 47.

[1657] En este sentido, GARCÍA ANDRADE, J.A., Las raíces de la violencia, cit., pág. 22.

[1658] Como afirma WING, J.K., Reasoning about Madness, 1978, pág. 33.

Tiene razón H. WILLIAMS cuando afirma que, salvo excepciones determinadas, la conexión de la enfermedad mental y el crimen es muy tenue. Sabemos, sin duda, mucho más sobre enfermedades y trastornos mentales desde un punto de vista psicopatológico y clínico que criminológico. A la Psiquiatría Criminal corresponde verificar la relación específica que pueda existir entre cada una de las categorías o entidades nosológicas (psicosis, esquizofrenia, oligofrenia, neurosis, psicopatía, paranoia, etc.) y concretos comportamientos criminales (homicidio, hurto, injurias, etc.)[1659].

No obstante, en el momento de pronunciarse sobre la relación que pueda existir entre enfermedad o trastornos mentales y delito sería más correcto distinguir, discriminar, tanto la naturaleza de la alteración o anomalía psíquica, de una parte, como la índole del delito, de otra, pues cualquier postulado generalizador que correlacione, sin más, enfermedad mental y crimen resulta equívoco y falso.

Como se ha señalado recientemente[1660], los estudios clásicos que sugerían una significativa asociación entre cuadros psicóticos o demenciales y violencia pecaban de notorios vicios metodológicos. Hoy, sin embargo, rigurosas investigaciones longitudinales han podido establecer y constatar de modo empírico que individuos con trastornos mentales severos exhiben un riesgo estadísticamente significativo de implicarse en la comisión de delitos violentos. Esto es, delitos de particular gravedad (vg. homicidio múltiple, homicidio por móviles sexuales, etc.) o modalidades agravadas de aquellos por la concurrencia del ensañamiento, la alevosía, etc. suelen aparecer asociados a relevantes patologías psíquicas del autor[1661]. La correlación, pues, no se establece genéricamente entre enfermedad mental y crimen, sino de forma más matizada: entre las patologías psíquicas más severas, de un lado, y las manifestaciones violentas y más graves de la delincuencia, de otro.

Investigaciones empíricas demuestran, por el contrario, que la correlación existente entre delitos atribuidos a trastornos mentales graves (psicosis, demencia, etc.) y la criminalidad de la población general o la referida a disfunciones psíquicas menos graves (así, abuso de ciertas sustancias, trastornos de la personalidad, etc.) es mucho más significativa y acusada en el segundo caso. Dicho de otro modo: la relación o asociación estadísticamente constatada entre meros trastornos del carácter, abuso de sustancias (patologías ligeras) y criminalidad, en gene-

---

[1659] HALL WILLIAMS, J.E., Criminology and Criminal Justice, cit., pág. 46. Buen ejemplo de encomiables esfuerzos científicos en esta dirección es la obra de GÖPPINGER, H. (Criminología, cit., págs. 165 y ss.).

[1660] ESBEC RODRÍGUEZ, E. y GÓMEZ JARABO, G., Psicología forense y tratamiento jurídico-legal de la discapacidad. Madrid, 2000 (Edisofer, S.L.), págs. 89 y ss.

[1661] ESBEC RODRÍGUEZ, E. y GÓMEZ JARABO, G., Psicología forense …cit., págs. 89 y 90.

ral, parece mucho más alta, más severa, de suerte que los cuadros incapacitantes explican solo un pequeño porcentaje del total de la delincuencia[1662].

Estudios transversales en la delincuencia *juvenil* han evidenciado la presencia porcentualmente llamativa de desórdenes de conducta (vg. disocial, déficit de atención con hiperactividad, etc.) abuso de sustancias, trastornos específicos del desarrollo y problemas afectivos, detectándose igualmente en los jóvenes infractores un pobre funcionamiento adaptativo, bajo cociente intelectual, historial familiar de trastornos psíquicos y criminalidad y prevalencia de estresores psicosociales severos[1663].

En la población *adulta*, se observan en el grupo criminal altos índices de trastornos de personalidad y consumo abusivo de determinadas sustancias[1664].

C') *Teorías y modelos en el ámbito de la Psicología Criminal*. Procede una breve referencia a la evolución de la Psicología, al correspondiente debate sobre el método y a los principales modelos teóricos elaborados en el seno de la misma.

a') *La evolución de la Psicología y sus diversos modelos*. La Psicología, bajo la influencia del positivismo, se ocupó del estudio de la personalidad criminal, si bien sus investigaciones no adquirieron la deseable relevancia teórico científica, por circunscribirse, fundamentalmente, al ámbito clínico-forense y a metas terapéuticas.

Desde un punto de vista *metodológico*, cabe contraponer conductismo y psicoanálisis de una parte: conductismo, teoría cognitiva y aprendizaje social, de otra[1665].

Para el *modelo psicodinámico*, los determinantes últimos del comportamiento criminal son fuerzas motivacionales, tendencias e impulsos que operan por debajo del umbral de la conciencia. Las raíces del delito se hallan, pues, en el interior del propio individuo: y el único método de investigación será, en consecuencia, el introspectivo.

El *conductismo*, por el contrario, supone un rotundo desplazamiento del análisis causal de las respuestas humanas del ámbito de las motivaciones internas al de las influencias externas: estímulos y refuerzos, El conductismo busca las claves del comportamiento, con notorio rigor científico-experimental, en las fuerzas del medio, despojando de su tradicional soberanía a los rasgos de la personalidad, a los motivos del infractor y a los determinantes

---

[1662] Así, ESBEC RODRÍGUEZ, E. y GÓMEZ JARABO, G., Psicología forense y tratamiento jurídico-legal de la discapacidad, cit., pág. 90.

[1663] Cfr., ESBEC RODRÍGUEZ, E. y GÓMEZ JARABO, G., Psicología forense y tratamiento jurídico-legal de la discapacidad, cit., pág. 90.

[1664] Así, ESBEC RODRÍGUEZ, E. y GÓMEZ JARABO, G., Psicología forense y tratamiento jurídico-legal de la discapacidad, cit., pág. 90.

[1665] Vid., BANDURA, A., Teoría del aprendizaje social, 1984, Madrid (Espasa Calpe), quien analiza comparativamente los postulados «conductistas», «psicodinámicos», «cognitivos» y de «aprendizaje social» (págs. 19 a 27). Cfr., GARCÍA-PABLOS DE MOLINA, A., Tratado de Criminología, cit., págs. 587 a 590 y ss.

internos de la conducta: ésta se analiza en función de los estímulos que la provocan y los refuerzos que la mantienen.

Para el *conductismo* el comportamiento delictivo se explica dinámicamente, como mera concatenación de estímulos y respuestas, de acuerdo con su imagen del hombre como máquina de reflejos y hábitos. Por el contrario la *teoría cognitiva* entiende que la conducta humana se rige por claves más complejas y organizadas. Por ello pone especial énfasis en la percepción del mundo por el delincuente; en el contexto subjetivo del criminal; en el desarrollo de ciertos procesos cognoscitivos y variables de esta naturaleza (normas y valores del delincuente, autoestima, umbral de tolerancia a la frustración, desarrollo moral, etc.).

El conductismo ha utilizado como modelo de aprendizaje la concepción skineriana del aprendizaje «operante» (la conducta se controla por sus consecuencias inmediatas), y solo en menor medida la del aprendizaje «clásico» o «pauloviano» (por asociación de estímulos). Por el contrario, las *teorías socioconductuales del aprendizaje social* ponen el acento en el llamado aprendizaje «observacional» o «vicario» (esto es, por la observación de modelos). Para la teoría del aprendizaje social el individuo no comete el delito por impulso de fuerzas internas (explicación psicoanalítica); ni de estímulos externos (hipótesis conductista), sino de una compleja y continua interacción de determinantes personales y ambientales, en los que ciertos procesos simbólicos juegan un papel predominante.

b') *Análisis de los principales modelos teóricos.* La moderna Psicología ha elaborado cuatro *modelos* fundamentales: los biológicos conductuales, los del aprendizaje social, los del desarrollo moral y del proceso cognitivo y, por último, los factorialistas de rasgos o variables de la personalidad.

a") *Modelos biológicos-conductuales o modelos de condicionamiento del proceso de socialización.* Se trata de un conjunto de construcciones teóricas que explican no cómo se aprende el comportamiento criminal, sino por qué ciertas personas (los delincuentes) fracasan en la inhibición eficaz de las conductas socialmente prohibidas que el resto de los ciudadanos han aprendido a evitar. Especial interés tienen las teorías de EYSENCK, TRASLER y JEFFERY[1666], este último ya analizado anteriormente (modelo «biosocial»).

Según EYSENCK[1667], los problemas de la personalidad tienen su origen en factores hereditarios, que generan en aquélla ciertos atributos característicos asociados a la criminalidad.

[1666] Vid., GARCÍA-GARCÍA, J. y SANCHA MATA, V., Psicología penitenciaria, cit., pág. 39. Cfr., GARCÍA-PABLOS DE MOLINA, A., Tratado de Criminología, cit., págs. 590 y ss.

[1667] Pero, según EYSENCK, el proceso de socialización —y el defectuoso condicionamiento del individuo— resulta clave en la génesis de la conducta criminal. La calidad de los condicionamientos, el grado de condicionabilidad de cada sujeto y las técnicas de educación empleadas con el mismo, explican que unos inhiban ciertas conductas y otros no. El niño, afirma EYSENCK, va asociando el castigo (estímulo incondicionado) a las conductas prohibidas (estímulo condicionado) y así desarrolla poco a poco una «conciencia» o «reacción condicionada» de miedo y ansiedad ante comportamientos semejantes en el futuro; esto es: una instancia de control interno, autónoma, que actuará en lo sucesivo como poderoso factor disuasorio. Más eficaz, por cierto, que el propio castigo, pues antecede a la posible comisión del delito y es

Partiendo de la hipótesis de que la conciencia humana es sólo un «reflejo condicionado», entiende EYSENCK que se convierte en criminal la persona que no logra desarrollar (condicionar) las oportunas reacciones morales y sociales, esto es, quien padece un defecto psicológico consistente en la falta de conciencia o en la escasa capacidad de provocar cierto tipo de reacciones: defecto o vicio, afirma EYSENCK, que suele ir acompañado, según su experiencia clínica, de temperamentos extrovertidos frecuentes en neuróticos y psicópatas criminales[1668]. En resumen: el crimen sería producto de una inclinación heredada o de un reflejo condicionado; y la criminalidad, una característica continua de la misma clase que la inteligencia, la altura o el peso, en frase del propio autor (EYSENCK, como es sabido, representa la moderna «Psicología sin alma», contraria a todo examen introspectivo del individuo, propugnando un método experimental a ultranza, no siempre adecuado para extrapolar al psiquismo humano la respuesta del comportamiento animal). En el marco de la política criminal, la teoría de EYSENCK pone especial énfasis en la eficacia preventiva de un adecuado sistema pedagógico-educativo[1669], si bien, las llamadas técnicas de modificación de conducta inspiradas en esta orientación psicológica (conductista) pueden entrañar un serio peligro para los derechos fundamentales del hombre, como han puesto de relieve diversos organismos internacionales[1670].

Para TRASLER, tal fracaso del condicionamiento puede producirse bien por la inadecuación de las técnicas de entrenamiento, bien por la pobre condicionabilidad del individuo (escasa capacidad de respuesta al entrenamiento socializador) o la interferencia de factores exógenos que perturban la eficacia de aquél (vg. stress o trauma). En todo caso, TRASLER,

---

inevitable. Por ello EYSENCK propugna como modelo de aprendizaje el llamado aprendizaje «clásico» (asociación de estímulos) y no el «operante» o «instrumental» (aprendizaje por las propias consecuencias de la conducta que el individuo realiza). EYSENCK, H., Delincuencia y personalidad, Madrid, 1976 (Marosa), págs. 146 y ss.

[1668] La personalidad del individuo juega, también, un rol significativo en el proceso de condicionamiento según EYSENCK. Y de las diversas «variables» de aquélla, el mayor o menor grado de «activación cortical» («arousal»), más elevado en las personas introvertidas que en las extrovertidas (las primeras, por ello, mejor «condicionables» que las segundas), sería trascendental. Cfr., GARCÍA-PABLOS DE MOLINA, A., Tratado de Criminología, cit., págs. 592 y ss.

[1669] Un culto desmedido a la «permisividad», según EYSENCK, perjudica la efectividad del proceso de socialización porque restringe el número de ensayos de condicionamiento. A su juicio, es necesario conseguir con el sistema educativo la disciplina imprescindible para asegurar el condicionamiento requerido, sin que una severidad desmedida de la misma llegue a provocar procesos neuróticos en el educando. El sistema educativo es, en todo caso, trascendental en orden a la efectiva prevención del delito. Cfr., GARCÍA-PABLOS DE MOLINA, A., Tratado de Criminología, cit., pág. 594.

[1670] En cuanto al «tratamiento» del delincuente, EYSENCK sugiere tres criterios: la intervención directa en aquel (sistema neurológico, endocrino, etc.), la utilización de técnicas de modificación de conducta sobre la base del «condicionamiento operante» (vg. economía de fichas) y el marco del «régimen abierto» para la ejecución de todos los programas de rehabilitación. Cfr., GARCÍA GARCÍA, J. y SANCHA MATA, B., Psicología penitenciaria, cit., págs. 44 y ss. Para una valoración general de las tesis de EYSENCK, vid.: GARRIDO GENOVÉS, V., Delincuencia y sociedad, cit., págs. 255 y ss; PÉREZ SÁNCHEZ, J., «Teorías biológico-factoriales y delincuencia», en: Delincuencia. Teoría e investigación., cit., págs. 83 y ss. (quien parte de la hipótesis de la «necesidad de estimulación» y la activación cortical como rasgo de la personalidad, revisando las teorías de EYSENCK).

confiere mayor importancia que EYSENCK a las variables sociales, como el estatus socioeconómico[1671].

b") *Modelos socioconductuales o del aprendizaje social*[1672]. Intentan explicar como se aprende el comportamiento criminal. Se trata de la variante del conductismo más próxima a las teorías sociológicas del aprendizaje por transmisión cultural o asociación diferencial. Su premisa es que la adquisición de pautas y modelos criminales se lleva a cabo a través de un proceso de aprendizaje evolutivo que descansa en la observación e imitación del comportamiento delictivo de otros (aprendizaje *observacional*). El principal valedor de este modelo, especialmente aplicado a la criminalidad violenta, es BANDURA. También, FELDMAN y GLASER. Según este enfoque, el crimen se aprende y representa una respuesta normal a situaciones y experiencias vitales del individuo. El hombre no nace delincuente, sino que aprende a serlo, a actuar como tal, a través de vivencias diarias y de su interacción con los demás. Los factores biológicos y psicológicos pueden predisponer, pero la activación definitiva de las tendencias criminales se debe al entorno social y ambiental.

El aspecto más significativo del enfoque de BANDURA[1673] es su concepto de aprendizaje (vicario y observacional). Este —dice— es indispensable para la propia supervivencia

---

[1671] TRASLER, G., concede más importancia que EYSENCK a variables «sociales» (status socioeconómico, vg.) y a algunos parámetros del entrenamiento social del individuo (vg. actitudes hacia los padres, valores, etc.), así como a ciertas variables individuales como la inteligencia o la orientación temporal. Vid., TRASLER, G., The Explanation of criminality. London, 1962 (Routledge-Kegan); del mismo: «Delinquency, recidivism and desistence», en: British Journal of Criminology, 1979, págs. 314 a 322. Cfr., GARCÍA-PABLOS DE MOLINA, A., Tratado de Criminología, cit., págs. 598 y ss.

[1672] Las teorías del aprendizaje social son teorías «conductistas». Proponen un análisis directo del comportamiento humano (rechazan la «introspección» del psicoanálisis) y explican aquél en función de los mecanismos propios de todo proceso adquisitivo. Son, además, teorías del «aprendizaje», esto es, ponen el acento en el proceso de adquisición de las pautas de conducta (criminales y no criminales, ya que no habría diferencias cualitativas) más que en la condicionabilidad del individuo o en los déficits del proceso de socialización. Y, frente a otras teorías del aprendizaje que descansan sobre el modelo «operante» (aprendizaje por las consecuencias de la conducta o instrumental) o el «clásico» (por asociación de estímulos o pauloviano), se sirve del llamado modelo «vicarial» u «observacional» basado en la observación e imitación del comportamiento de terceros (Cfr., GARCÍA-PABLOS DE MOLINA, A., Tratado de Criminología, cit., págs. 600 y ss.)

[1673] BANDURA, A., Teoría del aprendizaje social, cit., págs. 15 y ss. Para BANDURA, el crimen es comportamiento «aprendido». «Si exceptuamos los reflejos elementales —dice— las personas no están equipadas con un repertorio innato de conductas. Tienen que aprenderlas» (op. cit., pág. 31). Su tesis es moderada: a su juicio, carece hoy de sentido propugnar un ambientalismo radical, o un biologicismo a ultranza. «Las personas no están impulsadas por fuerzas internas, ni en manos de estímulos del medio. El funcionamiento psicológico se explica, más bien, en términos de una interacción recíproca y continua entre los determinantes personales y los am-

humana, porque abrevia y acorta el proceso de aprendizaje y permite asumir la experiencia de los demás, haciéndola propia, sin necesidad de acudir al tedioso sistema de ensayo-error (propio)[1674]. FELDMAN[1675], GLASER[1676] y otros, siguen, también, con significativas variantes este modelo socioconductual.

c") *Teorías del desarrollo moral y del proceso cognitivo*. Atribuyen el comportamiento criminal no al defectuoso condicionamiento del proceso de socialización del autor —ni al aprendizaje de pautas delictivas por éste— sino a ciertos *procesos cognitivos*: a su modo de percibir el mundo, al propio contexto subjetivo del criminal, al grado de desarrollo y evolución moral de éste, a sus normas y valores y a otras variables cognoscitivas de la personalidad. Tales procesos cognitivos son valiosos determinantes internos de la conducta, no meras vivencias del pasado ni simples rasgos de la personalidad. Resulta difícil el acceso y evaluación de los mismos, pero es indudable su interés para interpretar y comprender la complejidad del comportamiento criminal[1677]. Especial mención merecen los psicólogos más destacados de la orientación cognitiva (WUNDT, TITCHENER, JAMES, etc.); los representantes de la llamada Psicología de la Gestalt (KOHLER, LEVIN, etc.); los partidarios de la teoría del desarrollo moral y cognitivo (PIAGET, KOHLBERT

---

bientales» (op. cit., págs. 25, 26 y 230). BANDURA rechaza la introspección y el mentalismo, por estimar que el psicoanálisis confunde descripción y explicación; interpreta con demasiada facilidad hechos pasados, carece de operatividad para predecir los futuros y no es capaz de producir cambios psicológicos significativos en el individuo (op. cit., págs. 15 a 17), pero también el conductismo radical, que desprecia injustamente la relevancia de ciertos procesos cognitivos (op. cit., pág. 24). Cfr., GARCÍA-PABLOS DE MOLINA, A., Tratado de Criminología, cit., págs. 602 y ss.

[1674] BANDURA, A., Teoría del aprendizaje social, cit., págs. 26 y 38. Para una información más detallada, GARCÍA-PABLOS DE MOLINA, A., Tratado de Criminología, cit., págs. 605 y ss.

[1675] Sobre el modelo de FELDMAN, P. (Criminal Behavior. A Psychological Analysis, 1977, Londres, Wiley), cit., GARRIDO GENOVÉS, V., Delincuencia y sociedad, cit., págs. 240 y ss.; GARCÍA-GARCÍA, J. y SANCHA MATA, V., Psicología penitenciaria, cit., págs. 51 y ss.; Cfr., GARCÍA-PABLOS DE MOLINA, A., Tratado de Criminología, cit., págs. 608 y ss.

[1676] GLASER, D., «Criminality Theories and Behavioral Images», en: American Journal of Sociology, 61 (1956), págs. 433 y ss.; del mismo: «Differential Association and Criminological Prediction», en: Social Problems, VIII, nº 1 (1960), págs. 6 a 14. Para el autor, los modelos criminales no se generan por interacción directa o comunicación con grupos sociales, aceptando las pautas de conducta de éstos, sino a través de sutiles mecanismos de identificación con determinadas personas. Una persona, afirma GLASER, sigue el camino del crimen en la medida en que se identifique con personas reales o ficticias, desde cuya perspectiva su propia conducta criminal parece aceptable (Criminality Theories, cit., pág. 440). Cfr., GARCÍA-PABLOS DE MOLINA, A., Tratado de Criminología, cit., págs. 741 y ss. y 751 y ss. («Social Learning theories»).

[1677] Sobre la «teoría cognitiva», vid.: GARRIDO GENOVÉS, V., en: Delincuencia. Teoría e investigación, cit., págs. 111 a 127 (y bibliografía allí citada); SIEGEL, L.J., Criminology, cit., págs. 144 y ss.; BANDURA, A., Teoría del aprendizaje social, cit., págs. 24 y ss.; Cfr., GARCÍA-PABLOS DE MOLINA, A., Tratado de Criminología, cit., págs. 611 y ss.

y TAPP, etc.); y los de la denominada Psicología humanista, que apela a los sentimientos del individuo[1678].

Para la Psicología de la *Gestalt*[1679] el crimen es un fenómeno o estructura total, compleja, organizada y distinta de los elementos que hayan podido concurrir en su producción y no puede descomponerse analíticamente sin que se pierda su esencia. Por ello, la *percepción individual* del delincuente desempeña un papel decisivo. Pues el delito —afirman—, no es una simple respuesta a un estímulo (contra lo que mantiene el conductismo), ni un conglomerado cuyos componentes pueden diseccionarse por vía analítica (como sugiere la teoría factorialista de los rasgos de la personalidad).

Siguiendo a PIAGET[1680], considera KOHLBERT que la forma en que un individuo organiza sus razonamientos en torno a las leyes y normas genera patrones de conducta eventualmente delictivos. Desde una perspectiva evolutiva aprecia el autor tres grandes estadios en el proceso de formación del razonamiento moral del individuo (subdivididos, a su vez, en varias fases), que determinan su mayor o menor madurez: la etapa premoral (se buscan gratificaciones inmediatas, tratando el sujeto tan sólo de evitar el castigo); etapa convencional (el individuo se conforma con el mero acatamiento formal de las reglas y el respeto a la autoridad); la de moralidad autónoma, caracterizada por el profundo respeto a las opiniones y derechos de los iguales y a los principios morales universales[1681]. Clasificando delincuentes y no delincuentes a tenor de su grado de evolución moral, KOHLBERT y sus colaboradores hallaron diferencias significativas entre ambos grupos: mientras la mayor parte de los no criminales (grupo de control) pertenecerían a los estadios más avanzados; los delincuentes lo harían a un nivel llamativamente más bajo de razonamiento moral en comparación con los no delincuentes de su mismo medio social y background, encuadrándose, por lo general, en los estadios de menor dignidad evolutiva[1682]. Los modelos «cognitivos» han impulsado en los últimos años una variada gama de programas terapéuticos[1683].

[1678] Cfr., SIEGEL, L.J., Criminology, cit., pág. 144.

[1679] La «percepción» prepara y regula la acción, porque opera como mecanismo de adaptación del individuo al medio. La percepción de cada individuo varía según sea éste más proclive a una u otras cualidades globales del objeto: las estructurales, las constitutivas o las expresivas. En consecuencia, la conducta se contempla por los teóricos de la Gestalt en función de la estructura de la situación perceptiva entre el «yo» y el «mundo exterior». Según éstos, el delincuente no reacciona a estímulos específicos sino a la organización total del mundo que les rodea. Tales percepciones son genuinas estructuras mentales, experiencias unitarias que el científico debe examinar; Cfr., GARCÍA-PABLOS DE MOLINA, A., Tratado de Criminología, cit., págs. 613 y ss.

[1680] PIAGET, J. (1896-1980) es el iniciador de la teoría cognitiva y del desarrollo moral (The Moral Judgement of the Child, Londres, 1982. Keagan, P.), pero no aplicó sus tesis al comportamiento criminal. Sobre los modelos denominados «toma de perspectiva» (Role taking) y su conexión con la teoría cognitiva, vid., GARRIDO GENOVÉS, V., «Teoría del desarrollo cognitivo-moral», en: Delincuencia. Teoría e investigación, cit., págs. 113 y ss.

[1681] KOHLBERT, L., Stages in the Development of Moral Thought and Action, 1969. Neyw York (Holt, Rinehart and Winston).

[1682] Sobre KOHLBERT, vid., SIEGEL, L.J., Criminology, cit., págs. 145 y ss.; GARRIDO GENOVÉS, V., Delincuencia y sociedad, cit., págs. 298 y ss.; GARCÍA-GARCÍA, J. y SANCHA MATA, V., Psicología penitenciaria, cit., págs. 56 y ss. Cfr., GARCÍA-PABLOS DE MOLINA, A., Tratado de Criminología, cit., págs. 614 y ss.

[1683] Una información sobre la incidencia terapéutica de los modelos «cognitivos», en: GARRIDO GENOVÉS, V., Teorías del desarrollo cognitivo-moral, cit., págs. 117 y ss; GARCÍA-GARCÍA,

d") *Modelos factorialistas de rasgos o variables de la personalidad.*

Abandonada la teoría de la *personalidad criminal*, los modelos factorialistas tratan de identificar rasgos de la personalidad relacionados con el comportamiento criminal, esto es, dimensiones de la personalidad del infractor de validez transituacional, independientes de otras variables y dotadas de poder predictivo, sirviéndose para ello de instrumentos objetivos de medición. Se trata, pues, de identificar con una metodología diferencial factorialista rasgos de la personalidad que expliquen la consistencia de ciertas conductas[1684].

Entre los rasgos de la personalidad de mayor relevancia etiológica se citan[1685]: la extroversión, el neuroticismo, el autocontrol, la impulsividad, la ansiedad, la inteligencia[1686], el «locus» de control[1687], la autoestima, el umbral de tolerancia a la frustración, etc.

En la actualidad, el *modelo de rasgos* busca el respaldo metodológico de instrumentos de medición objetivos. Se inserta en marcos teóricos complejos, que ponderan la situación y la interpretación que de ésta hace el sujeto (variantes cognitivas). Y revisa sus planteamientos tradicionales, cuestionando la naturaleza y operatividad de los rasgos (si se trata, en puridad, de realidades psicológicas que «producen» la consistencia de una conducta o de meros constructos útiles para explicarla; si poseen poder predictivo tales variables, etc. Este nuevo enfoque, más complejo (modelo teórico), más relativizador (pretensiones explicativas y predictivas) y mejor instrumentado (test y cuestionarios) permitirá realizar trabajos de psicología diferencial, de base factorialista, en grupos y subgrupos de delincuentes de indudable interés[1688].

J., SANCHA MATA, V., Psicología penitenciaria, cit., págs. 57 a 60; Cfr., GARCÍA-PABLOS DE MOLINA, A., Tratado de Criminología, cit., págs. 616 y ss.

[1684] Sobre el análisis factorialista y los «rasgos» de la personalidad, vid.: GARRIDO GENOVÉS, V., Delincuencia y sociedad, cit., págs. 227 y ss.; GARCÍA-GARCÍA, J. y SANCHA MATA, V., Psicología penitenciaria, cit., págs. 60 y ss.; PÉREZ SÁNCHEZ, J.: «Teorías biológico-factoriales y delincuencia», en: Delincuencia, Teoría e investigación, cit., págs. 76 y ss.; GARCÍA-PABLOS DE MOLINA, A., Tratado de Criminología, cit., págs. 622 y ss.

[1685] Distinguiendo las investigaciones que implican una revisión general del modelo de «rasgos», las orientados a evaluar los resultados obtenidos por otras con el MMPI y las que giran en torno a concretar variables de la personalidad, vid.: GARCÍA-PABLOS DE MOLINA, A., Tratado de Criminología, cit., págs. 624 y ss.

[1686] Sobre la relación entre «inteligencia» y «delito», vid., GARCÍA-PABLOS DE MOLINA, A., Tratado de Criminología, cit., págs. 625 y ss.

[1687] Sobre «locus de control» y delito, vid., GARCÍA-PABLOS DE MOLINA, A., Tratado de Criminología, cit., pág. 625; PÉREZ GARCÍA, A., «Papel modulador de las expectativas de control en la conducta delictiva», en: Delincuencia. Teoría e investigación, cit., págs. 338 y ss.

[1688] En este sentido, GARRIDO GENOVÉS, V., Delincuencia y sociedad, cit., pág. 239; GARCÍA-GARCÍA, J. y SANCHA MATA, V., Psicología penitenciaria, cit., págs. 60 y 65. Cfr., GARCÍA-PABLOS DE MOLINA, A., Tratado de Criminología, cit., pág. 623.

C') Modelos sociológicos

1.- *Diversos orígenes de los modelos sociologicistas.* La moderna Sociología Criminal no se limita, a diferencia de las concepciones sociológicas hasta ahora examinadas, a resaltar la importancia del «medio» o «entorno» en la génesis de la criminalidad, sino que contempla el hecho delictivo como fenómeno «social», y pretende explicar el mismo en función de un determinado marco teórico. La Sociología Criminal contemporánea tiene un doble entronque, el europeo y el norteamericano. El europeo se debe a DURKHEIM, y es de corte academicista (teoría de la «Anomia»). El norteamericano se identifica con una célebre escuela: la Escuela de Chicago, de la que surgirán, progresivamente, los diversos esquemas teóricos (teorías ecológicas, subculturales, del aprendizaje, de la reacción social o del etiquetado, etc.). La denominada Escuela de Chicago se caracterizó, desde un principio, por un particular «empirismo» y por su finalidad pragmática, concentrando sus investigaciones en los «problemas sociales» del momento.

2.- *Análisis de los principales modelos teóricos y aportación científica de los mismos.* Las teorías de la criminalidad se han deslizado progresivamente hacia la Sociología, con independencia de sus muy distintos presupuestos filosóficos y metodológicos (de hecho, concurren en el seno de la Sociología criminal diferentes paradigmas: funcionalista, subcultural, conflictual, interaccionista, etc.). En cuanto modelos explicativos del fenómeno criminal, exhiben elevados niveles de abstracción y, según los casos, muy diversas cotas de empirismo (altas, en algunas teorías ambientalistas; mínimas, en determinadas formulaciones del estructural-funcionalismo). Buena parte del éxito de los modelos sociológicos estriba en la utilidad práctica de la información que suministran a los efectos políticocriminales. Pues sólo estas teorías parten de la premisa de que el crimen es un fenómeno social muy selectivo, estrechamente unido a ciertos procesos, estructuras y conflictos sociales, y tratan de aislar sus variables. Claro que algunas formulaciones macrosociológicas llegan a prescindir por completo del hombre, desindividualizando —despersonalizando— la explicación del suceso criminal, que pierde así su faz humana (vg. teoría *sistémica*). Que otras confunden las realidades estadísticas con las axiológicas, el mundo empírico y el de los valores, confiando a la aritmética de las mayorías sociales la distinción entre lo normal y lo patológico (vg. el relativismo y la neutralidad axiológica de la teoría de la *desviación*); o, en otro sentido, corren el riesgo de identificar el discurso sociológico y el político, equiparando autenticidad y legitimidad (vg. teorías *subculturales*). Y que algunas teorías exacerban la relevancia de ciertos conflictos sociales en la génesis de la criminalidad (versiones radicales del modelo *conflictual*) o asignan a la reacción y a los mecanismos del control social (procesos de criminalización) una desmedida función «constitutiva», creadora de delincuencia (naturaleza «definitorial» del delito según el «*labeling approach*»), desentendiéndose del análisis de la «desviación primaria».

Pero prescindiendo de tales excesos, los modelos sociológicos constituyen hoy el paradigma dominante y han contribuido decisivamente a un conocimiento realista del problema criminal. Muestran la naturaleza «social» de éste y la pluralidad de factores que interactúan en el mismo; su conexión con fenómenos normales y ordinarios de la vida cotidiana; la especial incidencia de variables espaciales y ambientales en su dinámica y distribución, que otorgan, por ejemplo, un perfil propio a la criminalidad urbana; el impacto de las contradicciones estructurales y del conflicto y cambio social en la dinámica delictiva; el funcionamiento de los procesos de socialización en orden al aprendizaje e identificación del individuo con modelos y técnicas criminales y la transmisión y vivencia de dichas pautas de conducta en el seno de las respectivas subculturas; el componente definitorial del delito, y la acción selectiva, discriminatoria, del control social en el reclutamiento de la población reclusa, etc., etc.[1689].

Baste ahora con una síntesis de las principales formulaciones teóricas:

A.- *Enfoques multifactoriales*[1690]. Siguen, entre otros muchos, tales planteamientos: el matrimonio GLUECK, BURT, TAPPAN, etc. Su ámbito de investigación preferido es el de la delincuencia juvenil, por lo que no siempre se pueden extrapolar sus análisis a las demás manifestaciones de la criminalidad. Utilizan un método empírico inductivo, esto es, parten de la observación de determinados hechos y datos, para inferir de los mismos (y no de criterios apriorísticos o de meros razonamientos y especulaciones) las oportunas tesis. Falta en estos enfoques el rigor que otorga un marco teórico definido, cuestión de la que no se preocupan demasiado estos autores partidarios de «tomar los datos como vienen», sin condicionar ni mediatizar la elaboración y procesamiento de los mismos con esquemas preconcebidos. Etiológicamente, son teorías multifactoriales y eclécticas, porque entienden que la criminalidad nunca es resultado de un único factor o causa, sino de la acción combinada de muchos datos, factores y circunstancias[1691], etc. No obstante, son concepciones «sociológicas» por primar tal óptica, a pesar de que en muchos de los investigadores que siguen estos esquemas subsisten claros vestigios «biológicos» y no prescinden nunca de ponderar la incidencia de fac-

---

[1689] Cfr., GARCÍA-PABLOS DE MOLINA, A., La aportación de la Criminología, cit., págs. 84 y ss.

[1690] Una referencia bibliográfica sobre las teorías plurifactoriales, en: GARCÍA-PABLOS DE MOLINA, A., Tratado de Criminología, cit., pág. 633, nota 1.

[1691] Según HALL WILLIAMS, J.E. (Criminology and Criminal Justice, cit., págs. 89 y ss) cinco factores polarizan las investigaciones: los hogares deshechos, las tensiones familiares, disciplina y relaciones familiares, criminalidad en el seno de la propia familia y abandono de los hijos. Prima, pues, la idea de «desorganización» en el análisis etiológico de la criminalidad.

tores individuales en el crimen. El prototipo de investigación plurifactorial es la llevada a cabo por el matrimonio GLUECK en 1950 («*Unraveling Juvenile Delinquency*»). Durante diez años examinaron mediante equipos interdisciplinarios (asistentes sociales, psicólogos, antropólogos y psiquíatras) quinientas parejas de jóvenes delincuentes y no delincuentes, buscando factores diferenciales entre ambos, al objeto de aportar un diagnóstico sobre las causas de la delincuencia y de elaborar tablas de pronóstico al respecto. Tomando como datos de referencia la familia, la escuela, el municipio, la estructura de la personalidad (partiendo de la contemplación de unos cuatrocientos factores semejantes en ambos grupos), fueron seleccionando progresivamente aquéllos que parecían de mayor interés. Concluyeron que, a efectos de pronóstico, los más relevantes serían: la vigilancia del joven por su madre, la mayor o menor severidad con que ésta le eduque y el clima de armonía o las desavenencias familiares[1692].

Así, también, HEALY constató como variables eventualmente determinadoras de la desviación criminal: males hereditarios, anomalías mentales, constitución física anormal, conflictos anímicos, mal ambiente familiar, amistades inadecuadas, frustración de expectativas del individuo, condiciones insatisfactorias para el desarrollo infantil, etc.[1693]. HEALY fue, probablemente, quien utilizó por primera vez el principio multifactorial en la Clínica de Psiquiatría de Chicago (1915) en colaboración con el Tribunal de Menores, acudiendo a enfoques psiquiátricos y de psicología profunda.

BURTON advirtió la existencia de ciento setenta «condiciones» o factores que, a su juicio, desencadenarían en el niño su comportamiento no deseable[1694].

Particularmente representativa es la opinión de MABEL A. ELLIOT y FRANCIS E. MERRIL, quienes, también sirviéndose de un método empírico inductivo, infieren como explicación de la conducta desviada (del niño) la acumulación o concurso de una pluralidad heterogénea de hechos que, tal vez, por sí solos, aisladamente, no hubieran podido motivar aquélla. El niño —dicen— es capaz de superar quizás uno o dos «handicaps» (la muerte de uno de sus padres, la pobreza o una mala salud, por ejemplo); pero si a esto se añade el desempleo y alcoholismo del cabeza de familia, la inestabilidad de una madre que no sabe estar en su sitio, el subdesarrollo anímico del propio niño que deja pronto la escuela para trabajar, las pésimas condiciones de la vivienda familiar y las malas compañías, parece entonces que todos los factores en tal contexto se alzan contra el niño. Si éste deviene criminal, concluyen ELLIOT y MERRIL, no suele ser por una razón única, sino por la acumulación de siete o más circunstancias que les colocan en desventaja[1695].

[1692] Unraveling Juvenile Delinquency, 1950. Cambridge-Mass. Sobre la investigación citada, vid., SCHNEIDER, H.J., Kriminologie, cit., págs. 398 y ss. Cfr., GARCÍA-PABLOS DE MOLINA, A., Tratado de Criminología, cit., págs. 635 y ss.

[1693] HEALY, W., The Individual Delinquent, 1922, Boston. Little, Brown, págs. 130 y ss. El autor consideró relevantes más de ciento treinta factores, muchos de ellos de naturaleza psicológica.

[1694] BURTON, C., The Young Delinquents, 1944. London, págs. 600 y ss.

[1695] ELLIOT, M.A. y MERRIL, F.E., Social Disorganization, 1941, New York, págs. 11 y ss. En igual sentido: NEUMEYER, M.H., Juvenile Delinquency Modern Society, 1949, New York, págs. 62 y ss. Cfr., GARCÍA-PABLOS DE MOLINA, A., Tratado de Criminología, cit., pág. 636.

Los enfoques plurifactoriales han demostrado el simplismo con que operaron las viejas teorías monocausales de la criminalidad, al resaltar cómo ésta no puede atribuirse a un único factor o causa, sino a la acumulación o concurso de una pluralidad de condiciones. Han aportado, además, una valiosa información, realista y completa, acerca de ciertos fenómenos criminales, como la delincuencia juvenil, fácilmente asumible por programas políticos criminales y por terapias y tratamientos de rehabilitación. Pero carecen de rigor teórico y de propósitos generalizadores[1696]. El empirismo de las teorías plurifactoriales es un empirismo craso. Se relacionan los factores que intervienen en el crimen pero sin jerarquizar los mismos, equiparando la relevancia etiológica de unos y otros. Tampoco se explica ni fundamenta de qué forma —y por qué— influyen en el comportamiento criminal, ni como interactúan entre sí. El diagnóstico que ofrecen de la criminalidad viene ya condicionado por la selección previa de factores que sirvieron de base a la investigación. Y es un diagnóstico poco clarificador, que suele coincidir llamativamente con creencias muy arraigadas en las convicciones populares. Si es inadmisible atribuir el crimen a un único factor, no parece satisfactorio destacar, como hace —por ejemplo— BURTON, la relevancia de ciento setenta factores criminógenos, o de más de cuatrocientos, en el punto de partida de los GLUECK, además muy heterogéneos. Los enfoques plurifactoriales han tenido particular éxito en la clínica criminológica, en la praxis y en la ejecución penal, pero no han adquirido igual prestigio en el campo teórico, donde se aprecia el progresivo abandono de los mismos desde los años cincuenta por las razones apuntadas.

Nada tienen que ver, por cierto, las teorías «plurifactoriales» con la llamada Criminología «integradora» que, por ejemplo propugna en Alemania GÖPPINGER[1697].

Desde un punto de vista metodológico, existen claras semejanzas entre las llamadas «teorías multifactoriales» (recte: enfoques multifactoriales) y el denominado «enfoque de los factores de riesgo»[1698], orientación ésta última puramente pragmática, poco preocupada por el análisis teórico, que establece empíricamente

---

[1696] Una crítica severa a los esquemas plurifactoriales, en: COHEN, A.K., Mehrfaktoren Ansätze (en: SACK, F. y KÖNIG edit. Kriminalsoziologie, 1968, Frankfurt, págs. 221 y ss.). Cfr., GARCÍA-PABLOS DE MOLINA, A., Tratado de Criminología, cit., págs. 638 y ss.

[1697] GÖPPINGER, H., Criminología, cit., págs. 56 y ss.

[1698] Sobre los factores de riesgo, vid.; FARRINGTON, D.P., Explaining and preventing crime: the globalization of Knowledge, Criminology, 38 (2000), págs. 1 y ss.; MOORE, M.H., Public Health and Criminal Justice approaches to preventions, C.J., 19. Building a saver society. Strategic approaches to crime prevention (M. Tonry y D.P. Farrington edit.), 1995, págs. 237 y ss.; Cfr. SERRANO MAILLO, A., Introducción a la Criminología, cit., págs. 188 y ss.

dichos factores de riesgo para delinquir[1699] en aras, ante todo, de la prevención del crimen y de la intervención en el infractor.

Así, la doctrina suele citar como principales *factores de* riesgo: factores de carácter individual (vg. déficit cognitivo, locus de control externo, baja autoestima, egocentrismo, baja empatía, impulsividad, déficit en habilidades sociales, etc.), factores *familiares* (vg. falta de supervisión de los padres, disciplina excesiva, conflictos intrafamiliares, falta de comunicación entre padres e hijos, falta de enseñanza de valores prosociales, etc.; factores *socioeducativos* (así: fracaso escolar, vandalismo escolar, etc.), factores *socioambientales* (vg. desempleo, drogas, influencia de los medios de comunicación, amistades, etc.)[1700].

B.- *Escuela de Chicago: teoría «ecológica»*[1701]. La Escuela de Chicago es la cuna de la moderna Sociología americana. De ella nacieron las teorías que a continuación se examinarán. Se caracterizó por su empirismo y su finalidad pragmática, esto es, por el empleo de la observación directa en todas las investigaciones (de la observación de los hechos se inducen, después, las oportunas tesis) y por la finalidad práctica a la que se orientaban aquéllas: un diagnóstico fiable sobre los urgentes problemas sociales de la realidad norteamericana de su tiempo. Sus representantes iniciales no eran sociólogos, ni juristas, sino periodistas, predominando, en todo caso, como sector de procedencia, el amplio espectro de las ciencias del espíritu. La temática preferida por la Escuela de Chicago fue la que pudiéramos denominar la «sociología de la gran ciudad», el análisis del desarrollo urbano, de la civilización industrial y, correlativamente, la morfología de la criminalidad en ese nuevo medio. Atenta al impacto del cambio social, especialmente acusado en las grandes ciudades norteamericanas (industrialización, inmigración, conflictos culturales, etc.), e interesada por los grupos y culturas minoritarias, conflictivos, supo sumergirse en el corazón de la gran urbe, conocer y comprender «desde dentro» el mundo de los desviados, sus formas de vida y cosmovisiones, analizando los mecanismos de aprendizaje y transmisión de dichas culturas asociales[1702]. El examen inicial fue un tanto primitivo, «naif», desprovisto, además, de esquemas teóricos claros. Pero éstos fueron perfilándose posteriormente (teoría ecológica, subcultural, anomia, conflictual, del aprendizaje, definitorial, etc.), mereciendo un impacto insospechado en el viejo continente y en su Criminología.

[1699] Sobre el establecimiento y verificación empírica de los factores de riesgo, vid., FARRINGTON, D.P., Explaining and preventing crime, cit., pág. 7. Cfr. SERRANO MAILLO, A., Introducción a la Criminología, cit., pág. 188.

[1700] Vid. VÁZQUEZ GONZÁLEZ, C., Delincuencia Juvenil. Consideraciones penales y criminológicas. Madrid (2003), Colex, págs. 122 y ss.

[1701] Una reseña bibliográfica sobre la Escuela de Chicago, en: GARCÍA-PABLOS DE MOLINA, A., Tratado de Criminología, cit., pág. 643, nota 1.

[1702] Vid., MORRIS, T., The Criminal Area, cit., págs. 2 y ss.; Cfr., GARCÍA-PABLOS DE MOLINA, A., Tratado de Criminología, cit., págs. 644 y ss.

La Escuela de Chicago exhibió una significativa influencia del pragmatismo, orientación que unida a la tradición del empirismo inglés define las raíces de las ciencias sociales en los países anglosajones[1703]. De signo marcadamente sociológico, la Escuela de Chicago profesó el interaccionismo simbólico, impulsó con notable éxito el método científico y supo complementar los métodos *cuantitativos* con técnicas de investigación *cualitativas* como la llamada *observación participante* o las *historias de vida*[1704].

La primera de las teorías que surge en el ámbito de la Escuela de Chicago[1705] es la *teoría ecológica*[1706]. Entre sus representantes pueden citarse a PARK, BURGESS, MCKENZIE, THRASHER, SHAW, McKAY, etc.[1707]. El marco de atención de estos autores es la gran ciudad como unidad ecológica, y su reflexión, su tesis, que existe un claro paralelismo entre el proceso de creación de los nuevos centros urbanos y la criminalidad de los mismos, la criminalidad urbana (claramente diferenciada, desde todos los puntos de vista, de la que se produce fuera de tales

---

[1703] Vid. SERRANO MAILLO, A., Introducción a la Criminología, cit., págs. 106 y ss.

[1704] Vid. SERRANO MAILLO, A., Introducción a la Criminología, cit., págs. 108 y 109.

[1705] La Escuela de Chicago aparece estrechamente unida al Departamento de Sociología de esta ciudad, fundado en 1892 por ALBION WOODBURY SMALL. Como precursores de la Escuela de Chicago suele citarse a THOMAS, W.I. y ZNANIEKI, F., cuya obra (The Polish Peasant in Europe and America, 1918) representa un valioso análisis de los problemas de integración a la sociedad norteamericana de una pequeña comunidad polaca que emigró al nuevo mundo. Los autores acuden al concepto de «desorganización social» para explicar la etiología de las conductas irregulares de minorías, reclamando la necesidad de examinar éstas «desde dentro». Precursores, también, de la Ecología humana fueron SIMMEL (1893) y WEBER (1899); Cfr., GARCÍA-PABLOS DE MOLINA, A., Tratado de Criminología, cit., págs. 649 y ss.

[1706] No es correcto identificar la Escuela de Chicago con la teoría «ecológica» (Ecología Social) y el significativo análisis «topográfico» que esta última realiza. La Escuela de Chicago es más que una teoría de la criminalidad, más que una escuela Sociológica: constituye el germen y el crisol de las más relevante concepciones de la Sociología Criminal. Sus pioneros, sin embargo, si enfatizaron la relevancia del factor espacial con un característico enfoque «ecológico»: imagen de la ciudad como «macroorganismo», a semejanza de cualquier ser vivo; referencia continua a conceptos biológicos y procesos orgánicos (áreas naturales, equilibrio biótico, etc.); aceptación de un modelo de «crecimiento radial» de las grandes ciudades, divididas en zonas concéntricas que irradian su actividad desde un centro neurálgico hacia la periferia, etc. Así, la Sociología urbana devino Ecología humana y social (Cfr., GARCÍA-PABLOS DE MOLINA, A., Tratado de Criminología, cit., págs. 645 y ss.).

[1707] Entre los autores más representativos, cabe citar: PARK, P.E. (The City: Suggestions for the Investigation of Human Behaviour in the Urban Environment, en: American Journal Sociology, 1915, 20); MCKENZIE (The Neighbourhood. A Study of Columbus, Ohio); ANDERSEN, N. (The Hobo, 1923, Chicago, University of Chicago Press); THRASHER, F.M., (The Gang. A Study of 1313 Gangs in Chicago. 1927, Chicago, University of Chicago Press); WIRTH, L. (The Ghetto, 1928, Chicago, University of Chicago Press); ZORBOUGH, H. (The Gold Coast and the Slum, 1929, Chicago, University of Chicago Press del mismo: «Natural Areas of the City», en: The Urban Community, 1925, Chicago; SHAW, CL., Delinquency Areas. A Study of the Geographie Distribution of School Truants Juvenile Delinquents and Adults Offenders in Chicago, 1929.

núcleos urbanos)[1708]. La ciudad «produce» delincuencia. En el seno de la gran urbe, incluso, cabe apreciar la existencia de zonas o áreas muy definidas (el «gangland», las «delincuency areas») donde aquélla se concentra[1709]. La teoría ecológica explica este efecto criminógeno de la gran ciudad acudiendo a los conceptos de *desorganización* y *contagio* inherentes a los modernos núcleos urbanos, y, sobre todo, invocando el debilitamiento del control social que en éstos tiene lugar. El deterioro de los «grupos primarios» (familia, etc.), la modificación «cualitativa» de las relaciones interpersonales que se tornan superficiales, la alta movilidad y consiguiente pérdida de arraigo al lugar de residencia, la crisis de los valores tradicionales y familiares, la superpoblación, la tentadora proximidad a las áreas comerciales e industriales donde se acumula riqueza y el mencionado debilitamiento del control social crean un medio desorganizado y criminógeno.

> Los movimientos de población en núcleos urbanos como Chicago explican el interés de la Escuela examinada y sus propios planteamientos. Baste con recordar, por ejemplo, que esta ciudad tenía, en 1860, unos 110.000 habitantes (todo su entorno); en 1870, alrededor de 300.000; entre 1880 y 1890, entre medio millón y un millón; y hacia 1910, más de dos millones. La explosión demográfica implicaba, además, acusados movimientos migratorios, graves problemas laborales, familiares, morales, culturales, etc.[1710].

La primera obra que asume el esquema «ecológico» se debe a PARK, BURGESS y McKENZIE (1928), quiénes mantienen que el crimen es producto de la «desorganización» propia de la gran ciudad, en la que se «debilita» el control social y se deterioran las relaciones humanas, propagándose un clima de vicio y corrupción «contagioso»[1711]. La investigación más conocida es, tal vez, la de

---

[1708] La ciudad no es un mero ámbito «geográfico» sino un «organismo vivo» (según la teoría «ecológica»), dividido en «áreas naturales» habitadas por tipos humanos diferentes y distintos modos de vida, dinámico. El crecimiento de la gran ciudad industrial responde a la fuerza expansiva de su «zona de negocios» que invade la zona «residencial» de acuerdo con un modelo de desarrollo en forma de círculos concéntricos (modelo «radial»): desde un foco central a la periferia. Sobre las cinco zonas concéntricas de la gran urbe, es paradigmático el gráfico de MCKENZIE (Cfr., GARCÍA-PABLOS DE MOLINA, A., Tratado de Criminología, cit., págs. 652 a 655).

[1709] En todo núcleo urbano industrializado existiría, según la Escuela de Chicago, un determinado espacio geográfica y socialmente delimitado (una zona de transición o terreno de nadie) donde se concentran las tasas más elevadas de criminalidad: áreas a la sombra de grandes edificios de oficinas y almacenes de la City, base de operaciones de bandas criminales, altamente deterioradas, con pésimas condiciones de vida e infraestructura, residencia forzada de las clases sociales y minorías más conflictivas. Las tasas de criminalidad aumentarían o descenderían con la aproximación o el distanciamiento de tales zonas de transición. Cfr., MORRIS, T., The Criminal Area, cit., págs. 7 y 8. Vid., GARCÍA-PABLOS DE MOLINA, A., Tratado de Criminología, cit., págs. 651 (Park y Burgess) a 653 (Mckenzie).

[1710] Vid., MORRIS, T., The Criminal Area, cit., pág. 4.

[1711] Vid., PARK, R.E., BURGESS, E.W. y McKENZIE, The Growth of the City, Chicago, 1928, The University of Chicago Press.

THRASHER (1927), denominada «The Gang» quien examinó 1.313 bandas que operaban en Chicago, integradas por un total de unos 25.000 miembros, llegando a la conclusión de que en dicha urbe existía una zona o terreno de bandas («gangland»), espacio que definió tanto geográfica como socialmente, y al que pertenecería la zona de fábricas, ferrocarril, oficinas y almacenes de la city, etc. De tal constatación dedujo que la criminalidad surge en los confines de la civilización y en zonas que muestran insuficiencias en las condiciones elementales de vida. Planteamientos muy semejantes son los de SHAW y McKAY, quienes demuestran que las tasas de criminalidad descienden en función directa al distanciamiento del centro de la ciudad y su zona industrializada, y se incrementa cuanto más nos aproximamos a aquéllos. Los autores citados mantienen, también, que la criminalidad potencial o predelincuencia se concreta igualmente en tales «áreas» («delincuency areas»), en las proximidades de los grandes almacenes y establecimientos comerciales («city») por la ausencia o debilitamiento del control social, fenómeno que no se produce en los alrededores y zonas residenciales de los núcleos urbanos[1712].

La idea de «desorganización social» ocupa una posición estelar en la teoría ecológica, pero ha sido —y con razón— muy criticada. Se ha dicho que no refleja la realidad de ciertas áreas, sino los prejuicios de los investigadores incapaces de acceder a aquellas y entenderlas[1713]. Y, sobre todo: que induce a error, porque los barrios y áreas a las que se refiere no carecen, desde luego, de organización, que la tienen; quizás lo que sucede es que ésta no es capaz de insertarse en la estructura de la ciudad, como observó WHYTE[1714]. O, simplemente, que no se trata de una organización para autoprotegerse del delito[1715].

Las teorías ecológicas han tenido el mérito de llamar la atención sobre el impacto criminógeno del desarrollo urbano en la forma en que éste se produjo en los grandes núcleos norteamericanos a principios de siglo[1716]. Sin embargo, la contraposición clásica entre cri-

---

[1712] Además de las obras ya citadas, vid.: SHAW, Cl., The Jackroller, 1930, Chicago (University of Chicago Press); del mismo: The Natural History of a Delinquent Career, 1931, Chicago (id); y Brothers in Crime, 1938, Chicago, (id); de SHAW, Cl. y MCKAY, H.D., vid.: Social Factors in Juvenile Delinquency; a study of the community, the family and the gang in relation to delinquent behaviour, 1931 (National Commission on Law Observance and Enforcement. Report on the Causes of Crime. Vol. II, U.S. Gout. Printing Office, Washington); de los mismos: Juvenile Delinquency and Urban Areas. Chicago, 1942 (id). Cfr., GARCÍA-PABLOS DE MOLINA, A., Tratado de Criminología, cit., págs. 655 y ss.

[1713] Así, COHEN, A.K., Deviance and control. Englewood Cliffs, N.J.: Prentice-Hall, 1966, cit., pág. 11.

[1714] Según crítica acertada de WHYTE, W.F., Street corner society. The social structure of an italian slum, 4ª Ed., Chicago-London, The University of Chicago Press, 1993, págs. 269 y ss.

[1715] Así, SAMPSON, R.J., Organized for what? Recating theories of social (dis) organization, Advances, 10. Crime and social organization (E. Waring y D. Weisdwad edits.) 2002, págs. 101 y ss. Cfr. SERRANO MAILLO, A., Introducción, cit., pág. 363.

[1716] La principal aportación de la Escuela de Chicago discurre en el campo metodológico y en el político criminal. Sus investigaciones de «campo» inauguran una tradición irreversible en la

minalidad urbana y criminalidad rural hoy ya no interesa como entonces, porque lo que realmente preocupa es la moderna «civilización técnica» y sus implicaciones criminógenas, problema que trasciende el ámbito de las grandes ciudades. La teoría ecológica, por otra parte, simplifica el análisis «etiológico» de la delincuencia, pues no está en condiciones de explicar la criminalidad que se produce fuera de las «áreas» delincuenciales, ni las conductas no delictivas que tienen lugar en el seno de éstas. Con razón se objeta a estas teorías que no se debe exacerbar la «fuerza atractiva» que tienen ciertas zonas, atribuyendo a las mismas un impropio papel «causal»; es decir, las «áreas» delincuenciales «atraen» la criminalidad, que se concentra en las mismas, pero no la «producen»[1717].

La posterior evolución de las *teorías espaciales* a partir de los años cuarenta se caracteriza por un progresivo distanciamiento de las mismas respecto al primitivo modelo ecológico de la Escuela de Chicago[1718].

El análisis estrictamente ecológico tiende a ser sustituido desde los años cincuenta por el estudio de «área social» y por métodos estadísticos multivariados[1719].

El análisis de *área social* pretende relacionar la estructura interna de las ciudades con los cambios acaecidos en el seno global de la sociedad, operando con tres postulados: el rango social, la urbanización y la segregación.

Los métodos estadísticos multivariados investigan la incidencia de una serie de variables independientes en las tasas de criminalidad (variable dependiente), aplicando el análisis factorial para constatar las intercorrelaciones entre dichas variables.

Uno y otro diseños de investigación han permitido instrumentar análisis sobre distribución espacial del delito: modelos de distancia espacial víctima-delincuente en relación al lugar del crimen; métodos de diferenciación y factorialización de áreas de alta-baja tasa delictiva, etc. Al parecer, el factor «clase social de área» ha probado su validez en numerosas investigaciones[1720].

Sociología Criminal. Impulsaron, además, el análisis «subcultural» de la desviación, permitiendo el mejor conocimiento y comprensión del propio mundo del desviado «desde dentro»: los estilos de vida y cosmovisiones de ciertas minorías, los mecanismos de aprendizaje y transmisión de valores, etc. El empirismo de la Escuela de Chicago, por último, ha impuesto el necesario análisis «estadístico» de los datos policiales y judiciales relativos al crimen, llamando la atención sobre las muy elevadas tasas de delincuencia de las «áreas» pobres y deterioradas de la gran ciudad. Cfr., GARCÍA-PABLOS DE MOLINA, A., Tratado de Criminología, cit., págs. 663 y ss.

[1717] Una síntesis de las críticas formuladas a la Escuela de Chicago, en: GARCÍA-PABLOS DE MOLINA, A., Tratado de Criminología, cit., págs. 665 y ss.

[1718] Sobre las investigaciones de «áreas» realizadas, a partir de los años cuarenta, por LIND, CLYDE WHITE, LOTTIER, TAFT, MARSHALL CLINARD, LANDER y otros, vid.: MORRIS, T., The Criminal Área, cit., págs. 92 a 106. Cfr. GARCÍA-PABLOS DE MOLINA, A., Tratado de Criminología, cit., págs. 661 y ss.

[1719] Vid., GARRIDO GENOVÉS, V., Delincuencia y sociedad, cit., págs. 194 y ss.

[1720] Vid., GARRIDO GENOVÉS, V., Delincuencia y sociedad, cit., pág. 196 (desigualdad social y delincuencia).

En todo caso, el factor espacial interesa ya no sólo para «explicar» el delito (su génesis, distribución), sino como pieza fundamental de los planes de prevención: para «prevenirlo», de acuerdo con una nueva política arquitectónica y urbanística. Los enfoques macrosociológicos, de áreas, dan paso así a estudios microsociológicos que tratan de verificar la correlación existente entre determinados espacios concretos y ciertas manifestaciones de la criminalidad urbana, a tenor de un análisis más preciso y situacional.

A esta nueva orientación apuntan, con planteamientos distintos JEFFERY (potenciando la importancia del factor físico ambiental, sugiere la prevención de la criminalidad a través del diseño arquitectónico y urbanístico); NEWMAN (autor de la famosa obra: *Defensible Space*); y la actual *Psicología Comunitaria*.

Desde la importante obra de NEWMAN (*Defensible Space*)[1721] las investigaciones ecológicas parecen orientarse a la prevención del delito a través del diseño arquitectónico del espacio urbano, buscando, además, una correlación específica entre determinados lugares de la ciudad y sendas manifestaciones delictivas.

Este nuevo enfoque fue sugerido incluso por autores como JEFFERY[1722], quien se manifestó partidario de sustituir el conocido paradigma del conflicto cultural por un análisis más atento al entorno físico-ambiental, al constatar que el crimen es muy selectivo en cuanto al lugar de comisión (la mayoría de las áreas urbanas no son propicias al mismo). Por ello, a juicio de JEFFERY, carecen de sentido los mapas de áreas tradicionales, que pretendían delimitar las zonas criminógenas. Lo correcto sería una búsqueda de la relación espacio específico-tipo de delito.

En la actualidad, cabe observar un verdadero renacimiento ecológico, que subraya la importancia del *barrio* y el medio físico en la génesis de la criminalidad[1723], así como la gran complejidad del fenómeno delictivo, de su transmisión, evaluación, etc.

Las más recientes investigaciones, no obstante, han revisado algunos particulares de la teoría ecológica clásica, y de la metodología de ésta.

Así, BURSIK, R.J. y WEBB, J.[1724] han comprobado que la *transmisión* de la delincuencia es un fenómeno más complejo de lo que suponían Shaw y Mckay, dependiendo el mismo

---

[1721]   NEWMAN, D., Defensible Space, 1973, New York (Mc.Millan).

[1722]   JEFFERY, C.R., Crime Prevention throug environmental Design, 1977, Sage (Beverly Hill). Cfr., GARRIDO GENOVÉS, V., Delincuencia y sociedad, cit., págs. 207 y ss.; Vid., GARCÍA-PABLOS DE MOLINA, A., Tratado de Criminología, cit., pág. 669.

[1723]   Como advierte PATERNOSTER, R. Y BACHMAN, R., en: Explaining criminals and crime. Essays in contemporary criminological theory (Paternoster, R. y Bachman, R.. edits.). Los Angeles: Roxbury Publishing Company, 2001, pág. 120.

[1724]   BURSIK, R.J. y WEBB, J., Community change and pattern of delinquency, en: American Journal of Sociology, 88 (1982), págs. 39 y ss. Cfr. SERRANO MAILLO, A., Introducción, cit., pág. 361.

más de los cambios que se produjeron en los barrios —y de la naturaleza de éstos— que de los grupos humanos que los habitan.

Por su parte, SAMPSON[1725] verificó un importante reparo metodológico a las investigaciones de Shaw y Mckay: la llamada *contaminación ecológica*, esto es, el sesgo de las cifras oficiales sobre arrestos que acusan ciertos barrios como consecuencia de los prejuicios policiales, razón por la que procede acudir a instrumentos alternativos de evaluación que corrijan aquellas estimaciones (vg. estudios de victimización).

En todo caso, la moderna teoría ecológica opera con un concepto más dinámico, abierto y complejo del área, barrio o comunidad y de los fenómenos que suceden en su seno. Hoy se asume que no se trata de espacios cerrados, aislados y autosuficientes. Que, desde luego, cuentan con su *organización* pero que la criminalidad, sus índices, y transmisión, no dependen tanto de los grupos humanos que los habitan como de los cambios estructurales y fenómenos externos que influyen decisivamente en dichos ámbitos ecológicos[1726].

Los principales estudios ecológicos orientados a la prevención del delito a través del diseño arquitectónico urbano son los de KUBE, CHERRY, O'DONELL y LYDGATE, NEWMAN, BOOTH, GILLIS Y HAGAN, RONCEK y ROYNER[1727].

A los que debe añadirse la valiosa aportación de «geógrafos del delito», como GEORGES ABEGIE, que analizan éste desde un enfoque «espacial»; ANGEL o el propio REPETTO[1728].

Otra obra paradigmática es el «*Defensible Space*», de NEWMAN. Por *defensible space* entiende NEWMAN «un modelo para ambientes residenciales que inhibe el delito, creando la expresión física de una fábrica social que se defiende a sí misma»[1729]. Según NEWMAN, el diseño urbano y arquitectónico favorece el crimen, bien porque permite el fácil acceso de extraños (vg. múltiples entradas a las viviendas o parkings, centros que atraen visitantes al vecindario, etc.), bien porque los propios residentes o la Policía cuentan con limitadas posibilidades de vigilancia y observación de las áreas públicas adyacentes (vg. calles, parques, aparcamientos, etc.), debido a diversos factores (extensión de la zona, emplazamiento de balcones y ventanas, etc.).

[1725] SAMPSON, R.J. y GROVES, W.B., Community structure and crime: testing social-disorganization theory, en: American Journal of Sociology, 94 (1989), pág. 776. Cfr. SERRRANO MAILLO, A., Introducción, cit., pág. 362.

[1726] Cfr. SERRANO MAILLO, A., Introducción, cit., págs. 363 y 364.

[1727] Sobre los estudios ecológicos citados, vid.: GARCÍA-PABLOS DE MOLINA, A., Tratado de Criminología, cit., págs. 669 y ss.

[1728] Sobre los «geógrafos» del delito, vid. GARCÍA-PABLOS DE MOLINA, A., Tratado de Criminología, cit., págs. 670 y ss. (nota 123).

[1729] NEWMAN, D., Defensible Space, cit., pág. 3. Sobre la obra de NEWMAN, vid.: SCHNEIDER, H.J., Kriminologie, cit., págs. 341 a 358; CLEMENTE DÍAZ, M., «La orientación comunitaria en el estudio de la delincuencia» (en: Psicología social y sistema penal, cit., págs. 396 y ss.; GARRIDO GENOVÉS, V., Delincuencia y sociedad, cit., págs. 218 y ss.; Cfr., GARCÍA-PABLOS DE MOLINA, A., Tratado de Criminología, cit., págs. 676 y ss.

A su juicio, ciertos elementos físicos alrededor de las áreas públicas pueden infundir en sus residentes un sentimiento de «comunidad», de «territorialidad», que les autorresponsabilizaría progresivamente en la defensa de su hábitat frente al delito. Por ello, NEWMAN propone cuatro medidas muy precisas: subdividir las áreas públicas en zonas más pequeñas, para que los vecinos adopten actitudes de «propiedad»; adecuada ubicación de las ventanas, potenciando al máximo la capacidad de observación de estas áreas; emplazar zonas concurridas junto a actividades públicas que no son fuente de peligros (así, pequeños parques, zonas de recreo infantil); construir áreas públicas de modo tal que sus eventuales visitantes se sientan observados[1730].

La denominada *Psicología comunitaria*[1731] es un enfoque ambientalista, con claras connotaciones ecológicas que surge en la década de los sesenta como reacción a los modelos psicológico-clínicos y, al propio tiempo, como expresión de un cambio sociopolítico que reclama un papel más activo de las pequeñas comunidades (una reorganización de la vida urbana) y estimula la acción de las instituciones mediadoras entre la vida privada del individuo y la esfera pública. Muy próxima a la Psicología «ambiental», y de obvia inclinación «conductual», propugna la Psicología comunitaria un nuevo concepto de «intervención», de su objeto, técnicas y destinatarios de ésta.

> Consciente del impacto negativo que las instancias oficiales del sistema legal (Policía, Tribunales, Administración Penitenciaria, etc.) ocasionan en su intento de abordar el problema criminal, opta la Psicología comunitaria por una vía realista de intervención —rechaza, pues, la utópica no intervención radical—, sugiriendo una profunda reestructuración de la vida urbana, el fortalecimiento de las instituciones intermedias, que median entre la privacidad del ciudadano y la vida pública; y la de determinados «centros sociales» (familiares y comunitarios) decisivos en la socialización del individuo y en la deseable más eficaz participación de éste en los problemas de la comunidad.
>
> Son postulados de la Psicología comunitaria que la intervención ha de tener un impacto preventivo, incidiendo en aquellos lugares donde se presenta el problema; que no se conforma con la reforma personal del individuo, sino que pretende producir cambios institucionales, por entender que una reorganización ambiental incide significativamente en la conducta de los miembros o individuos de la institución; que los programas de intervención deben contemplar variables de tipo legal, sociológico, político, económico y organizacional[1732].

[1730] En cuanto a las investigaciones de O'DONELL y LYDGATE (1980), BOOTH (1981) y otros, vid., GARRIDO GENOVÉS, V., Delincuencia y sociedad, cit., págs. 209 y ss. y 220 y ss. Cfr., GARCÍA-PABLOS DE MOLINA, A., Tratado de Criminología, cit., págs. 670 a 680 y ss.

[1731] Sobre la Psicología comunitaria, vid.: CLEMENTE DÍAZ, M., La orientación comunitaria en el estudio de la delincuencia, cit., págs. 383 y ss. Cfr. GARCÍA-PABLOS DE MOLINA, A., Tratado de Criminología, cit., págs. 680 y ss.

[1732] Vid., NIETZEL, M.T., Crime and its modification: a Social learning perspective, 1979, New York, Pergamon Press. Cfr., CLEMENTE DÍAZ, M., La orientación comunitaria, cit., pág. 390.

C.- *Teorías estructural-funcionalistas o de la «anomia»*[1733]. Estas teorías, cuyos principales representantes son DURKHEIM, MERTON, CLOWARD y OHLIN, surgen en el contexto de unas economías vertiginosamente industrializadas y de profundos cambios sociales, con el consiguiente debilitamiento y crisis de los modelos, normas y pautas de conducta de dichas sociedades.

Sus postulados de mayor trascendencia criminológica son dos: la *normalidad* y la *funcionalidad* del crimen. Normalidad, porque el crimen no tendría su origen en ninguna patología individual ni social sino en el normal y regular funcionamiento de todo orden social. Aparecería inevitablemente unido al desarrollo del sistema social y a fenómenos normales de la vida cotidiana. Funcionalidad, en el sentido de que tampoco sería un hecho necesariamente nocivo, dañino para la sociedad, sino todo lo contrario, funcional, en orden a la estabilidad y el cambio social.

1) DURKHEIM (1858-1917), autor de tres obras claves de la moderna Sociología (*Las reglas del método, El suicidio* y *De la división del trabajo social, estudio sobre la organización de las sociedades superiores*), parte de la observación de un dato sobre el que ya llamaron la atención los «estadísticos morales»: el volumen constante de la criminalidad; esto es, la existencia inevitable, en cualquier tipo de sociedad y en cualquier momento histórico, de una tasa constante de delincuencia[1734]. De tal hecho infirió DURKHEIM dos consecuencias: que la conducta irregular es inextirpable, desde el momento en que la conducta social se concibe como conducta «reglada» (regulada por normas); y que las formas de dicha conducta «anómica» estarán determinadas, en cada caso, por el tipo social dominante y su estado de desarrollo. Frente a las concepciones tradicionales, la tesis de DURKHEIM significa, en definitiva, admitir que el delito es un comportamiento «normal» (no patológico), «ubicuo» (se produce en cualquier estrato de la pirámide social, y en cualquier modelo de sociedad) y derivado no de anomalías del individuo ni de la propia «desorganización social», sino de las estructuras y fenómenos cotidianos en el seno de un orden social intacto. Efectivamente, para DURKHEIM, el delito no es sino una modalidad de conducta «irregular», que debe analizarse no en función de supuestas anomalías del sujeto, sino de las estructuras de la sociedad: es más, un fenómeno «normal»; pues si la conducta social es conducta «reglada», el delito es esa «otra cara de la moneda» inseparable de la convivencia. Según DURKHEIM, lo anormal no es la existencia del delito,

---

[1733] Una reseña bibliográfica sobre el estructural funcionalismo, en: GARCÍA-PABLOS DE MOLINA, A., Tratado de Criminología, cit., págs. 685 y 686 (nota 1).

[1734] DURKHEIM, E., Les Règles de la Mèthode, 1895, Paris (edición Akal, 1978, págs. 73 y ss; y 85 y ss.). Sobre Durkheim, vid. GARCÍA-PABLOS DE MOLINA, A., Tratado de Criminología, cit., págs. 687 y ss.

sino un súbito incremento o descenso de los valores medios o tasas de criminalidad, ya que —añade el autor— «una determinada cantidad de crímenes forma parte integrante de toda sociedad sana»[1735], y una sociedad sin conductas irregulares sería una sociedad poco desarrollada, monolítica, inmóvil y primitiva. El crimen, pues, cumple una función «integradora e innovadora»[1736], y debe contemplarse como producto del normal «funcionamiento» de toda sociedad. Lo mismo que el criminal: para DURKHEIM no es un individuo patológico o antisocial, sino «factor del funcionamiento regular de la vida social»[1737]. La propia «pena», según el autor, no cumple los fines metafísicos que tradicionalmente se le asignan, sino que surge como cualquier otra institución social de las relaciones estructural-funcionales. El delito lesiona los sentimientos colectivos, porque el delincuente rompe con lo que es tenido socialmente por bueno y correcto; la pena es, pues, la reacción social necesaria; actualiza aquellos sentimientos colectivos que corren el riesgo de entumecerse, clarifica y recuerda la vigencia de ciertos valores y normas y refuerza, ejemplarmente, la convicción colectiva sobre el significado de los mismos[1738]. Particular interés en el pensamiento de DURKHEIM tiene el concepto de «anomia», concepto que pretende expresar la crisis, pérdida de efectividad y desmoronamiento de las normas y valores vigentes en una sociedad, precisamente como consecuencia del rápido y acelerado desarrollo económico de la misma, y de sus profundos cambios sociales que debilitan la conciencia colectiva[1739].

Desde la Antropología Cultural, otros autores, como MALINOWSKI, han llegado a la conclusión de que la conducta irregular no es privativa de las sociedades de alto desarrollo industrial, sino también de las sociedades primitivas, que, incluso en situaciones de

---

[1735] «Clasificar el crimen entre los fenómenos de la Sociología normal —decía Durkheim— ... equivale a afirmar que constituye un factor de la salud pública, una parte integrante de toda sociedad sana» (DURKHEIM, E., Las reglas del método sociológico, cit., pág. 86, nota 10).

[1736] Sobre dicha función, vid., DURKHEIM, E., Las reglas del método sociológico, cit., págs. 86 a 93.

[1737] «... el criminal ya no se nos manifiesta como un ser radicalmente insociable —algo así como un elemento parásito, como un cuerpo extraño e insasimilable, introducido en el seno de la sociedad— sino que es un agente regular de la vida social» (DURKHEIM, E., Las reglas del método, cit., pág. 90).

[1738] Sobre la función de la pena en el pensamiento de DURKHEIM, vid.: GARCÍA-PABLOS DE MOLINA, A., La normalidad del delito y el delincuente, cit., págs. 325 y ss.

[1739] Vid., DURKHEIM, E., Le Suicide, Etude du Sociologie, 1897, Paris. Dicha situación de crisis o desorganización colectiva se produce, según el autor, cuando la sociedad no está en condiciones de ejercer el necesario «poder regulador» que sirva de moderación a las ilimitadas expectativas individuales, y haga viable la satisfacción de las mismas en un contexto general de equilibrio y armonía (op. cit., edición Akal, 1982, págs. 261 a 271). La sociedad tradicional conseguía este equilibrio mediante un sistema de «poderes morales» que disciplinaban todas las actividades humanas. En la sociedad industrial moderna, el entramado de reglamentaciones que aporta coherencia a aquéllas ha padecido una profunda crisis al explosionar la «apoteosis del bienestar» (op. cit., págs. 272 a 277). Cfr., GARCÍA-PABLOS DE MOLINA, A., Tratado de Criminología, cit., págs. 691 a 693.

normalidad, cuentan con un cumplimiento sólo parcial y limitado de las normas y valores mayoritarios. MALINOWSKI y MUHLMANN, a diferencia de DURKHEIM, incorporan a las estructuras sociales, como factor también a considerar, la cultura.

Un análisis *anómico* se ha utilizado, años depués, para explicar el significativo incremento de la criminalidad en los países de Europa del Este como consecuencia de la caída de los sistemas socialistas y los vertiginosos cambios —vertiginosos y sustanciales— que dicha convulsión significó en la década de los ochenta del pasado siglo[1740].

2) La teoría de la «anomia» de DURKHEIM (plasmada en su obra *El suicidio*, especialmente) será asumida y reelaborada por la Sociología norteamericana. En primer lugar, por R. MERTON, quien la convierte en teoría de la criminalidad, en explicación general del comportamiento desviado[1741]. Para MERTON, «anomia» no es sólo «derrumbamiento» o «crisis» de unos valores o normas por razón de determinadas circunstancias sociales (el desarrollo económico avasallador, el proceso industrializador con todas sus implicaciones), sino, ante todo, el síntoma o expresión del vacío que se produce cuando los medios socioestructurales existentes no sirven para satisfacer las expectativas culturales de una sociedad[1742]. Según el propio MERTON, la «conducta irregular puede considerarse sociológicamente como el síntoma de la discordancia entre las expectativas culturales preexistentes y los caminos o vías ofrecidos por la estructura social para satisfacer aquéllas»[1743]. La teoría de la anomia lógicamente guarda estrecha relación con la filosofía del «sueño americano» (sociedad del bienestar, basada en la igualdad real de oportunidades) y pone de relieve que aquéllos a quienes la sociedad no ofrece caminos legales (oportunidades) para acceder a los niveles del bienestar deseados se verán

---

[1740] Vid. KURY, H., Desarrollo de la delincuencia en Europa oriental y occidental. Una comparación entre diferentes países, en: Revista de Derecho Penal y Criminología, 1996, n° 6, págs. 600 y ss. Cfr. SERRANO MAILLO, A., Introducción, cit., pág. 305. Según KURY, un cambio (socioeconómico, político, etc.) tan intenso, súbito y acelerado al que no pudieron adaptarse los ciudadanos provocó sentimientos de inseguridad y desconfianza en las normas, fenómeno que estaría en la raíz del incremento de la delincuencia (op. cit., págs. 649 y ss.).

[1741] Vid., MERTON, R.K., «Estructura social y anomia: revisión y ampliación» (en: FROMM, E., HORKHEIMER, M., PARSONS, T., y otros: La Familia. Edit. Península, 1972, Barcelona, págs. 67 a 107). Este trabajo revisa el inicial que publicó el autor (American Sociological Review, 3, 1938, págs. 672 a 682). Cfr., GARCÍA-PABLOS DE MOLINA, A., Tratado de Criminología, cit., págs. 694 y ss.

[1742] MERTON, R.K., Estructura social y anomia, cit., págs. 86 y 87. Para el autor, la anomia no es una crisis debida a factores coyunturales sino una disfunción estructural, crónica, endémica e inherente a cierto modelo de sociedad.

[1743] Para MERTON, la conducta desviada es una «reacción normal» (esperada) a las contradicciones estructurales de la sociedad, un mecanismo de adaptación, en definitiva, del individuo a tales contradicciones. (Estructura social y anomia, cit., págs. 67 a 69).

presionados mucho más y mucho antes que los demás a la comisión de conductas irregulares para la consecución de aquella meta codiciada[1744]. Según MERTON, la tensión entre *«estructura cultural»* y *«estructura social»* fuerza al individuo a optar por cinco de las vías existentes: *conformidad, innovación, ritualismo, huída del mundo o rebelión*, todas ellas, excepto la primera, constitutivas de comportamientos desviados o irregulares[1745]. A su juicio, por último, la elección vendrá condicionada, en cada caso, por el diverso grado de socialización de aquél y por el modo en que interiorizó los correspondientes valores y normas[1746].

3) Otras *formulaciones posteriores* del modelo anómico. A variaciones de la teoría anómica, en particular de la versión mertoniana, se ha acudido también para explicar con un criterio macrocriminológico las altas tasas de delincuencia de la sociedad norteamericana en términos comparativos con otros países (así: MESSMER, S.R. y ROSENFELD, R.), en especial, desde la segunda guerra mundial (LA FREE).

MESSNER, S.F. y ROSENFELD, R.[1747], siguiendo el análisis mertoniano, estiman que los Estados Unidos de Norteamérica «están organizados para el delito»[1748], porque la ideología del *sueño americano* propone como meta cultural el éxito económico sin subrayar la necesaria licitud de los medios empleados para conseguirlo, mientras la estructura social bloquea las oportunidades lícitas de muchos individuos que optarán por vías ilegales para alcanzar las metas supuestamente accesibles a todos.

Para los autores, las elevadas tasas de criminalidad de la sociedad norteamericana se explicarían como consecuencia de la primacía absoluta y excluyente de las instituciones *económicas* que devalúa los roles y funciones de las instituciones no económicas (vg. de la educación, la familia, la actividad política). La dominación económica estimularía la anomia cultural, la *ética anómica* y, desde luego, erosionaría los controles institucionales del delito, porque cuando las instituciones no económicas (vg. familia, escuela, fuerza de seguridad, etc.) se devalúan, se ven forzadas a acomodarse a imperativos económicos o se

---

[1744] Cuando los canales de movilidad vertical se cierran en una sociedad que exalta la opulencia económica, el ascenso social y la igualdad de todos sus miembros, la conducta desviada se convierte en la «reacción normal» de los estratos menos favorecidos, que son los que experimentan una presión —y una frustación— más intensa (MERTON, R.K., Estructura social y anomia, cit., págs. 82 a 86).

[1745] MERTON, R.K., Estructura social y anomia, cit., págs. 79 y ss. Según el autor, su análisis no pretende explicar la génesis de la conducta criminal, ni clasificar tipos de personalidad o carácter, sino llamar la atención sobre el impacto que ejerce la presión de la estructura social y las contradicciones de ésta con la estructura cultural en las conductas desviadas de los diversos grupos y situaciones sociales. Solo le interesaría contemplar las funciones sociales de la conducta desviada prescindiendo de cualquier enfoque valorativo o moralista (op. cit., págs. 81, 105 y 106). Cfr., GARCÍA-PABLOS DE MOLINA, A., Tratado de Criminología, cit., págs. 696 y ss.

[1746] En cuanto a la relevancia penal y criminológica que cada una de estas opciones, vid., VOLD, G.B., Theoretical Criminology, cit., págs. 217 y ss.

[1747] MESSNER, S.F. y ROSENFELD, R., Crime and the american dream, 2001, edit. Belmont, Ca.: Wadsworth, págs. 18 y ss.

[1748] Crime and the american dream, cit., pág. 5.

organizan en torno a un sistema competitivo semejante al del mercado —afirman MESSNER y ROSENFELD[1749]— se inhabilitan para cumplir las funciones propias que les corresponden, entre otras, la del control social. En consecuencia, los autores sugieren como estrategia de prevención del delito no el endurecimiento de la política penal sino la *reorganización social* y el restablecimiento del *equilibrio institucional*[1750].

Por su parte, LA FREE, G.[1751] se ha centrado en la explicación del acelerado incremento —acelerado e irregular— de las tasas de criminalidad en los EEUU. desde la segunda guerra mundial, sirviéndose para ello de análisis longitudinales. Según el autor, los índices de delincuencia habrían aumentado ocho veces entre 1945 y el principio de la década de los noventa, sucediéndose períodos de súbito y alarmante incremento de dichos índices —variaciones, en todo caso, extremadamente repentinas y vertiginosas— y períodos de estabilización de los mismos[1752].

Para LA FREE, el crimen tiene su origen en un fracaso de las instituciones, que fallan en su misión de canalizar por vías lícitas el comportamiento del individuo. Las instituciones contramotivan o disuaden al delincuente potencial, operan como agentes poderosos del control social, formal e informal y protegen a las víctimas del delito, constituyendo el principal entramado de confianza y capital social de la comunidad cuando los ciudadanos perciben o asumen que son legítimas. A una profunda crisis institucional, a la pérdida de legitimidad de las instituciones políticas (vg. movimientos de protesta de la década de los sesenta), económicas (desigualdades que han crecido espectacularmente desde la segunda guerra mundial) y familiares (que dirigen los procesos de socialización) se debería a juicio de LA FREE el «crime boom» en los EEUU.[1753]

A la teoría de la anomia se ha acudido, también, para explicar el acelerado incremento de la criminalidad en los otrora países socialistas a raiz del profundo cambio político y económico que experimentaron en las últimas décadas[1754].

4) Finalmente, CLOWARD y OHLIN profundizaron las explicaciones anómicas, resaltando la dirección y connotaciones de esa presión social, según el plano de la pirámide social en que se encuentre el afectado. A juicio de los mismos, el

---

[1749] MESSNER, S.F. y ROSENFELD, R., Crime and the american dream, cit, págs. 70 y ss. Cfr. SERRANO MAILLO, S., Introducción, cit., págs. 308 y ss.

[1750] Crime and the american dream, cit., págs. 91 y ss.

[1751] LA FREE, G., Losing legitimacy. Street crime and the decline of social institutions in America, Boulder, Co. y Oxford: Westview, 1998, págs. 1 y ss.

[1752] LA FREE analiza los cambios repentinos y bruscos de las tasas de criminalidad en cortos períodos de tiempo, fenómeno que no explican las teorías clásicas, de la Criminología. La Free distingue tres etapas: de 1946 a 1960 (con tasas de delincuencia estables y moderadas); una segunda, entre 1961 a 1973 (que acusa un incremento rápido y brusco de las mismas); y una tercera (desde 1973), caracterizado por tasas altas pero estables. Cfr. SERRANO MAILLO, A., Introducción, cit., págs. 312 y ss.

[1753] LAFREE, G., Losing legitimacy, cit., ́págs. 75 y ss. Vid., del mismo, con DRASS, K.A., y O'DAY, P., Race and crime in postwar America: determinants of african-american and white rates, 1957-1988, en: Criminology, 30 (1992), págs. Cfr. SERRANO MAILLO, A., Introducción, cit., págs. 314 y ss.

[1754] Vid. infra, Parte Tercera de esta obra, III, C' G.

grado de intensidad con que el individuo experimenta aquella tensión entre «estructura cultural» y «estructura social» no es uniforme, sino que se reparte de forma desigual según el lugar que se ocupe en la pirámide social: especialmente intensa en el caso de la juventud y las clases sociales menos privilegiadas[1755].

5) El pensamiento estructural funcionalista inspira, sin duda alguna, un conjunto de teorías que aparecen en el seno de la Sociología jurídica alemana moderna (*teoría sistémica* de la prevención integradora) y entre cuyos representantes destacan AMELUNG, OTTO, JAKOBS, LUHMANN, etc.[1756].

En común tienen todas ellas que trasladan el centro de atención al sistema social, subordinando a su buen funcionamiento —a la producción de un eficaz consenso, por tanto, y sus equivalentes funcionales— cualquier valoración ético-política, individual o colectiva[1757].

El análisis sistémico aporta, también, un nuevo marco teórico a la legitimación del castigo. La pena no se examina desde un enfoque valorativo (fines ideales de la misma), sino funcional, dinámico, como cualquier otra institución social (funciones reales que la pena desempeña en orden al buen funcionamiento del sistema).

La pena, según la teoría sistémica, cumple una función de prevención integradora (distinta de los objetivos «retributivos», de prevención «general» y «especial» que atribuyera a la misma la dogmática tradicional). Si el delito lesiona los sentimientos colectivos de la comunidad, lo tenido por «bueno y correcto», la pena «simboliza» la necesaria reacción social: aclara y actualiza ejemplarmente la vigencia efectiva de los valores violados por el criminal, impidiendo que se entumezcan; refuerza la convicción colectiva en torno a la trascendencia de los mismos; fomenta y encauza los mecanismos de integración y de solidaridad social frente al infractor, y devuelve al ciudadano honesto su confianza en el sistema[1758].

La idea de «prevención integradora» sustituye al ideal utópico y emancipador de la resocialización del delincuente. La indudable crisis de este último no sugiere a la teoría sistémica reflexión alguna sobre posibles alternativas al actual modelo

---

[1755] Vid., CLOWARD, R.A., «Illegitimate Means, Anomie and Deviant Behavior», en: American Sociological Review, 24 (1959), págs. 164 a 176; del mismo y OHLIN, V., Delinquency and opportunity, 1960, New York, Free Press. Cfr., GARCÍA-PABLOS DE MOLINA, A., Tratado de Criminología, cit., págs. 701 y ss.

[1756] Sobre la teoría sistémica y el estructural funcionalismo, vid.: GARCÍA-PABLOS DE MOLINA, A., «Explicaciones estructural funcionalistas del delito», en: Delincuencia. Teoría e investigación, cit., pág. 165 (referencia bibliográfica, páginas 192 y ss.).

[1757] Cfr., BARATTA, A., «Integración-prevención: una nueva fundamentación de la pena dentro de la teoría sistémica», en: Cuadernos de Política Criminal (24), 1984, págs. 533 a 553.

[1758] Sobre las funciones de la pena en la teoría sistémica, vid.: GARCÍA-PABLOS DE MOLINA, A., Tratado de Criminología, cit., págs. 705 y ss.

penitenciario —ni, menos aún, al actual modelo de sociedad—, sino el refuerzo eficaz del sistema penal, de acuerdo con el modelo «tecnocrático» que propugna a propósito de las relaciones entre ciencias sociales y ciencias jurídicas[1759].

Las teorías de la anomia son teorías macrosociológicas y exhiben, en consecuencia, elevados niveles de abstracción. Algunas de sus formulaciones pecan, incluso, de un notable déficit empírico encubierto y de una desmedida carga especulativa[1760].

Aciertan, sin duda, al relacionar el crimen con las estructuras sociales, con fenómenos ordinarios de la vida cotidiana. Haber subrayado la normalidad del delito, su inextirpabilidad, sin necesidad de invocar interesadas patologías individuales o complejos conflictos sociales es un mérito del estructural funcionalismo. Este, sin embargo, tiende a confundir lo fáctico y lo normativo, el ser y el deber ser, concediendo primacia a las pretensiones funcionales, pragmáticas, sobre las axiológicas y valorativas, como sucede con todo modelo tecnocrático reacio a la crítica desde fuera del sistema[1761]. Todo ello repercute en el diagnóstico funcionalista del problema criminal y tiene importantes implicaciones de índole político-criminal. El estructural funcionalismo revisa y cuestiona las categorías fundamentales de la dogmática liberal[1762] tradicional (bien jurídico, culpabilidad, etc.). Propugna una concepción meramente simbólica del delito y la pena, terminando por negar la naturaleza «subsidiaria» asignada al Derecho Penal[1763]. Centra todo su interés en el examen del crimen convencional de las bajas clases sociales[1764], haciendo gala de un enfoque más sintomatológico que etiológico: esto es, contempla el delito donde se manifiesta y cuando se exterioriza el conflicto, no cuando y donde se genera éste[1765], por lo que exhibe una vocación conservadora tendente a legitimar sistemáticamente el «statu quo»[1766]. Como otras teorías sociológicas, el funcionalismo prescinde por completo del componente biopsicológico individual en su diagnóstico del problema criminal, a pesar de que dicho factor condiciona, al menos, la transmisión de cualquier sistema de conducta. Y, como teoría macrosociológica, relaciona el crimen con las estructuras sociales, pero no es capaz de precisar mucho más: no puede fundamentar, por ejemplo, que correlación existe entre concretos sectores o subsectores de las estructuras sociales y determinadas manifestaciones delictivas[1767], operando siempre con magnitudes unitarias e indiscriminadas (la criminalidad, la estructura social, etc.); ni se aventura a establecer límites concretos y operativos, fronteras, que sirvan de divisoria entre lo «normal» (funcional) y lo «anómico»[1768].

[1759] Cfr., BARATTA, A., Integración-prevención, cit., págs. 547 y 548.

[1760] Reprochando al estructural funcionalismo una elevada carga especulativa, con el consiguiente déficit empírico: GÖPPINGER, H., Criminología, cit., págs. 44. Revisando las críticas al estructural-funcionalismo: GARCÍA-PABLOS DE MOLINA, A., Tratado de Criminología, cit., págs. 706 y ss.

[1761] Así, BARATTA, A., Integración-prevención, cit., págs. 534 y 544.

[1762] Cfr., BARATTA, A., Integración-prevención, cit., pág. 537.

[1763] Cfr., GARCÍA-PABLOS DE MOLINA, A., Tratado de Criminología, cit., pág. 706.

[1764] Como advierte críticamente SIEGEL, L.J., Criminology, cit., pág. 191.

[1765] Según crítica de BARATTA, A., Integración-prevención, cit., pág. 545.

[1766] Cfr., GARCÍA-PABLOS DE MOLINA, A., Tratado de Criminología, cit., pág. 710 y 713.

[1767] Vid, en sentido crítico, COHEN, A.K., Abweichung und Kontrolle, 1968, München, págs. 131 y ss. Cfr., GARCÍA-PABLOS DE MOLINA, A., Tratado de Criminología, cit., pág. 712 y nota 69.

[1768] DURKHEIM reconoció esta limitación de su teoría de la anomía (vid., Las reglas del método, cit., pág. 86).

D.- *Teorías del conflicto*[1769]. Tienen una gran tradición en la Sociología Criminal norteamericana, preocupada, desde sus inicios, por la problemática específica de la emigración (sobre todo, de la llamada «segunda generación», cuya cultura «originaria» puede entrar en conflicto con la «adoptiva»); y, en general, por la incidencia del «cambio social» y las diferentes pautas de conducta —oficiales y reales— que a menudo coexisten en una misma sociedad. A diferencia de las teorías estructural funcionalistas, anómicas, de corte liberal, que parten, como presupuesto lógico, de una sociedad monolítica, cuyos valores son producto de un amplio consenso, las teorías del conflicto presuponen la existencia en aquélla de una pluralidad de grupos y subgrupos que, eventualmente, discrepan en sus pautas valorativas.

> La *Criminología positivista* parte de cuatro proposiciones: el orden social se fundamenta en el consenso; el Derecho representa y tutela los valores básicos del sistema; el Estado garantiza en la sociedad pluralista una aplicación neutral de las leyes anteponiendo los intereses generales de la sociedad a los particulares de los diversos grupos; la Criminología examina las causas del comportamiento criminal que apartan a ciertas personas de dicho consenso.
>
> Para las teorías *«conflictuales»*, por el contrario, es el conflicto —y no el consenso o la integración normativa— lo que garantiza el mantenimiento del sistema y promueve los cambios necesarios para su desarrollo dinámico y estabilidad. El crimen, en consecuencia, se contempla como expresión de los conflictos existentes en la sociedad, conflictos, por cierto, no necesariamente nocivos para aquélla. Los postulados de una Criminología de esta orientación son cuatro: el orden social de la moderna sociedad industrializada no descansa en el consenso sino en el disenso; el conflicto no expresa una realidad patológica, sino la propia estructura y dinámica del cambio social, siendo funcional cuando contribuye a un cambio social positivo; el Derecho representa los valores e intereses de las clases o sectores sociales dominantes, no los generales de la sociedad, gestionando la justicia penal la aplicación de las leyes de acuerdo con dichos intereses; el comportamiento delictivo es una reacción al desigual e injusto reparto de poder y riqueza en la sociedad[1770].

Las teorías del conflicto se pueden clasificar en tres grupos: las teorías del conflicto «cultural», las del conflicto «social» de base no marxista y las teorías conflictuales de orientación marxista.

[1769] Una reseña bibliográfica sobre los modelos conflictuales, en: GARCÍA-PABLOS DE MOLINA, A., Tratado de Criminología, cit., pág. 811, nota 1.

[1770] Sobre los postulados de las teorías conflictuales, vid.: PITCH, T., Teoría de la desviación social, cit., pág. 133; SIEGEL, L.J., Criminology, cit., pág. 234; CHAMBLISS, W.J., «Functional and Conflict Theories of Crime», en: CHAMBLISS, W.J., MANKOFF, M., edit., Whose Law, Waht Order?, 1976, New York, (Wiley), págs. 4 y ss. Cfr., GARCÍA-PABLOS DE MOLINA, A., Tratado de Criminología, cit., págs. 811 y ss. En España: SERRANO MAILLO, A. (Introducción a la Criminología, cit., págs. 72 y ss.) parece identificar las «teorías del Derecho Penal» con los modelos «consensuales», tesis que si se interpreta sin ulteriores matices no convence, porque ni todos los penalistas rechazan los modelos de conflicto, ni todas las teorías sociológicas comparten las explicaciones del delito que ofrecen estos últimos.

a") *Teorías del conflicto cultural*

Formulaciones clásicas del conflicto son, entre otras, las del TAFT y SELLIN, WHITE y COHEN[1771].

Para TAFT[1772], la criminalidad es producto del cambio social. La cultura, con sus numerosas contradicciones internas, sería el factor criminógeno por excelencia. Y cuando el autor se refiere a la cultura se refiere al *marco cultural en su totalidad*, a la escasa credibilidad de ciertos valores tradicionales obligatorios, a la crisis de instituciones heredadas, al impacto antipedagógico de determinados ejemplos llamativos, a la doble moral social: en definitiva, pues, a la crisis moral derivada de las contradicciones internas de la cultura vigente. De hecho, así explica TAFT las elevadas tasas de criminalidad masculina en los Estados Unidos (acentuación del principio de competitividad, doble moral, disolución de instituciones tradicionales, etc.).

Distinta es la formulación de SELLIN[1773], para quien los conflictos no se producen entre modelos culturales en bloque, sino *entre las pautas normativas de los diversos grupos y subgrupos sociales*, cuyas valoraciones discrepan. SELLIN pone como ejemplo de conflictos de tal clase el que pueden provocar los medios de comunicación de masas, proponiendo unos valores y modos de conducta en eventual contradicción con los profesados por miembros de unos u otros grupos sociales. Pero, en puridad, el supuesto que interesó a SELLIN fue el de la «segunda generación» de emigrantes, cuyas creencias y convicciones familiares frecuentemente entran en conflicto con los de su nuevo hábitat adoptivo.

> No parece, sin embargo, demostrado que las sociedades con índices mínimos de conflictos culturales carezcan de criminalidad (como sería obligado a tenor de la tesis de SELLIN); ni este autor explica, tampoco, por qué provoca un comportamiento criminal el conflicto entre dos reglas de conducta no específicamente criminales[1774].

b") *Teorías del conflicto «social»*

A partir de los años cincuenta, la hipótesis del conflicto ha sido «relanzada» por el pensamiento marxista y no marxista, con diverso éxito (así DAHRENDORF, SIMMEL, VOLD, TURK, R. QUINNEY, CHAMBLISS, etc.).

[1771] Cfr., GARCÍA-PABLOS DE MOLINA, A., Tratado de Criminología, cit., págs. 813 y ss.

[1772] TAFT, D.R., Criminology, 1956, New York, págs. 341 y ss.

[1773] SELLIN, Th., «Culture Conflict and Crime», en: Social Science Research Council, 1938, New York, págs. 29 y ss.

[1774] Para una valoración de las tesis de SELLIN, Th., vid.: VOLD, G.B., Theoretical Criminology, cit., págs. 299 y ss.; SCHNEIDER, H.J., Kriminologie, cit., págs. 443 y ss.; GÖPPINGER, H., Criminología, cit., pág. 47.

La situación de ciertas minorías étnicas, la rebelión juvenil y determinadas actitudes (pacifistas, drogas, etc.) muy generalizadas, que fueron contestadas con la ley penal en los Estados Unidos y Europa, obligaron a replantear, sobre nuevas bases, la vieja tesis «conflictual»[1775]. El supuesto monolitismo del orden social, basado en un hipotético consenso, entró en crisis, ante la evidencia de que la moderna sociedad democrática es una *sociedad plural, antagónica y estratificada*, donde coexisten numerosos grupos y subgrupos, con sus respectivos códigos de valores, que tratan de conquistar un espacio social y, a ser posible, el propio poder político que permita definir, de acuerdo con sus intereses particulares, la jerarquía oficial de valores.

Así, DAHRENDORF[1776] manifestará que las organizaciones sociales existen, se consolidan y evolucionan no merced al consenso o acuerdo universal, sino a causa de la coacción y la presión de unas sobre otras; que «cambio», «conflicto» y «dominación» son los tres pilares de todo modelo sociológico[1777].

Y COSER[1778] llega a afirmar que el «conflicto» es funcional, porque asegura el cambio social y contribuye a la integración y conservación del orden, del sistema[1779].

[1775] Además del clima de controversia política y social influyó decisivamente en el relanzamiento del modelo «conflictual» el éxito alcanzado por un enfoque teórico concreto: el «labeling approach»; y los resultados llamativos, sorprendentes, que arrojaron ciertas investigaciones empíricas durante la década de los sesenta («self-reporter studies»). Cfr., GARCÍA-PABLOS DE MOLINA, A., Tratado de Criminología, cit., págs. 815 y ss.

[1776] DAHRENDORF, R., Class and Class Conflict in Industrial Society, 1959, Stanford. (Connecticut), Stanford University Press; del mismo: «Out of Utopia: Toward a Reorientation of Sociological Analysis», en: American Journal of Soziology (64), 2, 1958.

[1777] Según DAHRENDORF —que se ocupa de la sociedad capitalista avanzada— el conflicto ocupa no ya el centro de la dinámica del sistema social, sino el propio eje de equilibrio del mismo. A su juicio, lo anormal no es la presencia sino la ausencia de conflictos: somos capaces de regularlos, de controlarlos e incluso de suprimirlos temporalmente, pero no de erradicarlos por completo y para siempre. El conflicto —entre los grupos que detentan el poder y los sometidos a éste— puede actuar funcionalmente, por tanto, contribuyendo a un desarrollo más justo y efectivo del orden social: no es necesariamente nocivo para éste («Out of Utopia», cit., págs. 115 a 127). El autor se aparta, no obstante, de las tesis marxistas ortodoxas (Cfr., GARCÍA-PABLOS DE MOLINA, A., Tratado de Criminología, cit., págs. 817 y ss.).

[1778] COSER, L., The Functions of Social Conflict, 1956. Glencoe, Free Press; del mismo: «Some Functions of Deviant Behavior and Normative Flexibility», en: The American Journal of Sociology, LXIX, 2 (1962), págs. 172 a 181. Para el autor, el conflicto es una válvula de seguridad del orden social; mantiene las divisiones sociales y los sistemas de estratificación; y estimula el necesario cambio normativo, siempre que la hostilidad y el antagonismo se mantengan dentro de ciertos límites («conflicto realista») y no cuestionen la propia legitimidad del sistema. Cfr., GARCÍA-PABLOS DE MOLINA, A., Tratado de Criminología, cit., págs. 821 y ss.

[1779] Es necesario, también, y útil (funcional) según la teoría criminológica del conflicto de VOLD, G.B. (Theoretical Criminology, cit.) quien aplicó los esquemas de DAHRENDORF al análisis del problema criminal, si bien, sin pretensiones generalizadoras, esto es, circunscribiendo aquéllos a ciertas situaciones en las que los hechos delictivos surgen de la confrontación de grupos que pugnan por mantener su estatus. Para VOLD una buena parte de los delitos tienen una explicación conflictual, en el sentido de que la propia realidad del crimen parece inseparable

El modelo de conflicto, de base *no marxista*, inspira conocidas formulaciones y numerosos estudios empíricos.

Entre las primeras, destacan las de CHAMBLISS y SEIDMAN[1780], QUINNEY[1781] y TURK[1782].

CHAMBLISS y SEIDMAN mantienen que la justicia penal no es un mecanismo neutro capaz de resolver pacíficamente los conflictos sociales, sino mera expresión de la estructura conflictual de una sociedad cuyas agencias oficiales actúan a tenor de las «estructuras de poder» y al dictado de los intereses de los grupos que detentan éste tanto al crear el Derecho como al aplicarlo[1783].

La *Realidad social del Crimen*, de QUINNEY, parte de la normalidad, de la funcionalidad y de la inevitabilidad del conflicto: la distribución diferencial del poder produce los conflictos entre los diversos grupos de la sociedad que pretenden monopolizar aquél, según el autor. La naturaleza puramente «definitorial» del delito; la decisiva relevancia de los «intereses del poder» en la génesis de las definiciones legales, en el proceso de aplicación de éstas, y en la transmisión de los modelos de comportamiento; y el llamado «constructivismo social» son tres postulados esenciales en la teoría de QUINNEY[1784].

Apartándose, también, de las tesis marxistas oficiales, propugna TURK un modelo conflictual radical, basado en las «relaciones de poder» que, a juicio del mismo, explican de modo neutral, libre de valores, el fenómeno de la conducta desviada y el de la criminalización. La teoría de la criminalización de TURK (el autor asume el enfoque del *«labeling approach»*) aclara bajo qué condiciones las discrepancias culturales y sociales entre autoridad e individuos conducen al conflicto, bajo qué otras se produce la criminalización en el seno de éste, y en qué medida influye el estatus de un individuo en su etiquetamiento como criminal. Porque, para TURK, la conducta delictiva no debe examinarse en sí misma, como objeto de análisis, sino que se convierte en una de las variables existentes vinculadas a la probabilidad de la criminalización[1785].

---

del proceso social y las tensiones inherentes a la dinámica de éste. Más aún, según VOLD, la totalidad del proceso político de creación del Derecho, violación de la Ley y aplicación del ordenamiento jurídico al infractor refleja indirectamente el hondo conflicto que existe entre los diversos grupos interesados en luchar por el control del poder policial del Estado (op. cit., págs. 283 a 296). Sobre VOLD, G.B., vid., GARCÍA-PABLOS DE MOLINA, A., Tratado de Criminología, cit., págs. 819 y ss.

[1780] Law, Order and Power, 1971, Addison-Wesley, Reading. Cfr., GARCÍA-PABLOS DE MOLINA, A., Tratado de Criminología, cit., págs. 825 y ss.

[1781] La obra fundamental de QUINNEY, R., hasta su conversión oficial al marxismo, es: The Social Reality of Crime, 1970. Boston, Little. Brown. Cfr., GARCÍA-PABLOS DE MOLINA, A., Tratado de Criminología, cit., págs. 827 y ss.

[1782] TURK, A., Criminality and legal Order, 1969. Chicago, Rand McNally. Cfr., GARCÍA-PABLOS DE MOLINA, A., Tratado de Criminología, cit., págs. 831 y ss.

[1783] CHAMBLISS, W., y SEIDMAN, R., Law, Order and Power, cit., págs. 4 y 503. Sobre las tesis de CHAMBLISS y SEIDMAN, vid., GARCÍA-PABLOS DE MOLINA, A., Tratado de Criminología, cit., págs. 825 y ss.

[1784] QUINNEY, R., Law, Order and Power, cit., págs. 9 y ss.; y 15 a 23. Sobre QUINNEY, vid. GARCÍA-PABLOS DE MOLINA, A., Tratado de Criminología, cit., págs. 827 y ss.

[1785] TURK, A., «Analyzing Official Deviance: For Nonpartisan Conflict Analysis in Criminology», en: Radical Criminology: The Coming Crisis, 1980 (Beverly Hills, California. Sage Publications), págs. 78 y ss.; también: Criminality and Legal Order, cit., págs. 53 y ss.; y: Conflict

Diversas investigaciones empíricas han intentado verificar los postulados del modelo conflictual, especialmente, tres de sus proposiciones más significativas: el comportamiento discriminatorio de la justicia penal, la evolución histórica de ésta de acuerdo con los intereses de las clases dominantes y el proceso de criminalización de las clases sociales explotadas[1786]. Sus resultados no pueden estimarse concluyentes.

> Baste con citar, entre otras muchas[1787], las de JACOBS y BRITT[1788], LIZOTTE[1789], CHIRICOS y WALDO[1790], etc. Cabe hacer una excepción relevante a propósito de la pena de muerte: ésta, según indican todos los datos de la realidad norteamericana, parece haberse reservado a los individuos de los más bajos status sociales o pertenecientes a determinadas minorías[1791].

c") *Teorías conflictuales de orientación marxista*

A diferencia de las teorías conflictuales de orientación no marxistas, las teorías del conflicto que siguen el *marxismo ortodoxo* contemplan el crimen como función de las relaciones de producción de la sociedad capitalista[1792]. Bajo muy diversas denominaciones (Criminología «crítica», Criminología «radical», «nueva» Criminología, etc.) hunden sus raíces todas estas teorías en el pensamiento de MARX y ENGELS, habiendo recibido un valioso impulso renovador con la obra de TAYLOR, WALTON y YOUNG (*The New Criminology*, 1973) y con la National Deviancy Conference, organización constituida en 1968 por un grupo de sociólogos británicos que asumen el modelo conflictual del «*labeling approach*» con todas sus implicaciones. Entre sus principales representantes cabe citar a PLATT,

---

and Criminality, en: American Sociological Review, XXXI (3), 1966, págs. 341 y ss. Sobre el pensamiento de TURK, Cfr., GARCÍA-PABLOS DE MOLINA, A., Tratado de Criminología, cit., págs. 831 y ss.

[1786] Vid.: SIEGEL, L.J., Criminology, cit., pág. 244; GARRIDO GENOVÉS, V., «Relaciones entre la sociedad y el sistema legal», en: Psicología social y sistema penal, cit., págs. 45 y ss.

[1787] Cfr., GARCÍA-PABLOS DE MOLINA, A., Tratado de Criminología, cit., págs. 836, 837 y ss; vid., también: SIEGEL, L.J., Criminology, cit., págs. 244 y ss.

[1788] JACOBS, D. y BRITT, D., «Inequality and Police Use of Deadly Force: An Assessment of a Conflict Hypothesis», en: Social Problems, 26 (1979), págs. 403 a 412.

[1789] LIZOTTE, A., «Extra-legal Factors in Chicago's Criminal Courts: Testing the Conflict Model of Criminal Justice», en: Social Problems, 25 (1978), págs. 564 a 580.

[1790] CHIRICOS, Th. y WALDO, G., «Socioeconomic Status and Criminal Sentencing: An empirical Assessment of a Conflict Proposition», en: American Sociological Review, 40 (1975), págs. 753 y ss.

[1791] Vid., SIEGEL, L.J., Criminology, cit., págs. 245.

[1792] En puridad, pues, son explicaciones teóricas de la criminalidad «de» la sociedad capitalista. Cfr., GARCÍA-PABLOS DE MOLINA, A., Tratado de Criminología, cit., págs. 838 y ss.

TAKAGI, HERMAN y JULIA SCHWENDINGER, QUINNEY (en su segunda etapa), CHAMBLISS, KRISBERG, etc.[1793].

En la década de los sesenta —del pasado siglo—[1794] los teóricos de la desviación emprenden un giro significativo en su discurso criminológico tradicionalmente centrado en el delito y el delincuente para polarizarlo en torno a la sociedad y el Estado. El movimiento surge en los Estados Unidos pero se extiende de forma arrolladora a otros países: Italia, Alemania, Gran Bretaña. Ahora bien, el cambio de paradigma criminológico que introdujo la *nueva ideología insurgente* no vendría de la mano del pensamiento marxista ortodoxo sino de una reflexión analítica sobre el funcionamiento real del poder y de las instituciones del control social. Con marxismo o sin marxismo, el elemento común de todas las tendencias integradas en la «Nueva Criminología» o «Criminología Crítica» fue la actitud de abierta oposición al positivismo, reclamando un análisis más interactivo del problema criminal, acorde con el relevante papel que desempeñan en la génesis de la desviación diversas personas e instituciones, incluido el Estado mismo del que el positivismo había prescindido en el momento de examinar aquella. Pretensión del citado movimiento crítico seria, también, conseguir una Criminología *integradora*, en lugar de una Criminología *eficaz* al solo servicio de los intereses del poder constituido[1795].

Pero no deben confundirse unas u otras teorías conflictuales. En efecto, para las teorías del conflicto no marxistas el crimen es producto normal de las tensiones sociales. Carece de significado patológico. El orden social, para aquéllas, consta de una pluralidad de grupos, segmentos y estratos, que compiten por el poder político sin llegar a monopolizarlo por completo. Las estructuras de dominación se articulan sobre la base de un poder diferencial, no absoluto, siendo éste sólo uno de los factores que inspiran la creación y el proceso de aplicación de las Leyes. Estas teorías, además, sitúan el conflicto en un *remoto* y *abstracto ámbito político*, desconectado de los modos de producción e infraestructura socioeconómica de la sociedad capitalista.

Por el contrario, el análisis marxista ve siempre en el delito un producto histórico, patológico y contingente de la sociedad capitalista. Contempla el orden social como confrontación de «clases» antagónicas, una de las cuales subyuga y explota a la otra sirviéndose del Derecho y la Justicia Penal. El conflicto inherente a la sociedad capitalista, por último, es —para el marxismo ortodoxo— conflicto de clases enraizado en los modos de producción e infraestructura económica de aquélla[1796].

[1793] Cfr., SIEGEL, L.J., Criminology, cit., págs. 246 y ss.; también: CEA D'ANCONA, M.A., Las orientaciones críticas en el estudio de la delincuencia, en: Delincuencia. Teoría e Investigación, cit., págs. 195 y ss. Vid., GARCÍA-PABLOS DE MOLINA, A., Tratado de Criminología, cit., pág. 838 (nota 112) y ss.

[1794] Vid. ROLDAN BARBERO, H., ¿Qué queda de la contestación social de los años 60 y 70 en la Criminología actual?, en: Revista de Derecho Penal y Criminología (UNED), 10 (2ª Epoca), Julio 2002, págs. 217 y ss.

[1795] Sobre el problema, vid. ROLDAN BARBERO, H., ¿Qué queda de la contestación social …?, cit., págs. 218 y ss.; También, MATZA, D., El proceso de desviación: Madrid (Taurus), 1981, págs. 178 y ss.; YOUNG, J., Radical Criminology in Britain: the emergency of competing paradigm, en: British Journal of Criminology, nº 28 (1988), págs. 305 y ss.

[1796] Cfr., VOLD, G.B., Theoretical Criminology, cit., págs. 315 y ss.

Las teorías marxistas del conflicto[1797] apelan a la estructura «clasista» de la sociedad capitalista —el conflicto social es, pues, un conflicto de «clase»— y conciben el sistema legal como mero instrumento al servicio de la clase dominante para oprimir a la clase trabajadora. Los agentes e instancias de la Justicia Penal son definidos como «administradores» de la criminalidad, porque no se hallarían organizados para luchar contra el delito sino para «reclutar» la población desviada de las filas de las clases trabajadoras que constituyen su cantera natural. La propia criminalidad, según el pensamiento marxista, no es más que el subproducto final de un proceso de creación y aplicación de leyes que apunta siempre hacía las clases sometidas[1798]. En consecuencia, la Criminología «radical» denuncia sistemáticamente la función «legitimadora», «conservadora» del status quo que habría cumplido, a su juicio, la Criminología tradicional al no cuestionar ni criticar tanto los procesos de definición (creación de la ley penal en interés de la clase dominante) como los discriminatorios procesos de selección (aplicación de aquélla en perjuicio de las clases oprimidas).

Desde un punto de vista *metodológico*, los criminólogos marxistas se apartan de los estándares y técnicas de las ciencias sociales. Rechazan las investigaciones puramente empíricas y optan por un *método histórico-analítico*. Este permite un análisis macrosociológico del fenómeno criminal (vg. como afecta el proceso de acumulación de riqueza a las tasas de criminalidad) y microsociológico (incidencia de las interacciones criminales en los individuos que viven en la sociedad capitalista). El análisis del desarrollo histórico de las instituciones y agencias del control social de la sociedad capitalista (Policía, justicia penal, etc.) es uno de los enfoques más característicos de la metodología marxista, ya que interesa sobremanera demostrar que los cambios de la legislación y de los portadores del control social responden a la evolución del capitalismo económico. Por ello, las investigaciones son más analíticas, descriptivas y situacionales que metódicas y estadísticas[1799].

Según ROLDÁN BARBERO[1800], son cinco los postulados fundamentales de la Criminología Crítica:

1) Fundamento *conflictual* de la desviación. Esta, al igual que la criminalidad, surgen como respuesta a un conflicto o tensión social, según expuso razonadamente R. QUINNEY.

[1797] Vid., un resumen de los postulados en: SCHNEIDER, H.J., Kriminologie, cit., págs. 40 y ss.

[1798] Sobre algunas formulaciones paradigmáticas de la teoría marxista (SYKES, HERMAN y JULIA SCHWENDINGER, SPITZER, QUINNEY, KRISBERG, etc.), vid., GARCÍA-PABLOS DE MOLINA, A., Tratado de Criminología, cit., págs. 842 y ss.

[1799] Cfr., SIEGEL, L.J., Criminology, cit., pág. 254. Una reseña de algunas de estas investigaciones, en: GARCÍA-PABLOS DE MOLINA, A., Tratado de Criminología, cit., págs. 845 y ss.

[1800] ROLDÁN BARBERO, H, ¿Qué queda de la contestación social ...?, cit., págs. 221 y ss.

2) Máxima relevancia de la denominada *desviación secundaria*, esto es, del proceso de etiquetamiento y estigmatización del infractor que impulsan las instancias del control.

3) *Justicia de clase.* Las agencias oficiales del control actúan de forma selectiva y discriminatoria, prescindiendo de las características del hecho y de los merecimientos objetivos del autor, tesis ya formulada por el *labeling approach*. Estudios empíricos (encuestas de victimización, informes de autodenuncia, etc.) habrían demostrado la vigencia de una *justicia de clase* que recluta su clientela de los más bajos estratos sociales.

4) Actitud *empática, de aprecio*, hacia el desviado, predicada ya con anterioridad por el naturismo de MATZA y, sobre todo, por la Escuela de Chicago. Por el contrario, se propugna una actitud *hostil* y *beligerante* respecto al delincuente *poderoso* (vg. de «cuello blanco»).

5) *Abolicionismo.* Se rechaza frontalmente no ya el control social sino el papel que desempeñan las instancias estatales punitivas y el funcionamiento real —inicuo— de las mismas.

Hay que reconocer que las teorías del *conflicto*[1801] han desmitificado, con notorio realismo, el paradigma consensual idílico de la Criminología positivista. Pero algunas de sus formulaciones más radicales tratan de encubrir el déficit empírico que padecen con una desmedida carga especulativa y pretensiones generalizadoras sin fundamento alguno. Que un determinado conflicto social genere crimen o explique ciertas manifestaciones delictivas, parece obvio. Ahora bien, que todo hecho criminal deba reconducirse a un conflicto, no lo es tanto. Los teóricos del conflicto, sin embargo, a menudo renuncian a establecer la difícil pero desde un punto de vista científico lógica relación entre un determinado conflicto, cuya naturaleza y perfiles deberían precisar más, y concretas formas de la criminalidad. Y, en su lugar, optan por vaciar de todo contenido el concepto de conflicto, por trasladar éste a un abstracto ámbito filosófico-político no susceptible de verificación empírica, o incluso por fingir la existencia de un sustrato conflictual allí donde no consta que éste exista. En términos políticocriminales, por último, las tesis conflictuales bordean la utopía —no siempre fructífera— al sugerir como suprema solución del problema criminal una sustitución radical del sistema social.

En cuanto a las tesis de inspiración marxista, procede aún reiterar las limitaciones propias del método histórico-analítico; la rigidez dogmática de algunos de sus conceptos fundamentales (clase social, propiedad, medios de producción, etc.) no siempre adecuados hoy para analizar el complejo problema criminal de la sociedad capitalista avanzada; la acusada tendencia moralizadora, utópica y maximalista de la políticacriminal que abandera el pensamiento ortodoxo; e incluso la paradoja de que sus siempre fragmentarias y sectoriales investigaciones versen más sobre delitos contra la salud o la moral que contra el orden económico.

En la actualidad, la polémica entre teorías *consensuales* y *conflictuales* se ha relativizado significativamente. Algunos autores mantienen que ni unas ni otras son *refutables*, de modo

---

[1801]   Cfr., GARCÍA-PABLOS DE MOLINA, A., *Tratado de Criminología*, cit., págs. 848 y ss.

que el margen de acción de las investigaciones empíricas parece muy limitado[1802]. Por otra parte, un sector de la doctrina criminológica admite concepciones *pluralistas* en el seno de los modelos *conflictuales*, es decir, el concurso de conjuntos heterogéneos de valores e intereses en la sociedad democrática contemporánea[1803]. Y no pocos autores estiman que no existe de hecho una drástica alternativa entre *modelos consensuales* y *modelos conflictuales*, sino un problema circunstancial y relativo de *predominio* en cada sociedad de los principios de uno u otro modelo[1804].

E.- *Las teorías subculturales*[1805]. Las teorías subculturales surgen, en la década de los años cincuenta, como respuesta, tal vez, a la problemática que planteaban, sobre todo en los Estados Unidos, determinadas minorías marginales: minorías étnicas, políticas, raciales, culturales, etc., especialmente activas. Aunque tales teorías pretenden circunscribirse a esta temática (y, de modo muy particular, a la delincuencia «juvenil») con la obra de COHEN[1806] se convierten en una explicación generalizadora de la conducta desviada, llegando a adquirir un papel predominante en las teorías de la criminalidad de la Sociología Criminal norteamericana. Las teorías subculturales aportan tres ideas fundamentales: el carácter pluralista y atomizado del orden social, la cobertura normativa de la conducta desviada y la semejanza estructural, en su génesis, del comportamiento regular y el irregular. Ante todo, pues, la premisa de estas teorías subculturales es contraria a la imagen monolítica del orden social que ofrecía la Criminología clásica. Dicho orden social, a tenor de este nuevo modelo, más bien es un mosaico de grupos, subgrupos, fragmentarizado, conflictivo; cada grupo o subgrupo posee su propio código de valores, que no siempre coincide con los mayoritarios y oficiales, y trata de hacerlos valer frente a los restantes, ocupando el correspondiente espacio social. La conducta delictiva —frente a lo que sustentaban las tesis ecológicas— no sería producto de la «desorganización», o de la «ausencia de valores», sino reflejo y expresión de otros sistemas de normas y valores diferentes: los «subculturales». Tendría, por ello, un respaldo normativo. Por último, tanto la conducta normal, regular, conforme a Derecho, como la desviada, la irregular, la delictiva, se de-

---

[1802] Vid. BERNARD, T.J., The consensus-conflict debate. Forms and content in social theories. New York, 1983, New York: Columbia University-Press, págs. 1 y ss. Cfr. SERRANO MAILLO, A., Introducción a la Criminología, cit., pág. 75.

[1803] Así, AKERS, R.L., Criminological Theories. Introduction evaluation, and application, 3ª Ed. (2000), Los Angeles, C.A.: Roxbury Publishing Company, págs. 168 y ss.

[1804] Vid. BERNARD, T.J., The consensus-conflict, cit., págs. 198 y ss.

[1805] Una reseña bibliográfica sobre las diversas teorías «subculturales», en: GARCÍA-PABLOS DE MOLINA, A., Tratado de Criminología, cit., pág. 715, nota 1. Sobre las teorías subculturales, vid. SERRANO MAILLO, A., Introducción a la Criminología, cit., págs. 122 y ss. («Una teoría de la frustración»).

[1806] COHEN, A.K., Delinquent Boys. The Culture of the Gang, 1955. Glencoe (Illinois); del mismo y SHORT, J., «Sociological Research in Delinquent Subcultures», en: The Journal of Social Issues, XIV, 3 (1958), págs. 20 a 36.

finirían en relación con los respectivos sistemas de normas y valores oficiales o subculturales, esto es, contarían con una estructura y significación muy semejante, puesto que el autor, en definitiva (delincuente o no delincuente), lo que hace es reflejar con su conducta el grado de aceptación y asunción de los valores de la cultura o subcultura a la que pertenece (y no por decisión propia), valores que se interiorizan —refuerzan y transmiten— a través de idénticos mecanismos de aprendizaje y socialización, tanto en el caso de conducta normal o regular como en el de la irregular o desviada.

Las teorías *subculturales*, no obstante, se apartan sensiblemente de los postulados estructuralfuncionalistas esgrimidos por las teorías de la «*anomia*» y discrepan, también, del análisis *ecológico* de la Escuela de Chicago[1807].

En efecto, el concepto de subcultura presupone la existencia de una sociedad plural, con diversos sistemas de valores divergentes en torno a los cuales se organizan otros tantos grupos desviados. Obliga, además, a examinar dichas minorías y sus códigos axiológicos «desde dentro», desde la óptica de los propios subgrupos. Y, lo que es más importante: a comprender el crimen como opción colectiva, como opción de grupo, con un particular simbolismo o significado. Así, en el caso concreto de la delincuencia «juvenil», como decisión de rebeldía hacia los valores oficiales de las clases medias, por oposición a la actitud racional y utilitaria propia del mundo de los adultos. Premisas todas ellas, lógicamente, inadmisibles para las *teorías de la «anomia»*.

Por otra parte, a las teorías subculturales no les interesa tanto la estructura interna de las «bandas» y «organizaciones» (objetivo prioritario de las *teorías «ecológicas»*), sino el «origen» de aquéllas, cuestión estrechamente ligada al problema de la estratificación social. No en vano representan un «enfoque de clase social»[1808], que supera y matiza el análisis puramente ecológico o ambiental. Para los modelos subculturales no son ciertas áreas deterioradas (desorganización social) las que generan la criminalidad de las bajas clases sociales que habitan las mismas, sino todo lo contrario: las subculturas criminales son un producto del limitado acceso de las clases sociales deprimidas a los objetivos y metas culturales de las clases medias, operando como instrumento para que aquéllas obtengan sus formas de éxito alternativas o sucedáneos gratificantes en guettos restringidos[1809]. Dicho de otro modo: el delito no es consecuencia de la desorganización social, de la carencia o vacío normativo, sino de una organización social distinta, de unos códigos de valores propios o ambivalentes respecto de los de la sociedad oficial: de los valores de cada subcultura[1810].

Ahora bien, el concepto de «subcultura» dista mucho de ser pacífico. Algunos autores lo utilizan como sinónimo de «subsociedad», pero otros lo hacen para

[1807] Sobre el problema, vid., GARCÍA-PABLOS DE MOLINA, A., Tratado de Criminología, cit., pág. 716.
[1808] Como afirma MANNHEIM, H., Comparative Criminology, cit., II, pág. 499.
[1809] Vid., en este sentido, SIEGEL, L.J., Criminology, cit., págs. 182 y 183.
[1810] Cfr., PITCH, T., Teoría de la desviación social, cit., pág. 115.

designar la mera «diferenciación de roles» o, incluso, en la bien distinta acepción de «contracultura»[1811].

Los autores más representativos de estas nuevas concepciones fueron COHEN y WHYTE, aunque son importantes, también, las posteriores investigaciones de MATZA, BLOCH, CLOWARD, OHLIN, WOLFANG y FERRACUTI, etc.

1) COHEN (*Delinquent Boys*) y WHYTE (*Street Corner Society*)[1812] son los promotores de las tesis subculturales. El primero centró su obra en el análisis de la delincuencia juvenil de las clases bajas, concluyendo ambos, según se dijo, que las «delinquency areas» o zonas donde se concentra la criminalidad no son ámbitos «desorganizados», carentes de normas y de controles sociales, sino zonas o terrenos en los que están vigentes unas normas distintas de las oficiales, otros valores «en buen estado de funcionamiento».

> COHEN trató de verificar por qué las estadísticas oficiales arrojan tasas de criminalidad tan elevadas entre bajas clases sociales de los barrios pobres (slum), concluyendo que el comportamiento delictivo refleja una protesta contra las normas de las clases medias de la cultura norteamericana. Puesto que la estructura social impide al joven de las clases bajas el acceso al bienestar por vías legales, experimenta un conflicto «cultural» o «estado de frustración»[1813] que determina la integración del mismo en una subcultura separada de la sociedad o cultura oficial, subcultura «maliciosa, negativa y no utilitaria»[1814], provista de un sistema de valores propio enfrentado al de aquélla.

El delito, según esto, no es consecuencia del «contagio social», de la «desorganización» (como mantenían las teorías ecológicas), sino expresión de otros sistemas normativos (subculturales) cuyos valores difieren de los mayoritarios, o incluso se contraponen deliberadamente a éstos. La subcultura opera como evasión a la cultura general o como reacción negativa frente a la misma; es una suerte de «cultura de recambio» que ciertas minorías marginadas, pertenecientes a las clases menos favorecidas, crean dentro de la cultura oficial para dar salida a la ansiedad y frustración que padecen al no poder participar, por medios legítimos, de las expectativas que teóricamente a todos ofrece la sociedad. La vía «criminal», es, así considerado, un mecanismo sustitutivo de la ausencia real de vías legítimas para hacer valer las metas culturales ideales que, de hecho, la mis-

---

[1811] Sobre la ambigüedad del concepto de »subcultura«, vid.: PITCH, T., Teoría de la desviación, cit., pág. 114. Cfr., GARCÍA-PABLOS DE MOLINA, A., Tratado de Criminología, cit., págs. 717 y ss.

[1812] WHYTE, W.F., Litte Italy. Uno slum italo-americano (edición original: Street Corner Society. The Social Structure of an Italian Slum, 1943. Chicago).

[1813] COHEN, A.K., Delinquent Boys, cit., págs. 24 y ss., y 132; sobre COHEN, A.K, vid.: GARCÍA-PABLOS, A., Tratado de Criminología, cit., págs. 719 y ss.

[1814] COHEN, A.K., Delinquent Boys, cit., pág. 25

ma sociedad niega a las clases menos privilegiadas. Un cauce para que las clases proletarias participen, aunque sea por medios ilegítimos, en los valores de las clases medias (éxitos, respetabilidad, poder e influencia, etc.). Según COHEN, sus investigaciones demuestran que tales subculturas criminales (de jóvenes) se caracterizan por ciertas notas: no son utilitarias, poseen una clara intencionalidad, espíritu de grupo y pretenden negar los valores correlativos de la sociedad oficial. No son «utilitarias», porque predomina en sus comportamientos el «significado» simbólico de los mismos sobre el material o pecuniario: un hurto, por ejemplo, afirma COHEN, cuando es cometido en un contexto subcultural «está lejos de reflexiones como provecho y lucro, es más bien una actividad valorizada que se encuentra estrechamente relacionada como la fama, el valor y la íntima satisfacción»[1815]. La intencionalidad que COHEN advierte en los grupos subculturales se aproxima a la «malicia» y consiste en una particular autocomplacencia hacia la provocación y el desafío de los tabúes sociales de la cultura «oficial»[1816]. La última característica presenta a las subculturas como rechazo deliberado de los valores correlativos de la clase media, pues no en vano la propia subcultura se autodefine como alternativa, como recambio, como mecanismo de sustitución[1817]. En todo caso, la subcultura criminal es una cultura de «grupo», colectiva, y no una opción individual, privada, en el sentido mertoniano[1818].

La tesis de COHEN es inequívocamente sociológica, aunque admita la existencia de una pluralidad de «tipos» de delincuentes juveniles, algunos de los cuales vendrían determinados no por factores subculturales sino psicogenéticos. Porque, a su juicio, lo decisivo es por qué existen las subculturas —y la génesis de las mismas (como y por qué surgen, qué relación mantienen con la sociedad oficial, etc.),

---

[1815] La subcultura sería «gratuita» (no lucrativa): «Robar por el placer de robar —dice COHEN— independientemente de consideraciones de ganancia y provecho, es una actividad a la que se atribuye valor, audacia, prestigio y una profunda satisfacción. En los esfuerzos empleados, en el riesgo que se corre al robar cosas que, con frecuencia, son más tarde desechadas, destruidas o regaladas, no hay un cálculo en términos racionales inspirados en un criterio cualquiera de utilidad» (Delinquent Boys., cit., págs. 26 y ss.).

[1816] La subcultura, según COHEN, se caracteriza por una actitud valorativa ambivalente —cuando menos de «polaridad negativa»— respecto de las normas de la cultura oficial. «La subcultura criminal toma sus normas de la cultura circundante, pero las invierte. La conducta del delincuente es justa, según los principios estándares que rigen su subcultura, precisamente porque es injusta según las normas de la cultura circundante» (Delinquent Boys, cit., pág. 28).

[1817] Así, según COHEN, una de las notas de la subcultura criminal es el «hedonismo inmediato» que conduce a sus miembros a una satisfacción urgente («ya mismo») de sus pretensiones, frente a la «postergación del placer» característico de la actitud de las clases medias (Delinquent Boys, cit., pág. 28).

[1818] COHEN, A.K., Delinquent Boys, cit., pág. 66. Dicho espíritu de grupo se traduciría, según el autor, en una actitud de intolerancia a toda restricción o limitación que trate de imponerse a la subcultura desde el exterior (op. cit., pág. 31: «group autonomy»). Sobre el problema, vid., MANNHEIM, H., Comparative Criminology, II, págs. 511 y ss.

y no por qué un joven pasa de una subcultura a otra: estratificación social, dualismo normativo (valores de las clases medias versus valores de las clases bajas), conflicto y actitud ambivalente del joven de las bajas clases sociales y frustración son los conceptos básicos de la teoría subcultural de COHEN.

En efecto, según COHEN cada clase social tiene su particular código de valores. La clase media, pone especial énfasis en la eficiencia y la responsabilidad individual, en la racionalidad, el respeto a la propiedad, la constructividad en el empleo del tiempo libre, en el ahorro y en la postposición del placer, en la movilidad social. Mientras las bajas clases sociales conceden mayor significación a la fuerza física y a la colectividad y menor a la postergación del placer y al ahorro. Los jóvenes pertenecientes a ésta últimas están avocados al conflicto y a la frustración —añade COHEN— porque se hallan en desventaja. De algún modo, participan de ambos sistemas de valores, pues perteneciendo a la clase trabajadora, sus propios padres se sienten atraídos por los modelos de las clases medias, actitud reforzada por el sistema educativo y por el bombardeo institucional que oferta éxito y estima social. Sin embargo, carecen de las adecuadas técnicas de socialización para seguir unos valores —los de las clases medias— que no se acomodan al estatus de estos jóvenes, handicap insalvable para responder a las demandas de la sociedad. El «conflicto» se produce, argumenta COHEN, cuando dichos jóvenes se identifican con las clases medias y, al propio tiempo, interiorizan los valores de la clase a la que pertenecen. Ubicados en una posición social inferior —y en desventaja— no podrán superar las demandas del grupo al que aspiran padeciendo graves problemas de adaptación.

El conflicto, en opinión de COHEN, admite tres opciones: la adaptación, la transacción o pacto y la rebelión frente a los valores de las clases medias[1819]. El «delinquent boy» resuelve su «frustración de estatus» enfrentándose de forma abierta a los estándares de la sociedad oficial, porque la subcultura criminal no «pacta», ni tolera ambigüedades, y precisamente dicha rebeldía le depara prestigio. En la génesis de la subcultura criminal, por otra parte, otorga COHEN gran relevancia a cierto proceso psicológico —psicoanalítico— de «formación reactiva» que explicaría, además, algunas características de la delincuencia subcultural[1820]: se trata, en definitiva, de un mecanismo de neutralización dirigido a compensar la angustia del joven de las bajas clases sociales, que para conseguir la estima social de su grupo se alza contra los valores y estilos de vida —por él ya interiorizados— de las clases medias.

[1819] COHEN, A.K., Delinquent Boys, cit., pág. 128. El autor distingue tres respuestas a dicho conflicto: la del «college boy» (adaptación), la del «corner boy» (pacto o transacción) y la del «delinquent boy» (rebelión).

[1820] COHEN, A.K., Delinquent Boys, cit., pág. 131. La violencia desmedida e innecesaria de ciertas manifestaciones de la delincuencia juvenil y la ejecución colectiva, por bandas, de delitos patrimoniales serían consecuencia de tal «mecanismo psicológico» cuyo distintivo es la notoria desproporción de la respuesta conductual al estímulo y el valor simbólico de la conducta misma.

2) La teoría de la «oportunidad diferencial» de CLOWARD y OHLIN tiene interesantes particularidades respecto al modelo subcultural de COHEN y aporta una descripción más realista y compleja de la delincuencia juvenil urbana.

Para los autores no todas las áreas de clases sociales bajas tiene idéntica organización y estabilidad, ni ofrecen las mismas oportunidades a sus miembros. Existe, también, un reparto desigual en el propio «slum» de chances para acceder por vías ilícitas a las metas culturales[1821]. Por ello, frente al concepto unitario de subcultura de COHEN, CLOWARD y OHLIN, distinguen tres tipos de subcultura: la subcultura «criminal» (criminal gangs), la subcultura «conflictiva» (conflict gang) y la subcultura «evasiva» (retreatist gang). La estructura y organización de cada subcultura —y la clientela de las mismas— varía, no sus funciones básicas que son las mismas: hacer posible el aprendizaje del joven, preparando su carrera delictiva futura; crear un marco de oportunidades para que obtenga el éxito por vías alternativas; y articular los adecuados mecanismos de control para limitar el empleo de medios ilegales que pudieran poner en peligro aquél[1822].

3) La relevancia del factor clase social en los modelos subculturales es otro de los temas polémicos de la moderna Sociología Criminal[1823]. Cabe apreciar en ésta dos orientaciones contrapuestas: la de MILLER, para quien existe una cultura de las bajas clases sociales, autónoma e independiente; y la de otros muchos autores que matizan la correlación subcultura-clase social o incluso la niegan, concediendo primacía, por ejemplo, a conflictos generacionales o de otro tipo.

Para MILLER[1824], el sistema subcultural que ejerce una influencia más directa sobre la conducta del joven de las bajas clases sociales es el de la misma comunidad de la «lower class»; un sistema, a su juicio, estructurado autónomamente desde hace mucho tiempo, íntegro y completo, distinto del de las clases medias, cuya génesis guarda relación con un conjunto de intereses comunes, de situaciones ambientales y de problemas cotidianos de sus miembros. En consecuencia, según MILLER, la oposición a las normas de las clases medias sería un requerimiento subcultural automático, debido a las diferencias existentes entre los dos modelos culturales. Para el autor, cuya tesis por cierto no tiene una orientación económica a pesar de tratarse de una teoría de clase, la llamada subcultura criminal no sería sino un

[1821] Vid., CLOWARD, R. y OHLIN, L., Delinquency and Opportunity, cit., págs. 23 y ss.; 177 y ss.; y 196 y ss. Cfr., GARCÍA-PABLOS DE MOLINA, A., Tratado de Criminología, cit., págs. 724 y ss.

[1822] La tesis de CLOWARD y OHLIN, refleja mejor la complejidad del submundo juvenil urbano, que la concepción monolítica y unitaria de COHEN, al reconocer la existencia de una diversidad de subgrupos (gangs). Además, la supuesta naturaleza «altruista», «no utilitaria» y «maliciosa» que COHEN asigna a la subcultura criminal parece desmentida por las elevadas tasas de delincuencia patrimonial detectadas en el slum. (Así, SIEGEL, L.J., Criminology, cit., pág. 188).

[1823] Cfr., GARCÍA-PABLOS DE MOLINA, A., Tratado de Criminología, cit., págs. 732 y ss.

[1824] MILLER, W.B., «Lower Class Culture as a Generating Milieu of Gang Delinquency», en: The Journal of Social Issues, 3 (1958), págs. 5 y ss. Una reseña de los autores que siguen esta tesis, en: SCHNEIDER, H. J., Kriminologie, cit., pág. 438.

subproducto de la cultura de las clases bajas sociales, fiel a los valores y estándares (dureza, astucia, criterio del menor coste y de la ventaja inmediata, etc.) de éstas[1825].

En sentido opuesto, MATZA y SYKES[1826], estiman que la delincuencia juvenil no trata de expresar los valores propios de una subcultura autónoma, supuestamente enfrentada a las normas convencionales de las clases medias, a los valores homogéneos y uniformes de la sociedad. Antes bien, ven en la misma un conflicto generacional que hace surgir a la superficie valores subterráneos de las propias clases medias. En consecuencia, el joven delincuente no adopta una actitud deliberada de antagonismo o enfrentamiento directo, intencionado o malicioso, respecto a los valores convencionales, sino que, con frecuencia, los comparte. De hecho —dicen los autores— tiene mala conciencia al infringirlos como lo ponen de relieve las llamadas técnicas de neutralización o de autojustificación que aquél pone en marcha para compensar el complejo de culpabilidad. El joven delincuente no es un extraño en el cuerpo social, sino un reflejo o caricatura inquietante de éste. Pertenece a una situación de élite que consume sin producir, contexto propicio para que afloren los valores subterráneos que el joven adopta; valores que, como el amor por la aventura y el peligro, el desprecio de la monotonía cotidiana, la ostentación y la generosidad en el uso del dinero, la exaltación del riesgo y la aventura, del trabajo fácil, de la agresividad y la violencia, no difieren en absoluto de la ideología de la «leisure» de las clases medias[1827].

Otros autores han criticado también el supuesto componente clasista de las teorías subculturales. Así, por ejemplo, BLOCH y NIEDERHOFFER[1828], para quienes la criminalidad juvenil tiene una explicación intergeneracional y no de clase: la banda, para estos autores, es un fenómeno propio de la juventud de todas las clases sociales, que suple, en las sociedades más desarrolladas, los ritos de transición a la edad adulta de las culturas primitivas. MANNHEIM, siguiendo un enfoque crítico semejante, mantiene que la subcultura criminal no es un fenómeno privativo de los jóvenes de las clases sociales bajas, sino común a todos los estratos sociales y constatable, además, en ciertos grupos (occupational or professional groups), actividades e incluso áreas geográficas delimitadas. Detrás de la minoría juvenil que viola las leyes se halla, según MANNHEIM, un amplio y vasto sector social de la misma clase y de la misma subcultura que directa o indirectamente la apoya y la alienta, como los delincuentes de cuello blanco son respaldados por su subcultura. Por ello, MANNHEIM, considera necesario ampliar el objeto de los estudios subculturales, aplicando este análisis a la criminalidad de los adultos de todas las clases sociales[1829].

[1825] MILLER, W. B., «Lower-Class Culture», cit., págs. 14 a 17. Cfr., GARCÍA-PABLOS DE MO-LINA, A., Tratado de Criminología, cit., págs. 733 y ss.

[1826] MATZA, D. y SYKES, G. H., «Techiques of Neutralization: a Theory of Delinquency», en: American Sociological Review, XXXI, nº 6 (1957), págs. 664 a 670; Cfr., GARCÍA-PABLOS DE MOLINA, A., Tratado de Criminología, cit., págs. 734 y ss.

[1827] MATZA, D. y SYKES, G. H., «Juvenile Delinquency and Subterranean Values», en. American Sociological Review, XXXVI (1961), págs. 715 y ss.

[1828] BLOCH, H. y NIEDERHOFFER, A., The Gang: A Study of Adolescent Behavior, 1958, New York, págs. 54 y ss.; Cfr., GARCÍA-PABLOS DE MOLINA, A., Tratado de Criminología, cit., págs. 735 y ss.

[1829] MANNHEIM, H., Comparative Criminology, cit., II, págs. 514 y ss.; Cfr., GARCÍA-PABLOS DE MOLINA, A., Tratado de Criminología, cit., págs. 735 y ss.

4) *Revisiones actuales de las teorías clásicas de la «frustración». La formulación de AGNEW.*

Las teorías clásicas (sociológicas) de la *frustración* (vg. la mertoniana), recuperan hoy un predicamento que perdieron desde mediados del pasado siglo. Destaca, entre todas, el microanálisis de AGNEW, que el autor matiza y enriquece con la ayuda de variables *individuales* recurriendo, además, a datos de investigaciones *longitudinales*[1830]. AGNEW sugiere la existencia de otras fuentes de frustración y opera con un concepto mucho más amplio de las aspiraciones del joven infractor. Las teorías clásicas de la frustración referían ésta al bloqueo de las pretensiones monetarias y de estatus de clase media de aquel, mientras AGNEW advierte que cabe también la frustración de otras metas distintas, y que un ambiente adverso del que el joven no puede escapar lícitamente incrementa la probabilidad de su conducta delincuencial[1831].

La teoría general de la frustración de AGNEW, que difiere de las teorías del control o del aprendizaje[1832], pone el acento en la presión que ejercen en el joven ciertos «estados afectivos negativos» («anger») que suelen resultar de «relaciones negativas» y que pueden conducir al delito.

Las posibles *fuentes* de frustración, según AGNEW, trascienden el esquema mertoniano y juega en ellas un rol relevante la comparación de los méritos y logros propios con los de otros con los que el infractor se relaciona[1833]. Las situaciones frustrantes, por otra parte, no producen el mismo efecto en todos los individuos, siendo decisiva la acumulación de los efectos de relaciones negativas, y no la contemplación aislada de aquellas. Lo importante es como experimenta cada sujeto la frustración, lo que depende de variables individuales[1834].

AGNEW explica por qué la frustración —y la ira o sensaciones semejantes que aquella comporta— puede conducir al delito. Para el autor, cuando no se logra lo que se desea (o lo que se consigue no se estima justo), el delito puede favorecer las metas perseguidas. Así, el sujeto acude al tráfico de drogas para adquirir dinero o estatus. De igual modo, si éste pierde o puede perder un estímulo que tenía cabe que recurra al crimen porque se encuentra otra

---

[1830]   Vid. AGNEW, R., A revised strain theory of delinquency, Social Forces, 1985, 64; del mismo: A longitudinal test of the revised strain theory, en: Journal of Quantitative Criminology, 5 (1989); del mismo: Foundation for a general strain theory of crime and delinquency, en: Criminology, 30, 1992, del mismo: The contribution of social-psychological strain theory to the explanation of crime and delinquency. En: Advances, 6. The legacy of anomie theory (F. Adler y W.S. Laufer edits.).

[1831]   AGNEW, R., A revised strain theory, cit., 1985, págs. 115 y ss.; del mismo: A longitudinal test., cit., págs. 373 y ss.; del mismo: Foundation for a general strain theory, cit., págs. 49 y ss.; del mismo: The contribution of social-psychological strain theory, cit., págs. 115 y ss.

[1832]   Como advierte SERRANO MAILLO, A., (Introducción, cit., pág. 318) la teoría de AGNEW pone el acento en la existencia de relaciones negativas con otros y no en la falta de vinculación (teoría del control) o en la asociación con determinados individuos (teorías del aprendizaje social). Además, atribuye el delito a estados afectivos negativos, y no a pulsiones naturales (teorías del control) o a procesos justificables. Vid. AGNEW, R., Foundation for a general strain theory, cit., págs. 48 y ss.

[1833]   AGNEW, R., Foundation for a general strain theory, cit., págs. 52 y ss.

[1834]   AGNEW, R., Foundation, cit., págs. 49 y ss.

opción para hacer frente a la situación negativa que padece, o que lo haga bien para evitar —paliar o reemplazar— dicha pérdida, bien como pura venganza. Por último, según AGNEW, ante la exposición a estímulos valorados negativamente el delito quizás opera como salida válida para escapar a aquella situación, para mitigar sus efectos, como venganza, o como refugio[1835].

Ahora bien, AGNEW reconoce que el delito es sólo una de las posibles respuestas a la frustración, una de los posibles —no el único— mecanismos de adaptación o estrategias para hacer frente a aquella. La opción criminal, según AGNEW, se verá favorecida si el sujeto, por diversas razones, tiene limitadas sus otras opciones o estrategias lícitas (vg. si carece de metas o valores alternativos o de habilidades que enriquezcan su repertorio de respuestas a la situación negativa, o de apoyos sociales, etc.). O si exhibe una especial disposición al delito, disposición que es una función de ciertas variables del temperamento, del aprendizaje previo y, sobre todo, de la asociación del infractor con sus pares delincuentes[1836].

En cuanto a las perspectivas de futuro del enfoque subcultural, existe diversidad de opiniones. Un sector doctrinal considera ya agotada la aportación del mismo, siendo partidario de compensar su inevitable ambigüedad con una apertura a planteamientos psicosociales enriquecedores[1837]. Otros estiman que la realidad histórica actual ha modificado sustancialmente el cuadro interpretativo tradicional que circunscribía la delincuencia juvenil subcultural a un sector concreto de la población, las bajas clases sociales. En consecuencia, el estudio de las subculturas —y de las contraculturas— trascendería el ámbito de la «lower class», permitiendo la comprensión unitaria de numerosos movimientos de protesta de amplia extracción social y sólo aparentemente heterogéneos[1838].

Las teorías subculturales surgen en el marco de una Sociología liberal, académica. Sin embargo, pronto el epíteto «subcultural» deviene peyorativo y se aplica a todos los fenómenos minoritarios y marginales. Lógicamente han sido objeto de numerosas críticas, sobre todo cuando pretendieron ofrecer una explicación generalizadora de la criminalidad, extrapolando unas conclusiones válidas, en principio, sólo para determinadas manifestaciones de la delincuencia juvenil en los grandes centros urbanos. Se les objetó, por ejemplo, que no justifican ni la delincuencia que se produce al margen de las correspondientes subculturas ni los comportamientos regulares que también tienen lugar en el seno de aquéllas; que no siempre cabe apreciar en los grupos subculturales la cohesión y consenso en torno a determinados valores, réplica de los oficiales, contra lo que opina COHEN; que, a menudo, carecen de autonomía «normativa» (de valores propios, diferenciados de los mayoritarios), siendo, en puridad, la cultura general la que suministra a las subculturas las pautas de conducta de ésta; o, incluso, que sería más importante examinar los problemas derivados del es-

---

[1835] AGNEW, R., Foundation, cit., págs. 54 y ss.

[1836] AGNEW, R., Foundation, cit., págs. 66 y ss. y 71 y ss.

[1837] Así, GÖPPINGER, H., Criminología, cit., pág. 48.

[1838] En este sentido, PITCH, T., Teoría de la desviación, cit., págs. 124 y ss. Así, TITTLE, C.R., The assumption that general theories are not possible, en: Theoretical methods in Criminology (R.F. Meier, edit.), 1985. Beverly Hills: Sage, págs. 106 ss. Para el autor, la teoría subcultural sería válida para explicar fenómenos como la organización de «internos», de movimientos estudiantiles radicales, de movimientos nacionalistas clandestinos, etc. Cfr. SERRANO MAILLO, A., Introducción a la Criminología, cit., pág. 126.

tatus del individuo en su subcultura que la significación de ésta respecto a la cultura general. No obstante, las teorías subculturales han contribuido decisivamente al enriquecimiento del análisis del fenómeno criminal desde un punto de vista sociológico, complementadas después, como veremos, con esquemas psicológicos (teorías del aprendizaje, etc.). El riesgo de las mismas deriva de la tendencia a conferir en el terreno «valorativo» idéntica legitimidad a toda conducta subcultural, en cuanto que es reflejo de unos valores y normas tan tan válidos como los oficiales y que se interiorizan a través de los mismos mecanismos de socialización. De este modo, las teorías subculturales no resaltarían el evidente significado (subcultural) profundo que tienen ciertas conductas, sino que legitimarían cualquier comportamiento (subcultural) desviado, privando de legitimidad la propia reacción punitiva estatal.

F.- Teorías del proceso social (Aprendizaje social, control social y «labeling approach»).

Se trata de un grupo de teorías psicosociológicas para las que el crimen es una función de las interacciones psicosociales del individuo y de los diversos procesos de la sociedad[1839].

> Adquieren particular importancia en la década de los sesenta, en buena medida por las limitaciones de las teorías estructuralistas que ponían el acento en la criminalidad de la «lower class» siendo incapaces de explicar satisfactoriamente tres hechos: que existe, también, una significativa criminalidad de las clases medias y privilegiadas, como demuestran los «self reporter studies»; que muchos jóvenes delincuentes de las clases bajas abandonan el comportamiento criminal cuando han alcanzado la madurez; por último, que no todo individuo de la «lower class» rechaza los medios y procedimientos legítimos de acceso a los bienes culturales, integrándose en una subcultura criminal (del mismo modo que, en sentido contrario, muchos jóvenes de clase media y alta rechazan los valores y metas convencionales y delinquen)[1840].

Para los teóricos del llamado «social process» toda persona tiene el potencial necesario para devenir criminal en algún momento de su vida, si bien las «chances» son mayores en el caso del miembro de las clases bajas sociales por una serie de carencias que concurren en el mismo (pobreza, estatus social, etc.); no obstante, también los individuos de la clase media y alta pueden convertirse en criminales si sus procesos de interacción con las instituciones resultan pobres o destructivos.

Las teorías del proceso social aportan diversas respuestas al fenómeno de la criminalidad y su génesis, siendo oportuno distinguir tres suborientaciones[1841]:

[1839] Vid., SIEGEL, L. J., Criminology, cit., págs. 200 y ss. Cfr., GARCÍA-PABLOS DE MOLINA, A., Tratado de Criminología, cit., págs. 739 y ss.

[1840] Cfr., SIEGEL, L. J., Criminology, cit., págs. 201 y ss. Vid., GARCÍA-PABLOS DE MOLINA, A., Tratado de Criminología, cit., págs. 739 y ss.

[1841] Sobre el «social learning» o teoría del aprendizaje social, vid., GARCÍA-PABLOS DE MOLINA, A., Tratado de Criminología, cit., págs. 741 y ss. (y referencia bibliográfica, nota 6).

a") Las teorías del *aprendizaje social* o *«social learning»*. Para éstas, el comportamiento criminal se aprende, del mismo modo que el individuo aprende también otras conductas y actividades lícitas, en su interacción con personas y grupos a través de un complejo proceso de comunicación. El individuo aprende así no sólo la conducta delictiva, sino también los propios valores criminales, las técnicas comisivas y los mecanismos subjetivos de racionalización o autojustificación del comportamiento desviado.

b") Teorías del *control social*. Según éstas, todo individuo podría actuar criminalmente, si bien dicho potencial delictivo es neutralizado por sutiles vínculos sociales que reclaman de aquél una conducta conformista. Cuando fracasan dichos mecanismos de control, quiebra su lógico sometimiento al orden social y se produce el crimen.

c") Finalmente, la teoría del *«labeling approach»* contempla el crimen como mero subproducto del control social. El individuo se convierte en delincuente según estas teorías no porque haya realizado una conducta negativa, sino porque determinadas instituciones sociales le han etiquetado como tal, habiendo asumido el mismo dicho estatus criminal que las agencias del control social distribuyen de forma selectiva y discriminatoria. Por ello, la teoría del *«labeling approach»* no es una teoría de la criminalidad, sino de la criminalización, que se aparta del paradigma etiológico, convencional y potencia al máximo el significado de las llamadas desviaciones secundarias o carreras criminales.

Baste con una referencia somera a cada uno de estos modelos teóricos con sus principales formulaciones.

a") Teorías del *aprendizaje social* (Social Learning).

Las teorías del aprendizaje social parten de la hipótesis de que las claves de la conducta humana deben buscarse en el aprendizaje que la experiencia vital diaria depara al individuo. El hombre, según esta explicación, actúa de acuerdo con las reacciones que su propia conducta recibe de los demás, de modo que el comportamiento individual se halla permanentemente modelado por las experiencias de la vida cotidiana. El crimen no es algo anormal, ni signo de una personalidad inmadura, sino un comportamiento o hábito adquirido, una respuesta a situaciones reales que el sujeto aprende[1842].

[1842] Vid., sobre una modalidad de aprendizaje, SIEGEL, L. J., Criminology, cit., págs. 145 y ss.

Las formulaciones más conocidas de la teoría del aprendizaje social son: La teoría de la asociación diferencial, de SUTHERLAND y CRESSEY; la teoría de la ocasión diferencial, de CLOWARD y OHLIN; la teoría de la identificación diferencial, de GLASER; la teoría del condicionamiento operante de AKERS; la teoría del refuerzo diferencial de JEFFERY; y la teoría de la neutralización de SYKES y MATZA[1843].

1°) La teoría de la asociación diferencial se propugna por SUTHERLAND[1844] en los años treinta, y, posteriormente, por su colaborador CRESSEY. En sus investigaciones sobre la criminalidad de cuello blanco, la delincuencia económica y profesional y los niveles de inteligencia del infractor, llegó SUTHERLAND a la conclusión de que la conducta desviada no puede imputarse a disfunciones o inadaptación de los individuos de la «lower class», sino al *aprendizaje* efectivo de los valores criminales, hecho que podría suceder en cualquier cultura.

Por aprendizaje entiende SUTHERLAND, como es lógico, no el aprendizaje en su acepción pedagógica estricta —acción de enseñar y aprender— sino la propia génesis profunda del comportamiento humano, en cuanto proceso complejo y global del desarrollo psicológico y conductual del hombre.

El crimen, según el autor, no se hereda ni se imita, ni se inventa; no es algo fortuito o irracional: el crimen se *aprende*. La capacidad o destreza y la motivación necesarias para el delito se aprenden a través del contacto con valores, actitudes, definiciones y pautas de conductas criminales en el curso de *normales procesos de comunicación e interacción* del individuo con sus semejantes.

El presupuesto lógico de la teoría de SUTHERLAND del aprendizaje viene dado por la idea de *organización social diferencial*, que, a su vez, conecta con las concepciones del conflicto social; organización social diferencial significa, según SUTHERLAND, que en el seno de la comunidad existen de hecho diversas asociaciones estructuradas en torno a también distintos intereses y metas. Ostentar unos intereses y proyectos comunes que se comunican libremente unos miembros a otros sería el vínculo de unión que integra a los individuos en tales grupos o subgrupos, constituyendo el subtrato psicológico real de los mismos. Dada la divergencia que existe en la organización social, resulta inevitable que uno de esos muchos grupos suscriban y respalden modelos de conducta delictivos; que otros, por el contrario, adopten una posición neutral, indiferente; y otros, por último, se enfrenten de modo activo a los valores criminales y profesen los valores mayoritarios. Según esto, la denominada asociación diferencial no es sino consecuencia lógica del principio de aprendizaje a través de asociaciones o contactos en una *sociedad plural y conflictiva*.

[1843] Para una referencia bibliográfica sobre la teoría del aprendizaje social y sus muchas formulaciones, vid., GARCÍA-PABLOS DE MOLINA, A., Tratado de Criminología, cit., pág. 742, nota 10.

[1844] SUTHERLAND, E. H., «White Collar Criminality», en: American Sociological Review, 5 (1940), págs. 2 a 10; del mismo: Principles of Criminology, 1939, Philadelphia-Lippincott, págs. 4 a 9. Cfr., GARCÍA-PABLOS DE MOLINA, A., Tratado de Criminología, cit., págs. 743 y ss.

SUTHERLAND desarrolla su conocida teoría del comportamiento delictivo como comportamiento aprendido a través de procesos de interacción y comunicación con nueve proposiciones[1845].

La conducta criminal se aprende. Se aprende como se aprende también el comportamiento virtuoso o como el hombre aprende cualquier otra actividad: a través de idénticos mecanismos.

La conducta criminal se aprende en interacción con otras personas, mediante un proceso de comunicación. Se requiere, pues, un aprendizaje activo por parte del individuo. No basta con vivir en un medio criminógeno, ni con manifestar, por supuesto, determinados rasgos de la personalidad o situaciones frecuentemente asociadas al delito. No obstante, en dicho proceso participan activamente, también, los demás[1846].

La parte decisiva de dicho proceso de aprendizaje tiene lugar en el seno de las relaciones más íntimas del individuo con sus familiares y allegados. La influencia criminógena depende del grado de intimidad del contacto interpersonal.

El aprendizaje del comportamiento criminal incluye el de las técnicas de comisión del delito, así como el de la orientación específica de los correspondiente móviles, impulsos, actitudes y la propia racionalización de la conducta delictiva.

La dirección específica de motivos e impulsos se aprende de las definiciones más variadas de los preceptos legales, favorables o desfavorables a éstos. La respuesta a los mandatos legales no es uniforme a lo largo del cuerpo social, por lo que el individuo se halla en permanente contacto con otras personas que tienen diversos puntos de vista en cuanto a la conveniencia de acatar aquéllos. En las sociedades pluralistas, dicho conflicto de valoraciones es inherente al propio sistema y constituye la base y fundamento de la teoría sutherlaniana de la asociación diferencial.

Una persona se convierte en delincuente cuando las definiciones favorables a la violación de la Ley superan a las desfavorables; esto es, cuando por sus contactos diferenciales ha aprendido más modelos criminales que modelos respetuosos del Derecho.

Las asociaciones y contactos diferenciales del individuo pueden ser distintos según la frecuencia, duración, prioridad e intensidad de los mismos. Lógicamente, unos contactos duraderos y frecuentes deben tener mayor influencia que otros fugaces u ocasionales, del mismo modo que el impacto que ejerce cualquier modelo en los primeros años de la vida del hombre suele ser más significativo que el que tiene lugar en etapas posteriores; y que el modelo es tanto más convincente para el individuo cuanto mayor sea el prestigio que éste atribuye a la persona o grupos cuyas definiciones y ejemplos aprende.

Precisamente porque el crimen se aprende, no se imita, el proceso de aprendizaje del comportamiento criminal a través del contacto diferencial del individuo con modelos delictivos y no delictivos implica el de todos los mecanismos inherentes a cualquier proceso de aprendizaje.

Si bien la conducta delictiva es una expresión de necesidades y de valores generales, sin embargo no puede explicarse como concreción de los mismos, ya que también la conducta conforme a Derecho responde a idénticas necesidades y valores.

[1845] SUTHERLAND, E. H., y CRESSEY, D., Principles of Criminology, cit., 10ª Ed., págs. 80 a 82.

[1846] El autor (proposición segunda) acentúa la relevancia de la «interacción social» y basa el «aprendizaje» en un proceso de «comunicación» activo, rechazando los postulados mecanicistas del behaviorismo entonces imperante. Cfr., BALÁN SONLO, K., «Subcultura y delito», en: Delincuencia. Teoría e investigación, cit., pág. 152.

La teoría de la *asociación diferencial* aporta un modelo teórico generalizador, capaz de explicar también la criminalidad de las clases medias y privilegiadas[1847]. Ha contribuido a fomentar científicamente y dar sentido a conceptos que, desde entonces, encuentran en la idea genérica de aprendizaje una referencia obligada: los conceptos de reeducación, modificación de conducta, aprendizaje compensatorio, etc. Las propias teorías subculturales hallan un refuerzo valioso en la concepción de SUTHERLAND, que las complementa, incorporando, además, un significativo matiz diferencial: la idea de que el crimen no procede de la desorganización social sino de la organización diferenciada y del aprendizaje.

Sin embargo, se han dirigido a la misma numerosas objeciones, por su vaguedad, déficit empírico y excesivos niveles de abstracción, lo que explica las precisiones de CRESSEY[1848], discípulo de SUTHERLAND. Y las numerosas reformulaciones de que ha sido objeto. No en vano, la tesis de SUTHERLAND se aviene a estructuras subculturales simples (explicación del gansterismo norteamericano de principios de siglo), y no a otras situaciones subculturales mucho más complejas, producto de la evolución social, por lo que el propio SUTHERLAND hubo de reconocer en su último trabajo la necesidad de tener en cuenta la incidencia de factores individuales en la asociación y demás complejos procesos psicosociales[1849].

En efecto, ¿qué significa un exceso de definiciones favorables al comportamiento delictivo; ha contado alguien realmente el número de modelos que favorecen una infracción de la ley y el de los que no favorecen a la misma?; ¿ha sido posible comprobar que en la experiencia predelictiva de la mayoría de los criminales aquellos han sobrepasado a éstos?, se preguntan algunos autores para resaltar la ambigüedad de la sexta proposición de SUTHERLAND. Otro sector de la doctrina ha cuestionado el propio valor etiológico de la teoría analizada[1850]: que los delincuentes tiendan a asociarse y relacionarse fundamentalmente con otros delincuentes, no significa —se dice— que dichas conexiones o contactos sean precisamente la causa del comportamiento criminal. Se trata, más bien, de una consecuencia lógica: que el individuo procura siempre seleccionar a sus afines, a quienes manifiestan ideas, actitudes y conductas semejantes a las propias. Y entonces, la cuestión sería otra: por qué pertenece un individuo a la asociación a la que pertenece y no a otra; por qué busca

---

[1847]   En este sentido, SIEGEL, L. J., Criminology, cit., pág. 206.

[1848]   CRESSEY, D., «Epidemiologies and Individual Conduct: A case from Criminology», en: Pacific Sociological Review, 3 (1960), págs. 128 a 147. Para el autor, en la teoría de SUTHERLAND lo decisivo no es la cantidad de contactos con modelos criminales, sino la calidad (prioridad) de éstos, que les hace prevalecer sobre los positivos respetuosos de la ley. CRESSEY reconoció, no obstante, que la «asociación diferencial» no explica por sí sola por qué en idénticas condiciones, una persona sucumbe a la influencia de los modelos criminales, y otra no. Cfr., GARCÍA-PABLOS DE MOLINA, A., Tratado de Criminología, cit., págs. 748 y ss.

[1849]   SUTHERLAND, E. H., «Critique of the Tehory», en: The Sutherlands Papers, 1956, Indiana University Press, Bloomington. Cfr., GARCÍA-PABLOS DE MOLINA, A., Tratado de Criminología, cit., pág. 743, nota 13.

[1850]   Resumiendo las objeciones a la teoría de SUTHERLAND: GÖPPINGER, H., Criminología, cit., págs. 50 y ss.; VOLD, G.B., Theoretical Criminology, cit., págs. 240 y ss.; GARCÍA-PABLOS DE MOLINA, A., Tratado de Criminología, cit., págs. 749 y ss.

determinadas esferas de contactos a menudo ajenas y distantes de su medio, mientras que otras personas de su entorno rechazan estas conexiones. En todo caso, parece desmedido el intento de reconducir todo comportamiento criminal a un proceso social normal de aprendizaje. Pues, sin duda, hay experiencias que no son aprendidas y factores ocultos e inconscientes que influyen en la conducta. El crimen no siempre responde a patrones racionales y utilitarios: existen crímenes absurdos, ocasionales, espontáneos, impulsivos, ajenos por completo a cualquier mecanismo de aprendizaje[1851].

2º) Otras de las formulaciones más conocidas de la teoría del aprendizaje social es la denominada teoría de la *ocasión diferencial* de CLOWARD y OHLIN[1852], para quiénes el aprendizaje del comportamiento delictivo no se lleva a cabo de modo uniforme y homogéneo sino según las respectivas circunstancias, ocasiones y oportunidades del individuo y las subculturas a las que éste pertenece (differential opportunities). La tesis de OHLIN y CLOWARD depuran y enriquecen el muy simplista concepto de aprendizaje que utilizara SUTHERLAND, que pierde así su base unitaria y supuesta uniformidad, aportando un valioso componente psicológico explicativo del mismo.

En efecto, los autores distinguen tres tipos de subculturas, cada una de ellas con sus características criminológicas particulares y una singular génesis del proceso de aprendizaje: la subcultura conflictual (*conflict subcultur*), integrada básicamente por emigrantes y personas que se hallan aisladas de todo sistema institucionalizado, situación que conduciría a la violencia como modo de expresar y aliviar al propio tiempo la incomunicación y la frustración; la subcultura de la huída o de la evasión (*retreatist subcultur*), de la que forman parte quienes habiendo renunciado a la búsqueda y obtención de metas deseables, acuden al alcohol y a la droga; y, por último, la subcultura criminal, en sentido estricto (*criminal subcultur*), caracterizada por la apertura y hetereogeneidad de los colectivos que la componen, entre cuyos elementos criminales y no criminales existiría un intenso contacto e intercambio experiencial e incluso una relación orgánica favorecedora de la recepción y aprendizaje de pautas delictivas[1853].

3º) La teoría de la *identificación diferencial*, de GLASER[1854], constituye otra variante o submodelo de la teoría del aprendizaje social. GLASER tiene el mérito de haber incorporado al concepto de aprendizaje la teoría de los roles; y de haber subrayado la importancia que los medios de comunicación de masas tienen en la conducta del individuo, cuestión muy minimizada por SUTHERLAND[1855]. Según

---

[1851] GLUECK, SH., «Theory and Fact in Criminology: A Criticism of Differential Association», en: British Journal of Delinquency, 7 (1956), págs. 92 a 109.

[1852] Vid., Delinquency and Opportunity. A Theory of Delinquent Gangs, 1960. Glencoe.

[1853] Delinquency and Opportunity, cit., págs. 178 y ss.

[1854] GLASER, D., «Criminality Theories and Behavioral Images», en: American Journal of Sociology, 61 (1956), págs. 133 a 444. Cfr., GARCÍA-PABLOS DE MOLINA, A., Tratado de Criminología, cit., págs. 751 y ss.

[1855] Como apunta VOLD, G.B., Theoretical Criminology, cit., pág. 242.

el autor, el aprendizaje de la conducta criminal no tiene lugar por vía de comunicación o interacción *personal*, sino de *identificación*; una persona sigue el camino del crimen en la medida en que se identifica con otras personas reales o ficticias, desde las perspectivas de las cuales su propia conducta criminal parece aceptable.

GLASER resalta la posibilidad de una identificación del individuo con delincuentes, bien a través de una relación positiva con los roles criminales (por ejemplo, la identificación con criminales en los «mass media»), bien como reacción negativa contra las fuerzas que se enfrentan a la criminalidad. De modo que en la elección del comportamiento habría dos datos básicos: por una parte, el grupo de referencia del que se toma la pauta, o modelo de conducta; de otra, un mecanismo de racionalización que pone en marcha el propio individuo para justificar su decisión.

> El punto más débil de la teoría de GLASER es su notoria carga especulativa, la suposición, no siempre acorde con la realidad de que la conducta criminal es, en todo caso, producto de una decisión previa que la aprueba de antemano: un modelo previamente analizado, desde un punto de vista intelectual, y valorado de forma positiva por el infractor[1856].

4º) Las teorías del *refuerzo diferencial*, de JEFFERY, y del *condicionamiento operante* (de BURGESS, AKERS y otros) constituyen sendas reformulaciones de la teoría del aprendizaje social desde una óptica *conductista*[1857].

Para la teoría del *refuerzo diferencial*, el crimen es un comportamiento aprendido, pero el mecanismo de adquisición se ajusta más al modelo denominado del condicionamiento *operante* (aprendizaje a través de las consecuencias de la propia acción), bien a través de situaciones no sociales, que refuercen o impliquen una discriminación a favor de la conducta delictiva, bien en el marco de la interacción social, cuando la conducta de los otros produce semejante impacto. JEFFERY, quien acentúa la importancia de las variables no sociales en el comportamiento humano, contrapone a la teoría de la asociación diferencial la que denomina teoría del refuerzo diferencial. Para el autor el comportamiento criminal es comportamiento operante, en continuo proceso de interacción con el medio. JEFFERY incorpora a su particular modelo de aprendizaje los factores biológicos y bioquímicos, por lo que su teoría se analizó en páginas anteriores.

Para la teoría del *condicionamiento operante* de AKERS[1858], la conducta criminal es controlada por una serie de estímulos a los que sigue. Dicha conducta, se

---

[1856]   En este sentido crítico, GÖPPINGER, H., Criminología, cit., pág. 51.
[1857]   Cfr., GARCÍA-PABLOS DE MOLINA, A., Tratado de Criminología, cit., págs. 753 y ss.
[1858]   AKERS, R., Deviant Behavior, a Social Learning Approach, 1977 (2ª Ed.), Belmont. Massachussets, Wadsworth. Del mismo, en: AKERS, R., KROHN, M., LONZA-KADUCE, L., y RADOSEVICH, M., «Social Learning and Deviant Behavior: A Specific Test of a General Theory»

refuerza cuando obtiene gratificaciones positivas o evita castigos (refuerzo negativo); el mismo comportamiento se enerva o debilita mediante estímulos negativos (castigos) o pérdida de gratificaciones (sanción positiva). Que surja o persista un comportamiento delictivo dependerá, según el autor, del grado de ventajas o desventajas asociadas a dicho comportamiento y a otros comportamientos alternativos (teoría del refuerzo diferencial).

> Las limitaciones de este enfoque derivan de la propia esencia del conductismo, ajeno al problema de las causas (últimas) de la desviación y de su marco general de referencia.

5º) Finalmente, cabe mencionar la teoría de la *neutralización*, mantenida por SYKES y MATZA[1859]. Según ésta, el proceso por el que una persona se convierte en delincuente responde a un aprendizaje basado en la experiencia. Ahora bien, mientras las teorías antes analizadas estiman que dicho aprendizaje aporta al individuo los valores, actitudes y técnicas necesarias para la actividad criminal (modelos, pues, intrínsecamente delictivos), SYKES y MATZA, por el contrario, estiman que la mayoría de los delincuentes comparten los valores convencionales de la sociedad, de modo que lo que aprenden son ciertas técnicas capaces de neutralizarlos, racionalizando y autojustificando así la conducta desviada de los patrones de las clases medias.

> Dichas *técnicas de autojustificación* son genuinos mecanismos de defensa con los que el infractor neutraliza su complejo de culpa, autojustifica y legitima su conducta y mitiga la respuesta social. Las principales técnicas de neutralización o autojustificación serían, según MATZA y SYKES: la exclusión de la propia responsabilidad, la negación de la ilicitud y nocividad del comportamiento, la descalificación de quienes han de perseguir y condenar éste, la apelación a la supuesta inexistencia de víctima del mismo, y la invocación a instancias y móviles superiores[1860].
>
> Una interesante aplicación de la teoría de la neutralización, en España: Rafael Ruiz Fuero: La teoría de la neutralización en el discurso legitimador de la violencia en el fútbol[1861].

(Amercian Sociological Review, 44, 1979, págs. 363 y ss.). Cfr., GARCÍA-PABLOS DE MOLINA, A., Tratado de Criminología, cit., págs. 754 y ss.

[1859] Cfr., GARCÍA-PABLOS DE MOLINA, A., Tratado de Criminología, cit., págs. 757 y ss.

[1860] Vid., SYKES, G., y MATZA, D., Techniques of Neutralization, cit., págs. 664 a 670. Cfr., GARCÍA-PABLOS DE MOLINA, A., Problemas actuales de la Criminología, cit., págs. 147 a 150. Para una aplicación de estas técnicas de neutralización al análisis victimológico, vid.: FATTAH, EZZAT, E., The use of the Victims as an Agent of Self legitimation: towards a Dynamic Explanation of Criminal Behavior, en: Victims and Society, 1976, edit. E.C. Viano, Visaje Press, Washington. Cfr. HERRERA MORENO, Myriam, Victimación: Aspectos generales. En: Manual de Victimología, cit., págs. 93 y 94.

[1861] Tesis doctoral dirigida por Alfonso Serrano Maillo, Uned, 2015 (185 páginas).

b') *Teorías del control*. Bajo esta equívoca[1862] denominación se agrupan una serie de modelos teóricos que explican el problema de la desviación criminal en otros términos: si todo individuo cuenta con el potencial necesario para violar las leyes y la sociedad le ofrece numerosas oportunidades para hacerlo, ¿por qué, pues, muchos de ellos las obedecen? Para la teoría criminológica clásica, la respuesta se encuentra en el *miedo* al castigo. Por el contrario, los teóricos del control, acudiendo a un análisis sociológico, estiman que no es el miedo al castigo el factor fundamental en el momento de explicar el comportamiento del infractor, sino otros muchos *vínculos* de aquél con el orden social. El individuo evita el delito —aseguran— porque es el primer interesado en mantener un comportamiento conforme a las pautas y expectativas de la sociedad; porque tiene una razón actual, efectiva y lógica para obedecer las leyes de ésta: la comisión del delito le depararía más inconvenientes que ventajas[1863].

> A diferencia de las teorías socioculturales, las del control social no circunscriben su examen al análisis de la conducta desviada de las bajas clases sociales, pues sus categorías fundamentales (debilitamiento o ausencia de los vínculos primarios que unen al individuo con la sociedad, fracaso de los grupos primarios, déficit en el proceso de internalización de las normas sociales, concepto negativo de uno mismo, etc.) permiten un diagnóstico del comportamiento criminal válido para todos los estratos sociales[1864].
> Entre las teorías del control, cabe destacar las formulaciones de HIRSCHI, BRIAR y PILIA-VIN, RECKLESS, REISS y GLASER.

Para los teóricos del control social clásicos, la *familia* desempeña un papel decisivo, por la labor socializadora que lleva a cabo y por la vigilancia a que somete a los jóvenes[1865]. La familia educa y fomenta el autocontrol de los hijos, se preocupa por ello, les vigila y protege, y procura el cariño, respeto y dependencia recíproca entre sus miembros[1866]. No sería correcto, sin embargo, sobredimensionar la influencia de la familia —o la de algunas características de ésta[1867]— ignorando

---

[1862] Compárese, para comprobar dicha equivocidad: HALL WILLIAMS, J.E., Criminology and Criminal Justice, cit., págs. 145 y ss.; y GÖPPINGER, H., Criminología, cit., págs. 51 a 53. Cfr., GARCÍA-PABLOS DE MOLINA, A., Tratado de Criminología, cit., págs. 761 y ss.

[1863] Vid., SIEGEL, L.J., Criminology, cit., págs. 211.

[1864] En este sentido, GARCÍA-PABLOS DE MOLINA, A., Tratado de Criminología, cit., págs. 762 y ss. (especialmente, 770).

[1865] Vid. GLUECK, S. y GLUECK, E., Unraveling juvenile delinquency. New York: The Commonwealth Fund, 1950, págs. 278 y ss.; REISS, A.J., Delinquency as the failure of personal and social controls, ASR, 16 (1951), págs. 198 y ss.

[1866] Así, HIRSCHI, T., Family structure and crime, en: When families fail ... The social costs. (B.J. Christensen edit.). Lanham: University Press of America, 1990, págs. 49 y ss.

[1867] Vg. el tamaño de la familia (familia numerosa). Cfr. SERRANO MAILLO, A., Introducción, cit., pág. 336.

la de ciertas variables referidas a la escuela o a los pares[1868] o incluso factores de naturaleza biológica y genética[1869].

a") Para la teoría del *arraigo social*, de HIRSCHI, todo individuo es un infractor potencial y sólo el miedo al daño irreparable que pudiera ocasionarle el delito en sus relaciones interpersonales (padres, amigos, vecinos, etc.) e institucionales (escuela, trabajo, etc.) le frena. La causa de la criminalidad, en consecuencia, no es otra que el debilitamiento en el joven de esos lazos o vínculos que le unen con la sociedad. Cuando el individuo carece del necesario arraigo social o del interés y sensibilidad hacia los demás, carece, también, del indispensable control disuasorio, encontrando expedito el camino del crimen, lo que puede suceder con independencia del estrato social al que pertenezca.

> Dicho arraigo o vinculación del individuo a la sociedad, depende, según HIRSCHI de cuatro factores: el apego y consideración hacia las personas (especialmente hacia aquéllas que integran los grupos primarios); el grado de identificación y compromiso con los valores convencionales; la mayor o menor participación en actividades sociales; las propias creencias del individuo, pues el desarraigo, la insolaridad y el vacío moral impiden el desarrollo de valores que actúan como freno decisivo de la conducta desviada[1870].

La teoría del *arraigo social* de HIRSCHI, pensada fundamentalmente para explicar la delincuencia juvenil, contó con un importante respaldo empírico al haberse basado el autor en informes de autodenuncia y en datos oficiales de la criminalidad de jóvenes infractores[1871]. Dicha teoría asume que la conducta desviada no es un comportamiento *aprendido* (teoría del aprendizaje), ni determinado por ciertas pulsiones internas o externas; ni siquiera la respuesta a situaciones de frustración …etc., sino una tendencia natural del ser humano. Y asume, por tanto, no solo la *normalidad* del *delito* y del *infractor*, frente a las denostadas teorías positivistas de la *diversidad*, sino la propia filosofía de los modelos *consensuales*, al admitir que el delincuente infringe normas en las que el mismo cree[1872].

[1868] Vid. CERNKOVICH, S.A. y GIORDANO, P.C., Family relationships and delinquency, Criminology, 25 (1987), págs. 304 y ss. Cfr. SERRANO MAILLO, A., op. cit., pág. 335.

[1869] Así, ROWE, D.C., The limits of family influence. Genes experience and behavior. New York y London: The Guilford Press, 1994, págs. 5 y ss.

[1870] HIRSCHI, T., Causes of Delinquency, 1969. Berkeley. University of California, págs. 231 y ss. También, HINDELANG, M., «Causes of delinquency: a Partial Replication and Extension», en: Social Problems (21), 1973, págs. 471 a 487, mantiene una tesis similar, habiendo intentado el autor una verificación empírica de la misma. Cfr., GARCÍA-PABLOS DE MOLINA, A., Tratado de Criminología, cit., págs. 762 y ss.

[1871] Vid. HIRSCHI, T. y GOTTFREDSON, M.R., Self-control theory, en: Explaining criminal and crime. Essays in contemporary criminological theory (R. Paternoster y R. Bachman, edits.). Los Angeles: Roxbury Publishing Company, 2001, pág. 83.

[1872] Vid. HIRSCHI, T., Causes of delinquency, cit., págs. 34 y ss.

En la teoría de HIRSCHI juega un papel fundamental la idea del *apego* (*attachment*). Parte el autor de la existencia de un consenso normativo, cuyos valores internaliza el individuo a través de los procesos de socialización. Según HIRSCHI, el *apego* del individuo a las *instituciones* (sus padres, la escuela, los amigos, los pares, etc.) —a los demás— constituye el fundamento último de dicha internalización o asunción de las normas sociales, dado que aquel respeta los mandatos y prohibiciones porque es muy sensible a las expectativas de los otros[1873].

> Una aportación original de HIRSCHI reside en sugerir que el apego del individuo hacia sus padres, amigos, pares, etc. es independiente de que éstos, a su vez, sean convencionales y respetuosos de las normas sociales, o no[1874]. Porque contra el postulado fundamental de la teoría de la asociación diferencial, no es el contacto del joven con delincuentes lo que determina su conducta irregular, sino la previa comisión del delito la que explica que el infractor se rodee después de pares delincuentes[1875].
>
> La teoría del control de HIRSCHI sigue despertando hoy interés[1876], aunque diversas investigaciones empíricas no han conseguido más que una verificación parcial y limitada de la misma[1877]. Por lo general, la doctrina opone un reparo metodológico relevante: la necesidad de que sea testada con técnicas *longitudinales*, y no solo con las usuales técnicas *transversales*[1878].

b") *Teoría de la conformidad diferencial*. A juicio de BRIAR y PILIAVIN, existe un grado variable de compromiso y aceptación de los valores convencionales que se extiende desde el mero miedo al castigo hasta la representación de las consecuencias del delito en la propia imagen, en las relaciones interpersonales que se aprecian, en el estatus y actividades presentes y futuras. Lo que significa, que en situaciones equiparables, una persona con elevado *grado de compromiso o conformidad* hacia aquellos valores convencionales es menos probable que se

---

[1873] Así, HIRSCHI, T., Causes of delinquency, cit., págs. 18 y ss. Cfr. SERRANO MAILLO, A., Introducción, cit., págs. 128 y ss.

[1874] HIRSCHI, T., Causes of delinquency, cit., págs. 97 y ss. y 145 y ss. Cfr. SERRANO MAILLO, A., Introducción, cit., pág. 129.

[1875] HIRSCHI, T., Causes of delinquency, cit., págs. 84 y ss. y 136 y ss. Cfr

[1876] Cfr. HINDELANG, M.J., Causes of delinquency: a partial replication and extension, en: Social Problems (21), 1973, págs. 475 y ss.; STARK, R., KENT, L. y FINKE, R., Sports and delinquency, en: Positive Criminology (M.R. Gottfredson y T. Hirschi edits), 1987, Newbury Park: Sage, págs. 123 y ss.

[1877] Sobre los hallazgos y críticas de: AGNEW, CERNOKOVICH y GIORDANO, ELLIOT y otros, GREENBERG y DRENON-GALA, Cfr. SERRANO MAILLO, A., Introducción, cit., págs. 336 y ss.

[1878] Así, DRENNON-GALA, D., Delinquency and high school dropouts. Reconsidering social correlates. Lanham: 1995. University Press of America, pág. 30. También: AGNEW, R., A longitudinal test of social control theory and delinquency, en: Journal of Research in Crime and delinquency, 28 (1991), págs. 128 y ss. Cfr. SERRANO MAILLO, A., Introducción, cit., pág. 336.

involucre en comportamientos delictivos que otra con inferior nivel de conformidad. Y a la inversa[1879].

c") *Teoría de la contención.* Para esta teoría, propugnada por RECKLESS, la sociedad produce una serie de estímulos, de presiones, que impelen al individuo hacia la conducta desviada. Pero dichos impulsos son contrarrestados por ciertos mecanismos, internos o externos, de contención que le aíslan positivamente[1880].

> Existen, según RECKLESS, una serie de impulsos internos, y de presiones e influencias externas, que actúan respecto al individuo como mecanismos de presión criminógena. Pero el individuo, según el autor, cuenta también con otros dispositivos internos y externos de contención: mecanismos *internos*, como la solidez de la personalidad individual, un buen autoconcepto, «ego» acusado, alto grado de tolerancia a la frustración, metas y proyectos bien definidos, etc.; y *externos*, procedentes de la coacción normativa que ejerce la sociedad y los diversos grupos sociales para controlar a sus miembros, promoviendo el indispensable sentimiento de pertenencia a la comunidad; y otros vínculos o mecanismos de contención del crimen especialmente importantes: consistente código moral, refuerzo de los valores, normas y objetivos convencionales, supervisión efectiva y disciplina, roles sociales plenos de sentido, etc. El comportamiento criminal se produce, a juicio de RECKLESS, cuando fallan, por debilidad o inexistencia, dichos mecanismos internos o externos de contención, que aislan al individuo de las fuerzas criminógenas y permiten que neutralice las presiones, impulsos, o influencias criminógenas.

d") *Teoría del control interior.* Se mantiene por REISS, y tiene inequívocas conexiones con el psicoanálisis y la cibernética. Para el autor, la delincuencia es el resultado de una relativa falta de normas y reglas internalizadas, de un desmoronamiento de controles erigidos con anterioridad y/o de un conflicto entre reglas y técnicas sociales. La desviación social se entiende como la consecuencia funcional de controles personales y sociales débiles (fundamentalmente por el fracaso de los grupos primarios)[1881].

[1879] BRIAR, S. y PILIAVIN, I., Delinquency, Situational Inducements and Commitment to Conformity, págs. 41 y ss. Cfr., SIEGEL, L.J., Criminology, cit., págs. 213 y 214. Vid., GARCÍA-PABLOS DE MOLINA, A., Tratado de Criminología, cit., págs. 764 y ss.

[1880] RECKLESS, W., «Containment Theory», en: The Sociology of Crime and Delinquency, 1970. New York, John Wiley, 2ª Ed., págs. 402 y ss. El autor concede una relevancia prioritaria al autoconcepto o concepto de sí mismo del individuo. Cfr., GARCÍA-PABLOS DE MOLINA, A., Tratado de Criminología, cit., págs. 765 y ss.

[1881] REISS, A.J., «Delinquency as the Failure of Personal and Social Controls», en: American Sociological Review, 16 (1951); también: «Unraveling Juvenile Delinquency», en: Appraisal of Research Methods, en: American Journal of Sociology, 57 (1951). Cfr., GARCÍA-PABLOS DE MOLINA, A., Tratado de Criminología, cit., págs. 768 y ss.

e") *Teoría de la anticipación diferencial*. Según GLASER, la decisión de cometer o no cometer un delito se halla determinada por las consecuencias que el autor anticipa, por las expectativas que se derivan de su ejecución o no ejecución. El individuo se inclinaría por el comportamiento criminal si de su comisión se derivan más ventajas que desventajas, considerando sus vínculos con el orden social, relaciones con otras personas y experiencias precedentes. Ahora bien, tales expectativas, a su vez, dependerían del mayor o menor contacto de cada individuo con los modelos delictivos, esto es, del aprendizaje o asociación diferencial[1882].

f") *Revisiones actuales de las teorías clásicas del «control»:* Las investigaciones de GOTTFREDSON, M. y HIRSCHI, T. (teoría del *self-control*) y de LAUB, J.H. y SAMPSON, R.J. (teoría dinámica del control: el enfoque del *curso de la vida*).

a) GOTTFREDSON, M. Y HIRSCHI, T.[1883] refieren la criminalidad al *bajo autocontrol* de ciertas personas (como consecuencia de una educación incorrecta, ausencia de disciplina, fracaso escolar, etc.), favorecido por el factor *oportunidad*. De esta forma se disolverían los vínculos sociales que frenen el comportamiento delictivo.

La teoría del *self-control*, como teoría general de la criminalidad, ha despertado un gran interés en los últimos años. Parte de una determinada imagen del *delito* y del *delincuente* elaborada sobre la base de investigaciones empíricas[1884]. Según éstas, el delito —por lo general— es un comportamiento que requiere escasa elaboración y esfuerzo[1885]; y suele ser más producto del aprovechamiento de una oportunidad propia que de una meticulosa planificación. Contra una creencia muy extendida, el crimen *organizado* sería un fenómeno excepcional y sobredimensionado, porque el delincuente, por su bajo autocontrol y desconfianza respecto a terceros, exhibe actitudes marcadamente individualistas, reacias a su integración en grupos y organizaciones[1886]. En cuanto al infractor, se sugiere que se trata de un individuo impulsivo, orientado a las gratificaciones inmediatas, muy versátil (esto es: tiende a cometer una rica y heterogénea gama de infracciones penales, no se especializa)[1887]

[1882] GLASER, D., Crime in Our Changing Society, 1978. New York, Holt, Rinehart and Winston, págs. 126 y ss. Cfr., GARCÍA-PABLOS DE MOLINA, A., Tratado de Criminología, cit., págs. 769 y ss.

[1883] GOTTFREDSON, M.R. y HIRSCHI, T., A general theory of crime. Stanford, Ca. Standford University Press., 1990, págs. 12 y ss. Vid., recientemente: GOTTFREDSON, M.R., Una teoría del control explicativa del delito, en: Estudios en homenaje al Profesor Alfonso Serrano Gómez, cit., Madrid (Dykinson), 2006, págs. 333 y ss.

[1884] Vid. GOTTFREDSON, M.R. y HIRSCHI, T., A general theory, cit., págs. 88 y ss.

[1885] Vid. GOTTFREDSON, M.R. y HIRSCHI, T., A general theory, cit., págs. 16 a 42. Cfr. SERRANO MAILLO, A., Introducción, cit., págs. 338 y ss.

[1886] Vid. GOTTFREDSON, M.R. y HIRSCHI, T., A general theory, cit., págs. 210 y ss.

[1887] Sobre la versatilidad del delincuente, vid. SERRANO MAILLO, Introducción, cit., págs. 340 y reseña bibliográfica en nota 44.

y que, además del comportamiento criminal, realiza otras muchas conductas *desviadas* no delictivas (vg. consumo de alcohol y otras drogas).

Según HIRSCHI y GOTTFREDSON, el autocontrol se fija en una edad muy temprana (a los ocho o diez años), manteniéndose, desde entonces, relativamente constante[1888], a lo largo de la vida del individuo. Una educación familiar incorrecta o errática o —en menor medida el fracaso escolar— pueden determinar el bajo autocontrol del individuo.

Pero en la criminogénesis interviene además del bajo autocontrol el factor *oportunidad* (de delinquir), si bien desempeñando un rol secundario, complementario, que incorpora a esta teoría elaborada a un nivel «micro» —el autocontrol se nutre de variables individuales— un enriquecedor enfoque «macro». La variable decisiva es el autocontrol: la oportunidad no basta si el individuo tiene un elevado autocontrol[1889].

La teoría del *self control*, a pesar del referido refrendo empírico que parece haber recibido, ha sido objeto de algunas objeciones metodológicas relevantes[1890]. Se ha observado, por ejemplo, que tiene más peso específico el factor *oportunidad* que el propio *autocontrol*; y que debiera incorporar o integrar otras variables (vg. relativas al *aprendizaje*) para alcanzar mayor solvencia. Se ha advertido, también, que corre el riesgo de convertirse en una teoría *tautológica*[1891] al utilizar el concepto ambiguo de autocontrol para definir la propensión diferencial a delinquir. Y que no sirve para explicar la criminalidad de *cuello blanco*[1892].

b) La teoría *dinámica* del control (enfoque del *curso de la vida*), de LAUB, J.H. y SAMPSON, R.J.[1893] goza hoy de especial predicamento. Mantiene, también, que el individuo no delinque gracias a los vínculos que le unen con la sociedad y sus instituciones del control (familia, escuela, grupo de pares, trabajo, matrimonio, et.). Ahora bien, esta teoría propugna el análisis *dinámico* de la «trayectoria» del individuo en el curso de su vida, muy atenta al transcurso del tiempo y a los cam-

---

[1888] Vid. GOTTFREDSON, M.R. y HIRSCHI, T., A general theory, cit., págs. 107 y ss.; de los mismos: Self-control theory, en: Explaining criminals and crime. Essays in contemporary criminological theory (Paternoster, R. y Bachman, edits.) Los Angeles, 2001: Roxbury Publishings Company, págs. 90 y ss.

[1889] GOTTFREDSON, M.R. y HIRSCHI, T., A general theory, cit., págs. 22 y ss. Cfr. SERRANO MAILLO, A., Introducción, cit., pág. 345 (mencionando las investigaciones de Grasmick, Evans, Paternoster, Brame y otros).

[1890] Vid. GRASMIK, H.G., TITTLE, C.R., BURSIK, R.J. y ARNEKLEV, B.J., Testing the core empirical implications of Gottfredson and Hirschi's general theory of crime, Journal of Research in Crime and delinquency, 30(1993), págs. 12 y ss.

[1891] Por todos: AKERS, R.L., Self-control as a general theory of crime, Journal of Quantitative Criminology, 7 (1991), págs. 203 y ss.

[1892] Cfr. SERRANO MAILLO, A., Introducción, cit., págs. 348 y nota 91.

[1893] Vid. LAUB, J.H. y SAMPSON, R.J., Turning points in the life course: why change matters to the study of crime? en: Criminology, 31 (1993); de los mismos y ALLEN, L.C.: Explaining crime over the life course: toward a theory of age-graded informal social control, en: Explaining criminals and crime. Essays in contemporary criminological theory, cit., supra; SAMPSON, R.J. y LAUB, J.H, Crime and deviance over the life course: the salience of adult social bonds, en: ASR, 55, 1990: de los mismos: Crime in the making. Pathways and turning points through life. Cambridge, Mass. y London: Harvard Universitty Press, 1993; de los mismos: A life course theory of cumulative disadvantage and the stability of delinquency, en: Advances, 7 (1997). Developmental theories of crime and delinquency (T.P. Thornberri ed.).

bios que la edad y los diversos acontecimientos personales y sociales producen en el individuo. La eficacia de los vínculos y del control social no dependerían, pues, de cualidades o actitudes individuales que se fijan en los primeros años de la vida (vg. el autocontrol), estáticas, sino de la trayectoria y curso de la vida de la persona, y de los cambios que ésta experimenta con el paso del tiempo. En consecuencia, desde dicho enfoque *dinámico*, el estudio de los patrones de *continuidad* y de *cambio* en la s carreras criminales pasa a un primer plano[1894].

Llama la atención el colosal aparato empírico y rigor metodológico de la investigación de LAUB y SAMPSON[1895]. Los autores se sirvieron —y revisaron— los datos originales que en su día examinó el matrimonio GLUECK. Y pusieron especial énfasis en la integración metodológica, compaginando el empleo de técnicas *cuantitativas* y *cualitativas* (entre estas últimas, entrevistas e historias de vida).

Para los autores, la *trayectoria* del individuo es inseparable del curso de su vida y de los efectos del transcurso del tiempo. Su futuro no se predetermina férreamente en los primeros años de existencia, sino día a día; y su configuración dinámica depende de una sucesión de momentos, episodios o situaciones que sellan las etapas de *continuidad* y de *cambio* del ser humano[1896]. La edad, con todo lo que ésta implica, determina el grado de efectividad del control social y sus portadores o agencias, según LAUB y SAMPSON. Durante la infancia y la adolescencia, las instituciones decisivas son la familia, la escuela y el grupo de pares. Cuando los jóvenes caminan hacia la edad adulta, el trabajo, el matrimonio y las instituciones de enseñanza superior o profesional. En la edad adulta, el trabajo, el matrimonio, la paternidad y las «inversiones» del sujeto en la comunidad (inversiones sociales o «capital social»). El «capital social» (inversiones que realiza el individuo a lo largo de la vida: amistades, trabajo, reputación, etc.) encontraría, según LAUB Y SAMPSON, en la familia y en la escuela, fundamentalmente, sus principales fuentes, al igual que el control social[1897].

La teoría dinámica de LAUB Y SAMPSON pone el acento en la necesidad de analizar los patrones de *continuidad* y de *cambio* del individuo, y lo hace con particular originalidad.

El conocido fenómeno de la *continuidad* del comportamiento delictivo (casi todos los criminales adultos incurrieron en conductas irregulares o ilegales de jóvenes, si la vida del infractor se contempla retrospectivamente) se atribuía por otras teorías del *control* a características individuales configuradas en la primera etapa de la vida (*self control*) de las que dicha continuidad sería lógica expresión. Por el contrario, LAUB Y SAMPSON denun-

---

[1894] Cfr. SERRANO MAILLO, A., Introducción, cit., págs. 349 y ss. El parentesco de la teoría dinámica de Laub y Sampson con la llamada Criminología del «desarrollo» es obvio (vid. infra, Parte Tercera, III.C'.2 IV.3). Pero por arazones sistemáticas se estudia aquí por ser una teoría sociológica más del 'control' («del control social informal dependiente de la edad») en la que éste —el control social— aporta las claves para explicar la continuidad o el cambio de los patrones de conductas delictivos. Que, además, se considere una variante de las teorías del 'curso de la vida' no es obstáculo para la clasificación propuesta.

[1895] Sobre la integración de métodos cuantitativos y cualitativos, vid. SAMPSON, R.J. y LAUB, J.H., Crime in the making, cit., págs. 204 y ss.

[1896] Así, SAMPSON, R.J. y LAUB, J.H., Crime in the making, cit., págs. 8 y ss. Cfr. SERRANO MAILLO, A., Introducción, cit., pág. 350, nota 96.

[1897] SAMPSON, R.J. y LAUB, J.H., Crime in the making, cit., págs. 18 y ss. Cfr. SERRANO MAILLO, A., Introducción, cit., págs. 351 y 352. criticando el escaso rigor del concepto *capital social*.

cian la existencia de un fatídico círculo vicioso (*el delito predice el delito*)[1898], advirtiendo que la *continuidad* es una realidad inevitable porque cada delito limita el horizonte vital y expectativas del infractor incrementando las probabilidades de volver a delinquir de éste. Ahora bien, dicho pronóstico pesimista y perverso (profecía que se cumple a sí misma), que debe entenderse en términos relativos —compatible, por tanto, con la llamada *curva de la edad*— no es inexorable, porque caben posibilidades reales de cambio en la trayectoria de las carreras delictivas. Según LAUB Y SAMPSON, el fenómeno también conocido de que la inmensa mayoría de los infractores juveniles dejan de delinquir espontáneamente con la edad (a tenor de un elemental análisis prospectivo)[1899] se explica porque éstos recuperan o adquieren nuevos vínculos sociales con las instituciones que les blindan o protegen frente a la criminalidad. Por ello, LAUB Y SAMPSON se muestran optimistas respecto a la posible resocialización del delincuente, proponiendo técnicas de intervención dirigidas a crear o reforzar en el mismo los vínculos sociales con la comunidad que le apartarán del delito[1900] (vg. habilidades sociales).

Las diversas teorías del control explican por qué el individuo se abstiene de cometer el delito, qué vínculos sociales o qué mecanismos le aislan y protegen positivamente frente al comportamiento criminal, no explican, sin embargo, con la misma convicción el hecho positivo, esto es, por qué entonces hay personas que delinquen. Dejan, además, numerosas cuestiones sin respuesta.

En efecto, la doctrina se pregunta si existen o no, y en su caso cuáles, las relaciones funcionales entre la medida del control social exterior e interior; por qué de dos personas de una misma familia, crecidas en un mismo ambiente y con idéntica educación, una se inclina por el crimen mientras otra lo hace por la conducta conforme a derecho; por qué una de ellas desarrolla un concepto de sí mismo relativamente favorable, mientras la otra adquiere un autoconcepto desfavorable; por qué jóvenes sin apego a los valores convencionales se abstienen, sin embargo, de delinquir, o, por qué delinquen jóvenes con muy considerable grado de compromiso e identificación con los de dicho orden social. La teoría del control social no parece haber clarificado, en definitiva, cómo surgen o cómo se fortalecen o debilitan esos mecanismos de adhesión y compromiso con aquél; y qué es lo que determina el concepto de uno mismo[1901].

c') *Teorías del etiquetamiento (labeling approach)*. Hacia los años setenta cobra gran vigor una explicación interaccionista del hecho delictivo, que parte de los conceptos de conducta desviada y reacción social. Genuinamente norteamericana, surge con la modesta pretensión de aportar una explicación científica a los procesos de criminalización, a las carreras criminales y a la llamada desviación

---

[1898] Expresión de HIRSCHI, T. y GOTTFREDSON, M.R., Self-control theory, cit., 2001, pág. 82. Cómo se explica el fenómeno de la continuidad: vid. SAMPSON, R.J. y LAUB, J.H., A life-course theory of cumulative disadvantage and the stability of delinquency, Advances, 7, cit., (1997), cit., págs. 134 y ss.

[1899] Sobre las posibilidades reales de cambio, vid. LAUB, J.H., SAMPSON, R.J. y ALLEN, L.C., Explaining crime over the life course, cit., 2001, págs. 103 y ss.

[1900] Vid. LAUB, J.H.-SAMPSON, R.J. y ALLEN, L.C., Explaining Crime over the life course: toward a theory of age-graded informal social control, cit. (2001), págs. 107 y ss.

[1901] Sobre éstas y otras objeciones, vid.: GÖPPINGER, H., Criminología, cit., págs. 52 y ss.; SIEGEL,.J., Criminology, cit., pág. 218. Cfr., GARCÍA-PABLOS DE MOLINA, A., Tratado de Criminología, cit., págs. 770 y ss.

secundaria adquiriendo, sin embargo, con el tiempo, el rango de un modelo teórico explicativo más del comportamiento criminal[1902].

Según esta perspectiva *interaccionista*, no puede comprenderse el crimen prescindiendo de la propia reacción social, del proceso social de definición o selección de ciertas personas y conductas etiquetadas como criminales. Delito y reacción social son términos interdependiente, recíprocos, inseparables. La desviación no es una cualidad *intrínseca* de la conducta, sino una cualidad *atribuida* a la misma a través de complejos procesos de interacción social, procesos altamente selectivos y discriminatorios. El «*labeling approach*», en consecuencia, supera el paradigma etiológico tradicional, problematizando la propia definición de la criminalidad[1903]. Esta —se dice— no es como un trozo de hierro, como un objeto físico, sino el resultado de un proceso social de interacción (definición y selección): existe sólo en los presupuestos normativos y valorativos, siempre circunstanciales, de los miembros de una sociedad[1904]. No le interesan al «*labeling approach*» las *causas* de la desviación (primaria), sino los *procesos de criminalización* y mantiene que es el control social el que crea la criminalidad. Por ello, el interés de la investigación se desplaza desde el desviado y su medio hacia aquéllos que le definen como desviado, analizándose fundamentalmente los mecanismos y funcionamiento del control social o la génesis de la norma y no los déficits y carencias del individuo. Este no es sino la víctima de los procesos de definición y selección, de acuerdo con los postulados del denominado paradigma de control[1905].

> Las teorías interaccionistas, como observa SESSAR[1906], aciertan al acotar la *realidad del delito*, subrayando la relevancia de ciertos *procesos de atribución* decisivos en el momento aplicativo de la norma y de la actuación selectiva de las instancias del control social con la ayuda de los denominados «segundos códigos». Según SESSAR, lo decisivo no es la *norma* ni su *interpretación*, como problema hermenéutico, sino el proceso de *aplicación* de la norma a la realidad que se rige por un segundo grupo de reglas, un «segundo Código» dotado de pautas propias, fiel al principio de que la sociedad produce el Derecho no *promulgando*

[1902] Una referencia bibliográfica sobre el «labeling approach», en: GARCÍA-PABLOS DE MOLINA, A., Tratado de Criminología, cit., pág. 773, nota 1.

[1903] El labeling approach relativiza y problematiza el propio concepto de delito, al cuestionar no ya sus «causas» sino la propia «naturaleza» del mismo. Como afirma RÜHTER, el labeling supera el paradigma «etiológico» poniendo en tela de juicio la propia «variable dependiente» (La Criminalidad —o el delincuente— a través de las definiciones sociales —o etiquetamiento—, en: Cuadernos de Política Criminal, 8 (1979), págs. 51 a 53.

[1904] Así, RÜHTER. W., La Criminalidad, cit., pág. 53.

[1905] Sobre este enfoque, vid. HASSEMER, W., Fundamentos del Derecho Penal, cit., pág. 84.

[1906] Vid. SESSAR, K., Sobre el concepto de delito, en: Revista de Derecho Penal y Criminología de la UNED, 2ª Época, nº 11, 2003, págs. 278 y ss. También: MAC-NAUGHTON-SMITH, Der zweite Code. Auf dem Wege zu einer (oder hinweg von einer) empirisch begründeten Theorie über Verbrechen und Kriminalität, en: Lüderssen-Sack (edit.), Seminar: Abweichendes Verhalten, II. Die gesellschaftliche Reaktion auf Kriminalität, 1, págs. 197 a 212; y POPITZ, H., Über die Präventivwirkung des Nichtswissen, 1980, págs. 17 y ss.

normas sino *actuando*, esto es, *aplicándolas*. A juicio del autor, de las normas legales mismas no se desprende, sin más, *prima facie*, si se ha producido una vulneración de éstas, y, en su caso, de qué modo y que sanciones conllevan. El *labeling approach* habría sabido destacar la relevante actuación de las instancias del control social, selectiva, discriminatoria —en todo caso, «constitutiva», que no se limita a «constatar la comisión del delito» —y sus «atribuciones» diferenciales sirviéndose de los «segundos códigos». Partiendo de la distinción entre «definición» y «atribución» —o, «descripción» y «adscripción»— el interaccionismo cuestiona la concepción tradicional que asigna al proceso penal la función de «constatar» los hechos, contraponiendo a la misma el diagnóstico criminológico, atento a la «atribución» de hechos y a los «procesos de selección».

En síntesis, los principales postulados del «*labeling approach*» son[1907]:

1. *Interaccionismo simbólico y constructivismo social.*

La realidad social se construye sobre la base de ciertas definiciones y el significado atribuido a las mismas a través de complejos procesos sociales de interacción[1908]. Por ello, el comportamiento humano es inseparable de la interacción social y su interpretación no puede prescindir de dicha mediación simbólica. El concepto que tiene el individuo de sí mismo, de su sociedad y de la situación que ostenta en ella, son claves importantes del significado genuino de la conducta criminal.

2. *Introspección simpatética* como técnica de aproximación a la realidad criminal para comprenderla desde el mundo del desviado y captar el verdadero sentido que éste atribuye a su conducta.

3. Naturaleza *definitorial* del delito.

El delito carece de sustrato material u ontológico: una conducta no es delictiva *in se* o *per se* (cualidad negativa inherente a ella), ni su autor criminal por merecimientos objetivos (nocividad del hecho, patología de la personalidad); el carácter delictivo de una conducta y de su autor depende de ciertos procesos sociales de *definición*, que atribuyen a la misma tal carácter, y de *selección*, que etiquetan al autor como delincuente.

4. Carácter *constitutivo* del control social.

En consecuencia, la criminalidad es creada por el control social. Las instancias o agencias del control social (policía, judicatura, etc.) no detectan o declaran el carácter delictivo de un comportamiento sino que lo generan o producen al etiquetarlo.

[1907] Vid., GARCÍA-PABLOS DE MOLINA, A., Tratado de Criminología, cit., págs. 777 y ss.

[1908] El «labeling approach» asume el constructivismo social, haciendo suyo el conocido Teorema de THOMAS: «If men define situations as real, they are real in their consequences» (The Unadjusted Girl, 1923, Boston. Little, Brown, pág. 81).

5. *Selectividad* y *discriminatoriedad* del control social.

El control social es altamente discriminatorio y selectivo. Mientras los estudios empíricos demuestran el carácter mayoritario y ubicuo del comportamiento criminal, la etiqueta de criminal sin embargo se manifiesta como un bien negativo que los mecanismos del control social reparten con el mismo criterio de distribución de otros bienes positivos (fama, riqueza, poder, etc.): el estatus y el rol de las personas. De modo que las «chances» y «riesgos» de ser etiquetado como delincuente no dependen tanto de la conducta ejecutada (delito) como de la posición del individuo en la pirámide social (estatus)[1909]. Los procesos de criminalización, además, responden al estímulo de la visibilidad diferencial de la conducta desviada en una concreta sociedad, esto es, se guían más por la sintomatología del conflicto que por la etiología del mismo (visibilidad versus latencia)[1910].

6. Efecto *criminógeno* de la pena.

La reacción social no sólo es injusta sino intrínsecamente irracional y criminógena. Lejos de hacer justicia, de prevenir la criminalidad y reinsertar al desviado, su impacto real convierte a la pena en una respuesta intrínsecamente irracional y criminógena. Porque exacerba el conflicto social en lugar de resolverlo; potencia y perpetúa la desviación, consolida al desviado en su estatus criminal y genera los esterotipos y etiologías que se supone pretende evitar, cerrándose, de este modo, un lamentable círculo vicioso (selffullfillingprophecy)[1911]. La pena, pues, culmina una escalada dramática y ritual de ceremonias de degradación del condenado, estigmatizándole con el sello de un estatus irreversible[1912]. El penado asumirá, así, una nueva imagen de sí mismo y redefinirá su personalidad en torno al rol de desviado, desencadenándose la denominada «*desviación secundaria*»[1913].

7. *Paradigma de control*

La naturaleza definitorial de la criminalidad impone la sustitución del paradigma etiológico por el paradigma de control.

Los factores que puedan explicar la desviación primaria del individuo carecen de interés, como sucede con el propio enfoque etiológico tradicional. Lo decisivo será el estudio de los procesos de criminalización que atribuyen la etiqueta criminal al individuo, los procesos de definición y los procesos de selección.

[1909] Vid., BARATTA, A., «Criminología y dogmática penal», en: Papers, Revista de Sociología, 13 (1980), pág. 29 y nota 30.

[1910] Sobre el problema, vid., GARCÍA-PABLOS DE MOLINA, A., La normalidad del delito y el delincuente, en: Revista de la Facultad de Derecho de la Universidad Complutense, 1986, núm. 11, pág. 344.

[1911] Vid., BECKER, H.S., Outsiders. Studies in the Sociology of Deviance, 1963. New York (Free Press of Glencoe), págs. 34 y 35..

[1912] Así, ERIKSON, K.T., «Notes on the Sociology of Deviance», en: Social Problems, 9 (1962), págs. 311 y ss.

[1913] Sobre el concepto de «desviación secundaria», vid., LEMERT, E.M., en: Social Pathology, 1951. New York (McGraw-Hill), págs. 75 y 76.

En el seno del «*labeling approach*» coexisten, sin embargo, dos tendencias: una *radical* y otra moderada[1914]. La primera exacerba la función constitutiva o creadora de criminalidad que los teóricos de este enfoque atribuyen al control social: el crimen no es sino una etiqueta, según estos autores, que la policía, los fiscales y los jueces (instancias del control social formal) colocan al desviado, con independencia de su conducta o merecimiento. Para la dirección *moderada*, sin embargo, sólo cabe afirmar que la justicia penal se integra en la mecánica del control social general de la conducta desviada.

Entre los principales representantes del enfoque «labeling approach» cabe citar a: GARFINKEL, GOFFMAN, ERIKSON, CICOUREL, BECKER, SCHUR, SACK, etc.[1915].

> Corresponde al «*labeling approach*» el mérito indiscutible de haber ampliado el objeto de la investigación criminológica, al resaltar la importancia que tiene la acción muy selectiva y discriminatoria de las instancias y mecanismos de selección del control social[1916]. Como consecuencia del éxito de este enfoque interaccionista no cabe hoy estudiar y comprender ya el problema criminal prescindiendo de la propia reacción social, del proceso social de definición y de selección de ciertas personas y conductas etiquetadas como delictivas. Al «*labeling approach*» se debe, también, una interpretación mucho más realista del dogma tradicional de la igualdad ante la Ley[1917] y una encomiable preocupación por el problema de la desviación secundaria y de las carreras criminales. Sin embargo, una radical sustitución, como pretende un sector del «*labeling approach*» de las teorías de la criminalidad por las de la criminalización no es compartida por la opinión criminológica mayoritaria, ya que, sin duda, empobrecería la discusión científica. La naturaleza puramente definitorial del delito, el carácter constitutivo del control social y la opción a favor del paradigma de control, son postulados que tampoco cuentan con un respaldo unánime en la comunidad científica, pues conducen a una desatención del problema de la desviación primaria (renuncia al análisis etiológico) y dejan sin respuesta problemas capitales de la criminología y de la política criminal de nuestro tiempo: la prevención del delito, la resocialización del delincuente, etc.[1918].

Es interesante observar cómo la moderna *Psicología Social* se ha ocupado, también —como el labeling approach— del fenómeno del etiquetamiento y la

---

[1914] En este sentido, HASSEMER, W., Fundamentos del Derecho Penal, cit., págs. 82 y ss.

[1915] Aunque el enfoque «labeling» se consolida como modelo teórico en la década de los sesenta, cabe estimar antecedente del mismo la obra de MEAD (1917 y 1918), THOMAS (1923), TANNENBAUM (1938), y LEMERT (1951). Algunas investigaciones empíricas han seguido, también, los postulados interaccionistas: así, los de OPP; PETERS y PEUKERT, en Alemania; y las de LEMERT (1976), NETTER (1978), TITTLE (1975), WELLFORD (1975), PATERNOSTER-IOVANI (1984), etc. Cfr., GARCÍA-PABLOS DE MOLINA, A., Tratado de Criminología, cit., págs. 780 y ss.

[1916] Cfr., GARCÍA-PABLOS DE MOLINA, A., Tratado de Criminología, cit., págs. 802 y ss.

[1917] Sobre la discriminatoriedad y selectividad del control social, vid., por todos, SACK, F., Neuen Perspektiven in der Kriminalsoziologie, en: SACK, F., y KÖNIG, R. (edit.), Kriminalsoziologie, 1968, Frankfurt, págs. 431 a 475.

[1918] Para otras objeciones al «labeling approach», vid., GARCÍA-PABLOS DE MOLINA, A., Tratado de Criminología, cit., págs. 803 y ss.

estigmatización; de la causalidad, la culpabilidad y el castigo; del proceso de victimización; de la desviación secundaria; de los estereotipos y las profecías que se autorealizan («self-füllfilling prophecy). Su teoría de las 'representaciones sociales', de las 'atribuciones' o las que describen la victimización (vs. teoría del orden social justo) tienen un relevante interés criminológico.

G. *La Criminología en los otrora países socialistas europeos*[1919]

El acelerado y drástico cambio que se ha operado en el marco político por el que han discurrido la teoría y praxis criminológica en los países socialista sugiere una breves reflexiones sobre los postulados convencionales del pensamiento marxista oficial y las investigaciones criminológicas llevadas a cabo durante los últimos años.

La nueva situación política e histórica priva de actualidad —que no de interés— a buena parte de ellas, si bien —y esto es positivo— resalta la historicidad y la contingencia del propio saber científico, un saber siempre relativo, dinámico e inacabado, abierto al futuro y muy condicionado por el marco histórico-social. Es, pues, un momento especialmente idóneo para hacer balance y extraer las oportunas consecuencias de la confrontación de los respectivos modelos.

El origen del pensamiento criminólogico marxista reside en la obra de ENGELS «*La situación de la clase trabajadora en Inglaterra*», publicada en 1845. MARX, TURATTI y COLAJANNI continuaron las directrices básicas de dicho pensamiento «ortodoxo».

Pero interesa más poner de relieve las características de la Criminología en los otrora países socialistas europeos, por cuanto que éstos representaban todavía un «modelo» radicalmente opuesto al de los países occidentales («burgueses») que se acaban de examinar. Simplificando al máximo el panorama criminológico que ofrecen los países socialistas en nuestro continente podría afirmarse[1920]:

a) Desde un punto de vista *ideológico*, el materialismo histórico y dialéctico del marxismo otorga una primacía radical a la infraestructura económica como factor determinante de cualquier cambio o fenómeno social, y, desde luego, de la criminalidad. Ello implica una teoría «exógena» de la delincuencia, que ve en factores ajenos al propio delincuente la causa del comportamiento criminal.

b) Desde un punto de vista *político criminal*, el pensamiento marxista propugna un radical y utópico maximalismo en virtud del cual se persigue la total erradicación del crimen, su exterminio absoluto, como meta que puede y debe conseguirse. Tiene muy a gala «no quedarse a medio camino» (crítica que formula a la Criminología burguesa, que —se dice desde posturas oficiales— explica el crimen pero no «lucha» contra él).

c) *Metodológicamente*, la Criminología marxista destaca por su absoluto monolitismo: se mantiene fiel al estrecho marco que el método marxista-leninista ofrece a sus investigaciones: monolitismo férreo que contrasta con la pluralidad casi errática de enfoques utilizados en la Criminología «burguesa».

[1919] Una reseña bibliográfica sobre el tema, en: GARCÍA-PABLOS DE MOLINA, A., Tratado de Criminología, cit., págs. 851 y ss. (nota 1).

[1920] Vid., GARCÍA-PABLOS DE MOLINA, A., Tratado de Criminología, cit., págs. 853 y ss.

d) Desde un punto de vista *orgánico y funcional*: la Criminología, en los otrora países socialistas europeos, ha adquirido cotas de autonomía muy inferiores a las conquistadas por nuestra disciplina en los países occidentales, caracterizándose como mero instrumento y disciplina auxiliar de la Jurisprudencia. La propia producción científica es escasa, en comparación con la de aquéllos, predominando las obras colectivas, en todo caso, con escaso respaldo empírico. La Criminología se autodefine más como ciencia práctica y aplicada; y preocupa de modo prioritario el perfeccionamiento del «control social» y la articulación científica de programas de prevención.

En cuanto a la *teoría de la criminalidad*, se parte de la «historicidad» y «accidentalidad» del crimen. El crimen es un hecho histórico, accidental, contingente, perfectamente independiente de la condición humana. Un hecho, además, que puede y debe «superarse», ya que no es sino producto de determinadas estructuras (capitalistas) criminógenas; que «morirá de muerte natural» cuando se imponga la sociedad socialista. Algo «extraño» y «ajeno» al sistema socialista, con el que resulta incompatible.

¿Cómo se explica, entonces, la existencia de comportamientos criminales en sociedades que disfrutan, desde hace ya algún tiempo, de sistemas socialistas? Las tesis marxistas «oficiales» dan una doble respuesta a este fenómeno: puede suceder que existan aún, que sobrevivan, reminiscencias históricas de las estructuras capitalistas, que todavía no hayan sido erradicadas (teoría de los *rudimentos*); o bien que, por mimetismo, se produzca un efecto de «contagio», criminógeno, procedente de modelos imperialistas (capitalistas): esta segunda interpretación se denomina «teoría de la *desviación ideológica*»[1921].

Entre las obras de carácter general, deben destacarse el «Manual soviético de Criminología», de GERTSENZON (1965), la «Criminología soviética», obra colectiva de dieciséis autores, publicada un año después; la «Criminología Socialista», de BUCHHOLZ y HARTMANN, primer *Manual de Criminología* publicado en la entonces República Democrática Alemana (1966), etc.

La Criminología socialista adolece, en sus fundamentos teóricos, sin duda, de un excesivo dogmatismo, como lo demuestran sus explicaciones acerca de la génesis de la criminalidad. Metodológicamente, su apego al marxismo-leninismo da una rigurosa coherencia interna a todas sus concepciones, pero resta amplitud, riqueza y capacidad crítica a la propia investigación. Su acusada finalidad práctica (lucha y prevención eficaces del delito) ha permitido a la misma elaborar y perfeccionar, mucho mejor que la Criminología occidental, la teoría y la praxis del control social, si bien sus ambiciosas y utópicas metas político-criminales (superación del delito en la sociedad socialista) es proclive a fórmulas concretas que disminuyen el riesgo de la desviación a costa de disminuir, también, las cotas de libertad individual. Indudablemente, ha contribuido de forma decisiva a la disminución de la criminalidad en los países socialistas[1922], pagando, sin embargo, para ello un alto precio y severas servidumbres.

No obstante, en los últimos años se acusó ya una clara y recíproca aproximación de los dos modelos criminológicos. El pensamiento oficial marxista comienza a asumir la imposibilidad de terminar con el crimen incluso en la propia sociedad socialista, y son ya algunas las investigaciones practicadas en estos países que demuestran la existencia de factores criminógenos ajenos al sistema (a cualquier sistema), e incluso datos paralelos en la evolución y distribución de la criminalidad en uno y otro modelo social. En lo temático, tanto la Criminología socialista como la occidental, de hecho, se interesan por unos mismos problemas

---

[1921] Sobre las teorías de los «rudimentos» y de la «contaminación ideológica», vid., GARCÍA-PABLOS DE MOLINA, A., Tratado de Criminología, cit., págs. 860 y ss.

[1922] Sobre el problema, vid., GARCÍA-PABLOS DE MOLINA, A., Tratado de Criminología, cit., págs.872 y ss.

(vg., delincuencia juvenil). Y en la Criminología «burguesa» existe un indiscutible movimiento que llama la atención sobre la importancia del control social y de la prevención, y sobre la aplicación práctica del saber criminológico teórico. Los referidos acontecimientos políticos impulsarán, sin lugar a dudas, el mencionado proceso de aproximación recíproca de dos modelos antagónicos, tradicionalmente enfrentados.

El trascendental cambio político que se ha producido en los llamados países del Bloque del Este a finales de los ochenta y comienzo de los noventa explica el nuevo perfil y tendencias de la criminalidad en los mismos, así como la aceleración del proceso de aproximación de ambos modelos de Criminología[1923].

Con anterioridad al citado cambio, por ejemplo, la tasa de criminalidad registrada y la cuota de encarcelamiento se comportaban de forma muy distinta en los países industriales occidentales y en los socialistas del «Bloque del Este». En los primeros, la tasa de criminalidad registrada era mucho más alta y, sin embargo, más baja —en términos comparativos— la de encarcelamiento[1924]. Que en los países socialistas la tasa oficial de crimen registrado fuese significativamente más baja tendría fácil explicación teniendo en cuenta las muy diferentes condiciones de vida de los países del llamado «Bloque del Este» (menos libertad, presión asfixiante del control social, penas más severas, menores oportunidades de delinquir, etc. …). Que en los países socialistas, lógicamente, los porcentajes de encarcelamiento fuesen más severos que en los países occidentales industrializados sería coherente con el rigor de los órganos de persecución penal de los países del Bloque del Este, propio del sesgo ideológico y pautas políticocriminales de los modelos socialistas.

El cambio social y político acaecido desde la década de los ochenta ha generado una situación genuinamente anómica de desmoronamiento súbito y radical de los valores y reglas tradicionales. El acelerado incremento de la delincuencia —y el perfil de ésta— es una manifestación más de la mencionada situación de anomia. Se comprende, pues, que la tasa de criminalidad experimente desde comienzos de la década de los noventa un ascenso muy severo en los países del denominado «Bloque del Este», si bien sin alcanzar los niveles que dicha tasa alcanza en los países occidentales industrializados[1925]. Se trata, pues, de un proceso normal al que tampoco pueden sustraerse los otrora países socialistas. De otra parte, el

---

[1923] Sobre la criminalidad en los otrora países socialistas europeos y su posterior evolución, vid.: KURY, H., Crime development in the East and the West: a comparison, en: Raska, E. Y Saar, J. (edits.). Crime and Criminology at the end of the century. IX. Baltic Criminological Seminar (Mayo de 1996), 1997 (Tallinn), págs. 187 y ss.; KURY, H., OBERGFELL-FUCHS, J., Crime and development and fear of crime in postcommunist societies, en: Szamota-Saeki, B., Wojcik, D. (Edits.). Impact of political, economic and social change on crime and its image in society, 1996, Varsovia, págs. 117 y ss.; KURY, H., OBERGFELL-FUCHS, J., y WÜRGER, M., Kriminalität und Einstellung. Ein Vergleich zwischen Ost-und Westdeutschland., 2000. Freiburg; SIEMASZKO, A. (Edit.), Crime and Law Enforcement in Poland on the threshold of the 21st century, 2000, Varsovia; BIENKOWSKA, E., Die wichtigsten Aspekte der Kriminalitätsentwicklung im heutigen Polen: die letzte Dekade, en: Boers, K., Ewald, U., Kerner, H.J., Lantsch, E., y SESSAR, K., (edit.). Sozialer Umbruch und Kriminalität in Deutschland, Mittel-und Osteuropa, 1994, Bonn, págs. 27 y ss.

[1924] Cfr., KURY, H., Sobre la relación entre sanciones y criminalidad, o: ¿qué efecto preventivo tienen las penas?, en: Revista de Derecho Penal y Criminología (2002), número extraordinario, págs. 281 y ss.

[1925] En Polonia, la frecuencia media (número de hechos punibles por 100.000 habitantes) asciende a 2.775 en el año 1998. En Alemania, dicha frecuencia media era de 7.869 el mismo año. Cfr. KURY, H., Sobre la relación entre sanciones y criminalidad, cit., pág. 282.

cambio político explica también el descenso significativo de los altísimos porcentajes de encarcelamiento que exhibían los países del Bloque del Este (amnistía y medidas de gracia)[1926].

Los entonces países del Bloque del Este viven en la actualidad bajo un nuevo marco político, social y económico. Pero el tránsito del Estado socialista que cierra sus fronteras y extrema los mecanismos del control de sus ciudadanos (si bien les garantiza un estándar mínimo de vida) al Estado democrático y social de Derecho, de la libre competencia y la economía de mercado, exige previos y profundos reajustes en las estructuras de la sociedad, en sus valores, y en las actitudes y hábitos de los ciudadanos. Por ello, cuando dicho cambio es un cambio radical, y se produce de forma súbita y acelerada —sin transición— y, además, las sociedades que lo experimentan son sociedades sin recursos, en el umbral de la pobreza, más que cambio estamos ante una auténtica convulsión o colapso[1927].

Las teorías de la *anomia* explican satisfactoriamente el sentido de desorientación, de inseguridad, y de abatimiento que experimenta el ciudadano cuando contempla el brusco y repentino desmoronamiento del marco de valores tradicionales y sus consecuencias[1928].

Con el nuevo marco político, social y económico, y como consecuencia de la forma en que ha tenido lugar tan importante convulsión, los países del antiguo Bloque del Este han visto caer sus exiguos ingresos *per capita* e incrementarse las tasas del desempleo. La esperada recuperación económica ha sido una recuperación anémica. Han aumentado los índices de suicidio y las muertes por intoxicación alcohólica, han descendido significativamente las tasas de natalidad y las expectativas de vida[1929]. El ciudadano de los otrora países socialistas, experimenta con profunda frustración el imposible acceso a las metas de bienestar y prosperidad que le oferta la economía de mercado, y la permeabilidad de sus nuevas fronteras constituye el mejor escaparate de su impotencia. Las tasas de criminalidad sufren, lógicamente, un ascenso severo al reducirse, además, la presión de las instancias formales e informales del control social. Y con los índices de la delincuencia se incrementa, también, el sentimiento general de inseguridad y, desde luego, el miedo al delito, que, a su vez, potencian las actitudes punitivas de la sociedad, esto es, nuevas tendencias autoritarias e intransigentes que reclaman más represión, más rigor[1930].

SCHEINOST ha relacionado razonadamente la criminalidad con cambios sociopolíticos de la sociedad checa: «la profunda transformación de nuestra sociedad —una transformación económica básica relacionada con un enorme cambio de manos de la propiedad, procesos de privatización generalizados y muy rápidos de lo que antes constituía propiedad estatal- un rápido establecimiento de un sistema de mercado y una nueva acumulación de capital sin un marco legal adecuado, … la poderosa ola de población de jóvenes nacidos entre 1974 y 1976, la nueva conciencia social y la crisis del sistema de valores, hasta cierto punto también la apertura de fronteras y la ola migratoria que pasa por el territorio de la República checa»[1931].

[1926] Cfr. KURY, H., Sobre la relación entre sanciones y criminalidad, cit., ibidem.

[1927] Vid. KURY, H., OBERGFELL-FUCHS, J. y FERDINAND, Th., Desarrollo de la sociedad y evolución de la delincuencia: una comparación internacional, en: Revista de Derecho Penal y Criminología (2ª Epoca), 2000, nº 6 (julio), págs. 308 a 313.

[1928] Cfr. KURY, H., OBERGFELL-FUCHS, J. y FERDINAND, Th.,, Desarrollo de la sociedad y evolución de la delincuencia, cit., pág. 317.

[1929] Cfr. KURY, H., OBERGFELL-FUCHS, J. y FERDINAND, Th., op. cit., págs. 309 a 313.

[1930] Cfr. KURY, H., OBERGFELL-FUCHS, J. y FERDINAND, Th., op. cit., págs. 309 y 317 (sentimiento de inseguridad y miedo al delito); 358 y ss. (actitudes punitivas).

[1931] Cfr. KURY, H., OBERGFELL-FUCHS, J. y FERDINAND, Th., op. cit., págs. 309 y 317 (sentimiento de inseguridad y miedo al delito); 358 y ss. (actitudes punitivas).

El proceso analizado ha sido menos severo en la antes República democrática alemana (DDR) que en el resto de los países del entonces «Bloque del Este», entre otras razones, porque aquella ha contado con el apoyo solidario de la Alemania occidental, apoyo que no encontraron en Rusia los otros países del Este[1932]

En todo caso, la criminalidad en la entonces República democrática alemana (DDR) tiene un perfil propio. Se han reducido significativamente las drásticas diferencias que separaban los índices de criminalidad entre las dos Alemanias. Niños y jóvenes comienzan a delinquir a edades más tempranas. La franja de edad más conflictiva se sitúa entre los 14 y 25 años. No solo han aumentado las tasas de criminalidad entre 1985 y 1997, en general, sino los delitos violentos, brutales. Se ha producido, también, un incremento notable del porcentaje de infractores arrestados (sobre todo, de varones jóvenes). Por último, el miedo al delito es, comparativamente, más acusado en la otrora Alemania del Este sin que, al parecer, guarde una relación directa con el incremento real de la delincuencia[1933].

En los restantes países del entonces Bloque del Este se observa un claro incremento de las tasas de criminalidad registrada, no siempre acompañado del correlativo aumento de los porcentajes de encarcelamiento. Se detecta, también, un preocupante ascenso de los índices de criminalidad violenta (homicidios, lesiones, robo con violencia, etc.) y de la relacionada con la droga. No obstante, la cifra negra resta credibilidad y exige particular cautela en la interpretación de las estadísticas oficiales. El miedo al delito ha experimentado, igualmente, un significativo incremento, generando actitudes sociales punitivas de máxima intensidad[1934]

D') Modelos «integrados»

1) *Teorías eclécticas y modelos «integrados»*

La moderna Criminología científica ha renunciado a la ingenua pretensión inicial de explicar un fenómeno tan complejo como el crimen con esquemas monocausales simplistas y ecuaciones lineales. Toda teoría contemporánea asume y parte de la evidencia de que en la génesis o etiología del comportamiento criminal interactúan necesariamente variables biológicas individuales y factores o procesos ambientales y sociales. Por ello, los modelos teóricos explicativos devienen cada vez más complejos e interactivos, con el objeto de superar las limitaciones estructurales de las teorías clásicas de la delincuencia que, en puridad, no eran teorías *generales*[1935]. Existe, pues, una lógica tendencia a integrar en un mismo marco teórico los enfoques, variables o incluso teorías procedentes de diversos

---

[1932]   Así, KURY, H., OBERGFELL-FUCHS, J. y FERDINAND, Th., op. cit., págs. 313 y 314.

[1933]   Cfr. KURY, H., OBERGFELL-FUCHS, J. y FERDINAND, Th., op. cit., págs. 313 a 318.

[1934]   Cfr. KURY, H., OBERGFELL-FUCHS, J. y FERDINAND, Th., op. cit., págs. 318 a 334.

[1935]   Vid. GARRIDO GENOVÉS, V., y otros, Principios, cit., pág. 396. Como observan los autores, la teoría de la *tensión* (la straintheory, de AGNEW) solo puede explicar los delitos precedidos de emociones, ira, etc., pero no los demás; la del aprendizaje social describe el proceso por el que los individuos aprenden a delinquir, pero no el rol preciso que corresponde en el mismo a los sistemas sociales; la del labeling approach, como teoría de la criminalización, explica ésta, pero se desentiende de la desviación primaria y su etiología.

modelos[1936]. Como una verdadera *integración* no siempre parece viable, a menudo el resultado no supera la mera yuxtaposición o combinación de elementos que coexisten sin armonía en la pretendida nueva teoría o modelo. Un concepto *lato* de la categoría clasificatoria «teorías integradas» o «integradoras»[1937], haría ésta superflua, porque de algún modo cualquier teoría pondera elementos, variables y procesos procedentes de modelos distintos: todas las teorías, entonces, serían —o pretenderían ser— «integradas» o «integradoras». Conviene por tanto partir de un concepto estricto, que se constriñe a aquellas que no se limitan a añadir, yuxtaponer o combinar elementos de distinta procedencia, sino que crean un nuevo modelo, autónomo, explicativo del comportamiento criminal. La delimitación, como se verá, no es tarea fácil.

SIEGEL[1938] considera que en los últimos lustros se han propuesto tres grupos fundamentales de teorías *integradoras*: las que denomina «multifactoriales», las de los «rasgos latentes» y las del «curso de la vida». Las primeras, consideran relevantes en la etiología del delito una pluralidad de factores y variables (sociales, personales, económicos, etc.) procedentes de las teorías de la desorganización y la tensión social, del control, del aprendizaje, del conflicto, de la elección racional y de los rasgos de la personalidad. Las segundas (las teorías de los *rasgos latentes*), integrarían elementos de las teorías de la *predisposición*, de las teorías de las *diferencias individuales* (inteligencia, personalidad, cognición, etc.) y de la *elección racional* o de la *oportunidad*, al mantener que el crimen resulta de la especial predisposición de ciertos individuos por razón de sus rasgos estables (impulsividad, menor inteligencia, etc.) y el concurso del factor *oportunidad*, concurso favorecido precisamente por tales rasgos y estilos de vida. El tercer grupo de teorías integradoras sería el de las teorías del *curso de la vida* o de las *etapas o fases vitales* (*life-course theories*) según las que no existe una propensión individual estable para el comportamiento delictivo sino que las pautas conductuales son producto de un proceso o génesis en el que interactúan un complejo de factores que cambian a lo largo del tiempo: factores estructurales (vg. nivel económico, estatus social, procesos de socialización, etc.), factores biológicos y psicológicos y, desde luego, las oportunidades mayores o menores de delinquir. Durante la infancia primaría la influencia de las relaciones familiares; durante la adolescencia, los efectos de la interacción con los amigos y la escuela; en la edad adulta, la de las relaciones laborales y los lazos afectivos de pareja.

Siguiendo a SIEGEL, GARRIDO GENOVÉS y otros[1939] consideran paradigmática de las teorías *plurifactoriales*, la de BRANTINGHAM y BRANTINGHAM («teoría del patrón delictivo»); del enfoque de los *rasgos latentes*, la teoría del autocontrol de GOTTFREDSON y HIRSCHI; y de las *life course theories*, la teoría integradora de FARRINGTON.

[1936] Vid. SERRANO MAILLO, A., Introducción, cit., pág. 367.

[1937] A las «integradas» se refiere SERRANO MAILLO, A., (Introducción, cit., pág. 367); a las teorías «integradoras», GARRIDO GENOVÉS, V., y otros (Principios, cit., pág. 395 y ss.).

[1938] SIEGEL, L.J., Criminology: theories, patterns ant typologies, 1998. Belmont (EEUU). West/ Wadsworth Publisching Company. Cfr. GARRIDO GENOVES, V., y otros, Principios, cit., págs. 396 y ss.

[1939] Principios, cit., págs. 397 y 398.

Para SERRANO MAILLO, por el contrario[1940] existen otros modelos *integrados, estricto sensu,* como los de BRAITHWAITE[1941], TITTLE[1942], VOLD[1943]. El más representativo de todos sería el de ELLIOT y sus colaboradores[1944], que armoniza la teoría del control con elementos procedentes de la de la asociación diferencial. Y, en nuestro país, GARCÍA ESPAÑA[1945] habría propuesto, también, una teoría integrada al tratar de armonizar en un modelo unitario la teoría del control social de HIRSCHI y el enfoque conflictual del *labeling approach.*

2) De las teorías *eclécticas* citadas por GARRIDO GENOVES y otros cabe destacar aquí la del *patrón delictivo* de BRANTINGHAM y BRANTINGHAM, porque a la del *autocontrol* de GOTTFREDSON y HIRSCHI[1946] y la *life course theory* de FARRINGTON[1947] se ha hecho ya mención en otros lugares de esta obra a propósito de las teorías del control y las de la Criminología del desarrollo, respectivamente. Baste ahora con recordar que la teoría del autocontrol de GOTTFREDSON y HIRSCHI es ecléctica porque combina conceptos de las perspectivas biosociales, psicológicas, de las actividades rutinarias y de la elección racional[1948]. Y la de FARRINGTON, porque admite la relevancia de una rica gama de factores estructurales, biológicos, psicológicos que interactuarían con el factor *oportunidad* de forma dinámica y cambiante en las diversas etapas de la vida del individuo[1949].

[1940] Introducción, cit., págs. 367 y ss.

[1941] BRAITHWAITE, J., Crime, shame and reintegration, 1989. Cambridge: Cambridge University Press, págs. 16 y ss.

[1942] TITTLE, C.R., Control balance. Toward a theory of deviance, 1995, Boulder C.o. y Oxford: Westview Press, págs. 142 y ss. Del mismo: Control balance, En: Explaining criminals and crime. Essays in contemporary criminological theory, cit., 2001, págs. 316 y ss.

[1943] VOLD, G.B., BERNARD, T.J. y SNIPES, J.B., Theoretical Criminology, 2002 (5ª Ed.), New York y Oxford. Oxford University Press, págs. 313 y ss.

[1944] ELLIOT, D.S., The assumption that theories can be combined with increased explanatory power: theoretical integrations, en: Theoretical methods in Criminology (R.F. Meier); 1985, Beverly Hills: Sage, págs. 67 y ss.; también, del mismo y HUIZINGA, D. y AGETON, S.S., Explaining delinquency and drug use, 1985, Beverly Hills, Sage, págs. 11 y ss.

[1945] GARCÍA ESPAÑA, E., Inmigración y delincuencia en España: análisis criminológico, Valencia, 2001, IAIC. Tirant lo Blanch, págs. 127 y ss. La autora considera posible conciliar la teoría de los vínculos sociales de Hirschi y el enfoque conflictual del labeling approach. Cfr. SERRANO MAILLO, A., Introducción, cit., pág. 368, nota 4.

[1946] Vid. Infra, en este mismo capítulo, vid. Explicaciones sociológicas, 2.F.f' (revisiones actuales de las teorías del control), apartado a).

[1947] Vid. Infra, en este mismo capítulo, apartado C («enfoques dinámicos»), c' (Criminología del desarrollo), in fine.

[1948] Así, GARRIDO GENOVÉS, V., y otros, Principios, cit., pág. 404.

[1949] Así, GARRIDO GENOVES, V., y otros, Principios, cit., pág. 307. Precisamente porque, a mi juicio, el autor inserta el estudio de los diversos factores relevantes en la génesis del comportamiento delictivo en el curso de la vida, dinámica y cambiante, del individuo opto por estudiar la teoría de FARRINGTON a propósito de los modelos dinámicos y de la Criminología del desarrollo.

La teoría *multifactorial* o *ecléctica* del patrón delictivo, de BRANTINGHAM y BRANTINGHAM trata de integrar las teorías del ambiente físico (es, en definitiva, una teoría medioambiental) y la motivación del delincuente. Inserta en el marco de las teorías *situacionales* y *medioambientales*, los autores, sin despreciar la relevancia de otros muchos factores en la génesis del delito, ponen especial énfasis en explicar por qué el entorno físico-espacial, las pautas sociales y el comportamiento de las propias víctimas incrementan las oportunidades de delinquir[1950]. Para BRANTINGHAM y BRANTINGHAM, dado que la mayor parte de los delitos son producto de una decisión racional, los factores situacionales resultan determinantes para la opción delictiva. Por ello, las actividades rutinarias de la población (estilo de vida, organización del trabajo, del ocio, de las actividades cotidianas) permiten explicar el nivel y perfil de la criminalidad que ésta padece. La mera disposición o motivación del individuo constituye el punto de partida pero no es suficiente si el infractor no cuenta con la oportunidad idónea para delinquir. Sus actividades rutinarias, cotidianas, le depararán ésta; y su experiencia, el guión necesario para buscar la víctima propicia y el *modus operandi*. Después, bastaría con un suceso que desencadene el paso a la acción (vg. enterarse por terceros de detalles de la casa de la víctima, etc.)[1951].

La teoría del *entorno físico* de BRANTINGHAM y BRANTINGHAM difiere de las precedentes teorías ecológicas y espaciales en que no relaciona el delito con áreas o zonas geográficas amplias de la ciudad sino con lugares y espacios concretos. Se interesa por las características de estos lugares, movimientos de las personas que hacen coincidir en los mismos a ofensores y víctimas y las percepciones que los ciudadanos tienen de estos lugares[1952]. Como los teóricos de la *oportunidad*, no trata esta teoría de investigar las causas por las que el delincuente se halla predispuesto, decidido o *motivado* para infringir la ley. No se interesa por este primer *tramo* del *iter crimis* que, por tanto, queda abierto a las explicaciones de cualquier teoría etiológica convencional. Lo que subraya la teoría del *entorno físico* de BRANTINGHAM y BRANTINGHAM es que en la *decisión* criminal (que no se toma en un momento o instante sino que es producto de un verdadero *proceso*) ciertos lugares y espacios propician la oportunidad que el infractor percibe como idónea para actuar. Los autores se refieren, por ello, a una «interacción entre la oportunidad y la motivación»[1953], en el sentido de que esta

---

[1950] Cfr., GARRIDO GENOVÉS, V., y otros, Principios, cit., págs. 398.

[1951] Cfr., GARRIDO GENOVÉS, V., y otros, Principios, cit., págs. 399 a 401.

[1952] BRANTINGHAM, P.J. y BRANTINGHAM, P.L., Introduction: the dimensions of crime, en: Environmental Criminology, 1981 (Edit. Brantingham, P.J.-Brantingham, P.L.), Beverly Hills y London: Sage, págs. 21 y ss.; de los mismos: Environment, Routine and Situation. Towards a Pattern Theory of Crime, en: Routine, Activity and Rational Choice (Edit. Clarke, R.), 1994.

[1953] BRANTINGHAM, P.J. y BRANTINGHAM, P.L., Introduction: the dimensions of crime, cit., págs. 28 y ss.

última no basta para que el delito llegue a cometerse: el delito no sería resultado *directo* e *inmediato* de la motivación del infractor[1954]. Siguiendo estas premisas, BRANTINGHAM y BRANTINGHAM concluyen que los lugares más idóneos suelen ser los próximos a la residencia del infractor; aquellos por los que éste pasa a menudo y conoce bien o con los que está más familiarizado; los más transitados y concurridos, que deparan mejores oportunidades (centro de las ciudades, complejos de ocio, barrios chinos, etc.)[1955].

En un sentido semejante, VAN DIJK[1956] considera que el delito es producto de la interacción entre la *oferta* de las víctimas, como suministradoras involuntarias de oportunidades delictivas, y la *demanda* de los delincuentes ya motivados que reclaman una ganancia ilegal. Tanto la oferta como la demanda serían magnitudes con cierta elasticidad, según el autor. La *oferta* de oportunidades delictivas variaría en función del grado de vigilancia formal e informal y del volumen y características de los bienes y mercancías que se exhiben en el mercado. La *demanda*, a su vez, puede incrementarse por el aumento de la miseria, de las diferencias sociales, o por el desempleo crónico en un determinado momento histórico.

Las críticas que se han formulado contra las teorías analizadas y otras afines se analizan a propósito de la prevención situacional a la que en buena media se preordenan[1957].

3) De los modelos *integrados*, en sentido estricto, destaca la formulación de ELLIOT, que combina —a nivel individual— tres teorías clásicas fundamentales: la del control social, la de la frustración y la del aprendizaje (versión: asociación diferencial)[1958] El mérito de esta nueva teoría reside en su respaldo empírico y en el esfuerzo por integrar principios que se consideraban antagónicos, así como en haber abierto el camino a otros posibles enfoques como el de los *factores de riesgo*[1959].

[1954]   BRANTINGHAM, P.J. y BRANTINGHAM, P.L., Introduction: the dimensions of crime, cit., pág. 48.

[1955]   BRANTINGHAM, P.J. y BRANTINGHAM, P.L., Introduction: the dimensions of crime, cit., págs. 30 y ss. Cfr. SERRANO MAILLO, A., Introducción, cit., pág. 271.

[1956]   VAN DIJK, J.J.M., Understanding crime rates: On interactions between rational Choices of victims and offenders, en: The british Journal of Criminology, 34 (1994), págs. 105 y ss. Cfr. GARRIDO GENOVÉS, V., y otros, Principios, cit., pág. 403.

[1957]   Vid. infra, Parte Cuarta de esta obra, III.C.

[1958]   ELLIOT, D.S., The assumption that theories can be combined, cit.; ELLIOT, D.S., HUIZNGA, D. y AGETON, S.S., Explaining delinquency and drug use, 1985, Beverly Hills, Sage, págs. 11 y ss. (obra que se cita en el texto, aunque se haga referencia solo a Elliot).

[1959]   Vid. SERRANO MAILLO, A., Introducción, cit., págs. 368 y ss.

El modelo modificado de control social-desorganización social de ELLIOT integra los elementos de las teorías del control de la frustración y del aprendizaje de forma *secuencial*[1960]. Parte de la existencia de unos controles sociales del individuo débiles por razón de su inadecuada socialización así como por la frustración. Esta última favorece la delincuencia de dos formas: de forma indirecta, al debilitar los vínculos sociales, pero también directamente[1961]. Según el autor, al debilitarse los vínculos sociales del individuo, éste tiende a frecuentar grupos de iguales favorables a la comisión de hechos delictivos o antisociales, y a relacionarse con ellos. De modo que en el modelo integrado de ELLIOT la delincuencia es el resultado de la conjunción de unos vínculos débiles a personas y grupos desviados[1962]. No obstante, ELLIOT acepta la posibilidad de que tanto la frustración, en sí misma, como la debilidad de los controles sociales influyan de forma directa en la génesis del comportamiento delictivo, si bien con menor intensidad[1963]. De la investigación empírica que ELLIOT llevó a cabo, dedujo el autor dos consecuencias: que tendían a delinquir más quienes tenían vínculos sociales débiles y vínculos sólidos a pares delincuentes; y que la relación entre ambas variables era condicional[1964]. Esto implica, según ELLIOT, lo siguiente. En primer lugar, que relacionarse con iguales delincuentes propicia el comportamiento delictivo, pero solo cuando la vinculación del sujeto a grupos o actividades convencionales es débil. En ello coincide ELLIOT, parcialmente, con la teoría de la asociación diferencial y se aparta de la del control clásica: cualquiera puede llevar a cabo un delito aislado, pero mantener a largo plazo el comportamiento criminal requiere un apoyo de grupo (asociación diferencial); ahora bien, la relevancia criminógena del apoyo del grupo de iguales depende de que no existan controles sociales informales — vínculos sociales sólidos— que prevengan el delito (teoría clásica del control). En segundo lugar, que los individuos con una vinculación débil a iguales delincuentes tienden a delinquir poco con independencia de que la vinculación de los mismos a grupos y actividades convencionales sea sólida o escasa; tesis que aproxima, de nuevo, la de ELLIOT a la de la asociación diferencial, distanciándola de la del control[1965].

[1960] Cfr. SERRANO MAILLO, A., Introducción, cit., pág. 369.

[1961] ELLIOT, D.S., HUIZINGA, D. y AGETON, S.S., Explaining delinquency and drug use, cit., págs. 17 y ss. Cfr. SERRANO MAILLO, A., Introducción, cit., pág. 369.

[1962] ELLIOT, D.S., HUIZINGA, D. y AGETON, S.S., Explaining delinquency and drug use, cit., págs. 38 y ss.

[1963] ELLIOT, D.S., HUIZINGA, D. y AGETON, S.S., Explaining delinquency and drug use, cit., págs. 38 y ss. Cfr. SERRANO MAILLO, A., Introducción, cit., pág. 369.

[1964] ELLIOT, D.S., y colaboradores, op. cit., págs. 68 y ss.

[1965] ELLIOT, D.S., y colaboradores, cit., págs. 132 y ss.

IV. ENFOQUES DINÁMICOS

1) *Criminología «etiológica» tradicional versus modernos enfoques dinámicos.*

La Criminología *etiológica* tradicional ha tratado de identificar las causas del comportamiento delictivo (enfoque *causal-explicativo*) sin insertar éste en el curso vital del individuo. Contempla, pues, el delito *estáticamente*, haciendo abstracción del cambio que experimenta todo ser humano con el transcurso de la edad y lo que ésta implica. Sirviéndose de métodos *transversales*, suele aislar dichas causas en etapas tempranas del individuo, partiendo, además, de la premisa de la inalterabilidad de las mismas, esto es, de que se trata de procesos causales que no cambian ni se ven afectados por el transcurso del tiempo o por vivencias y experiencias vitales del sujeto[1966]. La Criminología *etiológica* tradicional ha sido siempre consciente, desde luego, de la relevancia de la variable *edad*, pero sin extraer del comportamiento de ella —bien conocido, al menos, desde el siglo XIX[1967]— las consecuencias que en estricta coherencia debiera deducir. Así, contra lo que predice la *curva de la edad*, las teorías de la criminalidad etiológicas convencionales pronostican un horizonte cada vez más pesimista al infractor, suponiendo que éste se implicaría en el futuro en hechos criminales de mayor gravedad y con mayor frecuencia al debilitarse progresivamente sus vínculos y arraigo social[1968] con la comisión del delito.

En la moderna Criminología tiende a revalorizarse la importancia del factor edad y de la llamada *curva de la edad* en el momento de explicar los patrones conductuales delictivos de *continuidad* y *cambio* del comportamiento humano. Hilo conductor de las nuevas tendencias («carreras criminales», «trayectoria», «criminología del desarrollo», modelos «evolutivos», etc.) es la orientación acusadamente *dinámica* de todas ellas. Parten de la necesidad de insertar la conducta delictiva en un contexto individual complejo, histórico y cambiante, según las diversas etapas de la vida del ser humano y la evolución que éste experimenta con el trascurso del tiempo. No interesa, por ello, localizar las *causas* últimas de aquella —las causas del delito como hecho aislado y puntual— sino los muchos y heterogéneos factores que, caso a caso y en las distintas fases del curso vital del

---

[1966] Cfr. SERRANO MAILLO, A., Introducción, cit., págs. 378 y 379.

[1967] Vid. QUETELET, A., Research on the propensity for crime at different ages, 1884 (2ª Ed.), traducción de S.F. Sylvester. Cincinnati, O.H.; Anderson, pág. 78. Sobre el autor y su famosa curva de la edad, vid.: SERRANO MAILLO, A., Introducción, cit., pág. 373 (figura 1); GARCÍA PABLOS DE MOLINA, A., Tratado de Criminología, cit. (3ª Ed.), Capítulo VII, 3.a), in fine; sobre la relación edad-criminalidad, vid., GARRIDO GENOVÉS, V., y otros, Principios, cit., págs. 299 y 300.

[1968] Cfr. SERRANO MAILLO, A., Introducción, cit., pág. 381, refiriéndose a la tesis clásica de HIRSCHI.

sujeto, interactúan e inciden en las *carreras* y *trayectorias* criminales, conceptos éstos dinámicos que expresan la naturaleza procesual y evolutiva del nuevo análisis del delito. Este, desde un punto de vista metodológico, es acusadamente *empírico* —según algunos, incluso ateórico[1969]— y, desde luego, proclive a los estudios *longitudinales*[1970] frente al recurso a los instrumentos transversales que utiliza la Criminología etiológica tradicional. Las orientaciones dinámicas mencionadas, por otra parte, parecen más sensibles que aquella al examen de los procesos tanto de *continuidad* como de *cambio* de los patrones conductuales delictivos del individuo con el transcurso del tiempo; y se hallan en mejores condiciones de explicar el fenómeno estadístico de la *curva de la edad*.

La edad es, sin duda, uno de los factores más sólidamente correlacionados con la comisión de hechos delictivos[1971]. La Criminología ha podido constatar con toda suerte de técnicas de investigación que el joven se implica en un muy elevado número de delitos[1972] —aunque no infracciones de especial gravedad— hasta el punto de hablarse de la *normalidad* (estadística) del crimen[1973] referido al mismo. El hecho interesa sobremanera a la moderna Criminología por más que fuese conocido desde antiguo. QUETELET, en el primer tercio del siglo XIX, propuso su famosa *curva de la edad* para representar gráficamente el comportamiento de este factor. La curva *agregada* de la edad sigue un recorrido ascendente muy acusado desde edades tempranas del individuo para descender después, también de

---

[1969] Así, refiriéndose al paradigma de las carreras criminales, SERRANO MAILLO, A., Introducción, cit., pág. 377.

[1970] Tanto el paradigma de las carreras criminales, como la denominada Criminología del desarrollo son partidarios de potenciar los estudios *longitudinales* más acordes con el enfoque dinámico que propugnan.

[1971] Vid. GARRIDO GENOVÉS, V. y otros, Principios, cit., págs. 299 y ss.

[1972] Vid. RECHEA ALBEROLA, C. y FERNÁNDEZ MOLINA, E., Panorama actual de la delincuencia juvenil, en: GIMÉNEZ SALINAS COLOMER, E., (coord..): Justicia de menores: una justicia mayor. Manuales de Formación continuada, nº 9. C.G.P.J., Madrid, 2000; de la misma: La nueva Justicia de menores. La delincuencia juvenil en el siglo XXI, Cuadernos de Política Criminal, 74 (2001), págs. 343 y ss.; RECHEA ALBEROLA, C., BARBERET, R., MONTAÑES, J. y ARROYO, L., La delincuencia juvenil en España: autoinforme de los jóvenes, 1995. Universidad de Castilla la Mancha. Ministerio del Interior; GARCÍA-PABLOS DE MOLINA DE MOLINA, A., Reflexiones criminológicas y políticocriminales al modelo de responsabilidad (penal) de la L.O.R.R.P.M. 5/2000, de 12 de enero, III, 2 y 3, publicado en: Los Menores ante el Derecho. Responsabilidad, capacidad y autonomía. Madrid, 2005, págs. 73 a 169. Servicio de Publicaciones de la Facultad de Derecho de la Universidad Complutense; GARRIDO GENOVÉS, V., y otros, Principios, cit., págs. 299 y ss.

[1973] Cfr. GARCÍA-PABLOS DE MOLINA, A., Presupuestos criminológicos y políticocriminales de un modelo de responsabilidad de jóvenes y menores, en: Menores privados de libertad, Cuadernos de Derecho Judicial, Madrid, 1996 (C.G.P.J.), págs. 267; ALBRECHT, P.A., El Derecho Penal de menores, 1990, Barcelona (PPU), traducción de J. Bustos, págs. 38 y ss.; GARCÍA PÉREZ, O., Los actuales principios rectores del Derecho Penal Juvenil: un análisis crítico, en: Revista de Derecho Penal y Criminología (UNED), 2ª Epoca, nº 3 (1999), págs. 35 y ss.

forma vertiginosa, a partir de una edad que oscila entre los veinte y los veinticinco años[1974]. Después es poco probable que el individuo se implique en hechos violentos[1975].

La *curva de la edad*, precisamente porque opera con datos agregados y no tiene por qué coincidir con la trayectoria de los individuos concretos, no cuenta con una interpretación pacífica en la doctrina[1976]. Lo cierto es que las teorías tradicionales de la criminalidad no parecen coherentes con ella[1977]. Particular interés tiene la denominada *máxima* o *paradoja* de ROBINS, esto es, los dos fenómenos antagónicos que produce el trascurso del tiempo en el individuo: un fenómeno de *continuidad* de los patrones conductuales delictivos entre la adolescencia y la edad madura; y un fenómeno de *cambio* o desistimiento de los patrones delictivos iniciales que el sujeto abandona con la madurez[1978]. La existencia de una cierta *continuidad* en el comportamiento antisocial desde la infancia hasta la edad adulta es un interesante hallazgo de ROBBINS[1979], corroborado por investigaciones de WOLFGANG[1980],

---

[1974] Sobre la curva de la edad, vid.: FARRINGTON, D.P., Age and crime, en: Crime and Justice. A Review of research, 7 (1986), págs. 191 y ss.; FELSON, M., Crime and everyday life, 2ª Ed., 1998, Thousand Oaks: Pine Forge Press, págs. 13 y ss.; HIRSCHI, T., Family structure and crime, en: When families fail ... The social costs (B.J. Christensen edit.). Lanham: University Press of America, 1990, págs. 46 y ss. Cfr. SERRANO MAILLO, A., Introducción, cit., pág. 372, nota 32, de la que se toma la reseña bibliográfica.
Obsérvese que la curva de la edad se sirve de datos agregados (vid. SERRANO MAILLO, A., ibidem) y que su lectura correcta exige una adaptación de los mismos a la concretas circunstancias históricas de cada sociedad.

[1975] Así, ELLIOT, D.S., HAGAN, J. y McCord, J., Youth violence: children at risck, 1998. Washington, D.C. American Sociological Association, págs. 40 y ss. Para los autores «después de los 21 años de edad, la probabilidad de comenzar con comportamientos violentos serios es próxima a cero».

[1976] Vid., por ejemplo: MOFFITT, T.E., Adolescence-limited and life-course-persistent antisocial behavior:a developmental taxonomy, en: Psychological Review, nº 100 (1993), págs. 676 y ss. (para la autora, la explicación de la curva estriba en que hay relativamente más personas delinquiendo a esas edades, no en que un cierto número de sujetos sean especialmente activos hacia los veinte años); una interpretación más radical en: HIRSCHI, T., y GOTTFREDSON, M.R., Age and the explanation of crime, en: American Journal of Sociology, 89 (1983), págs. 552 y ss.

[1977] Vid., GOTTFREDSON, M.R.-HIRSCHI, T., A general theory of crimen, 1990, Stanford, Ca.: Stanford University Press, págs. 130 y ss.; HIRSCHI, T. y GOTTFREDSON, M.R., Self-control theory, en: Explaining criminals and crime. Essays in contemporary criminological theory (R. Paternoster y R. Bachman, edits.).Los Angeles, 2001 (Roxbury Publisching Company), págs. 83 y ss.

[1978] Vid. ROBINS, L.N., Deviant children grown up. A sociological and psychiatric study of sociopathic personality, 1966, Baltimore, M.D.: The Williams and Wilkings Company, págs. 292 y ss. A la máxima o paradoja de ROBINS se refiere NAGIN resaltando que la autora constató tanto el fenómeno de continuidad de los patrones conductuales delictivos como el de cambio de dichos patrones.

[1979] ROBINS, L.N., Deviant children ..., cit., págs. 292 y ss.; 301 y ss. Sobre el hallazgo de la autora (la existencia de una cierta continuidad, desde la infancia a la edad adulta, de los patrones de conducta antisociales), vid.: SAMPSON, R.J. y LAUB, J.H., Crime in the making. Pathways and turning points through life, 1993, Cambridge, Mass y London: Harward University Press, págs. 122 y ss.

[1980] WOLFGANG, M.E., FIGLIO, R.M. y SELLIN, T., Delinquency in a birth cohort, 1972, Chicago y Londres: The University of Chicago Press, págs. 88 (Tabla 6.1) y ss. Los autores, pre-

MOFFITT[1981] y en España REDONDO, FUNES y LUQUE[1982]. Todo parece indicar que — bien por razones genéticas[1983], bien por disfunciones del sistema nervioso[1984]— un análisis retrospectivo demuestra que las personas con problemas de comportamiento antisocial de adultos los tuvieron ya durante la infancia y la adolescencia. Las teorías biológicas de la delincuencia son las más idóneas para explicar este singular proceso de «continuidad»[1985] de los patrones conductuales delictivos.

Pero no menos llamativo es el fenómeno antagónico del «cambio». ROBBINS observó que un porcentaje muy significativo de niños que habían llevado a cabo comportamientos antisociales, al llegar cierta edad, esto es, con el trascurso del tiempo, los abandonan espontáneamente[1986], no llegando a consolidar una carrera criminal ni a delinquir en la edad adulta. Dicho cambio, más difícil de explicar desde enfoques biologicistas de la criminalidad[1987], es uno de los datos empíricos más ponderados por la moderna Política criminal en el momento de arbitrar una intervención realista en jóvenes y menores infractores[1988].

2) Tipologías «versus» carreras criminales

El paradigma de las *carreras criminales* tiene un carácter marcadamente *empírico*[1989] que, en principio, le hace compatible con distintas perspectivas teóricas, si bien encuentra especial proyección en el ámbito del tratamiento y la intervención superando los enfoques tipológicos[1990]. Se trata, en definitiva, de un análisis dinámico, que se sirve de técnicas y métodos de investigación longitudinales[1991]

---

ocupados por el problema de la reincidencia, creyeron haber podido detectar la existencia de un reducido grupo de delincuentes («delincuentes crónicos») responsables de más de la mitad de todos los delitos cometidos. Sobre réplicas posteriores a esta investigación, de los propios autores, y de TRACY, et. al., vid. SERRANO MAILLO, A., Introducción, cit., págs. 217 y ss.

[1981] MOFFITT, T.E., Adolescence-limited and life-course-persistent, cit., 1993, págs. 679 y ss. La autora se refiere a los que denomina criminales persistentes.

[1982] REDONDO, S., FUNES, J. y LUQUE, E., Justicia penal y reincidencia, Barcelona, 1994 (Fundació J. Callis), págs. 121 y ss. Sobre el problema, vid. GARRIDO GENOVÉS, V. y otros, Principios, cit., 1999, págs. 193 y ss.

[1983] Tesis de ROBINS, L.M., Deviant children, cit., págs. 301 y ss.

[1984] Tesis de MOFFITT, T.E., Adolescence-limited and life-course-persistente, cit., págs. 679 y ss.

[1985] Vid. SERRANO MAILLO, A., Introducción, cit., pág. 216.

[1986] ROBINS, L.N., Deviant children, cit., págs. 296 y ss.

[1987] Como advierte SIMPSON, las teorías biologicistas explican mejor que ninguna otra la continuidad de los patrones conductuales delictivos del individuo, no así el fenómeno inverso: el cambio de dichos patrones.

[1988] Vid. CUELLO CONTRERAS, J., El nuevo Derecho Penal de Menores, Cuadernos Civitas, 2000, págs. 31 y ss. GARCÍA PÉREZ, O., Los actuales principios rectores, cit., págs. 36 y ss.

[1989] Así, GREENBERG, D.F., Comparing criminal career models, en: Criminology, 30 (1992), pág. 144.

[1990] Vid. GARRIDO GENOVÉS, V., Técnicas de tratamiento para delincuentes, Madrid, 1993 (Edit. Centro de Estudios Ramón Areces), págs. 53 y ss.

[1991] Cfr. SERRANO MAILLO, A., Introducción, cit., pág. 377, citando en este sentido, a BORDWING Y SCHAEFER (1998), ELLIOT (1994), FARRINGTON (1996), SAMPSON y LAUB (1993), quienes resaltan la bondad de estos métodos longitudinales.

acusadamente ateórico[1992], que no pretende aportar explicación etiológica alguna del delito sino describir la génesis y desarrollo de los patrones conductuales delictivos, su evolución en el tiempo, formas de manifestación, etc.

Más que una identificación de las *causas* del comportamiento criminal al concepto de *carrera* interesa investigar cuando se inicia aquel, número y frecuencia de delitos cometidos, gravedad de los mismos, modalidades y formas de comisión, duración de la actividad criminal, etc. Las *trayectorias* o *itinerarios* posibles son muchos y muy heterogéneos, dependiendo de cada sujeto, de la edad, del delito de que se trate y de otros factores[1993]. A menudo, estos enfoques dinámicos y fenomenológicos se aproximan a los tipológicos proponiendo clasificaciones de delincuentes[1994].

Pero la proyección práctica más interesante y útil del paradigma de las *carreras criminales* se halla en el ámbito del tratamiento o intervención[1995].

> La Psicología y las ciencias de la educación investigan qué clase de tratamiento es el más indicado a propósito de cada delincuente o grupo de delincuentes, pues tanto si aquél se lleva a cabo en la prisión como en la comunidad parece imprescindible una intervención diferencial o prescriptiva. A tal fin, se ha operado tradicionalmente con *tipologías* o clasificaciones de delincuentes, que han sido hoy muy perfeccionadas con la ayuda de modernas técnicas de investigación (vg. análisis de «cluster», como el MMPI). Sin embargo, las tipologías tienen reservada una utilidad mucho más modesta: se hallan en crisis[1996].
>
> Las tipologías clásicas han fracasado. Ni como instrumento de predicción de la reincidencia, ni como estrategia maximizadora de los efectos del tratamiento pueden exhibir un balance favorable. Su capacidad de *diagnóstico*, indicador de la intervención preventiva más idónea, ha sido, por lo general, decepcionante. Ello se debe, tal vez, a que no captan el aspecto dinámico y situacional de la conducta delictiva, sino sólo rasgos concretos de la personalidad del infractor y determinadas características fenomenológicas del suceso delictivo, lo que no permite aventurar el futuro comportamiento de aquel ni los factores que interactuarán cuando abandone la prisión[1997].
>
> La aproximación *tipológica* parece, también, poco útil para el análisis *causal, etiológico*: no aclara ni explica el proceso que culmina, tipo a tipo, en la conducta delictiva, la génesis o dinámica del comportamiento criminal. Todo parece indicar, pues, que dicha metodología sólo tiene un «poder heurístico» o interpretativo, muy modesto. En su lugar, por el contrario,

---

[1992] Así, SERRANO MAILLO, A. («marcadamente ateórico, de manera que no propone ninguna explicación etiológica sobre el delito, ni general, ni particular, a la vez que es compatible con varias teorías …»), Introducción, cit., pág. 377, nota 46.

[1993] Vid. BLUMSTEIN, A., COHEN, J. y FARRINGTON, D.P., Criminal career research: its value for Criminology, en: Criminology, 26 (1988), págs. 5 y ss.; FARRINGTON, D.P., Age and crime, cit., págs. 199 y ss.; HIRSCHI, T. y GOTTFREDSON, M.R., Age and the explanation of crime, cit., págs. 557 y ss.

[1994] Así, GOTTFREDSON, M.R. y HIRSCHI, T., A general theory of crime, cit., pág. 50.

[1995] Cfr. GARCÍA-PABLOS DE MOLINA, A., Tratado de Criminologia, 3ª Ed., cit., Capítulo XXIV, 3.3',e).

[1996] Vid. GARRIDO GENOVÉS, V., Técnicas de tratamiento para delincuentes, Madrid, 1993 (Cera, S.A.), págs. 51 y 52.

[1997] Así, GARRIDO GENOVÉS, V., Técnicas de tratamiento para delincuentes, cit., pág. 52.

gana terreno de forma paulatina una nueva categoría, conceptual y metodológicamente, más útil: la de «*carrera criminal*»[1998].

Esta categoría permite el diseño de métodos «longitudinales» (muy indicados, por ejemplo, para el estudio de la reincidencia) y no carga con la hipoteca de los rasgos o categorías gnosológicas preestablecidas, que suelen pesar, apriorísticamente, sobre las investigaciones de base tipológica; y expresa, además, una evidencia empírica: que ciertas variables aparecen asociadas, de forma significativa, a la iniciación y mantenimiento del comportamiento delictivo de una persona. La operatividad de las «carreras delictivas» a efectos penitenciarios (clasificación, progresión de grado, libertad condicional, etc.) parece, también, indiscutible[1999].

El concepto de «carrera delictiva» cobra aún mayor interés relacionado con el de «*competencia psicosocial*».

Este último, parte de la naturaleza transaccional de la relación individuo-medio (el individuo influye en el medio, y éste en el desarrollo del individuo) y describe un estado de adaptación tal que permite el empleo satisfactorio de los recursos de la persona y del ambiente en aras del oportuno desarrollo de aquella y del correcto manejo de los contextos interpersonales. En dicha situación de equilibrio influirían decisivamente ciertos recursos o habilidades cognitivas de la persona, la debida armonía entre individualidad o sociabilidad y determinadas aptitudes sociales de aquélla. Autoestima positiva, locus de control interno, empatía y aptitudes para abordar problemas interpersonales, serían, por ejemplo, algunas de las *habilidades cognitivas* de mayor relevancia. El mantenimiento de sólidos vínculos sociales (con familiares, amigos y compañeros, etc.) junto a la autonomía en la selección de metas personales, por su parte, contribuiría al correcto balance entre sociabilidad e individualidad. Las mencionadas *habilidades sociales*, por último, harían fluida y operativa la transacción con el medio, coordinando de forma eficaz la autonomía y los recursos cognitivos del sujeto, de un lado, y su adecuada socialización, de otro[2000].

Todo parece indicar, por tanto, que las investigaciones sobre carreras delictivas matizadas por el principio de competencia psicosocial pueden aportar una información empírica valiosa en orden a la génesis y dinámica del comportamiento delictivo, esclareciendo las variables y factores del proceso; y al diseño de los programas de intervención más adecuados, con el objeto de promover los recursos personales y sociales del penado y la efectiva participación social del mismo.

3) La denominada *Criminología del desarrollo*

PATTERSON[2001], LAEBER[2002] y MOFFITT[2003], entre otros, son los representantes más significativos de esta orientación criminológica que destaca la relevan-

---

[1998] Vid. GARRIDO GENOVÉS, V., Técnicas de tratamiento para delincuentes, cit., pág. 53.
[1999] Vid. GARRIDO GENOVÉS, V., Técnicas de tratamiento para delincuentes, cit., págs. 53 y 54.
[2000] Vid. GARRIDO GENOVÉS, V., Técnicas de tratamiento para delincuentes, cit., págs. 54 y 56.
[2001] PATTERSON, G.R. y YOERGER, K., Developmental models for delinquent behavior, en: Mental disorder and crime, 1993, (S. Hodgins, edit.), Newbury Park, Ca.: Sage, págs. 140 y ss. Cfr. SERRANO MAILLO, A., Introducción, cit., pág. 382.
[2002] LOEBER, R., Developmental continuity, change and pathways in male juvenile problem behaviors and delinquency, en: Delinquency and crime. Current theories, 1996 (J.D. Hawkins, edit.). Cambridge: Cambridge University Press, págs. 14 y ss.
[2003] MOFFITT, T.E., Adolescence limited and Life-course-persistent antisocial behavior, cit., págs. 675 y ss.

cia del factor edad y de la curva de la edad, proponiendo un análisis dinámico y longitudinal del comportamiento delictivo que inserta éste en el curso vital del individuo y en sus muy distintas cambiantes fases o etapas, describiendo su génesis, curso y desarrollo[2004]. La denominada Criminología del *desarrollo* no analiza las *causas* de la criminalidad porque rechaza la posibilidad de elaborar una teoría general y mantiene que los factores en cada caso relevantes varían con las personas, la etapa de la vida de éstas y un rico abanico de *diferencias individuales*[2005] con sus respectivas etiologías también distintas y cambiantes en el tiempo. En su lugar propone el estudio de las *trayectorias* o *itinerarios* de las *carreras criminales*, formulando los oportunos *tipos* y *subtipos* en función de criterios como la etapa de la vida en que el infractor se encuentra, momento de iniciación de las conductas delictivas, patrones de agravación o de desistencia de ésta, etc.

Frente al determinismo estático y atemporal de las teorías criminológicas tradicionales, que fijan en una edad temprana del individuo la influencia de los factores etiológicamente relevantes[2006] y suponen, además, inalterable dicha influencia, la Criminología del desarrollo estima, por el contrario, que tales factores cobran o pierden interés según las etapas de la vida del individuo, experimentando cambios sustanciales por el paso del tiempo o las vivencias personales de aquel. Propugna, por ello, un enfoque dinámico atento a los «cambios intraindividuales temporales»[2007], con la consecuencia, en el orden metodológico, de que la clásica comparación entre el grupo de delincuentes y de no delincuentes debiera complementarse

---

[2004] Las «course of life theories» proponen un modelo complejo y dinámico, acusadamente individualizador, sobre la génesis del delito, vinculado al enfoque de los factores de riesgo y servido fundamentalmente por técnicas de investigación longitudinales. En puridad, no aportan tampoco una teoría general de la criminalidad. Vid. BARTUSCH, D.R.J. LYNAM, D.R., MOFFITT, T.E. y SILVA, P.A., Isage important? Testing a general versus a developmental theory of antisocial behavior, en: Criminology, 35 (1997), págs. 14 y ss.; LOEBER, R., LE BLANC, M., Toward a developmental Criminology, en: Crime and Justice. A review of research, 12 (1990), págs. 443 y ss; MOFFITT, T.E., Natural histories of delinquency, en: Cross-national longitudinal research on development and criminal behavior, 1994, Dordrecht: Kluwer Academic Publischers (Weitekamp, E.G.M. y Kerner, edits.), págs. 4 y ss.; GARRIDO GENOVÉS, V. y otros, Principios, cit., pág. 397.

[2005] Así, LOEBER, R., LE BLANC, M., Toward a developmental Criminology, cit., 376 y ss. Precisamente se aparta de las tipologías tradicionales porque se orienta más a diferencias individuales que de grupo.

[2006] Este es uno de los postulados de las teorías biologicistas: que las tendencias delictivas parecen quedar fijadas muy pronto en la vida de las personas. Vid. LOEBER, R. y LE BLANC, M., Toward a developmental Criminology, cit., págs. 421 y ss.

[2007] Así, LOEBER, R. y LE BLANC, M., Toward a developmental Criminology, cit., págs. 376 y ss. LANCTÔT, N. y LE BLANC, M, Explaining deviance by adolescent penales, en: Crime and Justice. A review of research. 29 (2002), págs. 127 y ss.

con técnicas dinámicas y longitudinales que ponderen las *trayectorias* y *cambios* que experimenta el mismo infractor a lo largo del tiempo[2008].

El enfoque criminológico examinado acostumbra a distinguir tres etapas en el curso de las actividades delictivas (lo que le aproxima al paradigma de las *carreras criminales*): la de *activación*, la de *agravación* y la de *desistencia*[2009], aún reconociendo la existencia de patrones conductuales de continuidad en aquel[2010].

En la fase o etapa de *activación* que inicia el proceso éste puede *estabilizarse* (el comportamiento delictivo gana en continuidad a lo largo del tiempo), *acelerarse* (se incrementa su frecuencia) o *diversificarse* (fenómeno opuesto al de la *especialización*: se enriquece el espectro de comportamientos criminales). En la de *agravación*, tiene lugar una escalada de la relevancia criminal de los delitos cometidos que, con el paso del tiempo, son cada vez más serios. Por último, en la fase o etapa de *desistencia* puede producirse, bien un fenómeno de *deceleración* (descenso de la frecuencia de la actividad criminal), bien de *especialización* (se reduce la gama de delitos cometidos), de progresiva pérdida de gravedad de éstos (*de-escalation*) o incluso de conclusión definitiva de la carrera criminal[2011].

En todo caso, según la denominada Criminología del *desarrollo* la etiología, génesis y curso de cada uno de estos procesos difieren caso a caso. Los factores relevantes para activar una carrera pueden dejar de serlo para agravarla o para que concluya. A su vez, la incidencia mayor o menor de los mismos depende de variables personales y, desde luego, de la edad del sujeto. Los de carácter biológico o genético, según la Criminología del *desarrollo* tienen una relevancia indirecta, en cuanto interactúan con los de naturaleza ambiental[2012]. A diferencia de las propuestas o teorías *generalizadoras* de la Criminología tradicional, las de la Criminología del *desarrollo* tienen clara vocación *individualizadora* porque entienden que los factores criminógenos no determinan una tendencia única, inalterable y fijada ya desde el inicio de la vida del individuo, sino muchas y diversas tendencias o trayectorias llamadas a evolucionar dinámicamente con el trascurso del tiempo y las experiencias del sujeto[2013].

[2008] Así, LOEBER, R. y LE BLANC, M., Toward a developmental Criminology, cit., pág. 376.

[2009] Así: MOFFITT, T.E., Adolescence-limited and life-course persistent, cit., págs. 674 y ss.; LOEBER, R., y LE BLANC, M., Toward a developmental Criminology, cit., págs. 384 y ss.; desde un planteamiento distinto, también: FARRINGTON, D.P., The explanation and prevention of Jouthful offending, en: Readings in contemporary criminological theory, Boston (1996), Cordelia, P. y Siegel, L.J., edits., págs. 264 y ss.

[2010] Cfr. SERRANO MAILLO, A., Introducción, cit., pág. 379.

[2011] Cfr. SERRANO MAILLO, A., Introducción, cit., págs. 379 y 380.

[2012] Sobre la interacción de variables biológicas y ambientales, vid. LOEBER, R. y LE BLANC, M., Toward a developmental Criminology, cit., págs. 444 y ss.

[2013] Cfr. SERRANO MAILLO, A., Introducción, cit., págs. 380 y 381.

Desde un punto de vista metodológico, la Criminología del *desarrollo* considera fundamentales las técnicas de investigación *longitudinales*, mientras la Criminología tradicional concede prioridad a las *transversales*[2014].

La Criminología del *desarrollo*, precisamente porque analiza dinámicamente el comportamiento delictivo y lo inserta en el curso vital del individuo concede especial interés al fenómeno del *cambio* de los patrones conductuales y, en particular, al hecho conocido de que al concluir la adolescencia la mayoría de los jóvenes infractores abandonan espontáneamente el comportamiento delictivo sin que se consolide en la edad adulta la carrera iniciada. El enfoque procesual, dinámico y evolutivo de la Criminología del *desarrollo* permite una explicación más coherente de este fenómeno (*desistencia* y *curva de edad)*, lo que no sucede a la Criminología tradicional[2015].

Por último, la Criminología del *desarrollo* se interesa también por la problemática de la *prevención* del delito y de la *intervención* en el infractor. Aunque no rechaza, desde luego, el tratamiento del delincuente, opta sin embargo por una estrategia preventiva que actúe lo antes posible en la vida del individuo neutralizando los factores de riesgo[2016]. Mejor, pues, prevenir que tratar.

De las formulaciones más representativas de la Criminología del desarrollo destacan las de PATTERSON, LOEBER y MOFFITT.

PATTERSON distingue dos tipos de delincuentes: los que comienzan a delinquir pronto, y los que lo hacen tarde. Unos y otros difieren en cuanto a la duración de sus respectivas carreras (los que inician éstas más tarde tienden a delinquir menos y a poner fin a las mismas al terminar la adolescencia), y en cuanto a la etiología de tales carreras (los que comienzan antes a delinquir suelen haber recibido una educación antisocial)[2017].

LOEBER sugiere que la delincuencia juvenil tiene tres posibles itinerarios que se caracterizarían por la clase de delitos que se cometerían en cada uno de ellos[2018].

MOFFITT, por su parte, distingue dos clases o tipos de delincuentes: aquellos cuya conducta infractora se constriñe a la adolescencia, porque después abandonan la conducta delictiva; y aquellos otros (los llamados «persistentes») que delinquen a lo largo de toda la vida[2019]. El comportamiento delictivo tiene en uno y otro caso una explicación distinta.

La génesis del comportamiento delictivo en los infractores «*persistentes*» hunde sus raíces en disfunciones de naturaleza neuropsicológica y neuronales susceptibles de transmisión hereditaria. Tales alteraciones del desarrollo neuronal pueden influir decisivamente en el temperamento del niño, en sus habilidades cognitivas o en su propio comportamiento, generando interacciones negativas con sus padres, ámbitos y escenarios de violencia o rela-

---

[2014]   Vid. MOFFITT, T.E., Adolescence-limited and life-course persistent, cit., págs. 678 y ss.

[2015]   Cfr. SERRANO MAILLO, A., Introducción, cit., pág. 381.

[2016]   Cfr. SERRANO MAILLO, A., Introducción, cit., págs. 381 y 382.

[2017]   PATTERSON, G.R., De BARYSHE, B.D. y RAMSEY, E., A developmental perspective on antisocial behavior, en: American Psychologist, 44 (1989), págs. 331 y ss.; PATTERSON, G.R. y YOERGER, K., Developmental models for delinquent behavior, cit., págs. 140 y ss.

[2018]   LOEBER, R., Developmental continuity, change, and pathways in male juvenile problem behaviors and delincuency, cit., págs. 14 y ss. Para otros modelos semejantes, vid., SERRANO MAILLO, A., Introducción, cit., pág. 382.

[2019]   MOFFITT, T.E., Adolescence-limited and life-course-persistent, cit., págs. 675 y ss.

ciones con pares conflictivos y ambientes criminógenos[2020]. La interacción, por tanto, de las disfunciones neuropsicológicas genera un constante proceso cuyos efectos negativos se acumulan a lo largo del tiempo. Así, se explicaría según la autora que estos infractores inicien sus carreras antes que los demás, y que sus patrones conductuales gocen de una continuidad que hace muy difícil puedan abandonar en el futuro la trayectoria criminal[2021].

Según MOFFITT, la mayoría de los jóvenes infractores limitan su comportamiento antisocial a la adolescencia, no llegando a consolidar una carrera criminal en la edad adulta[2022]. En estos delincuentes, el comportamiento infractor no se explica por supuestas disfunciones neuropsicológicas y neuronales sino por el fenómeno del *mimetismo*, esto es, la reproducción de un comportamiento que les proporciona recursos valiosos. Los jóvenes imitan el comportamiento delictivo porque ello les facilita el estatus de adulto, con su consiguiente poder y privilegios; estatus al que en la sociedad actual tienen cada vez un acceso más lento y laborioso[2023]. Por ello, una vez alcanzada la madurez abandonan el comportamiento delictivo: éste pierde ya su valor instrumental e incluso se tornaría en perjudicial obtenido el nuevo estatus. Estos infractores, a diferencia de los *persistentes*, no encuentran dificultad para cesar en sus actividades antisociales e incorporarse a la vida adulta porque no han ido acumulando a lo largo del tiempo las experiencias y reacciones negativas que padecieron aquellos[2024].

Por último FARRINGTON[2025] propugna un modelo explicativo del crimen *integrado* que acoge, también, el análisis dinámico de éste según las diversas fases de la vida del infractor. FARRINGTON comienza distinguiendo entre el desarrollo en los individuos de una serie de tendencias antisociales y la ocurrencia —o no ocurrencia— del delito en el caso concreto. Aquellas dependen de una serie de factores y procesos, esta última, fundamentalmente del factor oportunidad. Según FARRINGTON, existen tres tipos de factores y procesos de los que depende que el niño o el joven desarrollen tendencias antisociales y propensiones delictivas. En primer lugar, ciertos *procesos* («energizantes») que motivan este tipo de comportamientos (vg. deseo intenso de bienes materiales o de prestigio social, ansias de estimulación, elevado nivel de frustración y de estrés, posible consumo de alcohol, etc.). En segundo lugar, otros procesos que imprimen al comportamiento una inequívoca *direccionalidad antisocial*, lo que depende, sobre todo, de si el joven suele optar —como hábito— por la utilización de métodos ilícitos por su falta de habilidades para alcanzar legítimamente los objetivos pretendidos. Por último, la mayor o menor intensidad de tales tendencias o propensiones antisociales depende de que el sujeto cuente con los adecuados *mecanismos inhibitorios* del comportamiento delictivo. Ahora bien, el hecho de que el joven llegue o no a cometer el delito no depende solo de las tendencias antisociales mencionadas, sino de la interacción de

---

[2020] MOFFITT, T.E., Adolescence-limited and life-course-persistent, cit., págs. 680 y ss.

[2021] MOFFITT, T.E., Adolescence-limited and life-course-persistent, cit., págs. 679 y ss.

[2022] MOFFITT, T.E., Adolescence-limited and life-course-persistent, cit., págs. 678 y ss.

[2023] MOFFITT, T.E., Adolescence-limited and life-course-persistent, cit., pág. 686.

[2024] MOFFITT, T.E., Adolescence-limited and life-course-persistent, cit., págs. 690 y ss.

[2025] FARRINGTON, D., The explanation and prevention of youthful offending, cit., págs. 264 y ss. El autor es considerado, también, como representante de los modelos explicativos del crimen «integrados» (así, GARRIDO GENOVÉS, V. y otros: Principios, cit., pág. 409). Sobre el autor, y, en general, la Criminología del «desarrollo» y del «curso vital», vid.: FARRINGTON, D.P., Criminología del desarrollo y del curso de la vida, en: Estudios en homenaje al Profesor Alfonso Serrano Gómez (edits.: Guzmán Dalbora, J.L. y Serrano Maillo, A.), Dykinson (2006), págs. 239 y ss.; en la misma obra: CULLEN, F.T., DAIGLE, L.E. y CHAPPLE, C.L., El desarrollo de la Criminología del curso vital en Estados Unidos: tres teorías centrales (op. cit., págs. 203 y ss.).

éstas con la situación concreta: del factor *oportunidad* y de la valoración racional anticipada de costes y beneficios[2026].

FARRINGTON distingue también tres fases o etapas de la conducta delictiva: la de iniciación, la de persistencia y la de desistimiento[2027]. La de *iniciación* se asocia a la influencia que ejercen en el joven sus amigos, influencia muy superior a la de los padres durante la adolescencia. A ella se debe el incremento en el joven de sus deseos de obtener dinero, mayor autoestima y poder en el grupo y niveles de estimulación; y, al propio tiempo, el de la probabilidad de imitar el comportamiento antisocial o delictivo de sus pares, si éstos optan por vías ilícitas para alcanzar tales objetivos. El contacto y relación con sus amistades aumenta lógicamente las *oportunidades* reales de delinquir y, a su vez, con la edad la del beneficio o utilidad que espera de las acciones ilícitas. La segunda fase, de *persistencia*, conduce a la definitiva consolidación de las pautas de conducta antisociales a través de un prolongado y eficaz proceso de aprendizaje; La etapa o fase de *desistimiento*, finalmente, significa el abandono o conclusión de la carrera iniciada, lo que sucederá en la medida en que el joven mejore sus *habilidades* para alcanzar sus metas sin necesidad de acudir a vías ilegítimas e incremente sus vínculos afectivos con parejas respetuosas de los valores convencionales. El tránsito a esta tercera fase tiene lugar al final de la adolescencia o comienzos de la edad adulta. FARRINGTON ha descrito gráficamente el proceso citado y sus fases o desarrollo: «la prevalencia de la conducta delictiva puede aumentar al máximo entre los catorce y los veinte años, debido a que los jóvenes (especialmente, los de clase baja que fracasan en la escuela) tienen en esas edades una alta impulsividad, grandes deseos de actividades estimulantes, de poseer determinadas cosas y de mayor consideración social, pocas posibilidades de lograr sus deseos mediante medios legales y poco que perder (en la medida en que las sanciones legales son suaves y sus amigos aprueban con frecuencia la conducta delictiva): Sin embargo, después de los veinte años, sus deseos se tornan menos imperiosos o más realistas, es más posible su logro legalmente y los costes del delito son mayores (ya que los castigos legales son más severos) y, además, las personas más allegadas —esposas o novias— desaprueban el delito»[2028].

La llamada *teoría del control social informal dependiente de la edad*, de LAUB y SAMPSON[2029] es, también, una variante de las teorías del *curso de la vida*: Ha sido ya examinada, sin embargo, en el marco de las teorías del control[2030], porque en definitiva se trata de un modelo integrado, de corte sociológico, en el que un concepto dinámico del control social aporta las claves para explicar la continuidad o el cambio de los patrones conductuales del individuo.

[2026] El joven impulsivo, lógicamente, tomará menos en consideración la valoración de costes y beneficios. Cfr. GARRIDO GENOVÉS, V. y otros, Principios, cit., pág. 411.

[2027] Cfr. GARRIDO GENOVÉS, V. y otros, Principios, cit., págs. 411 y ss.

[2028] FARRINGTON, D., The explanation and prevention of youthful offending, cit., pág. 264.

[2029] Vid. LAUB, J.H., Crime in the making: pathways and turning points through life, 1994, 30ª Robert D. Klein University Lecture. Boston. Mass: Northaestern University Press, págs. 44 y ss.; SAMPSON, R.J.-LAUB, J.H., Crime in the making. Pathways and turning points through life. Cambridge, Mass. y London, 1993: Harvard University Press, págs. 18 y ss. Cfr. SERRANO MAILLO, A., Introducción, cit., págs. 350 y ss. De J.H. LAUB, vid., recientemente: los cambios y los puntos de cambio a lo largo de la vida. El delito en su proceso. En: Estudios en homenaje al Profesor Alfonso Serrano Gómez, Dykinson (2006), cit., págs. 403 y ss.

[2030] Vid. en esta obra, supra, Parte Tercera, c') Modelos sociológicos, 2.F.f' (revisiones actuales de las teorías clásicas del control), b): Teoría «dinámica» de LAUB y SAMPSON. Siguiendo esta sistemática, también, SERRANO MAILLO, A., Introducción, cit., págs. 351 y ss. (las teorías del control).

4) *Teorías* (no etiológicas) *de la criminalización o paradigma de control (labeling approach)*

El modelo teórico mencionado, por su acusado sesgo sociológico, se examina en la Parte Tercera de esta obra, subapartado IV.F.c'), lugar al que nos remitimos.

V. TEORÍA Y PRAXIS CRIMINOLÓGICA. REFLEXIÓN FINAL

La teoría criminológica ha progresado notablemente en las últimas décadas, de modo que, al menos en un marco probabilístico, se halla en condiciones de explicar a grandes rasgos los patrones de la criminalidad. No obstante, algunos problemas urgentes permanecen sin respuesta y las predicciones razonablemente adecuadas parecen ser válidas solo para amplios agregados[2031]. Es cierto que la teoría criminológica aporta hoy una información muy valiosa sobre la relevancia de factores individuales en la comisión de delitos[2032]; sobre la propensión a la criminalidad y sus variaciones a lo largo del curso de la vida[2033]; sobre las diferencias observadas en las tasas de criminalidad entre sociedades, ciudades, comunidades, barrios u otras unidades sociopolíticas[2034]; o en situaciones distintas[2035]. Pero más allá de estos fenómenos nucleares que tratan de describir no han podido ser desarrolladas lo suficiente las diversas teorías para dispensar explicaciones o predic-

---

[2031] Así, TITTLE, Ch. R., Los desarrollos teóricos de la Criminología, cit., págs. 39 y ss.; especialmente, pág. 43.

[2032] Vid. TITTLE, Ch. R., Los desarrollos teóricos de la Criminología, cit., págs. 3 a 18. El autor incluye bajo este epígrafe diversos y heterogéneas teorías que denomina «teorías individualistas». Estas subrayarían la relevancia de los «defectos personales», físicos o psíquicos del «aprendizaje»; de la «privación» y «frustración»; de la formación, mantenimiento y cambio de la «identidad personal»; de la «opción racional»; del «control» o inhibición de la conducta criminal a través de la integración social o psicológica.

[2033] Cfr. TITTLE, Ch. R., Los desarrollos teóricos de la Criminología, cit., págs. 19 a 22. Se trata de teorías que llaman la atención sobre la propensión a la criminalidad y sus variaciones a lo largo del ciclo vital o curso de la vida del individuo. El autor cita en este subgrupo la teoría de las dos trayectorias (de MOFFIT); de la gradación por la edad (de SAMPSON y LAUB); y otras (de THORNBERRY; MATSUEDA y HEIMER; LE BLANC), etc.

[2034] Vid., TITTLE, Ch. R., Los desarrollos teóricos de la Criminología, cit., págs. 22 a 35. Distingue el autor entre aquellas teorías que examinan los procesos y fenómenos exclusivamente a nivel «macro» (teorías de la desorganización social, de las actividades cotidianas y del conflicto); las que se aplican al nivel macro pero tienen repercusión a nivel individual, esto es, teorías mixtas (vg. de la anomia, de la frustración general, de la vergüenza, del desafío, del aprendizaje social, de la privación del derecho); y teorías que reifican principios explicativos del nivel individual para la explicación de los agregados (vg. teoría de la disuasión).

[2035] Vid. TITTLE, Ch. R., Los desarrollos teóricos de la Criminología, cit., págs. 35 a 39. El autor cita las construcciones de BIRKBECK y LA FREE, el interaccionismo simbólico, la teoría de la oportunidad (de COHEN y NELSON), las formulaciones de CORNISH y CLARKE, BRANTINGHAM y BRANTINGHAM, etc.

ciones totalmente convincentes. Descansan sobre presupuestos erróneos; sugieren meras relaciones de *posibilidad*, que no de *probabilidad*; o, a lo sumo, solo convienen a amplios agregados[2036], si bien parece muy meritorio el esfuerzo actual por integrar teorías dotadas de diversos grados o niveles explicativos de generalidad. Pues al incluir una más compleja relación de variables, procesos y contingencias se amplia el alcance y rigor explicativo de la teoría clásica inicial constreñida a procesos causales muy limitados; evitándose, además, vicios metodológicos como la *falacia ecológica* o la *falacia individualista*[2037]. La Criminología contemporánea es cada vez más consciente de la necesidad de desarrollar sistemas explicativos capaces de dar cuenta de forma precisa y eficiente de una multiplicidad de manifestaciones delincuenciales. Porque no basta con descripciones *ad hoc*, ni con la identificación de *factores de riesgo*, tipologías o malabarismos conceptuales[2038]. Una buena teoría parece imprescindible. Contra quienes se refieren despectivamente a la «teoría criminológica» como si de mera especulación se tratara —contraponiendo este «género menor» a la «investigación» criminológica, en aras de un empirismo craso que proclama la superioridad de la *praxis*— es obvio que la investigación debe estar dirigida por la teoría y depender de ella[2039]. No obstante, teoría e investigación criminológica son recíprocamente interdependientes y se retroalimentan: si esta última requiere del adecuado marco teórico que le sirva de guía, el progreso de la teoría criminológica necesita de nuevos *datos* hoy todavía no disponibles[2040] que solo una bien orientada *praxis* puede suministrar. En este sentido cabe admitir que la investigación criminológica, a menudo errática, se halla rezagada hoy respecto a la teoría criminológica, situación que hubiera sido inimaginable en las últimas décadas[2041].

[2036] Así, TITTLE, Ch. R., Los desarrollos teóricos de la Criminología, cit., pág. 39.

[2037] Así, TITTLE, Ch. R., Los desarrollos teóricos de la Criminología, cit., págs. 40 y 41.

[2038] En este sentido, TITTLE, Ch. R., Los desarrollos teóricos de la Criminología, cit., pág. 39.

[2039] Así, TITTLE, Ch. R., Los desarrollos teóricos de la Criminología, cit., págs. 41 y ss.; especialmente, pág. 43.

[2040] Según TITTLE, Ch. R., faltan datos aún no disponibles para el correcto desarrollo de las diversas teorías criminológicas. Habría que poder medir, por ejemplo, la «vergüenza reintegradora» (a la que se refiere BRAITHWAITE), el «autocontrol» (GOTTFREDSON y HIRSCHI); la «frustración general» (AGNEW), el «capital social» (NAGIN y PATERNÓSTER) y las «variables de control» (TITTLE). Vid. Los desarrollos teóricos de la Criminología, cit., pág. 42.

[2041] Así, TITTLE, Ch. R., Los desarrollos teóricos de la Criminología, cit., pág. 42.

PARTE CUARTA

LA PREVENCIÓN DEL CRIMEN EN UN ESTADO SOCIAL Y DEMOCRÁTICO DE DERECHO

I. LA PREVENCIÓN DEL DELITO EN EL ESTADO *«SOCIAL»* Y *«DEMOCRÁTICO»* DE DERECHO

El crimen no es un tumor, ni una epidemia, sino un doloroso *«problema»* interpersonal y comunitario. Una realidad próxima, cotidiana, casi doméstica: un problema *«de»* la comunidad, que nace *«en»* la comunidad y ha de resolverse *«por»* ésta. Un *«problema social»*, en definitiva, con todo lo que tal caracterización implica en orden a su diagnóstico y tratamiento[2042].

La *Criminología «clásica»* contempló el delito como enfrentamiento formal, simbólico y directo de dos rivales —el Estado y el infractor— que luchan entre sí en solitario, como luchan el bien y el mal, la luz y las tinieblas; pugna, duelo, claro está, sin otro final imaginable que el incondicionado sometimiento del vencido a la fuerza victoriosa del Derecho. En dicho modelo criminológico, por ello, la *pretensión punitiva del Estado*, esto es, el castigo del culpable, polariza y agota la respuesta al suceso delictivo, prevaleciendo la faz patológica de éste sobre su profundo entramado problemático y conflictual. La reparación del daño ocasionado a la víctima (a una víctima que se desvanece, *«neutralizada»* por el propio sistema) no interesa, no se plantea como exigencia social; como tampoco preocupa la efectiva *«resocialización»* del infractor (pobre coartada defensista, mito inútil o piadoso eufemismo por desgracia, cuando tan sublimes objetivos hacen abstracción de la dimensión comunitaria del conflicto criminal y la respuesta solidaria que éste reclama). Ni siquiera cabe hablar en este modelo criminológico y político criminal de *«prevención»* del delito, *stricto sensu*, de prevención *«social»*, sino de *«disuasión penal»*.

La *moderna Criminología*, por el contrario, participa de una imagen más compleja del suceso delictivo de acuerdo con el rol activo y dinámico que atribuye a los protagonistas del mismo (delincuente, víctima, comunidad) y la relevancia acusada de los muy diversos factores que convergen e interactúan en el *«escenario»* criminal[2043]. Subraya el trasfondo humano y conflictual del delito, su aflictividad, los elevados *«costes»* personales y sociales de este doloroso problema, cuya apariencia patológica, epidémica, en modo alguno puede mediatizar el sereno análisis científico de su etiología, de su génesis y dinámica (diagnóstico), ni el imprescindible debate políticocriminal sobre las técnicas de intervención y control de aquel. En este modelo teórico, el castigo del infractor no agota las expectativas que el suceso delictivo desencadena. *Resocializar* al delincuente, *reparar* el daño y *prevenir* el crimen son objetivos de primera magnitud[2044]. Sin duda, este es el

---

[2042] Vid., GARCÍA-PABLOS DE MOLINA, A., Policía y criminalidad en el Estado de Derecho, en: Policía y Sociedad. Ministerio del Interior, 1990 (obra colectiva), págs. 54 a 57.

[2043] Vid. GARCÍA-PABLOS DE MOLINA, A., Tratado de Criminología, cit., págs. 879 y ss.

[2044] Vid. GARCÍA-PABLOS DE MOLINA, A., Tratado de Criminología, cit., pág. 880.

enfoque científicamente más satisfactorio, y el más acorde con las exigencias de un Estado «*social*» y *democrático* de Derecho.

II. EL CONCEPTO DE «*PREVENCIÓN*» Y SUS DIVERSOS CONTENIDOS

Todas las Escuelas criminológicas se refieren a la prevención del delito. Que no basta con «*reprimir*» el crimen, que es necesario anticiparse al mismo, prevenirlo, es ya un tópico. Pero un tópico a veces equívoco o vacío de contenido, por las muchas acepciones que se asignan al concepto de prevención.

a) Prevención, disuasión y desplazamiento o aplazamiento del delito y/o la reincidencia

En efecto, un sector doctrinal identifica la prevención con el mero efecto disuasorio de la pena. Prevenir equivale a *disuadir* al infractor potencial con la amenaza del castigo, contramotivarle. La prevención, en consecuencia, se concibe como prevención criminal (eficacia preventiva de la pena) y opera en el proceso motivacional del infractor (disuasión).

Pero otros autores entienden también por prevención el efecto disuasorio mediato, indirecto, perseguido a través de instrumentos no penales, que alteran el escenario criminal modificando alguno de los factores o elementos del mismo (espacio físico, diseño arquitectónico y urbanístico, actitudes de las víctimas, efectividad y rendimiento del sistema legal, etc.). Se pretende así, poner trabas y obstáculos de todo tipo al autor en el proceso de ejecución del plan criminal mediante una *intervención selectiva en el escenario del crimen* que *encarece*, sin duda, los costes de éste para el infractor (vg. incremento del riesgo, disminución de beneficios, etc.), con el consiguiente efecto inhibitorio.

Para muchos penitenciaristas, finalmente, la prevención del delito no es un objetivo autónomo de la sociedad o los poderes públicos, sino el efecto último perseguido por los programas de resocialización y reinserción del penado. Se trata, pues, no tanto de evitar el delito como de evitar la reincidencia del infractor. El concepto de prevención se equipara, así, al de *prevención «especial»*, mucho menos ambicioso por razón de su destinatario (el penado, no el infractor potencial ni la comunidad jurídica), efectos pretendidos (prevenir simplemente la reincidencia del ya penado, no evitar la criminalidad) y medios utilizados para la consecución de aquéllos (la ejecución de la pena y el tratamiento rehabilitador).

En sentido estricto, sin embargo, prevenir el delito es algo más —y también algo distinto— que dificultar su comisión, o que disuadir al infractor potencial con la amenaza del castigo. Desde un punto de vista *«etiológico»*, el concepto de prevención no puede desligarse de la génesis del fenómeno criminal. Reclama, pues, una intervención dinámica y positiva que neutralice sus raíces, sus *«causas»*. La mera disuasión deja éstas intactas. De otra parte, la prevención debe contemplarse, ante todo, como prevención *«social»*, esto es, como movilización de todos los efectivos comunitarios para abordar solidariamente un problema *«social»*. La prevención del crimen no interesa exclusivamente a los poderes públicos, al sistema legal, sino a todos, a la comunidad, pues el crimen no es un cuerpo *«extraño»*, ajeno a la sociedad, sino un problema comunitario más. Por ello, también, conviene distinguir el concepto criminológico de prevención —concepto exigente y pluridimensional— del objetivo genérico, poco exitoso, por cierto, implícitamente asociado al concepto jurídico penal de prevención especial: evitar la reincidencia del penado. Pues este último implica una intervención tardía en el problema criminal (déficit etiológico); acusa un marcado sesgo individualista e ideológico en la selección de sus destinatarios y en el diseño de los correspondientes programas (déficit social); y concede un protagonismo desmedido a las instancias oficiales del sistema legal en el liderazgo de aquéllos (déficit comunitario)[2045].

b) Prevención *«primaria»*, *«secundaria»* y *«terciaria»*[2046]

No debe extrañar, por ello, que goce de especial predicamento —desde CAPLAN— la distinción entre: *prevención «primaria», «secundaria» y «terciaria»*. Dicha distinción descansa en diversos criterios: la mayor o menor relevancia etiológica de los respectivos programas, los destinatarios a los que se dirigen éstos, los instrumentos y mecanismos que utilizan, ámbitos de los mismos y fines perseguidos.

En efecto, según tal clasificación los programas de prevención *primaria* se orientan a las causas mismas, a la raíz, del conflicto criminal, para neutralizar éste antes de que el propio problema se manifieste. Tratan, pues, de crear los

---

[2045] Cfr., GARCÍA-PABLOS DE MOLINA, A. Tratado de Criminología, cit., págs. 880 y 881.

[2046] Sobre esta distinción, vid. KAISER, G., Introducción a la Criminología, Madrid (Dykinson), 1988, 7ª Ed., pág. 125 y ss.; CLEMENTE DÍAZ, M., La orientación comunitaria en el estudio de la delincuencia, en: Psicología social y sistema penal, Madrid, 1986, (Alianza Editorial), compilación de Jiménez Burillo y Clemente, págs. 383 y ss.; GARCÍA-PABLOS DE MOLINA, A., Tratado de Criminología, cit., págs. 881 y ss. Pero la distinción entre prevención «primaria», «secundaria» y «terciaria» no es pacífica. Vid., por ejemplo: TAMARIT SUMALLA, J.Mª., La victimología. Cuestiones conceptuales y metodológicas. En: Manual de Victimología, cit., págs. 35 y ss.; HERRERO HERRERO, C., La prevención principal vía realizadora de la política criminal, en: Estudios en homenaje al Profesor Alfonso Serrano Gómez, Dykinson (2006), págs. 1.249 y ss. También se habla de victimización «primaria», «secundaria» y «terciaria», en BACA BALDOMERO, E., Terrorismo, en: Manual de Victimología, cit., págs. 197 y ss.

presupuestos necesarios o de resolver las situaciones carenciales criminógenas, procurando una socialización provechosa acorde con los objetivos sociales[2047]. Educación y socialización, vivienda, trabajo, bienestar social y calidad de vida son ámbitos esenciales para una prevención primaria, que opera siempre a largo y medio plazo y se dirige a todos los ciudadanos. Las exigencias de prevención primaria suelen atenderse a través de estrategias de política cultural, económica y social, cuyo objetivo último es dotar a los ciudadanos —como afirma LÜDERSSEN[2048]— de capacidad social para superar de forma productiva eventuales conflictos.

> La prevención *«primaria»* es, sin duda alguna, la más eficaz —la genuina prevención— ya que opera *etiológicamente*. Pero actúa a medio y largo plazo, y reclama prestaciones sociales, intervención comunitaria, no mera disuasión. De ahí sus limitaciones prácticas. Porque la sociedad siempre busca y demanda *soluciones* a corto plazo que, además, suele identificar lamentablemente con fórmulas drásticas y represivas. Y los gobernantes tampoco hacen gala de paciencia y altruismo, atizados por el periódico reclamo electoral y el interesado bombardeo propagandístico de los *forjadores de la opinión pública*. Pocos están dispuestos a invertir esfuerzos y solidaridad para que otros, en el futuro, disfruten de una sociedad mejor o capitalicen aquellas iniciativas[2049]. Los programas de prevención *primaria*, de difícil evaluación, se enfrentan a dos obstáculos. El primero, el previo diagnóstico etiológico del concreto fenómeno delictivo y la existencia del lógico consenso en torno al mismo. El segundo: el de la delincuencia ocasional, circunstancial (nada despreciable cuantitativamente) que no está ligado en todo caso a *causas* sino al factor *oportunidad*. Esta modalidad del delito reclama, por el contrario, estrategias de prevención de naturaleza más *situacional* que *etiológica*.

La llamada prevención *secundaria*, por su parte, actúa más tarde en términos etiológicos: no cuando —ni donde— el conflicto criminal se produce o *genera*, sino cuando y donde se *manifiesta*, cuando y donde se exterioriza. Opera a corto y medio plazo, y se orienta selectivamente a concretos, particulares, sectores de la sociedad: aquellos grupos y subgrupos que exhiben mayor riesgo de padecer o protagonizar el problema criminal; o bien a aquellos lugares y escenarios donde el crimen se concentra en términos etadísticamente más significativos. La prevención secundaria se plasma en la política legislativa penal y en la acción policial, fuertemente polarizada por los intereses de la prevención general. Programas de prevención policial, de control de medios de comunicación, de ordenación urbana y utilización del diseño arquitectónico como instrumento de autoprotección, desarrollados en barrios bajos, son ejemplos de prevención *«secundaria»*[2050].

[2047] Así, KAISER, G., Introducción a la Criminología., págs. 125 y 126.

[2048] LÜDERSSEN, Kriminologie, 1984 (Baden-Baden), págs. 151 y ss. Cfr., KAISER, G., Introducción a la Criminología, cit., pág. 126.

[2049] Vid. GARCÍA-PABLOS DE MOLINA, A., Tratado de Criminología, cit., pág. 882.

[2050] Sobre estos programas, vid.: CLOWARD, R., y OHLIN, L., Delinquency and opportunity: a theory of delinquent gangs, 1961. Chicago, Free Press; COHEN, A., The delinquent subculture, en: Rubington, E., y Weinberg, M.S.: Deviance: the interactionist perspective, New York, 1981 (M. Millan Publisher Co), págs. 264 y 265; SCHEITZGEBEL, R.L., Sucesos privados

Los programas de prevención *secundaria* acaban exhibiendo un sesgo marcadamente policial, y no pocas veces regresivo, desde un punto de vista social, como se observará al analizar la denominada prevención *situacional*.

La prevención *terciaria*, por último, tiene un destinatario perfectamente identificable: la población reclusa, penada; y un objetivo preciso: evitar la reincidencia. Es, de las tres modalidades de prevención, la de más acusado carácter punitivo. Y los programas *«rehabilitadores»*, *«resocializadores»* en que se concreta —muy alejados, por cierto, etiológica, cronológica y espacialmente de las raíces últimas del problema criminal— se llevan a cabo en el propio ámbito penitenciario. La plena determinación y selectividad de la población destinataria de tales programas, así como los elevados índices de reincidencia que se aprecian en ella, no compensan el déficit etiológico de la prevención terciaria, sus insuperables carencias, dado que ésta implica una intervención tardía (una vez cometido el delito), parcial (solo en el penado) e insuficiente (no neutraliza las causas del problema criminal)[2051].

No por ello, sin embargo, cabe renunciar a los programas de prevención *terciaria* en nombre de maximalismos conceptuales y prejuicios ideológicos. Pues a pesar de sus indiscutibles limitaciones, son útiles para la consecución de un objetivo específico: evitar la reincidencia. En puridad, los diversos programas de prevención —primaria, secundaria y terciaria— se complementan y deben estimarse compatibles.

c) Un modelo "sui generis" de prevención: el modelo socialista

El problema de la prevención y control del delito gozó siempre de particular atención en la *Criminología socialista*, que desde un principio se autodefinió como ciencia práctica, aplicada[2052] y comprometida con el sistema. Ningún otro modelo criminológico ha sabido desarrollar con tanta convicción la teoría y praxis del control social del comportamiento desviado, conectando la investigación de las *causas* de la criminalidad con la minuciosa elaboración de planes y estrategias de prevención de la misma. La Criminología socialista proclamó como objetivo prioritario el prestar apoyo inmediato a la *praxis* y verter sus conocimientos y exigencias hacia los órganos de persecución penal[2053]; cuidando de *«no*

---

en lugares públicos, en: BANDURA, A., RIBES, E., Modificación de conducta: análisis de la agresión y de la delincuencia, 1980, México (Trillas), págs. 91 a 111. Cfr., CLEMENTE DÍAZ, M., La orientación comunitaria en el estudio de la delincuencia, cit., págs. 384 y ss. Cfr., GARCÍA-PABLOS DE MOLINA, A., Tratado de Criminología, cit., pág. 883, nota 8.

[2051] Cfr., GARCÍA-PABLOS DE MOLINA, A., Tratado de Criminología, cit., págs. 883 y ss.

[2052] En general, sobre la Criminología «socialista», vid: GARCÍA-PABLOS DE MOLINA, A., Tratado de Criminología, cit., págs. 883 y ss.

[2053] Vid., KAISER, G., Introducción a la Criminología, cit., págs. 66 y 67.

quedarse a mitad de camino»[2054], en claro reproche al academicismo teorético de la Criminología burguesa exclusivamente obsesionada por *explicar* el delito, en lugar de combatirlo. Sus portavoces oficiales, siguiendo el espíritu de la conocida tesis decimoprimera de MARX a FEUERBACH, y la naturaleza *instrumental* de la Criminología al servicio de la jurisprudencia *como elemento parcial de la dirección de la sociedad*[2055] socialista, reiteraron ser función prioritaria de aquella ciencia no ya *interpretar* la génesis de la criminalidad, sino *transformar* las causas económicosociales que la producen. Y erradicarlas, contribuyendo a la total implantación del socialismo en las diversas esferas de la vida material e ideológica, así como en la propia vida cotidiana[2056].

La Criminología —en puridad, la Política criminal[2057]— socialista ha conseguido *éxitos* indiscutibles en la prevención del delito. Pero forzoso es reconocer, también, que el concepto de prevención cobra en este marco ideológico connotaciones muy singulares[2058]. Y que el rendimiento del control social no es el único ni principal indicador de su calidad. También deben ponderarse los *costes*, y *riesgos* de una drástica reducción de los índices de criminalidad cuando tales resultados se obtienen mediante determinados medios y con consecuencias conocidas (restricción asfixiante de la libertad del ciudadano y seguimiento férreo de los procesos de socialización).

En todo caso, dogmas anacrónicos como la *anormalidad* del delincuente; la historicidad y contingencia de la desviación criminal, *cuerpo extraño* al sistema socialista; la naturaleza exclusivamente patológica y disfuncional de ésta; su posible y deseable extirpabilidad[2059]; actitudes aberrantes como la del absoluto y universal desprecio que merece el infractor[2060]; o políticas criminales agresivas y

---

[2054] Cfr., GARCÍA-PABLOS DE MOLINA, A., Tratado de Criminología, cit., págs. 884 y ss.; KAISER, G., Introducción a la Criminología, cit., pág. 67.

[2055] Así, GERZENSON, A.; KARPEC, I y KUDRAZAWJEW, W., Kriminologie: Lehrbuch. Aktuelle Beiträge der Staats und Rechtswissenschaft, 1967, Heft. 20, Bd. 1 y 2., Postdam, Babelsberg, pág. 27; LEKSCHAS, J., Theoretische Grundlagen der Sozialistischen Kriminologie, en: BUCHHOLZ, E., HARTMANN, R., LEKSCHAS, J. y STILLER, G.: Sozialistische Kriminologie. Ihre theoretische und methodische Grundlegung, Berlín, 1971, págs. 76 y ss.

[2056] Así, LEKSCHAS, J., Theoretische Grundlagen, cit., pág. 71.

[2057] Como matiza MERGEN, A., Die Kriminologie. Eine Systematische Darstellung, 1967 (Berlín, Frankfurt), Vahlen, F., págs. 15 y ss.

[2058] Por de pronto, la prevención y control del delito deja de ser 'problemática'; y no se reserva a los órganos del Estado, ya que se entiende que "es cosa del pueblo" y debe asumirse por todos los agentes sociales como 'acción colectiva'. Cfr., MERGEN, A., Die Kriminologie, cit., pág. 16; también, GARCÍA-PABLOS DE MOLINA, A., Tratado de Criminología, cit., págs. 884 y ss.

[2059] La Criminología socialista sustenta una teoría 'exógena' de la criminalidad (vid., GARCÍA-PABLOS DE MOLINA, A., Tratado de Criminología, cit., pág. 885).

[2060] Sobre dicha actitud de 'desprecio' absoluto hacia el infractor, vid., KAISER, G., Introducción a la Criminología, cit., pág. 69. Desde coordenadas antropológicas y culturales muy distintas, la sociedad japonesa cultiva, también, una "cultura de la vergüenza": el delito estigmatiza a

maximalistas, a modo de cruzadas que pretenden utópica e ilegítimamente erradicar el crimen y eliminar el mero riesgo de la desviación dirigiendo los procesos de socialización del ciudadano mediante una presencia asfixiante de los mecanismos del control social, no parecen hoy compatibles con los presupuestos axiológicos del Estado «*social*» y democrático de Derecho. Ni siquiera en aras de una eficaz prevención del delito y del óptimo rendimiento del sistema legal.

El espectacular giro experimentado por la Criminología «*burguesa*», cada vez más interesada por la prevención del delito como lo demuestran los miles de programas de los que existe noticia[2061], no deben difuminar las profundas diferencias que separan ambos modelos criminológicos. Prevenir el crimen significa en uno y otro marco político algo muy distinto.

III. MODELOS TEÓRICOS DE PREVENCIÓN DEL DELITO

La respuesta tradicional al problema de la prevención del delito se concreta en dos modelos muy semejantes: el clásico y el neoclásico. Coinciden ambos en estimar que el medio adecuado para prevenir el delito ha de tener naturaleza «*penal*»[2062] (la amenaza del castigo); que el mecanismo disuasorio o contramotivador expresa fielmente la esencia de la prevención; y que el único destinatario de los programas dirigidos a tal fin es el infractor potencial. Prevención equivale a disuasión, a disuasión a través del efecto inhibitorio de la pena. Las discrepancias son accidentales. El modelo *clásico* polariza en torno a la pena, y al rigor o severidad de ésta, la supuesta eficacia preventiva del mecanismo intimidatorio. Participa, además, de una imagen estandarizada y casi lineal del proceso de motivación y deliberación de la persona del infractor potencial. El denominado modelo *neoclásico*, sin embargo, refiere la efectividad del impacto disuasorio o contramotivador más al funcionamiento del sistema legal, tal como éste es percibido por el infractor potencial, que a la severidad abstracta de las penas. En orden a la prevención de la criminalidad el centro de atención se desplaza, por tanto, de la ley al sistema legal, de las penas que el ordenamiento contempla a la efectividad de éste; todo

---

la propia familia, al grupo del infractor (vid. Ruth BENEDICT: The Chrysanthemum and the Sword, 1946. Boston).

[2061] Unos 6.500 programas de prevención han contabilizado, para el decenio 1965 a 1975 en los Estados Unidos, WRIGHT y DIXON (Community Prevention and Treatment of Juvenile Delinquency. A Review of Evaluations, en: JResCrim., 1977, pág. 36). Cfr., KAISER, G., Introducción a la Criminología, cit., pág. 125.

[2062] Criticando que la represión penal sea el instrumento de prevención: SACK, F., Prävention durch Repression? Aus der Sicht eines Kriminologen, en: Polizei und Prävention (BKA), 1976, Wiesbaden, págs. 36 y ss.

ello desde la concreta y singular percepción del autor, cuyo proceso motivacional deviene más complejo[2063].

La Criminología tradicional, en todo cado, ha partido siempre de la eficacia preventiva del castigo. Doctrina, medios de comunicación y opinión pública —ésta, por lo general, poco informada[2064]— han asumido, sin más, que las leyes penales, si son racionales (como lo es el infractor potencial medio), tienen, por lo general, efectos preventivos de la delincuencia[2065]. De hecho, y desde la segunda guerra mundial, el incremento de las tasas de criminalidad ha sido respondido con el correlativo ascenso de las actitudes punitivas de la ciudadanía, espoleada esta última por los mas-media que potencian el miedo al delito y el desmedido rigor políticocriminal frente al fenómeno criminal[2066]. El panorama criminológico contemporáneo oscila entre la confianza ciega que depositan en el castigo los autores clásicos y el escepticismo realista que se desprende de las investigaciones empíricas sobre la eficacia preventiva de la pena.

A) Modelo clásico

a') A tenor de una opinión muy generalizada, el Derecho Penal simboliza la respuesta primaria y natural, por excelencia, al delito, la más eficaz. Dicha eficacia, además, depende fundamentalmente de la capacidad disuasoria del castigo, esto es, de la gravedad del mismo. Prevención, disuasión e intimidación, según esto, son términos correlativos: el incremento de la delincuencia se explica por la debilidad de la amenaza penal; el rigor de la pena se traduce, necesariamente, en el correlativo descenso de la criminalidad. Pena y delito constituyen los dos términos de una ecuación lineal. De hecho, muchas políticas criminales de nuestro tiempo (recte: políticas penales) responden a este modelo falaz y simplificador que manipula el miedo al delito y trata de ocultar el fracaso de la política preventiva (en realidad, represiva) apelando en vano a las «iras» de la Ley.

b') El modelo tradicional de prevención no convence en absoluto, y por muchas razones.

Ante todo, la supuesta excelencia del Derecho Penal como instrumento preventivo —frente a otras posibles estrategias— parece más producto de prejuicios o coartadas defensistas que de un sereno análisis científico de la realidad[2067]. Pues la

---

[2063]　Cfr., GARCÍA-PABLOS DE MOLINA, A., Tratado de Criminología, cit., págs. 885 y ss.

[2064]　Como advierte KURY, H., Sobre la relación entre sanciones y criminalidad, o: ¿qué efecto preventivo tienen las penas?, en: Modernas tendencias en la Ciencia del Derecho Penal y en la Criminología, Madrid (UNED), 2001, págs. 283 y ss. Cfr. SERRANO MAILLO, A., Introducción, cit., págs. 239 y ss.

[2065]　Vid. SERRANO MAILLO, A., Introducción, cit., pág. 239.

[2066]　Cfr. KURY, H., Sobre la relación entre sanciones y criminalidad, cit., págs. 283 y ss.

[2067]　Sobre el problema, criticando la 'huida hacia el Derecho Penal', GARCÍA-PABLOS DE MOLINA, A., Problemas y tendencias actuales de la Ciencia Penal, en: Estudios Penales, Barcelona

capacidad preventiva de un determinado medio no depende de su naturaleza (penal o no penal) sino de los efectos del mismo. Conviene recordar, a este propósito, que la intervención penal tiene elevadísimos costes sociales[2068]. Y que su supuesta efectividad dista mucho de ser ejemplar. La pena, en puridad, no disuade: atemoriza, intimida. Y refleja más la impotencia, el fracaso, la ausencia de soluciones que la convicción y energía imprescindibles para abordar los problemas sociales. Ninguna política criminal realista puede prescindir de la pena, pero tampoco cabe degradar la política de prevención convirtiéndola en mera política penal. Que un rigor desmedido, lejos de reforzar los mecanismos inhibitorios y prevenir el delito, tiene paradójicamente efectos criminógenos, es algo, por otra parte, sobre lo que existe evidencia empírica[2069]. Más dureza, más Derecho Penal, no significa necesariamente menos crimen. Del mismo modo que el incremento de la criminalidad no puede explicarse como consecuencia exclusiva de la debilidad de las penas o del fracaso del control social.

El modelo de prevención clásico, en segundo lugar, revela un análisis demasiado primitivo y simplificador del proceso motivacional y del propio mecanismo disuasorio[2070].

Profesa, en efecto, una imagen intelectualizada del infractor, casi algebraica, ingenua, al suponer que la opción delictiva es producto siempre de un balance de costes y beneficios; de una fría y reflexiva decisión racional en la que el culpable pondera la gravedad de la pena señalada al delito y las ventajas que éste le puede deparar[2071]. Esterotipo de delincuente previsor, calculador, que no se aviene a la realidad por generalizar unos clichés decisionales ni siquiera válidos para la delincuencia económica convencional (menos aún, desde luego, con relación a la denominada criminalidad *simbólica* o *expresiva*)[2072]. Pues lo cierto es que el in-

---

(Bosch), 1984, pág. 123.

[2068] Vid., GARCÍA-PABLOS DE MOLINA, A., La supuesta función resocializadora del Derecho Penal, en: Estudios Penales, cit., pág. 95.

[2069] Sobre los efectos criminógenos de una pena desproporcionada, vid., GARCÍA-PABLOS DE MOLINA, A., Problemas y tendencias actuales de la Ciencia Penal, cit., pág. 123.

[2070] Vid., ALVIRA MARTÍN, Francisco, El efecto disuasor de la pena, en: Estudios penales y criminológicos, VII., (1984), Santiago de Compostela, págs. 11 y ss. Cfr., GARCÍA-PABLOS DE MOLINA, A., Tratado de Criminología, cit., págs. 887 y ss.

[2071] Vid., ALVIRA MARTÍN, F., El efecto disuasor de la pena, cit., pág. 11.

[2072] Distinguiendo el efecto disuasorio de la pena en la delincuencia 'instrumental' (vg. patrimonial) y en la 'expresiva' o 'simbólica' (vg. droga, delitos pasionales, etc.) y manteniendo que falta dicho efecto en la última —o es muy reducido—: ALVIRA MARTÍN, F., El efecto disuasor de la pena, cit., págs. 17 y 18. En un sentido similar, REDONDO ILLESCAS, S., distingue entre la delincuencia convencional, cuyo infractor no realiza el cálculo de costes y beneficios (vg. delincuencia sexual violenta) y la criminalidad «verdaderamente racional» (vg. delincuencia de «cuello blanco», crimen «organizado»), que sí lo realiza, pero que representa un tanto por ciento muy reducido en el total de la criminalidad y escapa a las redes del sistema penal (La

fractor indeciso valora y analiza más las consecuencias próximas e inmediatas de su conducta (vg. riesgo de ser detenido, prisión provisional, etc.) que las finales o definitivas (gravedad de la pena señalada por la ley para el delito). Sus previsiones y actitudes, además, sitúan en planos muy distintos los *riesgos improbables* de padecer aquella pena y los *beneficios seguros* derivados de la comisión del hecho criminal. Precisamente porque cuenta con librarse del castigo decide cometer el delito[2073] La certeza, pues, de unos beneficios inmediatos, seguros, prevalece sobre la eventualidad de unos riesgos que descarta o contempla como improbables, por graves que éstos sean, en una actitud optimista que caracteriza la psicología del infractor medio, y que expresa una «distorsión perceptiva» de la realidad.

Las ciencias empíricas, finalmente, han demostrado la complejidad del mecanismo disuasorio. Todo parece indicar que en el mismo intervienen muchas y diversas variables, que interactúan, además, de forma no siempre uniforme. La gravedad nominal del castigo, el rigor de la pena, es sólo una de ellas, de suerte que su concreto efecto inhibitorio o contramotivador depende, caso a caso, del comportamiento e interacción de las demás variables[2074]. No decide solo la duración del castigo (la duración abstracta y nominal de la pena): la naturaleza del delito de que se trate, el tipo de infractor, su proceso y grado de socialización, la «experiencia penal» del mismo, el grado de apoyo informal que pueda recibir el comportamiento desviado[2075], la prontitud e inmediación de la respuesta al mismo, la infalibilidad (implacabilidad de ésta) en la percepción subjetiva del in-

---

delincuencia y su control: realidades y fantasías, en Revista de Derecho Penal y Criminología (UNED), nº 8, 2ª Época, Julio 2001, págs. 322 y ss.

[2073] Muchos estudios empíricos demuestran precisamente que el delincuente padece una "distorsión perceptiva", esto es, una defectuosa percepción de la realidad que le hace considerarse inmune a la ley y el castigo. Vid., ROSS, ROBERT, R., FABIANO, E. y GARRIDO GENOVÉS, V., El pensamiento prosocial. El modelo cognitivo para la prevención y tratamiento de la delincuencia. Monográfico de la Revista "Delincuencia", 1990, nº 1, pág. 31. Cfr., GARCÍA-PABLOS DE MOLINA, A., Tratado de Criminología, cit., pág. 888. Sobre la percepción del riesgo de ser descubierto y detenido por el infractor (que sería muy inferior a la percepción del no delincuente), vid.: THOMAS, C.W. y BISHOP, D.M., The effect of formal and informal sanctions on delinquency: a longitudinal comparison of labeling and deterrence theories, en: The Journal of Criminal Law and Criminology, 75 (1984), págs. 1.239 y ss. También: PATERNOSTER, R., SALTAMAN, L.E., WALDO, G.P. y CHIRICOS, T.G., Causal ordering in deterrence research: an examination of the perceptions behavior relationship, en: Deterrence reconsidered. Methodological innovations (J. Hagan edit.), Beverly Hills: Sage, 1982, págs. 56 y ss.; AGNEW, R., A longitudinal test of Social control theory and delinquency, en: Journal of research in Crime and Delinquency, 1991, págs. 140 y ss. Cfr. SERRANO MAILLO, A., Introducción, cit., págs. 249 y ss.; y 256 y ss.

[2074] En este sentido, GARCÍA-PABLOS DE MOLINA, A., Tratado de Criminología., cit., pág. 888.

[2075] Sobre la relevancia de otra variable: la posibilidad de 'redefinir' el rol de delincuente, vid. ALVIRA MARTÍN, F., El efecto disuasor de la pena (citando las investigaciones de TOBY), cit., pág. 18.

fractor ..., etc.) el modo en que la sociedad y el delincuente perciban[2076] el castigo (adecuación, efectividad, etc.) son circunstancias que condicionan decisivamente el poder disuasorio concreto de aquél. Dicho de otro modo: una pena, por ejemplo, de seis años de privación de libertad no intimida siempre lo mismo, ni intimida siempre y en todos los casos más que una pena privativa de libertad de dos, de tres o de cinco años.

El efecto disuasorio real de la pena (de la amenaza o conminación penal) se halla muy condicionado por la *percepción subjetiva del infractor* respecto a la virtualidad de la efectiva imposición del castigo si comete el delito. Determinante será, en este sentido, no la mayor o menor severidad nominal de la pena abstracta, sino el mayor o menor porcentaje de riesgo que asocia el delincuente potencial a la comisión del delito valorando las circunstancias concretas del caso (grado de dificultad que entraña la ejecución del delito, pericia y capacidad propia para llevarla a cabo exitosamente, efectividad real del sistema legal, etc.).

En dicho cálculo o evaluación de las consecuencias próximas derivadas de la comisión del delito, las investigaciones empíricas parecen haber verificado dos extremos[2077]. En primer lugar, que el infractor —sobre todo, el *habitual*— adopta una actitud marcadamente más optimista en la ponderación de riesgos que el ciudadano respetuoso de las leyes. Tal actitud puede deberse a una cierta *distorsión* en la percepción de la realidad, o «síndrome de optimismo» no justificado, característico del perfil psicológico del infractor; o todo lo contrario: al pragmatismo y experiencia de éste, que le permiten valorar con realismo la escasa efectividad del sistema legal y, por tanto, la alta probabilidad de cometer el delito impunemente. En segundo lugar, que, a su vez, el grado de *optimismo* difiere según la naturaleza del delito y la personalidad correlativa de su autor. El delincuente sexual, por ejemplo, no suele siquiera plantearse la posibilidad de ser castigado. El delincuente contra el patrimonio y la seguridad vial, por el contrario, calcula racionalmente los riesgos de la comisión del delito. Más aún lo hace, sobre todo, el delincuente en el ámbito socioeconómico y el medio ambiente, y, desde luego, las corporaciones en el particular de las sanciones pecunarias[2078].

[2076] El efecto disuasorio solo puede producirse, en todo caso, a través de la representación simbólica o anticipación cognitiva del castigo. Dicha mediación simbólica obliga a poner el acento en la "percepción subjetiva" de aquel. Vid. ALVIRA MARTÍN, F., El efecto disuasor de la pena, cit., pág. 14 y 15.

[2077] Cfr. GARRIDO, V. y otros, Principios de Criminología, cit., págs. 196 y ss. Vid. ZIMRING, F.E. y HAWKINS, G.J., Deterrence. The legal Threat and Crime Control, Chicago, University of Chicago Press, 1973. Cfr. REDONDO ILLESCAS, S., Tratamiento y sistema penitenciario, en: El laberinto de la violencia. Causas, tipos y efectos. (Coordinador: Sanmartín), Ariel (Barcelona), 2004, pág. 335.

[2078] Cfr., GARRIDO, V. y otros, Principios de Criminología, cit., págs. 196 y ss. Como observa REDONDO ILLESCAS, S., Los delincuentes suelen ser optimistas al valorar la posibilidad (realmente muy baja) de que sean descubiertos y castigados, por lo que aciertan. La propia experiencia personal les demuestra que el sistema legal es lento y poco eficaz. Los «habituales» no tienen duda de ello. El ciudadano que respeta las leyes, sin embargo, supone lo contrario: que si delinque, el sistema legal será implacable, le descubrirá y castigará con seguridad (en lo que se equivoca). Por esta razón (la percepción del riesgo punitivo) y otras (de carácter moral, educativo, controles informales, etc.) la amenaza de la pena, adquiere un mayor poder disuasorio, paradójicamente, con relación al ciudadano en general que cumple las leyes, que con relación a los propios delincuentes. Vid., La delincuencia y su control: realidades y fantasías, cit., pág. 322.

> En el caso del delincuente terrorista, el efecto disuasorio del castigo —incluido el de máximo rigor— depende menos de la percepción subjetiva del autor sobre el riesgo de imposición de aquel y de su severidad que en el de otros delincuentes.

No le faltaba razón, pues, a BECCARIA al mantener ya en 1764 que lo decisivo no es la gravedad de las penas, sino la prontitud con que se impongan; no el rigor o la severidad del castigo, sino su certeza o infalibilidad: que todos sepan y comprueben —incluido el infractor potencial, decía el autor— que la comisión del delito implica indefectiblemente la pronta imposición del castigo[2079]. Que la pena no es un riesgo futuro e incierto sino un mal próximo y cierto, inexorable. Pues si las leyes nacen para ser cumplidas, habrá que convenir con el ilustre milanés, que sólo la efectiva aplicación de la pena confirma la seriedad de la conminación legal. Que la pena que realmente intimida es la pena que se ejecuta: que se ejecuta pronto, que se ejecuta de forma implacable y habría que añadir: que se percibe por la sociedad como justa y merecida.

B) El modelo neoclásico

a') Para la denominada escuela neoclásica (o moderno clasicismo) el efecto disuasorio preventivo aparece más asociado al funcionamiento (efectividad) del sistema legal que al rigor nominal de la pena[2080]. Sus teóricos, de hecho, atribuyen la criminalidad al fracaso o fragilidad de aquél, a sus bajos rendimientos. Mejorar la infraestructura y la dotación del sistema legal sería la más adecuada y eficaz estrategia para prevenir la criminalidad: más y mejores policías, más y mejores jueces, más y mejores cárceles. De este modo se *encarecen* los costes del delito para el infractor, aseguran, que desistirá de sus planes criminales al comprobar la efectividad de un sistema en perfecto estado de funcionamiento[2081]. La sociedad, concluyen los partidarios de este enfoque neoclásico, tiene el crimen que quiere tener, pues siempre podría mejorar los resultados de la lucha preventiva contra el mismo, incrementando progresivamente el rendimiento del sistema legal; perfeccionando el equipamiento y dotación de éste. Invirtiendo más y más recursos en sus necesidades humanas y materiales cabría siempre esperar y obtener, de forma sucesiva e ilimitada, más éxitos y mejores resultados[2082].

[2079]   De los delitos y las penas, Madrid (Aguilar), 1974, págs. 128 a 134.

[2080]   Sobre el moderno clasicismo o escuela neoclásica, por todos, vid., SCHNEIDER, H.J., Kriminologie, 1987 (Walter de Gruyter), págs. 364 y ss.

[2081]   En este sentido, BECKER, G.S., EHRLICH, I., TULLOCK, G., COOK, Ph. J., RUBIN, P.H., etc. Cfr., GARCÍA-PABLOS DE MOLINA, A., Tratado de Criminología, cit., págs. 889 y ss.

[2082]   Así, RUBIN, Paul H., The Economics of crime. (Ralph Andreano-John J. Siegfried-editores: The Economics of Crime), 1980, págs. 13 a 25.

b') Pero este modelo de prevención tampoco convence.

En orden a la prevención del crimen, la efectividad del sistema legal es, sin duda, relevante, sobre todo a corto plazo[2083] y con relación a ciertos sectores de la delincuencia (vg. ocasional). Pero no cabe esperar demasiado del mismo. El sistema legal deja intactas las *«causas»* del crimen, actúa tarde (desde un punto de vista etiológico), cuando el conflicto se manifiesta (opera, pues, sintomatológicamente). Su capacidad preventiva, en consecuencia, tiene unos límites estructurales insalvables. A medio y largo plazo no resuelve por sí mismo el problema criminal cuya dinámica responde a otras claves, como en su día advirtiera FERRI, al entonar su «oráculo fúnebre» al Derecho Penal Clásico[2084].

En segundo lugar, y contra lo que a menudo se supone, no parece ya razonable atribuir los movimientos de la criminalidad (el incremento o el descenso de sus índices) a la efectividad —mayor a menor— del sistema legal. Ni la fragilidad de éste, sin más, determina un ascenso correlativo de la criminalidad (de la criminalidad *«real»*, naturalmente, no de la *«oficial»* o *«registrada»*), ni una mejora sensible de su rendimiento reduce en la misma medida los índices de criminalidad. No existe tal correlación porque el problema es bastante más complejo y obliga a ponderar otras muchas variables. Por la misma razón, mejorar progresiva e indefinidamente los resultados de la prevención del delito a través del sistema legal, potenciando el rendimiento y efectividad de éste es una pretensión poco realista, condenada al fracaso a medio plazo[2085]. De una parte, porque no falta razón, quizás, a quienes invierten la supuesta relación de causa a efecto, afirmando que no es el fracaso del sistema legal lo que produce (causa) el incremento de la delincuencia (efecto), sino este último (el aumento de la criminalidad) el que ocasiona la fragilidad y el fracaso del sistema legal[2086]. Y de otra, porque no se deben confundir la criminalidad *«real»* y la *«registrada»*, suponiendo erróneamente que los valores de esta última constituyen un indicador seguro de la eficacia preventiva del sistema legal.

[2083] Investigaciones empíricas parecen demostrar, por ejemplo, que disuade más al infractor indeciso el riesgo de ser descubierto que la gravedad nominal, mayor o menor, de la pena. Que el marco legal de ésta o su medición judicial influyen menos de lo que se suponía en la observancia de las leyes. Vid., KAISER, G., Introducción a la Criminología, cit., pág. 121.

[2084] FERRI, E., Los nuevos horizontes, cit., pág. 233.

[2085] Vid., GARCÍA-PABLOS DE MOLINA, A., Tratado de Criminología, cit., págs. 890 y ss. Los estudios sobre «prevención general» parecen demostrar lo contrario: que las ventajas (en términos de prevención) a medio plazo de un incremento progresivo del rigor penal y de las actitudes punitivas del sistema son mínimas o incluso pueden producirse efectos criminógenos. Vid. KURY, H., Sobre la relación entre sanciones y criminalidad, cit. (2001), págs. 304 y ss.; NAGIN, D.S., Criminal deterrence research at the outset of the twenty-first century, en: Crime and Justice. A review of research, 23 (1998), págs. 3 y ss. Cfr. SERRANO MAILLO, A.; Introducción, cit., pág. 254.

[2086] Vid., GWYNN NETTLER, Explaining Crime, 2ª Ed., 1978, pág. 204., Cfr., SCHNEIDER, H.J., Kriminologie, cit., pág. 368.

Más y mejores policías, más y mejores jueces, más y mejores prisiones —decía a este propósito un autor— significa más infractores en la cárcel, más penados, pero no necesariamente menos delitos[2087]. Una sustancial mejora de la efectividad del sistema legal incrementa, desde luego, el volumen de crimen registrado, se captura más crimen y reduce la desproporción entre los valores «oficiales» y los «reales» (cifra negra). Pero no por ello se evita más crimen ni se produce o genera menos delito en idéntica proporción: se detecta más crimen. ¡Mala política criminal aquella que contempla el problema social del delito en términos de mera «disuasión», desentendiéndose del imprescindible análisis etiológico de aquél y de genuinos programas de prevención (prevención primaria)!.

Pésima política criminal aquella que olvide que las claves de una prevención eficaz del crimen residen no en un fortalecimiento del control social «formal» sino en una mejor sincronización del control social «formal» y el «informal»[2088], y en la implicación o compromiso activo de la comunidad.

> Es imprescindible distinguir entre «política criminal» y «política penal», si no se quiere privar de contenido y autonomía el propio concepto de «prevención». Este último reclama cierta política criminal (de base etiológica, positiva, asistencial y social, comunitaria), no fórmulas represivas o intimidatorias, meramente sintomatológicas, policiales, que se desentienden de las raíces del problema criminal y prescinden de todo análisis científico del mismo.

* EXCURSO: Evaluación empírica de los modelos disuasorios (clásico y neoclásico).

No es tarea fácil, por razones metodológicas, evaluar empíricamente el efecto intimidatorio real de la pena (de la pena abstracta con que se conmina la comisión de un delito, de la concreta que se impone al infractor) y, en general, la capacidad disuasoria del sistema legal (que dispone, además, de otros instrumentos y resortes, como la detención policial, la prisión provisional, etc. para el cumplimiento de sus fines). Sin embargo, el uso racional del castigo —objetivo prioritario del Estado social y democrático de Derecho, y de toda Política Criminal científica— exige la verificación empírica de su eficacia, de su utilidad, dada la estricta legitimación instrumental del mismo (sin olvidar, en todo caso, que un sistema legal en buen estado de funcionamiento ha de satisfacer otras exigencias y acreditar ciertas cualidades positivas más allá de su poder disuasorio y efectividad)[2089]. Por ello, hoy interesa sobremanera a la Criminología verificar la eficacia disuasoria real del castigo y sus variables: si es cierto —o no— que la amenaza de la pena evita la comisión de delitos y previene la criminalidad; si la imposición y cumpli-

---

[2087] Así, JEFFERY. Cfr., GARCÍA-PABLOS DE MOLINA, A., Tratado de Criminología, cit., pág. 891.

[2088] Así, GARCÍA-PABLOS DE MOLINA, A., Tratado de Criminología, cit., pág. 891.

[2089] Vid. infra, Capítulo Quinto, apartados I y IV.

miento de la pena concreta mitiga —o no— el riesgo de reincidencia del infractor. En definitiva, si existe evidencia empírica de que la pena satisface las necesidades y expectativas sociales[2090] que los modelos disuasorios asignan al castigo.

> Dado que las sanciones formales (la pena) y las *informales* (otras sanciones sociales) integran el control social (total o global) —y que son recíprocamente interdependientes— no parece tarea fácil, desde un punto de vista metodológico, aislar y abstraer unas de otras para verificar la capacidad preventiva de las primeras[2091]. Pues no cabe ya discutir que la efectividad del control social informal y sus sanciones condiciona en todo caso el rendimiento de las instancias del control social formal y la eficacia disuasoria de las penas.

Se ha afirmado en una obra de reciente publicación[2092] que son pocos los estudios empíricos dirigidos a verificar los efectos reales del castigo (en particular, la capacidad disuasoria de éste) —todos, se advierte, realizados por psicólogos, sociólogos y criminólogos— sorprendiendo que la doctrina penal se haya desentendido del problema, y que se limite a crear, interpretar y aplicar las leyes.

Los autores de la obra citada, partiendo de la experiencia empírica, entienden que ésta refuta los postulados básicos de los modelos disuasorios. Desmentiría, desde luego, la supuesta eficacia *preventivo especial* de la pena (en el delincuente concreto que la padeció), incapaz de evitar su reincidencia. Y solo verificaría, parcialmente además, las exigencias de la *prevención general* en cuanto que el riesgo o probabilidad de que se descubra el delito y detenga al infractor (y no el rigor del castigo) parece ser un elemento esencial en orden a la prevención de la criminalidad[2093].

[2090] Vid. BARBERET, R., La prevención general y especial, en: Cuadernos de Derecho Judicial (La Criminología aplicada), 1997, págs. 117 y ss. Sobre el significado que la doctrina penal atribuye a los conceptos de prevención general y prevención especial, vid. GARCÍA-PABLOS DE MOLINA, A., Derecho penal. Introducción, cit., págs. 139 y ss., y 151 y ss., respectivamente. Sobre el problema, vid., recientemente: THEODORE N. FERDINAND, Does Punishmente Work?, en: Ponencia presentada al Congreso Internacional sobre Modernas tendencias en la Ciencia del Derecho Penal y en la Criminología (Madrid, UNED, 6 a 10 de noviembre de 2000), publicado en: Modernas tendencias en la Ciencia del Derecho Penal y en la Criminología. Madrid, UNED, 2001, bajo el título: Funcionan las penas (traducción de Serrano Maillo, A); KURY, H., Sobre la relación entre sanciones y criminalidad, o ¿qué efecto preventivo tienen las penas?, en: Modernas tendencias en la Ciencia del Derecho Penal y en la Criminología, cit., 2003, (traducción de Hernández Plasencia, J.U.); SERRANO MAILLO, A., Introducción a la Criminología. Madrid (Dykinson), 2003, págs. 239 y ss.; GARRIDO GENOVÉS, V.-STANGELAND, P. y REDONDO ILLESCAS, S., Principios de Criminología, cit., págs. 191 y ss.

[2091] Como advierte SERRANO MAILLO, A., (Introducción, cit., págs. 240 y ss.) el sistema de valores del propio individuo explica el comportamiento conforme a las normas de la mayoría, sin necesidad del freno intimidatorio y disuasorio del castigo. A ello se añaden las muy eficaces sanciones informales (perjuicios que ocasionaría el delito al infractor: desaprobación de su familia, pérdida de amigos, etc.)

[2092] GARRIDO, V. y otros, Principios …, cit., págs. 191 y ss.

[2093] GARRIDO, V. y otros, Principios …, cit., pág. 199.

El fracaso *preventivo-especial* de la pena —siempre según los autores mencionados— se habría constatado en una investigación de REDONDO, FUNES y LUQUE sobre la reincidencia en el delito[2094] cuya principal conclusión fue que la prisión, *per se*, no previene ni evita la recaída en el delito. Del estudio examinado se desprendería —contra las premisas y postulados de los modelos disuasorios— que los índices de reincidencia aumentan con el incremento de la frecuencia de ingreso en prisión del infractor y con el de la duración de la prisión y rigor de las condiciones de cumplimiento y extinción de la condena. Esto es: la probabilidad de reincidir aumenta en proporción al número de veces que el infractor había ingresado en prisión, y a la duración de ésta. Y los índices más elevados de reincidencia se apreciarían en los penados que padecieron condenas más rigurosas y estrictas[2095].

En cuanto a la eficacia *preventivo general* de la pena, los autores estiman que aquella parece más asociada al riesgo o probabilidad de descubrimiento del delito que al rigor o severidad nominal del castigo mismo[2096], todo ello, siempre desde la percepción subjetiva del infractor, que evaluaría, caso a caso, la entidad del mencionado riesgo o probabilidad de ser detenido. La gravedad de la pena y de su régimen de cumplimiento carecería de relevancia en orden a la capacidad disuasoria de aquélla como instrumento de prevención[2097], lo que podría predicarse, también, de la pena capital y su muy limitada incidencia en las tasas de homicidios[2098].

Las tesis de la obra reseñada merecen alguna matización.

En primer lugar, no parece razonable se reproche indiscriminada y categóricamente a la doctrina penal no haberse esforzado por verificar con un método empírico los efectos reales del castigo. Ni tampoco que se identifique a aquéllla con los postulados de los modelos disuasorios.

[2094] Justicia Penal y reincidencia. Barcelona, 1994. Fundació Jaume Callis. La investigación, realizada sin grupo de control, ponderó la reincidencia de una muestra de 485 delincuentes por un período de seguimiento de tres años y medio.

[2095] Cfr., GARRIDO, V. y otros, Principios ..., cit., págs. 192 y 193. Los autores citan otras investigaciones que también refutan los postulados de los modelos disuasorios, si bien discrepan en parte de las conclusiones de la de Redondo, Funes y Luque. Concretamente, las de LIPTON, MARTINSON y WILKS, de 1975 (The effectiveness of correctional treatment: A Survey of treatment evaluation studies. New York. Praeger), y BRODY, de 1976 (The Effectiveness of Sentencyng. Home Office Research Study, 35. Londres, HMSO). Según estas últimas el efecto de la cárcel en la vida futura de los condenados es mínimo, no apreciándose diferencias sustanciales en la conducta posterior entre quienes cumplieron penas de corta o de larga duración (GARRIDO y otros, op. cit., pág. 194).

[2096] Cfr., GARRIDO, V. y otros, Principios ..., cit., págs. 194 y ss.

[2097] Cfr., GARRIDO, V. y otros, Principios ..., cit., pág. 199.

[2098] Cfr., GARRIDO, V. y otros, Principios.., cit., págs. 197 y 198.

En efecto, la crítica desconoce que la Ciencia del Derecho, a pesar de su indiscutible aproximación a la realidad social, a los sistemas sociales y al mundo empírico durante los últimos lustros, no es ni puede ser una ciencia empírica, sino *normativa*. No corresponde, pues, a la misma la verificación empírica de la capacidad disuasoria real de la pena y sus variables, sino a otras disciplinas.

Por otra parte, sería injusto ignorar que una de las constantes históricas de la evolución del Derecho penal moderno es, precisamente, su progresiva *racionalización* y *autolimitación*: la necesidad imperiosa de verificar y controlar sus objetivos[2099] sometiendo a una abierta crítica el efecto real de sus instrumentos. La crisis definitiva de las llamadas *teorías absolutas* de la pena[2100], el debate sobre la (supuesta) función *resocializadora* de ésta[2101], los serios esfuerzos por someter a límites el principio intimidatorio, distinguiendo entre *intimidación* y *prevención* (general positiva)[2102], la búsqueda de sustitutivos y alternativas a la pena de prisión clásica, reduciendo en todo caso su duración y mejorando el régimen de cumplimiento de la misma[2103] expresan, inequívocamente, la mencionada tendencia racionalizadora de la Ciencia Penal.

Tampoco parece correcto identificar la opinión dominante de la doctrina penal contemporánea sobre los fines de la pena con los postulados de los modelos disuasorios, abiertamente criticados, por cierto, en páginas precedentes de esta obra. La doctrina penal española, a mi juicio, no comparte las premisas metodológicas ni las implicaciones políticocriminales de un paradigma que polarice el debate sobre el castigo en torno a la idea de intimidación eficaz o que legitime éste apelando a sus brillantes éxitos preventivo generales y preventivo especiales. Menos aún, que asocie tal efectividad al rigor y severidad del castigo, desconociendo otras muchas variables.

Existe, en efecto, un amplio consenso doctrinal cuando se define la pena como «amarga necesidad» según fórmula que utilizó con éxito el Proyecto Alternativo de Código Penal alemán (1966). La pena nació como institución —y se justifica, día a día— por razones de *estricta necesidad social*, como instrumento indispensable para la salvaguarda de la sociedad y prevención del crimen. Los penalistas hemos entonado hace ya tiempo el «definitivo adiós a Kant y Hegel», aceptando que la pena es solo un «medio», no un «fín», en si misma. Castigamos, pues, «ne

---

[2099] Por todos, STRATENWERTH, G., Die Zukunft des strafrechtlichen Schuldprinzips. 1ª Edición (1977), Heidelberg-Karlsruhe, Müller Juristischer Verlag (4), págs. 5 a 7. Cfr., GARCÍA-PABLOS DE MOLINA, A., Derecho Penal. Introducción, cit., pág. 104.

[2100] Sobre el problema, vid., GARCÍA-PABLOS DE MOLINA A., Derecho Penal, Introducción, cit., págs. 132 y ss.

[2101] Cfr., GARCÍA-PABLOS DE MOLINA, A., Derecho Penal. Introducción, cit., págs. 159 y ss.

[2102] Cfr., GARCÍA-PABLOS DE MOLINA, A., Derecho Penal. Introducción, cit., págs. 141 y ss.

[2103] Cfr., GARCÍA-PABLOS DE MOLINA, A., Derecho Penal. Introducción, cit., págs. 104 y ss.

peccetur», no «*quia peccatum est*», ya que —afortunadamente— la pena ha perdido su aureola mágica, sacra y solo se legitima en cuanto cumpla las funciones que se le asignan. La historia y la experiencia humana han avalado su eficacia preventivo-general como instrumento al servicio del control y evitación del delito, pues sus fracasos —ciertos y llamativos, como demuestran los índices de criminalidad— no pueden ni deben ensombrecer aquélla. Sabemos que, a pesar de la pena, siguen cometiéndose delitos. Pero, sin duda alguna, es fácil suponer que se cometerían muchos más, y que devendría imposible la convivencia, hoy por hoy, sin la pena.

Además, la doctrina penal contemporánea —y sobre todo, la llamada teoría de la prevención general positiva— subraya hasta la saciedad que no pueden identificarse los conceptos de prevención general e intimidación o disuasión. La pena, según dicha tesis, sería un poderoso instrumento de *integración social*, de suerte que su capacidad disuasoria pasaría a un segundo plano comparada la misma con su «fuerza creadora de costumbres» al actuar como «indicador» y «censura» de la conducta prohibida formulando el correspondiente tabú[2104]. La pena cumple, por tanto, —se insiste— una función «pedagógica», de ejemplaridad, «ético-social», reforzando la pretensión de vigencia de las normas jurídicas en la conciencia de la comunidad a través del «veredicto» que la conminación legal entraña[2105].

Desde la famosa obra de BECCARIA (1764), sin embargo, sabemos no solo que la *necesidad* es el fundamento último del castigo («toda pena que no se deriva de la absoluta necesidad es tiránica»), decía el autor[2106], sino que la propia eficacia intimidatoria de la pena no depende de su rigor y severidad, sino de la certeza («infalibilidad») y prontitud con que se imponga, entre otros factores. La pena «cierta», «pronta», «necesaria» y «proporcionada» al delito —aseguraba el Marqués de Beccaria— es más eficaz que la pena dura y cruel[2107]. La pena injusta o desproporcionada aterroriza, no intimida, desacredita al sistema y a menudo produce efectos criminógenos, según acredita una dilatada experiencia histórica. Esta ha demostrado, también, hasta la saciedad los riesgos de una concepción estrictamente *intimidatoria* del castigo, que entroniza el terror penal, mediatiza al penado en aras de fines prevencionistas y esgrime la pena pública —por decirlo con palabras de HEGEL— como «el amo que levanta el bastón contra el perro»[2108].

[2104] Cfr., GARCÍA-PABLOS DE MOLINA, A., Derecho Penal. Introducción, cit., págs. 143 y 144, citando a H. Mayer, Cerezo, Antón Oneca y otros.

[2105] Así, STRATENWERTH, G., Strafrecht, A.T., cit., pág. 26.

[2106] De los delitos y de las penas. Madrid, Alianza, 1969, Cap. III, pág. 28.

[2107] De los delitos y las penas. Capítulo 47, pág. 112.

[2108] Cfr. GARCÍA-PABLOS DE MOLINA, A., Derecho Penal. Introducción, cit., págs. 141 y ss.

Que los alarmantes índices de reincidencia demuestran, en buena medida, el fracaso *preventivo especial* de la pena, es casi un tópico en el debate doctrinal sobre los efectos reales del castigo. Ahora bien, sin desconocer que ni el incremento de la criminalidad responde necesaria y exclusivamente al fracaso del control social formal, ni la pena se justifica solo o prioritariamente por exigencias de prevención especial[2109].

Finalmente, y contra lo que mantiene AKERS[2110], la doctrina penal no ignora la denominada «disuasión informal»[2111], esto es, la existencia de sanciones o consecuencias sociales negativas asociadas a la comisión de un delito e imposición de la pena que, desde luego, pueden intervenir en los procesos motivacionales y disuasorios con indudable eficacia preventiva. Lo que sucede es que el lenguaje abstracto del Derecho oculta una dimensión importante del problema y da la falsa sensación de que al jurista solo le interesa un análisis formal del mismo[2112].

> Control social *informal* y control social *formal* integran un mecanismo unitario, total, inescindible, cuyas instancias y sanciones se condicionan y complementan recíprocamente. No cabe cuestionar, por tanto, que la propia eficacia preventiva de la *pena* puede verse reforzada o, en su caso, neutralizada por el buen o mal comportamiento del control social informal. El sistema de valores del infractor potencial, sus vínculos sociales o *arraigo* a las instituciones, las expectativas de terceros (familia, amistades, entorno del infractor, grupo de pares de éste) e incidencia del comportamiento desviado hipotético —en la percepción del delincuente— en la esfera familiar, profesional, laboral, etc. afectan a la capacidad preventiva de la pena. Ahora bien, tampoco parece acertada —y por la misma razón: naturaleza unitaria y total del control social— la tesis de quienes minimizan la eficacia preventiva de la pena para sobredimensionar la de la denominada *disuasión informal*[2113], por más que la relevancia de esta última sea incuestionable.

[2109] Cfr., GARCÍA-PABLOS DE MOLINA, A., Derecho Penal. Introducción, cit., págs. 156 y ss.

[2110] Criminological Theories, 1997. Los Angeles. Roxbury Publishing Company. Cfr., GARRIDO, V. y otros, Principios, cit., pág. 199.

[2111] Sobre la disuasión informal, vid. GARRIDO, V. y otros, Principios …, cit., págs. 198 y 199.

[2112] Naturalmente —y aunque no suela explicitarse— cuando el jurista pondera el efecto disuasorio de la pena de prisión, no contempla solo la duración nominal o efectiva de ésta, sino todo lo que implica una privación de libertad en la esfera personal, profesional, laboral, familiar, social, etc., etc.

[2113] Un sector prestigioso de la doctrina criminológica estima que las sanciones informales previenen el delito con más eficacia que las sanciones formales (por todos: PATERNOSTER, R., The deterrent effect of the perceived certainty and severity of punishement: a review of the evidence and issues, en: Justicie Quarterly, 4 (1987), pág. 192). De las investigaciones empíricas parece desprenderse que hemos sobrevalorado la capacidad preventiva de las penas, sin razón (vid.: BURKETT, S.R. y WARD, D.A., A note on perceptual deterrence, religiosity based moral condemnation, and social control, en: Criminology, 31 (1993), págs. 126 y ss.); lo más realista es reconocer que las sanciones formales y las informales se condicionan recíprocamente, se complementan y refuerzan entre sí, de suerte que las sanciones formales solo previenen eficazmente el delito si cuentan con el respaldo de las sanciones sociales informales (así: BRAITHWAITHE, J., Crime, shame and reintegration, Cambridge: Cambridge University Press, 1989, págs. 73 y ss.).

En cuanto al radical fracaso preventivo especial y preventivo general de la pena que se trata de fundamentar empíricamente en la obra comentada (*Principios de Criminología*), proceden dos puntualizaciones.

Ante todo, que no cabe generalizar las conclusiones que se obtienen de investigaciones realizadas sin el necesario *grupo de control*, como sucede con la mayoría de los trabajos que se citan con el objeto de ilustrar la incapacidad de la pena para prevenir la reincidencia. Ni puede atribuirse la recaída en el delito en tales casos solo y exclusivamente a la pena, ni es correcto extrapolar esta conclusión, desde luego, con pretensiones de universalidad, a todos los supuestos de reincidencia afirmando la inutilidad del castigo.

Por lo que se refiere al (relativo) fracaso preventivo general de la pena, tampoco parece sea ésta, en puridad, la conclusión definitiva que se desprende de las investigaciones empíricas que se invocan. Lo que, a mi modo de ver, sí cabe afirmar categóricamente son dos tesis: que, hoy por hoy, no conocemos alternativas globales institucionalizadas al castigo que prevengan el delito, respetando los derechos y garantías del ciudadano; y que la eficacia disuasoria real de la pena no depende sólo ni prioritariamente de su gravedad nominal, sino de otras muchas variables.

1) Las investigaciones empíricas en torno a la eficacia *preventivo especial, negativa y positiva* de la pena, sugieren se distinga entre el mero encarcelamiento (que arroja resultados negativos) y el tratamiento (la eficacia preventivo-especial de la intervención obliga a analizar diversas variables, pero no es necesariamente adversa).

En general, cabe afirmar que el *encarcelamiento* carece de efectos preventivo-especiales positivos. Las diversas investigaciones empíricas llegan a la misma conclusión que REDONDO, FUNES y LUQUE[2114], con algunos matices.

El hallazgo no puede sorprender. Por una parte, y de acuerdo con los enfoques *subculturales* y del *aprendizaje* parece obvio que el encarcelamiento no puede contribuir a una mejora del interno, ya que éste se halla inmerso en la subcultura carcelaria y lo lógico es que aprenda o consolide los valores de la misma, no los oficiales de la sociedad cuya vulneración determinó el internamiento. La cárcel no brinda, de hecho, al penado una oportunidad propicia para la reflexión o el arrepentimiento y el propósito de la enmienda sino todo lo contrario, para establecer contactos con otros delincuentes, para perfeccionar las técnicas criminales y consolidar los propios valores delictivos. De otra, tanto el *labeling approach* (desviación secundaria) como modernas teorías del *control social informal* (LAUB y

---

[2114]   Cfr. SERRANO MAILLO, A., Introducción, cit., págs. 254 y ss.

SAMPSON, HIRSCHI y GOTTFREDSON, etc.) mantienen que la comisión del delito —y la pena— marcan inexorablemente el comienzo de carreras delictivas, porque debilitan los vínculos sociales del infractor y limitan el horizonte personal, familiar, profesional y social de éste, de suerte que tales antecedentes garantizan la continuidad delictiva[2115]. El delito predice el delito[2116] a modo de fatídica profecía que se cumple a sí misma (self-fullfiling prophecy).

Así, LAUB y SAMPSON[2117] observaron que el encarcelamiento, en sí mismo, carece de efectos directos, positivos o negativos, en las carreras criminales, si bien afectaba a las posibilidades laborales del sujeto en el futuro[2118]. SERRANO GÓMEZ y FERNÁNDEZ DOPICO[2119] concluyeron, también, que la prisión, por sí sola, no tiene efectos negativos directos, pero si indirectos, al incidir de forma nociva en las relaciones del joven con la familia y dificultar su vida escolar, profesional y laboral.

Tampoco se ha verificado empíricamente la hipótesis de que el cumplimiento de la pena incrementa en el infractor la percepción del riesgo[2120] de ser detenido caso de cometer un posterior delito.

BISHOP Y THOMAS[2121] trataron de comprobar si es cierto que el mero hecho de haber sufrido alguna sanción determina que el penado perciba que el riesgo de detección por un posterior delito es más elevado que con anterioridad al cumplimiento del castigo. Y no lo consiguieron. Observaron, eso si, que la percepción de dicho riesgo se reduce con la comisión de hechos delictivos, esto es, que al delinquir el joven infractor constata que las posibilidades de detección eran más bajas de lo que el suponía antes de su acción criminal. Pero BISHOP y THOMAS llegaron a la conclusión de que ni las sanciones formales, ni las informales, elevan la percepción del riesgo. E incluso que ni siquiera tienen un efecto criminógeno[2122].

[2115] Cfr. SERRANO MAILLO, A., Introducción, cit., pág. 353.

[2116] Así, HIRSCHI, T. y GOTTFREDSON, M.R., Self-control-theory, en: Explaining criminals and crime. Essays in contemporany criminological theory (Paternoster, R. y Bachman, R., edits.), Los Angeles: Roxbury Publishing Company, 2001, págs. 82 y ss.

[2117] LAUB, J.H., SAMPSON, R.J. y ALLEN, L.C., Explaining crime over the life course: toward a theory of age-graded informal social control, cit., 2001, págs. 104 y ss.

[2118] Otros autores han observado una clara incidencia, aunque indirecta, del encarcelamiento en la carrera criminal del infractor, al limitar sus horizontes laborales, Así, BUSHWAY, S.D., The stigma of a criminal history record in the labor market, en: Building violence. How America's rush to incarcerate creates more violence (J.P. May y K.R. Pitts, edits.), 2000, Thousand Oaks: Sage, págs. 142 y ss.

[2119] El delincuente español. Factores concurrentes (influyentes). Madrid (Instituto de Criminología de la Universidad Complutense), 1978, págs. 441 y ss.

[2120] Cfr. SERRANO MAILLO, A., Introducción, cit., pág. 256.

[2121] THOMAS, C.W. y BISHOP, D.M., The effect of formal and informal sanctions on delinquency: a longitudinal comparison of labeling and deterrence theories, en: The Journal of Criminal Law and Criminology, 75 (1984), págs. 1.229 y ss.

[2122] The effect of formal and informal sanctions, cit., págs. 1.239 y ss. Cfr. SERRANO MAILLO, A., Introducción, cit., pág. 257.

Otra de las hipótesis que ha intentado ser testada empíricamente es la de la denominada «*justicia procedimental*», esto es, que la percepción subjetiva del infractor respecto al trato que ha recibido del sistema legal —justo o injusto— pueda tener un impacto decisivo (más que el de las propias penas) en el comportamiento futuro del mismo[2123].

> Según BRAITHWAITE y SHERMAN[2124], contribuirían a una percepción positiva por ejemplo: haberse practicado la detención sin violencia innecesaria, o evitando circunstancias aflictivas para el infractor (vg. en presencia de conocidos y amigos); que éste piense haber sido escuchado por la autoridad, y haber tenido la posibilidad efectiva de defenderse; que se le haya dispensado un trato digno durante la detención y el juicio; que la pena no le parezca desmedida e injusta, etc. Una percepción negativa del propio infractor respecto a dicho trato (vg. castigo desproporcionado, trato vejatorio, etc.) tendría efectos criminógenos.

PATERNOSTER, BRAME, BACHMAN y SHERMAN[2125] creen haber encontrado apoyo empírico a esta hipótesis.

La eficacia preventivo-especial del arresto en el ámbito concreto de la violencia doméstica ha tratado de constatarse a través de conocidas investigaciones empíricas. La de SHERMAN[2126] comprobó que el arresto (policial) del maltratador reducía significativamente los índices de reincidencia, lo que no sucedía con otro tipo de respuestas policiales menos drásticas. El experimento de SHERMAN tuvo un gran impacto social en los EEUU y algunos estudios posteriores pretendieron extrapolar sus conclusiones a la delincuencia en general[2127]. Pero fue, también, cuestionado, tanto en su validez externa (posibilidad de generalizar sus resultados) como en su validez interna, por no mantener la aleatoriedad de las asignaciones[2128]. En la actualidad, predomina una actitud escéptica o incluso pesimista

---

[2123] Sobre esta hipótesis de la «Justicia procedimental», vid. BRAITHWAITE, J., Crime, shame and reintegration, cit., (1989), págs. 81 y ss.; SHERMAN, L.W., Defiance, deterrence and irrelevance: a theory of the criminal sanction, en: Journal of Research in Crime and Delinquency, 30 (1993), págs. 459 y ss.

[2124] Cfr. SERRANO MAILLO, A., Introducción, cit., pág. 259.

[2125] PATERNOSTER, R., BRAME, R., BACHMAN, R. y SHERMAN, L.W., Do fair procedures matter? The effect of procedural justice on spouse assault, en: Law and Society Review, 31 (1997), págs. 175 y ss.

[2126] SHERMAN, L.W., (con: SCHMIDT, J.D. y ROGAN, D.P.), Policing domestic violence. Experiments and dilemmas. 1992. New York: The Free Press y Maxwell Macmillan. Del mismo y BERK, R.A., The specific deterrent effects of arrest for domestic assault, en: ASR, 49 (1984).

[2127] Cfr. SERRANO MAILLO, A., Introducción, cit., pág. 258.

[2128] SHERMAN y otros autores (SCHMIDT, J.D., ROGAN, D.P., SMITH, D.A., GARTIN, P.R., COHN, E.G., COLLINS, D.J. y RACICH, A.R., The variable effects of arrest on criminal careers: The Milwakee domestic violence experiment, en: The Journal of Criminal Law and Criminology, 83, 1992, págs. 154 y ss.) observaron posteriormente que el arresto tenía eficacia preventiva solo a corto plazo (Cfr. SERRANO MAILLO, A., Introducción, cit., pág. 258).

respecto a la eficacia preventivo-especial del arresto en el ámbito de la violencia intradoméstica[2129].

Más matizado es el resultado de las investigaciones empíricas sobre la eficacia preventivo-especial del castigo[2130], cuando se pondera, además, algún tipo de intervención o tratamiento en el infractor, según se desprende de los diversos metaanálisis llevados a cabo durante los últimos años[2131]. Entonces no cabe hablar ya, sin más, del radical fracaso preventivo-especial del castigo. Pero la realidad del tratamiento y sus expectativas se examinan en recientes metaanálisis que se comentan en otro lugar[2132].

Pesimista fue la conclusión de ROBERT MARTISON[2133] cuando entonó el radical «nothing works», y más matizada, pero también negativa, la obra de este mismo autor en colaboración con DOUGLAS S. LIPTON y J. WILKS[2134]

Otro tanto cabe afirmar de la investigación de D.A. ANDREWS y J. BONTA, para quienes el efecto medio del encarcelamiento sobre la prevención es del —0'02. Por el contrario, dicho efecto medio es positivo (+0'13 por coeficiente pi) entre tratamiento en instituciones cerradas y prevención, lo que demuestra según Andrews y Bonta que el efecto del tratamiento correccional es más intenso y positivo, en términos de prevención de la reincidencia, que el de las sanciones penales no acompañadas del oportuno tratamiento. Además, a juicio de los autores, comparando el efecto preventivo especial del encarcelamiento con el de otras posibles medidas y técnicas de control (vg. vigilancia policial, libertad condicional vigilada, custodia en libertad, etc.), todo indica que cuanto más profunda e intensa sea la presión del sistema penal (vg. encarcelamiento), menos probable será que el penado deje de delinquir de nuevo una vez cumplida la condena (-0'07 por coeficiente pi)[2135].

LIPSEY, en su metaanálisis sobre 397 estudios en torno a programas de tratamiento halla una relación global entre prevención y tratamiento del 0'172 medido según el *effect size*. Para el autor, los tratamiento más útiles son los diseñados para delincuentes de mayor riesgo, los que contemplan, también, a familiares y amigos cercanos al infractor, los que requieren un contacto fluido y prolongado con asistentes sociales, los que no se agotan en la función estrictamente correccional y ofertan, además, programas de otra naturaleza, y los denominados programas multimodales[2136]. En este mismo sentido, ANDREWS y

---

2129 Por todos: BERK, R.A., CAMPBELL, A., KLAP, R. y WESTERN, B., The deterrent effect of arrest in incidents of domestic violence: a bayesian analysis of our field experiments, en: ASR, 57 (1992), págs. 704 y ss. Cfr. SERRANO MAILLO, A., Introducción, cit., pág. 259.

2130 Sobre la eficacia preventivo especial del castigo, vid. GARCÍA-PABLOS DE MOLINA, A., Tratado de Criminología, cit., Capítulo XXIII, 3.b. excurso, págs. 1008, nota 79.

2131 Vid. GARCÍA-PABLOS DE MOLINA, A., Tratado de Criminología, cit., Capítulo XXIV.3.5', pág. 1122.

2132 Vid. infra, parte Quinta, III.3 y ss.

2133 What Works? Questions and Answers About Prison reform, The Public Interest, 15 (1974), págs. 24 y ss.

2134 The Effectiveness of Correctional Treatment, New York, 1975, Prager Publischers.

2135 The Psychology of Criminal Conduct, 1998, Cincinnati: The Anderson Publisching Co., especialmente, pág. 263. Cfr., FERDINAND, Th., Does Punishment Work?, cit., págs. 335 y ss. (traducido por A. Serrano Maillo).

2136 LIPSEY, M.W., Juvenile Delinquency treatment: A Meta-analytic Inquiry into the Variability of Effects, en: Meta-Analisis for Explanation: A Casebook. New York, 1992: Russell Sage, págs.

BONTA[2137] estiman que los programas más efectivos son los que se centran en casos de especial riesgo, en hábitos y actitudes específicamente criminógenas y los que se ajustan a los estilos personales del penado.

LIPTON[2138], después de revisar la efectividad preventivo especial de tratamientos de muy diversa naturaleza, llegó a la conclusión de que mientras el castigo es inútil para prevenir el delito (la prisión no mitiga las tasas de reincidencia), el tratamiento puede ser eficaz (especialmente, la supervisión intensiva del infractor en comunidad, los programas educativos para jóvenes y los tratamientos de inspiración cognitiva o basados en el aprendizaje social).

LAB y WHITEHEAD, menos optimistas, rechazan la posibilidad de un efecto *rehabilitador* del tratamiento, excepto en el caso de los programas de desjudicialización («diversion»)[2139].

2) En cuanto a la eficacia *preventivo general* de la pena (y de las diversas instancias del sistema legal) existe una experiencia empírica difícil de abarcar, tanto por su volumen como por su dispersión. Aparte de la ya examinada en torno a la eficacia disuasoria del castigo y sus variables[2140], interesan las investigaciones realizadas sobre la efectividad de la Policía, sobre la pena de muerte y sobre la pena privativa de libertad.

Las consecuencias de la huelga de la policía y su repercusión en los índices de criminalidad es uno de los temas clásicos (huelgas de Boston, Montreal, Helsinki, etc.). De tales investigaciones se desprende un incremento selectivo de la delincuencia, esto es, aumenta el número de delitos graves (por ejemplo, los robos con violencia) pero no, vg. el de los asesinatos. En la hipótesis contraria, una especial efectividad de la Policía disminuye la comisión de ciertos delitos, pero no la de otros[2141].

La incapacidad de la pena de *muerte*[2142] para prevenir el delito parece, sin embargo, obvia, aunque no pueda hablarse, desde luego, de la existencia de un

---

98 y ss. y 122 y ss. Del mismo: What do We learn from 400 Research Studies on the Effectiveness of Treatment with Juvenile Delinquents?, en: What Works: Reducing Offending, 1995, Chischester (England), Edit. J. Mcquire: John Wiley-Sons. Cfr. FERDINAND, Th., op. cit., pág. 336.

[2137] The Psychology of Criminal Conduct, cit., págs. 261 y ss. Cfr. FERDINAND, The., op. cit., pág. 336.

[2138] The Effectiveness of Correctional Treatment Revisited Thirty Years Later, 12ª International Congress on Criminology in Soule, South Korea, págs. 26 y ss. Cfr. FERDINAND, The., op. cit., págs. 337 y ss.

[2139] An Analysis of Juvenile Correctional Treatment, en: Crime-Delinquency, 1988, 34, n° 1, págs. 77 y ss. Cfr. FERDINAND, Th., op., cit., pág. 340.

[2140] Para una revisión del modelo disuasorio clásico, vid. GARCÍA PABLOS DE MOLINA, A., Tratado de Criminología, cit., Capítulo XXIII, 3.a).

[2141] Sobre el problema, vid. FERDINAND, Th., op. cit., pág. 331.

[2142] Sobre la incapacidad de la pena de muerte para prevenir el delito, vid. GARCÍA PABLOS DE MOLINA, A., Tratado de Criminología, cit., Capítulo XXIII.3.Excurso, d), nota 90: reseña bibliográfica.

consenso absoluto al respecto[2143]. Algunos autores, como EHRLICH[2144] sí creen haber comprobado que la pena capital tiene un inequívoco efecto preventivo. Otros muchos, sin embargo, mantienen que dicho impacto es poco significativo, fugaz y limitado a las fechas posteriores y próximas a la ejecución de la sentencia, desvaneciéndose después[2145]. Más aún, algunos estudios empíricos de particular solvencia como los realizados por BOWERS y PIERCE, en 1980, y BAILEY, en 1984 y 1998, demostraron que la pena de muerte produce un efecto perverso en la criminalidad violenta («efecto de agravación»), es decir, que contra lo que pudiera suponerse lejos de prevenir esta grave criminalidad, lo que hace es justificarla y reforzarla[2146].

De las numerosas investigaciones empíricas sobre la pena de muerte y sus efectos, destacan la de PETERSON y BAILEY[2147] y la de COCHRAN y CHAMLIN[2148]. Los primeros no pudieron constatar efectos preventivo-generales de la pena capital, estimando que los índices de asesinatos examinados no guardaban relación significativa alguna con la pena de muerte, ni con el número de ejecuciones, ni con la clase ni grado de atención concedida a las mismas por la televisión[2149]. Por su parte, COCHRAN y CHAMLIN observaron que la pena de muerte produce tanto efectos preventivos como criminógenos, si bien dependiendo de las relaciones personales entre autor y víctima: preventivos, en los asesinatos de personas conocidas, criminógenos, en los asesinatos contra desconocidos[2150]. En cuanto al efecto de «brutalización» de la pena capital, todo parece indicar que éste se explicaría porque la ejecución de aquella relativiza el valor absoluto de la vida y legitima, en

---

[2143] Cfr. FERDINAND, Th., op. cit., págs. 331 y ss.

[2144] The Deterrent Effect of Capital Punishment: A Question of Life and Death, en American Economic Review, 65 (1975), págs. 397 y ss. Cfr. FERDINAND, Th., op. cit., pág. 331.

[2145] Cfr. FERDINAND, Th., op. cit., págs. 331 y ss.

[2146] BOWERS, W.J. y PIERCE, G., Deterrence or Brutalization: What is the Effect of Execution, en: Crime and Delinquency, 26 (1980), págs. 453 y ss. Los autores examinaron las ejecuciones llevada a cabo en el estado de New York entre 1907 y 1954 y la criminalidad violenta que tuvo lugar durante los mismos años. Por su parte, BAILEY, hizo lo propio, primero en Chicago y después en Oklahoma City (Disassgregation in Deterrence and Death Penalty Research: The Case of Murder in Chicago, en: The Journal of Criminal Law and Criminology, 74-1986- págs. 827 y ss.). Cfr. FERDINAND, Th., op. cit., pág. 331. Vid. KURY, H., Sobre la relación entre sanciones y criminalidad, cit., págs. 295 y ss.

[2147] PETERSON, R.D. y BAILEY, W.C., Felony murder and capital punishment: an examination of the deterrence question. Criminology (29), 1991.

[2148] COCHRAN, J.K. y CHAMLIN, M.B., Deterrence and brutalization: the dual effects of execution, en: Justice Quarterly, 17 (2000).

[2149] Felony murder ... cit., págs. 379 y ss. Los autores examinaron la relación que pudiera existir entre la tasa de ciertos asesinatos cometidos entre 1976 y 1987 en los EEUU. (según datos del FBI) y las ejecuciones de la pena capital y la repercusión de éstas en la televisión. Cfr. SERRANO MAILLO, A., Introducción, cit., pág. 245.

[2150] Deterrence and capital punishment, cit., págs. 687 y ss. Cfr. SERRANO MAILLO, A., Introducción, cit., pág. 246.

ciertos casos, la muerte: la muerte *justa*, la muerte merecida ... en la percepción o creencias del infractor homicida[2151].

El problema de la eficacia preventivo general de la pena *privativa de libertad* merece un análisis más detenido[2152].

La bibliografía al respecto es ya rica, aunque su metodología no siempre parece correcta. Algunos trabajos empíricos y revisiones de los resultados obtenidos hasta el momento, son clásicos en la materia y de obligada consulta. En particular, los de DANIEL NAGIN[2153], RAYMOND PATERNOSTER[2154], JOHN K. COCHRAN y MITCHELL B. CHAMLIN[2155]y, recientemente, los ya citados de H. KURY[2156] y Th. FERDINAND[2157].

La fundamentación empírica de la eficacia preventivo general del castigo (éste, desde luego, cumple además otras funciones) comienza a preocupar en la década de los sesenta. Las primeras investigaciones, que se sirven de técnicas muy diferentes (estudios de «percepción», estudios «ecológicos», de «series», «econométricos», etc.), creen poder constatar dicha eficacia preventivo general. Es el caso

---

[2151] Vid. BOWERS, W. y PIERCE, G., Deterrence or brutalization: What is the effect of executions?, en: Crime and Delinquency, 26 (1980), pág. 456; también: COCHRAN, J.K. y CHAMLIN, M.B., Deterrence and brutalization, cit., págs. 688 y ss. Cfr. SERRANO MAILLO, A., Introducción, cit., pág. 245. En general, sobre el efecto disuasorio de la pena de muerte en España, vid. SERRANO GOMEZ, A., Consideraciones criminológicas sobre los efectos de la abolición de la pena de muerte en España. Anuario de Derecho Penal, 1982, págs. 620 y ss.

[2152] Sobre el fracaso preventivo general de las penas, vid. GARCÍA-PABLOS DE MOLINA, A., Tratado de Criminología, cit., Capítulo XXIII, 3., Excurso: evaluación empírica de los modelos disuasorios (clásico y neoclásico), apartado d), nota 78.

[2153] DANIEL NAGIN, General Deterrence: a Review of the Empirical Evidence, en: Deterrence and Incapacitation: estimating the effects of criminal sanctions on crime rates, (A. Blumstein, J. Cohen y D. Nagin), National Academy of Sciences, 1978. Washington, D.C., págs. 95 a 139; del mismo autor: Criminal Deterrence Research at The Outset of the Twenty-First Century, en: Crime and Justice. A Review of Research (M. Tonry edit.), vol. 23, 1998, The V. Ch. P., Chicago-London, págs. 1 a 42.

[2154] RAYMOND PATERNOSTER, The Deterrent Effect of the perceived certainty and severity of punishment: A Review of the Evidence and Issues, en: Justice Quarterly, vol. 4, Junio de 1987, Academy of Criminal Justice Sciences, págs. 173 a 217; del mismo autor: Absolute and Restrictive Deterrence in a Panel of Youth: Explaining the Onset, Persistence/Desistance, and Frequency of Delinquent Offending, en: Social Problems, vol. 36, n° 3, 1989, págs. 289 a 309.

[2155] JOHN K. COCHRAN y MITCHELL B. CHAMLIN, Deterrence and brutalization: the dual effects of executions, en: Justice Quarterly, vol. 17, n° 4, 2000, Academy of Criminal Justice Sciences, págs. 685 a 706.

[2156] KURY, H., Sobre la relación entre sanciones y criminalidad ..., cit., págs. 290 y ss.

[2157] FERDINAND, Th., Does Punishment Work? ..., cit., págs. 330 y ss.

de las realizadas por GIBBS[2158], TITTLE[2159], LEIBOWITZ[2160], TULLOCK[2161], o del análisis teórico de BECKER[2162]. En 1978, el famoso informe de la National Academy of Sciences[2163] que suscriben BLUMSTEIN, COHEN y NAGIN se manifiesta moderadamente a favor de la eficacia disuasoria de la pena, conclusión que comparte, sin reservas, el conocido trabajo de Ph. J. COOK[2164].

La evolución de las investigaciones posteriores viene altamente condicionada por la modificación y perfeccionamiento de las concretas técnicas y métodos utilizados. La aplicación de nuevos instrumentos empíricos —o el ensayo de nuevos enfoques— suele derrumbar los resultados obtenidos hasta el momento[2165]. Ahora bien, las más recientes investigaciones no aportan hipótesis novedosas, ni revolucionarias, sobre la efectividad del castigo, ni el método empírico garantiza la solvencia y certeza absoluta de aquéllas. Por lo general, se comprueban matices y aspectos parciales de la realidad del castigo y las variables de su efectividad, insinuándose la constatación de correlaciones y asociaciones estadísticas poco significativas. Falta mucho camino por recorrer. El problema, en último término, no es si la pena tiene o no tiene eficacia disuasoria, sino cómo y por qué se produce ésta; si se trata de un impacto superficial o profundo; cómo opera en el tiempo y en el espacio (sobre todo a largo plazo); de qué forma discurren los muy diversos procesos psico-sociológicos de disuasión en los no menos diferentes contextos (según tipo de autor, de delito, etc.); hasta qué punto cabe incrementar tal efecto contramotivador exasperando el rigor del castigo, etc.[2166].

Numerosos estudios empíricos coinciden en constatar una *mínima o inexistente capacidad preventivo general del castigo*, esto es, una clara inefectividad del castigo en orden a la reducción de las tasas de criminalidad, siendo muy des-

---

[2158] GIBBS, J.B., Crime, punishment and deterrence. Southwestern Social Science Quarterly, 1968, 48 (4), págs. 515 y ss.

[2159] TITLE, C., Crime rates and legal sanctions, en Social Problems, 1969, 16(4), págs. 409 y ss.

[2160] LEIBOWITZ, A., Does Crime Pay? An Economic Analysis, M.A., Thesis (1965), Columbia University.

[2161] TULLOCK, G., Does punishment deter crime?, En: Public Interest, 1974, 36, págs. 103 y ss. El autor contrapone gráficamente un método satisfactorio pero que no funciona (el tratamiento) y un método nada satisfactorio (el disuasorio), que sí funciona.

[2162] BECKER, G., Crime and punishment: an economic approach, en: Journal of Political Economy, 1967, 78 (2), págs. 526 y ss.

[2163] Deterrence and Incapacitation: Estimating the Effect of Criminal Sanctions on Crime Rates, Washington, D.C., National Academy os Sciences, 1978.

[2164] COOK, Ph., Research in Criminal Deterrence: Laying the Groundwork for the Second Decade, en: Crime and Justice: An Annual Review of Research, 1980, vol. 2, Chicago. University of Chicago Press. (edit. Norval Morris y Michael Tonry).

[2165] Como observa acertadamente NAGIN, D.S., en: Criminal Deterrence Research at the Outset of the Twenty-First Century, cit. (1998), pág. 36.

[2166] Vid. NAGIN, D.S., Criminal Deterrence Research, cit., (1998), págs. 36 y 37.

favorable en todo caso la relación entre dicho impacto y los costes materiales e inmateriales de la pena[2167]. La pena privativa de libertad cuenta con unos efectos negativos adicionales, en la persona del infractor y en la familia de éste, que también deben ponderarse en el momento de hacer balance de la intervención penal[2168], porque neutralizarían el efecto positivo de una hipotética eficacia preventiva de aquélla. Coinciden, también, las investigaciones empíricas en que el rigor del castigo —o la exacerbación de éste— carece de relevancia en orden a la evitación del delito[2169]. Dicho de otro modo: asociar el efecto disuasorio real de la pena a la severidad de ésta, desconociendo la trascendencia de otras muchas variables, es una interpretación simplificadora de un entramado de conexiones psico-sociológicas[2170] más complejo.

Todo parece indicar, no obstante, que existe una relación significativa entre el riesgo a ser descubierto, apreciado subjetivamente por el infractor, y la frecuencia de comportamientos delictivos, si bien solo en infracciones de escasa importancia (hurto en tiendas, lesiones leves, etc.), pues en los delitos graves carecería de capacidad explicativa de sus respectivas frecuencias la citada variable[2171]; ahora bien, mucho más significativas que la evaluación del riesgo serían otras variables relacionadas con el proceso de socialización, la transmisión de normas y valores, el encuadramiento del individuo en un contexto social y las reglas vigentes[2172]. Así, como han puesto de relieve las investigaciones de HEINZ[2173] y otros, influirían mucho más la vinculación subjetiva del ciudadano con la norma, esto es, la vivencia por éste de su carga moral asociada a la reprochabilidad del hecho, y otras

---

[2167] Así, KURY, H., Sobre la relación entre sanciones y criminalidad, cit., pág. 291.

[2168] Manteniendo que estos efectos nocivos neutralizarían, en su caso, el limitado impacto preventivo general de la pena: KURY, H., Die Behandlung Straffälliger, Teilband I: Inhaltliche und methodische Probleme der Behandlungsforschung, Berlin, 1986. Cfr. KURY, H., Sobre la relación entre sanciones y criminalidad, cit., pág. 291.

[2169] Cfr. KURY, H., Sobre la relación entre sanciones y criminalidad ..., cit., pág. 303, citando el resultado semejante al que llegan VILLMOW (1999), SCHÖCH (1988), SCHUMANN (1987), KARSTEDT-HENKE (1989), etc.

[2170] Así, DÖLLING, D., Was lässt die Kriminologie von den erwarteten spezial-und general präventiven Wirkungen des Jugend Kriminalrechts übrig?, en: Bundesministerium der Justiz.. Das Jugend Kriminalrecht als Erfüllungsgehilfe gesellschaftlicher Erwartungen?, 1995, Bonn, pág. 155; también: VILLMOW, B., Diversion auch bei wiederholten oder schvereren Delikten: Entwichklungen und Kontroversen in Hamburg, en: Deutsche Vereinigung für Jugendgerichte und Jugendgerichtshilfen. DVJJ, Kinder und Jugendliche als Opfer und Täter. Prävention und Reaktion. Dokumentation des 24. Deutschen Jugendgerichtstages vom 18.bis 22 September 1998 in Hamburg., 1999 (Godesberg), págs. 427 y ss.

[2171] Cfr. KURY, H., Sobre la relación entre sanciones y criminalidad, cit., pág. 303, citando los trabajos de SCHUMANN (1987), DÖLLING (1984), SCHÖCH (1988), etc.; También, VILLMOW, B., Diversion auch bei den wiederholten oder schvereren Delikten, cit., págs. 428 y ss.

[2172] Cfr. KURY, H., Sobre la relación existente entre sanciones y criminalidad, cit., pág. 303.

[2173] HEINZ, W., Kriminalpolitik an der Wende, cit., págs. 147 y ss. Cfr. KURY, H., Sobre la relación existente entre sanciones y criminalidad, cit., págs. 303 y 304.

variables como la frecuencia de la comisión del delito en el círculo de parientes y conocidos del infractor (la reacción informal que éste espera de su entorno próximo), las reacciones previsibles del entorno social[2174] y la llamada «experiencia penal subjetiva»[2175].

Predomina, por tanto, un moderado escepticismo en cuanto a la idoneidad y efectividad preventivo general del castigo. Se llega a la conclusión de que la amenaza de la pena no solo no garantiza un cambio o modificación de conducta en el infractor potencial, sino que añade problemas adicionales a éste en lugar de aportarle lo que necesita para evitar el delito (instrucción, ayuda y oportunidades sociales), todo ello con unos costes tan elevados como improductivos[2176]. Salvo en determinadas parcelas de criminalidad (delincuencia organizada, delincuencia económica, delincuencia contra el medio ambiente) en las que el infractor pondera y evalúa objetivamente el riesgo derivado de la comisión del delito, un endurecimiento de la conminación penal no se justifica ni desde un punto de vista preventivo general positivo ni negativo ya que no hay evidencia empírica de que pueda reducirse la criminalidad de esta manera, ni reforzarse tampoco la actitud de lealtad a la norma o la vigencia social de ésta[2177]. Gráficamente, concluye KUNZ[2178] que a la «creencia en la utilidad instrumental de un Derecho Penal duro le falta hoy más que nunca la base científica experimental»; una política criminal basada en penas privativas de libertad de larga duración y riguroso cumplimiento, afirma HEINZ[2179], produce más daño que utilidad y se convierte en una receta catastrófica porque sigue el criterio erróneo del «más de lo mismo». A igual conclusión llega DÖLLING en su investigación empírica sobre la delincuencia juvenil: ni desde un punto de vista preventivo general, ni preventivo especial, cabe esperar que un endurecimiento del castigo reduzca los índices de delincuencia juvenil[2180].

[2174] Cfr. KURY, H., Sobre la relación existente entre sanciones y criminalidad, cit., págs. 303 y ss., sintetizando los resultados obtenidos por DÖLLING (1984), SCHÖCH (1988), VILLMOW (1999), SCHUMANN (1987), HEINZ (2000), MÜLLER-DIETZ (1996), etc.

[2175] Cfr. SCHÖCH, H., Zur Wirksamkeit der Generalprävention, en: FRANK, C., y otros (edit.). Der Sachverständige im Strafrecht/Kriminalitätsverhütung, 1990. Berlín, págs. 95 y ss. Cfr. KURY, H., Sobre la relación entre sanciones y criminalidad, cit., pág. 304.

[2176] Así, ROSE, D.R. y CLEAR, T.R., Incarceration, social capital, and crime: Implications for social disorganization theory, en: Criminology, 36 /1998), págs. 441 y ss. Cfr. KURY, H., Sobre la relación entre sanciones y criminalidad, cit., pág. 308.

[2177] En este sentido crítico, HEINZ, W., Kriminalpolitik an der Wende, cit., págs. 147 y ss. Cfr. KURY, H., Sobre la relación entre sanciones y criminalidad, cit., pág. 308.

[2178] KUNZ, K.L., Kriminologie. Eine Grundlegung, 2ª Ed. (1998), págs. 395 y ss.

[2179] HEINZ, W., Kriminal politik an der Wende, cit., págs. 152 y ss. Cfr. KURY, H., Sobre la relación entre sanciones y criminalidad, cit., pág. 308.

[2180] DÖLLING, D., Mehrfach auffällige Junge Straftäter-Kriminologische Befunde und Reaktionsmöglichkeiten der Jugend Kriminalrechtspflege. En: Zentralblatt für Jugendrecht, 1989, págs. 313 y ss. Cfr. KURY, H., Sobre la relación entre sanciones y criminalidad, cit., pág. 308.

En resumen: la imprescindible verificación empírica de la efectividad del castigo y sus variables se plantea hoy en un marco ambiental muy singular por el incremento de las tasas de la delincuencia durante las últimas décadas y el de la actitud punitiva de una sociedad alarmada e insegura como la de nuestro tiempo, transida de conflictos y frustraciones[2181], coyuntura que explica una confianza injustificada en la eficacia del castigo, en la severidad de la pena, y en políticas penales de desmedido rigor («*zero-tolerance*», ley conocida como «*three-strikes*», etc.) de elevados costes sociales. Sin embargo, y aún cuando el castigo cuenta con una secular *legitimación ética y moral* que pocos cuestionan, desde un punto de vista científico, estrictamente, empírico, no hay evidencia concluyente y definitiva de su efectividad preventivo general. No hay constancia de que el rigor de la pena o el aumento de las cuotas de encarcelamiento reduzcan las tasas de la criminalidad y eviten el delito. Este tiene sus claves propias, su propia dinámica, ajena en buena medida —como en su día advirtió FERRI[2182]— al sistema penal, a las leyes que dictan los poderes públicos y sentencias que ponen sus tribunales. La prevención a través del Derecho Penal cuenta con unas limitaciones estructurales obvias[2183]. Pero, lamentablemente, las decisiones políticas y las políticas criminales prefieren optar por un Derecho Penal simbólico que sustituye criterios científico-empíricos de utilidad y eficacia como legitimación del castigo (instrumental) por la fácil cobertura de actitudes y expectativas sociales no siempre regidas por principios de racionalidad y proporción.

El resultado de las investigaciones empíricas sobre la pena privativa de libertad —y su eficacia preventivo general— se halla muy condicionado por la metodología de las mismas.

En una primera etapa, los diversos estudios versan sobre *datos agregados* (referidos a grupos, no a individuos) y *secundarios* (que no se obtienen de la propia investigación sino de las agencias oficiales)[2184]. La mayoría de las investigaciones comprobó la eficacia preventivo-general de la pena, asociada, eso si, más a la certeza o infalibilidad del castigo que a la severidad o rigor nominal de éste[2185], sin que pudieran no obstante establecer bajo qué

[2181] Cfr. KURY, H., Sobre la relación entre sanciones y criminalidad, cit., págs. 281 y ss.

[2182] FERRI, E., Los nuevos horizontes, cit., págs. 233 y ss.

[2183] Como afirma HEINZ (Kriminalpolitik an der Wende, cit., pág. 157), «la criminalidad está influida por un amplio número de factores económicos, sociales, individuales y situacionales que se hallan regularmente fuera de la influencia del sistema jurídico-penal».

[2184] Cfr. SERRANO MAILLO, A., Introducción, cit., págs. 247 y ss.

[2185] Entre otros muchos: CHAMBLISS, W.J., The deterrence influence of punishment, en: Crime and Delinquency, 12 (1966), pág. 74; TITTLE, C.R., Crime rates and legal sanctions, Social Problems (16), 1969, págs. 415 y ss.; del mismo: Deterrence or labeling, en: Social Forces, 53 (1975), págs. 404 y ss.; también, matizadamente, CHIRICOS, T.G. y WALDO, G.P., Punishment and crime: an examination of some empirical evidence, en: Social Problems, 18 (1970), págs. 207 y ss.; NAGIN, D.S., General Deterrence: a review of the empirical evidence, en: Deterrence and incapacitation: estimating the effect of criminal sanctions on crime rates (A. Blumstein y otros, edit.), Washington, D.C.: National Academy of Sciences, 1978, págs. 110 y ss.

concretos presupuestos se produce dicho efecto y bajo qué otros no[2186]. Una de las más conocidas se debe a EHRLICH[2187], para quien los índices de la criminalidad guardan una relación inversa a la probabilidad de detención y condena, y a la duración media efectiva del encarcelamiento; es decir, constató la eficacia preventivo general de la pena, y, en concreto, de la certeza y severidad de ésta.

En un segundo momento, proliferan los estudios de *percepción subjetiva*(por el infractor) de la eficacia del castigo, que valoran no los niveles objetivos de la certeza y rigor de las penas, sino los individuales y sus potenciales efectos[2188]. Importantes son los de ANDER-SON[2189] y otros, GRASMICK y BURSIK[2190], JENSEN y otros[2191], ANDERSON, CHIRICOS y WALDO[2192], etc., que creen haber constatado la existencia del controvertido efecto preventivo-general del castigo, asociado, eso si, más a su certeza que a la severidad del mismo.

A PATERNOSTER se debe un posterior giro metodológico, al proponer se sustituyeran los estudios *transversales* previos (que se basaban en una sola medición por persona) por estudios *longitudinales*, que realizan más de una medición a lo largo del tiempo en los sujetos. La finalidad era depurar los resultados obtenidos de los estudios de percepción personal, subjetiva, del riesgo de sufrir una sanción, teniendo en cuenta el denominado *efecto experiencia*, es decir, la percepción muy inferior de dicho riesgo que siente el infractor, precisamente porque ha comprobado que se puede violar la ley impunemente[2193]. PATERNOSTER, y sus colaboradores, comprobaron la existencia de un muy significativo *efecto experiencia* (del infractor), así como un efecto preventivo general —limitado, pero cierto— del castigo, asociado fundamentalmente a la *certeza*, no al *rigor*, de éste[2194].

[2186] En este sentido, TITTLE, C.R., Crime rates, cit., 1969, págs. 411 y ss.; TITTLE, C.R. y LOGAN, C.H., Sanctions and deviance: evidence and remaining questions, en: Law and Society Review, 7 (1973), pág. 358.

[2187] EHRLICH, I., Participation in illegitimate activities: an economic analysis, en: Essays in the economics of crime and punishment (Becker, G.S. y Landes, W.N., edit.), New York: National Bureau of Economic Research, 1974, págs. 94 y ss.

[2188] El giro metodológico se explica porque la doctrina advirtió que los estudios sobre datos agregados solo podían analizar los niveles objetivos pero no la incidencia del castigo y sus variables en la decisión subjetiva de delinquir o no delinquir. Sobre la polémica metodológica, vid. SERRANO MAILLO, A., Introducción, cit., pág. 248.

[2189] ANDERSON, L.S., CHIRICOS, T.G. y WALDO, G.P., Formal and informal sanctions: a comparison of deterrent effects, en: Social Problems, 25 (1977).

[2190] GRASMICK, H.G. y BURSIK, R.J., Conscience, significant others, and rational choice: extending the deterrence model, en: Law and Society Review, 24 (1990).

[2191] JENSEN, G.F., ERICKSON, M.L. y GIBBS, J.P., Perceived risk of punishment and self reported delinquency, en: Social Forces, 57 (1978).

[2192] Así, ANDERSON, L.S., CHIRICOS, T.G. y WALDO, G.P., Formal and informal sanctions, cit., págs. 110 y ss.

[2193] PATERNOSTER, R., SALTAMAN, L.E., WALDO, G.P. y CHIRICOS, T.G., Causal ordering in deterrence research, cit., (1982), págs. 56 y ss.; del mismo: The deterrent effect of the perceived certainty and severity of punishment: a review of the evidence and issues, en: Justice Quarterly, 4 (1987), págs. 179 y ss.

[2194] PATERNOSTER, R., SALTAMAN, L.E., WALDO, G.P. y CHIRICOS, T.G., Causal ordering in deterrence research, cit., págs. 59 y ss.; en el mismo sentido: SALTAMANN, L., PATERNOSTER, R., WALDO, G.P. y CHIRICOS, T.G., Deterrent and experiential effects: the problem of causal order in perceptual deterrence research, en: Journal of research in Crime and Delinquency, 19 (1982), págs. 177 y ss.

Ante las críticas metodológicas que recibieron los estudios longitudinales[2195], KLEPPER y NAGIN propusieron la denominada *descripción de escenarios* que colocan al encuestado en la situación por la que se le pregunta, con lo que sus estimaciones ganan en rigor y realismo[2196]. Los autores concluyeron que las penas tienen un poderoso efecto preventivo-general, estimando muy relevantes tanto la *certeza* como el *rigor* de aquellas, si bien no descartaron que la naturaleza de los delitos y la edad de los encuestados influyeran en los resultados obtenidos[2197].

Diversas investigaciones han tratado de verificar la eficacia preventivo-general del castigo en el concreto ámbito de los delitos *corporativos*[2198]. PATERNOSTER y SIMPSON creen haber encontrado apoyo empírico a dicha hipótesis, en el sentido de que tanto las sanciones— formales e informales —como la potencial vergüenza por el descubrimiento de los hechos integran el balance de costes y beneficios. Pero la eficacia preventiva del castigo tendría, según los autores, una doble dimensión: el infractor ponderaría no solo los costes personales derivados de la sanción sino los que tendría que afrontar la empresa. Dicho de otro modo: el infractor, antes de quebrantar la ley, tendría en cuenta, también, el coste empresarial de su conducta, lo que demostraría los efectos preventivo generales de las sanciones a empresas y su impacto disuasorio en la decisión del infractor individual[2199].

Problema distinto es el de la llamada *prevención marginal*, es decir, el efecto preventivo que pueda alcanzarse con una política de progresivo endurecimiento del castigo[2200]. El problema parece muy complejo porque ni la pena es el único factor que influye en los índices de criminalidad, ni conocemos los efectos a *largo plazo* del castigo. En principio, se piensa que la ganancia marginal de un sistema más punitivo es mínima e incluso puede tener impacto criminógeno[2201].

No es fácil interpretar el resultado de las investigaciones sobre la eficacia preventivo-general de la pena privativa de libertad. Al debate *metodológico* reseñado, se añade una notable inseguridad o imprecisión *conceptual*, porque los autores

---

[2195] Cfr. SERRANO MAILLO, A., Introducción, cit., pág. 251. En puridad, los estudios longitudinales y los transversales no se excluyen, sino que están llamados a complementarse. Así, LUNDMAN, R.J., One-way perceptual deterrence research: some grounds for the renewed examination of cross-sectional methods, en: Journal of Research in Crime and Delinquency, 23 (1986), págs. 377 y ss.

[2196] KLEPPER, S. y NAGIN, D., The deterrent effect of perceived certainty and severity of punishment revisited, en: Criminology, 27 (1989), págs. 727 y ss.

[2197] KLEPPER, S. y NAGIN, D., The deterrent effect, cit., págs. 741 y ss. Los autores reconocen que el tipo de delito investigado (contra la Hacienda) y la edad media de la muestra (individuos de 35 años) podían influir en los resultados obtenidos.

[2198] Cfr. SERRANO MAILLO, A., Introducción, cit., pág. 252.

[2199] PATERNOSTER, R. y SIMPSON, S., A rational choice theory of corporate crime, en: Advances, 5. Routine activity and rational choice (R.V. Clarke y M. Felson, edits.), 1993, págs. 53 y ss.; de los mismos: Sanction threats and appeals to morality: testing a rational choice model of corporate crime, en: Law and Society Review, 30 (1996), págs. 557 y ss.

[2200] Sobre la prevención marginal, vid.: NAGIN, D.S., Criminal deterrence research and the outset of the twenty-first century, en: Crime and Justice. A review of research (23), 1998, págs. 4 y ss.; von HIRSCH, A., BOTTOMS, A.E., BURNEY, E. y WIKSTRÖM, P.O., Criminal deterrence and sentence severity. An analysis of recent research. Oxford y Portland: Hart, 1999, págs. 47 y ss.; KURY, H., Sobre la relación entre sanciones y criminalidad, cit. (2001), págs. 304 y ss.

[2201] Cfr. SERRANO MAILLO, Introducción, cit., pág. 254.

(especialmente, los norteamericanos) no siempre distinguen con rigor la prevención general de la especial, o los diversos efectos y funciones que integran una y otra; o no especifican, con claridad, si se refieren a la pena abstracta prevista en la ley o a la impuesta por los tribunales; o si la eficacia preventivo general constatada opera solo a corto o medio plazo o también a largo plazo. Con todo, y hechas las reservas precedentes, cabe afirmar que la pena tiene un moderado impacto preventivo general, real y cierto, aunque muy inferior al que se suponía, según se desprende de los estudios empíricos en la materia. Que esta eficacia preventivo-general hay que referirla no a la pena abstracta prevista en la ley (momento *normativo*) sino a la pena impuesta por los tribunales (momento *aplicativo*), esto es, más al sistema que a la ley. Y que la *certeza* del castigo tiene mayor relevancia que otras posibles variables, como la *severidad* o *rigor* del mismo (siempre en la *percepción subjetiva del infractor*). Pero carecemos aún de una información empírica fiable y concluyente sobre el problema y éste parece cada vez más complejo. Desconocemos, por ejemplo, cual es el efecto a largo plazo del castigo o cuales son las ventajas marginales (incidencia en los índices de criminalidad) de un incremento de la punitividad del sistema. En definitiva, la Criminología empírica no ha conseguido hasta el momento comprobar bajo qué presupuestos tiene la pena el controvertido efecto preventivo-general, bajo qué otros no; cual es el comportamiento de las numerosas variables que intervienen en tan complejo proceso y cómo interactúan unas y otras.

C) *La denominada «prevención situacional»*

a') *El modelo situacional*

Se analizan, a continuación, un conjunto muy heterogéneo de teorías que contemplan el crimen como opción racional, utilitaria, instrumental, altamente selectiva (el delito busca el espacio adecuado, el momento oportuno, la víctima propicia, etc. etc.) propugnando, en consecuencia, una intervención específicamente dirigida a neutralizar aquellas situaciones de riesgo (*oportunidades*) que ofrecen un mayor atractivo al infractor.

El postulado de la *selectividad del crimen*, postulado paradigmático de la llamada prevención situacional, revela el inequívoco parentesco de este análisis con las teorías espaciales y ambientalistas expuestas en otro lugar de esta obra[2202]. Por otra parte, el subrayado utilitarista del delito, como *opción racional e instrumental*, aproxima, también, la llamada prevención situacional al enfoque neoclásico, economicista, que ve en el crimen una op-

---

[2202] Las teorías espaciales, que arrancan del modelo «ecológico» tienen, como se indicó, una clara vocación 'prevencionista' más acusada aún que la 'etiológica'. Vid., GARCÍA-PABLOS, A., Tratado de Criminología, cit., págs. 649 y ss. (Teorías ambientales y prevención del delito).

ción reflexiva, calculada, oportunista, que pondera los costes, riesgos y beneficios en función siempre de una oportunidad o situación concreta[2203].

No se trata, en puridad, de un modelo o paradigma prevencionista en sentido estricto, sino de hipótesis y teorías desordenadas y fragmentariamente insertas en un marco teórico aún poco preciso y definido.

Las numerosas investigaciones empíricas realizadas durante los últimos lustros de acuerdo con este enfoque, son fruto del más riguroso pragmatismo, que busca éxitos preventivos a corto plazo, operando con el criterio de la relevancia estadística de determinadas variables, espaciales, temporales, personales, situacionales. Esto es, se desvincula deliberadamente la prevención de la criminalidad de todo análisis y diagnóstico etiológico de este problema social. Dicho de otro modo: la denominada "prevención situacional" no se interesa por las "causas" del delito (prevención primaria), sino por sus manifestaciones o formas de aparición, instrumentando programas que se limitan a neutralizar las "oportunidades" (variables temporales, espaciales, situacionales, etc.), pero dejan intactas las raíces profundas del problema criminal.

No es de extrañar que estas teorías situacionales prescindan de toda referencia a la etiología del delito y renuncien al variado repertorio teórico de modelos explicativos del mismo.

De una parte, y en el ámbito general de la propia Criminología, se aprecia, también, un cierto clima de hastío y escepticismo respecto a la virtualidad y perspectivas del más elemental de los objetivos de esta ciencia: la explicación del crimen. Lo que avala no ya el éxito de otros paradigmas o modelos teóricos explicativos del delito no etiológicos (por ejemplo, el de *control*), sino el claro consenso tácito existente en torno a pretensiones en otro tiempo secundarias: la prevención y la intervención en el problema criminal. Hoy interesa más, pues, prevenir el crimen e intervenir en el mismo, que elaborar nuevos expedientes teóricos explicativos del comportamiento delincuencial. Pero de otra parte, la sociedad exige hoy a sus políticos e instituciones un control del delito eficaz, con resultados a corto plazo, que evidencien la rentabilidad de los recursos públicos e inversiones destinadas a tal fin. Los programas de prevención primaria concitan escaso entusiasmo porque nadie apuesta por intervenciones altruistas a medio y largo plazo cuyos éxitos, difíciles de evaluar, cosecharán en cualquier caso otros. Es lógico, por tanto, optar por estrategias abreviadas de prevención que, por contar con un sólido apoyo estadístico (alta selectividad temporal, espacial y situacional del crimen) aseguran, al menos, a corto plazo los rendimientos deseados.

La denominada «*prevención situacional*» centra todas sus investigaciones y programas de intervención, de hecho, en la delincuencia utilitarista de las bajas

---

[2203] Sobre este enfoque economicista, vid. GARCÍA-PABLOS, A., Tratado de Criminología, cit., págs. 318 y ss., y 910 y ss. (El moderno clasicismo o neoclasicismo), cuyos principales representantes (BECKER, EHRLICH, TULLOCK, RUBIN, etc.) contemplan el crimen como 'opción económica' (economic choice) y racional, reclamando una respuesta del sistema que se ajuste tanto en lo operativo como en lo decisional al binomio costes-beneficios.

clases sociales urbanas, que alarma al ciudadano. Su mensaje es, por tanto, social y político criminalmente *conservador* y *defensista*. Se trata de prevenir eficazmente el crimen, sin analizar ni incidir en las raíces últimas de este doloroso problema social.

b') Evolución de las teorías prevencionistas de orientación situacional

Las teorías prevencionistas, de orientación situacional (espaciales, ambientalistas, etc. etc) se desarrollan, fundamentalmente, a lo largo de las dos últimas décadas. Entre sus principales representantes cabe citar a: CLARKE, R., FELSON, M., COHEN, L., CORNISH, B., TREMBLAY, P., HARRIS, P.M., etc., etc.[2204]. Particular relevancia tiene la aportación de las investigaciones de CLARKE, R. y FELSON, M.[2205].

A juicio de MEDINA ARIZA, principal valedor en España de este modelo prevencionista en ciernes[2206], la prevención situacional del delito nace en la unidad de investigación del británico Home Office cuando R. CLARKE era su director. En 1976 el Home Office realizó un estudio sobre suicidios, constatando que cuando el gas tóxico (método de suicidio preferido hasta el momento por los ciudadanos británicos) fue sustituido por el gas natural en sus domicilios, el número total de suicidios disminuyó significativamente. R. CLARKE interpretó este hecho en el sentido de que del mismo modo que muchos de los ciudadanos que habían adop-

---

[2204] Una completa reseña bibliográfica sobre la prevención situacional, en: MEDINA ARIZA, J.J., El control social del delito a través de la prevención situacional, Revista de Derecho Penal y Criminología, Universidad Nacional de Educación a Distancia, nº 2 (1998), en prensa (Se cita la paginación provisional del propio autor).

[2205] De los muchos partidarios de este enfoque (COHEN, L.E., CORNISH, D.B., HARRIS, P.M., BRANTINGHAM y BRANTINGHAM, P.J. y P.L., MAYHEW, R., ROSS, H. etc.), destacan: CLARKE, R., y FELSON, M. Vid: CLARKE, R. (edit), Situational Crime Prevention. Successful Case Studies, 1992. Albany, NY: Harrow and Heston; del mismo: The distribution of deviance and exceeding the speed limit, en: The British Journal of Criminology, 36, 2 (1996), págs. 169 y ss.; del mismo: Crime Prevention Studies, Preventing Mass Transit Crime, 1996, vol. 6, Monsey (NY), Criminal Justice Press; CLARKE, R. y FELSON, M. (edits.), Routine Activity and Rational Choice. Advances in Criminological Theory, vol. 5 (1993), New Brunswick, Transaction Publishers; CLARKE, R. y HARRIS, P.M., A rational choice perspective on the targets of automobile theft, en: Criminal Behavior and Mental Health, 2 (1992), págs. 25 y ss; CLARKE, R., y WEISBURD, D., Diffusion of crime control benefits: Observations on the reverse of displacement, en: Crime Prevention Studies, vol. 2 (1994); FELSON, M., Crime and Everyday Life. Insights and Implications for Society, 1994, Thousand Oaks, CA, Pine Forge Press; del mismo, A crime Prevention extension service (en: Crime Prevention Studies, vol. 3, Monsey 1994, New York, Criminal Justice Press, edit. Clarke, R.); del mismo: Those who discourage crime, en: Crime and Place. Crime Prevention, vol. 4, 1995 (John, E. y Weisburd, D., edits.). Cfr., MEDINA ARIZA, J.J., El control social del delito, cit., ibidem.

[2206] Vid. MEDINA ARIZA, J.J., El control social del delito, cit., ibidem.

tado la seria decisión de suicidarse renunciaron a materializarla al carecer de la oportunidad de hacerlo en la forma escogida, sin buscar un método alternativo, muchos delincuentes harían lo propio, esto es, renunciarían a la comisión del delito, si una inteligente política preventiva incidía en el factor "oportunidad" disminuyendo las posibilidades de éxito del infractor. Casi al mismo tiempo, en los Estados Unidos, JEFFERY, R.[2207], NEWMAN, O.[2208] y GOLDSTEIN, H.[2209] propondrían un modelo de prevención criminal basado en la modificación del ambiente físico[2210], incluso a través del diseño arquitectónico y urbanístico y un modelo policial no reactivo sino proactivo que diseñase políticas y estrategias de prevención situacional. La noción "espacio defendible", de NEWMAN[2211], sugeriría, por ejemplo, la adopción de muchas medidas atentas a la selectividad temporal y espacial estadísticamente significativa del crimen (reducir la altura de los edificios, controlar los puntos de acceso, modificar el aspecto externo llamativo de ciertas construcciones, mejorar la iluminación, incrementar el tráfico peatonal, etc. etc.).

c') Fundamento del modelo preventivo situacional: sus principales tesis.

Las teorías preventivas, de base situacional, se presentan a si mismas como alternativa fecunda al modelo clásico y etiológico de prevención de las denominadas teorías de la criminalidad. Conciben el crimen como una opción racional e instrumental. Y propugnan, ante todo, una intervención preventiva en las variables más relevantes del suceso criminal al que reconocen una dinámica propia.

1") Teorías de la *criminalidad* versus teorías del *crimen*. Los teóricos de la prevención situacional reprochan a la Criminología tradicional su análisis etiológico, determinista, desconocedor —dicen— del componente racional de la conducta humana, y de la dinámica del propio acto criminal, altamente selectivo, que merece un análisis autónomo capaz de identificar y valorar sus variables principales (oportunidad).

En efecto, la Criminología tradicional subordina la prevención del delito al estudio previo de sus causas. Cualesquiera que fueren éstas (teorías de la criminalidad), entienden los partidarios de la denominada prevención situacional, el análisis tradicional comporta

---

[2207]   JEFFERY, Cl.R., Crime Prevention Trough Environmental Design, 1977, London, Sage, Beverly Hill.

[2208]   NEWMAN, O., Defensible Space, New York, 1973, McMillan.

[2209]   GOLDSTEIN, H., Problem-Oriented Policing. New York, 1990, Mc Graw Hill.

[2210]   Sobre las concepciones prevencionistas de JEFFERY, vid. GARCÍA-PABLOS DE MOLINA, A., Tratado de Criminología, cit., Capítulo XVI, 7.

[2211]   Sobre el «Defensible Space», de NEWMAN, y el modelo preventivo «Target Hardening», vid. GARCÍA-PABLOS DE MOLINA, A., Tratado de Criminología, cit.,Capítulo XVI, 7.

inequívocas connotaciones deterministas, tanto en la explicación misma del delito como en el modo de entender la intervención preventiva en el mismo[2212].

Por ello, a las teorías etiológicas de la criminalidad oponen los partidarios de la prevención situacional las llamadas teorías del crimen[2213]. Y al enfoque etiológico y determinista otro meramente descriptivo, situacional, atento a una evidencia empírica: que el delito no es un fenómeno casual, fortuito, aleatorio, sino selectivo, que busca el lugar oportuno, el tiempo idóneo, la víctima propicia, precisamente por tratarse de una opción racional, instrumental. Así —afirman los partidarios del modelo situacional—mientras las teorías de la criminalidad pretenden prevenirlo a través de ambiciosos e irrealizables programas sociales y de desarrollo económico que alteren el entorno social, o mediante utópicos proyectos de rehabilitación que conviertan al infractor en modélico ciudadano, las teorías del crimen sugieren una intervención en las situaciones y contextos donde éste se manifiesta con una significativa relevancia estadística, esto es, incidiendo en el factor oportunidad[2214]. Racionalidad e instrumentalidad del crimen, selectividad de éste en sus formas de aparición a tenor del factor oportunidad e intervención preventiva situacional son tres nociones que definen el hilo argumental de este nuevo modelo en ciernes.

2") En las muy heterogéneas teorías de la prevención situacional el concepto de *oportunidad* pasa a un primer plano porque es el que permite explicar por qué el delito se concentra en determinados espacios y momentos. Pero su contenido es poco homogéneo. Unas veces el incremento de oportunidades (se trata siempre de un criterio diferencial) tiene su origen en cambios sociales y tecnológicos. Otras, en estilos de vida que conllevan una mayor exposición a lugares, situaciones y personas peligrosas. Otras, incluso, conectan con la variable sexo, edad o clase social.

Como han demostrado COHEN y FELSON[2215], momentos de bienestar económico pueden propiciar un aumento significativo de oportunidades criminales, y según todos los indicios el riesgo de victimización se comporta de forma distinta según las variables sexo, edad, y clase social en la medida en que unas y otras conllevan distintos *estilos de vida* y, en consecuencia, una mayor o menor exposición a situaciones de riesgo[2216].

[2212] Vid. MEDINA ARIZA, J.J., El control social del delito, cit., pág. 3.

[2213] GOTTFREDSON, M. y HIRSCHI, T., A General Theory of Crime, 1990, Stanford, CA, Stanford University Press. Cfr., MEDINA ARIZA, J.J., op. cit., pág. 2 y ss.

[2214] Cfr., MEDINA ARIZA, J.J., pág. 3.

[2215] Vid. COHEN, L. y FELSON, M., Social Change and Crime Rate Trends: A routine Activity Approach, en: American Sociological Review, vol. 44 (1979), págs. 588 y ss. Cfr., MEDINA ARIZA, J.J., op. cit., págs. 4 y ss.

[2216] Sobre la información que aportan al respecto las encuestas de victimización, vid., supra. Parte primera, III, 4.e.

COHEN y FELSON han ofrecido sugestivas formulaciones teóricas de la noción de oportunidad con su conocida «*routine activity approach*» o enfoque de las actividades cotidianas. A tenor de la misma, el crimen se produce cuando convergen en tiempo y espacio tres elementos: la presencia de un delincuente motivado, un objetivo alcanzable y la ausencia de un guardián capaz de prevenir su comisión[2217]. El propio FELSON[2218] ha añadido dos factores más que incrementan significativamente la oportunidad criminal o riesgo de que se cometa el delito: la ausencia del denominado supervisor íntimo (persona próxima al infractor que neutraliza o frena su potencial delictivo) y el comportamiento del denominado gestor del espacio o personas con competencia para controlar y vigilar algunos de éstos (portero, vigilante, conductor de autobús, etc. etc.). Por su parte, CLARKE sugiere la inclusión de otro elemento, el facilitador del crimen, es decir, personas que suministran las herramientas necesarias para el delito[2219], elemento que guarda indiscutible parentesco con la "disponibilidad de cómplices" a la que se refiere TREMBLAY[2220].

3") Las teorías de la prevención situacional, de otro lado, subrayan las *dimensiones temporal y espacial* del delito, fuertemente asociadas a la distribución de los objetivos y del movimiento cotidiano de los infractores[2221].

Numerosas investigaciones empíricas han demostrado que existen determinados "puntos calientes"[2222] porque ciertas áreas o lugares y momentos aumentan las oportunidades criminales, buscando selectivamente el crimen tales "HOT POTS".

[2217] Vid. COHEN, L. y FELSON, M., Social Change and Crime Rate Trends, cit. (1979), mantienen que el crimen se produce cuando concurren temporal y espacialmente un infractor motivado, un objetivo alcanzable y la ausencia de un tercero, con capacidad para intervenir en la situación y disuadir al delincuente (Cfr., MEDINA ARIZA, J.J., pág. 4).

[2218] FELSON, M., Those who discourage crime, cit., Cfr., MEDINA ARIZA, J.J., op. cit..., pág. 4, nota 4.

[2219] Cfr. MEDINA ARIZA, J.J., op. cit., pág. 4, nota 4.

[2220] TREMBLAY, P., Searching for co-offenders, en: CLARKE, R., y FELSON, M., (edits). Routine Activities and Rational Choice. Advances in Criminological Theory, 1993, vol. 5, New Brunswick, NJ, Transaction Publischer, Cfr. MEDINA ARIZA, J.J., op. cit., pág. 4, nota 4.

[2221] Vid. BRANTINGHAM, P.J. y BRANTINGHAM, P. (edits), Environmental Criminology, 1991 (2ª Ed.), Prospect Heights, Il, Waveland Press; de los mismos: Criminality of Place. Crime Generators and Crime Attractors, en: European Journal on Criminal Policy and Research. Crime Environments and Situational Prevention, 3 (3), 1995, págs. 5 y ss. Cfr. MEDINA ARIZA, J.J., op. cit., pág. 7.

[2222] Sobre la selectividad espacial del crimen y los denominados 'hot spots', vid. ECK, J. y WEISBURD, D. (edits), en: Crime and Place. Crime Prevention Studies, vol. 4, 1995, Cfr., MEDINA ARIZA, J.J., op. cit., pág. 3. Dicha concentración estadísticamente selectiva del crimen en ciertos espacios físicos responde a la misma lógica que la alta selectividad espacial de otros fenómenos estudiados por la estadística y conocida por las Compañías de Seguros (vg. los «puntos negros» en materia de tráfico de vehículos de motor).

Por último, como apuntan CORNISH y CLARKE[2223], las teorías de la prevención situacional enfatizan el componente racional de la conducta delictiva. Conciben, pues, el delito como una *opción racional, instrumental*, orientada a satisfacer determinadas necesidades y objetivos: dinero, status, aventura, etc. etc.[2224].

Diversas investigaciones empíricas sobre robo de pisos y robo de vehículos han puesto de manifiesto la instrumentalidad del delito, esto es, su racionalidad en cuanto opción calculada que pondera en el caso concreto costes y beneficios, riesgo y rendimientos.

De todas ellas, particular interés tiene la realizada por CLARKE y HARRIS, en 1992, quienes analizan los robos de vehículos de motor partiendo de una clasificación de los modelos de automóviles y distinguiendo, a su vez, caso a caso, el mayor o menor riesgo en que cada modelo incurría, bien de que se sustrajeran objetos materiales del interior de los mismos, bien de que fueran robados para un uso temporal o incluso permanente[2225].

Comprobaron estos autores que los índices más elevados de sustracción de objetos del interior de los automóviles se daba, significativamente, en vehículos de fabricación alemana, dotados de buenos equipos de radio, y en los descapotables. Por el contrario, la sustracción de vehículos para uso temporal sucedía, sobre todo, en automóviles deportivos de fabricación americana y aspecto atractivo. Por último, y en cuanto al robo de vehículos para su uso permanente, se observaban índices muy semejantes en vehículos muy caros y vehículos, no tan caros, deportivos de fabricación extranjera. La constatación de inequívocos índices diferenciales de riesgo de victimización, según las características de los respectivos modelos acreditaría el componente racional, instrumental de estas infracciones. En orden a la observada 'racionalidad' del crimen, se entiende fácilmente que los vehículos alemanes, sobre todo los descapotables, fueran un objetivo idóneo para la sustracción de objetos de sus interiores, por la calidad de los equipos de radio de los mismos. El beneficio, pues, era elevado y la dificultad para conseguirlo, reducida. Que estos mismos vehículos no fueran sustraídos para uso temporal, se explica, también, por el hecho de que carezcan de cambio automático, lo que dados los hábitos y gustos del usuario norteamericano entraña un inconveniente. Este enfoque economicista aclara, del mismo modo, por qué, sin embargo, los vehículos de fabricación americana concentran los índices más elevados de sustracción para uso temporal. Son potentes y llamativos, esto es, modelos que se ajustan a la imagen que pretende dar de sí mismo el infractor joven, y, además, tienen cambio automático y no suscitan sospechas

---

[2223] CORNISH, D.B. y CLARKE, R. (edits.), The Reasoning Criminal. Rational Choice Perspectives on Offending. New York, 1986, Springer Verlag; de los mismos: Understanding crime displacement: An application of rational choice theory, en: Criminology, vol. 25 (1987), nº 4, pág. 933 y ss. Cfr. MEDINA ARIZA, J.J., op. cit., pág. 6.

[2224] En cuanto a la instrumentalidad del crimen como opción racional y económica, postulado de la teoría neoclásica (BECKER, EHRLICH, y otros), vid., GARCÍA-PABLOS DE MOLINA, A., Tratado de Criminología, cit., Capítulo VI, 3. Excurso.

[2225] Un análisis, desde este enfoque economicista, del robo de vehículos de motor, en: CLARKE, R. y HARRIS, P.M., A rational choice perspective on the targets of automobile theft. En, Criminal Behavior and Mental Health, núm. 2 (1992), págs. 25 y ss. Cfr., MEDINA ARIZA, J.J., op. cit., pág. 6.

cuando y donde suelen ser utilizados. Por último, que sean los modelos más caros, de lujo, los que experimentan un índice más elevado de sustracción para uso permanente se comprende por el beneficio que la reventa depara a sus sustractores.

d') Técnicas de prevención situacional

La prevención situacional persigue una reducción eficaz de las oportunidades delictivas a través de una incidencia y modificación del ambiente o escenario del crimen que incremente los riesgos o dificultades (costes) y disminuya correlativamente las expectativas y beneficios asociados a la comisión del mismo.

Como advertía uno de sus teóricos[2226], las diversas técnicas de prevención situacional han de dirigirse de modo muy selectivo a específicas formas de la criminalidad. Implican el diseño, manipulación o gestión sistemática y permanente del espacio, entorno, medio o ambiente. Y tienen que instrumentarse de manera tal que, en la percepción del delincuente potencial, impliquen un incremento de los riesgos y dificultades de la opción delictiva con la consiguiente reducción de los beneficios esperados.

Según CLARKE[2227], todo proyecto de prevención situacional comprende varias etapas. Primero se obtiene información sobre la naturaleza y dimensiones del concreto problema delictivo. A continuación, se analizan las condiciones situacionales que permiten o facilitan la comisión de delitos en el ámbito examinado. Después, se lleva a cabo un estudio sistemático de los medios, estrategias e iniciativas capaces de bloquear las oportunidades existentes, optándose por las más prometedoras, económicas y sencillas. Finalmente, se evalúa la experiencia introduciéndose los cambios necesarios en función de los resultados obtenidos.

Las numerosas técnicas de prevención situacional pueden clasificarse en cuatro grandes grupos: las orientadas a incrementar la percepción del *esfuerzo* asociado con un particular delito, las que incrementan la percepción del *riesgo*, las tendentes a reducir las *recompensas* esperadas y, por último, las que persiguen potenciar los *sentimientos de culpa* del infractor[2228].

Un primer conjunto de técnicas de prevención situacional pretende incrementar el *esfuerzo* o dificultad de la comisión del delito en la percepción individual del infractor[2229].

[2226] CLARKE, R. (edit), Situational Crime Prevention. Successful Case Studies, 1992, Albany, NY: Harrow and Heston, cit. Cfr., MEDINA ARIZA, J.J., op. cit., pág. 11.

[2227] Cfr., MEDINA ARIZA, J.J., op. cit., pág. 12.

[2228] Cfr., MEDINA ARIZA, J.J., op. cit., pág. 12 y ss., de quién tomo la clasificación de las diversas técnicas de prevención situacional y su exposición, siguiendo las investigaciones de HOUGH, CLARKE y MAYHEW.

[2229] No en vano, alguna investigación empírica como la de GOTTFREDSON, M.R. y HIRSCHI, T., (A general theory of crime. Stanford, Ca.: Stanford University Press, 1990, págs. 191 y ss. y 210 y ss.), ha puesto de relieve que, en general los delitos son comportamientos no necesitados

Ello puede conseguirse, por ejemplo, mediante la instalación o establecimiento de barreras físicas (vg. candados, materiales reforzados, mecanismos que rechazan objetos falsos, etc.) que dificultan los objetivos o planes criminales (*entorpecimientos de los objetivos*).

También, mediante el denominado *control de accesos*, es decir, delimitación de determinados espacios físicos (oficinas, fábricas, residencias, etc.) a través de obstáculos materiales (vallas, puertas, etc.), personales (recepcionistas, porteros, etc.) o incluso técnicas (por ejemplo, claves o contraseñas para acceder a cuentas bancarias o servicios informáticos).

Otra medida preventiva que persigue incrementar el esfuerzo es la *desviación de transgresores* con la que se trata de mitigar la posible convergencia en tiempo y espacio de infractores tentados de cometer el delito. Así, la inutilización de ciertos espacios físicos (cierre de determinadas calles, la limitación temporal del uso de concretos establecimientos o espacios con el objeto de evitar concentraciones en los mismos, por ejemplo, establecimiento de una hora de cierre de tales locales), etc. etc.

Por último, otra técnica que persigue el incremento del esfuerzo con fines preventivos es el llamado *control de facilitadores*, u objetos que se utilizan decisivamente en la comisión de delitos (así, las armas de fuego y su control, pertenecen a este subgrupo de técnicas preventivas).

Un segundo grupo de técnicas de prevención situacional persigue incrementar el *riesgo* en la percepción del infractor potencial.

Una primera posibilidad consiste en el examen y *control de entradas* y *salidas*, cuya finalidad no es tanto excluir personas no deseadas como incrementar el riesgo de detección de quienes no cumplen los requisitos para acceder o abandonar un determinado espacio. Las alarmas utilizadas por establecimientos comerciales cuando se tratan de sustraer ilegalmente objetos de los mismos o los procedimientos convencionales de aduana e inmigración serían ejemplos de este subgrupo de técnicas preventivas. También la denominada *vigilancia formal* que llevan a cabo la policía y personal de seguridad privado para disuadir a los delincuentes potenciales. La videovigilancia constituye una modalidad más que la moderna tecnología ofrece al servicio de la vigilancia formal. A idéntico objetivo se orienta la *vigilancia por empleados*, esto es, la función supervisora que éstos realizan y, desde luego, acredita un relevante impacto preventivo. Por último, también la *vigilancia natural*, propiciada por las características arquitectónicas, urbanísticas, convivenciales del propio hábitat (así, mejora de iluminación e infraestructura, de servicios, modificación del diseño arquitectónico y urbanístico, movilización de vecinos a través de asociaciones de barrio, etc., etc.).

Un tercer conjunto de técnicas preventivas de orientación situacional pretende reducir la *ganancia* o *recompensa* del delito, los beneficios y expectativas positivas asociadas al mismo en la percepción del infractor.

Una medida muy eficaz consiste en el *desplazamiento del objetivo*. Es lo que sucede cuando, por ejemplo, se sustituye la utilización del dinero como medio de pago por otros objetos (fichas o tarjetas en las cabinas telefónicas) lo que evita la concentración y manipu-

---

de especial esfuerzo y destreza, poco sofisticados y al alcance de cualquiera; y que —también por lo general— son más producto del aprovechamiento de una oportunidad propicia que de una meticulosa planificación. Dado que el infractor medio suele buscar una gratificación inmediata, si encuentra dificultades o si se obstaculiza su actuación, es probable que desista de delinquir o que busque otro objetivo más accesible.

lación de importantes sumas de dinero en estos y otros lugares (gasolineras, supermercados, etc.); una finalidad semejante se persigue con las medidas que dificultan y controlan la adquisición de drogas y sustancias psicotrópicas en las farmacias, productos que explican la alta siniestrabilidad de estos establecimientos. Otra de las estrategias preventivas más eficaces consiste en la *identificación de la propiedad* con signos indelebles que alertan sobre el origen de la cosa sustraída. Con ello no sólo se consigue su eventual recuperación, sino que se dificulta la reventa de este material en el mercado negro, con la correlativa devaluación del mismo. Por último, la llamada *eliminación del beneficio* es otra medida operativa y eficaz que inutiliza el uso o funcionamiento de la cosa sustraída haciendo poco rentable para el infractor la comisión del delito (así, por ejemplo, la previa instalación en equipos electrónicos de códigos o claves que sólo el propietario conoce).

Un cuarto grupo de técnicas de prevención situacional dirige sus objetivos a incrementar los *sentimientos de culpabilidad del infractor*, explicitando o reforzando la condena moral de su conducta o mediante la estimulación de la conciencia, el control de los mecanismos de inhibición y otras técnicas que propician el comportamiento respetuoso de las normas.

Tales estrategias de prevención situacional guardan cierto parentesco con las técnicas de neutralización a las que se refiere MATZA y con la teoría de la «vergüenza reintegradora» formulada por BRAITHWAITE[2230]. Entre otras muchas técnicas de prevención situacional inspiradas en este submodelo cabe citar las que pretenden establecer, explicar o clarificar reglas y normas de conducta, evitando así la indefinición o ambigüedad normativa característica de algunos contextos muy propicios para el infractor (por ejemplo, los códigos americanos sobre el acoso sexual en el ámbito universitario). También, aquellas otras que fortalecen o refuerzan la condena moral de la conducta prohibida o estimulan la propia conciencia social, lo que al potenciar el complejo de culpa incrementa los costes del delito. Es el caso de las campañas de sensibilización en materia de incendios forestales, conducción bajo la influencia de bebidas alcohólicas, maltrato a menores, etc. etc. Cabe citar, igualmente las eficaces medidas de control de los mecanismos desinhibidores, como el alcohol (así, elevación de la edad legal del consumo, promoción del consumo de bebidas no alcohólicas a través de una política de precios adecuada). La propaganda racista o terrorista, la violencia televisiva y la pornografía violenta pueden estimarse mecanismos de desinhibición que otorgan al individuo técnicas de justificación y coartadas para posteriores comportamientos delictivos. Por último, cabe arbitrar, también, medidas que refuercen positivamente el comportamiento conforme con las reglas y normas de conducta, incentivando así el comportamiento prosocial (por ejemplo, campañas de solidaridad, antirracistas, establecimiento de premios y recompensas simbólicas para comportamientos ejemplares, etc.).

De las numerosas manifestaciones delictivas y antisociales, algunas de ellas han sido objeto de atención preferente por programas de prevención situacional. Así, las pintadas en edificios y transportes públicos (graffiti), el vandalismo, la vio-

---

[2230] Efectivamente, el último grupo de técnicas de prevención situacional apela al sentimiento de culpa del infractor, asumiendo, pues, postulados de concepciones criminológicas dispares, si bien a los solos efectos del control del delito: así, de las tesis de MATZA (autojustificación y neutralización), o de la denominada por BRAITHWAITE "vergüenza reintegradora". Cfr., MEDINA ARIZA, J.J., op. cit., pág. 12.

lencia callejera, y la conducción temeraria de vehículos de motor bajo la influencia del alcohol y las drogas (problemas que adquieren especial relevancia en la cultura urbana juvenil del fin de semana), y los asaltos a ciertos establecimientos públicos (farmacia, gasolinera, supermercado, entidad bancaria, etc.).

Los *graffiti* en el metro de Nueva York y demás transportes públicos, representaron un problema de gran magnitud para el gobierno municipal, no sólo por el coste económico que suponía la limpieza y blanqueo de paredes, vagones, estaciones, etc., sino porque los estudios mostraron una clara conexión entre estas pintadas y los sentimientos de inseguridad ciudadana de los neoyorquinos. Habiéndose comprobado que los autores de graffitis pintaban los vagones para recrearse después con su obra viéndolos circular por la ciudad, un equipo de criminólogos sugirió adoptar dos medidas concretas que se mostraron altamente eficaces: la limpieza inmediata de los vagones antes de que éstos iniciaran su recorrido diario y el empleo de materiales especiales recubriendo las paredes de los vagones a los efectos de imposibilitar que la pintura se adhiriese a los mismos. El éxito fue inmediato[2231].

La cultura juvenil y urbana del fin de semana ha dado lugar a una prolija gama de investigaciones empíricas cuya reseña excede los objetivos limitados de esta obra. Los problemas específicos que en cada caso plantea así como las medidas y estrategias arbitradas para controlar y prevenir aquéllos se examinan en diversas monografías de CLARKE[2232], HOMEL[2233], ROSS[2234], etc. etc.

En cuanto a técnicas de prevención situacional en establecimientos comerciales merecen particular mención las diseñadas, en los Estados Unidos, por un equipo de criminólogos con relación a una cadena de tiendas abiertas al público durante las veinticuatro horas del día y ubicadas en las cercanías de las autopistas, especialmente por ello expuestas a toda suerte de ataques con fines lucrativos. Se decidió remover la publicidad que cubría las cristaleras y escaparates de las tiendas, e impedía se pudiera contemplar desde el exterior lo que sucedía en las mismas. Se situó la caja en la parte frontal del establecimiento para que pudiera ser observada desde fuera de éste. Se instalaron cajas especiales de seguridad, a fin de que el dependiente no tuviera que manipular grandes cantidades de dinero en la caja registradora. Incluso, se proporcionó café gratis a los taxistas para asegurar la presencia continua de personas a altas horas de la madrugada en el establecimiento, entrenándose a los empleados de éste en técnicas de observación e identificación de los clientes. Tales programas ofrecieron una reducción significativa de los índices de criminalidad en comparación con la de los establecimientos de control en los que no se habían adoptados estas medidas[2235], y ello sin necesidad de acudir al empleo de guardas jurados armados[2236].

[2231] Cfr., MEDINA ARIZA, J.J., op. cit., pág. 16 y 17.

[2232] Cfr., MEDINA ARIZA, J.J., op. cit., pág. 17 y 18.

[2233] Cfr., MEDINA ARIZA, J.J., op. cit., pág. 17 y ss., refiriéndose a las aportaciones de HOMEL, R., CLARKE, R., y otros.

[2234] ROSS, H.L., Confronting Drunk Driving: Social Policy for Saving Lives, New York, 1992, Yale University Press, cfr., MEDINA ARIZA, J.J., op. cit., pág. 17 y ss.

[2235] Vid. MEDINA ARIZA, J.J., op. cit., pág. 18.

[2236] Así, FELSON, M., Crime and Everyday Life. Insights and Implications for Society, 1994, Tousand Oaks, CA, Pine Forge Press. El autor observó que estas técnicas elementales hacían innecesario el empleo siempre más costoso y arriesgado de vigilantes armados. El éxito de tales medidas fue comprobado, también, por JEFFERY, en Florida. Cfr., MEDINA ARIZA, J.J., op. cit., pág. 18.

e') Prevención situacional y precauciones rutinarias

La prevención del delito, sin duda, es un problema de todos, un problema comunitario, no exclusivamente reservado al Estado ni a las instancias del control social formal o informal. Más aún, como consecuencia de la evolución social, se observan inequívocos cambios que afectan de modo muy relevante a la eficacia de los mecanismos tradicionales del control social formal e informal.

En efecto, el control social informal, según advierte FELSON[2237], ha perdido efectividad como consecuencia de la progresiva incorporación de la mujer al mercado de trabajo, la precariedad del empleo, el creciente poder económico, autonomía y libertad del mundo juvenil, la masificación escolar, etc. Pero también sucede lo propio con el control social formal, incapaz de dar respuesta con su actual estructura, dotaciones y costes a un problema social cuyos índices alcanzan valores preocupantes en buena medida por razón de las nuevas oportunidades que el cambio económico, social y tecnológico depara al infractor.

Por ello, las estrategias convencionales de prevención, deben complementarse con otras, rutinarias, cuasidomésticas, asociadas a los estilos de vida, hábitos, costumbres y actividades rutinarias del individuo y de las organizaciones. Siendo el riesgo de victimización un riesgo diferencial, selectivo, no cabe duda que una elemental actitud de cuidado y vigilancia, de responsabilidad y cautela, por parte de la víctima potencial en determinadas situaciones mitigará sensiblemente aquél con éxitos preventivos muy relevantes.

Que la víctima, de hecho, puede contribuir con su conducta —legítima, desde luego— a su propia victimización, es una constatación empírica incuestionable. Otra cosa distinta es que este dato pueda utilizarse, manipularse, por el infractor como técnica de autojustificación, por ejemplo, culpabilizando a la víctima. Realidad empírica y falseamiento ideológico de la misma pertenecen, pues, a ámbitos diferentes. La experiencia diaria demuestra el riesgo que comportan ciertos hábitos, estilos de vida, y situaciones, así como la eficacia preventiva de conocidas medidas rutinarias (evitar ciertos lugares a determinadas horas, instalar pequeñas alarmas, utilizar un radio-cassette extraíble, no exponer ciertos objetos de valor a la vista, etc.).

La teoría de la prevención situacional ha potenciado estas estrategias o precauciones rutinarias como mecanismo autónomo o vía independiente de prevención a la que augura un brillante futuro en los próximos lustros[2238]. De hecho, gana

---

[2237] Sobre el progresivo menor rendimiento de las técnicas del control social convencional (tanto del 'formal' como del 'informal'), vid. FELSON, M., *Crime and Everyday Life*, cit., cfr., MEDINA ARIZA, J.J., op. cit., pág. 20.

[2238] Por ello, FELSON, M. (op. cit., ibidem) estima que estas técnicas situacionales tienen gran futuro. E incluso CLARKE, R., y el propio FELSON, M., hacen de las mismas un nuevo modelo de prevención (situacional) distinto de los mecanismos convencionales del control social (Routine precautions, criminology, and crime prevention, en: Hugh D. Barlow (edit). *Crime and Public Policy = Putting theory to Work*, 1995, Boulder, CO: Westview Press. Cfr., MEDINA ARIZA, J.J., op. cit., pág. 19 y 20.

terreno progresivamente en la teoría y en la praxis[2239], un nuevo modelo de prevención en el que el Estado, y en particular la policía y demás agencias del control social formal, pierden el monopolio del control y prevención del delito, que se concibe, como problema comunitario, responsabilidad de todos[2240].

f') Reflexiones críticas a las teorías prevencionistas de orientación situacional.

El todavía poco definido modelo en ciernes de prevención situacional ha sido ya objeto de numerosas críticas. Algunas de ellas son comunes a toda teoría criminológica que sobredimensiona el factor *oportunidad* en la explicación de la génesis o etiología del delito. O cualquiera de las variables que expresan la selectividad estadística del crimen en sus formas de manifestación (especialmente, las variables temporales y espaciales). Otras objeciones, se comparten también con las teorías *economicistas*, neoclásicas, que examinan el delito como opción racional, utilitaria e instrumental, contemplando al infractor como individuo pragmático que actúa guiándose por el binomio coste/rendimiento, coste/beneficio («*economic choice*»). Por último, un tercer grupo de críticas y reservas se dirige específicamente contra estas teorías situacionales censurándoles su escasa *eficacia* al prescindir de todo análisis etiológico del problema criminal. O formulando contra las mismas un amplio abanico de reparos *éticos* (falta de legitimidad) y *políticocriminales* (efecto desplazamiento del crimen).

1'') En efecto, aunque el crimen es un fenómeno altamente selectivo, dicha selectividad tiene una repercusión muy distinta según la clase de delito de que se trate. Por ello, el factor 'oportunidad' carece de una incidencia homogénea y no puede invocarse, ni desde un punto de vista etiológico, ni preventivo, como criterio inexorable, con pretensiones de universalidad. No cabe duda que ciertos delitos exhiben un inequívoco perfil situacional, ocasional, como puede constatarse estadísticamente, pero no todos. Otros muchos, no. Por ello, las técnicas de pre-

---

[2239] Sobre la teoría y praxis de estas medidas preventivas en la actualidad, vid. MEDINA ARIZA, J.J., op. cit., págs. 20 y ss.

[2240] Sobre la necesidad de contemplar la prevención del delito como «problema»; y como problema «de todos», especialmente de la «comunidad» —y no solo del sistema legal y sus instancias oficiales—, con todas las implicaciones que se derivan de este «postulado» en orden a la prevención de la delincuencia, vid. GARCÍA-PABLOS DE MOLINA, A., La prevención del delito en el Estado social de Derecho, en: Estudios Penales y Criminológicos, XV (1992), Santiago de Compostela, págs. 77 y ss. Las llamadas 'precauciones rutinarias' no son, pues, técnicas preventivas propias —ni exclusivas, desde luego— de un modelo 'situacional' sino, como se propugna desde la moderna Victimología, medidas elementales de neutralización del riesgo de victimización, asumidas de forma voluntaria, prudente y responsable por personas y colectivos que exhiben una especial vulnerabilidad y son conscientes de ella.

vención situacional carecerán de virtualidad y eficacia respecto a aquella parcela de la criminalidad exenta de tales componentes 'oportunísticos' (vg. delincuencia expresiva o simbólica, delincuencia pasional, etc.).

> Los partidarios de la prevención situacional reconocen la lógica de estos reparos pero tratan de minimizarlos con diversos datos y argumentos. Así, advierten que si bien las técnicas de prevención situacional son especialmente idóneas para controlar ciertos delitos (los *ocasionales*) de menor gravedad (bagatelas), estas infracciones tienen, desde un punto de vista estadístico, cuantitativo, una gran relevancia y repercusión social, apareciendo de hecho asociadas a manifestaciones más graves de la criminalidad[2241]. En segundo lugar, observan que incluso en los delitos más serios y alarmantes pueden constatarse componentes situacionales susceptibles de previsión y neutralización con estas técnicas preventivas, lo que explica el éxito de las mismas en concretas formas de la delincuencia violenta (violencia doméstica, vandalismo juvenil, secuestros aéreos, etc.)[2242].

2") La supuesta *racionalidad* de la opción delictiva (racionalidad e instrumentalidad de la decisión criminal) es otro tópico que se generaliza y extrapola indebidamente por las teorías de la prevención situacional más allá de los casos de autores e infracciones donde tal premisa resulta cierta y comprobada. Las teorías criticadas operan con una imagen ficticia de autor que calcula y pondera racionalmente los pros y contras (costes y beneficios) de la opción criminal; y atribuyen a todos los delitos una estructura lógica, instrumental, que solo cabe predicar de manifestaciones concretas de la criminalidad (delincuencia económica, profesional, financiera, etc.), no generalizable ni extrapolable a otras formas del crimen no instrumentales (vg. criminalidad expresiva, simbólica, subcultural, etc.)[2243].

3") Las teorías de la prevención situacional yerran al sobrevalorar *factores y variables ocasionales*. Como se ha recordado a las teorías ecológicas, espaciales y ambientales, el espacio físico —la ocasión, la oportunidad, en definitiva— puede atraer o favorecer la comisión del delito, pero solo eso: no crea, ni genera crimi-

---

[2241] En este sentido, MEDINA ARIZA, J.J., citando investigaciones de WILSON, KELLING, COLE y otros (op. cit., págs. 24 y 25).

[2242] Así, MEDINA ARIZA, J.J., op. cit., págs. 25 y 26, revisando las conclusiones obtenidas por TEDESCHI y FELSON (racionalidad e instrumentalidad de la violencia), compartidas por DOBASH, POLK, NEDEGAARD, y otros; CLARKE (éxito preventivo de las técnicas situacionales en aeropuertos a finales de la década de los setenta); FELSON (id. con relación a los actos vandálicos de los 'ultras' en estadios de fútbol); HOMEL, BJOR, KNUTSSON y KUHLHORN (respecto a violencia juvenil durante los fines de semana); LA VIGNE (violencia carcelaria); LLOYD (violencia doméstica), etc.

[2243] Sobre estas críticas, y con relación al modelo economicista neoclásico con el que las teorías situacionales se emparentan, vid. GARCÍA PABLOS DE MOLINA, A., Tratado de Criminología, cit., Capítulo VI, 2, d), 2').

nalidad[2244]. Confunden, pues, causa (prevención primaria) y síntoma (prevención situacional) por lo que la prevención, así entendida —prescindiendo de cualquier análisis etiológico— es una prevención ineficaz, sin alma, cínica. Interviene allí donde y cuando el delito se manifiesta (síntoma), pero no en sus raíces o causas, donde y cuando se genera aquel (etiología).

Como se ha denunciado, las teorías de la prevención situacional expresan una opción de lucha contra la delincuencia que ha decidido detenerse en el plano más superficial del comportamiento delictivo, sin interesarle las causas profundas de él[2245].

4") Una prevención orientada a criterios rigurosamente espaciales, por otra parte, *obstaculiza, aplaza o desplaza* la comisión del delito, pero no lo evita. Sus efectos, por tanto, no son tan positivos como pudiera suponerse, ni con carácter general (cualquier clase de delitos), ni, desde luego, a medio y largo plazo. Salvo en supuestos de una demanda criminal rígida, el crimen buscará otro espacio físico menos protegido, otro momento más idóneo, otra víctima más vulnerable, otra situación menos arriesgada ... para conseguir sus objetivos[2246]. Dicho *desplazamiento*, además, tendrá con frecuencia connotaciones sociales *regresivas y discriminatorias*, ya que el infractor buscará las áreas y espacios cuyos titulares no puedan financiar el costo de los dispositivos de protección, esto es, los de más bajos niveles de renta; y, a su vez, los poderes públicos polarizarán los esfuerzos preventivos (entendidos en una acepción meramente policial y restrictiva) en torno a los grupos y subgrupos definidos 'ex ante' como poblaciones 'conflictivas' (siempre minorías y bajos estratos sociales), o los espacios físicos más criminógenos (los suburbios de la gran ciudad o sus barrios peor dotados).

Los teóricos de la prevención situacional reconocen el efecto de «desplazamiento» que provocan las técnicas de inspiración situacional, pero matizan el significado y relevancia del mismo. En primer lugar, advierten, dicho desplazamiento puede producirse, pero no es

---

[2244] Sobre estas objeciones, y a propósito de las teorías espaciales, vid. GARCÍA-PABLOS DE MOLINA, A., Tratado de Criminología, cit., Capítulo XVI, 6B.

[2245] Así, DÍEZ RIPOLLÉS, J.L., quien formula, además, una atinada crítica ideológica y política a este modelo de prevención. Vid., El nuevo modelo penal de la seguridad ciudadana, cit., pág. 20.

[2246] Según los críticos de las teorías situacionales, podrían darse diversos supuestos de «desplazamiento»: a) *Temporal*: la comisión del delito se pospone a otro momento que el infractor estime menos arriesgado; b) *Espacial*: el delito se ejecuta en otro lugar que implique un menor peligro de ser detectado el autor; c) *De objetivo*: el infractor escoge otro objeto menos protegido y que sea más genial lo de victimizar; d) *Táctico*: se comete el delito pero de una manera distinta a la planificación inicial; e) *De tipo de delito*: se lleva a cabo un delito diferente del inicialmente previsto; f) *Desplazamiento del ofensor*: un nuevo delincuente sustituye al que ha desistido de cometer el delito, o al que ha sido detenido (Cfr. SERRANO MAILLO, A., Introducción ..., cit., págs. 278 y 279)..

inevitable y tiene, en todo caso, alcance limitado[2247]. En segundo lugar, añaden, no siempre el desplazamiento debe reputarse negativo: existe un desplazamiento *benigno* y un desplazamiento maligno. No cabe, pues, censurar todo desplazamiento si significa aparición de formas alternativas de criminalidad menos graves y serias, o una nueva distribución demográfica o geográfica del delito socialmente menos nociva[2248]. En tercer lugar, observan que ya se conocen los *mecanismos internos y condiciones del desplazamiento*, de suerte que siendo éste previsible pueden diseñarse las estrategias situacionales adecuadas para neutralizarlo. Así, HEAL y LAYCOCK[2249], GABOR[2250], ECK[2251], CORNISH y CLARKE[2252], entre otros, han formulado diversos criterios para explicar en qué supuestos y bajo qué condiciones es más probable que se produzca el citado desplazamiento (teoría de la adaptabilidad del delincuente, de la familiaridad del espacio físico, de las propiedades que estructuran selectivamente la decisión criminal, etc.). Por último, un sector de la doctrina de la prevención situacional mitiga los efectos negativos del desplazamiento con la noción complementaria de la *difusión de beneficios*; esto es, invocando la influencia positiva y bienhechora de la prevención así orientada más allá de la situación o contexto concreto, personas y momento cronológico de la intervención misma. A su vez, la comprobación de tales efectos secundarios, pero ciertos y saludables descritos por CLARKE, WEISBURD[2253], HESSELING[2254] y otros, habría permitido mejorar el diseño y rendimiento de los programas de prevención, sugiriendo determinadas estrategias muy eficaces[2255].

[2247] Vid. MEDINA ARIZA, J.J., op. cit., pág. 28, revisando las conclusiones de CLARKE, ECK y HESSELING, R. (Displacement: A review of the literature, en: Crime Prevention Studies, vol. 3, 1994), entre otros.

[2248] Cfr., MEDINA ARIZA, J.J., op. cit., pág. 30 y 31, refiriéndose a las investigaciones de BARR y PEASE con relación al denominado "desplazamiento benigno" (BARR, R. y PEASE, K., Crime placement, displacement and deflection, en: Tonry, M., y Morris, N., edits., Crime and Justice: A Review of Research, vol. 12, 1990, Chicago, University of Chicago Press).

[2249] Vid. HEAL, K. y LAYCOCK, G., Situational Crime Prevention: From Theory Into Practice, London, 1986, Home Office.

[2250] GABOR, Th., Crime displacement and situational Prevention: Toward the devolopment of some principles, en: Canadian Journal of Criminology, 32 (1990), págs. 41 y ss.; Cfr., MEDINA ARIZA, J.J., op. cit., págs. 31 y ss.

[2251] ECK, J., The Treat of crime displacement, en: Criminal Justice Abstracts, 25 (1993), págs. 527 y ss. Cfr., MEDINA ARIZA, J.J., op. cit., págs. 31 y ss.

[2252] CORNISH, D.B. y CLARKE, R., (edits.), The Reasoning Criminal. Rational Choice Perspectives on Offending, New York, 1986, Springer Verlag. Cfr., MEDINA ARIZA, J.J., op. cit., pág. 32.

[2253] CLARKE, R. y WEISBURD, D., Diffusion of Crime control benefits: Observations on the reverse of displacement, en: Crime Prevention Studies, vol. 2 (1994). Cfr., MEDINA ARIZA, J.J., op. cit., pág. 33 y ss.

[2254] HESSELING, R., Displacement: A Review of the Literature. En: Crime Prevention Studies, vol. 3 (1994). Cfr., MEDINA ARIZA, J.J., op. cit., pág. 33.

[2255] Así, CLARKE, R. y WEISBURD, D., sugieren, entre otras medidas: la distribución gratuita y aleatoria de dispositivos de seguridad de elevado coste, no accesibles a todos; la concentración de tales mecanismos en los objetivos más vulnerables y visibles; la divulgación y publicidad de tales medidas para incrementar el efecto disuasorio en los infractores potenciales, etc. Cfr., MEDINA ARIZA, J.J., op. cit., pág. 34.

5") Finalmente, desde un punto de vista *ético, ideológico y políticocriminal* se cuestiona, también, la legitimidad de la llamada prevención situacional. Porque sus técnicas y estrategias son muy invasivas, afectan a terceros ajenos a la génesis del riesgo o peligro (vg. cámaras de videovigilancia en la vía pública), poseen una inmanente tendencia expansiva proclive a toda suerte de excesos y se resisten al control y límites externos.

La obsesiva proliferación de técnicas situacionales de prevención evocan la imagen de una *cultura orwelliana*. Las ciudades se convierten en fortalezas, las viviendas en fortines y guaridas seguras. La ideología de la seguridad altera nuestros estilos de vida e impone prácticas insolidarias. La prevención del crimen adquiere connotaciones estrictamente policiales, defensistas, frente al enemigo común, impulsando esterotipos perversos del infractor y estados de opinión exacerbados que retroalimentan victoriosas cruzadas contra el delito pletóricas de rigor y desmesura.

Naturalmente, los partidarios de la prevención situacional minimizan estos reparos, estimando se trata de un nuevo modelo aún incipiente y fragmentario[2256], siempre mejorable y con menor coste social, en todo caso, que la intervención represiva.

IV. SEGURIDAD PÚBLICA, SEGURIDAD PRIVADA Y GESTIÓN PERSONAL DE LA SEGURIDAD Y LA PREVENCIÓN DEL DELITO[2257]

1) El llamado modelo de la «seguridad ciudadana» y la «ideología de la seguridad»

La moderna sociedad postindustrial teme cada vez más al delito. Teme el fenómeno criminal, y teme llegar a convertirse en víctima del delito, hasta el punto de que la *seguridad ciudadana* figura en la actualidad entre las preocupaciones

---

[2256] Vid. MEDINA ARIZA, J.J., op. cit., pág. 35 y ss.

[2257] Vid. GIMÉNEZ SALINAS FRAMIS, ANDREA: La génesis de la seguridad privada. La Criminología Aplicada, II, Madrid, 1998 (Cuadernos del Consejo General del Poder Judicial). De la misma autora: El modelo de seguridad privada en España, en: Clemente, M., Parrilla, A. y Vidal, M.A., Psicología Jurídica y Seguridad: Policía y Fuerzas Armadas, II, Madrid, 1998, Fundación Universidad Empresa; de la misma: La situación de la Sécurité privée en Espagne, Shapland, J. y Van Outive, L., Police et Sécurité: Contrôl Social et interaction public/privé, Paris, 1998. L'Harmattan; de la misma autora: New Aproaches regarding private/public security, Policing and Society, vol. 14, nº 2 (2004), págs. 158 a 174. Vid., la excelente tesis doctoral de Ingrid Estíbaliz Sánchez Díez: «La estrategia de seguridad nacional 2013 y las reformas legislativas en materia de seguridad de la X Legislatura. Su contribución a la adopción de una nueva concepción de seguridad en España». Salamanca, 2015, dirigida por el Dr. Fernando Pérez Álvarez.

más acuciantes de la opinión pública[2258] en los barómetros del CIS. En otro lugar de esta obra, me he referido a dicho *miedo al delito* y a sus consecuencias[2259], subrayando que no es la respuesta individual psicológicamente condicionada, típica de quien ha sido víctimizado, sino un fenómeno psicosocial que trasciende la dimensión clínica personal, que contamina las actitudes; mediatiza la opinión pública y pervierte la política criminal. Hoy ese *miedo al delito* se ha generalizado, alcanzando a segmentos de la sociedad que tradicionalmente no lo experimentaban. Más aún: potenciado por los medios de comunicación y rentabilizado por los políticos, se ha convertido en sí mismo en un complejo problema social[2260]. Las modernas encuestas de victimización, por otra parte, han rescatado el componente *ideológico* del miedo al delito revelando cuales son los mecanismos de construcción social del mismo y las claves últimas de la denominada «ideología de la seguridad»[2261].

> Los ciudadanos, en efecto, construyen su imagen de la seguridad en un marco social determinado y a partir de ciertos procesos psico-sociales, no necesariamente a partir de hechos victimizadores y de experiencias personales. Cuentan, entonces, otros muchos factores como la calidad de vida, la asistencia sanitaria, la carestía de la vida, el paro … etc. que influyen en la construcción social del miedo. Durante los últimos años el objeto o contenido de la inseguridad y el miedo se ha desplazado hacia indicadores del bienestar social y la calidad de vida, distanciándose progresivamente de los elementos específicos del miedo al *delito*. Las encuestas sociales constatan, también, una paradójica sobreprotección de la propiedad que prima sobre los recursos destinados a financiar la autoprotección personal de la vida y la integridad. En todo caso, gana hoy terreno una «ideología de la seguridad» que proclama la hegemonía de los valores urbanos y mesocráticos —egoísta e insolidaria— y subordina a tal sentimiento el propio marco social[2262].

En el ámbito *político-criminal,* fenómenos como el miedo al delito han contribuido al progresivo desarrollo de un nuevo modelo, ciertamente perverso y regresivo, que algunos autores denominan *modelo penal de la inseguridad*[2263] y se examina al final de esta obra[2264].

[2258]   Cfr. DÍEZ RIPOLLÉS, J.L., El nuevo modelo penal de la seguridad ciudadana, en: Revista electrónica de Ciencia Penal y Criminología, 06-03-2004, pág. 8, nota 10.

[2259]   Vid. Parte Primera, III, 4.e) Cuarto.

[2260]   Vid., GARCÍA-PABLOS DE MOLINA, A., Tratado de Criminología, Capítulo II., 4.h). También: DÍEZ RIPOLLÉS, J.L., El nuevo modelo penal, cit., pág. 9.

[2261]   Vid., GARCÍA-PABLOS DE MOLINA, A., Tratado de Criminología, cit., Capítulo II. 4.h), in fine.

[2262]   Así, LAHOSA, J.M., La percepción de los ciudadanos de Barcelona de la seguridad ciudadana. Las encuestas de victimización, en: Papers d'Estudis i Formació, Marco, 1992, nº 8, pág. 202 u ss.

[2263]   Vid. DÍEZ RIPOLLÉS, J.L., El nuevo modelo penal de la seguridad ciudadana, cit., supra.

[2264]   Parte Quinta, II.

Por lo que a la problemática específica de la *prevención del delito* se refiere, la «ideología de la seguridad» y el modelo que la sustenta han impulsado interesadamente un sesgo privatizador en la titularidad de los medios que gestionan aquella y una dinámica de imprevisibles consecuencias a medio plazo. Ahora bien, ni razones de urgencia, ni de efectividad, justifican la clamorosa dejación de funciones en que incurren los poderes públicos y la peligrosa confusión de los intereses generales con los particulares a que aquella conduce. Ni la indiscutible *eficiencia* de la iniciativa privada asegura la plena vigencia de las *garantías* del ciudadano, ni parece fácil evitar que una participación incluso limitada de aquella, periférica y siempre bien intencionada, acabe impregnando la gestión de los intereses públicos de móviles y patrones particulares. Sin olvidar que las muy diferentes posibilidades de acceso a la seguridad privada —a su financiación— reproduce y potencia de forma discriminatoria e injusta las injustas diferencias sociales previas[2265].

2) Seguridad pública, seguridad privada y prevención del crimen.

El crimen es un doloroso problema social y comunitario cuya prevención interesa al Estado y a los particulares. Tanto las instancias del control social formal como las del control social informal deben colaborar eficazmente en esta tarea. Con arreglo a la legislación en vigor (L.O. 2/1986, de 13 de marzo, de Fuerzas y Cuerpos de Seguridad, artículo 11) corresponde a la Policía el deber específico de prevenir la delincuencia. Sin embargo, y por las razones que se indicarán, el recurso a la seguridad privada —que ha sido una constante en la historia española de los últimos lustros[2266]— se ha agudizado en la actualidad. El fenómeno, pues, no es reciente, si bien el proceso privatizador exhibe hoy tres notas muy características: que es objeto de regulación jurídica más completa y sistematizada (Ley de Seguridad Privada de 2013); que su conformación es prioritariamente empresarial; y que ha aumentado cuantitativamente la contratación de servicios de seguridad no solo a instancia de particulares y empresas e instituciones sino incluso de la propia Administración Pública[2267]. A estos modelos de prevención, que se rigen por criterios distintos (el *público* es generalista y no discriminatorio, el *privado*, particularista y selectivo en cuanto a sus respectivos objetos de protección), se añade la denominada «gestión personal de la seguridad» modalidad potenciada por la victimología y las modernas teorías situacionales que hace referencia a una actividad de *autodefensa* con adopción de medidas «desde dentro» y sin la intervención de ningún servicio externo para garantizar la propia seguridad, previa a

---

[2265] Así, DÍEZ RIPOLLÉS, J.L., El nuevo modelo penal de la seguridad ciudadana, cit., pág. 18.

[2266] Vid. ROLDÁN, H., La seguridad privada en la prevención del delito, cit., pág. 3. El autor observa que la figura del *sereno* representaba un modelo de seguridad privada más socializada que en la actualidad.

[2267] Vid., en este sentido, ROLDÁN, H., ibidem.

la propia seguridad privada. Aún cuando no sea fácil en algún supuesto diferenciar seguridad privada y gestión personal de la seguridad (vg. instalación de una alarma en la propia vivienda), conceptualmente la seguridad privada pertenece al control social formal, mientras la gestión personal de la seguridad (que no provee de medios personales de defensa) se inserta en el control social informal[2268].

3) El incremento de los servicios de seguridad privada y sus causas.

El reciente y progresivo incremento de los servicios de seguridad privada responde, probablemente a tres factores: la significativa multiplicación de los objetos susceptibles o necesitados de protección (tanto de carácter mobiliario como inmobiliario), el sentimiento de inseguridad y miedo al delito y, desde luego, la crisis del sistema de seguridad pública[2269], en parte debido al clima de desconfianza hacia la Policía que desencadenó la transición política española.

Ello explica que la seguridad privada cubra cada vez más espacios sociales, a costa de la pública, y que este proceso parezca hoy irreversible.

> Datos oficiales recientes evidencian un incremento notable de la actividad negocial, esto es, de los servicios de seguridad privada contratados en 1997 y 1998[2270]. Así, el número de contratos ascendió, en 2005, a 235.588; y en 2006, a 294.655; y el de «servicios», a 416.042; y a 532.909, en 2006.
>
> El personal que presta los servicios de seguridad privada asciende a 86.821 individuos en el año 1998, lo que representa un incremento del 30'82% respecto al año anterior. Y comparando estos datos con los del personal al servicio de las distintas policías, estatal, autonómica y local (186.348 efectivos), se observa una relación de 1 a 2 a favor de las plantillas de la seguridad pública[2271]. En 2005, el personal al servicio de la seguridad privada totaliza 156.757 efectivos; y en 2006, 170.119 (vigilantes de seguridad: 121.730 y 130.438, respectivamente; escoltas, 18.512 y 20.062; vigilantes de explosivos: 9.025 y 11.156; Jefes de seguridad: 1.823 y 2.042; Directores de Seguridad: 3.724 y 4.332; detectives: 1.943 y 2.089). El personal al servicio de la seguridad pública, totalizaba 214.195 efectivos: 48.896

[2268] Cfr. ROLDÁN, H., op. cit., pág. 4. Un sector de la doctrina (vg. FELSON, CLARKE, etc.) considera que la gestión personal de la seguridad —concepto muy relacionado con el de actividades rutinarias— representa una tercera modalidad sui generis del control social.

[2269] Cfr. ROLDÁN, H., op. cit., pág. 3.

[2270] Cfr. ROLDÁN, H., op. cit., pág. 3. En el año 1997, según el Anuario Estadístico del Ministerio del Interior se concertaron 69.165 contratos (50.230, en vigilancia y protección; 12.003, en instalación y mantenimiento; 5.008, en centralización de alarmas; 604, en transportes de objetos valiosos y 1.350, de varios); En 1998, 76.087 (55.230, 13.200, 5.508, 664 y 1.485, respectivamente).

[2271] Cfr. ROLDÁN, H., op. cit., pág. 4. El desglose sería el siguiente: Seguridad privada: vigilantes de seguridad (68.486), vigilantes de explosivos (1.392), escoltas privados (1.847), detectives privados (608), Jefes de seguridad (770), directores de seguridad (844), Guardas de campo (12.874). Total: 86.821; Seguridad pública: guardia civil (75.751), policía nacional (50.781), policía autónoma (8.161) y policía local (51.665). Total: 186.348.

(Policía Nacional); 71.500 (Guardia Civil); 75.000 (Policías Locales); 7.500 (Ertzaintzas); 10.590 (Mossos d'Esquadra); 709 (Policía Foral de Navarra).

Pero no se trata solo de un incremento del *personal* o de los *servicios* contratados. La sociedad actual multiplica los *espacios* privados y las zonas reservadas a las que no tienen fácil acceso las policías públicas. Incluso en las zonas públicas son mucho los intereses (vg. comerciantes) reacios a la presencia policial, lo que deteriora la capacidad disuasoria de ésta. Es un dato objetivo constatado que existe, también, en la opinión social prejuicios contra la intervención preventiva de la policía estimándose que solo su labor reactiva es compatible con las libertades públicas y con las relaciones deseables entre policía y comunidad. Todo ello conduce a un proceso de privatización, o, mejor, de delegación del sector público a favor del privado que crece sin pausa[2272], impulsado por el principio del denominado riesgo específico. En virtud de dicho principio, ciertos ciudadanos, instituciones o instalaciones, por su volumen patrimonial (bancos, etc.) o riesgo acumulado (determinadas industrias, personalidades, etc.) necesitan unos medios de protección específicos que por sobrepasar la media normal, no puede ni debe asumir la seguridad pública porque ello supondría una carga injustificada para el erario público o menoscabo del servicio público de seguridad en perjuicio del resto de los ciudadanos[2273]. O lo que es lo mismo: la seguridad privada ha de hacer frente a las necesidades específicas de protección que reclaman determinadas personas, entidades e instituciones. De hecho, el Reglamento de Seguridad Privada, de 1994, exige a bancos, cajas de ahorro y entidades de crédito la adopción de concretas medidas de autoprotección extensibles a otros establecimientos (joyerías, galerías de arte, estaciones de servicio, farmacias, etc.)[2274]. Es clara, pues, la tendencia expansiva de la seguridad privada en la esfera de prevención y el correlativo retraimiento de la seguridad pública. Hasta el punto de que ya no extraña que la Administración Pública encomiende cada vez más la seguridad de emblemáticos edificios oficiales a vigilantes privados[2275]».

La evolución de estos datos hasta el 2011 se recoge en al información y en las Tablas que se acompañan.

Fuerzas y Cuerpos de Seguridad, Personal en Activo				
	2009	**2010**	**2011**	**2012**
Guardia Civil	75.756	79.401	80.984	82.500
Policía Local	65.000	65.500	67.800	66.400
Policía Nacional	60.172	64.045	64.489	68.510
Mossos D'Esquadra	14.143	15.882	15.905	17.195
Ertzaintza	7.608	7.650	7.883	7.893
Policía Foral de Navarra	911	999	1.095	1.092
TOTAL	**223.590**	**233.477**	**238.273**	**243.580**

[2272] Cfr. ROLDÁN, H., op. cit., pág. 5.

[2273] Así, MUÑOZ USANO, F., Visión integral de la seguridad interior en los países de la Unión Europea, como necesidad derivada de sus procesos de liberación, en: Seguritecnia, págs. 50 y ss. (1994), cit. por ROLDÁN, H., op. cit., pág. 6.

[2274] Cfr. ROLDÁN, H., op. cit., págs. 5 y 6.

[2275] Cfr. ROLDÁN, H., op. cit., pág. 6.

580 La prevención del crimen en un Estado social y democrático de derecho

	Personal de Seguridad Privada							
	Nuevas habilitaciones 2009	Nuevas habilitaciones 2010	Nuevas habilitaciones 2011	Nuevas habilitaciones 2012	Total al 31/12/2009	Total al 31/12/2010	Total al 31/12/2011	Total al 31/12/2012
Vigilantes de Seguridad	18.551	15.977	13.643	12.388	172.041	188.018	201.661	214.049
Escoltas Privados	3.476	3.122	2.766	1.843	27.839	30.961	33.727	35.570
Vigilantes de Explosivos	2.285	1.917	1.837	1.689	16.394	18.311	20.148	21.837
Jefes de Seguridad	179	187	217	194	2.676	2.863	3.080	3.274
Directores de Seguridad	791	875	1.279	1.183	6.407	7.282	8.561	9.744
Detectives privados	83	101	146	152	2.350	2.451	2.597	2.749
Guardas	336	1.000	945	830	7.789	8.789	9.734	10.564
TOTAL	25.701	23.047	21.300	18.279	236.680	259.598	280.898	297.787

FUENTE: Unidad Central de Seguridad Privada. Ministerio del Interior.

Se observa una aparente simetría entre las cifras totales que representan el número de personal de las Fuerzas y Cuerpos del Estado y las del personal de Seguridad Privada, si tenemos en cuenta que en éste segundo cuadro la estadística se enmascara al alza, ya que un porcentaje de los mismos no se encuentra materialmente en activo, aunque las habilitaciones no consten registradas como inactivas por iniciativa propia del interesado. Esto se debe a las fluctuaciones en las tasas de desempleo, así como a la crisis económica del país.

	Datos de contratos/servicios de distintas actividades							
	VIGENTES A 31-12-2009	ALTAS 2010	BAJAS 2010	VIGENTES A 31-12-2010	ALTAS 2011	BAJAS 2011	VIGENTES A 31-12-2011	Dif. 2010 - 2011
Contratos vigilancia y protección	15.576	19.144	13.199	21.521	17.032	13.316	20.435	–5,05%
Servicios con arma	4.339	10.299	8.751	5.887	9.399	8.606	4.706	–20,07%
Servicios sin arma	20.905	29.079	22.858	27.126	38.660	32.986	27.742	2,23%
Servicios deposito de explosivos	3.265	1.482	851	3.896	1.400	793	4.503	15,58%
Servicios transporte de explosivos	10.600	6.964	2.756	14.808	6.675	2.164	19.319	30,46%
Servicios protección de personas	1.397	399	405	1.391	401	575	1.217	–12,51%
Servicios transportes de objetos valiosos	105.133	7.628	5.084	107.677	13.070	15.348	105.399	–2,12%
Servicios deposito de objetos valiosos	95.655	7.092	5.050	97.697	12.712	15.221	95.188	–2,57%
Contratos planificación y asesoramiento de innstalaciones	8.353	1.393	1.034	8.712	2.060	1.728	9.044	3,81%
Servicios planificación y asesoramiento de instalaciones	6.729	912	202	7.439	1.533	741	8.231	10,65%
Contratos planificación y asesoramiento resto de actividades	926	259	95	1.090	332	91	1.331	22,11%
Contratos instalación y mantenimiento	1.246.631	192.308	133.936	1.305.003	198.713	165.809	1.337.907	2,52%

Servicios instalación	105.608	22.324	6.754	121.178	32.107	8.041	145.244	19,86%
Servicios mantenimiento	217.035	30.725	19.331	228.429	33.671	26.825	235.275	3,00%
Servicios instalación y mantenimiento	1.007.584	153.493	114.790	1.046.287	160.230	145.000	1.061.517	1,46%
Contratos cra*	1.260.584	190.772	140.077	1.311.279	172.714	183.617	1.300.376	–0,83%

[1] Las diferencias más significativas en cuanto a la disminución de determinadas actividades [Contratos vigilancia y protección, Servicios con arma, Servicios protección de personas, Servicios transportes de objetos valiosos, Servicios deposito de objetos valiosos, Contratos CRA], derivan del descenso de la actividad empresarial/comercial en el contexto de la actual crisis económica, no necesariamente de una disminución del riesgo percibido. Por ejemplo, el descenso de oficinas de entidades financieras abiertas al público, o la reducción de escoltas en el País Vasco (-70%), cifra estimada en 2012.

* Centrales Recepción de Alarmas

FUENTE: Unidad Central de Seguridad Privada. Ministerio del Interior. Agradezco la actualización de estos datos a Mª Asunción García Ruiz.

3 bis) LA SEGURIDAD PRIVADA EN EL ÁMBITO DE LA UNIÓN EUROPEA[2276]

Situándonos en un contexto global, los últimos años han desencadenado un aumento de los servicios de seguridad privada, aglutinando bajo el sector tanto a proveedores de la tecnología más avanzada como a equipos humanos, que ofrecen distintos servicios a gobiernos y corporaciones.

Sin embargo, no existe una normativa homogénea de legislación aplicable en la UE, así como variaciones en cuanto a la autoridad competente en la materia a nivel del Estado, si bien en un alto porcentaje se ha otorgado a los Ministerios de Interior, en sintonía con lo que sucede en nuestro país[2277].

[2276] Para la consulta de datos y conclusiones utilizados en la elaboración del epígrafe, vid. Confederation of European Security Services. La Confederación Europea de Servicios de Seguridad (CoESS), fundada en 1989, es la organización europea para 27 asociaciones nacionales de empleadores privados de seguridad. Actualmente representa a 18 Estados miembros y 25 países; el estudio de 2011 abarca un total de 34 países: los 27 Estados miembros, añadiéndose Bosnia y Herzegovina, Croacia, Macedonia, Noruega, Serbia, Suiza y Turquía. "Private Security Services in Europe. CoESS Facts & Figures 2011". Disponible en: http://www.coess.org/_Uploads/dbsAttachedFiles/Private_Security_Services_in_Europe-CoESS_Facts_and_Figures_2011(1).pdf (Última consulta 29 enero 2013).

[2277] Como ejemplos más representativos, ALEMANIA: Ley de 1927 sobre actividades profesionales, modificada 1998; Ley de 1995 reguladora de las empresas de seguridad privada; Ley de 2002 sobre empresas de seguridad privada. [Autoridad competente: Ministerio de Comercio] AUSTRIA: Ley General Comercial sobre empresas de seguridad de 1994. [Autoridad competente: Consejo Administrativo del Estado] REINO UNIDO: Ley de Seguridad Privada de 2001. [Autoridad competente: Ministerio de Industria] IRLANDA: Ley sobre servicios de seguridad privada de 2004. [Autoridad competente: Tutela de servicios cubiertos según un Acuerdo del Comité Conjunto de Trabajo] NORUEGA: Ley de 2001 relativa a los servicios de seguridad privada. [Autoridad competente: Ministerio de Justicia] SUIZA: Orden de la Confederación Suiza sobre actividades de seguridad privada, que acoge 26 regulaciones cantonales. [Autoridad competente: Ministerio de Justicia y Policía/Ministerio de Asuntos Exteriores] POLONIA: Ley sobre protección de personas y propiedades, de 1997; Ley para la regulación de servicios de detectives, de 2001. [Autoridad competente: Ministerio de Asuntos

España es uno de los países con una legislación más estricta y desarrollada, pionera por ejemplo en la normativa específica sobre habilitación y funciones de Detectives Privados, incluida en la Ley 23/1992 de 30 de julio, de Seguridad Privada[2278].

En la actualidad, nuestro país ocupa, en el contexto europeo, la sexta posición en número de empleados en el sector privado, con 88.250 en activo[2279].

4) La eficacia preventivo-general de la seguridad privada

El avance arrollador de la seguridad privada como estrategia de prevención de la criminalidad —y de la denominada gestión personal de la seguridad— a costa de la seguridad pública suscita numerosas cuestiones ideológicas, político-criminales, criminológicas, etc. Una de ellas es, precisamente, la eficacia preventivo general de la seguridad privada.

La seguridad privada no persigue, desde luego, objetivos de justicia, ni la protección de intereses colectivos. Quien concierta servicios privados de seguridad es porque desconfía de la eficacia de los servicios públicos, de la lentitud y escaso rendimiento de éstos. Pretende, pues, la tutela pronta y efectiva de sus intereses con un coste proporcionado[2280], por más que desde un punto de vista normativo el ordenamiento jurídico configure la seguridad privada como medio de preven-

---

Internos y Administraciones Públicas] LUXEMBURGO: Ley 12 de noviembre de 2002 relativa a los proveedores de seguridad privada; Reglamento de métodos de seguridad privada, de 2003. [Autoridad competente: Ministerio de Justicia] SUECIA: Ley sobre seguridad privada, de 1974; Ley sobre el mantenimiento del orden público, de 1980; Ley sobre la protección de instituciones de interés nacional, de 1990. [Autoridad competente: Ministerio de Administraciones Públicas].

Los siguientes países dotan de competencia al Ministerio del Interior. FRANCIA: Ley 239/2003, reguladora de las actividades de vigilancia privada, protección y transporte de fondos (modifica la Ley 629/1983); Ley 1062/2001 sobre el transporte de fondos (modifica el anterior Decreto de abril de 2000). TURQUÍA: Ley 5188 sobre servicios de seguridad privada de 2004. ESLOVAQUIA: Ley del Consejo Nacional de la República de 2004, sobre actividades de seguridad privada y servicios similares. RUMANÍA: Ley 333/2003 (modificada en 2010) reguladora de servicios de seguridad privada. ESLOVENIA: Ley 126/2003 de seguridad privada; Ley 7/2003 sobre actividades de los detectives. ITALIA: Ley reguladora de la actividad de seguridad privada de 1931, modificada en 2008. BÉLGICA: Ley reguladora de la seguridad privada de 1990, modificada en 2004. PORTUGAL: Ordenanza de 2002 para la duración, contenido y funciones de los cuerpos de seguridad.

[2278] Modificada por Real Decreto-Ley 2/1999, de 29 de enero; Ley 14/2000, de 29 de diciembre; Real Decreto-Ley 8/2007, de 14 de septiembre y Ley 25/2009, de 22 de diciembre. Junto a España, los países con legislaciones más estrictas son Portugal, Serbia, Bélgica, Hungría y Suecia.

[2279] En septiembre de 2012, según datos del Ministerio del Interior, el número de vigilantes de seguridad habilitados asciende a 207.212, de los cuales se estima que permanecen en activo 88.250. La primera posición la ostenta Turquía, con 427.967, seguida de Reino Unido, con 364.586, Polonia, con 200.000, Alemania, con 168.000 y Francia, con 147.800.

[2280] Cfr. ROLDÁN, H., op. cit., pág. 7.

ción del delito que ha de contribuir al mantenimiento de la seguridad pública[2281]. Ahora bien, ¿contribuye, de hecho, la seguridad privada a la protección de la seguridad pública y los intereses generales? ¿Consta empíricamente su eficacia preventivo general? ¿Existe una positiva colaboración de la seguridad privada y la pública en aras de la prevención del crimen?

El problema debe abordarse con cautela porque no existen investigaciones científicas concluyentes, y tan aventurado es afirmar, sin más, dicho impacto preventivo-general, como negarlo admitiendo que la eficacia de la seguridad privada discurre y se constriñe al plano clientelar o negocial.

Algunos autores[2282] partidarios del análisis situacional y sobre la base de estudios sobre gestión de la seguridad personal mantienen que la adopción de ciertas medidas en determinados espacios puede producir un positivo impacto preventivo general en la delincuencia. Así, por ejemplo, muchos delincuentes que cometen actos de menudeo, si se les bloquean las posibilidades de realizarlos en su área habitual no buscarían otras zonas, sino que no delinquirían (no habría, pues, efecto de desplazamiento). Y quizás podría extrapolarse esta constatación a medidas como la contratación de seguridad privada, admitiendo su efecto disuasorio general[2283] que, en todo caso, parece cierto en cuanto a la vigilancia privada en bancos, hipermercados o zonas recreativas[2284].

Otros autores, sin embargo, estiman que la seguridad privada genera un mero efecto de desplazamiento del riesgo delictivo. El supuesto impacto preventivo-general no se produciría, o —lo que es peor— se obtendría de forma perversa, al verse forzado el competidor a adoptar medidas de seguridad para, a su vez, trasladar el riesgo a un tercero no protegido (efecto dominó)[2285].

No hay datos fiables en España sobre la incidencia de la seguridad privada en la prevención de la criminalidad. Tampoco sobre la deseable colaboración de la seguridad privada con las instancias de la seguridad pública, colaboración requerida legalmente toda vez que la seguridad privada participa en las tareas y cometidos del control social formal. Lo cierto es que la seguridad privada se rige por unos principios propios y actúa con arreglo a los mismos[2286]. Quizás solo cabe por tanto aspirar a que procure una prevención intensa en el orden clientelar y al menos difusa respecto a los demás ciudadanos[2287]. O dicho de otro modo menos

---

[2281] Así, Exposición de Motivos de la Ley de Seguridad Privada de 1992. Cfr. ROLDÁN, H., op. cit., pág. 6.

[2282] Así, STANGELAND, citado por ROLDÁN, H., op. cit., pág. 6.

[2283] Cfr. ROLDÁN, H., op. cit., pág. 6.

[2284] La vigilancia privada en estas superficies beneficia no solo a quien la contrata, sino a todos los que las habitan. Cfr. ROLDÁN, H., op. cit., pág. 6.

[2285] Cfr. ROLDÁN, H., op. cit., pág. 6, citando la opinión de VAN DIJK.

[2286] Cfr. ROLDÁN, H., op. cit., págs. 6 y 7, en relación a los procedimientos de negociación de la seguridad privada.

[2287] Cfr. ROLDÁN, H., op. cit., pág. 6.

exigente: que la seguridad de los que pueden pagar no afecte negativamente a la seguridad de los que no pueden pagar[2288].

V. ANÁLISIS Y EVALUACIÓN DE LOS PRINCIPALES PROGRAMAS DE PREVENCIÓN DEL DELITO

a) El éxito de la filosofía «prevencionista»

Asistimos durante los últimos lustros al éxito arrollador de la filosofía prevencionista, a tenor del asombroso número y variedad de los programas de prevención del delito ensayados en los diversos países. La información sobre éstos todavía es parcial, fragmentaria y no permite la imprescindible evaluación científica de los resultados obtenidos. Pero, en todo caso, cabe hablar ya de un giro sustancial criminológico y políticocriminal, de un genuino nuevo *paradigma: el prevencionista*.

A su definitiva consolidación han contribuido probablemente dos factores[2289]. En primer lugar, el fracaso ostensible del modelo represivo clásico, basado en una política penal disuasoria como única respuesta al problema del delito. La comunidad científica parece haber tomado conciencia de la escasa efectividad real y elevados costes sociales de dicho modelo que, por cierto, se enfrenta demasiado tarde —y mal— con el fenómeno delictivo y olvida que política penal y política criminal no son la misma cosa. En segundo lugar, el propio progreso científico y la utilísima información que diversas disciplinas aportan sobre la realidad delincuencial. Si el crimen no es un fenómeno casual, fortuito y aleatorio, producto del azar o la fatalidad, sino un suceso altamente selectivo, como aquéllas revelan (el crimen sabe escoger el momento oportuno, el espacio físico adecuado, la víctima propicia, etc.), una información empírica fiable sobre las principales variables del delito abre inmensas posibilidades a su prevención eficaz. La Criminología, como ciencia interdisciplinaria, trata de identificar aquéllas, explicando de qué forma interactúan y cómo configuran dinámicamente el muy complejo y selectivo hecho criminal. Por ello, el progreso criminológico enriquece nuestros conocimientos sobre el delito y sugiere nuevas estrategias de prevención cada vez más ambiciosas, ampliando incluso el círculo de destinatarios naturales (infractor potencial o el penado) de tal intervención, al extender ésta a otros protagonistas del fenómeno delictivo (vg. la víctima) y a datos, factores o elementos que convergen de modo decisivo en el escenario criminal (vg. espacio físico, diseño arquitectónico, hábitat urbano, clima social, etc.).

[2288]   Cfr. ROLDÁN, H., op. cit., pág. 6., citando la opinión de LARRAURI.
[2289]   Cfr., GARCÍA-PABLOS DE MOLINA, A., Tratado de Criminología, cit., págs. 909 y 910.

Es, precisamente, ese soporte empírico que suministran las disciplinas criminológicas lo que distingue una prevención científica del crimen de una intervención caprichosa, arbitraria y a ciegas en éste; una prevención racional, reflexiva, del mero intuicionismo diletante, el voluntarismo político o el despotismo no ilustrado, actitudes impropias de un moderno Estado social y democrático de Derecho.

b) Referencia a los más significativos programas de prevención

De los innumerables programas de prevención conocidos, baste con una somera información sobre los presupuestos teóricos, directrices y contenido de algunos de ellos:

1. Programas de prevención sobre determinadas «áreas geográficas».

Operan estos programas sobre el factor *«espacial»* y acusan una inequívoca inspiración *«ecológica»*. Su presupuesto doctrinal (Escuela de Chicago) es la existencia en todo núcleo urbano industrializado de un determinado espacio, geográfico y socialmente delimitado, que concentra las más elevadas tasas de criminalidad: áreas muy deterioradas, con pésimas condiciones de vida, pobre infraestructura y significativos niveles de desorganización social, residencia obligada de los grupos humanos más conflictivos (emigrantes, minorías raciales, marginados, etc.) y menesterosos[2290]. El espíritu reformista de los teóricos de la Escuela de Chicago sugirió una actitud social de compromiso y de intervención por parte de los poderes públicos en estas áreas deprimidas (vastos programas de reordenación y equipamiento urbano, mejoras infraestructurales, dotación de servicios, etc. etc.), al estimar que de este modo se aliviarían los *«problemas sociales»* de las grandes urbes, con el correlativo refuerzo de los mecanismos e instancias del control social y disminución de los índices de delincuencia[2291].

Los programas de Chicago y Boston fueron testimonio fiel de tales premisas doctrinales[2292].

Sin embargo, una política prevencionista que opere básicamente sobre el factor espacial, de área (de área geográfica) no puede convencer. Exhibe un pernicioso déficit teórico, al asignar al medio físico una desmedida relevancia etiológica en

---

[2290] Sobre los postulados 'ecológicos' que sirven de fundamento a estos programas, vid.: GARCÍA-PABLOS DE MOLINA, A., Tratado de Criminología, cit., Cap. XV, 4.

[2291] Cfr., GARCÍA-PABLOS DE MOLINA, A., Tratado de Criminología, cit., págs. 910 y 911.

[2292] Vid., con relación al "Chicago Area Project", VOLD, G.B., Theoretical Criminology, cit., pág. 196 y ss.; y en cuanto al Proyecto de Boston: MILLER, W.B. (The Impact of a "Total Community Delinquency Control Project", en: Social Problems, 1962, 10, págs. 168 y ss.). Cfr., GARCÍA-PABLOS DE MOLINA, A., Tratado de Criminología, cit., págs. 911 y ss.

la génesis de la criminalidad. Evidentemente, aquel «*atrae*» pero no «*crea*» delito. Por otra parte, el vago concepto de «*desorganización social*», «*leit motiv*» de estos programas, oculta un peligroso desconocimiento de los factores que actúan en el marco espacial de referencia: es una auténtica coartada. Y, faltando un análisis situacional más sólido sobre tales variables[2293], forzoso es reconocer que dicha política criminal, en puridad, no previene el crimen sino que lo desplaza a otras áreas, no lo evita, lo relega y postpone. Pero a estas carencias y limitaciones se unen objeciones ideológicas más graves: el riesgo de que los programas de base espacial, de área, sean profundamente regresivos, antisociales y discriminatorios. Primero, porque el lógico esfuerzo preventivo suele perder todo contenido social (prestaciones a favor de ciertas áreas), adoptando un cariz puramente policial y represivo. Prevenir significa, entonces, controlar, vigilar, reprimir. En segundo lugar, porque de hecho se controla, se vigila y se reprime siempre a los mismos —los grupos humanos que habitan los barrios conflictivos y «*peligrosos*»—, acentuándose de este modo el impacto selectivo y discriminatorio del control social so pretexto de una inteligente acción preventiva (recte: policial).

En términos de prevención, entendida ésta en su acepción genuina (prevención primaria), lo deseable es que el Estado «*social*» vuelque todos sus esfuerzos, positivamente, en favor de las áreas geográficas deprimidas, mejorando la calidad de vida en ellas, el bienestar de sus ciudadanos, los niveles de salud, educación, cultura, los servicios e infraestructura, etc. Interesa, pues, una intervención social y comunitaria, a través de prestaciones positivas, no una estrategia disuasoria, represiva y policial. Tales áreas geográficas deben ser objetivos prioritarios de política social, no ghettos, «*reservas*», ni «*zonas de alto riesgo*».

2. Programas de prevención del delito a través del diseño arquitectónico y urbanístico

Desde la famosa obra de NEWMAN, publicada en 1973, («*Defensible Space*»), las investigaciones ecológicas sustituyen el análisis de área por un enfoque microscópico[2294] que detecta específicas correlaciones estadísticas entre espacios concretos de la gran ciudad y determinadas manifestaciones delictivas. Partiendo de tal premisa, que hacen suya geógrafos del crimen, representantes de orien-

---

[2293] Esta es una objeción reiterada que los posteriores estudios espaciales (Defensible Space) dirigen a los teóricos de la Escuela de Chicago y, en particular, a los análisis 'ecológicos' (Cfr., GARRIDO GENOVÉS, V., Delincuencia y sociedad, cit., págs. 208 y ss.). Cfr., GARCÍA-PABLOS DE MOLINA, A., Tratado de Criminología, cit., págs. 911 y 912.

[2294] Este enfoque microscópico ha predominado en los estudios de «área» —que no «ecológicos»— del Reino Unido. Vid., MORRIS, T., The Criminal Area, cit., págs. 101 y ss.

taciones sociobiológicas (JEFFERY)[2295] y de la llamada Psicología Comunitaria, los programas de prevención se orientan hacia la reestructuración urbana[2296] y utilizan el diseño arquitectónico[2297] para incidir positivamente en el habitat físico y ambiental, procurando neutralizar el elevado riesgo criminógeno o victimizante

[2295] JEFFERY propuso sustituir el paradigma de conflicto cultural por un análisis «físico-ambiental», al constatar que el crimen es muy selectivo en el momento de escoger su escenario espacial; a su juicio, la búsqueda de la correlación: espacio/delito tendría más interés que los tradicionales mapas de áreas. Cfr., GARCÍA-PABLOS DE MOLINA, A., Tratado de Criminología, cit., pág. 912, nota 96.

[2296] La literatura científica al respecto es ya amplísima. Vid.: Novelles Approches de Criminologie Clinique (sous la direction de OTTENHOF, R., et FAVARD, A.M.), Érès, págs. 84 y ss. (Études de Criminologie Urbaine); FAVARD, A.M., La prévention dans la ville, en: Annales de Vancresson, n° 24 (1987), págs. 101 y ss.; LEMAITRE, A., Recherches sur l'insécurité urbaine et sa prévention, Revue internationale de criminologie et de police technique, Vol. XLII, 2., 1989 (abril-junio), págs. 185 y ss.; FAVARD, A.M., Observatoire permanent et prevention situationnelle, en: Revue science criminelle, 2, 1989 (abril-junio), pág. 380 y ss.; GAZZOLA, A., La prévention de la déviance en milieu urbain, en: Revue internationale de Criminologie et de police technique, vol. XLI, 1988 (octubre-diciembre), págs. 411 y ss.; REPETTO, T.A., Crime Prevention through environmental policy, en: American Behavioral Scientist, 20 (1976), págs. 275 y ss.; MAYHEW, P., Situational prevention: two proposals for research in the context of crime and public housing, en: Crime and Public Housing. Research and Planning Unit., Paper G. London: Home Office (Hough and Mayhew edits.), 1982. Cfr., GARCÍA-PABLOS DE MOLINA, A., Tratado de Criminología, cit., págs. 912 y ss. (nota 97).

[2297] En cuanto a una intervención preventiva a través del diseño arquitectónico, vid.: NEWMAN, O., Defensible Space, New York, 1972 (Macmillan); NEWMAN, O. y FRANCK, K.A., The Effects of building size on personal crime and fear of crime, en: Population and Environment, 5 (1982), págs. 203 y ss.; SHAFFER, G.S. y ANDERSON, L.M., Perceptions of the security and atractiveness of urban parking lots, en: Journal of environmental Psychology, vol. 5., n° 4 (1985), págs. 311 y ss.; MAYHEW, P., Defensible space: The current status of a crime prevention theory, en: The Howard Journal, 18 (1979), págs. 150 y ss.; FOWLER, F., Reducing residential crime and fear: The Hartford neighborhood prevention program. Boston, Center for Survey Research, August., 1979; ANGEL, S., Discouraging Crime Through City Planning, 1968, Berkeley, C.A., University of California Press; GOMMER, R., Crime and Vandalism in University Residence Halls: a confirmation of defensible space theory, en: Journal of environmental Psychology, vol. VII, n° 1, 1987 (marzo), págs. 1 y ss.; MCINNIS, P., BURGESS, G., HANN, R. y AXON, L., The Environmental Design and Management (EDM) Approach to Crime Prevention in Residential Environments (Program Branch User Report, n° 1984-84). Solicitor General of Canada, 1984; PHELAN, G.F., Testing Academic Notions of Architectural Design for Burglary Prevention. How Burglars Perceive Cues in Suburban Apartment Complexes. Documentación presentada a la reunión anual de la American Society of Criminology. Atlanta. Georgia, 1977; POYNER, B., Design Against Crime: Beyond Defensible Space, Cambridge, 1983, Cambridge University Press; WILLIAMS, J.E., Hall, Criminology and Criminal Justice, Butterworths. London (1982), págs. 233 y ss.; FREHSEE, Fördert der moderne Städtebau die Kriminalität, en: Ist Straffälligkeit vermeidbar. Möglichkeiten der Generalprävention, 1982, Bochum (edit. Kury); KUBE, Städteban, Wohnarchitektur und Kriminalität. Prävention statt Reaktion, 1982, Heidelberg. Cfr., GARCÍA-PABLOS DE MOLINA, A., Tratado de Criminología, cit., pág. 913, nota 98.

que exhiben ciertos espacios y modificar, también de forma satisfactoria, la estructura *«actitudinal»* y *«motivacional»* del vecino o habitante de éstos[2298].

Constando, pues, la significativa incidencia de los factores arquitectónicos, urbanísticos y ambientales[2299] en la delincuencia ocasional, surge una nueva concepción prevencionista que pretende intervenir en los escenarios criminógenos, sus edificaciones y anexos, remodelando sobre otros parámetros la convivencia urbana. De una parte, se dificulta la comisión del delito (*«Target Hardening»*) mediante la interposición de barreras reales o simbólicas que incrementan el riesgo para el infractor potencial (vg. medidas dirigidas a mejorar las vías de acceso a los recintos, los puntos de observación activa y pasiva, iluminación, etc.). De otra, se fomentan actitudes positivas en el vecindario, de responsabilización y solidaridad (*«sentido de comunidad»*); actitudes imprescindibles para mejorar el rendimiento del control social informal ya que, según todos los indicios, las elevadas tasas de delincuencia no se explican sólo y exclusivamente por razón de las características físicas y arquitectónicas de ciertos espacios, sino por el anonimato y ausencia de sentimiento de vecindad de sus habitantes que en parte genera el propio hábitat urbano y que, desde luego, deteriora la efectividad del control social.

En definitiva, pues, se trata de una arquitectura preventiva que aprovecha la selectividad espacio-ambiental del crimen urbano.

Los programas de prevención menos ambiciosos persiguen simplemente neutralizar la peligrosidad de ciertos lugares (gasolinera, entidad bancaria, supermercado, parking, bloque de apartamentos, etc.) incrementando las medidas de control y vigilancia de los mismos. Tienen un neto cariz policial (vg. asegurar la identificación de extraños al inmueble y visitantes —y el seguimiento ininterrumpido de éstos—, el control del exterior desde el interior del recinto, potenciar el uso de los espacios anexos, etc.). Distribución o reparto de los recursos económicos de un determinado espacio urbano, accesibilidad al mismo y posibilidades de vigilancia u observación, activa y pasiva, que éste ofrece son los factores más relevantes cuya remodelación pretenden aquellos programas.

Otros, sin embargo, asocian los objetivos prevencionistas a una efectiva reestructuración del hábitat urbano. Reclaman mejoras de infraestructura, servicios y equipamiento; la adecuada división y reordenación del territorio, aledaños y

---

[2298]   A este propósito, vid., CLEMENTE DÍAZ, M., La orientación comunitaria en el estudio de la delincuencia, cit., págs. 396 y ss. (refiriéndose, en concreto, a la obra de NEWMAN).

[2299]   Sobre la influencia de factores 'ambientales' en el comportamiento humano, vid. Introducción a la Psicología ambiental (Compilación de JIMÉNEZ BURILLO, F. y ARAGONÉS, J.I.), Madrid, 1986 (Alianza Editorial), capítulos VII (calor, frío, iluminación, radiaciones, etc.), VIII (estímulos sonoros, ruido), IX (medio físico 'construido', vivienda y diseño de edificios), XI (problemas sociopsicológicos del medio urbano), XII (diseño arquitectónico y barreras ambientales: espacios públicos y hábitat), XIII (estrés ambiental).

zonas colindantes; y precisas *«barreras simbólicas»*, o reales que definan un espacio como *«público»*, *«común»*, o *«privado»*, delimitando sus respectivas fronteras[2300]. Van, pues, mucho más allá de una estrategia puramente defensiva, ya que intentan conseguir un cambio cualitativo en las actitudes individuales (*«sentido de comunidad»*) y en el propio modelo de convivencia urbana, más comunicativa y solidaria, reclamando un activo compromiso *«comunitario»* en la prevención del crimen[2301].

Estos programas, aún a pesar del enfoque microscópico que les caracteriza (frente a los programas de área geográfica), saben aprovechar la relevancia criminógena de ciertos espacios físicos para diseñar una intervención preventiva y eficaz contra el delito. Ya que éste busca selectivamente determinados espacios físicos (y prueba de ello son las *«correlaciones estadísticas»* constatadas), los programas examinados tratan de remodelar el hábitat urbano, neutralizando la peligrosidad de aquéllos. Más allá de una mera arquitectura defensiva, los más ambiciosos persiguen una remodelación de la propia convivencia urbana, puesto que el anonimato, la indiferencia, la masificación y la insolidaridad que caracterizan a la gran ciudad de nuestro tiempo, debilitan sensiblemente la efectividad del control social. El crimen, sin duda, es muy selectivo al escoger el espacio '*físico*' propicio. Pero lo cierto es que la gran urbe actual, que aglomera masas de individuos anónimos, sin vínculos, ni raíces, ni conciencia de vecindad, ni identificación o apego a su hábitat, ni positivas relaciones interpersonales, constituye un '*escenario social*' particularmente idóneo. Porque a las características arquitectónicas del espacio

---

[2300] Para una exposición más detallada de la obra de NEWMAN y de los numerosos estudios espaciales de orientación preventiva, vid., GARCÍA-PABLOS DE MOLINA, A., Tratado de Criminología, cit., págs. 4 y ss.; y Cap. XXIII, 4, págs. 914 y ss. (investigaciones de Kube, Cherry, O'Donnell y Lydgate, Booth, etc.).

[2301] Siendo el crimen un problema «comunitario», nada más lógico que requerir un serio compromiso de la propia comunidad para su prevención. Cfr., al respecto: FAVARD, A.M., VEUNAC, M., y CASTAIGNEDE, J., Participation communautaire à la prévention de la délinquance. Conditions de mise en oevre et d'effectivité, 1987 (Ronéo); LEWIS, D. y SALEM, G., Community crime-prevention. An Analysis of a developping strategy, en: Crime and Delinquency, 1975; Crime Prevention Issue, por: Cantrell, B. (A Commitment to Crime Prevention); SUNDERLAND, G.B. (The Community: A Partner in Crime Prevention); CROWE, T.D. (An Ounce of Prevention: A New Role for Law Enforcement) y COTTER, B.J. (The FBI's Dual Approach to Crime Prevention), en: FBI Law Enforcement Bulletin, 1988 (octubre), vol. 57, núm. 10, págs. 2 y ss.; DAVIDSON II, WILLIAMS, S. y ROBINSON, M.J., Psicología comunitaria y modificación de conducta: un programa comunitario para la prevención de la delincuencia, en: Journal of Corrective Psichiatry and Behavioral Therapy, 1975, 21, págs. 1 y ss. (en: Lecturas de Pedagogía Correccional, por GARRIDO GENOVÉS y VIDAL DEL CERRO, M.B., Nau Llibres, 1987, Valencia, págs. 107 y ss.); WRIGHT-DIXON, Community Prevention and Treatment of Juvenile Delinquency. A Review of Evaluations, en: J. Rescrim, 1977, págs. 35 y ss. Cfr., GARCÍA-PABLOS DE MOLINA, A., Tratado de Criminología, cit., pág. 915, nota 102.

físico se añaden una determinada estructura y organización social que genera específicas actitudes, motivaciones y comportamientos en quienes integran dicho escenario (delincuente, víctima, espectador o testigo del delito, etc.) ciertamente funcionales para el éxito del suceso criminal.

Con todo ello, no debiera olvidarse que los programas analizados más que prevenir el delito dificultan su comisión o desplazan la misma hacia otros lugares. Y que, por tanto, no son programas de prevención '*primaria*', pues las raíces últimas del crimen permanecen intactas. Tienen, además, una inmanente vocación represiva que pronto se impone, sustituyendo a la imprescindible intervención social.

> Por ello tampoco se debe sobredimensionar la capacidad preventiva de estos programas espacio-ambientales. Un concepto monolítico de espacio, por de pronto, basados en datos exclusivamente físicos con desprecio de la dimensión social del medio, resulta insatisfactorio. Es menester ponderar, también, variables sociales (vg. estabilidad, composición y organización del vecindario)^{2302}. Las investigaciones sobre el «*defensible Space*», además, parecen poco concluyentes al ocuparse de dimensiones muy aisladas: muchas de las variables contempladas por NEWMAN («*Defensible Space*»), por ejemplo, apenas inciden significativamente en las oscilaciones de la delincuencia, según advierten numerosos análisis de regresión múltiple^{2303}. En cuanto a los programas que persiguen dificultar la comisión del delito («*Target Hardening*») mediante el adecuado diseño arquitectónico y urbanístico cabe reiterar la objeción dirigida, en general, a todos los programas estrictamente espaciales: que no previenen el delito, lo desplazan hacia otras áreas menos protegidas, dejando intactas las raíces profundas del problema criminal; y que tienen una inspiración policial y defensiva, no etiológica, ni social.

3. Programas de orientación «comunitaria»

El marcado giro «*comunitario*» es una de las tendencias más características de la moderna Criminología empírica. El crimen se define como «*problema comunitario*», la prevención del delito como «*prevención comunitaria*» y la intervención en el mismo, también, como «*intervención comunitaria*». Más aún: el concepto de comunidad ha llegado a convertirse en un recurso simbólico para el control social contemporáneo^{2304}, se habla de «*policía comunitaria*»^{2305} de «*justicia comunitaria*», etc, etc.

---

^{2302} Cfr., GARRIDO GENOVÉS, V. (citando las conclusiones de BOOTH), Delincuencia y sociedad, cit., pág. 221. Vid., GARCÍA-PABLOS DE MOLINA, A., Tratado de Criminología, cit., págs. 916 y ss.

^{2303} Como advierte BOOTH (The Built environment as a crime deterrent. A reexamination of defensible space, en: Criminology, 18 (1981), 4, págs. 557 y ss.

^{2304} Cfr. VARONA MARTÍNEZ, G., La mediación reparadora ..., cit., págs. 127 y ss. Sobre estos programas, vid., GARCÍA-PABLOS DE MOLINA, A., Tratado de Criminología, cit., págs. 916 y ss.

^{2305} Cfr., VARONA MARTÍNEZ, G., La mediación reparadora ..., cit., págs. 127, nota 326, citando a GOLDSTEIN, BITTNER, SIMON y FEELEY, SKOLNICK y BAYLEY, McLANGHLIN, MARTÍN, NORMANDEU, FIELDING y otros. Contraponiendo un concepto «militarizado»

Acertadamente, FAGET advirtió que asistimos a una transformación del modelo penal represivo clásico en un modelo de integración social, orientado hacia una política criminal participativa, anclada en una ideología de la inserción, la prevención, la individualización y la participación de la comunidad[2306]. Prevención, pues, y comunidad son conceptos necesariamente interrelacionados. Hasta el punto de que ya no puede comprenderse la prevención del crimen en un sentido 'policial', ni siquiera 'situacional', desligada de la comunidad: la prevención es prevención comunitaria, prevención «en» la comunidad y prevención «de» la comunidad. Reclama una movilización de todas las fuerzas vivas, una dinamización social, y una actuación o compromiso de todas ellas en el ámbito local.

Ahora bien, la noción de «prevención comunitaria» es poco precisa. En un sentido amplio, se habla[2307] de prevención, «basada en la comunidad», incluyendo en la misma tres «submodelos»: prevención sobre los ambientes de riesgo o áreas criminógenas, prevención situacional y prevención comunitaria, en sentido estricto. En su acepción más precisa, sin embargo, prevención «comunitaria» se opone, precisamente, a prevención «situacional». Prevención comunitaria quiere decir, para algunos, prevención «integradora», «incluyente», que rechaza el castigo y propone alternativas reconciliatorias y de reforma social[2308], concepto en todo caso difuso, que enlaza con el de solidaridad y control colectivo[2309]. Para otros, no obstante, prevención comunitaria es sinónimo de «seguridad de la comunidad» («community safety»), expresión que evoca el problema de las relaciones entre el poder estatal y la sociedad civil y la colaboración de lo público y lo privado, lo central y lo local[2310]. Se discute, incluso, si el concepto de comunidad (participación de la comunidad) debe entenderse como «medio» o como «fin»[2311], y si aquel equivale a «altruismo organizado» o a «convivencia local».

A esta orientación «comunitaria» se adscriben, también, diversos programas y planes de acción de hondo sentido social, que pretenden remodelar físicamente estos barrios, y espacios, dotarlos y equiparlos, mejorar sus servicios e infraestructuras y desarrollar la conciencia comunitaria de sus vecinos. Se parte de la evidencia de que son precisamente las áreas más pobres y desorganizadas las que disponen de menos recursos para hacer frente al problema del delito[2312], por lo que el principio de igualdad de oportunidades reclama una intervención positiva en las mismas. Así, la Community Building Initiative es un proyecto que impulsa la

---

de policía y un concepto «comunitario», vid.: MATTHEWS, R., Crime Prevention. Disorder and Victimization: Some Recent Western Experiences, International Journal of Sociology of Law, 1994 (22), págs. 87 y ss.

[2306] Cfr., VARONA MARTÍNEZ, G., La mediación reparadora ..., cit., pág. 127.

[2307] Así, GARRIDO GENOVÉS, V./LÓPEZ LATORRE, Mª. J., La prevención de la delincuencia. El enfoque de la competencia social, Valencia (1995), Tirant lo Blanch, págs. 331 y ss.

[2308] Cfr. VARONA MARTÍNEZ, G., La mediación reparadora, cit., pág. 79.

[2309] Cfr. VARONA MARTÍNEZ, G., La mediación reparadora, cit., pág. 127.

[2310] Cfr. VARONA MARTÍNEZ, G., La mediación reparadora, cit., pág. 130. «Se pasa de la prevención situacional —dice la autora citando a HUGHES—, como elemento de gestión, a una prevención multiinstitucional que invoca la participación de toda la comunidad en la lucha contra el delito».

[2311] Cfr., VARONA MARTÍNEZ, G., La mediación reparadora, cit., pág. 128, citando a NELKEN.

[2312] Vid. KARP, D.R.-CLEAR, T.R., Justicia comunitaria: marco conceptual. En: Justicia Penal siglo XXI. Una selección de Criminal Justice, 2000, cit., 236.

creación de organizaciones vecinales con el objeto de revitalizar barrios urbanos y resolver los problemas sociales locales (vg. el de la vivienda). Como consecuencia de los planes de acción proyectados se llevaron a cabo diversas iniciativas, previa implicación de los vecinos y de la propia comunidad en aquellos: creación de programas de desarrollo de liderazgo comunitario, de asociaciones de vecinos, de participación de los padres en las escuelas, diseño de jardines comunitarios, organización de servicios de asistencia sanitaria al vecindario, etc.[2313]. También se inscribe en dicha orientación «comunitaria» la renovación en 1995 del *Parque Bryant* (Manhattan) gracias a un proyecto que combinó paisajismo, saneamiento y seguridad[2314]. La transformación física del Parque Bryan (antes refugio del comercio de la droga y la delincuencia) se consiguió mediante la aportación de fondos de establecimientos comerciales próximos que contribuyeron así a la financiación de la mejora de los espacios públicos y de la propia viabilidad comercial del área.

Cabe mencionar, también, el *Consejo de Justicia Comunitaria, de Austin* (Texas), órgano decisorio en materia de «justicia comunitaria», asesorado por el Comité de Acción de Protección del barrio, que creó un Centro de Justicia Comunitaria en un barrio conflictivo y ofreció una estructura organizativa abierta a los vecinos para que participasen activamente en la planificación de la justicia penal siguiendo el modelo de la «justicia comunitaria»[2315].

A la idea de una «*prevención comunitaria*» y a programas de esta naturaleza se refieren, desde perspectivas ideológicas diferentes, numerosos teóricos. Así, desde el llamado nuevo «*realismo radical*», MATTEWS subraya la necesidad de desarrollar nuevas formas de policía locales, controladas democráticamente[2316], sustituyendo la tradicional policía «*de estilo militar*» por otra policía de base «*comunitaria*» («*community policing*»). También algunos representantes del «*comunitarismo*», como BRAITHWAITE y PETTIT, se manifiestan escépticos respecto a la criminalización y apelan a la prevención del delito a través de la construcción de la conciencia de los ciudadanos, los movimientos sociales y la comunidad, esto es, a un control social dialógico y participativo dentro de una comunidad dotada de sentido[2317].

En el futuro, sin duda alguna, estos programas cobrarán un creciente protagonismo y efectividad. En definitiva, son los que asumen con mayor coherencia la naturaleza social y comunitaria del problema criminal y los que ensayan, con un realista y operativo enfoque local, casi doméstico, fórmulas proactivas, participativas y solidarias para abordarlo. La prevención, en ellos, tiene un contenido positivo, no negativo ni cuasipolicial. Implica una actitud de compromiso y responsabilización ante el problema común: aglutina, integra, incluye.

Nada tiene que ver, en mi opinión, la prevención *comunitaria*, rectamente entendida, con la implicación directa y vehemente de los ciudadanos o entidades privadas (vs. asociaciones de barrio, asociaciones de víctimas, etc.) en la lucha y control de la delincuencia; es decir, con el lamentable giro «*privatizador*» que

---

[2313] Sobre esta iniciativa, vid.: CHAVIS, D.M., LEE, K. y MERCHLINSKY, S., National Cross-site evaluation of the comunity building initiative, 1997. Bethesda, Maryland: Cosmos Inc., Cfr. KARP, D.R., CLEAR, T.R., Justicia comunitaria: marco conceptual, cit., pág. 237.

[2314] Vid. MAcDONALD, H., BIDs really work, 1996. City Journal (Spring), págs. 29 y ss. Cfr. KARP, D.R.-CLEAR, T.R., Justicia comunitaria: marco conceptual, cit., págs. 239 y 240.

[2315] Cfr. KARP, D.R.-CLEAR, T.R., Justicia comunitaria, marco conceptual, cit., págs. 240 y 241.

[2316] Cfr., VARONA MARTÍNEZ, G., La mediación reparadora ..., cit., pág. 72.

[2317] Cfr., VARONA MARTÍNEZ, G., La mediación reparadora ..., cit., pág. 78.

propone el denominado «modelo de seguridad ciudadana»; modelo socialmente regresivo, antigarantista y proclive a toda suerte de excesos, fiel exponente del espíritu «contrailustrado» de la actual Política Criminal.

4. Programas de prevención «victimal»

La Política criminal clásica trata de prevenir el delito dirigiendo el mensaje disuasorio de la pena al infractor potencial (prevención criminal); o reinsertando al penado para que no vuelva a delinquir (prevención de la reincidencia). La Política criminal moderna, consciente del rol activo y dinámico de la víctima en la génesis del suceso delictivo, cuenta además con ésta, y sugiere una intervención selectiva en aquellos grupos y subgrupos de víctimas potenciales que exhiben, por diversas circunstancias conocidas, mayores riesgos de padecer los efectos del delito (prevención victimal)[2318].

La prevención victimal parte de una comprobación empírica por nadie cuestionada en el sector de los seguros: que el riesgo de victimización no se reparte de forma igual y uniforme en la población, ni es producto del azar o la fatalidad; que se trata de un riesgo diferencial, calculable, cuya mayor o menor probabilidad depende de diversas variables: personales, situacionales, sociales (relacionadas con la propia víctima)[2319]. Las «tablas de riesgo» demuestran que hay colectivos humanos especialmente propicios para convertirse en víctima del delito (niños y menores, ancianos, marginados, extranjeros, etc.)[2320] y situaciones en las que el ciudadano —sin duda, legítimamente, pero no siempre de forma consciente— contribuye a su propia victimización[2321].

[2318] Contraponiendo 'prevención criminal' y 'prevención victimal', RODRÍGUEZ MANZANERA, L., Victimología, Estudio de la víctima, México, 1990 (2ª Ed.), Porrúa, págs. 363 y ss. Cfr., GARCÍA-PABLOS DE MOLINA, A., Tratado de Criminología, cit., págs. 918 y ss.

[2319] En este sentido, RODRÍGUEZ MANZANERA, L., Victimología, cit., pág. 365; GARCÍA-PABLOS DE MOLINA, A., Tratado de Criminología, cit., pág. 918; SCHNEIDER, H.J., Kriminologie, cit., págs. 761 y ss.

[2320] Existe ya una contrastada información empírica sobre la especial vulnerabilidad de ciertos «grupos de riesgo». Así, policías, taxistas, encargados de restaurantes, farmacias y gasolineras, turistas, ancianos, grupos marginales (Cfr. GARCÍA-PABLOS DE MOLINA, A., Tratado de Criminología, cit., pág. 919).

[2321] Que la víctima, de hecho, puede contribuir a su propia victimización, es un dato empírico, estadísticamente verificable y ajeno a cualquier valoración (vg., actitud descuidada del propietario que deja un objeto valioso a la vista, sin protección alguna). Ello no prejuzga ni cuestiona la 'licitud' y 'legitimidad' de dicho comportamiento. Cosa distinta es que, como estrategia defensiva o 'intoxicadora' ('técnicas de autojustificación' o de 'neutralización') el propio infractor invoque supuestas e inexistentes conexiones entre la conducta de la víctima y la propia: se trata, entonces, de una manipulación o desfiguración interesada de la realidad, que no pertenece al ámbito empírico (vg. la supuesta provocación del violador por la víctima). Cfr., GARCÍA-PABLOS DE MOLINA, A., Tratado de Criminología, cit., pág. 919, nota 118.

Los programas de prevención victimal pretenden informar —y concienciar— a las víctimas potenciales de los riesgos que asumen, fomentando actitudes maduras de responsabilidad[2322] y autocontrol, en defensa de sus propios intereses. Y persiguen, también, un cambio de mentalidad de la sociedad hacia la víctima del delito: mayor sensibilidad y solidaridad con quien padece las consecuencias de éste[2323].

La estrategia más eficaz para conseguir tales objetivos se articula a través de campañas: campañas generales de los medios de comunicación, campañas técnicas y organización de actividades comunitarias[2324]. Las primeras persiguen cambios de actitudes, hábitos, estilos de vida y comportamiento en la población general. Las de carácter técnico se orientan hacia determinados colectivos y grupos de riesgo, particularmente vulnerables, para alertarles, sugiriendo medidas de prevención elementales (vg. adoptar sistemas de seguridad). Las campañas de orientación comunitaria, por último, van dirigidas al barrio o vecindario. El propósito es recabar de éstos una mayor vigilancia del entorno, una mayor implicación en la activa prevención del delito, que incremente los riesgos para el delincuente.

> Las campañas de prevención, sin duda, pueden mejorar —y de hecho mejoran— las actitudes sociales en torno al problema criminal. Pero contribuyen menos de lo que pudiera suponerse al cambio de los hábitos y estilos de vida, a la seguridad misma[2325]. Ello se debe, en parte, a que las víctimas potenciales consideran muy remota la posibilidad de padecer el delito; caras, inútiles o incómodas las medidas de seguridad recomendadas; y, en parte, también, al hecho más simple de que olvidan adoptar éstas, por una insuficiente motivación. Por ello, sugieren los expertos superar tales obstáculos con otros procedimientos que «conciencien» a la víctima potencial y la decidan a colaborar activamente en la prevención del delito[2326]. Así, por ejemplo: servirse de incentivos económicos, directos o indirectos, que se traducen en recompensas o sanciones para aquélla, según la actitud que haya observado; plantear la prevención del delito a pequeña escala (barrio, vecindario, comunidad local) en términos claros, concretos y fácilmente comprensibles; o establecer fórmulas negociadas (contacto directo con la víctima potencial, identificación de los obstáculos que dificultan la efectiva prevención del delito y búsqueda de soluciones, etc.).

[2322] Que la víctima adopte una actitud responsable y consciente es el objetivo primario de estos programas de prevención. Así, MATTI JOUTSEN, The role of the victim of crime in European criminal Justice systems, cit., pág. 91.

[2323] Vid. VAN DIJK, S., Crime prevention: an Evaluation of the national publicity campaigns, en: Rapport nº 9 del Consejo Nacional Sueco de prevención del Crimen, 1982, Estocolmo; RILEY, D., MAY HEW, P, Crime Prevention Publicity: An Assessment (1980). Home Office Research Study Nº 63.

[2324] Sobre estas tres clases de campañas, objetivos y resultados obtenidos, vid., MATTI JOUTSEN, The role of the victim, cit., págs. 93 y ss.

[2325] En este sentido, MATTI JOUTSEN, The role of the victim, cit., págs. 93 y ss.

[2326] Como advierte MATTI JOUTSEN (The role of the victim, cit., págs. 95 y ss.) un examen del panorama europeo demuestra la existencia de numerosos mecanismos que sirven de estímulo para recabar la cooperación de la víctima: condicionar el cobro de las indemnizaciones a la adopción por aquélla de ciertas medidas de seguridad, reducir el monto de la cuantía de tales indemnizaciones caso de negligencia de la víctima, etc.

Pero las campañas de prevención tienen serios inconvenientes. A menudo son fácil instrumento o coartada de interesadas cruzadas contra el crimen que manipulan el «*miedo al delito*», generando, a su vez, más miedo (situaciones de psicosis colectiva) y políticas criminales de desmedido rigor, selectiva y discriminatoriamente dirigidas contra los grupos y subgrupos («*peligrosos*») de siempre. Obstaculizan no pocas veces la serena acción policial, so pretexto de colaborar con la misma, al emprender una obsesiva caza del sospechoso con denuncias sin fundamento. Y, de algún modo, contribuyen a los injustificados pero inevitables excesos y desmanes de la autodefensa (venganzas, represalias, linchamientos, etc.)[2327].

5. *Programas de prevención del delito de inspiración político social («lucha contra la pobreza», «igualdad de oportunidades», «bienestar social», «calidad de vida»)*

Buena parte del crimen que una sociedad padece hunde sus raíces en conflictos profundos de esa misma sociedad: situaciones carenciales básicas, desigualdades irritantes, conflictos no resueltos, etc. Una ambiciosa y progresiva Política Social se convierte, entonces, en el mejor instrumento preventivo de la criminalidad, ya que —desde un punto de vista «*etiológico*»— puede intervenir positivamente en las causas últimas del problema del que el crimen es mero síntoma o indicador[2328]. Los programas de esta orientación político social son, en puridad, programas de «*prevención primaria*»: genuina y auténtica prevención. Pues, si «cada sociedad tiene el crimen que se merece», una sociedad más justa que asegure a todos sus miembros un acceso efectivo a cotas satisfactorias de bienestar y calidad de vida —en sus muy diversos ámbitos (salud, educación y cultura, vivienda, etc.)— reduce correlativamente su conflictividad y las tasas de delincuencia. Y los reduce, además, del modo más justo y racional compaginando la máxima efectividad con el menor coste social.

No es fácil ofrecer una información completa de los programas que persiguen prevenir el crimen a través de la política social. Por la dispersión y heterogeneidad de los mismos, y por sus muy distintos presupuestos científico-teóricos e ideológicos[2329].

[2327] Cfr., GARCÍA-PABLOS DE MOLINA, A., Tratado de Criminología, cit., pág. 920. Algunos autores reprochan a estos programas de prevención victimal que restrinjan la libertad de la víctima y, de algún modo, la culpabilicen. «Resulta irónico —afirma BARBERET, R. (La prevención de la victimización, en: Manual de Victimología, cit., pág. 238) que la libertad de la víctima se restrinja cuando lo que debía restringirse es la libertad del infractor» (refiriéndose a los delitos sexuales, y a los patrimoniales).

[2328] Así, GARCÍA-PABLOS DE MOLINA, A., Estudios Penales, Bosch (1984), pág. 149. Sobre estos programas, vid., GARCÍA-PABLOS DE MOLINA, A., Tratado de Criminología, cit., págs. 921 y ss.

[2329] En el momento de enjuiciar un concreto programa de prevención del delito, de contenido políticosocial, es necesario trascender su mero diseño, indagando sus presupuestos ideológicos y objetivos políticocriminales reales. Sólo entonces puede afirmarse con causa si se trata de

En todo caso, resulta muy problemática la evaluación de los mismos. Primero, porque operan a medio y largo plazo. Pero, sobre todo, porque no es fácil establecer y verificar empíricamente las oportunas correlaciones, aunque nadie se atreva a cuestionar la lógica existencia de ellas.

Los intentos de prevenir el delito a través de la Política Social encuentran su mejor apoyo *doctrinal* en las diversas teorías de la «*estructura social*», y su realización práctica paradigmática en el *Proyecto del Área de Chicago*, de los años treinta[2330].

La *premisa teórica* de los programas de prevención que se examinan es simple: si el crimen tiene su origen en el abismo (social) que separa a los individuos de las clases y estratos deprimidos de las metas, normas y roles convencionales, cabe, entonces, promover alternativas eficaces al comportamiento delictivo, ofreciendo a quienes viven en las zonas pobres y marginadas la oportunidad de participar en dicho bienestar social.

El *Proyecto del Área de Chicago*, que supervisó Clifford R. SHAW, siguió este modelo teórico, tratando de aportar al desorganizado '*slum*' de la caótica urbe la necesaria estabilidad social. El programa propuso importantes mejoras comunitarias en áreas sociales como la educación, sanidad, seguridad del tráfico rodado, urbanismo, atención a niños por la propia vecindad, etc. E incluso se llevó a cabo una fluida colaboración con la Policía y la Administración de Justicia para hacer un seguimiento y supervisión de las bandas de infractores, jóvenes y adultos. Todo parece demostrar, pues, que programas como el de Chicago son capaces de generar áreas de bienestar social en zonas de elevadísimas tasas de delincuencia[2331], poniendo fin al aislamiento que padece el individuo de los núcleos urbanos respecto de la sociedad general.

Postulados teóricos semejantes, concretamente los puntos de vista de CLOWARD y OHLIN, tuvieron gran influencia en las Administraciones de KENNEDY y JOHNSON, cuyos «*programas de lucha contra la pobreza*» fueron célebres en la década de los sesenta. Punta de lanza de los mismos fue el denominado «*Movilization for Youth*» (*MFY*), en New York, programa que contó con una generosa financiación y perseguía diversos objetivos: creación de oportunidades laborales para jóvenes mediante centros de trabajo, organización de asociaciones de vecinos y de servicios de asesoramiento y asistencia a las familias, entrenamiento de un cuerpo de educadores preparado para tratar a la juventud y de trabajadores de calle que hicieran lo propio con las pandillas. Los programas de «*lucha contra la pobreza*» incluían otras tantas iniciativas y subprogramas para su desarrollo: de índole «*laboral*» («*Job Corps*»), urbanístico (VISTA: «*The urban Peace Corps*»), educacional («*Head Start and Upward Bound*»), legal (servicios de asesoramiento jurídico a los vecinos) y de muy diversa índole, como los programas de «*acción comunitaria*» (CAP: «*community Action Program*»)[2332].

Los programas de lucha contra la pobreza trataron de prevenir el crimen, desarrollando un sentido de comunidad, de solidaridad, en favor de las áreas urbanas deprimidas. Aportaron trabajo, educación y oportunidades a jóvenes muy proclives al crimen. Diversos problemas relativos a la gestión de los mismos y el clima político conservador de la era

---

un programa 'paternalista', 'defensista' y 'regresivo', utópico, etc. Programas, por ejemplo, de "lucha contra la pobreza", de signo y pretensiones bien distintas, se han ensayado tanto por la Administración norteamericana Kennedy como por países del socialismo real; tanto desde una filosofía subcultural, como ecológica, estructural funcionalista, etc.

[2330]   Vid., SIEGEL, L.J., Criminology, cit., págs. 191 y 192.

[2331]   Así, la conclusión de KOBRIN, S., "The Chicago Area Proyect. 25-Year Assessment", en: Annals of the American Academy of Political and Social Science 322 (1959), págs. 20 a 29.

[2332]   Cfr., SIEGEL, L.J., Criminology, cit., pág. 192.

NIXON-FORD asestaron un duro golpe a la financiación de tales programas, que perdieron el apoyo federal. De suerte que, si bien han subsistido algunos de ellos (Head Start, Neighborhood Legal Services, Community Action Program, etc.), se ha renunciado, por desgracia, al proyecto inicial de modificar la estructura real de la sociedad, sustituyéndose la opción *social-comunitaria* por una política de prevención del delito más selectiva, de carácter *policial*.

En la actualidad, las teorías *'situacionales'* representan la antítesis y contrapunto de los programas de prevención del crimen de inspiraciones políticosocial al mantener que el origen último de buena parte de la criminalidad no reside en factores *estructurales* (pobreza, injusticia social, desigualdades y conflictos sociales, etc.) sino en variables temporales y espaciales que concentran en términos estadísticamente significativos las tasas más elevadas del siempre selectivo fenómeno criminal; factor *'oportunidad'* ligado a las formas, estilos de vida y actividades rutinarias de la sociedad.

6. *Programas de prevención de la criminalidad orientados a la reflexión axiológica: revisión de actitudes, valores y pautas sociales de comportamiento*

Partiendo de un concepto estricto de *prevención* (prevención primaria), esto es, de la intervención eficaz en las causas y raíces últimas de un problema —y no tardíamente en los síntomas o manifestaciones del mismo— parece incuestionable que los mejores resultados en el control de la criminalidad no se obtienen incrementando el rigor de la respuesta al delito (penas más severas), ni mejorando el rendimiento y efectividad del sistema legal, sino a través de una acción positiva en el orden social.

El comportamiento humano, desde un punto de vista conductual —y el delictivo, también— hunde sus raíces en un sutil entramado de actitudes, expectativas, motivaciones y valores. Estos últimos configuran un marco referencial básico que guía y orienta al individuo. Los valores oficiales, y los valores realmente vividos, subterráneos, de una sociedad trazan el perfil más representativo de ésta. En consecuencia, existe también una correlación inevitable entre los valores sociales de una determinada comunidad histórica concreta y la criminalidad de dicha comunidad: unos y otra constituyen las dos caras de una misma moneda.

Por ello, cualquier proyecto serio de prevención criminal a medio y largo plazo exige una revisión profunda del marco axiológico o tabla de valores sociales. Para evitar eficazmente ciertos comportamientos individuales en el futuro, es necesario sustituir los valores sociales que los sustentan en el presente, o modificar determinados mensajes y actitudes que hacen posible una lectura criminógena de tales valores.

La criminalidad de jóvenes y menores puede servir de ejemplo. Una política preventiva adecuada reclamaría, a mi juicio, cuatro estrategias[2333]:

a) *Reflexión axiológica. El crimen se «aprende».* Se aprende a través de los mismos procedimientos y mecanismos de aprendizaje de la conducta respetuosa de la ley. Más aún: el joven infractor *imita, no crea.* Es un imitador que repite lo que aprende y hace lo que le enseñan u observa en modelos próximos y significativos socialmente exitosos con los que se identifica. No innova, pues, sino que se limita a *interpretar.*

Por tanto, la prevención eficaz de la criminalidad de jóvenes y menores obliga a dirigir la mirada hacia la sociedad de los adultos: hacia los modelos y pautas de conducta de ésta, hacia su marco de valores «oficiales» o «subterráneos». Algunos de estos *valores, modelos y pautas de conducta son inequívocamente criminógenos* (vg. violencia, corrupción, insolidaridad, etc.), de suerte que el magisterio social (!) ejerce una labor antipedagógica. Lo mismo sucede cuando se percibe un flagrante *divorcio* entre los valores sociales «oficiales» y los «subterráneos» que la propia sociedad practica: las contradicciones generan, siempre, actitudes negativas y lecturas perversas incluso de modelos inobjetables.

Sólo, pues, una profunda revisión de los valores sociales proclamados y vividos por la sociedad adulta garantiza la prevención eficaz de la criminalidad de jóvenes y menores. La modificación radical de ciertos comportamientos de los adultos, de determinados ejemplos, será a medio o largo plazo, la estrategia preventiva más duradera y estable.

b) *Aprendizaje observacional y mensajes antipedagógicos.* La sociedad adulta debe evitar ciertos mensajes equívocos, susceptibles de una lectura criminógena por el joven o menor.

En la psicología del joven y del menor tienen gran relevancia ciertos *procedimientos «abreviados» de aprendizaje* que no exigen la comunicación interpersonal, ni la persuasión razonada, ni la comprobación personal del mensaje: basta con que el joven sepa asociar llamativamente la conducta o pauta propuesta al éxito conseguido por otros que la practican.

En consecuencia, mensajes ambiguos e imprecisos (vg.: *éxito, triunfo económico, valor, riesgo, etc.* ...) no debidamente matizados, pueden recibir una lectura simplificadora y sesgada por parte del joven o menor: una lectura criminógena, aunque no sea ésta la finalidad deliberada o consciente del mensaje.

[2333]   Cfr., GARCÍA-PABLOS DE MOLINA, A., Tratado de Criminología, cit., págs. 924 y ss.

Afán de superación y éxito personal son, por ejemplo, dos valores inobjetables. Ahora bien, un mensaje que identifique *triunfo y éxito económico*, este último sin discriminar medios, modos, formas y procedimientos utilizados para acceder al mismo, puede ser —y de hecho, es— un mensaje criminógeno. La sociedad, por ello, debiera subrayar que también triunfa el modesto funcionario que cumple ejemplarmente su trabajo, con dignidad, con autonomía, con profesionalidad, aun cuando su remuneración económica sea escasa y el trabajo realizado se diluya socialmente en el más gris anonimato. La sociedad que quiera prevenir la criminalidad de jóvenes y menores ha de condenar de forma inequívoca el éxito económico, rápido, fácil y mediocre, no asociado al esfuerzo personal digno, de algunos adultos supuestamente triunfadores (así, el éxito económico a toda costa, a cualquier precio, no importa cómo se consiga).

c) Criminalidad subcultural y rearme axiológico positivo. En términos de prevención, no se trata sólo de evitar mensajes sociales antipedagógicos, de neutralizar los valores negativos, sino de llevar a cabo un magisterio positivo: de aportar al joven y al menor pautas de conducta y modelos que den un sentido a su existencia, de ofrecerle alternativas e incentivar su compromiso y participación. Pues muchas de las conductas irregulares de estos infractores son conductas subculturales, esto es, *simbólicas*: significan —o quieren significar— *la huida, la evasión activa* de una sociedad cuyo orden de valores no comparte el joven; o incluso el *rechazo* abierto y la rebeldía hacia las pautas de conducta y actitudes *oficiales* de la sociedad adulta. Es decisivo, pues, que la sociedad adulta sepa ofrecer una sugestiva *alternativa de valores* al joven y que éste pueda optar a favor de la participación y el compromiso por el cambio social, en lugar de supuestas actitudes de pretendida rebeldía o improductivo nihilismo que debieran desmitificarse.

El compromiso con el cambio social significa ya un óptimo punto de partida ya que las subculturas criminales, en último término, son mecanismos *sustitutivos de participación social* (minisociedades de recambio) o sucedáneos de una frustrada participación que la sociedad oficial adulta negó al joven obligándole a integrarse en subgrupos alternativos.

d) Una nueva «cultura» servida por ambiciosas políticas sociales. La cultura ha cumplido tradicionalmente una función *moderadora* que hoy ya no cumple. Todo lo contrario. La actual cultura (?) consumista, *crea artificialmente necesidades*, no sabe de límites ni restricciones, y predica un *hedonismo* insaciable incapaz de postergar la satisfacción del placer o planificar con sensatez el futuro a medio plazo. Jóvenes y menores son las primeras víctimas de esta cultura, antesala de toda suerte de frustraciones.

No es casual que el *perfil de la población reclusa* de nuestras cárceles exhiba llamativas coincidencias con algunos de los valores culturales de la sociedad actual. Pienso en el acusado *«locus de control externo»* y en el bajo *«umbral de tolerancia a la frustración»* que se detecta en el grupo infractor.

Una sociedad que entroniza el éxito, como valor supremo y destierra de su mirada cualquier atisbo de limitación, sufrimiento, fracaso; ... ¿cómo puede generar individuos sanos que sepan asumir, como inherentes a su condición de seres humanos, la limitación, el sufrimiento o el fracaso mismo? No puede, pues, extrañar, que muchos de sus jóvenes delincuentes —jóvenes, sobre todo— acusen un *bajo umbral de tolerancia a la frustración*, si sólo se les educó en el éxito, en el triunfo a toda costa y a cualquier precio.

Otro de los rasgos psicológicos del recluso de nuestros días, su llamativo *«locus de control externo»*, se aviene coherentemente a muchas de las pautas de conducta, valores y mensajes de la sociedad de consumo. Una sociedad que prima el éxito brillante, producto de la audacia, sobre el trabajo bien hecho y el esfuerzo personal digno; y que invierte más proporcionalmente en juegos de azar que en gastos sociales y clases pasivas. ¿Puede llamar luego la atención que los jóvenes de esta sociedad del éxito, del consumo, crean más en el riesgo, la aventura, el valor, o las técnicas agresivas y menos ortodoxas, que en el trabajo y las convenciones? Es lógico que ese joven piense que el futuro propio, y el de los demás jóvenes, no depende de ellos mismos sino de otros: y que más decisivo que su trabajo y esfuerzo personal sea la fortuna, el azar, la suerte, el acierto en una operación arriesgada, una iniciativa imaginativa, o incluso un comportamiento delictivo, a menudo más rentable a corto plazo.

Esa nueva cultura, finalmente, ha de estar servida por una ambiciosa *política social*, en materia de educación, sanidad, vivienda, ocio, etc., porque pues la política social es y sigue siendo el instrumento más eficaz y justo de prevención del delito. En efecto, si como parece cierto, los jóvenes y menores de los estratos sociales deprimidos delinquen más, ello se debe no a que profesen valores genuinamente criminales (valores de clase) ni a la discriminatoriedad del sistema legal (discriminatoriedad, desde luego, real) sino al innegable problema de la *desigualdad de oportunidades*.

En orden a la prevención de la delincuencia juvenil me parece importante reflexionar sobre la aguda *«anomia institucional»* que padece nuestra sociedad como consecuencia del predominio absoluto de los modelos y valores económicos; y que ha debilitado —y devaluado— los roles y funciones de instituciones sociales básicas como la familia, la escuela, etc., con el riesgo de que tales roles y funciones tengan que organizarse y redefinirse de acuerdo con patrones económicos de mercado y una nueva *«ética anómica»* debilite la dirección de los procesos de socialización y el efectivo control social que aquellas deben ejercer.

7. Programas de prevención de la criminalidad de orientación «cognitiva» («entrenamiento y adquisición de habilidades cognitivas»)[2334]

Si la adquisición de habilidades cognitivas ha demostrado ser una eficaz técnica de intervención resocializadora, porque aisla al delincuente de influencias criminógenas, parece lógico suponer que una temprana adquisición por el joven de tales habilidades evitaría que éste se involucre en comportamientos delictivos. Despliega, pues, su eficacia no sólo en el ámbito de la intervención («tratamiento») sino en el de la «prevención»[2335]. El fundamento teórico y empírico de esta nueva función (preventiva) del modelo cognitivo se halla en sólidos estudios realizados sobre menores y jóvenes «predelincuentes» en el ámbito de la intervención familiar que corroboran la eficacia de dicho entrenamiento con relación a conductas desadaptadas (vg. impulsividad, agresividad) que se asocian al comportamiento criminal. Pero también, en el ámbito escolar se han ensayado diversos programas de semejante orientación: de toma de decisiones, de comunicación, de solución de problemas y conflictos, de educación de valores, etc., con resultados muy positivos, al parecer, en orden a la mejora de ciertas actitudes del joven que dan lugar a comportamientos vandálicos y violentos. Consta, igualmente, el éxito de programas cognitivos como estrategia para la prevención del consumo de drogas (programas de solución de conflictos, de toma de decisiones, de negociación, etc.)[2336].

8. Programas de prevención de la reincidencia[2337]

Cabe citar, por último, un vastísimo y heterogéneo conjunto de programas que coadyuvan, desde luego, a la prevención del delito, si bien no persiguen ésta como objetivo específico ni inmediato. Se dirigen, ante todo, al ya penado —o, en cualquier caso, al infractor— y pretenden que no vuelva a delinquir, que no consolide definitivamente su estatus de desviado. Son, pues, programas de prevención terciaria, que tratan de evitar la reincidencia del infractor, no de prevenir la «desviación primaria». Muchos de ellos, como se verá, pertenecen más a la problemática de la «intervención» (o «tratamiento») que a la de la «prevención»

[2334] Sobre estos programas psicosociales, de orientación cognitiva, vid. El pensamiento prosocial. El modelo cognitivo para la prevención y tratamiento de la delincuencia. Por ROSS, ROBERT R., FABIANO, E. y GARRIDO GENOVÉS, V., en: Delincuencia, 1990, nº 1 (monográfico), págs. 71 y ss.; ROSS, ROBERT, R., Prevención de la delincuencia a través del entrenamiento cognitivo (en: Lecturas de Pedagogía correccional, cit., págs. 135 y ss.). Cfr., GARCÍA-PABLOS DE MOLINA, A., Tratado de Criminología, cit., págs. 927 y ss.

[2335] En este sentido, ROSS, ROBERT, R., FABIANO, E. y GARRIDO GENOVÉS, V., El pensamiento prosocial, cit., pág. 93.

[2336] Cfr., ROSS, ROBERT, R., FABIANO, E y GARRIDO GENOVÉS, V., El pensamiento prosocial, cit., págs. 93 y ss.

[2337] Cfr., GARCÍA-PABLOS DE MOLINA, A., Tratado de Criminología, cit., págs. 928 y ss.

en sentido estricto. Otros, en definitiva, responden al conocido modelo de los *«sustitutivos»* penales: ensayan fórmulas alternativas a la intervención drástica del sistema legal (en conflictos poco graves) para liberar al infractor del a menudo impacto estigmatizador de aquél.

Aunque todos estos programas se enfrentan demasiado tarde con el problema criminal (dado que presuponen la *«desviación primaria»*) tienen verdadero interés desde el punto de vista preventivo porque seleccionan un destinatario perfectamente identificado, controlado; y porque dicho destinatario exhibe elevadísimas tasas de reincidencia. A lo que se añade un dato peculiar del perfil de la criminalidad urbana de nuestro tiempo, que avala la eficacia preventiva de intervenciones de estas características: en la gran ciudad, no hay tantos delincuentes como delitos se cometen, sino bastantes menos; lo que sucede es que aquéllos reinciden mucho.

a") Programas que articulan mecanismos alternativos a la intervención del sistema legal o que mitigan ésta.

Parten de un postulado del *«labeling approach»* de relativa evidencia[2338]: que la intervención de las instancias *«oficiales»* del control social formal es siempre negativa, estigmatizadora, pues genera la carrera criminal del infractor sellando definitiva y ritualmente su condición irreversible de *«desviado»* (*«desviación secundaria»*). En buena lógica, entonces, se sugiere reemplazar la intervención del sistema legal por otros mecanismos que eviten dicho impacto criminógeno: o que lo mitiguen. No otro es el origen de la libertad vigilada bajo prueba (*«probation»*) o bajo palabra (*«parole»*); de los sistemas de apoyo al infractor primario (*«advocacy»*), de inserción o reinserción (*«reintegration»*), de asesoramiento (*«counseling»*); y, en general, de los sustitutivos (*«diversion»*): arresto fin de semana, días-multa, trabajos a favor de la comunidad, reparación del daño y conciliación (*«restitution»*), etc., etc.

> Naturalmente, el ámbito de aplicación de estos programas es muy limitado: suelen reservarse a los infractores primarios, jóvenes y a conflictos de escasa gravedad, pues no cabe sustituir con carácter general —y para todos los supuestos— la pena privativa de libertad de corta duración, ni la intervención del control social formal. De otra parte, cabe apreciar un giro cualitativo en la orientación de algunos de estos programas: que tratan de producir un efecto positivo en el infractor (actitudinal, motivacional), en lugar de configurarse negativamente, con la sola pretensión de evitar el impacto estigmatizador del sistema legal (vg., programas de negociación y conciliación delincuente-víctima, de reparación del daño a través

---

[2338] El efecto necesariamente estigmatizador de la intervención del sistema legal es un postulado polémico del «labeling approach». Cfr., GARCÍA-PABLOS DE MOLINA, A., Tratado de Criminología, cit., págs. 928 y ss.; un examen más riguroso de las premisas del «labeling approach», en esta misma obra, supra., Parte Tercera, IV.F.c'. Sin necesidad de compartir tales presupuestos doctrinales, los sistemas de «diversion» mantienen tesis semejantes.

de prestaciones personales o de trabajos en favor de la comunidad, etc.); o dar una última oportunidad al infractor. Son, pues, más ambiciosos.

b") Programas de intervención.

Un segundo subgrupo de programas pretende producir un efecto resocializador en el penado, con el objeto de que no reincida, a través de una intervención (tratamiento) en el mismo. La finalidad específica de dicha intervención es pedagógica o terapéutica, no preventiva; (el impacto preventivo se produce, pues, de forma mediata, extrínseca).

Técnicas de intervención en el medio penitenciario existen innumerables[2339], bien de psicoterapia (métodos analíticos, psicodrama, terapia familiar, análisis transaccional, grupos de encuentro, terapia corporal, terapia de realidad), bien de modificación de conducta (técnicas aversivas, basadas en el control de contingencias, de modelado, de habilidades sociales, de intervención cognitivo-conductal, etc.).

Particular interés tienen las técnicas orientadas a la prevención siguiendo el modelo cognitivo. Parten de estudios empíricos que parecen haber detectado significativas carencias o disfunciones en procesos cognitivos del infractor. Fracasa, en éste, la llamada cognición interpersonal, el control de sí mismo y de la impulsividad, el pensamiento abstracto y la percepción social. El delincuente, por ello, exhibe una poderosa rigidez cognitiva, un inequívoco «locus de control externo», bajos niveles de autoestima y acusado «egocentrismo»[2340].

En consecuencia, se pretende neutralizar tales limitaciones cognitivas con un variado espectro de técnicas de solución de problemas, de habilidades sociales, de control emocional, de razonamiento crítico, de desarrollo de valores, de habilidades de negociación, de pensamiento creativo[2341].

[2339] Cfr., CLEMENTE DÍAZ, M. y SANCHA MATA, V., Psicología Social y Penitenciaria (Ministerio de Justicia o Escuela de Estudios Penitenciarios). Madrid, 1989, págs. 105 a 129. Sobre el tema, vid., GARCÍA-PABLOS DE MOLINA, A., Tratado de Criminología, cit., págs. 966 y ss.

[2340] Vid., ROSS, ROBERT, R., FABIANO, E. y GARRIDO GENOVÉS, V., El pensamiento prosocial, cit., págs. 22 a 31.

[2341] Vid., ROSS, ROBERT, R., FABIANO, E. y GARRIDO GENOVÉS, V., El pensamiento prosocial, cit., págs. 44 a 59. Sobre estos programas de orientación cognitiva, vid., in extenso, GARCÍA-PABLOS DE MOLINA, A., Tratado de Criminología, cit., págs. 929 y 930.

VI. BASES DE UNA MODERNA POLÍTICA CRIMINAL DE PREVENCIÓN DEL DELITO

Una moderna política criminal de prevención del delito debe descansar sobre las siguientes bases:

1. El objetivo último, final, de una eficaz política de prevención no es erradicar el crimen, sino *controlarlo razonablemente*. El total exterminio de la criminalidad y las cruzadas contra el delito son objetivos utópicos y poco realistas que pugnan con la *«normalidad»* del fenómeno criminal y la de su protagonista.

2. En el marco de un Estado social y democrático de Derecho, la prevención del delito suscita inevitablemente el problema de los *«medios»* o *«instrumentos»* utilizados, y el de los *«costes»* sociales de la prevención. El control exitoso de la criminalidad no justifica el empleo de toda suerte de programas, ni legitima el elevado coste social que determinadas intervenciones implican.

3. Prevenir es más que disuadir, más que obstaculizar la comisión de delitos, intimidando al infractor potencial o indeciso. Prevenir significa *intervenir* en la etiología del problema criminal, neutralizando sus *raíces*. Contramotivando al delincuente (con la amenaza de la pena, o con un sistema legal en excelente estado de funcionamiento) quedan aquéllas intactas, no se atacan las *causas* del problema sino sus síntomas o manifestaciones. Lo que no basta.

4. La efectividad de los programas de prevención debe plantearse a *medio y largo plazo*. Un programa es tanto más eficaz cuanto más se aproxime etiológicamente a las causas del conflicto que el delito exterioriza. Los programas de prevención *«primaria»* son más útiles que los de prevención *«secundaria»*, y éstos que los de prevención *«terciaria»*. Si bien todos ellos son compatibles y necesarios.

5. La prevención debe contemplarse, ante todo, como prevención *«social»* y *«comunitaria»*, precisamente porque el crimen es un problema social y comunitario. Se trata de un compromiso solidario de la comunidad —no sólo del sistema legal y las agencias oficiales de éste— que movilice todos sus efectivos para *solucionar* un conflicto doloroso. El protagonismo y liderazgo de dicha intervención corresponde a la comunidad.

6. La prevención del delito implica *prestaciones positivas*, aportaciones y esfuerzos solidarios que neutralicen situaciones carenciales, conflictos, desequilibrios, desatención de las necesidades básicas. Solo reestructurando la convivencia, redefiniendo positivamente la relación entre sus miembros —y la de éstos con la comunidad— cabe esperar resultados satisfactorios en orden a la prevención del delito. Una prevención puramente *«negativa»*, cuasipolicial, sobre bases *«disuasorias»* carece de operatividad.

7. La prevención del delito, la prevención científica y eficaz del delito, presupone una definición más compleja y matizada del *«escenario» criminal*, y de los factores que interactúan en el mismo. Requiere una estrategia coordinada y *pluridireccional*: el infractor no es el único protagonista del suceso delictivo, puesto que otros datos, variables y factores configuran dicho *escenario*. Los programas de prevención deben orientarse selectivamente hacia todos y cada uno de ellos (espacio físico, hábitat urbano, colectivos de víctimas, clima social, etc., etc.). Porque una prevención estrictamente *«situacional»* no basta por su déficit etiológico, social y comunitario.

8. Se evita, también, delito previniendo la *reincidencia*. Pero, desde luego, mejor que prevenir *«más»* delito, sería *«producir»* o *«generar»* menos criminalidad. Dado que «cada sociedad tiene el crimen que merece», una política seria y honesta de prevención debe comenzar con un sincero esfuerzo de autocrítica, revisando los valores que la sociedad oficialmente proclama y practica. Pues determinados comportamientos criminales, a menudo, entroncan con ciertos valores (oficiales o subterráneos) de la sociedad cuya ambivalencia y esencial equivocidad ampara *«lecturas»* y *«realizaciones»* delictivas. En todo caso, la Política Social es un excelente y eficaz instrumento preventivo.

PARTE QUINTA

ANÁLISIS CRIMINOLÓGICO DE LOS DIVERSOS MODELOS Y SISTEMAS DE REACCIÓN AL DELITO

I. INTRODUCCIÓN

La Criminología analiza el fenómeno delictivo y sus formas de aparición (*fenomenología* criminal); lo describe y explica con sus técnicas e instrumental; hace un diagnóstico causal, científico y etiológico del mismo, examinando los diversos modelos teóricos explicativos de este doloroso problema social y comunitario (*etiología* criminal); y aporta una valiosa información, empíricamente contrastada, en orden a la *prevención* eficaz del delito.

Pero a la Criminología científica corresponde, también, una ulterior función que se estudia en el presente Capítulo: evaluar la *respuesta social* y *legal al delito*, ponderando la calidad de la intervención que los diversos sistemas existentes arbitran, sus presupuestos, fundamentos y efectos.

Dicha evaluación de los sistemas, modelos y paradigmas de respuesta al delito parte hoy del necesario reconocimiento de dos *postulados* criminológicos, que gozan de amplio consenso científico, relativos a la propia comprensión del crimen como *problema social-comunitario* y a la pluralidad de *expectativas*, individuales y sociales, antagónicas, que aquel genera.

El primero, esto es, la concepción del crimen como *problema social y comunitario*[2342] (no como mero fenómeno patológico, lacra, epidemia o castigo del cielo, según gráficas metáforas) obliga a valorar los méritos de un sistema no sólo en función de su supuesta efectividad, sino de otros parámetros. Parece obvio que ni la capacidad disuasoria (crimen evitado), ni el rendimiento efectivo de un sistema (crimen castigado) deben considerarse indicadores determinantes de la calidad de éste, si ciertamente se admite que el crimen es un doloroso *problema social, comunitario*, y que, como tal, debe ser tratado. El sistema, pues, mejor, el más saludable, no abandera cruzadas ni guerras santas contra el delito, ni persigue su erradicación de la faz de la tierra —ni el exterminio del infractor— sino que articula un control razonable del conflicto, con el menor coste social posible.

El segundo postulado tiene, también, importantes consecuencias, en orden a la valoración de la respuesta al delito. Pues si el crimen no se concibe a modo de *duelo simbólico* entre Estado e infractor, sino como *problema real* que implica a una *pluralidad de protagonistas*[2343], con sus legítimos intereses y expectativas, lógicamente entonces la bondad del sistema de reacción al delito no vendrá dada sólo, ni de forma prioritaria, por el grado de satisfacción de la pretensión punitiva del Estado (castigo del delincuente). Habrá que ponderar, además, las justas expectativas de la víctima (reparación del daño), ciertas metas y objetivos en relación al infractor (resocialización), y legítimas exigencias de la comunidad (pacificación

---

[2342] Vid. GARCÍA-PABLOS DE MOLINA, A., Tratado de Criminología, cit., págs. 97 y ss.
[2343] Vid. GARCIA-PABLOS DE MOLINA, A., Tratado de Criminología, cit. págs. 936 y ss.

de las relaciones sociales), etc. Reparación del daño causado, resocialización del infractor y pacificación de las relaciones sociales son, pues, metas irrenunciables de cualquier sistema de respuesta al delito y han de ser tenidas en cuenta en el momento de evaluar la calidad de la intervención en este complejo problema social.

A tal efecto, y desde un punto de vista criminológico, cabe distinguir modelos o paradigmas de respuesta al delito según el objetivo que prevalece en cada sistema: el *disuasorio* (prevenir la criminalidad), el *resocializador* (reinsertar y rehabilitar al infractor) y el *integrador* (reparación del daño, conciliación y pacificación de las relaciones sociales)[2344].

II. EL MODELO DISUASORIO CLÁSICO

El modelo clásico (y neoclásico) de respuesta al delito pone el acento en la pretensión punitiva del Estado, en el justo y necesario *castigo* del delincuente, objetivo primario cuya satisfacción, se supone, produce un saludable efecto *disuasorio y preventivo* en la comunidad.

1. Sus postulados

Cobertura normativa completa, sin fisuras, de claro sesgo intimidatorio; maquinaria legal bien dotada, eficaz e implacable; y sistema en perfecto estado de funcionamiento que aplica con rigor y prontitud las penas, demostrando la seriedad de las conminaciones legales, son los *pilares* del modelo clásico de respuesta al delito.

En consecuencia, *prevenir* eficazmente la criminalidad a través del impacto disuasorio del sistema constituye el «*leit motiv*» de este paradigma en el que cualquier otro objetivo (vg. la reparación del daño causado a la víctima, la resocialización del infractor, etc.) pasa necesariamente a un segundo plano.

2. Críticas a dicho modelo.

Como se ha apuntado ya en su lugar[2345], este modelo ofrece numerosos *reparos*.

[2344] Otros autores proponen clasificaciones diferentes. Así, DIEZ RIPOLLÉS, J.L., El nuevo modelo penal de la seguridad ciudadana, cit., págs. 2 y ss. (modelo penal garantista, modelo resocializador, modelo de seguridad, etc.)

[2345] GARCÍA-PABLOS DE MOLINA, A., Tratado de Criminología, cit., págs. 937 y ss.

En primer lugar, porque opera con una imagen extremadamente simplificadora del *mecanismo disuasorio y preventivo*, desconociendo que el impacto psicológico de la pena no es una magnitud uniforme, homogénea, lineal, sino relativa, circunstancial, diferenciada, no susceptible de juicios ni pronósticos generalizadores.

En segundo lugar, porque los modelos disuasorios —por el reduccionismo que les caracteriza— suelen experimentar una peligrosa inercia que se traduce en fórmulas de rigor desmedido. Dicha *perversión* del sistema se acentúa cuando unos y otros identifican conceptualmente el efecto «*disuasorio*» y «*preventivo*» de aquél y el efecto puramente «*intimidatorio*» de la pena; o cuando confunden «*intimidar*» y «*atemorizar*» o «*disuadir*» y «*aterrorizar*», evocando la vieja imagen crítica hegeliana del Estado que usa el castigo como pueda hacerlo «el amo que alza el bastón contra su perro»[2346].

Por otra parte, existe hoy ya evidencia empírica irrefutable de que la *severidad del castigo* (el rigor nominal de la pena) es sólo una de las variables que intervienen en el mecanismo disuasorio, pero no la única ni la principal; de suerte que la eficacia preventiva, a medio y largo plazo, de un sistema, no debe ponderar exclusivamente la intensidad del estímulo aversivo (castigo): la naturaleza de la infracción, la personalidad del infractor, la prontitud con que se imponga la sanción, el rendimiento del sistema legal y percepción que del mismo tenga el ciudadano, el grado de apoyo informal que se dispense a la conducta delictiva, etc., son otras de las *variables* que influyen en el complejo proceso disuasorio[2347]. Suponer que el crimen —o el incremento de las tasas de criminalidad— se debe a la fragilidad del sistema legal o a la benignidad de sus penas, estableciendo una simplista ecuación lineal entre pena y delito (o sistema y delito) es un prejuicio sin fundamento alguno.

> Todo ello, sin olvidar que la *prevención* rectamente entendida tiene un profundo contenido *social* y *comunitario*. Que no puede circunscribirse, sin más, al mensaje *intimidatorio*, negativo y cuasi policial, de la amenaza penal, ni a la intervención tardía y demoledora, implacable, de la maquinaria pesada del Estado[2348]. Dicho de otro modo, incluso si debiera ser evaluado un sistema atendiendo exclusivamente a su capacidad disuasoria, no bastaría con ponderar el rigor intimidatorio de sus sanciones y el grado de efectividad de éstas (mayor o menor cifra negra). ¡Pues no se trata sólo de castigar, de castigar pronto, de castigar bien, de castigar mucho!

[2346] HEGEL, Rechtsphilosophie, 1821, pág. 99.

[2347] Sobre el problema, ALVIRA MARTÍN, F., El efecto disuasorio de la pena, en: Estudios penales y criminológicos, págs. 11 y ss. Santiago de Compostela (1984).

[2348] En este sentido, GARCÍA-PABLOS DE MOLINA, A., Programas y estrategias de prevención del delito, en: Revista de la Facultad de Derecho de la Universidad Complutense, n° 79 (Madrid), 1992, pág. 158.

Castigar severamente es fácil. Castigar más severamente aún, si a pesar de ello no se frena el incremento de la criminalidad, también: lo hacen los poderes públicos, por sistema. Pero una cosa es castigar y otra muy distinta prevenir la delincuencia. La verdadera prevención reclama un cambio sustancial en las políticas económicas, sociales y educativas del país[2349].

Por otra parte, cabe reprochar al modelo clásico-disuasorio su estrecha y sesgada visión del *suceso delictivo*. En efecto, según el mismo, el crimen sólo expresa un enfrentamiento formal y simbólico entre Estado e infractor (los dos únicos protagonistas del conflicto). La víctima, pieza aleatoria, fungible, accidental, no cuenta, o bien ocupa una posición marginal. Y la comunidad parece un «*tercero*» ajeno al drama, mero espectador del mismo, que delega en el *sistema legal* para que éste aplique su severa cirugía. La comunidad —«la sociedad»— en el paradigma clásico, es una mera abstracción, una figura retórica: el marco temporal y espacial de obligada referencia. Pero este análisis simplificador que polariza su atención en la persona del delincuente y en la pretensión punitiva del Estado, con lamentable marginación de los otros sujetos implicados en el fenómeno criminal (víctima, comunidad, etc.) y de sus legítimas expectativas, carece de fundamento científico.

Como es sabido[2350], la actual Criminología empírica profesa una imagen mucho más compleja, realista y dinámica del suceso delictivo y de los factores que interactúan en el mismo. Frente al tradicional monopolio excluyente que ejerció la persona del infractor, cobra hoy un progresivo protagonismo la figura de la víctima y se asigna un rol muy activo a la comunidad. Una y otra —*víctima y comunidad*— juegan un papel de notable relevancia tanto en la indagación de la génesis y etiología del crimen (modelos teóricos explicativos) como en el diseño de los muy diversos programas de prevención de éste y de intervención en el problema criminal. En consecuencia, si se respetan tales premisas, parece imprescindible acomodar el sistema a las exigencias de la víctima del delito y de la comunidad. Será necesario verificar si aquel da satisfacción a las mismas: si propicia la efectiva reparación del daño que el delito causó, si contribuye a la solución real de los conflictos y pacifica el clima social, las relaciones sociales, etc. Un sistema obsesionado por colmar la pretensión punitiva del Estado, que exhiba la «*fuerza victoriosa del Derecho*» sobre el culpable como instrumento preventivo-disuasorio, intimida pero no convence, y potencia los conflictos en lugar de resolverlos[2351].

[2349] Así, REDONDO ILLESCAS, S., La delincuencia y su control: realidades y fantasías, cit., pág. 324.

[2350] Vid. GARCÍA-PABLOS DE MOLINA, A., Programas y estrategias de prevención del delito, cit., pág. 146.

[2351] Cfr., GARCÍA-PABLOS DE MOLINA, A., Tratado de Criminología, cit., pág. 939.

Finalmente, incluso desde un punto de vista *normativo*, el modelo disuasorio clásico manifiesta serias limitaciones y carencias por su incompatibilidad estructural con principios informadores del ordenamiento jurídico de diverso rango jerárquico que aquel desconoce o mediatiza. Así, por ejemplo, el mandato constitucional de la «*resocialización*» del infractor (art. 25) o el régimen privilegiado de la responsabilidad civil «*ex delicto*» (reparación del daño ocasionado por el delito) que articula el Código Penal (artículos 109 y ss.)[2352] como prueba del interés prioritario del legislador por la víctima, ocupan en el modelo disuasorio una posición puramente marginal.

III. EL MODELO *RESOCIALIZADOR*

Un segundo modelo o paradigma subraya como objetivo específico y prioritario del sistema (aunque no excluyente) la *reinserción social del infractor*. En virtud de un saludable giro humanista, el paradigma resocializador reclama una intervención positiva en el penado que facilite el digno retorno de éste a la comunidad, su plena reintegración social[2353].

1. *Sus fundamentos teóricos*. El modelo *resocializador*, por su orientación humanista, traslada el centro de gravedad del debate sobre las funciones del sistema del efecto preventivo-disuasorio de éste a su impacto positivo y bienhechor en la persona del penado. El hombre, pues, y no el sistema, pasa a ocupar el centro de la reflexión científica: lo decisivo —se piensa, con buen criterio— no es castigar implacablemente al culpable (castigar por castigar, en definitiva, es un dogmatismo, o una crueldad), sino orientar el cumplimiento y ejecución del castigo de modo tal que éste pueda reportar alguna utilidad al propio infractor.

El paradigma resocializador destaca, además, por su realismo[2354]. No le interesan los fines *ideales* de la pena, ni el delincuente abstracto, sino el impacto real del castigo, tal y como éste se cumple, en el penado concreto de nuestro tiempo; no la pena *nominal* que contemplan los Códigos, sino la que efectivamente se ejecuta en los actuales establecimientos penitenciarios. Implica, pues, un giro hacia lo con-

---

[2352] El régimen privilegiado (reforzado) de la responsabilidad civil derivada del delito demuestra la importancia que concede nuestro ordenamiento a la reparación del daño padecido por la víctima del crimen. Cfr. GARCÍA-PABLOS DE MOLINA, A., Derecho Penal, Introducción, cit. (2000), págs. 77 y ss.

[2353] Sobre la problemática de la resocialización, vid. la reseña bibliográfica que aporto en: Estudios Penales, 1984 (Bosch), pág. 18 y ss.

[2354] Vid. GARCÍA-PABLOS DE MOLINA, A., Estudios Penales, cit., pág. 56 (trascendencia metodológica del paradigma de la resocialización).

creto, lo real, lo histórico, lo empírico, en el momento de evaluar la efectividad del sistema y la calidad de la intervención de éste en el problema criminal. Y ello, naturalmente, desde pretensiones más utilitarias que dogmáticas, más realistas que doctrinarias. Dicho realismo ha llevado a ponderar con rigor las investigaciones empíricas en torno a la pena privativa de libertad convencional, que demuestran el efecto estigmatizante, destructivo y a menudo irreparable (irreversible) de la pena reina, de la pena por excelencia, tomando sincera nota de la gravedad de esta denuncia.

El modelo *resocializador* asume, con todas sus consecuencias, la naturaleza *social* del problema criminal. El principio de corresponsabilidad y solidaridad social, enraizado normativamente con las esencias del Estado (social) contemporáneo constituye el soporte teórico de la intervención penal positiva en el infractor[2355] que se asigna al sistema, entre otros objetivos, como meta primordial.

Pues un Estado «*social*» no debe conformarse con la aflictividad de las penas y el efecto disuasorio-preventivo de un engranaje legal en perfecto estado de funcionamiento: el castigo ha de ser útil, también, para el infractor mismo. No hay castigo peor que el castigo inútil, ni actitud más rechazable que la de quienes en nombre de dogmas o ficciones pseudolegitimadoras prefieren ignorar los efectos reales de la pena.

El paradigma resocializador propugna, por tanto, neutralizar en la medida de lo posible los efectos nocivos inherentes al castigo, a través de una mejora sustancial del régimen de cumplimiento y ejecución de éste; y, sobre todo, sugiere una intervención positiva en el penado que lejos de estigmatizarle con una marca indeleble le habilite para integrarse y participar el mismo en la sociedad, de forma digna y activa, sin traumas, limitaciones ni condicionamientos especiales, una vez cumplida la pena y saldada su deuda con la comunidad. No se trata, por supuesto, de alcanzar objetivos sublimes, conversiones milagrosas, ni cambios cualitativos de personalidad: no existe la pretensión oculta de hacer del delincuente un «*hombre nuevo*», ni la perniciosa tentación que denunciara William SARGANT: «*la conquista de la mente humana*»[2356]. Se trata —eso sí—, en interés exclusivo y real del penado, y contando con su colaboración efectiva (no sólo con su consentimiento formal)— de aplicar unas técnicas y terapias científicamente avaladas que faciliten la posterior integración social del infractor, que no le limiten sino que potencien sus expectativas y posibilidades de participación social.

[2355]   Vid. ROXIN, C., Strafrechtliche Grundlagen Probleme, 1973 (Walter de Gruyter), pág. 1 y ss. (especialmente págs. 24 y 25).

[2356]   William SARGANT, W., La conquista de la mente humana. Fisiología de las conversiones y del lavado de cerebro. Madrid, Aguilar, 1964 (traducción de Agustín Santiago Luque).

El ideal resocializador —y la llamada *ideología del tratamiento*— han abierto un doble debate, de muy diversas características y pretensiones: un debate normativo-doctrinal, y un debate empírico. Aquí me referiré sólo al segundo de ellos[2357].

2. *El debate criminológico sobre la resocialización del penado* es un debate científico empírico, libre, por tanto, de especulaciones, de actitudes puramente ideológicas, o de estériles «*torneos oratorios*»[2358]. Versa sobre hechos concretos, sobre realidades constatables y discurre en el ámbito o esfera del «*ser*», no el mundo normativo del «*deber ser*».

Interesa sobremanera a la Criminología verificar científicamente si cabe una intervención positiva, bienhechora, en el infractor a través de la ejecución de la pena. Si es posible diseñar, con criterios empíricos, una intervención penitenciaria que favorezca la adquisición por el recluso de patrones de conducta prosociales. Qué objetivos concretos habría que perseguir y cómo habría que orientar la Administración Penitenciaria y la propia ejecución penal para alcanzarlos. Qué modelo de tratamiento y qué técnicas concretas de intervención serían más adecuadas: cuáles se están utilizando actualmente y con qué resultados.

El debate presupone, como es lógico, la libre y decidida colaboración del penado, pues, en otro caso, cualquier intervención sería rechazable: tanto desde un punto de vista ético, como estrictamente pedagógico. Sin la voluntad real de aquél no puede hablarse de *tratamiento* sino de *manipulación*, de *adoctrinamiento*, y surge el fantasma de la «*naranja mecánica*».

Transcurridas ya más de dos décadas desde que se aprobara la Ley Orgánica General Penitenciaria —Ley que consagra normativamente el modelo de intervención científica en las prisiones españolas— parece abrirse paso un razonable optimismo entre los expertos en cuanto a las posibilidades y el futuro próximo de los programas de resocialización del penado sobre la base de la experiencia obtenida a lo largo de los últimos lustros.

Todo parece indicar que a través de la ejecución penal pueden obtenerse resultados positivos *en tres niveles*: evitando el aprendizaje por los internos de nuevas

---

[2357] Sobre el debate «normativo-doctrinal», vid. GARCÍA-PABLOS DE MOLINA, A., en: Estudios de Derecho Penal, 1984, Bosch (Barcelona), págs. 20 y ss. También, del mismo: Introducción al Derecho Penal, 3ª Ed. (2005), págs. 294 y ss.

[2358] Vid. BAYES, R., Reflexiones de un psicólogo ante algunos problemas que se plantean en el campo del Derecho. En: Anuario de Sociología y psicología jurídicas, 2, pág. 79. Cfr., REDONDO ILLESCAS, S., y GARRIDO GENOVÉS, V., Diez años de intervención en las prisiones españolas, en: Delincuencia (El ideal de la rehabilitación y la intervención en las prisiones), 1991, vol. 3, nº 3, pág. 197; Cfr., GARCÍA-PABLOS DE MOLINA, A., Tratado de Criminología, cit., págs. 955 y ss.

actitudes y hábitos delictivos, influyendo sobre el comportamiento de aquéllos en la prisión, e incidiendo en la conducta futura de los penados[2359]. Una evaluación realista del esfuerzo desplegado durante el período citado arroja algunas conclusiones[2360]. La primera, que optando por un determinado modelo integrador y científico de intervención (que no es el médico-clínico tradicional) resulta viable la positiva reestructuración de la realidad carcelaria, del hábitat penitenciario, controlando sus efectos más nocivos (aislamiento, inmersión en la subcultura carcelaria, etc.) y generando otros satisfactorios para el recluso (vg. actividades de aprendizaje, adquisición de expectativas de futuro prosociales, superación de adicciones, etc.). La segunda conclusión: que desarrollando dicho modelo psicoeducativo, basado en los postulados de la Psicología del aprendizaje social y operante, en la reeducación cognitiva, y su decidida orientación comunitaria, progresamos hacia una ejecución de la pena privativa de libertad más racional y humana que abre el paso a otras formas de sanción diferentes en el futuro. La tercera y última conclusión, que dicha noción del tratamiento, atenta más a miras educativas que clínicas y estructurada para dispensar prestaciones sociales —no para ejercer control (predominio de esquemas organizacionales sobre los prioritariamente retributivos)— representa una versión moderna, legítima y realista del polémico ideal resocializador. Porque no limita, sino que enriquece y mejora la calidad de vida del penado, sus expectativas y oportunidades vocacionales, sus relaciones interpersonales: su panorama vital de futuro. Una intervención así concebida, no manipula al recluso, ni le rebaja a la condición de objeto, pues no persigue la imposición de concepciones morales determinadas al mismo, ni cambios cualitativos de su personalidad mediante sutiles adoctrinamientos y lavados de cerebro, sino, por el contrario, ampliar el mapa cognitivo de aquél, potenciar sus aptitudes, habilidades y competencias sociales, dotarle de medios e instrumentos eficaces para su digna participación en la comunidad. En todo caso, es una oferta, no una imposición[2361].

a) El concepto restrictivo de tratamiento (médico-clínico)

Jesús ALARCÓN, al evaluar los resultados del tratamiento penitenciario durante los dos últimos lustros, llega a conclusiones menos optimistas. A su juicio,

---

[2359] Por todos, autorizadamente: GÓMEZ, J., El ámbito del tratamiento penitenciario, en: Cuadernos de Política Criminal, 8 (1979), pág. 71.

[2360] En este sentido: REDONDO ILLESCAS, S., y GARRIDO GENOVÉS, V., Diez años de intervención en las prisiones españolas, cit., pág. 235 y ss.; fundamental: GARRIDO GENOVÉS, V., REDONDO ILLESCAS, S., El tratamiento y la intervención en las prisiones, en: Delincuencia, El ideal de la rehabilitación, cit. (1991, 3,3), págs. 299 y 300; Cfr., GARCÍA-PABLOS DE MOLINA, A., Tratado de Criminología, cit., págs. 956 y ss..

[2361] Por todos, GARRIDO GENOVÉS, V., REDONDO ILLESCAS, S., El tratamiento y la intervención en las prisiones, cit., págs. 291 y 297; Cfr., GARCÍA-PABLOS DE MOLINA, A., Tratado de Criminología, cit., pág. 957.

sólo se ha conseguido mejorar el sistema de clasificación de los reclusos, al invertirse la tendencia tradicional al régimen cerrado (predominio actual del régimen ordinario y del régimen abierto). Pero, en su opinión, no se habría desarrollado el tratamiento científico y resocializador del recluso: (tratamiento en sentido estricto) con los oportunos programas en el ámbito penitenciario[2362]. Tal parecer presupone un concreto modelo de tratamiento y de estructuración de la intervención penitenciaria que no se comparten por la doctrina mayoritaria[2363], dicho sea dejando no obstante a salvo el prestigio científico, la autoridad moral y extraordinaria labor desplegada durante años por el autor en el mundo penitenciario.

El concepto actual de «intervención» y sus bases constituye el punto de partida del debate. En cuanto a la tradicional *intervención penitenciaria*, eran obvias sus limitaciones y condicionamientos. Su enfoque médico-clínico presuponía implícitamente la errónea concepción cuasipatológica del penado. Y este diagnóstico, a su vez, llevaba consigo una interpretación restrictiva del tratamiento mismo, del que habría que excluir toda actividad no específicamente dirigida a neutralizar las causas de la conducta delictiva (vg.: programas ambientales, animación sociocultural, trabajo, educación, formación académica, terapia ocupacional, etc.)[2364].

Sin embargo, tal comprensión del tratamiento, elitista y cuasimistérica, parece no avenirse a las necesidades de la realidad carcelaria de hoy, incompatible con actitudes pasivas o de resignación que apelan a un futuro ideal lejano, o quizás quimérico; y con maximalismos que ignoran incluso las posibilidades que dicha realidad depara en orden a una intervención positiva en los penados, con los medios y conocimientos actuales.

Parece, pues, imprescindible una noción amplia e integradora de *intervención*, que supere el concepto tradicional de *tratamiento*.

En primer lugar, porque el recluso no debe ser contemplado como un *«enfermo»*, ni parece correcto ignorar que, en la intervención penitenciaria, existen otros sujetos implicados además de aquél (la víctima, la sociedad general, los operadores del sistema, etc.). En segundo lugar, porque es necesario reconocer que a la Administración Penitenciaria corresponde no sólo velar por una ejecución de la pena que favorezca la reinserción social del recluso (objetivo último), sino, también, resolver otros muchos problemas que, en todo caso, condicionan la consecución de aquél y reclaman una intervención eficaz (orden interior, violencia,

---

[2362] Vid. la muy autorizada opinión del autor, en: El tratamiento penitenciario en el primer decenio de la Ley orgánica general penitenciaria, en: Revista de Estudios Penitenciarios, Extra.1 (1989), pág. 11 y ss.

[2363] En sentido crítico, por ejemplo, censurando el concepto estricto («casi mistérico») de tratamiento defendido por Alarcón: REDONDO ILLESCAS, S., y GARRIDO GENOVÉS, V., Diez años de intervención en las prisiones españolas, cit., pág. 200 y ss. (especialmente, 202).

[2364] Así, ALARCÓN, J., El tratamiento penitenciario en el primer decenio de la LOGP, cit., pág. 19.

educación, clima social, motivación de los reclusos, masificación, etc.)[2365]. Finalmente, porque definida la institución carcelaria como «*organización y medio total de vida*» no cabe seguir manteniendo una drástica dicotomía entre actividades regimentales y actividades de tratamiento: por el contrario, procede instrumentar una intervención penitenciaria en las diversas áreas (normativa, asistencial, cultural, laboral, terapéutica, etc.), pluridimensional y omnicomprensiva, que procure, como meta inmediata, la mejor convivencia posible en la prisión, y como fin mediato, la reinserción social del recluso[2366].

Así, pues, frente al concepto tradicional de *tratamiento*, entendido en su acepción clínica y restrictiva como conjunto de actividades específica y exclusivamente dirigidas a la neutralización etiológica del comportamiento criminal concreto, que sólo tiene en cuenta la persona del penado y el virus inaprehensible causante del delito —verdadera entelequia— en aras a su futura reinserción social, debe prosperar un concepto *pluridimensional*, amplio y realista de intervención, de naturaleza *psicoeducativa* y contenido *asistencial*, que pondere las expectativas y exigencias de todos los implicados en la función penal y oriente ésta de forma que los diversos ámbitos de la vida carcelaria cotidiana incidan positivamente en el recluso; que aborde de modo satisfactorio los problemas diarios de la prisión, y contribuya a una posterior reinserción del penado. En este sentido, cuestiones como el clima de convivencia en la cárcel, la animación sociocultural, la propia arquitectura carcelaria, su estructura organizacional, la política de permisos, la asistencia social postpenitenciaria, las medidas adoptadas con relación a la droga o el SIDA de la población reclusa, no pueden quedar al margen de una intervención bien diseñada[2367].

b) *El marco de la intervención: modelo clásico versus modelo ambientalista.* En cuanto al *marco de la intervención penitenciaria* (marco *espacial, ambiental e institucional*) parece, también, necesario corregir algunos vicios del modelo clásico que determinaron el fracaso del *tratamiento rehabilitador* tradicional en el ámbito carcelario, asumiendo ahora los postulados de la Ecología humana y social y de la Psicología ambiental.

En el modelo clásico, predominaron siempre las medidas *estructurales* sobre las de naturaleza *organizacional*, y las de control negativo (sanciones) frente a las de control positivo (refuerzo de comportamientos satisfactorios de los reclusos). Primó una atribución *internalista* de la conducta del penado, al negarse relevancia

---

[2365] Así, REDONDO, S., Reflexiones sobre la intervención penitenciaria, en: Papers dÉstudis i Formació, nº 5 (1989), pág. 157 y ss.

[2366] Así, GARCÍA, J., La prisión como organización y medio total de vida, en: Revista de Estudios Penitenciarios, 238 (1987), pág. 33 y ss.

[2367] Vid., REDONDO ILLESCAS, S., y GARRIDO GENOVÉS, V., Diez años de intervención en las prisiones españolas, cit., pág. 235 y ss.

causal a los factores ambientales. Y se depositaron ciegas esperanzas en el cambio positivo de las prisiones, y de los internos, sin introducir los oportunos programas de intervención[2368]. El modelo alternativo que se propone, por el contrario, subraya la importancia del medio físico y del diseño arquitectónico carcelario, del clima de convivencia o ambiente en las prisiones, del nivel de participación y motivación de los internos en los distintos programas de actividades; y reclama el análisis empírico de la propia institución, de los elementos que la integran y de las relaciones de los mismos con la conducta de quienes conviven en ella[2369]. El giro que este nuevo paradigma representa viene avalado por fiables investigaciones empíricas en el marco de la *Psicología ambiental* y la *Ecología social*.

Así, numerosos estudios demuestran que factores como el hacinamiento, el clima social carcelario o la violencia en la prisión condicionan decisivamente el comportamiento de los internos. Y que cambios organizativos sustanciales en materia de clasificación de los reclusos, horarios, aprovechamiento de espacios físicos disponibles, permeabilidad de movimientos en el interior de la prisión, etc. evitan o minimizan determinados *tics* penitenciarios negativos[2370]. Lo mismo cabe afirmar de la arquitectura carcelaria y su influencia en la conducta del interno: un nuevo diseño de celdas, galerías, patios y la evitación de controles físicos innecesarios podrían producir efectos encomiables[2371]. Incluso actividades de estricta animación sociocultural merecen una evaluación muy notable porque mejoran las relaciones interpersonales, aminorando el clima de violencia y crispación; quiebran el aislamiento comunitario de la prisión, crean fecundos espacios de encuentro en el seno de ésta y dispensan un positivo entrenamiento de habilidades sociales y ocupacionales[2372].

Cualquier modelo de intervención ha de enfrentarse a una serie de *retos* y *problemas*, estructurales, funcionales, relacionales y estrictamente técnicos.

La intervención penitenciaria parte ya de una limitación o condicionamiento *estructural*[2373], derivada del escenario en el que tiene lugar. La clase de programa que pretenda llevarse a cabo, el perfil de los internos, las posibilidades de perso-

---

[2368] Vid. REDONDO ILLESCAS, S., Reflexiones sobre la intervención penitenciaria, cit., pág. 206.

[2369] En este sentido, entre otros: GARCÍA, J., La prisión como organización y medio total de vida, cit. pág. 34 y ss.

[2370] Vid., GARCÍA, J., La prisión como organización, cit., ibidem. Cfr. REDONDO ILLESCAS, S. y GARRIDO GENOVÉS, V., Diez años de intervención en las prisiones españolas, cit., pág. 203 y ss.

[2371] Así, NIETO, J.Mª., La influencia de la arquitectura penitenciaria en la conducta, en: Presó i Comunitat: Primeres Jornades Penitenciaries de Catalunya, Barcelona (Departamento de Justicia), 1988, págs. 196 a 204. También: REDONDO ILLESCAS, S., Reflexiones sobre la intervención penitenciaria, cit., pág. 157 y ss. Cfr. REDONDO ILLESCAS, S. y GARRIDO GENOVÉS, V., Diez años de intervención, cit., pág. 211 y ss.

[2372] Vid. ARNANZ, E., Animación sociocultural penitenciaria. Apuntes para un debate sobre la animación sociocultural en el marco del tratamiento penitenciario, cit., por REDONDO ILLESCAS, S. y GARRIDO GENOVÉS, V., Diez años de intervención, cit., pág. 207.

[2373] Sobre el problema, vid., GARRIDO GENOVÉS, V. y REDONDO ILLESCAS, S., El tratamiento y la intervención en las prisiones, cit., pág. 306.

nal y la eventual participación comunitaria, entre otras variables, determinarán la forma en que ha de estructurarse la prisión a fin de no frustrar el éxito de los programas resocializadores. Cómo ha de disponerse el escenario de la comunidad («*setting*») para realizar satisfactoriamente un programa de intervención, es un segundo problema previo de capital importancia.

Sobre la intervención penitenciaria gravitan, también, limitaciones *funcionales*, propias del rol y actividades que han de desplegar los distintos profesionales implicados en el programa rehabilitador.

> Todo ello explica el crédito de que disfruta el régimen de «*prisión abierta*», según algunos el más adecuado para conseguir los objetivos resocializadores[2374]. Opinión, no obstante, asumible con las debidas reservas, pues lo decisivo no es *donde* se realiza un programa de intervención sino el *contenido* de éste; y la prisión abierta, por sí sola, no produce impacto resocializador alguno si no va acompañada de programas rehabilitadores, fuertemente vinculados a la comunidad, orientados a la adquisición, mantenimiento y generalización por el penado de nuevos patrones de conducta prosocial[2375].

Desde un punto de vista *relacional*, parece ya obvio que todo programa de intervención debe romper el tradicional aislamiento comunitario de la institución carcelaria, estableciendo una vinculación profunda entre comunidad y prisión. Hoy, por cierto, se estima fundamental *implicar a la comunidad* en los programas de rehabilitación y sigue constituyendo un reto la correcta articulación de los recursos comunitarios y los servicios profesionales[2376].

Programas genuinamente comunitarios, sin embargo, que operen con las variables específicas relevantes de los penados sometidos a los mismos y de la comunidad concreta que les sirve de marco, son pocos. La aceptación social de tales programas, que condiciona su implantación, permanencia y éxito no parece tampoco asegurada[2377].

c) *Problemas y retos de los programas de intervención. Técnicamente*, desde la mera óptica pedagógica y del aprendizaje, los programas de intervención suscitan varios problemas[2378].

[2374]   En este sentido, BONAL, R., La comunidad y el régimen abierto. En, Revista de Estudios Penitenciarios, 240 (1988), pág. 109 y ss.

[2375]   Así, REDONDO ILLESCAS, S. y GARRIDO GENOVÉS, V., Diez años de intervención, cit., pág. 230.

[2376]   Vid. GARRIDO GENOVÉS, V. y REDONDO ILLESCAS, S., El tratamiento y la intervención, cit., pág. 307 y ss.

[2377]   Vid. GARRIDO GENOVÉS, V. y REDONDO ILLESCAS, S., El tratamiento y la intervención, cit., pág. 308.

[2378]   Vid. GARRIDO GENOVÉS, V., y REDONDO ILLESCA, S., El tratamiento y la intervención, cit., pág. 308 y ss.; Cfr., GARCÍA-PABLOS DE MOLINA, A., Tratado de Criminología, cit.,

El primero, la existencia del conocido mecanismo del «*contracontrol*» que dificulta la eficacia de los programas resocializadores al contraponer a éstos otras normas y pautas antagónicas que rigen en el seno de las subculturas carcelarias (*«código del recluso»*).

Una dificultad adicional específica de los programas penitenciarios de rehabilitación reside en la denominada ausencia o *déficit de generalización* de los mismos. Esto es, según todas las evaluaciones empíricas, existen serios obstáculos para que los ex penados lleven a la práctica en sus ambientes habituales, recuperada la libertad, cuanto aprendieron, como internos, en los establecimientos penitenciarios, dado el trascendental cambio de escenario que la excarcelación supone. Precisamente, esta dificultad explica, en parte, el éxito de los «*programas comunitarios*».

d) *Crisis de las tipologías tradicionales de delincuente y moderno concepto de* «*carrera criminal*». La Psicología y las ciencias de la educación investigan qué clase de tratamiento es el más indicado a propósito de cada delincuente o grupo de delincuentes, pues tanto si aquél se lleva a cabo en la prisión como en la comunidad parece imprescindible una intervención diferencial o prescriptiva. A tal fin, se ha operado tradicionalmente con *tipologías* o clasificaciones de delincuentes, que han sido hoy muy perfeccionadas con la ayuda de modernas técnicas de investigación (vg. análisis de «*cluster*», como el MMPI). Sin embargo, las tipologías tienen reservada una utilidad mucho más modesta: se hallan en crisis[2379].

Las tipologías clásicas han fracasado. Ni como instrumento de predicción de la reincidencia, ni como estrategia maximizadora de los efectos del tratamiento pueden exhibir un balance favorable. Su capacidad de *diagnóstico*, indicador de la intervención preventiva más idónea, ha sido, por lo general, decepcionante. Ello se debe, tal vez, a que no captan el aspecto dinámico y situacional de la conducta delictiva, sino sólo rasgos concretos de la personalidad del infractor y determinadas características fenomenológicas del suceso delictivo, lo que no permite aventurar el futuro comportamiento de aquel ni los factores que interactuarán cuando abandone la prisión[2380].

La aproximación *tipológica* parece, también, poco útil para el análisis *causal, etiológico*: no aclara ni explica el proceso que culmina, tipo a tipo, en la conducta delictiva, la génesis o dinámica del comportamiento criminal. Todo parece indicar, pues, que dicha metodología sólo tiene un «*poder heurístico*» o interpretativo,

---

págs. 962 y ss.

[2379] Vid. GARRIDO GENOVÉS, V., Técnicas de tratamiento para delincuentes, Madrid, 1993 (Cera, S.A.), págs. 51 y 52.

[2380] Así, GARRIDO GENOVÉS, V., Técnicas de tratamiento para delincuentes, cit., pág. 52.

muy modesto. En su lugar, por el contrario, gana terreno de forma paulatina una nueva categoría, conceptual y metodológicamente, más útil: la de «*carrera criminal*»[2381].

Esta categoría permite el diseño de métodos «*longitudinales*» (muy indicados, por ejemplo, para el estudio de la reincidencia) y no carga con la hipoteca de los rasgos o categorías gnosológicas preestablecidas, que suele pesar, apriorísticamente, sobre las investigaciones de base tipológica; expresa, además, una evidencia empírica: que ciertas variables aparecen asociadas, de forma significativa, a la iniciación y mantenimiento del comportamiento delictivo de una persona. La operatividad de las «*carreras delictivas*» a efectos penitenciarios (clasificación, progresión de grado, libertad condicional, etc.) parece, también, indiscutible[2382].

El concepto de «*carrera delictiva*» cobra aún mayor interés relacionado con el de «*competencia psicosocial*».

> Este último, parte de la naturaleza transaccional de la relación individuo-medio (el individuo influye en el medio, y éste en el desarrollo del individuo) y describe un estado de adaptación tal que permite el empleo satisfactorio de los recursos de la persona y del ambiente en aras del oportuno desarrollo de aquélla y el correcto manejo de los contextos interpersonales. En dicha situación de equilibrio influirían decisivamente ciertos recursos o habilidades cognitivas de la persona, la debida armonía entre individualidad o sociabilidad y determinadas aptitudes sociales de aquélla. Autoestima positiva, locus de control interno, empatía y aptitudes para abordar problemas interpersonales, serían, por ejemplo, algunas de las *habilidades cognitivas* de mayor relevancia. El mantenimiento de sólidos vínculos sociales (con familiares, amigos y compañeros, etc.) junto a la autonomía en la selección de metas personales, por su parte, contribuirán al correcto balance entre sociabilidad e individualidad. Las mencionadas *habilidades sociales*, por último, harían fluida y operativa la transacción con el medio, coordinando de forma eficaz la autonomía y los recursos cognitivos del sujeto, de un lado, y su adecuada socialización, de otro[2383].

Todo parece indicar, por tanto, que las investigaciones sobre *carreras delictivas* matizadas por el principio de *competencia psicosocial* pueden aportar una información empírica valiosa en orden a la génesis y dinámica del comportamiento delictivo, esclareciendo las variables y factores del proceso; y al diseño de los programas de intervención más adecuados, con el objeto de promover los recursos personales y sociales del penado y la efectiva participación social del mismo.

e) El *modelo concreto de intervención* por el que se opte guarda, como es lógico, una relación directa con el modelo teórico explicativo de la conducta criminal. El análisis *etiológico* de un fenómeno y la oportuna intervención en el mismo

---

[2381] Vid. GARRIDO GENOVÉS, V., Técnicas de tratamiento para delincuentes, cit., pág. 53.

[2382] Vid. GARRIDO GENOVÉS, V., Técnicas de tratamiento para delincuentes, cit., págs. 53 y 54.

[2383] Vid. GARRIDO GENOVÉS, V., Técnicas de tratamiento para delincuentes, cit., págs. 54 y 56.

constituyen, no en vano, dos planos lógicos e inescindibles, las dos caras de la moneda.

A estos efectos, cabe distinguir varias clases de *modelos*[2384].

El modelo *disuasorio* o *intimidatorio* descansa en la premisa de que la conducta delictiva es un acto o decisión racional, de suerte que el infractor potencial ponderaría las ventajas y los inconvenientes de su comportamiento, optando por respetar la ley si concluye que los costes del crimen (castigo, etc.) son más caros que los beneficios derivados de la comisión del delito. Según la experiencia empírica, los programas de intervención y tratamiento basados en este modelo no parecen haber cosechado éxitos notables. Todo lo contrario.

Los muy diversos modelos teóricos, de corte *sociológico*, que atribuyen el crimen a procesos, causas y conflictos sociales, han esclarecido, sin duda, la génesis y etiología del fenómeno delictivo, pero el esfuerzo realizado, con éxito, en el ámbito causal-explicativo, no se ha visto acompañado por un interés semejante en orden al diseño de programas de intervención y al tratamiento rehabilitador del delincuente.

Un tercer modelo es el modelo *médico*, que desde su prisma patologizador, ve en la conducta delictiva el mero síntoma de una enfermedad o trastorno psicopatológico subyacente, necesitado de *cura* a través de la oportuna *terapia*. Siendo falsa su premisa, no puede extrañar que tampoco produzca resultados rehabilitadores satisfactorios una praxis que basa la intervención penitenciaria en aquélla. Más aún: el déficit científico-empírico de los llamados «*programas correccionales*» reside no tanto en la falta de solidez de sus postulados teóricos como en la ausencia absoluta de marco o modelo alguno; vacío conceptual y referencial que condena al fracaso cualquier esfuerzo bien intencionado.

Frente a los referidos modelos, gana adeptos un nuevo paradigma, *psicosocial*, de cariz *educativo*, relativamente autónomo y desligado de las teorías explicativas del crimen, que pretende neutralizar ciertas deficiencias del infractor en sus procesos de socialización (en actitudes, habilidades, razonamientos, etc., requeridas para el correcto ajuste social) mediante la aplicación de técnicas cognitivas y conductuales que le permitan desarrollar todos sus recursos individuales. Todo ello, naturalmente, sin perjuicio de la necesaria prestación al recluso de los adecuados recursos «*sociales*».

f) *Métodos concretos de tratamiento en el ámbito penitenciario* hay muchos y variados. Según la naturaleza o principio dominante de la intervención, suelen

---

[2384] Vid. GARRIDO GENOVÉS, V., Técnicas de tratamiento para delincuentes, cit., pág. 59 y ss.; Cfr., GARCÍA-PABLOS DE MOLINA, A., Tratado de Criminología, cit., págs. 965 y ss.

distinguirse cuatro grupos: médicos, pedagógicos, psicológico-psiquiátricos y sociológicos[2385].

Los tratamientos de índole *médica*, clínica, pueden ser farmacológicos o quimioterápicos (vg. empleo de antidepresivos, de neurolépticos, etc.), y quirúrgicos.

Los de finalidad *pedagógica* pura, según vayan dirigidos a cualquier interno o a reclusos que presenten ciertas deficiencias o discapacidades, se denominan *generales*, en el primer caso (vg. educación y formación profesional a diversos niveles), o *especiales*, en el segundo (vg. programas específicos para disminuidos físicos o deficientes mentales).

> Naturalmente, otros muchos programas de intervención tienen, también, una clara vocación pedagógica, pero entendida ésta en un sentido amplio y genérico, como sucede en los modelos psicosociales de orientación cognitiva[2386].

Los tratamientos de *orientación psicológica* admiten un sinfín de métodos y técnicas de intervención (así: psicoterapia individual, psicoterapia en grupo, psicodrama, asesoramiento en grupo, asesoramiento psicológico, técnicas de modificación de conducta, etc.,).

A su vez, cada técnica puede dar lugar a diversas submodalidades. Así, entre las *técnicas terapéuticas grupales*, cabe distinguir: la terapia analítica, el psicodrama, los grupos de encuentro, la terapia de la realidad, la terapia de la Gestalt, la terapia familiar, el análisis transaccional, la terapia integral, etc. Y entre las *técnicas de modificación de conducta*, las aversivas, las basadas en el llamado aprendizaje operante (vg. economía de fichas y contrato conductual), el entrenamiento en habilidades sociales y la modificación de conducta cognitiva.

Con carácter general, la *intervención psicológica* conoce tres clases de programas, basados, respectivamente, en los principios del aprendizaje *operante*, el aprendizaje *social* y la *psicoterapia* (el denominado aprendizaje *clásico* no tiene, apenas, aplicación en el ámbito penitenciario)[2387].

[2385] Vid. ALARCÓN, J., El tratamiento penitenciario: regulación jurídica y práctica actual en España, en: Psicología social y sistema penal (Compilación de F. Jiménez Burillo y M. Clemente), Alianza Universidad Textos. Madrid, 1986, pág. 245 y ss; Cfr., GARCÍA-PABLOS DE MOLINA, A., Tratado de Criminología, cit., págs. 966 y ss.

[2386] Vid. GARRIDO GENOVÉS, V., Técnicas de tratamiento para delincuentes, cit., pág. 73.

[2387] Vid, por todos, GARRIDO GENOVÉS, V., Técnicas de tratamiento para delincuente, cit., pág. 42 y ss.

1') Los programas que siguen el modelo del aprendizaje *operante* se sirven de procedimientos de *refuerzo* positivo, de refuerzo *negativo* y de *control aversivo*[2388].

Los de refuerzo *positivo* utilizan como estímulo las visitas extra al interno, la supervisión reducida o cualquier otro privilegio (vg. así, el procedimiento de *economía de fichas*). Con ellos parece haberse conseguido una mejora de la conducta del recluso en la prisión y la efectiva participación del mismo en las actividades académicas, profesionales y culturales organizadas por la Administración Penitenciaria. Difícil de evaluar es, sin embargo, la eficacia de tales programas en la futura conducta del ex recluso, cuando ya no cabe suministrar a éste refuerzos alternativos al comportamiento criminal una vez recuperado su hábitat natural.

Los de refuerzo *negativo* acuden a la asignación de tareas laborales o académicas, de vigilancia y de supervisión (estímulo).

La aplicación combinada y simultánea de programas que incluyen ambas clases de *refuerzos* se ha llevado a cabo en España, con notable éxito, bajo diseños ambientalistas.

Los programas de *control aversivo* (castigo, coste de respuesta y tiempo fuera) han demostrado escasa utilidad a medio plazo, pudiendo ocasionar, incluso, efectos contraproducentes en orden a la resocialización del interno.

2') De los programas orientados hacia el *aprendizaje «social»* sobresalen los de *«hogar de grupo»*, que reciben distintas denominaciones (*Achievement Place, Teaching-Family, Padres enseñantes*, etc.). En tales programas, una pareja bien entrenada, dirige un hogar de grupo integrado por seis jóvenes delincuentes, sirviéndose de diversas técnicas de intervención (vg. economía de fichas, habilidades sociales, modelado, etc.). La experiencia demuestra que estos *hogares de grupo* contribuyen al aprendizaje de conductas prosociales y disminuyen los comportamientos delictivos. Cuentan, también, con la preferencia por parte de los propios jóvenes infractores[2389].

3') En cuanto a los programas *piscoterapéuticos*, cabe señalar un claro desplazamiento de los actuales hacia la denominada *terapia positiva* o *terapia de la realidad*[2390]. Se estima que la búsqueda del *«insight»* en el delincuente carece de utilidad para su resocialización y que, contra las pretensiones del piscoanálisis tradicional, éste refuerza las percepciones y autojustificaciones erróneas del infractor, en lugar de ofrecerle alternativas válidas y constructivas. La terapia *po-*

[2388] Vid., GARRIDO GENOVÉS, V., Técnicas de tratamiento para delincuentes, cit., pág. 42 y ss. Sobre el aprendizaje «operante» vid. GARCÍA-PABLOS DE MOLINA, A., Tratado de Criminología, cit., págs. 967 y ss.

[2389] Cfr. GARRIDO GENOVÉS, V., Técnicas de tratamiento para delincuentes, cit., pág. 44 y ss. Sobre el «aprendizaje social», vid. GARCÍA-PABLOS DE MOLINA, A., Tratado de Criminología, cit., págs. 967 y ss.

[2390] Vid. GARRIDO GENOVÉS, V., Técnicas de tratamiento para delincuentes, cit., pág. 45 y ss.

sitiva, por el contrario, se propone fomentar la voluntad y la determinación del interno hacia el cambio, pues parte de la hipótesis de que la motivación real de aquel constituye el factor decisivo del éxito pedagógico. Es, pues, «*una psicoterapia constructiva, dirigida a la situación de la vida del sujeto, a sus necesidades emocionales e individuales*»[2391]. Le ofrece a éste otras opciones alternativas (en la constricción dada del «*aquí y ahora*»), motivandole para que se someta al tratamiento idóneo.

> Junto a esta terapia, carente aún de los oportunos estudios evaluatorios, cabe citar, también la «*terapia de grupo del conocimiento corporal*», especialmente idónea para individuos que exhiben *desórdenes y trastornos de personalidad* (vg. psicópatas), pero prematura aún en el ámbito penitenciario. Postulado principal de esta intervención es que la identidad y la autoconfianza del individuo guardan estrecha relación con su conocimiento del propio cuerpo («*el cuerpo vivido constituye nuestro -ser-en-el-mundo*», afirma MERLEAN-PONTY) de suerte que la consciencia y la vida del hombre son el pilar del proceso de autorreflexión[2392]. En consecuencia, el tratamiento busca la armonización de una serie de dimensiones físicas y psíquicas: la conciencia del cuerpo, la conciencia emocional, la función psicomotora, la acción espontánea, la capacidad de verbalización y la función interpersonal.

De los muy diversos modelos y métodos de tratamientos, tres merecen un examen más detenido por la especial significación e incidencia de los mismos en el ámbito penitenciario: los de orientación *psicodinámica*, las *técnicas de modificación de conducta y los programas de inspiración cognitiva*.

a') *La psicoterapia y el «counseling»*, como expresión de la terapia piscoanalítica, constituyen dos de las primeras manifestaciones genuinas de la intervención en el medio penitenciario.

La *psicoterapia grupal* es una terapia que concibe el grupo como factor terapéutico: se trata, en definitiva, de una relación interpersonal mantenida como control y orientada a la ayuda de los miembros del grupo, a fin de que éstos puedan dirigir su vida de una forma más satisfactoria y madura. Se emplea, pues, como factor terapéutico la acción de un grupo organizado y dirigido con este objetivo[2393].

[2391] SCHMIDEBERG, M., Relationschip therapy: The curative effect of attachment, en: International J. of Offender Therapy and Comparative Criminology, 22, (1978), pág. 211 y ss. Cfr. GARRIDO GENOVÉS, V., Técnicas de tratamiento para delincuentes, cit., pág. 46.

[2392] Vid. GARRIDO GENOVÉS, V., Técnicas de tratamiento para delincuentes, cit., págs. 46 y 47. también: SANCHA MATA, V., Psicología social y penitenciaria, Madrid (1989), Ministerio de Justicia, pág. 116.

[2393] Vid. SANCHA MATA, V., Psicología social y penitenciaria, cit., pág. 108 y ss.

La psicoterapia grupal, terminológica y conceptualmente, aparece asociada en sus orígenes a MORENO[2394]. La posibilidad de que el grupo opere como agente terapéutico, y no como factor o instrumento de disolución de la personalidad, se ha utilizado, sin embargo, por muchas escuelas y con distintas pretensiones. Primero, lo hizo la terapéutica analítica. Desde los años sesenta, algunos autores (ROYO MAY, MASLOW, PERLS, etc.) asumieron postulados de corte existencialista, de la filosofía del «aquí y ahora», propugnando el uso de técnicas nuevas, ajenas a la interpretación de los sueños y de los actos fallidos, la transferencia o la libre asociación. El objetivo último sería, entonces, no el viejo sueño correccional —el cambio de la personalidad del interno a través de la terapia— sino otro muy distinto: incrementar el repertorio conductual de aquel, procurando generar la adquisición de pautas y modelos de comportamiento válidas para la vida social[2395].

Durante las décadas de los sesenta y setenta, se generalizó en el ámbito penitenciario la psicoterapia de grupo, como consecuencia del interés institucional de dotar eficazmente a las prisiones de otros cometidos distintos del mero castigo o custodia de los reclusos. Así, a finales de los años sesenta, quince correccionales ingleses utilizaban la terapia grupal, y la legislación norteamericana hacía posible que un elevadísimo porcentaje de jóvenes infractores cumplieran sus condenas en comunidades terapéuticas cuyo modelo de intervención básico era la psicoterapia de grupo[2396].

La piscoterapia de grupo ha sido, en ocasiones, mero apoyo o complemento a otras técnicas y métodos de intervención. Aunque de uso muy generalizado en toda suerte de sistemas penitenciarios, prisiones e internos, ha encontrado su máxima difusión en centros de régimen abierto y con delincuentes jóvenes implicados en infracciones patrimoniales o drogodependientes. Pero también ha constituido esta terapia la base organizacional de la prisión, la actividad tratamental prioritaria en el sistema de intervención. Este modelo, cuyos pioneros fueron AICCHORN y METZ significó un giro espectacular en el régimen de la pena privativa de libertad. De una parte, porque las prisiones dejaban de ser meros centros de custodia, con la pretensión de actuar como centros de reinserción. De otra, porque el castigo corporal daba paso en aquellas a un tratamiento específico basado en la empatía con el interno y en una política de *puertas abiertas* y comunicación con la comunidad. El objetivo de los programas terapéuticos («*Guided Group Interaction*») sería la creación de una cultura grupal y comunitaria que promoviese el entendimiento y apoyo mutuo entre los internos. El asesoramiento terapéutico («*counseling*») personal de éstos, la creación de hábitos de trabajo y el incremento de las relaciones de los mismos con el exterior constituyen aspectos fundamentales de la intervención psicológica[2397].

[2394] MORENO, J.L., Psicoterapia de grupo y psicodrama, México (1934), Fondo de Cultura Económica.

[2395] Vid. SANCHA MATA, V., Psicologia social y penitenciaria, cit., pág. 108 y ss.

[2396] Cfr. SANCHA MATA, V., Psicología social y penitenciaria, cit., págs. 109 y 110.

[2397] Así, SANCHA MATA, V., Psicología social y penitenciaria, cit., pág.110.

La psicoterapia grupal da lugar a diversos métodos y técnicas terapéuticas, entre otras[2398]:

1') El método *analítico*, utilizado con sociópatas crónicos, con jóvenes delincuentes drogadictos y con internos que exhiben graves desajustes de personalidad, fue, cronológicamente, el primero de los empleados en instituciones de corrección, sobre todo, en psiquiátricos penitenciarios.

2') El *psicodrama* acude a la representación dramática para que el individuo exprese sus conflictos. A través de la interacción e inversión de papeles (entre protagonista y antagonista) permite esta técnica ponerse mejor en el lugar del otro, comprenderle, y desarrollar su espontaneidad. Se ha utilizado con delincuentes jóvenes y con delincuentes psicópatas y todo parece indicar que contribuye a un positivo *desbloqueo emocional* y a la mejora de la autoestima del infractor.

3') La *terapia familiar* pretende intervenir no sólo en el interno, sino también en su familia para fomentar una adecuada comprensión e interacción entre padres e hijos, terapia que, al parecer, ha producido un positivo cambio actitudinal en delincuentes jóvenes.

4') El *análisis transaccional* parte de la premisa de que la personalidad del infractor habitual padece una hipertrofia de dimensiones y comportamientos infantiles (predominio de lo lúdico y primario en perjuicio de actitudes maduras de responsabilidad propias del *padre* y del *adulto*). Como tratamiento se ha experimentado en comunidades terapéuticas con éxito, y parece haber contribuido a una sensible disminución de las tasas de reincidencia consiguiendo una mayor iniciativa y actitudes de responsabilización en el joven delincuente.

La *Gestalt* y los grupos de encuentro son técnicas también utilizadas si bien con metas prioritariamente preventivas. A la terapia *corporal* y a la *terapia de la realidad* se hizo ya referencia en otro lugar.

5') En cuanto al «*counseling*» o asesoramiento personal terapéutico[2399], uno de cuyos pioneros fue SHARP[2400], opera como «*consejo vocacional*» y pretende aportar al interno toda la información necesaria para el mejor ajuste y rendimiento del mismo en el campo educativo, laboral y profesional, identificando sus intereses, potenciando sus actitudes y habilidades. La experiencia demuestra que esta técnica, muy generalizada en el ámbito penitenciario, permite mejorar la confianza y autoestima de los internos. En la actualidad, el «*counseling*» —uno de cuyas máximas autoridades es EGAN[2401]— parece especialmente recomendable como terapia de delincuentes jóvenes o adultos que trabajan en la comunidad y en muy estrecho contacto con ella.

b') Las *técnicas de modificación de conducta*[2402], muy arraigadas en el orbe anglosajón, cobran especial predicamento durante los últimos veinte años, siendo

---

[2398] Vid., SANCHA MATA, V., Psicología social y penitenciaria, cit., págs. 113 a 116; Cfr., GARCÍA-PABLOS DE MOLINA, A., Tratado de Criminología, cit., págs. 970 y ss.

[2399] Sobre el «counseling», vid. SANCHA MATA, V., Psicología social y penitenciaria, cit., págs. 116 a 118; GARRIDO GENOVÉS, V., Técnicas de tratamiento para delincuentes, cit., págs. 123 a 139.

[2400] SHARP, P., Group counseling in a short term institution, (1959), Federal Probation.

[2401] EGAN, G., The skilled helper, 1986. Monterey, CA: Cole. Cfr. GARRIDO GENOVÉS, V., Técnicas de tratamiento para delincuentes, cit., pág. 123 y ss.;

[2402] Vid. SANCHA MATA, V., Psicología social y penitenciaria, cit., págs. 119 y ss; CLEMENTE DÍAZ, M., Programas y tratamientos conductuales: su aplicación en instituciones peniten-

de gran utilidad tanto desde un punto de vista clínico como institucional. Se ha comprobado la eficacia de las mismas en orden a la eliminación de conductas antisociales y antirreglamentarias en el seno de la prisión, en la mitigación de hábitos y dependencias (alcoholismo, drogadicción), en la motivación del interno para elevar su nivel educativo, cultural y profesional o participar en programas de entrenamiento en habilidades sociales y comportamiento asertivo o adquisición de información a través de modelos[2403].

No obstante, y a pesar de los razonables resultados que deparan, suscitan numerosos recelos y críticas no siempre fundados. En esta *mala imagen* han influido varios factores[2404]. En primer lugar, el hecho de que fruto de una mala información, se asocien por muchos estas técnicas a prácticas psicoquirúrgicas, psiquiátricas o farmacológicas despiadadas con las que, en realidad, poco tienen que ver. El fantasma latente de la *naranja mecánica* ha sembrado temor y descrédito a estas intervenciones, dando pie a toda suerte de reparos éticos y deontológicos que, por desgracia, no se circunscriben a los excesos de ciertas técnicas aversivas hoy en desuso. En segundo lugar, la llamada *nueva Criminología*, de orientación radical, que ha alimentado ideológicamente las críticas contra la filosofía del tratamiento, denunciando no ya sus prejuicios individualistas, esto es, la suposición ingenua de que basta con intervenir en la persona del infractor, sino la propia ilegitimidad de la intervención misma y el contrasentido de reinsertar a alguien en un modelo de sociedad (capitalista) desigual, injusta y criminógena.

Forzoso es reconocer, no obstante, que las técnicas de modificación de conducta ofrecen todavía serios reparos metodológicos[2405]. La mayor parte de los programas se orientan más a la Psicología experimental que a la Psicología social, con todas sus consecuencias (por ejemplo: se identifica conducta delictiva y agresión). Predominan, pues, las investigaciones de *laboratorio* (ni siquiera se realizan en el medio penitenciario) con el inconveniente de *aislar* el análisis de un problema social de su entorno natural (sociedad) o específico (cárcel). Los trabajos, además, operan con variables muy concretas y singulares, lo que no permite captar ni evaluar las muchas dimensiones del problema de forma compleja e integrada. Y los períodos de «*línea base*» son excesivamente breves. Prescinden, lamentablemente, de la necesaria intervención *social* olvidando que el tratamiento que incide sólo en el individuo limita de modo sensible su propia efectividad. Y falta en la mayoría de los programas de modificación de conducta una saludable orientación *comunitaria*, limitación o sesgo fruto de la investigación de laboratorio, experimental, poco preocupada por cuestiones aparentemente extra o metaconductuales. Tampoco prestan aquéllos la adecuada atención a importantes

---

ciarias, en: Psicologia social y sistema penal, cit., págs. 303 y ss.; CASTAÑO LOPEZ-MESAS-CASTAÑO ZAPATERO, A., Trastornos de personalidad: perspectiva de la psicología del aprendizaje, Madrid (1993), Área de Salud de la Comunidad (obra colectiva). Cfr., GARCÍA-PABLOS DE MOLINA, A., Tratado de Criminología, cit., págs. 971 y ss.

[2403] Vid. SANCHA MATA, V., Psicología social y penitenciaria, cit., págs. 121 y 122.

[2404] Cfr. CLEMENTE DÍAZ, M., Programas y tratamientos conductuales, cit., págs. 303 y 304.

[2405] Cfr. CLEMENTE DÍAZ, M., Programas y tratamientos conductuales, cit., págs. 304 y 305.

variables cognitivas (vg. autoestima, locus de control, etc.) que toda intervención debiera ponderar[2406].

En el marco teórico, las técnicas de modificación de conducta trasladan el centro de gravedad de la persona del infractor (supuestamente distinta, en términos cualitativos y estructurales de la persona que cumple las leyes, según la conocida teoría de la «*diversidad*») al comportamiento delictivo mismo, subrayando la esencial identidad que existe, desde un punto de vista conductual, entre aquel y el comportamiento positivo, respetuoso de las normas[2407]. Lo que es un acierto, y libera la reflexión teórica —y la propia intervención— de consideraciones ajenas al mundo empírico-científico.

De las numerosas técnicas de modificación de conducta, cabe destacar[2408]:

1') *Técnicas aversivas*. Intentan asociar un patrón comportamental no deseado a un estímulo desagradable, o reorganizar la situación de tal manera que las consecuencias de un determinado comportamiento sean desagradables para quien lo pretende llevar a cabo. En ambos casos, se trata de que se establezca una conexión entre el comportamiento que se quiere eliminar y la reacción aversiva.

> Cronológicamente son las primeras técnicas de modificación de conducta utilizadas y, sin duda, las más proclives a excesos (por ello, también, las más impopulares). Han acompañado a la institución penitenciaria desde los orígenes de ésta, pero en la actualidad su incidencia en la población reclusa es muy limitada, circunscribiéndose a delincuentes sexuales y psicópatas. Se recomienda el empleo de estas técnicas aversivas exclusivamente cuando se halla en peligro la propia integridad del individuo y procede una intervención inmediata[2409].

2') *Técnicas basadas en el control de las contingencias*. Las principales son: el sistema progresivo, la técnica de economía de fichas y el contrato conductual, entre otras.

El *sistema progresivo*[2410], que introduce en España MONTESINOS, parte de un diseño gradual del cumplimiento de la privación de libertad, por fases o etapas («*grados*»). La fase inicial se caracteriza por un intenso control del interno y por

---

[2406] Cfr. CLEMENTE DÍAZ, M., Programas y tratamientos conductuales, cit., págs. 316 y 317.
[2407] Cfr. CLEMENTE DÍAZ, M., Programas y tratamientos conductuales, cit., pág. 317.
[2408] Vid. SANCHA MATA, V., Psicología social y penitenciaria, cit., pág. 122 y ss.; Cfr., GARCÍA-PABLOS DE MOLINA, A., Tratado de Criminología, cit., págs. 973 y ss.
[2409] Vid. CÁCERES, J., Técnicas aversivas, en: MAYOR, J., y LABRADOR, J., Manual de modificación de conducta, Madrid (1984), Alhambra. Cfr. SANCHA MATA, V., Psicología social y penitenciaria, cit., pág. 122.
[2410] Vid. SANCHA MATA, V., Psicología social y penitenciaria, cit., pág. 122 y ss.

su régimen muy estricto en cuanto a condiciones materiales y libertad de movimientos. La última etapa es el régimen abierto. Se «*progresa*» de una fase a otra conforme van obteniéndose del recluso conductas y respuestas más socializadas.

> Los sistemas progresivos permiten constatar que las conductas más reprobables y antisociales (vg. violencia, autolesiones, etc.) se dan en las fases iniciales o menos avanzadas, y en internos con puntuaciones más bajas en las diversas áreas conductuales. En todo caso, parece han contribuido a una mejora sensible de la motivación de los internos jóvenes en tareas formativas, culturales y escolares[2411].

Los programas de *economía de fichas* descansan en los principios de condicionamiento operante, constituyendo, sin duda, la técnica más difundida en el medio correccional. Su fundamento es muy simple: el interno obtiene fichas por sus conductas definidas como satisfactorias en los correspondientes programas (la ficha, como realizador condicionado y generalizado, se asocia a mejoras personales, educacionales, académicas, sociales, etc. de aquél). Dichas fichas se cambian, después, por objetos de consumo, mejoras regimentales o privilegios de otro orden para el recluso que las ganó[2412].

Con estos programas suele promoverse la participación del recluso en cursos de formación y tareas educativas, o el mantenimiento de hábitos de higiene y autocuidado. También se fomentan conductas positivas de interacción social, comportamientos altruístas, etc. O se tratan de evitar respuestas agresivas, violentas y conflictivas. Como *reforzadores* de tales conductas deseadas se utilizan los más variados: la comunicación vis a vis, las llamadas telefónicas, los permisos, etc. De hecho, las diversas evaluaciones coinciden en los resultados obtenidos: estos programas, a pesar de sus limitaciones, contribuyen a un indiscutible enriquecimiento vocacional y de nivel de estudios de los internos; permiten constatar una mejora significativa en todas las áreas conductuales (especialmente en comportamientos simples que no requieren una especial elaboración); y consiguen la implantación de conductas de interacción en la población reclusa hasta niveles razonables[2413].

Los programas de *economía de fichas* son fáciles de llevar a cabo. La generalización de sus efectos puede estimarse aceptable, sin que consten fenómenos de tolerancia o saturación significativos en los mismos. Han conseguido, desde luego, un cambio en la vida diaria del interno[2414]. Pero no deben ignorarse sus condicionamientos y carencias. Ante todo, porque la eficacia de estos programas depende, en buena medida, del medio en el que se practican (prisión).

[2411] Vid. SANCHA MATA, V., ibidem.

[2412] Vid. SANCHA MATA, V., Psicología social y penitenciaria, cit., pág. 124 y ss. También CLEMENTE DÍAZ, M., Programas y tratamientos conductuales, cit., pág. 306 y ss.

[2413] Vid. CLEMENTE DÍAZ, M., Programas y tratamientos conductuales, cit., pág. 308.

[2414] Vid. CLEMENTE DÍAZ, M., Programas y tratamientos conductuales, cit., pág. 307.

Provocan, a menudo, ansiedad en los reclusos. Reclaman un entrenamiento previo, en los responsables, y una selección de los internos que, al no tener lugar, limitan la posible efectividad de los mismos. Pecan de artificialidad, de suerte que los reclusos tienen la sensación de «ser tratados como niños». Y, a menudo, en lugar de incentivar conductas o interacciones útiles para la vida en libertad (vg. habilidades sociales necesarias para la búsqueda de empleo o para consolidar relaciones interpersonales), refuerzan otras sólo relevantes en el ámbito penitenciario. A todo ello hay que añadir un defecto en el que suelen incurrir casi todos estos programas: olvidar que el sistema de fichas debe ir pasando de razón fija, a intervalo fijo, de éste a intervalo variable y, por último, a sistema de méritos[2415].

3') *Sistemas de autogobierno y contrato conductual.* Los sistemas de *autogobierno* pretenden dotar al interno de un repertorio conductual adecuado para que pueda, en su momento, abandonar el mundo de la marginación y el delito. No suele ser la base única del tratamiento, sino una de las técnicas utilizadas en la intervención. Su difusión y generalización se explican por el éxito de un conocido programa de tratamiento de menores (*Achievement Place*) que se sirvió del mismo. Sus logros, aunque inferiores a los de los sistemas de economía de fichas, parecen considerables. Esta técnica opera sobre la base de una progresiva responsabilización del recluso que, poco a poco, asume mayor participación y control del funcionamiento de la instalación carcelaria[2416].

El llamado *contrato conductual* consiste en un compromiso formal del interno con la institución penitenciaria, en el que se hace constar lo que ésta espera del recluso, así como las consecuencias del cumplimiento —o de la frustración, en su caso— de las expectativas contractuales. Más utilizado en establecimientos de protección y reforma de menores que en centros penitenciarios convencionales, suele formar parte de sistemas de intervención «*motivacionales*» complejos[2417].

El contrato conductual hace posible una más intensa participación del interno en su propio tratamiento. Disminuye la percepción casi lúdica e infantil del sistema de economía de fichas, y el riesgo de ciertos fenómenos nocivos desde un punto de vista tratamental que suelen acompañar a la intervención en el ámbito penitenciario (vg. contracontrol y atribución externa de refuerzos y cambio de conducta). Facilita la generalización de las conductas ya adquiridas en un tratamiento de economía de fichas previo y consolida, en todo caso, las relaciones entre internos e institución[2418].

[2415] Vid. CLEMENTE DÍAZ, M., Programas y tratamientos conductuales, cit., págs. 307 y 308.

[2416] Vid. CLEMENTE DÍAZ, M., Programas y tratamientos conductuales, cit., pág. 310.

[2417] Vid. CLEMENTE DÍAZ, M., Programas y tratamientos conductuales, cit., págs. 310 y 311; SANCHA MATA, V., Psicología social y penitenciaria, cit., pág. 126.

[2418] Vid. GARCÍA, J., Las técnicas de modificación de conducta: su aplicación penitenciaria, en: Tratamiento penitenciario: su práctica. Madrid, 1985 (Escuela de Estudios Penitenciarios); también: GARCÍA, J., y SANCHA MATA, V., Psicología penitenciaria, Madrid (1985), Uned.

4') Tratamientos de orientación *conductual*, aunque no exclusivamente conductuales son, también, algunas técnicas utilizadas con psicópatas, que ponderan ciertas variables *intrapsíquicas*; los de *modelado* (cuya premisa es que la conducta prosocial se aprende o incrementa a través de la observación y la imitación); y el entrenamiento en *habilidades sociales*, técnica ésta de naturaleza *cognitivo-conductual*[2419].

c') *Técnicas de intervención y tratamientos de orientación cognitiva*[2420]. La moderna teoría cognitiva interesa más como «*modelo*» para la práctica de programas de intervención (tratamiento) y prevención que como «*modelo explicativo*» del delito. Crítica respecto al «*dogma de la inmaculada percepción*», del realismo ingenuo, y contraria tanto a las «*corazonadas psicoanalíticas*» como a la «*grotesca psicofobia*» del conductismo radical[2421], propugna la necesidad de incorporar y valorar los diversos fenómenos y operaciones cognitivas del individuo en orden a la comprensión de su conducta y a la eficaz intervención en la misma: qué y cómo piensa aquél, cómo percibe su mundo, cómo razona, cómo comprende a los demás, qué es lo que aprecia y estima de sí y de los otros, cómo intenta solucionar sus problemas, serían cuestiones fundamentales porque integran el «*contexto subjetivo*» del autor. En consecuencia, los partidarios de este modelo de terapia sugieren programas que incidan positivamente en el razonamiento del interno, en sus atribuciones (como explica o a qué imputa éste lo que le sucede o acaece), en sus autoevaluaciones y expectativas, en su percepción y valoración del mundo externo, empleando técnicas que mejoren sus habilidades personales y sociales, su capacidad para resolver problemas interpersonales, su empatía, su autoestima, su limitada percepción de la realidad[2422], etc.

> La terapia cognitiva parte, pues, de la premisa de que el funcionamiento cognitivo del sujeto es una pieza clave para su eficaz resocialización, por lo que, a tal fin, interesa sobremanera incrementar el nivel de aquél, objetivo específico de ciertos métodos orientados a potenciar el análisis autorracional, el autocontrol, el razonamiento medio-fin, el pensamiento crítico[2423], etc.

La teoría cognitiva no pretende aportar una explicación etiológica del crimen, pero constata conexiones relevantes entre el comportamiento criminal y ciertas operaciones y procesos cognitivos del autor.

[2419] Vid. CLEMENTE DÍAZ, M., Programas y tratamiento conductual, cit., pág. 311.

[2420] Sobre la teoría cognitiva, vid. GARCÍA-PABLOS DE MOLINA, A., Tratado de Criminología, cit., págs. 976 y ss.

[2421] Vid. CASTAÑO LÓPEZ-MESAS y CASTAÑO ZAPATERO, A., Trastornos de personalidad: perspectiva de la psicología del aprendizaje, cit., págs. 5 y ss.

[2422] Vid. GARRIDO GENOVÉS, V., Técnicas de tratamiento para delincuentes, cit., págs. 60 y 61.

[2423] Vid. GARRIDO GENOVÉS, V., Técnicas de tratamiento para delincuentes, cit., pág. 62.

Cabría referirse, entonces, a un cierto *déficit cognitivo* típico o muy frecuente en el infractor cuyo perfil se caracterizaría por algunas de las siguientes notas[2424]:

a) Escaso *autocontrol*. El actuar impulsivo es un rasgo típico en muchos infractores. Estos suelen carecer de un eficaz filtro reflexivo que medie entre el impulso o estímulo y las conductas de los mismos. La impulsividad dificulta el propio análisis cognitivo de la situación y empobrece el diagnóstico sobre ésta. Se trata de un verdadero déficit, de una limitación.

b) Pobre *razonamiento abstracto*. Otro rasgo cognitivo típico es el pensamiento *concreto*, práctico, orientado a la acción y programado para el corto plazo. Esta característica implica, también, un grave handicap ya que sólo el pensamiento abstracto permite planificar el futuro, aplazar o postergar la satisfacción del placer, diseñar metas y objetivos, en definitiva: el desarrollo moral y la apertura al mundo de los valores.

c) *Rigidez cognitiva*. El infractor exhibe frecuentemente una llamativa dificultad para captar los matices de la situación concreta, de la realidad. Parece incapaz de desarrollar otras opciones distintas a las delictivas antes ensayadas en situaciones previas diferentes. Dicha *rigidez cognitiva* explica el comportamiento repetitivo de algunos infractores que no pueden superar el cerco de sus limitados recursos y habilidades cognitivas.

d) *Acusado locus de control externo*. Los delincuentes suelen operar con singulares mecanismos de atribución, en virtud de los cuales imputan siempre a los demás cuanto sucede, como si el futuro propio y ajeno dependiera exclusivamente de terceros (*locus de control externo*): no asumen que el futuro pueda estar en manos de uno mismo, de su esfuerzo. Este rasgo cognitivo conduce a la fácil autoexculpación, a la temeraria asunción de riesgos y al rechazo de actitudes de compromiso y responsabilización.

e) *Baja autoestima*. Los internos, a menudo, acreditan una muy baja autoestima, siendo probable que el comportamiento delictivo aporte al infractor la sensación de poder y dominio del mundo que el citado déficit de autoestima reclama (el crimen como mecanismo compensatorio).

f) *Significativo egocentrismo y limitada empatía*. El pobre desarrollo cognitivo del infractor suele hacer difícil que éste se ponga en el lugar del otro o de los demás (empatía), distinguiendo las ideas, percepciones y expectativas propias de las ajenas. Dicho egocentrismo deforma la comprensión de la realidad, vicia el diagnóstico de la situación concreta y aporta al delincuente una información errónea sobre las expectativas de terceros.

g) *Falsa percepción social y distorsiones valorativas*. Es frecuente que el infractor no capte correctamente las reglas, convenciones, actitudes y conductas de los diversos grupos sociales. Que tanto en la esfera cognitiva como incluso en la afectiva padezca serias distorsiones perceptivas y valorativas que dañan sus relaciones interpersonales.

h) *Carencia de específicas habilidades sociales*. Existe, también, constancia empírica de que muchos infractores disponen de un muy escaso y limitado repertorio de habilidades cognitivas para abordar ciertos problemas interpersonales y situaciones; y parece, además, que tal déficit de habilidades suele asociarse a una especial impulsividad y conflictividad. No debe rechazarse la hipótesis de que dichas carencias generen en el infractor una profunda frustración, una lógica agresividad, que le lleva a optar por el sendero del crimen como única vía eficaz de alcanzar sus objetivos. Todo parece indicar que el infractor no capta ni percibe correctamente los problemas que genera su trato con los demás. Que carece de recursos (cognitivos) para hallar soluciones alternativas y diversificadas, distintas de la opción criminal, y ponderar las consecuencias derivadas, en cada caso, de las mismas. Que no cuenta con un desarrollado pensamiento instrumental que le permita escoger los medios

---

[2424] Sobre estas ocho características o rasgos cognitivos frecuentes en el infractor, vid. GARRIDO GENOVÉS, V., Técnicas de tratamiento para delincuentes, cit., págs. 63 a 70. Cfr., GARCÍA-PABLOS DE MOLINA, A., Tratado de Criminología, cit., págs. 977 y ss.

idóneos para alcanzar objetivos predeterminados; ni con las habilidades sociales necesarias para relacionar causalmente las conductas propias y las respuestas de los terceros a las mismas.

Ciertamente sigue siendo aún controvertida la conexión específica entre delito y procesos cognitivos determinados. No todo infractor padece, por fuerza, algún déficit en sus procesos cognitivos, ni existe consenso científico-empírico en el momento de imputar el comportamiento criminal precisamente a aquéllos. Más aún: las investigaciones demuestran diferencias cognitivas entre los distintos subtipos de delincuentes, lo que impide cualquier generalización[2425]. No obstante, queda fuera de toda discusión la evidencia de que un número significativo de infractores exhiben ciertas anomalías y defectos en sus procesos cognitivos susceptibles de tratamiento psicoeducacional.

De las diversas *técnicas de intervención* sugeridas por el modelo cognitivo del *«pensamiento prosocial»*, cabe citar[2426]:

1') Técnicas de *«solución de problemas»*. No se persigue con ellas resolver los problemas específicos que puedan tener los delincuentes, ofreciéndoles soluciones concretas, sino entrenar a éstos en habilidades cognitivas y dotarles de un más amplio y útil repertorio conductual para hacer frente a las situaciones y conflictos de la vida cotidiana, venciendo la tendencia a la inhibición, o al comportamiento impulsivo.

Se enseña al infractor, por ejemplo, a detectar la existencia de un problema, a definirlo y verbalizarlo. A identificar los sentimientos asociados a aquél, y distinguir nítidamente los hechos o datos de las opiniones subjetivas. A obtener toda la información necesaria sobre el problema, ponderando las posibles opciones y sus respectivas consecuencias.

2') *Entrenamiento en habilidades sociales*. Se pretende dotar al infractor de las habilidades sociales y repertorios conductuales necesarios para relacionarse positivamente con terceros e interactuar de forma prosocial en las diversas situaciones de la vida cotidiana.

Una de las submodalidades de esta técnica es el denominado *«aprendizaje estructurado»* que consta de cinco capítulos o componentes: pre-entrenamiento, modelado, juego de roles (*«role playing»*), retroalimentación (*«Feed-back»*) y práctica o generalización.

El entrenamiento en habilidades sociales deficitarias permite la adquisición de éstas bajo circunstancias controladas y seguras y hace posible la posterior experi-

---

[2425] Vid. GARRIDO GENOVÉS, V., Técnicas de tratamiento para delincuentes, cit., pág. 71.

[2426] Sobre las diversas técnicas que se relacionan, vid. GARRIDO GENOVÉS, V., Técnicas de tratamiento para delincuentes, cit., págs. 73 a 88; Cfr., GARCÍA-PABLOS DE MOLINA, A., Tratado de Criminología, cit., págs. 978 y ss.

mentación de las mismas sin el riesgo que ello suele suponer para la autoestima o las relaciones personales en una situación real. Una vez adquirida la habilidad, se prosigue con un entrenamiento de transferencia a la situación real.

> Las habilidades sociales cuyo entrenamiento suele recomendarse con relación a delincuentes o población de riesgo son, entre otras: habilidades iniciales de conversación (vg. iniciar y mantener una conversación, aprender a escuchar, etc.), habilidades de expresión (vg. exteriorizar el agrado, el enfado, formular una queja o protesta, etc.), habilidades de respuesta a otro u otros (vg. responder a un elogio, saberse disculpar, etc.), habilidades de planificación (aprender a fijarse metas y objetivos, a establecer prioridades, a tomar decisiones, etc.), habilidades alternativas a la agresión (vg. técnicas de relajación, de autocontrol, etc.), habilidades situacionales (vg. cómo buscar empleo, cambiar de residencia o resolver una crisis matrimonial).

El entrenamiento en habilidades sociales se complementa usualmente con otras técnicas y acredita excelentes resultados a corto plazo y con respuestas muy concretas (por ejemplo: habilidades de atención, de conversación, de entrevista, de trato con la policía, de manejo de problemas y situaciones determinadas, etc.). Falta por demostrar su efectividad a medio y largo plazo y, sobre todo, el tránsito de la situación experimental a la real (generalización).

3') Técnicas de *control emocional*. No siempre podrá evitarse que el infractor se implique en situaciones conflictivas y de estrés interpersonal que elevan de forma insoportable los niveles de activación emocional. Interesa, por tanto, reducir o controlar ésta en dichas situaciones provocadoras o entrenar al individuo y dotarle de habilidades cognitivas para que haga frente a tales conflictos incluso bajo un elevado estrés con respuestas automatizadas.

> Las técnicas de control emocional se utilizan, sobre todo, con relación a conductas coléricas, pero parecen útiles, también, respecto a otras emociones: miedo, ansiedad, sobreexcitación, etc. El procedimiento consiste en instruir al delincuente sobre las «claves» de la emoción que se pretende controlar: en qué situaciones se provoca o genera y por qué; cuáles son los síntomas que anuncian su aparición, los indicadores fisiológicos y psicológicos de la misma y qué medidas concretas deben adoptarse para controlar tal activación emocional. Se entiende, pues, que la percepción acertada de ésta, implica ya un cierto grado de control y de capacidad para hacer frente al problema.

4') *Técnicas de razonamiento crítico*. Se trata de enseñar al infractor a discurrir de una manera lógica y racional, que le permita, a su vez, evaluar el pensamiento, las actitudes y las conductas propias y de terceros. Esta terapia, que implica continuas discusiones en grupo, pretende desarrollar la curiosidad intelectual (que el individuo se pregunte siempre el porqué de las cosas, el quién, el cómo, etc.), la objetividad (dando mayor importancia a los hechos sobre las meras opiniones), la flexibilidad (frente a los dogmatismos, prejuicios e intransigencias), la sensatez y el respeto hacia los puntos de vista de los demás, etc.

El razonamiento crítico se proyecta en cuatro áreas: persuasión (habilidad para valorar las ideas de otros, que dificulta la manipulación propia), detección de errores en el discurso de uno mismo o de los demás, correcta comprensión de los conceptos básicos de un debate (vg. asunciones, hechos, inferencias, etc.) y ampliación de miras (ponderar otras opiniones antes de llegar a una conclusión personal).

5') *Desarrollo de valores*. No basta con dotar al individuo de ciertas habilidades sociales. Sin incurrir en un ilegítimo adoctrinamiento, ni en una terapia moralizadora impropia de la sociedad plural de nuestro tiempo, parece oportuno estimular en el infractor un debate axiológico libre y sincero, haciéndole confrontar su sistema de valores con otras alternativas que gozan de un amplísimo consenso social: así, la necesidad de respetar los sentimientos de los demás, el no causar daño a terceros, la bondad del altruismo y las conductas solidarias, etc.

La técnica citada opera con «*dilemas morales*» que se suscitan a los participantes para su discusión en debates debidamente estructurados.

6') *Habilidades de negociación*. Ante un conflicto interpersonal, cabe una respuesta abusiva (imposición de los intereses propios), una respuesta evasiva (así, la droga, como modo de negar o eludir el problema), una respuesta conformista (aceptación, sin más, de las exigencias ajenas) o una respuesta «*negociadora*», que busca salidas al problema, cediendo y transigiendo.

La dificultad de esta técnica, que dotaría al individuo de habilidades de gran utilidad en la interacción social, reside en la negativa percepción de la misma por el delincuente, quien la asocia, erróneamente, a actitudes de debilidad propias del «*perdedor*». Exige, además, una fuerte personalidad y excelentes dotes de interrelación en el individuo que se somete a este aprendizaje.

7') *Razonamiento creativo*.- La «*rigidez cognitiva*» conduce a un razonamiento «*lineal*», reduccionista, que limita las opciones del individuo y su propio horizonte vital. Éste se aferra a sus ideas frente a toda evidencia y persiste en el uso de sus opiniones y marcos referenciales aunque surjan situaciones distintas, o más complejas, dado que dicho modo de razonar depende de patrones cognitivos fijos. La técnica del pensamiento crítico o creativo permite generar nuevos patrones conductuales, nuevas ideas, nuevos instrumentos, (así: enseñar al sujeto a considerar los aspectos positivos, los negativos y los interesantes de una idea, a ponderar todos los factores relevantes en torno a un problema o situación, evaluar las consecuencias y secuelas de una decisión, elaborar reglas, establecer metas y prioridades, generar alternativas y otras opciones a la que se presenta, tener en cuenta puntos de vista diferentes de otras personas, tomar decisiones, etc.).

Un tratamiento psicológico, de orientación cognitivo-conductual, que acentúa el aprendizaje de habilidades sociales, se ha venido desarrollando en España con relación a los «agresores sexuales»[2427] y a los responsables de «violencia doméstica» y de «género»[2428].

La violencia *«doméstica»* y de *«género»* es un terreno idóneo para el tratamiento individual de inspiración cognitivo conductual o de aprendizaje cognitivo, que paliaría las limitaciones de ciertos sujetos faltos de las habilidades necesarias para resolver los problemas de pareja en la vida cotidiana. La intervención terapéutica tendría varias finalidades (educativa, cognitiva, emocional y conductual)[2429], en concreto: el desarrollo de la empatía; el control de los impulsos violentos y el aprendizaje de estrategias de actuación adecuadas para abordar eventuales conflictos; el afrontamiento correcto de la ira y las emociones negativas; el control de los celos; la reestructuración cognitiva de las ideas irracionales respecto a los roles sexuales y a la utilización de la violencia como procedimiento de solución de los problemas; el entrenamiento en habilidades de interacción, de comunicación; la educación sexual[2430], etc. En apoyo de las técnicas cognitivo-conductuales se ha argumentado[2431] que mientras no cabe intervenir y modificar los «predictores estáticos» del individuo (vg. su historia delictiva), aquellas sí pueden cambiar los «predictores» o factores de riesgo «dinámicos», como lo son las actitudes antisociales favorables al delito, valores, creencias y estados cognitivos-emocionales; los apoyos interpersonales para la delincuencia; y los factores o rasgos de la personalidad antisociales (vg. bajo autocontrol, impulsividad, asunción de riesgos, etc.). Las conocidas técnicas de solución de problemas que ha desarrollado la Psicología cognitiva; el entrenamiento en habilidades sociales útiles para la interacción; el control emocional de las explosiones de cólera, ira, celos, etc.; el razonamiento crítico; el desarrollo de valores; habilidades de negociación; y el pensamiento creativo constituirían los pilares más eficaces de esta técnica de intervención[2432].

[2427] Sobre la aplicación de técnicas cognitivo-conductuales a agresores sexuales, vid.: REDONDO, NAVARRO, MARTÍNEZ, LUQUE y ANDRÉS, Evaluación del tratamiento psicológico de los agresores sexuales en la prisión de Brians. Programa de Control de la agresión sexual (CAS), 1996. Cfr. RUEDA MARTÍN, Mª Angeles, Los programas y/o tratamientos de los agresores en supuestos de violencia de género. ¿Una alternativa eficaz a la pena de prisión? Madrid, 2007. Dykinson, págs. 80 y ss.

[2428] Con relación a la violencia doméstica y de género, vid.: ECHEBURRÚA, E., DEL CORRAL, P., FERNÁNDEZ MONTALVO, J., AMOR, P.J., ¿Se puede y debe tratar psicológicamente a los hombres violentos contra la pareja?, en: Papeles del Psicólogo, nº 88, 2004, págs. 20 y ss.

[2429] Así, Grupo 25. Cuadernos para el debate. Monográfico sobre criterios de calidad para intervenciones con hombres que ejerzan violencia en la pareja (HEVPA). Editado por Fundación mujeres, Asociación de mujeres juristas Themis, Consejo de las Mujeres del Municipio de Madrid, Sociedad española de psicología de la violencia y el Centro de Estudios de la condición masculina. Febrero, 2006. Cfr. RUEDA MARTÍN, Mª Angeles, Los programas y/o tratamientos, cit., pág. 86.

[2430] Así, ECHEBURRÚA, E., DEL CORRAL, P., FERNÁNDEZ MONTALVO, J., AMOR, P.J., ¿Se puede y debe tratar psicológicamente a los hombres violentos contra la pareja?, cit., pág. 27.

[2431] Así, CULLEN, F.T., GENDREAU, P., Evaluación de la rehabilitación correccional: política, práctica y perspectivas. En: Justicia Penal siglo XXI. Una selección de Criminal Justice 2000. Comares (Granada), 2006, págs. 275 y ss.

[2432] Vid. REDONDO, S., Criminología aplicada: intervenciones con delincuentes, reinserción y reincidencia. En: Revista de Derecho Penal y Criminología, nº 1 (1998), pág. 195.

g) *De la euforia al ocaso del ideal de la rehabilitación; la aportación crítica de Martinson y la posterior revisión de su tesis escéptica.*

La euforia del ideal resocializador y la fe en la efectividad del tratamiento en orden a la reducción de la reincidencia se prolonga durante las primeras siete décadas del siglo XX. A partir de entonces el panorama cambia drásticamente, siendo decisiva en este giro copernicano la obra de MARTINSON, publicada en 1974 (¿Qué funciona? Interrogantes y Respuestas sobre la Reforma de la Prisión[2433]), versión abreviada del libro aparecido un año después de LIPTON, MARTINSON y WILKS[2434]. La doctrina escéptica de MARTINSON —«nada funciona»— adquirió el status de verdad incuestionable en un momento histórico de crisis y desengaños de la sociedad norteamericana que clamaba por la «ley y el orden» como única salida; y coincidía con la visión pesimista, no siempre declarada, de muchos criminólogos y teóricos, para quienes la «mentira noble»[2435] de la rehabilitación del delincuente no podía ocultar la «bancarrota moral y práctica»[2436] del sistema «correccional»; sistema *ideal*, falto de recursos, especialistas y nivel teórico-científico, que de hecho nunca había llegado a plasmarse en la realidad tal y como se diseñó[2437]. En el posterior cuarto de siglo, sin embargo, gana terreno un movimiento revisionista que mediante el empleo de novedosas y sofisticadas técnicas estadísticas de evaluación —los «metaanálisis»— han podido constatar la efectividad de muchos programas de tratamiento correccional. Todo indicaría que la tasa media de reincidencia observada en los diversos estudios de evaluación sería diez puntos porcentuales inferior en el grupo experimental en comparación con el grupo de control; y que los tratamientos más exitosos son los de orientación cognitivo conductual, centrados específicamente en neutralizar los *factores de riesgo* predictores de la delincuencia y dirigidos a los infractores de *alto riesgo*. Por ejemplo, los tratamientos *multisistémicos*[2438]. Existiendo, pues, constancia empírica hoy de que cabe una intervención positiva en el delincuente capaz de reducir las tasas de reincidencia, el problema se constriñe a la comprobación *em-*

[2433] What Works? Questions and answers about prison reform. 1974. The Public Interest, 35, págs. 22 a 54.

[2434] The Effectiveness of correccional treatment: A survey of treatment evaluation studies, 1975. New York. PRaeger.

[2435] Según expression de MORRIS, N., The future of imprisonment. 1974. Chicago. University of Chicago Press. Cfr. CULLEN, F.T., GENDREAU, P., Evaluación de la rehabilitación correccional: política, práctica y perspectivas, cit., pág. 290.

[2436] Cfr. CULLEN, F.T.-GENDREAU, P., Evaluación de la rehabilitación correccional, cit., pág. 291 (exponiendo el pensamiento de MARTINSON).

[2437] Así, críticamente, ROHTMAN, D.J., Conscience and convenience: The Asylum and its Alternatives in progressive America. 1980. Boston: Little, Brown and Company. Cfr. CULLEN, F.T.-GENDREAU, P., Evaluación de la rehabilitación correccional, cit., pág. 284.

[2438] Cfr. CULLEN, F.T.-GENDREAU, P., Evaluación de la rehabilitación correccional, cit., pág. 276.

pírica de qué concretos tratamientos se muestran más eficaces en relación con qué tipo de delincuentes, y bajo qué condiciones o en qué suerte de entorno[2439].

1") *La euforia del tratamiento rehabilitador.* A mediados de la década de los sesenta del siglo XX pocos criminólogos y penitenciaristas cuestionaban la meta rehabilitadora como estrategia de progreso en los Estados Unidos[2440], aunque se reconocía la falta de recursos y personal adecuado para aplicar los programas resocializadores. Como consecuencia del pensamiento «correccional», en las décadas de los cincuenta y los sesenta se introdujeron diversos programas de tratamiento en las cárceles americanas, como la terapia individual y grupal; los ambientes terapéuticos; las técnicas de modificación de conducta; la formación profesional; los permisos para trabajar; y se implantaron sistemas más modernos de clasificación de los reclusos, consolidándose durante los sesenta un movimiento a favor del «tratamiento en libertad» y la «reintegración» de los delincuentes a la comunidad. Numerosos testimonios avalan la existencia de un clima general optimista y reformador que reniega del *punitivismo* y confía que la racionalidad terminaría con un «*pasado bárbaro*»[2441].

2") *La obra de R. MARTINSON: la crisis del ideal rehabilitador.* Con anterioridad a R. MARTINSON, algunos autores habían comenzado a cuestionar la efectividad del tratamiento rehabilitador, entre otros, KIRBY (1954), CRESSEY (1958), WOOTON (1959), GLASER (1965), BAYLEY (1966), BERLEMAN y STEINBURN (1969), ROBINSON y SMITH (1971), GOLD (1974), etc.[2442]. Pero fue MARTINSON quien aportó una visión pesimista concluyente respecto a la viabilidad del ideal rehabilitador, con su célebre máxima: «Nothing works» («nada funciona»). La investigación del autor revisaba escrupulosamente 231 estudios realizados entre 1945 y 1967 que contaban, además del grupo experimental sometido a tratamiento con el correspondiente grupo de control. La obra concluye declarando: «Con pocas y aisladas excepciones, los esfuerzos de rehabilitación que han sido presentados hasta la fecha no han surtido un efecto apreciable sobre la reincidencia»[2443]. El diagnóstico de MARTINSON era diáfano: tal vez el escaso rendimiento de los programas de rehabilitación admitía explicaciones más complejas, pero —argumentaba el autor— puede ocurrir que «haya un fallo más profundo en nuestras estrategias actuales, el cual ni la mejor educación, ni la mejor psicoterapia sean capaces de superar, ni siquiera reducir de manera apreciable: la tendencia poderosa de los delincuentes a continuar con la conducta delictiva»[2444]. Para MARTINSON la rehabilitación era un mito.

[2439] Así, precisando los términos del problema: PALMER, T., Martinson revisited, en: Journal of Research in Crime and Delinquency, 1975, 12 (julio), págs. 133 y ss. Cfr. CULLEN, F.T.-GENDREAU, P., Evaluación de la rehabilitación correccional, cit., pág. 298.

[2440] Cfr. CULLEN, F.T.-GENDREAU, P., Evaluación de la rehabilitación correccional, cit., pág. 285.

[2441] Es significativa la excelente acogida de la obra de K. MENNINGER que llevaba por título «El crimen como castigo» (1968). O la de J. TOBY (1964), crítico hacia el «pasado bárbaro» de la cárcel. La TASK-FORCE ON CORRECTIONS, que trabajaba bajo los auspicios de la Comisión Presidencial sobre Policía y Administración de Justicia (1967) concluyó: «El objetivo último del sistema correccional es lograr una comunidad más segura mediante una reducción en la incidencia del delito. En general, la rehabilitación de los delincuentes para que no vuelvan a la criminalidad constituye la vía más prometedora de lograr este fín». Cfr. CULLEN, F.T.-GENDREAU, P., Evaluación de la rehabilitación correccional, cit., pág. 285.

[2442] Cfr. CULLEN, F.T.-GENDREAU, P., Evaluación de la rehabilitación correccional, cit., pág. 288.

[2443] MARTINSON, R., What Works?, cit., pág. 25.

[2444] Op. cit., pág. 44.

El éxito desmedido de la tesis escéptica del autor, y el ocaso del ideal rehabilitador, se entienden tal vez mejor en el contexto histórico de una sociedad —la norteamericana de los sesenta y mediados de los setenta— transida de conflictos y frustraciones colectivas: de desórdenes, protestas sociales, nula credibilidad del gobierno, decepción por la guerra (Vietnam), escándalos políticos, motines carcelarios con finales trágicos (Atica), etc.; una sociedad que sufre un significativo incremento de las tasas de criminalidad; que desconfía de la discrecionalidad de los jueces y funcionarios de prisiones; y que apela a «la ley y el orden» por temor a que el «tratamiento rehabilitador» despojase al sistema penal de su fuerza punitiva[2445]. En todo caso, la opinión de MARTINSON contaba con un amplio consenso: FISHMANN[2446], GREENBERG[2447], LUNDMAN y SCARPITI[2448], SECHREST, WHITE y BROWN[2449], WRIGHT y DIXON[2450] hicieron gala del mismo pesimismo del autor, advirtiendo gráficamente GREENBERG: «La afirmación general de que nada funciona es una exageración, pero tampoco es mucha exageración»[2451].

Conviene observar, no obstante, que la obra de MARTINSON era una «revisión narrativa» de los estudios de tratamiento analizados en su investigación. Y esta herramienta de trabajo —la *revisión narrativa*— tiene importantes limitaciones metodológicas[2452]. Además, el autor examinó menos estudios y mediciones de los que se le atribuyen; el número de estudios correspondientes a cada tipo de tratamiento no parece significativo, y, por la heterogeneidad de los mismos resulta difícil cualquier interpretación; no incluyó una categoría relativa a los programas cognitivo-conductuales; y utilizó como criterio de evaluación decisivo la efectividad de la intervención en orden a la disminución de la reincidencia, prescindiendo de otros indicadores[2453], razones todas ellas que relativizan el «nothing works» como descalificación genérica del tratamiento rehabilitador.

3") *Una refutación realista de la tesis de MARTINSON: la obra de T. PALMER.* En 1975, T. PALMER evalúa la efectividad del tratamiento rehabilitador con una metodología distinta: la técnica del *recuento de votos o método de la urna*[2454], partiendo de 82 estudios citados por MARTINSON en su obra de 1974. PALMER contó cuántos de éstos mostraron que el tratamiento tuvo un efecto positivo en las tasas de reincidencia, o, al menos, parcialmente positivo. Y llegó a la conclusión de que 39 de tales estudios arrojaban un diagnóstico favo-

---

[2445] Cfr. CULLEN, F.T.-GENDREAU, P., Evaluación de la rehabilitación correccional, cit., págs. 289 y ss.

[2446] An Evaluation of criminal recidivism in projects providing rehabilitation and diversion services in New York city. Journal of Criminal Law and Criminology, 68(2), 1977, págs. 283 y ss. Sobre la reseña bibliográfica que relaciono. Cfr. CULLEN, F.T.-GENDREAU, P., Evaluación de la rehabilitación correccional, cit., pág. 294.

[2447] The correctional effects of corrections: A survey of evaluations. En: Corrections and punishment. 1977. Beverly Hills: Sage Publications.

[2448] Delinquency Prevention: Recommendations for future projects. En: Crime-Delinquency, 24 (1977), Abril, págs. 207 y ss.

[2449] The rehabilitation of criminal offenders: Problems and prospects. 1979. Washington D.C.: National Academy of Sciences.

[2450] Community Prevention and treatment of juvenile delinquency. En: Journal of Research in Crime and Delinquency, 14 (1977), págs. 35 y ss.

[2451] The correctional effects of corrections, cit., págs. 140 y ss.

[2452] Vid. CULLEN, F.T.-GENDREAU, P., Evaluación de la rehabilitación correccional, cit., pág. 303.

[2453] Sobre estos reparos metodológicos, vid. CULLEN, F.T.-GENDREAU, P., op. cit., págs. 294 y ss.

[2454] PALMER, T., Martinson revisited. Journal of Research in Crime and Delinquency, 12 (1975), págs. 133 y ss.

rable, esto es, un 48% del total. Y con esta nueva metodología, otros estudios pesimistas, como el de MARTINSON, aportaban sin embargo resultados mucho más halagüeños[2455]. Así, según ANDREWS y otros[2456] el 40% de las evaluaciones mejor diseñadas de los servicios de tratamiento correccional dieron resultados positivos.

PALMER, tratando de identificar algunos patrones entre los resultados de los estudios examinados por MARTINSON llegó a la conclusión de que la evaluación era mucho más favorable en los programas ejecutados en comunidad que en prisión; en los dirigidos a jóvenes más que en los de adultos; y en los diseñados para delincuentes de *riesgo mediano*[2457], que en los de *alto riesgo*. Pero PALMER llamó la atención, ante todo, sobre la necesidad de precisar los términos sobre el problema de la efectividad rehabilitadora de la intervención. Para el autor debe sustituirse el interrogante genérico sobre «lo que funciona» del tratamiento, por otra inquietud más concreta: qué métodos funcionan mejor para qué tipo de delincuentes, y bajo qué condiciones o en qué tipo de entorno[2458]. Esta observación sería tenida en cuenta posteriormente por el propio MARTINSON, que se retractaría de su tesis inicial reconociendo que un tratamiento puede ser útil, inútil o incluso perjudicial según bajo qué condiciones se lleva a cabo[2459].

4") *Hacia un moderado optimismo sobre la eficacia rehabilitadora del tratamiento: la Escuela Canadiense del aprendizaje*. Tres factores han influido significativamente en los actuales puntos de vista, más ecuánimes y optimistas, sobre la efectividad de la intervención correccional: las aportaciones de los psicólogos de la Escuela canadiense P. GENDREAU, R. ROSS, D. ANDREWS y J. BONTA; la generalización de un nuevo y sofisticado método estadístico de evaluación, más satisfactorio que la *revisión narrativa*, de MARTINSON, o el recuento de votos —o métodos de la urna— de PALMER (el metaanálisis); y la constatación de que si muchos programas fracasan no es por la imposibilidad de cambiar los hábitos criminales del delincuente sino por deficiencias de los propios programas.

La Escuela Canadiense, integrada por clínicos avezados en la terapia correccional, mantenía que la conducta delictiva era conducta *aprendida* mediante el refuerzo o el castigo y, en su caso, modificable. Y se planteaba la rehabilitación como problema técnico, empírico, sin prejuicios ideológicos, por proceder los partidarios de esta Escuela de un contexto sociopolítico distinto (¡no veían en el tratamiento rehabilitador una «terapia obligatoria y aplicada de manera coercitiva por los agentes estatales del control social en un sistema politizado de injusticia criminal»![2460]). Estos autores comprobaron que determinados programas de rehabilitación —los de orientación conductual (vg. los sistemas de incentivos, los contratos conductuales, etc.) —se habían mostrado eficaces para la disminución de la reincidencia. Y llegaron a la conclusión de que los más exitosos incidían sobre las variables susceptibles de modificación (predictores dinámicos) relevantes en la génesis de la conducta criminal. Los psicólogos de la Escuela Canadiense, además, subrayaron la importancia de

---

[2455] Vid. CULLEN, F.T.-GENDREAU, P., Evaluación de la rehabilitación correccional, cit., pág. 297 y ss.

[2456] Cfr. CULLEN, F.T., GENDREAU, P., ibidem.

[2457] Cfr. CULLEN, F.T.-GENDREAU, P., Evaluación de la rehabilitación correccional, cit., pág. 298.

[2458] PALMER, T., Martinson revisited, cit., pág. 150.

[2459] MARTINSON, R., New findings, new/views: A Note of caution regarding sentencing reform. En: Hofstra Law Review, 7 (1979), págs. 254 y ss.

[2460] Vid. BINDER, A.-GEIS, G., Ad populum argumentation in Criminology: Juvenile diversión as rhetoric, en: Crime Delinquency, 30 (Octubre), 1984, págs. 624 y 22. Cfr. CULLEN, F.T.-GENDREU, P., Evaluación de la rehabilitación, cit., págs. 300 y ss.

las variables *individuales* en el momento de seleccionar la terapia más adecuada al caso[2461], advirtiendo que muchos programas no funcionaban por ausencia del necesario soporte teórico-científico, o de «integridad terapéutica» (si no siguen el diseño previo); o por la falta de competencia del personal que los aplica, y no por la inutilidad o inviabilidad genérica de la intervención misma[2462].

El metaanálisis es una técnica estadística que intenta ofrecer una síntesis cuantitativa de los resultados de un conjunto de estudios. En lugar de proceder a un recuento de los votos (el «método de la urna» computa cuantos programas funcionan, y cuantos no), el metaanálisis calcula para cada programa evaluado la «magnitud del efecto» del tratamiento sobre la variable (en este caso) de la reincidencia. El resultado final del meta-análisis es una cifra —«la magnitud media del efecto»— que representa una estimación puntual precisa en todos los estudios de la relación entre el tratamiento y la llamada «variable criterio»[2463].

El metaanálisis es una técnica muy útil para organizar los resultados de estudios individuales. Puede medir efectos no detectables con los tradicionales revisiones narrativas o el método de recuento de votos. Mediante un análisis multivariable permite determinar si factores metodológicos afectan a la magnitud de un efecto de tratamiento cualquiera (vg. la calidad del diseño del investigación); o si la magnitud de un efecto de tratamiento está condicionada por «factores moderadores», como por ejemplo, el nivel de riesgo de reincidencia de los delincuentes o la modalidad de intervención empleada. Tiene, además, la ventaja de que puede ser reproducido por otros investigadores, con los mismos datos o con datos diferentes, haciendo factible la evaluación independiente de las decisiones en cuanto a la codificación o la muestra de estudios incluidos en la revisión. Y de presentar la información de forma precisa y resumida[2464]. De hecho, como se observará en el apartado posterior, el metaanálisis ha conseguido invertir la conclusión a la que llegó la generación anterior de revisiones sobre la eficacia rehabilitadora del tratamiento[2465].

h) *Evaluación empírica de la efectividad rehabilitadora de las diversas técnicas de intervención (tratamientos) en jóvenes y adultos a la luz de los más recientes metaanálisis.*

La efectividad rehabilitadora del tratamiento y su capacidad de reducir las tasas de reincidencia es una lógica preocupación de nuestra sociedad y de la comunidad científica.

[2461] Así, GENDREAU, P.-ROSS, R., Correctional Treatment: Some recommendations for effective intervention, en: Juvenile and Family Court Journal, 34 (1983-1984), págs. 31 y ss.

[2462] Vid., en este sentido, CULLEN, F.T.-GENDREAU, P., La evaluación de la rehabilitación, cit., pág. 298.

[2463] Vid. CULLEN, F.T.-GENDREAU, P., La evaluación de la rehabilitación, cit., pág. 304.

[2464] Así, CULLEN, F.T.-GENDREAU, P., La evaluación de la rehabilitación, cit., págs. 305 y ss. No obstante, como indican los autores la técnica metaanalítica, no orientada por una sólida teoría, puede convertirse en una herramienta errática, sin norte, al servicio de un empirismo ciego que se conforma con buscar asociaciones estadísticas significativas (op. cit., pág. 316).

[2465] Así, LIPSEY, M.W., Can rehabilitative programs reduce the redicivism of juvenile offenders? An inquiry into the effectiveness of practical programs, en: Virginia Journal of Social Policy and Law, 6 (1999), págs. 614 y ss.

Pero hoy se asume, con realismo, que estamos ante un problema *científico*, no *ideológico*. Tanto la fe ciega en el tratamiento resocializador como el *ocaso* definitivo de la *ideología* del tratamiento son tesis que carecen del suficiente rigor científico-empírico, dado que hoy disponemos ya de instrumentos capaces de evaluar la eficacia real de cada técnica concreta de intervención y pronunciarnos de forma diferenciada sobre cada una de ellas. Obviamente, pues, no cabe plantear la efectividad *del* tratamiento, sino la de *cada* clase o tipo de intervención, sin generalizar. A su vez, todo parece indicar que dicha efectividad rehabilitadora difiere sensiblemente según la edad de la persona tratada (mayor en jóvenes que en adultos), y sus rasgos de personalidad (la psicopática suele ser muy resistente a todo tratamiento), la clase de delitos en que se halle implicada (peor pronóstico en determinadas —no todas— parcelas de la delincuencia sexual) o la propia orientación de la terapia misma (los más exitosos, al parecer son los programas de base cognitiva-conductual). La virtualidad rehabilitadora de la intervención depende, desde luego, del contenido pedagógico y educativo que aporta al penado, y no de las dimensiones simbólicas o punitivas que se atribuyan a la misma[2466] u otros factores (vg. el contexto en el que se llevan a cabo). La prisión *abierta* o los *trabajos a favor de la comunidad* no tienen *per se* especiales virtualidades terapéuticas frente a la prisión convencional, no reducen las tasas de reincidencia lo que, antes bien, depende del contenido y modo de ejecución los correspondientes programas.

Lo que si puede suceder, sin embargo, es que en orden a la resocialización del penado, sean mucho más recomendables que un régimen penitenciario estricto si se aplican al penado, de forma sistemática e intensa, programas rehabilitadores cuyos contenidos educativos han acreditado su razonable eficacia[2467].

Cabe sintetizar, pues, algunas conclusiones:

1") Efectividad de las diversas *clases de técnicas de intervención*.

Desde 1985, hasta la actualidad, se han publicado unos 25 metaanálisis (técnica que sintetiza e integra los resultados de las investigaciones primarias) sobre la efectividad del tratamiento con infractores jóvenes y adultos, con delincuentes sexuales y con psicópatas. La conclusión es clara: se constata un *gradiente general de efectividad* que oscila, según la concreta técnica de intervención de que se trate, entre el 0% y el 30%. Desde la eficacia nula del mero internamiento, incapaz de frenar las tasas generales de reincidencia (internacionalmente se asume que éstas alcanzan el 50%); a la eficacia resocializadora de los programas psicoterapéuticos y de formación, que consiguen reducciones promedio de rein-

---

[2466] Así, REDONDO ILLESCAS, S., Tratamiento y sistema penitenciario, en: El laberinto de la violencia. Causas, tipos y efectos. Ariel, 2004, Capítulo XXIII, pág. 339.

[2467] No obstante, como advierte REDONDO ILLESCAS, S. cuanto más abiertos y comunitarios sean los contextos en los que se llevan a cabo los programas, mayores serán las oportunidades de que el penado ensaye en la realidad social las habilidades que aprendió durante la intervención (Tratamiento y sistema penitenciario, cit., pág. 339).

cidencia entre el 12% y el 21%; al 30% de efectividad que parecen alcanzar los programas educativos, conductuales y cognitivo-conductuales en su lucha contra la reincidencia[2468].

2") Efectividad de los tratamientos a delincuentes *sexuales*. En la actualidad los tratamientos más utilizados y exitosos con los delincuentes sexuales son los de orientación cognitivo conductual, aunque existen, también, otros[2469]. Así, la psicoterapia (psicoanalítica), especialmente en grupo; la terapia de conducta (terapias aversivas y diversas técnicas de aprendizaje); la quirúrgica (no permitida en todos los países y con graves efectos secundarios que pueden implicar un abusivo cambio de la personalidad); la farmacológica (hormonal), consistente en una eliminación controlada y reversible de la secreción de testosterona, hoy ya con mínimos efectos secundarios, que suele utilizarse como complemento de otros tratamientos[2470].

Los programas que han conseguido mejores resultados son los de orientación cognitivo-conductual porque enseñan a los penados comportamientos específicos, valores y habilidades cognitivas que orientan y controlan su funcionamiento social y sexual[2471]. Son, además, rentables tanto para la sociedad como para el erario público, a pesar de la usual reticencia de los gobiernos a financiar programas de rehabilitación de delincuentes sexuales[2472]. De los principales y más recientes programas publicados se desprende una reincidencia media del 13% para los reclusos tratados, y un 37% para los no tratados; esto es, de cada 100 delincuentes sexuales que son tratados, 24 (de los 37 que habrían reincidido si no hubieran sido tratados) no reinciden[2473].

En Alemania, las investigaciones de los últimos quince años arrojan una tasa promedio de reincidencia sexual en torno al 20%, tasa que coincide con el promedio mundial de reincidencia de los delincuentes sexuales no tratados[2474]; resultados similares a los obtenidos

---

[2468] Sobre los más de veinte metaanálisis realizados desde 1985, vid.: REDONDO, S., SÁNCHEZ MECA, J., y GARRIDO, V., Crime treatment in Europe: A review of outcome studies, en: Ofender rehabilitation and Treatment: Effective Programes and Policies to reduce re-offending, 2002, págs. 119 y ss. (edit. por J. McGuire), J. Wiley-Sons. Ltd. También: REDONDO ILLESCAS, S., Tratamiento y sistema penitenciario, cit., pág. 338.

[2469] Cfr. REDONDO ILLESCAS, S. y MARSHALL, W., Control y tratamiento de la agresión sexual, en: Delincuencia sexual y sociedad (coord.. Redondo Illescas, S.), Ariel, 7 (2002), págs. 305 y ss. (y bibliografía allí citada).

[2470] Sobre las distintas clases de tratamiento, sus resultados y, en su caso, efectos secundarios, vid. REDONDO ILLESCAS, S. y MARSHALL, W., Control y tratamiento de la agresión sexual, cit., págs. 305 y ss.

[2471] Así, REDONDO ILLESCAS, S., MARSHALL, W., Control y tratamiento de la agresión sexual, cit., págs. 310 y ss. Los iniciales programas conductuales acabaron incorporando contenidos cognitivos con el objeto de corregir las usuales distorsiones en este ámbito del delincuente sexual que cuenta con un patrón de actitudes y creencias favorecedoras del delito. Hoy los programas cognitivo-conductuales pretenden la mejora de la autoestima del infractor, y de la empatía, el incremento de habilidades para establecer relaciones de intimidad y abordar situaciones problemáticas, etc.

[2472] Vid., REDONDO ILLESCAS, S. y MARSHALL, W., Control y tratamiento de la agresión sexual, cit., págs. 318 y 319.

[2473] Así, REDONDO ILLESCAS, S. y MARSHALL, W., Control y tratamiento de la agresión sexual, cit., pág. 318.

[2474] Vid. LÖSEL, F., ¿Sirve el tratamiento para reducir la reincidencia de los delincuentes sexuales?, en: Delincuencia sexual y sociedad, cit., Cap. XIV, págs. 364 y ss., especialmente: pág. 393.

en los EEUU[2475], siendo los más usuales los programas de orientación cognitivo conductual combinados con programas hormonales (hoy con GnRH).

3") Efectividad de los tratamientos a *jóvenes* delincuentes.

Los mayores esfuerzos terapéuticos y rehabilitadores se llevan a cabo, como es lógico, en el ámbito de la población penitenciaria juvenil. A lo largo de los últimos lustros se han publicado varias investigaciones metaanalíticas al respecto: entre otras, las de GARRETT (1985), GOTTSCHALK y otros (1987), WHITEHEAD y LAB (1989), ANDREWS, ZINGER, HOGE y otros (1990), LIPSEY y WILSON (1998), LIPSEY (1999), LATIMER (2001), SÁNCHEZ MECA y REDONDO ILLESCAS (2002), etc. [2476]. El metaanálisis realizado por SÁNCHEZ MECA y REDONDO ILLESCAS examina 17 programas europeos desarrollados entre 1980 y el 2001. Los autores constataron un 18% menos de reincidencia en los grupos de intervención que en los de control, arrojando el análisis de varianza sobre la edad diferencias significativas (con el aumento de la edad disminuye la efectividad rehabilitadora del programa). Los mejores resultados se obtuvieron en los programas educativos, seguidos por los programas de derivación, por los basados en comunidades terapéuticas y por los de orientación cognitivo-conductual[2477].

Con carácter *general*, puede afirmarse que los metaanálisis constatan un resultado favorable (entre un 10 y un 15%) en las diversas variables de eficacia evaluadas, superior en los grupos tratados que en los de control. La tasa de reincidencia media en los grupos de intervención se situaría en el 46'5%, frente al 53'5% en los grupos de control no tratados, efecto, pues, no óptimo pero sí consistente[2478]. Los metaanálisis constatan, también —como sucede con la intervención en adultos— que los mejores resultados de generalización se obtienen en los programas que se llevan a cabo en la comunidad, y no en régimen de internamiento[2479].

Los metaanálisis específicos sobre delincuentes *sexuales* jóvenes (los de MAY, en 1995; POLIZZI y otros, en 1999; y GALLAGHER y otros, en 1999) [2480] presentan una tasa promedio de reincidencia en torno al 39'5% en los delincuentes tratados, frente al 60'5% del grupo de control, que contrasta llamativamente con los valores usuales en esta clase de delitos, que sitúa la reincidencia típica en el 20% y la efectividad rehabilitadora del tratamiento en torno al 10%[2481]. Demuestran, además, que una intervención precoz, durante la adolescencia, puede evitar que se cronifiquen modelos de agresión sexual; y que los tratamientos de orientación cognitivo-conductual, u hormonal consiguen mejores resultados que los restantes[2482].

[2475] Vid. LÖSEL, F., ¿Sirve el tratamiento, cit., pág. 394.

[2476] Un examen pormenorizado de ellos, en: REDONDO ILLESCAS, S. y SÁNCHEZ MECA, J., Guía de tratamientos psicológicos eficaces para la delincuencia juvenil, en: Guía de tratamientos psicológicos eficaces, III. Infancia y adolescencia. Pirámide, 2003, 7, págs. 192 y ss.

[2477] REDONDO ILLESCAS, S. y SÁNCHEZ MECA, J., Guía de tratamientos psicológicos eficaces para la delincuencia juvenil, cit., pág. 202.

[2478] REDONDO ILLESCAS, S. y SÁNCHEZ MECA, J., Guía de tratamientos psicológicos eficaces para la delincuencia juvenil, cit., pág. 206.

[2479] REDONDO ILLESCAS, S. y SÁNCHEZ MECA, J., Guía de tratamientos psicológicos, cit., pág. 208.

[2480] Sobre estos metaanálisis, particularizadamente, REDONDO ILLESCAS, S. y SÁNCHEZ MECA, J., Guía de tratamientos, cit., págs. 202 y ss

[2481] Vid. REDONDO ILLESCAS, S. y SÁNCHEZ MECA, J., Guía de tratamientos, cit., pág. 207.

[2482] Así se desprende del metaanálisis de HALL (1995). Cfr. REDONDO ILLESCAS, S. y SÁNCHEZ MECA, J., Guía de tratamientos…, cit., pág. 203.

En cuanto a los jóvenes *psicópatas*, cabe destacar los metaanálisis de GARRIDO, ESTEBAN y MOLERO, en 1996 y el más reciente de SALEKIN, publicado en 2002[2483]. Aunque persiste la creencia de que el psicópata opone una gran resistencia a cualquier clase de terapia[2484], la investigación metaanalítica de SALEKIN permite vislumbrar un horizonte menos pesimista. Todo parece indicar que las técnicas de intervención más idóneas son las eclécticas, que combinan programas de orientación farmacológica y cognitiva-conductual, e incluso las psicoanalíticas, mientras la terapia electroconvulsiva y la de comunidad terapéutica carecen de efectividad[2485].

3) *La resocialización del infractor. Recapitulación*[2486]

Resocialización y tratamiento son conceptos que han recibido toda suerte de reproches y descalificaciones, no siempre justificados.

A quienes condenan dogmáticamente cualquier intervención en el infractor, alegando su ilegitimidad, conviene advertir que las revoluciones tardan mucho en llegar —o no llegan nunca— y mientras, no es justo abandonar a su suerte a la población reclusa, sin esperanza, ni otra expectativa que el cumplimiento de la pena. El nihilismo, la teoría y praxis de la no intervención, el pensamiento maximalista y utópico ofrecen una engañosa faz de progreso y humanismo. Sin embargo, la historia demuestra que utópicos y radicales sólo siembran, en el mejor de los casos, la semilla del progreso y del cambio social; pero éste, el progreso, se construye día a día a pie de obra por los reformadores que se comprometen con la realidad y la transforman[2487].

La supuesta inefectividad de todo tratamiento es otra falacia que alimenta, eso sí, la virtualidad de conocidas «*profecías*» y círculos viciosos. Pero tiene que enfrentarse a la evidencia científico empírica con escaso éxito. Cabe cuestionar, desde luego, la viabilidad de un determinado tratamiento rehabilitador, o, quizás, la de cualquier intervención en ciertos casos o grupos de infractores. Pero negar, de antemano, la posibilidad de llevar a cabo un impacto positivo y bienhechor en

---

[2483] Vid. REDONDO ILLESCAS, S. y SÁNCHEZ MECA, J., Guía de tratamientos, cit., págs. 204 y ss.; SALEKIN, R.T., Psychopathy and therapeutic pesimism: Clinical lore or clinical reality, en: Clinical Psychology Review, 22, págs. 79 a 112; también: ESTEBAN, C., GARRIDO, V. y SÁNCHEZ MECA, C., Cuando la emoción es un problema: un estudio metaanalítico de la eficacia de los tratamientos con sujetos diagnosticados como psicópatas, en: Ansiedad y Estrés, 2 (1), págs. 55 a 68.

[2484] Vid. REDONDO ILLESCAS, S. y SÁNCHEZ MECA, J., Guía de tratamientos…, cit., pág. 204.

[2485] Vid. REDONDO ILLESCAS, S. y SÁNCHEZ MECA, J., Guía de tratamientos…, cit., pág. 205.

[2486] Vid., GARCÍA-PABLOS DE MOLINA, A., Tratado de Criminología, cit., págs. 983 y ss.

[2487] La experiencia demuestra, además, que el escepticismo respecto a la viabilidad y eficacia del tratamiento rehabilitador devuelve la vigencia a los programas puramente disuasorios y segregadores. Así la experiencia norteamericana; vid. CULLEN, F.T., GENDREAU, P., La evolución de la rehabilitación correccional: marco conceptual. En: Justicia Penal Siglo XXI. Una selección de Criminal Justice, 2000, cit., Comares, 2006, págs. 277.

la población reclusa, científicamente programado, es tanto como negar la realidad diaria[2488].

Ahora bien, el ideal resocializador sigue siendo aún muy ambiguo e impreciso. La polémica doctrinal y normativa antes referida pone al descubierto la existencia de demasiados interrogantes sobre la meta final, los objetivos intermedios, los procedimientos y los mismos límites de tan ambiciosos programas. Afortunadamente, la investigación empírica y la praxis clínica han despejado ya muchas incógnitas sobre el tratamiento del infractor. Hoy la ciencia puede delimitar, con mayor precisión, el contenido de la intervención, lo que es —y lo que no es— el tratamiento; sus objetivos y estrategias, según las características de cada caso o grupo de casos; las técnicas concretas de intervención recomendables; los resultados que cabe esperar de las mismas, sus perspectivas, etc. El ideal resocializador dejará de ser un mito o un lema vacío de contenido cuando, después del oportuno debate científico, se alcance un elemental consenso en torno a tres cuestiones básicas: qué *objetivos concretos* se pueden perseguir con relación a cada grupo o subgrupo de infractores, qué *medios y técnicas de intervención* se estiman en cada caso idóneos y eficaces y qué *límites* no debe superar jamás cualquier suerte de intervención.

No obstante, sería deseable redefinir el propio concepto de «resocialización» y plantear en otros términos el debate clásico sobre la «intervención» en el infractor y los fines de (la ejecución de) la pena privativa de libertad.

Ante todo, la polémica sobre la resocialización del penado debe discurrir en lo sucesivo por las sendas del *empirismo*, del «ser», abandonando el tradicional enfoque normativista, del «deber ser», que tanto ha contaminado y enrarecido la controversia. Una vez más, por tanto, sería necesario que la discusión se desplace del mundo del Derecho —de las «togas negras»— y la Filosofía, al mundo de las «batas blancas», de la experiencia empírica.

En segundo lugar, el propio ideal resocializador tiene que *relativizarse*, con realismo, y ganar en *concreción*. Su interpretación correccionalista, incluso clínica, debe dar paso a otra meramente *funcional*, que conciba tal meta u objetivo no a modo de cambio cualitativo de la personalidad del penado, de las actitudes, motivaciones y estructuras más íntimas de éste, sino como oferta del sistema al infractor, dirigida a enriquecer el horizonte personal y vital del mismo (en interés de éste, no del sistema) y a potenciar efectivamente sus posibilidades de participación social.

[2488] No es necesario recordar que un importante subgrupo de delincuentes: los «ocasionales» (delincuentes que aprovechan una oportundiad favorable para delinquir, una situación, etc.) no necesitan de tratamiento.

Por otra parte, no cabe disociar el ideal resocializador del marco histórico concreto de la realidad carcelaria, de la forma en que se cumple y ejecuta la pena privativa de libertad y el modo en que la experimenta el infractor: de las facetas domésticas y cotidianas de la prisión que significan el día a día del penado. Difícilmente puede diseñarse una intervención positiva en éste sin una previa mejora sustancial de las condiciones de cumplimiento de la pena y del régimen de ejecución del castigo. La *resocialización* del infractor sería un concepto sublime pero vacío de contenido —y el *tratamiento*, un eufemismo— si los teóricos siguen especulando inútilmente sobre la interpretación de categorías y conceptos trascendentales y se desentienden de los problemas concretos que la ejecución de la pena privativa de libertad suscita: la clasificación del interno, el régimen de permisos y visitas, las comunicaciones, la obtención del tercer grado y del régimen abierto, los cacheos y recuentos, etc.

IV. EL MODELO «INTEGRADOR»[2489]

1. *Las indefiniciones de un nuevo modelo o paradigma*

El denominado *«modelo disuasorio»* propugna una implacable respuesta al delito, rápida, eficaz y sin fisuras, positivamente percibida y respaldada por la sociedad, que operaría, así, como poderoso instrumento preventivo. Cualquier otro objetivo o finalidad (corrección del infractor, reparación del daño, etc.) pasa a un segundo plano.

El modelo o *paradigma resocializador*, por el contrario, pone el acento en la necesidad de intervenir de forma positiva y bienhechora en la persona del infractor, reintegrándole a la comunidad jurídica una vez cumplida la pena.

Por último, el modelo que se analiza a continuación integra en el sistema de respuesta al delito la satisfacción de otras expectativas sociales: la solución conciliadora del conflicto que el crimen exterioriza, la reparación del daño causado a la víctima y a la comunidad por aquel y la propia pacificación de las relaciones sociales. Puede hablarse, por ello, de un *modelo integrador*, ya que procura ponderar los intereses, expectativas y exigencias de todas las partes implicadas en el problema criminal, con armonía y ecuanimidad.

El modelo *«integrador»* parece, sin duda, más ambicioso en cuanto a sus objetivos últimos. Por otra parte, exhibe una clara vocación de flexibilidad en orden a los *procedimientos* que arbitra para alcanzarlos, al propugnar sus partidarios más radicales vías alternativas al sistema legal y soluciones informales, desinstitucio-

---

[2489] Vid. GARCÍA-PABLOS DE MOLINA, A., Tratado de Criminología, cit., págs. 988 y ss.

nalizadas, comunitarias. Late, pues, la convicción de que el crimen es un conflicto interpersonal y que su solución efectiva, pacificadora, debe encontrarse por los propios implicados en el mismo, «desde dentro», en lugar de imponerse por el sistema legal con criterios formalistas y elevado coste social[2490].

Calificar de «modelo» o «paradigma» estas nuevas tendencias quizás sea un exceso dialéctico, porque los innumerables y poco homogéneos procedimientos de conciliación, mediación y reparación —por sus muy plurales orígenes, ambigüedad de metas y contradictoria instrumentación técnica— no ofrecen hoy por hoy una imagen unitaria y coherente, sino confusa, fragmentaria. Es más: exhiben un significativo déficit en sus marcos teóricos, aún inconclusos, y relevantes indefiniciones, lagunas y antinomias en aspectos politicocriminales, criminológicos, orgánicos, procesales, etc. que cualquier sistema convencional de respuesta al delito debe superar[2491].

No obstante, y como en su día sucediera con el también ambiguo e indefinido lema de la «resocialización», los actuales conceptos de «mediación», «conciliación» y «reparación» —al igual que los de «justicia reparadora», justicia «restaurativa» o justicia «comunitaria»— cautivan, habiendo polarizado, desde la década de los ochenta, los principales debates teórico doctrinales sobre la justicia criminal. Representan —o parecen representar— la nueva savia rejuvenecedora del sistema, capaz de aportar, con su discurso positivo y optimista, alternativas

---

[2490] Sobre el modelo conciliatorio, vid. PÉREZ SANBERRO, Guadalupe, Reparación y conciliación. Autor-víctima, 1996 (Bilbao), tesis doctoral, publicada en Granada, 1999 (Edit. Comares), bajo el título: Reparación y conciliación en el sistema penal ¿Apertura de una nueva vía?; una referencia bibliográfica extensa sobre este modelo, en: GARCÍA-PABLOS DE MOLINA, A., Tratado de Criminología, cit., págs. 988 y ss., nota 146. Sobre la mediación, vid.: La mediación y la reparación. Aproximación a un modelo (por: GIMÉNEZ SALINAS, E.,,, y otros): La mediación penal. Colección Justicia: Societat, nº 19. Centre dÈstudis Juridics i Formació Especializtada. Barcelona, 1999; GIMÉNEZ SALINAS, E., La mediació penal en dret comparat. Revista Papers d'estudis i formació. Núm. 5, II Epoca, Barcelona, Junio 1996; de la misma: La mediació penal: una música de futur. Forum nº 3, Revista del Centre dÈstudis Juridics i formació Especialitzada. Barcelona, 2003; GIMÉNEZ SALINAS, E., La conciliación-víctima delincuente. Hacia un Derecho Penal reparador, en: Victimología. Cuadernos de Derecho Judicial, Madrid (1983). Consejo General del Poder Judicial; VARONA MARTÍNEZ, G., La mediación reparadora como estrategia de control social. Una perspectiva criminológica. Granada, 1998 (Comares); ROLDÁN BARBERO, H., La mediación penal: entre el orden legal y la voluntad de mejorar, en: Revista Penal. La Ley, 11 de enero de 2003, págs. 118 y ss.; TAMARIT I SUMALLA, J., La reparación a la víctima en el Derecho Penal. Barcelona, 1994; SAN MARTÍN LARRINOA, Mª. B., La mediación como respuesta a algunos problemas jurídico-criminológicos, 1997. Departamento de Justicia, Economía, Trabajo y Seguridad Social del País Vasco.

[2491] Cfr. GARCÍA-PABLOS DE MOLINA, A., Tratado de Criminología, cit., págs. 995 y ss. Sobre los muy diversos modelos, vid.: GIMÉNEZ SALINAS, E., La mediación en el sistema de Justicia Juvenil: una visión desde el Derecho Comparado. En: Menores privados de libertad. Cuadernos de Derecho Judicial nº XV, Madrid, 1996 (Publicaciones del Consejo General del Poder Judicial); de la misma: La mediació penal en dret comparat, cit. supra.

válidas al nihilismo del «*nothing works*» que atenaza a aquél[2492]; o al idealismo retribucionista de la «pena justa y merecida», anclado en el castigo improductivo, e incapaz de ofrecer soluciones positivas al problema criminal con la intervención formalista y coactiva de una diosa de mármol —la justicia— ciega, sorda y muda, pero que «ciñe espada».

Para empezar, el estandarte de la «*Justicia restaurativa*» que abandera este genuino «*movimiento*» ha sabido sintonizar con las exigencias sociales y expectativas de nuestro tiempo en torno al doloroso problema del crimen —problema social y comunitario de primer rango— mejor, desde luego, que los viejos y caducos clichés categoriales de la rancia dogmática penal, cada vez más retórica que ciencia. De suerte que a conceptos o dogmas manidos y vacíos de contenido (vg. resocialización, rehabilitación, etc.), cargados de frustración, los sistemas de «*restitution*» y «*conciliation*» han opuesto un nuevo lenguaje de formas, conceptos, técnicas y categorías sugerentes, atractivas[2493]. Y no sólo eso: aportan un análisis diferente del conflicto criminal y fórmulas también diferentes de intervención en el mismo. Los sistemas y procedimientos de mediación, conciliación y reparación rescatan la dimensión interpersonal del crimen, real, histórica y concreta. Proponen una solución («*gestión*») participativa de dicho conflicto, flexible y comunicativa, ampliando el círculo de personas «*legitimadas*» para intervenir en ella. Todo mediante técnicas y procedimientos operativos, informales (desinstitucionalización) en aras de una justicia que resuelve el conflicto, da satisfacción a la víctima y a la comunidad, pacifica las relaciones sociales interpersonales y generales e incluso pacifica y mejora el clima social. Sin vencedores ni vencidos, sin humillar ni someter al infractor, sin amenazar a éste con las «*iras*» o el «*peso*» de la ley[2494], sin apelar a la «*fuerza victoriosa del Derecho*». Una justicia de base comunitaria[2495] que asume la realidad del crimen liberándola de tradicionales connotacio-

---

[2492] Sobre el nihilismo y el "nada funciona" (nothing works), vid.: BLOMBERG, Th., COHEN, St., edits., Punishment and Social Control, cit., 1995, págs. 83 y 84, Cfr. VARONA MARTÍNEZ, G., La mediación reparadora, cit., pág. 125.

[2493] Vid. VARONA MARTÍNEZ, G., La mediación reparadora, cit., pág. 121, citando la obra de FEELEY y SIMON; Cfr., GARCÍA-PABLOS DE MOLINA, A., Tratado de Criminología, cit., págs. 995 y ss.

[2494] Vid., GARCÍA-PABLOS DE MOLINA, A.,Tratado de Criminología, cit., págs. 996 y ss. Como subraya ROLDAN BARBERO, H. (La mediación penal, cit., págs. 120 a 128) lo característico de la mediación es su *contenido no punitivo*, propio del modelo de justicia restaurativa. Para el autor, la mediación conoce un rico catálogo de posibles prestaciones y reglas de conducta como: el perdón judicial o del propio ofendido, la reparación del daño, la realización de un determinado trabajo, actividad o servicio a favor de la comunidad, el compromiso del infractor a acogerse a una actividad educativa, etc.

[2495] Sobre el subrayado comunitario, vid.: VARONA MARTÍNEZ, G., La mediación reparadora, cit., pág. 76 y ss.; CHRISTIE, N., Limits to Pain, Oxford (1981), Martin Robertson, pág. 97 y ss.; BRAITHWAITE, J., Juvenile Offending: New Theory and Practice. En: National Conference on Juvenile Justice. Proceedings of a Conference Held, 22.24 September, 1992, Edit. Lynn

nes patológicas, solidariamente, en lugar de articular reacciones defensivas frente al *«enemigo común»*. Y que da entrada, sin complejos —pero, sin arrogancia— a saberes extrajurídicos y a operadores (mediadores) con el propósito de diseñar procedimientos de comunicación e interacción ágiles que faciliten las soluciones de los conflictos.

Las excelencias, por tanto, del *«modelo integrador»* frente al *«enjuiciamiento»* convencional parecen evidentes: persigue metas y objetivos más exigentes, se sirve de cauces flexibles e informales y paga costes sociales también menores.

Los defensores de este modelo de justicia «reparadora» advierten que el mismo no incurre en el reduccionismo de los procedimientos tradicionales de *«mediación»*, que, olvidando el rol muy relevante de la «comunidad», conciben el delito como conflicto «bilateral» entre delincuente y víctima[2496]. Y subrayan, también, que el nuevo paradigma de justicia «restaurativa» trasciende de los objetivos y metas de la denominada justicia «negociada» o «consensuada», basada esta última en el *regateo* y el *do ut des* (vg. la *conformidad* procesal) [2497]. La mediación «humanística» de la justicia reparadora se basa más en la empatía, y en la búsqueda de una pacificación real de las relaciones interpersonales y sociales (comunitarias) que en la solución pragmática de un conflicto mediante una intervención hábil y eficaz.

A su vez, cabría una precisión conceptual que alivie el enorme caos terminológico y la ambigüedad que lastran este nuevo modelo en ciernes (modelo, por cierto, angloamericano). La *«mediación»* hace referencia al procedimiento o forma de gestionar el conflicto, no a sus objetivos finales. Pero tampoco es la única técnica de intervención: junto a la mediación, la justicia restaurativa conoce otras: «conferencing», «circles», etc. [2498]. A la meta final parecen referirse los términos *justicia «reparadora»* o *«restaurativa»* (preferible, en nuestro idioma, el primero de ellos), si bien no lo hace con absoluta fortuna, porque el fin ideal que este paradigma propugna trasciende cometidos puramente reparatorios, o incluso el solo restablecimiento del *statu quo* previo al delito[2499]; y, por su equivocidad, parece que éste se agotaría en las relaciones interpersonales delincuente-víctima, con olvido de la *comunidad*. Por último, la fórmula «justicia *comunitaria*» destaca el protagonismo de la comunidad (comunidad/*versus* Estado) como agente y destinatario último del proceso reparador, y marco del mismo. Porque también la comunidad —no solo la víctima— padece las consecuencias negativas del delito.

Atkinson y Sally-Anne Gerull. Canberra: Australian Institut of Criminology, pág. 36 y ss.; MATTEWS, R., Crime Prevention. Disorder and Victimization: Some Recent Western Experiences. International Journal ot Sociology of Law, 1994 (22), págs. 87 a 104.

[2496] Así, HIGHTON, E.I., ALVAREZ, G.S., GREGORIO, C.S., Resolución alternativa de disputas y sistema penal, Buenos Aires, 1998, págs. 73 y ss.

[2497] En este sentido, TAMARIT SUMALLA, J.Mª., La justicia reparadora, cit., pág. 453 (citando la opinióndE UMBREIT).

[2498] Cfr. TAMARIT SUMALLA, J.Mª., La justicia reparadora, cit., pág. 440. Estas modalidades proceden de Australia. Nueva Zelanda y Australia, según el autor. Vid. HERRERA MORENO, Myriam, Rehabilitación y restablecimiento social. Valoración del potencial rehabilitador de la justicia restauradora desde planteamientos de teoría jurídica terapéutica, en: Cuadernos de Derecho Judicial, XIV (2006), CGPJ, pág. 217.

[2499] Así, TAMARIT SUMALLA, J.Mª., La justicia reparadora, cit., págs. 452 y 453.

Sin embargo, son muchos los interrogantes que suscita el ideal de la llamada «*justicia restaurativa*» y relevantes, muy relevantes, sus implicaciones.

No son claros, desde luego, ni unívocos sus *antecedentes ideológicos*, ni sus *presupuestos político-criminales*, dado que los modelos de conciliación, mediación y reparación beben en fuentes muy dispares. Las dos tradiciones histórico-culturales del control social desembocan, por caminos diferentes, en fórmulas alternativas, sustitutivas o complementarias del sistema legal, en procedimientos informales de solución de los conflictos. Éstos constituyen, en efecto, la propuesta emblemática de los sistemas de «*diversion*»[2500]. Pero, también, del pensamiento «*abolicionista*» de la «*non radical intervention*»[2501] y de las tendencias *victimológicas* que surgen en la década de los cuarenta[2502]. Sin olvidar las corrientes «*reprivatizadoras*» radicales[2503], partidarias de la devolución del conflicto a sus protagonistas, orientaciones, como es lógico, muy proclives a estas vías alternativas del control social formal. Todo ello demuestra, sin embargo, que la racionalidad del nuevo modelo tiene y cuenta con una fundamentación ideológica muy variada: la necesidad de evitar el impacto estigmatizante del sistema legal y sus agencias e instancias oficiales («*diversion*»), la mejor satisfacción de las justas expectativas de uno de los protagonistas del conflicto criminal («*movimientos victimológicos*»), la intrínseca falta de legitimación activa del sistema para arrebatar el conflicto a sus '*propietarios*' («*abolicionismo*» y tendencias privatizadoras radicales), etc. O

[2500] Para una referencia bibliográfica sobre la «diversion» y su incidencia en los modelos de mediación y conciliación, vid.: VARONA MARTÍNEZ, G., La mediación reparadora, cit., pág. 329, nota 38; GIMÉNEZ SALINAS, Esther, La conciliación víctima-delincuente. Hacia un Derecho Penal reparador, en: La victimología. Cuadernos de Derecho Judicial. Madrid, 1993 (Consejo General del Poder Judicial), pág. 354.

[2501] En cuanto al movimiento abolicionista y su relación con los sistemas de mediación y conciliación, vid.: CHRISTIE, N.., Conflicts as Property, en: British Journal of Criminology, 17 (1977), pág. 1 y ss.; Cfr. VARONA MARTÍNEZ, G., La mediación reparadora, cit., pág. 86 y ss.; GIMÉNEZ SALINAS, Esther, La conciliación víctima-delincuente, cit., pág. 356.

[2502] Subrayando la influencia de las tesis victimológicas en los sistemas de mediación y conciliación, GIMÉNEZ SALINAS, E., La conciliación víctima-delincuente, cit., pág. 347 y ss. Sobre las diversas Resoluciones europeas (1999); la Decisión Marco de 15 de noviembre de 2001, de la Unión Europea (ambas sobre la «mediación», la segunda vinculante para los Estados miembros); y la Resolución del ECOSOC 2002/12, («Principios básicos para la aplicación de programas de justicia restaurativa en materia penal»), no vinculante pero de gran interés, vid. TAMARIT SUMALLA, J.Mª., La justicia repadora, cit., págs. 444 a 445.

[2503] Sobre las tendencias «privatizadoras», en general: GIMÉNEZ SALINAS, E., La conciliación víctima-delincuente: hacia un Derecho Penal reparador, cit., pág. 356 y ss. Con relación a las tesis radicales, vid.; CHRISTIE, N., Conflicts as Property, cit. (1977), págs. 1 y ss.; BIANCHI, H., Justice as Sanctuary.Toward a new System of Crime Control, 1994. Bloomington, Indiana University Press, pág. 58 y ss. Cfr. VARONA MARTÍNEZ, G., La mediación reparadora, cit., pág. 309 y ss.

lo que es lo mismo: que falta una base común, un sustrato ideológico homogéneo, un hilo conductor a sus muy diversas manifestaciones[2504].

Los propios *objetivos finales* de este nuevo '*paradigma*' parecen discurrir por niveles lógicos diferentes, y exigen un esfuerzo conceptual de armonización que mitigue inevitables antagonismos. Pues no sería correcto equiparar modelos de reparación, orientados a satisfacer expectativas individuales de la víctima y modelos de conciliación que afrontan la solución de un conflicto interpersonal atendiendo exigencias bilaterales; ni cabe suponer, tampoco, que el impacto pacificador de las relaciones sociales generales —y del clima social— se intente o alcance de modo similar en uno u otro submodelo. Reparación, conciliación y pacificación no son magnitudes homogéneas, ni metas comunes predicables de un mismo paradigma.

La imprecisa autodefinición de esos modelos «*trilaterales*» de mediación, conciliación y reparación incide, lógicamente, no sólo en sus metas últimas, sino también en el contenido de las fórmulas que proponen para abordar los conflictos y en el modo de fundamentar la legitimación de los terceros que han de intervenir o gestionar la solución de aquéllos. Poco tienen en común, por ejemplo, las tesis moderadas que contemplan estos procedimientos informales como genuinas '*terceras vías*'[2505], o como mecanismos '*sancionatorios*' en el seno del sistema penal[2506], con las radicales '*eunómicas*'[2507], que sugieren la «*negociación*», o las abolicionistas y reprivatizadoras, contrarias a la intervención del sistema legal —«*ladrones oficia-*

[2504] Prueba de la citada ausencia de un sustrato ideológico homogéneo es el propio concepto de «Justicia restaurativa» que sirve de abrazadera al vasto entramado de doctrinas y realizaciones inspiradas en las ideas de mediación y conciliación. Vid., VARONA MARTÍNEZ, G., La mediación reparadora, cit., págs. 99 y ss. quien cita como representativos a: ZEHR, H., (Changing Lenses: A New Focus for Crime and Justice, 1990. Scottdale:Herald Press); WRIGT, M. (Justice for Victims and Offenders. A restorative Response to Crime. Filadelfia, 1991. Open University Press); BURNSIDE y BAKER (Justicia relacional, 1994); BOTTOMS, A.E. (Avoiding Injustice, Promoting Legitimacy and Relationships, en: Relational Justice Repairing the Breach, 1994, Winschester: Waterside Press); CRAGG, W. (The Practice of Punishment. Towards a Theory of Restorative Justice, 1992, Londres, Routledge); FATIC, A. (Punishment an Restorative Crime-Handling. A Social Theory of Trust, 1995, Aldershot: Avebury); BERISTÁIN IPIÑA, A. (quien opta por la denominada: «Justicia recreativa»). Cfr., GARCÍA-PABLOS DE MOLINA, A., Tratado de Criminología, cit., págs. 996 y ss.

[2505] Vid., GIMÉNEZ SALINAS, E., La conciliación víctima-delincuente, cit., pág. 355 y ss. (Entre el abolicionismo y la privatización. La tercera vía). Sobre el problema, vid.: PÉREZ SANZBERRO, G., Reparación y conciliacion, cit., pág. 299 y ss.

[2506] Propuesta de GIMÉNEZ SALINAS, E., La conciliación víctima-delincuente, cit., págs. 350 y 359. Según la autora, mediación y conciliación nacen «dentro» del Derecho Penal, deben ubicarse en el seno del mismo y regirse por sus principios generales, aunque se lleven a término de forma extrajudicial, antes o fuera del proceso. Sobre la tercera vía que propone ROXIN, y en general, el rico espectro de opciones, vid., PÉREZ SANZBERRO, G., Reparación y conciliación, cit., págs. 299 y 300.

[2507] Tesis de BIANCHI, H., Justice as Sanctuary. Toward a new System of Crime Control, cit., 1994, págs. 58 y ss. y 171 y ss.

les» del conflicto, «*confiscadores*» de éste— que propugnan su «*devolución*» a los implicados en el mismo («*propietarios*»)[2508].

Desinstitucionalizar, desoficializar, desjuridicidar, desformalizar, privatizar, desjudicializar, son términos y conceptos que, a menudo, se utilizan con escaso rigor, como si de sinónimos se tratase. Pero que no lo son.

Por la misma razón, no queda claro el grado de *autonomía orgánica y funcional* de estos procedimientos informales respecto del sistema legal. Si mediación y conciliación se comportan en términos de alternativa, sustitutivo, complemento o sucedáneo con relación al enjuiciamiento convencional. Si cabe hablar, en puridad —o, no— de una recíproca intercambiabilidad o fungibilidad de la actuación de unas y otras instancias (formales e informales) del control social; esto es, si se admite la posibilidad de formular apriorísticamente criterios generales que delimiten sus ámbitos y competencias respectivos.

Ni, por supuesto, cual es el rol que se asigna a *la comunidad*[2509] —y qué se entiende por comunidad (si se trata de un marco simbólico, de un medio, o de una referencia final) en estos procedimientos de conciliación y mediación—; cuestión de particular interés en un momento del saber científicocriminológico en que no cabe ya comprender el delito al margen de la comunidad, y cuando tanto la prevención como la intervención en el problema criminal se definen como prevención comunitaria y como intervención comunitaria[2510].

Por otra parte, los teóricos de la mediación, la conciliación y la reparación proclaman las excelencias de estas fórmulas —dicen, «*activas*», «*incluyentes*», «*comunicativas*» y «*participativas*»[2511]— estimándolas cualitativamente más acabadas y exigentes que las del enjuiciamiento convencional. Sin embargo, y a pesar de atribuir a aquéllas la capacidad de operar valiosos *cambios actitudinales y motivacionales en el infractor —y en la víctima—* no coinciden al explicar en qué ha de consistir dicho cambio (su objeto y contenido), ni cómo debe producirse, ni de qué forma ha de discurrir el proceso de interacción y cuáles son sus principales variables. Más aún, existen discrepancias flagrantes entre unas y otras propuestas. Así, mientras cierto sector doctrinal asigna a estas fórmulas de mediación y conciliación objetivos pura y exclusivamente reparatorios, descartando

---

[2508] CHRISTIE, N., Conflicts as Property, cit. (1977), British Journal of Criminology, 17, pág. 1 y ss.

[2509] Sobre el problema, vid., VARONA MARTÍNEZ, G., La mediación reparadora, cit., págs. 127 y 128.

[2510] En este sentido, GARCÍA-PABLOS DE MOLINA, A., Tratado de Criminología, cit., págs. 100 y 101; 916 y ss.; 931 y ss.; 961 y ss.; 999 y ss.

[2511] Por todos, VARONA MARTÍNEZ, G., La mediación reparadora, cit., pág. 716.

cualquier lectura o pretensión moralizadora[2512], otro, por el contrario, exige el sincero arrepentimiento del infractor, o incluso actitudes y vivencias más íntimas y exigentes[2513], producto de la percepción directa y personal del mal causado a la víctima y del proceso de interacción con ésta; habiéndose enfatizado incluso que, al margen de los valores éticos, la mediación sería una mera gestión de conflictos, que no mejoraría cualitativamente los estándares de la justicia tradicional[2514].

Otras cuestiones técnicas de gran calado y trascendencia siguen suscitando una viva polémica entre los partidarios de la mediación y la conciliación, sin que se vislumbre la posibilidad de un elemental consenso. Así, son inabarcables las *modalidades* concretas de mediación y conciliación que se conocen o sugieren; el rol, contenido, perfil y funciones, en cada caso, del tercero (negociador, árbitro, mediador, etc.)[2515]; las propias «*formas*» de la mediación-conciliación, atendiendo al número, actividad, legitimación y grado de autonomía e imparcialidad de aquel (sistemas unilaterales, bilaterales y trilaterales)[2516]; los posibles 'estilos' de mediación (penal, terapéutico, compensatorio, conciliatorio, etc.)[2517]; y, desde luego, las muy diversas *fórmulas procedimentales* que se arbitran como cauce o marco de comunicación para resolver el conflicto[2518]. Un análisis histórico, iuscomparatista y antropológico debiera alertar sobre la imposibilidad de llevar a cabo con éxito un seguimiento riguroso de estas instituciones, instituciones de mil caras, de curso fluctuante y sinuoso, pero tan antiguas como la propia humanidad, que siempre

---

[2512] Así, GIMÉNEZ SALINAS, E., La conciliación víctima-delincuente: hacia un Derecho Penal reparador, cit., pág. 360 y 361. Vid. GARCÍA-PABLOS DE MOLINA, A., Tratado de Criminología, cit., págs. 1.000 y ss.

[2513] Con notoria moderación, el Proyecto de mediación de Lovaina concibe ésta como un proceso voluntario de comunicación de emociones y hechos, creador de nuevas relaciones y actitudes ante el conflicto ... Cfr. VARONA MARTÍNEZ, G., La mediación reparadora, cit., pág. 726. Algunas propuestas de fuertes connotaciones comunitarias, sin embargo, subrayan la relevancia de la «vergüenza» (vergüenza «reintegrativa»), no «estigmatizante» del infractor: avergonzar a éste, sin ceremonias de degradación que le estigmaticen («reprobación reintegrativa») representaría una óptima vía de control social comunitaria. Así, BRAITHWAITE, J., Crime, Shame and Reintegration, 1989. Cambridge: Cambridge University Press.

[2514] Así, VARONA MARTÍNEZ, G., La mediación reparadora, cit., pág. 726.

[2515] Cfr. VARONA MARTÍNEZ, G., La mediación reparadora, cit., pág. 131 y ss.

[2516] Vid., por todos, BLACK, D., The Social Structure of Right and Wrong, 1993, San Diego: Academia Press. Cfr., VARONA MARTÍNEZ, G., La mediación reparadora, cit., pág. 131.

[2517] Vid. BLACK, D., The Social Structure of Right and Wrong, 1993, cit., ibidem.

[2518] Cfr., PÉREZ SANZBERRO, G., Reparación y conciliación, cit., pág. 240 y ss. En general, sobre el tema: GARCÍA-PABLOS DE MOLINA, A., Tratado de Criminología, cit., págs. 1.000 y ss.; los aspectos procedimentales tienen gran importancia en los modelos de «justicia restaurativa», en los que lo decisivo no es tanto la «reparación» misma (del daño causado a la víctima) como el «proceso» seguido para llegar a ella (Cfr., VARONA MARTÍNEZ, G., La mediación reparadora, cit., pág. 100, nota 249).

han complementado o suplido con eficacia la actuación del sistema legal y sus instancias oficiales[2519].

Por último, se discute también el *ámbito de aplicación* de estos sistemas. Para unos autores, debiera partirse de un principio de generalidad o universalidad: esto es, de la idoneidad de la mediación y de la conciliación para abordar cualquier conflicto criminal, sin reserva o restricción alguna en atención a la naturaleza y gravedad del delito, perfil de la víctima o personalidad del infractor[2520]. Otros autores, por el contrario, sugieren se reserven estas fórmulas para concretas infracciones e infractores (jóvenes y primarios), en atención a un elemental realismo y a exigencias de prevención general[2521]. Otros, finalmente, incluyen los supuestos de habitualidad y reincidencia y proponen la exclusión tanto de los delitos muy graves como de las infracciones insignificantes[2522]. La realidad, no obstante, impone sus propios caminos[2523].

> La exclusión tanto de los delitos muy graves, como de las infracciones leves tiene un claro fundamento.
> No cabe la conciliación respecto a los delitos de especial gravedad por elementales razones de *prevención general*. La sociedad no permite que un conflicto de tales características pueda zanjarse por un procedimiento flexible sin la intervención de las instancias del control social formal. La gravedad del delito cierra el paso a soluciones al margen de las agencias

---

[2519] Vid., VARONA MARTÍNEZ, G., La mediación reparadora, cit., págs. 147 y ss. y 719 y ss. Como advierte la autora, la mediación ha coexistido siempre con el enjuiciamiento convencional. Distintas ciencias, añade, demuestran que la sociedad cuenta en todo momento con mecanismos periféricos eficaces no controlados por el Estado. De hecho, los pleitos en los tribunales representan sólo una pequeña fracción de las tensiones (op. cit., pág. 719).

[2520] Criterio que comparten entre otros las tesis abolicionistas y radicales, el pensamiento «comunitarista» y los partidarios de concepciones «reprivatizadoras», antes citados. Cfr., VARONA MARTÍNEZ, G., para quien, según WRIGHT, lo lamentable sería que la justicia retributiva tradicional asumiera sólo el vocabulario de la justicia restaurativa, y que ésta se reservase exclusivamente para casos menores, adquiriendo la reparación naturaleza penal (La mediación reparadora, cit., pág. 100).

[2521] Opinión mayoritaria, partidaria de seleccionar sin apriorismos la clase y naturaleza de conflictos que, según criterios científicos, puedan abordarse con estos procedimientos de mediación y conciliación. Vid. GARCÍA-PABLOS DE MOLINA, A., Tratado de Criminología, cit., págs. 1.001 y ss., contrario abiertamente al principio de universalidad.

[2522] Así, GIMÉNEZ SALINAS, E., La conciliación víctima-delincuente: hacia un Derecho Penal reparador, cit., pág. 361. Comparto, sin reservas, la tesis de la autora.

[2523] Hoy por hoy, como advierte VARONA MARTÍNEZ, G., (La mediación reparadora, cit., pág. 726 ss.) es una institución 'marginal', que sólo ha adquirido carta de naturaleza en la justicia juvenil, en infracciones patrimoniales de menor importancia y en delitos privados. A juicio de WRIGHT, STANGELAND, GONZALEZ VIDOSA y otros, la mediación parece mostrarse más eficaz en ciertos delitos, y, especialmente, cuando infractor y víctima se conocían con anterioridad (vg. robos, estafas, amenazas entre vecinos, disputas seguidas de lesiones, etc.). Y, en todo caso, en delitos contra bienes jurídicos individuales. Cfr., ROLDÁN BARBERO, H., La mediación penal, cit., págs. 134 y ss.

oficiales del control estatal, a fórmulas conciliatorias de faz privada como si de un irrelevante conflicto doméstico y particular se tratase.

Pero tampoco debiera constreñirse la conciliación a infracciones de escasa importancia. La razón es obvia: dado que la conciliación implica un serio esfuerzo pedagógico dirigido a un cambio actitudinal positivo del infractor a través de la interacción fecunda entre éste y la víctima, y conlleva un despliegue de medios, de tiempo (y un considerable coste), etc. parece absolutamente *desproporcionado* que una intervención *de tales pretensiones* (lenta, compleja, costosa, etc.) se circunscriba a infracciones leves que podrían contestarse con una simple amonestación, o una multa. Tampoco se comprende que conductas de poca importancia den lugar a una intervención que, en definitiva, implica una intensificación sutil pero efectiva de las redes del control social penal.

La mediación aporta, sin duda, nueva savia al viejo sistema de la justicia clásica. Como alternativa a ésta, como pretenden algunos, o, al menos, como *tercera vía* —pactada, negociada— la mediación sugiere una solución realista, no punitiva, empática y solidaria, a los conflictos sociales integrando al infractor en la comunidad. Se trataría, pues, de una fórmula de compromiso entre el abolicionismo radical y posiciones sistémicas capaz de conciliar dos discursos antagónicos: el crítico de los radicales partidarios de la abolición y el estabilizador de los fieles al sistema opuestos a los activistas de la contestación social[2524].

Según esto, la mediación sugiere un compromiso comunitario. Y una justicia que sustituya el *imperium* por la *auctoritas*, la *inteligencia racional* por la *inteligencia emocional,* la *empatía*, el autocontrol, el arte de escuchar, de resolver los conflictos y colaborar con los demás. En definitiva, los partidarios de la mediación pretenden sustituir la justicia *retributiva* por la llamada justicia *restaurativa* que persigue la conciliación del infractor y víctima, la reparación del daño causado a la víctima y a la comunidad y la recuperación del delincuente[2525].

2) *Sus orígenes y antecedentes próximos*. En todo momento histórico las distintas instancias del control social, formal e informal, han aplicado «*formas*» y «*estilos*» diversos de manera simultánea, complementaria o interrelacionada, porque el mantenimiento del orden social no depende exclusivamente del Derecho penal estatal. Que determinadas situaciones problemáticas se aborden con unas concretas formas y estilos —o con otros— depende, según la historia demuestra, de factores como la complejidad social, las diferentes estructuras relacionales, los propios valores de la sociedad, etc.[2526]. Por ello, siempre han existido procedimientos más o menos informales de solución de conflictos, de estructura bilateral o trilateral, orientados hacia la negociación y el compromiso. Más aún: puede afirmarse que el número de pretensiones que enjuician los Tribunales de Justicia significan en términos cuantitativos una fracción insignificante de la cifra global de conflictos y tensiones sociales[2527]. Enjuiciamiento o conciliación han represen-

---

[2524] Vid. ROLDAN BARBERO, H., La mediación penal, cit., págs. 128 y ss., siguiendo a MACKAY, R., Ethics and good in restorativeJustice, 2000, págs. 55 y ss.

[2525] Vid. ROLDAN BARBERO, H., La mediación penal, cit., págs. 130 y 131; también: GOLEMAN, D., Inteligencia emocional, Barcelona (19ª Ed.), Kairos, págs. 17 y ss.

[2526] Cfr., VARONA MARTÍNEZ, G., La mediación reparadora, cit., pág. 298.

[2527] Cfr., VARONA MARTÍNEZ, G., La mediación reparadora ..., cit., pág. 719.

tado a lo largo de la historia de los pueblos dos opciones efectivas. La mediación tiene, pues, corta historia pero largo pasado[2528]. No es una fórmula nueva de la ingeniería jurídica, ni producto de circunstancias sociales de nuestro tiempo. Precisamente por su inabarcable historia, interesa ahora sólo una referencia a sus antecedentes próximos.

Como se dijo, en los orígenes y posterior configuración de este modelo, confluyen antecedentes y concepciones político-criminales dispares: desde tendencias victimológicas clásicas, partidarias de la reparación y de la conciliación autor-víctima, o movimientos alternativos, de corte anglosajón, que propugnan la solución de los conflictos al margen del sistema legal («*diversion*») a través de procedimientos informales e instancias no institucionales, a doctrinas criminológicas europeas abolicionistas y orientaciones filosóficas que sueñan no ya con la desaparición de la cárcel sino con la supresión del Derecho Penal (como decía RADBRUCH: no un mejor Derecho Penal sino algo mejor que el Derecho Penal)[2529].

Las ideas de *reparación* y *conciliación* han contado siempre con una poderosa «*vis atractiva*».

a) Los efectos perniciosos de la prisión en infractores jóvenes —y del propio proceso legal— han preocupado considerablemente, desde finales de los años sesenta, surgiendo en los países *anglosajones* movimientos de opinión favorables a la búsqueda de vías alternativas al sistema legal («*diversion*»), esto es, instancias no oficiales y mecanismos informales que pudieran resolver con eficacia y menor coste los conflictos[2530]. Se pensaba que fórmulas como la *mediación*, la *concilia-*

[2528] FUNES ARTIAGA, J., Mediación y justicia juvenil, Barcelona, 1995 (Fundación Jaume Callis), pág. 27. Cfr. VARONA MARTÍNEZ, G., La mediación reparadora, cit., pág. 300.

[2529] RADBRUCH, G., Rechtsphilosophie, 1963 (6ª edición), pág. 269. Sobre las razones que explican el éxito de la mediación como fórmula alternativa de enjuiciamiento y solución de conflictos, vid. ROLDAN BARBERO, H., La mediación penal, cit., págs. 128 a 132. El autor cita, entre otras: el naturismo y la praxis antropológica, que destacaron las técnicas comunitarias e informales que utilizaban ya las culturas primitivas para resolver sus conflictos; la crisis de la justicia criminal clásica, lenta, burocrática e ineficaz; el realismo de la mediación como fórmula de compromiso o síntesis social entre el abolicionismo radical y el conservadurismo a ultranza; el movimiento abolicionista de la década de los sesenta y setenta, que propugnaba mecanismos informales, no burocratizados, para enjuiciar los conflictos devolviendo éstos a sus propietarios (los implicados, no el sistema legal); el auge del modelo restaurativo de justicia que no busca solo el castigo del culpable (justicia retributiva) sino la reparación del daño y la recuperación del infractor; y, por último, la propia idea de prevención general positiva, muy proclive a estas fórmulas en las que el compromiso asumido por el infractor contribuye a consolidar su confianza en el Derecho mediante un proceso de construcción social.

[2530] Sobre los diversos programas conciliatorios, vid. SCHNEIDER, H.J., Kriminologie, cit., pág. 854 y ss.; SIEGEL, L.J., Criminology, West Publishing Company, 1983, págs. 228 y ss.; GARCÍA-PABLOS, A., Tratado de Criminología, cit., págs. 1.003, nota 181.

ción o la *reparación* evitarían el impacto estigmatizador de la pena (y de la mera intervención de las instancias oficiales del control social formal), aliviarían la sobrecargada Administración Penal solucionando al margen de la misma un buen número de conflictos de menor importancia y permitirían la satisfacción de los legítimos intereses de la víctima del delito[2531].

> Los postulados de la «*diversion*» tienden lógica y naturalmente a potenciar la intervención de las instancias informales del control social.
> De hecho, el XIII Congreso Internacional de Derecho Penal, celebrado en *Tokio* (1983), abordó la discusión monográfica de la mediación, bajo el prisma de la filosofía de la «*diversion*».
> El «*labeling approach*», por su parte, aportaría un significativo refuerzo teórico e impulsaría numerosos proyectos orientados a la solución de conflictos mediante o a través de la actuación flexible de agencias informales, no institucionalizadas. Entre otros, LILLY, CULLEN y BALL (1989), DIGNAN (1992), KLAPMUTS (1976), KOS-RABCEWICZ-ZUBKOWSKI (1983), JOUTSEN (1982), GEORGE (1983), DOMONDON (1983), MARKS y RÖSSNER (1989), HANAK (1982), MOORE (1994), FATHI SOROUR (1984), MATSUO (1983), BYNUM y THOMPSON (1996), llevaron a cabo contribuciones de gran interés, siempre siguiendo las directrices teóricas del «*labeling approach*»[2532].

b) *La victimología*, al reclamar el derecho de la víctima a participar en el tratamiento de «*su*» conflicto con el («*su*») infractor sin los formalismos, distanciamiento y artificios técnicos propios de la intervención legal, potenció la creación de espacios de comunicación más flexibles y espontáneos, como la conciliación, la mediación y la reparación. Éstos, desde luego, parecían más idóneos que el procedimiento penal para satisfacer los daños morales relacionados con ciertos estados y sentimientos (vg. humillación, ira, miedo, impotencia y frutración, etc.)

[2531] Sobre las diversas circunstancias que explican el éxito de las ideas de reparación y conciliación en la década de los setenta, vid.: HARTMANN, A., Schlichten oder Richten. Der Täter-Opfer-Ausgleich und das (Jugend) Strafrecht, 1995 (Wilhelm Fink), München, págs. 96 a 107; FREHSEE, D.; Schadenswiedergutmachung als Instrument strafrechlicher Sozialkontrolle. Ein kriminal politischer Beïtrag zur Suche nach alternativen Sanktionsformen, Berlín, 1987 (Kriminologische und sanktionenrechtliche Forschungen, I, pág. 3 y ss. (Dunker-Humblot). Cfr. PÉREZ SANZBERRO, G., Reparación y conciliación, cit., pág. 14 y ss.; GIMÉNEZ SALINAS, E., La conciliación víctima-delincuente: hacía un Derecho Penal reparador, cit., pág. 348 y ss.; VARONA MARTÍNEZ, G., La mediación reparadora, cit., pág. 147 y ss.; Cfr., GARCÍA-PABLOS DE MOLINA, A., Tratado de Criminología, cit., págs. 1.003 y ss.; ROIG TORRES, M., La reparación del daño causado por el delito (aspectos civiles y penales), Tirant Monografías, 2000 (Valencia).

[2532] Vid. VARONA MARTÍNEZ, G., La mediación reparadora, cit., pág. 329, nota 38; GIMÉNEZ SALINAS, E., La conciliación víctima-delincuente, cit., pág. 354 y ss.; Cfr., GARCÍA-PABLOS DE MOLINA, A., Tratado de Criminología, cit., págs. 1.004 y ss.

que impiden a la víctima asimilar de forma racional y fructífera la experiencia delictiva vivida, y superarla[2533].

Conciliación, reparación y mediación, aparecerían unidas al actual «*redescubrimiento*» de la víctima, expresión del creciente protagonismo de ésta y del nuevo rumbo de la respuesta al problema criminal. De hecho, los monografistas de la mediación-conciliación suelen vincular los antecedentes próximos de éstas al movimiento de atención y compensación a la víctima[2534]. En el éxito creciente de tales figuras juega un papel crucial la comprobación de que el sistema legal convencional aleja al infractor de su posición natural junto a la víctima, quebrando artificialmente un binomio inescindible. Las sanciones que aquél impone, además, incrementan la pasividad e indiferencia del delincuente respecto a «*su*» víctima y a la sociedad. Y propician, al propio tiempo, la cosificación de ésta, su neutralización[2535].

El movimiento internacional de apoyo a la víctima ha sugerido, también, la conveniencia de potenciar procedimientos informales de solución de conflictos, como la mediación y la conciliación[2536].

Así, la *Recomendación 21*, del Comité de Ministros del Consejo de Europa, sobre asistencia a las víctimas y la prevención de la victimización, alude de modo explícito a la mediación. El *borrador de Handbook*, elaborado por un Grupo de Expertos (1977), sobre derechos e intereses de la víctima en procedimientos ante la Corte Internacional, se refiere, también, a la «*justicia restaurativa*», a la reparación y a la mediación. La reparación incluiría no sólo aspectos materiales o económicos, sino el reconocimiento público del daño causado, junto con disculpas del infractor a su víctima, todo ello a través de procedimientos informales. El texto del Borrador reitera la conveniencia de fomentar la «*restitución creativa*» o prestación de servicios y las prácticas de mediación desde los distintos organismos de asistencia a las víctimas. Por último, la *Recomendación 12/1986*, del Comité de Ministros del Consejo de Europa, sobre «*Medidas tendentes a prevenir y reducir la sobrecarga de trabajo de los tribunales*» sugiere el arbitraje como alternativa accesible y eficaz[2537].

Al progresivo desarrollo y posterior consolidación de este nuevo modelo de «justicia reparadora» han contribuido, sin duda, la obra de autores como ZEHR, H.[2538], van NESS,

---

[2533] Vid. PÉREZ SANBERRO, G., Reparación y conciliación, cit., pág. 19 y ss. Sobre el tema, vid., también: CHRISTIE, N., Conflicts as Property, en: The British Journal of Criminology, 1977, págs. 1 a 15; ZEDNER, L., Reparation and Retribution: Are they Reconciliable?, en: The Modern Law Review, 1994, pág. 231 y ss.; Cfr., GARCÍA-PABLOS DE MOLINA, A., Tratado de Criminología, cit., págs. 1.004 y ss.

[2534] Así, JESIONECK, U., (1992) y PELIKAN, Ch. (1989). Cfr. GIMÉNEZ SALINAS, E., La conciliación víctima-delincuente, cit., pág. 359, nota 24.

[2535] Vid., BERISTÁIN IPIÑA, A., De leyes penales y de Dios legislador. Alfa y Omega. 1990. Madrid, pág. 209 y ss. Cfr., GIMÉNEZ SALINAS, E., La conciliación víctima-delincuente, cit., pág. 350.

[2536] Vid. VARONA MARTÍNEZ, G., La mediación reparadora, cit., pág. 336 y ss.

[2537] Cfr., VARONA MARTÍNEZ, G., La mediación reparadora, cit., págs. 339 y 340. Sobre las diversas Resoluciones europeas (1999); la Decisión Marco de 15 de noviembre de 2001, de la Unión Europea (ambas sobre la «mediación», la segunda vinculante para los Estados miembros); y la Resolución del ECOSOC 2002/12, («Principios básicos para la aplicación de programas de justicia restaurativa en materia penal»), no vinculante pero de gran interés, vid. TAMARIT SUMALLA, J.Mª., La justicia reparadora, cit., págs. 444 a 445.

[2538] Retributive justice, restorative justice, alternative justice paradigm, 1985.

D.V.[2539], WALGRAVE, L.[2540], MARSHALL, T[2541], VARONA MARTÍNEZ, G.[2542], o SANZBERRO, G.[2543]; los debates, acuerdos y declaraciones de reuniones científicas internacionales que, desde el Congreso de Criminología de Budapest, de 1993, se esfuerzan por delimitar los contornos de este paradigma alternativo al modelo tradicional de justicia retributiva[2544]. Y, desde luego, normas y directivas de organismos internacionales. Así, la Recomendación del Consejo de Europa, de 1999; y la Decisión Marco de la Unión Europea, de 15 de marzo de 2001 —ambas constreñidas a la «mediación», la segunda, vinculante para todos los Estados miembros; y, sobre todo, la Resolución 2002/12 sobre *Principios básicos para la aplicación de programas de justicia restaurativa en materia penal»*, aprobada en abril de 2002, por el ECOSOC. Esta Resolución, aún careciendo de fuerza vinculante por su carácter programático, interesa porque proclama la utilidad de programas de justicia reparadora en todas las fases del proceso de la justicia criminal e insta a los Estados miembros a introducir los mismos en ésta, implicando a las autoridades policiales, judiciales y comunitarias en la nueva *cultura restaurativa*. La citada Resolución, que se refiere explícitamente a la *«mediación»*, la *«conciliación»* y a *«conversaciones y reuniones para decidir condenas»* con una terminología inequívocamente angloamericana[2545], define más el «proceso reparador» que el propio concepto de «justicia reparadora«, proclamando que ésta «promueve la armonía social mediante la recuperación de las *víctimas*, los *delincuentes* y las *comunidades»*[2546]. Posteriormente, la Recomendación R (2006) 8 sobre asistencia a víctimas del delito, de 14 de junio de 2006, del Comité de Ministros del Consejo de Europa, ha subrayado la necesidad de contar con el interés real de las víctimas en el procedimiento penal.

c) En el pensamiento *abolicionista*, conciliación, mediación y reparación pasan, también, a un primer plano como mecanismos sustitutivos y alternativas, siquiera transitoriamente, a la intervención del Derecho Penal clásico y del sistema legal. En efecto, la *«devolución»* del conflicto a las personas directamente implicadas en el mismo, y su solución con recursos extraoficiales no punitivos son dos propuestas claves en un ideario que proclama la complejidad y diversidad de los conflictos

---

[2539] Restorative justice, en: Galaway, B., Hudson, J. (Criminal justice, restitution and reconciliation), 1990, Wilow Tree Press, USA.

[2540] La justice restaurative: à la recherche d'une théorie et d'un programme, en: Criminologie, vol. 32 (monográfico: La justice réparatrice). 1999. Montreal; del mismo, la justicie restaurative et les victimes, en: Le Journal Internacional de Victimologie, n° 4 (2003).

[2541] Criminal Mediation in Great Britain 1980/1996, en: European Journal on Criminal Policy and Research, n° 4, 1996. El autor define la justicia reparadora como «un proceso en el que todas las partes afectadas por una ofensa llegan conjuntamente a resolver de forma colectiva el modo de tratar la situación creada por la ofensa y sus implicaciones para el futuro» (op. cit., pág. 37).

[2542] La mediación reparadora como estrategia de control social. Una perspectiva criminológica. Granada, 1998 (Comares).

[2543] Reparación y conciliación en el sistema penal ¿Apertura de una nueva vía? Granada, 1999 (Comares).

[2544] Así, los Simposios de Victimología de Adelaida (1994), Ámsterdam (1997), Montreal (2000), etc. Cfr. TAMARIT SUMALLA, J.Mª., La justicia reparadora ¿una justicia para la víctima?, en: Manual de Victimología, cit., pág. 439.

[2545] Subrayando la particularidad «idiomática» de la Resolución 2002/12 del ECOSOC, TAMARIT SUMALLA, J.Mª., La justicia reparadora, cit., pág. 444.

[2546] Cfr. TAMARIT SUMALLA, J.Mª., ibidem.

de la realidad social cotidiana, reivindicando un tratamiento *civilizado* del delito (al margen del sistema legal) con criterios no represivos sino reparatorios[2547].

En el *abolicionismo* confluyen tendencias criminológicas y político-criminales muy dispares que sólo tienen en común la propuesta de sustituir la intervención del sistema legal por otras técnicas informales. Así, por ejemplo, el denominado *'nuevo realismo radical'*, de finales de los setenta (*MATTEWS, YOUNG, JONES, MACLEAN, PLATT, HOGG, etc.)* que surge como reacción frente al *«realismo de derechas»* (de WILSON y KELLING), al positivismo sociológico (del *«everything works»*) y al idealismo nihilista del *labeling approach* o del abolicionismo radical (del *«nothing works»*). El *«nuevo realismo radical»* enfatiza el rol de la víctima y la necesidad de una intervención comunitaria, local, en el marco de la *«justicia restaurativa»*[2548]. Aunque desde planteamientos diferentes, sugieren también procedimientos desformalizados, no institucionalizados, para resolver los conflictos, otras orientaciones criminológicas actuales, formuladas en la década de los noventa, que se autodenominan *«republicanas y comunitaristas»*[2549]. Como respuesta al nihilismo contemporáneo, al *«nothing works»* y al *«just deserts»*[2550], los partidarios de esta orientación (*MUGFORD, BRAITHWAITE, PETTIT, DUFF, etc.)* conceden una importancia decisiva a los controles sociales informales y propugnan, como estrategia eficaz frente al delito, la censura, la condena moral, la reprobación. Pero no se trataría de humillar al infractor, sometiéndole a degradantes ceremonias estigmatizantes, sino de ensayar nuevas formas de control comunitario a través de *«ceremonias ciudadanas de reprobación y vergüenza reintegrativa»* cualitativamente mejores que la *«coerción»* y la *«criminalización»* que sólo generan marginación y subculturas[2551]. Exponente de un *'comunitarismo'* estricto es el punto de vista de *DUFF*[2552] quien contempla el castigo a modo de proceso de comunicación entre comunidad e infractor, dirigido a cuatro metas: el arrepentimiento, la autorreforma, la reparación y la conciliación; proceso viable, según el autor, mediante instituciones como el trabajo a favor de la comunidad, la mediación entre víctima y autor y la reprobación. Pero la expresión más representativa de la tesis partidaria de sustituir el control social por el informal se halla en el *pensamiento abolicionista*, tanto en el abolicionismo fenomenológico (*HULSMAN, DE HANN, etc.)* como en el estructuralista (*SCHEERER, ZAFFARONI, etc.)*[2553]. El abolicionismo, que ha contado con un espectacular desarrollo en Europa, propone la supresión del sistema legal y su sustitución

---

[2547] Vid. PÉREZ SANZBERRO, G., Reparación y conciliación, cit., pág. 21 y ss.; Cfr., GARCÍA-PABLOS DE MOLINA, A., Tratado de Criminología, cit., págs. 1.005 y ss.

[2548] MATTEWS, R., utiliza conceptos como «community policing», «neighborhood policing», «consensus policing» que subrayan la importancia del marco comunitario. Cfr., VARONA MARTÍNEZ, G., La mediación reparadora, cit., pág. 72.

[2549] Cfr., VARONA MARTÍNEZ, G., La mediación reparadora, cit., pág. 76 y ss.

[2550] Cfr. VARONA MARTÍNEZ, G., La mediación reparadora, cit., pág. 76 y ss. La obra paradigmática de esta tendencia es: Not Just Deserts: A Republican Theory of Social Control, de BRAITHWAITE Y PETIT, publicada en 1990, y, también, Crime, Shame and Reintegration, del primero de ellos (1989).

[2551] Cfr., VARONA MARTÍNEZ, G., La mediación reparadora, cit., pág. 76 y ss.; Vid., GARCÍA-PABLOS DE MOLINA, A., Tratado de Criminología, cit., págs. 1.006 y ss.

[2552] DUFF, A., Punishment, Citizenship. Responsability, en: Punishments, Excuses and Moral Development, 1996, edit. H.T. Aldershot, Aveburg. Cfr., VARONA MARTÍNEZ, G., La mediación reparadora, cit., pág. 79 y 89.

[2553] Cfr., VARONA MARTÍNEZ, G., La mediación reparadora, cit., pág. 84 y ss. La autora subraya la influencia de la filosofía de FOUCAULT y de HABERMAS en el pensamiento abolicionista.

por fórmulas más participativas y democráticas que eviten la burocratización y profesionalización de aquél. De sus innumerables manifestaciones doctrinales (*BERNAT DE CELIS, KNOPP, VAN SWAANINGEN, MATHIESEN, etc.*) particular interés tienen tres de ellas: las de *CHRISTIE, BIANCHI y HULSMAN*. Este último, propugna la desaparición del Derecho Penal y la sustitución del sistema legal por el Derecho Civil, más idóneo para conseguir mediaciones reparadoras[2554]. La obra de *CHRISTIE* es paradigmática. El autor se muestra a favor de una justicia '*participativa*', servida por tribunales vecinales —de carácter más civil que penal— y administrada por legos que actuarían en comunidades pequeñas con miras reconciliatorias y reparadoras, no punitivas, ni instrumentales, confrontando directamente autor y víctima. A su juicio, el conflicto criminal («*combustible social*») pertenece a los implicados y al grupo social más próximo, por lo que no debe ser '*arrebatado*' ni '*confiscado*' por los operadores jurídicos («*ladrones oficiales*» de conflictos), sino permanecer visible en la esfera doméstica de aquéllos (sus «*propietarios*») que son quiénes deben resolverlo con arreglo a su sentido de justicia, a su «*dialecto jurídico local*» («*Legal local dialect*»)[2555]. En consecuencia, contrapone la «*justicia de aldea*» y la «*justicia representativa*» (la primera, integrada por jueces legos, próximos a los implicados, vecinal y pacificadora, que busca compensaciones y acuerdos y no necesita de «*autoridad*»), optando por aquélla, como fórmula que conjura el riesgo de la despersonalización propio de la justicia actual y de su utilitarismo tecnocrático insensible a ciertos valores y exigencias humanas. Para CHRISTIE, existen aún espacios donde puede rescatarse el sentido de comunidad. Donde instituciones informales de carácter local y vecinal, servidas por legos que buscan la solución pacífica, la conciliación, de los conflictos están en condiciones de crear ámbitos nuevos para que la víctima exprese sus emociones, lo que ya no cabe esperar de la justicia profesional, instrumento utilitario apartado hoy de las instituciones culturales y de la experiencia humana; que garantiza un buen trabajo como organización productiva dirigida al cumplimiento racional de sus objetivos, con olvido, sin embargo del sano sentido común popular y de los valores. CHRISTIE prefiere la otra justicia '*de aldea*' que, en su simbolismo, no es ciega, ni empuña una espada[2556]. Finalmente, BIANCHI propone un nuevo modelo de control penal («*eunómico*») que el autor caracteriza, frente al represivo clásico («*anómico*») como «*comunicativo, horizontal, responsabilizador, educativo, innovador, orgánico, terapéutico, racional, oposicional —en lugar de adversativo— de derecho real, funcional, liberalizador y reparador*»[2557]. El autor sugiere un sistema que propicia la responsabilidad activa y participación de los implicados en el conflicto criminal («*situación problemática*») y descansa en la negociación, en el arreglo. Más aún: resucita la vieja idea del santuario, del asilo, con relación a los autores de delitos violentos, quienes encontrarían en los mismos, bajo garantía del Estado, ámbitos de inmunidad frente

---

[2554] Cfr., VARONA MARTÍNEZ, G., La mediación reparadora, cit., pág. 86; Vid., GARCÍA-PABLOS DE MOLINA, A., Tratado de Criminología, cit., págs. 1.006 y ss.

[2555] CHRISTIE, N., Limits to Pain, 1981, Oxford, M. Robertson, pág. 97 y ss. Cfr., VARONA MARTÍNEZ, G., La mediación reparadora, cit., pág. 87 y ss.; Cfr., GARCÍA-PABLOS DE MOLINA, A., Tratado de Criminología, cit., págs. 1.006 y ss.

[2556] CHRISTIE, N., La industria del control del delito. ¿La nueva forma del Holocausto?, 1993, Buenos Aires. El Puerto, pág. 148 y ss. Cfr., VARONA MARTÍNEZ, G., La mediación reparadora, cit., pág. 89 y ss.

[2557] BIANCHI, H., Justice as Sanctuary. Toward a new System of Crime Control, 1994, Bloomington: Indiana University Press, págs. 58 y 70. Cfr., VARONA MARTÍNEZ, G., La mediación reparadora, cit., pág. 309 y ss.; Vid., GARCÍA-PABLOS DE MOLINA, A., Tratado de Criminología, cit., págs. 1.007 y ss.

a la acción de la justicia con el único requisito de que estos «fugitivos» contribuyan a la solución pactada del conflicto delictivo mediante la negociación y el arreglo[2558].

En todo caso, los programas *anglosajones* de la década de los setenta, respondan al modelo puro de mediación-conciliación (*Reconciliation Programs*) o al de reparación (*Restitution Programs*) implican un cambio profundo en la tradicional distribución de roles entre el Tribunal y los implicados porque parten de la premisa de que el crimen debe concebirse como un conflicto interpersonal. Por ello, el núcleo de la conciliación no viene constituido por la infracción misma sino por la voluntad de compromiso y asunción de responsabilidades de las partes en orden a su solución. El sistema, en consecuencia, deposita una firme confianza en la capacidad y autonomía de los individuos para resolver, pacífica y eficazmente, los conflictos en que puedan hallarse inmersos. Y conlleva, desde luego, una decidida tendencia a desjudicializar y desjuricidar aquellos, optando por la mediación flexible de instancias no oficiales de carácter comunitario y por procedimientos informales, siempre más pacificadores[2559].

> El modelo de justicia «restaurativa» cree en la autonomía y capacidad de autorreguladora de la comunidad para resolver sus conflictos, con instrumentos propios, flexibles, desformalizados, sin la necesaria mediación del sistema legal. Y cree en la capacidad de compromiso y responsabilización del infractor —y de la víctima— en el proceso que a ambos interesa de reparación y reinserción. Propugna por ello una participación activa de uno y otra en aquel en aras de la deseada paz y bienestar comunitarios, lejos tanto del rol pasivo que les asigna el modelo de justicia estatalizada (que les *expropia* el poder de intervenir en la solución del conflicto criminal); como de otros enfoques social y jurídicamente desestabilizadores, que predican la *retórica de la venganza*[2560].

d) La denominada «*justicia comunitaria*». Esta equívoca denominación aglutina una prolija y heterogénea gama de formulaciones teóricas *foráneas* sobre la justicia criminal, procedentes del orbe angloamericano, también, que critican frontalmente el modelo convencional de justicia retributiva. Guardan un aclara afinidad ideológica con el ideario *abolicionista* (propugnan el rechazo del «castigo» improductivo); y beben en las fuentes del paradigma *reparador* (Justicia *restaurativa*), al proclamar como metas finales del sistema la reparación de los daños sufridos por la víctima del delito —y por la propia comunidad— y la integración social del infractor y las víctimas. Con ello superan no solo el *punitivismo* clásico y su dinámica de la exclusión, sino también ciertas versiones atávicas de la llama-

---

[2558] Op. cit., pág. 149. Cfr., VARONA MARTÍNEZ, G., La mediación reparadora, cit., pág. 310.

[2559] Cfr., PÉREZ SANZBERRO, G., Reparación y conciliación, cit., pág. 25 y ss.

[2560] Vid. ACORN, A., Compulsory Compasio n: a critique of Restaurative Justice, 2004. Vancouver, págs. 3 y ss.; Cfr. TAMARIT SUMALLA, J.Mª., La justicia reparadora, cit., pág. 442.

da justicia *local*[2561]. Lo más característico de estas formulaciones teóricas —que no *modelo*— es la redefinición del rol del Estado y la comunidad en la respuesta al problema criminal (con claro predominio del de esta última en el control social del delito); la búsqueda de estrategias desformalizadas de intervención en el mismo; y la actitud de compromiso y responsabilización de los vecinos y partes interesadas para buscar soluciones constructivas a dicho conflicto. Se trata, en definitiva, de una potenciación de las redes del control social informal en los diversos momentos de la justicia criminal, preordenada a la reafirmación simbólica de las normas comunitarias[2562] y a la prevención eficaz del delito y la reincidencia.

La denominada *justicia comunitaria* se interesa por el modo en que el delito y la justicia criminal afectan a la comunidad, ocupándose sus partidarios de diversos programas e iniciativas: sobre prevención comunitaria del crimen[2563], policía de proximidad[2564], defensa comunitaria[2565], fiscales de barrio[2566], tribunales comunitarios[2567], sistemas sancionadores de orientación comunitaria[2568], etc. El ideal de justicia comunitaria apunta a la mejora de la calidad de vida comunitaria, mediante estrategias dinámicas y de carácter local que sustituyen los modelos formales y centralizados de expertos y operadores jurídicos del sistema[2569].

El modelo de justicia *comunitaria* es localista, opera a nivel local, micro[2570]; contempla el delito como *problema* que reclama una *solución*, no como reto al Estado, ni como conflicto[2571]; y la idea de justicia como «experiencia colectiva» de la vida cotidiana, que trasciende la pretensión de la victima al castigo del culpable. La justicia comunitaria se opone a estrategias *excluyentes*, de tolerancia cero; y en aras de la igualdad social procura potenciar la capacidad de las áreas locales más deprimidas[2572]. Propugna la participación activa del ciudadano en los diversos momentos y actuaciones del sistema de la justicia criminal, esto es la eficaz colaboración de la comunidad con las instancias del control social formal para reforzar éste y contribuir a la reafirmación simbólica de las normas y estándares comunitarios[2573]. La denominada «justicia comunitaria» traslada su centro de atención del *delito* al

---

[2561]   Así, KARP, D. y CLEAR, T., Justicia comunitaria: marco conceptual, en: Justicia Penal Siglo XXI. Una selección de Criminal Justice, 2000. Edit. Comares, 2006, pág. 242.

[2562]   En este sentido, KARP, D., CLEAR, T., Justicia comunitaria: marco conceptual, cit., pág. 233.

[2563]   Por ejemplo, la obra de BENNETT, S.F., Community organizations and Crime, en: Community justice: An emerging field, 1998, Rowman-Littlefield.

[2564]   Vid. GOLDSTEIN, H., Problem-oriented policyng. 1990. New York; McGraw-Hill.

[2565]   Así, la obra de STONE, Ch., Community defense and the challenge of community justice. 1996. National Institute of Justice Journal, 231, págs. 41 y ss.

[2566]   Sobre «Fiscalía comunitaria»(«fiscals de barrio»), vid. BOLAND, B., Community prosecution: Portland's experience. En: Community Justice: An Emerging field. 1998. Rowman-Littlefield.

[2567]   Cfr. ROTTMAN, D., Community Courts: Prospects and limits. 1996. National Institute of Justice Jorunal, 231, págs. 46 y ss.

[2568]   Sobre sanciones de orientación comunitaria, vid.: BAZEMORE, G., The «community» in community Justice: Issues, themes and questions for the new neighbourhood sanctioning models. En: Community Justice: An emerging field, cit., 1998.

[2569]   Así, KARP, D.R.-CLEAR, T.R., Justicia comunitaria, marco conceptual, cit., pág. 228.

[2570]   Así, KARP, D.R.-CLEAR, T.R., Justicia comunitaria: marco conceptual, cit., págs. 228 y ss. («opera a nivel local»); y 232 y ss. («nivel micro»).

[2571]   Así, KARP, D.R.-CLEAR, T.R., Justicia comunitaria: marco conceptual, cit., pág. 229.

[2572]   Vid. KARP, D.R.-CLEAR, T.R., Justicia comunitaria: marco conceptual, cit., pág. 231.

[2573]   Así, KARP, D.R.-CLEAR, T.R., Justicia comunitaria: marco conceptual, cit., pág. 233.

contexto más amplio de las condiciones sociales («problemas sociales») que inciden de forma muy desigual en el riesgo de delinquir: abuso de drogas, el desempleo, el fracaso escolar, la maternidad adolescente extramatrimonial, etc. [2574], asumiendo la evidencia de que las comunidades fuertemente golpeadas por el crimen son casi siempre las que sufren niveles extremos de pobreza y desorganización y carecen de recursos propios para hacer frente al problema del crimen. Se muestra partidaria, por ello, de programas ambiciosos de política social, de lucha contra la pobreza, de igualdad de oportunidades: de planes para revitalizar barrios urbanos y resolver los problemas locales, la vivienda, infraestructuras, servicios e instalaciones comunitarias, viabilidad comercial del área, saneamiento y seguridad, etc. [2575].

La denominada *«Therapeutic Jurisprudence approach»*, que tiene su origen en el académico DAVID WEXLER a principio de los noventa —y en la victimóloga Hispalense HERRERA MORENO uno de sus valedores más prestigiosos[2576]— es un nuevo modelo de justicia emparentado con otras propuestas ya analizadas, como la «justicia comunitaria» o la «juticia restauradora», pero original y sugerente. Se trata, en definitiva, de una ambiciosa empresa de estructura pluridisciplinar en la que convergen la Psicología, la Psiquiatría, la Criminología, la Victimología, etc. —con claro predominio de las dos primeras— y de sólido apoyo empírico que se propone evaluar el impacto terapéutico —o antiterapéutico— del sistema penal en el infractor, los imputados, las víctimas, los operadores jurídicos y, desde luego, la propia comunidad. Próxima a las tesis de la llamada «Criminología realista» —y al correcionalismo penal— la *«Therapeutic Jurisprudence approach»* se distancia del abolicionismo radical y de la Criminología crítica propugnando desde postulados no marxistas la mera depuración o mejora del sitema, no el desmantelamiento de éste, y la salvaguarda de los derechos y garantías jurídicas. Abanderada realista del ideal resocializador, que entiende y define como mejora existencial de la calidad de vida y expectativas del penado, rechaza el derrotismo criminológico de MARTINSON («nothing works»); y sugiere un sistema motivado capaz de llevar a cabo dicho modelo terapéutico, antítesis del sistema descrito con el severo símil de la «puerta giratoria» (de P. CASEY), al que irremediablemente vuelve a 'entar' el infractor arrastrado por su inercia circular. Principio de susceptibilidad de mejora del infractor; de responsabilidad de éste por el acto; de reintegración social; de reparación a la víctima; y de implicación comunitaria, son algunos de los postulados de la *'Therapeutic Jurisprudence Approach'*.

3) *Expectativas que genera este paradigma*. El modelo integrador ha despertado considerables *expectativas*. Aunque en sus orígenes tuviese un ámbito bastante

---

[2574] Subrayando el giro social de la justicia comunitaria: KARP, D.R.-CLEAR, T.R., Justicia comunitaria: marco conceptual, cit., págs. 236 y ss.

[2575] Cfr. KARP, D.R.-CLEAR, T.R., op. cit., págs. 236 y 237.

[2576] Rehabilitación y restablecimiento social, cit., págs. 169 y ss. La autora prefiere hablar de la «Teoría jurídica terapéutica».

reducido (infracciones patrimoniales cometidas por infractores primarios jóvenes) padeciendo una insuficiente y casi caótica aplicación, hoy aspira a convertirse en una «*tercera vía*», con vocación de universalidad (no excluiría ninguna clase de conflictos en sus formulaciones más radicales), que arbitra mecanismos eficaces de solución real de éstos, de modo no institucional, informal y al margen de las instancias del control social formal.

El modelo «*integrador*» redefine el propio ideal de justicia. Concibe el crimen como *conflicto interpersonal* concreto, real, histórico, rescatando una dimensión de éste que el formalismo jurídico había neutralizado. Orienta la respuesta del sistema más a la *reparación del daño* que el infractor causó a «*su*» víctima, a las responsabilidades de éste y las de la comunidad, que al castigo mismo[2577]. Se propone, pues, intervenir en dicho conflicto constructiva y solidariamente, sin metas represivas, buscando *soluciones*. Y no desde su 'auctoritas', sino a través del pacto, del consenso, del arreglo, de la composición: mediante la *negociación*, confiando en la capacidad de los implicados para encontrar fórmulas de compromiso. La «*justicia restaurativa*» no gira ya en torno a la idea excluyente y obsesiva del castigo, sino de la *reparación*, la *conciliación* y la *pacificación*. Enfatiza la relevancia de ciertas instituciones primarias, de la educación, de la comunicación[2578], de la reconstrucción de «*vínculos informales positivos*»[2579] como garantía del acatamiento de las normas y prevención del delito. El modelo «*integrador*», por tanto, ofrece y evoca una nueva *imagen* de la justicia, de faz humana, que ya no es una diosa distante, con los ojos vendados, sorda y muda, ni ciñe espada. Una justicia más *lega* que profesional, próxima al ciudadano, de marcado perfil *comunitario*, *pacificadora, comunicativa, participativa, integradora*. Que comprende los conflictos, «*desde dentro*» y trata de buscar soluciones a los mismos, no de imponerlas. Constructiva, no represiva. Que sintoniza con los *valores* éticos, con el sentido común ciudadano, con la experiencia humana y comunitaria, sin refugiarse en formalismos y exigencias utilitaristas. Una justicia que busca en *la confrontación infractor/víctima* mecanismos eficaces de comunicación e interacción hábiles para generar actitudes positivas recíprocas de los implicados. Todo ello, además, mediante *procedimientos desformalizados*, flexibles, operativos que facilitan la negociación, el tratamiento del conflicto («*crime handling*») y su solución satisfactoria, sin perjuicio de un elemental control que garantice los derechos fundamentales de los implicados[2580].

[2577] Así, ZEHR, H., Changing Lenses: A New Focus for Crime and Justice, cit. Cfr., VARONA MARTÍNEZ, G., La mediación reparadora ..., cit., pág. 99.

[2578] Así, FATIC, A., Punishment and Restorative Crime Handling. A Social Theory of Trust, cit., 1995, pág. 238. Cfr., VARONA MARTÍNEZ, G., La mediación reparadora, cit., pág. 101.

[2579] Cfr., VARONA MARTÍNEZ, G., citando a BOTTOMS (La mediación reparadora, cit., pág. 101).

[2580] Cfr., GARCÍA-PABLOS DE MOLINA, A., Tratado de Criminología, cit., págs. 1.008 y ss.

Poco tiene que ver, por tanto, este nuevo paradigma con la imagen sesgada que algunos ofrecen del mismo, presentándole como esperpéntico *«arreglo privado»* o mera *«composición»* que salda un crimen por la vía reparadora más antigua que conoce la humanidad: el pago de una cantidad de dinero. Evidentemente, no se trata de eso. Quienes propugnan este nuevo paradigma advierten que el mismo potencia el sustrato interpersonal del conflicto criminal, la dimensión histórica, real y concreta de éste, con toda su complejidad, confiando en la capacidad de los individuos implicados para resolverlo al margen de la intervención siempre estigmatizante —pero formalista e inefectiva— del sistema y sus instancias oficiales. Pero advierten, también, que conciliación, mediación, etc., deben ser fórmulas respetuosas de las garantías constitucionales del infractor, compatibles con las exigencias de la prevención general y libres del distanciamiento y puro simbolismo que condicionan la intervención del sistema legal. Coinciden, además, todos los estudiosos de aquellas, en que el efecto pacificador de las relaciones sociales que generan, deriva precisamente de su comprobada idoneidad para satisfacer las pretensiones de todas las partes afectadas, incidiendo en las propias claves y raíces del problema, y en las actitudes de los implicados. ¡Conciliación y mediación, por tanto, no pueden confundirse con una simple reparación civil del daño o resarcimiento económico![2581].

> Este nuevo paradigma (aún no concluso, y del que sólo tenemos trazos fragmentarios e inconexos) obligará a redefinir las funciones convencionales del Derecho Penal, la relación entre orden social y sistema legal, el rol de la víctima, las expectativas de los protagonistas del suceso delictivo, con las importantes implicaciones políticocriminales, procesales y orgánicas que las mismas conllevan.

a) En relación al *infractor*, se atribuyen a los procedimiento de conciliación y reparación efectos muy positivos, que derivan del enfrentamiento directo del delincuente con las consecuencias de su conducta y de su confrontación personal e inmediata con la (*«su»*) víctima. Mientras en el proceso penal el infractor se halla ante una instancia ajena al hecho, distante, que diluye la realidad del daño y neutraliza a la víctima —fortalecido, además, por una estrategia de defensa— en sistemas de conciliación y reparación, por el contrario, el delincuente ha de enfrentarse, sin mediación alguna, a su hecho, constatando de forma directa y a través de su contacto con la víctima las consecuencias reales de aquél. Ello genera —o debe generar— *actitudes positivas* del infractor, le responsabiliza y predispone a comprometerse en la reparación del daño causado, y a participar activamente en la solución del conflicto que causó[2582].

[2581] Vid. por todos, TRENCZEK, Th., Täter-Opfer-Ausgleich. Grundgedanken und Mindeststandarts, en: Zeitschrift für Rechtspolitik, 1992, pág. 131 y ss.; Cfr., GARCÍA-PABLOS DE MOLINA, A., Tratado de Criminología, cit., págs. 1.009 y 1.010.

[2582] Cfr., PÉREZ SANZBERRO, G., Reparación y conciliación, cit., pág. 216 y ss.

El nuevo paradigma, de este modo, abandona la concepción patologizadora del delincuente propia de la teoría de la diversidad y de los modelos clínico-correccionalistas, operando con una imagen más humana y racional del infractor, como sujeto capaz de reconocer las consecuencias de su conducta y de participar en la búsqueda de respuestas y soluciones de los problemas sin necesidad de fórmulas represivas y estigmatizantes[2583].

> Por el contrario, la justicia tradicional despersonaliza el conflicto delictivo, distancia artificialmente autor y víctima; y propicia la indiferencia y la insolidaridad del infractor respecto a aquella y a la comunidad[2584]. Porque su intervención en el conflicto es técnica y formalista. Porque su orientación represiva le obliga a conformarse con la imposición del castigo al culpable, sin reclamar de éste cambio de actitudes, abriendo una brecha en el binomio natural delincuente-víctima que incomunica a ambos protagonistas y les enfrenta.
>
> La Justicia «restaurativa» es, paradójicamente, más exigente respecto al infractor. Pues no se contenta con que éste cumpla el castigo merecido, ni siquiera con que repare el mal que causó a su víctima, y a la comunidad. Pretende, además —y sobre todo— que se involucre activa y responsablemente en la búsqueda negociada de una solución válida, que se implique. Que asuma la realidad del daño ocasionado y su propia responsabilidad. Que se comprometa en la solución del conflicto, sin eludir uno (daño) u otra (responsabilidad) con perniciosas técnicas de neutralización o autojustificación ni con estrategias procesales defensivas.
>
> El lógico cambio de actitudes que reclama la mediación-conciliación, por otro lado, constituye el necesario punto de partida de cualquier proceso 'resocializador'. Pues resulta impensable que el infractor pueda reconciliarse con la Ley y el Derecho, si antes no lo hizo con su propia víctima. Si la ignoró, si le dio la espalda. Si no fue siquiera capaz de reconocer el mal que la causó asumiendo su responsabilidad y ofreciéndola una satisfacción personal.

El alto contenido *pedagógico* de los procedimientos de conciliación, en todo caso, no constituyen una genuina terapia o tratamiento impuesto desde el exterior. Es consecuencia natural de la percepción directa del daño causado, del proceso de comunicación autor-víctima, y del cambio de actitudes en el infractor y disposición a reparar el mal ocasionado que aquel suele generar[2585]. Pero, desde luego, la libre asunción por el infractor de su responsabilidad —y el consiguiente positivo cambio de actitudes que se espera del mismo— no puede ir acompañado de inadmisibles *ceremonias degradantes de reprobación*, que harían de tal reconocimiento un sucedáneo anacrónico de la histórica «*picota*». Porque en aras de un positivo cambio actitudinal o motivacional no sería lícito humillar ni menos-

---

[2583] Cfr., PÉREZ SANZBERRO, G., Reparación y conciliación, cit., pág. 217.
[2584] Así, GIMÉNEZ SALINAS, E., La conciliación víctima-delincuente, cit., pág. 350.
[2585] Cfr., PÉREZ SANZBERRO, G., Reparación y conciliación, cit., págs. 216 y 217 (y bibliografía citada por la autora). Negando que los sistemas de mediación y conciliación persigan directamente fines pedagógicos: GIMÉNEZ SALINAS, E., La conciliación víctima-delincuente, cit., págs. 359 a 361 (ni metas reeducativas, ni el arrepentimiento del infractor, entendido en términos moralizadores); Vid., GARCÍA-PABLOS DE MOLINA, A., Tratado de Criminología, cit., pág. 1.011.

preciar al infractor, ni exigirle manifestaciones de autodenigración. Riesgo éste en el que incurren, por cierto, algunas propuestas maximalistas bien intencionadas, pero incompatibles con la imagen moral que nuestra cultura debe profesar del hombre delincuente.

Como es sabido, la muy rígida moral socialista ortodoxa reclamaba el *desprecio universal* hacia el delincuente[2586]. En otro sentido, ciertas concepciones modernas que se autodenominan «*comunitaristas*» sugieren con particular énfasis su pública reprobación, censura o *condena moral*, su «*vergüenza*»[2587]. Y en culturas orientales, como la japonesa, se conocen también fórmulas solemnes y simbólicas de *autoflagelación moral* del infractor[2588], difíciles de interpretar si se prescinde de un riguroso análisis histórico-antropológico. Estos y otros pronunciamientos semejantes son desafortunados. Parten de una imagen degradante del infractor y le someten a ceremonias de humillación y autocensura incompatibles con su dignidad de persona.

Ocultan un impropio y riguroso afán moralizante. Lejos de contribuir a discutibles objetivos expiacionistas o de ejemplaridad, supuestamente «*purificadores*», generan subculturas criminales, producen marginación, excluyen. Y, desde luego, beben en fuentes y modelos «*sui generis*» que exigirían un análisis más cuidadoso atento al marco histórico de aquellos y a las muy distintas realidades antropológicas que representan[2589].

b) La conciliación devuelve a la *víctima* un rol activo y dinámico en la respuesta al delito. El procedimiento penal la cosifica, la instrumentaliza, convirtiéndola en objeto pasivo y fungible. La conciliación atiende mejor a las necesidades reales de la víctima, materiales y morales, y evita la perniciosa victimización «*secundaria*». Facilita la efectiva reparación del daño (reparación no necesariamente económica o pecuniaria) y pone en marcha un positivo mecanismo de comunicación recíproca entre infractor y víctima que mejora incluso las actitudes de esta última y propicia la correcta solución del problema interpersonal que les enfrenta[2590].

[2586] Sobre conocidos lemas oficiales, como «desprecio universal» (del delincuente), «aislamiento», «lucha social», Vid., KAISER, G., Criminología. Una Introducción a sus fundamentos científicos, cit., pág. 55.

[2587] Vid. BRAITHWAITE, J., Crime, Shame and Social Control, cit. El autor, ciertamente, habla de una «vergüenza reintegrativa» como forma de «control comunitario», que no estigmatiza porque tiene una duración temporal limitada, a la que pone fin el perdón y unos esfuerzos para mantener los lazos del respeto durante este período finito de sufrimiento. Cfr., VARONA MARTÍNEZ, G., La mediación reparadora, cit., pág. 77.

[2588] No en vano, algunas formulaciones modernas beben en fuentes orientales, concretamente de la cultura japonesa. Cfr., ZEHR, H., Changing Lenses: A New Focus for Crime and justice, cit.. Cr., VARONA MARTÍNEZ, G., La mediación reparadora, cit., pág. 99.

[2589] Vid., GARCÍA-PABLOS DE MOLINA, A., Tratado de Criminología, cit., págs. 1.011 y 1.012.

[2590] Vid. PÉREZ SANBERRO, G., Reparación y conciliación, cit., págs. 218 y 219; Cfr., GARCÍA-PABLOS DE MOLINA, A., Tratado de Criminología, cit., págs. 1.012 y 1.013. Vid., en particular, la monografía de ROIG TORRES, M., La reparación del daño causado por el delito (aspectos civiles y penales), Valencia (Tirant Monografías), 2000. Algún autor, sin embargo, discrepa de tan optimista diagnóstico por entender que la conciliación sirve más a los intereses del infractor —y de la comunidad—que a los de la víctima. Que el sistema instrumentaliza a

Los modelos de conciliación, mediación y reparación, al rescatar la dimensión *interpersonal* del conflicto (el formalismo jurídico sobredimensiona su relevancia '*simbólica*') han sabido conectar con las *expectativas y exigencias* de la víctima. La confrontación delincuente-víctima y el proceso activo de comunicación e interacción que aquélla desencadena resulta muy satisfactorio para el gran perdedor del suceso criminal: tanto desde un punto de vista material, como simbólico e incluso emocional. Porque la experiencia empírica ha demostrado que la víctima, a menudo, espera no ya el castigo justo y la reparación económica del mal padecido, sino una '*explicación*' personal, una '*satisfacción*' de «*su*» delincuente. Y, sobre todo, un marco o escenario que la permita expresar y comunicar la *realidad emocional, vivencias, tensiones* (vergüenza, cólera, frustración, impotencia, aflicción, etc.) asociadas a tan severa experiencia: sentirse escuchada y entendida. ¡Todo lo que no puede encontrar en una Justicia convencional que sustituyó hace tiempo el '*ritualismo expresivo*' por la '*eficacia administrativa*'[2591]! Hasta el punto de que, probablemente, la reiterada demanda social de un progresivo rigor punitivo exprese más éste déficit emocional que un genuino deseo de venganza[2592].

Los procedimientos de mediación, conciliación y reparación han '*repersonalizado*' el conflicto criminal, han recuperado su faz humana y real. Lo que, sin duda, explica dos datos empíricamente constatados: que suelen mejorar las actitudes de la propia víctima respecto al («*su*») delincuente y la percepción de aquella del sistema legal[2593]; y que un porcentaje significativo de víctimas están dispuestas a someterse, en su caso y de nuevo, voluntariamente a sistemas de mediación y conciliación, estimando '*ex post*' satisfactoria la experiencia[2594].

> El cambio de actitudes de la víctima respecto a «*su*» delincuente es otra consecuencia, positiva, sin duda, del proceso de comunicación e interacción delincuente-víctima, de hondas raíces psicológicas y considerable trascendencia. La confrontación directa y personal *humaniza* una vivencia traumática y la hace más *comprensible*, más *asumible*, liberada la víctima de esterotipos e imágenes interesadas que radicalizarían y potenciarían aquélla. Que la víctima descubra y compruebe, de forma inmediata, directa y personal, que el infractor —no «*el*» sino «*su*» infractor— no es el enemigo sin cara, «*el*» otro, sino uno más, «*como*» los otros —y le pueda asociar a personas próximas, de su entorno, de la comunidad— devuelve

ésta y la revictimiza, haciéndola revivir traumáticamente la experiencia padecida. (Cfr. TAMARIT SUMALLA, J.Mª., La justicia reparadora, cit., pág. 448, criticando esta objeción).

[2591] Así, CHRISTIE, N., La industria del control del delito. 1993, cit., pág. 156 y ss. Cfr., VARONA MARTÍNEZ, G., La mediación reparadora, cit., pág. 89.

[2592] Cfr. VARONA MARTÍNEZ, G., La mediación reparadora, cit., pág. 89.

[2593] Vid. GIMÉNEZ SALINAS, E., La conciliación víctima-delincuente, cit., pág. 353 y ss.

[2594] Vid. GIMÉNEZ SALINAS, E., La conciliación víctima-delincuente, cit., pág. 361, quien subraya cómo en Alemania el 80% de las víctimas propuestas para mediación-conciliación aceptaron. En cuanto a la percepción por la Víctima del funcionamiento de la justicia reparadora, muy positiva, vid. reseña bibliográfica en: TAMARIT SUMALLA, J.Mª., La justicia reparadora, cit., págs. 446 y 447.

al crimen su dimensión doméstica, interpersonal, humana y comunitaria. Y facilita actitudes positivas de conciliación[2595].

c) En cuanto a la *Administración de Justicia*, los programas de conciliación y mediación determinan un giro cualitativo del rol de los operadores del sistema legal en relación a las personas implicadas y al hecho delictivo, ya que prima la dimensión conflictiva e *interpersonal* de éste sobre su significado *normativo*. Ello permite articular una respuesta flexible y singularizada, caso a caso, que pondere la complejidad de la realidad social, y, desde luego, descargar a los Tribunales de asuntos poco importantes que agobian la cotidiana tarea jurisdiccional[2596].

Que el procedimiento de conciliación signifique la suspensión —o el archivo— del proceso penal, evitando una eventual condena; o que, simplemente, atenúe ésta, son opciones distintas que presuponen, a su vez, la elección de uno u otro modelo de conciliación[2597].

En todo caso, mediación, conciliación y reparación mejoran ante la opinión pública la deteriorada *imagen* de la Justicia; y suscitan —de la víctima, y del ciudadano, en general— *actitudes positivas* hacia el sistema legal. El tratamiento personalizado del conflicto delictivo, la flexibilidad, el lenguaje y modo en que éste se aborda, el muy elevado porcentaje de éxito que suele conseguirse con estos procedimientos desformalizados y la percepción social satisfactoria que merecen a pesar de su todavía insuficiente rodaje e implantación, explican el doble impacto favorable citado y las expectativas de futuro que concitan[2598].

d) Desde un punto de vista *social y comunitario*, la conciliación parece acreditar ventajas notables, con relación al conflicto concreto, y a las relaciones sociales, en general. La razón probablemente reside en que estos procedimientos no formalizados abordan los conflictos «*desde dentro*», confiando en los propios implicados, en lugar de imponer soluciones, de modo coactivo, y con criterios normativos, externos. ¡No tratan de que triunfe la «*fuerza victoriosa del Derecho*», ni de doblegar al «*culpable*», sino de comprometer a las partes en la búsqueda de una solución consensuada, de la reparación del daño, producto de una libre y sincera asunción de responsabilidad por el hecho criminal! La intervención del sistema legal, por el contrario, nunca es capaz de restañar la herida que el crimen abrió en el tejido social. No pacifica ni aporta soluciones: a menudo, potencia el conflicto y crispa aún más las ya tensas relaciones sociales. La intervención del sistema legal,

---

[2595] Cfr., GARCÍA-PABLOS DE MOLINA, A., Tratado de Criminología, cit., pág. 1.013.
[2596] Cfr. PÉREZ SANZBERRO, G., Reparación y conciliación, cit., pág. 221.
[2597] Cfr. PÉREZ SANZBERRO, G., Reparación y conciliación, cit., págs. 219 y 220.
[2598] Vid. GIMÉNEZ SALINAS, E., La conciliación víctima-delincuente, cit., pág. 359 y ss.; Cfr., GARCÍA-PABLOS DE MOLINA, A., Tratado de Criminología, cit., pág. 1.014.

implacable y formalista —si vale la metáfora— recuerda el paso devastador del «*caballo de Atila*». Castiga o absuelve, eso si, pero no soluciona, ni pacifica, ni repara el daño. No es capaz de implicar positivamente a la comunidad en el problema del delito, ni de modificar las actitudes de los protagonistas del mismo[2599].

Es lógico, entonces, que por extensión, los mecanismos capaces de resolver satisfactoriamente conflictos concretos, produzcan, también, un saludable efecto pacificador en las relaciones sociales[2600]. Y que mejoren el «*clima social*»[2601].

4) *Presupuestos* de la mediación son la existencia de una víctima personal o individualizable; una particular entidad de la infracción; el reconocimiento del hecho; y la participación voluntaria del autor y la víctima en el intento de conciliación[2602].

La exigencia de una víctima personal e individualizada se explica porque la conciliación persigue un impacto *psicológico* que reclama la comunicación interpersonal: no se trata de una mera negociación sobre daños materiales, sustanciable con el representante legal o apoderado de terceros, incluidas personas jurídicas.

Que se exija una particular gravedad de la infracción —siempre que ésta no llegue a ser incompatible con las exigencias de la prevención general— tiene sentido para evitar se extiendan desmedidamente las redes del control social a supuestos que, en otro caso, darían lugar al archivo de las actuaciones o se saldarían con la mera reparación civil del daño.

Tanto la constancia del hecho atribuible a una persona concreta (lo que no equivale a una confesión formal) como la participación voluntaria en el procedimiento de mediación de autor y víctima son consecuencias de las garantías procesales (presunción de inocencia, derecho a un juicio justo, etc. etc.). Obviamente, el procedimiento de mediación no puede instrumentarse en aras de la investigación judicial, ni convertirse en un medio intimidatorio o coartada para arrancar subrepticiamente la confesión del infractor.

La exigencia de una *víctima personal e individualizada* excluye conceptualmente del ámbito de la mediación-conciliación los (mal) llamados «*delitos sin víctima*» o delitos con víctima «*anónima*» o «*colectiva*» (vg. los delitos contra intereses generales o «*difusos*»), ya que no cabe instrumentar proceso de comunicación interpersonal alguno —con el impacto que se espera del mismo en el marco actitudinal y motivacional de los implicados —con

[2599] Vid., GARCÍA-PABLOS DE MOLINA, A., Tratado de Criminología, cit., págs. 1.014 y 1.015.
[2600] Sobre el problema, vid., PÉREZ SANZBERRO, G., Reparación y conciliación, cit., págs. 221 a 223.
[2601] Es un hecho cierto y comprobado que estos procedimientos mejoran el «clima social». cfr., GIMÉNEZ SALINAS, E., La conciliación víctima-delincuente, cit., pág. 355.
[2602] Cfr., PÉREZ SANZBERRO, G., Reparación y conciliación, cit., pág. 226 y ss.

abstracciones o entelequias jurídicas que sólo de una manera simbólica pueden sustituir o representar a la víctima real.

En cuanto a la entidad (*gravedad*) de las infracciones sometidas a estos procedimientos parece necesaria —y por razones distintas— una doble exclusión o reserva. De una parte, es preciso descartar de la esfera de acción de los mismos las infracciones de especial gravedad. Motivos de prevención general no permiten sustraer éstas del enjuiciamiento convencional o someterlas al libre juego de fuerzas de la negociación, el pacto y el arreglo entre los litigantes.

Lo que no significa, sin embargo, que conciliación, mediación y reparación hayan de reservarse para bagatelas e infracciones de mínima gravedad. Pues entonces, como se advirtió, se extenderían desmesuradamente las redes del control social, para abordar, sin justificación alguna, conflictos que podrían incluso resolverse a través de institutos civiles sin el derroche de tiempo, medios (coste) y pretensiones pedagógicas que la conciliación implica.

Por último, el *común sometimiento de autor y víctima* (aceptación mutua) a estas fórmulas de solución de conflictos —próximas, desde luego, al arbitraje privado— no las convierte, sin más, en mecanismos privados, al socaire de la autonomía de la voluntad. Sería una ligereza, una frivolidad, desconocer que mediación, conciliación y reparación requieren inevitablemente un efectivo control público estatal que defina el marco de las mismas, sus límites objetivos, subjetivos, formales y estructurales. Y que garantice un proceso justo, evitando posibles abusos[2603].

El Derecho comparado ofrece una muestra rica e inabarcable de Programas y Proyectos de mediación-conciliación-reparación. Difiere, eso sí, el marco jurídico general de los mismos, la relación de cada Programa o Proyecto con el sistema legal y los tribunales de justicia, los principios que les inspira, el rol y funciones del mediador, sus mecanismos de financiación, etc[2604].

Programas y proyectos de conciliación, mediación y reparación existen, por ejemplo, en los Estados Unidos, Canadá, Reino Unido, Nueva Zelanda, Lovaina (Bélgica), Francia, Italia, Finlandia, Noruega, Alemania, Austria, Japón, Brasil, Sudáfrica, etc[2605].

En España, la Comunidad de Cataluña[2606], la de Madrid[2607], País Vasco[2608] y Valenciana[2609] conocen programas de esta orientación. Todo hace esperar que la Ley Orgánica de la Justicia Juvenil[2610] y el muy decidido apoyo que estos Programas e iniciativas han encontrado en Asociaciones y Oficinas de Ayuda a las Víctimas, Fiscalías y otros sectores sociales

---

[2603] Cfr., VARONA MARTÍNEZ, G., La mediación reparadora, cit., pág. 723.

[2604] Cfr., VARONA MARTÍNEZ, G., La mediación reparadora, cit., pág. 398 y ss.

[2605] Cfr., VARONA MARTÍNEZ, G., La mediación reparadora, cit., pág. 398 y ss.

[2606] Sobre el modelo catalán, que parte de la Ley 11/1985, de Protección de Menores, y su evaluación, vid. VARONA MARTÍNEZ, G., La mediación reparadora, cit., pág. 448 y ss. Desde Mayo de 1990 al mismo mes de 1996, se han sometido a este procedimiento de mediación 3.600 casos. Han participado 3.415 menores y 2.071 víctimas, de las cuales un 52% eran entidades públicas o privadas. Las infracciones, en su mayoría, constituían robos con fuerza o intimidación, lesiones y daños. En un 83% de casos el proceso de mediación concluyó, de forma positiva, siendo tres meses la duración media de cada procedimiento.

[2607] Cfr., VARONA MARTÍNEZ, G., La mediación reparadora, cit., pág. 456 y ss.

[2608] Cfr., VARONA MARTÍNEZ, G., La mediación reparadora, cit., pág. 458 y ss.

[2609] Cfr., VARONA MARTÍNEZ, G., La mediación reparadora, cit., pág. 461 y ss.

[2610] Dicha ley contempla la conciliación en los artículos 19 y 51.2°.

sensibilizados con los problemas de la Justicia criminal contribuyan a la progresiva y definitiva implantación de los mismos e incluso a la consolidación de los «programas piloto» de conciliación que ya operan en la jurisdicción penal de adultos en algunas comunidades autónomas españolas.

5) *El procedimiento conciliatorio: sus fases*

El *«modus operandi o procedimiento»* admite numerosas variantes[2611].

En una primera fase se procede a la *selección* de los casos que pueden someterse a conciliación. La decisión suele corresponder, según los diversos sistemas, al juez, fiscal o incluso, a los llamados *«asistentes judiciales»*. En algunos proyectos se involucra, también, a la policía.

En un segundo momento, los responsables de la labor mediadora (pedagogo, trabajador social, psicólogo, etc.) entran en contacto con el autor y la víctima para sondear las *actitudes y disposición* de ambas partes en orden a la consecución de un acuerdo. En general, la praxis constata porcentajes muy significativos a favor de la conciliación tanto en autores como en víctimas.

La tercera fase articula el tratamiento *comunicativo y constructivo* de una situación de conflicto interpersonal. El diálogo entre autor y víctima permite el análisis común del hecho y sus consecuencias, así como la exteriorización por ambos de la percepción y sentimientos relativos al suceso criminal, sus respectivos puntos de vista y valoraciones personales divergentes, etc. Constituye, pues, la mediación un marco idóneo para eliminar prejuicios, temores y sentimientos negativos y, por el contrario, un estímulo para el entendimiento recíproco, la tolerancia y la mutua comprensión.

La comunicación personal autor-víctima cierra el paso a las nocivas estrategias de autojustificación con las que el infractor suele tratar de legitimar su comportamiento delictivo. Y satisface, además, la dimensión emocional y relacional de los conflictos interpersonales, dando a la víctima la oportunidad de exteriorizar sus vivencias respecto al hecho delictivo, sin las limitaciones y condicionamientos propios del proceso penal.

La conciliación *concluye* cuando las partes llegan a un acuerdo sobre el modo de afrontar las consecuencias del delito y éste se hace efectivo. Los porcentajes de éxito son muy elevados, una vez que autor y víctima se manifiestan decididos a participar en el procedimiento conciliatorio. La reparación no debe identificarse con el resarcimiento civil. Cabe una reparación *simbólica*, también, consistente en prestaciones personales (no monetarias) a favor de la víctima, de otras víctimas, o de la comunidad; o en el ofrecimiento de excusas, satisfacciones, disculpas, etc., por parte del infractor.

6) El rol del *mediador*

Es fundamental porque impulsa el acuerdo entre las partes y garantiza la buena marcha del procedimiento conciliatorio. Neutral respecto a las partes, pero activo, debe acreditar el mediador capacidad y conocimientos especializados (pe-

---

[2611] Vid. PÉREZ SANZBERRO, G., Reparación y conciliación, cit., pág. 240 y ss.; VARONA MARTÍNEZ, G., La mediación reparadora, cit., pág. 371 y ss. (nota 149). Cfr., GARCÍA-PABLOS DE MOLINA, A., Tratado de Criminología, cit., págs. 1.017 y ss.

dagógico-sociales, psicológicos y jurídicos) para dirigir aquel[2612]. En todo caso, se parte de la actitud *empática* del mediador (o «favorecedor» del proceso), que contrasta con el espíritu *formalista* y *tecnocrático* de los operadores jurídicos del sistema oficial.

> Para la opinión mayoritaria, pedagogos y trabajadores sociales, entre otros, se hallarían especialmente capacitados para tales tareas, si bien la praxis demuestra la necesidad de revisar los métodos tradicionales y formas de organización de sus respectivas áreas.

Mediación, conciliación y reparación son algunas de las muchas formas de abordar los conflictos. Pero existen, naturalmente, otras. Otras *«formas»* y muy diferentes *«estilos»*.

La *mediación*, en definitiva, es un procedimiento o técnica que pone la solución de un conflicto en manos de las partes implicadas en el mismo con la ayuda de un tercero o extraño imparcial que carece de capacidad de decisión[2613]

Se trata, pues, de una fórmula *«trilateral»* basada en la negociación que dirige un tercero imparcial cuyo rol y funciones difiere tanto de las de un árbitro como de las del Juez, modalidades de cierta semejanza estructural. El mediador interviene pero no decide ni resuelve.

> Atendiendo al número y calidad de los intervinientes (en la solución del conflicto), según BLACK[2614] pueden distinguirse tres clases o formas de actuación del control social (respuesta a la desviación): unilaterales, bilaterales y trilaterales.
> *Unilaterales* serían, por ejemplo, la murmuración («*juicio informal in absentia*»), la tolerancia, el ostracismo[2615], la crítica, la evitación y, sobre todo, la autodefensa (vg. ajuste de cuentas, etc.)[2616].
> Como *bilaterales* cabría citar la negociación o el duelo.

[2612] Sobre la figura y rol del mediador, vid. PÉREZ SANZBERRO, G., Reparación y conciliación, cit., pág. 258 y ss.; VARONA MARTÍNEZ, G., La mediación reparadora, cit., pág. 701 y ss.

[2613] Cfr., VARONA MARTÍNEZ, G., La mediación reparadora, cit., pág. 131, que recoge varias definiciones clásicas (Schiffrin, Singer, Oyhanarte, etc.). Naturalmente, el tercero puede ser un equipo pluriprofesional, y no una persona individual.

[2614] Cfr., VARONA MARTÍNEZ, G., La mediación reparadora, cit., pág. 131 y ss.; Cfr., GARCÍA-PABLOS DE MOLINA, A., Tratado de Criminología, cit., págs. 1.018 y ss.

[2615] La tolerancia tiene gran arraigo en la cultura holandesa y componentes muy variados (pragmatismo, autocontrol moral, modus vivendi civilizado, etc.). Cfr., VARONA MARTÍNEZ, G., La mediación reparadora, cit., pág. 132, citando a SWAANINGEN y ZAITCH. El ostracismo o marginación activa del infractor por la sociedad, es típico de ciertas culturas o subculturas. Cfr., VARONA MARTÍNEZ, G., op. cit., pág. 131.

[2616] Tomarse la justicia por la propia mano, las represalias, ajustes de cuentas, los llamados «delitos de autoayuda» son manifestaciones «unilaterales» frecuentes en situaciones de «escasez de oferta de Derecho» («stateless locations»), donde el individuo se siente desprotegido jurídicamente o abandonado a su suerte por el Estado —que no quiere intervenir en conflictos concretos, como si fuesen domésticos, internos y ajenos al mismo— de modo que el afectado busca el respaldo de su subcultura o acude a la autodefensa. Cfr., VARONA MARTÍNEZ, G., La mediación reparadora, cit., págs. 132 y 133.

Trilaterales, por último, podrían dar lugar a once categorías de terceros: de naturaleza *marginal* (negociadores y curanderos), *parciales* (informantes, abogados, consejeros, aliados, subrogados, etc.) e *imparciales* respecto a los litigantes (pacificadores, mediadores, árbitros, jueces, etc.), quienes, a su vez, despliegan una actividad y asumen un rol diferente.

Así, por ejemplo, los *pacificadores* buscan la conciliación, la superación del conflicto, sin ahondar en la causa y contenido de éste: les interesa sólo su buen fin. Tal función pacificadora puede tener un sustrato o fundamento amistoso u orientación criminalizadora-represiva[2617]. Por el contrario, los «árbitros» proponen una solución al conflicto, pero carecen de capacidad para ejecutarla. En cuanto a los «mediadores», no imponen el acuerdo a las partes del conflicto, pero lo promueven, lo facilitan, lo impulsan. La mediación es una suerte de «negociación supervisada»[2618].

Pero cabe hablar, también, de «*estilos*» de control social: el penal, el terapéutico, el compensatorio y el conciliatorio[2619].

Cada estilo, por cierto, tiene su propia lógica y su propio lenguaje; y la concreta utilización de uno u otro depende no sólo de las características del conflicto, sino de cada contexto cultural y social[2620].

El estilo «*penal*», por no abordar el conflicto en sus raíces, aporta una respuesta drástica poco efectiva, aunque sea inevitable en sociedades individualistas que conocen índices muy elevados de victimización de extraños, personas, a su vez, de base escasamente homogénea y con mínima relación y confianza en posibles terceros mediadores. El estilo «terapéutico» prolifera en contextos de creciente individualismo, porque la movilidad disminuye los lazos familiares y el aislamiento obliga a centrar la mirada en la propia existencia. El poder terapéutico no es represivo, sus operadores (psicólogos, psiquiatras, trabajadores sociales, pedagogos, etc.) multiplican su presencia, incrementándose correlativamente el número y clase de problemas que se estiman apropiados para la intervención de éstos. El estilo «compensatorio» es usual en contextos de sólidas raíces colectivas y comunitarias, que ensalzan valores como armonía, conformidad y pertenencia al grupo. Mitiga el riesgo de la venganza y de la estigmatización del infractor al orientarse hacia la reparación, si bien en las sociedades modernas suele convertirse en una mera indemnización o resarcimiento económico. El estilo «conciliatorio», por último, adecuado a las comunidades pequeñas, homogéneas y bien integradas (no es el caso de la sociedad actual) busca restaurar la armonía de las partes implicadas en el conflicto, basándose precisamente en las relaciones interpersonales[2621].

[2617] Vid. citando ejemplos de BLACK, VARONA MARTÍNEZ, G., La mediación reparadora, cit., págs. 134 y 135 (notas 349 y 350).

[2618] Cfr. VARONA MARTÍNEZ, G., La mediación reparadora, cit., págs. 134 y 135.

[2619] Cfr., VARONA MARTÍNEZ, G., La mediación reparadora, cit., pág. 136 y ss. siguiendo la clasificación de BLACK; vid., GARCÍA-PABLOS DE MOLINA, A., Tratado de Criminología, cit., págs. 1.019 y ss..

[2620] Cfr. VARONA MARTÍNEZ, G., La mediación reparadora, cit., pág. 136, siguiendo a BLACK.

[2621] Cfr. VARONA MARTÍNEZ, G., La mediación reparadora, cit., págs. 138 y 139, citando a HORWITZ y BLACK; Cfr., GARCÍA-PABLOS DE MOLINA, A., Tratado de Criminología, cit., págs. 1.019 y ss.

Formas 'sui generis' de mediación existen, incluso —como demuestran los estudios sobre *pluralismo normativo*— en las culturas indígenas[2622], en determinadas minorías étnicas occidentales[2623] y en sistemas de justicia popular[2624]. Lo que revela que estos procedimientos informales de solución de conflictos son universales, y carecen de concretas claves o referencias temporales y espaciales. Operan, unas veces, en el seno del propio sistema estatal, contando con su reconocimiento. Otras, al margen del mismo[2625].

7) *Balance del paradigma integrador*[2626]

Los procedimientos de conciliación ofrecen, pues, un *balance* muy positivo (especialmente en ciertos ámbitos como la delincuencia de jóvenes y menores), pero no están libres de ciertas *objeciones y reservas*.

En primer lugar, conviene advertir que no existe un único modelo de conciliación, sino un sinfín de modelos y submodelos conciliatorios. Que falta, pues, un preciso marco teórico e incluso una clara afinidad ideológica y político-criminal como fundamento común a todos ellos. Nacen, además, en el mundo anglosajón y son fieles, por tanto, al pragmatismo de un sistema de justicia comunicativo y dialogal *sui generis*. Cuentan, todavía, con escaso rodaje y notables indefiniciones, por tratarse de un nuevo paradigma del que sólo podemos aún detectar rasgos fragmentarios y perfiles. Existe un razonable consenso científico respecto a los objetivos de la conciliación y expectativas que generan estos procedimientos: no existe tal consenso, sin embargo, respecto a los supuestos que pueden someterse a los mismos (qué delitos, qué infractores, qué víctimas, etc.), ni una evaluación empírica fiable de los resultados obtenidos.

Los procedimientos de conciliación pretenden articular una respuesta *progresista* al delito, no represiva, desinstitucionalizada, informal, al margen del sistema, evitando el efecto estigmatizante que, no ya la pena, sino el propio proceso legal lleva consigo. Ahora bien, no se pueden ocultar los riesgos y recelos que genera un modelo de respuesta al delito de corte —o, al menos, apariencia— privatista. Sabido es que el tránsito de la arcaica justicia privada al modelo actual de justicia pública (solución institucional y formalizada de los conflictos) supuso un incuestionable progreso histórico, porque solo así se puede asegurar el control racional de las soluciones arbitradas para aquellos, la igualdad y ciertas garantías elementales. Por el contrario, la experiencia había puesto de manifiesto que cuan-

---

[2622] Cfr., VARONA MARTÍNEZ, G., La mediación reparadora, cit., pág. 580 y ss.
[2623] Cfr., VARONA MARTÍNEZ, G., La mediación reparadora, cit., pág. 618 y ss.
[2624] Cfr., VARONA MARTÍNEZ, G., La mediación reparadora, cit., pág. 640 y ss.
[2625] Cfr., VARONA MARTÍNEZ, G., La mediación reparadora, cit., pág. 571.
[2626] Vid., GARCÍA-PABLOS DE MOLINA, A., Tratado de Criminología, cit., págs. 1.020 y ss.

do se concibe el crimen como problema *«doméstico»*, interno, y su solución como cuestión privada o privativa de los directamente implicados nadie puede impedir el rigor desmedido, la vehemencia e incluso la irracionalidad de la respuesta, ni es fácil establecer mecanismos de control que aseguren el trato semejante de situaciones equivalentes (igualdad) y determinadas garantías[2627] del individuo que constituyen hoy día patrimonio cultural de la humanidad. En una sociedad plural, conflictiva y desigual, por otra parte, las soluciones privadas no suelen restablecer el equilibrio real entre los implicados, porque, en puridad, no negocia ni pacta quien quiere, sino quien puede.

Los procedimientos de conciliación pretenden sustituir la devastadora intervención del sistema legal o arbitrar, en su defecto, una respuesta menos *agresiva*, en ningún caso *moralizadora*. Sin embargo, existe el peligro de que no siempre contribuyan a una intervención mínima, aséptica y poco invasiva. En primer lugar, porque si estos procedimientos conciliatorios se generalizan como fórmulas sustitutivas del sistema legal incluso para resolver pequeños conflictos, entonces sólo se consigue una desmedida extensión de las redes del control social, eso sí, a través de mecanismos más sutiles y flexibles. En segundo lugar, porque la conciliación no es un mero acuerdo formal reparatorio o indemnizatorio. Antes bien, exige una comunicación interpersonal fecunda autor-víctima, la implicación seria y convencida de ambos en el proceso de negociación, un positivo cambio de actitudes, fruto de la confrontación directa y personal con el hecho delictivo y sus consecuencias y de la libre asunción de responsabilidades. ¡Sus objetivos no son, pues, precisamente modestos![2628].

Los procedimientos conciliatorios, por último, aún pretendiendo aportar soluciones flexibles e informales, distan mucho de la imagen frívola y superficial que algunos ofrecen de los mismos. Requieren una *infraestructura* adecuada y *dotación* de personal y medios suficiente (mediador, profesionales que intervienen en el proceso). La consecución del acuerdo reparatorio exige *tiempo* y esfuerzos, contactos exploratorios previos, aproximación, diálogo, comunicación y negociación entre las partes, etc. Quiere ello decir que el éxito de estas fórmulas de media-

---

[2627] Sobre el problema que los modelos conciliatorios suscitan en orden a la efectiva vigencia de las garantías constitucionales, vid. PÉREZ SANZBERRO, G., Reparación y conciliación, cit., pág. 500 y ss.

[2628] Es cierto, como afirma SCHNEIDER, H.J., que la conciliación no consiste sólo en «pagar y excusarse» (Viktimologie, en Handwörterbuch der Kriminologie, de SIEVERTS-SCHNEIDER, 1991, Walter de Gruyter, pág. 418); ahora bien, la conciliación no puede convertirse en una ceremonia de purificación de males individuales y colectivos, ni en una terapia simbólica sobre el cuerpo social herido por el delito (en este sentido: TAMARIT, J., La reparación a la víctima en el Derecho Penal, Barcelona, 1994, pág. 183); también, PÉREZ SANZBERRO, G., Reparación y conciliación, cit., pág. 523; y ROIG TORRES, M., La reparación del daño causado por el delito (aspectos civiles y penales). Tirant monografías (Valencia), 2000.

ción y reparación sustitutivas del control social formal depende en gran medida de su correcto equipamiento. Y de que no se frustren las legítimas expectativas que concitan por asumir, improvisada o precipitadamente, cometidos para los que aún no se encuentran preparadas. Una percepción social negativa de la efectividad de estos procedimientos conciliatorios les condenaría al descrédito, dado que el problema criminal no admite ensayos ni experimentos. Y el fracaso de este nuevo modelo significaría el fracaso de una esperanza que no supo administrarse con realismo. Procede, pues, generalizar este sistema de solución de conflictos con prudencia, de forma progresiva, una vez que se compruebe su eficacia y se cuente con los medios necesarios para ampliar su ámbito de acción.

> Los procedimientos conciliatorios, en todo caso, deben articularse de modo que so pretexto de flexibilidad y desformalización no vulneren derechos constitucionales del imputado. El riesgo es cierto y se ha advertido por la doctrina[2629].
> Admitida la conciliación con particular generosidad en la L.O. 5/2000, de 12 de enero, reguladora de la responsabilidad penal de jóvenes y menores (art. 19 y 51.2º) el tiempo juzgará el realismo y buen hacer de los Equipos Técnicos y operadores jurídicos que han de mediar entre el infractor y la víctima dando vida a una institución que ha suscitado justificadas expectativas. De hecho, y por la vía de los *programas «piloto»*, se siguen procedimientos flexibles de «conciliación» en la jurisdicción penal de *adultos*, entre otros, en los Juzgados nºs. 32 y 47 de Instrucción, nº 20 de lo Penal, y nº 4 de Ejecuciones Penales, todos ellos de Madrid. Y cuatros localidades (Pamplona, Jaén, Zaragoza, Calatayud, Sevilla, etc.)[2630].

Al sistema de la mediación, no obstante, se le han dirigido diversas objeciones y reparos. De una parte, la indiferencia que merece a menudo de la sociedad y de los medios. De otra, su inevitable tendencia a la burocracia[2631]. Se ha dicho, también, que puede acabar fomentando una suerte de *cultura forzada del acuerdo* o de *justicia restaurativa obligatoria*[2632] al privilegiar a quien se muestre decidido a conciliarse en perjuicio de quien opta por no someterse al pacto mediador. Algunos autores reprochan incluso a la mediación que pueda ponerse al servicio de una *justicia de clase* permitiendo a los infractores de las clases privilegiadas comprar rápido y a buen precio la solución de sus problemas, sin que se brinde la misma oportunidad a los de la *lower class*[2633]. Por último, se ha denunciado también, que la mediación no solo arbitra soluciones demasiado benignas, en detrimento de las exigencias de la prevención general, sino respuestas discrimina-

---

[2629] Vid. TAMARIT SUMALLA, J.Mª., El nuevo Derecho Penal de menores: ¿creación de un sistema penal menor?, en: Revista Penal, La Ley, 8 (julio 2001), pág. 74. El autor subraya los posibles conflictos entre las exigencias pedagógicas de la conciliación y los derechos constitucionales del imputado a no declarar, o a no confesarse culpable.

[2630] Vid. información aparecida en la Revista Otrosi, nº 84 (2007), pág. 43.

[2631] Así, ROLDÁN BARBERO, H., La mediación penal, cit., pág. 132.

[2632] Así, entre otros: DÜNKEL, VARONA, ALASTUEY, etc. Cfr., ROLDÁN BARBERO, H., La mediación penal, cit., pág. 132.

[2633] Vid., ROLDÁN BARBERO, H., La mediación penal, cit., pág. 133.

torias, desproporcionadas, convirtiéndose en una peligrosa fuente de sistemáticos *agravios comparativos*[2634].

Junto a las objeciones ya expuestas (antigarantismo, sesgo privatizador socialmente regresivo, procedencia foránea del modelo, riesgo de que extienda sutilmente las redes del control social si se aplica a hechos poco graves, impacto revictimizador, etc.) la doctrina ha formulado otros muchos reparos al modelo de justicia reparadora, y, en particular, a los procedimientos conciliatorios. Se ha dicho que representan una clara concesión a la «moda», al «imperio de lo efímero»[2635], que, lógicamente, pugna con inercias y cosmovisiones muy arraigadas en las profesiones jurídicas y ámbitos académicos[2636]. Que implican un retorno sutil a la venganza sublimada contra el infractor, equiparable al carácter infamante de las penas en el «viejo régimen»[2637]. Que la propia meta reparadora y pacificadora de las relaciones interpersonales y comunitarias que persigue la justicia restaurativa peca de escaso realismo y revela una actitud idealista y romántica —naiv— poco recomendable[2638]. A juicio de este sector crítico, por último, los conceptos de «perdón», «reconciliación» y «restablecimiento de la paz social»— nucleares en el modelo de justicia «reparadora» o «restaurativa»— exhibirían una inadmisible «sobrecarga emocional» que pretende, sin éxito posible, conciliar la justicia con valores inalcanzable como el «amor» y la «no violencia»[2639].

En la doctrina española TAMARIT SUMALLA[2640] mantiene que, a pesar de sus orígenes, el modelo de justicia reparadora no solo es compatible con nuestro sistema, sino que se asume por el vigente Código Penal y desarrollan recientes reformas sustantivas y procesales, que dan cabida a la reparación antes de que se dicte Sentencia y después de ésta. No obstante, forzoso es reconocer que modelos como el de la «justicia reparadora», o el de la «justicia comunitaria», se avienen mejor a sistemas jurídicos que profesan el principio procesal de «oportunidad» y cuentan con una aquilatada «cultura del pacto». Lo que no es el caso del ordenamiento español.

V. TENDENCIAS ACTUALES: EL DENOMINADO «MODELO DE LA SEGURIDAD CIUDADANA»

1.- Los modelos de reacción al delito antes expuestos (disuasorio, resocializador, reparador-integrador) son modelos *ideales* que toman sus respectivos nombres del principio o rasgo predominante en los mismos. Reflejan, además, una evolución positiva en el pensamiento criminológico, porque a la idea nuclear de *disuasión* van incorporando y asumiendo otras funciones que mejoran cualitativamente la

---

[2634] Cfr., ROLDÁN BARBERO, H., La mediación penal, cit., pág. 134.
[2635] Cfr. TAMARIT SUMALLA, J.Mª., La justicia reparadora, cit., pág. 451 (citando la opinión de Lipovetsky).
[2636] Cfr. TAMARIT SUMALLA, J.Mª., La justicia reparadora, cit., pág. 447.
[2637] Cfr. TAMARIT SUMALLA, J.Mª., La justicia reparadora, cit., págs. 448 y ss.
[2638] Cfr. TAMARIT SUMALLA, J.Mª., La justicia reparadora, cit., pág. 451 (citando la opinión de ACORN).
[2639] Cfr. TAMARIT SUMALLA, J.Mª., La justicia reparadora, cit., págs. 451 y 452 (citando a Acorn).
[2640] La justicia reparadora, cit., págs. 454 y ss.

respuesta al comportamiento criminal. Se trata, en definitiva, de configurar un modelo de reacción al delito que pondere no solo el rendimiento y efectividad del sistema sino la satisfacción razonable de las expectativas de los implicados en este problema social y comunitario: el castigo del comportamiento delictivo, la reinserción del infractor, la reparación del daño ocasionado a la víctima, la solución productiva del conflicto interpersonal que el delito pueda evidenciar, en su caso, y la pacificación de las relaciones sociales y mejora del clima social[2641].

Lamentablemente, sin embargo la evolución descrita se ha detenido porque las actuales tendencias políticocriminales apuntan en otra dirección. Asistimos a una etapa de regresión que ignora o pervierte conquistas históricas que creíamos irreversibles. Quizás sea pronto para hablar de un *nuevo modelo* (del modelo de la «seguridad ciudadana» al que se refieren algunos autores)[2642], pero sí cabe subrayar ciertos rasgos que de forma fragmentaria se observan en la Política Criminal (*recte*. Política penal) de nuestros días y la involución que tales tendencias significan. No me parece desacertado el término «CONTRAILUSTRACIÓN» para denominar el sesgo involucionista y regresivo de las mismas.

2.- Los rasgos y características del modelo en ciernes de intervención penal de la *seguridad ciudadana* serían los siguientes[2643].

a) Protagonismo de la delincuencia *convencional* y correlativo trato de favor de la criminalidad de los *poderosos*. La política criminal de nuestros días vuelve, de nuevo, su mirada hacia la delincuencia clásica, convencional. La opinión pública parece adoptar una actitud resignada y conformista ante los obstáculos que la realidad interpone para perseguir el crimen de los poderosos. Las reformas legales dirigidas al castigo de éste cosechan escasos éxitos en la praxis. En la propia doctrina científica, incluso, proliferan propuestas que conducen a una sustancial rebaja de la intensidad de la persecución de la delincuencia de los poderosos o que sugieren abiertamente la necesidad de una respuesta penal atenuada en sus componentes aflictivos. Es el caso de la llamada fórmula de la «doble velocidad», que reservaría la pena de prisión a la criminalidad *convencional*, previendo para

---

[2641] DÍEZ RIPOLLÉS, J.L., El nuevo modelo penal de la seguridad ciudadana, cit., págs. 6 y ss., se refiere en su clasificación de modelos, que no coincide con la que se propone en esta obra.

[2642] Así, DÍEZ RIPOLLÉS, J.L., El nuevo modelo penal de la seguridad ciudadana, cit., págs. 1 y ss. Vid., fundamentalmente, GARLAND, D., The culture of control. The University of Chicago Press, 2001, págs. 6 a 20.

[2643] Vid., DÍEZ RIPOLLÉS, J.L., El nuevo modelo penal de la seguridad ciudadana, cit., págs. 6 y ss.; también: PÉREZ CEPEDA, Ana Isabel, La seguridad como fundamento de la deriva del Derecho Penal postmoderno, en: Iustel (2007, págs. 49 y ss.; y 388 y ss.).

la de los poderosos sanciones administrativas o penales atenuadas que excluirían la privación de libertad[2644].

b) Prevalencia del sentimiento colectivo de *inseguridad ciudadana* y de *miedo al delito*. La preocupación por el problema criminal y el temor a convertirse en víctima del delito se han generalizado en la opinión pública, pasando a ocupar durante los últimos años los primeros lugares en el ranking de los *problemas comunitarios* incluso en segmentos sociales que tradicionalmente no exhibían tales temores. El miedo al delito y el sentimiento de inseguridad ciudadana han influido muy negativamente en la política criminal, generando actitudes sociales de extremado rigor e incomprensión del delincuente[2645] y de injustificada confianza hacia la efectividad de las prohibiciones penales.

Los expertos han observado que la sociedad postindustrial, temerosa e insegura, hace de la evitación del delito «un principio organizativo de la vida cotidiana»[2646]. Se ha convertido, pues, en «una sociedad de víctimas potenciales»[2647], instalada en una política criminal de la *sospecha* y la *cautela*[2648], que postula enfermizas cruzadas defensivas y consignas de protección basadas en las tecnologías de la defensa y en la exclusiva lógica del aseguramiento frente al riesgo. En dicha sociedad los medios de comunicación contribuyen eficazmente a la construcción social de la inseguridad[2649] y el miedo, impulsando políticas criminales de rigor, antigarantistas, cuya aplicación selectiva perjudicará a los subgrupos y colectivos menos favorecidos. Los medios de comunicación suelen interesarse más por la noticia que por la información. Por ello, al ocuparse prioritariamente de los delitos *violentos* y *sexuales* (que son los que concitan mayor audiencia) sobredimensionan esta clase de criminalidad y propagan esterotipos que potencian la alarma social. A ello contribuye, también, la proclividad de los medios a subrayar los errores del sistema legal —y de los órganos del mismo encargados de combatir el crimen— favoreciendo de este modo la pésima imagen social de la Justicia[2650]. En este sentido, cabe afirmar que la alarma social y el miedo al delito son una «construcción mediática»[2651].

[2644] Sobre el denominado «Interventionsrecht» y la «doble velocidad», vid., críticamente: GARCÍA-PABLOS DE MOLINA DE MOLINA, A., Derecho Penal. Introducción, cit., págs. 114 y ss. Cfr., DÍEZ RIPOLLÉS, J.L., El nuevo modelo penal de la seguridad ciudadana, cit., págs. 6 y 7.

[2645] Vid., DÍEZ RIPOLLÉS, J.L., El nuevo modelo penal de la seguridad ciudadana, cit., pág. 8, nota 10.

[2646] Así, GARLAND, D.-SPARKS, R., Criminology, Social Theory and the Chalenge of our Times, British Journal of Criminology, 40 (2000), pág. 199. Cfr. HERRERA MORENO, Myriam, Historia de la Victimología. En: Manual de Victimología, cit., págs. 76 y ss.

[2647] Cfr. ROSE; N., Goverment and Control, en: British Journal of Criminology, 40 (2), 2000, págs. 321 y ss. Cfr., HERRERA MORENO, Myriam, op. cit., pág. 77.

[2648] Cfr. HERRERA MORENO, Myriam, op. cit., pág. 76 (citando a GARLAND, D. y SPARKS, R., y a FUREDI.

[2649] Cfr. HERRERA MORENO, Myriam, op. cit., pág. 76, citando a R. CARIO.

[2650] Vid.: Tendencias de la criminalidad y percepción social de la inseguridad ciudadana, cit., págs. 31 y ss.

[2651] Así, RODRIGO ALSINA, M., El conocimiento del sistema penal: alarma social y medios de comunicación, en: Política Criminal (dir. LARRAURI, E.). Cuadernos de Derecho Judicial,

En otro lugar he tratado de describir el panorama que ofrece el actual Derecho Penal (*recte*: sistema penal) y su Política Criminal[2652]:

Asistimos a una verdadera *Contrailustración*, liderada por el vigente modelo politicocriminal de la *seguridad ciudadana*, de fuerte orientación antigarantista, simbólica y defensista. El ciudadano de la moderna sociedad del riesgo, como demuestran todos los estudios empíricos, demanda del Estado, fundamentalmente, seguridad y eficacia en la lucha contra el delito. Ya no parece temer al *Leviathan*, ni preocuparle sus posibles excesos y extralimitaciones. Por su parte, los poderes públicos saben muy bien cómo obtener rédito político-electoral dando satisfacción a tales demandas sociales: con el instrumento más drástico y devastador del arsenal punitivo del Estado. Al haberse convertido la *seguridad* en un concepto simbólico, no puede extrañar —como advierte ALBRECHT— que se utilice el propio Derecho Penal como arma política para satisfacer las cada vez más exigentes demandas sociales de *seguridad*; y que el mero uso político del discurso penal se convierte hoy en instrumento de comunicación social. Es lógico, por ello, que el Derecho Penal que sirve a este modelo politicocriminal no sea ni *mínimo*, ni *garantista*, pues se trata, como afirman FEELEY y SIMON, de un modelo *actuarial, gerencial* y *tecnocrático*, que se limita a administrar el problema del crimen con criterios de efectividad, de *management*, puramente empresariales, eludiendo toda reflexión moral e ideológica ajenas a las exigencias del sistema, como si de meras cuestiones *técnicas* se tratara; un modelo, en palabras de SWAANINGEN, que predica, como discurso teórico, un rigor penal (simbólico) de mano dura, si bien practica un puro y llano gerencialismo administrativo basado en la eficiencia. En palabras de SCHREERER, un modelo políticocriminal que no se orienta a ideales positivos y solidarios, sino a una solidaridad negativa de miedos compartidos; un modelo en el que la acción estatal se plantea en escenarios estadísticos y cálculos de riesgos; el propio ciudadano pasa de ser el individuo responsable al objeto irresponsable de control; la violación de la norma no se contempla con criterios de culpabilidad sino en términos de riesgos potenciales para el sistema; y el negocio del delito se gestiona con un estilo gerencial, empresarial, que prima la eficiencia. En definitiva: el Derecho Penal esta perdiendo sus señas de identidad.

c) *Exacerbación y sustantividad de los intereses de las víctimas.* En la actual política criminal se observa una llamativa inversión de papeles que altera el rol que corresponde a la víctima en un sector del ordenamiento *público*, como el Derecho Penal. De la *neutralización de la víctima* que sella los orígenes del *ius puniendi* y del proceso —y la pena— como instituciones *públicas* se pasa en nuestros días a un nuevo modelo, de sesgo privatizador y antigarantista, en el que la víctima expresa y representa a través de sus propios intereses los intereses generales; éstos se individualizarían y personalizarían a través de las demandas concretas de víctimas, grupos de víctimas, afectados o simpatizantes. Los intereses particulares de las víctimas acaban mediatizando los intereses públicos a los que se preordena fundamen-

---

IV (1999), págs. 84 y ss. Para DIEZ RIPOLLÉS, J.L., (El nuevo modelo penal de la seguridad ciudadana, en: Revista Electrónica de Ciencia Penal y Criminología, 2004, cit., págs. 25), los medios de comunicación se han convertido en «uno de los portaestandartes de la nueva ideología de la seguridad ciudadana».

[2652] GARCÍA-PABLOS DE MOLINA, A., Introducción al Derecho Penal, 4ª Ed., 2006, págs. 33 y 34 (que corresponden al Prólogo de la edición anterior de esta obra).

talmente la intervención penal e incluso llegan a contraponerse a los intereses del delincuente por un juicio justo y una ejecución penal orientada a su reinserción[2653].

Al pernicioso fenómeno denunciado («socialización de la víctima») se añade otro, no menos grave, inseparable de la actual obsesión por la seguridad y el miedo al delito y derivado de cierta política victimológica que no se puede compartir: *la «cultura de la quejumbre y la victimidad»*[2654]. Me refiero a una regresiva emotivización victimológica que instala y consolida a la víctima en su estatus; que propaga una regresiva *estrategia victimaria*[2655] interesada, explotando la vulnerabilidad, la victimidad, en detrimento de la positiva entereza personal y comunitaria ante la adversidad[2656]; y que a través de eventuales mecanismos de asistencia a la víctima genera la dependencia prolongada de ésta y promueve una viciosa adhesión al estatus emocional de victimación con el correlativo rechazo de las vías de sanación natural y del apoyo informal a partir de los lazos de cohesión social[2657]. Se trata, en último término, de una manifestación más, secundariamente victimizante, de la conocida explotación ideológica de las víctimas por los operadores políticos y mediáticos que tratan de instrumentalizarla en aras de objetivos metavictimológicos[2658].

d) *Populismo y politización partidista.* Los agentes sociales que influyen en las decisiones legislativas son hoy otros. La opinión autorizada de los expertos se ha desacreditado: no solo la de los teóricos, sino también la de los especialistas y operadores jurídicos comprometidos en la aplicación del Derecho o la ejecución penal. De este clima de generalizada desconfianza se salva exclusivamente la pericia policial. Se propugna, por el contrario, la «democracia directa» cuyos portadores serán la opinión pública creada por los medios populares de comunicación social, la víctima y el pueblo llano, expresando su experiencia cotidiana y percepción directa de la realidad. El objetivo último es que en la creación y aplicación del Derecho se atiendan sus demandas directamente, sin la mediación de intermediarios y expertos capaces de ponderar las implicaciones complejas de cualquier decisión políticocriminal. Tal dinámica populista acelera el tiempo legiferante, elimina o restringe los elementales debates y acude a toda suerte de recursos teóricos (la urgencia del problema, la alarma social, etc.) para promulgar leyes o reformas de *urgencia*. Eviden-

---

[2653] Vid., DÍEZ RIPOLLÉS, J.L., El nuevo modelo penal de la seguridad ciudadana, cit., págs. 9 y ss.

[2654] Así FUREDI, F., Therapy Culture, 2004. Routdlege, New Cork. Cfr. HERRERA MORENO, Myriam, Historia de la Victimología, en: Manual de Victimología, cit., pág. 77. La terminología tal vez no sea correcta, pero sí expresiva.

[2655] En este sentido, CARIO, R., La reconnaissance de la victime. Instrumentalisation ou restauration, en: Journal des Accidents et de Catastrophes, núm. 53 (2005), págs. 3. Cfr. HERRERA MORENO, Myriam, ibidem.

[2656] Contraponiendo la actual negativa construcción social de la vulnerabilidad y la positiva de la entereza o resiliencia, GREEN, R., Human Bahaviour Theory: A Resilience Orientation, en: Resiliency: An Integrated Approach to Practice, Policy and Research, 2002, NASW Press, Washington DC. Cfr. HERRERA MORENO, Myriam, ibidem.

[2657] Así, FATTAH, E., cit. por HERRERA MORENO, Myriam, ibidem.

[2658] Cfr. HERRERA MORENO, Myriam, op. cit., pág. 75 citando el parecer de KIRCHOFF.

temente, la «democracia directa» empobrece el contenido de las decisiones al marginar a los expertos, pero conecta directamente a los gobernantes con las demandas populares, lo que les permite cosechar valiosos créditos políticos en su desforada carrera por demostrar quien es menos transigente con el crimen[2659].

Como se ha observado en la doctrina[2660], la moderna Política Criminal se halla muy influida por los «actuales gestores de la moral colectiva» que no son los estamentos burgueses —conservadores— del Derecho Penal clásico, sino grupos y subgrupos emergentes: organizaciones ecologistas, feministas, de indignados, de vecinos, de consumidores, pacifistas, contrarios a la globalización, etc. Todos ellos claman por una creciente y eficaz intervención del Derecho Penal para garantizar la defensa de los intereses sectoriales que representan. Con la paradoja de que quienes hace décadas propugnaban el abolicionismo, hoy se manifiestan fervorosos abanderados de un Derecho Penal de intervención máxima que proteja estos sectores sociales[2661].

e) *Endurecimiento del rigor penal y revalorización del componente aflictivo del castigo.* Las actuales tendencias políticocriminales, por su populismo y orientación decidida a favor de la víctima, confieren respetabilidad social a los sentimientos de venganza de ésta y de la comunidad hacia el delincuente. La resocialización del penado pierde apoyos sociales, y aunque no se elimine del repertorio de efectos psicosociales del castigo, sometida a otras exigencias muy apreciadas (preventivo generales, de reafirmación de los valores sociales, de mera inocuización del infractor) pierde, desde luego, su posición estelar en el ámbito de la ejecución de la pena. Hoy parecen ceder terreno las explicaciones de la criminalidad, que atribuían ésta a desigualdades sociales, a favor de modelos consensuales, que minusvaloran la diferencia de oportunidades en la pirámide social, y conciben el delito como opción racional y maliciosa de un infractor que se enfrenta injustificadamente con el orden social legítimo. En consecuencia, las actuales tendencias políticocriminales sugieren un endurecimiento notable del sistema de penas y su ejecución con la única finalidad de hacer más gravosa la situación del infractor. En España, la reforma del límite máximo de cumplimiento de la pena, que sitúa éste en los 40 años[2662]; la supresión del arresto fin de semana[2663], enmarcada en la crisis de las penas privativas de libertad de corta duración y sus alternativas; y,

---

[2659] Vid., DÍEZ RIPOLLÉS, J.L., El nuevo modelo penal de la seguridad ciudadana, cit., págs. 10 y ss.

[2660] Cfr. GARCÍA-PABLOS DE MOLINA, A., Introducción al Derecho Penal, 4ª Ed. (2006), Edit. Ramón Areces, pág. 214.

[2661] Cfr. GARCÍA-PABLOS DE MOLINA, A., refiriéndose a la tesis de SILVA SÁNCHEZ, J.Mª., ibidem.

[2662] Aprobado por L.O. 7/2003, de 30 de junio, que modifica los artículos 76 y 78 del Código Penal.

[2663] Supresión que lleva a cabo la L.O. 15/2003, de 25 de noviembre que entró en vigor en octubre del 2004.

en el ámbito penitenciario, los nuevos requisitos que se introducen para acceder al tercer grado y a la libertad condicional[2664] se insertan en el giro vindicativo del sistema hacia el delincuente, sistema que hace gala de sus pretensiones estigmatizantes y contempla el renacimiento de penas denigratorias[2665].

f) *Confianza sin límites en los órganos estatales del «ius puniendi» y despreocupación por el sistema de garantías que controle éste.* El tradicional modelo garantista de intervención penal procuraba delimitar el ámbito legítimo de actuación de los poderes públicos, para evitar peligrosos excesos en la persecución de los delitos y ejecución de las penas en perjuicio de los derechos y libertades individuales. Hoy, sin embargo, las actitudes sociales han experimentado un giro sin precedentes en sistemas democráticos. Se está generalizando la opinión de que merece la pena renunciar a cautelas y prevenciones clásicas a cambio de una mayor efectividad y rendimiento del sistema legal en la respuesta de éste al crimen.

Y el ciudadano no parece temer ya las posibles extralimitaciones de quienes ejercitan las funciones represivas, ni se siente concernido directamente por los abusos en que puedan incurrir, ni reclama garantías que conjuren tales riesgos. Es más, se reclama de los operadores jurídicos una respuesta rápida y eficaz que satisfaga las demandas populares, sorteando, si fuere necesario, los obstáculos materiales o procesales que entorpezcan la misma. Las *garantías* se convierten en requisitos formales o burocráticos prescindibles. Solo en este nuevo contexto se comprenden algunas reformas legales, como la paulatina generalización de vigilancia de espacios y vías públicas mediante cámaras, vídeos y otros instrumentos

---

[2664] La Ley 7/2003, de 30 de junio condiciona la concesión del tercer grado penitenciario y la de la libertad condicional (cuando la pena impuesta sea prisión de más de cinco años) al previo cumplimiento de un período de seguridad equivalente a la mitad de la condena, exigencia dispensable excepto en los delitos de terrorismo o cometidos en el seno de organizaciones criminales (art. 36.2º CP.); y, además, a la previa reparación del daño causado, es decir, a la satisfacción de la responsabilidad civil ex delicto (arts. 72.5º y 6º de la L.O.G.P. y 90.1.c. del CP.). En los delitos de terrorismo, y en los cometidos en el seno de organizaciones criminales (art. 90.1.c. in fine) el Código exige un requisito adicional (que se compruebe la desvinculación efectiva del sujeto respecto de la organización y de muestras fiables de su activa colaboración con las autoridades). En los supuestos previstos en el artículo 78 del Código Penal, el tercer grado y la libertad condicional solo pueden concederse (en los delitos de terrorismo y equiparados) cuando quede por cumplir una quinta parte del límite máximo de cumplimiento de la condena o una octava parte de éste, respectivamente (art. 78.3º.a y b., redactados por L.O. 7/2003, de 30 de junio). El giro de la doctrina jurisprudencial, en el particular cómputo de los beneficios penitenciarios (doctrina PAROT) parece responder a las exigencias sociales que reclaman una respuesta más severa a ciertos hechos particularmente reprobables.

[2665] DÍEZ RIPOLLÉS, J.L., se refiere al renacimiento de penas infamantes, como la publicación de listas de maltratadores o de delincuentes sexuales (El nuevo modelo penal de la seguridad ciudadana, cit., pág. 14).

de control visual y auditivo[2666], la simplificación de los procedimientos de adopción de medidas cautelares penales y aún civiles[2667], la facilitación de la prisión preventiva[2668] y la disminución del control judicial en los procedimientos penales mediante los denominados juicios rápidos, etc.

En el modelo de la *seguridad ciudadana* se apela, a menudo, a la víctima del delito como mera coartada que encubre políticas criminales (*recte*: políticas *penales*) populistas de claro sesgo neoretributivo. Los poderes públicos no valoran el coste ni las consecuencias de la intervención penal, preocupados, exclusivamente, por obtener el *consenso social* que dé *estabilidad* al sentimiento de seguridad colectiva, reestableciendo idealmente el orden jurídico violado, la fidelidad al Derecho del ciudadano y la confianza de éste en las instituciones[2669].

g) *Implicación directa de la sociedad en la lucha contra la delincuencia.* En el nuevo modelo en ciernes de la *seguridad ciudadana*, la comunidad asume un protagonismo directo que se traduce en la colaboración de la misma con la policía para la prevención del delito y la identificación y detención de los delincuentes[2670]. Pero dicha implicación de la comunidad no se agota en programas de autoprotección de las víctimas o en programas de control vecinal, sino que trasciende estos límites, porque los poderes públicos, en la actualidad, fomentan el desempeño por la comunidad de funciones tradicionalmente reservadas a los órganos del control social formal. A ello se debe la expansión de la *seguridad privada* en nuestros días, que supone una dejación generalizada de responsabilidad por parte de los poderes públicos y un nuevo factor de desigualdad social por la desigual capacidad de acceso y financiación de estos servicios. Y más aún: la asunción por la sociedad civil de funciones propias del control social penal rebasa el ámbito de la prevención, proyectándose, también, en la fase de ejecución de las penas. De este modo y so pretexto de la especial eficiencia de la iniciativa privada, agentes privados e intereses particulares participan en el sistema de ejecución de medidas aplicables a menores que delinquen prestando sus centros en un régimen de concierto con

---

[2666] Vid., DÍEZ RIPOLLÉS, J.L., El nuevo modelo penal de la seguridad ciudadana, cit., pág. 17.

[2667] Refiriéndose a la L. 27/2003, de 31 de julio, que regula la orden de protección a las víctimas de la violencia doméstica, vid., DÍEZ RIPOLLÉS, J.L., El nuevo modelo penal de la seguridad ciudadana, cit., pág. 17, nota 28.

[2668] Sobre todo, a partir de la L.O. 13/2003 y 15/2003. Cfr., DÍEZ RIPOLLÉS, J.L., El nuevo modelo penal de la seguridad ciudadana, cit., pág. 17, nota 29.

[2669] Cfr. PÉREZ CEPEDA, Ana Isabel, La seguridad como fundamento de la deriva del Derecho Penal postmoderno, Iustel, 2007, págs. 465 y ss. (citando a DONINI, La relación entre el Derecho Penal y política: método democrático y método científico. En: Crítica y justificación del Derecho Penal en el cambio del siglo. Colección Estudios. Ediciones Universidad Castilla-La Mancha, Cuenca, 2003, págs. 70 y ss.).

[2670] Vid., DÍEZ RIPOLLÉS, J.L., op. cit., pág. 18.

las Administraciones Públicas para que aquellos cumplan el *internamiento*; o, haciendo lo propio en el caso de los adultos drogodependientes con pena suspendida o en libertad condicional, que ingresan en centros cerrados de desintoxicación regidos por agentes privados[2671].

h) *Del paradigma «etiológico» al paradigma de «control»: un nuevo enfoque criminológico del problema delincuencial.* Hasta la década de los setenta del pasado siglo predominó en la Criminología un análisis etiológico que atribuía una significativa parcela de la criminalidad a factores sociales como la marginación, la defectuosa socialización, la falta de oportunidades, etc., lo que sugería la necesidad de políticas sociales y asistenciales de prevención como estrategia fundamental para abordar tan doloroso problema comunitario. En las décadas de los setenta y los ochenta, la Criminología *crítica* dió un salto cualitativo al asignar una función configuradora o *constitutiva* de la criminalidad al propio control social y a las instituciones sociales llamadas a realizar labores de integración y cohesión social. Rompiendo esta evolución doctrinal, el pensamiento criminológico de la década de los noventa (del siglo XX) opta por un paradigma de control que explica el crimen como consecuencia de la falta, mal funcionamiento o defectos del control social. Por ello, la fórmula para intervenir eficazmente en el fenómeno delictivo no será paliar la marginación o la exclusión social sino incrementar el rendimiento y efectividad del control social[2672]. Por otra parte, y al propugnarse una concepción del crimen como opción racional del delincuente, que potencia al máximo criterios de mera *oportunidad* y renuncia a la supuesta relevancia criminógena de los factores sociales antes citados, la Criminología contemporánea propone estrategias meramente *situacionales* de prevención del delito consistentes en neutralizar o reducir la oportunidad de delinquir y los contextos de mayor riesgo, sin interesarse en modo alguno por las causas profundas del problema criminal[2673].

3.- El denominado «modelo penal de la seguridad ciudadana» representa una peligrosa involución y pervierte los esfuerzos realizados durante muchos lustros para mejorar cualitativamente la respuesta del sistema al fenómeno delictivo. No significa avance alguno, ni progreso, sino regresión, razón por la que no se analiza junto a los otros modelos de reacción al delito (disuasorio, resocializador, reparador, integrador) sino separadamente y a los solos efectos de subrayar críticamente las actuales tendencias políticocriminales que le sustenta y no es necesario reiterar.

[2671] Vid., DÍEZ RIPOLLÉS, J.L., op. cit., pág. 19.
[2672] Vid., DÍEZ RIPOLLÉS, J.L., op. cit., págs. 19 y ss.
[2673] Vid., DÍEZ RIPOLLÉS, J.L., op. cit., pág. 20.

OTRAS PUBLICACIONES DEL AUTOR

A) Manuales y monografías

1.- *Las asociaciones ilícitas en el Código Penal español.*
Barcelona, 1978 (Bosch), 406 páginas.

2.- *Estudios de Derecho Penal.*
Barcelona, 1984 (Bosch), 407 páginas.

3.- *Problemas actuales de la Criminología*
Madrid, 1984 (Edersa), 309 páginas.

4.- *Manual de Criminología. Introducción y teorías de la criminalidad*
Madrid, 1988 (Espasa Calpe), 740 páginas.

5.- *Criminología. Uma Introduçao a seus fundamentos teoricos.*
Sao Paulo (Brasil), 1992. Traducción de Luiz Flavio Gomez, 277 páginas; 2ª ed. (1997), 517 páginas; 3ª ed. (2000), 536 págs.; 4ª ed. (2002); 5ª ed. (2005); 6ª ed. (2006); 7ª ed. (2007); 8ª ed. (2008), 9ª ed. (en prensa).

6.- *Derecho Penal. Introducción.*
Madrid, 1995 (Servicio de Publicaciones de la Universidad Complutense), 443 páginas; 2ª edición, id. (2000), 3ª edición (2005) Editorial Universitaria Ramón Areces, 815 páginas ; 4ª edición., (2006), Editorial Universitaria Ramón Areces, 1052 páginas; 5ª edición (2012),Editorial Universitaria Ramón Areces. Dos volúmenes.

7.- *Criminología. Una introducción a sus fundamentos teóricos para Juristas.*
Tirant lo Blanch, Valencia, 1ª ed. 1991, 2ª ed. 1994, 3ª ed. 1996, 4ª ed. 2001, 5ª ed. 2005, 6ª ed. 2007.

8.- *Tratado de Criminología.*
Valencia, 1999 (Tirant lo Blanch), 1.186 páginas; 3ª ed., 2003, 1.372 páginas; 4ª ed., 2008, 1.271 páginas; 5ª ed., 2013 (en prensa).

9.- *Criminología, I.*
Salamanca 2004. Ciencias de la Seguridad (CISE), 207 páginas, 2ª edición, 2007, Ciencias de la Seguridad (CISE), 182 páginas; 3ª edición, 2012.

B) Artículos en revistas científicas

1.- *La problemática concursal en los delitos de asociaciones ilícitas.*
En: Anuario de Derecho Penal y Ciencias Penales, 1976, Enero-Abril, páginas 87 a 115.

2.- *Tentativa y frustración en el delito de asociación ilícita.*
En: Revista de la Facultad de Derecho de la Universidad Complutense, Madrid, vol. XVIII, núm. 49, págs. 59 a 96.

3.- *El bien jurídico protegido en los delitos de asociación ilícita, y, particularmente, en la llamada asociación criminal.*
En: Revista General de Legislación y Jurisprudencia, 1976, núm. 6, págs. 563 a 591.

4.- *Traducción y notas a la ley alemana de ejecución de penas privativas de libertad y de medidas de seguridad y corrección privativas de libertad (Ley de ejecución de penas de 16 de marzo de 1976).*
En: Anuario de Derecho Penal, 1978, vol. XXXI, fascículo II, págs. 395 a 445.

5.- *La supuesta función resocializadora del Derecho Penal, utopía, mito o eufemismo.*
En: Anuario de Derecho Penal, 1979, vol. XXXII, fascículo III, págs. 645 a 700.

6.- *Teorías de la pena: consideraciones sobre las teorías absolutas.*
En: Boletín de la Facultad de Derecho de la Universidad Nacional de Educación a Distancia, 182, núm. 2. Enero, págs. 15 a 25.

7.- *Comentarios a los artículos 172 a 176, ambos inclusives, del Código Penal español.*
En: Comentarios a la legislación penal. Derecho Penal y Constitución. Madrid, 1983, Edersa, Vol. II, págs. 109 a 171.

8.- *El Derecho Penal Político de nuevo cuño: sus presupuestos y directrices.*
En: Cuadernos de Política Criminal, 1977, núm. 2, págs. 51 a 66.

9.- *Sobre la figura del delito de maquinaciones para alterar los precios (naturales) de las cosas*
En: Cuadernos de Política Criminal, 1981, núm. 14, págs. 221 a 244.

10.- *Sobre el delito de coacciones.*
En: Estudios Penales y Criminológicos. Santiago de Compostela, 1983, vol. VI, págs. 103 a 151.

11.- *Comentarios a la legislación de contrabando.*
En: Derecho Penal y Constitución. Madrid, 1984 (Edersa), vol. III, págs. 251 a 327.

12.- *Comentarios al artículo 173, núm. 4 del Código Penal español (de acuerdo con el texto revisado por la reforma parcial y urgente de 25 de junio de 1983).*
En: Comentarios a la legislación pena. Madrid, 1985 (Edersa) vol. V.2, págs. 641 a 661.

13.- *La protección penal a la intimidad y el honor como límite a la libertad de expresión.*
En: Libertad de expresión y Derecho Penal. Madrid, 1985 (Edersa), págs. 205 a 263.

14.- *Informática y Derecho Penal. Implicaciones sociojurídicas de las tecnologías de la información.*
Madrid, 1985 (Citema), págs. 39 a 49.

15.- *Introducción a la Criminología.*
(Obra colectiva). Madrid, 1985. Dirección General de la Policía, págs. 1 a 80 y 131 a 135.

16.- *Bases para una política criminal de la droga*
La problemática de la droga: análisis y propuestas político-criminales.
Madrid, 1985 (Edersa), págs. 355 a 401.

17.- *Hacia una revisión de los postulados de la Criminología tradicional.*
En: La Ley, 16 de marzo de 1983.

18.- *Comentario al artículo 1° de la Ley Orgánica General Penitenciaria.*
En: Comentarios a la legislación penal. Madrid, 1986 (Edersa), vol. VI. 1, págs. 25 a 43.

19.- *El actual saber jurídico-penal y criminológico.*
En: Revista de la Facultad de Derecho de la Universidad Complutense, n° 63, págs. 9 y ss.

20.- *La normalidad del delito y el delincuente.*
En: Revista de la Facultad de Derecho de la Universidad Complutense. Madrid, 1986, núm. 11 (monográfico en memoria de D. Luis Jiménez de Asúa), págs. 325 a 346.

21.- *Explicaciones estructural funcionalistas del delito.*
En: Delincuencia. Teoría e investigación. Madrid, 1987 (Alpe Editores), págs. 165 a 192.

22.- *Régimen abierto y ejecución penal.*
En: Revista de Estudios penitenciarios. Madrid, 1988 (número 240), págs. 39 a 47.

23.- *La resocialización de la víctima: víctima, sistema legal y política criminal.*
En: Criminología y Derecho Penal al servicio de la persona (Libro homenaje al Profesor Antonio Beristain), San Sebastián, 1989, páginas 193 a 198.

24.- *Hacia una redefinición del rol de la víctima.*
En: Libro homenaje al Profesor A. Fernández Albor. Universidad de Santiago de Compostela, 1989, págs. 307 a 328.

25.- *Policía y delito a la luz de la Criminología.*
En: Cuadernos de la Guardia Civil, 1989 (2), págs. 37 a 44; publicado, también, en: Doctrina Penal, 49/52, Enero-Diciembre de 1990, Buenos Aires (Depalma), págs. 173 a l79.

26.- *Policía y criminalidad en el Estado de Derecho.*
En: Policía y Sociedad. Ministerio del Interior. Dirección General de la Policía, Madrid, 1990, págs. 49 a 75.
Publicado, también, en: Doctrina Penal, 53/54, 1991 (Enero-junio), Buenos Aires (Depalma), págs. 29 a 55; y en: Derecho Penal y Criminología. Universidad del Externado. Colombia, XIV, núms. 47 y 48 (Mayo-Diciembre), 1992, págs. 175 a 198.

27.- *La aportación de la Criminología.*
En: Eguzkilore. Cuaderno del Instituto Vasco de Criminología, 1989 (3), págs. 79 a 95, San Sebastián; publicado, también, en: Doctrina Penal, 1989 (48), Buenos Aires, (Depalma), págs. 631 a 649; y en: Cuadernos de Criminología. Policía de Investigaciones de Chile. Instituto de Criminología, núm. 3 (1994), págs. 13 a 32.

28.- *Delitos contra el honor. Introducción y comentario a los artículos 453 a 467, ambos inclusive, del Código Penal.*
En: Código Penal comentado. Madrid, 1990 (Akal), págs. 846 a 894.

29.- *La función de la «víctima» en el Estado de Derecho: víctima, Criminología, Política Criminal y Política Social.*
En: Revista de Derecho Penal y Criminología. Universidad del Externado. Colombia, 1992 (Enero-Abril), págs. 55 a 81 (nº 46, vol. XIV).
Y en: Presupuestos para la reforma penal. Universidad de la Laguna, 1992, págs. 69 a 94.

30.- *El actual momento de la reflexión criminológica.*
En: Revista dos Tribunais (Revista brasileira de Ciéncis Criminais), 1992, págs. 7 a 22.

31.- *La prevención del delito en un Estado social y democrático de Derecho.*
En: Estudios Penales y Criminológicos. XV, Santiago de Compostela, págs. 77 a 97.

32.- *Programas y estrategias de prevención del delito.*
En: Revista de la Facultad de Derecho de la Universidad Complutense. Madrid, núm. 79 (1992), págs. 145 a 159.

33.- *El proceso de reforma penal español: particular referencia al Proyecto de Código Penal de 1992.*
En: Libro homenaje a Juan del Rosal, Madrid, 1993 (Edersa), págs. 531 a 553.

34.- *Directrices del Proyecto de Código Penal de 1992 (Parte General). Madrid, 1992.*
En: La reforma del Código Penal. Icade. Revista de las Facultades de Derecho y Ciencias Económicas y Empresariales. Madrid, 1993, págs. 57 a 87; publicado, también, en: Revista brasileira de Ciencias Criminais, 7(1994), págs. 7 a 27.

35.- *El redescubrimiento de la víctima: victimización secundaria y programas de reparación del daño. La denominada victimización terciaria.*
En: Cuadernos de Derecho Judicial. Madrid, 1993 (La Victimología). Consejo General del Poder Judicial, págs. 287 a 312.

36.- *Presupuestos criminológicos y políticocriminales de un modelo de responsabilidad de jóvenes y menores.*
En: Cuadernos de Derecho Judicial. Madrid, 1996 (Menores privados de libertad). Consejo General del Poder Judicial, págs. 251 a 288.

37.- *El principio de intervención mínima del Derecho Penal como límite del «ius puniendi».*
En: Estudios penales y jurídicos en homenaje al Profesor Casas Barquero, 1996 (Córdoba), págs. 249 y ss.

38.- *La responsabilidad civil derivada del delito y su controvertida naturaleza.*
En: De las penas. Libro homenaje al Profesor Isidoro de Benedetti, Buenos Aires, Depalma (1997), págs. 241 a 253 (separata).

39.- *Análisis criminológico de los diversos modelos y sistemas de reacción al delito.*
En: Libro homenaje al Profesor Angel Torio. 1999 (págs. 135 a 160).

40.- *Momento actual de la reflexión criminológica.*
En: Estudios de Criminología. II. Colección Estudios. Cuenca. Ediciones de la Universidad Castilla-La Mancha, 1999; págs. 17 a 31.

41.- *El proceso de «racionalización» del Derecho Penal: su significado e implicaciones.*
En: Revista de Derecho Penal y Criminología de la Universidad Nacional de Educación a Distancia (UNED). Número Extraordinario, (2001), págs. 39 a 59.

42.- *El principio de intervención mínima como criterio político criminal limitador del «ius puniendi»* (en prensa).
En: Revista brasileña de Ciencis Criminais, (en prensa).

43.- *Ilícito penal e ilícito administrativo: crítica a la extensión del poder sancionatorio de las Administraciones Públicas española.*
En: Anuario de Derecho Humanos (segunda etapa), II, 2001. (Instituto de Derechos Humanos. Facultad de Derecho de la Universidad Complutense), páginas 365 a 395.

44.- *Relevancia penal y criminológica de las «psicopatías» o «trastornos de la personalidad».*
En: Libro homenaje al Profesor D. José Antón Oneca. Universidad Complutense (en prensa).

45.- *La naturaleza «pública» del Derecho Penal: valoración y crítica de las actuales tendencias «privatizadoras» del sistema de la Justicia criminal.*
En: Revista brasileña de Ciencis Criminais (en prensa).

46.- *La evolución de la dogmática penal alemana postwelzeliana.*
En: Libro homenaje al Profesor D. Luis Felipe Ruiz Antón. Tirant lo Blanch, Valencia, 2004, págs. 379 a 410.

47.- *Sobre la denominada «prevención situacional»*
En: Libro homenaje al Profesor D. Manuel de Rivacoba y Rivacoba. El penalista liberal. Controversia nacional e internacional en Derecho Penal, Derecho Procesal Penal y Criminología. Editorial Hamurabi, Buenos Aires, 2004, págs. 613 a 646.

48.- *Relevancia criminológica de algunos trastornos mentales*
En: Libro homenaje al Profesor Cerezo Mir, 2002 (Tecnos), págs. 1.589 a 1.613.

49.- *Reflexiones criminológicas y políticocriminales al modelo de responsabilidad (penal) de la L.O. 5/2000, de 12 de enero.*
En: Los menores ante el Derecho. Responsabilidad, capacidad y autonomía. Un Estudio de Derecho Comparado. Madrid, 2005. Servicio de Publicaciones de la Facultad de Derecho. Universidad Complutense, páginas 73 a 169.

50.- *Modelo clásico, liberoarbitrista de la «opción racional y teorías situacionales de la criminalidad».*
En: libro homenaje al Profesor D. Gonzalo Rodríguez Mourullo, 2005, Madrid Civitas, págs. 401 a 423.

51.- *Una evaluación científico-empírica (criminológica) de las funciones reales del castigo.*
En: Libro homenaje al Profesor D. Raúl Peña Cabrera. Perú, 2005. En prensa (Perú).

52.- *Tendencias privatizadoras (negociadas) del sistema penal: sobre la «conciliación» y la «conformidad»*
En: Libro homenaje al Profesor García-Rada. Perú, 2005 (En prensa).

53.- *La jurisprudencia y los plenos no jurisdiccionales del Tribunal Supremo.*
En: Libro homenaje a la Profesora Ofelia Grezzi, Revista de Derecho Penal. Fundación de Cultura Universitaria, Montevideo (Uruguay), 2006, págs. 139 a 152.

54.- *Relevancia de los cambios de criterio de la doctrina jurisprudencial y plenos no jurisdiccionales del Tribunal Supremo.*
En: Nuevas posiciones de la dogmática jurídico-penal. Cuadernos de Derecho Judicial. Consejo General del Poder Judicial, VII.2006, págs. 181 a 213.

55.- *Sobre la función resocializadora o rehabilitadora de la pena.*
Cuadernos de Política Criminal, nº 100 (2010), págs. 77 a 91.

56.- *Principales centros de interés de la investigación criminológica.*
En: Studia iuridica 100. Ad honorem-5. Universidad de Coimbra. Boletim da Facultade de Direito, págs. 1.279 a 1.294. Libro homenaje al Prof. Jorge Figueiredo Dias. Coimbra, 2010.

57.- *Sobre los fines del castigo.*
En: Libro homenaje al Profesor Landrove Díaz, G. Tirant lo Blanch, 2011, págs. 481 a 493.

58.- *A propósito del Grado de Criminología.*
En: Libro homenaje al Prof. Fabio Suárez Montes, Ed. CCC, Oviedo 2013, págs. 261 a 279.

59.- *Retos de la Criminología empírica.*
En: Libro homenaje al Prof. Vives Antón, T. Tirant lo Blanch, 2009, págs. 693-716.<

60.- *Disuasión: resocialización y reparación del daño.*
En: *Religión, Matrimonio y Derecho ante el Siglo XXI. Estudios en homenaje al Profesor Rafael Navarro Valls*, Coordinadores J. Martínez-Torrón, S. Meseguer Velasco y R. Palomino Lozano, Volumen II, Editorial Iustel, Madrid, 2013, pags. .3.521 a 3.532.

61.- *El proceso de privatización de la seguridad*
En: Libro homenaje al Dr. Kurt Madlener, coordinado por el Prof. Alfonso Serrano Gómez (UNED). Justiça Federal. Brasilia, mayo 2014, págs. 141 y ss.

62.- *Opciones ante un incremento de los índices de criminalidad y de reincidencia indicadores de la calidad de un sistema legal de respuesta al delito*
En: Derecho Penal para un Estado social y Democrático de Derecho. Estudios Penales, en Homenaje al Prof. Emilio Octavio de Toledo y Ubieto, Mª Luisa Maqueda Abreu y María Martín Lorenzo (redactores). Edit. Universidad Complutense de Madrid. Facultad de Derecho. Madrid, 2016.

LEY 4/2015, DE 27 DE ABRIL, DEL ESTATUTO DE LA VÍCTIMA DEL DELITO

FELIPE VI

REY DE ESPAÑA

A todos los que la presente vieren y entendieren.

Sabed: Que las Cortes Generales han aprobado y Yo vengo en sancionar la siguiente ley:

PREÁMBULO

I

La finalidad de elaborar una ley constitutiva del estatuto jurídico de la víctima del delito es ofrecer desde los poderes públicos una respuesta lo más amplia posible, no sólo jurídica sino también social, a las víctimas, no sólo reparadora del daño en el marco de un proceso penal, sino también minimizadora de otros efectos traumáticos en lo moral que su condición puede generar, todo ello con independencia de su situación procesal.

Por ello, el presente Estatuto, en línea con la normativa europea en la materia y con las demandas que plantea nuestra sociedad, pretende, partiendo del reconocimiento de la dignidad de las víctimas, la defensa de sus bienes materiales y morales y, con ello, los del conjunto de la sociedad.

Con este Estatuto, España aglutinará en un solo texto legislativo el catálogo de derechos de la víctima, de un lado transponiendo las Directivas de la Unión Europea en la materia y, de otro, recogiendo la particular demanda de la sociedad española.

II

Los antecedentes y fundamentos remotos del presente Estatuto de la víctima del delito se encuentran en la Decisión Marco 2001/220/JAI del Consejo, de 15 de marzo de 2001, relativa al estatuto de la víctima en el proceso penal, que reconoce un conjunto de derechos de las víctimas en el ámbito del proceso penal, incluido el derecho de protección e indemnización, y que fue el primer proyecto profundo del legislador europeo para lograr un reconocimiento homogéneo de la víctima en el ámbito de la Unión Europea, germen de la normativa especial posterior.

El grado de cumplimiento de dicha Decisión Marco fue objeto del Informe de la Comisión Europea de abril de 2009, que puso de relieve que ningún Estado miembro había aprobado un texto legal único que recogiera, sistemáticamente, los derechos de la víctima y destacó la necesidad de un desarrollo general y efectivo de algunos aspectos del mencionado Estatuto.

Respecto de España, este Informe destaca la existencia de un marco normativo garante de los derechos de la víctima, aunque gran parte de esos derechos son exclusivamente procesales o se centran en algunos tipos muy concretos de víctimas de acuerdo con su normativa particular, esto es, la Ley 35/1995, de 11 de diciembre, de ayudas y asistencia a las víctimas de delitos violentos y contra la libertad sexual (desarrollada por el Real Decreto 738/1997, de 23 de mayo), la Ley Orgánica 1/1996, de 15 de enero, de Protección Jurídica del Menor, la Ley Orgánica 1/2004, de 28 de diciembre, de Medidas de Protección Integral contra la Violencia de Género, así como la Ley 29/2011, de 22 de septiembre, de Reconocimiento y Protección Integral a las Víctimas del Terrorismo.

La Comunicación de la Comisión al Parlamento Europeo, al Consejo, al Comité Económico y Social Europeo y al Comité de las Regiones de 18 de mayo de 2011, denominada «Refuerzo de los derechos de las víctimas en la Unión Europea», reitera el examen de los aspectos de la protección existente hasta la fecha que conviene reforzar y la necesidad de un marco europeo de protección, como el diseñado con la Directiva 2011/99/UE del Parlamento Europeo y del Consejo, de 13 de diciembre de 2011, sobre la orden europea de protección.

En este contexto, se ha producido la aprobación de la Directiva 2012/29/UE del Parlamento Europeo y del Consejo, de 25 de octubre de 2012, por la que se establecen normas mínimas sobre los derechos, el apoyo y la protección de las víctimas de delitos, y por la que se sustituye la Decisión Marco 2001/220/JAI del Consejo. Procede, por tanto, transponer al derecho interno, no sólo las cuestiones que traslucía el informe de la Comisión de 2009 respecto al grado de transposición de la Decisión Marco 2001/220/JAI, sino también las cuestiones pendientes de transponer con arreglo a las Directivas especiales y los nuevos derechos y exigencias que recoge la nueva Directiva de 2012.

Así pues, el presente texto legislativo no sólo responde a la exigencia de mínimos que fija el legislador europeo con el texto finalmente aprobado en la citada Directiva 2012/29/UE, sino que trata de ser más ambicioso, trasladando al mismo las demandas y necesidades de la sociedad española, en aras a completar el diseño del Estado de Derecho, centrado casi siempre en las garantías procesales y los derechos del imputado, acusado, procesado o condenado.

Efectivamente, con ese foco de atención se ha podido advertir, y así lo traslada nuestra sociedad con sus demandas, una cierta postración de los derechos y especiales necesidades de las víctimas del delito que, en atención al valor superior de justicia que informa nuestro orden constitucional, es necesario abordar, siendo oportuno hacerlo precisamente con motivo de dicha transposición.

El horizonte temporal marcado por dicha Directiva para proceder a su incorporación al derecho interno se extiende hasta el 16 de noviembre de 2015, pero como quiera que esta norma europea, de carácter general, está precedida de otras especiales que requieren una transposición en fechas más cercanas, se ha optado por abordar esta tarea en el presente texto y añadir al catálogo general de derechos de las víctimas otras normas de aplicación particular para algunas categorías de éstas.

Asimismo, se considera oportuno, dado que uno de los efectos de la presente Ley es la de ofrecer un concepto unitario de víctima de delito, más allá de su consideración procesal, incluir en el concepto de víctima indirecta algunos supuestos que no vienen impuestos por la norma europea, pero sí por otras normas internacionales, como la Convención de Naciones Unidas para la protección de todas las personas contra las desapariciones forzadas.

III

El presente Estatuto de la Víctima del Delito tiene la vocación de ser el catálogo general de los derechos, procesales y extraprocesales, de todas las víctimas de delitos, no obstante las remisiones a normativa especial en materia de víctimas con especiales necesidades o con especial vulnerabilidad. Es por ello una obligación que, cuando se trate de menores, el interés superior del menor actúe a modo de guía para cualquier medida y decisión que se tome en relación a un menor víctima de un delito durante el proceso penal. En este sentido, la adopción de las medidas de protección del Título III, y especialmente la no adopción de las mismas, deben estar fundamentadas en el interés superior del menor.

Se parte de un concepto amplio de víctima, por cualquier delito y cualquiera que sea la naturaleza del perjuicio físico, moral o material que se le haya irrogado. Comprende a la víctima directa, pero también a víctimas indirectas, como familiares o asimilados.

Por otro lado, la protección y el apoyo a la víctima no es sólo procesal, ni depende de su posición en un proceso, sino que cobra una dimensión extraprocesal. Se funda en un concepto amplio de reconocimiento, protección y apoyo, en aras a la salvaguarda integral de la víctima. Para ello, es fundamental ofrecer a la víctima las máximas facilidades para el ejercicio y tutela de sus derechos, con la minoración de trámites innecesarios que supongan la segunda victimización, otorgarle una información y orientación eficaz de los derechos y servicios que le corresponden, la derivación por la autoridad competente, un trato humano y la posibilidad de hacerse acompañar por la persona que designe en todos sus trámites, no obstante la representación procesal que proceda, entre otras medidas.

Las actuaciones han de estar siempre orientadas a la persona, lo que exige una evaluación y un trato individualizado de toda víctima, sin perjuicio del trato especializado que exigen ciertos tipos de víctimas.

Como ya se ha indicado, el reconocimiento, protección y apoyo a la víctima no se limita a los aspectos materiales y a la reparación económica, sino que también se extiende a su dimensión moral.

Por otra parte, el reconocimiento, protección y apoyo a la víctima se otorga atendiendo, a su vez, a las especialidades de las víctimas que no residen habitualmente en nuestro país.

La efectividad de estos derechos hace necesaria la máxima colaboración institucional e implica no sólo a las distintas Administraciones Públicas, al Poder Judicial y a colectivos de profesionales y víctimas, sino también a las personas concretas que, desde su puesto de trabajo, tienen contacto y se relacionan con las víctimas y, en último término, al conjunto de la sociedad. Por ello, es tan necesario dotar a las instituciones de protocolos de actuación y de procedimientos de coordinación y colaboración, como también el fomento de oficinas especializadas, de la formación técnica, inicial y continuada del personal, y de la sensibilización que el trato a la víctima comporta, sin olvidar la participación de asociaciones y colectivos.

No obstante la vocación unificadora del Estatuto y las remisiones a la normativa especial de ciertos colectivos de víctimas, que verían ampliada su asistencia y protección con el catálogo general de derechos de la víctima, ante la ausencia de una regulación específica para ciertos colectivos de víctimas con especial vulnerabilidad, se pretende otorgarles una protección especial en este texto mediante la transposición de otras dos Directivas recientes: la Directiva 2011/92/UE del Parlamento Europeo y del Consejo, de 13 de diciembre de 2011, relativa a la lucha contra los abusos sexuales y la explotación sexual de los menores y la pornografía infantil, así como la Directiva 2011/36/UE del Parlamento Europeo y del Consejo, de 5 abril de 2011, relativa a la prevención y lucha contra la trata de seres humanos y a la protección de las víctimas y por la que se sustituye la Decisión Marco 2002/629/JAI del Consejo.

IV

En cuanto al contenido y estructura de la Ley, se inicia mediante un Título preliminar, dedicado a las disposiciones generales, que viene a establecer un concepto de víctima omnicomprensivo, por cuanto se extiende a toda persona que sufra un perjuicio físico, moral o económico como consecuencia de un delito.

También se reconoce la condición de víctima indirecta al cónyuge o persona vinculada a la víctima por una análoga relación de afectividad, sus hijos y progenitores, parientes directos y personas a cargo de la víctima directa por muerte o desaparición ocasionada por el delito, así como a los titulares de la patria potestad o tutela en relación a la desaparición forzada de las personas a su cargo, cuando ello determine un peligro relevante de victimización secundaria.

Los derechos que recoge la Ley serán de aplicación a todas las víctimas de delitos ocurridos en España o que puedan ser perseguidos en España, con independencia de la nacionalidad de la víctima o de si disfrutan o no de residencia legal.

Así, el Título preliminar recoge un catálogo general de derechos comunes a todas las víctimas, que se va desarrollando posteriormente a lo largo del articulado y que se refiere tanto a los servicios de apoyo como a los de justicia reparadora que se establezcan legalmente, y a las actuaciones a lo largo del proceso penal en todas sus fases —incluidas las primeras diligencias y la ejecución—, con independencia del resultado del proceso penal. En ese catálogo general, se recogen, entre otros, el derecho a la información, a la protección y al apoyo en todo caso, el derecho a participar activamente en el proceso penal, el derecho al reconocimiento como tal víctima y el derecho a un trato respetuoso, profesional, individualizado y no discriminatorio.

V

El Título I reconoce una serie de derechos extraprocesales, también comunes a todas las víctimas, con independencia de que sean parte en un proceso penal o hayan decidido o no ejercer algún tipo de acción, e incluso con anterioridad a la iniciación del proceso penal.

Resulta novedoso que toda víctima, en aras a facilitar que se encuentre arropada desde el punto de vista personal, pueda hacerse acompañar por la persona que designe, sin perjuicio de la intervención de abogado cuando proceda, en sus diligencias y trato con las autoridades.

En este Título se regula el derecho a obtener información de toda autoridad o funcionario al que se acuda, con lenguaje sencillo y accesible, desde el primer contacto. Esa información, que deberá ser detallada y sucesivamente actualizada, debe orientar e informar sobre los derechos que asisten a la víctima en cuestiones tales como: medidas de apoyo disponibles; modo de ejercicio de su derecho a denunciar; modo y condiciones de protección, del asesoramiento jurídico y de la defensa jurídica; indemnizaciones, interpretación y traducción; medidas de efectividad de sus intereses si residen en distinto país de la Unión Europea; procedimiento de denuncia por inactividad de la autoridad competente; datos de contacto para comunicaciones; servicios disponibles de justicia reparadora; y el modo de reembolso de gastos judiciales.

Se regula específicamente el derecho de la víctima como denunciante y, en particular, su derecho a obtener una copia de la denuncia, debidamente certificada, asistencia lingüística gratuita a la víctima que desee interponer denuncia y traducción gratuita de la copia de la denuncia presentada.

Asimismo, con independencia de personarse en el proceso penal, se reconoce el derecho de la víctima a recibir información sobre ciertos hitos de la causa penal.

Se desarrolla, de acuerdo con la normativa europea, el derecho a la traducción e interpretación, tanto en las entrevistas, incluidas las policiales, como en la participación activa en vistas, e incluye el derecho a la traducción escrita y gratuita de la información esencial, en particular la decisión de poner término a la causa y la designación de lugar y hora del juicio.

Se regula el acceso a los servicios de apoyo, que comprende la acogida inicial, orientación e información y medidas concretas de protección, sin perjuicio de apoyos específicos para cada víctima, según aconseje su evaluación individual y para ciertas categorías de víctimas de especial vulnerabilidad.

Igualmente se busca visibilizar como víctimas a los menores que se encuentran en un entorno de violencia de género o violencia doméstica, para garantizarles el acceso a los servicios de asistencia y apoyo, así como la adopción de medidas de protección, con el objetivo de facilitar su recuperación integral.

VI

El Título II sistematiza los derechos de la víctima en cuanto a su participación en el proceso penal, como algo independiente de las medidas de protección de la víctima en el proceso, que son objeto del Título III.

Se reconoce a la víctima el derecho a participar en el proceso, de acuerdo con lo dispuesto en la Ley de Enjuiciamiento Criminal, y se refuerza la efectividad material del mismo a través de diversas medidas: por un lado, la notificación de las resoluciones de sobreseimiento y archivo y el reconocimiento del derecho a impugnarlas dentro de un plazo de tiempo suficiente a partir de la comunicación, con independencia de que se haya constituido anteriormente o no como parte en el proceso; por otro lado, el reconocimiento del derecho a obtener el pago de las costas que se le hubieran causado, con preferencia al derecho del Estado a ser indemnizado por los gastos hechos en la causa, cuando el delito hubiera sido finalmente perseguido únicamente a su instancia o el sobreseimiento de la misma hubiera sido revocado por la estimación del recurso interpuesto por ella.

El Estado, como es propio de cualquier modelo liberal, conserva el monopolio absoluto sobre la ejecución de las penas, lo que no es incompatible con que se faciliten a la víctima ciertos cauces de participación que le permitan impugnar ante los Tribunales determinadas resoluciones que afecten al régimen de cumplimiento de condena de delitos de carácter especialmente grave, facilitar información que pueda ser relevante para que los Jueces y Tribunales resuelvan sobre la ejecución de la pena, responsabilidades civiles o comiso ya acordados, y solicitar la adopción de medidas de control con relación a liberados condicionales que hubieran sido condenados por hechos de los que pueda derivarse razonablemente una situación de peligro para la víctima.

La regulación de la intervención de la víctima en la fase de ejecución de la pena, cuando se trata del cumplimiento de condenas por delitos especialmente graves, garantiza la confianza y colaboración de las víctimas con la justicia penal, así como la observancia del principio de legalidad, dado que la decisión corresponde siempre a la autoridad judicial, por lo que no se ve afectada la reinserción del penado.

Asimismo, se facilita a la víctima el ejercicio de sus derechos, permitiendo la presentación de solicitudes de justicia gratuita ante la autoridad o funcionario encargado de informarle de sus derechos, evitándose de este modo el peregrinaje por diversas oficinas; y se regula el procedimiento aplicable en los casos de presentación en España de denuncia por hechos delictivos cometidos en otros países de la Unión Europea, así como la comunicación a la víctima de su remisión, en su caso, a las autoridades competentes.

El Estatuto reconoce también el derecho de la víctima a obtener la devolución inmediata de los efectos de su propiedad, salvo en los supuestos excepcionales en los que el efecto en cuestión, temporalmente o de forma definitiva, tuviera que permanecer bajo la custodia de las autoridades para garantizar el correcto desarrollo del proceso.

Finalmente, se incluye una referencia a la posible actuación de los servicios de justicia restaurativa. En este punto, el Estatuto supera las referencias tradicionales a la mediación entre víctima e infractor y subraya la desigualdad moral que existe entre ambos. Por ello, la actuación de estos servicios se concibe orientada a la reparación material y moral de la víctima, y tiene como presupuesto el consentimiento libre e informado de la víctima y el previo reconocimiento de los hechos esenciales por parte del autor. En todo caso, la posible actuación de los servicios de justicia restaurativa quedará excluida cuando ello pueda conllevar algún riesgo para la seguridad de la víctima o pueda ser causa de cualquier otro perjuicio.

VII

En el Título III se abordan cuestiones relativas a la protección y reconocimiento de las víctimas, así como las medidas de protección específicas para cierto tipo de víctimas.

Las medidas de protección buscan la efectividad frente a represalias, intimidación, victimización secundaria, daños psíquicos o agresiones a la dignidad durante los interrogatorios y declaraciones como testigo, e incluyen desde las medidas de protección física hasta otras, como el uso de salas separadas en los Tribunales, para evitar contacto de la víctima con el infractor y cualesquiera otras, bajo discrecionalidad judicial, que exijan las circunstancias.

Para evitar la victimización secundaria en particular, se trata de obtener la declaración de la víctima sin demora tras la denuncia, reducir el número de declaraciones y reconocimientos médicos al mínimo necesario, y garantizar a la víctima su derecho a hacerse acompañar, no ya solo del representante procesal, sino de otra persona de su elección, salvo resolución motivada.

La adopción de medidas y el acceso a ciertos servicios vienen precedidos de una evaluación individualizada de la víctima, para determinar sus necesidades de protección específica y de eventuales medidas especiales. Dichas medidas han de actualizarse con arreglo al transcurso del proceso y a las circunstancias sobrevenidas.

Las medidas de protección específica se adoptan atendiendo al carácter de la persona, al delito y sus circunstancias, a la entidad del daño y su gravedad o a la vulnerabilidad de la víctima. Así, junto a las remisiones a la vigente normativa especial en la materia, se incluyen aquellas medidas concretas de protección para colectivos que carecen de legislación especial y, particularmente, las de menores de edad víctimas de abuso, explotación o pornografía infantil, víctimas de trata de seres humanos, personas con discapacidad y otros colectivos, como los delitos con pluralidad de afectados y los de efecto catastrófico.

VIII

El Título IV, finalmente, recoge una serie de disposiciones comunes, como son las relativas a la organización y funcionamiento de las Oficinas de Asistencia a las Víctimas de delito, el fomento de la formación de operadores jurídicos y del personal al servicio de la Administración de Justicia en el trato a las víctimas, la sensibilización y concienciación mediante campañas de información, la investigación y educación en materia de apoyo, protección y solidaridad con las víctimas, la cooperación con la sociedad civil y en el ámbito internacional, así como el fomento de la autorregulación por los medios de comunicación del tratamiento de informaciones que afecten a la dignidad de las víctimas.

En este Título cabe destacar, asimismo, que se introducen distintas previsiones para reforzar la coordinación entre los distintos servicios que realizan funciones en materia de asistencia a las víctimas, así como la colaboración con redes públicas y privadas, en la línea de alcanzar una mayor eficacia en los servicios que se prestan a los ciudadanos, siguiendo así las directrices de la Comisión para la Reforma de las Administraciones Públicas (CORA).

Se regula por último la obligación de reembolso en el caso de las víctimas fraudulentas, condenadas por simulación de delito o denuncia falsa, que hayan ocasionado gastos a la Administración por su reconocimiento, información, protección y apoyo, así como por los servicios prestados, sin perjuicio de las demás responsabilidades, civiles o penales, que en su caso procedan.

IX

La Ley incorpora dos disposiciones adicionales. La disposición adicional primera, que prevé la creación y ulterior desarrollo reglamentario de un mecanismo de evaluación periódica global del sistema de apoyo y protección a las víctimas, con participación de los agentes y colectivos implicados, que sirva de base a futuras iniciativas y a la mejora paulatina del mismo; y la disposición adicional segunda relativa a los medios.

En cuanto a las disposiciones finales, destaca la disposición final primera, que modifica la vigente Ley de Enjuiciamiento Criminal. Estos ajustes en la norma procesal penal resultan necesarios para complementar la regulación sustantiva de derechos que se recoge en la presente Ley, que transpone la Directiva 2012/29/UE.

El resto de disposiciones finales se refieren a la introducción de una reforma muy puntual en el Código Penal, al título competencial, al desarrollo reglamentario, a la adaptación de los Estatutos Generales de la Abogacía y Procuraduría y a la entrada en vigor.

TÍTULO PRELIMINAR. Disposiciones generales

Artículo 1. Ámbito.

Las disposiciones de esta Ley serán aplicables, sin perjuicio de lo dispuesto en el artículo 17, a las víctimas de delitos cometidos en España o que puedan ser perseguidos en España, con independencia de su nacionalidad, de si son mayores o menores de edad o de si disfrutan o no de residencia legal.

Artículo 2. Ámbito subjetivo. Concepto general de víctima.

Las disposiciones de esta Ley serán aplicables:

a) Como víctima directa, a toda persona física que haya sufrido un daño o perjuicio sobre su propia persona o patrimonio, en especial lesiones físicas o psíquicas, daños emocionales o perjuicios económicos directamente causados por la comisión de un delito.

b) Como víctima indirecta, en los casos de muerte o desaparición de una persona que haya sido causada directamente por un delito, salvo que se tratare de los responsables de los hechos:

1.º A su cónyuge no separado legalmente o de hecho y a los hijos de la víctima o del cónyuge no separado legalmente o de hecho que en el momento de la muerte o desaparición de la víctima convivieran con ellos; a la persona que hasta el momento de la muerte o desaparición hubiera estado unida a ella por una análoga relación de afectividad y a los hijos de ésta que en el momento de la muerte o desaparición de la víctima convivieran con ella; a sus progenitores y parientes en línea recta o colateral dentro del tercer grado que se encontraren bajo su guarda y a las personas sujetas a su tutela o curatela o que se encontraren bajo su acogimiento familiar.

2.º En caso de no existir los anteriores, a los demás parientes en línea recta y a sus hermanos, con preferencia, entre ellos, del que ostentara la representación legal de la víctima.

Las disposiciones de esta Ley no serán aplicables a terceros que hubieran sufrido perjuicios derivados del delito.

Artículo 3. Derechos de las víctimas.

1. Toda víctima tiene derecho a la protección, información, apoyo, asistencia y atención, así como a la participación activa en el proceso penal y a recibir un trato respetuoso, profesional, individualizado y no discriminatorio desde su primer contacto con las autoridades o funcionarios, durante la actuación de los servicios de asistencia y apoyo a las víctimas y de justicia restaurativa, a lo largo de todo el proceso penal y por un período de tiempo adecuado después de su conclusión, con independencia de que se conozca o no la identidad del infractor y del resultado del proceso.

2. El ejercicio de estos derechos se regirá por lo dispuesto en la presente Ley y en las disposiciones reglamentarias que la desarrollen, así como por lo dispuesto en la legislación especial y en las normas procesales que resulten de aplicación.

TÍTULO I. Derechos básicos

Artículo 4. Derecho a entender y ser entendida.

Toda víctima tiene el derecho a entender y ser entendida en cualquier actuación que deba llevarse a cabo desde la interposición de una denuncia y durante el proceso penal, incluida la información previa a la interposición de una denuncia.

A tal fin:

a) Todas las comunicaciones con las víctimas, orales o escritas, se harán en un lenguaje claro, sencillo y accesible, de un modo que tenga en cuenta sus características personales y, especialmente, las necesidades de las personas con discapacidad sensorial, intelectual o mental o su minoría de edad. Si la víctima fuera menor o tuviera la capacidad judicialmente modificada, las comunicaciones se harán a su representante o a la persona que le asista.

b) Se facilitará a la víctima, desde su primer contacto con las autoridades o con las Oficinas de Asistencia a las Víctimas, la asistencia o apoyos necesarios para que pueda hacerse entender ante ellas, lo que incluirá la interpretación en las lenguas de signos reconocidas legalmente y los medios de apoyo a la comunicación oral de personas sordas, con discapacidad auditiva y sordociegas.

c) La víctima podrá estar acompañada de una persona de su elección desde el primer contacto con las autoridades y funcionarios.

Artículo 5. Derecho a la información desde el primer contacto con las autoridades competentes.

1. Toda víctima tiene derecho, desde el primer contacto con las autoridades y funcionarios, incluyendo el momento previo a la presentación de la denuncia, a recibir, sin retrasos innecesarios, información adaptada a sus circunstancias y condiciones personales y a la naturaleza del delito cometido y de los daños y perjuicios sufridos, sobre los siguientes extremos:

a) Medidas de asistencia y apoyo disponibles, sean médicas, psicológicas o materiales, y procedimiento para obtenerlas. Dentro de estas últimas se incluirá, cuando resulte oportuno, información sobre las posibilidades de obtener un alojamiento alternativo.

b) Derecho a denunciar y, en su caso, el procedimiento para interponer la denuncia y derecho a facilitar elementos de prueba a las autoridades encargadas de la investigación.

c) Procedimiento para obtener asesoramiento y defensa jurídica y, en su caso, condiciones en las que pueda obtenerse gratuitamente.

d) Posibilidad de solicitar medidas de protección y, en su caso, procedimiento para hacerlo.

e) Indemnizaciones a las que pueda tener derecho y, en su caso, procedimiento para reclamarlas.

f) Servicios de interpretación y traducción disponibles.

g) Ayudas y servicios auxiliares para la comunicación disponibles.

h) Procedimiento por medio del cual la víctima pueda ejercer sus derechos en el caso de que resida fuera de España.

i) Recursos que puede interponer contra las resoluciones que considere contrarias a sus derechos.

j) Datos de contacto de la autoridad encargada de la tramitación del procedimiento y cauces para comunicarse con ella.

k) Servicios de justicia restaurativa disponibles, en los casos en que sea legalmente posible.

l) Supuestos en los que pueda obtener el reembolso de los gastos judiciales y, en su caso, procedimiento para reclamarlo.

m) Derecho a efectuar una solicitud para ser notificada de las resoluciones a las que se refiere el artículo 7. A estos efectos, la víctima designará en su solicitud una dirección de correo electrónico y, en su defecto, una dirección postal o domicilio, al que serán remitidas las comunicaciones y notificaciones por la autoridad.

2. Esta información será actualizada en cada fase del procedimiento, para garantizar a la víctima la posibilidad de ejercer sus derechos.

Artículo 6. Derechos de la víctima como denunciante.

Toda víctima tiene, en el momento de presentar su denuncia, los siguientes derechos:

a) A obtener una copia de la denuncia, debidamente certificada.

b) A la asistencia lingüística gratuita y a la traducción escrita de la copia de la denuncia presentada, cuando no entienda o no hable ninguna de las lenguas que tengan carácter oficial en el lugar en el que se presenta la denuncia.

Artículo 7. Derecho a recibir información sobre la causa penal.

1. Toda víctima que haya realizado la solicitud a la que se refiere el apartado m) del artículo 5.1, será informada sin retrasos innecesarios de la fecha, hora y lugar del juicio, así como del contenido de la acusación dirigida contra el infractor, y se le notificarán las siguientes resoluciones:

a) La resolución por la que se acuerde no iniciar el procedimiento penal.

b) La sentencia que ponga fin al procedimiento.

c) Las resoluciones que acuerden la prisión o la posterior puesta en libertad del infractor, así como la posible fuga del mismo.

d) Las resoluciones que acuerden la adopción de medidas cautelares personales o que modifiquen las ya acordadas, cuando hubieran tenido por objeto garantizar la seguridad de la víctima.

e) Las resoluciones o decisiones de cualquier autoridad judicial o penitenciaria que afecten a sujetos condenados por delitos cometidos con violencia o intimidación y que supongan un riesgo para la seguridad de la víctima. En estos casos y a estos efectos, la Administración penitenciaria comunicará inmediatamente a la autoridad judicial la resolución adoptada para su notificación a la víctima afectada.

f) Las resoluciones a que se refiere el artículo 13.

Estas comunicaciones incluirán, al menos, la parte dispositiva de la resolución y un breve resumen del fundamento de la misma, y serán remitidas a su dirección de correo electrónico. Excepcionalmente, si la víctima no dispusiera de una dirección de correo electrónico, se remitirán por correo ordinario a la dirección que hubiera facilitado. En el caso de ciudadanos residentes fuera de la Unión Europea, si no se dispusiera de una dirección de correo electrónico o postal en la que realizar la comunicación, se remitirá a la oficina diplomática o consular española en el país de residencia para que la publique.

Si la víctima se hubiera personado formalmente en el procedimiento, las resoluciones serán notificadas a su procurador y serán comunicadas a la víctima en la dirección de correo electrónico que haya facilitado, sin perjuicio de lo dispuesto en el apartado siguiente.

2. Las víctimas podrán manifestar en cualquier momento su deseo de no ser informadas de las resoluciones a las que se refiere este artículo, quedando sin efecto la solicitud realizada.

3. Cuando se trate de víctimas de delitos de violencia de género, les serán notificadas las resoluciones a las que se refieren las letras c) y d) del apartado 1, sin necesidad de que la víctima lo solicite, salvo en aquellos casos en los que manifieste su deseo de no recibir dichas notificaciones.

4. Asimismo, se le facilitará, cuando lo solicite, información relativa a la situación en que se encuentra el procedimiento, salvo que ello pudiera perjudicar el correcto desarrollo de la causa.

Artículo 8. Período de reflexión en garantía de los derechos de la víctima.

1. Los Abogados y Procuradores no podrán dirigirse a las víctimas directas o indirectas de catástrofes, calamidades públicas u otros sucesos que hubieran producido un número elevado de víctimas que cumplan los requisitos que se determinen reglamentariamente y que puedan constituir delito, para ofrecerles sus servicios profesionales hasta transcurridos 45 días desde el hecho.

Esta prohibición quedará sin efecto en el caso de que la prestación de estos servicios profesionales haya sido solicitada expresamente por la víctima.

2. El incumplimiento de esta prohibición dará lugar a responsabilidad disciplinaria por infracción muy grave, sin perjuicio de las demás responsabilidades que procedan.

Artículo 9. Derecho a la traducción e interpretación.

1. Toda víctima que no hable o no entienda el castellano o la lengua oficial que se utilice en la actuación de que se trate tendrá derecho:

a) A ser asistida gratuitamente por un intérprete que hable una lengua que comprenda cuando se le reciba declaración en la fase de investigación por el Juez, el Fiscal o funcionarios de policía, o cuando intervenga como testigo en el juicio o en cualquier otra vista oral.

Este derecho será también aplicable a las personas con limitaciones auditivas o de expresión oral.

b) A la traducción gratuita de las resoluciones a las que se refieren el apartado 1 del artículo 7 y el artículo 12. La traducción incluirá un breve resumen del fundamento de la resolución adoptada, cuando la víctima así lo haya solicitado.

c) A la traducción gratuita de aquella información que resulte esencial para el ejercicio de los derechos a que se refiere el Título II. Las víctimas podrán presentar una solicitud motivada para que se considere esencial un documento.

d) A ser informada, en una lengua que comprenda, de la fecha, hora y lugar de celebración del juicio.

2. La asistencia de intérprete se podrá prestar por medio de videoconferencia o cualquier medio de telecomunicación, salvo que el Juez o Tribunal, de oficio o a instancia de parte, acuerde la presencia física del intérprete para salvaguardar los derechos de la víctima.

3. Excepcionalmente, la traducción escrita de documentos podrá ser sustituida por un resumen oral de su contenido en una lengua que comprenda, cuando de este modo también se garantice suficientemente la equidad del proceso.

4. Cuando se trate de actuaciones policiales, la decisión de no facilitar interpretación o traducción a la víctima podrá ser recurrida ante el Juez de instrucción. Este recurso se entenderá interpuesto cuando la persona afectada por la decisión hubiera expresado su disconformidad en el momento de la denegación.

5. La decisión judicial de no facilitar interpretación o traducción a la víctima podrá ser recurrida en apelación.

Artículo 10. Derecho de acceso a los servicios de asistencia y apoyo.

Toda víctima tiene derecho a acceder, de forma gratuita y confidencial, en los términos que reglamentariamente se determine, a los servicios de asistencia y apoyo facilitados por las Administraciones públicas, así como a los que presten las Oficinas de Asistencia a las Víctimas. Este derecho podrá extenderse a los familiares de la víctima, en los términos que asimismo se establezcan reglamentariamente, cuando se trate de delitos que hayan causado perjuicios de especial gravedad.

Las autoridades o funcionarios que entren en contacto con las víctimas deberán derivarlas a las Oficinas de Asistencia a las Víctimas cuando resulte necesario en atención a la gravedad del delito o en aquellos casos en los que la víctima lo solicite.

Los hijos menores y los menores sujetos a tutela, guarda y custodia de las mujeres víctimas de violencia de género o de personas víctimas de violencia doméstica tendrán derecho a las medidas de asistencia y protección previstas en los Títulos I y III de esta Ley.

TÍTULO II. Participación de la víctima en el proceso penal

Artículo 11. Participación activa en el proceso penal.

Toda víctima tiene derecho:

a) A ejercer la acción penal y la acción civil conforme a lo dispuesto en la Ley de Enjuiciamiento Criminal, sin perjuicio de las excepciones que puedan existir.

b) A comparecer ante las autoridades encargadas de la investigación para aportarles las fuentes de prueba y la información que estime relevante para el esclarecimiento de los hechos.

Artículo 12. Comunicación y revisión del sobreseimiento de la investigación a instancia de la víctima.

1. La resolución de sobreseimiento será comunicada, de conformidad con lo dispuesto en la Ley de Enjuiciamiento Criminal, a las víctimas directas del delito que hubieran denunciado los hechos, así como al resto de víctimas directas de cuya identidad y domicilio se tuviera conocimiento.

En los casos de muerte o desaparición de una persona que haya sido causada directamente por un delito, se comunicará, conforme a lo dispuesto en la Ley de Enjuiciamiento Criminal, a las personas a que se refiere el apartado b) del artículo 2. En estos supuestos, el Juez o Tribunal podrá acordar, motivadamente, prescindir de la comunicación a todos los familiares cuando ya se haya dirigido con éxito a varios de ellos o cuando hayan resultado infructuosas cuantas gestiones se hubieren practicado para su localización.

2. La víctima podrá recurrir la resolución de sobreseimiento conforme a lo dispuesto en la Ley de Enjuiciamiento Criminal, sin que sea necesario para ello que se haya personado anteriormente en el proceso.

Artículo 13. Participación de la víctima en la ejecución.

1. Las víctimas que hubieran solicitado, conforme a la letra m) del artículo 5.1, que les sean notificadas las resoluciones siguientes, podrán recurrirlas de acuerdo con lo establecido en la Ley de Enjuiciamiento Criminal, aunque no se hubieran mostrado parte en la causa:

a) El auto por el que el Juez de Vigilancia Penitenciaria autoriza, conforme a lo previsto en el párrafo tercero del artículo 36.2 del Código Penal, la posible clasificación del penado en tercer grado antes de que se extinga la mitad de la condena, cuando la víctima lo fuera de alguno de los siguientes delitos:

1.º Delitos de homicidio.

2.º Delitos de aborto del artículo 144 del Código Penal.

3.º Delitos de lesiones.

4.º Delitos contra la libertad.

5.º Delitos de tortura y contra la integridad moral.

6.º Delitos contra la libertad e indemnidad sexual.

7.º Delitos de robo cometidos con violencia o intimidación.

8.º Delitos de terrorismo.

9.º Delitos de trata de seres humanos.

b) El auto por el que el Juez de Vigilancia Penitenciaria acuerde, conforme a lo previsto en el artículo 78.3 del Código Penal, que los beneficios penitenciarios, los permisos de salida, la clasificación en tercer grado y el cómputo de tiempo para la libertad condicional se refieran al límite de cumplimiento de condena, y no a la suma de las penas impuestas, cuando la víctima lo fuera de alguno de los delitos a que se refiere la letra a) de este apartado o de un delito cometido en el seno de un grupo u organización criminal.

c) El auto por el que se conceda al penado la libertad condicional, cuando se trate de alguno de los delitos a que se refiere el párrafo segundo del artículo 36.2 del Código Penal o de alguno de los delitos a que se refiere la letra a) de este apartado, siempre que se hubiera impuesto una pena de más de cinco años de prisión.

La víctima deberá anunciar al Secretario judicial competente su voluntad de recurrir dentro del plazo máximo de cinco días contados a partir del momento en que se hubiera notificado conforme a lo dispuesto en los párrafos segundo y tercero del artículo 7.1, e interponer el recurso dentro del plazo de quince días desde dicha notificación.

Para el anuncio de la presentación del recurso no será necesaria la asistencia de abogado.

2. Las víctimas estarán también legitimadas para:

a) Interesar que se impongan al liberado condicional las medidas o reglas de conducta previstas por la ley que consideren necesarias para garantizar su seguridad, cuando aquél hubiera sido condenado por hechos de los que pueda derivarse razonablemente una situación de peligro para la víctima;

b) Facilitar al Juez o Tribunal cualquier información que resulte relevante para resolver sobre la ejecución de la pena impuesta, las responsabilidades civiles derivadas del delito o el comiso que hubiera sido acordado.

3. Antes de que el Juez de Vigilancia Penitenciaria tenga que dictar alguna de las resoluciones indicadas en el apartado 1 de este artículo, dará traslado a la víctima para que en el plazo de cinco días formule sus alegaciones, siempre que ésta hubiese efectuado la solicitud a que se refiere la letra m) del apartado 1 del artículo 5 de esta Ley.

Artículo 14. Reembolso de gastos.

La víctima que haya participado en el proceso tendrá derecho a obtener el reembolso de los gastos necesarios para el ejercicio de sus derechos y las costas procesales que se le hubieren causado con preferencia respecto del pago de los gastos que se hubieran causado al Estado, cuando se imponga en la sentencia de condena su pago y se hubiera condenado al acusado, a instancia de la víctima, por delitos por los que el Ministerio Fiscal no hubiera formulado acusación o tras haberse revocado la resolución de archivo por recurso interpuesto por la víctima.

Artículo 15. Servicios de justicia restaurativa.

1. Las víctimas podrán acceder a servicios de justicia restaurativa, en los términos que reglamentariamente se determinen, con la finalidad de obtener una adecuada reparación material y moral de los perjuicios derivados del delito, cuando se cumplan los siguientes requisitos:

a) el infractor haya reconocido los hechos esenciales de los que deriva su responsabilidad;

b) la víctima haya prestado su consentimiento, después de haber recibido información exhaustiva e imparcial sobre su contenido, sus posibles resultados y los procedimientos existentes para hacer efectivo su cumplimiento;

c) el infractor haya prestado su consentimiento;

d) el procedimiento de mediación no entrañe un riesgo para la seguridad de la víctima, ni exista el peligro de que su desarrollo pueda causar nuevos perjuicios materiales o morales para la víctima; y

e) no esté prohibida por la ley para el delito cometido.

2. Los debates desarrollados dentro del procedimiento de mediación serán confidenciales y no podrán ser difundidos sin el consentimiento de ambas partes. Los mediadores y otros profesionales que participen en el procedimiento de mediación, estarán sujetos a secreto profesional con relación a los hechos y manifestaciones de que hubieran tenido conocimiento en el ejercicio de su función.

3. La víctima y el infractor podrán revocar su consentimiento para participar en el procedimiento de mediación en cualquier momento.

Artículo 16. Justicia gratuita.

Las víctimas podrán presentar sus solicitudes de reconocimiento del derecho a la asistencia jurídica gratuita ante el funcionario o autoridad que les facilite la información a la que se refiere la letra c) del artículo 5.1, que la trasladará, junto con la documentación aportada, al Colegio de Abogados correspondiente.

La solicitud también podrá ser presentada ante las Oficinas de Asistencia a las Víctimas de la Administración de Justicia, que la remitirán al Colegio de Abogados que corresponda.

Artículo 17. Víctimas de delitos cometidos en otros Estados miembros de la Unión Europea.

Las víctimas residentes en España podrán presentar ante las autoridades españolas denuncias correspondientes a hechos delictivos que hubieran sido cometidos en el territorio de otros países de la Unión Europea.

En el caso de que las autoridades españolas resuelvan no dar curso a la investigación por falta de jurisdicción, remitirán inmediatamente la denuncia presentada a las autoridades competentes del Estado en cuyo territorio se hubieran cometido los hechos y se lo comunicarán al denunciante por el procedimiento que hubiera designado conforme a lo previsto en la letra m) del artículo 5.1 de la presente Ley.

Artículo 18. Devolución de bienes.

Las víctimas tendrán derecho a obtener, de conformidad con lo dispuesto en la Ley de Enjuiciamiento Criminal, la devolución sin demora de los bienes restituibles de su propiedad que hubieran sido incautados en el proceso.

La devolución podrá ser denegada cuando la conservación de los efectos por la autoridad resulte imprescindible para el correcto desarrollo del proceso penal y no sea suficiente con la imposición al propietario de una obligación de conservación de los efectos a disposición del Juez o Tribunal.

Asimismo, la devolución de dichos efectos podrá denegarse, conforme a lo previsto en la legislación que sea de aplicación, cuando su conservación sea necesaria en un procedimiento de investigación técnica de un accidente.

TÍTULO III. Protección de las víctimas

Artículo 19. Derecho de las víctimas a la protección.

Las autoridades y funcionarios encargados de la investigación, persecución y enjuiciamiento de los delitos adoptarán las medidas necesarias, de acuerdo con lo establecido en la Ley de Enjuiciamiento Criminal, para garantizar la vida de la víctima y de sus familiares, su integridad física y psíquica, libertad, seguridad, libertad e indemnidad sexuales, así como para proteger adecuadamente su intimidad y su dignidad, particularmente cuando se les reciba declaración o deban testificar en juicio, y para evitar el riesgo de su victimización secundaria o reiterada.

En el caso de las víctimas menores de edad, la Fiscalía velará especialmente por el cumplimiento de este derecho de protección, adoptando las medidas adecuadas a su interés superior cuando resulte necesario para impedir o reducir los perjuicios que para ellos puedan derivar del desarrollo del proceso.

Artículo 20. Derecho a que se evite el contacto entre víctima e infractor.

Las dependencias en las que se desarrollen los actos del procedimiento penal, incluida la fase de investigación, estarán dispuestas de modo que se evite el contacto directo entre las víctimas y sus familiares, de una parte, y el sospechoso de la infracción o acusado, de otra, con arreglo a la Ley de Enjuiciamiento Criminal y sin perjuicio de lo dispuesto en los artículos siguientes.

Artículo 21. Protección de la víctima durante la investigación penal.

Las autoridades y funcionarios encargados de la investigación penal velarán por que, en la medida que ello no perjudique la eficacia del proceso:

a) Se reciba declaración a las víctimas, cuando resulte necesario, sin dilaciones injustificadas.

b) Se reciba declaración a las víctimas el menor número de veces posible, y únicamente cuando resulte estrictamente necesario para los fines de la investigación penal.

c) Las víctimas puedan estar acompañadas, además de por su representante procesal y en su caso el representante legal, por una persona de su elección, durante la práctica de aquellas diligencias en las que deban intervenir, salvo que motivadamente se resuelva lo contrario por el funcionario o autoridad encargado de la práctica de la diligencia para garantizar el correcto desarrollo de la misma.

d) Los reconocimientos médicos de las víctimas solamente se lleven a cabo cuando resulten imprescindibles para los fines del proceso penal, y se reduzca al mínimo el número de los mismos.

Artículo 22. Derecho a la protección de la intimidad.

Los Jueces, Tribunales, Fiscales y las demás autoridades y funcionarios encargados de la investigación penal, así como todos aquellos que de cualquier modo intervengan o participen en el proceso, adoptarán, de acuerdo con lo dispuesto en la Ley, las medidas necesarias para proteger la intimidad de todas las víctimas y de sus familiares y, en particular, para impedir la difusión de cualquier información que pueda facilitar la identificación de las víctimas menores de edad o de víctimas con discapacidad necesitadas de especial protección.

Artículo 23. Evaluación individual de las víctimas a fin de determinar sus necesidades especiales de protección.

1. La determinación de qué medidas de protección, reguladas en los artículos siguientes, deben ser adoptadas para evitar a la víctima perjuicios relevantes que, de otro modo, pudieran derivar del proceso, se realizará tras una valoración de sus circunstancias particulares.

2. Esta valoración tendrá especialmente en consideración:

a) Las características personales de la víctima y en particular:

1.º Si se trata de una persona con discapacidad o si existe una relación de dependencia entre la víctima y el supuesto autor del delito.

2.º Si se trata de víctimas menores de edad o de víctimas necesitadas de especial protección o en las que concurran factores de especial vulnerabilidad.

b) La naturaleza del delito y la gravedad de los perjuicios causados a la víctima, así como el riesgo de reiteración del delito. A estos efectos, se valorarán especialmente las necesidades de protección de las víctimas de los siguientes delitos:

1.º Delitos de terrorismo.

2.º Delitos cometidos por una organización criminal.

3.º Delitos cometidos sobre el cónyuge o sobre persona que esté o haya estado ligada al autor por una análoga relación de afectividad, aun sin convivencia, o sobre los descendientes, ascendientes o hermanos por naturaleza, adopción o afinidad, propios o del cónyuge o conviviente.

4.º Delitos contra la libertad o indemnidad sexual.

5.º Delitos de trata de seres humanos.

6.º Delitos de desaparición forzada.

7.º Delitos cometidos por motivos racistas, antisemitas u otros referentes a la ideología, religión o creencias, situación familiar, la pertenencia de sus miembros a una etnia, raza o nación, su origen nacional, su sexo, orientación o identidad sexual, enfermedad o discapacidad.

c) Las circunstancias del delito, en particular si se trata de delitos violentos.

3. A lo largo del proceso penal, la adopción de medidas de protección para víctimas menores de edad tendrá en cuenta su situación personal, necesidades inmediatas, edad, género, discapacidad y nivel de madurez, y respetará plenamente su integridad física, mental y moral.

4. En el caso de menores de edad víctimas de algún delito contra la libertad o indemnidad sexual, se aplicarán en todo caso las medidas expresadas en las letras a), b) y c) del artículo 25.1.

Artículo 24. Competencia y procedimiento de evaluación.

1. La valoración de las necesidades de la víctima y la determinación de las medidas de protección corresponden:

a) Durante la fase de investigación del delito, al Juez de Instrucción o al de Violencia sobre la Mujer, sin perjuicio de la evaluación y resolución provisionales que deberán realizar y adoptar el Fiscal, en sus diligencias de investigación o en los procedimientos sometidos a la Ley Orgánica de Responsabilidad Penal de los Menores, o los funcionarios de policía que actúen en la fase inicial de las investigaciones.

b) Durante la fase de enjuiciamiento, al Juez o Tribunal a los que correspondiera el conocimiento de la causa.

La resolución que se adopte deberá ser motivada y reflejará cuáles son las circunstancias que han sido valoradas para su adopción.

Se determinará reglamentariamente la tramitación, la constancia documental y la gestión de la valoración y sus modificaciones.

2. La valoración de las necesidades de protección de la víctima incluirá siempre la de aquéllas que hayan sido manifestadas por ella con esa finalidad, así como la voluntad que hubiera expresado.

La víctima podrá renunciar a las medidas de protección que hubieran sido acordadas de conformidad con los artículos 25 y 26.

3. En el caso de las víctimas que sean menores de edad o personas con discapacidad necesitadas de especial protección, su evaluación tomará en consideración sus opiniones e intereses.

4. Los servicios de asistencia a la víctima solamente podrán facilitar a terceros la información que hubieran recibido de la víctima con el consentimiento previo e informado de la misma. Fuera de esos casos, la información solamente podrá ser trasladada, en su caso, y con carácter reservado, a la autoridad que adopta la medida de protección.

5. Cualquier modificación relevante de las circunstancias en que se hubiera basado la evaluación individual de las necesidades de protección de la víctima, determinará una actualización de la misma y, en su caso, la modificación de las medidas de protección que hubieran sido acordadas.

Artículo 25. Medidas de protección.

1. Durante la fase de investigación podrán ser adoptadas las siguientes medidas para la protección de las víctimas:

a) Que se les reciba declaración en dependencias especialmente concebidas o adaptadas a tal fin.

b) Que se les reciba declaración por profesionales que hayan recibido una formación especial para reducir o limitar perjuicios a la víctima, o con su ayuda.

c) Que todas las tomas de declaración a una misma víctima le sean realizadas por la misma persona, salvo que ello pueda perjudicar de forma relevante el desarrollo del proceso o deba tomarse la declaración directamente por un Juez o un Fiscal.

d) Que la toma de declaración, cuando se trate de alguna de las víctimas a las que se refieren los números 3.º y 4.º de la letra b) del apartado 2 del artículo 23 y las víctimas de trata con fines de explotación sexual, se lleve a cabo por una persona del mismo sexo que la víctima cuando ésta así lo solicite, salvo que ello pueda perjudicar de forma relevante el desarrollo del proceso o deba tomarse la declaración directamente por un Juez o Fiscal.

2. Durante la fase de enjuiciamiento podrán ser adoptadas, conforme a lo dispuesto en la Ley de Enjuiciamiento Criminal, las siguientes medidas para la protección de las víctimas:

a) Medidas que eviten el contacto visual entre la víctima y el supuesto autor de los hechos, incluso durante la práctica de la prueba, para lo cual podrá hacerse uso de tecnologías de la comunicación.

b) Medidas para garantizar que la víctima pueda ser oída sin estar presente en la sala de vistas, mediante la utilización de tecnologías de la comunicación adecuadas.

c) Medidas para evitar que se formulen preguntas relativas a la vida privada de la víctima que no tengan relevancia con el hecho delictivo enjuiciado, salvo que el Juez o Tribunal consideren excepcionalmente que deben ser contestadas para valorar adecuadamente los hechos o la credibilidad de la declaración de la víctima.

d) Celebración de la vista oral sin presencia de público. En estos casos, el Juez o el Presidente del Tribunal podrán autorizar, sin embargo, la presencia de personas que acrediten un especial interés en la causa.

Las medidas a las que se refieren las letras a) y c) también podrán ser adoptadas durante la fase de investigación.

3. Asimismo, también podrá acordarse, para la protección de las víctimas, la adopción de alguna o algunas de las medidas de protección a que se refiere el artículo 2 de la Ley Orgánica 19/1994, de 23 de diciembre, de protección a testigos y peritos en causas criminales.

Artículo 26. Medidas de protección para menores y personas con discapacidad necesitadas de especial protección.

1. En el caso de las víctimas menores de edad y en el de víctimas con discapacidad necesitadas de especial protección, además de las medidas previstas en el artículo anterior se adoptarán, de acuerdo con lo dispuesto en la Ley de Enjuiciamiento Criminal, las medidas que resulten necesarias para evitar o limitar, en la medida de lo posible, que el desarrollo de la investigación o la celebración del juicio se conviertan en una nueva fuente de perjuicios para la víctima del delito. En particular, serán aplicables las siguientes:

a) Las declaraciones recibidas durante la fase de investigación serán grabadas por medios audiovisuales y podrán ser reproducidas en el juicio en los casos y condiciones determinadas por la Ley de Enjuiciamiento Criminal.

b) La declaración podrá recibirse por medio de expertos.

2. El Fiscal recabará del Juez o Tribunal la designación de un defensor judicial de la víctima, para que la represente en la investigación y en el proceso penal, en los siguientes casos:

a) Cuando valore que los representantes legales de la víctima menor de edad o con capacidad judicialmente modificada tienen con ella un conflicto de intereses, derivado o no del hecho investigado, que no permite confiar en una gestión adecuada de sus intereses en la investigación o en el proceso penal.

b) Cuando el conflicto de intereses a que se refiere la letra a) de este apartado exista con uno de los progenitores y el otro no se encuentre en condiciones de ejercer adecuadamente sus funciones de representación y asistencia de la víctima menor o con capacidad judicialmente modificada.

c) Cuando la víctima menor de edad o con capacidad judicialmente modificada no esté acompañada o se encuentre separada de quienes ejerzan la patria potestad o cargos tutelares.

3. Cuando existan dudas sobre la edad de la víctima y no pueda ser determinada con certeza, se presumirá que se trata de una persona menor de edad, a los efectos de lo dispuesto en esta Ley.

TÍTULO IV. Disposiciones comunes

CAPÍTULO I. Oficinas de Asistencia a las Víctimas

Artículo 27. Organización de las Oficinas de Asistencia a las Víctimas.

1. El Gobierno y las Comunidades Autónomas que hayan asumido competencias en materia de Justicia organizarán, en el ámbito que les es propio, Oficinas de Asistencia a las Víctimas.

2. El Ministerio de Justicia o las Comunidades Autónomas podrán celebrar convenios de colaboración con entidades públicas y privadas, sin ánimo de lucro, para prestar los servicios de asistencia y apoyo a que se refiere este Título.

Artículo 28. Funciones de las Oficinas de Asistencia a las Víctimas.

1. Las Oficinas de Asistencia a las Víctimas prestarán una asistencia que incluirá como mínimo:

a) Información general sobre sus derechos y, en particular, sobre la posibilidad de acceder a un sistema público de indemnización.

b) Información sobre los servicios especializados disponibles que puedan prestar asistencia a la víctima, a la vista de sus circunstancias personales y la naturaleza del delito de que pueda haber sido objeto.

c) Apoyo emocional a la víctima.

d) Asesoramiento sobre los derechos económicos relacionados con el proceso, en particular, el procedimiento para reclamar la indemnización de los daños y perjuicios sufridos y el derecho a acceder a la justicia gratuita.

e) Asesoramiento sobre el riesgo y la forma de prevenir la victimización secundaria o reiterada, o la intimidación o represalias.

f) Coordinación de los diferentes órganos, instituciones y entidades competentes para la prestación de servicios de apoyo a la víctima.

g) Coordinación con Jueces, Tribunales y Ministerio Fiscal para la prestación de los servicios de apoyo a las víctimas.

2. Las Oficinas de Asistencia a las Víctimas realizarán una valoración de sus circunstancias particulares, especialmente en lo relativo a las circunstancias a las que se refiere el apartado 2 del artículo 23, con la finalidad de determinar qué medidas de asistencia y apoyo deben ser prestadas a la víctima, entre las que se podrán incluir:

a) La prestación de apoyo o asistencia psicológica.

b) El acompañamiento a juicio.

c) La información sobre los recursos psicosociales y asistenciales disponibles y, si la víctima lo solicita, derivación a los mismos.

d) Las medidas especiales de apoyo que puedan resultar necesarias cuando se trate de una víctima con necesidades especiales de protección.

e) La derivación a servicios de apoyo especializados.

3. El acceso a los servicios de apoyo a las víctimas no se condicionará a la presentación previa de una denuncia.

4. Los familiares de la víctima podrán acceder a los servicios de apoyo a las víctimas conforme a lo que se disponga reglamentariamente, cuando se trate de delitos que hayan causado perjuicios de especial gravedad.

5. Las víctimas con discapacidad o con necesidades especiales de protección, así como en su caso sus familias, recibirán, directamente o mediante su derivación hacia servicios especializados, la asistencia y apoyo que resulten necesarios.

Artículo 29. Funciones de apoyo a actuaciones de justicia restaurativa y de solución extraprocesal.

Las Oficinas de Asistencia a las Víctimas prestarán, en los términos que reglamentariamente se determine, apoyo a los servicios de justicia restaurativa y demás procedimientos de solución extraprocesal que legalmente se establezcan.

CAPÍTULO II. Formación

Artículo 30. Formación en los principios de protección de las víctimas.

1. El Ministerio de Justicia, el Consejo General del Poder Judicial, la Fiscalía General del Estado y las Comunidades Autónomas, en el ámbito de sus respectivas competencias, asegurarán una formación general y específica, relativa a la protección de las víctimas en el proceso penal, en los cursos de formación de Jueces y Magistrados, Fiscales, Secretarios judiciales, Fuerzas y Cuerpos de Seguridad, médicos forenses, personal al servicio de la Administración de Justicia, personal de las Oficinas de Asistencia a las Víctimas y, en su caso,

funcionarios de la Administración General del Estado o de las Comunidades Autónomas que desempeñen funciones en esta materia.

En estos cursos de formación se prestará particular atención a las víctimas necesitadas de especial protección, a aquellas en las que concurran factores de especial vulnerabilidad y a las víctimas menores o con discapacidad.

2. Los Colegios de Abogados y de Procuradores impulsarán la formación y sensibilización de sus colegiados en los principios de protección de las víctimas contenidos en esta Ley.

Artículo 31. Protocolos de actuación.

El Gobierno y las Comunidades Autónomas en el marco de sus competencias, con el fin de hacer más efectiva la protección de las víctimas y de sus derechos reconocidos por esta Ley, aprobarán los Protocolos que resulten necesarios para la protección de las víctimas.

Asimismo, los Colegios profesionales que integren a aquellos que, en su actividad profesional, se relacionan y prestan servicios a las víctimas de delitos, promoverán igualmente la elaboración de Protocolos de actuación que orienten su actividad hacia la protección de las víctimas.

CAPÍTULO III. Cooperación y buenas prácticas

Artículo 32. Cooperación con profesionales y evaluación de la atención a las víctimas.

Los poderes públicos fomentarán la cooperación con los colectivos profesionales especializados en el trato, atención y protección a las víctimas.

Se fomentará la participación de estos colectivos en los sistemas de evaluación del funcionamiento de las normas, medidas y demás instrumentos que se adopten para la protección y asistencia a las víctimas.

Artículo 33. Cooperación internacional.

Los poderes públicos promoverán la cooperación con otros Estados y especialmente con los Estados miembros de la Unión Europea en materia de derechos de las víctimas de delito, en particular mediante el intercambio de experiencias, fomento de información, remisión de información para facilitar la asistencia a las víctimas concretas por las autoridades de su lugar de residencia, concienciación, investigación y educación, cooperación con la sociedad civil, asistencia a redes sobre derecho de las víctimas y otras actividades relacionadas.

Artículo 34. Sensibilización.

Los poderes públicos fomentarán campañas de sensibilización social en favor de las víctimas, así como la autorregulación de los medios de comunicación social de titularidad pública y privada en orden a preservar la intimidad, la dignidad y los demás derechos de las víctimas. Estos derechos deberán ser respetados por los medios de comunicación social.

CAPÍTULO IV. Obligación de reembolso

Artículo 35. Obligación de reembolso.

1. La persona que se hubiera beneficiado de subvenciones o ayudas percibidas por su condición de víctima y que hubiera sido objeto de alguna de las medidas de protección reguladas en esta Ley, vendrá obligada a reembolsar las cantidades recibidas en dicho concepto y al abono de los gastos causados a la Administración por sus actuaciones de reconocimiento, información, protección y apoyo, así como por los servicios prestados con un incremento del interés legal del dinero aumentado en un cincuenta por ciento, si fuera condenada por denuncia falsa o simulación de delito.

2. El procedimiento de liquidación de la anterior obligación de reembolso y la determinación de las cuantías que puedan corresponder a cada concepto se determinarán reglamentariamente.

3. Esta disposición se aplicará sin perjuicio de lo previsto en la Ley de Asistencia Jurídica Gratuita.

Disposición adicional primera. Evaluación periódica del sistema de atención a las víctimas del delito en España.

El funcionamiento de las instituciones, mecanismos y garantías de asistencia a las víctimas del delito será objeto de una evaluación anual, que se llevará a cabo por el Ministerio de Justicia conforme al procedimiento que se determine reglamentariamente.

Estas evaluaciones, cuyos resultados serán publicados en la página web, orientarán la mejora del sistema de protección y la adopción de nuevas medidas para garantizar su eficacia.

El Gobierno remitirá a las Cortes Generales un informe anual con la evaluación y las propuestas de mejora del sistema de protección de las víctimas y de las medidas que garanticen su eficacia.

Disposición adicional segunda. Medios.

Las medidas incluidas en esta Ley no podrán suponer incremento de dotaciones de personal, ni de retribuciones ni de otros gastos de personal.

Disposición transitoria única. Aplicación temporal.

Las disposiciones contenidas en esta Ley serán aplicables a las víctimas de delitos a partir de la fecha de su entrada en vigor, sin que ello suponga una retroacción de los trámites que ya se hubieran cumplido.

Disposición derogatoria única. Derogación normativa.

Quedan derogadas todas las normas de rango igual o inferior en cuanto contradigan lo dispuesto en la presente Ley.

Disposición final primera. Modificación de la Ley de Enjuiciamiento Criminal a efectos de la transposición de algunas de las disposiciones contenidas en la Directiva 2012/29/UE del Parlamento Europeo y del Consejo, de 25 de octubre de 2012, por la que se establecen normas mínimas sobre los derechos, el apoyo y la protección de las víctimas de delitos.

La Ley de Enjuiciamiento Criminal queda modificada como sigue:

Uno. Se modifica el artículo 109, que queda redactado como sigue:

«Artículo 109.

En el acto de recibirse declaración por el Juez al ofendido que tuviese la capacidad legal necesaria, el Secretario judicial le instruirá del derecho que le asiste para mostrarse parte en el proceso y renunciar o no a la restitución de la cosa, reparación del daño e indemnización del perjuicio causado por el hecho punible. Asimismo le informará de los derechos recogidos en la legislación vigente, pudiendo delegar esta función en personal especializado en la asistencia a víctimas.

Si fuera menor o tuviera la capacidad judicialmente modificada, se practicará igual diligencia con su representante legal o la persona que le asista.

Fuera de los casos previstos en los dos párrafos anteriores, no se hará a los interesados en las acciones civiles o penales notificación alguna que prolongue o detenga el curso de la causa, lo cual no obsta para que el Secretario judicial procure instruir de aquel derecho al ofendido ausente.

En cualquier caso, en los procesos que se sigan por delitos comprendidos en el artículo 57 del Código Penal, el Secretario judicial asegurará la comunicación a la víctima de los actos procesales que puedan afectar a su seguridad.»

Dos. Se introduce un nuevo artículo 109 bis, con la siguiente redacción:

«Artículo 109 bis.

1. Las víctimas del delito que no hubieran renunciado a su derecho podrán ejercer la acción penal en cualquier momento antes del trámite de calificación del delito, si bien ello no permitirá retrotraer ni reiterar las actuaciones ya practicadas antes de su personación.

En el caso de muerte o desaparición de la víctima a consecuencia del delito, la acción penal podrá ser ejercida por su cónyuge no separado legalmente o de hecho y por los hijos de ésta o del cónyuge no separado legalmente o de hecho que en el momento de la muerte o desaparición de la víctima convivieran con ellos; por la persona que hasta el momento de la muerte o desaparición hubiera estado unida a ella por una análoga relación de afectividad y por los hijos de ésta que en el momento de la muerte o desaparición de la víctima convivieran con ella; por sus progenitores y parientes en línea recta o colateral dentro del tercer grado que se encontraren bajo su guarda, personas sujetas a su tutela o curatela o que se encontraren bajo su acogimiento familiar.

En caso de no existir los anteriores, podrá ser ejercida por los demás parientes en línea recta y por sus hermanos, con preferencia, entre ellos, del que ostentara la representación legal de la víctima.

2. El ejercicio de la acción penal por alguna de las personas legitimadas conforme a este artículo no impide su ejercicio posterior por cualquier otro de los legitimados. Cuando exista una pluralidad de víctimas, todas ellas podrán personarse independientemente con su propia representación. Sin embargo, en estos casos, cuando pueda verse afectado el buen orden del proceso o el derecho a un proceso sin dilaciones indebidas, el Juez o Tribunal, en resolución motivada y tras oír a todas las partes, podrá imponer que se agrupen en una o varias representaciones y que sean dirigidos por la misma o varias defensas, en razón de sus respectivos intereses.

3. La acción penal también podrá ser ejercitada por las asociaciones de víctimas y por las personas jurídicas a las que la ley reconoce legitimación para defender los derechos de las víctimas, siempre que ello fuera autorizado por la víctima del delito.

Cuando el delito o falta cometida tenga por finalidad impedir u obstaculizar a los miembros de las corporaciones locales el ejercicio de sus funciones públicas, podrá también personarse en la causa la Administración local en cuyo territorio se hubiere cometido el hecho punible.»

Tres. Se modifica el artículo 110, que queda redactado como sigue:

«Artículo 110.

Los perjudicados por un delito o falta que no hubieren renunciado a su derecho podrán mostrarse parte en la causa si lo hicieran antes del trámite de calificación del delito y ejercitar las acciones civiles que procedan, según les conviniere, sin que por ello se retroceda en el curso de las actuaciones.

Aun cuando los perjudicados no se muestren parte en la causa, no por esto se entiende que renuncian al derecho de restitución, reparación o indemnización que a su favor puede acordarse en sentencia firme, siendo necesario que la renuncia de este derecho se haga en su caso de una manera clara y terminante.»

Cuatro. Se modifica el artículo 261, que queda redactado como sigue:

«Artículo 261.

Tampoco estarán obligados a denunciar:

1.º El cónyuge del delincuente no separado legalmente o de hecho o la persona que conviva con él en análoga relación de afectividad.

2.º Los ascendientes y descendientes del delincuente y sus parientes colaterales hasta el segundo grado inclusive.»

Cinco. Se modifica el artículo 281, que queda redactado como sigue:

«Artículo 281.

Quedan exentos de cumplir lo dispuesto en el artículo anterior:

1.º El ofendido y sus herederos o representantes legales.

2.º En los delitos de asesinato o de homicidio, el cónyuge del difunto o persona vinculada a él por una análoga relación de afectividad, los ascendientes y descendientes y sus parientes colaterales hasta el segundo grado inclusive, los herederos de la víctima y los padres, madres e hijos del delincuente.

3.º Las asociaciones de víctimas y las personas jurídicas a las que la ley reconoce legitimación para defender los derechos de las víctimas siempre que el ejercicio de la acción penal hubiera sido expresamente autorizado por la propia víctima.

La exención de fianza no es aplicable a los extranjeros si no les correspondiere en virtud de tratados internacionales o por el principio de reciprocidad.»

Seis. Se modifica el párrafo primero del artículo 282, que queda redactado como sigue:

«La Policía Judicial tiene por objeto y será obligación de todos los que la componen, averiguar los delitos públicos que se cometieren en su territorio o demarcación; practicar, según sus atribuciones, las diligencias necesarias para comprobarlos y descubrir a los delincuentes, y recoger todos los efectos, instrumentos o pruebas del delito de cuya desaparición hubiere peligro, poniéndolos a disposición de la autoridad judicial. Cuando las víctimas entren en contacto con la Policía Judicial, cumplirá con los deberes de información que prevé la legislación vigente. Asimismo, llevarán a cabo una valoración de las circunstancias particulares de las víctimas para determinar provisionalmente qué medidas de protección deben ser adoptadas para garantizarles una protección adecuada, sin perjuicio de la decisión final que corresponderá adoptar al Juez o Tribunal.»

Siete. Se modifica el artículo 284, que queda redactado como sigue:

«Artículo 284.

Inmediatamente que los funcionarios de Policía Judicial tuvieren conocimiento de un delito público o fueren requeridos para prevenir la instrucción de diligencias por razón de algún delito privado, lo participarán a la autoridad judicial o al representante del Ministerio Fiscal, si pudieren hacerlo sin cesar en la práctica de las diligencias de prevención. En otro caso, lo harán así que las hubieren terminado.

Si hubieran recogido armas, instrumentos o efectos de cualquier clase que pudieran tener relación con el delito y se hallen en el lugar en que éste se cometió o en sus inmediaciones, o en poder del reo o en otra parte conocida, extenderán diligencia expresiva del lugar, tiempo y ocasión en que se encontraren, que incluirá una descripción minuciosa para que se pueda formar idea cabal de los mismos y de las circunstancias de su hallazgo, que podrá ser sustituida por un reportaje gráfico. La diligencia será firmada por la persona en cuyo poder fueren hallados.

La incautación de efectos que pudieran pertenecer a una víctima del delito será comunicada a la misma.

La persona afectada por la incautación podrá recurrir en cualquier momento la medida ante el Juez de Instrucción de conformidad con lo dispuesto en el párrafo tercero del artículo 334.»

Ocho. Se modifica el artículo 301, que queda redactado como sigue:

«Artículo 301.

Las diligencias del sumario serán reservadas y no tendrán carácter público hasta que se abra el juicio oral, con las excepciones determinadas en la presente Ley.

El abogado o procurador de cualquiera de las partes que revelare indebidamente el contenido del sumario, será corregido con multa de 500 a 10.000 euros.

En la misma multa incurrirá cualquier otra persona que no siendo funcionario público cometa la misma falta.

El funcionario público, en el caso de los párrafos anteriores, incurrirá en la responsabilidad que el Código Penal señale en su lugar respectivo.»

Nueve. Se introduce un nuevo artículo 301 bis, con la siguiente redacción:

«Artículo 301 bis.

El Juez podrá acordar, de oficio o a instancia del Ministerio Fiscal o de la víctima, la adopción de cualquiera de las medidas a que se refiere el apartado 2 del artículo 681 cuando resulte necesario para proteger la intimidad de la víctima o el respeto debido a la misma o a su familia.»

Diez. Se introducen dos nuevos párrafos tercero y cuarto al artículo 334, con la siguiente redacción:

«La persona afectada por la incautación podrá recurrir en cualquier momento la medida ante el Juez de Instrucción. Este recurso no requerirá de la intervención de abogado cuando sea presentado por terceras personas diferentes del imputado. El recurso se entenderá interpuesto cuando la persona afectada por la medida o un familiar suyo mayor de edad hubieran expresado su disconformidad en el momento de la misma.

Los efectos que pertenecieran a la víctima del delito serán restituidos inmediatamente a la misma, salvo que excepcionalmente debieran ser conservados como medio de prueba o para la práctica de otras diligencias, y sin perjuicio de su restitución tan pronto resulte posible. Los efectos serán también restituidos inmediatamente cuando deban ser conservados como medio de prueba o para la práctica de otras diligencias, pero su conservación pueda garantizarse imponiendo al propietario el deber de mantenerlos a disposición del Juez o Tribunal. La víctima podrá, en todo caso, recurrir esta decisión conforme a lo dispuesto en el párrafo anterior.»

Once. Se modifica el artículo 433, que queda redactado como sigue:

«Artículo 433.

Al presentarse a declarar, los testigos entregarán al secretario la copia de la cédula de citación.

Los testigos mayores de edad penal prestarán juramento o promesa de decir todo lo que supieren respecto a lo que les fuere preguntado, estando el Juez obligado a informarles, en un lenguaje claro y comprensible, de la obligación que tienen de ser veraces y de la posibilidad de incurrir en un delito de falso testimonio en causa criminal.

Los testigos que, de acuerdo con lo dispuesto en el Estatuto de la Víctima del Delito, tengan la condición de víctimas del delito, podrán hacerse acompañar por su representante legal y por una persona de su elección durante la práctica de estas diligencias, salvo que en este último caso, motivadamente, se resuelva lo contrario por el Juez de Instrucción para garantizar el correcto desarrollo de la misma.

En el caso de los testigos menores de edad o personas con la capacidad judicialmente modificada, el Juez de Instrucción podrá acordar, cuando a la vista de la falta de madurez de la víctima resulte necesario para evitar causarles graves perjuicios, que se les tome declaración mediante la intervención de expertos y con intervención del Ministerio Fiscal. Con esta finalidad, podrá acordarse también que las preguntas se trasladen a la víctima directamente por los expertos o, incluso, excluir o limitar la presencia de las partes en el lugar de la exploración de la víctima. En estos casos, el Juez dispondrá lo necesario para facilitar a las partes la posibilidad de trasladar preguntas o de pedir aclaraciones a la víctima, siempre que ello resulte posible.

El Juez ordenará la grabación de la declaración por medios audiovisuales.»

Doce. Se modifica el artículo 448, que queda redactado como sigue:

«Artículo 448.

Si el testigo manifestare, al hacerle la prevención referida en el artículo 446, la imposibilidad de concurrir por haber de ausentarse del territorio nacional, y también en el caso en que hubiere motivo racionalmente bastante para temer su muerte o incapacidad física o intelectual antes de la apertura del juicio oral, el Juez instructor mandará practicar inmediatamente la declaración, asegurando en todo caso la posibilidad de contradicción de las partes. Para ello, el Secretario judicial hará saber al reo que nombre abogado en el término de veinticuatro horas, si aún no lo tuviere, o de lo contrario, que se le nombrará de oficio, para que le aconseje en el acto de recibir la declaración del testigo. Transcurrido dicho término, el Juez recibirá juramento y volverá a examinar a éste, a presencia del procesado y de su abogado defensor y a presencia, asimismo, del Fiscal y del querellante, si quisieren asistir al acto, permitiendo a éstos hacerle cuantas repreguntas tengan por conveniente, excepto las que el Juez desestime como manifiestamente impertinentes.

Por el Secretario judicial se consignarán las contestaciones a estas preguntas, y esta diligencia será firmada por todos los asistentes.

La declaración de los testigos menores de edad y de las personas con capacidad judicialmente modificada podrá llevarse a cabo evitando la confrontación visual de los mismos con el inculpado, utilizando para ello cualquier medio técnico que haga posible la práctica de esta prueba.»

Trece. Se modifica el apartado 7 del artículo 544 ter, que queda redactado como sigue:

«7. Las medidas de naturaleza civil deberán ser solicitadas por la víctima o su representante legal, o bien por el Ministerio Fiscal cuando existan hijos menores o personas con la capacidad judicialmente modificada, determinando su régimen de cumplimiento y, si procediera, las medidas complementarias a ellas que fueran precisas, siempre que no hubieran sido previamente acordadas por un órgano del orden jurisdiccional civil, y sin perjuicio de las medidas previstas en el artículo 158 del Código Civil. Cuando existan menores o personas con capacidad judicialmente modificada que convivan con la víctima y dependan de ella, el Juez deberá pronunciarse en todo caso, incluso de oficio, sobre la pertinencia de la adopción de las referidas medidas.

Estas medidas podrán consistir en la atribución del uso y disfrute de la vivienda familiar, determinar el régimen de guarda y custodia, visitas, comunicación y estancia con los menores o personas con la capacidad judicialmente modificada, el régimen de prestación de alimentos, así como cualquier disposición que se considere oportuna a fin de apartarles de un peligro o de evitarles perjuicios.

Las medidas de carácter civil contenidas en la orden de protección tendrán una vigencia temporal de 30 días. Si dentro de este plazo fuese incoado a instancia de la víctima o de su representante legal un proceso de familia ante la jurisdicción civil, las medidas adoptadas permanecerán en vigor durante los treinta días siguientes a la presentación de la demanda. En este término las medidas deberán ser ratificadas, modificadas o dejadas sin efecto por el Juez de primera instancia que resulte competente.»

Catorce. Se introduce un nuevo artículo 544 quinquies con la siguiente redacción:

«Artículo 544 quinquies.

1. En los casos en los que se investigue un delito de los mencionados en el artículo 57 del Código Penal, el Juez o Tribunal, cuando resulte necesario al fin de protección de la víctima menor de edad o con la capacidad judicialmente modificada, en su caso, adoptará motivadamente alguna de las siguientes medidas:

a) Suspender la patria potestad de alguno de los progenitores. En este caso podrá fijar un régimen de visitas o comunicación en interés del menor o persona con capacidad judicialmente modificada y, en su caso, las condiciones y garantías con que debe desarrollarse.

b) Suspender la tutela, curatela, guarda o acogimiento.

c) Establecer un régimen de supervisión del ejercicio de la patria potestad, tutela o de cualquier otra función tutelar o de protección o apoyo sobre el menor o persona con la capacidad judicialmente modificada, sin perjuicio de las competencias propias del Ministerio Fiscal y de las entidades públicas competentes.

d) Suspender o modificar el régimen de visitas o comunicación con el no conviviente o con otro familiar que se encontrara en vigor, cuando resulte necesario para garantizar la protección del menor o de la persona con capacidad judicialmente modificada.

2. Cuando en el desarrollo del proceso se ponga de manifiesto la existencia de una situación de riesgo o posible desamparo de un menor y, en todo caso, cuando fueran adoptadas algunas de las medidas de las letras a) o b) del apartado anterior, el Secretario judicial lo comunicará inmediatamente a la entidad pública competente que tenga legalmente encomendada la protección de los menores, así como al Ministerio Fiscal, a fin de que puedan adoptar las medidas de protección que resulten necesarias. A los mismos efectos se les notificará su alzamiento o cualquier otra modificación, así como la resolución a la que se refiere el apartado 3.

3. Una vez concluido el procedimiento, el Juez o Tribunal, valorando exclusivamente el interés de la persona afectada, ratificará o alzará las medidas de protección que hubieran sido adoptadas. El Ministerio Fiscal y las partes afectadas por la medida podrán solicitar al Juez su modificación o alzamiento conforme al procedimiento previsto en el artículo 770 Ley de Enjuiciamiento Civil.»

Quince. Se modifica el artículo 636, que queda redactado como sigue:

«Artículo 636.

Contra los autos de sobreseimiento sólo procederá, en su caso, el recurso de casación.

El auto de sobreseimiento se comunicará a las víctimas del delito, en la dirección de correo electrónico y, en su defecto, por correo ordinario a la dirección postal o domicilio que hubieran designado en la solicitud prevista en el artículo 5.1.m) de la Ley del Estatuto de la Víctima del delito.

En los casos de muerte o desaparición ocasionada por un delito, el auto de sobreseimiento será comunicado de igual forma a las personas a las que se refiere el párrafo segundo del apartado 1 del artículo 109 bis, de cuya identidad y dirección de correo electrónico o postal se tuviera conocimiento. En estos supuestos el Juez o Tribunal, podrá acordar, motivadamente, prescindir de la comunicación a todos los familiares cuando ya se haya dirigido con éxito a varios de ellos o cuando hayan resultado infructuosas cuantas gestiones se hubieren practicado para su localización.

Excepcionalmente, en el caso de ciudadanos residentes fuera de la Unión Europea, si no se dispusiera de una dirección de correo electrónico o postal en la que realizar la comunicación, se remitirá a la oficina diplomática o consular española en el país de residencia para que la publique.

Transcurridos cinco días desde la comunicación, se entenderá que ha sido efectuada válidamente y desplegará todos sus efectos, iniciándose el cómputo del plazo de interposición del recurso. Se exceptuarán de este régimen aquellos supuestos en los que la víctima acredite justa causa de la imposibilidad de acceso al contenido de la comunicación.

Las víctimas podrán recurrir el auto de sobreseimiento dentro del plazo de veinte días aunque no se hubieran mostrado como parte en la causa.»

Dieciséis. Se modifica el artículo 680, que queda redactado como sigue:

«Artículo 680.

Los debates del juicio oral serán públicos, bajo pena de nulidad, sin perjuicio de lo dispuesto en el artículo siguiente.»

Diecisiete. Se modifica el artículo 681, que queda redactado como sigue:

«Artículo 681.

1. El Juez o Tribunal podrá acordar, de oficio o a instancia de cualquiera de las partes, previa audiencia a las mismas, que todos o alguno de los actos o las sesiones del juicio se celebren a puerta cerrada, cuando así lo exijan razones de seguridad u orden público, o la adecuada protección de los derechos fundamentales de los intervinientes, en particular, el derecho a la intimidad de la víctima, el respeto debido a la misma o a su familia, o resulte necesario para evitar a las víctimas perjuicios relevantes que, de otro modo, podrían derivar del desarrollo ordinario del proceso. Sin embargo, el Juez o el Presidente del Tribunal podrán autorizar la presencia de personas que acrediten un especial interés en la causa. La anterior restricción, sin perjuicio de lo dispuesto en el artículo 707, no será aplicable al Ministerio Fiscal, a las personas lesionadas por el delito, a los procesados, al acusador privado, al actor civil y a los respectivos defensores.

2. Asimismo, podrá acordar la adopción de las siguientes medidas para la protección de la intimidad de la víctima y de sus familiares:

a) Prohibir la divulgación o publicación de información relativa a la identidad de la víctima, de datos que puedan facilitar su identificación de forma directa o indirecta, o de aquellas circunstancias personales que hubieran sido valoradas para resolver sobre sus necesidades de protección.

b) Prohibir la obtención, divulgación o publicación de imágenes de la víctima o de sus familiares.

3. Queda prohibida, en todo caso, la divulgación o publicación de información relativa a la identidad de víctimas menores de edad o víctimas con discapacidad necesitadas de especial protección, de datos que puedan facilitar su identificación de forma directa o indirecta, o de aquellas circunstancias personales que hubieran sido valoradas para resolver sobre sus necesidades de protección, así como la obtención, divulgación o publicación de imágenes suyas o de sus familiares.»

Dieciocho. Se modifica el artículo 682, que queda redactado como sigue:

«Artículo 682.

El Juez o Tribunal, previa audiencia de las partes, podrá restringir la presencia de los medios de comunicación audiovisuales en las sesiones del juicio y prohibir que se graben todas o alguna de las audiencias cuando resulte imprescindible para preservar el orden de las sesiones y los derechos fundamentales de las partes y de los demás intervinientes, especialmente el derecho a la intimidad de las víctimas, el respeto debido a la misma o a su familia, o la necesidad de evitar a las víctimas perjuicios relevantes que, de otro modo, podrían derivar del desarrollo ordinario del proceso. A estos efectos, podrá:

a) Prohibir que se grabe el sonido o la imagen en la práctica de determinadas pruebas, o determinar qué diligencias o actuaciones pueden ser grabadas y difundidas.

b) Prohibir que se tomen y difundan imágenes de alguna o algunas de las personas que en él intervengan.

c) Prohibir que se facilite la identidad de las víctimas, de los testigos o peritos o de cualquier otra persona que intervenga en el juicio.»

Diecinueve. Se modifica el artículo 707, que queda redactado como sigue:

«Artículo 707.

Todos los testigos están obligados a declarar lo que supieren sobre lo que les fuere preguntado, con excepción de las personas expresadas en los artículos 416, 417 y 418, en sus respectivos casos.

La declaración de los testigos menores de edad o con discapacidad necesitados de especial protección, se llevará a cabo, cuando resulte necesario para impedir o reducir los perjuicios que para ellos puedan derivar del desarrollo del proceso o de la práctica de la diligencia, evitando la confrontación visual de los mismos con el inculpado. Con este fin podrá ser utilizado cualquier medio técnico que haga posible la práctica de esta prueba, incluyéndose la posibilidad de que los testigos puedan ser oídos sin estar presentes en la sala mediante la utilización de tecnologías de la comunicación.

Estas medidas serán igualmente aplicables a las declaraciones de las víctimas cuando de su evaluación inicial o posterior derive la necesidad de estas medidas de protección.»

Veinte. Se modifica el artículo 709, que queda redactado como sigue:

«Artículo 709.

El Presidente no permitirá que el testigo conteste a preguntas o repreguntas capciosas, sugestivas o impertinentes.

El Presidente podrá adoptar medidas para evitar que se formulen a la víctima preguntas innecesarias relativas a la vida privada que no tengan relevancia para el hecho delictivo enjuiciado, salvo que el Juez o Tribunal consideren excepcionalmente que deben ser contestadas para valorar adecuadamente los hechos o la credibilidad de la declaración de la víctima. Si esas preguntas fueran formuladas, el Presidente no permitirá que sean contestadas.

Contra la resolución que sobre este extremo adopte podrá interponerse en su día el recurso de casación, si se hiciere en el acto la correspondiente protesta.

En este caso, constará en el acta la pregunta o repregunta a que el Presidente haya prohibido contestar.»

Veintiuno. Se modifica el artículo 730, que queda redactado como sigue:

«Artículo 730.

Podrán también leerse o reproducirse a instancia de cualquiera de las partes las diligencias practicadas en el sumario, que, por causas independientes de la voluntad de aquéllas, no puedan ser reproducidas en el juicio oral, y las declaraciones recibidas de conformidad con lo dispuesto en el artículo 448 durante la fase de investigación a las víctimas menores de edad y a las víctimas con discapacidad necesitadas de especial protección.»

Veintidós. Se modifica el apartado 2 del artículo 773, que queda redactado como sigue:

«2. Cuando el Ministerio Fiscal tenga noticia de un hecho aparentemente delictivo, bien directamente o por serle presentada una denuncia o atestado, informará a la víctima de los derechos recogidos en la legislación vigente; efectuará la evaluación y resolución provisionales de las necesidades de la víctima de conformidad con lo dispuesto en la legislación vigente y practicará él mismo u ordenará a la Policía Judicial que practique las diligencias que estime pertinentes para la comprobación del hecho o de la responsabilidad de los partícipes en el mismo. El Fiscal decretará el archivo de las actuaciones cuando el hecho no revista los caracteres de delito, comunicándolo con expresión de esta circunstancia a quien hubiere alegado ser perjudicado u ofendido, a fin de que pueda reiterar su denuncia ante el Juez de Instrucción. En otro caso instará del Juez de Instrucción la incoación del procedimiento que corresponda con remisión de lo actuado, poniendo a su disposición al detenido, si lo hubiere, y los efectos del delito.

El Ministerio Fiscal podrá hacer comparecer ante sí a cualquier persona en los términos establecidos en la ley para la citación judicial, a fin de recibirle declaración, en la cual se observarán las mismas garantías señaladas en esta Ley para la prestada ante el Juez o Tribunal.

Cesará el Fiscal en sus diligencias tan pronto como tenga conocimiento de la existencia de un procedimiento judicial sobre los mismos hechos.»

Veintitrés. Se modifica la regla 1.ª del apartado 1 del artículo 779, que queda redactada como sigue:

«1.ª Si estimare que el hecho no es constitutivo de infracción penal o que no aparece suficientemente justificada su perpetración, acordará el sobreseimiento que corresponda. Si, aun estimando que el hecho puede ser constitutivo de delito, no hubiere autor conocido, acordará el sobreseimiento provisional y ordenará el archivo.

El auto de sobreseimiento será comunicado a las víctimas del delito, en la dirección de correo electrónico y, en su defecto, dirección postal o domicilio que hubieran designado en la solicitud prevista en el artículo 5.1.m) de la Ley del Estatuto de la Víctima del delito.

En los casos de muerte o desaparición ocasionada por un delito, el auto de sobreseimiento será comunicado de igual forma, a las personas a las que se refiere el párrafo segundo del apartado 1 del artículo 109 bis, de cuya identidad y dirección de correo electrónico o postal se tuviera conocimiento. En estos supuestos el Juez o Tribunal, podrá acordar, motivadamente, prescindir de la comunicación a todos los familiares cuando ya se haya dirigido con éxito a varios de ellos o cuando hayan resultado infructuosas cuantas gestiones se hubieren practicado para su localización.

Excepcionalmente, en el caso de ciudadanos residentes fuera de la Unión Europea, si no se dispusiera de una dirección de correo electrónico o postal en la que realizar la comunicación, se remitirá a la oficina diplomática o consular española en el país de residencia para que la publique.

Transcurridos cinco días desde la comunicación, se entenderá que ha sido efectuada válidamente y desplegará todos sus efectos. Se exceptuarán de este régimen aquellos supuestos en los que la víctima acredite justa causa de la imposibilidad de acceso al contenido de la comunicación.

Las víctimas podrán recurrir el auto de sobreseimiento dentro del plazo de veinte días aunque no se hubieran mostrado como parte en la causa.»

Veinticuatro. Se modifica el apartado 3 del artículo 785, que queda redactado como sigue:

«3. Cuando la víctima lo haya solicitado, aunque no sea parte en el proceso ni deba intervenir, el Secretario judicial deberá informarle, por escrito y sin retrasos innecesarios, de la fecha, hora y lugar del juicio, así como del contenido de la acusación dirigida contra el infractor.»

Veinticinco. Se modifica el apartado 2 del artículo 791, que queda redactado como sigue:

«2. El Secretario judicial señalará la vista dentro de los quince días siguientes y a ella serán citadas todas las partes. Cuando la víctima lo haya solicitado, será informada por el Secretario judicial, aunque no se haya mostrado parte ni sea necesaria su intervención.

La vista se celebrará empezando, en su caso, por la práctica de la prueba y por la reproducción de las grabaciones si hay lugar a ella. A continuación, las partes resumirán oralmente el resultado de la misma y el fundamento de sus pretensiones.»

Disposición final segunda. Modificación de la Ley Orgánica 10/1995, de 23 de noviembre, del Código Penal.

Se modifica el apartado 2 del artículo 126 de la Ley Orgánica 10/1995, de 23 de noviembre, del Código Penal, que queda redactado como sigue:

«2. Cuando el delito hubiere sido de los que sólo pueden perseguirse a instancia de parte, se satisfarán las costas del acusador privado con preferencia a la indemnización del Estado. Tendrá la misma preferencia el pago de las costas procesales causadas a la víctima en los supuestos a que se refiere el artículo 14 de la Ley del Estatuto de la Víctima del Delito.»

Disposición final tercera. Título competencial.

Esta Ley se dicta al amparo de la competencia exclusiva en materia de legislación penal y procesal atribuida al Estado por el artículo 149.1.6.ª de la Constitución Española. Se exceptúa de lo anterior el Título IV, que se dicta al amparo de la competencia exclusiva en materia de Administración de Justicia atribuida al Estado por el artículo 149.1.5.ª de la Constitución Española, así como lo dispuesto en el Título I, que se dicta al amparo de la competencia exclusiva en materia de regulación de las condiciones básicas que garanticen la igualdad de todos los españoles en el ejercicio de los derechos y en el cumplimiento de los deberes constitucionales, atribuida al Estado por el artículo 149.1.1.ª de la Constitución Española.

Disposición final cuarta. Habilitación al Gobierno para el desarrollo reglamentario.

Se habilita al Gobierno para que apruebe las disposiciones reglamentarias precisas para el desarrollo de lo dispuesto en la presente Ley.

Disposición final quinta. Adaptación de los Estatutos Generales de la Abogacía y de la Procuraduría.

Los Colegios y Consejos Generales de Abogados y Procuradores adoptarán las medidas necesarias para adaptar sus respectivos Estatutos a lo establecido en el apartado 2 del artículo 8 de la presente Ley, en un plazo máximo de un año desde su entrada en vigor.

Disposición final sexta. Entrada en vigor.
La presente Ley entrará en vigor a los seis meses de su publicación en el «Boletín Oficial del Estado».

Por tanto,
Mando a todos los españoles, particulares y autoridades, que guarden y hagan guardar esta ley.
Madrid, 27 de abril de 2015.

FELIPE R.

El Presidente del Gobierno,
MARIANO RAJOY BREY

REAL DECRETO 1109/2015, DE 11 DE DICIEMBRE, POR EL QUE SE DESARROLLA LA LEY 4/2015, DE 27 DE ABRIL, DEL ESTATUTO DE LA VÍCTIMA DEL DELITO, Y SE REGULAN LAS OFICINAS DE ASISTENCIA A LAS VÍCTIMAS DEL DELITO

I

La aprobación de la Ley 4/2015, de 27 de abril, del Estatuto de la víctima del delito, mediante la que se transpone la Directiva 2012/29/UE del Parlamento Europeo y del Consejo de 25 de octubre de 2012, por la que se establecen normas mínimas sobre los derechos, el apoyo y la protección de las víctimas de delitos y por la que se sustituye la Decisión marco 2001/220/JAI del Consejo, requiere el desarrollo de algunas de las previsiones recogidas en el citado Estatuto, en aras a garantizar la efectividad de los derechos que en él se recogen, así como una regulación de las Oficinas de Asistencia a las Víctimas.

II

El presente real decreto desarrolla en primer lugar las previsiones del Estatuto de la víctima del delito para garantizar el reconocimiento y la protección por los poderes públicos de los derechos que las víctimas tienen reconocidos, con un alcance general. No se pretende, ni resulta oportuno, un desarrollo reglamentario de todos y cada uno de los derechos reconocidos en el Estatuto de la víctima del delito, ya que la gran mayoría se encuentran bien definidos y pueden ejercitarse sin necesidad de mayor regulación. Tan sólo se contienen algunas precisiones para garantizar la mejor aplicación de alguno de los derechos reconocidos a las víctimas.

A tal fin, se insta a las Administraciones Públicas a aprobar y fomentar el desarrollo de protocolos de actuación y de procedimientos de coordinación y colaboración, en los que también tendrán participación las asociaciones y colectivos de protección de las víctimas.

Se establece que la decisión policial de no facilitar interpretación o traducción de las actuaciones a la víctima será siempre motivada, debiendo quedar debida constancia de la misma y de su motivación en el atestado.

En relación con el derecho de información, se garantizará el cumplimiento de lo previsto en el artículo 5 del Estatuto de la víctima del delito mediante la posibilidad de elaborar documentos que faciliten la información necesaria a las víctimas, sin perjuicio de acomodar esa información a las circunstancias y condiciones personales de la víctima, así como a la naturaleza del delito cometido y de los daños y perjuicios sufridos.

Se reitera que el acceso por parte de las víctimas a los servicios de asistencia y apoyo facilitados por las Administraciones Públicas y por las Oficinas de Asistencia a las Víctimas será siempre gratuito y confidencial. Y se establece la posibilidad de que las Administraciones Públicas y las Oficinas de Asistencia a las Víctimas hagan extensivo el derecho de acceso a los servicios de asistencia y apoyo a los familiares, aunque no tengan la consideración de víctimas, cuando se trate de delitos que hayan causado perjuicios de especial gravedad.

También se recoge el derecho a un período de reflexión en caso de catástrofe o sucesos con víctimas múltiples. Todo protocolo que contenga normas de coordinación para la asistencia a las víctimas incluirá una previsión para hacer efectivo este periodo de reflexión.

Finalmente, se regula un procedimiento para hacer efectiva la obligación de reintegrar aquellas ayudas, subvenciones o gastos que haya realizado la Administración a favor de personas que han resultado condenadas por denuncia falsa o simulación de delito, para evitar el enriquecimiento de quienes se hayan aprovechado injustamente del sistema asistencial de protección a las víctimas.

III

Se crea el Consejo Asesor de Asistencia a las Víctimas, con carácter de órgano consultivo con amplia representación. Este Consejo Asesor tendrá distintas funciones para velar por el respeto de los derechos de las víctimas y el buen funcionamiento del sistema de asistencia. Con el asesoramiento de este Consejo, el Ministerio de Justicia podrá llevar a cabo la evaluación periódica del sistema de asistencia a las víctimas, y proponer, a través del Consejo de Ministros, las medidas y reformas que sean necesarias para la mejor protección de las víctimas.

IV

Como es sabido, la Ley 35/1995, de 11 de diciembre, de ayudas y asistencia a las víctimas de delitos violentos y contra la libertad sexual, reguló en su artículo 16 las Oficinas de Asistencia a las Víctimas, cuya actuación, hasta el momento, venía desarrollada a través de un mero Manual. Por ello, resulta esencial para la organización y funcionamiento de éstas el desarrollo reglamentario de sus actuaciones. En este real decreto se regula la actuación de las Oficinas de Asistencia a las Víctimas, en atención a los derechos recogidos en la normativa europea y en el Estatuto de la víctima del delito.

Las Oficinas de Asistencia a las Víctimas se constituyen como unidades dependientes del Ministerio de Justicia o, en su caso, de las comunidades autónomas con competencias asumidas sobre la materia, que analizan las necesidades asistenciales y de protección de las víctimas, y que estarán integradas por personal al servicio de la Administración de Justicia, psicólogos o cualquier técnico que se considere necesario para la prestación del servicio. Con ello se fija un marco asistencial mínimo para la prestación de un servicio público en condiciones de igualdad en todo el Estado, y para la garantía y protección de los derechos de las víctimas, sin perjuicio de las especialidades organizativas de las Oficinas según la normativa estatal o autonómica que les resulte de aplicación.

V

Entre los derechos por cuya efectividad han de velar las Oficinas de Asistencia a las Víctimas están los siguientes:

El derecho a entender y a ser entendida. La víctima tiene derecho, desde su primer contacto con la Oficina de Asistencia a las Víctimas, haya o no presentado denuncia, a contar con la asistencia o apoyos necesarios para que pueda hacerse entender ante ella.

El derecho a la información de las víctimas. Las Oficinas de Asistencia a las Víctimas, en atención a lo dispuesto en la Ley 4/2015, de 27 de abril, del Estatuto de la víctima del delito, prestan un servicio de información que resulta esencial para las víctimas. La información se prestará a las víctimas, incluyendo el momento previo a la presentación de la denuncia, sin retrasos innecesarios, de forma adaptada a sus circunstancias y condiciones personales y a la naturaleza del delito cometido y de los daños y perjuicios sufridos, de forma detallada y será actualizada a lo largo de todo el proceso.

El derecho a la protección de las víctimas. El Estatuto de la víctima del delito señala que las Oficinas de Asistencia a las Víctimas realizarán una valoración individual de las víctimas a fin de determinar sus necesidades especiales de protección, teniendo en cuenta las características personales, en especial de aquellas víctimas más vulnerables como son los menores o las personas con discapacidad necesitadas de especial protección, y la naturaleza y las circunstancias del delito. Y todo ello con la finalidad de determinar qué medidas de asistencia y protección deben ser prestadas a la víctima.

Toda víctima, directa o indirecta, tendrá derecho a acceder de forma gratuita y confidencial a los servicios de asistencia y apoyo prestados por las Oficinas de Asistencia a las Víctimas y por el resto de Administraciones Públicas. Un derecho que podrá extenderse a sus familiares cuando se trate de delitos que hayan causado perjuicios de especial gravedad.

VI

La asistencia de las Oficinas es una función que consiste en la acogida inicial de la víctima, su orientación e información y la propuesta de medidas concretas de protección, teniendo en cuenta las necesidades de apoyo específicas de cada víctima, según aconseje su evaluación individual y en especial, las situaciones en las que se pueden encontrar ciertas categorías de víctimas, como son los menores o las personas con discapacidad necesitadas de especial protección, con el objetivo de facilitar su recuperación integral.

La asistencia de las Oficinas se presta por personal especializado, sometido a formación continua y actualizada, que trabaja de forma interdisciplinar y coordinada. La Oficina reflejará los resultados de su evaluación, así como la valoración del caso en un informe, adoptando la decisión sobre las intervenciones extraprocesales a realizar.

Las Oficinas podrán elaborar planes de asistencia individualizados para el adecuado seguimiento de las víctimas. Y cuando se trate de víctimas vulnerables, deberán realizar planes de apoyo psicológico. Estos planes podrán ser supervisados por el Ministerio de Justicia o por las comunidades autónomas que hayan asumido competencias, con el fin de mejorar el sistema de asistencia y asegurar una atención individualizada en función de las circunstancias de cada víctima.

Las funciones de asistencia y protección de las víctimas hacen precisa la plena coordinación de las Oficinas con otros órganos o entidades que también ostenten funciones de protección y asistencia a las víctimas, para lo que se prevé la creación de toda una red de coordinación y la posibilidad de realizar convenios de colaboración y protocolos.

VII

Entre las funciones de las Oficinas se recogen también aquellas relativas a las medidas de justicia restaurativa, como parte de la necesaria asistencia a las víctimas. Cada víctima se enfrenta al delito de forma diferente, en función de sus circunstancias. La víctima puede necesitar liberar la emoción negativa para recuperar su equilibrio y éste puede alcanzarse gracias al reconocimiento de los hechos esenciales por el infractor o por la aclaración de lo sucedido.

Las Oficinas informarán a la víctima sobre la posibilidad de aplicar medidas de justicia restaurativa, propondrán al órgano judicial la aplicación de la mediación penal cuando lo considere beneficioso para la víctima, y realizarán actuaciones de apoyo a los servicios de mediación extrajudicial.

VIII

La Oficina de Información y Asistencia a las Víctimas del Terrorismo de la Audiencia Nacional prevista en el artículo 51 de la Ley 29/2011, de 22 de septiembre, de Reconocimiento y Protección Integral a las Víctimas del Terrorismo, es objeto de desarrollo reglamentario para potenciar sus funciones, y asegurar la necesaria coordinación entre todas las Instituciones implicadas en la asistencia y protección de las víctimas de delitos de terrorismo.

IX

Conforme a la Directiva 2004/80/CE del Consejo, de 29 de abril de 2004, sobre indemnización a las víctimas de delitos, en el supuesto de acceso a la indemnización en casos transfronterizos, cada Estado Miembro designará una autoridad de asistencia. En España esta autoridad corresponde a las Oficinas de Asistencia a las Víctimas, de conformidad con lo dispuesto en el Real Decreto 199/2006, de 17 de febrero, que atribuye a las oficinas determinados deberes de información, ayuda y asesoramiento para los delitos dolosos y violentos cometidos en otro Estado miembro.

Este real decreto ha sido informado por el Consejo General del Poder Judicial, la Fiscalía General del Estado, y se ha remitido a las comunidades autónomas afectadas.

En su virtud, a propuesta del Ministro de Justicia, con la aprobación previa del Ministro de Hacienda y Administraciones Públicas, de acuerdo con/oído el Consejo de Estado y previa deliberación del Consejo de Ministros en su reunión del día 11 de diciembre de 2015,

DISPONGO:

TÍTULO I. Derechos de las víctimas

Artículo 1. Objeto y ámbito de aplicación.

1. Este real decreto desarrolla el Estatuto de la víctima del delito de conformidad con lo dispuesto en la Ley 4/2015, de 27 de abril, del Estatuto de la víctima del delito, y regula las Oficinas de Asistencia a las Víctimas.

2. Las disposiciones de este real decreto serán aplicables, sin perjuicio de lo dispuesto en el artículo 17 del Estatuto de la víctima del delito y en el artículo 24 de este real decreto, a las víctimas de delitos cometidos en España o que puedan ser perseguidos en España, con independencia de su nacionalidad, de si son mayores o menores de edad, o de si disfrutan o no de residencia legal.

Artículo 2. Derechos de las víctimas.

1. Los derechos reconocidos a las víctimas del delito se ejercitarán de conformidad con lo dispuesto en su Estatuto y en el presente real decreto, así como por lo dispuesto en la legislación especial y las normas que resulten de aplicación.

2. Todos los poderes públicos velarán por el reconocimiento y la protección de los derechos que las víctimas tienen reconocidos.

Artículo 3. Desarrollo de protocolos de actuación y colaboración.

Para la efectividad de los derechos contemplados en el Estatuto de la víctima del delito, y en el presente real decreto, las Administraciones Públicas implicadas aprobarán y fomentarán el desarrollo de protocolos de actuación y de procedimientos de coordinación y colaboración, en los que también tendrán participación las asociaciones y colectivos de protección de las víctimas.

Artículo 4. Período de reflexión en caso de catástrofe o sucesos con víctimas múltiples.

1. En caso de catástrofes, calamidades públicas u otros sucesos que hubieran producido un elevado número de víctimas y que puedan constituir delito, los Abogados y Procuradores no podrán dirigirse a las víctimas directas o indirectas de estos sucesos para ofrecerles sus servicios profesionales hasta transcurridos al menos 45 días desde el hecho.

Esta prohibición quedará sin efecto en el caso de que la prestación de estos servicios profesionales haya sido solicitada expresamente por la víctima.

2. Todo protocolo que contenga normas de coordinación para la asistencia a las víctimas incluirá una previsión para hacer efectivo este periodo de reflexión.

Artículo 5. Obligación de reembolso.

1. Si fuera condenada por denuncia falsa o simulación de delito, la persona que se hubiera beneficiado de subvenciones o ayudas percibidas por su condición de víctima y que hubiera sido objeto de alguna de las medidas de protección reguladas en el Estatuto de la víctima del delito o en el presente real decreto, vendrá obligada a reintegrar las cantidades recibidas en dicho concepto; y al abono de los gastos causados a la Administración por sus actuaciones de reconocimiento, protección y apoyo, así como por los servicios prestados, siempre que dichos gastos pudieran cuantificarse y estuvieran justificados.

2. El órgano concedente de la subvención o ayuda y la Administración que haya soportado el gasto serán los competentes para exigir del beneficiario el reintegro de las subvenciones o ayudas, y el abono de los gastos causados, mediante la resolución del procedimiento regulado en la Ley 38/2003, de 17 de noviembre, General de Subvenciones, y en el Real Decreto 887/2006, de 21 de julio, por el que se aprueba el Reglamento de la Ley General de Subvenciones, con las especialidades previstas en este real decreto.

3. Cuando la persona condenada haya recibido subvenciones o ayudas en su condición de víctima y haya sido objeto de alguna de las medidas de protección reguladas en el Estatuto de la víctima del delito o en el presente real decreto, o haya generado gastos a la Administración por actuaciones de reconocimiento, información, protección y apoyo, así como por servicios prestados en su condición de víctima, el Ministerio de Justicia remitirá, si no fuera competente para exigir el reembolso, el testimonio de la sentencia condenatoria al órgano concedente o a la Administración que haya soportado el gasto, a fin de que éstos puedan iniciar el procedimiento de reintegro.

4. El interés de demora aplicable será el interés legal del dinero incrementado en un 50 por ciento, que se devengará desde que fuera concedida la subvención o ayuda, o desde que se hubiera producido el gasto.

5. Prescribirá a los cuatro años el derecho de la Administración a reconocer o liquidar el reintegro o el abono de los gastos causados, que se computará desde que adquirió firmeza la sentencia condenatoria por denuncia falsa o simulación de delito. El cómputo del plazo de prescripción se interrumpirá por las causas previstas en la Ley General de Subvenciones.

6. La Ley 38/2003, de 17 de noviembre, y su Reglamento, serán de aplicación supletoria a lo dispuesto en el presente artículo.

Artículo 6. Derecho a la traducción e interpretación.

La decisión policial de no facilitar interpretación o traducción de las actuaciones policiales a la víctima, a la que hace referencia el artículo 9.4 del Estatuto de la víctima del delito, será excepcional y motivada, debiendo quedar debida constancia de la misma y de su motivación en el atestado. El atestado policial deberá recoger la disconformidad que la persona afectada por la decisión denegatoria hubiere podido formular.

Artículo 7. Derecho a la información.

1. Sin perjuicio del deber de adaptar la información a la que hace referencia el artículo 5.1 del Estatuto de la víctima del delito, a las circunstancias y condiciones personales de la víctima, así como a la naturaleza del delito cometido y de los daños y perjuicios sufridos, las autoridades y funcionarios que entren en contacto con las víctimas deberán facilitarles información escrita o documentos comprensivos de los extremos señalados en el artículo 5.1 del Estatuto de la víctima del delito, cuando la víctima lo precise.

2. Los documentos a los que se refiere el apartado anterior podrán incluir con la debida separación, un modelo de solicitud para ser notificado de las resoluciones a las que refiere el artículo 7 del Estatuto de la víctima del delito, o para dejar sin efecto, en su caso, la mencionada solicitud.

3. Cuando la víctima solicite que se le notifiquen las resoluciones a las que se refiere el artículo 7.1 del Estatuto de la víctima del delito, también podrá interesar que estas resoluciones se comuniquen, además, a las Oficinas de Asistencia a las Víctimas o, en su caso, a la Oficina de Asistencia a las Víctimas de Terrorismo de la Audiencia Nacional.

4. Cuando se trate de víctimas de delitos de violencia de género, les serán notificadas las resoluciones que acuerden la prisión o la posterior puesta en libertad del infractor, así como la posible fuga del mismo, y las que acuerden la adopción de medidas cautelares personales o que modifiquen las ya acordadas, cuando hubieran tenido por objeto garantizar la seguridad de la víctima, sin necesidad de que la víctima lo solicite, salvo en aquellos casos en los que manifieste su deseo de no recibir dichas notificaciones.

Artículo 8. Derecho de acceso a los servicios de asistencia y apoyo.

1. El acceso por parte de las víctimas a los servicios de asistencia y apoyo facilitados por las Administraciones Públicas y por las Oficinas de Asistencia a las Víctimas será siempre gratuito y confidencial. Estos servicios deberán garantizarse antes, durante y por un período de tiempo adecuado después de la conclusión del proceso penal.

2. Cuando se trate de delitos que hayan causado perjuicios de especial gravedad, atendiendo a las necesidades y daños sufridos como consecuencia de la infracción penal cometida contra la víctima, las Administraciones Públicas y las Oficinas de Asistencia a las Víctimas podrán hacer extensivo a los familiares de las víctimas el derecho de acceso a los servicios de asistencia y apoyo. A tal efecto, se entenderá por familiares las personas unidas a la víctima en matrimonio o relación análoga de afectividad, y los parientes hasta el segundo grado de consanguinidad.

3. Los hijos menores y los menores sujetos a tutela, guarda y custodia de las mujeres víctimas de violencia de género o de personas víctimas de violencia doméstica tendrán derecho a las medidas de asistencia y protección previstas en los Títulos I y III del Estatuto de la víctima del delito.

4. Las Oficinas de Asistencia a las Víctimas prestarán los servicios de asistencia y apoyo en los términos señalados en el Estatuto de la víctima del delito y en el presente real decreto.

Artículo 9. Procedimiento de evaluación.

1. La evaluación de las necesidades de la víctima a la que hace referencia el artículo 23 del Estatuto de la víctima del delito, se realizará en el caso de los funcionarios de policía que actúen en la fase inicial de las investigaciones y en el caso de las Oficinas de Asistencia a las Víctimas, de acuerdo con lo dispuesto en el Estatuto de la víctima del delito y en el presente real decreto.

2. La evaluación que hayan de realizar los órganos jurisdiccionales competentes para la investigación o el enjuiciamiento, o el Ministerio Fiscal en su caso, se realizará de acuerdo con lo dispuesto en el Estatuto de la víctima del delito y en la Ley de Enjuiciamiento Criminal.

TÍTULO II. El Consejo Asesor de Asistencia a las Víctimas

Artículo 10. El Consejo Asesor de Asistencia a las Víctimas.

1. Adscrito a la Dirección General de Relaciones con la Administración de Justicia del Ministerio de Justicia existirá un Consejo Asesor de Asistencia a las Víctimas, con carácter de órgano consultivo.

2. El Consejo Asesor de Asistencia a las Víctimas estará integrado por los siguientes miembros:

a) Un presidente, cargo que recaerá sobre quien ostente la Dirección General de Relaciones con la Administración de Justicia y que podrá ser sustituido por la persona titular de la Subdirección General de Organización y Coordinación Territorial de la Administración de Justicia.

b) Con base en el convenio de colaboración celebrado al efecto, tres representantes de las comunidades autónomas que hayan recibido los traspasos de medios personales y materiales al servicio de la Administración de Justicia en régimen de rotación anual, que representarán al resto y que ejercerán, también rotatoriamente, la Vicepresidencia.

c) Un representante designado por el Ministro del Interior, con rango de subdirector general o asimilado.

d) Un representante designado por el Ministro de Sanidad, Servicios Sociales e Igualdad, con rango de subdirector general o asimilado.

e) Dos representantes designados por el Consejo General del Poder Judicial y la Fiscalía General del Estado, con base en el convenio de colaboración celebrado al efecto.

f) Un representante del Consejo General de Colegios de Psicólogos, designado por éste.

g) Dos representantes de las Asociaciones más representativas en la asistencia a las víctimas.

Actuará como secretario, con voz pero sin voto, un funcionario de la Dirección General de Relaciones con la Administración de Justicia.

3. Las funciones de este Consejo son:

a) Asesorar sobre el funcionamiento de las Oficinas de Asistencia a las Víctimas.

b) Examinar los datos estadísticos.

c) Apoyar los estudios técnicos sobre las actuaciones de las oficinas y sobre la red de coordinación.

d) Comparar los distintos planes de apoyo psicológicos aplicados en las Oficinas, con el fin de proponer mejoras en la asistencia.

e) Promover la elaboración de Protocolos de actuación, y su actualización con respecto a las normativas nacionales e internacionales

f) Asesorar al Ministerio de Justicia para la elaboración del informe anual de evaluación periódica del sistema de atención a las víctimas del delito.

g) Cualquier otra función que, en el ámbito de sus competencias, se le atribuya por alguna disposición legal o reglamentaria.

4. Por su carácter consultivo, el Consejo no tendrá competencias con respecto a los aspectos técnicos de actuaciones frente a víctimas individuales.

5. El funcionamiento de este Consejo se ajustará a lo dispuesto en materia de órganos colegiados por la legislación en materia de régimen jurídico del Sector Público.

Artículo 11. Evaluación periódica del sistema de atención a las víctimas del delito.

1. El funcionamiento de las instituciones, mecanismos y garantías de asistencia a las víctimas del delito será objeto de una evaluación periódica, que se llevará a cabo por el Ministerio de Justicia mediante la elaboración de un informe anual. Este informe anual se realizará en la Dirección General de Relaciones con la Administración de Justicia, con el asesoramiento del Consejo Asesor de Asistencia a las Víctimas.

2. El informe anual del Ministerio de Justicia estará orientado a la mejora del sistema de protección y a la adopción de nuevas medidas para garantizar su eficacia.

3. El informe anual se remitirá al Consejo de Ministros para su aprobación definitiva y para la remisión a las Cortes Generales de las propuestas que se estimen necesarias para la mejora del sistema de protección de las víctimas y de las medidas que garanticen su eficacia. Una vez aprobado por el Consejo de Ministros, se publicará en la página Web del Ministerio de Justicia.

TÍTULO III. Las Oficinas de Asistencia a las Víctimas

CAPÍTULO I. Disposiciones generales

Artículo 12. Objeto y ámbito de aplicación.

1. Las disposiciones de este título tienen por objeto la regulación de las Oficinas de Asistencia a las Víctimas, que se configuran como una unidad especializada y un servicio público cuya finalidad es prestar asistencia y/o atención coordinada para dar respuesta a las víctimas de delitos en los ámbitos jurídico, psicológico, y social, así como promover las medidas de justicia restaurativa que sean pertinentes.

2. Las disposiciones contenidas en este título serán de aplicación tanto a las Oficinas de Asistencia a las Víctimas dependientes del Ministerio de Justicia como a las dependientes de las comunidades autónomas con competencias asumidas sobre la materia, sin perjuicio de las especialidades organizativas de éstas últimas según su normativa autonómica.

3. En lo referente a las víctimas de delitos de terrorismo, se atenderá, con carácter general, a lo dispuesto en la Ley 29/2011, de 22 de septiembre, de Reconocimiento y Protección Integral a las Víctimas de Terrorismo y en el Reglamento aprobado por Real Decreto 671/2013, de 6 de septiembre, y a las competencias que la normativa vigente atribuye en esta materia al Ministerio del Interior, sin perjuicio de las actuaciones específicas de las Oficinas contempladas en este real decreto, especialmente relativas a la determinación de la vulnerabilidad de la víctima, para evitar la victimización primaria y secundaria.

En el marco del proceso penal, las Oficinas de Asistencia a las Víctimas se coordinarán con las oficinas del Ministerio del Interior para evitar sucesivas derivaciones de uno a otro servicio.

Artículo 13. Ámbito subjetivo.

1. Las disposiciones de este Título serán aplicables:

a) Como víctima directa, a toda persona física que haya sufrido un daño o perjuicio sobre su propia persona o patrimonio, en especial lesiones físicas o psíquicas, daños emocionales o perjuicios económicos directamente causados por la comisión de un delito.

b) Como víctima indirecta, en los casos de muerte o desaparición de una persona que haya sido causada directamente por un delito, salvo que se tratare de los responsables de los hechos:

1.º A su cónyuge no separado legalmente o de hecho y a los hijos de la víctima o del cónyuge no separado legalmente o de hecho que en el momento de la muerte o desaparición de la víctima convivieran con ellos; a la persona que hasta el momento de la muerte o desaparición hubiera estado unida a ella por una análoga relación de afectividad y a los hijos de ésta que en el momento de la muerte o desaparición de la víctima convivieran con ella; a sus progenitores y parientes en línea recta o colateral dentro del tercer grado que se encontraren bajo su guarda y a las personas sujetas a su tutela o curatela o que se encontraren bajo su acogimiento familiar.

2.º En caso de no existir los anteriores, a los demás parientes en línea recta y a sus hermanos, con preferencia, entre ellos, del que ostentara la representación legal de la víctima.

2. Las disposiciones de este Título no serán aplicables a terceros que hubieran sufrido perjuicios derivados del delito.

3. El acceso a los servicios de asistencia y apoyo a las víctimas no se condicionará a la presentación previa de una denuncia.

4. Los hijos menores y los menores sujetos a tutela, guarda y custodia de las mujeres víctimas de violencia de género o de personas víctimas de violencia doméstica tendrán derecho de acceso a los servicios de asistencia de las Oficinas de Asistencia a las Víctimas.

5. Cuando se trate de delitos que hayan causado perjuicios de especial gravedad, atendiendo a las necesidades y daños sufridos como consecuencia de la infracción penal cometida contra la víctima, las Oficinas de Asistencia a las Víctimas podrán hacer extensivo a los familiares de las víctimas el derecho de acceso a los servicios de asistencia y apoyo. A tal efecto, se entenderá por familiares las personas unidas a la víctima en matrimonio o relación análoga de afectividad, y los parientes hasta el segundo grado de consanguinidad.

Artículo 14. Derechos de las víctimas respecto a las Oficinas de Asistencia a las Víctimas.

1. Toda víctima tiene derecho de acceso a los servicios de asistencia y apoyo de las Oficinas de Asistencia a las Víctimas, de forma gratuita y confidencial.

2. Toda víctima tiene derecho, desde el primer contacto con la Oficina a recibir, sin retrasos innecesarios, información adaptada a sus circunstancias y condiciones personales y a la naturaleza del delito cometido y de los daños y perjuicios sufridos, y a recibir un trato respetuoso, profesional, individualizado y no discriminatorio. Estos derechos se extienden durante la actuación de los servicios de asistencia y apoyo a las víctimas y de justicia restaurativa, a lo largo de todo el proceso penal y por un periodo de tiempo adecuado después de su conclusión, con independencia de que se conozca o no la identidad del infractor y del resultado del proceso, incluyendo el momento previo a la presentación de la denuncia.

3. Toda víctima tiene derecho a ser derivada a las Oficinas de Asistencia a las Víctimas cuando resulte necesario en atención a la gravedad del delito o en aquellos casos en los que ella misma lo solicite.

4. Las víctimas de los delitos de terrorismo, las víctimas de violencia de género y los menores de edad tendrán además los derechos reconocidos en su normativa específica.

Artículo 15. Naturaleza Jurídica de las Oficinas de Asistencia a las Víctimas.

1. Las Oficinas de Asistencia a las Víctimas se configuran como un servicio multidisciplinar de atención a las necesidades de la víctima, de carácter público y gratuito.

2. El Ministerio de Justicia determinará la regulación, organización, dirección y control de las Oficinas de Asistencia a las Víctimas dependientes en su ámbito territorial, que se configurarán como unidades administrativas.

3. En aquellas comunidades autónomas que hayan asumido el traspaso de medios materiales y personales de la Administración de Justicia, la organización de las Oficinas de Asistencia a las Víctimas dependerá de la comunidad autónoma, si bien la misma deberá garantizar el cumplimiento de los derechos que se desarrollan en el Estatuto de la víctima del delito y en el presente real decreto.

Artículo 16. Creación y ámbito territorial de las Oficinas de Asistencia a las Víctimas.

1. Mediante Orden del Ministro de Justicia, que determinará su ámbito de actuación territorial, se crearán las Oficinas de Asistencia a las Víctimas dependientes del Ministerio de Justicia. Las restantes Oficinas se crearán por las comunidades autónomas con competencias asumidas en materia de Administración de Justicia.

2. El ámbito territorial se ajustará a los siguiente criterios:

a) Salvo regulación expresa, tendrá ámbito provincial.

b) Cuando dentro de una misma provincia se implante más de una oficina, su ámbito competencial se fijará en la Orden de creación.

3. Sin perjuicio del ámbito territorial establecido, las Oficinas de Asistencia a las Víctimas podrán asistir a las víctimas independientemente del lugar de comisión del delito.

4. La ubicación de las Oficinas se realizará teniendo en cuenta criterios que faciliten la atención a la víctima, entre los que estará la cercanía a las sedes de los juzgados, Palacios de Justicia o Fiscalía.

Artículo 17. Objetivos de las Oficinas.

Las Oficinas de Asistencia a las Víctimas tienen como objetivo general prestar una asistencia integral, coordinada y especializada a las víctimas como consecuencia del delito y dar respuesta a las necesidades específicas en el ámbito jurídico, psicológico y social.

Artículo 18. Personal de las Oficinas de Asistencia a las Víctimas.

1. Las Oficinas de Asistencia a las Víctimas estarán atendidas por profesionales especializados, entre los que podrán encontrarse, psicólogos, personal al servicio de la Administración de Justicia, juristas, trabajadores sociales y otros técnicos cuando la especificidad de la materia así lo aconseje.

2. Las Administraciones Públicas garantizarán la formación general y específica en asistencia y protección a las víctimas, especialmente de las víctimas vulnerables, a todos los profesionales de la Oficina de Asistencia a las Víctimas. Estos tendrán formación especializada en familia, menores, personas con discapacidad y vio-

lencia de género y doméstica. Su formación será orientada desde la perspectiva de la igualdad entre hombres y mujeres.

CAPÍTULO II. Funciones de las Oficinas de Asistencia a las Víctimas

Artículo 19. Funciones de las Oficinas de Asistencia a las Víctimas.

Las Oficinas de Asistencia a las Víctimas realizarán las siguientes funciones:

1. La elaboración, en su caso, de planes de asistencia individualizados para la atención a las víctimas.

2. La información a las víctimas, ofreciendo detalladamente, en un lenguaje asequible, cuáles son sus derechos y como ejercitarlos.

3. Información sobre el acceso a la justicia gratuita y asistencia para su solicitud.

4. Asesoramiento sobre los derechos económicos relacionados con el proceso, en particular, sobre las ayudas por los daños causados por el delito y el procedimiento para reclamarlas.

5. El apoyo emocional a las víctimas y la asistencia terapéutica de las víctimas que lo precisen, garantizando la asistencia psicológica adecuada para la superación de las consecuencias traumáticas del delito.

6. Evaluación y asesoramiento sobre las necesidades de la víctima y la forma de prevenir y evitar las consecuencias de la victimización primaria, reiterada y secundaria, la intimidación y las represalias.

7. La elaboración de un plan de apoyo psicológico para las victimas vulnerables y en los casos en que se aplica la orden de protección.

8. La información sobre los servicios especializados disponibles que puedan prestar asistencia a la víctima, a la vista de sus circunstancias personales y la naturaleza del delito de que pueda haber sido objeto.

9. El acompañamiento de la víctima, a lo largo del proceso, a juicio si lo precisara y/o a las distintas instancias penales.

10. La colaboración y la coordinación con los organismos, instituciones y servicios que pueden estar implicados en la asistencia a las víctimas: judicatura, fiscalía, Fuerzas y Cuerpos de Seguridad, servicios sociales, servicios de salud, asociaciones y organizaciones sin ánimo de lucro, sobre todo en los casos de víctimas vulnerables con alto riesgo de victimización.

11. Valoración de las víctimas que precisen especiales medidas de protección con la finalidad de determinar qué medidas de protección, asistencia y apoyo deben ser prestadas, entre las que se podrán incluir:

a) La prestación de apoyo o asistencia psicológica para afrontar los trastornos ocasionados por el delito, aplicando los métodos psicológicos más adecuados para la atención de cada víctima.

b) El acompañamiento a juicio.

c) La información sobre los recursos psicosociales y asistenciales disponibles y, si la víctima lo solicita, derivación a los mismos.

d) Las medidas especiales de apoyo que puedan resultar necesarias cuando se trate de una víctima con necesidades especiales de protección.

e) La derivación a servicios de apoyo especializados.

12. La elaboración de informes de acuerdo con las normas científicas y de manera independiente.

13. La difusión de su existencia y funciones a la sociedad en general y a determinados colectivos sociales especialmente vulnerables.

14. La sensibilización de los colectivos y organismos que trabajan con víctimas, así como la promoción, organización y participación en las acciones formativas que consideren necesarias.

15. La cooperación con estudios e investigaciones sobre diferentes aspectos de la victimización a partir de los resultados de la intervención de las Oficinas.

16. El acercamiento de la justicia a la ciudadanía promoviendo la comprensión de sus actuaciones.

17. La aplicación de las medidas de organización y gestión que faciliten el acceso rápido al servicio prestado, así como, la coordinación con otros entes e instituciones. En la aplicación de estas medidas primará la interdisciplinaridad y el principio de proximidad al ciudadano.

18. El desempeño de forma profesional de la función de ventanilla única en relación con la asistencia a las víctimas de delitos.

19. La información sobre alternativas de resolución de conflictos con aplicación, en su caso, de la mediación y de otras medidas de justicia restaurativa.

20. Recibir la comunicación de las resoluciones a las que se refiere el artículo 7.1 del Estatuto de la víctima del delito cuando la víctima haya hecho uso de la facultad prevista en el artículo 7.3 de este real decreto, y realizar las actuaciones de información y asistencia que en su caso resulten precisas.

21. Y cuantas otras funciones se determinen en este real decreto.

Artículo 20. La asistencia.

En cumplimiento de las funciones atribuidas en este capítulo, la Oficina de Asistencia a las Víctimas asistirá a la víctima en las áreas jurídica, psicológica y social, con el fin último de minimizar la victimización primaria y evitar la secundaria.

Para realizar esta asistencia las Oficinas realizarán planes de asistencia individualizados, y se coordinarán con todos los servicios competentes en atención a las víctimas.

Artículo 21. La atención jurídica.

1. Las Oficinas prestarán la atención jurídica a las víctimas, y en concreto, facilitarán información sobre el tipo de asistencia que la víctima puede recibir en el marco de las actuaciones judiciales, los derechos que puede ejercitar en el seno del proceso, la forma y condiciones en las que puede acceder a asesoramiento jurídico y el tipo de servicios u organizaciones a las que puede dirigirse para recibir apoyo.

2. La atención jurídica será en todo caso general del desarrollo del proceso y la manera de ejercitar los distintos derechos; la orientación y asistencia jurídica del caso concreto corresponde a quien asuma la asistencia letrada.

3. Las principales actuaciones derivadas de esta atención jurídica son:

a) La información a las víctimas: las víctimas desde el primer contacto y durante todo el procedimiento recibirán información actualizada sobre los derechos que asisten a lo largo del proceso, con lenguaje sencillo y asequible.

b) El estudio y, en su caso, propuesta de aplicación de las medidas generales de protección, conforme a lo previsto en el Estatuto de la víctima del delito.

4. Las Oficinas también informarán del derecho a la asistencia jurídica gratuita a las víctimas que lo tuvieran, y les asistirán para poder solicitarlo. Las solicitudes de reconocimiento del derecho a la asistencia jurídica gratuita podrán presentarse directamente ante las Oficinas, que las remitirán al Colegio de Abogados que corresponda. Las Oficinas también contactarán con los Colegios de Abogados para las designaciones de abogados en los casos en que proceda.

Artículo 22. La asistencia psicológica.

La asistencia psicológica supone:

a) La evaluación y el tratamiento de las víctimas más vulnerables para conseguir la disminución de la crisis ocasionada por el delito, el afrontamiento del proceso judicial derivado del delito, el acompañamiento a lo largo del proceso y la potenciación de las estrategias y capacidades de la víctima, posibilitando la ayuda del entorno de la víctima.

Entre los factores a evaluar están: el tipo de relaciones de la víctima, el afrontamiento de los problemas, las fuentes de apoyo, los valores, la acumulación de estresores, los problemas de salud y de comportamiento, las condiciones socio-ambientales, así como, las variables asociadas al hecho delictivo, entre las que están el impacto directo del delito y los trastornos ocasionados por éste, el riesgo de reincidencia, las posibles represalias y la intimidación.

b) El estudio y la propuesta de aplicación de las medidas de protección que minimicen los trastornos psicológicos derivados del delito y eviten la victimización secundaria, conforme a lo previsto en el Estatuto de la víctima del delito.

Artículo 23. La asistencia social.

La intervención social supone la coordinación y, en su caso, derivación a servicios sociales, instituciones, u organizaciones de asistencia a víctimas, para garantizar alojamiento seguro, atención médica inmediata, ayudas económicas que pudieran corresponderles, con especial atención a las necesidades derivadas de situaciones de invalidez, hospitalización, fallecimiento y las agravadas por la situación de vulnerabilidad de las víctimas.

Artículo 24. Las Oficinas de Asistencia a las Víctimas como autoridad de asistencia en los delitos transfronterizos.

Las Oficinas de Asistencia a las Víctimas, conforme a la Directiva 2004/80/CE del Consejo, de 29 de abril de 2004, sobre indemnización a las víctimas de delitos, son la autoridad de asistencia de las víctimas de delitos en situaciones transfronterizas, en los casos en que el delito se cometa en un Estado miembro de la Unión Europea distinto a España y la víctima tenga su residencia habitual en España, actuando conforme a lo establecido en el Real Decreto 738/1997, de 23 de mayo, por el que se aprueba el Reglamento de ayudas a las víctimas de delitos violentos y contra la libertad sexual. En los casos de delitos de terrorismo el Ministerio del Interior es la autoridad de asistencia a los efectos anteriores.

CAPÍTULO III. Fases de la Asistencia

Artículo 25. Fases de la Asistencia.

La asistencia a las víctimas se realiza en cuatro fases: la acogida-orientación, la información, la intervención y el seguimiento.

Artículo 26. Fase de acogida-orientación.

La acogida-orientación se realiza a través de una entrevista, presencial o telefónica, y tiene como fin que la víctima plantee sus problemas y necesidades, que permita orientarla, analizar posibles intervenciones de otros recursos y, si procede, la derivación a éstos.

Artículo 27. Fase de información.

Las Oficinas de Asistencia a las Víctimas darán la información que precisa la víctima adaptada a sus circunstancias y condiciones personales, a la naturaleza del delito cometido y a los daños y perjuicios sufridos.

Esta información —que podrá ser por escrito, verbal o por medios electrónicos, así como presencial o no— comprenderá la información general sobre sus derechos, desde el primer contacto con las autoridades competentes, y será detallada y actualizada a lo largo de todo el proceso.

Las oficinas informarán a las víctimas sobre la función tuitiva del Ministerio Fiscal, y facilitarán a las víctimas información sobre los derechos que les asisten, y en particular sobre los siguientes:

a) Derecho a denunciar y, en su caso, el procedimiento para interponer la denuncia y derecho a facilitar elementos de prueba a las autoridades encargadas de la investigación.

b) Procedimiento para obtener asesoramiento y defensa jurídica y, en su caso, condiciones en las que pueda obtenerse gratuitamente.

c) Posibilidad de solicitar medidas de protección y, en su caso, procedimiento para hacerlo. Cuando se trate de víctimas de violencia de género y doméstica, sobre la posibilidad de solicitar una orden de protección, explicando de forma comprensible que confiere a la víctima un estatuto integral de protección y, en su caso, procedimiento para hacerlo.

d) Medidas de asistencia y apoyo disponibles, sean médicas, psicológicas o materiales, y procedimiento para obtenerlas. Dentro de estas últimas se incluirá, cuando resulte oportuno, información sobre las posibilidades de obtener un alojamiento alternativo.

e) Indemnizaciones o ayudas económicas a las que pueda tener derecho y, en su caso, procedimiento para reclamarlas.

f) Servicios de interpretación y traducción disponibles.

g) Ayudas y servicios auxiliares para la comunicación disponibles.

h) Procedimiento por medio del cual la víctima pueda ejercer sus derechos en el caso de que resida fuera de España.

i) Recursos que puede interponer contra las resoluciones que considere contrarias a sus derechos.

j) Datos de contacto de la autoridad encargada de la tramitación del procedimiento y cauces para comunicarse con ella.

k) Servicios de justicia restaurativa disponibles, en los casos en que sea legalmente posible.

l) Supuestos en los que pueda obtener el reembolso de los gastos judiciales y, en su caso, procedimiento para reclamarlo.

m) Derecho a ser informada sin retrasos innecesarios de la fecha, hora y lugar del juicio, así como del contenido de la acusación dirigida contra el infractor.

n) Derecho a efectuar una solicitud para ser notificada de las resoluciones a las que se refiere el artículo 7 del Estatuto de la víctima del delito, así como dejar sin efecto esta solicitud, y a solicitar que dichas resoluciones también se comuniquen a las Oficinas de Asistencia a las Víctimas.

o) Derecho obtener una copia de la denuncia, debidamente certificada.

p) Derecho a la asistencia lingüística gratuita y a la traducción escrita de la copia de la denuncia cuando no entienda, no hable ninguna de las lenguas que tengan carácter oficial en el lugar en el que se presenta la denuncia.

q) Derecho de las víctimas de delitos de violencia de género a ser notificadas de las resoluciones a las que se refieren las letras c) y d) del apartado 1 del artículo 7 del Estatuto de la víctima del delito, sin necesidad de que lo solicite, salvo que manifieste su deseo de no recibir dichas notificaciones.

r) Derecho al periodo de reflexión en garantía de los derechos de la víctima en casos de catástrofes, calamidades públicas u otros sucesos que hubieran producido un número elevado de víctimas que impiden a los abogados y procuradores sus servicios profesionales hasta transcurridos 45 días desde que aconteció el hecho, quedando sin efecto en el caso de que la presentación de estos servicios profesionales haya sido solicitada expresamente por la víctima.

s) Derecho a que se le comunique la resolución de sobreseimiento y la posibilidad de recurrir.

t) Derecho a interesar que se impongan al liberado condicional las medidas o reglas de conducta previstas por la ley que consideren necesarias para garantizar su seguridad, cuando aquél hubiera sido condenado por hechos de los que pueda derivarse razonablemente una situación de peligro para la víctima.

u) Derecho a facilitar al Juez o Tribunal cualquier información que resulte relevante para resolver sobre la ejecución de la pena impuesta, las responsabilidades civiles derivadas del delito o el comiso que hubiera sido acordado.

v) La información sobre los servicios especializados disponibles que puedan prestar asistencia a la víctima, así como los recursos psicosociales y asistenciales disponibles.

Artículo 28. Fase de intervención.

Entre las intervenciones jurídicas, psicológicas y sociales que realizan las Oficinas de Asistencia a las Víctimas están las siguientes:

a) La evaluación de la vulnerabilidad de las víctimas que le sean derivadas o que acudan directamente a la Oficina.

b) La propuesta de las medidas de protección a las víctimas, especialmente de las más vulnerables, con especial atención a los menores y a las personas con discapacidad necesitadas de especial protección, y el seguimiento de su ejecución.

c) La asistencia terapéutica psicológica y el tratamiento psicológico de las víctimas en el ámbito del proceso penal que, en principio, se realiza en dos fases:

1.ª La primera fase dirigida a lograr que la víctima tenga el control general de su conducta, en la que se analizan los elementos que garantizan la integridad física y psíquica, facilitando la expresión de los sentimientos y el dominio cognoscitivo, y realizando las adaptaciones conductuales e interpersonales más necesarias.

2.ª La segunda fase en la que se analizan las expectativas generadas por el delito, corrigiendo las posibles distorsiones y realizándose las intervenciones psicológicas y los tratamientos de larga evolución para el tratamiento específico de síntomas postraumáticos.

d) La aplicación del plan de apoyo psicológico.

e) La información y el seguimiento de la decisión de la víctima en las medidas penitenciarias.

f) La información sobre la posibilidad de acceder a justicia restaurativa y, en su caso, sobre la aplicación de las medidas de esta naturaleza que puedan adoptarse.

g) El acompañamiento a juicio u otras instancias judiciales, o la propuesta de acompañamiento por la persona designada por la propia víctima.

h) La coordinación con el resto de servicios sociales, policiales u otros, principalmente para el seguimiento de las víctimas vulnerables con alto riesgo y el apoyo para la obtención de las ayudas económicas que pudieran corresponderles, así como las medidas asistenciales frente a cualquier necesidad y especialmente en situaciones de invalidez, hospitalización, o fallecimiento.

Artículo 29. Fase de seguimiento.

Las Oficinas de Asistencia a las Víctimas realizan el seguimiento de la víctima, especialmente de las más vulnerables, a lo largo de todo el proceso penal y por un período de tiempo adecuado después de su conclusión, con independencia de que se conozca o no la identidad del infractor y del resultado del proceso.

CAPÍTULO IV. Evaluación individual de las víctimas

Artículo 30. Evaluación individual de las víctimas a fin de determinar sus necesidades especiales de protección.

1. Sin perjuicio de lo que acuerden las autoridades judiciales o fiscales competentes, las Fuerzas y Cuerpos de Seguridad del Estado y, en su caso, las policías autonómicas, efectuaran en el momento de la denuncia una primera evaluación individual de la víctima para la determinación de sus necesidades de protección y para la identificación, en su caso, de víctimas vulnerables.

En esta primera evaluación se informará a la víctima de la posibilidad de acudir a una Oficina de Asistencia a las Víctimas. La información recabada en esta primera evaluación podrá ser trasladada a la Oficina de Asistencia a las Víctimas sólo con el consentimiento previo e informado de la víctima.

2. Cuando la víctima acuda a las Oficinas de Asistencia a las Víctimas, en su caso con la información facilitada, éstas realizarán una evaluación individualizada. La Oficina de Asistencia a las Víctimas estará en todo caso a lo que pueda acordar la autoridad judicial o fiscal competente para la valoración de las necesidades de la víctima y la determinación de las medidas de protección.

3. La evaluación individual atenderá a las necesidades manifestadas por la víctima, así como su voluntad, y respetará plenamente la integridad física, mental y moral de la víctima. Tendrá especialmente en consideración:

a) Las características personales de la víctima, su situación, necesidades inmediatas, edad, género, discapacidad y nivel de madurez. En particular, valorará:

1.º Si se trata de una persona con discapacidad o si existe una relación de dependencia entre la víctima y el supuesto autor del delito.

2.º Si se trata de víctimas menores de edad o de víctimas necesitadas de especial protección o en las que concurran factores de especial vulnerabilidad.

b) La naturaleza del delito y la gravedad de los perjuicios causados a la víctima, así como el riesgo de reiteración del delito. A estos efectos, se valoraran especialmente las necesidades de protección de las víctimas en los siguientes delitos:

1. Delitos de terrorismo.

2. Delitos cometidos por una organización criminal.

3. Delitos cometidos sobre el cónyuge o sobre persona que esté o haya estado ligada al autor por una análoga relación de afectividad, aun sin convivencia, o sobre los descendientes, ascendientes o hermanos por naturaleza, adopción o afinidad, propios o del cónyuge o conviviente.

4. Delitos contra la libertad o indemnidad sexual.

5. Delitos de trata de seres humanos.

6. Delitos de desaparición forzada.

7. Delitos cometidos por motivos racistas, antisemitas u otros referentes a la ideología, religión o creencias, situación familiar, la pertenencia de sus miembros a una etnia, raza o nación, su origen nacional, su sexo, orientación o identidad sexual, por razones de género, de enfermedad o discapacidad.

c) Las circunstancias del delito, en particular si se trata de delitos violentos.

4. En caso de víctimas menores o personas con discapacidad necesitadas de especial protección también se tomará en cuenta su opinión e intereses, así como sus especiales circunstancias personales, y se velará especialmente por el respeto a los principios del interés superior del menor o de la persona con discapacidad necesitada de especial protección, derecho a la información, no discriminación, derecho a la confidencialidad, a la privacidad y el derecho a ser protegido.

Artículo 31. Informe de la evaluación individualizada.

1. Tras el proceso de evaluación individualizada, las Oficinas de Asistencia a las Víctimas podrán realizar un informe con el consentimiento previo e informado de la víctima, que será remitido con carácter reservado a la autoridad judicial o fiscal competente para adoptar las medidas de protección.

2. En el informe de evaluación individualizada, podrán proponerse las medidas que se estimen pertinentes para la asistencia y la protección de la víctima durante la fase de investigación, especialmente cuando se trate de personas con discapacidad necesitadas de especial protección, de otras víctimas vulnerables o de menores. En particular, podrá proponerse la adopción de las siguientes medidas:

a) Que se reciba declaración a la víctima lo antes posible, el menor número de veces y únicamente cuando resulte estrictamente necesario.

b) Que la víctima pueda estar acompañada de una persona de su elección.

c) Que se les reciba declaración en dependencias especialmente concebidas o adaptadas a tal fin.

d) Que se les reciba declaración por profesionales que hayan recibido una formación especial para reducir o limitar perjuicios a la víctima, o con su ayuda.

e) Que todas las tomas de declaración a una misma víctima le sean realizadas por la misma persona, salvo que ello pueda perjudicar de forma relevante el desarrollo del proceso o deba tomarse la declaración directamente por un Juez o un Fiscal.

f) Que la toma de declaración, cuando se trate de alguna de las víctimas a las que se refieren los números 3.º y 4.º de la letra b) del apartado 2 del artículo 23 del Estatuto de la víctima del delito y de las víctimas de trata con fines de explotación sexual, se lleve a cabo por una persona del mismo sexo que la víctima cuando ésta así lo solicite, salvo que ello pueda perjudicar de forma relevante el desarrollo del proceso o deba tomarse la declaración directamente por un Juez o Fiscal.

g) Cualquier otra medida tendente a evitar el contacto visual de la víctima con el acusado. Esta medida, dado su objeto, también podrá proponerse para la fase de enjuiciamiento.

3. Cuando se trate de víctimas menores de edad, las Oficinas de Asistencia a las Víctimas indicarán expresamente en su informe la concurrencia, en su caso, de cualquiera de los supuestos a los que hace referencia el artículo 26.2 del Estatuto de la víctima del delito; a fin de que ello pueda tomarse en consideración por el Fiscal en el momento de valorar la oportunidad de recabar del Juez o Tribunal la designación de un defensor judicial de la víctima para que la represente en la investigación y en el proceso penal.

4. Cualquier modificación relevante de las circunstancias en que se hubiera basado la evaluación individual de la víctima determinará una actualización de la misma y, en su caso, del informe remitido a la autoridad judicial o fiscal competente.

5. La Oficina de Asistencia a las Víctimas solamente podrá facilitar a terceros la información que hubieran recibido de la víctima con el consentimiento previo e informado de la misma.

Artículo 32. Plan de apoyo psicológico.

1. Las Oficinas de Asistencia a las Víctimas deberán realizar un plan de apoyo psicológico para las víctimas especialmente vulnerables, o necesitadas de especial protección.

2. El plan de apoyo psicológico tendrá como fin que la víctima pueda seguir el proceso penal sin volver a vivenciar angustia, fortalecer su autoestima, fortalecer la toma de decisiones y, en particular, aquellas que tienen relación con medidas judiciales.

3. El plan de apoyo psicológico se realizará mediante la evaluación de las consecuencias físicas y psíquicas del delito, del clima que rodea a la víctima, del riesgo de sufrir nuevas agresiones y del ambiente familiar. También se valorará la capacidad de resiliencia.

4. El Ministerio de Justicia y las comunidades autónomas con competencias asumidas podrán supervisar los planes de apoyo que se realicen dentro de su ámbito territorial.

CAPÍTULO V. La Oficina de Información y Asistencia a las Víctimas de Terrorismo de la Audiencia Nacional

Artículo 33. La Oficina de Información y Asistencia a las Víctimas del Terrorismo de la Audiencia Nacional.

1. La Oficina de Información y Asistencia a las Víctimas del Terrorismo de la Audiencia Nacional tiene ámbito nacional y realiza las funciones de información y asistencia a las víctimas del terrorismo en los términos previstos en el artículo 51 de la Ley 29/2011, de 22 de septiembre, y en el presente real decreto. No obstante, por razones de urgencia o de cercanía las víctimas podrán acudir a la Oficina de Asistencia a las Víctimas de su provincia que se coordinará con la Oficina de Información y Asistencia a las Víctimas de Terrorismo de la Audiencia Nacional.

2. La Oficina de Información y Asistencia a las Víctimas del Terrorismo de la Audiencia Nacional realiza, entre otras, las siguientes funciones:

a) Facilitar información sobre el estado de los procedimientos que afecten a las víctimas del terrorismo.

b) Asesorar a las víctimas del terrorismo en todo lo relacionado con los procesos penales y contencioso-administrativos que les afecten.

c) Ofrecer acompañamiento personal a los juicios que se celebren en relación a los actos terroristas de los que traigan causa los afectados.

d) Dar apoyo emocional y terapéutico de las víctimas. La Oficina evaluará los trastornos ocasionados por el delito y, a lo largo del proceso penal, realizará la asistencia psicológica adecuada para la superación del delito y evaluará el riesgo de victimización, señalando las medidas de protección adecuadas y aplicará el plan de apoyo como víctima vulnerable. Todo ello sin perjuicio de las competencias en esta materia del Ministerio del Interior.

e) Prevenir las consecuencias de la victimización primaria y evitar la victimización secundaria y la desprotección tras el delito.

f) Facilitar la colaboración y la coordinación entre los organismos, instituciones y servicios que pueden estar implicados en la asistencia concreta de cada víctima, sin perjuicio de las competencias en esta materia del Ministerio del Interior.

g) Promover la salvaguarda de la seguridad e intimidad de las víctimas en su participación en los procesos judiciales, para protegerlas de injerencias ilegítimas o actos de intimidación y represalia y cualquier otro acto de ofensa y denigración.

h) Informar sobre las posibles indemnizaciones a víctimas de terrorismo derivándolas, en todo caso, al órgano del Ministerio del Interior competente en la materia.

i) Establecer cauces de información a la víctima acerca de todo lo relacionado con la ejecución penitenciaria, hasta el momento del cumplimiento íntegro de las penas. Particularmente, en los supuestos que supongan concesión de beneficios o excarcelación de los penados.

j) Recibir la comunicación de las resoluciones a las que se refiere el artículo 7.1 del Estatuto de la víctima del delito cuando la víctima haya hecho uso de la facultad prevista en el artículo 7.3 de este real decreto, y realizar las actuaciones de información y asistencia que en su caso resulten precisas.

3. Seguirá el mismo modelo de actuación general de las Oficinas de Asistencia a las Víctimas y realizará las evaluaciones necesarias de las víctimas más vulnerables en los términos del artículo 31 de este real decreto, prestando, asimismo, la asistencia psicológica en aquellos casos que sea necesaria para afrontar las consecuencias del delito.

CAPÍTULO VI. Actuaciones de las oficinas en materia de coordinación

Artículo 34. La red de coordinación.

1. El Ministerio de Justicia, o las comunidades autónomas con competencias en justicia, podrán coordinar las actuaciones de las Oficinas de Asistencia a las Víctimas con los diferentes órganos o entidades competentes que prestan asistencia a las víctimas, con este fin se podrán realizar convenios de colaboración y protocolos.

Podrán impulsar, asimismo, la colaboración con redes públicas y privadas que asisten a las víctimas, entre otras con:

a) Fuerzas y Cuerpos de Seguridad del Estado y las Policías Autonómicas.

b) Servicios de bienestar social.

c) Ayuntamientos.

d) Servicios de Salud (112/061, urgencias, urgencias psiquiátricas y Programas de Salud Mental).

e) Servicios de Educación.

f) Servicios laborales.

g) Asociaciones, fundaciones y otras entidades sin ánimo de lucro.

h) Servicios Psicosociales de la Administración de Justicia.

i) Unidades de Coordinación contra la Violencia sobre la Mujer y las Unidades de Violencia sobre la Mujer, integradas orgánicamente en las Delegaciones y Subdelegaciones del Gobierno y en las Direcciones Insulares.

j) Servicios especializados para la atención a las víctimas de violencia de género.

k) Cualquier otro órgano o entidad de la Administración General del Estado u otras Administraciones con competencias en asistencia y/o atención a las víctimas.

2. Las Oficinas de Asistencia a las Víctimas podrán mantener reuniones periódicas con los organismos, instituciones y entidades relacionados en el apartado anterior, para optimizar la asistencia de las víctimas particulares, efectuando, en su caso, el seguimiento de las víctimas vulnerables y asegurando su papel de punto de acceso coordinador o ventanilla única.

Artículo 35. Actuaciones de los letrados de la Administración de Justicia en cumplimiento del Estatuto de la víctima del delito.

En cumplimiento del artículo 10 del Estatuto de la víctima del delito, los letrados de la Administración de Justicia derivarán a las víctimas a las Oficinas de Asistencia a las Víctimas, en los términos establecidos en las leyes procesales, cuando resulte necesario en atención a la gravedad del delito, vulnerabilidad de la víctima o en aquellos casos en los que la víctima lo solicite.

Artículo 36. Coordinación en grandes catástrofes.

En el caso de catástrofes o sucesos con víctimas múltiples que tengan su origen o causa en un hecho delictivo, las Oficinas de Asistencia a las Víctimas se coordinarán con el resto de instituciones competentes para garantizar la asistencia a las víctimas.

CAPÍTULO VII. Otras actuaciones de las oficinas

Artículo 37. Funciones de las Oficinas de Asistencia a las Víctimas en materia de justicia restaurativa.

Las Oficinas de Asistencia a las Víctimas podrán realizar las siguientes actuaciones de justicia restaurativa:

a) Informar, en su caso, a la víctima de las diferentes medidas de justicia restaurativa.

b) Proponer al órgano judicial la aplicación de la mediación penal cuando lo considere beneficioso para la víctima.

c) Realizar actuaciones de apoyo a los servicios de mediación extrajudicial.

Artículo 38. Información y asistencia sobre ejecución penitenciaria.

Las Oficinas facilitarán a las víctimas información sobre la posibilidad de participar en la ejecución penitenciaria, en los términos previstos en el artículo 13 del Estatuto de la víctima del delito, y realizarán las actuaciones de asistencia que resulten precisas para que la víctima pueda ejercer los derechos que la ley les reconoce en este ámbito.

CAPÍTULO VIII. Las actuaciones de las oficinas para cumplir las funciones administrativas

Artículo 39. Los datos estadísticos.

La recopilación de los datos estadísticos deberá incluir al menos:

a) El número de víctimas que han solicitado asistencia y las asistidas, distinguiendo entre adultos y menores, y el sexo.

b) Tipo de víctima por delito sufrido.

c) Tipo de asistencia y actuaciones realizadas.

d) Las derivaciones principalmente las de la policía y de los letrados de la Administración de Justicia.

e) El número de víctimas que han sido derivadas a servicios de mediación.

Artículo 40. Otras actuaciones administrativas.

Las Oficinas realizarán un seguimiento de cada caso individual, que se documentará en los correspondientes archivos o registros. Asimismo realizarán una memoria anual de la que se dará traslado al Ministerio de Justicia, o en su caso, a las comunidades autónomas con competencia en la materia.

Disposición adicional única. Limitaciones presupuestarias.

1. La organización y funcionamiento del Consejo Asesor de Asistencia a las Víctimas se atenderá con los medios personales, técnicos y presupuestarios asignados a la Dirección General de Relaciones con la Administración de Justicia.

2. La entrada en vigor del presente real decreto no producirá incremento del número de efectivos, ni de las retribuciones, ni de otros gastos de personal con impacto presupuestario.

Disposición transitoria única. Adaptación de las relaciones de puestos de trabajo.

En tanto el Ministerio de Justicia proceda a la modificación de las relaciones de puestos de trabajo de aquellas Oficinas de Asistencia a las Víctimas que, dentro de su ámbito de competencia, estén insertas en la Oficina Judicial, las mismas funcionaran a efectos organizativos como unidades administrativas, en condiciones idénticas al resto de Oficinas dependientes del Ministerio.

Disposición final primera. Título competencial.

Este real decreto se dicta al amparo del artículo 149.1.5.ª de la Constitución Española, que atribuye al Estado la competencia exclusiva en materia de Administración de Justicia.

Se exceptúan de lo anterior los artículos 6, 7 y 8, que se dictan al amparo de la competencia exclusiva en materia de regulación de las condiciones básicas que garanticen la igualdad de todos los españoles en el ejercicio de los derechos y en el cumplimiento de los deberes constitucionales, atribuida al Estado por el artículo 149.1.1.ª de la Constitución Española, así como el artículo 9, que se dicta al amparo de la competencia exclusiva en materia de legislación penal y procesal atribuida al Estado por el artículo 149.1.6.ª de la Constitución Española.

Disposición final segunda. Habilitación normativa.

Se faculta a los titulares de los Ministerios de Justicia y de Hacienda y Administraciones Públicas para dictar, en el ámbito de sus competencias, las normas necesarias para el desarrollo, cumplimiento y ejecución de lo dispuesto en el presente real decreto.

Disposición final tercera. Entrada en vigor.

El presente real decreto entrará en vigor el día 1 de enero de 2016.

Dado en Madrid, el 11 de diciembre de 2015.

FELIPE R.

El Ministro de Justicia,
RAFAEL CATALÁ POLO